Studies on the Legal Mechanisms for Sharing the Achievements of China's Reform and Development

李昌麒 主编

中国改革发展成果分享法律机制研究

人民出版社

国家社会科学基金重大项目(A级)
中国改革发展成果分享法律机制研究

首席专家 李昌麒

总报告负责人:李昌麒

撰稿人(以撰文先后为序):黄茂钦 甘 强 孟庆瑜 刘云生 岳彩申
鲁 篱 应飞虎 单飞跃 江 帆 卢代富

分报告之一负责人:岳彩申

撰稿人:岳彩申 袁 林 金福海 杜仕林 陈 蓉

分报告之二负责人:卢代富

撰稿人:卢代富 肖顺武

分报告之三负责人:李昌麒

撰稿人:李昌麒 王怀勇 张 波 甘 强 黄茂钦

分报告之四负责人:李开国

撰稿人:李开国 孙 鹏 张建文 张 力 黄 忠

分报告之五负责人:刘云生

撰稿人:刘云生 涂永前 王 洪 唐烈英

分报告之六负责人:曹明德

撰稿人:曹明德 刘明明 赵 爽 乔 刚 杨 惠 张志辽

分报告之七负责人:曹兴权

撰稿人:曹兴权　袁金辉

分报告之八负责人:刘　俊
撰稿人:刘　俊　熊　晖　胡大武　李　雄　朱小平　李满奎　黄　红

分报告之九负责人:赵万一
撰稿人:赵万一　赵　磊　侯东德　王　兰　张　艳　华德波　陶　政

分报告之十负责人:江　帆
撰稿人:江　帆　胡元聪　叶　明　郑书前　陈鹏飞　米本家

分报告之十一负责人:胡光志
撰稿人:胡光志　盛学军　肖顺武　马洪雨

分报告之十二负责人:张　怡
撰稿人:张　怡　许安平　蒋亚娟　陈国文　王　慧

主要撰稿人简介

岳彩申　法学博士,西南政法大学教授、博士生导师,现任西南政法大学经济法学院院长、中国法学会银行法学研究会副会长、中国法学会经济法学研究会常务理事、重庆市首届高校创新团队带头人、西南政法大学经济法研究中心主任等,主要著作有:《论经济法的形式理性》(个人专著)、《跨国银行法律制度研究》(个人专著)、《金融经营体制改革与金融控股公司法律制度的构建》(合著)、《金融法》(主编)、《新农村建设中的经济法制创新研究》(主编)等,先后发表学术论文30余篇。

卢代富　法学博士,西南政法大学教授、博士生导师,现任国家级重点学科西南政法大学经济法学科负责人、西南政法大学中国农村法制创新研究中心主任、中国法学会经济法学研究会副会长。入选"新世纪百千万人才工程"国家级人选、新世纪优秀人才支持计划。主要著作有:《企业社会责任的经济学与法学分析》(个人专著)、《需要国家干预:经济法视域的解读》(主编)、《经济法学》(副主编,普通高等教育"十一五"国家级规划教材)、《国家干预法治化研究》(副主编,国家社科基金项目成果)等,先后发表学术论文30余篇。

李开国　西南政法大学教授、博士生导师,现任市场交易法律制度研究基地主任、中国法学会民法研究会顾问、重庆市仲裁委专家咨询委员会委员等,主要著作有:《民法基本问题研究——民法观念更新、制度完善及适用问题的若干思考》(个人专著)、《民法总则研究》(个人专著)、《社会主义市场经济法律问题研究》(副主编,国家社科基金项目成果)、《中国民法学》(主编)等,先后发表学术论文30余篇。

刘云生　法学博士,法史学博士后,西南政法大学教授、博士生导师,现任西南政法大学民商法学院副院长、教育部新世纪优秀人才支持计划入选者、重庆市市场交易法律制度研究基地常务副主任、中国法学会民法学研究会理事、重庆市统筹办法律顾问团成员等,主要著作有:《中国古代契约法》(个人专著)、《民法与人性》(个人专著)、《民法窥要》(个人专著)、《民法学》(主编)、《物权法教程》(主编)等,先后发表学术论文30余篇。

曹明德 法学博士,中国政法大学教授、博士生导师,全国十大杰出青年法学家,现任《中国政法大学学报》常务副主编、世界自然保护联盟(IU-CN)环境法学院专家、新世纪优秀人才支持计划入选者、重庆市政府法律顾问、重庆市人大立法咨询专家等,主要著作有:《环境侵权法》(个人专著)《生态法原理》(个人专著)《生态法新探》(个人专著)、《环境资源法》(主编,司法部高等院校法学教材)、《能源法与可持续发展》(译著)等,先后发表学术论文70余篇。

曹兴权 法学博士,西南政法大学教授、博士生导师,中国法学会证券法学研究会常务理事等,主要著作有:《公司法的现代化:方法与制度》(个人专著)、《保险缔约信息义务制度研究》(个人专著)、《商道法意》(个人专著)等,先后发表学术论文30余篇。

刘 俊 法学博士,西南政法大学教授、博士生导师,现任西南政法大学副校长、中国法学会社会法学研究会副会长、中国农业经济法研究会副会长、重庆市人民政府法律顾问、重庆市人民政府专家决策咨询委员、重庆市人大常委会立法咨询委员等,主要著作有:《中国土地法理论研究》(个人专著)、《劳动法学》(副主编,法学专业全国统编教材)等,先后发表学术论文60余篇。

赵万一 法学硕士,西南政法大学教授、博士生导师,现任西南政法大学民商法学院院长、中国法学会民法学研究会副会长、福建省人民政府法律顾问、重庆市高级人民法院智库成员、重庆市人大常委会立法咨询专家等,主要著作有:《证券法的理论与实务》(个人专著)、《中国竞争保护法律问题研究》(个人专著)、《民法的伦理分析》(个人专著)、《商法基本问题研究》(个人专著)、《商法学》(主编,全国重点政法院校系列教材)等,先后发表学术论文100余篇。

新思维 英汉词典

New-Thinking English-Chinese Dictionary

新思维词典编写委员会 编

商务印书馆
创于1897 The Commercial Press

江　帆　法学博士,西南政法大学教授、博士生导师,主要著作有:《代理法律制度研究》(个人专著)、《交易安全与中国民商法》(合著)、《竞争法》(副主编,十一五规划教材)、《房地产法》(合著)等,先后发表学术论文20余篇。

胡光志　法学博士,重庆大学教授、博士生导师,现任重庆大学法学院经济法学科学术带头人、中国法学会经济法学研究会常务理事、中国法学会银行法学研究会研究会常务理事等,主要著作有:《内幕交易及其法律控制研究》(个人专著)、《虚拟经济及其法律制度研究》(个人专著)、《欧盟竞争法前沿问题研究》(主编)、《中国市场秩序法》(主编)等,先后发表学术论文60余篇。

张　怡　经济学博士,西南政法大学教授、博士生导师,现任西南政法大学财税法研究中心主任、世界税法研究会(ITLA)理事、中国法学会财税法学研究会常务理事、中国法学会财税法学研究会法学教育专业委员会副主任等,主要著作有:《企业破产制度重述》(个人专著)、《农业水土养护法律制度创新研究——为养护者受益立论》(合著)、《写给法律人的宏观经济学》(主编)、《税法学》(主编)等,先后发表学术论文40余篇。

单飞跃　法学博士,上海财经大学教授、博士生导师,现任中国法学会经济法学研究会常务理事、中国法学会社会法学研究会理事、中国法学会法学教育研究会理事等,主要著作有:《经济法理念与范畴的解析》(个人专著)、《需要国家干预:经济法视域的解读》(主编)、《经济法视域中的企业法》(个人专著)、《经济法学》(个人专著)、《法治建设论》(个人专著)等,先后发表学术论文60余篇。

鲁　篱　法学博士,西南财经大学法学院教授、博士生导师,教育部新世纪优秀人才支持计划入选者,现任中国法学会经济法学研究会理事、中国法学会财税法学研究会理事、四川省民法经济法暨国际经济法研究会秘书长等,主要著作有:《行业协会经济自治权研究》(个人专著)、《经济法基本范畴研究》(个人专著)、《金融公会法律制度研究》(合著)等,先后发表学术论文70余篇。

应飞虎　法学博士,深圳大学法学院教授,全国十大杰出青年法学家,教育部新世纪优秀人才支持计划入选者,主要著作有:《信息失灵的制度克服研究》(个人专著)、《信息、权利与交易安全——消费者保护研究》(个人专著)、《国家干预法治化研究》(副主编,国家社科基金项目成果)等,先后发表学术论文50余篇。

孟庆瑜　法学博士,河北大学教授、博士生导师,现任河北大学政法学院副院长、中国法学会经济法学研究会理事、中国法学会环境资源法学研究会理事等,主要著作有:《分配关系的法律调整——基于经济法的研究视野》(个人专著)、《自然资源法基本问题研究》(个人专著)、《环境资源法概论》(个人专著)、《经济法学》(主编)等,先后发表学术论文40余篇。

黄茂钦　法学博士,西南政法大学副教授、硕士生导师,现任西南政法大学经济法学院副院长,主要著作有:《经济法现代性研究》(个人专著)、《经济法理念研究》(合著,国家社科基金项目成果)、《需要国家干预:经济法视域的解读》(合著)、《经济法》(合著,21世纪管理学教材)、《经济法学》(合著)等,先后发表学术论文20余篇。

甘　强　法学博士,西南政法大学副教授,主要著作有:《经济法利益理论研究》(个人专著)、《需要国家干预:经济法视域的解读》(合著)、《新农村建设中的经济法制创新研究》(合著)、《金融法学》(合著,21世纪中国高校法学系列教材)等,先后发表学术论文20余篇。

前　　言

一、本书是国家社科基金重大招标项目《改革发展成果分享法律机制研究》的最终成果

本书是以西南政法大学李昌麒教授为首席专家的2005年度国家社科基金重大项目(A级)中标课题《改革发展成果分享法律机制研究》的最终成果。我国改革发展取得巨大成就,但同时改革发展成果分享不公的问题也越来越突出,有的已经引发了群体性事件,如解决不好,改革将难以深入进行,社会将难以稳定,构建和谐社会也将无从谈起,最终甚至会危及政权的巩固。近年来,因改革发展成果分享不公而引发的社会矛盾和冲突引起了党和政府的高度重视,也为广大群众和学术界所关注。2004年中共中央总书记胡锦涛就明确提出要让改革发展的成果惠及全体人民,许多人民代表和政协委员也纷纷就此向党和国家建言建策。本项目正是在这一背景下申报并获准立项的。鉴于党和国家已经把改革发展成果的公平分享纳入了当前和今后一个时期的重大决策范围,然而就此所开展的研究更多的是从政治学、经济学和社会学的角度进行的,从法学角度进行研究的并不多见。本项目力求从法学角度对改革发展成果的分享进行深入和系统的研究,以便为党和国家提供解决这一问题的法律途径。

本项目从申请到完成的全过程,受到了重庆市委、市政府、市委宣传部、市社科联、市教委的大力支持,尤其是西南政法大学在项目申请之初整合了校内外经济法和民商法优势学术资源大力支持申报,申报成功之后学校又把该项目作为一项重大的"社会科学研究工程"给予了高度的重视。由于本项目的研究是一项宏大的社会科学研究工程,它涉及到政治、经济、文化和社会等各个方面的问题,需要进行大量的理论探索和制度创新,不是轻而易举地就可以完成的。因此,本项目历经五年磨砺才得以完成,最终形成了近百万字的研究成果,2010年8月17日全国哲学社会科学规划办以免于鉴定的形式准予本项目结项并颁发了结项证书。

本项目的最终成果是集体智慧的结晶,是本项目研究团队共同努力的结果。在本项目的申报和结项过程中,项目组坚守了以下基本作法:

第一，把实践科学发展观贯穿于整个研究的全过程。克服分配不公是一个说了多年都未很好解决的老问题，为什么会出现这种状况，我们在研究中发现，归根到底是发展观出现了偏差。"解铃还须系铃人"，于是在整个研究过程当中，我们总是致力于倡导对中国分配不公问题的解决必须回到胡锦涛在中共十七大报告中所倡导的科学发展观的正确立场上去。

第二，以高度的社会责任感履行我们的承诺。如果说申报项目所表明的是一种愿望的话，那么，申报成功之后，它所表明的则是一种承诺。而承诺本身就意味着一种责任。在此，至关重要的是要改变过去课题申报中经常容易出现的重申报轻完成的倾向。因此，在本项目的研究中，我们一开始就强调所有的研究人员必须树立完成项目的责任意识，全身心地投入研究，以改革、开放、务实、创新的思维去寻求建立解决分配不公的法律机制。

第三，整合优势学术资源，强调团队力量，形成研究合力。分配制度改革是个系统工程，要设计出一个具有中国特色的收入分配制度改革方案，单靠少数人的力量是难以完成的，于是我们整合了校内外经济法和民商法两个学科的优势学术资源，组成了有近70人的由博士生导师和博士参加的研究团队。然而，这样一个庞大的团队又是需要组织的，否则也会是一盘散沙。于是我们建立了以首席专家、子课题负责人以及骨干研究人员通力合作的研究机制，其中，我们又特别注重发挥首席专家和子课题负责人的主导和协调作用。

第四，求真务实，注重调查研究。本项目所要解决的是一个理论与实际相结合但更偏重于实际的命题。因此，一开始我们就十分强调要走出书斋，走向社会，走进田野，尽力用数据说话。为此，我们主要利用寒暑假亲自或者委托学生选择省、县、乡镇三级地区进行实际调研，尽可能取得一手资料。

第五，把理论构思与制度设计有机地结合起来。我们注意到，在过去的法学研究中，很容易出现理论思辨与制度构建各不相关的情况。为了改变这种状况，在本项目的研究过程中，我们既注重了从理论层面揭示分配中存在的问题，同时更注意从制度层面去寻求解决问题的方法和途径。

第六，注重阶段性成果的发表，及时地为国家提供决策参考。国家社科基金重大项目的设置，一个很重要的初衷就是希望通过项目的研究，能够及时地为党和国家提供决策参考。因此，我们一直很强调阶段性成果的取得和发表，并选择一些有分量的成果通过《人民日报情况汇编》、《中国法学会要报》等方式上达中央和地方决策层。从2006年1月至2010年5月，以本项目名义发表的论文共计73篇，其中有61篇发表于《中国社会科学》、《现代法学》等 CSSCI 来源期刊,其所提出的观点有利于推动我国分配体制的改革。此外,我们还制作了 27 期《简报》,将本项目的研究情况和研究成果呈国家社科基金规划办公室、重庆市委书记和市长、中共重庆市委宣传部、重庆市社会科学界联合会等。为了使本项目的研究能够启发决策者和社会各界从法律角度关注改革发展成果的分享,我们比较重视运用媒体的力量加强对本项目的宣传,以扩大本项目的影响力。为此,《法制日报》、《南方周末》、《21 世纪经济报道》和《中国教育报》等媒体对本项目的立项及其研究状况进行了报道。

二、本书的主要内容

(一)主报告的主要内容

1. 回答了什么是改革发展成果,认为改革发展成果是指在改革发展进程中,公民和社会群体能够感受得到的一切物质性和精神性的利益的总和,具体包括经济成果、政治成果、社会成果以及文化成果。在本课题的研究中,我们主要是研究其中最核心的经济成果。由于改革发展成果分享就其实质而言是一个利益分配问题,因此我们将改革发展成果概括为土地利益、公共自然资源利益、环境利益、产业利益、劳动者利益、社会保障利益、公共产品利益、融资利益、财税利益等九个方面,其中既有属于"公共产品"性质的利益,又有属于"私人产品"性质的利益。只有满足了这九个方面利益的公平分享才算实现了改革发展成果公平分享的目标。

2. 从总体思路、多维设计和具体措施三个层面回答了改革发展成果分享的现实路径,认为我国改革发展成果分享的路径主要应当由促进经济持续稳定发展的基础机制、深化收入分配制度改革的分配机制、切实履行政府职能的保障机制和综合运用多种监管手段的监督机制所构成。

3. 分析了改革发展成果分享的社会效果,总结了改革发展成果分享的成就,揭示了改革发展成果分享存在的问题,分析了改革发展成果分享存在问题的危害,剖析了改革发展成果分享问题的成因。

4. 重构了改革发展成果分享的理念,认为在新的形势和条件下,社会改革发展成果分享的理念应当转变,并依此重构新的价值理念体系:一是坚持以人为本的理念,确定改革发展成果分享的主体及其正当性;二是坚持和谐社会的理念,明确改革发展成果分享的目标诉求;三是坚持公平分享的理念,确立改革发展成果分享的恰当标准。

5. 提出了改革发展成果分享法律机制改革与完善的总体思路,认为改革发展成果分享法律机制的构建应以权利的配置为中心,以市场分配法律机制为基础,以政府分配法律机制为保障和以第三次分配法律机制为补充。

6.从总体上架构了改革发展成果分享法律机制改革与完善的具体制度设计,主要包括土地利益公平分享法律制度、公共自然资源利益公平分享法律制度、环境利益公平分享法律制度、产业利益公平分享法律制度、劳动者利益公平分享法律制度、社会保障利益公平分享法律制度、公共产品利益公平分享法律制度、融资利益公平分享法律制度和财税利益公平分享法律制度等9个方面。

(二)分报告的主要内容

分报告之一:"以人为本:改革发展成果分享的权利依据",认为以人为本确立了改革发展成果分享权的主体正当性,确立了改革发展成果分享权的认识论基础,决定了改革发展成果分享权的现实基础,决定了改革发展成果分享权的法制化路径。

分报告之二:"和谐社会:改革发展成果分享的目标诉求",首先解读和评析了改革发展成果传统分享范式,然后以利益均衡为核心分析了和谐社会的利益格局与法治化的联动性,最后以和谐社会为目标提出了改革发展成果公平分享制度体系的构建路径。

分报告之三:"公平分享:改革发展成果分享的现代理念",首先揭示了公平理念的现代意蕴与评判标准,然后架构了公平理念的体系,接着分析了公平理念实现的责任配置、限度以及路径选择,最后在考察我国当前公平理念实现的制度障碍的基础上,提出了改革发展成果公平分享理念实现的法律对策。

分报告之四:"土地利益分享的法律问题研究",首先概述了土地利益分享法律机制的意义、价值取向和主要制度,然后从土地利益分享角度分析了我国地权制度的现状及缺陷,接着提出了以土地利益均衡分享为目标的我国地权制度改革建议,最后从土地利益分享角度探讨了土地征收和居住权保障问题。

分报告之五:"公共自然资源利益分享的法律问题研究",首先对公共自然资源的概念进行辨析,然后揭示了公共自然资源利益分享的现状及消极影响,接着分析了公共自然资源利益分享不公的成因,最后重点从特许经营权的价值转换与制度变革的角度对公共自然资源利益公平分享法律机制的改革提出了看法。

分报告之六:"环境利益分享的法律问题研究",首先回答了什么是环境利益,然后重点考察了我国土地资源、森林资源、水资源和矿产资源等环境利益的分享现状及其存在的问题,接着剖析了环境利益分享不公问题的成因,最后对环境利益公平分享的制度创新提出了建议。

分报告之七:"产业利益分享的法律问题研究",首先在剖析产业利益的法律利益属性的基础上,提出应当树立产业利益公平分享观,应保护相关社会主体的产业利益公平分享权、界定政府在促进产业利益公平分享中的法律义务,然后考察了我国地区之间、城乡之间、工农业之间以及垄断行业与竞争性行业之间的产业利益分享现状与问题,最后就完善产业利益公平分享法律机制提出了对策。

分报告之八:"劳动者利益分享的法律问题研究",首先考察了我国劳动者工资利益分享的现状,然后重点研究了我国就业机会不平等问题、工资改革问题、工资集体协商制度的建立问题、最低工资制度的完善问题和住房利益公平分享问题,并从法律角度对前述问题的解决提出了建议。

分报告之九:"社会保障利益分享的法律问题研究",由于社会保障利益分享不公主要体现在弱势群体身上,因此本研究重点是研究了弱势群体的社会保障利益的公平分享问题,首先在界定弱势群体的基础上阐述了弱势群体保护的必要性及其法理基础、目标和原则、措施和手段以及我国弱势群体的保护现状与不足,然后就弱势群体的最低生存保障、基本生存保障、尊严生存保障和教育公平保障展开专门论述,并从法律角度提出了相应的完善对策。

分报告之十:"公共产品利益分享的法律问题研究",首先概述了公共产品供给与分享的概念、特点及原则,然后考察了我国公共产品利益分享不公的现状和原因,最后从公共产品的财政支出体制、多元供给体制、投资项目决策程序、投资项目监督机制和公共产品分享权益的保障等方面提出了公共产品利益公平分享的法律对策。

分报告之十一:"融资利益分享的法律问题研究",首先对融资利益进行了界定并考了我国融资体制的改革,然后揭示了城乡之间、东西部地区之间以及中小企业与大型企业之间融资利益分享不公的主要表现,接着剖析了我国融资利益分享不公的成因,最后提出了解决融资利益分享不公问题的对策建议。

分报告之十二:"财税利益分享的法律问题研究",首先解读了非均衡社会主义市场经济语境下的财税利益和公共财政视角下的财税利益分享,然后考察了财税利益分享不公的现状及其问题,接着剖析了财税利益分享不公的危害及成因,最后从实体法和程序法层面提出了实现财税利益公平分享的法律对策。

三、本书的重要观点

（一）本书认为，改革发展成果公平分享是全方位的。按照中共十七大的精神，我们应当从一个广泛的角度去界定改革发展成果，它包括政治成果、经济成果、文化成果以及社会成果等，但其中最核心的是经济成果。就经济成果的分享而言，它归根到底是一个利益分配的问题，这里所指的利益主要是指土地利益、公共自然资源利益、环境利益、产业利益、劳动者利益、社会保障利益、公共产品利益、融资利益、税收利益等九个方面，只有满足了这九个方面的公平分配才是对发展成果公平分享的全面理解。

（二）本书认为，改革发展成果不仅包括私人产品，也包括公共产品。对于改革发展成果的分享，目前人们更多地从私人产品的角度去理解，只将其视为"财产性收入"的分享问题。这当然是首要的，也是必须的。但是改革发展成果的分享不应仅仅局限于"私人产品"分享，同时还应包括"公共产品"的分享。公共产品主要有基础设施、供水供电、公共安全、公共管理、公共医疗、公共卫生、文化教育、环境保护等。因此在衡量全体人民分享改革发展成果的程度时，还应当把公共产品的分享程度纳入评价体系。就政府而言，不仅要"创造条件让更多群众拥有财产性收入"，同时还要"强化政府责任和投入"，使城乡居民共享更多的公共产品；就社会公众而言，在感受自己获得改革发展成果公平分享的程度时，不仅要看到自己"财产性收入"的增加，同时还要看到不需付出任何费用都可以得到的对公共产品的享受。事实上，改革开放以来，我国公共产品的供给一直是在持续增长，给人民群众带来了实实在在的公平分享利益，而这一点许多人并没有意识到，强调这一点是十分重要的，它不仅有利于政府从一个全面的角度去部署改革发展成果的公平分享，同时也可以减缓人们对改革发展成果狭窄的理解而导致的不满情绪，以有利于和谐社会的构建。

（三）本书认为，法治是构建改革发展成果分享机制的基石和保障。改革发展成果的分享是利益的分配和再分配的过程，它涉及到每个人的生存权与发展权。这个问题的解决是个系统工程，需要各个方面的共同努力、协调合作才能实现。由于法律所具有的稳定性、普遍性和统一性，它在解决社会各类矛盾和冲突中具有经济手段和行政手段不可替代的优势，因此用法治手段促进和保障改革发展成果的公平分享是明智的和必然的选择。只有这样，才能改变在分配中容易出现的随意性，使改革发展成果分配规范化、法治化，使分享机制的建立不会因领导人的变动而改变。法治作为社会的制度性力量,为改革发展成果公平分享机制的运行提供稳定、强制的保障。

（四）本书认为,公平与权利理念是改革发展成果分享机制的宏观指引。为了达到改革发展成果为全体人民共同分享的目标,我们必须对现有的利益分享机制进行改革与创新,而实现改革与创新的基本前提首先是要确立公平分配的理念。公平分配理念的确立符合中国特色社会主义本质要求,有助于社会的和谐与稳定。公平包括起点公平、机会公平和结果公平。而这些问题的解决,又必须依赖于保障各类公平得以实现的法律制度的实施。这里需要明确的是,在有关改革发展成果分享制度化建构中至关重要的是要正确处理好效率与公平的关系。胡锦涛在中共十七大报告中明确指出:"初次分配和再分配都要处理好效率和公平的关系,再分配更要注重公平。"这是我们党在对分配认识上的一个重大发展,具有深远的理论和现实意义。同时,要实现改革发展成果的公平分享,还必须将"以人为本"的权利理念作为依据,将分享改革发展成果作为经济社会权利的一部分,并通过法律与政策安排使其制度化。由此,可以将改革发展成果公平分享的宏观指引归结为:以公平理念为基础,以以人为本为权利依据,以建立和谐社会为诉求。

（五）本书认为,改革发展成果公平分享应该是动态的。改革发展成果是一个动态的概念,我们不仅要从现实出发,着眼于已经取得的成果的分享,同时还要从长远出发,以发展的眼光来对待改革发展成果的分享。这是一种在生产力不断发展基础上所进行的分享,其分享水平将随着生产力的发展而不断提高。因此,从长远上看,我们在构思改革发展成果分享机制的时候,不能将改革发展成果的分享停留在低水平的分配层次上,而要寻求在生产力不断发展基础上的更高水平的分享。

（六）本书认为,改革发展成果公平分享的责任主体是多元的。改革发展成果公平分享的责任主体应该是多元的,不能仅仅局限于政府,应是一个包括多层面主体在内的责任主体体系。法律机制的有效性很大程度上取决于其责任机制的有效性。实现社会财富的公平分配,让改革发展成果惠及全体人民,必须依靠三种力量:一是通过市场机制的作用实现财富的公平分配;二是通过政府干预的作用实现财富的公平分配;三是通过"第三种力量",即通过激发人们的同情心和社会责任感,实现财富的公平分配。三种力量互为作用、缺一不可,其中政府承担着更重要的责任。

（七）本书认为,公权机构对权利的倾斜性配置要在合理限度内。实现改革发展成果的公平分享,从根本上来说必须依赖于正确的权利配置。长期以来,我国的权利配置往往在城市与农村之间、行业之间、部门之间、强势群体与弱势群体之间存在着巨大的差异,从而影响了和谐社会的构建,在这种情况下,公权机构基于公平、效率、安全等考虑,往往将权利朝某个方面进行倾斜性配置,这是十分必要的。但是,公权机构在对权利进行配置时,容易对私权进行额外规制或过度保护,由此就可能带来许多负面的影响。只有综合考虑各因素,谨慎而为,才能使公权对私权的干预保持在一个合理的限度之内。

(八)本书认为,改革发展成果的公平分享应与社会主义新农村建设紧密结合起来。城乡分配不公是我国目前存在的一个十分突出的分配不公,因此改革发展成果的公平分享应与社会主义新农村建设紧密结合起来,这是因为新农村建设的核心问题是要发展农村生产力,而城乡收入差距拉大与农村生产力低下有直接的关联性。同时,新农村建设又不能仅仅停留在一般号召和政策推动层面,它必须以法治作支撑。

四、本研究的学术价值和应用价值

本研究的最大特色是从法学角度,运用社会主义法治理念,以法律思维和法律制度运行的基本原理,把有关改革发展成果公平分享的政治学、经济学、社会学研究成果上升到法律制度层面去认识,构思了保障改革发展成果的法律制度体系。

本研究有利于推动我国整个法学理论的进一步完善。社会分配关系的法律调整一直是我国法学研究中的一个薄弱环节。本研究立足于经济法学、民商法学和社会法学的基本理论,构建了中国特色的改革发展成果分享法律机制。这不仅有利于相关学科间的研究交流,同时也为丰富我国法学理论宝库作出了贡献。

本研究有利于推动解决当前改革发展成果分享不公现实问题的制度创新。改革发展成果分享不公一直是社会关注的热点问题,也是当前强势利益集团和弱势群体博弈的焦点,我们在研究中提出了一些观点可能有助于这些问题的解决,有助于和谐社会的构建。

本研究可以为政府和立法机关提供参考。如何实现改革发展成果的公平分享,一直是党和国家高度重视和力图破解的难题。本研究力图从法律制度着眼提出了一些创新思维,可以为立法机关和政府决策提供参考。

五、本书的几点说明

(一)为什么将"土地利益分享的法律问题研究"单列为子课题?尽管本研究中的子课题"公共自然资源利益分享的法律问题研究"可以涵盖土

地利益的分享问题,但是考虑到土地利益与其他公共自然资源利益相比有其自身的特殊性,其法律属性和制度构架都有所不同,故将"土地利益分享的法律问题研究"单列为子课题。

(二)关于数据问题。本项目是 2005 年立项的,按原计划应当在 2008 年完成,因此引用 2008 年以前的数据比较多,而 2009 年的官方数据当时有的还没出来,但是从总体上讲,我们还是尽量运用可获得的最新数据。此外,关于基尼系数,很多子课题都提到了,但是由于数据的来源渠道有所不同,因此有些差异。现在很难说,哪一组数据是最权威的,因此我们没有强求作统一表述。

(三)关于重复问题。本项目作为一个总体构思,在行文之间本不应当有所重复,但是由于各个子课题相对独立,它们都在追求自己论述的完整性,这就产生了有的观点 A 子课题在用,B 子课题也在用的情况。比如,子课题"土地利益分享的法律问题研究"、子课题"劳动者利益分享的法律问题研究"和子课题"社会保障利益分享的法律问题研究"都从不同角度谈到了住房保障问题,如果前述任何一个子课题删去了住房保障的内容,都会影响该子课题的完整性,这就是为什么有重复的原因。

在本项目的研究和写作过程中,邓刚、詹珺晰、王衡、叶世清、李永成、郭冬梅、陈治、王后春、徐小平、王朝梁、吴狄枫、陈方淑、朱华政参与了本课题的一些研究,张乃午等受委托为本课题收集了一些资料,范水兰为本课题的研究和成书作了很多辅助性工作,在此表示感谢!

人民出版社编辑茅友生先生对于本书的出版给予了大力的支持与帮助,在此深表感谢!

最后,尽管本项目通过了国家鉴定,但是囿于我们的能力和水平仍然犹言未尽,留下了不少需要进一步研究的问题。在本书问世之后,我们还将就分配法律机制的构建再做后续研究。本书不妥之处,敬请批评指正。

《中国改革发展成果分享法律机制研究》课题组

2010. 9

目　　录

主　报　告

分 报 告

Contents

General Reports

Sub-divisional Reports

主 报 告

一、改革发展成果及其分享的路径

二、改革发展成果分享的社会效果分析

三、改革发展成果分享的理念重构

四、改革发展成果分享法律机制改革与完善的总体思路

五、完善改革发展成果分享法律制度的建议

一、改革发展成果及其分享的路径

（一）改革开放的改革发展成果

始自 1978 年的改革开放已成为 20 世纪 70 年代以来深刻影响中国的现代化进程和世界发展进程的重大历史性事件。通过实施对内改革和对外开放这两个方面的政策，中国社会发生了前所未有的巨大变化：在经济领域，通过坚持以经济建设为中心，推进经济体制由计划经济向社会主义市场经济转变，综合国力迈上了新的台阶；在政治领域，通过大力发展社会主义民主政治和厉行法治，人民当家作主的权利得到了更好的保障，秩序和公正得以建立；在社会领域，通过大力发展社会事业，着力保障和改善民生，人民生活总体上达到小康水平；在文化领域，通过大力发展社会主义先进文化，人民日益增长的精神文化需求得到了更好的满足。从禁锢到自由，从封闭到开放，从贫瘠到富裕，从颓败到中兴，中国用 30 年的时间大致实现了欧洲用两个世纪才完成的工业化、城市化和社会转型。

在如此令世界瞩目的划时代飞跃中，改革开放取得了为世人所称道的巨大成就：1978 年以来，中国保持了年均 9.9% 的经济增长速度，同时期全球经济增长速度在 3.3%，中国的经济增长水平是世界平均水平的 3 倍。① 到 2009 年，中国的国民经济继续保持平稳较快增长，国内生产总值达到 33.5 万亿元，财政收入 6.85 万亿元，粮食产量 53082 万吨；改革开放深入推进，进出口贸易总额 2.2 万亿美元，实际利用外商直接投资 900 亿美元；社会事业加快发展，人民生活条件进一步改善，城镇居民人均可支配收入 17175 元，农村居民人均纯收入 5153 元。② 与此同时，中国经济的高速稳定

---

① 金勇进主编：《数字中国》，人民出版社 2008 年版，第 4 页。

② 参见温家宝：《政府工作报告——2010 年 3 月 5 日在第十一届全国人民代表大会第三次会议上》，人民出版社 2010 年版，第 2 页。

发展有力地推动了世界经济的发展:在1978年,中国经济对世界经济的贡献率为2.3%,与美国相差35个百分点,与日本相差15.9个百分点,与欧元区相差13.6个百分点;①而在30多年后的2009年,中国经济对世界经济的贡献率已上升至50%。② 由此可见,改革开放以来的30多年,乃是我国社会生产力发展最迅速、综合国力上升最快、人民的生存权和发展权增进最明显、国际地位提高最显著的一个时期。

事实表明,中国在改革开放以来的30多年间实现了"跨越式发展"。这就是说,以发展速度而言,我国在较短的时间内走完了以往其他国家需要相当长时间才能走完的路程。当然,这一发展成就的取得离不开特定的历史条件,这些历史条件包括:党和国家的正确决策,国民对经济增长的强烈需求,一系列有效的制度保障,国内相对丰厚的公共自然资源,以及和平发展的国际环境。③ 然而,在进一步深入考量之后,我们就会看到,当前,我国正在经由"跨越式发展"到"科学发展"的转变——20世纪与21世纪之交是我国国民经济跨越式发展的高峰时期,自此以后,随着科学发展观的提出,我国正逐步由跨越发展阶段进入到科学发展阶段。所谓科学发展,其本质是要把量的增长建立在质的提高基础之上,强调质和量的统一,克服跨越式发展所造成的经济体内部的发展失衡。④ 正是基于科学发展的考虑,我们才有可能认识到,改革开放本身并不是目的,其仅仅是中国社会实现发展进步的手段。而社会发展的基本目的或者说基本出发点,应当是人人共享、普遍受益。换言之,社会发展的成果对于绝大多数社会成员来说理应具有共享的性质。⑤

就社会改革发展成果的共享而言,其本身并不仅仅是一个属于中国的现实话题。早在一百多年以前,恩格斯就已经在《共产主义原理》一文中指

---

① 国家统计局:"国际地位和国际影响发生了根本性的历史转变——改革开放30年我国经济社会发展成就系列报告之十六",资料来源:http://www.stats.gov.cn.

② 夏文辉等:"风雨2009,中国与世界同舟共济",资料来源:http://www.news.xinhuanet.com.

③ 常绍舜:"从跨越式发展到科学发展",载《中国青年报》2009年7月13日。

④ 跨越式发展所造成的经济体内部的发展失衡体现为城乡之间、区域之间、经济与环境之间、经济与社会之间以及国内经济与对外开放之间的发展失衡;而发展失衡必然会影响到社会中的每一个阶层、群体或个人,使其彼此之间的利益分配关系、社会分层序列、生存发展机会都难以体现社会公正和社会和谐。参见常绍舜:"从跨越式发展到科学发展",载《中国青年报》2009年7月13日。

⑤ 吴忠民等:"三专家论改革发展成果共享",载《北京日报》2006年5月15日。

出,应当"把生产发展到能够满足所有人的需要的规模;结束牺牲一些人的利益来满足另一些人的需要的状况",使"所有人共同享受大家创造出来的福利","使社会全体成员的才能得到全面的发展"。① 这表明,社会成员共享社会改革发展成果是现代社会文明进步的一个重要标志。具体到中国的改革开放和由此所推进的社会发展,对于改革发展成果的分享或者说分配问题也早已受到邓小平的深切关注。1993 年,邓小平在对中国的发展道路进行反思的时候,不无忧虑地指出,"少部分人获得那么多财富,大多数人没有,这样发展下去总有一天会出问题。分配不公,会导致两极分化,到一定时候问题就会出来。这个问题要解决。""要利用各种手段、各种方法、各种方案来解决这些问题。"②并且,他还指出,"什么时候突出地提出和解决这个问题,在什么基础上提出和解决这个问题,要研究。可以设想,在本世纪末达到小康水平的时候,就要突出地提出和解决这个问题。"③时至今日,全国人民总体上已经过上了小康生活,正向全面小康迈进,这一问题也确实到了"要突出地提出和解决"的时候。为解决好改革发展成果的分享问题,党和国家提出了一个重要的理念,即"使全体人民共享改革发展成果",④或者说是"改革发展成果由人民共享"。⑤ 该理念的提出对于中国在全面建设小康社会的新的历史阶段通过"科学发展"的实践原则来推进改革开放、通过"以人为本"的价值向度来分享改革发展成果、进而对于"实现社会更加公正和谐,人民生活更有尊严、更加幸福"⑥具有十分重要的现实意义。

在确立了改革开放的改革发展成果由人民共享的理念之后,首先需要考虑的问题就是如何界定"改革开放的改革发展成果",在此基础上才能谈论以什么样的办法来分享改革发展成果。关于"改革开放的改革发展成果"的界定,是本研究此处要厘清的问题;关于改革发展成果的分享,将在下文进行探讨。就什么是"改革开放的改革发展成果"而言,这本身是一个见仁见智的问题。按照中共十七大的精神,我们认为,应当从一个广泛的角

---

① 《马克思恩格斯选集》(第 1 卷),人民出版社 1995 年版,第 243 页。

② 冷溶等主编:《邓小平年谱》,人民出版社 2004 年版,第 1364 页。

③ 《邓小平文选》(第 3 卷),人民出版社 1993 年版,第 374 页。

④ 《中共中央关于制定国民经济和社会发展第十一个五年规划的建议》(2005 年 10 月 11 日);《中华人民共和国国民经济和社会发展第十一个五年规划纲要》(2006 年 3 月 15 日)。

⑤ 胡锦涛:《高举中国特色社会主义伟大旗帜 为夺取全面建设小康社会新胜利而奋斗——在中国共产党第十七次全国代表大会上的报告》(2007 年 10 月 15 日)。

⑥ 国务院新闻办公室:《2009 年中国人权事业的进展》(2010 年 9 月 26 日)。

度来加以界定,它具体是指在改革发展进程中,公民和社会群体能够感受得到的一切物质性和精神性的利益的总和。[①] 它的范围囊括经济、政治、社会、文化等各个领域的一切改革发展成果,具体包括经济体制改革的改革发展成果(以下简称"经济成果")、政治体制改革的改革发展成果(以下简称"政治成果")、社会体制改革的改革发展成果(以下简称"社会成果")以及文化体制改革的改革发展成果(以下简称"文化成果"),而其中最核心的是经济体制改革的改革发展成果。就各个领域体制改革的改革发展成果分享而言,它归根到底是一个利益分配的问题,这里所指的利益主要是指经济利益、社会利益、政治利益、文化利益等四个方面,只有满足了这四个方面的公平分享,才算是实现了改革发展成果公平分享的目标。在本课题的研究中,我们着力对经济成果和社会成果如何公平分享这一最核心的问题进行研究,这些成果分享主要涉及土地利益、公共自然资源利益、环境利益、产业利益、劳动者利益、社会保障利益、公共产品利益、融资利益、财税利益九个方面。我们认为,对这九个方面的利益分享必须以"以人为本"的权利理念为依据,以"和谐社会"的目标诉求为导向,以"公平分享"的分配原则为方法,并通过法律与政策安排使改革发展成果的分享过程实现制度化。唯此,才有助于实现"使全体人民共享改革发展成果"的理想愿景。

(二)改革发展成果的主要表现形式

1. 改革发展成果的判断标准

判别"什么是改革发展成果"是分享改革发展成果的前提,而确立改革发展成果的判断标准要求我们既要考虑物质条件的因素,又要考虑主体条件的因素。正如历史唯物主义就"社会进步的评价标准"所指出的那样,评价社会进步应考虑物的尺度和人的尺度的统一。其中,物的尺度是历史的客观性尺度,主要是指生产力的发展水平和物质财富的增长;人的尺度则是历史的主体性尺度,主要是指人的解放和全面而自由的发展。同理,确立改革发展成果的判断标准也应综合考虑客观性尺度和主体性尺度。其中,客观性尺度指涉的是与改革发展成果有关的客观因素,主要包括关联性标准、全面性标准和可比性标准,这些标准体现了作为改革发展成果的那些可分

---

① 李昌麒:"建立改革发展成果公平分享的法律保障机制",资料来源:http://www.lichangqi.net.

享利益的社会历史性特质;主体性尺度指涉的是与改革发展成果有关的主体因素,主要包括价值性标准、可感性标准和正当性标准,这些标准体现了作为改革发展成果的那些可分享利益最终要能够给全体人民带来切实的好处,真正实现以人为本的科学发展目标。在此,我们就这些判断标准论述如下。

(1)关联性标准。这是指改革发展成果应该指向那些通过改革开放、进行各项体制改革所形成的物质性和精神性的利益,如果不进行改革开放,就不会有这些改革发展成果。例如,在计划经济体制下,城镇职工的各项福利保障是通过"企业办社会"的方式实现的,实行的是二次分配模式的社会保障制度;而只有在社会主义市场经济体制下,企业自主经营,不再承担提供各项福利的任务,国家也有能力将改革发展所积累的财富用来支付社会保障开支、着手建立市场经济条件下统筹模式的社会保障制度时,才会提出城镇居民与农村居民公平分享社会保障利益的问题。此时,社会保障方面的改革发展成果与该领域的改革就具有关联性。

(2)全面性标准。这是指改革发展成果应该无一遗漏地包括在经济、社会、政治、文化等各项体制改革中所取得的成果。对于这些改革发展成果全体人民都有资格公平分享,而不仅仅限于经济领域或者社会领域的改革发展成果的分享。因此,凡是在各项体制改革中所取得的物质性和精神性的成果,无论是财产性收入的增加利益、借助诉讼途径而获得的合法权益,还是医疗保障利益、欣赏文艺的利益,都应该属于我们这里所说的改革发展成果。当然,在本课题的研究中,我们主要是围绕经济成果和社会成果的公平分享问题进行论证、并提出对策。

(3)可比性标准。这是指在各个领域里那些称得上改革发展成果的利益具有可以量化并且与之前(特别是改革之初)相同利益相比能够体现出显著的数量变化的特征,或者是在与国外同类成果或利益相比时也能够体现出优势。举例来说,2006 年年底,农村居民每百户对冰箱、空调的拥有量分别为 22. 48 台和 7. 28 台,比十年前分别增长近两倍和二十倍。[①] 这表明,十年来随着农民收入水平的提高,其对家用电器的购买力也在提升,使用家用电器所带来的生活水平的提高也使其享受到相应的实惠。又如,1978 年,我国全年生产苹果 227.5 万吨,平摊到每个人,一年还不到 3.3 千

---

① 金勇进主编:《数字中国》,人民出版社 2008 年版,第 214 页。

克;而 2006 年,全国年产苹果 2605.9 万吨,平摊到每个人,一年是 27 千克以上,苹果产量居世界第一;此外,中国的谷物、肉类、棉花、花生、油菜籽、水果等主要农副产品产量也均居全球第一。① 这表明,改革开放以来,我国的物资供应得到了极大丰富,国民在农副产品等方面的可分配利益得到了明显增长。

(4)价值性标准。这是指各个领域已经取得的发展业绩能够满足国民在某些方面的需要,并且,国民事实上也确实对这些发展业绩所体现的利益具有需求性。此时,即可视这些发展业绩为改革发展成果。举例而言,2009年,在我国的公共卫生体系建设工作中,国家安排的卫生总费用达17204.81 亿元,人均卫生费用 1192 元;国家安排的基层医疗服务体系建设资金达 217 亿多元,支持了 986 个县级医院(含中医院)、3549 个中心乡镇卫生院、1154 个社区卫生服务中心的建设,另拨付基层医疗卫生机构设备购置补助资金达 17.3 亿元。② 此项基本公共服务的加强对于改善医疗卫生条件、解决老百姓看病难、就医难的问题以及提高人民的健康水平都具有重要价值。故此,基本公共服务的改革发展成绩对于国民来讲就具有价值性,可视其为一项社会领域改革发展的成果。

(5)可感性标准。这是指能够作为改革发展成果的业绩或利益具有可以被国民直接或间接感受到的特质。可感性标准从客观上来讲,说明国民能够从中得到实惠,感受到实实在在的益处;从主观上来讲,说明国民能够在分享到这些利益或好处后,会产生出对生活满意程度的主观感受,即"幸福感"。目前,一些科研组织和官方机构还以"幸福指数"这一主观指标数值的百分点变化来测量国民的幸福感。因此,可感性应该成为判断改革发展成果的一个重要标准。

(6)正当性标准。这是指能够作为改革发展成果的业绩或利益具有可以经受"所有社会的基本价值"评价的特质。所谓"所有社会的基本价值",包括人类尊严、所有人权和基本自由、平等、公平和社会正义;体现在发展上面,主要是指社会发展要"以人为中心",要使人们能够通过获得基本公共服务、参与社区生活来发挥潜力,过上符合自身需要和利益的生活。③ 正因

---

① 金勇进主编:《数字中国》,人民出版社 2008 年版,第 5 页。

② 国务院新闻办公室:《2009 年中国人权事业的进展》(2010 年 9 月 26 日)。

③ 中国改革发展研究院(海南)编:《基本公共服务与中国人类发展》,中国经济出版社 2008 年版,第 3—4 页。

为作为改革发展成果的业绩或利益具有符合"所有社会的基本价值"的正当性,因此,这些改革发展成果才会为我国的现行法律或者即将制定的新法所确认和保护,而只有成为被法律所保护的利益,国民才能够享有为实现该利益去主张某项具体权利的机会。

综上所述,对改革发展成果的判别或确认是国民提出公平分享改革发展成果的先决条件。我们认为,若综合采用上述六个方面的判断标准,充分考虑客观性尺度和主体性尺度,则有助于我们识别改革发展成果,进而对其提出合理的公平分享的要求。

2. 改革发展成果的类型化

改革发展成果的判断标准具有确认改革开放中改革发展成果的一般特征和基本规定性的作用,即凡是改革发展成果,均是经由改革开放所取得的物质性和精神性成果,都具有关联性、可比性、价值性、可感性、正当性等规定性。但是,如果仅仅是识别出改革发展成果,而不能诉诸有效的途径或措施去分享改革发展成果,那么,国民应当享有的权益也难以得到合法有效的实现。实践中,为便于解决各类现实问题,国家总是以分门别类的办法为人们提供各类可以利用的途径。以司法部门办案为例,司法机关在具体办案时,涉及民事问题的纠纷是通过民事诉讼的程序加以解决,涉及行政问题的纠纷是通过行政诉讼的程序加以解决,涉及刑事问题的纠纷是通过刑事诉讼的程序加以解决,等等。这表明,国家在按照某种可行的有效率的办法来应对现实问题,而民众也遵循这样的办法来寻求帮助。简单地说,国家和民众都是按照类型化的思路来面对具体的问题。与此相同,求解改革发展成果分享的问题也应首先将改革发展成果加以类型化,然后再以类型化的措施来解决问题。

所谓类型化,其不仅仅是实践中的工作方法,也是科学研究中最基本的研究方法之一。类型化研究方法的具体做法是:通过对众多的经验进行整理,以此突出经验事实中具有共性的或规律性的东西,使之成为典型的形式,并在理论上形成某个具有高度概括性和抽象性的概念工具。① 该概念工具对于利用"类型"来充分掌握某类事物,解决实际问题具有重要意义。具体到改革发展成果的类型化,就是对经验事实中的各个方面体制改革的

---

① 贾增春主编:《外国社会学说史》,中国人民大学出版社 2000 年版,第109页。

改革发展成果抽取出其各自的规律性的东西,并以相应的具有高度概括性和抽象性的概念工具来指称它,从而形成不同的改革发展成果的类型。简而言之,在经济、社会、政治、文化等领域体制改革中的改革发展成果可以分别被概括或抽象为经济成果、社会成果、政治成果和文化成果。以下对这些类型化的改革发展成果分别加以介绍。

(1)经济成果。这是指我国自改革开放以来通过实施经济体制改革和进行经济建设所取得的改革发展成果,该成果具有显著的经济性特征。具体而言,改革发展的经济成果表现为:改革开放以来,我国坚持以经济建设为中心,综合国力迈上新台阶。从1978年到2009年,我国国内生产总值由3645亿元增长到33.5万亿元,年均实际增长9.8%,是同期世界经济年均增长率的3倍多。[①] 我国依靠自己的力量稳定解决了13亿人口吃饭问题;主要农产品和工业品产量已居世界第一;具有世界先进水平的重大科技创新成果不断涌现,高新技术产业蓬勃发展;水利、能源、交通、通信等基础设施建设取得突破性进展;生态文明建设不断推进;城乡面貌焕然一新。[②]

这一时期,经济成果还体现为我国着力保障和改善民生,人民生活总体上达到小康水平。从1978年到2008年,全国城镇居民人均可支配收入由343元增加到17175元,实际增长6.5倍;农村居民人均纯收入由134元增加到5153元,实际增长6.3倍;[③]"农村贫困人口从2.5亿减少到1400多万。城市人均住宅建筑面积和农村人均住房面积成倍增加。群众家庭财产普遍增多,吃穿住行用水平明显提高。改革开放前长期困扰我们的短缺经济状况已经从根本上得到改变"。[④]

(2)社会成果。这是指我国自改革开放以来通过实施社会体制改革和进行社会建设所取得的改革发展成果,该成果具有显著的社会性特征。具体而言,改革发展的社会成果表现为:改革开放以来,我国通过大力发展社会事业,使社会的和谐稳定得到了巩固和发展。例如,在公民受教育权的保

---

① 国家统计局:"新中国成立60周年经济社会发展成就系列报告之一:光辉的历程宏伟的篇章",资料来源:http://www.stats.gov.cn.

② 胡锦涛:《在纪念党的十一届三中全会召开30周年大会上的讲话》,人民出版社2008年版,第7页。

③ 国家统计局:"新中国成立60周年经济社会发展成就系列报告之四:城乡居民生活从贫困向全面小康迈进",资料来源:http://www.stats.gov.cn.

④ 胡锦涛:《在纪念党的十一届三中全会召开30周年大会上的讲话》,人民出版社2008年版,第7页。

障方面,到 2009 年底,全国普及九年义务教育人口覆盖率达 99.7%,高等教育总规模、大中小学在校生数量位居世界第一,办学质量不断提高。在劳动者的就业权保护方面,2009 年,国家安排就业资金 420 亿元,比 2008 年增长 66.7%;全国城镇新增就业 1102 万人,下岗失业人员实现再就业 514万人,城镇登记失业率 4.3%,应届高校毕业生就业率达到 87.4%;外出农民工总量 1.45 亿人,比 2008 年增加 492 万人。在社会保障制度的建设方面,截至 2009 年底,全国参加失业保险人数为 12715 万人,全国基本医疗保险总参保人数已超过 12 亿人,全国基本养老保险参保人数达 23550 万人,新型农村合作医疗参保人数达 8.33 亿人,新型农村社会养老保险试点覆盖农村居民约 1.3 亿人,全国工伤保险参保人数达 14896 万人,生育保险参保人数达到 10876 万人,覆盖城乡居民的社会保障体系已初步形成。①

(3)政治成果。这是指我国自改革开放以来通过实施政治体制改革和进行政治建设所取得的改革发展成果,该成果具有显著的政治性特征。具体而言,改革发展的政治成果表现为:改革开放以来,我国大力发展社会主义民主政治,"人民当家作主权利得到更好保障。政治体制改革不断深化,人民代表大会制度、中国共产党领导的多党合作和政治协商制度、民族区域自治制度以及基层群众自治制度日益完善,中国特色社会主义法律体系基本形成,依法治国基本方略有效实施,社会主义法治国家建设取得重要进展,公民有序政治参与不断扩大,人权事业全面发展。爱国统一战线发展壮大,政党关系、民族关系、宗教关系、阶层关系、海内外同胞关系更加和谐"。②

(4)文化成果。这是指我国自改革开放以来通过实施文化体制改革和进行文化建设所取得的改革发展成果,该成果具有显著的文化性特征。具体而言,改革发展的文化成果表现为:改革开放以来,我国大力发展社会主义先进文化,人民日益增长的精神文化需求得到极大满足。例如,在人民的文化生活丰富方面,到 2009 年底,全国广播节目综合人口覆盖率达96.3%,电视节目综合人口覆盖率为 97.2%;全国出版各类报纸 437 亿份,各类期刊 31 亿册,图书 70 亿册。在覆盖城乡的公共文化服务体系建设方面,2009 年,全国共有县级以上公共图书馆 2850 个,县级以上群艺馆和文

---

① 参见国务院新闻办公室:《2009 年中国人权事业的进展》(2010 年 9 月 26 日)。

② 胡锦涛:《在纪念党的十一届三中全会召开 30 周年大会上的讲话》,人民出版社 2008年版,第 7 页。

化馆 3223 个,文化站 38736 个,实现免费开放的公共博物馆达到 1749 个。在文化信息资源共享工程建设方面,国家通过互联网、卫星、电视、手机等进行传播,实现先进数字文化在全国范围的共建共享,到 2009 年底,文化共享工程累计服务约 7 亿人次。① 改革开放 30 多年来,我国的"社会主义核心价值体系建设取得重大进展,马克思主义思想理论建设卓有成效,群众性精神文明创建活动、公民道德建设、青少年思想道德建设全面推进,文化事业生机盎然,文化产业空前繁荣,国家文化软实力不断增强,人们精神世界日益丰富,全民族文明素质明显提高,中华民族的凝聚力和向心力显著增强。"②

应当指出的是,各个领域类型化的改革发展成果不仅需要有以上的基本定性式的概括,也有必要作出系统的定量式评价。特别是系统的定量式评价,将有助于我们通过数字化的指标对改革发展成果进行客观评估,从而对这些成果获得较为直观的认识。我们认为,可以借助现有的一些评价指标,形成一套"改革发展成果评价指标体系"。这套指标体系的价值在于,既能够在一定程度上反映改革发展成果的发展水平,也能够在一定程度上反映改革发展成果的分享状况。

目前,对社会及其改革发展成果进行评价的指标体系,在国外和国际上有"国际现代化会议"的有关标准、布莱克的现代化标准、英克尔斯的现代化指标体系、世界财富论坛上提出的现代化标准,③以及联合国计划开发署提出的人类发展指数④;在国内有中国社科院的社会发展水平指标体系、中国科学院的现代化指标体系、中国社科院课题组的小康指标体系、国家统计局等的小康指标体系等。⑤ 在本课题的研究中,我们可借助其中的一些指标体系,结合改革发展成果的类型化,形成"改革发展成果评价指标体系"。这套指标体系中的指标可根据改革发展成果的分类,分别归入各类改革发

---

① 参见国务院新闻办公室:《2009 年中国人权事业的进展》(2010 年 9 月 26 日)。
② 胡锦涛:《在纪念党的十一届三中全会召开 30 周年大会上的讲话》,人民出版社 2008 年版,第 8 页。
③ 福建省社科联全面建设小康社会研究中心课题组:"福建省全面建设小康社会评估指标体系研究",载《东南学术》2004 年第 3 期。
④ 中国改革发展研究院(海南)编:《基本公共服务与中国人类发展》,中国经济出版社 2008 年版,第 6—8 页。
⑤ 福建省社科联全面建设小康社会研究中心课题组:"福建省全面建设小康社会评估指标体系研究",载《东南学术》2004 年第 3 期。

展成果。其具体内容列举如下：①

（1）经济成果的评价指标。对经济成果进行评价的指标包括：GDP 增长率、人均 GDP、城镇居民人均可支配收入、农村居民家庭人均纯收入、农民收入增长率、居民消费物价指数、恩格尔系数、生活质量指数、安全生产指数、第三产业产值比重、农业产值比重、农业投资占财政收入的比重、地区差异系数等。

（2）社会成果的评价指标。对社会成果进行评价的指标包括：基尼系数、就业率、失业率、人均预期寿命、城镇居民最低生活保障率、贫困发生率、社会保障覆盖率、社会发展总支出占 GDP 比重、城市化水平、公共教育经费占 GDP 的比重、城镇人均住房建筑面积、平均每千人拥有医务人员数、②每万人敬老院数、农村村及村以下医疗网点数比重、环境质量指数、环保支出占财政支出的比重、环境状况指数、环境治理指数、资源节约指数、幸福指数、社会安全指数等。

（3）政治成果的评价指标。对政治成果进行评价的指标包括：公民自身民主权利满意度、重大事项社会公示率、重大事项社会听证率、决策失误率、冤假错案率、国民对政府的满意度、万人拥有律师数、政府立法工作法治化指标、行政决策法治化指标、行政审批法治化指标、行政处罚法治化指标、行政服务法治化指标、行政监督法治化指标、行政救济法治化指标、行政责任法治化指标、公共财政管理与政府投资法治化指标等。③

（4）文化成果的评价指标。对文化成果进行评价的指标包括：文化娱乐支出比、教育支出占 GDP 比重、人均受教育年限、农村劳动力平均受教育年限、接受终身教育人口比重、农村教育投资占教育总投资的比重、义务教育普及率、万人拥有高等学校学生数、大学入学率、居民家庭计算机普及率等。

在本课题的研究中，我们主要是就经济成果和社会成果的公平分享进行探讨，这也是现实中改革发展成果公平分享议题涉及到的主要问题。因此，经济成果的评价指标和社会成果的评价指标对我们判断改革发展成果分享的公平性具有直接的参照意义。而文化成果的评价指标也可在一定程度上反映经济成果和社会成果分享的公平性，故其也对我们的研究具有一

---

① 朱启贵："科学发展需要科学评价体系"，载《光明日报》2008 年 1 月 22 日。

② 朱庆芳："全面建设小康社会 2020 年主要指标的发展目标及 2007 年实现程度"，资料来源：http://www2.cas.cn.

③ 《深圳市法治政府建设指标体系（试行）》（2008 年 12 月 16 日）。

定的参考价值;政治成果的评价指标虽然对本课题的研究议题没有直接的参照意义,但是,政治成果的发展水平会影响到经济成果和社会成果的公平分享,因此,政治成果的评价指标对于考量、确保改革发展成果公平分享的法律制度的实施效果不无现实意义。

3. 法律视野下改革发展成果的表现形式

改革发展成果的公平分享需要借助于一定的制度性措施来实现。其中,道德措施促使人们通过秉持内心的道义良知来主动寻求改革发展成果分享理应实现的公平性;政策措施促使政府通过施行一系列专门决策来达到改革发展成果公平分享的政策目标;法律措施则通过法律的运行来实现改革发展成果公平分享的法律目标。在各种制度性措施中,法律措施以其具有的相对稳定性、明确性、规范性、权威性而应当成为当下解决改革发展成果分享问题、实现人民的政治、经济、社会和文化权利的重要制度手段。

在法律视野下,改革发展成果的实质就是发展所形成的利益。这些利益,本质上是能够使社会主体的需要获得某种满足的生活资源。"有了这种资源,人们就可以获得好处,就可以使自己的生活达致某种状况,就可以在自己所参与的社会生活中,满足自己的一定的需要、愿望或要求,就可以获取一定的幸福"。[①] 在现实生活中,当某种利益或者说资源被视为应受法律保护的客体时,它就成为法益。此时,法益包含三个层次的内容:第一层次是法应当保护但还未规定保护的应然法益;第二层次是法应当保护并已经规定保护但未得到切实保护的实然法益;第三层次是法应当保护并已经规定保护而且已经得到切实保护的实然法益。[②] 在探讨改革发展成果分享问题时,我们所关注的法益主要是前述第一层次和第二层次的法益。这两个层次的法益均涉及自改革开放以来全体国民在经济领域、社会领域、政治领域、文化领域里所应分享的成果。我们可以把这些应当分享的改革发展成果叫做经济利益、社会利益、政治利益和文化利益。这些利益其实就是法律视野下改革发展成果的表现形式。

经济利益是指在改革发展中能够使社会主体的物质生活需要不断获得满足的经济资源。此类资源主要包括居民个人或者家庭的工资性收入、经营性净收入、财产性收入、转移性收入以及实物财产、货币财产等。

---

① 周旺生:"论法律利益",载《法律科学》2004 年第 2 期。
② 刘芝祥:"法益概念辨识",载《政法论坛》2008 年第 4 期。

社会利益是指在改革发展中能够使社会主体的生存需要和发展需要获得满足的社会资源。此类资源主要包括人民群众所享有的义务教育、公共卫生与基本医疗、基本社会保障、公共就业服务等基本公共服务项目以及基本公共服务的均等化。

政治利益是指在改革发展中能够使社会主体的政治生活需要获得满足的政治资源。此类资源主要包括公民或社会团体能够充分行使宪法赋予的各项民主权利、在参与国家和社会事务管理方面发挥积极作用、全社会建立起通畅的利益表达渠道和沟通反馈机制等。

文化利益是指在改革发展中能够使社会主体的文化生活需要获得满足的文化资源。此类资源主要包括人民群众在接受教育、享受公共文化服务、消费文化商品和服务、不断提高精神生活质量方面获得的利益。

上述四个方面的利益构成了法律视野下改革发展成果的基本表现形式。并且,这四项利益也构成了民众在改革发展中所应获得的根本利益的整体。在这个有机整体中,经济利益和社会利益是基础,只有首先满足了这两项最基本的利益需求,才能更好地实现民众的政治利益和文化利益;政治利益是核心,民众只有获得充分的政治资源,才能广泛地参与公共事务的治理、积极地表达基本利益的诉求,从而获得更为充分的经济利益和社会利益、享受更为丰富的文化利益;文化利益是经济利益、社会利益和政治利益的反映或表现,民众只有充分享有文化利益,才能更加有效地追求和实现经济利益、社会利益和政治利益,进而实现人的全面发展。总之,四项利益从不同领域、不同层面反映了改革开放时期人民群众的根本利益,四者相互联系,相互依存,相互促进。①

应当指出的是,在本课题的研究中,我们着重考察改革发展中分享不公的经济利益和社会利益。这两项最基本的利益在分配中所出现的矛盾和冲突最为直接地影响到民众福祉和社会和谐。在这两项利益范围内,我们将集中探讨以下九个方面受到普遍关注的利益:(1)土地利益,即民众在土地资源的开发利用过程中所获得的收益,如被征地农民得到的安置和补偿利益、城镇居民在房屋拆迁补偿中获得的利益、农民与市民在土地使用权保障中得到的利益、个人基于土地级差利益的参与分配权获得的收益等;(2)公共自然资源利益,即民众在公共自然资源的开发利用过程中所获得的收益,

---

① 习近平:"使人民群众不断获得切实的经济、政治、文化利益",载《求是》2001 年第 19 期。

如民众在公共自然资源的初始分配、特许经营、生态恢复中获得的收益等；(3)环境利益，即民众在环境保护过程中所获得的收益，如城乡环境利益、流域生态利益、不同收入阶层环境需求实现的利益、生态灾民得到保护和救济的利益、流域财政转移支付的利益、生态保险利益、生态融资利益、民众在建立生态灾民公益诉讼中获得的利益等；(4)产业利益，即民众在产业协调发展过程中所获得的收益，如民众在产业间反哺中获得的利益、在规制行业垄断利益中获得的利益、在产业补贴中获得的收益、在政府的产业振兴规划实施中获得的收益等；(5)劳动者利益，即民众在就业机会、劳动报酬、劳动保护等方面所得到的利益，如民众在反对就业歧视中获得的利益、在就业培训中获得的利益、在劳动报酬差距的合理性标准体系及预警机制实施中获得的利益等；(6)社会保障利益，即民众在社会保障制度实施中所得到的利益，如民众在社会保险、社会救助、社会福利、优抚安置等社会保障项目实施中得到的利益；(7)公共产品利益，即民众在公共产品制度实施中获得的利益，如民众在科技、教育、文化、卫生、体育、交通等事业发展中获得的利益、在公共投资准入中获得的利益等；(8)融资利益，即民众在融资体制改革成果分享中得到的利益，如民众在中小企业融资、农村融资、民间融资等融资活动中获得的利益；(9)财政税收利益，即民众在财政税收体制改革成果分享中得到的利益，如民众在公共财政支出、财政转移支付、资源税、增值税、企业所得税、个人所得税、消费税、物业税等税种改革中得到的利益。

之所以重点考察上述九个方面的经济或社会利益，是因为这九个方面的利益问题较为集中地反映了在改革开放以来巨大而快速的社会变迁中我国社会所出现的利益格局差距扩大的趋势。在现阶段，由利益分化和利益冲突引起的典型社会群体利益冲突事件，都直接或间接地与上述九项利益的分享不公有关，也都与这些利益分享不公背后的深层次制度性因素有关。① 因此，我们需要深入探究造成这些经济或社会利益分享不公的制度性原因，特别是从法律的视角考察当下我国法律应当保护但尚未加以保护的利益，以及法律已经加以保护但未得到切实保护的利益。通过这样的研

---

① 社会学者研究发现，由"征地、拆迁、移民及补偿不合理"、"环境污染影响居民生活"、"政府有关部门乱收费"、"下岗失业没有得到妥善安置"、"拖欠、克扣工资/超时工作"、"工作环境恶劣，老板/经理管理粗暴"、"医患纠纷"、"社会保障纠纷"、"学校乱收费"、"贪污腐败、侵占国家集体资产"、"司法不公、执法粗暴"等原因引发的利益冲突事件在近年来发生频繁，而如何构建利益冲突事件的解决渠道、提高解决问题的效率成为各方普遍关注的问题。参见李培林等著：《中国社会和谐稳定报告》，社会科学文献出版社2008年版，第329页。

究,我们希望寻求到进一步完善相关法律制度的思路,从而在立法环节合理地确认和分配利益,在执法环节充分地实现利益,在司法环节有效地维护利益,[①]发挥法律机制对上述各方面利益的确认、调节、救济和补偿的作用。

(三)改革发展成果分享的路径

改革发展成果分享的路径选择,从实质上讲,就是要建立和完善全体社会成员共享改革发展成果的机制。只有建立和完善这一机制,才能实现《国民经济和社会发展第十一个五年规划纲要》中所提出的"让全体人民共享改革发展成果"的目标。

1. 国外改革发展成果分享的基本做法

(1)总体模式:福利国家。改革发展成果的分享,是指资源的分享,它通常以福利的形式表现出来,无论是西方发达国家,还是转型国家、拉美国家以及东南亚的国家均建立了广泛的社会福利制度。[②] 所以国外对改革发展成果分享的基本做法是采用福利国家的模式。需要说明的是,由于福利国家缘起于西方发达国家,所以本课题对国外改革发展成果分享的基本做法,主要考察的是西方福利国家。

从西方社会的历史发展来看,在化解由经济发展(工业化过程)所带来的风险时,欧洲国家通过各自的发展经验找到了共同的道路,即建立福利国家。19 世纪 80 年代德国首相俾斯麦率先将社会保险计划引入社会改革,开始了福利国家的建构,20 世纪初德国的《魏玛宪法》规定了福利保险制度。在此后的 100 多年里,西方国家纷纷效仿德国,不断对福利国家进行发展、扩充、反思和修正,并将其视为社会政策的重要内容。这些国家所选择的解决社会风险的道路有一个共同特点:即由国家介入,建立了具有国家性和义务性的社会保障,由社会成员共同参与,通过国民收入的再分配,向社会成员提供以社会保障为核心的物质保障,从而降低市场经济中所出现的社会风险。[③] 虽然西方发达国家采用福利国家的原因,最初是为了化解由

---

① 甘强著:《经济法利益理论研究》,法律出版社 2009 年版,第 24 页。

② 周弘主编:《国外社会福利制度》,中国社会出版社 2002 年版,第 67 页。

③ 岳彩申、袁林:"以人为本:改革发展成果分享的权利依据",载《社会科学研究》2006年第 4 期。

工业化发展所带来的社会风险,但这种模式却在事实上起到了对改革发展成果分配的实际效果,因为福利国家作为一种新的国家形态,强化了现代国家的社会功能,国家保障的不仅仅是个人的收入,而且还把社会管理的职能延伸到营养、住房、健康和教育等人民社会生活的方方面面,以社会需求为主要出发点,面向所有的公民,实施大规模的收入分配。可以说,在西方社会的历史中还没有哪种国家形态能像福利国家这样,动用了国家机器,进行大规模的社会再分配,以 30% 左右的税率将财富从国民手中征调到政府手中,然后再将其中的 30% 甚至是 70%—80% 根据社会需要的原则,转移到属于不同阶级和利益集团的个人和家庭手中。① 由此可见,福利国家是西方发达国家社会成员分享社会改革发展成果的主要路径。

(2)基本类型。虽然西方发达国家从整体上讲是采用福利国家的方式保障社会成员分享改革发展成果,但由于各国的文化传统、经济发展和社会结构的不同,又主要形成以下三种福利国家的形式,②它们在保障改革发展成果分享方面,又具有各自的特征。

第一种类型是"自由主义"福利国家。在这种模式中,居支配地位的是经济调查式的社会救助、少量的普救式转移支付或作用有限的社会保险计划,国家运用消极和积极的两种手段促使市场机制发挥作用,因而个人福利主要受市场逻辑的支配。也就是说,社会成果的分配主要依据市场,而社会的再分配程度比较低。这一模式的典型代表是美国、英国、加拿大和澳大利亚等。

第二种类型是"社团主义"福利国家。在这种模式中,赋予公民社会权利是一种共识。该种模式的主张者并不认为自由主义的市场效率能提供完善的福利。但在社团主义的社会保险系统中,社会保险主要是个人跨期收入的再分配,不同社会群体之间的再分配效果微小。社团主义坚持国家只是在社会福利中起辅助作用,目的是完成其他社会团体和中间机构不能完成的任务。③ 这类制度最初发生在德国并得到长期发展,而后扩展到整个欧洲大陆,目前包括奥地利、法国、德国和意大利等国家。

---

① 周弘著:《福利国家向何处去》,社会科学文献出版社 2006 年版,第 2、18、21 页。

② [丹麦]艾斯平—安德森著:《福利资本主义的三个世界》,郑秉文译,法律出版社 2003 年版,第 29—30 页;汪行福:《分配正义与社会保障》,上海财经大学出版社 2003 年版,第 237—238 页。

③ 汪行福著:《分配正义与社会保障》,上海财经大学出版社 2003 年版,第 239 页。

第三种类型是"社会民主主义"福利国家。这种模式的特征表现为商品化原则与普救主义相混合,其目标不是只满足于最低需求上的平等,而通过社会保险和普遍福利来保障公民的普遍权利,弥补市场分配的缺陷。由于国家提供的福利项目多,水平高,覆盖面广,因此往往又被称之为"人民福利模式",甚至被看作为福利资本主义的"福利橱窗"。典型的国家有瑞典和挪威。

(3)借鉴意义。虽然目前对于福利国家有诸多批评,但西方国家采用福利国家的方式来分享改革发展成果,对我们仍有积极的借鉴意义,正如有学者所言:"福利国家是人类历史上最重要的制度创新,是我们时代的巨大财富,它对我们构建和谐社会,实现社会主义的公平正义具有重要的借鉴意义。"①从整体上,它对我们的借鉴意义体现在以下几个方面:

第一,社会权利:改革发展成果分享的依据。西方主流福利国家的理论认为:福利国家中收入、物品和服务分配需要对社会需求做出反应,公民的经济应得权的分配是福利国家的核心。②英国社会学家 T. H. 马歇尔认为,从权利发展的过程来看,西方社会从启蒙时代到 20 世纪初,经历了三次大的公民权的变迁:③18 世纪是市民权的时代,它的原则是个人自由的平等,公民权主要是指个人的行动权、身体权、财产权、良心和宗教自由权、言论和结社自由权等经典意义上的权利,它构成了资产阶级自由国家的法律和政治基础;19 世纪是政治权利时代,主要原则是政治自由的平等,它产生了普选权、政治参与权等新的权利,它是资产阶级民主国家的法律和政治基础;20 世纪是一个社会权利时代,它的基本原则是社会福利的平等,它形成了分享社会成果以及过一种社会通常水平的文明生活的权利,构成了资产阶级福利国家的法律和政治基础。换言之,社会成员基于社会权利都有权分享社会文明和进步的成果。从实践来看,联合国的《经济、社会和文化权利公约》已经明确了社会经济权利,包括西方国家在内的越来越多的国家批准了这一公约,通过建立经济社会权利机制实现社会财富与机会的公平分享。所以,社会成员的社会权利是分享改革发展成果的权利基础。

第二,"市场——国家"二元框架:改革发展成果分享的主要机制。从福利国家的基本类型来分析,改革发展成果分享的机制主要是市场机制和

---

① 汪行福著:《社会公正论》,重庆出版社 2009 年版,第 64 页。
② 汪行福著:《分配正义与社会保障》,上海财经大学出版社 2003 年版,第 239 页。
③ 汪行福著:《社会公正论》,重庆出版社 2009 年版,第 67—68 页。

国家分配两个要素组合所形成的机制。就"自由主义"福利国家而言,它主要的分配机制是市场机制,这种机制的优势在于它为人们提供了职业和消费品自由选择的空间,有效地解决了资源配置和激励问题,但其弱势则在于它无法克服自己内在的不稳定性和收入的不平等。就"社团主义"福利国家而言,它的实质仍然是市场分配的自然延伸,只是福利机构依附于工业社会的经济组织结构,社会团体在资源分配中起到了比较重要的作用,国家只是最后出场。就"社会民主主义"福利国家而言,政府承担了重要的责任,社会福利依赖于国家,国家分配是改革发展成果分享的主要机制。总结起来,虽然在"社团主义"福利国家中,社会团体起到了重要作用,但它仍是市场机制的延续;"自由主义"福利国家虽然倚重市场机制,但它也并非排斥通过国家干预来进行的分配,比如美国就形成了一个带有显著的再分配效应的社会强制系统;而"社会民主主义"福利国家的基本经济体制,仍然是市场机制。由此可见,改革发展成果分享应当是在市场、政府的框架下来配置。

第三,福利政策:改革发展成果分享的具体措施。自1942年英国贝弗里奇报告提出建立社会保险、社会补助和社会救济等福利国家政策以来,西方发达国家采取了非常广泛的措施,包括促进就业、失业保障、老年儿童福利保障、健康医疗保障、教育福利保障、住房保障、退伍军人保障、其他公共援助保障、妇幼及伤残福利保障、自然环境保障,等等。归纳起来,典型意义上的福利国家的措施主要有以下几个方面:[①]一是带有再分配性质的社会保险;二是根据家庭赡养系数提供的家庭津贴;三是专门针对特殊弱势群体的福利;四是为全民提供的免费服务,如健康服务和教育等;五是与通货膨胀或工资增长率挂钩的收益调整机制。这些都具有国家性、无条件性和共享性。上述具体的福利政策,无疑都可以使社会成员分享到改革发展成果。

第四,法律制度:改革发展成果分享的基本保障。从西方所有福利国家的历史来看,它的形成和发展都是以立法的形式来保障的。例如,美国1935年颁布的《社会保障法》,奠定了美国现代福利保障制度的基础;英国1946年颁布了《国民保险法》和《国民保健法》,1948年颁布了《国民救济法》,这三个法律的实施标志着英国建立了全面的社会保障制度。德国20世纪五六十年代颁布的《失业保险法》、《联邦社会救济法》、《联邦儿童补贴

---

① 汪行福著:《分配正义与社会保障》,上海财经大学出版社2003年版,第239页。

法》、《联邦教育法》，比较完整地建构了社会福利制度。丹麦、芬兰、冰岛、挪威、瑞典等国在 20 世纪五六十年代也都颁布了相应立法，建立了义务保险制度。由此可见，法律对于改革发展成果分享具有制度保障的重要作用。

2. 我国改革发展成果分享的现实路径

对于我国改革发展成果分享的现实路径，可以从总体思路、多维设计和具体措施三个层面来予以分析。

（1）总体思路。改革发展成果分享的路径是一个宏大的命题，我国理论界对这一问题从宏观上进行了许多有益的探讨，归纳起来，学者们认为从整体上讲，我国改革发展成果分享的路径主要应当包括以下几个方面：

第一，基础机制——促进经济持续稳定发展。这是因为"社会公众中绝大多数人分享成果的程度首先取决于经济增长和经济发展程度，从逻辑上分析，这是改善和提高国民大众生活的一个必要条件。如果没有增长和发展，国民产出只能是一个既定的常量，一部分人福利的增加只能以另外一些人福利的减少来实现。"①所以，经济持续稳定的发展是分享的基础机制，要保证社会全体成员能持续地分享改革发展成果，就必须在市场机制的基础上进一步完善宏观调控体系，增强宏观决策水平，以保证经济增长、充分就业、稳定物价和国际收支平衡等宏观调控目标的实现。

第二，分配机制——深化收入分配制度改革。合理的收入分配制度是改革发展成果公平分享的重要体现。必须坚持和完善以按劳分配为主体、多种分配方式并存的分配制度，理顺初次分配、再次分配及三次分配之间的关系。"在初次分配领域，以比例平等的原则来调整分配中的利益关系，即市场主体的所得与其在劳动、资金、技术、智力等要素方面的付出和贡献大小相适应，由此体现经济上的公平；在再分配领域，以完全平等的原则来调整分配中的利益关系，即按照一个人最基本的生存需要来分配社会资源。在做此分配时，只考虑每一个人作为人以及他对于缔结社会所做的贡献，而不考虑其才能和经济上的贡献，由此体现出社会性的公平。"②同时，还要进一步完善第三次分配，也就是把社会捐助、慈善事业、志愿行动等作为对第二次分配的补充。从而统筹兼顾好三次分配，使三次分配互动互补，互相促

---

① 俞宪忠："现代化的动力是绝大多数人受益"，载《文史哲》2004 年第 4 期。

② 李昌麒、黄茂钦："公平分享：改革发展成果分享的现代理念"，载《社会科学研究》2006 年第 4 期。

进,形成"三点式"社会分配新格局,这是最终解决分配不公的战略之举,也是促进和谐社会的最佳选择。①

第三,保障机制——切实履行政府职能。党的十七大把民生问题上升到了一个前所未有的高度,这就要求各级政府坚持对人民负责原则,切实履行经济调节、市场监管、社会管理和公共服务的主要职能,尤其要更加注重履行社会管理和公共服务职能,建立健全社会保障体系,形成法制化的社会保障制度,把更多的力量放在发展社会事业和提高人民生活水平问题上,确保人民共享经济繁荣的成果。②

第四,监督机制——综合运用多种监管手段。在经济转型中,由于各种制度不健全,或者通过侵吞公有财产、偷税漏税、制假贩假、敲诈勒索、贪污受贿等非法手段掠取财富,或者通过各种权钱交易,以权谋私等腐败行为谋取非法收入,或者公共资源被滥用和私权的不行使等,已是一个非常严峻的现实。③ 因此必须健全成果分享的监督机制,综合运用经济、法律、行政等手段,通过分配政策和税收政策,依法保护合法收入,取缔非法收入,整顿不合理收入,调节过高收入,防止收入分配过分扩大,尽可能地实现社会公平。④ 这里需要特别指出的是政府以监管为目的,不在于显示自己的权威,而是为了更好地保障公民分享改革发展成果权的实现。

(2)多维方式。虽然从整体上讲,改革发展成果的分享路径为:"基础机制——分配机制——保障机制——监督机制",但这只是一种宏观的分享机制,要实现改革发展成果的分享,还应当依据成果分享的特性和我国的社会现实,从不同的角度来进行具体的设计,包括利益协调机制的建构、社会政策的实施、公共服务的提供以及法律机制的发挥等等。⑤

第一,构建利益调整机制。改革发展成果分享的实质是利益的分享,而当下我国已经进入到一个利益分化的社会,因此从利益协调的角度探求改

①　姚永康:"统筹兼顾三次分配,人民共享发展成果",载《当代经济》2008 年第 3 期(上)。

②　佘远富:"发展成果由人民共享:中国特色社会主义的核心命题",载《扬州大学学报》(人文社会科学版)2009 年第 1 期。

③　顾松:"规范和谐分配秩序共享改革发展成果",载《中共南宁市委党校学报》2006 年第 6 期。

④　佘远富:"发展成果由人民共享:中国特色社会主义的核心命题",载《扬州大学学报》(人文社会科学版)2009 年第 1 期。

⑤　由于本书是对改革发展成果分享法律机制的研究,所以,对"法律机制"问题将在下一部分"法律机制在实现改革发展成果分享中的作用"中进行单独说明。

革发展成果的分享机制就具有积极的意义。胡锦涛同志在中央党校省部级主要领导干部提高构建社会主义和谐社会能力专题研讨班上的讲话指出："要通过广泛发扬民主，拓宽反映社情民意的渠道，完善深入了解民情、充分反映民意、广泛集中民智、切实珍惜民力的决策机制，形成能够全面表达社会利益、有效平衡社会利益、科学调整社会利益的利益协调机制。"这一论述对于建立全体人民共享改革发展成果的机制具有重要的指导意义。就利益调整机制而言，建立合理的符合人民群众利益的利益表达机制是保障人民分享改革发展成果的前提；建立科学的决策机制是保障人民分享改革发展成果的重要保证；建立协调机制是保障人民分享改革发展成果的重要环节；建立改革发展成果的利益分配机制是保障人民分享改革发展成果的关键和核心。①

第二，发挥社会政策功能。社会政策是指以公正为理念依据，以解决社会问题、保证社会成员的基本权利、改善社会环境、增进社会的整体福利为主要目的，以国家的立法和行政干预为主要途径而制定和实施的一系列行为准则、法令和条例的总称。② 在当代世界，社会政策以克服贫困和消除社会排斥为基本目标，在维护社会公正、促进社会民主、调整社会结构、增进社会团结等方面发挥着独特的功能，从而成为市场经济条件下保障社会和谐的一项基本制度。③ 从社会学角度看，在构建和谐社会、促进社会成员分享改革发展成果方面，社会政策大有用武之地，完善和调整社会政策是实现社会成员分享改革发展成果的重要手段和途径。④ 这是因为社会公正是社会政策的核心理念，通过社会政策的实施可以实现公平地分享改革发展成果。同时，伴随经济改革而带来的各种社会问题，例如贫困问题、贫富差距问题、失业问题、公共医疗问题、教育问题、住房问题、城乡差距扩大问题等等，也都需要社会政策的实施来加以解决、进而实现改革发展成果的公平分享。因此，我们应当高度重视社会政策的作用，一方面要根据我国的社会结构制定广泛的社会政策；另一方面还要从制度上保障社会政策能有效地实施。

第三，提供均等化的公共服务。"基本公共服务均等化是公共财政的

① 蒯正明："论保障人民共享三十年改革发展成果的机制构建"，载《重庆行政》2008 年第 2 期。

② 吴忠民："从平均到公正：中国社会政策的演进"，载《社会学研究》2004 年第 1 期。

③ 梁次红："论社会政策与社会和谐"，载《长江大学学报》(社会科学版)2008 年第 2 期。

④ 马用浩："社会政策与全体人民共享改革发展成果"，载《求实》2007 年第 1 期。

基本目标之一,是指政府要为社会公众提供基本的、在不同阶段具有不同标准的、最终大致均等的公共物品和公共服务。公共服务均等化的主要实现手段是政府间转移支付制度。"①自我国"十一五"规划中提出基本公共服务均等化原则以来,人们逐渐认识到基本公共服务均等化应当是分享改革发展成果的重要方式。因为"社会发展的基本宗旨是人人共享、普遍受益。而推进基本公共服务均等化,是实现人人共享社会改革发展成果的必然选择。换句话说,基本公共服务均等化是过程,共享社会改革发展成果是结果,它们在本质上是一致的,都是要维护社会公平。"②而且,基本公共服务均等是一个可行的衡量标准:一方面,基本公共服务均等化的本质是共享改革发展成果,基本公共服务均等化程度的高低直接反映了人们共享改革发展成果程度的高低;另一方面,相对于共享改革发展成果的难测度性,基本公共服务均等化的各项指标可以量化,所以它是衡量共享改革发展成果的可行标准。③ 从当前我国的现实来看,基本公共服务主要包括义务教育、基本医疗、公共卫生、社会保障、基础设施、公共文化、优抚救助、公共安全等等,其目标是保证生存和发展的起点公平、基础性的服务均等以及人们基本权利的平等。④ 只有这些基本公共服务做好了,才能使全体社会成员共享改革开放和社会发展的成果。

(3)具体措施。从目前党和国家所采取的具体措施来看,主要是以科学发展观为指导,一方面促进国民经济又好又快发展,为全体人民分享改革发展成果提供源泉;另一方面,则在经济发展的基础上,更加注重社会建设,着力保障和改善民生,推进社会体制改革,扩大公共服务,完善社会管理,促进社会公平正义,努力使全体人民学有所教、劳有所得、病有所医、老有所养、住有所居,从而得以全面地分享改革发展成果。也就是说,我国目前对于改革发展成果分享的举措,主要是通过重视民生并改善国民整体的生活状况为出发点的,具体而言,以下几个方面在落实分享改革发展成果方面起

---

① 《中共中央关于制定国民经济和社会发展第十一个五年规划的建议(辅导读本)》,人民出版社 2005 年版,第 575 页。

② 肖文涛、唐国清:"基本公共服务均等化:共享改革发展成果的关键",载《科学社会主义》2008 年第 5 期。

③ 肖文涛、唐国清:"基本公共服务均等化:共享改革发展成果的关键",载《科学社会主义》2008 年第 5 期。

④ 项继权:"基本公共服务均等化:政策目标与制度保障",载《华中师范大学学报》(人文社会科学版)2008 年第 1 期。

到了重要的作用。①

第一，在教育方面，加大教育投入、明确教育的公益性、确保教育公平。主要表现为：①普及和巩固义务教育，加强农村义务教育，推进城乡、地区间义务教育均衡发展，保证进城务工人员子女与当地学生平等接受义务教育；②坚持教育公益性质，加大财政对教育的投入，保证财政性教育经费的增长幅度明显高于财政经常性收入的增长幅度，强化政府对义务教育的保障责任，加大中央和省级政府对财政困难县义务教育经费的转移支付力度；③促进教育公平，公共教育资源向农村、中西部地区、贫困地区、民族地区以及薄弱学校、贫困家庭学生倾斜。

第二，在就业方面，实施扩大就业的发展战略，促进以创业带动就业。在社会经济发展中，把扩大就业摆在更突出的位置，实施积极的就业政策，加强政府引导，完善市场就业机制，扩大就业规模，改善就业结构；建立统一规范的人力资源市场，形成城乡劳动者平等就业的制度；完善面向所有困难群众的就业援助制度，及时帮助零就业家庭解决就业困难；积极做好高校毕业生就业工作；规范和协调劳动关系，完善和落实国家对农民工的政策，依法维护劳动者权益。

第三，在收入分配方面，深化收入分配制度改革，增加城乡居民收入。主要表现为：①更加注重社会公平，特别关注就学、就业机会和分配过程的公平。在党的十七大报告中，首次明确提出初次分配也需要考虑公平问题，再分配要更加突出公平；②逐步提高居民收入在国民收入分配中的比重，提高劳动报酬在初次分配中的比重。两个比重的提高将从根本上扭转国民财富增长迅速而国民并未同步富裕的失衡发展格局；③着力提高低收入者收入，逐步提高扶贫标准和最低工资标准，建立企业职工工资正常增长机制和支付保障机制。

第四，在社会保障方面，加快建立覆盖城乡居民的社会保障体系，确保全体人民的基本生活。为使全体公民都能分享改革发展成果，我国已明确提出要建立覆盖城乡居民的社会保障体系（包括社会保险、社会救助、社会福利和社会优抚）。在完善企业、机关、事业单位基本养老保险制度的基础上，探索建立农村养老保险制度；全面推进城镇职工基本医疗保险、城镇居民基本医疗保险、新型农村合作医疗制度建设；完善城乡居民最低生活保障制度，逐步提高保障水平；健全社会救助体系；做好优抚安置工作；发扬人道

---

① 主要根据国家"十一五"规划和党的十七大报告进行的整理和归纳。

主义精神,发展残疾人事业;加强老龄工作;强化防灾减灾工作;健全廉租住房制度,加快解决城市低收入家庭住房困难。

第五,在医疗方面,提高全民健康水平,坚持公共医疗卫生的公益性质。坚持预防为主、以农村为重点、中西医并重,实行政事分开、管办分开、医药分开、营利性和非营利性分开,强化政府责任和投入,完善国民健康政策,鼓励社会参与,建设覆盖城乡居民的公共卫生服务体系、医疗服务体系、医疗保障体系、药品供应保障体系,为群众提供安全、有效、方便、价廉的医疗卫生服务。

3. 法律机制在实现改革发展成果分享中的作用

(1)法律机制对于改革发展成果分享的功能。无论改革发展成果是通过什么样的途径和方式来实现在全体国民之间的分配和共享,都需要通过法律制度来加以确定,这是因为法律具有稳定性、普遍性和统一性,它在解决社会各类矛盾和冲突中有着较之经济手段和行政手段不可替代的优势,它可以为改革发展成果公平分享机制的设计提供稳定、强制的保障。进一步分析,法治作为社会秩序的理想状态,强调对基本人权的保障,而改革发展成果分享机制的建立,从本质上说就是要实现对人的利益包括公益和私益的公平配置,而法律能够有效解决社会利益之间的冲突和矛盾,保证社会公平正义价值的实现。由此,在法律的框架内,建立改革发展成果分享机制,是实现科学发展、促进社会和谐的有效途径之一。[①] 从这个意义上讲,一切改革发展成果分享机制的有效开展,其最终的保障都必须依赖于分享的法律机制的建构。

所谓法律机制是指法律规范的形成、遵守和实施、到产生预期的、最佳的法律秩序状态,推动社会生产力发展的法制综合运行原理。[②] 它是现代"系统论"在法律领域的具体运用。而法律机制最为核心的运行机制则在于权利义务机制,因为"与习惯、宗教、道德等规范系统的重大区别在于,法是以权利和义务为机制调整人的行为和社会关系的。"[③]进一步分析,这是因为法律作为一种行为规则体系和社会控制机制,对于纷繁复杂的人类行

---

① 李昌麒:"法治保障公平分享发展成果",载《人民日报》2008 年 1 月 16 日。

② 李昌麒著:《经济法——国家干预经济的基本法律形式》,四川人民出版社 1995 年版,第 333 页。

③ 张文显著:《法哲学范畴研究》(修订版),中国政法大学出版社 2001 年版,第 331 页。

为的指引与规范,进而对于各类社会关系的调整与规制,是通过权利(权力)义务(职责)在不同性质的社会关系主体之间的合理配置和有效运行来实现的。① 有学者就指出,由于权利与义务总是要归属于特定的主体,而在各个部门法中,有关各类主体权利、义务的规范的质与量各异,导致权利与义务会形成不同的排列与组合,从而构成各不相同的"权(利)义(务)结构"。这些"权义结构"上的差异,带来了各类法律制度或部门法之间的差异,从而确立了各类法律制度或部门法的重要价值,也形成了它们在调整社会关系方面的互补性。② 因此,不同法律对于特定社会关系的调整正是通过各自不同的权利(权力)义务的配置模式和运行机制来完成的,不同的权利(权力)义务配置结构本身表征和实现着不同法律的目标和功能。③ 因此,确立以社会成员的生存和发展为基本价值取向的公正的权利义务分配体系,就成为保障改革发展成果公平分享的必然选择。

(2)改革发展成果分享法律机制的总体构成。从上述可知,改革发展成果的分享法律机制,从实质上讲,就是通过权利义务的设置来对利益进行的一种分配。从分配理论来讲,通过市场实现的收入分配被称为第一次分配;通过政府调节而进行的收入分配被称为第二次分配;在政府收入调节之后,人们出于一种道德责任感和社会同情心,自愿把一部分收入转移出去的行为被称为第三次分配。由此,改革发展成果分享法律机制的构成就是以权利的配置为核心,以市场分配法律机制为基础、以政府分配法律机制为保障和以第三次分配法律机制为补充。

第一,以权利配置为核心。对于改革发展成果分享的法律机制而言,对社会成员权利的赋予和设定显得尤为重要,因为"实现改革发展成果的公平分享,从根本上来说必须依赖于正确的权利配置。"④阿玛塔亚·森在分析社会分配时认为,不能仅仅关注收入和资源的分配,而且应当关注权利的分配,只要一个人生活在法律秩序之下,他的生活条件就不仅取决于自己的努力,而且也取决于社会赋予他什么样的权利。⑤ 从我国目前所采取的改

---

① 孟庆瑜著:《分配关系的法律调整——基于经济法的研究视野》,法律出版社 2005 年版,第 97 页。

② 张守文:"'权义结构'的经济法分析",载《经济法制论坛》2004 年第 3 期。

③ 孟庆瑜:"论分配关系的法律调整机制——以分配权的法律配置为核心",载《河北大学学报》(哲学社会科学版)2005 年第 5 期。

④ 李昌麒:"法治保障公平分享发展成果",载《人民日报》2008 年 1 月 16 日。

⑤ 汪行福著:《社会公正论》,重庆出版社 2009 年版,第 64 页。

革发展成果分享的具体措施来看,实现改革发展成果分享的基本路径是关注并解决社会成员的民生问题,因为重视并改善民生状况不仅有利于逐步建立公正的社会秩序,提升社会的整体和谐程度,而且能够有效保障经济的稳定发展,从根本上消解社会改革成果分享的矛盾。但目前最根本的问题则在于,许多社会成员的基本权利和基本生存条件尚没得到适当的保障。因而应当确定并保护社会成员的财产权、就业权、劳动保护权等等基本的生存权利,改善多数社会成员的民生状况。① 总的来说,只有以权利的配置为核心,才能实现改革发展成果的公平分享。

第二,以市场分配法律机制为基础。所谓市场分配法律机制即以市场为主导的分享法律机制,主要适用于改革发展成果的初次分配领域。在初次分配领域,经济成果的分配主要遵循的是市场逻辑,平等主体之间的分配是权利交易的结果,它的产生完全出于自愿,也就是参与经济活动的土地、资本、劳动力、技术、管理等各生产要素的所有人之间按照各自的贡献大小进行分配,各个生产要素的供给者将按照他们向社会提供的生产要素的数量和质量获取相应的报酬。因此法律机制的保障主要表现为两个方面:一是对市场主体的资格进行公平的确认和规范;二是对交易提供法律制度的保护。有学者就认为,在这种由市场主导的经济改革发展成果的分配过程中,参与成果分享的不同市场主体的权利义务以及他们之间的相互关系,主要是通过民商事法律制度来确认和调整的,即民商事法律制度对于各生产要素所有人的平等市场主体资格的确认与规范,而各种类型的合同则成为了连接广大市场主体之间交易和分配关系的基本法律形式。这种分享机制不仅构成了一个国家的改革发展成果分享机制中的基础性环节,同时又反过来直接影响着一个国家的社会财富的创造和增长机制。②

第三,以政府分配法律机制为保障。所谓政府分配法律机制即以政府为主导的分享法律机制,主要适用于改革发展成果的再分配领域。因为市场分配有其不可克服的缺陷,所以与初次分配领域遵循自愿交易原则进行分配不同,再分配领域是公权机关凭借其强力对改革发展成果进行公平分配,涉及到资金和财富的归集及转移两个方面。与此相适应,政府分配法律

---

① 岳彩申、袁林:"以人为本:改革发展成果分享的权利依据",载《社会科学研究》2006年第4期。

② 孟庆瑜:"主体、客体、理念与机制——改革发展成果分享中的基本法律问题之辨析",载《社会科学研究》2006年第4期。

机制也包括资金和财富的归集及转移两个方面。在资金和财富的归集方面,法律主要保障归集的公正性和高效率,并尽可能地降低其负面效应;在资金和财富的转移方面,法律主要保障转移的公正性、公益性和高效率。具体来讲,法律应当通过税收、财政转移支付、强制性社会保险、以及公共工程等手段来实现改革发展成果的公平分享。① 有学者总结为,就它的运行机制和法律内容来看,主要表现为在国家预算体制的框架下,改革发展成果在财政收入和财政支出两条途径上的分配与共享。并强调政府分配法律机制必须奉行法定、公正、透明等原则,政府分配行为必须纳入国家预算、税收、社会保障等经济法治的轨道,以防止政府分配过程中可能出现的问题与缺陷。②

第四,以第三次分配法律机制为补充。第三次分配是在道德力量作用下的收入分配,是分配领域中的"习惯与道义调节"。之所以需要第三次分配,是因为以市场为基础的第一次分配,依据效益原则进行分配时对国民收入增长的积极作用可能是递减的,而以政府为主导的第二次分配往往又难以兼顾效率和公平,因此第三次分配就会起到补充的作用,因为它发挥作用的领域是市场调节和政府调节力所不及的。③ 而第三次分配的实施,主要是依赖于个人、企业以及第三部门收入的自愿转移,如个人自愿为家乡建设捐款,为残疾人福利组织捐款,向灾区人民捐款,向各种文化、体育、卫生、宗教团体捐赠等。这些收入转移行为,有利于社会收入分配的协调,克服贫富分化的"马太效应",保障社会财富和收入分配公平的实现。而法律对于第三次分配也会起到积极作用。首先,法律可以从制度上鼓励这样的收入分配,例如对于企业基于承担社会责任的捐赠,可以从税收上给予减免;其次,法律可以明确第三次分配主体的资格,例如对于第三部门的各类慈善组织、社会基金会、社会互助组织的资格予以确认;最后,法律可以监管第三次分配的合法使用,例如对于各种慈善捐赠款项的使用管理规定。因此,将第三次分配予以法制化,就具有重要的意义。

(3)改革发展成果分享法律机制的基本制度。改革发展成果的分享,

① 李昌麒、应飞虎:"论需要干预的分配关系——基于公平最佳保障的考虑",载《法商研究》2002 年第 3 期。

② 孟庆瑜:"主体、客体、理念与机制——改革发展成果分享中的基本法律问题之辨析",载《社会科学研究》2006 年第 4 期。

③ 蔡磊著:《非营利组织基本法律制度研究》,厦门大学出版社 2005 年版,第 60—61页。

归根到底是利益分配的问题,就改革发展成果中的经济成果而言,主要包括土地利益、公共自然资源利益、环境利益、产业利益、劳动者利益、社会保障利益、公共产品利益、融资利益、财税利益九个方面。只有满足了这九个方面的公平分配,才是对改革发展成果公平分享的全面理解。因此,改革发展成果分享法律机制的基本制度也应当涵盖上述九个方面,具体而言包括:①建立和完善土地利益的公平分享法律制度;②建立和完善公共自然资源利益的公平分享法律制度;③建立和完善环境利益的公平分享法律制度;④建立和完善产业利益的公平分享法律制度;⑤建立和完善劳动者利益公平分享的法律制度;⑥建立和完善社会保障利益的公平分享法律制度;⑦建立和完善公共产品利益的公平分享法律制度;⑧建立和完善融资利益的公平分享法律制度;⑨建立和完善财税利益的公平分享法律制度。

二、改革发展成果分享的社会效果分析

（一）改革发展成果分享的成就

党和国家历来重视改革发展成果共享问题，并不失时机地采取有效措施让全体人民共享改革发展成果。特别是中共十六大以来，以科学发展观统领经济社会发展全局，坚持以人为本，落实"五个统筹"，全面实施"十一五"规划，改革发展成果人民共享和社会主义和谐社会建设不断取得新成就。

1.统筹城乡经济社会发展，扎实推进社会主义新农村建设

党中央和国务院始终坚持把解决好农业、农村和农民问题作为工作重中之重，坚持工业反哺农业、城市支持农村和多予少取放活的方针，创新体制机制，加强农业基础，增加农民收入，保障农民权益，促进农村和谐。2006年在全国范围内取消农业税、牧业税和特产税，由此每年减轻农民负担1335亿元。2002—2007年间大幅度增加对农业农村投入，仅中央财政用于"三农"的支出五年累计就达1.6万亿元，2009年中央财政用于"三农"的支出达到7253亿元，比上年增长21.8%。全国粮食连续多年增产，2009年产量达到53082万吨，农村居民人均纯收入达到5153元。① 农业不断增效、农村加快发展、农民持续增收的良好局面，充分调动了广大农民的积极性、主动性、创造性，农村经济社会得到又好又快发展，城乡经济社会一体化发展呈现新态势，为我国整体经济社会的稳定和发展发挥了重要作用。

---

① 温家宝：《政府工作报告——2010年3月5日在第十一届全国人民代表大会第三次会议上》，人民出版社2010年版，第2页。

2. 实施区域发展总体战略，不断促进区域协调发展

党中央和国务院高度重视区域协调发展问题。1999 年党中央审时度势、不失时机地做出了"实施西部大开发战略，加快中西部地区发展"的重大决策，国家在规划指导、重大工程建设、资金投入、政策措施等多方面对西部大开发予以重点支持。截至 2004 年，中央建设资金累计安排西部地区约 4600 亿元，财政转移支付和专项补助累计安排 5000 多亿元，有力地支持了西部地区经济建设和社会事业发展。① 2000 年至 2008 年，西部地区生产总值从 1.66 万亿元增加到 5.82 万亿元，年均增长 11.7%，人均生产总值等主要指标增速高于全国平均水平。西部地区经济保持平稳较快发展，经济效益明显提高，与东部地区经济发展差距扩大的趋势得到初步遏制。② 在西部大开发继续推进的新形势下，2003 年，中共中央、国务院制定和实施东北地区等老工业基地振兴战略，大型粮食基地建设不断加强，国有企业改革改组改造取得突破性进展，重大技术装备国产化成效显著，资源型城市经济转型试点进展顺利，老工业基地焕发出新的生机和活力。③ 2006 年中共中央、国务院制定和实施促进中部地区崛起的政策措施，中部六省粮食主产区现代农业建设步伐加快，重要能源原材料工业、装备制造业和综合交通运输体系进一步发展。东部十省市贯彻"鼓励东部地区率先发展"战略，努力实现转型创新再跨越，经济实力和整体素质显著提升。经济特区、上海浦东新区、天津滨海新区、重庆两江新区开发开放加快推进。在这些重大举措的有效推动下，区域经济的合理布局和协调发展不断取得新成效。

3. 高度重视资源节约和环境保护，促进人与自然和谐

党中央、国务院历来高度重视环境保护工作，始终把环境保护放在十分重要的战略位置。在全面建设小康社会，加快推进社会主义现代化建设的新阶段，国务院严格执行"十一五"规划确立的节能降耗和污染减排目标，提出并实施节能减排综合性工作方案，到 2007 年单位国内生产总值能耗比上年下降 3.27%，化学需氧量、二氧化硫排放总量近年来首次出现双下降，

① 温家宝："开拓创新、扎实工作，不断开创西部大开发的新局面"，载《人民日报》2005 年 2 月 5 日。

② "新中国档案：实施西部大开发战略"，资料来源：http://news.xinhuanet.com.

③ 温家宝：《政府工作报告——2008 年 3 月 5 日在第十一届全国人民代表大会第一次会议上》，人民出版社 2010 年版，第 24 页。

比上年分别下降3.14%和4.66%。同时,优化产业结构,发展循环经济,推广清洁生产,节约能源资源,依法淘汰落后工艺技术和生产能力。截至2007年,中央政府投资支持重点流域水污染防治项目691个,关停小火电2157万千瓦、小煤矿1.12万处,淘汰落后炼铁产能4659万吨、炼钢产能3747万吨、水泥产能8700万吨。继续推进天然林保护、京津风沙源治理等生态建设,五年累计退耕还林、植树造林3191万公顷,退牧还草3460万公顷。加强土地和水资源保护,五年整理复垦开发补充耕地152.6万公顷。① 充分认识加强农村环境保护的重要性和紧迫性,2007年11月国办转发《关于加强农村环境保护工作的意见》,2008年7月国务院首次召开全国农村环境保护工作会议,要求把农村环境保护纳入国家环境保护总体战略,统筹加以推进,我国由此进入城市和农村环境保护全面推进、工业和农业污染防治齐抓并重的新时期。2009年安排预算内资金,支持重点节能工程、循环经济等项目2983个;实施节能产品惠民工程,推广节能空调500多万台、高效照明灯具1.5亿只。继续推进林业重点生态工程建设,完成造林588万公顷,森林覆盖率达到20.36%。综合治理水土流失面积4.8万平方公里。加强"三河三湖"等重点流域水污染防治和工业废水废气废渣治理。"十一五"前四年累计单位国内生产总值能耗下降14.38%,化学需氧量、二氧化硫排放量分别下降9.66%和13.14%。② 总之,节约资源和保护环境从认识到实践都发生了重要转变,资源节约型和环境友好型社会建设不断取得新进展。

4. 深化收入分配制度改革,规范收入分配秩序,努力增加城乡居民特别是低收入居民收入

坚持按劳分配为主体、多种分配方式并存的分配制度,加强收入分配宏观调节,在经济发展的基础上,更加注重社会公平,着力提高低收入者收入水平,逐步扩大中等收入者比重,有效调节过高收入,坚决取缔非法收入,促进共同富裕。2002—2007年间,调高最低工资标准;基本解决拖欠农民工工资问题;四次提高重点优抚对象的抚恤补助标准,统筹解决退役军人实际

---

① 温家宝:《政府工作报告——2008年3月5日在第十一届全国人民代表大会第一次会议上》,人民出版社2010年版,第25页。

② 温家宝:《政府工作报告——2010年3月5日在第十一届全国人民代表大会第三次会议上》,人民出版社2010年版,第25页。

困难。降低居民储蓄存款利息税率,提高个人所得税起征点。家庭财产普遍增多。居民消费结构升级加快,家用汽车大幅度增加,移动电话、计算机、互联网快速普及,旅游人数成倍增长。住房条件进一步改善,棚户区改造取得积极进展。城乡居民享有的公共服务明显增多。

5. 全面加强社会建设,切实保障和改善民生

党中央、国务院统筹经济社会发展,加快教育、卫生、文化、体育等社会事业发展和改革,积极解决涉及人民群众切身利益的问题。2002—2007 年间,全国财政用于教育支出五年累计 2.43 万亿元,比前五年增长 1.26 倍。2009 年大幅度增加全国教育支出,其中中央财政支出 1981 亿元,比上年增长 23.6%。农村义务教育已全面纳入财政保障范围,对全国农村义务教育阶段学生全部免除学杂费、全部免费提供教科书,对家庭经济困难寄宿生提供生活补助,使 1.5 亿学生和 780 万名家庭经济困难寄宿生受益。2009 年中央下达农村义务教育经费 666 亿元,提前一年实现农村中小学生人均公用经费 500 元和 300 元的目标。实行义务教育阶段教师绩效工资制度。中等职业学校农村家庭经济困难学生和涉农专业学生免学费政策开始实施。国家助学制度不断完善,资助学生 2871 万人,基本保障了困难家庭的孩子不因贫困而失学。全国财政用于医疗卫生支出五年累计 6294 亿元,比前五年增长 1.27 倍。重点加强公共卫生、医疗服务和医疗保障体系建设,覆盖城乡、功能比较齐全的疾病预防控制和应急医疗救治体系基本建成。2009 年中央财政医疗卫生支出 1277 亿元,比上年增长 49.5%。城镇职工和城镇居民基本医疗保险参保 4.01 亿人,新型农村合作医疗制度覆盖 8.3 亿人。中央财政安排 429 亿元,解决关闭破产国有企业退休人员医疗保险问题。基本药物制度在 30% 的基层医疗卫生机构实施。坚持实施和完善积极的就业政策,从财税、金融等方面加大支持力度,中央财政安排就业补助资金五年累计 666 亿元,2009 年中央财政安排就业专项资金 426 亿元,比上年增长 59%。城乡公共就业服务体系建设进一步加强。逐步建立社会保险、社会救助、社会福利、慈善事业相衔接的覆盖城乡居民的社会保障体系。全国财政用于社会保障支出五年累计 1.95 万亿元,比前五年增长 1.41 倍。[①]

---

① 温家宝:《政府工作报告——2010 年 3 月 5 日在第十一届全国人民代表大会第三次会议上》,人民出版社 2010 年版,第 33 页。

（二）改革发展成果分享存在的问题

在看到改革发展成果共享成绩的同时，我们必须清醒地认识到，长期积累的制约改革发展成果共享的深层矛盾尚未得到根本解决，影响改革发展成果共享的新生问题还在不断出现。

1. 收入分配差距过大

从终极意义上讲，收入分配是评判改革发展成果共享水平的直接依据。改革开放 30 年来，中国经济取得的改革发展成果举世瞩目。2008 年国内生产总值达到 300670.0 亿元，与 1978 年的 3645.2 亿元相比，绝对额增长 297024.8 亿元，增长 82 倍之多。国民收入在政府、企业和居民之间的分配结构变化呈现居民收入比重上升，政府收入比重下降，企业收入比重基本稳定的鲜明特征，[①]基本符合改革发展共享的总体方向，有利于调动各方积极性，有利于解放和发展生产力。但是，城乡、地区、行业、群体之间收入分配差距的不断扩大却是一个不容争议的事实。

（1）城乡收入差距不断拉大。改革开放以来，我国城乡居民之间的收入分配差距经历了"先缩小、后扩大"的变动轨迹（见表 1）。1978—1985 年间，因农村经济体制改革和农业生产力的释放，城乡收入分配差距呈缩小趋势，城镇居民家庭人居可支配收入与农村居民家庭人均纯收入之从 2.57 下降到 1.86。此后，城乡收入分配差距又逐步调整回升，到 2002 年时扩大到 3 倍以上。后来的 5 年时间里，伴随城乡居民人均收入的增长速度的明显加快，两者之间的人均收入差距亦呈日渐扩大趋势（见图 1），2008 年达到 3.31 倍之多。

（2）地区收入分配差距明显失衡。长期以来，我国实际推行一种不均衡区域发展战略，再加上不同地区因地理位置、人口、资源与环境状况、经济市场化发展水平等诸多因素的影响，不同地区的居民收入分配之间的差异是一个无需证明的客观事实。自 1999 年始，国家陆续启动了包括西部大开发、振兴东北等老工业基地、中部崛起、东部再跨越等在内的旨在推进区域

---

① 严于龙等："我国收入分配状况及农民工对经济增长成果的分享"，载《宏观经济管理》2007 年第 3 期。

表1　城乡居民收入差距

年份	城镇居民家庭人均可支配收入（元）	农村居民家庭人均纯收入（元）	城乡居民收入差距（倍数）	年份	城镇居民家庭人均可支配收入（元）	农村居民家庭人均纯收入（元）	城乡居民收入差距（倍数）
1978	343.4	133.6	2.57	1998	5425.1	2162	2.51
1980	477.6	191.3	2.50	1999	5854	2210.3	2.65
1985	739.1	397.6	1.86	2000	6280	2253.4	2.79
1990	1510.2	686.3	2.2	2001	6859.6	2366.4	2.90
1991	1700.6	708.6	2.40	2002	7702.8	2475.6	3.11
1992	2026.6	784	2.58	2003	8472.2	2622.2	3.23
1993	2577.4	921.6	2.80	2004	9421.6	2936.4	3.20
1994	3496.2	1221	2.86	2005	10493	3254.9	3.22
1995	4283	1577.7	2.71	2006	11759.5	3587.04	3.27
1996	4838.9	1926.1	2.51	2007	13786	4140	3.33
1997	5160.3	2090.1	2.47	2008	15781	4761	3.31

——资料来源：《中国统计年鉴》2009 年版

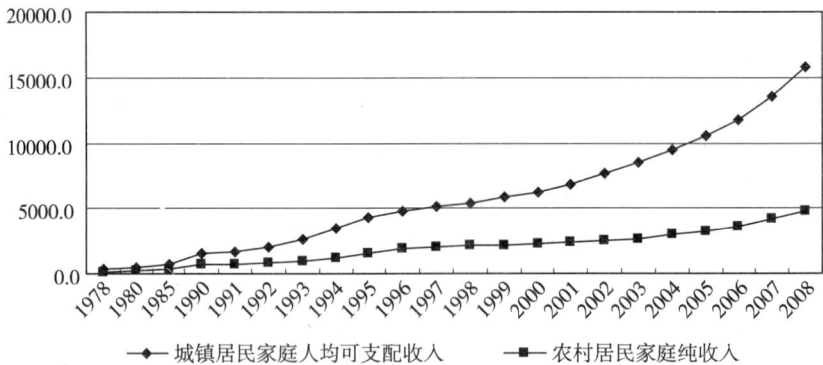

图1　城镇居民收入与农村居民收入对比

——资料来源：《中国统计年鉴》2009 年版

均衡发展的战略举措,但是中西部地区的贫困问题并未得到根本解决,东西部之间的地区差异包括收入分配差异仍呈扩大态势。① 从历年不同地区居

———————————

① 韦苇:《中国西部经济发展报告(2005)》,社会科学文献出版社 2005 年版,第43 页。

民可支配收入的具体情况来看,中部地区和西部地区的人均可支配收入差距不大,且始终低于全国平均水平,但与东部地区相比则差距明显,并呈加剧扩大之势(见图2)。

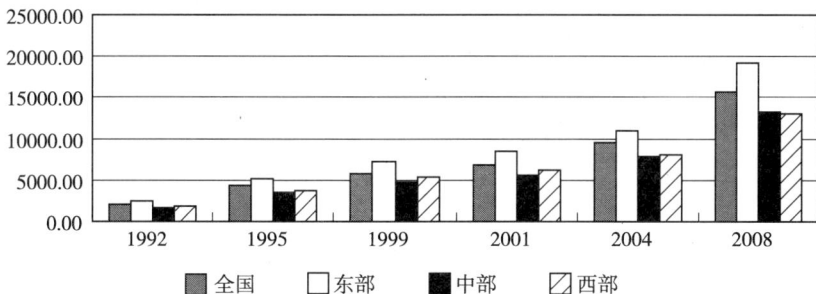

图2　我国各地区城镇居民平均可支配收入

——资料来源:历年《中国统计年鉴》整理、计算

(3)行业收入分配差距不合理。有差别才能有区分,行业收入差别的存在有其客观必然性。改革开放30年来,中国的行业收入分配差距同样经历了一个由低到高的变动趋势。1978年收入最高行业电力燃气和水的生产和供应业与收入最低行业社会服务业相比收入只差458元。随着经济市场化的改革与发展,行业收入差距越来越大,最高收入行业与最低收入行业也发生了变化。到2008年,最高收入行业金融业(53897元)与最低收入行业农林牧渔业(12560元)的收入差距已达41337元,两者相差约为4.29倍。作为国家经济稳定和发展基础的第一产业和第二产业,其主要行业基本收入水平常年低于全国平均收入水平,其中农、林、牧、渔的行业收入到2008年平均收入12560元,远远低于全国平均行业收入水平,而作为工业的核心产业的采掘业和制造业的平均收入水平也仅仅是在全国平均水平附近徘徊(见图3),行业收入与其对国民经济发展的贡献率明显不符。同时,就行业类别来看,高收入行业多集中于金融、保险、电力、交通、能源等垄断性行业,以至于出现了"一个抄表工年薪20万"的严重不合理现象。而在第三产业具有代表性的批发和零售业、住宿和餐饮业、水利、环境和公共设施管理业、居民服务和其他服务业等行业的收入长年低于各行业平均收入水平(见表2)。可见,这些行业以及这些行业的从业人员难以合理分享经济改革发展成果。

37

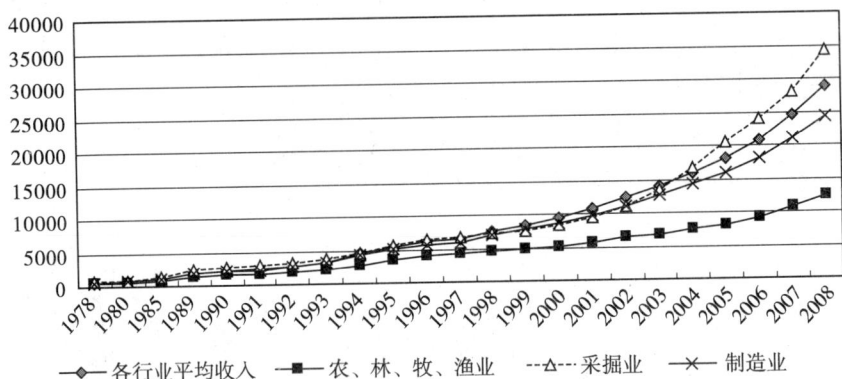

图3　主要行业收入变动趋势图

——资料来源:《中国统计年鉴》2009 年版

表 2　部分行业平均收入　　　　　　　　　　（单位:元）

年份	各行业平均收入	批发和零售业	住宿和餐饮业	水利、环境和公共设施管理	居民服务和其他服务业
2003	13969	10894	11198	11774	12665
2004	15920	13012	12618	12884	13680
2005	18200	15256	13876	14322	15747
2006	20856	17796	15236	15630	18030
2007	24721	21074	17046	18383	20370
2008	28898	25818	19321	21103	22858

——资料来源:《中国统计年鉴》2009 年版

　　（4）群体间收入分配差距呈两极化态势。改革开放以来,由于各种经济因素的影响,从事行业不同和所处地区差异,我国各群体间收入分配差距在不断扩大,低收入群体居民的生活状况不断恶化,两极分化趋势显现。按照通常的五等分和十等分比例的收入群体分析(见表3),我们可以发现,不论是五等分组还是十等分组,贫穷群体收入与富有群体收入的比值正在逐步加剧,尤其是最贫穷的 10% 群体与最富有的 10% 群体的比值的差距悬殊,2004 年更是达到 10.87 倍,绝对值差距为 24975 元。到 2008年,之间的差距略有缩减,但最贫穷的 10% 群体的收入仅仅为 4753 元,远远低于 15780 元的全国平均收入水平,与最富有的 10% 群体的差距达到 9.18 倍(见图4)。

表3 我国城镇居民收入的群体贫富比较 （单位：元）

年份	全国	五等分组			十等分组		
		最低组	最高组	比值	最低组	最高组	比值
1992	1826	1112	2891	2.6	975	3322	3.41
1995	3893	2207	6486	2.94	1924	7538	3.92
1999	5854	3049	10296	3.38	2618	12084	4.62
2001	6860	3320	12663	3.81	2803	15115	5.39
2004	9422	3631	20069	5.53	2531	27506	10.87
2006	11759	4555	25516	5.6	3568	31967	8.96
2008	15780	6058	34932	5.77	4753	43613	9.18

——资料来源：历年《中国统计年鉴》整理、计算

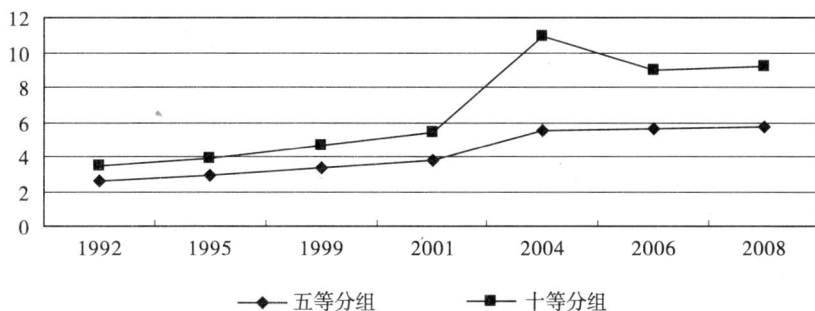

图4 我国城镇居民收入群体贫富比值变动图

——资料来源：历年《中国统计年鉴》整理、计算

2. 财政分配不合理

财政是国家参与国民收入分配和再分配的重要手段，在宏观调控、收入调节、促进社会和谐与稳定方面发挥着越来越重要的作用。因此，"一国的财政体制需要在国家合法性最大化、国家财政收入最大化和社会经济发展绩效最大化之间达成某种平衡，否则就会引起国家或社会的动荡，从而需要通过改革或革命来重新趋向平衡"。① 从我国财政体制运行的实际情况来看，财政在实现收入增长、促进经济社会发展方面作用重大，但是在事关改革发展成果共享方面存在突出问题：

① 刘志广："权力资源、生活机会和财政体制"，载《新华文摘》2004年第1期。

(1)不同地区的宏观税负①不合理。在市场经济条件下,宏观税负从总体上代表着政府对整个社会财富的占用程度以及在经济中的地位,同时也反映出政府财政在实现改革发展成果共享方面的能力。我国自实行经济市场化改革以来,尽管宏观税负因国家两次大规模的税制改革而与税收收入增长和经济增长相适应呈现周期性特征,但总体呈现一种缓慢上升的态势,负担处于适中或较低水平。从不同地区的宏观税负水平来看,则具明显不合理性。从最近几年各地区宏观税负比重来看(见图5),东部地区由于享受了国家针对沿海地区对外开放窗口城市和地区所制定的税收优惠,国民经济总量的优势使得东部地区宏观税负水平虽然高于全国水平,但是并没有对其经济的发展造成过大负担。西部地区虽然享受到西部开发的经济促进政策,但因这些政策多与税收收入联系不甚密切,加之税源匮乏、地方财政困难,使得税收优惠政策难以发挥作用,与人口众多的中部省份相比,宏观税负水平依然处于高位,市场主体承担着更多的税收压力,这是与西部的经济、资源、人口等极为不符的。

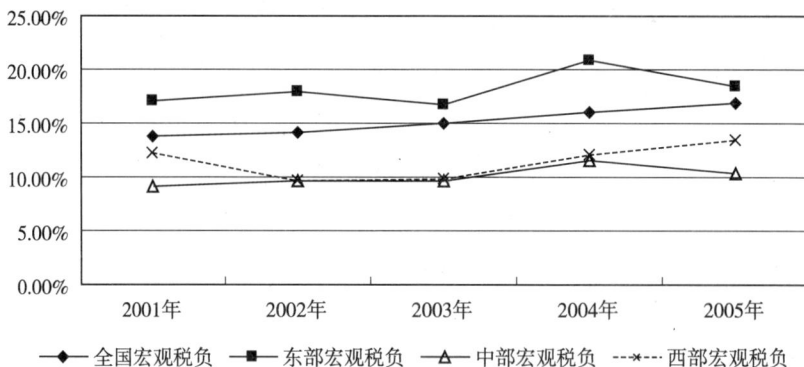

图5　各地区宏观税负比重

——资料来源:《中国统计年鉴》和《中国税务年鉴》历年数据计算所得

(2)各税种在税收收入中的比例不合理。税制结构的优化和完备程度直接制约着税负的公平与效率的目标实现,影响着税收的收入、调控与稳定的功能发挥。长期以来我国推行以流转税为主的税制结构,尽管期间经历

---

① 所谓宏观税负,是指一定时期私人部门因国家课税而放弃的资源总量,通常可用一定时期的政府课税总额或政府课税总额占同期 GDP 的比重加以表示。资料来源:http://www.yeewe.com.

1994 年财税体制的大规模改革,但以流转税、营业税、消费税、关税等为主体税种的税收收入结构并未发生根本性改变。其中,增值税在整体税收收入中所占比重已由 1994 年的 45.02% 下降到了 2008 年的 33.56%,但仍居高位;营业税所占的比例也相对较大。(见图 6)增值税和营业税两者之和在 1994 年为 58.09%,2008 年为 47.25%,十余年的时间里尽管有所下降,但基本保持在 50% 以上(见图 7)。由于流转税属间接税,税负可以转嫁,不能真实反映每个社会主体的实际税负状况,因此,比重偏高的流转税使得国家税收难以发挥分配收入、配置资源和保障稳定的职能,也严重影响着改革发展成果在全国范围的共享。

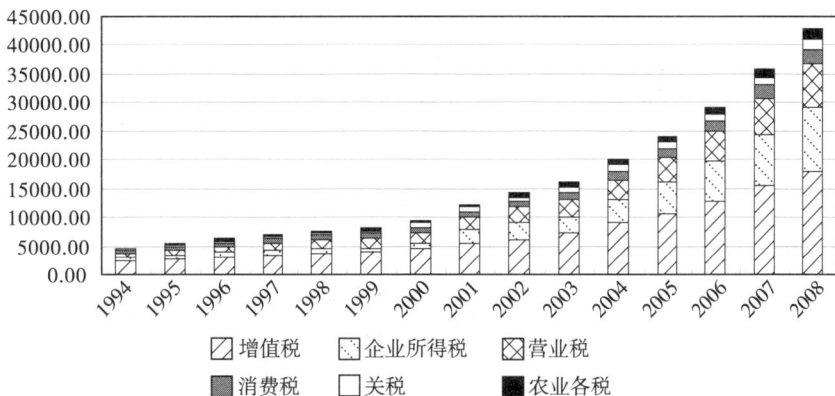

图 6 各主要税种在税收收入中的比重

——资料来源:《中国统计年鉴》

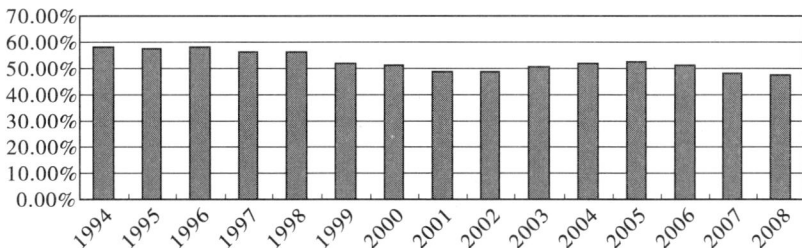

图 7 增值税和营业税在税收收入中所占比重

——资料来源:《中国统计年鉴》

(3)个人税负分担不合理。个人所得税是极具发展潜力的税种,在调节贫富差距、增加财政收入等方面发挥着越来越重要的作用。自我国开征个人所得税以来,伴随经济发展和居民收入增加,个人所得税收入不断增长。2000 年全国共征收个人所得税 660 亿元,2007 年个人所得税收入完成 3186 亿元,2008 年征收 3722 亿元。但其增长幅度远远小于居民储蓄存款年增长幅度。就个人所得税分项目构成来看,尽管居民收入渐趋多元,但工资薪金个人所得税占个人所得税总收入的比重一直居于高位,2000 年为 42.86%,2007 年达到 55%。这对于以工资薪金为主要收入来源的广大中低收入阶层来说未免负担过重,而同期的高收入群体的纳税比例则长期处于偏低水平,如广东省 2000 年的"高收入阶层缴纳的比例仅占 2.33%",①从而形成了"高收入者少纳税"的不公平税负格局。为此,国家税务总局在 2001 年发布了《关于进一步加强对高收入者个人所得税征收管理的通知》,但是高收入者少交税的局面并没有因个税征管的加强而得到根本性改变。据 2009 年 6 月中国青年报社会调查中心通过题客调查网,对全国 31 个省(区、市)7165 人的调查显示,71.4% 的人认为个税征收的最大问题是对高收入群体不易征管。②

(4)财政支出结构不合理。财政支出结构是对一国政府活动范围和方向的综合反映。在现代市场经济条件下,国家财政支出必须以满足公共需要为目标,以体现市场经济对政府职能的要求。改革开放以来,尤其是 1994 年财税体制改革以来,我国财政收入持续大幅提高,2009 年全国财政收入近 7 万亿元,比 2008 年增长 11.7%③。但是,财政收入的高速增长并不意味着财政支出的合理性提高。按照通常的经济性支出、社会性支出以及包括行政管理费和国防费用在内的维持性支出划分来看,中国当前的财政支出存在严重的结构不合理问题。一是行政管理费用的比重和增速过高。据统计,从改革开放初期的 1978 年(49.09 亿元)至 2006 年(5639.05 亿元),我国行政管理费用已增长 114 倍。行政管理费用占财政总支出的比重,在 1978 年仅为 4.71%,到 2006 年上升到 13.95%。这个比重,比日本的 2.38%、英国的 4.19%、韩国的 5.06%、法国的 6.5%、加拿大的 7.1%、美国的 9.9% 分别高出 16.65、14.84、13.97、12.53、11.93 和 9.13 个

---

① 柴今:"个人所得税瞄准收入分配不公——评近期加强高收入者个人所得税征管措施",载《经济日报》2001 年 8 月 30 日。

② "调查:个税征收最大问题是对高收入者不易征管",资料来源:http://news.xinhuanet.com.

③ "2009 年中国财政收入 68477 亿比上年增长 11.7%",资料来源:http://www.chinanews.com.cn.

百分点。而且近些年来行政管理费用增长还在大跨度上升,平均每年增长23%。① 二是用于经济建设的财政支出比重偏高,多年来一直维持在30%左右,而其他市场经济国家直接用于经济建设的支出均未达到30%。若将燃料和能源、农林牧渔、矿产制造和建筑、交通通讯四者大致看作经济建设支出,则美国为4.28%,英国为1.49%,印度为9.53%,印尼为7.47%,泰国为16.12%。② 前二者为工业化国家,市场发育程度较好,政府干预经济弱,经济建设支出所占比重较低。后三者属于发展中国家,市场发育较差,政府干预经济力度较大。三是包括社会保障、科教事业、农业、环保等在内的社会性财政支出比重偏低,仅占25%左右,支出明显不足。而OECD国家的社会性支出则占40%—60%。

3. 公共产品分享不均衡

公共产品作为一类与私人产品相对的,具有非排他性和非竞争性的,用以满足公共需求的产品或服务,通常主要是由国家承担供给义务和责任的,是全体国民共享经济社会改革发展成果的重要体现。从我国改革开放30年来的实际情况来看,无论是公共产品的供给总量,还是各种公共产品的实际分享,均存在明显的不均衡问题。

(1)公共产品供给总量不足,难以满足社会公共需要。公共产品的供给主要依赖于财政支出,但是与我国每年两位数的财政支出增长速度和总量相比,用于公共产品的财政支出占支出总量的比例明显偏低(见表4和图8)。从主要公共物品的财政支出比例的变动趋势来看,除社会保障支出在1995年至2002年呈上升趋势外,其他公共产品支出却呈下降趋势。具体来看,文教、科学、卫生的财政支出年增长率和资金总额的比例偏低,2006年为7425.98亿元,占财政支出总额的18.37%,与社会需求和西方国家相比仍存较大差距;而基本建设支出和社会保障支出的年增长率则呈明显不稳定状态,有的年份甚至出现负增长。公共产品支出这种停滞不前的形势与行政管理费用支出的持续走高形成了鲜明对比。

---

① 参见全国政协委员、国务院参事任玉玲于2006年3月提交给全国两会的提案《关于党政机关带头发扬艰苦奋斗传统的建议》,资料来源:http://www.ycwb.com.

② "财政支出结构的国际比较与我国财政支出结构优化",资料来源:http://www.canet.com.cn.

表4　主要公共物品在财政支出中的数额和比重　　（单位：亿元）

年份	财政支出		文教、科学、卫生支出		基本建设支出		社会保障支出		行政管理费支出	
	数额	历年增长	数额	历年增长	数额	历年增长	数额	历年增长	数额	历年增长
1991	3386.62	9.83%	708.00	14.69%	559.62	2.23%	67.32	22.31%	414.01	-1.00%
1992	3742.20	10.50%	792.96	12.00%	555.90	-0.66%	66.45	-1.29%	463.41	11.93%
1993	4642.30	24.05%	957.77	20.78%	591.93	6.48%	75.27	13.27%	634.26	36.87%
1994	5792.62	24.78%	1278.18	33.45%	639.72	8.07%	95.14	26.40%	847.68	33.65%
1995	6823.72	17.80%	1467.06	14.78%	789.22	23.37%	115.46	21.36%	996.54	17.56%
1996	7937.55	16.32%	1704.25	16.17%	907.44	14.98%	182.68	58.22%	1185.28	18.94%
1997	9233.56	16.33%	1903.59	11.70%	1019.50	12.35%	328.42	79.78%	1358.85	14.64%
1998	10798.18	16.94%	2154.38	13.17%	1387.74	36.12%	595.63	81.36%	1600.27	17.77%
1999	13187.67	22.13%	2408.06	11.78%	2116.57	52.52%	1197.44	101.04%	2020.60	26.27%
2000	15886.50	20.46%	2736.88	13.65%	2094.89	-1.02%	1517.57	26.73%	2768.22	37.00%
2001	18902.58	18.99%	3361.02	22.80%	2510.64	19.85%	1987.40	30.96%	3512.49	26.89%
2002	22053.15	16.67%	3979.08	18.39%	3142.98	25.19%	2636.22	32.65%	4101.32	16.76%
2003	24649.95	11.78%	4505.51	13.23%	3429.30	9.11%	2655.91	0.75%	4691.26	14.38%
2004	28486.89	15.57%	5143.65	14.16%	3437.50	0.24%	3116.08	17.33%	5521.98	17.71%
2005	33930.28	19.11%	6104.18	18.67%	4041.34	17.57%	3698.86	18.70%	6512.34	17.93%
2006	40422.73	19.13%	7425.98	21.65%	4390.38	8.64%	4361.78	17.92%	7571.05	16.26%
2007	49781.35	23.15%								
2008	62592.66	25.73%								

——资料来源：历年《中国统计年鉴》整理、计算

（2）公共产品供给城乡失衡，城乡居民分享不平等。在我国长期推行城乡二元发展战略的总体背景下，与城市基础设施、基础教育、公共医疗和社会保障等公共产品的供给总量和水平快速提升形势相比，农村的公共产品则处于明显滞后状态，难以满足农村经济社会持续发展的需要，社会不公正程度亦被不断加大。① 具体表现在：

第一，农村基础设施建设明显滞后，难以满足农村经济社会发展的需要。改革开放以来，我国农村基础设施建设取得显著成绩，但是目前整体落后的局面尚未得到根本扭转，农村水利、公路建设、农村饮水安全设施、农村电网建设、农村消防安全设施等水平均远远落后于城市。据有关部门2005

---

① 张启春、胡继亮："浅析城乡基本公共服务均等化"，载《学习与实践》2008年第8期。

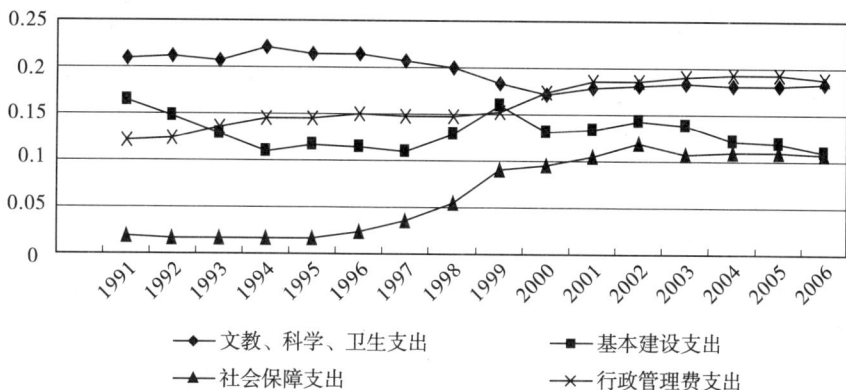

图8　财政支出中各公共物品比重历年变化

——资料来源：历年《中国统计年鉴》整理、计算

年组织的调查，"我国41%的村庄没有集中供水，96%的村庄没有排水和污水处理系统，40%的村庄行路难，72%的村庄畜禽圈舍与住宅混杂，89%的村庄垃圾随处丢放，95%的村庄没有消防设施。"①即便是现有的农村基础设施，大多也是由农民自掏腰包建设的，国家财政支出偏少，历史欠账过多，广大农村居民难以分享到改革开放以来国家取得的经济社会改革发展成果。

第二，农村基础教育发展明显落后，农村居民在享受公共教育资源时没有得到公正和平等对待。教育公平涉及教育机会公平、教育过程公平和教育质量公平，只有做到了上述公平，才能有教育结果的公平。② 长期以来，我国的教育政策往往是以城市教育发展为基点的，农村教育发展在很大程度上处于被忽视状态。从教育资源的配置来看，农村学校经费匮乏，学校运转陷入困境，教学设施简陋，教学手段原始，教师队伍整体素质不高，结构不合理，队伍不稳定，教育观念落后，教育资源在城乡之间的配置明显失衡。从教育过程来看，教育内容存在城市偏向，与农村经济社会发展相悖，教学管理失范，管理水平低下。这种凸现的城乡基础教育不均衡发展的矛盾，使得农村居民在接受教育的质和量，以及个体素质发展方面与城市居民存在明显差距，进而直接影响着农村居民的发展竞争能力。

① 白培枝："不断改善农村人居环境"，载《人民日报》2007 年 8 月 10 日。
② 周洪宇："教育公平：和谐社会的重要内容、基础和实现途径"，载《新华文摘》2005 年第 14 期。

45

第三,农村医疗卫生服务难以满足农村居民生命和健康保障的需要。改革开放以来,农村原有的医疗卫生体系遭受巨大冲击,农村医疗卫生服务严重滞后,农民看病难、看病贵的现象日益突出,广大农村居民的医疗保障和健康水平的提高陷入困境。申言之,无论是农村居民获得适当医疗卫生服务的经济可及性,还是资源可及性,乃至距离可及性,与城市居民相比均存在巨大差异。① 其中,从农村居民获得适当医疗卫生服务的经济可及性②来看,尽管近些年来广大农村居民纯收入的不断增长有助于提升对医疗卫生产品和服务的购买能力,但是因农村居民纯收入与城镇居民可支配收入增长幅度之间的较大差距,城乡医疗保障范围、水平和方式的显著不同,以及医疗卫生产品和服务价格的持续攀升等因素影响,农村居民对于医疗卫生产品和服务的购买能力实际处于较低水平。尤其是收入接近贫困线或在贫困线以下的近七千万农村居民,对于适当的农村医疗卫生服务更是处于可望而不可即的状态。就资源可及性而言,医疗卫生资源是各类用于医疗卫生服务的要素和条件的总和,包括资金、技术、人才、设备及其他相关条件等。在我国农村,居民较常用的医疗卫生资源一般分布在农村三级医疗服务机构中。随着近些年来国家医疗卫生费用投入的不断增加,包括资金投入、医疗卫生人才和医疗设备等在内的农村医疗资源配置状况正在得到不断改善,但与城市相比仍然相差甚远。据统计,农村卫生费用占城乡卫生总费用的比重从2001年的44.4%逐步下降至2008年的22.5%,人均医疗卫生费用始终不及城市居民的1/3,2007年城乡人均卫生费用的差距更是达到了4.3倍(见表5);③农村医疗卫生人才不仅数量严重不足,而且农村大部分地区的乡村医生尚不具备国家规定的从业条件,技术水平低,对大病急病无能为力;农村医疗机构设备简陋,药品种类少,一些镇、村医疗机构甚至连用房也得不到保障。此外,再就城乡居民获得医疗卫生服务的距离可及性④来看,尽管有60%以上的农村居民离最近的医疗卫生机构不足一公里,与以前相比有较大改进,但从各距离段的分布来看仍与城市居民有较

---

① 张丽琴等:"医疗卫生服务的差异分析与均等化对策",载《社会主义研究》2007年第6期。

② 所谓经济可及性,是指需求者对医疗卫生产品和服务的支付能力。这种可及性将受到产品和服务的价格以及需求者的经济实力等因素的重要影响。

③ 数据来源于卫生部2005年与2006年《中国卫生事业发展情况统计公报》。

④ 所谓距离可及性,是指居民离最近医疗机构的路程和时间。一般而言,路程越短,居民接受医疗卫生服务就越及时,其距离可及性越高。反之,则其距离可及性就越低。

大差距(见表6)。再加之明显滞后的农村道路、交通工具和简陋的医疗卫生条件等因素的影响,农村居民获得医疗卫生服务时所面临的困难是可想而知的。

表5 2000—2007年我国卫生总费用及其分布

年份	总额(亿元)	人均(元)	总额(亿元)		所占比重(%)		人均(元)		
			城市	农村	城市	农村	城市	农村	倍数
2000	4586.6	361.9	2621.7	1964.9	57.2	42.8	812.9	214.9	3.8
2001	5025.9	393.8	2793.0	2233.0	55.6	44.4	841.2	244.8	3.4
2002	5790.0	450.7	3448.2	2341.8	59.6	40.4	987.1	259.3	3.8
2003	6584.1	509.5	4150.3	2433.8	63.0	37.0	1108.9	274.7	4.0
2004	7590.3	583.9	4939.2	2651.1	65.1	34.9	1261.9	301.6	4.2
2005	8659.9	662.3	6287.1	2372.8	72.6	27.4	1122.8	318.5	3.5
2006	9843.3	748.8	7174.73	2668.61	72.9	27.1	1248.3	361.9	3.4
2007	11289.5	854.4	8754.53	2534.95	77.5	22.5	1480.1	348.5	4.3

——数据来源:《2009年中国卫生统计年鉴》

表6 城乡居民就医的可及性比较

距离 \ 区域	不足1公里	1—2公里	2—3公里	3—4公里	4公里以上
城市	81.8%	10.4%	4.2%	2.4%	1.2%
农村	61.1%	18.2%	9.2%	4.2%	7.3%

——数据来源:根据饶克勤《看病难看病贵与卫生改革发展的道路选择》整理

第四,农村社会保障覆盖范围窄、保障水平低,难以抵御农村居民可能面临的自然和社会风险。尽管伴随经济社会的持续发展,我国农村社会保障建设不断取得新成绩,但是农村社会保障覆盖面窄,保障水平低的现实状况尚未发生根本性改变。从某种意义上讲,我国的社会保障建设实际走过的也是一条城乡二元的制度路径,其保障对象主要是城镇居民,农村居民中除了少数居民可以享受到养老保险和医疗保险待遇,以及小部分人可以享受到社会救济金外,绝大多数人则被排斥在社会保障范围之外。详言之,养老保险、医疗保险、失业保险、工伤保险和生育保险等社会保障项目在城市已普遍建立,而在农村,目前主要实行的是"新型农村合作医疗"和少数人参加的农村养老保险,失业保险和工伤保险尚无,生育保障只是在少数地区建立试点,尚未全面推行。即使从被纳入社会保障体系中的那一部分农民与城镇居民所享受到的社会保障项目来看,亦存在严重的城乡差别问题(见表7)。据统计,到2007年末,全国参加城镇基本养老保险的人数为20137万人(其中参保农民工1846万人,仅占参保总人数的9%),全年基金支出5965亿元,而全国参加农村养老保险的人数仅为5171万人,年支付养老金也仅有40亿元;全国参加城镇基本医疗保险的人数为22311万人(其中参保农民工3131万人,仅占参保总人数的14%),年支出保险基金1562亿元,①而占农村居民86%的7.3亿农民参加的是新型农村合作医疗,年支出新农合基金346.6亿元。② 由此不难看出,我们面对的依然是8亿多农民不能平等享受到国家提供的社会保障,难以公平分享改革发展成果的严峻现实。

表7　2007年农村居民参加社会保障人数情况

数据 ＼ 类别	城镇基本养老保险	城镇基本医疗保险	失业保险	工伤保险	生育保险
参保总人数(万)	20137	22311	11645	12173	7775
参保农民工人数(万)	1846	3131	1150	3980	不详
参保农民工所占比例	9%	14%	10%	33%	不详

——数据来源:根据2008年5月21日人力资源和劳动和社会保障部、国家统计局发布的《劳动和社会保障事业发展统计公报》整理。

(2)公共产品供给区域分布不均衡,难以适应区域协调发展的需要。整体而言,我国公共产品的供给呈现出从东到西梯次性失衡以及区域内的地域失衡和结构失衡并存的犬牙交错的格局。③ 所谓从东到西的梯次性失衡,即东部沿海发达地区与中西部内陆地区的公共产品供给存在明显的阶梯性失衡,西部地区公共产品供给严重不足,东部地区供给相对充足。这种阶梯性失衡实质上是异质性公共需求得不到满足,发展到一定程度就构成我国公共产品供给的扭曲和不均衡。根据有关数据分析显示,基本公共服务水平与当地的经济发展水平、工业化、现代化程度有着直接的正向关联。

---

① 数据来源于2008年5月21日人力资源和劳动和社会保障部、国家统计局发布的《劳动和社会保障事业发展统计公报》。

② 数据来源于2008年4月8日卫生部公布的《2007年我国卫生事业发展统计公报》。

③ 陈志楣、刘澜楠:"我国公共产品供给的不均衡分析",载《北京工商大学学报》2008年第2期。

北京、上海的基本公共服务明显要好于全国其他地区,天津、浙江、广东、江苏、福建、山东等省也相对较好,而广大中西部地区则普遍较差。① 同时,还呈现大都市→区域中心城市→县城→镇的递减性供给格局。即从公共产品的收益分享来看,大都市由于处于我国经济建设与社会发展的核心位置,公共产品配置充裕,可以享受包括基础教育、社会保障、基础设施和公共医疗卫生等齐全的基本公共产品供给;中心区域城市由于对经济发展贡献的重要程度次之,其基本公共产品供给相对大都市较弱,但仍然能满足居民的需要;而广大县城和乡镇居民却没有享受到如此的国民待遇,由于政府公共财政资源投入不足,乡镇的公共品供给程度最低,农村在社会保障和公共医疗等供给方面基本处于缺位状态。

从区域内的失衡来看,主要表现为同一地域内公共产品供给的不均衡。即同一省市或地方的公共产品供给不均衡,同一地方不同的村也有不平衡甚至同村也存在不平衡现象。不同地域由于经济发展程度不同,人们的纳税程度不同导致政府财力不同,所提供的公共产品数量和质量也不一样。有的地区生产条件较好,整体经济水平较高,对公共产品供给的筹资能力较强,从而公共产品供给较好反过来也更推动了本地经济社会的更快更好发展;对于同地域一些比较封闭、生产条件较差的地区,在缺乏外界供给支持的情况下,公共产品供给就更困难。

4.环境资源利益分配不公平

环境资源既是自然生态系统的基本构成要素,又是人类赖以生存与发展的基本物质条件。② 环境资源产权的科学界定、配置、流转与保护,直接关系着环境资源的可持续开发与利用,关系着环境资源利益的公平分配。长期以来,由于我国环境资源产权制度的设计缺陷和管理体制的运行障碍等诸多方面的原因所致,基于环境资源的开发、利用、保护与管理等而引发的利益冲突和分配不公问题日益尖锐,并演化发展成为我国现阶段社会收

---

① 陈昌盛、蔡跃洲编著:《中国政府公共服务:体制变迁与地区综合评估》,中国社会科学出版社 2007 年版,第 314—315 页。

② 这里的"环境资源"是"环境"和"资源"的总称。其中,环境包括天然的自然环境和人工治理后的次生环境;资源则是指自然形成的、可被开发利用、并具有某种稀缺性的实物资源统称,包括土地资源、矿产资源、森林资源、水资源和海洋资源等。

入分配差距过大,广大社会公众不能分享改革发展成果的深层原因之一。①

(1)公共自然资源的产权归属与收益归属的非对称性。根据我国《宪法》及其相关法律规定,土地、矿藏、水流、森林、山岭、草原、荒地、滩涂等公共自然资源,除法律规定属于集体所有外,均属于国家所有,即全民所有。国务院代表国家行使所有权,禁止任何组织或者个人用任何手段侵占或者破坏公共自然资源。但从公共自然资源产权制度的运行实际来看,所有权与收益权之间存在严重偏离,国家作为公共自然资源的所有权主体并未从公共自然资源的开发和使用中获得应有的收益,相当规模的资源收益被有关职能部门、开发利用单位和实际占有人不当占取,从而使得本应由全体国民共享的环境资源利益被非法侵占而无从实现。

(2)公共自然资源的产权配置与资源属地关联度低,资源所在地政府和居民难以通过合法途径从本地资源开发中获得相应利益。由于我国环境资源产权在中央和地方之间的配置不当,蕴含巨大经济利益的矿产资源和矿物能源的探矿权、采矿权以及资源收益权等,几乎为中央企业和国家所垄断。而资源所在地的政府尽管能够通过资源税获得一定的财政收益,但与其因资源开发所要承担的义务和责任是极不相称的,从而形成了"抱着金饭碗讨饭吃"、"地处资源丰富地区却是贫困县"的格局,当地民众难以分享环境资源利益和经济改革发展成果。例如山西榆林地区是国内著名的矿产资源富集区,已发现的矿产资源计8类48个品种,潜在价值达41万亿元,其中煤炭、石油、天然气以及铝土矿等矿产资源丰富。随着西部开发战略的事实,该地区的煤炭和石油天然气资源得以大规模开发,"十五"期间上缴中央、省级留存的全口径财政收入合计翻了近3番。但由于上缴比例过大,导致该地区的12个县市区中仍有10个国家扶贫重点县,两个省级扶贫重点县,贫困人口为全省之冠。

(3)跨区域资源调配工程的区域利益关系不协调。南水北调、西气东输、西电东送、青藏铁路被称为"改写中国经济区域版图的四大工程"。② 其中南水北调、西气东输、西电东送旨在改变中国资源、能源的空间分布不均和结构不合理状况,青藏铁路旨在疏通人流、物流在全国范围内的流动,加强区域间的沟通与联系。但是这些重大工程在实现资源、能源的空间优化

---

① 常修泽:"资源环境产权制度缺陷对收入分配的影响与治理",载《税务研究》2007年第7期。

② 孙杰等:"四大工程将改写中国区域经济版图",载《人民日报》(海外版)2001年3月14日。

配置和结构调整的同时,也重塑着区域间的利益关系。[1] 就南水北调而言,既存在水资源总体供求双方和区域间的利益协调问题,也存在同作为水资源需求方的途径区域间的利益分配问题。尤其是在实现水资源跨区调配的同时,解决好调水过程中的建设成本分担、环境污染治理和生态保护、水资源利益补偿等问题,依然是摆在包括国家在内的各方主体面前的一项复杂工程。而对于西气东输、西电东送工程,除了关涉资源供需双方的利益协调问题外,还涉及发达地区与欠发达地区的利益均衡问题。其间既有国家利益的考量、也有区域利益和企业利益的追求与权衡。但从两大工程的实施实情来看,其中既存在基于资源供需双方话语权的差异而引发的市场利益配置失衡问题,也存在基于国家资源配置功能的发挥而产生的区域利益分配失当问题。从终极意义上来看,依然是因作为需求方的东部地区和市场主体在市场交易中所居于的决定性地位和垄断优势使然,西部地区及其主体不但不能获取公平的市场交易条件,而且还要承受资源过度开发、环境污染防治和移民安置的后果和负担。[2]

(4)环境保护贡献者与环境保护受益者的利益不对称性。环境保护是一种具有典型正外部性的行为,表现为私人边际收益与社会边际收益不一致,产生收益外溢,而这种外溢收益处于市场交易之外,难以通过市场价格反映出来,从而产生贡献者与受益者之间的利益不对称现象。在我国,这种利益的不对称现象是长期存在的,且其存在状况和程度是复杂而严重的。其中,既有全国范围内的西部地区生态保护与东部地区环境受益之间的利益不对称,也有同一区域内部生态保护与环境受益之间的不对称。前者如西部地区在生态林建设、天然林保护、"三江源"生态保护、自然保护区、退耕还林还草工程等方面作出重要环境贡献,但并未得到与这种"环境贡献"相对称的收益;而那些享受到这种生态环境外溢收益的东部地区却并未因此而支付相应的成本或费用。后者如地处潮河、滦河等上游的河北省张家口、承德地区,为了保障北京与天津两地的水源供给和生态安全,不仅因担负繁重的水源地生态保护责任而使当地经济发展受到很大制约,而且还要承担为京津生产和生活无偿供水的重任,从而形成京津地区工农业经济快

---

① 刘玉、冯健:"跨区资源调配工程的区域利益关系探讨",载《公共自然资源学报》2008年第3期。

② 贾若祥:"西部地区水电资源开发利用的利益分配机制研究",载《中国能源》2007年第6期。

速发展与河北张承地区经济停滞不前的鲜明反差。①

(三)改革发展成果分享存在问题的危害

上述财政分配不合理、收入分配差距过大、公共产品分享不均衡、环境资源利益分配不公平等方面问题,对于中国的未来发展构成强大的阻力,不仅影响民生福祉的改善,加剧社会阶层的分化,而且将影响政权的有效运行,最终危及中国社会成功转型的伟大事业。

1. 影响民生福祉的进一步改善

改革发展成果分配不公直接影响到民生福祉的进一步改善。依照"共同富裕"理想确立的改革开放政策以及由此构建的一系列制度、措施,其根本宗旨是为了实现如下两个目标:财富的有效增长及合理分配。但在制度设计与政策推进过程中,第一个目标完全实现了,第二个目标却难以有效达成,致使公平分享发展成果的社会理想与现实发生了偏移。申言之,改革开放以来,财富的有效增长已经极大地提高了广大人民的生活水平与生活质量,取得了举世瞩目的成就,但不容否认的是民生福祉的进一步改善仍将是中国未来社会发展的重中之重。

关于民生福祉的程度,可以用生活富裕、心态安宁、身体健康、环境优美等外在标准予以衡量,但就法学层面而论,公平的财富分配、平等的机会选择、权利的自由行使等制度设计则是决定每一个社会个体成员幸福感受的指向标。只要财富分配相对失衡、身份区隔、机会剥夺、权利虚化等非正义社会现象存在,民众在生存条件与社会心理两方面必将产生巨大差异,进而使社会的和谐、可持续发展进程受到阻碍。其中,民生福祉的改善首先是要脱离绝对贫困,使处于不同阶层的公民都能以同等的国民待遇分享改革发展成果。根据世界银行与联合国的相关数据,中国目前的绝对贫困指数明显偏高。如果以每人每天一美元作为贫困标准,2003 年我国贫困人口绝对数为 2140 万,占人口比例的 16.6%②;2006 年我国贫困人口绝对数为 2350万,占人口比例的 18%③。绝对贫困下的分配不公与贫富悬殊无疑会加剧

---

① 高原:"水资源在行政辖区间配置的政府间财政关系研究",载《经济与管理》2008 年第 12 期。

② 世界银行《2005 年世界发展报告》。

③ 《纽约时报》2006 年 2 月 26 日转载联合国统计数据。

社会矛盾。

2. 加剧社会阶层的分化

在西方社会学史上,最早提出社会分层理论的是德国社会学家韦伯,他提出了以下划分社会层次结构的三重标准:(1)财富,即以人的经济地位为标准,其衡量指标包含房屋、土地、农场、厂房等重要生活性、生产性资料。这一标准可用以衡量社会成员通过商品与劳务交换获得经济收入的程度。(2)威望,即个人或群体在自身社会结构中所获得的尊重程度与社会地位。按照社会身份群体理论,凡能从他人处获得等量尊重与社会地位的人或群体构成同一身份群体。(3)权力,即个人或群体即便遭遇他人阻力亦能实现自身意志的能力。这三项标准既可相互参照,亦可独立运行,任一标准均可有效反映个人或群体处于何种社会阶层。社会阶层的分化直接表现为社会群体层级化,即人们在社会中的不同地位或位置的排列,主要表现为财富、威望、权力层面存在巨大差异。与财富、威望、权力相适应的经济地位、社会地位、自我实现能力,无论哪一方面占据优势,他就可能有效获取其他二者,从而实现三者之间的最大化组合,最终成为社会群体中的优势群体;反之亦然,如果某一社会阶层不可能通过努力实现上述目标中的任何一个,则只能趋向一种循环性的"向下竞争"劣势,对内去寻求最基本生存保障,对外则形成恶性竞争,最终导致贫困,沦落为社会的卑微阶层。

新中国成立之初,基于社会分工,将社会群体分割为政治意义上的数类群体,即工、农、商、学、兵等,其标准及后果基本上表现为政治、社会权利领域的限制或剥夺的程度。这一身份划分随着改革开放政策的推行,渐次消弭,特别是通过宪法修正案,从法权层面使所有人在机会上获得了平等的政治权利。但是,这种人为形成的身份区隔——不同层域的个体享有不同的机遇与权利——并未随之消除或缓解,反而因制度惯性与改革的不彻底性导致了更深层次的矛盾与裂痕,形成了社会分层的极度分化。根据世界银行的最新报告,美国5%的人口掌握了60%的财富。而中国则是1%的家庭掌握了全国41.4%的财富,财富集中度远远超过了美国,成为全球两极分化最严重的国家之一。基尼系数是国际上用来综合考察居民收入分配差异状况的一个重要分析指标。中国的基尼系数已经从改革开放之初的0.28上升到2009年的0.47,目前仍在继续上升,这是社会利益共享机制发生严重断裂的显著信号。近些年来,我国地区、城乡、行业、群体间的收入差距明显加大,收入分配格局失衡导致社会财富向少数利益集团集中,尤其是向官僚利益集团和垄断利益集团集中,由此带来的诸多问题日益成为社会各界关注的焦点。

3. 影响政权有效运行

就社会发展历史轨迹来看,社会贫困与社会分层在一定程度上并不具有合理性,但却有其必然性。对于合理性,人们倾向于运用伦理学层面的"各得其所"或我党作为执政党所倡导的"共同富裕"政治理想进行判定;对于必然性,人们往往根据我国市场发育不充分及社会转型尚未完成这一实际情况,对各个利益群体既成的利益格局进行历史性的审视。无论是构建和谐社会理想的实现,还是发达国家的历史演化轨迹,都表明必然性不能超越合理性。资本主义模式下的社会分层必然是通过市场化运作与政府强力干预的双向作用不断向合理性方向推进的,中国未来的发展路径也离不开上述两种手段的借鉴和运用。按照韦伯的理论,在理想型市场经济社会,市场能力决定市场地位,而"阶级地位最终也就是市场地位。"①如果降低甚至剥夺一定阶层的市场竞争力,该阶层丧失的不仅仅是市场地位,其经济利益与社会地位甚或基本人格尊严也会不同程度的受到损害,最终形成弱势阶层。当弱势群体或阶层的利益被极端忽视或剥夺时,这一群体就会以自发性的手段进行维权,藉此突破现有利益分配格局,其结果就可能严重影响政权的有效运行甚至诱发暴力性社会运动。邓小平曾深刻指出,"分配问题,少部分人获得那么多财富,大多数人没有,这样发展下去,总有一天会出问题。"②这种基于社会分配不公而引发的社会问题,尤其是信访总量和集体上访长期高位运行的严峻形势,已经成为影响我国政权顺畅有效运行的现实障碍。

4. 影响中国社会转型的最终实现

社会转型作为一项系统性、社会化工程,它的实现必须依赖于两个方面的力量:其一,整个社会财富积累足以支撑传统社会转型为现代化社会;其二,整个社会利益分享格局合于公平正义,每一社会阶层均能成为社会转型的推动性力量。这两种力量,一种表现为物质化、利益化推动力,一种表现

---

① Weber Max, *Economy and Society*, Berkley:University of California Press,1978,p.978.

② 中共中央文献研究室编撰:《邓小平年谱(1975—1997)》,中央文献出版社 2004 年版,第 1364 页。

为阶层性推动力,二者缺一不可。徵诸中国现有状况,第一种力量已渐次具备,但第二种力量不仅未能形成,反倒有分散化、逆阻化趋势。其中的根本原因就在于改革发展成果的分享格局偏离了公平正义的价值坐标。综观中国几千年来的历史变迁,可以清晰看到,如何在不同社会群体中公平分配利益,特别是土地利益,事关国家兴衰与荣枯。在当今中国社会条件下,农民作为城乡二元区隔的制度受损者,他们在改革开放路线的指引下产生了进入城市寻求生活品质的改良与身份的自我矫正的冲动,但由于自身禀赋、劳动机会不平等,身份歧视、竞争力集中以及制度偏差等原因,往往使他们在经济利益、身份地位等方面大大低于一般城市群体,最终使他们寻求生活品质改良与身份自我矫正的目标难以实现。根据陆学艺、郭书田等的统计数据,每个农民工在城里创造的价值是 25000 元,但每个农民工得到的平均工资只有 6000—8000 元。城市和发达地区每年从农民工身上得到 16000 元以上的剩余价值。如果以进城农民工人数为 1 亿作基准,那么农民每年被剥夺的利益就有 16 万多个亿。① 可以预见,城乡区隔、区域失衡、社会群体分化等现象如果不能及时有效地消除,中国的社会转型就难以完成。

(四)改革发展成果分享问题的成因

总的来说,过去在改革发展成果分享中为什么会出现问题,这既是建国以来优先发展城市与工业的必然结果,也是公平与效率两极发展目标未能很好协调的必然体现。具体来讲,改革发展成果分享问题的原因主要来自以下三个方面:

1. 发展观定位存在偏差

胡锦涛指出,"一个国家坚持什么样的发展观对这个国家的发展会产生重大影响,不同的发展观往往会导致不同的发展结果。"②在相当长的一段时间里,为什么会在分配问题上出现问题,归根结底是在发展观上出现了问题。这些问题主要表现在以下三个方面:

一是在处理工业与农业、城市和乡村、城镇居民与农村居民的关系问题

---

① 李昌平:"中国农民怎能不贫困",资料来源:http://www.weachina.com;转引自孙立平:"转型社会学——发展趋势与面临的问题",资料来源:http://www.china.com.cn。

② 《科学发展观重要论述摘编》,中央文献出版社 2008 年版,第 3 页。

上,更多的是重视了工业和城市发展以及城镇居民生活水平的提高,而忽视了农业和农村的发展,使农村居民的生活水平大大低于城镇居民的生活水平。例如,从国内生产总值产业结构看,1978 到 2007 年,农业的比重逐步下降,从 1978 年的 28.2% 降到 2007 年的 11.3%;工业的比重稳中有升,1978 年为 47.9%,2007 年为 48.6%①。从全社会固定资产投资结构看,1990 年到 2007 年,城镇固定资产投资逐步上升,1990 为 72.5%,2007 年为 85.5%;农村固定资产投资大幅下降,从 1990 年的 27.5% 降至 2007 年的 14.5%②。

二是在处理发展数量与发展质量的关系上,更多的强调了经济总量的增加,而忽视了发展质量的提高。典型地表现为片面追求国内生产总值(GDP)的提高,GDP 甚至成了各级官员的"至上追求",在一定程度上忽视了经济结构的合理调整、环境的保护、资源的节约和人民综合生活水平的实质性提高,这不仅使普通民众不能充分享受经济发展的成果,而且还使普通民众付出了巨大的环境和资源代价。

三是在处理"先富"和"共富"的关系上,更多的是激励了"先富",而忽视了"共富"。作为对分配平均主义的反动,邓小平率先倡导"使一部分人先富起来",这无疑是正确的,效果也是显著的,问题是在鼓励一部分人先富起来的同时,未能采取相应的措施使更多的人富起来,特别是使作为我国最大群体的农民富起来,于是就出现了财富过度向少数人集中的状况。世界银行报告显示,美国是 5% 的人口掌握了 60% 的财富,而中国则是 1% 的家庭掌握了全国 41.4% 的财富,中国的财富集中度甚至远远超过了美国,成为全球两极分化最严重的国家③。

2. 分配的价值取向存在偏离

(1)未能正确处理好分配领域中市场自由与国家干预的关系。改革发展成果的分享实际上是一种利益或财富在不同主体之间的转移,这种转移可以因当事人之间的合意而产生,也可以因国家的强制干预而产生,它可能是有偿的,也可能是无偿的。因合意和有偿而产生的分配关系通常是在国

---

① 来自国家统计局网站:《中国统计年鉴》电子版。

② 来自国家统计局网站:《中国统计年鉴》电子版。

③ "世行称中国 1% 家庭掌握 41.4% 财富两级分化严重",资料来源:http://news.sohu.com.

民收入的初次分配中产生,因强制和无偿而产生的分配关系通常是在国民收入的再次分配中产生的。在发达市场经济国家中,前者是分配的常态,后者是分配的补充。由于在我国市场经济还处在发育的阶段,因此我们不能完全按照发达国家的分配思路去处理分配关系,这意味着在实现社会财富公平分配的过程中,政府应当承担更大的责任。然而,实际情况是在相当长的一段时期里,政府在公共产品供给、公共自然资源使用、环境保护、产业发展、就业促进、社会保障、公共投资和融资以及税收等方面利益的公平分配上未能充分发挥应有的作用甚至加剧了分配领域的市场失灵程度。应当说,前述我国分配领域中存在的问题在很多方面都是与政府放弃干预和不当干预有直接联系的。在我们看来,单纯靠市场力量是不能达致改革发展成果公平分享的,政府必须出面进行干预,当然,我们这里所指的国家干预也不是主张政府要对分配关系进行全面干预,而是主张市场能解决的分配问题就由市场去解决,市场解决不了的可以由"第三种力量"即通过激发人们的同情心和社会责任感进行慈善和捐助去解决,前述力量不能解决的,政府才可以干预。

(2)未能正确处理好分配领域中公平与效率的关系。这主要表现为在分配领域重效率而轻公平,导致了价值观的偏颇。效率与公平始终是社会均衡发展的两极,不可偏废。在较长一段时间里,我国更多的是着眼于效益的增长,而往往忽视对社会财富的公平分配,或者说我国更多的是重视把社会财富这块"蛋糕"做大,而往往忽视了把它分好。对于过去分配中存在的重效率、轻公平的问题,我们可以从初次分配和再分配两个层面来剖析。

首先,在初次分配中,我国在较长一段时间里强调的是"效率优先,兼顾公平",更多的是重视资本价值而轻视劳动价值,这就导致了我国更多的是维护了企业的利益,而忽视了劳动者的利益,从而形成了企业经营者尤其是高管人员与普通劳动者的巨大收入差距。从 1997 年到 2007 年,中国劳动者报酬占 GDP 的比重从 53.4% 下降到 39.74%;企业盈余占 GDP 比重从 21.23% 上升到 31.29%,而在发达国家,劳动者报酬占 GDP 的比重大多在 50% 以上①。

其次,在再分配环节中,尽管我国也强调了公平,但实际上却偏离了公平价值。其中一个突出的表现就是公共财政更多的是用于行政管理费用支

---

① "世行称中国1%家庭掌握41.4%财富两级分化严重",资料来源:http://news.sohu.com.

出和投向经济领域,特别是投向大城市或者某些垄断行业,从而形成了城市与农村之间、不同行业之间在享受公共财政支出上的巨大差距,而对关系民生的教育、医疗、廉租房、经济适用房和社会保障等领域投入不足,从而使普通民众未能分享到经济发展的成果。

上述问题的症结在于是以牺牲公平来换取效率,这在某一个时期可能是奏效的,但是从长远看,不公平的分配必然导致对劳动者工作的积极性和创造性的损害,最终导致对经济效益的损害。把"蛋糕"做大是好事,但是"蛋糕"分得不好,就一定会转化为坏事。现在我国出现的许多群体性事件的起因,诸如强制拆迁、过低的征地补偿、企业改制中的国有资产流失等,都是与分配不合理有直接的关系。最近,温家宝在谈到深入分配制度改革时,特别强调了收入的公平分配,他把实现分配中的公平正义看成是"比阳光还要光辉"的事情。这一比喻不仅道出了过去我们在分配领域存在的问题,同时也指出了今后在分配中所要遵循的方向,即更加注重分配中的公平,否则公平和效率都要遭到损害。

(3)未能处理好分配领域的自然秩序与建构秩序的关系。一般认为,秩序是一种以一致性、连续性和确定性等为特征的状态,是相对于混乱和无序而言的。按照哈耶克的理论,秩序有自然秩序和建构秩序之分,前者通常是指社会发展过程中依据个人意志而自然形成的秩序;后者通常是指社会发展过程中依据国家意志而人为形成的秩序。就分配秩序而言,它也是一种状态,我们也可以把它分为自然的分配秩序和建构的分配秩序,前者强调的是分配的自然性,即市场属性,后者强调的是分配的人为性,即国家干预性。在相当长一段时间里,我们更多的是注重了分配中的自然状态,而忽视了分配中的建构状态。

在此有必要分析一下我国现今的分配秩序存在的混乱现象。有学者认为我国现今分配秩序的混乱主要表现为以下几个方面:一是分配依据"乱",我国目前的分配依据既不是按劳分配也不是按生产要素分配,因为按劳分配的条件尚未完全达到,按生产要素分配的基本前提也不完全具备,结果导致我国目前的分配依据缺乏;二是政府公务员收入分配秩序"乱",这主要表现为不同地区、不同部门的公务员收入差别过大,以及公务员工资外的收入不规范,各种福利、奖金、津贴、补助名目繁多且各自为政;三是事业单位收入分配秩序乱,这主要表现为有些单位既享受全额拨款,又利用自身条件搞创收,为职工滥发奖金福利,一手拿政府补贴,一手得市场好处,其结果是不同事业单位职工收入大相径庭;四是国有企业内部分配秩序混乱,这主要表现为垄断程度高的国有企业经营者和职工的收入与一般国有企业的经营者和职工的收入差别巨大①。此外,非透明、非规范性收入不同程度存在,包括灰色收入或隐性收入等工资外收入的比重较大,导致实际收入差距比工资差距要大得多。王小鲁主持的一项研究调查表明,2005 年非透明、非规范性收入大约有 4.8 亿元,约占当年 GDP 的 26%②。以上分配乱像的存在不能不归结于我国在一定程度上放任分配的"自然秩序"的存在,而没有重视以社会公平为价值取向的分配"建构秩序"的建立。

3. 分配制度的供给存在不足

从制度层面看,由于上述发展定位的偏差以及价值取向的偏离,这就使得分配领域中的制度供给存在以下不足。

(1)政策性制度安排多于法律制度安排。这里涉及到一个调整分配关系的方式问题,即主要是用政策来调整分配关系还是主要用法律来调整分配关系。现在我们似乎觉得,人们更多是重视政策的作用,往往忽视法律的作用,不少同志一遇到分配问题,总是习惯于通过政策去寻求解决问题的途径,而不大习惯于通过法律去寻求解决问题的方法,甚至把那些已经上升为法律的分配关系还说成是分配政策,这就在无形中降低了法律的作用,因此今后我们仍然面临一个正确处理政策与法律关系的问题。对此我们必须认识到,政策和法律都是调整分配关系的方式,都有各自的特殊的功能,彼此都具有不可替代性。毫无疑问,政策对分配关系的变革往往起着导向性的、立竿见影的和决定性的作用。众所周知,我国不同领域的分配关系调整主要是依靠不同时期党和国家发布的政策来推动的,正是这些分配政策对我国合理调整分配关系起到了明显的促进和保障作用。但是我们也不能不认识到,最初我国分配的改革是在分配法律制度供给严重不足的情况下进行的,因此在这种背景下,政策的作用必然是巨大的。随着我国市场经济体制的确立、依法治国方略的提出和分配改革的深化,就不能再把我们的认识仅仅停留在主要依靠政策调整分配关系的思考上,而应当明确提出党对分配工作的领导要逐步从"主要依靠政策"向"主要依靠法律"进行转变。这是因为,以政策调整分配关系也有其固有的缺陷,这是由政策所具有的以下特

---

① 赵振华:"我国收入分配核心是规范分配秩序",资料来源:http://finance. sina. com. cn.

② "收入分配差距仍在扩大",资料来源:http://news. xinhuanet. com.

点所决定的：一是政策主要是甚至完全是由原则性规定组成，它只规定行为的方向而不规定行为的具体规则；二是除党和国家的基本政策外，大量的具体政策必须根据形势的变化而随时调整，缺乏稳定性，不能完全消除人们对"政策多变"的担忧；三是政策主要是依靠宣传、政治动员和行政手段去贯彻落实的，对于仅仅违反政策的行为，只能给予党纪、政纪处分，而不能进行法律制裁。政策的这些特点，决定了它不足以为社会提供最规范、最权威和最稳定的行为规则。因此，单纯以政策调整分配关系不足以消除农业和农村社会在经济活动中的无规则和规则不力的状态。相对而言，法律具有其他社会规范所不具有或者不完全具有的特性，即明确性、稳定性和权威性。这表明以法律手段调整分配关系不仅可以为参加分配关系的主体提供一个明确的模式标准和合理的预期，同时还可以使涉及分配的法律更易于在社会生活中得到真正的实施。

（2）公共权力配置出现了失衡。社会分配领域公共权力配置失衡表现在三个方面：一是公共权力在国家机关之间的纵向配置失当，对涉及分配的公权力的配置，有的过分集中于中央，有的又过分下放到地方，例如，按照我国现行的分税制财政体制，"财权"过分集中于中央政府，而"事权"又过分集中于地方政府，导致了各级政府"财权"与"事权"不匹配，这是我国目前公共产品分享不公以及地方政府公共产品供给能力不足的重要原因之一；二是公共权力在政府部门之间的横向配置失当，例如对房地产价格的遏制财政、银行、土地等部门都在根据各自的需要采取措施，以致发生了部门之间的矛盾和冲突；三是公共权力在政府与社会自治组织之间配置失当，主要表现为政府未能放手将一些可以由行业协会等社会自治组织行使的公共权力交由社会自治组织行使。社会自治组织行使一定的公共权力已经成了当今社会的一种发展趋势，因为有的问题包括分配问题在内由社会自治组织出面去解决反而比政府出面解决更为有效。社会分配领域公权力配置失衡导致的负面效应是多方面的，但总的倾向是向利益集团倾斜。

（3）初次分配中的劳动者权利被弱化。当前，我国初次分配领域存在的主要问题是"一偏一低两高"，即收入分配偏向资本、以按劳分配原则而形成的劳动者个人收入太低、以税收形式而形成的国家财政收入和以利润资金而形成的企业收入过高。此外，我国初次分配领域还存在着垄断行业高级管理人员的"天价年薪"、垄断行业职工高收入、普通劳动者的劳动性收入增长缓慢、工资外收入五花八门、最低工资标准反而成了企业职工的工资标准以及同工不同酬等问题。这些问题的存在与我国工资制度的缺陷以及税收制度不合理有很大的关系。从工资制度看,我国现有调整工资关系的法律规范不仅存在诸多立法空白,而且已有的规范也多流于原则性规定,缺乏可操作性,这主要表现在垄断性行业工资总额及其高级管理人员工资水平欠缺有效管制;国企工资制度尚未形成明晰、科学的确定机制;工资集体协商机制不健全,企业未形成工资正常增长的良性机制;工资外收入缺乏规范;最低工资标准制度不健全等。从税收制度看,我国现行的税种体系的设计不尽合理,例如,具有明显的收入调节功能的税种如遗产税、物业税等尚未设置,本应起到收入调节作用的个人所得税又由于起征点过低和征收制度的不健全而导致了税收"逆调节"的效果,即负担沉重的工薪阶层成为了个税的主体,而相当多的高收入者尤其是私营企业主则通过各种方式逃避个税。

(4)社会再分配领域中的政府权力被强化。社会再分配作为公权机关凭借其强制力进行的财产和利益的转移行为,其目的有三:一是为最大的非生产性组织即国家提供经济基础;二是修正平等主体之间分配之不足;三是为市场体制提供必要的保障机制。这种分配关系在近百年来有着强劲的发展势头,具体表现在由公权力支配的资源在国内生产总值的比重中不断增加。近年来国家财政收入大幅提高,不仅财政收入占国内生产总值的比例越来越大,而且财政收入增长率大大高于 GDP 的增长率。根据国家统计局和财政部网站公布的数据,2005—2009 年我国财政收入分别为 31649.3 亿元、39373.2 亿元、51304.0 亿元、61316.9 亿元、68477 亿元,财政收入占GDP 的比重分别为 17.36%、18.80%、20.80%、20.39%、20.41%,财政收入增长速度分别为 18.28%、22.90%、25.50%、19.5%、11.7%,GDP 增长率为 10.4%、11.1%、11.4%、9%、8.5%。从前述数据我们可以看出,我国财政收入无论是总量还是增速均呈现明显的上升态势①,这显示了国民财富不仅在向政府集中而且在加速集中。总而言之,改革开放三十年来,拥有公权力的政府机关通过介入分配关系享有了越来越多的改革发展成果,但是这些改革发展成果的大部分并没有用于公平的社会再分配以调节过于悬殊的收入差距和解决日益迫切的民生问题,这又在很大程度上应归结于我国财政体制的缺陷和财政制度的不健全,尤其是我国财政公开和监督制度的缺失。

---

① 2008 年和 2009 年财政收入略有回落主要是受全球性金融危机影响。

（5）公权力的行使缺乏有效的制约和监督。尽管我们一再强调缺乏制约和监督的权力必然导致腐败，国家为此也采取了许多制约和监督权力的措施并取得了很大的成效，但是在公权力的行使方面仍然存在诸多问题，群众反映比较突出的是：权力行使不透明、公众参与程度不高；更多的监督是来自上级公权机关和行政机关内部的专门监督机构，容易形成"层层护短"和"家丑不可外扬"的状况；社会监督也因种种原因受到限制或不起作用。

历史反复证明，公权力的行使一旦缺乏有效的制约和监督，就必然导致权力寻租的泛滥。较长时期以来，我国公权力缺乏有效制约和监督的状况是导致我国分配领域权力寻租屡禁不止的重要原因。权力寻租的实现必须取决于两个因素：一是有权力存在，而这种权力通常存在于政府公共部门，没有权力的存在，寻租就失去了前提；二是有寻租的冲动，而这种冲动通常存在于以营利为目的的社会组织之中，一个社会组织如果没有寻租愿望，权力和金钱就不可能结合。进言之，权力寻租作为一种不正当现象之所以能够存在，是由政府和经济组织的"经济人"特性使然。权力寻租的恶果是多方面的，但是危害最深的，莫过于通过权力寻租而导致的权利配置不当。租金的获取，其所涉及的可能是某个人，但权利配置不当涉及的则是一群人。以农村土地产权为例，公共权力在农村同样存在再分配权力与寻租能力。首先，依照《土地管理法》，国家对农村土地享有终极所有权或处分权，从而掌握了土地资源的再分配权力；其次，国家的乡村土地资源终极所有权以委托—代理模式进行经营管理，导致"双重寻租"，即国家及其代理人（政府）既不可能放弃终极所有权，也不可能放弃剩余索取权，同时催生了制度性寻租或合法性腐败——既是产权所有者，又是产权规则制定者[1]；再次，作为国家终极所有权代理人或代表人的地方政府或部门呈现为层级化或科层化，政府官员或管理人成为土地权力的最终行使人。[2] 由此，农民对土地所享有的权利不再是一个由使用、收益和转让等权利构成的权利束，而是一个

---

[1] A. G. Walder, *Local Governments as Industrial Firms*：*An Organizational Analysis o China Transformation Economy*, 1995, American Journal of Sociology. 转引自林晖焜："软索牵牛：台商在苏州的制度性政企关系形构与配置"，资料来源：http://etds.ncl.edu.tw.

[2] 上述分析模型及其理论命题参考了经济学界的成果，主要有张维迎著：《企业理论与中国企业改革》，北京大学出版社1999年版；林毅夫等：《中国国有企业改革》，香港中文大学出版社1999年版；周其仁著：《产权与制度变迁：中国改革的经验研究》，社会科学文献出版社2002年版等。

残缺型产权形态。①

4. 分配领域中的权利救济渠道不畅通

不能获得救济的权利只能是一个虚拟的权利,于权利人来讲是没有任何意义的。对于我国分配领域中的权利冲突和纠纷,现在已经建立起了包括企业解决、行政解决和司法解决在内的多元纠纷解决机制。但是在纠纷解决过程中仍然存在一些值得重视的问题,比如,在企业解决层面,对职工的诉求,企业方往往采取压制甚至粗暴的作法加以平息;在行政解决层面,仍然存在行政偏好,不是站在弱势一方,而是站在强势一方,甚至与民争"权"争"利";在司法解决层面,既存在着司法人员的冷漠、偏见和司法腐败,同时还存在着剥夺诉权的问题。

在社会转型期间,为社会转型提供转型动力与成本的阶层,往往会成为弱势阶层,这在我国已经是一个现实。对于这个现实是听之任之,还是寻求改变,不仅关系到未来社会转型是否成功,更影响到现实社会的稳定与和谐。显然,改变才有出路,而这种改变最重要的又是要使弱势群体的应有权利得到有效的保障和救济。在此,我们以我国最大的弱势群体农民的土地权利救济为例来说明权利救济的状况。就我国来讲,农民所能掌控并唯一依靠的只能是土地权利。但这一权利不仅要面临集体经济组织成员内部的再分配,更涉及到工业化、城市化过程中的国家征收。土地权利的内部再分配可通过村民自治与合约形式去完成,但面临国家的征收,农民阶层却无力对抗,不仅应有的谈判权利难以实现,甚至连基本的程序性权利都难以保障。比如 2003 年 9 月 1 日广西壮族自治区高级人民法院下发了"桂高法[2003]180 号"通知规定,对 13 类案件暂不受理。其中,直接涉及农村土地利益或相应产权纠纷的就有五类,分别是:"村民因土地补偿费、安置补助费问题与农村集体经济组织发生的纠纷案件";"政府部门对土地所有权(使用权)争议作出处理决定生效后一方当事人不履行,另一当事人以民事侵权诉讼的案件";"地方政府根据农业产业化政策及规模经济的发展要求,大规模解除农业承包合同而发生的纠纷案件";"在合作化时期入社而参加裁缝社、铁器社、理发店、马车队等小集体经济组织的职工要求分割该集体经济组织积累的财产而发生的纠纷案件";"以"两会一部"为债务人的

---

① 罗依·普罗斯特曼:"解决中国农村土地制度现存问题的途径探讨",载缪建平主编:《中外学者论农村》,华夏出版社 1994 年,第 236—239 页。

纠纷案件以及"两会一部"与农户间的纠纷案件。"在这之后,2005 年 9 月 1 日最高人民法院在《关于审理涉及农村土地承包纠纷案件适用法律问题的解释》(法释[2005]6 号)中规定:"集体经济组织成员就用于分配的土地补偿费数额提起民事诉讼的,人民法院不予受理。"在我们看来,上述几类案件都直接关系到农民的土地利益和产权利益,考虑到这些案件涉及面广、敏感性强和社会关注度高,由政府部门及其他部门解决虽然有其优势,但是,我们认为,作为司法审判机关不应当剥夺农民寻求司法救济的权利。

三、改革发展成果分享的理念重构

在改革开放的 30 多年里,为了推动中国社会经济的迅速发展,社会改革发展成果的分享形成了重权力轻权利、重效率轻公平的传统理念。在改革开放的初期,这样的理念有其合理性,但随着社会经济的不断发展,原有的社会改革发展成果分享理念已经不能满足社会经济稳步发展的需要,必须构建新的社会成果分享理念。在新的形势和条件下,社会改革发展成果分享的理念应当适度转变,并重构新的价值理念体系:一是坚持以人为本的理念,确定改革发展成果分享的主体及其正当性;二是坚持和谐社会的理念,明确改革发展成果分享的目标追求;三是坚持公平分享的理念,确立改革发展成果分享的恰当标准。

(一)以人为本的理念

改革发展成果的分享是个极为复杂的理论与实践问题,涉及社会各个方面的利益。在中国目前的社会经济条件下,不论从什么角度以及用什么方法认识和解决这一问题,就大的思路和制度建设而言,都必须纳入法制的体系,充分利用法律制度化解矛盾的优势功能,才能尽可能地减少矛盾和冲突,实现建设和谐社会的目标。西方发达国家长期发展的经验证明,这基本上可以说是解决社会改革发展成果分享最稳妥的路子。在法制的框架内解决社会改革发展成果的公平分享问题,仍然面临着许多理论和实践的难题。通过法律制度解决社会改革发展成果分享问题的正当性基础及突破点实际上是权利的享有和保障问题,首先是权利依据问题。[1] 只有从理论上找到

---

[1] 研究人权的学者认为,享有权利是任何社会形式的人类社会生活的一部分,如果要有人类社会生活,就必须有权利。参见[英]A. J. M. 米尔恩著:《人的权利与人的多样性——人权哲学》,夏勇、张志铭译,中国大百科全书出版社 1995 年版,第 143 页。

了改革发展成果分享的权利依据,才能通过法律制度的安排保障改革发展成果的分享。从主体论上理解,以人为本解决了人与社会发展的关系,即解决了改革发展成果分享的主体正当性;从认识论上看,以人为本回答了改革发展成果分享的知识来源,即解决了改革发展成果分享的认识正当性;从方法论上讲,以人为本提供了解决改革发展成果分享的恰当路径和切入点问题;从实践论上探讨,以人为本回答了改革发展成果分享实践与制度化的正当性问题。因此,从权利的视角,根据以人为本的理念和知识,透视改革发展成果分享的权利正当性,成为认识和解决这一问题的最基本的切入点。

1. 确立了改革发展成果分享的权利主体

作为一种社会及社会制度的变迁,改革发展成果分享的核心是在不同社会关系主体间进行利益的分配和再分配,是构建与重构社会利益关系和制度的过程,因此,深入解释改革发展成果分享的权利正当性与合法性,必须采用社会价值与社会利益关系的理论框架,回答谁是成果分享主体的问题。以人为本从伦理价值的维度回答并论证了这一问题。

首先,确立了人在改革发展成果分享中的主体地位。在理论意义上,以人为本作为一个基本的哲学命题,是对倡导回归生活世界的人本主义的概括与提炼,是当代世界思潮的基本取向之一。在现实意义上,社会问题的实质就是个人与个人、个人与集体、个体与类的关系以及群体与群体的关系问题。[①] 因此,人本主义精神就是主体精神,主体精神的核心就是把人视为评判一切的标准,把人视为价值的中心和价值的创造者,人的尊严高于一切。[②] 其基本内涵包括:(1)人是价值的主体,即人的一切行动都是为了人的幸福;(2)人是评价的主体,即人是公平、幸福的评价者;(3)人是实践的主体,即人类文明是人的共同创造与行动的结果。上述内涵立足于马克思关于人全面发展的理论,扬弃了西方哲学思想中抽象人的理论,融合了西方现代社会发展理论和我国传统文化中的人本思想,确立了社会成员在社会历史发展中的主体地位,从而在主体论的层面回答了人作为改革发展成果分享权利主体的正当性。在当代中国的改革与发展中,以人为本是一切政治、经济、文化活动的起点和归宿,是共享社会财富与机会的逻辑起点,是理

---

① 王晓东著:《西方哲学主体间性理论批判———一种形态学视野》,中国社会科学出版社2004年版,第6页。

② 严春友著:《人:西方思想家的阐释》,中国社会科学出版社2005年版,第319页。

解社会改革发展成果分享的基本价值标准。只有把以人为本的价值取向贯穿于发展的各个方面,才能在发展的基础上不断提高社会成员的物质文化生活水平,才能在尊重和保障人权的基础上,使社会发展的过程成为人的全面发展的过程,使改革发展的成果转化为促进人的全面发展的条件。在这个价值立场和伦理认识的约束下,社会经济体制改革与完善的根本目的是实现每个人的全面发展,并为每个人的全面发展提供物质文明和精神文明两个方面的保障。

其次,确立了改革发展成果分享主体的社会性价值和意义。在社会发展中,权利的获得以一定的生活方式为先决条件,但它本身不会创造一种生活方式。① 20 世纪以来,普遍强调回归生活世界和回归人的生存价值及意义的人本主义,成为现代西方哲学的基本趋向。② 以人为本奠定了从认知主体向生命主体转向的理论基础,顺应了重建价值体系的时代要求。在这种重建的社会主体价值结构中,社会作为一个共同体,成为一个高于个体的实体存在和价值存在,成为人的存在方式之一。所以,在以人为本的社会利益分配主体的价值结构中,为我性是价值关系的本质特征,为他性是为我性的另一种表现方式。这就将社会成果分享的目的与手段关系纳入道德价值的约束,每个成员都应当享受社会改革发展的成果,都有权利主张从社会改革发展中受益,但每个成员在自己追求幸福的同时必须尊重别人追求幸福的权利。只有在这种状态下,为我性与为他性的统一,成为确立改革发展成果分享的权利主体的基本依据。③ 在为我性与为他性、功利性与超功利性统一的主体关系基础上,产生两个层面的成果分享关系即:从整体上讲,社会改革发展成果由成员全体共享,即分享主体的集体性;在个体意义上,社会改革发展成果由每个成员分享,即主体的个体性。

在这种社会主体性理论基础上,以人为本改变了西方理论中长期占主导地位的个体主义立场,转而采用整体主义的立场,将社会改革发展成果分享纳入社会权利的范畴,确立了社会公众作为社会财富分享的主体正当性。在社会权利的框架内,不能强调孤立的个人利益,而应认同社会成员权利与

---

① [英]理查德·贝拉米著:《重新思考自由主义》,王萍等译,江苏人民出版社 2005 年版,第 222 页。

② 李楠明著:《价值主体性——主体性研究的新视域》,社会科学文献出版社 2004 年版,第 30 页。

③ 李楠明著:《价值主体性——主体性研究的新视域》,社会科学文献出版社 2004 年版,第 299 页。

利益的相互依赖性。社会改革发展的目的不是为了少数人的利益,而是为了不断满足全体社会成员不断增长的物质文化生活、健康安全及全面发展的需要。从这个意义上说,中国社会与经济均衡发展的关键在于社会成员之间利益的合理分享,包括:第一,个体与个体之间利益的分配;第二,个体与集体利益的分配;第三,不同集体利益间的分配;第四,国家与个体、集体之间的利益分配。这些利益关系的处理都需要按照为我性与为他性统一的主体理论来认识与对待。

第三,确立了改革发展成果分享中社会成员个人的历史主体地位。在关于人的主体意义的理论中,马克思采用历史分析的方法,认为社会历史的发展从根本上说是人的个性得到全面发展的过程,具有自觉的历史主体意义的人应当自觉地把个人作为社会历史的主体,个人不仅会对自己的生存和发展负责,而且会对历史负责。在现代民主与法治的体制中,以人为本不仅强调改革发展成果分享主体的社会公共性,也重视个人的历史主体地位。而且以人为本的历史主体观实现了个体与集体的辩证统一,实现了个人利益与集体利益的和谐共存,是真正的集体主义价值观。① 在历史主体观的理论框架中,个人历史主体观对于合理分享社会改革发展成果具有以下理论与现实意义:一是反对平均主义。与历史主体观相反,平均主义以抽象的人道主义价值为理论基础,关注的是抽象的人,其实质是反对主体的个性、独立性和自主性②。因此,社会改革发展成果分享绝不是平均分配,而是差别性的共享。二是反对将个人的利益要求与集体的利益对立起来。两种利益虽然在一定的条件下存在矛盾,但在适当的制度安排下,这种矛盾是可以消除的。按照这样的社会历史主体观,每个社会成员都是社会改革发展成果分享的当然权利主体,改革发展成果分享的最终目标是让每一个现实生活中的个体获得合理的利益。

第四,确立了国家与政府对社会改革发展成果分享所承担的伦理责任。从政治的角度分析,人们针对经济不平等,如剥削、经济上的边缘化、经济贫困等,所进行的努力与奋斗形成社会成果再分配的政治。③ 以人为本的改革发展成果分享是一种人性的政治要求,是社会成员对国家与政府行动的

---

① 王晓升著:《价值的冲突》,人民出版社 2003 年版,第 277 页。

② 王晓升著:《价值的冲突》,人民出版社 2003 年版,第 247—248 页。

③ [加]威尔·金里卡著:《当代政法哲学》(上),刘莘译,上海三联书店 2004 年版,第593—594 页。

要求,国家与政府对此具有不可推卸的社会职责。有学者指出,人权的实现,包括福利权的实现状况是评价一个政府公共与否、民主与否的基本标准之一。① 特别是在中国快速变革的时期,政府在利益分配方面更具有十分重要的社会整合功能。一个负责任的政府始终是从公正的视角考虑和认识经济发展,让人们更多地分享经济发展的好处和成果。从人本主义立场出发,让每个社会成员都能公平地享受社会发展的成果,是当代民主政治合法性的基础之一。正如著名经济学家斯蒂格利茨所说的那样:"从政治的角度看,如果政府能够成功地维持更公平的财富分配,那么我觉得民主政府的长期合法性将会得到加强。"②著名法哲学家罗纳德·德沃金在《认真对待人权》的演讲中也指出,按照每个人同等重要的原则,如何分配社会财富是政府应该关心的大事。③ 20 世纪初西方国家所形成的社会权利观反映了社会要求国家和政府对社会财富分配承担责任的人本主义价值取向。1919年德国的《魏玛宪法》第 162 条和 1942 年英国发表的《贝弗里奇报告》(《社会保险及相关服务的报告》)提出了社会权利的概念,标志着人们对包括社会福利在内的社会成果的分享开始形成了以下新的知识和理念,并在社会建制和国家制度层面实现了国家与政府职能的转变与更新④:(1)社会财富的再分配不是有钱人对穷人的施舍,不再是纯粹道德范畴的问题;(2)社会财富的再分配不是统治阶级对被统治阶级反抗权的赎买,不是各集团认可并遵守既定社会秩序的利益交换;(3)社会财富的再分配是现代民主国家的一项职责与责任,是公民的一项基本权利。这种新的认识论和社会观念确立了以公民为主体的社会权利,由国家保障这些权利作为政府执政合法性的基础之一。从政治理论与实践角度理解,以人为本确立了国家和政府促进社会改革发展成果合理分享的伦理与政治上的社会责任。在这个意义上,民族国家实际上成为社会的载体,追求公共福利和共同富裕成为国家最主要的目标。中国在走向市场经济和现代化的道路上,国家及政府同样必须承担这样的政治伦理责任。例如,中国政府 2005 年以来采取了免除学杂

① 俞可平著:《权利政治与公益政治》,社会科学文献出版社 2000 年版,第 106 页。

② [美]约瑟夫·E.斯蒂格利茨著:《社会主义向何处去:经济体制转型的理论与证据》,周立群等译,吉林人民出版社 1998 年版,第 302 页。

③ [美]罗纳德·德沃金著:《认真对待权利》,朱伟一译,广西师范大学出版社 2003 年版,第 19 页。

④ 周建明主编:《社会政策:欧洲的启示与对中国的挑战》,上海社会科学院出版社 2005年版,第 125—126 页。

费的措施,减少了农民每年 150 亿的负担。从以人为本的社会分享观理解,这是对农民生存权和平等权保护的开始。

2. 确立了改革发展成果分享的权利认识的基础

作为历史主体的民族、国家和个人,在改革与发展中都将面临更多的文化与价值的碰撞。经过 30 多年的改革与发展,中国已经进入了利益多元和利益博弈的时代,多元的利益主体在博弈中不会简单地达成共识,对经济与社会的发展通常存在着认识上的分歧甚至冲突,并由此可能产生严重的社会矛盾,国家和政府干预权力赖以存在的社会基础可能会因政府与公众间的矛盾而出现一定的危机,反过来影响经济与社会的改革和发展。如果各方关于改革的目标、路径与结果的认识分歧过大,必然提高改革的成本并加大改革的风险。因此,在解决改革发展成果分享的问题时,提高共识的程度成为解决这一问题的重要前提。这涉及到两种不同的认识论与认识的范式问题。自 19 世纪下半叶批判黑格尔思辨的理性主义以来,西方现代理论形成了两种不同的范式和取向:一种是科学主义范式,即采用知识论的标准,从理性的角度衡量社会利益关系;另一种是人本主义的范式,即根据价值意义的标准,从生存意义上去衡量社会利益关系。

在以人为本的框架内认识改革发展成果分享的问题时,对人生的意义和价值的理解成为认识的重要来源。也就是说,对社会财富和机会分享的认识是对人生价值和意义理解的结果。在中国现有社会结构与意识形态下,对改革发展成果分享的共识程度成为决定改革与发展的一个重要因素。尽管有人认为改革共识只是一个美好愿望,但以人为本以其强大的亲和力,为改革发展提供了明确的方向性指导。只要坚持以人为本的框架,多元的利益主体就能从人的价值理念出发追求公平与合理的价值目标,协调各种利益关系和矛盾,认真对待人的生存权、发展权、平等权等支撑改革发展成果分享的基本权利,化解由此引起的社会利益冲突。

人本主义强调对人生意义的理解和体验,以此为基础形成的有关改革发展成果分享的知识不再是完全客观的,而是知识共同体达成共识的结果,这决定了改革发展成果分享知识的相对性、建构性与公共性。由于在以人为本的理念下,改革发展成果分享的主体只能是社会公众,并且具有多元性和公共性,因此,相关的知识必须是向公众开放的公共知识,任何社会成员都有权去理解、研究和检验这些知识。按照这样的理解,有关改革发展成果分享的知识是一种相对性的知识,不具有垄断性,没有先验知识所垄断的隐蔽性真理,知识检验也没有唯一的标准。这种公共性的知识体系支持着价值多元的正当性,但也导致了认识上的分歧和冲突。可以说,许多改革发展成果分享的矛盾甚至根本性矛盾,都来自于认识以及价值之间的冲突。尤其在改革与转型时期的国家,这一问题更为突出。近年来,国内对改革的方向与社会财富分配不公问题的大讨论,就是很好的例证。

人本主义虽然提供了认识改革发展成果分享的基础性前提,但它并不排斥科学知识的合理性与正当性,而且以人为本是以科学认识为其限制的。如果超越了科学的知识,以人为本可能会走向相对主义,走向非理性主义,成为情绪、冲动、怨天尤人、偏执与自私的依据,从而误导中国改革发展的方向和目标,使改革成果的分享成为社会矛盾与冲突的根源。因此,在认识改革发展成果分享时,人本主义和科学主义是不可缺少的两种基本范式。一方面,科学主义为认识改革成果分享提供了客观性的知识和评价标准,并为社会成员之间达成共识提供前提性的约束条件,从而具有减少价值冲突的功能。尤其科学主义丰富的认识论与方法论为认识改革发展成果分享提供了恰当有效的方法、路径与技术,因此,理解与认识改革发展成果的分享,需要采用科学实证的方法,为改革发展成果分享提供知识上的论证和可行的技术支持,探讨利益分配与社会发展的规律,并按照发展规律的要求分享改革发展的成果。另一方面,需要依赖人文性的理解,提高对成果分享的伦理道德的体会,从整体上把握改革发展成果分享的方向和目标。总的来说,科学主义以知识论为核心,为我们提供了恰当的认识工具和实用的知识;人本主义以人的生存为核心,为我们提供恰当的理念与目标指引。通过两种认识范式的结合,可以让有关改革成果分享的理性辩论继续下去,让主流的价值观进一步扩张,让实事求是的认识论发扬光大,让民众参与利益博弈的机制逐渐完善。

在上述两种范式下,人文知识与理性知识结合的结果便转向实践理性的诉求,改革发展成果分享必须纳入具体的现实场景中去认识。首先,改革发展成果的分享具有阶段性。根据经典的社会分配理论,社会分配由第一次分配和第二次分配两个阶段构成。两次分配都会不同程度地影响改革发展成果分享的最终结果。第一次分配是在市场内完成的,是市场交易的结果,是生产要素之一,应当坚持客观主义的科学认识论,坚持效率优先的目标,而不能过多地讲公平。在第二次分配中,追求国民的整体福利成为最主要的价值目标,其所代表的社会团结精神具有反市场经济的价值取向,强调在市场之外社会还存在利益共同体。在西方的理论学说中,福利主义有着非常广泛的影响。福利主义的基本假定是：福利制度和政策在某种程度上能促进团结精神和利他主义。福利制度正是根据这一假定为理论前提构建起来的。① 这种价值观念是对市场经济个人主义的价值观的反动。因此，在认识改革发展成果分享时，要兼顾市场规律与反市场的精神，并实现二者的协调，简单地主张公平优先或效率优先，都是不恰当的。其次，应采用历史唯物主义的观点，将社会改革发展成果分享纳入中国社会经济发展的大背景，用发展的眼光去认识。就中国目前的社会状况而言，发展仍然是第一位的，社会财富分配的矛盾从根本上讲是社会财富生产与需要之间的矛盾。因此，分享社会改革发展成果固然是应当的，但必须是在符合发展条件下的公平分享，否则，成果分享反而可能成为社会经济发展的阻碍。第三，必须重视实践的功效和现实主义的要求，因此，成果分享绝不是重回平均主义的老路，必须坚持按劳分配的原则对待改革发展成果的分享。第四，改革发展成果分享不是任意的讨价还价，而应当是在制度安排下的理性选择。在西方比较发达的市场经济国家，贫富悬殊仍然很大，之所以能相对平稳地解决改革发展成果的分享问题，主要归功于法律制度的功效与作用。

经过三十余年的改革与发展，中国社会结构发生了深刻的变化，利益主体已经趋于多元化，基于利益而产生的社会阶层划分在转型社会与制度变革中凸显出来，社会成员中的弱势群体对社会不满则是这种社会阶层划分的后果之一。因此，社会公众常出于情绪化的认识，对政府所主导的制度变迁逐渐缺乏支持的热情，甚至引发潜在或现实的社会对抗，以此实现其利益诉求。对此，政府与公众都应该具备足够的理性与承受能力，提高理性思考与行动的素养，通过理性的努力，获得趋近的改革共识。因此，有关改革发展改革成果分享的认识，应当在以人为本的认识价值框架内，坚持科学理性主义的认识论原则与立场。中共十六届三中全会对科学发展观概括为："坚持以人为本，树立全面、协调、可持续的发展观，促进经济社会和人的全面发展。"这一概括将科学发展与以人为本恰当地统一起来，把以人为本确立为科学发展观的基本价值取向，实现了科学理念与人文精神的统一，既是马克思主义唯物史观的内在要求，也是对历史经验的科学总结。

3. 奠定了改革发展成果分享权利的现实基础

在以人为本的框架内，实现改革发展成果分享的基本路径是关注并解

---

① 参见[英]诺曼·巴里著：《福利》，储建国译，吉林人民出版社 2005 年版，第 2—3 页。

决社会成员的民生问题。在今后比较长的时期内,中国有关改革发展成果分享的一切制度化的建构,主要是在公平和效率之间寻找一个最佳结合点,这个结合点便是重视民生并改善国民整体的生活状况。① 重视并改善民生状况不仅有利于逐步建立公正的社会秩序,提升社会的整体和谐程度,而且能够有效保障经济的稳定发展,从根本上消解社会改革成果分享的矛盾。具体讲,从以人为本的立场出发解决好民生问题,应当着重解决好以下问题:

第一,确定并保护社会成员的财产权、就业权、劳动保护权等基本的生存权益,改善多数社会成员的民生状况。在民主与法制的社会建制中,权利是民生的合法性基础,因此,确认并保护权利成为解决民生的基本路径。在人权理论中,不论是主张天赋人权的自然权利论,还是主张法定权利的法律权利论,以及马克思提出的经济权利论(福利权利论)②,都是从权利的角度对民生问题进行的探讨与论证。在宪政体制下,生存权是宪法赋予社会成员的最基本的权利,是社会成员分享社会改革发展成果的合法性依据,是民生的权利确认。在法律权利的体系结构中,生存权具体化为财产权、就业权、劳动保护权、获得救济权等。因此,获得并实现这些权利是社会成员生存的基本需求,是民生的基础。具体讲,保护社会成员的财产权不仅可以为社会成员的生存及社会安定团结提供最基本的物质保障,而且有利于杜绝强行拆迁、强行征收等不公平掠夺财富的现象;保护就业权可以为社会成员平等参与社会经济生活提供保障;保护社会成员的劳动保护权能够保障社会成员的劳动投入与劳动收入之间的均衡,真正落实按劳分配的原则,提高社会成员的劳动积极性,从而提高生产率。③ 因此,维护上述生存权利,既是改革发展成果分享的基本路径,也是构建和谐社会的基础。

第二,维护社会成员平等享受改革发展成果的权益,缩小贫富差距,减

---

① 清华大学人文社会科学学院的秦晖教授指出,决定中国以往各项改革成败的,并非效率的得失,而是对公平的把握。参见欧国峰:"公平缺失成不争事实:中国第三轮改革即将到来",载《经济》2006 年第 2 期。

② 俞可平著:《权利政治与公益政治》,社会科学文献出版社 2000 年版,第 100—103页。

③ 有人从国有企业剩余分享的可行性角度提出,国有企业剩余分享不具有可行性,而应当通过契约形式保障劳动者的工资权利,提高劳动工资标准实现利益的合理分配。参见董全瑞、张雪珍:"论国有企业剩余分享的不可行性",载《社会科学研究》2006 年第 2 期。

少贫困人口的数量。① 贫富差距虽然有其存在的客观原因,但也有社会财富分配不公的原因,成为诸多社会矛盾与冲突的根源。因此,缩小贫富差距不仅是关注民生的切入点和解决改革成果分享的重要路径,而且是确保中国经济稳定发展的一个必要前提。虽然任何一个社会都存在着各种各样的利益矛盾,但只要利益分配问题被控制在一定限度之内,经济的安全运行就有保障。如果利益问题所产生的负面影响超出了必要的限度,便会引发较为严重的社会冲突和社会动荡,从而危及经济的安全运行。西方发达国家的发展过程已经表明,较好的民生状况有助于增强社会公众承受经济波动和经济危机的能力。而一些发展中国家和地区的经验也已证明,民生状况的恶化通常会引发一系列的社会矛盾,引发激烈的社会冲突和动荡,甚至造成社会危机。由此可见,不同的民生状况及贫困人口的多寡,决定着社会成员承受经济波动的能力,较好的民生状况有助于减弱社会矛盾所产生的负面效应。处于转型时期的中国社会利益结构正在不断地重新调整,因民生状况而引发的社会问题比较突出。所以,从重视并改善民生的角度,确认并保护社会成员公平分享改革发展成果的权利,保证他们能够公平分享到改革发展的成果,不仅体现了以人为本的新文化理念,而且对于中国经济社会的发展有更加现实的意义。

第三,重视并有效开发人力资源,维护社会成员的发展权。在被称为知识经济时代的今天,从个人的角度看,人力资源关系到社会成员生存竞争能力和发展能力。从国家的角度看,人力资源是中国经济持续发展必不可少的生产要素。中国人力资源结构决定着中国劳动力的整体竞争能力,决定着中国自主创新的能力、国际竞争能力和持续发展的能力。从中国当前的劳动力结构看,80%的工人属于初级工,1亿左右的"农民工"和大量的农民总体上缺乏必要的现代化劳动技能。这种劳动力结构难以适应市场经济激烈竞争的需要,难以适应经济全球化发展的需要,更难以满足社会成员全面发展的需要。由于劳动能力偏低的人在竞争中必然处于劣势,他们在国际竞争和国内改革发展中成为利益分配不公的主要受害者。因此,要改善中国大多数社会成员的民生状况,应当为普通劳动者提供必要的职业教育和职业培训,让他们掌握更多的现代科学知识和劳动技能,籍此提高他们的生

---

① 按照一些社会学家和经济学家的大型调查来看,中国目前的基尼系数比较高,已经超过了0.5,而且贫困人口的数量巨大。参见吴忠民:"重视民生:公平与效率的最佳结合点",载《中国经济时报》2005年12月16日。

存竞争能力、自我发展力以及在市场中获得财富的能力，并在此基础上提高全民族的竞争能力和发展能力。

从国家与政府责任的角度考虑，通过改善民生实现改革发展成果的分享，必须采用以下两项具体措施：一是对制度进行纠偏，消除影响公平分配的制度性因素。在改革的初期，整个制度安排片面追求经济发展，忽视了对人本主义和公平的追求。① 许多改革成果分享不公问题是因为制度安排不合理造成的。例如，失地农民的贫困、农民工的利益被损害、下岗职工的生活保障等问题，都与制度性因素有关，或直接由制度性因素造成。例如，虽然国家近年放开了工业消费品的价格，但工业产品在价格方面相比农产品本身具有一定的垄断性，工农产品之间的"剪刀差"实际上仍存在，专家估计每年仍高达 1000 多亿元。在农业用地转为非农业用地过程中，据估计，30 年来土地出让收入与土地征用补偿支出之间的差额达 20000 亿左右。因此，为了让社会成员公平合理地分享社会改革发展的成果，国家必须通过制度创新，消除产生社会改革发展成果分享不公的制度性因素，建构有利于社会成员公平获得社会财富的新制度。② 二是建设福利国家。英国学者诺曼·巴里在《福利》一书中指出，福利国家是一套制度安排，公平因此被定义为一套复杂的制度，这套制度旨在考虑超越了基于私人产权要求的"需要"和"应得"的关系。③

经过三十余年的改革与发展，中国已进入高风险性的社会。这决定了改革发展成果分享的一个客观原因是满足社会风险分散的需要。在化解由经济发展（工业化过程）所带来的风险时，欧洲国家通过各自的发展经验找到了共同的道路，即建立福利国家。这些国家所选择的解决社会风险的道路有一个共同特点即：由国家介入，建立了具有国家性和义务性的社会保障，由社会成员共同参与，通过国民收入的再分配，向社会成员提供以社会保障为核心的物质保障，从而降低市场经济中所出现的社会风险。福利制度的确立反映出西方国家在解决改革发展成果分享方面的基本思路：第一，

---

① 福利国家是一套制度安排，公平因此被定义为一套复杂的制度，这套制度旨在考虑超越了基于私人产权要求的"需要"和"应得"的关系。参见［英］诺曼·巴里著：《福利》，储建国译，吉林人民出版社 2005 年版，第 2—3 页。

② 美国学者奥尔森指出，即使在发达国家，许多再分配制度和政策有利于富人而不利于穷人。参见［美］曼库尔·奥尔森著：《国家兴衰探源：经济增长、滞胀与社会僵化》，吕应中等译，商务印书馆 2001 年版，第 204—205 页。

③ ［英］诺曼·巴里著：《福利》，储建国译，吉林人民出版社 2005 年版，第 2—3 页。

广泛的贫困是现实分配不公的结果,根源在于人力资源浪费、机会不均和制度安排不合理等;第二,社会有责任为成员提供基本的生活保障;第三,政府应当采取一切必要的措施干预经济生活,通过二次分配制度,提高福利服务的水准与效率,为社会成员提供可靠的生活保障。尽管福利国家受到许多人的抨击,但仍然不失为解决社会改革发展成果分享的成功路径之一,而且福利国家目前所面临的危机已经不是 20 世纪 80 年代的合法性危机,即使有危机的话,也远不具有普遍性。在对德国、英国、意大利、奥地利和挪威 5 个国家进行调查后发现,只有极少数人希望看到国家削减开支。①

通过建设福利国家改善基本民生,可以将市场精神与人本价值、公正和效率在政策取向的层面上有效结合起来,从而既能有效地建立公正的社会分配秩序,使社会的各个群体和谐相处,又能有效地推动经济持续健康地发展。由于不同历史时期可供社会分配与再分配的财富总量有所不同,社会经济各个环节不可能保持完全的均衡发展状态,而且公众的需求有所差异,所以,应当根据客观条件解决公正或效率的优先性问题。正是从这个意义上讲,在不同的历史时期,改革发展成果分享的价值目标可能会有所侧重。例如,在中国改革的初期,为了从根本上消除计划经济体制和平均主义的影响,倡导效率优先兼顾公平的政策取向有历史的必然性和进步性。当中国经济与社会发展到今天的状况时,虽然发展仍然是主要矛盾,而社会分配不公已经成为影响社会稳定与发展的突出矛盾,因此,不能再简单地强调发展政策取向,而应当在维持经济稳定发展的情况下解决好公平问题。《中共中央关于制定国民经济和社会发展第十一个五年规划的建议》也采取了这样的政策取向与策略。

4. 决定了改革发展成果分享权利保障的法制化路径

在中国改革发展成果分享的制度体系中,确立以全体社会成员的生存和发展为基本价值取向的公正的权利义务分配体系,依然是目前最为迫切的现实需要。寻求社会权利义务分配的公正,就是要在我们的制度构建中确立社会成员作为"成员"或"公民"的地位,保护他们的"个体权利"。这需要我们用制度安排好市场经济与社会成员基本权利的关系。在市场经济中,虽然市场在资源配置中发挥着基础性的作用,很多权利是可以交易或纳

---

① [瑞士]费朗索瓦—格扎维尔·梅里安:"治理问题与现代福利国家",肖孝毛编译,载俞可平主编:《治理与善治》,社会科学文献出版社 2000 年版,第 113 页。

入交易的范畴,但有关人本身的一些基本权利,如生存权、平等权、发展权、受教育权、健康权等,都不能受市场交易规则支配,而必须在法律制度中得到严格的保护,并由国家和政府保障其实现。即使被奉为市场交易前提的产权或法律上的物权,也只是人的基本权利之一。如果产权的扩张侵害了人的其他基本权利,产权就必须受到适当的限制。事实上,西方国家的所有权及国家干预制度的变迁已经证明了这一点。所以,只有切实保障全体社会成员的个人的基本权利,包括分享社会改革发展成果的权利,制度才能够从最起码的意义上维护人的价值和尊严。

以权利为中心认识和实现改革发展成果分享的方法固然重要,但需要强调的是,权利意味着社会成员个体能够做某些事而不能做另一些事。对于社会成员个体而言,仅有权利是不够的,只有通过民主的体制结构才可能获得最好的保护。因此,民主是改革发展成果分享权利制度化的正当性基础,通过以宪法为中心的法律制度解决社会改革发展成果分享的问题,仍然是以人为本展开的,因而以人为本决定着社会改革发展成果分享制度化价值目标的正当性。与整个人权发展的阶段相一致,改革发展成果分享也经历了从初步的原则性的要求到构建规范性具体制度的阶段。在西方发达国家,社会改革发展成果分享问题并不是个新问题,19 世纪 80 年代德国首相俾斯麦就已经将社会保险计划引入社会改革,开始了福利国家的建构。在此后的 100 多年里,西方国家纷纷效仿德国的做法,不断对福利国家进行发展、扩充、调整、反思和修正,并将其视为经济社会法律制度的重要内容。

在人本主义的视野中,通过宪法确立公民权利的制度性框架有两个好处:首先,这一框架有助于社会成员参与到改革发展成果的分享中来,行使其应有的经济社会权利,同时使他们认识到社会关系和个人自主必须依赖于集体的原则和安排,而不是通过侵犯他人利益来实现。而且民主作为一种制度形态,能够某种程度上改造社会成员个体的偏好,也有助于不同的利益集团通过共同的价值观达成共识,这些价值观可能为社会成员个体带来新的生活方式。其次,宪法所确定的公民权利虽然没有表现出应有的本体论特征,但反映了由多数社会成员所决定的目标,这些目标具有再生的能力,可以应对不断变化的环境和人们的态度。同时,改革发展成果的分享作为经济社会权利的一部分,必须具有某种程度的制度意义上的普遍性和客观性,因此必须符合两个基本条件:一是为了获得公众的支持,必须对多元化的民众和社会制度具有号召力,以令人信任的方式表明其对于维护公正社会秩序的必要性,而且能够平等地适用到社会成员个体。既然如此,改革发展成果分享的权利自身不能建立在任何具体的伦理道德性价值判断之上,以免我们的偏好都变成此项权利的对象。二是改革发展成果分享权必须能够运用到具体的事实情形中,具有无可置疑的可实践性。经由法律、政策等途径的制度化满足了这样的条件。

(二)和谐社会的理念

社会改革发展成果分享关系到每个公民的利益和生存状况,因此,是社会不同利益主体多重利益博弈的过程和结果。作为制度安排,在构建社会财富分配制度体系时,必须确立恰当的制度目标。在改革开放的三十年中,这个目标主要是以效率为核心的发展目标,但在今天的条件下,我们认为这样的目标已经不能作为社会改革发展成果分享的理念,而应当确立更为恰当的目标。这个目标就是"和谐社会"。

1. 利益多元化是和谐社会的基本特征

和谐社会的前提是社会主体与利益的多元化,这正是市场经济和民主法治时代的社会状态。和谐社会源于社会主体的差别而又高于差别,利益存在源于多元又高于多元。利益的单一和纯粹不是和谐社会的状态。因此,建立和谐社会的唯一可能性在于我们能够形成一个多元化的现代社会。① 由于"和谐社会是一个多元社会",②又是一个差别与变化的社会,③因此,作为现代社会范畴的和谐社会,不仅是一个伦理共同体,更是一个利益共同体。④ 由是观之,和谐社会是一个利益多元的社会。所谓经济利益多元,是指"社会经济利益结构的多元,包含社会经济利益主体的多元、利益分配方式的多元、社会成员利益所得的多元。它是市场经济条件下利益分化的结果,是与利益平均化格局相对立的新的社会经济利益格局。"⑤

---

① 李抒望:"社会主义和谐社会的价值诉求",载《政工学刊》2005年第9期。
② 俞可平:"和谐社会面面观",载《马克思主义与现实》2005年第1期。
③ 如黑格尔所认为的,"简单的东西,一种音调的重复并不是和谐。差别是属于和谐的,它必须在本质上,绝对的意义上的是一种差别。和谐正是绝对的变或变化。"[德]黑格尔著:《哲学史讲演录》(第一卷),贺麟等译,商务印书馆1983年版,第302页。
④ 蒋京议:"在调整利益结构中构建和谐社会",载《长白学刊》2005年第3期。
⑤ 刘新庚:"正视经济利益多元,加强政治观念教育",载《湖南社会科学》1995年第2期。

和谐社会利益多元化有其深刻的原因。首先,和谐社会的利益多元化是市场经济的本质要求。市场要求以竞争方式对资源进行有效的配置,而竞争的展开前提就是存在不同的利益主体,主体不同从根本上讲就是利益不同。因此,市场的竞争和发展就必须保护各种多元的利益主体。可以说,利益多元是市场竞争展开的前提条件。因为利益同一,也就不存在竞争的必要,而且往往会使整个社会的活力沦丧;其次,和谐社会利益多元化是按劳分配的必然要求。按劳分配尊重个人能力的差异,多劳多得,少劳少得,有劳动能力者不劳不得。这种分配原则势必导致社会单元利益的分化与组合,从而形成多元的利益格局;第三,和谐社会利益多元化是社会主义初级阶段多种所有制并存的逻辑延伸。在现阶段,我国是以公有制为主体,多种所有制共同发展。基于"增量改革、存量调整"的渐进式改革思路,在各种所有制安排之下利益多元是无可避免的。当然,在社会主义社会,我们是在根本利益一致的基础上存在差异;第四,和谐社会利益多元化是地区、部门、行业、个人差异的要求。这是导致利益多元格局的又一个重要原因。不同地区之间、部门之间、行业之间以及个人之间,由于种种"先天"与"后天"的因素,会形成各自相对独立的利益。由于我国社会正处于转型期,制度不完善、失灵、缺位同时存在,因此,各利益主体之间的博弈十分激烈,有时甚至酿成群体性事件。从内容上看,多元利益的冲突表现在以下三个方面:一是权力与权力的冲撞;二是权力与权利的冲撞;三是权利之间的冲撞。① 从上述理由可以看出,"多元利益集团是和谐社会的内生变量之一",②因此,以利益多元为特征的和谐社会要求改革发展成果分享应当逐步达到利益的均衡。

2. 利益均衡是和谐社会的核心

"和谐是一个关系范畴和存在状态,是指事物之间协调、均衡、有序的发展状态。"③"根据世界和谐规律,任何人不能独自占有过多,大大高于平

---

① 尤俊意:"坚持以人为本的理念,实现多元利益和谐统一",载《政治与法律》2005 年第 3 期。

② 文力:"利益群体显性化:利益表达和谐均衡的有效机制",载《福建论坛》(人文社会科学版)2005 年第 9 期。

③ 袁银传、郑洁:"社会公平及其在构建和谐社会中的作用",载《学习与实践》2005 年第 5 期。

均水平"。① 要使社会符合和谐规律,就应当使社会利益达致一种"均衡"状态,协调好各方面的利益。党的十六届四中全会通过的《中共中央关于加强党的执政能力建设的决定》指出,"我们党必须最广泛、最充分地调动一切积极因素,不断提高构建社会主义和谐社会的能力,妥善协调各方面的利益关系。"因此,要成功构建和谐社会,必须抓住利益调节这个关键,把在改革与发展中协调利益关系以及在各种利益关系的协调中达致利益的均衡作为改革发展成果分享的一个基本理念。

和谐社会是利益均衡的社会,其含义包括以下几个方面:首先,和谐社会是尊重利益多元的社会。和谐社会正视利益多元的现实,其精髓不在于简单抹平利益(财富)的差距,而在于保证起点公平、规则公平以及结果公平,从而达致利益的均衡。当然,"结果公平并不是指结果的绝对相等。"② 事实上,平等有数量平等与比值平等两种。而"利益均衡"是从"比值平等"的角度而论的;其次,利益均衡并不是利益的平均分配,而是按社会各利益主体都能接受的方式和规则进行资源的配置以达到利益的平衡。因为在现阶段,人们对利益的占有必须与自己在利益形成过程中的贡献相对称;③第三,利益均衡并不意味着没有利益冲突,没有矛盾,而是意味着有一套有效的利益协调机制,从而能及时化解利益冲突,达到均衡这一理想状态;第四,利益均衡是静态均衡与动态均衡的统一。利益的静态均衡是我们定点认识的结果,指"利益关系的各组成部分或诸要素之间比较持久、稳定、协调的相互联系模式"。④ 而动态均衡是"动点"考察的结果,反映了利益主体之间经过一个有效的博弈过程,是一个此消彼长、相互制约的连续进程;第五,利益均衡反映了崭新的公平观,既反对"贫穷",更提倡共同富裕,体现了按劳分配的必然结果。

3. 实现和谐社会利益均衡的基本思路

坚持用和谐社会理念指导改革发展成果的分享,实现社会多元利益的均衡,在制度建设上应当处理好五大关系,形成五大利益机制,构建五大制度。

---

① [俄]C·谢·弗兰克著:《社会的精神基础》,王永译,三联书店2003年版,第225页。
② 顾乃忠:"论效率优先,兼顾公平",载《探求》1995年第6期。
③ 吴鹏森:"公平:和谐社会的柱石",载《探索与争鸣》2005年第4期。
④ 陈槟城:"论建设和谐社会利益均衡机制的法治化选择",载《理论研究》2005年第2期。

（1）处理好以下五大关系,寻求实现利益均衡的突破点。具体要求包括:首先,把群众根本利益放在首位。我们党是代表最广大人民根本利益的党,群众利益无小事,相较其他利益而言,我们必须高度重视群众利益的有效保护与救济;其次,处理好长远利益与当前利益的关系。在建设和谐社会的过程中,实现利益均衡必须解决当前利益与长远利益的矛盾,用可持续发展的眼光把广大人民群众对现实生活的满意度与对未来美好的憧憬有机地结合起来,使人民共享持续繁荣的成果;第三,处理好强势群体与弱势群体的关系。强势群体往往是社会的精英(政治精英、技术精英、知识精英),是社会发展的强力动力,但其有扩张的倾向,必须予以有效规范;而弱势群体(包括政治弱势群体、经济弱势群体及文化弱势群体)往往由于先天不足或后天的苦难,处于社会劣势地位,因此必须予以有效保护;第四,处理好地区之间的利益关系。具体而论,就是要处理好东部、中部、西部之间以及其内部之间的城乡关系、城城关系以及乡乡关系;第五,处理好中央与地方之间的关系。中央要适当放权,地方要大力搞活。中央要在宏观上统筹兼顾,地方要在微观上因地制宜。

（2）形成"五大利益机制"促进利益均衡的实现。这"五大利益机制"包括:第一,利益导向机制。市场经济关于"经济人"的假设就表达了对自利的这种尊重。① 同时,趋利避害是人类的本能,利益导向机制不是要扼制人类利益的欲望,而是要合理地引导它,将群众对利益的追求转化为建设的积极性;第二,利益表达机制。利益表达机制最主要的形式是代表制,即通过代表把利益主体的利益诉求表达出来。此外,在网络时代,传媒也扮演了重要的利益表达角色。利益表达机制必须顺畅,否则便会"土壅而川决"。第三,利益规范机制。利益的扩张性与排他性告诉我们,如果不能很好地规范利益的分配,可能会激化社会矛盾甚至引起社会动荡;第四,利益监督机制。合法的利益要予以保护,而非法的利益必须予以矫正,利益监督机制就是发现非法利益的重要手段;第五,利益救济机制。无救济即无权利。利益救济的机制就是提供了利益所有者在利益受到侵害时的救济渠道、程序及实体规定等。利益救济机制是体现社会公平正义的试金石,因为利益救济

---

① 当然,人类并不是单纯的经济动物,一味追求自我利益的最大化,无视公平、诚实、对法律的尊重、自尊、考虑其他人的利益等。我们在进行经济上成本效益分析时,并不是永久将法律和道德问题搁在一边。See Harry Mcvea, *Financial Conglomerates and the Chinese Wall Regulating Conflicts of Interest*, Clarendon Press, 1983, P. 45.

往往表达了一种"以看得见的方式实现的正义"。以贵州省为例,根据本课题组赴贵州的调查,该省就特别注重利益救济机制之一——法律救助机制的完善。为了加强法律援助工作的制度化和规范化建设,贵州省司法厅在广泛调查研究的基础上,起草了《贵州省法律援助条例(草案)》,并于2001年1月提请省人大常委会审议通过并颁布。据统计,自1998年以来,该省各级法律援助机构共办理各类法律援助案件66368件,其中:刑事法律援助案件29752件,民事法律援助案件33125件,行政法律援助案件341件,其他事项3150件。解答各类法律咨询44.85万余人次;受援人总数为67989人,其中残疾人6604人,老年人8669人,未成年人23866人,妇女15936人,农民工7661人,特殊案件当事人5253人。自2006年首次办案数量突破万件以来,连续两年均以60%以上的幅度增长。在农民工的法律援助方面,据统计,从2005年到2007年,共办理农民工法律援助案件5141件,追偿工资及人身赔偿2743.23万元,惠及农民工48842人。

(3)着力构建五大制度以保障利益均衡的实现。具体包括:第一,建立完善的市场准入制度。在我国现有经济体制下,一般市场准入对市场自由的尊重和特殊市场准入对国家干预的有限依赖看来都是十分必要的。事实上,市场准入制度的完善意味着起点的公平,意味着任何市场中的人和可以进入市场中的人,都可以为追求自我经济利益而从事生产经营活动,因而在形式上造就了人们参与市场利益分配的起点公平,从而为社会的利益均衡提供了一个基本条件;第二,建立明晰的产权制度。中国历史上就有"恒产恒心"之说。在市场经济条件下,明晰的产权有利于更好地创造和利用财富。布坎南甚至指出,"产权是自由的保证"。[1] 第三,建立有效的价格制度。商品是天生的平等派,同样的商品只能卖同样的价钱,这是经济学的基本原理,为市场主体之间利益的均衡提供了有力的保障。但是,由于我国处于转型过程中,由于改革政策的盲点或者落实不力、法律制度不够完善,垄断和政府的不当干预使价格制度遭受不同程度扭曲,因此,建立合理的价格制度是实现利益均衡的有效路径;第四,建立规范的政府干预制度。我们实行的是市场经济,但自由市场的存在并不排除对政府的需要。[2] 特别是中国作为一个发展中的大国,政府应当更多地发挥促进经济发展的作用,承担

---

① [美]詹姆斯·布坎南著:《财产与自由》,韩旭译,中国社会科学出版社2002年版,第29—52页。

② [美]弗里德曼著:《资本主义与自由》,张瑞玉译,商务印书馆1986年版,第16页。

提高公共福利的责任。① 因此,政府干预是客观存在和必要的,分配法律制度重点解决的是如何使政府的干预有利于造就利益均衡而不是破坏利益均衡的生成;第五,形成有效的再分配制度。由于初次分配主要是市场因素作用的结果,体现了"各得其所"的朴素正义。但"即使是最有效率的市场体系,也可能产生极大的不平等",因此,"一个国家没有必要将竞争市场的结果作为既定的和不可更改的事实接受下来"。② 事实证明,社会再分配制度对于缓和社会矛盾,减少社会摩擦是卓有成效的,而这实质是对利益均衡的诉求,从而使社会利益主体相谐相安。目前,我国的社会再分配制度主要有以下一些关节点:最低工资标准的推行;对城乡生活困难户低保的发放;通过财政转移支付扶贫,进行公共投资等;利用税收制度调节收入差距。

4. 实现和谐社会利益均衡的法制路径

利益多元是和谐社会的特征,利益均衡是和谐社会的核心,法治化则是达致和谐社会利益均衡的必由之路。法治不仅是一种行为规范和实用工具,同时还是一种精神的集合体,也蕴含着人们的利益诉求。③ 法律制度要达到法律秩序的目的,就必须承认某些利益并规定这些利益,同时在法律规定的界限内努力保护这些得到承认的利益。④ 在分歧中求协调,在差异中求一致,在对立中求妥协,在冲突中求共存,开始成为现代和谐社会中重要的利益观⑤,相应的经济制度也呈现出两个方面变化:一是要求建立抑制利益独占的均衡机制;二是要求塑造自律自立与宽容共存的理性诉求。⑥

实现社会利益均衡是一个非常复杂的工程,需要依靠法律制度的安排和保障,使利益的取得、使用、移转和救济进入法律制度的控制,为和谐社会的建构提供基础性的作用。具体讲,法治化对于建设利益均衡的和谐社会具有以下突出和现实意义:第一,利益均衡法治化是克服人治的随意性以张扬理性的需要。特别是在我国从传统社会走向现代社会的过程中,包括利

---

① 参见[美]托达罗著:《经济发展与第三世界》,印金强、赵荣美译,中国经济出版社1992 年版,第 513 页。

② [美]保罗·萨谬尔森等:《宏观经济学》(第十六版),肖琛等译,华夏出版社 1999 年版,第 29 页。

③ 高鸿钧主编:《清华法治论衡》(第三辑),清华大学出版社 2002 年版。

④ [英]哈特著:《法律的概念》,张文显等译,中国大百科全书出版社 1996 年版,第 301页。

⑤ 江山著:《人际同构的法哲学》,中国政法大学出版社 2002 年版,第 24 页。

⑥ 参见蒋京议:"在调整利益结构中构建和谐社会",载《长白学刊》2005 年第 3 期。

益的分配和再分配都离不开对法律的依赖,以防止现代化进程中出现操之过急的情况。① 第二,利益均衡法治化有利于更为客观公正地处理利益矛盾。如何妥善地处理不断出现的重大社会问题以达到利益均衡,法治化是其必然选择。正如有的学者所指出的那样:"对社会问题的治理采用法治化可以摆脱社会问题治理上的'人治'的随意性,体现市场条件下公正、公平的基本要求"。② 第三,利益均衡法治化有利于促进利益集团的正当博弈。利益集团的出现是利益多元化的结果,实践证明,采取简单的消灭利益集团或禁止其相互博弈是极其愚蠢的。正确的办法是尊重利益集团的存在,对其进行分化的同时对派别之争加以法律的有效控制,从而达致一种"利益联盟"③的状态,避免利益集团两败俱伤的"零和"博弈,从而事实上形成"利益均衡"。因此,麦迪逊认为,"管理这些各种各样、又互不相容的利益集团,是现代立法的主要任务"。④ 事实上,本课题组赴贵州的调研发现,由于我国现行立法主要采用由法制办牵头、行政主管部门起草的形式,极容易造成"个人利益部门化,部门利益法律化的现象",不利于形成均衡的利益格局。第四,利益均衡法治有利于防止和化解利益冲突。和谐社会是一个利益多元的社会,各种利益交互作用。利益的扩张性、排他性使我们认识到,利益的妥协是不可或缺的。因为"妥协的意思就是用这样一个规范来解决冲突,它既不完全符合一方的利益但也并不完全违背另一方的利益"。⑤ 从某种意义上讲,利益均衡就是妥协的结果。而这种"妥协"的达成恰恰反映出法律在这一进程中的调整性功能,因为"法律的功能在于调节、调和与调整各种错综复杂和冲突的利益"。⑥ 也可以说,利益均衡法治化事实上就是一个以妥协为核心环节、以法律规制为重要手段从而形成新

---

① [美]H. W. 埃尔曼著:《比较法律文化》,贺卫方、高鸿钧译,清华大学出版社 2002 年版,第 246 页。

② 顾俊:"消解社会矛盾要讲'四个化'",载《解放日报》2004 年 11 月 30 日。

③ 利益联盟的根本前提是:人们服从相对稳定的相互关系标准,因为他们相信这是共同利益之所在,而不是因为他们共同拥有一种同一真理观和善的信念。换句话说,主体之所以接受并遵守一种人们之间相互关系的结构框架,原因在于他相信这是实现其目的的手段。参见[美]R. M. 昂格尔著:《现代社会中的法律》,吴玉章、周汉华译,译林出版社 2001 年版,第 141 页。

④ [美]汉密尔顿等著:《联邦党人文集》,程逢如等译,商务印书馆 1980 年版,第 47 页。

⑤ [奥]凯尔森著:《法与国家的一般理论》,沈宗灵译,中国大百科全书出版社 1996 年版,第 320 页。

⑥ [美]庞德著:《法理学》(第 3 卷),美国西方出版公司 1959 年版,第 16 页。

的秩序的过程。

（三）公平分享的理念

以人为本理念解决了公众分享改革发展成果的正当性问题,和谐社会理念确立了改革发展成果分享的目标,公平分享理念则解决了改革发展成果分享的标准和措施问题。

1. 关于改革发展成果公平分享的理论解释

在原始的生产关系中,由于劳动的重要性,先民们把参加劳动视为天经地义的公平。在分配关系中,原始社会成员之间实行的是"瓜分"或"酌量取用"的分配方式。当有利益差别的阶级和阶层出现之后,公平理念具有了新的内涵,社会中普遍存在的是不平等的自然正义观,不平等被赋予自然的色彩,自由人和奴隶各守其分、得到自己应得的东西即被视为公平和正义。但是,在正统的公平观之外,仍然存在着"等贵贱、均贫富"的呼声,而这一利益要求也正好表达了伦理社会中民众的"公平意识"。当人类迈入资本主义社会后,公平理念具有了现代意义上的内涵。在西方社会实现工业化的过程中,经济领域的进步引致了社会结构和利益关系的变化。人们在收入、教育和机会方面的差别逐渐缩小,收入分配较之以前更为公平,参与市场竞争的机会也趋向平等。[①] 这样的利益格局激发了人们积极参与崇尚机会均等和交换等价的市场活动,并且经济上的独立唤起了人们的权利意识,并以此建立了复杂的法律制度。当后工业社会来临之际,形式上的平等和公平固然可以刺激和推动经济的发展,但市场失灵却会造成难以接受的收入和财富的不平等。在此背景下,公平理念中增加了实质公平的内涵,发展、少数人受保护、体质和心理健康、带薪休假、就业等一切可以被看作与人的尊严和实质公平有关的利益几乎都被宣布为权利。[②] 在当代,西方国家为了解决各种经济和社会问题,人们在十分广泛和深刻的范围内思考公平问题,提出了如下具有代表性的学说:

（1）功利主义的公平理论。该理论主张,社会整体的福利水平越高,社会公平程度就越大。当社会中某一部分人的所失能够补偿另外一些人的所

---

① 丁建弘著:《发达国家的现代化道路》,北京大学出版社 1999 年版,第 86、105 页。

② 夏勇著:《中国民权哲学》,生活·读书·新知三联书店 2004 年版,第 170—171 页。

得还有余时,这种变化就是"好"的,社会就将朝着收入"公平"的目标发展。而要做到这一点,需要政府对收入实行再分配。这一公平观体现了对结果公平的重视。①

(2)罗尔斯的公平理论。罗尔斯在提出"作为公平的正义"时,强调这样两个正义原则:其一是平等自由原则,其二是机会的公正平等原则和互惠互利的差别原则的结合。通过这两个正义原则,社会成员能够平等地分配权利和义务以及由社会合作所产生的利益和负担;同时,在社会中,各种职务和地位平等地向所有人开放,而分配制度应当给最少受惠者的利益带来补偿。这一公平观反映出以某种补偿或再分配使所有社会成员都处于平等地位的愿望。②

(3)诺齐克的公平理论。诺齐克主张,只要个人的基本权利得到尊重,就可认为任何分配都是公平的。在不考虑个人效用的情况下,这些权利包括生存权、获得个人劳动产品的权利以及自由选择权。他认为,这些权利是不可剥夺的,除了有义务尊重他人的基本权利之外,人们的行为不受任何约束。该理论强调了程序公平以及个人的自由权利在公平中的重要地位,相应地忽略了结果公平和社会成员间的不合理差距。③

(4)阿马蒂亚·森的公平理论。森指出,较之于收入上的不平等,"可行能力"的不平等更值得关注。所谓"可行能力",是指人们能够过有价值的生活的"实质自由",它包括免受贫苦的能力和掌握知识、参与政治等方面的自由。在森看来,只有帮助贫困者提高"可行能力"、获得增加收入的机会,才能使其获得充分的发展,进而实现公平。④ 森的理论为当今世界消除贫困发挥了重要的作用。

当前,中国正处于一个新的社会转型时期,中国社会的利益格局也在进行着全面的调整。这种调整在改革初期体现为全体居民在改革中普遍受益;而在改革三十余年后的今天,利益调整体现为社会各阶层从改革发展中获利的格局又有了新的变化,这种变化主要表现为暴富阶层与相对、绝对利

---

① 毛程连著:《西方财政思想史》,经济科学出版社 2003 年版,第 108—112 页。

② 〔美〕约翰·罗尔斯著:《正义论》,何怀宏等译,中国社会科学出版社 1988 年版,译者前言第 6—8 页。

③ 〔意〕尼古拉·阿克塞拉著:《经济政策原理:价值与技术》,郭庆旺等译,中国人民大学出版社 2001 年版,第 66 页。

④ 〔印〕阿马蒂亚·森著:《以自由看待发展》,任颐等译,中国人民大学出版社 2002 年版,第 2—11 页。

益受损阶层之间的分化。① 当这种分化引致的贫富差距日益拉大、利益矛盾日益凸现的时候,如何矫正社会不公、保证改革发展成果的共享就成为倍受关注的问题。围绕这一议题,国内学界对公平问题进行了较为全面充分的探讨,形成了中国转型时期的公平理论。具体而言,学者们关于公平问题的探讨主要从以下几个方面展开:

关于公平的内涵。学者们基于不同的学科立场,往往强调公平不同层面的特质,如厉以宁从经济学角度把公平理解为收入分配的协调,即通过协调把收入差距控制在合理的范围之内。② 强以华则从伦理学角度指出,公平应该同时包含主观和客观两个方面。在主观方面,公平就是人们的公平感;在客观方面,主观上的公平感是以客观上是否适中、是否不偏不袒为条件的。因此,公平是以客观为基础的主客观相统一的概念。③

关于公平的分类。吴忠从伦理学角度划分出公平的类型,认为公平包括经济公平、政治公平、伦理公平。经济公平主要与物质财富的分配相联系,政治公平主要与非物质的社会价值分配相联系,伦理公平则与人的生存权利相联系。④ 茅于轼则指出了经济领域内不同类型公平之间的关系,认为真正的公平既非起点的公平,也非终点的公平,而是竞争规则的公平,即每个人在实现自身价值的过程中应遵守同样的制度规则。而实施结果平等政策可能带来不良的后果,即引起另一类不平等和使有能力做出贡献的人心灰意懒。⑤

关于公平与效率的关系。李昌麒指出,收入分配是在初次分配和再分配的层次上进行的,这两个层次上的分配各有不同的功能和价值取向,很难用一个统一原则覆盖这两个层次分配,认为初次分配应坚持效率优先、兼顾公平的原则,再分配应坚持公平优先兼顾效益的原则。⑥ 也有人认为,"效率优先,兼顾公平"的提法在计划经济向市场经济体制过渡的初始阶段具有积极的历史意义。但是随着中国市场经济体制的逐步完善,这一提法在进行现代社会的制度设计方面就显得力所不能及。因此,应当对这一提法

---

① 孙立平等著:《中国社会分层》,社会科学文献出版社 2004 年版,第 54—55 页。
② 强以华著:《经济伦理学》,湖北人民出版社 2001 年版,第 157—158 页。
③ 强以华著:《经济伦理学》,湖北人民出版社 2001 年版,第 157—158 页。
④ 吴忠著:《市场经济与现代伦理》,人民出版社 2003 年版,第 59—60 页。
⑤ 唐斌尧:"20 世纪 90 年代以来关于社会公正问题研究述评",载《教学与研究》2005 年第 1 期。
⑥ 李昌麒主编:《经济法学》,中国政法大学出版社 2002 年版,第 546—547 页。

做出必要的纠正。① 高尚全认为,效率与公平不能厚此薄彼。因为市场要讲求效率,也要强调公平竞争;政府要强调公平,也要提高效率。正确的做法是将公平与效率有机结合,而不是简单地说效率优先或者公平优先。②

关于实现公平的法制保障。吕世伦等指出,在法制系统中,公平价值体现在两个方面:即"法律体系中的公平要求及体现",以及"法制运转中的公平要求及体现"。前者主要是从法律表现内容方面对公平这一价值内容的体现,也即"法律中的公平";后者主要是指在立法、行政、司法等过程中的公平要求,也即"法制公平"。③

上述观点反映了学者们对当代中国社会转型中所需解决的利益分配问题的思考,对此我们可以做出以下评述:其一,公平价值在当代受到关注得益于改革之后个人利益正在被视为真实而合法的要求这一客观条件。④ 改革开放之后,个人利益的取得及保护受到较之于传统社会和计划经济时代更多的重视,从而唤醒了公民主张利益公平分配的权利意识。随着这一时期利益格局的变化和利益冲突的上升,各个阶层迫切需要以公平理念来表达自己的利益要求,分享社会发展的成果。在此背景下,对于公平理念的研究就获得了充分发展的空间。其二,在转型时期的公平学说中,学者们对于公平的探讨主要集中在公平的基本内涵、基本类型、公平与效率的关系以及公平在制度中如何实现等方面,反映出中国在改革过程中为化解经济社会发展中的矛盾进行了不懈的探索和实践。其三,现有国内的公平理论是结合我国国情形成的研究成果,是研究改革发展成果公平分享的重要参考。同时,有必要强调的是,法律机制是改革发展成果公平分享能够实现的制度保障,故制度条件成为分析改革发展成果公平分享理念的重要内容。

2. 对改革发展成果公平分享的基本界定

通过对传统公平理念和中国转型时期公平理念的考察可知,公平是一个具有多维度内涵的范畴。因此,对于公平理念内涵的界定最好采用描述式方法。在本研究中,我们拟从以下三个层面来界定现代公平理念:第一,公平是一个主客观相统一的范畴。这即是说,公平是一个以现实的利益分

---

① 吴忠民著:《社会公正论》,山东人民出版社 2004 年版,第 338 页。

② 高尚全:"社会再分配是实现社会公平的重要环节",载《中国经济时报》2005 年 12 月 16 日。

③ 吕世伦、文正邦主编:《法哲学论》,中国人民大学出版社 1999 年版,第 506—508 页。

④ 夏勇著:《中国民权哲学》,三联书店 2004 年版,第 115 页。

配关系为客观基础,并在主观上形成对此利益关系的意识和感受的概念。由于公平反映了人们的主观感受,因此,某一利益分配格局在不同阶层的人看来就是不一样的,例如某些既得利益群体认为是公平的市场规则在相对、绝对利益受损群体看来很可能就是不公平的。第二,公平是一个关系范畴。在此意义上,公平意味着以一定的社会正义原则来选择决定利益分配的制度安排,进而在人们之间形成社会合作中利益和负担的适当分配关系。①第三,公平是一个社会历史性范畴。不同社会形态下的公平内涵总是由这一时期的社会经济条件以及由此所决定的社会经济关系来说明的,也总是反映了具体的社会历史条件下的利益分配关系。正因为公平具有社会历史性和相对性,故而所谓永恒的公平观念是不存在的。

在界清公平内涵的基础上,我们还需进一步明确公平的外延。以现实生活中人们的活动领域为标准,我们可以把公平分为经济公平、政治公平、社会公平和法律公平。其中,经济公平是指人们在参与市场活动的过程中,拥有平等的生产、分配、交换、消费的机会,并能够从市场活动中获得正当的利益。经济公平的实质是人们以不同方式参与市场活动,由市场机制的作用产生优胜劣汰的结果,从而使得人们的物质利益形成市场化的结果。政治公平是指社会成员在公共事务、国家事务的参与、决策方面享有应得的平等权力,其实质是权力资源在不同社会成员之间保持合理的分配。②社会公平则强调公平的社会性,其要义是对因市场失灵或政府失灵导致的不公进行纠正,具体是通过政策实施的分配效果来给予社会弱势群体以公平待遇、保障全体公民的合法权益,从而实现社会公正。③法律公平是经济、政治、社会诸领域的公平价值通过法律的制定和实施上升为法律上的公平价值,此种公平通过法律上权利和义务的安排得到实现,并最终保障经济、政治、社会诸领域里的利益得以实现。

在当代中国,上述四个领域的公平都得到了相当程度的实现——民主权利、平等权利、自由权利以及在人身、财产、参政、言论、游行、示威、结社、

---

① [美]约翰·罗尔斯著:《正义论》,何怀宏等译,中国社会科学出版社1988年版,译者前言第6—8页,正文第2、12页。

② 李强等著:《市场经济、发展差距与社会公平》,人民出版社2003年版,第10页。

③ [美]乔治·弗雷德里克森著:《公共行政的精神》,张成福等译,中国人民大学出版社2003年版,第88、107页;[美]罗纳德·克林格勒等:《公共部门人力资源管理:系统与战略》,孙柏瑛等译,中国人民大学出版社2001年版,第7页。

劳动、休息等方面的具体权利与自由,在宪法和其他法律部门中得到确认。① 并且,通过这些法律的实施,经济、政治、社会等诸领域的利益受到法律的保护,相应的公平得以实现。当然,在现时期,与改革发展成果分享有关的经济公平和社会公平问题正受到社会各界的广泛关注。其中,尤其是社会公平问题受到人们的高度重视——中国的社会不公问题已经明显地影响到改革的推进以及和谐社会的构建,而目前这一问题并没有得到完满的解决。我们认为,对于社会公平和经济公平问题的有效解决,需要找准问题产生的原因,并通过有效的制度性措施来协调利益关系、实现"公平分享"。申言之,从理论上,我们可以把影响"公平分享"实现的原因归结为起点公平、机会公平和结果公平等因素。

具体而言,起点公平强调的是社会成员生存和发展机会的起点应当平等,即对于具有不同自然禀赋、依存于不同社会条件和自然条件的社会成员,应当根据具体的自然、社会和经济状况,有所倾斜地采取措施,以尽可能地保证其在社会经济活动中拥有同样的起点。② 机会公平是指社会成员在利用生存与发展的资源和空间时拥有公平的机会。这种公平的机会有两个方面的含义:其一,从总体上来说,每个社会成员(包括同代的和不同代的社会成员)都应拥有大致相同的基本发展机会;其二,从具体层面来说,由于客观上人们在智力、体能、健康及性格等方面存在着差异,这些合理差异会造成社会成员拥有的发展机会不可能完全相等,因此,应有程度不同的差别。③ 结果公平强调的是通过一定的平等原则使参与市场活动的主体各得其所。其实现可从两个方面着手:一是在初次分配领域,以比例平等的原则来调整分配中的利益关系,即市场主体的所得与其在劳动、资金、技术、智力等要素方面的付出和贡献大小相适应,由此体现经济上的公平;二是在再分配领域,以完全平等的原则来调整分配中的利益关系,即按照一个人最基本的生存需要来分配社会资源。在做此分配时,只考虑每一个人作为人以及其对于缔结社会所做的贡献,而不考虑其才能和经济上的贡献,由此体现出社会性的公平。上述三类公平着力保护社会成员在市场活动中或市场活动外的经济社会利益,由这三个方面的公平问题引起的不公正也是实现改革发展成果公平分享时需要着力解决的。

---

① 夏勇著:《中国民权哲学》,三联书店 2004 年版,第 189 页。
② 杨宗元:"论公平范畴",载《道德与文明》2003 年第 5 期。
③ 吴忠民著:《社会公正论》,山东人民出版社 2004 年版,第 33 页。

在对现代公平理念的内涵、外延和实现方式有了基本认识之后,还应当明确的是公平与发展的关系,理清二者关系对于实现"公平分享"具有重要意义。我们认为,公平与发展之间并不存在着强调公平就会阻碍发展,致力于发展就会牺牲公平的问题。合理地表述二者关系,应当是以公平作为检验发展方向正确与否的价值尺度和促进发展的重要动力,以发展作为实现公平的基本条件和必经过程。现时期,我国的发展目标是本着以人为本的要求,从解决关系群众切身利益的现实问题入手,更加注重经济社会协调发展,促进社会和谐。为实现这一发展目标,必须注重经济公平和社会公平,通过保证机会公平、过程公平和结果公平来促进发展,并保证发展的正确方向;同时,我国社会中公平问题的解决在根本上需要依靠加快发展,在发展中增加社会财富总量,由此提高政府和社会力量调节利益分配、解决改革成果分享不公问题的能力,并最终实现共同富裕。

3. 实现改革发展成果公平分享的评判标准

通常,在采取了实现"公平分享"的制度措之后,我们还应当考虑是否有某些标准来评价制度措施实施的效果? 我们认为,考量其实施效果的标准是可以把握和运用的。一般而言,我们可以运用具有评价功能的经济性标准、心理性标准和社会性标准来对法律、政策等制度措施的实施效果作出客观、全面的评价。

首先,就经济性标准而言,其主要是通过对经济指标的分析来确认改革发展成果分享的公平度。目前,常用的反映社会分配公平度的经济性分析工具主要有以下几种:(1)基尼系数。该系数是一种度量收入分配平均与否的尺度。具体说来,基尼系数为 0 时,表示社会收入分配绝对平等;基尼系数为 1 时,表示收入分配绝对不平等;基尼系数在 0.3 以下时,为收入分配平均性"好";0.3—0.4 之间为"正常",超过 0.4 为"警戒";一旦超过 0.6,表明收入分配过于悬殊。由于基尼系数可以有效地预警两极分化的质变临界值、衡量贫富差距,因此得到各国的广泛运用。① (2)洛伦茨曲线。这也是现今国际社会通用的反映社会分配公平度的一种方法。该曲线中,实际收入分配曲线越接近绝对平均曲线,收入分配越平等。反之,实际收入分配曲线越接近绝对不平均曲线,收入分配则越不平等。由于该曲线虽能

---

① 尹继佐:"科学解读基尼系数",载《文汇报》2006 年 3 月 16 日。

直观、形象地反映社会分配公平度,但不如数值计算方便,故现实中多使用基尼系数来衡量收入分配状况。① (3)库兹涅茨"倒 U 型理论"。该理论假设,一国经济发展由初期的收入分配比较平等开始,在其发展过程中,为了提高经济效率,必须扩大收入差距,使社会日趋不平等,当经济发展达到一定人均 GDP 的阶段时,收入分配才又重新趋于平等。这一收入分配的变化趋势呈现为"U"型曲线的形状。据此,该理论认为,公平分配只能随一国经济发展的推进而逐渐到来,其在一定程度上描述了发达国家实现现代化所走过的"先增长后分配"的道路,②我国在社会发展过程中,既应当重视收入差距和人均 GDP 之间的相关性,更应该在发展经济时积极发挥政府的作用合理控制收入差距,从而使经济在公平中实现增长。

其次,就心理性标准而言,其主要是通过对社会成员心理状态即"公平感"的分析来确认改革发展利益分享的公平度。在理论上,社会心理学对公平感的考察主要从以下三个方面进行:③

一是从结果上判断公平性。这主要是以"分配公平"为依据,即个体通过了解自己为群体作的贡献所应该获得的回报来判断公平性。通常,公平感只有在当事者与参照者双方"公平指数"(即收益与贡献的比值)完全相等的情况下才能够获得。这样,双方所获收益在绝对量上存在的差异即使悬殊,也不一定会造成不公平感。而只要双方的公平指数不等,哪怕二者之间的绝对数差异不大,当事者也可能产生不公平感。④

二是从程序上判断公平性。这主要是以"程序公平"为依据,即个体以组织在成员中分配奖励的过程来判断公平性。通常,以下因素会影响程序上的公平性:同一程序是否适用于每个人、奖酬是否正确地依贡献而定、对分配中错误进行处理的程度、决策者是否避免个人利益的涉入,以及决策与伦理道德的符合度等。

三是从人际互动上判断公平性。这主要是以"人际公平"为依据,即以

---

① 杨灿明著:《转型经济中的宏观收入分配》,中国劳动社会保障出版社 2003 年版,第 147 页。

② 何大昌:"西方经济学关于公平与效率关系理论研究",载《现代管理科学》2002 年第 6 期。

③ [美]R. A. 巴伦、D. 伯恩著:《社会心理学》,黄敏儿等译,华东师范大学出版社 2004 年版,第 641—644 页。

④ 杨灿明著:《转型经济中的宏观收入分配》,中国劳动社会保障出版社 2003 年版,第 136 页。

奖励者就奖励作出的解释和证明以及奖励者对成员所表现出的关照程度为依据来判断公平性。在知道了如何判断公平感之后,我们还应当了解人们应对公平感与不公平感的态度。一般而言,当社会成员认为受到公平的对待时,公平感会激发其工作的积极性、主动性或创造性;而当社会成员认为受到不公平的待遇时,不公平感则会促使其采取应对不公正的策略,如要求加薪、抗议、罢工、或采取其他影响社会安全的过激行为。通常,我们应当针对人们应对公平感或不公平感的态度来改进相关的利益分配措施,从而更好地实现成员间利益的合理分配。

最后,就社会性标准而言,其主要是运用社会学的理论方法来确认改革发展成果分享的公平度。常用的反映社会分配公平度的社会性分析工具主要有以下几种:(1)社会指标。该指标是衡量和监测社会发展、评价社会进步和揭示社会问题的一种量化手段。在该指标中,社会分配公平度仅仅是其评价社会发展的一项内容。因此,利用该指标进行综合评价,能够全面地衡量"公平分享"法律措施实施的效果,并有利于我们对措施实施中存在的问题加以改进。具体说来,能够反映包括分配公平性在内的社会经济发展水平的社会指标有人均国民生产总值、农业占 GDP 比重、教育经费占 GDP 比重、人均医生数、通货膨胀率、失业率、贫困率和社会稳定指数等。[①] (2)社会分层结构的标准。根据该标准,通过了解社会分层结构,可以判断社会公平的实现程度。目前,中国社会分层结构仍然是一种底层大、中间层小的"金字塔形"结构,中间层的短缺使得社会高层与底层之间的冲突难以得到中间层的缓冲,"社会紧张"在一段时期内还难以消除。为此,我们只有通过采取有效的制度性措施来培育社会中间阶层。当分层结构成为中间大的"纺锤形"结构时,既反映出"公平分享"的目标得以实现,也能够发挥中间层维系社会稳定,保障社会和谐发展的作用。[②] (3)"上升流动"标准。根据该标准,通过了解社会中的上升流动,可以在一定程度上判断改革发展成果在社会成员间的分享状况。通常,我们可以从多个途径来评价是否实现了体现多数人获利的上升流动,即一定时期内生活水平的上升、产业结构的升级演进以及由产业演进带来的职业地位的上升等,都能体现改革发展成果在社会阶层之间、产业之间或职业群体之间的优化分配。[③]

---

① 韩明谟等著:《中国社会与现代化》,中国社会出版社 1998 年版,第 182 页。
② 孙立平等著:《中国社会分层》,社会科学文献出版社 2004 年版,第 13、38 页。
③ 孙立平等著:《中国社会分层》,社会科学文献出版社 2004 年版,第 22—23 页。

四、改革发展成果分享法律机制
改革与完善的总体思路

（一）以权利配置为中心

1. 改革发展成果公平分享为什么要以权利为核心

伴随着法律在社会中的作用不断显现和强化,法律作为社会利益和矛盾的调整手段,愈发得到人们和社会的关注和重视。作为社会利益的协调器,法律最大的功效便在于其通过权利义务机制的运行,使不同社会利益主体的利益冲突通过法律的方式得以协调和缓解。因此,我们在构建公平分享的法律机制时,必须将弱势群体的权利配置与运行置于最为重要的地位——在一定程度上,弱势群体的权利配置与运行问题是其他运行机制得以有效运行的前提和基础。具体而言,在公平分享的法律机制中,强调以权利为核心的意蕴在于以下几点:

(1)公平分享的实质是权利的平等配置。市场经济作为资源优化配置最佳的制度安排,资源是市场经济运行的枢纽和主要载体,在市场经济中,谁享有更多的资源,谁就处于更为优势的地位,正如英国社会学家布劳所指出的那样,对资源的控制力直接决定了人与人之间的相互关系和独立地位,①因此,我们在考量改革发展成果的公平分享时,就必须实现对成果的主要转化形式——资源的公平分享,这其实是一种利益的诉求和主张。权利是法律保障的利益,因此,如果我们不将对资源及资源的控制力的利益诉求通过法律的方式,并借助权利机制予以确认并赋予强制力,那么我们所谓的对资源公平分享的利益诉求则只能是美丽的谎言而已。通过权利的配置与运行机制将社会民众对改革发展成果的公平分享予以落实,相关的制度

---

① 转引自李路路、李汉林著:《中国的单位组织:资源权力与交换》,浙江人民出版社2000年版,第50—51页。

安排才能得以充分落实并有效运行。从制度经济学的视角来看,制度本身也就是一种资源,对法律上权利的占有和享有情况,实际上表达和反映的就是对制度资源控制力的大小,社会各种主体在制度上所获权利的分配是否合理和正义,也就应当成为我们公平分享的重要对象和构成。正是基于此种考量,国际社会和我国社会政策研究界在界定弱势群体时,一个最为主要的指标就是看弱势群体是否难以与其他群体共享公平权利,是否远离社会权利中心。① 从法律的视角来看,社会的不平等实质上是权利的配置和运行的不平等,弱势群体资源的匮乏实质上是权利的贫困。我们的时代是一个权利的时代,权利的配置是否公平是考量任何政策最为重要的指标和参数,也是政策取得正当性和社会合法性的前提和基础。正如美国著名学者路易斯·亨金所指出的那样:"我们的时代是权利的时代,人权是我们时代的观念,是已经得到普遍接受的唯一的政治与道德观念。"②依此理路,我们对改革发展成果的公平分享必然也必须以权利的合理配置和有效运行为核心。

(2)权利的赋予与保障是改革发展成果公平分享的最佳保护方式和路径。在我国改革开放30年的历史中,对改革发展成果公平分享的强调和重视在不同阶段也有所体现,国家也采用了不同的路径和方法来实现社会更大程度的公平和正义,减少贫富差距。对历史的回顾和梳理不难看出,改革开放以来,政府和社会主要采用了三种手段来实现社会的共同进步:一是通过政府的主动性、临时性救助政策来实现;二是通过社会的捐赠和慈善;三是通过法律的权利构造。在上述三种方式中,我们认为,以权利为核心构建改革发展成果的公平分享机制最为重要和有效,并且也最具有可持续性。这主要是因为:

第一,权利机制使公平分享更具有稳定性和可持续性。权利义务作为法律调整社会利益的主要方式,其将社会各种主体的利益诉求都定格到法律文本当中,并通过法律的实施来保障其运行,如此一来,社会各种主体的利益都通过权利机制的设置与运行而得以固定,相较于政府的主动性救助和慈善捐赠,其更能够使社会主体获得确定性预期,并且其利益诉求和保障也不会因为政府和慈善组织领导人的偏好不同而难以持续,从而使公平分

---

① 杨海坤:"和谐社会视角下弱势群体的宪法保护问题",载《淮阴师范学院学报》2005年第4期。

② [美]路易斯·亨金著:《权利的时代》,信春鹰等译,知识出版社1997年版,前言。

享的实现更具有稳定性和可持续性。

第二,权利机制使公平分享更具有效性。政府的主动性救助与社会慈善虽然能够在一定程度上解决改革发展成果的公平分享问题,但是由于这两种机制都具有一定的随意性,其实施的对象、时间的选择和规模的大小往往都依赖于具体决策者的个人意志和偏好,因而难以在根本上使公平分享的机制得以有效实施。同时,由于这两种方式大都采用社会动员的方式作业,故其实施的效果往往大打折扣。对于权利机制而言,由于其具有法律的强制性,而且法律的运行又通过社会相因应的组织和程序来保障,其既定的程序和手段都能够在相当程度上保障公平分享的社会效果和经济效果。

第三,权利机制使公平分享更具保障性。与政府主动性救助与慈善安排不同,权利机制更多地强调的是权利主体的主动性实现,其可以通过权利主张而强制性要求义务主体,如政府等提供法律规定的权利安排和利益保障。这是一种自下而上的权利主张和利益诉求,它强调和规制的是政府的责任和义务。与此相对,政府主动性救助与慈善安排则是一种自上而下的运行体制,其更多着眼于政府和慈善组织的自我意愿和热情,如果政府和慈善组织变换公平分享的内容,社会主体没有更多的途径可以强制政府。由此看来,以权利机制为核心构建公平分享的法律机制更使公平分享的正当诉求具有可强制性和保障性。

第四,权利机制更能有效和有力地解决公平分享中的利益冲突。权利机制强调和关注的是通过法律的手段和路径将利益衡平置放于法律的制定与运行当中,通过立法的规制、执法的运行以及程序的启动将各种利益嵌入法律的精妙体系当中,进而使各种利益冲突都通过法律的程序化运作而得以缓解和消弭,这样就有效地抑制了各种利益矛盾演化为巨大的社会冲突,进而对于减少因社会阶层的差异所引致的社会危害的发生。所以,以权利为核心构建公平分享的法律机制,无疑对于我们当前解决不同社会阶层之间的差异和矛盾是颇有助益的。

(3)对弱势群体权利的倾斜性保护是构建公平分享法律机制的重点。法律面前人人平等是法律的基石和根本,因此,权利机制必然以平等享有和分配权利为基本要素,虽然这一理论和原则对于大多数法律机制都适用,但是在考量如何建构改革发展成果公平分享的权利机制方面,我们更加强调和重视权利的实质性平等,即希望通过法律实现对弱势群体的倾斜性保护来达到整个社会主体都能在共同的平台上平等地享有和行使权利。在公平分享的权利机制中强调权利的特殊性和倾斜性保护,主要基于以下几点理由：

1）在现代社会中，虽然法律赋予了每个人平等的权利配置，但"徒法不足以自行"，当具体的社会个体行使权利时，其必然地会产生成本的支出，由此，每个社会主体对资源的掌握程度以及可支付成本的多少直接决定了其愿意或者可能在多大程度上实现法律所表彰的权利。对于弱势群体而言，如果其没有足够的成本支出，那么其无法实现和运行法律文本所赋予的权利，而且当权利受到侵害时，往往也难以启动权利救济程序，如此一来，必然将导致权利的赋予和运行成为具文。因此，我们必须在法律上为弱势群体运行权利提供必要的甚至是特殊的权利安排和资源供给，让其可以在资源保障的前提下自主地实现法律所规定的权利，这种对弱势群体特殊的资源供给实质上就是权利的倾斜性保护。

2）对弱势群体的权利不给予特殊保护而泛化地给予所谓抽象的平等保护，有可能进一步扩大已有的差距和不平等。以历史主义的眼光来看，资产阶级革命初始，为消除封建社会的特权，实现人人平等，资本主义法律将每个社会主体都化约成为抽象的平等人格，实现一致化的平等保护，这样一种形式平等的法律在给现代社会带来确定性和平等性的同时，也逐渐显现出一些弊端。特别是伴随着财富的增长和社会分工的日渐细化，不同社会主体之间差异性更加明显，如果法律对这些差异性视而不见，仍坚持不分差别的平等，那么只能进一步强化这种不平等和差异，进而导致社会的差距进一步加大，这将极大地产生社会剧烈冲突的可能性。正如英国学者米尔恩在对公平的定义中所指出的那样，公平就是对于在所有的相关的方面都相同的情况，必须同样地对待，对于在相关方面不相同的情况，必须不同地对待，且这种不同的对待要对应于相关的不同。① 因此，从权利运行的视角，我们在构建社会不同主体公平享受改革发展成果的权利安排时，必须考虑对弱势群体特殊的倾斜性保护举措。

3）从人权和人类和谐共同发展的视角，对弱势群体的倾斜性保护具有正当性。伴随着人权理论和实践的不断深入和展开，对人权的理论认知早以从原来的政治权利拓展到社会经济文化的权利，人权的平等性已经拓展到社会经济文化权利的平等性。为此，联合国还专门通过了《社会经济文化权利公约》来保障每个人在社会经济文化权利方面的平等性和可操作

---

① ［英］A. J. M. 米尔恩著：《人的权利与人的多样性——人权哲学》，夏勇、张志铭译，中国大百科全书出版社1995年版，第59页。

性。美国著名政治哲学家罗尔斯所提出的有关正义的两个基本原则中,其第二个原则就是差别待遇原则,其要求如果在进行社会财富的分配时,如果不得不产生某种不平等的话,这种不平等应该有利于最少的受惠者。① 但是,正如我们在前所指出的那样,权利的实现需要成本的支出,没有对资源的控制就无法充分实现法律文本所表彰的权利,因此,从人权的平等性和可实现性的视角,我们也必须对弱势群体实行倾斜性保护。此外,我们当前正在大力构建和谐社会,强调不同社会阶层之间的和谐共处和共同发展,从法律的角度来解读,其实质性的要求就是我们必须实现对整个社会不同主体实质性的平等保护,为此,对弱势群体的倾斜性保护也就是我们建设和谐社会所必然且必须采取的举措。

2. 公平分享改革发展成果的权利体系

以权利为中心构建公平分享改革发展成果的权利体系,促进社会的和谐发展和共同进步,必须遵循实质性平等原则。给予社会的弱势群体和贫困地区特殊的权利保护,一方面需要强化对现有权利行使公正和公平的维护,提高现有权利运行的绩效,增强对弱势群体权利行使和权利救济的保障;另一方面,尚需要在现有权利体系的基础上进一步构建公平分享改革发展成果的倾斜性权利体系,我们认为,这样一些倾斜性权利包括但不限于以下权利的立法配置和运行。

(1)公平发展权。发展权的提出和倡导最早是在国际法的层面上展开的,塞内加尔最高法院的院长、联合国人权委员会委员凯巴·姆巴耶在1972年提出应当创设发展权。发展权在初创时期主要的关注点是发展中国家与发达国家之间的发展公平问题,由于该主张受到广大发展中国家的支持和拥护,最后使发展权在联合国文件中《发展权利宣言》中得到了完全的确认。伴随着发展权理论和实践的不断展开和深入,发展权逐渐扩大了其适用的领域。主流的观点认为,发展权是继自由权和生存权以后的第三代基本人权,其应当在各国宪法和国内法中予以确认和保护。② 按照联合国《发展人权宣言》中对发展权的定义,发展权是"一项不可剥夺的人权,由于这项权利,每个人和所有各国人民均有权参与,促进和享受经济,社会文

---

① [美]约翰·罗尔斯著:《正义论》,何怀宏等译,中国社会科学出版社2003年版,第123页。

② 齐延平:"论发展权的制度保护",载《学习与探索》2008年第2期。

化和政治的发展,在这种发展中,所有人权和基本自由都能得到充分实现。"根据上述界定,我们认为,发展权正与公平分享改革发展成果的意旨相契合,所以,发展权作为公平分享改革发展成果的一项基本权利应当自无疑义。根据学者们对发展权主体的研究成果,①我们认为,在公平享受改革发展成果的权利体系中,发展权应当包括以下三种类型的发展权:

1)个人发展权。发展权首先且最终应当是个人的权利。这是因为:其一,发展权的受益主体最终是个人,虽然发展权包括团体和区域发展权,但这两中权利得以规定和启动的目的仍在于其中之个体能够获得益处,所以从这个意义上讲,个人是发展权的基础和归宿;其二,从联合国《发展权宣言》的规定来看,发展权也应当包括个人发展权。在联合国的《发展权利宣言》的序言中明确指出:"确认发展权利是一项不可剥夺的权利,发展机会均等是国家以及组成国家的个人的一项特有权利,"此外,在该宣言的第2条中明确指出,个人是发展权的主体;其三,只有将个人发展权作为发展权的基础性权利,才能最广泛地调动所有参与人的积极性,并且也才能保障和维护所有人的利益,特别是弱势群体的利益,而这也才正是确立和保护发展权的宗旨,同时也是我们构建公平分享改革发展成果权利体系的主要目的所在。

2)团体发展权。在发展权的实践过程中,人们发现,发展权主要针对的是社会的弱势群体,这部分社会弱势群体由于自身力量单薄,资源控制有限,因而常常无法仅凭一己之力而争取正当的发展机会,公平享受社会的改革发展成果。因此,发展权在实践中主要应当或者是以团体发展权的面相出现,因为只有集集体的力量,社会的弱势群体才能演变成有力量的社会团体,也只有在集体的组织和运作下,社会弱势群体的发展权益才能得到真正的落实和保障。

3)区域发展权。如前所述,我国渐进式的改革开放在产生巨大成就的同时,也带来了一定的区域发展不均衡的问题。因此,构建公平分享改革发展成果的发展权制度时,我们必须关注贫困地区和区域的发展权。虽然先前的政策补偿权也针对贫困区域的发展给予了一定的关注,但赋予和规定贫困区域的发展权具有更为深远的意义和价值:其可以为贫困地区加快发展进程提供更为充分的正当性,同时也为强化中央政府或者省级政府均衡

---

① 齐延平:"论发展权的制度保护",载《学习与探索》2008 年第 2 期。

发展的责任提供了更多的制度支持和保障。

（2）参与权。伴随着经济系统在现代社会中所扮演的角色和功能愈发重要，如何贯彻和实现经济民主成了现代民主制度重要的组成部分。因此，在构建公平分享改革发展成果的权利体系时，赋予相关主体，特别是社会公众参与权应当是完善社会主义民主制度、实现和体认经济民主必然的逻辑和结果。具体而言，参与权的确立和有效运行对于公平分享改革发展成果的法律机制的重要意义主要表现在以下几个方面：其一，社会公众参与权的行使有助于缓解社会矛盾，提高政策的执行效率。这是因为政府经济决策必然涉及到社会公众利益的再调整和重构，如果在决策前缺乏相关社会公众的参与，那么社会公众就无法理解和自觉实施政府的经济决策，进而就会对政府经济决策的实施产生阻力和抵触，同时也会导发"上有政策，下有对策"的博弈行为，这必然会增大政府经济决策的执行成本，并且也会有可能因此造成政府经济决策的失效；其二，社会公众的参与有助于减少政府经济政策的失误，提高和保障政策决策的科学性和有效性。政府经济决策涉及到社会相关主体的行为选择和利益调整，缺乏相关的信息，信息不充分，政府是很难保障其政策的科学性，科学的决策是建基于信息的充分性和完整性，只有打通社会公众参与政府决策的信息渠道，政府的经济决策的科学性和有效性才能得以保障；其三，社会公众参与权的实施有助于提升公众对政府决策的认同度，增强政府经济决策的社会合法性。通过赋予社会公众参与政府事务的权利，社会公众也才能体会到自己作为决策的主体地位，从而也才可能对政府决策的合法性予以认同，进而也才可能主动配合政府的经济决策的实施和运行。

为充分发挥社会公众参与的积极意义和价值，我们必须将社会公众的参与权作为一项基本人权予以规定。只有作为权利而存在的参与权，才能保障其能够得到真正的落实，否则，社会公众的参与仅仅是作为一种理念或者号召，缺乏对政府义务或者责任的规定，极容易造成政府的随意性和主观性，同时也不利于社会参与功能的有效发挥。根据政府决策的运行轨迹，在我们看来，在公平分享改革发展成果的权利体系中，社会公众的参与权主要表现为以下两种类型：

1）决策参与权。决策是对既往利益格局的重构，因而在决策阶段必须赋予社会公众的参与权，否则，社会公众将因缺乏利益表达的有效渠道而无法认同政府决策的合法性和有效性，进而也将降低政府政策的科学性和执行效率。虽然我国目前已有不少法规规定了政府决策中的公众参与程序，如听证程序等,但从这几年的运行情况来看,效果并不明显。究其因由,主要是在于对公众参与权的权能规定并不充分和完善:法律仅仅是规定了社会公众参与的程序性权利,但没有赋予社会公众参与决策的实体性权利,由此就造成许多社会公众感觉其参与听证所表达的意见根本未能被最后决策所采纳和吸收。我们认为,赋予社会公众决策的参与权应当是完整和有效的,换言之,必须赋予社会公众及其利益代表在最后决策中的实体性参与权。当然,基于市场经济原则的要求,社会公众是不能成为唯一的决策者,但对于有关社会公众利益的事务,如公用企业的价格确定等赋予社会公众一定比例的决策表决权应当是可行和合理的。只有如此,相关的规定才可能不仅仅是立法的点缀甚或粉饰。

2)监督参与权。法律的实效理论表明,法律文本上所表彰的权利并不等于现实世界实际运行的权利,现实权利在不同程度上都有所偏离立法者决策的本旨。正因为如此,赋予社会公众参与决策执行过程的权利,有助于使现实运行的法律最大限度地契合决策者的初衷,保障决策者对公平分享改革发展成果的意旨能够化约为社会公众的切实利益。公众参与监督的权利主要通过以下几种方式予以实现:一是通过直接参与到各类官方机构组织的执法监督检查活动中实现参与权;二是通过私人自助行为来弥补公共监督的不足,提高社会监督的力度和效率。譬如在我们看来王海的知假买假行为实际上就是通过私人执法来整治和完善了公共监督程序,实际是就是公民监督参与权的制度创新和体现;三是通过提起公益诉讼来引发司法监督。我们认为,在当前国际上大量的环境保护的案例中,有不少是无利害关系人所提起的公益诉讼,这实际上就是公民监督参与权的行使方式,其实质上就是通过公民监督参与权的行使启动了司法对相关法律的监督;四是通过公共媒体进行的舆论监督实际上也是社会公众监督参与权的表达方式。

(3)补偿权。当前我国正处于转型时期、发展时期,正行进在从传统社会步入现代国家的进程当中。在这样一个前所未有的时代,传统的利益格局已被打破,而新的利益关系和规则尚未完全建构和塑造,利益关系时时处于不稳定和变动当中。在利益调整当中,由于我国尚是发展中国家,资源有限,不是所有的利益都一定能在利益调整中不受到损害或者得到补偿,实现帕累托最优,因此,必然有部分利益会因为社会公共利益的需要而不情愿地受到损害。由于这部分利益的损害与受损人个人的原因无涉,如果国家不给予相应的权利救济,必然会导发其对社会的怨愤,进而有可能酿造更大的社会冲突和危害。由此,必须给予这种因为社会公益的需要而受到损害的弱势群体特定的补偿权,并以此作为其保障自身权益的基础。这样一种补偿权主要应当包括以下几种:

1)生态补偿权。随着科学发展观的推进和落实,我国社会民众广泛认识到,人与自然的关系不应当再是传统所主张的那种征服与征服对象之间的关系,而应当转换为和谐发展和共同发展的关系。因此,确立生态补偿机制成为我们建立和谐社会、推动可持续发展的重要环节。所谓生态补偿机制,主要就是对污染环境和生态功能的恢复和补偿,其中既包括了对因环境污染所受到损害的地区和个人的补偿,也包括对为了维持生态环境而不得不自我限制生产领域和手段的补偿。例如,为了维护长江流域的生态环境而在长江上游实行的退耕还林政策,使相关地区和个人的发展受到很大的限制,其利益也因此受到损害,对此种损害进行的补偿就是生态补偿。值得注意的是,虽然生态补偿机制的构建在我国已成为理论的热点,并在实践中已大力推广,但迄今为止的理论研究和实践都有一个重大缺失,即过于强调政府在生态补偿机制中的作用和责任——当然这是非常重要并且对当下中国甚至是最为重要的,但是对受损个体和地区的补偿性权利配置和实现却出现了不适当的疏漏。事实上,如果仅仅是从政府责任而不是从权利配置的视角来考量生态补偿的问题,那么极容易造成补偿机制的"人治化"倾向,生态补偿的有效性和稳定性都难以得到切实保障和支持。正因为如此,赋予因生态补偿的需要而利益受损的主体生态补偿权就显得十分必要和迫切,这种赋权行为将使利益受损主体可以通过权利的积极行使而实现对自我利益的彰显和维护。

2)房地补偿权。城市化是我们当前推进社会转型和现代化的重点和标志之一。在这一进程中,一些土地和房屋将因为城市规划而不得不改变用途,被强制拆迁或者征收,而原有土地或者房屋的权利人其利益必然受到损害。目前,虽然各地政府都给予了了一定的补偿,但频发的拆迁或者征收纠纷表明,补偿不充分和不落实的问题依然比较严重。从当前各地的纠纷和冲突来审视我们既往的补偿政策,在我们看来,其一个最为重要的矛盾焦点即在于补偿标准的问题。各地的补偿政策大都基于公共利益的需要和名义而主张适当补偿,但利益关系人则要求全部或者市场化补偿。我们认为,在补偿标准上如何确定是涉及到政府究竟是与民让利,还是与民争利的问题。此外,即便是基于公共利益的需要(虽然绝大多数都是打着公共利益的幌子),也不能一律要求由个体来承担原本应当由所有纳税人承担的成本。

因此,我们认为在房地补偿上,应当实行市场化补偿,而赋予相关主体完整的房地补偿权正是实现这一政策的最佳手段和路径。房地补偿权的型构,使相关主体可以在权利的名义下正当地通过权利的运行和保障来实现和维护自己的房地利益。

3)政策补偿权。我国改革开放实际上是一个逐步开放,不断试点和重点扶持的渐进式的制度变迁,是从东南沿海逐步推向西部省区的过程。在改革开放的进程中,政策的倾斜性供给对于区域经济发展起到了非常重要的作用和功效,从深圳和上海浦东的发展我们都可以管中窥豹。因此,东南沿海因较早地享受了政府的政策倾斜和财政支持而已经有了很大发展。与此相对,西部省区却因为为了避免过大的社会动荡而维持老的体制和政策,这一定程度上使其在发展的速度和效果上落后东部省区许多。虽然西部大开发的提出和实施实际上就是对西部地区的补偿,但从政策的比较和开放程度来看,仅仅是西部大开发可能还是不够和不充分的,因为东部沿海地区目前仍享有比西部省区更为优惠的经济政策和更为宽松的管制政策。因此,在东部沿海已经有了长足发展和较为发达的背景下,赋予西部省区政策补偿权,要求中央政府有责任和义务给予西部省区更多的更为开放和更有利于经济发展的政策,既是改变西部落后面貌所必须采取的举措,也是对西部省区在改革开放初期利益受损和发展受损的一种积极的补偿和扶持。

(4)社会保障权。我国改革开放政策的提出和实施在很大程度上是导源于对广大人民基本生活保障无法充分满足的困境,因而,在改革开放取得重大成就的背景下,赋予社会民众社会保障权应当既是对改革开放政策本源的积极回应,同时也是对改革发展成果公平分享的必然要求。

社会保障权作为一项基本人权肇始于德国魏玛宪法时期,该宪法规定国家有义务建立维持国民生存的社会保险和社会福利制度。例如,《魏玛宪法》第163条规定:"德国人民应有可能之机会,从事经济劳动,以维持生计,无相当劳动机会时,其必需生活应筹划及之"。自此以后,随着各国对人权的推崇和强调,社会保障权逐渐为各国宪法所肯认,成为公认的基本人权并在国际相关文件中予以规定。譬如,在《世界人权公约》第25条中规定:"人人有权……在遭到失业,疾病,残疾,守寡,衰老或者在其他不能控制的情况下丧失谋生能力时,有权获得保障"①。

---

① 中国社会科学院法学研究所:《国际人权文件与国际人权公约》,社会科学文献出版社1993年版,第45页。

根据学者的研究,社会保障权的内容十分宽泛,如社会保险权,社会优抚权,劳动权,休息权等都被纳入其中。①

我们认为,在建构公平分享改革发展成果的社会保障权而言,所有的社会保障权都应当给予积极回应和有效构建,但其中,下列几项权利应该是最值得关注:一是社会救助权。社会救助权是指公民在依靠自身无法维持社会的最低生活水平的情况下而有权要求国家向其提供满足最低生活水平所需要的物质和服务的权利;二是社会保险权。社会保险权是指社会公众基于失业,疾病,残疾,守寡,衰老等原因而无法继续通过劳动获得收入的条件下,有权从国家建立的社会保险基金中获得津贴以维持生活需要的权利;三是医药保障权。本项权利是指社会公众获得公共卫生保健,医疗保险和救助的权利;四是社会福利权,社会福利权是指社会公众有权获得和享受由国家提供的公共服务和公共资源的权利,当前,在社会福利权中最值得关注的是教育福利享受权。

3. 公平分享改革发展成果权利的实现路径

前面的分析表明,公平分享的实质是权利的实质性平等,我们在建构公平分享的权利机制时,必须关注和重视对弱势群体的倾斜性保护。根据法律权利的运行轨迹,我们认为这种权利的公平分享主要体现在以下三个方面:

(1)权利的立法配置公平。立法是对社会主体权利的初始确认与配置,其同样也是利益获得正当性最为重要的前提条件。如果社会主体缺乏法律文本对其正当性权利的表彰,那么其所谓的利益就无法获得法律的强制性保护,利益的实现也就难以获得保障。另一方面,如果立法没有对社会主体合理的正当性利益诉求给予积极的回应,那么社会主体就会质疑法律的公正性,长此以往,这种认知将对社会安定的维持与和谐社会的建设产生诸多的不利影响。由此,我们必须在立法阶段能够在最大程度上实现社会公众对改革发展成果公平分享的心理期盼和正当诉求。我们认为,在立法阶段实现权利的公平分享应当坚持以下几个基本原则:

1)实质性平等原则。如前所述,法律面前人人平等已被现代各国公认为立法的最高准则。但是,随着社会分工和财富的增长,加之社会差距日渐

---

① 杨威:"论社会保障权的保障",载《福建法学》2009 年第 1 期。

显现,在现代社会,人们认为在法律面前人人平等的理论内涵中,不仅应当包括法律的形式平等,而且还要强调和关注法律的实质性平等。为此,在立法上就应当实现对弱势群体的倾斜性保护。借以实现社会公众对改革发展成果的公平分享。在立法环节实现权利的倾斜性保护,在我们看来应当做到以下几个方面:一是增强弱势群体获得更多的市场机会的能力和权利;二是增强社会主体获得更多社会资源和国家资源的可能性和权利;三是通过各项制度安排来保障弱势群体能够与其他社会主体具有同样的获得正当性利益的权利。

2)合理有度原则。对弱势群体给予倾斜性保护具有理论和实践的双重正当性,然而,任何事物都有两面性,一旦这种特殊性保护被推向极致。矫枉过正,那么反过来则会带来新的不平等,①并会引发新的社会问题和弊端。为此,在立法阶段建构权利的公平分享机制时,尚需在权利的特殊保护方面坚持合理有度的原则。权利的倾斜性保护不能突破和影响几个基本的界限:一是市场的边界。我们当前建设的是市场经济,市场经济之所以作为人类迄今为止最好的经济体制,其最为重要的原因便在于市场通过看不见的手能够实现资源的最佳配置。然而,权利的倾斜性配置强调的是国家运用有形之手来调控社会的公正问题。不可否认,这将在一定程度上侵扰市场机制功能的发挥。需要指出的是,如果我们以权利的倾斜性保护为借口而导致国家成为资源配置的主要手段,那么我们则是从一个错误方向走向另一个更为严重的错误方向,甚至将给社会发展带来更为严重的后果和不可承受之重。因此,我们在进行权利的立法配置时必须坚持将市场作为资源配置的基本手段和主要载体;二是国家的边界。由于市场无法自发地提供权利的倾斜性保护所需要的资源,因而国家就有责任来克服市场失灵的局限。然而,国家资源的供给同样是有限制的,其同样受制于自身资源的规模大小,其不可能超出其现阶段所能供给资源的限度。一旦法律所规定的权利保护溢出国家资源控制的边界,那么法律规定的权利将成为具文,这既不利于法律本身权威性的树立,同样对民众法律信仰的培育也极为不利。由此,我们认为对权利的倾斜性保护不能超过国家现阶段所能承受的能力边界;三是个人责任边界。虽然我们认为改革开放的成果应当为社会民众共同享有,但我们认为这种享有应当是有一定条件和责任相附随的。如果

---

① 杨海坤:"和谐社会视角下弱势群体的宪法保护问题",载《淮阴师范学院学报》2005年第4期。

权利的行使没有必要的成本和责任做依托,那么权利容易被滥用或者背离权利倾斜性保护的初衷。因此,在公平分享改革开放的成果时,个人的权利行使要与其责任承担大体相当,不能仅享受权利而不承担任何的责任;四是他人正当性利益的边界。对弱势群体权利的倾斜性保护不能侵害他人的正当性利益,如果权利的立法配置是建基在对他人正当性权利侵害的基础上,则会引致新的社会冲突和阶层矛盾,这不仅会打击利益受损阶层对社会和国家的积极认知,而且由于他们的抵触,弱势群体的权利的现实实现也很难达到。这从新劳动合同法的实施效果就可见一斑。因此,在立法上进行权利配置时,我们必须实现制度变迁的帕累托最优,即在制度变迁中有利益获得者,但同时没有利益受损者。

(2)权利的运行有效。法律是一个系统工程,对改革发展成果的公平分享仅有权利的立法配置和特殊保护是不充分的,徒法不足以自行,法律文本所昭示的权利还需要一系列运行系统的支持,否则,立法所赋予的权利只能是水中月,镜中花。基于此,我们就必须将立法所赋予社会民众公平分享改革发展成果的权利演变成为可操作和运行的现实权利,为此构建有效运行的权利运作体系是十分必要的,在我们看来,这样一种权利运行体系应当满足以下要求:

1)完整性。权利运行体系应当是完整的,从权利的启动,到权利的运行以及责任的承担和运行的保障都应当有一套完整的制度设计。如果欠缺其中任何一个环节的制度安排,权利的运行都将因为制度的残缺而无法有效展开和高效运行。

2)效率性。由于改革发展成果的公平分享虽然是面对整个社会民众,但从命题本身的意旨而言,其主要针对的仍是社会的弱势群体,所以在设计权利的运行体系时,就必须考虑制度的运行成本和效率。不能造成社会民众行使立法所倾斜保护的权利时需要付出不必要的社会成本和资源。此外,权利运行本身应当是十分有效的,能够迅捷地实现权利人启动权利机制的目的。

3)公正性。自罗马法始,公正作为法律的最高价值目标一直被各国法律所尊崇,因而在构建权利的运行体系时,我们也必须将公正纳入到相关的制度设计当中。这种思路更为重要的意义在于,社会民众对法律公正性的认知绝大多数都不是通过对法律文本上所昭示的权利是否公正的解读来获取的,而是通过对现实世界中权利的具体运行状况来感知的。因此,公平分享权利运作机制公正性的制度要求既是对立法权力配置公正性的延伸反映和逻辑要求,同时也是实现法律公正的中心环节和主要场域。

（3）权利救济充分。没有救济的权利就不是真正的权利,构建社会民众改革发展成果公平享有的权利体系必须纳入和设计权利救济的制度安排,否则,整个权利机制将成为空中楼阁而无法有效落实和运行。如何设计公平分享改革发展成果的权利救济体系,以下几个方面的考量是不可或缺的:

1）救济手段多样。社会民众公平享受改革发展成果的权利作为社会经济文化权利的一种,其救济的运行方式与一般的民事权利不同,因其实现大都不是通过民事诉讼的手段展开。因此,我们不能将权利救济完全寄托在权利人主动性和积极性的权利主张上,必须构造其他机制以保障社会公众公平分享改革发展成果。正如我们在后面所要论述到的那样,我们可以通过增加政府的责任以及宪法诉讼等方式来拓展社会民众的权利救济渠道。

2）救济程序发达。权利救济是通过程序来运作和表达的,因而要使权利救济程序能够合理高效运行,对救济程序进行理性化再造是十分必要的。我们认为,社会公众公平分享改革发展成果权利的救济程序应当从以下三方面着手:其一,确立救济程序建构的合理性,合理性有助于社会不同阶层之间不会仅凭感情冲动而导发冲突,从而便缓冲了社会系统分裂的强度和潜势;其二,确立程序运作的中立性。中立性则使程序层面内部相互"嵌套",包括在某个互动系统中的行为常常融合于或局限在某个组织系统里,从而促进了程序参与人的角色定位。因而,当特定参与人间引发冲突时,由于程序性规则严格限定了参与人的资格,从而也就阻遏了系统内部冲突的延展;其三,权利救济的程序构造为系统内部相互对立的双方提供了一个平等公正的对话场所,在这里,对立双方可以相互交流信息,以理服人和制度性妥协将会缓冲双方冲突的烈度,使问题得到适当解决,而不至于造成社会冲突的扩散,而这对于实现公平分享权利机制的目的是非常重要的。

3）救济实效明显。公平分享的权利救济机制应当富有实效,让社会民众能够直观地感受到救济程序的成效。事实上,这将对社会和谐产生两个方面的积极绩效:一方面,这将使社会民众在其公平享有改革发展成果的权利受到侵害时乐于采用程序化的救济程序,使矛盾的解决置放于既定的法律程序当中,从而有效抑制了矛盾的蔓延;另一方面,这也使民众真实地感知到法律对其权利维护的效果,进而对社会公众确立法律信仰产生积极的效果和深远的意义。

4. 公平分享改革发展成果权利的实现机制

建构完善的公平分享改革发展成果的权利体系,不仅需要列明具体的权利构成以及权利实现的路径,而且还应当构建分享改革发展成果权利的具体实现机制。唯此,我们在理论上所倡导和制度上所构建的权利才能转变成现实世界可运行的实然权利。析言之,构建公平分享改革发展成果的权利实现机制需要采取如下具体措施:

(1)公平分享改革发展成果的权利应被确立为宪法性的权利。具体来讲,就是要强化和提升公平分享改革发展成果的权利位阶,将权利置放于宪法基本权利的范畴,并借助宪法诉讼来予以保护。我们保障公平分享改革发展成果的权利构建并不是运用传统的权利来架构,而是构造了新的权利类型和新的保障方式,如参与权,发展权,补偿权以及社会保障权等都属于新型权利。目前,按照国际上对权利的基本分类标准来参照,这些权利归属于社会经济权利,在性质上是一种社会性权利。理论研究和实践运行情况表明,作为社会性权利,其运行的轨迹,行使的方式以及救济的手段等都与传统的民事权利可以说大相径庭。鉴此,各国对于社会性的基本权利,大都通过宪法的规定予以保障。虽然对于宪法所规定的基本权利的性质和效力在德国和日本等国家仍有较大争议,但主流的看法仍倾向于具有一定的效力和作用。同时,从各国的宪法的运行情况看,目前的发展趋势是通过宪法规定或者宪法解释等手段或者方式来使宪法对平等权的保护趋于切实可行,[1]由此,我们对于公平分享改革发展成果的权利体系,我们必须将其提升到宪法基本权利的位阶,并运用宪法诉讼来保障和督促权利的实现和达成。

(2)强化国家的责任和义务。作为社会性权利,公平分享改革发展成果的权利实现并不完全仰赖于司法的运行和自我权利的主张,在很大程度上,其权利的实现必须通过政府的义务履行,这是因为政府具有实现基本权利所需要的资源和资源调动的能力和可能性。正因为如此,许多国际公约以及学者都肯认政府在这方面的责任和义务。譬如,挪威学者艾德认为,政府有义务提供每个人依据经济,社会和文化权利所享有的各项权利,并认为

---

① 朱应平:"美澳两国平等权宪法保护比较研究",载《安徽大学学报》(哲学社会科学版)2006年第6期。

这是政府的第四项经济义务。① 由此,规定和强化政府在积极促进社会民众公平分享改革发展成果的权利实现中的在责任和义务是构建权利机制中不可或缺的重要内容。一方面,要通过立法规定国家在这方面的义务和责任;另一方面,要通过宪法诉讼等措施来监督国家对立法规定义务的切实履行,以真正强化国家在公平分享改革发展成果方面的责任和义务,并在此基础上保证社会民众权利的实现和救济。

(3)培育和塑造"第三部门"。要通过利益代表来行使集体性权利,并提高集体性权利的权威性。公平分享改革发展成果权利体系的构建其主旨仍在于对社会的弱势群体给予倾斜性保护,但作为社会的弱势群体,其所掌控的资源有限,因此,仅凭单个个体权利的行使往往很难对国家和社会产生足够的影响。因此,弱势群体通过组建集体性组织,如消费者协会等,通过"第三部门"的运作一方面实现与国家更好地沟通,在立法层面获得更多的权利和利益主张机会;另一方面,由于有代表弱势群体的"第三部门"的存在,因而当弱势群体的正当性利益受到侵害时,那么"第三部门"可以作为弱势群体的利益代表去争取和维护其正当的权益。同时,由于"第三部门"是集体组织,其整体性将有助于提高弱势群体的谈判势力,并提升权利救济的成效。

(二)以市场分配法律机制为基础

1. 市场作为基础性分配机制的必要性

作为资源配置的基本方式,市场是人类社会几百年来最重要的制度选择,也取得了很高的绩效。虽然存在着市场失灵,这在某些时候或某些领域甚至还非常严重——政府因此要对市场的资源配置等进行干预,但有一点可以肯定,在资源配置过程中,从整体上看,市场优位没有根本改变,或者说市场配置资源的基础性地位不可动摇。就分配而言,虽然存在着税收、财政转移支付等多种二次分配方式,但经由市场的分配方式还是占主导地位。

从收入结构看,社会上绝大部分居民的收入的大部分来源于市场。以杭州市城镇居民收入为例,2008 年杭州市区城镇居民人均工资性收入为16949 万元,占家庭总收入比重为62.7%,是居民家庭收入的主要来源。人

---

① 转引自李常青、冯小琴:"少数人权利及保护的平等性",载《现代法学》2001 年第 5 期。

均经营性收入为 1407 元,人均财产性收入 1939 元。受增加离退休金及各项社会救济收入等大幅度增长的驱动,人均转移性收入为 6740 元,占家庭总收入的比重为 24.9%。① 以山东省农民人均收入为例,2008 年,山东省农民人均纯收入 5641 元。其中全年农民人均工资性收入 2263.5 元,占纯收入的比重达到 40.1%。从工资性收入构成看,农民人均在本乡地域内劳动得到的收入为 1315.3 元,占工资性收入总额的 58.1%;农民外出务工人均得到的收入为 693 元。全年农民人均家庭经营纯收入 2963 元,占农民人均纯收入的比重达 52.5%。全年农民人均非生产性收入达 415 元,占农民纯收入的比重为 7.4%。主要是由资本的利息、股息收入与房屋、农业机械带来的租金、转让土地承包经营等财产性收入,家庭非常住人口寄回带回、亲友赠送、养老金以及粮食直补等支付所形成的转移性收入等。农民人均财产性收入 163.9 元;人均转移性收入 251.1 元。2008 年,山东省级财政安排支农资金 145.4 亿元,其中,农村义务教育经费保障机制改革资金 46.5 亿元;支持农村医疗卫生事业发展 11 亿元,全省农村低保标准提高到 900 元;落实粮食、良种、畜牧业、农机购置、农资综合等项补贴 69.27 亿元。农民人均得到救济金、抚恤金、扶贫款、医疗费、粮食直补等政策性收入 65 元。②

从理论上看,居民收入的绝大部分来源于市场也是有原因的。市场是一种决策分散化的体制,在这种体制下,每个人都有自主的决策权,且都对自己的决策承担后果,这成为每个主体寻求最优决策的强大动力。与其他体制相比,在市场体制的安排下,每个主体通过工作、投资等市场活动能够获取相对更多的资源和利益。正因这些优势,市场成为一种基础性分配机制。我国的制度建设也围绕这种基础性分配机制的完善而展开。"坚持和完善按劳分配为主体、多种分配方式并存的分配制度,健全劳动、资本、技术、管理等生产要素按贡献参与分配的制度。"③这是我国多年来奉行的主要分配政策。

值得指出的是,本研究的议题为"改革发展成果分享法律机制研究"。

---

① 魏皓奋:"杭州人均 GDP 迈入"上中等"发达国家地区水平",载《今日早报》2009 年 2 月 17 日。

② "2008 年山东省农民收入情况分析",资料来源:http://www.sdny.gov.cn.

③ 胡锦涛:《高举中国特色社会主义伟大旗帜 为争取全面建设小康社会新胜利而奋斗——在中国共产党第十七次全国代表大会上的报告》(2007 年 10 月 15 日)。

研究中当然会较多涉及到公权在公平分配中的作用问题,但这并不意味着市场在分配中的基础性作用可以忽略。事实上,在市场体制中,公权作用的展开,很多时候缘于市场存在问题。我们对改革发展成果分享的法律机制问题进行研究时,在强调公权作用的过程中,也会充分重视市场在分配中的基础性作用。我们展开这种研究的目的,一方面是更好地实现对市场某些功能的替代;另一方面是更好地实现对市场功能发挥的维护。事实上,替代是对市场失灵的矫正,即通过二次分配等方式修正市场在分配领域的不足,这是公权对分配的直接介入;维护是通过修正市场的作用机制使市场机制在分配中更有效地发挥作用,这是公权对分配的间接介入。这些,在政策选择时都需要慎重考虑。以劳动市场为例,如弗里德曼所说的,"在存在劳动力市场竞争的条件下,能够最好地保护雇员免受当前雇主的侵害是不是政府,不是律师,也不是工会,而是其他雇主。"①由此看来,市场的优势不容忽视。

2. 公权干预分配的界限

良好的市场基础和正确的公权介入是保障公正分配的基本路径。由于市场在分配中起着基础性的作用,因此公权介入分配就存在着介入的方式及限度等问题,只有较好地解决这些问题,才能使人们共享改革发展成果,同时经济社会的发展不会受到影响。具体而言,公权干预分配的界限表现在以下几个方面:

(1)公权对交易进行直接干预的界限。交易直接涉及到交易双方的利益。为保障交易的公平,在某些情形下,实践中有公权对交易价格、某些交易条件、交易结果等进行干预的案例。这种干预的目的在于通过对交易双方的利益的强制性配置而影响分配,但在市场体系中,对这种干预应该有所限制。

①对交易价格、交易条件等的干预限度。对平等主体间交易的价格、条件等干预应该有其限度。如果公权过多地直接替市场主体作决策或限制市场的决策范围,则市场对效率的贡献将有可能减弱甚至丧失。除非市场结构、市场行为等因素导致交易价格明显偏离合理的价格,或者交易条件明显不合理,才需要考虑公权对交易进行直接干预的可能,但仅仅只是一种可

---

① [美]约翰·巴德著:《人性化的雇佣关系:效率、公平与发言权之间的关系》,解格先等译,北京大学出版社 2007 年版,第 121 页。

能。如果公权通过改善市场结构等行为就可以实现市场的正常运行,则直接干预是不必要的。如果强行干预,更大的负面影响就可能出现。因为被干预主体在这种情形下会对干预进行回应,这种回应有可能使干预趋于无效甚或产生相反的效果。以西方的最低工资法为例,实践证明,西方国家的最低工资法在制定后反而产生了有害于穷人的后果。米尔顿·弗里德曼曾经对该制度作过如下评述:最低工资法也许是我们所能找到的其影响和善意支持该法规的人们的意图恰好相反的最明显事例。如果最低工资法有任何影响的话,那么,它们的影响显然是增加贫穷。国家能够通过立法制订一个最低工资率,但它很难要求雇主按照最低工资雇用所有以前在最低工资率以下被雇用的人。这样做显然不符合雇主利益。因此,最低工资的影响是使失业人数多于没有最低工资时的情况。就低工资率确实是贫穷的象征而言,那些因之而失业的人们恰恰是那些最经受不起放弃他们一直在拿收入的人。① 所以一些国家在经济发展良好时期并不制定这种制度。当然,这种制度在我国是否趋于低效目前还缺乏实证资料。此外,我国国情与西方国家有着重大差异,我国有着数量巨大的农村潜在劳动力想进入城市打工,从而使简单劳动和体力劳动方面的岗位产生了激烈的竞争,这种激烈的竞争可能使最低工资的设置成为必要。

②对交易结果的干预限度。一般而言,交易一经完成,公权对交易结果不能再进行干预,即使发生交易纠纷,也可运用私法规范及程序解决。基于多种因素考虑,公权对交易结果的干预在实践中往往产生较多负面影响。典型的例子如 2004 年 10 月最高法院颁布的《关于人民法院民事执行中查封、扣押、冻结财产的规定》第 6 条。该条规定:"对被执行人及其所扶养家属生活所必需的居住房屋,人民法院可以查封,但不得拍卖、变卖或者抵债。"这一制度是一种较为典型的对交易结果的公权干预,它在不到一年的实施过程中,产生了较多的负面影响:

一是诱发道德风险。这一制度会诱发两类主体的道德风险,导致某些被执行人和潜在的被执行人的恶意行为。在这一制度下,由于不还款法院不会对其生活必需住房强制执行,这等于把有还款能力但还款意愿摇摆不定的人推入不还款者行列。还有一类人自借款时始既无还款能力也无还款

---

① [美]米尔顿·弗里德曼著:《资本主义与自由》,张瑞玉译,商务印书馆 1999 年版,第 173 页;[美]莱斯特·C.瑟罗著:《得失相等的社会——分配和经济变动的可能性》,李迈宇译,商务印书馆 1992 年版,第 135—140 页。

意愿,其贷款买房的目的在于通过禁止执行司法解释获利,这类人的行为可以初步定性为欺诈。这两类不诚信的善于与制度博弈的人的产生完全缘于禁止执行司法解释的存在,这种制度使原来诚信的人变得不诚信,也使不诚信的人拥有施展技术的行为空间。

二是损害诚信者的利益。禁止执行司法解释实施前,没有或少有"嫌贫爱富"的歧视行为,其主要原因有二:其一,房屋抵押使不同债务人之间的风险差异很小,这使差别对待没有必要;其二,差别对待的实行涉及到风险识别的信息成本,过高的信息成本构成了差别对待的障碍。禁止执行司法解释实施之后,抵押减少个人之间风险差异的功能消失。对银行而言,不同客户有不同还贷风险,因此选择交易对象成为其防范风险的重要对策,诚信的低收入者的利益首先受损。但问题的严重性并不限于此,由于信息等因素,受害者的范围必然会扩大。在禁止执行司法解释下,若银行不能有效划分事实上风险小的群体 A 和风险大的群体 B,风险小的群体 A 会被认为是大风险的,受害者范围由此而扩展。

三是对交易成本、交易机会以及交易安全预期的消极影响。禁止执行司法解释实施后,提高贷款门槛等应对措施增加了银行和借款者的交易成本,减少了银行的交易机会。禁止执行司法解释还使银行对部分群体的交易安全的预期减弱甚至丧失。禁止执行司法解释实施之前,抵押房屋的可执行性使银行有良好的交易安全预期,除非房价大跌。这种从抵押而来的安全预期只是一种主观测定,绝大部分不会对房屋本身产生影响,银行行使抵押权只是极少的情形,但不能因为银行不行使抵押权就认为抵押权不重要,并作出禁止执行的规定。

四是实质上降低个人房屋的价值。由于不能被强制执行,无人会接受房屋这种抵押物,因此禁止执行司法解释从经济上宣告了个人房屋不能被抵押,虽然法律没有禁止个人房屋作为抵押物,这事实上人为设置了个人融资障碍,其结果与在《担保法》中写入"自然人的房屋不能设定抵押"的条文相差无几。值得关注的是,禁止执行司法解释在这方面的负面影响还会扩展,它会阻碍众多没有以房屋作抵押的交易并进而损害交易各方利益。禁止执行司法解释想保护谁的利益?这种被保护的利益在量上有多大?最佳的数据应该是 2004 年度由全国各地法院执行局执行的执行标的为涉案人员生活必需住房的案件数量。由于法院没有这方面专门的数据,所以只能选择部分法院进行调查。由于法院在对个人住房执行时,没有执行标的是否是生活必需住房的专门资料,下列数据仅表明:2004 年在下列地区某个基层法院所在区域,因欠银行按揭贷款而使其住房(并不仅是生活必需住房)被法院执行的数量。因此,在调查地区,禁止执行司法解释想保护的利益在按揭贷款行业中比下列数据(即其中以拍卖房子终结的数量)要小,甚至可能小得多。从表1可知,禁止执行司法解释在按揭贷款行业想保护的利益并不大,它只保障了极少部分人的住房权利,但却带来严重问题:其一,从动态看,少部分人住房权的保障是以更多人不能购买或改善住房为代价;其二,它保护了想保护的利益的同时,也会保护众多不该保护的利益;其三,它增大了银行和借款者的交易成本,降低了银行的交易安全预期,使银行陷入两难;其四,它很大程度剥夺了自然人对其房屋设定抵押的权利,这种负面影响还会扩展到众多没有以房屋作抵押的交易并进而损害交易各方的利益。因此这是一种公权对私权的不当干预。它对市场、效率和法律的影响是深远的。[1]

表1   六个基层法院 2004 年接受的由银行提出的执行申请及实际执行数

	法院 A（东莞）	法院 B（深圳）	法院 C（珠海）	法院 D（内江）	法院 E（资阳）	法院 F（烟台）	
						2004	2005.1—8
接受申请量(件)	111	—	65	70	0	0	8
执行中止量(件)	22	—	—	—	0	0	3
实际执行量(件)	89	40	27	54	0	0	2
其中以拍卖房子终结的数量(件)	75	40	—	—	0	0	0
以缴现金等方式终结的数量(件)	14	0	—	—	0	0	2

注:表中"—"表示数据没有获取到

这一案例较好地说明了一个问题,就是对社会弱者的利益保护,不应该通过对交易结果的干预来实现,这种保护的责任较多地在于公权一方,而不在于交易对方。交易对方只要在交易过程中遵循法律规定,公权就不应该对交易结果进行干预。我们可以在此做一个制度的对比。我国《税收征管法》第38、40、42条分别规定,个人及其所扶养家属维持生活必需的住房和用品,不在税收保全措施和强制执行措施的范围之内。从内容上看,这一制度与上述禁止执行制度相同,但两者的绩效却有天壤之别,其原因正是在于

---

[1]   应飞虎:"权利倾斜性配置研究",载《中国社会科学》2006 年第 3 期。

对最低生存权保障的路径不同,禁止执行制度籍由对交易双方之间的利益的强制性的倾斜分配而实现最低生存权的保障,一般而言,这是不正当的;而税法中的制度则通过利益给予的方式实现最低生存权的保障,这虽然"损害"国家的利益,但这却是必要的,因为这本身就是国家的职责。这里就涉及到强制性利益分配与直接的利益给予的选择问题。当需要对交易一方私权额外规制或利益过度保护时,在何时可以强制分配,在何时应该直接给予? 这都是需要研究的,并不能简单为之。当然解决冲突的最佳方法在于直接利益的给予,而法律只是一种规则,并不是所有的规则自身都附带利益,所以很多由法律解决的冲突并不是被解决的,而是被转化的,这种转化有可能使冲突消失,但更有可能产生一种新的冲突或潜在的冲突。但利益给予受到资源的限制,所以,对交易双方利益的强制性的倾斜配置也需要作为一种手段而被考虑,如通过考量交易双方利益的关联度而决定是否强制性配置等。

(2)公权介入再分配的界限。在历史上,产生了较多的强制性分配方式,如税收、财政转移支出、政府的公共工程计划等。各种分配方式有其各自的功能。政府的公共工程计划的主要目的在于减少因失业而产生的贫困现象。这些再分配方式在市场经济中有其必要,但必须有其界限,同时在再分配过程中也会存在一些需要协调和克服的问题,这些问题需要得到较好解决,如果不能得到妥善解决,在某些极端情形下,选择市场也是必要的。

一般而言,公权介入收入和财富的强制性分配有其存在依据,但这并不表明这种强制性分配在实践中必然是正义的。强制性分配是一种由公权作出的行为,而公权并不必然时刻维护公共利益:它既有可能为善,也有可能作恶;既有可能提升效率,也可能降低效率,所以法律对强制性分配进行规制就相当必要。在公权的强制性分配中,需要法律加以协调、抑制和克服的问题主要有:

①强制性分配的成本问题。财富在归集和转移过程中会出现流失,这种流失包括财富的收集成本和转移成本,这种成本包括各种人力资源支出、财产耗费等。对此,经济学家奥肯曾经提出过"漏桶原理"。① 这种流失有可能是强制性分配制度的必要代价,也有可能是人为造成的,而法律的作用在于降低强制性分配的成本,减少漏桶的漏出量,这当然需要各种制度体系

---

① 〔英〕奥肯著:《平等与效率》,王奔洲译,华夏出版社1999年版,第89—98页。

的支持。在此,我们不无忧虑地指出,强制性分配中的"漏桶效应"在我国尤显突出。以扶贫为例,我国从保障人权、生存权和发展权的高度看待扶贫工作。尽管我国扶贫事业取得了相当的成效,但是我国的扶贫投资漏出率也很高。这主要表现在,由于对扶贫项目管理不善,一些扶贫资金被挪用、贪污,致使这部分转移支出未能形成预期的现实的生产力,甚至还出现了越扶越贫的现象。我们认为,这些问题的解决主要还是要靠健全社会分配法治来实现:一方面,要在制度上加强财富的归集和分配主体的组织建设,并设定各种程序对其加强制约和监督;另一方面,也可以考虑市场化的扶贫路径。

②劫贫济富问题。强制性分配是一种资源的强制性转移,所以并不能确保转移的方向。在财富归集方面,不能确保取之于富人的财富多于取之于穷人的财富;在财富的转移方面,也不能确保穷人一定能获得更多的资助。在强制性分配实践中,有可能出现劫贫济富的反向现象,从而使强制性分配沦落为一种为富人服务的工具。如何防止政府的强制性分配政策成为一种劫贫济富的工具? 这既涉及到政府体制问题,又涉及法律制定的执行问题,它是一个系统工程,比较复杂,但如果这些问题在实践中不能得到较好解决,可以考虑不进行强制性的资源归集和分配。

3. 以市场作为基础性分配机制的制度范围

市场是一种基础性分配机制,这种机制发挥作用的前提是良好的制度,如果没有制度的支持,市场机制本身不会对社会分配起到较好的作用。通过市场机制促进社会改革发展成果公平分享的制度主要有良好的财产制度、投资制度、价格制度及薪酬制度等。

(1)财产及其相关制度。对人良好行为的激励是制度的基本功能之一,通过激励使人获得其应该获得的利益,从而促进人良性行为的形成。就财产制度而言,制度应该通过"明确物的归属,发挥物的效用"等方式发挥激励功能,这是在私法层面。在公权层面,激励性的财产制度还表现为公权对财产利益的获取应该有度,公权不应侵犯产权。析言之,制度对产权的侵犯主要有以下表现:其一,征收过高的税。公权不能只着眼于通过归集私人财产而进行纯粹的财产分配,公权应当促进私权主体的生产性活动。当一个社会的私人财产大部分变成公共财产,公共财产大部分变成私人财产之时,财产权的效率就会丧失,社会的发展就会停滞。西方福利国家的危机就源于福利国家过度参与了私人资源的分配和使用,因此减损了私权的效率。

事实上,适度的税收是财产权得到保障的前提,过度的税收则会侵犯产权,从而影响社会资源的产出。美国经济学家玛斯顿通过研究得出如下结论:国民生产总值中税率每 1% 的增长,就会使实际的年增长率降低 0.36%;兰德公司的研究也认为,政府支出与国民生产总值比率增长 10%,就会导致国民生产总值年均增长比率下降 1%。[①] 经济增长与税率之间的关系可以用拉弗曲线来描述,过高的税率会弱化激励,从而影响产出及经济增长。这说明问题的关键在于度。所以政府在决策时必须重视税减损私权的限度。其二,征收过多的费。费的收取往往因其随意性而会使被征收者丧失对利益的合理预期,并减弱被征收者对利益预期的稳定性,从而影响其经营和投资中的各种决策,导致被征收者对其财产的利用产生非良性行为,物的效用不能因此充分发挥。费的收取应该受到法律的严格控制。其三,过度地限制或剥夺财产权利的权能。这种限制或剥夺会大大降低行使财产权利所能产生的效益。其四,在财产利用的过程中,有关体现政府干预的许可、审批、登记等制度过于繁杂,征收过高的规费。良好的制度应该能够保护产权,降低交易成本。而在我国目前,由于政府体制改革尚未最终完成,存在着较严重的部门利益冲突,从某种意义上说,部门立法成了部门"争权夺利"的工具。一些部门在立法时往往尽量扩大自身的权力,尤其是收费权,同时又规定较为繁杂的程序,这不仅没有降低交易费用,反而在一定程度上阻碍交易的正常进行,阻碍产权人对其财产的正常使用。因此,一个良好的制度就应当划定公权与私权之间的合理边界,使私权主体及其利益不受公权机关的非法侵犯。

除了上述两个层面,财产权效率的发挥还受到公权保护程度的影响。例如,我国《物权法》第 4 条规定:"国家、集体、私人的物权和其他权利人的物权受法律保护,任何单位和个人不得侵犯。"这种保护不仅在于法律层面,更在于公权实实在在的行动。因为公权是财产权最强大的保障力量。[②] 特别是在现代市场经济体制之下,当财富的分配变得极端不平等时,对私人

[①] 转引自华民著:《不均衡的经济与国家》,上海远东出版社 1996 年版,第 365 页。

[②] 对所有权的保护力度问题,既涉及到法律问题,也涉及到历史传统,还涉及到人们的观念。如拿破仑三世是法国的罪人,但国民会议在宣布推翻他的同时却决定,他仍是一位与其他财产所有者平等的财产所有者,其财产受法律保护。因此,国民会议以现金形式把他的所有财产及利息付给了他的继承人。1874、1875 两年共付 8886777.98 法郎。参见赵文洪:《私人财产权利体系的发展——西方市场经济和资本主义的起源问题研究》,中国社会科学出版社 1998 年版,第 306—307 页。

财产的共同尊重也会弱化。那时,财产所有者就必须增加用于锁、铁丝网、栅栏、保安和保险上的排他成本。① 而排他成本的存在直接降低了财产权的价值。一般而言,财产权成本由界定成本、排他成本、运作成本等三部分构成。其中,排他成本是财产权成本中最重要的组成部分,这种成本是财产权存在的必要前提,这种成本在量上的大小直接会影响到财产权的效率。因为排他性是所有者自主权的前提条件,也是私人产权得以发挥作用原激励机制所需要的前提条件。只有当其他人不能分享产权所界定的效益和成本时,效益和成本才可能被内部化,即才能对财产所有者的预期和决策产生完全的、直接的影响。只有那样,所有者也才有动力将其财产投于他人欢迎的用途。当部分效益或成本不能影响财产所有者时,所有权人的行为就会被扭曲。② 产权的效率也会大大下降。但目前在我国财产权的保障存在一定的问题,私权主体自身所承受的排他成本过高。一般而言,财产权的保护有公权和私权两种方式,私权的保障是指私权主体自己对其权利的保护,如设定产权的有形边界;公权的保障是指公权对私权权利的保护,如加强对侵犯财产权者的法律处置,刑法关于财产犯罪的规定、民法关于侵权的规定等都是公权保障财产权的具体措施。这些有效的保障财产权的措施可以提高产权效率,增加财产权人的产出。

(2)投资及相关制度。工作是一种生存手段,而投资使人更富有,投资应该成为民众分享改革成果的重要途径。制度应该保障投资机会的均等,抑制对投资机会的权力分配,同时,相对于富人而言,穷人的投资严重不足,制度应该对穷人小规模投资进行有力的支持,最重要的是要实现以下两点:

①投资机会的均等。同等条件下的人应该有相同的投资机会,也就是说,除了特别情形外,投资机会应该由市场配置,这是市场经济公平竞争的要求和体现。国务院研究室、中央党校研究室、中宣部研究室、中国社会科学院等部门的 2006 年一份关于社会经济状况的调查报告,较详细地记录了社会不同阶层的经济收入:至 2006 年 3 月底,内地私人拥有财产(不包括在境外、外国的财产)超过 5000 万以上的有 27310 人,超过 1 亿元以上的有 3220 人。超过 1 亿元以上者,有 2932 人是高干子女,他们拥有资产 20450 余亿元。而考证其资产来源,主要是依靠家庭背景的权力下的非法所得和

---

① [德]柯武刚、史漫飞著:《制度经济学》,韩朝华译,商务印书馆 2000 年版,第 227 页。
② [德]柯武刚、史漫飞著:《制度经济学》,韩朝华译,商务印书馆 2000 年版,第 215 页。

合法下的非法所得。① 这一组数据很显然说明在中国目前,权力资本化导致较多盈利机会向特殊阶层转移,这也导致了社会贫富差距的进一步拉大。虽然我国目前有《招标投标法》、《拍卖法》等较完整的法律体系来配置社会资源,但在很多领域,这些制度没有得到很好的执行,与权力密切联系的群体更容易获得较好的投资机会和盈利机会。这一情形亟待改变。完善相关法律并切实实施,使权力真正退出投资机会的分配,从而使投资机会的配置市场化,使民众具有分享改革发展成果的前提。

②对穷人小规模投资的支持。从公平竞争的角度看,对各群体的投资不存在特别鼓励的问题,但问题在于,相对于富人,穷人总是投资不足的。世界银行的研究表明,信贷市场的不完善可以直接揭示出财富与投资的关系。其一,存款利率低于贷款利率,那些希望用自己金钱投资的人,其资本的机会成本就低于那些必须借钱的人。这表明,即使富人最终会比穷人参与更多的投资,即使他们面临完全相同的投资回报。其二,由于财产状况、社会地位、对违约率的预期等因素的影响,对富人贷款的利率较低,他们因此面临着较低的机会成本,这进一步促进了富人的投资。其三,在一些情况下,那些无法提供抵押物的人无论在怎么利率下永远无法享受到信贷。因此,相对于富人而言,且相对当信贷市场运行完美之时,穷人投资不足。由于穷人的投资不足,其释放出的资本就让渡给那些非穷人,使他们在相对于市场完美情况下,最终投资过度。② 投资作为一种致富的手段,穷人也应该有这种来源于市场的权利,但现实的情形却是穷人投资的不足和富人投资的过度。如何保障、鼓励穷人的小规模投资? 这是一个值得重视的课题。从公权的角度看,对小额贷款的支持,对小规模投资的收益减免税费,对小规模投资的信息服务等都是比较可行的举措。

(3)价格制度。在市场体制下,绝大多数人都要参与经济活动。销售、购买货物或提供劳务是常有的事。这必然会涉及到货物或劳务的价格问题,而价格问题直接关系到经济活动主体的利益获取程度。一般而言,价格的市场化能够较好保障经济活动主体的利益。对于市场体制下的不当价格行为,法律可以予以禁止。我国《价格法》第 14 条就对市场上的不正当价格行为,如:相互串通,操纵市场价格,损害其他经营者或者消费者的合法权

---

① 赵晓:"盛世危言:一组组令人心惊的数字背后",载《上海证券报》2006 年 10 月 20 日。

② 世界银行:《公平与发展:2006 年世界发展报告》,清华大学出版社 2006 年版,第 89—91 页。

益;捏造、散布涨价信息,哄抬价格,推动商品价格过高上涨的等进行了禁止,这种禁止有助于促进公平分配。

除了市场化的价格,在某些领域,我国还存在着政府对价格的影响。我国《价格法》的立法目的在于:发挥价格合理配置资源的作用,稳定市场价格总水平,保护消费者和经营者的合法权益,促进社会主义市场经济健康发展。其中"稳定市场价格总水平我国"就意味着政府在特定时候需要对价格进行干预。《价格法》第 26 条规定,稳定市场价格总水平是国家重要的宏观经济政策目标。国家根据国民经济发展的需要和社会承受能力,确定市场价格总水平调控目标,列入国民经济和社会发展计划,并综合运用货币、财政、投资、进出口等方面的政策和措施,予以实现。第 27 条规定,政府可以建立重要商品储备制度,设立价格调节基金,调控价格,稳定市场。这种公权对市场价格的调控行为在保障民众利益、促进宏观经济正常发展的同时,可能损害某个群体的利益。如《2008 中国广州经济发展报告》指出,虽然 2008 年以来,食品价格不断上涨,看似对农民收入增长有利,但实际上广州农民在此轮食品价格上涨中得到的实惠并不多。2008 年前三季度,广州市农村居民人均家庭经营第一产业现金收入 1456.5 元,同比增加 165.2 元,增长 12.8%。其中,出售各类农林牧渔产品现金收入 1434.7 元,同比增加 188.1 元,增长 15.1%。但与此同时,农村居民人均家庭第一产业经营费用支出 729.9 元,同比增加 144.1 元,增长 24.6%;农村居民人均食品消费支出 1760 元,同比增加 213 元,增长 12.1%。可见由于农业生产原料价格上涨,农村居民从事第一产业增加的收入,如果扣除增加的投入,或者扣除增加的食品消费支出,已经所剩无几甚至是负数。① 深圳大学弱势群体保护研究所研究人员 2008 年 7 月对东北某村的 30 户粮农进行了问卷调查。调查结果表明,由于政府的平抑粮价行为,粮食价格的上涨受到抑制,2008 年的米价为每斤 1.5 元,而种粮成本近 3 年内却不断增加,2008 年种粮每亩亏损 57.25 元。虽然国家有粮食补贴政策及最低收购价制度,但调查表明,这些制度没有达到应有的保护程度。当被问及"考虑到种粮成本的升高,如果米价保持不变或提升幅度不大,与您可能的其他工作相比,您认为政府对粮农每亩田的补贴应该达到多少?"时,1 人回答 50 元以上,1 人回答 60 元以上,2 人回答 80 元,5 人回答 90 元,14 人认为

---

① 广州市社会科学院:《2008 中国广州经济发展报告》。

100 元以上,3 人认为 110 元以上,2 人认为 120 元,1 人认为 200 元,计算加权平均为 96.33 元。而目前粮农每亩田能拿到的补贴仅 53 元,仅占粮农心理预期的 55%。2008 年调查地区的主要粮食作物粳稻的最低收购价是 82 元/50 千克。粳稻的出米率为 70%,碾米费与稻糠价钱基本相等可以相抵,这表明国家最低收购粳米价为 1.17 元/500 克,而在调查的地区,近三年粳米的价格在 1.35 元/500 克,最低收购价要低于市场价不少。①

为了稳定价格,保障最大多数人的利益,并使社会主义市场经济健康发展,对粮食等商品的价格调控是需要的,但在作出调控决策的过程中,应该考虑受这一政策消极影响的群体的利益。尤其是在对粮价调控中,受影响的群体是种粮的农民,他们因此而受到的影响应该通过制度予以消解。如果对他们的损害不予补救,那么,这种使在全国范围内通过市场购买粮食的消费者受益而使粮农受损失的制度就是一种极端不公平的制度。而补救的方式主要是补贴,同时这种补贴还应当是足额的。

(4)薪酬及其相关制度。对大部分民众而言,工资收入是其主要收入来源。工资收入是否正常是决定民众是否能够较好地分享改革成果的重要因素。所以,提高劳动报酬在初次分配中的比重,建立企业职工工资正常增长机制和支付保障机制,这些都将成为我国提升民众薪酬的重要制度。

从市场的角度看,贡献与报酬相一致应该是薪酬制度的最高原则。事实上贡献与报酬的一致是一种最基本和最强形式的制度激励,它既符合社会正义,又会导致最优的投入产出,从而使资源配置最优。而计划体制下的平均主义表现为贡献与报酬严重不一致,导致行为人贡献不足,造成有效生产量过小。邓小平曾经十分精辟地指出:"不讲多劳多得,不重视物质利益,对少数先进分子可以,对广大群众不行;一段时期可以,长期不行。革命精神是非常宝贵的,没有革命精神就没有革命行动。但是,革命是在物质利益的基础上产生的,如果只讲牺牲精神,不讲物质利益,那就是唯心论。"②贡献与报酬相一致的制度设计应该注重两点:其一,贡献的有效测度问题。

① 调查资料由深圳大学弱势群体保护研究所研究人员柏慧提供。详细的调研报告可参见柏慧:"宏观调控与少数人权利保护:以东北平原小规模粮农为例",载《河北法学》2009 年第 7 期。

② 《邓小平文选》(第 2 卷),人民出版社 1983 年版,第 246 页。

因为人作为经济人有着使私人成本最小化的和私人收益最大化的倾向,如果不解决贡献的质和量上的有效测度,就会产生诸如"滥竽充数"的现象,人的良性行为就无从谈起。其二,报酬的性质问题。在市场体制下,报酬当然应该以经济性为主,超经济性为辅。之所以提出这个问题,是由于我国传统体制下,对物质刺激的废置和对精神刺激的过度依赖构成了最基本的激励机制,而这种激励机制不能普遍地、实质性改变人的利益结构,从而不能对其行为产生影响。

虽然市场体制下的薪酬制度应该由市场主导,但在实践中,市场常常失灵,职工的工资会比合理状态低。Kaufman 在 1997 年指出,"由于存在流动成本以及缺乏家庭储蓄和其他资源,再加上劳动力供应过量,这使得个体工人无法拥有与雇主平等的谈判权。这些因素会将完全竞争转变为过度竞争或破坏性竞争,使得工资和工作条件下降。"[①]这就需要公权的干预。在我国,干预可采取多种方式,除了最低工资制度外,还可以发布行业工资指导标准;通过工会等机构强化处于劣势的劳动者的工资的谈判能力等。此外,通过对竞争结构的干预,使劳动力供应与需求大体一致,从而实现由市场确定合理的工资,这种间接的干预也是需要考虑的。

除了薪酬制度外,与薪酬直接相关的就业问题,也需要公权关注。针对就业不足的问题,在特定时期,我国可以有计划、有步骤、有重点地实施公共工程计划,一方面满足社会对公共产品的需求,另一方面通过公共工程计划的实施,吸收农村大量的富裕劳动力,增加社会的就业总量。同时,关于转移性支出问题,要重点考虑如何使低收入的接受者具备最基本的参与市场竞争的能力,这种能力也是他们能够拥有工作获得薪酬的前提。法律在这方面的设计应该优先考虑这个问题。以政府在教育领域的支出为例。由于受教育程度与就业能力是直接相关的,从农村人口接受较高质量教育的保障来看,仅有教育方面公共支出的总量确保是不够的,还应关注支出的结构,其衡量尺度包括穷人获得的教育机会、社会的总体入学率、女童接受教育的比例、初等和中等教育在教育公共支出中所占的比例等,其中最重要的是增加对贫困人口的人力资源投资。

---

① [美]约翰·巴德著:《人性化的雇佣关系:效率、公平与发言权之间的关系》,解格先等译,北京大学出版社 2007 年版,第 123 页。

（三）以政府分配法律机制为保障

1. 政府应当承担改革发展成果公平分享的责任

（1）政府的公共财政收入使其具有承担此种责任的能力。改革发展成果的相当一部分以公共财政收入形式集中于政府手中，因此，政府成为改革发展成果分配体系中的重要主体是一种必然的逻辑延伸。中国改革开放和社会主义建设事业所取得的改革发展成果，主要由政府、私人以及其他社会组织和社会成员所掌握。"现代国家所拥有的经济力资源来源于两部分，一是国家垄断的部分公共自然资源与社会事业，如土地、矿藏等公共自然资源和交通、能源、通讯等社会事业；二是国家凭借政治权力参与社会分配所获取的财政资源，如税收等。"①政府所拥有的改革发展成果形式通过公共资源收益、国有资产经营收益、税收等表现出来。发展社会主义市场经济过程中，公共自然资源等公共财产与公共资源在市场供求机制作用下，取得了比以往计划经济体制中更大的财产收益，通过土地使用权的出让与转让、矿产资源的开采许可等公共资源市场化开发与流转方式，这些公共资源的产权代表——政府取得了巨大的资源市场效益，并转化为数量庞大的公共收入。体现社会主义公有制性质的经营性国有资产，通过国家垄断经营、国有企业经营、股份制经营等多种经营方式，即使存量资产获得了大幅提升，也使资产收益大幅提高。政府作为国有资产的出资人，以国有资产所有权主体获取和持有国有资产的产权收益，且该部分收益也被列入公共财政收入之中。税收是国家参与国民收入分配和再分配的基本工具，"是一个稳定经济和缓和经济周期的强有力的因素"，②政府作为税收的主要征收主体，从负有纳税义务的单位和个人手中所取得的税收，构成国家财政收入最主体的组成部分。改革开放和市场经济建设进程，不仅丰富了社会产品、企业利润、居民收入，而且也极大地改变和丰富了税源结构、税收基础、税收收入。以税收收入增长为主要标尺的财政收入增加，既是国力增强的主要标志，也是改革发展成果的集中体现。

政府掌控国家财政收入的目的是为了通过公共财政支出方式向社会提

---

① 单飞跃主编：《经济法学》，中南工业大学出版社 1999 年版，第 17 页。

② ［美］萨缪尔森、诺德豪斯：《经济学》上册，萧琛译，中国发展出版社 1992 年版，第278 页。

供公共产品和公共服务,"一般说来,政府的艺术就在于,从一个公民阶级中拿走尽可能多的钱,把它给予另一个阶级。"①作为改革发展成果的主要持有者之一,政府并不是改革发展成果的最终归属者,而只是改革发展成果的受托保管人与公平分配者。改革发展成果的取得是市场机制与发展机制共同作用的结果,政府获得改革发展成果后,并不按改革发展成果形成机制中的贡献大小进行成果的再分配,而是依照公共目的来组织和分配相应的改革发展成果。换言之,改革发展成果于政府的再分配,并不依贡献原则而定,而是依公共原则与公平原则而为。这里的"公共目的"应当被赋予广义的解释,既包括基本的公共建设与公共服务需要,还包括社会的公平需要与公正需要;既包括成果贡献者的需要,也包括无能力贡献成果者的需要;既包括社会竞争的需要,也包括社会稳定的需要;既包括社会发展的需要,也包括社会救助的需要;既包括经济建设的需要,也包括社会事业的需要;既包括激励优胜者的需要,也包括保护淘汰者的需要。这样的公共目的,只有政府能够满足,因为政府不能将其所管理的公共体中的任何成员驱逐出公共序列,保障每一个社会成员从公共机制中受益是政府必须履行的基本公共职责。尽管福利经济学所赞赏的道德立场主张人们应当积极、排他地从个人福利角度去关怀每一个人,②但政府之外的其他主体只能依契约与伦理进行平行性的财富转移,任何社会成员非依法律均不能获得对他人财富与利益的强制性请求权与取得权。除依慈善之目的而有非机制性、非稳定性和非持续性投入外,社会并不能自动达到改革发展成果普遍性公平分配之目的。而政府既具有这样的分配职责,也具有这样的分配能力。从某种意义上说,政府积蓄改革发展成果的目的就是为了更好地在全社会公平地分配改革发展成果。

(2)政府的政治经济社会职能决定了政府必须承担改革发展成果公平分享的责任。政府在社会经济生活中该做些什么、能做些什么,这是一个与体制、文化、社会发展阶段等诸多要素相匹配的问题,孤立地回答政府的职能有那些,是得不出科学结论的。

当代中国社会经济生活正处于深刻的变革之中,有计划的商品经济向

---

① [美]哈维·罗森:《财政学》,马欣仁、陈茜译,中国人民大学出版社 2000 年版,第138 页。

② [美]路易斯·卡普洛、斯蒂文·沙维尔著:《公平与福利》,冯玉军、涂永前译,法律出版社 2007 年版,第 27 页。

市场经济体制转型、工业化与信息化的社会结构转型、城乡二元结构向城乡一体化体制机制转型、粗放型经济增长方式向科学发展型经济增长模式转变,这一系列的社会经济变革都深刻地影响着政府职能的配置与转换。"如果市场不能保证社会公正,社会可能会决定由政府通过税收和收入再分配来承担修正市场结果的职责。"①"在我国改革发展的关键阶段,在经济体制深刻变革、社会结构深刻变动、利益格局深刻调整、思想观念深刻变化的条件下,把提高效率同更加注重社会公平结合起来,最大限度增加和谐因素,最大限度减少不和谐因素,不断促进经济效率提高、促进社会和谐。把实现好、维护好、发展好最广大人民的根本利益作为党和国家一切工作的出发点和落脚点,坚持发展为了人民、发展依靠人民、改革发展成果由人民分享。"②这就是对政府处理效率与公平关系、改革发展成果分配关系的职能要求。

我们认为,政府保障改革发展成果由人民共享的经济社会职能主要有:

①提供有序的经济法律秩序,使改革发展成果的生产具有合法性。改革发展成果必须是在法律上具有正当性与合法性的生产成果,只有具备正当性与合法性的成果才称得上改革发展所取得的成果。政府保障发展的首要职责是提供一整套有序的经济法律秩序,使改革发展成果的生产处于合法状态。合法化的改革发展成果生产状态是改革发展成果的结果分配公平化的前提。只注重发展的结果,不注重发展的前提,改革发展成果的公平分享就会成为无源之水、无本之木。

②确定改革发展成果的产权归属,尤其防止应当公共产权化的改革发展成果被私人化。改革发展成果在归属状态方面必然涉及产权。政府对合法化状态下产生的改革发展成果依据相关产权法律规定赋予其明确的产权,既是政府面对改革发展成果的一种政治诉求,也是一项法律义务。公平分享改革发展成果、人人共享改革发展成果,并不意味改革发展成果处于一种产权不定状态与模糊状态,也不表明投入者与贡献者在社会公平分享改革发展成果意义上必须放弃产权及其相关利益。恰恰相反,投入者与贡献者对改革发展成果的产权合法性得到保障,是公平分享改革发展成果的产

---

① [以]阿耶·L. 希尔曼著:《公共财政与公共政策——政府的责任与局限》,王国华译,中国社会科学出版社 2006 年版,第 9 页。

② 胡锦涛:《在纪念党的十一届三中全会召开 30 周年大会上的讲话》,人民出版社 2008 年版,第 26 页。

权法律前提。改革发展成果的生产积极性首先来自于产权的回应,如果没有产权动力,发展也就无从谈起。值得注意的是,对改革发展成果的产权保护既要防止把正当合法的私人产权在公平的幌子下公共化,又要防止把本属于公共经济领域的公共利益、公共资源在效率的幌子下私人化。

③运用宏观调控政策调节不平衡的改革发展成果分配关系。在合法状态下生产改革发展成果以及对改革发展成果予以相应的产权确认,并不一定能确保改革发展成果在社会层面及其整体配置上必然均衡与平衡。发展政策不平衡、区域资源占有不平衡、发展基础不平衡等因素必然会导致改革发展成果在社会的总体分布不平衡。公平分享改革发展成果并不意味社会在一条平行的水平线上分配改革发展成果,但至少要求原有不平衡因素在新的发展格局中不被再度复制甚至过度叠加。改革发展成果的公平分享就是要求达到促进发展、共同富裕、社会和谐的目的,而要达到这样的目的,就要求政府运用税收政策、转移支付政策、产业优惠政策、区域发展促进政策等宏观调控工具,有机调节改革发展成果在全社会的分配,使不平衡的结果状态意义上的改革发展成果在平衡的共同发展状态意义上得到合理的配置。政府调节不平衡的改革发展成果分配关系的具体方法主要包括:一是鼓励在发展中通过市场竞争机制受益的社会主体充分享受改革发展成果;二是剥夺在发展中通过非法行为受益的社会主体所获得的非法利益;三是通过政策的再调整,调节在发展中主要依靠政策受益的社会主体的经济利益;四是补偿在发展中受损的社会主体;五是救助没有能力参与到发展过程中的社会主体;六是运用税收政策、转移支付政策合理调节在发展中受益较多的地区和个人的经济利益。

④保障公共性的改革发展成果被运用于举办公共事业和提供公共服务。"无论是何种国家体制或社会制度,作为国家公共部门的典型代表的政府向社会提供公共产品不仅是其基本职能,也是其不可让渡的基本责任。"①不断丰富和增加的改革发展成果,尤其是以公共产权形式存在的改革发展成果,极大地增强了政府提供公共产品的能力。作为职能与责任,政府必须将其掌握的改革发展成果转化为公共目的,通过举办公共事业和提供公共服务来满足人民不断提高的物质文化生活需要。

⑤对处于明显社会不利地位的特殊群体与个体给予特别的社会关怀。

---

① 钟雯彬著:《公共产品法律调整研究》,法律出版社 2008 年版,第 45 页。

社会主义事业的建设和发展过程,既是平等发展的过程,也是共同发展的过程。平等发展是指社会成员参与发展的机会平等与公平,但并不意味着社会成员的发展能力平等。社会主义市场经济体制是进取性、竞争性市场机制起主要作用的社会体制,由于社会成员自身所具有的发展能力各不相同,市场竞争的结果往往形成强者更强、弱者更弱,富者更富、贫者更贫的社会分化格局。社会发展进程中,政府应当保障竞争优胜者所获得的竞争成果,但是政府也不能抛弃和漠视被竞争淘汰的失意者以及根本就不具备竞争能力的贫弱者。"立法者还必须使穷人得到某种不受普遍竞争影响的保障。"①对明显处于社会不利地位的特殊群体与个体,政府应当给予特别的照顾与关怀,这是政府必须履行的社会职责之一。

(3)发展过程与改革发展成果分配中的社会矛盾决定了政府必须承担调节发展矛盾的相应责任。改革开放以来,中国既在发展的快车道上行进,不断生产出丰裕的改革发展成果,同时也经常在矛盾丛生的慢车道上歇脚调适。发展就是一个成果与矛盾孪生的过程。中国社会在当前和今后相当长的一段时间内会不断遭遇各种发展矛盾的挑战,需要政府承担起调节发展矛盾的责任。这些发展矛盾主要表现为:

1)人口与资源之间的紧张关系。人口与资源之间的矛盾是人类社会发展的基本矛盾与基础矛盾,这一矛盾在中国显得尤为突出,一是因为中国人口基数大,对资源需求的绝对量高,尤其是中国正处于快速工业化的发展时期,对资源的需求与消耗更是十分强烈,使本已恶化的人口与资源关系更趋紧张;二是因为中国传统的粗放型经济增长方式所消耗的环境成本与资源成本十分高昂,经济效益中的资源代价比过高。2007 年,我国 GDP 产值占全球总量的 6% ,但能源消耗却占到全球的 15% ,钢铁消耗占到全球的30% ,水泥消耗占到 54% 。值得特别注意的是,除以上问题与矛盾外,市场调节型与进取型的资源配置机制,使得资源会越来越多地向少数群体与个体集中,而大多数人获取资源的能力与机会越来越弱、越来越少。人口与资源紧张关系的调适需要政府强有力的政策调控。

2)不断升级的发展不平衡矛盾。中国经济社会发展中的一个结构性特征与缺陷就是资源分布、基础能力、发展状况在区域间、群体间、产业间极不平衡。中国是一个经济地理与自然地理呈反向配置的国家,就自然地理

---

① [法]西斯蒙第著:《政治经济学原理》,何钦译,商务印书馆 1983 年版,第 61 页。

而言西高东低,但就经济地理而言西低东高。区域型的东、中、西部自然地理结构形成了梯次明显的发达地区、欠发达地区、不发达地区的经济地理结构。市场经济资源配置体系较为健全的东部地区地幅狭窄、人口压力大,公共自然资源丰富的西部地区地幅辽阔,但市场机制匮乏,经济发展水平低。市场的自发调节机制要达到对中国的自然地理与经济地理相互间较为和谐的经济要素协调配置,所消耗的周期长、成本高,这也就决定了政府必须担负起调节发展不平衡矛盾的责任。

3)社会情感诉求的极端性表达。市场经济的发展本质是通过竞争机制不断重组社会的资源与利益关系。在正常的市场机制作用下,资源与利益会向竞争中的优胜者倾斜性配置,这就必然产生相应的市场失意者、边缘者、破产者,而这些群体在以往中国社会机制的循环过程中尽管也不同程度地存在,但远不如市场机制来得直接和猛烈。中国社会正处于计划经济向市场经济的转型过程中,政府职能与市场调节关系的调适还在磨合之中,公共寻租等异质性市场行为经常发生,除了竞争,权力在市场资源配置中经常获得身份与利益的优位和照顾。市场中的对比性失落与社会政治生活场景中的地位性失落,使社会情感处于一种压抑与郁闷状态,这导致尽管生活水平的绝对值在提高,但社会的幸福指数与公平指数却在降低。如果遇到一些偶然性的社会事因,社会情感极易引爆,极端性社会诉求表达方式所致的群体性事件时有发生。

4)快速的市场扩张与脆弱的公共体系之间的矛盾。有市场就必然有淘汰,但淘汰者应当被一种适当的社会机制所收留,而不是为社会所驱逐。市场机制与公共体系之间是必然互动的,市场必须为公共体系的建构支付成本,这是对市场失败的一种前置性预估,因为谁都不能确保自己在市场竞争中必然获胜。因此,每一个市场主体必须为社会保障体系支付一部分成本。中国的市场快速扩张与公共支持体系的建构之间是不协调的,市场在快速推进,但社会保障能力却十分有限,不能有效地消化市场所遗留下的社会矛盾,而这又恰恰是政府的公共职责之所在。

2. 政府实践改革发展成果公平分享的探索

(1)政府所掌握的改革发展成果概况。这主要包括以下几个方面:

1)改革发展成果的基本情况。改革发展成果的范围很广泛,既包括物质成果,也包括精神成果。此处仅将改革发展成果限定为物质成果,并主要体现为国家财政收入。新中国成立以来,国家财政收入分项目收入类型基本保持稳定,但略有变化。以下是 1950 年至 2008 年国家财政收入总数的变化示意图(见图 1),以及 1950 年至 2008 年国家财政收入数量增长情况示意图(见图 2)。

(单位:亿元)

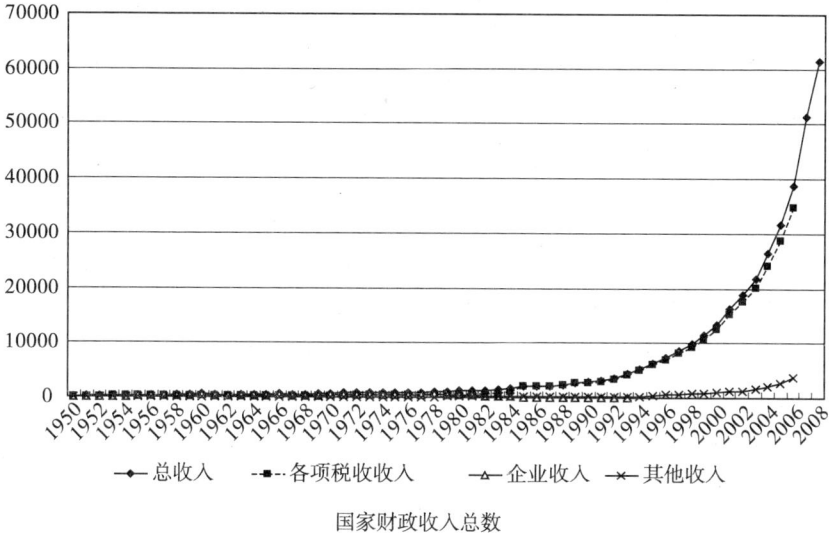

国家财政收入总数

(图1)

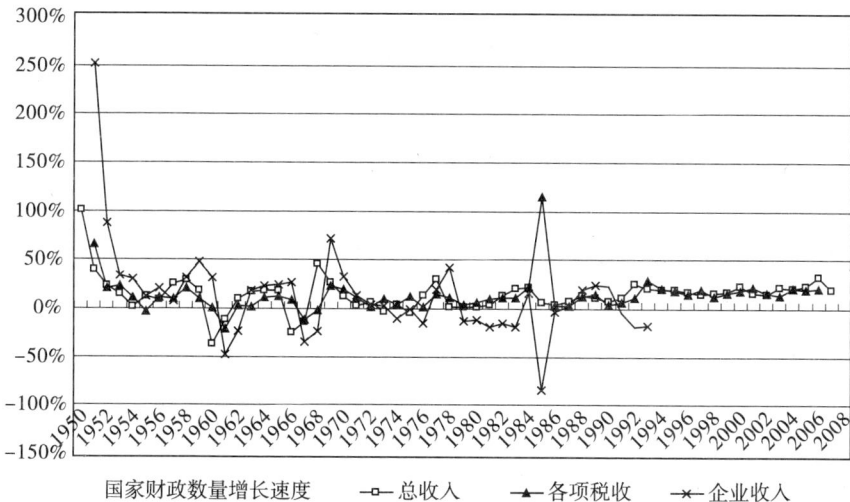

国家财政数量增长速度　—□— 总收入　—▲— 各项税收　—✕— 企业收入

(图2)

2)改革发展成果的基本特点。这包括以下几个方面:

一是国家财政收入总体上呈上升趋势,但改革开放以前增长较为平缓,改革开放以后增长迅速(见图1)。从建国初期至改革开放前,国家财政收入增长较为平缓是因为综合国力较差,改革开放以后,国力不断增强,国家财政收入也随之迅速增加,特别是从1984年开始利改税的改革以及与国有企业有关的各项改革后,国家财政收入增加特别迅速。2006年至2008年三年间国家财政收入总量增加非常明显,表明政府所拥有的可支配的改革发展成果增多。

二是国家财政收入增长速度在1994年前波动较大,而1994年后增长速度趋于稳定(见图2)。1994以后,利改税等方面的改革使得各项税收收入成为财政收入的主要来源,而税收收入本身的特点使得国家财政收入的增长幅度趋于稳定,同时也说明市场经济运行日趋成熟。

三是各项税收项目数量变化较为明显(见图3)。我国国家财政收曾有"企业收入"一项,主要为包括国营企业上交的利润、基本折旧基金、固定资产变价收入、多余流动资金等。1978年后,国家对国营企业先后试行提留企业基金和利润留成,以及后面试行第一步和第二步利改税,这一项目在1994年已经完全消失,其流向主要转为税收收入项目。1984年和1985年的各项税收收入数量有明显的提升,这是因为国家实行第二次利改税政策较为彻底。随着税制、分税制以及国有企业利润分配制度的改革,逐渐取消了能源交通重点建设基金收入项目和预算调节基金收入项目。随着我国税制改革的推进,各项税收已经成为我国财政收入的主要来源。

(2)政府所支配的改革发展成果的总体流向。政府所掌握的改革发展成果的总体流向,也即国家财政收入的支出结构。国家财政收入的主要支出项目如果按功能性质分类,大致分为经济建设费,社会文教费,国防费,行政管理费和其他支出。其中经济建设费是主要支出项目,社会文教费次之,但近些年用于社会文教方面的费用有追赶经济建设费用的趋势(见图4)。

(3)政府探索改革发展成果公平分享的具体实践。这包括以下几个方面:

1)用于满足全社会公平分享的改革发展成果持续增长。无论是社会保障投入,还是公共产品提供,改革发展成果在这些领域的分配都保持着持续增长的态势,其中教育、社会保障以及农业方面的增长最为显著(见图5)。这说明我国政府对关系民生的关键领域的投入相当重视。

2)对特定群体的特定投入。根据目前搜集的数据,现以政府在城市与

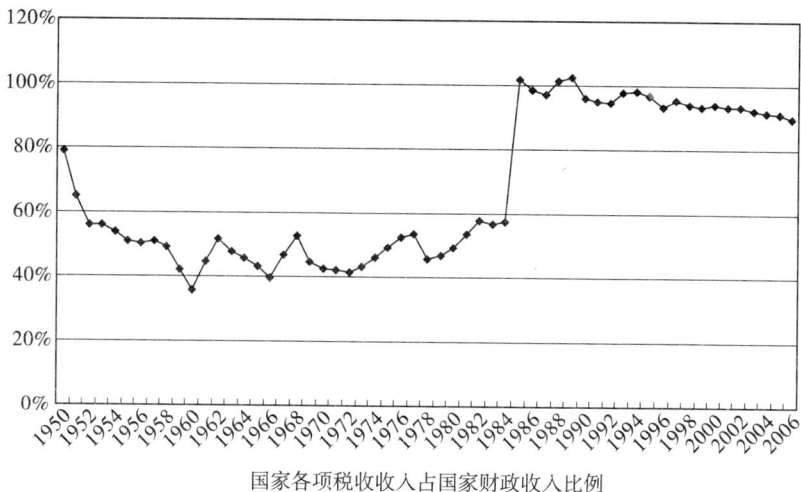

国家各项税收收入占国家财政收入比例

（图3）

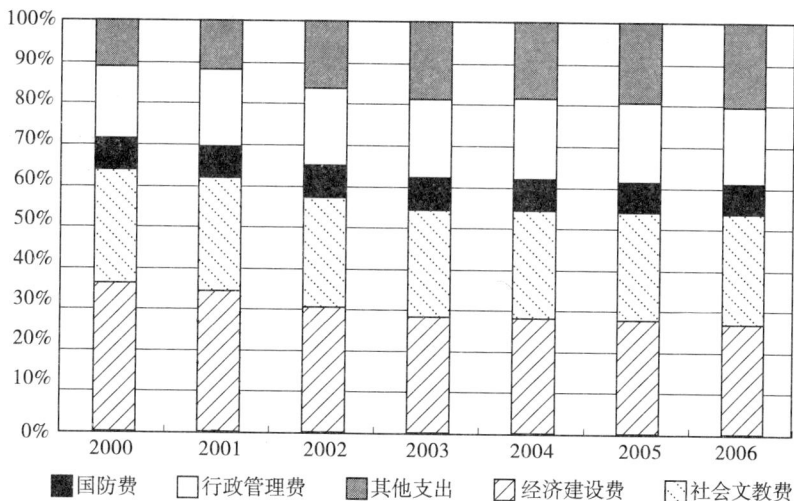

■国防费　□行政管理费　▨其他支出　▨经济建设费　▦社会文教费

国家财政支出

（图4）

农村教育费附加支出进行对比分析（见图6）。从中不难发现政府对城市教育附加的支出不断增多，但对农村的教育费附加的支出却呈明显下降趋势。政府在农村与城市的投入方面存在较为明显的差异。此外，从支援不发达教职工资金用于教育的支出数据来看，最近几年，此项资金有所减少。

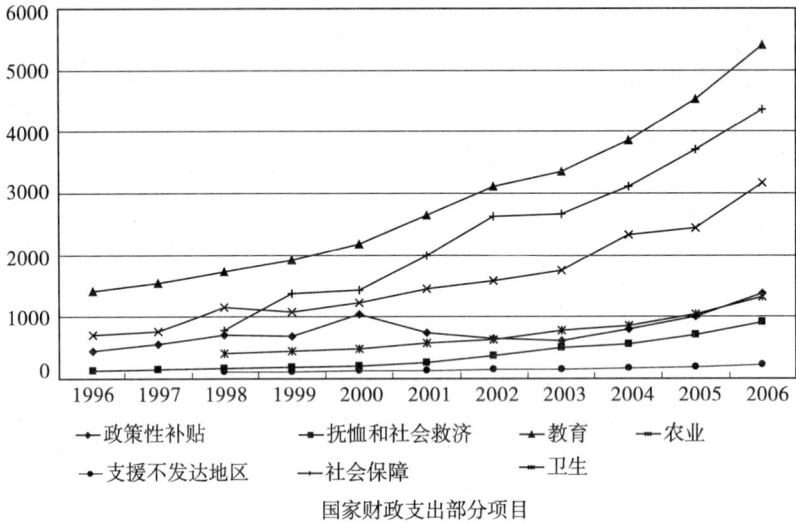

国家财政支出部分项目

（图5）

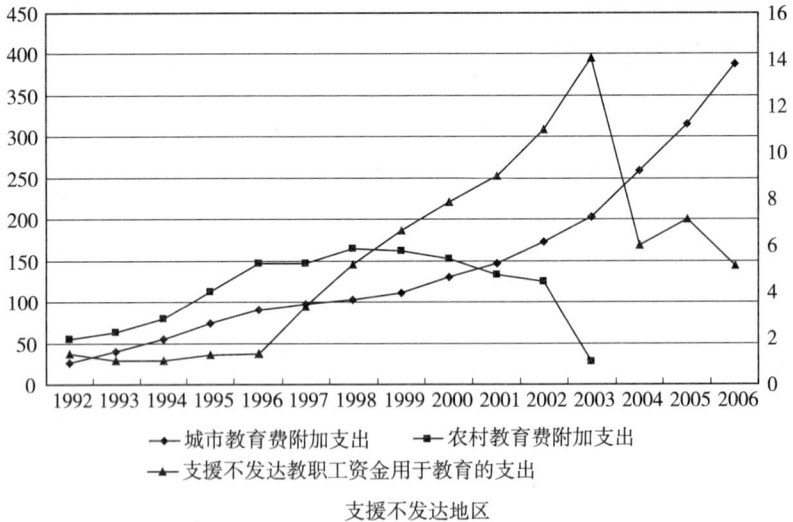

支援不发达地区

（图6）

3）社会保障体系建设。在我国，社会保障体系建设还不够完善，但总体呈不断进步趋势。从图7可以看出，医疗保险和养老保险的参保人数增长最快，失业保险的参保人数增长较为平稳，工伤保险和生育保险在最近几年增长速度开始加快。1994年，全国从业人员总数为67199万人，此后，每年以较为平稳的速度增长,截至 2006 年,全国从业人员总数达到 76400 万人。如果要在全社会建立全面的社会保障系统,应该具有最基本的"五险"保障。然而,以目前普及率最高的养老保险为例,到 2006 为止,全国累计参保人员为 18766.3 万人,这与实际的从业人员总数相差巨大。

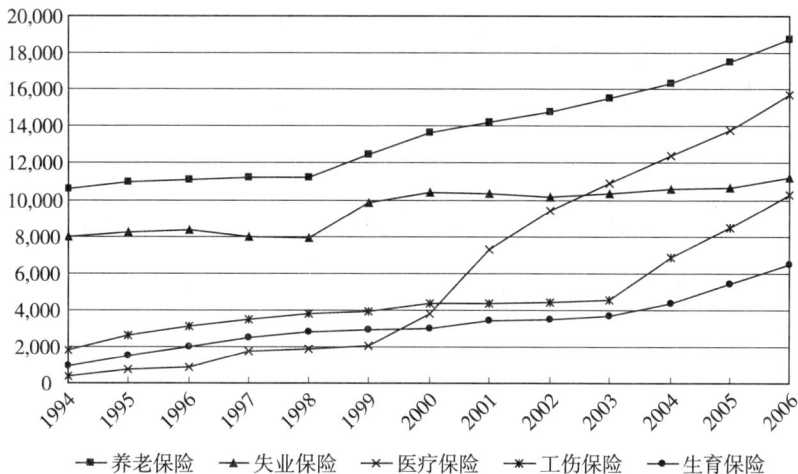

（图 7）

4）个人所得税的调节与征收。随着改革开放的深入,国家财政收入中的个人所得税的数量也在不断的增加（见图 8）。1993 年后,个人所得税的数量开始缓慢增长。1999 年起,个人所得税的数量骤增,此后,个人所得税的增长呈直线上升状态。个人所得税的增长速度大致以 1994 年为分界点,此前的增长速度波动较大,其原因类同于国家财政收入增长波动较大的原因。1994 年以后,个人所得税的增长速度趋于稳定,说明每年个人所得税增收的人数大致相同。2007 年至 2008 年间,个人所得税增长速度轻微下降,这与个人所得税起征点的提高有关。

5）社会补助与社会救济。在社会补助与社会救济方面（见图 9）,享受城乡居民最低生活保障人数总体呈上升趋势,其中 2000 年至 2002 年上升较快,2002 后以后增加放缓,但在 2005 年以后又出现新的小高潮。城镇居民享受最低生活保障待遇的人数自 2000 年后增长迅速,2002 年以后每年总体规模保持稳定。与之不同的是,在 2004 年之前,农村居民享受最低生活保障的人数基本保持在较少数量,与城市情况有着明显的差异,自 2004 年以后,农村人数增长很快,但仍与城市数量有所差距,这与农民占我国总

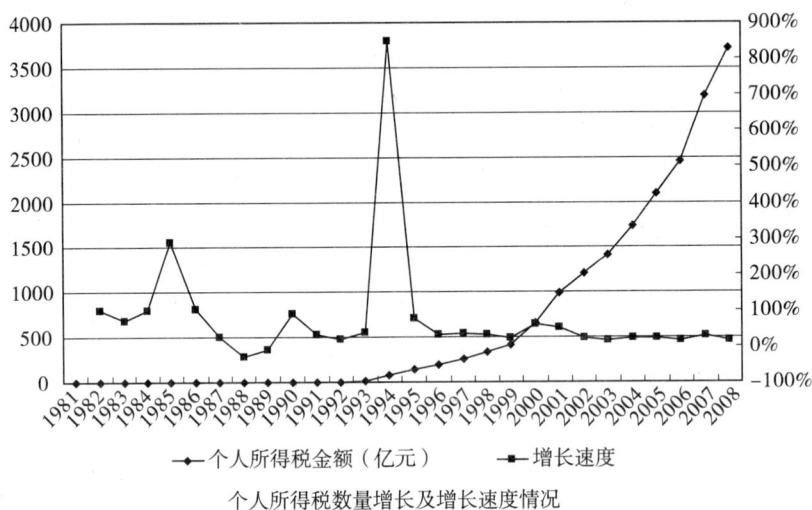

个人所得税数量增长及增长速度情况

（**图8**）

人数的比例是不相适应的。此外,关于临时救济的人数无论是在农村还是在城镇总体呈现下滑趋势,但城市更加明显。

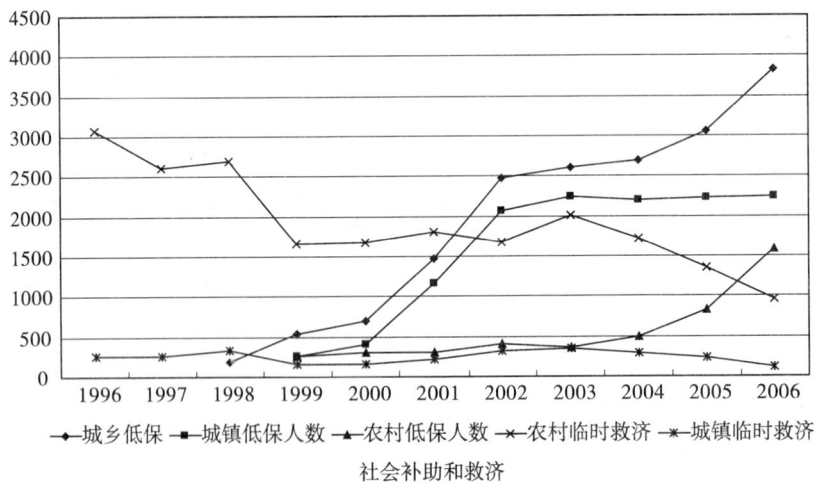

—◆— 城乡低保　—■— 城镇低保人数　—▲— 农村低保人数　—✕— 农村临时救济　—✳— 城镇临时救济

社会补助和救济

（**图9**）

6）地区间社会保险事业呈不均衡发展态势。现选取养老保险、医疗保险、失业保险等三大社会保险项目对东部、中部、西部地区之间的社会保险发展情况进行比较分析（见图10）。从养老保险来看,中部地区增长速度波动十分大,东部和西部基本保持着相同的增长速度,但是,2005 年呈现增长放缓的趋势。在医疗保险方面,从 2002 年开始,东西部增长速度明显下滑,2005 年以后,东部增长速度提升,而西部仍然呈现下滑趋势。中部地区增长速度波动仍然较大,但总体呈现缓慢下滑趋势。在失业保险方面,东部、西部和中部基本保持着相同的增长速度,特别是 2005 年以后,增长幅度明显提高。由此我们可以看到,我国社会保险的增长速度还没有趋于稳定,处于不稳定状态,其中中部的波动最大,西部发展水平最低,东部发展水平仍居高位。地区之间的差异较为明显。

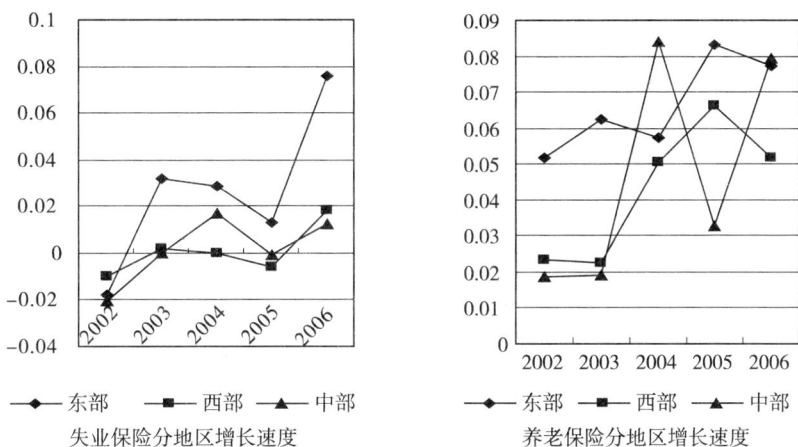

失业保险分地区增长速度　　　　养老保险分地区增长速度

（图10）

（四）以第三次分配法律机制为补充

如果说市场经济是我们从西方引进的创造物质财富的生产方式,而慈善救济却凝聚着中华民族深刻的文化传统。经过 30 年的改革开放,我国物质文明的发展举世瞩目,并通过市场机制的第一次分配、财税机制的第二次分配在相当程度上实现了财富的公平分享。但是,作为补充分享机制的第三次分配尚未发挥其应有的作用。

国内最早论及第三次分配的是著名经济学家厉以宁教授。他指出:通过市场实现的收入分配被称为第一次分配;通过政府调节而进行的收入分配是第二次分配;个人或企业出于自愿,在习惯和道德的影响下把可支配收入中的小部分或大部分捐献出去被称为第三次分配。就学界而言,除了以厉以宁教授为代表的"捐赠说"之外,还形成了"公益慈善说"、"转移支付说"、"社会资源重新配置说"、"制度和机制说"等代表性观点。[①] 这些定义在表述上的差异主要来自于对第三次分配的认识角度的不同。例如,"捐赠说"着重于行为模式,"公益慈善说"着重于行为目的,"转移支付说"及"社会资源重新配置说"着重于行为功能。这些观点在本质上并无太大差异。综合以上各说,我们认为,第三次分配指个人、企业或其他组织自愿进行的社会救助、民间捐赠、慈善行为、志愿者行动等多种形式的制度和机制,其中慈善捐赠是第三次分配主要方式。[②]

1. 第三次分配在改革发展成果分享中的意义和作用

第三次分配在改革发展成果分享中具有极其重要的意义和作用,其不仅可以弥补第一次分配和第二次分配机制的缺失,而且对社会精神文明的建设、和谐社会的构建具有不可替代的作用。此外,第三次分配对于捐赠者而言,也是一种价值实现。具体而言,第三次分配在改革发展成果公平分享中的意义和作用表现在以下几个方面:

(1)缩小贫富差距,促进社会财富的公平分享。改革开放以来,我国经济飞速发展,然而经济改革发展成果并未由国民公平分享,一个重要表现就是贫富差距日益悬殊。我国基尼系数 1981 年是 0.288、1990 年 0.343、1999年 0.398,2000 年以后则基本在 0.4 以上,2004 年已达到 0.465,[③]早已超过 0.4 的国际警戒线标准。缩小和控制贫富差距是我国目前刻不容缓的任务。就市场主导的第一次分配而言,其遵循效率原则,以优胜劣汰、适者生

---

① 具体内容请参见魏俊:"'第三次分配'的概念及特征述评",载《山东工商学院学报》2008 年第 4 期。

② 也有个别学者认为,不应该把慈善事业当成"第三次分配",因为个人或企业在投身慈善事业时才有了两种选择:个人和企业可以将收入的一部分作为税收交给政府,通过"税收—财政—公共支出"的途径用于慈善事业;也可以将收入的一部分作为社会捐款捐献给慈善事业,通过"社会捐款—慈善组织—慈善支出"的途径用于慈善事业。参见唐钧:"不应该把慈善事业当成'第三次分配'",载《中国改革报》2005 年 3 月 10 日。但我们仍然持主流的观点,下文若未作特别说明,第三次分配即为慈善捐赠。另外,我国在《公益事业捐赠法》中采用了"公益性捐赠"的表达。严格地说,公益性捐赠的范围比慈善捐赠更广,但学界一般未对二者予以严格区分,我们对二者也不进行严格区分。

③ 林海等:"呼唤'第三次分配'",载《经营管理者》2006 年第 9 期。需要特别强调的是,截止 2009 年 5 月 10 日,中国国家统计局公布的基尼系数的最新数据是 2004 年的 0.47,2005、2006、2007、2008 年尚没有权威的官方数据,但有观点认为我国 2008 年的基尼系数已超过 0.5。资料来源:http://www.stats.gov.cn。

存的竞争机制为基础,自然、社会禀赋占优的人在竞争中处于优势地位,并由于"马太效应"而逐渐放大,贫富差距成为第一次分配的必然结果。政府主导的第二次分配就是要通过财税机制,遵循公平原则,以转移支付、提供公共产品等形式克服市场的不足,实现财富分配的实质正义。① 就现阶段而言,我国财政收入有限,转移支付制度运行效率低下、公共产品供应不足、预算分配偏离社会需要等"政府失灵"现象的存在,完全寄望政府来解决贫富差距问题并不现实。因此,以民间自发形成的第三次分配作为社会成果分享机制来弥补第一、二次分配的不足则成为非常现实的选择。经过 30 年的改革开放,我国民间已积累了足够的财富,为第三次分配提供了物质基础,而第三次分配方式的及时性、灵活性、敏锐性等优势也使第三次分配将在缩小贫富差距,促进社会财富公平分享方面具有不可或缺的作用。

(2)缓和社会矛盾,稳定社会财富的分配秩序。贫富差距的扩大加速了我国社会阶层的分化,并由此积聚着社会矛盾进而危及既有的财富分配秩序。目前,我国的收入结构呈现出"金字塔型":在这座金字塔的顶端,是占总人口 10% 的高收入者,拥有几乎占一半的社会财富;在这座金字塔的底座,是占总人口 10% 的贫困人口,这些人的绝大多数在积累着债务;居于金字塔中部的是为数众多的工薪阶层。他们辛勤工作,只能积蓄收入中的小部分,而且抗风险能力较弱,随时可能掉入底层成为新的贫困人口。② 这样的社会结构是不稳定的,尤其是社会底层民众有较强的相对被剥夺感和仇富心理,容易引发社会冲突并造成社会失序。第三次分配是社会不同阶层互动、整合的重要手段:一方面,富裕阶层以慈善捐款的形式直接对弱势群体进行"输血",满足他们最低限度的生存需要;另一方面,富裕阶层也将部分捐款投入教育、文化、卫生、环保等公益事业,提高弱势群体的"造血"能力,增强他们在社会中的竞争力,满足他们的发展需要。事实上,我国已

---

① 事实上,罗尔斯的实质正义观为第二次分配和第三次分配均提供了理论支持。罗尔斯在论述正义二原则时提出了著名的"差别原则",主张在政治领域平等自由原则下,在确保财富创造和收入机会平等的前提下,对社会中"受惠最少者"实行"差别待遇",在经济利益和机会方面给予倾斜性配置。由此"受惠最多者"被赋予了适当补偿"受惠最少者"的道德义务。"受惠最多者"既可通过第二次分配的财税机制,也可通过第三次分配的慈善机制对"受惠最少者"予以补偿,以此调节和消除基于出身、禀赋等偶然因素而形成的不平等关系及社会历史过程中基于财富累加而形成的"交易优势",最终实现财富分配的实质正义。参见江帆:"实质正义的经济法解读",载李昌麒主编:《经济法论坛(第 5 卷)》,群众出版社 2008 年版,第 147—148 页。

② 参见何清涟著:《现代化的陷阱》,今日中国出版社 1998 年版,第 233 页。

实施多年的"希望工程"就是其中的典范。通过这些慈善活动,富裕阶层能够将财富回馈给社会,而弱势群体在生存权与发展权受到保障的同时,也会深刻体会到社会的关爱和温暖,在降低被剥夺感的同时增加幸福感,从而缓和社会矛盾,推动社会协调发展。从某种意义上说,第三次分配是一种极其重要的减少社会冲突的润滑剂。

(3)弘扬慈善文化,提高社会公众的道德水平。缩小贫富差距与缓和社会矛盾体现了第三次分配在物质层面的意义。而提高社会道德水平则体现了第三次分配在社会精神层面的意义。慈善捐赠彰显着一个社会的无私、博爱和奉献。对于受助者而言,他们将切身感受到他人和社会的关爱,从而孕育和培养着回馈社会、感恩他人的胸怀;捐助者则通过慈善行为享受着精神上的幸福与快乐。更为重要的是,慈善具有教化功能,爱心是可以传递的,在良好的慈善氛围中,每个人的内心都将得到净化与熏陶,向善的力量将引导公众的道德水平上升到一个更高的境界。

(4)实现自我价值,践行社会责任。第三次分配与个人的财富观和社会责任感紧密相连。在西方,人们受宗教观念的影响,充分认识到财富的社会性与制度价值。"富人进天堂比骆驼穿过针眼还要困难",①财富具有社会性,象征着上帝的赐福,"而人仅仅是经由上帝恩宠赐予他的物品的受托人,他必须像圣经寓言中的仆人一样,把每个托付给他的便士入账……那些获得了一切能获得的、节省了一切能节省的东西的人,也应当给出一切能够给出的东西,这样他们就将增加恩宠并能积宝于天堂。"②第三次分配为人们履行对上帝、对社会的责任提供了机会和途径。我国虽然没有西方"为上帝服务"的宗教传统,但"老吾老以及人之老"、"兼爱"等利他主义精神也是源远流长。冯友兰先生指出:人生之最高境界之一即是"正其义,不谋其利"的"道德境界",这样的人做事是为了整个社会的好处,超越了人的天然的"自然境界"和讲求实际利害的"功利境界"。③ 当人们积极参与第三次分配,将财富回馈于社会、恩泽于他人之时,就是践行社会责任并超越"自然境界"和"功利境界"的自我价值实现之时。

---

① 圣经中的原文是"倚靠钱财的人进神的国是何等地难哪!骆驼穿过针的眼,比财主进神的国还容易呢。"(马可福音 10:25—26)参见中国基督教协会:《圣经》,爱德印刷有限公司 1998 年版,第 53 页。

② [德]马克斯·韦伯著:《新教伦理与资本主义精神》,彭强、黄晓京译,陕西师范大学出版社 2001 年版,第 162—169 页。

③ 冯友兰著:《中国哲学简史》,新世界出版社 2004 年版,第 298—300 页。

2. 我国第三次分配的现状及问题

目前,我国第三次分配虽然已有长足的发展,但同西方发达国家相比,仍然存在着不小差距,具体表现在以下几个方面:

(1)规模总量不足。近年来慈善捐赠数量虽然不断增长,但从总体规模上看,占 GDP 的比重较低。自改革开放以来,我国的国民财富逐渐增多,2008 年我国人均 GDP 已突破 3000 美元,同时我国的贫富差距也不断扩大,这为慈善捐赠事业的发展提供了物质条件和社会基础。纵观我国 1997 年至 2008 年的慈善捐赠状况,虽然捐赠总量上有所波动,但基本呈现出稳定上扬的趋势。以 2007 年和 2008 年为例,2007 年我国接受来自国内、国际的社会捐赠总额超过 309 亿元,与 2006 年相比翻了两番;2008 年,我国接收国内外各类社会捐赠款物共计 1070 亿元,是 2007 年的 3.5 倍。[①] 虽然我国慈善捐赠数量持续增长,但占 GDP 的比例仍然偏低。2008 年的捐赠总额虽已达 1070 亿元,但仍仅占 GDP 总量的 0.356%。反观慈善事业发达的美国,每年通过各类基金会做出的慈善公益捐助有 6700 多亿美元,通过第三次分配的财富,占到美国 GDP 的 9%。[②] 由此可见,我国慈善事业的发展滞后于经济发展,在总体规模上同美国等发达国家相比还存在较大差距。

(2)个人参与有限。慈善捐赠的资金主要来源于个人与企业,但由于慈善文化缺失、社会保障力度不够、缺乏制度激励等诸多主客观方面的原因,我国大陆个人与企业参与慈善捐赠的积极性不高。就企业而言,我国实施过捐赠的企业只占所有企业总数的很小一部分。据统计,国内工商注册登记的企业超过 1000 万家,但有过捐赠记录的企业不超过 10 万家,99% 的企业从未实施过捐赠。[③] 就个人而言,我国私人捐赠的数量也非常有限。中华慈善总会的统计数据显示,2005 年我国全部私人捐赠仅 17 亿元,人均也就 1 元多一点,而这其中,75% 来自国外与港台,15% 来自国内的富人阶层,10% 来自平民百姓。当然,随着我国慈善事业的逐步发展,近年个人与企业的捐赠积极性也在逐渐提高。2008 年的汶川大地震更是唤醒了我国的个人捐赠意识。据统计,2008 年中国大陆地区公民个人捐款达 458 亿

① 参见民政部社会福利和慈善事业促进司、中民慈善捐助信息中心:《2008 年度中国慈善捐助报告》《2007 年度中国慈善捐助报告》。

② 商文成:"第三次分配:一个日益凸显的课题",载《兰州学刊》2004 年第 4 期。

③ "99% 企业从未参与捐赠江苏鼓励办民间慈善机构",资料来源:http://gongyi.sohu.com.

元,占捐款总额的54%,人均捐款34.66元,是2007年人均捐款额的近14倍,完全改变了此前国内个人捐款不超过总额的20%的格局。①

（3）缺乏长效机制。从捐赠行为上看,我国的慈善捐赠主要体现出被动性与突击性。一方面,我国的慈善捐赠缺乏主动性。就个人而言,由于我国政府长期包办社会救济、福利事业及非政府组织力量薄弱等因素,我国社会公众的慈善理念比较落后,一般视慈善事业为政府责任或富人的社会责任,因而主动捐赠的人数不多。例如,在一项问卷调查中,绝大部分被调查者表示虽然参加过捐款捐物活动,但主要是通过工作单位、学校、居住街道工资硬性扣除之类的被动捐赠,经常主动捐赠的人数很少。② 就企业而言,我国的大多数企业仍然以追求利润最大化为唯一目标,尚未树立起企业社会责任的理念,因而企业的很多捐赠并非完全出于自愿,而是在政府动员、社会舆论等外在压力下作出,体现出被动性的特点。另一方面,我国的慈善捐赠也体现出突击性,缺乏长效机制,一次性捐赠行为比较普遍。一般而言,在发生重大自然灾害、突发性公共事件等非常态时期,社会公众的"恻隐之心"会被激发出来,例如,在1998年洪灾、2003年非典、2008年汶川地震、2010年玉树地震中,公众捐款捐物都非常踊跃。然而,在社会常态时期,公众对慈善事业的关注却比较少,慈善义演、慈善拍卖、慈善超市等适合经常性捐赠的形式并未得到充分发展。这与西方发达国家民众将慈善视为日常生活的一部分形成了鲜明对比。

（4）慈善组织质量不高。从捐赠的中介机构上看,我国的慈善组织数量逐步增加,但仍存在着筹款能力差、效率低、公信力不高等问题。慈善捐赠可分为直接捐赠与间接捐赠,以慈善组织为纽带的间接捐赠已成为现代慈善的主要方式。以1994年中华慈善总会的成立为标志,我国慈善组织的发展开始勃兴,数量逐步增加。据《2008年中国民政事业发展报告》统计,截至2007年底,我国共有基金会1340个,比上年增长17.1%,其中:公募基金会904个,非公募基金会436个,中央级基金会107个。即便如此,同美国相比,我国仍有相当大的差距,因为截至2003年,美国已有各类民间慈善组织120多万家。另外,我国的慈善组织不仅数量少,发展水平也比较低。

---

① 民政部社会福利和慈善事业促进司、中民慈善捐助信息中心:《2008年度中国慈善捐助报告》。

② 王成军:"第三次分配中慈善捐赠的经验性探讨",载《合肥工业大学学报》2006年第5期。

由于主要为官方与半官方机构、专业性不强、分工不合理等因素的影响,我国慈善组织并未体现出 NGO 在运作慈善事业方面的低成本、高效率的特点,更为重要的是,随着近年来新闻媒体不断爆出"慈善骗局"、"慈善腐败"等负面信息,公众对慈善组织的不信任感增强,慈善组织的公信力下降,从而进一步加剧了我国慈善组织筹款能力差的问题。

(5)制度激励有限。从捐赠的制度环境上看,我国尚未建立起健全的规范慈善捐赠的政策、法律体系,尤其缺乏完善的激励机制与监督机制。事实上,慈善事业的蓬勃发展需要两架马车,一为内在的慈善意识的培养,二为外在的慈善制度的引导。两者相辅相成,缺一不可。目前,我国已先后颁布了《公益事业捐赠法》、《基金会管理条例》等法律、法规,再加上《个人所得税法》、《企业所得税法》等法律法规中的相关规定,我国慈善事业的法律环境正在改善。在此基础上进一步完善慈善事业的激励机制与监督机制,将更有利于推动我国慈善事业走上经常化、制度化与规范化的良性发展道路。

3. 西方国家第三次分配的考察及借鉴意义

如前所述,虽然我国的慈善事业已取得了长足进步,但同西方发达国家,尤其是美国相比,仍存在着相当大的差距。西方国家的第三次分配主要体现出以下特点:①

(1)慈善行为的宗教传统。这是西方社会拥有良好慈善氛围的根本原因。在美国,90%的国民信仰宗教,其中大多数是基督徒。圣经所宣扬的"罪"与"爱"对他们的慈善行为产生了深远影响。一方面,人皆有罪,唯有虔信上帝,行善避恶,才能使自己的灵魂得到拯救;另一方面,人需"爱邻如己",这里的爱是"四海之内皆兄弟"的博爱,强调人应当热情地服务他人,照顾他人的福祉。② 寻求自身救赎的利己动机与表达兄弟之爱的利他动机结合在一起,促使信徒将慈善视为宗教生活的一部分,从而为慈善行为提供了深刻的道德意义与精神支持。在这样的精神指引下,基督徒与基督教会

---

① 由于美国是现代慈善事业最为发达的国家,对美国第三次分配情况的考察具有典型意义。所以,本部分以美国作为西方国家的代表,主要考察美国第三次分配的特点,从而为完善我国的第三次分配制度提供借鉴。

② 例如,圣经宣扬:"神的旨意原是要你们行善。"(彼得前书 2:15)"周济贫穷的,不致缺乏;佯为不见的,必多受诅咒。"(箴言 28:27)"又要嘱咐他们行善,在好事上富足,甘心施舍,乐意供给人,为自己积成美好的根基,预备将来,叫他们持定那真正的生命。"(提摩太前书 6:19)

为西方慈善事业的发展作出了卓越贡献。例如,在美国,基督教绝大多数教派募集资金为世界各地的穷苦人送去衣物、食品以及医疗慰藉,并组建了兄弟共济会、同仁福利社、基督教青年会、"联合之路"等慈善机构。1994 年美国的宗教捐款已达 590 亿,占个人和集体全部捐款的 45%,以至于冈纳·米达尔指出:"没有哪一个国家能像美国那样有如此之多的乐意奉献者",并把这种乐于奉献称为"基督徒的邻舍之亲",归功于来自教会的影响。①

(2)个人捐赠已形成主流。随着基督教的观念深入人心,人们已不仅仅将慈善视为一种宗教义务,而是将它融入了日常生活,这同我国个人与企业参与第三次分配的意识不强形成了鲜明对比。以美国为例,一方面,富豪在慈善捐赠上起到了良好的表率作用。卡内基、洛克菲勒、福特、比尔·盖茨等先后成立了基金会,专门从事慈善事业。盖茨至今已为慈善事业捐赠了 256 亿美元,并在遗嘱中宣布将把全部财产的 98% 留给比尔及梅林达—盖茨基金会;巴菲特在其遗嘱中也将总价值约 305 亿美元个人财产的 99% 捐赠给慈善事业。② 他们最终都选择了将财富回馈社会,践行自己承担的社会责任。另一方面,也是更为重要的,美国的普通民众也积极参与慈善事业。据统计,在美国所有慈善捐款中,约有 85% 的捐款来自普通民众,约有 10% 的捐款来自公司企业,另有 5% 来自大型基金会。更难能可贵的是,与拥有巨大财富的人相比,低收入的人在他们总收入的百分比中,用于捐款的比例更高。③ 可以说,正是美国普通民众持续性小额捐赠的"涓涓细流"汇聚成爱心的海洋,推动了美国慈善事业的发展。

(3)慈善组织的规模发展。正如前文所述,随着间接捐赠发展为现代慈善的主要形式,慈善组织已成为沟通捐赠人与受赠人的桥梁。美国的慈善组织种类繁多,规模庞大,覆盖了救灾、扶贫、宗教、科研、教育、卫生等各个领域,并且有明确的分工,一般而言,社会服务组织定位于服务,而基金组织定位于筹集资金,这样的功能定位在提升慈善组织专业化程度的同时,也增强了慈善组织吸纳社会资源的能力。美国 1998 年豁免减免税收的慈善组织就有 120 万个,可支配 6700 亿美元,占 GDP 的 9%;有各类基金会近 4

---

① [美]阿尔文·施密特著:《基督教对文明的影响》,汪晓丹、赵巍译,北京大学出版社 2004 年版,第 119—120 页。

② 王成军:"第三次分配中慈善捐赠的经验性探讨",载《合肥工业大学学报》2006 年第 5 期。

③ 姚俭建、Janet Collins:"美国慈善事业的现状分析:一种比较视角",载《上海交通大学学报》2003 年第 1 期。

万个,拥有资产约 1900 亿美元。① 反观我国,目前慈善组织大约有 100 多个,且主要为官方与半官方机构,不仅数量少,筹款能力也比较差。另外,西方发达国家的慈善组织已逐步引入了商业运作模式,借鉴企业的经营理念,聘用专业管理人员,建立高效的考核、激励机制,在更好地提供公共产品的同时实现公益资产的保值增值,最终提高了社会资源的利用效率。

(4)慈善制度的有效激励。西方有关慈善捐赠的法律制度主要表现为:对个人和企业的慈善捐赠给予税收减免、征收高额的遗产税与赠与税以限制资产转移、引导民众将部分财富应用于公益事业。例如,美国《国内税收法典》规定:实施捐赠的企业每年可扣除的税负为应纳税所得额的 10%,超过限额部分的捐赠可以向后结转 5 年;而当应纳税遗产额超过 300 万美元时,美国的遗产税税率高达 55%,这就意味着超过一半的财产将被美国政府无偿征收,从而鼓励民众将财富捐献给社会。另外,政府也会对符合法律规定的慈善组织给予必要的财政补贴,以支持它们的慈善事业。

4. 改善我国第三次分配的动力机制

通过对我国与西方第三次分配的比较考察,我们可以发现:西方的慈善资金来源广泛、数量充足,慈善组织规模庞大,个人捐赠普遍而踊跃;而我国的慈善事业刚刚起步,慈善资金、慈善组织的数量都比较少,并且个人与企业捐赠意识不强,呈现出被动性、突击性等特点。尤其值得提及的是,与国外富人阶层相比,我国的富人阶层的慈悲意识相对较弱。西方慈善事业发达的一个重要原因就在于具有良好的慈善氛围和完善的法律制度,我国应借鉴西方经验,建构第三次分配的动力机制,以促进我国慈善事业快速、健康地向前发展。

(1)信仰培育。信仰培育是一个作用于人内心的漫长过程,信仰一旦形成,就会对人的行为产生深远影响。因而是否有信仰作为支撑,成为决定慈善捐赠能否持续发展的最为重要的内在因素。为培育信仰,弘扬慈善文化,我国需在以下方面作出努力:

1)传统慈善文化的复兴。前已述及,西方慈善行为深受基督教文化的影响,在基督教文化的熏陶下,西方民众积极投身于慈善事业,并将慈善视为日常生活的一部分。其实,慈善事业同样凝聚着中华民族深刻的文化传

---

① 姚俭建、Janet Collins:"美国慈善事业的现状分析:一种比较视角",载《上海交通大学学报》2003 年第 1 期。

统。儒家文化是我国传统文化的主流。它的思想内核就在于仁,讲求由仁而趋善,通过慈善作为润滑剂,引导人们扬善抑恶,最终使整个社会君臣有别、长幼有序、邻里相睦、天人和合。① 例如,《周礼》中有这样的描述:"故人不独亲其亲,不独子其子。使老有所终,壮有所用,幼有所长,鳏寡孤独废疾者皆有所养。"孔子主张"仁者爱人",言曰:"夫仁者,己欲立而立人,己欲达而达人。能近取譬,可谓仁之方也已。"②孟子也指出:"恻隐之心,仁之端也"、"老吾老以及人之老,幼吾幼以及人之幼"等。除儒家之外,墨子也主张"兼爱",提倡"有力者疾以助人,有财者勉以分人,有道者劝以教人。若此,则饥者得食,寒者得衣,乱者得治,此安生生。"由此可见,我国传统文化蕴含了丰富的慈善思想,这些慈善思想不但为我们勾画出一个平等博爱的大同世界的美好图景,同时也激发出人性中向善的部分,引导人们乐善好施、彼此扶携。慈善既是一种道德义务,同时也成为了人们追求至善的内在要求。但是,这样的价值观在我国现代社会已日渐衰微,正如黄仁宇先生所言:"纵算在社会价值的一方面保存了一些昔日情调,这样的价值至今已只能作为私人操守之南针,已不复为组织国家与社会之纲领。"③不仅如此,在物质利益的强烈诱导下,越来越多的人也不再将向善作为"私人操守之南针",而是沦为自私与金钱的奴隶。在这样的背景下,深入挖掘我国传统文化资源,重塑社会价值观,对弘扬我国慈善文化、提高社会道德水平也就具有了特殊而重大的意义。

2)现代社会责任感的倡导。对于个人而言,社会责任感源于人的自我实现的需要。马斯洛将人的需要系统划分为生理、安全、爱与归属、尊重、自我实现五个层次,自我实现是最高层次。④ 由于人是一种社会存在物,自我实现不再是简单的"自我满足",而需要通过履行一定的社会责任来实现。慈善捐赠就是践行社会责任的重要表现。需要特别强调的是,慈善绝不仅仅是富人的责任,富人只是由于拥有良好的经济基础,同普通民众相比更具备实际履行社会责任的能力。实际上,慈善所彰显出来的爱心同经济状况没有必然联系,作为社会共同体的一员,每个人都应当对共同体的维系承担

---

① 肖国飞、任春晓:"论慈善文化的道德意蕴",载《中州学刊》2007年第1期。
② 《论语·雍也》。参见杨伯峻译注:《论语译注》,中华书局1980年版,第65页。
③ 黄仁宇著:《地北天南叙古今》,生活·读书·新知三联书店2001年版,第4页。
④ [美]马斯洛:《马斯洛的人本哲学》,刘烨编译,内蒙古文化出版社2008年版,第26—29页。

一定的责任。普通民众的积极参与才是慈善事业发展壮大的根本动力。对于企业而言,其进行慈善捐赠的动机比较复杂,既可能基于利己的需要,也可能基于利他的需要,或者二者的混合。但作为现代社会最为重要的经济体,企业在成长壮大的过程中汲取了大量的物力、人力、财力等社会资源,因而社会公众呼吁企业承担相应的社会责任,将一定比例的财富回馈社会。越来越多的企业也逐渐认识到这样的道德义务,积极投身于慈善等社会公益事业,不再把追求经济利润最大化作为企业发展的唯一目标。① 然而,正如前文所述及的,我国个人和企业参与第三次分配的意识不强,一个重要原因就在于社会责任感的淡漠乃至缺失,所以,我们应积极倡导"财富最终应服务于社会"的观念,增强个人和企业的社会责任感,以促使他们为慈善事业的发展、社会的繁荣稳定作出应有的贡献。

3)慈善氛围的凝聚和营造。仁爱、向善的价值观的形成,社会责任感的树立需要经过长期的培育与教化,而适当的舆论宣传则是达致上述目的的重要手段。慈善捐赠是一种道德义务,主要受内在良心和社会舆论的约束。通过宣传,一方面,我们可以向社会公众传递慈善文化、慈善理念,提高他们的道德修养。尤其是对典型的慈善人物的表彰以及对日常的慈善行为的报道,不仅可以肯定和褒奖捐助者,激励他们继续投身于慈善事业,而且还可以将他们的爱心传播出去,使社会公众受到感染。例如,2005 年"中华慈善奖"获得者丛飞的事例就深深震撼了国人的心灵,汶川大地震后残疾乞丐捐款的画面也使民众无不为之动容。另一方面,社会舆论也可以对慈善不作为或不适当予以负面评价,从而影响行为人的决策。例如,汶川大地震发生后,企业各界纷纷慷慨捐款,港台企业的表现极为出色,而内地地产龙头万科仅仅捐赠了 200 万元人民币,由此引起社会的强烈不满,甚至导致万科股价下跌,最终促使万科追加捐款 1 亿元。② 总之,我们现在处于信息

---

① 例如,著名企业家洛克菲勒认为:随着时代的发展,公司不能再一味地抱守私人利益,以使某个个人得以积聚财富而不顾那些参与财富形成过程的人的福利、健康与快乐,相反,我们应当接受现代的观点,将产业作为社会服务的一种形式,唯利是图只会引起对抗和招致麻烦。参见卢代富著:《企业社会责任的经济学与法学分析》,法律出版社 2002 年版,第 164 页。

② 需要补充说明的是,笔者在此引用万科的事例,仅仅是为了强调舆论对慈善捐赠的激励与约束作用,并不意味着我们对万科捐赠 200 万元持否定态度。如果万科的"小额"捐赠能够经常化、持续化,未尝不是一件好事。事实上,张祥青在央视晚会上"即兴"追加捐款7000 万与王石在公司章程授权范围内经由规定程序捐款 200 万恰好折射出"实质正义"与"程序正义"可能存在的矛盾与冲突。对于二者的评价应采取审慎的态度。

时代,报纸、电视、广播、网络等媒介为信息传播提供了丰富的渠道。加强慈善方面的宣传,可以净化人们的心灵,引导人们积极参与慈善事业并公正评价慈善行为,最终使慈善理念深入人心。

(2)制度激励。慈善捐赠是一种道德义务,具有自愿性,信仰培育为个人与企业参与第三次分配提供了内在驱动力。但这并不意味着法律在调整第三次分配方面无所作为,只不过在调整方式上重在引导,而非强制,主要通过建立激励机制促进慈善事业的发展。目前我国已经在《合同法》、《企业所得税法》、《公益事业捐赠法》等法规中就个人和企业的捐赠行为进行了基本规范。

1)完善行为规范机制。我国对慈善捐赠行为的规范主要体现在《合同法》上。《合同法》第186条规定:赠与人在赠与财产的权利转移之前可以撤销赠与。具有救灾、扶贫等社会公益、道德义务性质的赠与合同或者经过公证的赠与合同,不适用前款规定。第188条规定:具有救灾、扶贫等社会公益、道德义务性质的赠与合同或者经过公证的赠与合同,赠与人不交付赠与的财产的,受赠人可以要求交付。

赠与合同为诺成合同,只要赠与人、受赠人双方意思表示一致,赠与合同就已成立并生效。同时,由于赠与合同具有无偿性,受赠人并未为对待给付,为保障赠与人的利益,法律赋予了赠与人任意撤销权。但是,法律同时规定了慈善捐赠中的赠与人并不享有任意撤销权。这一规定具有合理性。一方面,虽然从表面上看,捐赠人无偿给予了受赠人某种利益,但其可能从合同之外获得了某种回报。例如,对于企业而言,通过慈善捐赠可以树立良好的企业形象,获得巨大的广告效应,最终转化为长期的经济利益;另一方面,对于受赠人,尤其是救灾、扶贫中的受赠人而言,由于其基本生存已受到威胁,若捐赠人任意撤销赠与,则会严重损害他们的信赖利益和生存权。事实上,在赈灾捐赠中,我国已屡次出现虚诺赠与却不予兑现的情况,为遏止这种沽名钓誉有违诚信的行为,《合同法》确立了慈善捐赠任意撤销权排除适用规则,从而赋予了慈善捐赠较之其他赠与更强的执行力。但同时,我们也必须注意到,慈善捐赠的多少应当和自身财富相匹配。如学者所言:"在捐赠问题上,既要体现高尚的道德情操,同时还需考虑个人或组织的实际承受能力。"①个人与企业的财产状况是一个动态变化的事实状态,将直接影

---

① 范松仁:"慈善捐赠的道德省思",载《江西社会科学》2008年第12期。

响捐赠人的履约能力。从捐赠承诺的作出到捐赠财产的实际移转尚有一段时间,若在此期间捐赠人的财产状况发生变化以致于丧失了履约能力,而法律仍然要求其按约履行,对捐赠人而言无疑过于苛刻,毕竟慈善需量力而行,为扶助贫困而产生新的贫困也不是法律追求的目标。所以,《合同法》第 195 条规定:赠与人的经济状况显著恶化、严重影响其生产经营或者家庭生活的,可以不再履行赠与义务。总的来说,《合同法》第 186 条、188 条、195 条对慈善捐赠的法律关系作出了基本规定,排除了捐赠人的任意撤销权,同时赋予其在情势变更情况下的"穷困抗辩权",合理考量了捐赠人与受赠人间的利益平衡。

2)完善税收激励机制。税收激励机制主要表现在对慈善捐赠的税收优惠上。对于个人慈善捐赠而言,《个人所得税法实施条例》第 24 条规定:个人将其所得对教育事业和其他公益事业的捐赠,捐赠额未超过纳税义务人申报的应纳税所得额 30% 的部分,可以从其应纳税所得额中扣除。由此可见,我国个人慈善捐赠税收优惠的扣税基准是应纳税所得额,扣除限额为应纳税所得额的 30%,要求的捐赠范围为教育事业和其他公益事业。

对于企业慈善捐赠而言,《企业所得税法》第 9 条规定:企业发生的公益性捐赠支出,在年度利润总额 12% 以内的部分,准予在计算应纳税所得额时扣除。结合《公益事业捐赠法》第 2 条、第 3 条、第 10 条,《企业所得税法实施条例》第 51 条、第 52 条等相关规定,我国企业慈善捐赠的税收优惠主要呈现出以下特点:在扣除限额方面,统一为年度利润总额的 12%。对原先《企业所得税暂行条例》规定的 1.5%、3% 的扣除限额作了大幅提升,并且不再区分内外资企业,也不区分税负扣除比例。可以说,现在我国的税负扣除比例与美国、德国等国家的税负扣除限额大致相当,反映出我国对企业慈善捐赠的鼓励态度。在捐赠范围方面,只有公益性捐赠才能享受到税前扣除优惠。① 在捐赠方式上,企业只有通过公益性社会团体或者县级以上人民政府及其部分的捐赠才能享受到税收优惠,即我国目前只认可间接

---

① 公益性捐赠就是针对公益事业的捐赠。《公益事业捐赠法》第 3 条规定:本法所称公益事业是指非营利的下列事项:(一)救助灾害、救济贫困、扶助残疾人等困难的社会群体和个人的活动;(二)教育、科学、文化、卫生、体育事业;(三)环境保护、社会公共设施建设;(四)促进社会发展和进步的其他社会公共和福利事业。

捐赠享受税收优惠。① 我们以为，虽然从理论上说，排除直接捐赠并不合理，因为直接捐赠也是慈善捐赠的重要方式，理应受到同样的激励。但考虑到在实践中存在企业以"直接捐赠"为名行"逃税"之实的可能，并且直接捐赠形式灵活，监管难度大，在相应的约束机制完善之前，将直接捐赠排除在税收优惠之外是合理的。在捐赠内容方面，我国税法规定企业可以捐赠现金、实物，但是企业捐赠实物不能享受税前扣除优惠，其被视同为销售货物，需交纳增值税、消费税、营业税等流转税。②

总的来说，随着《企业所得税法》、《企业所得税法实施条例》等法律法规的颁布，我国对企业的税收激励机制已日渐完善，但在许多方面仍需进一步改进：其一，应当允许税收扣除结转，即当企业捐赠支出超过当年应纳税所得额扣除标准的限度时，超出部分可以向以后年度结转扣除。因为，正如前文所述，我国的慈善捐赠体现出"应急性"、"突击性"的特点，在出现洪水、地震等重大自然灾害的年份，企业的捐赠金额完全可能超出扣除限额，不允许超出部分向后结转将不利于调动企业的捐赠积极性。当然，对于结转年限也应有所限制，借鉴美国的做法，以 5 年为限比较适宜；其二，应适当扩大可享受税前扣除优惠的慈善组织的范围。自 1994 年 1 月 1 日起至 2007 年 8 月 31 日止，经国家以税收法规形式公布的非营利的社会团体共有 81 个，其中能够出具税收全免资格证据的仅有二十多家，这与我国几十万的 NGO 相比，显然太不相称。而扩大可享受税前扣除优惠的慈善组织的范围，有利于减少政府对慈善组织的过多限制，促进我国慈善组织的发展壮大；其三，应允许实物捐赠享受税收优惠。实物捐赠是现金捐赠的重要补充，并且在某些情况下能发挥现金捐赠不可替代的巨大作用。例如，在救灾中，棉被、帐篷、食品等生活急需品的供给在短期内就比现金捐赠更为重要。但我国企业的实物捐赠不但不能享受到税收优惠，反而还被课以流转税，这是相当不公平的。所以应将实物捐赠纳入税前扣除的范围，并取消对实物捐赠征收流转税的规定；其四，应简化捐赠免税程序。这对个人捐赠与企业

---

① 《企业所得税法实施条例》第 51 条规定：企业所得税法第九条所称公益性捐赠，是指企业通过公益性社会团体或者县级以上人民政府及其部门，用于《中华人民共和国公益事业捐赠法》规定的公益事业的捐赠。

② 陈妮："论企业公益性捐赠的税法调整"，西南政法大学 2009 年硕士学位论文，第 36 页。

捐赠都适用。我国现在办理税收减免的程序复杂、手续繁多,常常令人望而却步。① 只有简化程序、提高效率,才能进一步提高社会公众的捐赠积极性。

当然,除了在所得税方面给予优惠之外,我国还可在条件成熟时征收遗产税与赠与税,即"一疏二堵"。一方面,通过所得税优惠从正面引导和鼓励个人与企业捐赠;另一方面,用高额的遗产税和赠与税对资产转移进行限制,堵住个人巨额财富的出口,②从反面激励个人与企业将财富用于慈善事业。事实上,我国已初步具备了开征遗产税与赠与税的客观条件。例如,近年我国经济飞速发展,高收入和高财富所有者增加,遗产税具有潜在的税源;我国税收征管水平也在不断提高,开征遗产税已具有一定的技术、手段和经验保证。总之,所得税与财产税相互配合的"一疏二堵"的税收激励机制将促使人们积极投身于慈善事业,从而推动第三次分配的发展。

3)完善社会监督机制。慈善是一项透明的事业。公众在慈善捐赠之后,最关心的莫过于善款的流向及其使用效果,捐赠财产公益产权的属性也赋予了对慈善财产的管理、使用予以社会监督的正当性。在现代社会以慈善组织为纽带的间接捐赠成为慈善捐赠主要形式的背景下,社会监督的重心落在对慈善组织的监督上,重点在于维持和保障慈善组织的公信力,核心在于建立并完善慈善组织的信息公开制度。在向捐赠人和社会公众的信息公开方面,我国现有法律已有一些基本规定,③但大多过于原则,缺少具体的配套措施,实际操作性不强,我国尚需在一些方面予以完善。例如,在信息公开的具体范围上,应至少包括以下重要信息:有关慈善组织主体资格的信息,社会公众据以判断该组织的合法性,以防止非法组织以慈善为名的诈骗行为。例如,基金会在组织募捐活动或开展公益资助项目时,应向公众出具基金会法人登记证书、税务登记证件等,以证明其合法性。财务信息,主

① 例如,民政部救灾救济司司长王振耀为了摸清减免个人捐款所得税的手续程序,专门向中华慈善总会捐了500元钱,然后认认真真地去办理个人收入所得税的减免,结果用了两个月的时间,经过了10道程序,终于办成了减免个人收入所得税50元。参见杨淯、傅钲著:《漫话慈善》,新华出版社2006年版,第39—40页。

② 参见王军著:《效与公》,人民出版社2008年版,第68页。

③ 例如,《公益事业捐赠法》第21条规定:捐赠人有权向受赠人查询捐赠财产的使用、管理情况,并提出意见和建议。对于捐赠人的查询,受赠人应当如实答复。第22条规定:受赠人应当公开接受捐赠的情况和受赠财产的使用、管理情况,接受社会监督。《基金会管理条例》第38条规定:基金会、境外基金会代表机构应当在通过登记管理机关的年度检查后,将年度工作报告在登记管理机关指定的媒体上公布,接受社会公众的查询、监督。第39条规定:捐赠人有权向基金会查询捐赠财产的使用、管理情况,并提出意见和建议。对于捐赠人的查询,基金会应当及时如实答复。

要包括财务会计报告、注册会计师审计报告等,以提高捐赠资金管理和使用的透明度,公众据此对该组织的诚信度予以考量,并对资金使用情况进行监督。事实上,财务信息不公开给予了相关人员暗箱操作的机会,是造成"慈善腐败"的重要原因。有关项目运行效果的信息,前已述及,西方发达国家慈善组织已引入商业运作模式,因为社会公众不再仅仅满足于将捐款用于公益目的,他们越来越关注资金的使用效率,即资金是否投入到了适宜的领域并产生了足够的效益。要求慈善组织公布项目效果信息,有助于在慈善组织间形成竞争关系,激励他们提高资金使用效率,同时也为公众选择慈善组织提供参考。在信息公开的媒介方面,在保证捐赠人和社会公众快捷、方便查阅的基础上,应尽可能多样化,可选择报刊、广播、电视、互联网等公布信息。中国民政部、中民慈善捐助信息中心在中国捐助网上发布"5.12 汶川地震救灾捐赠信息管理系统"就是一个有益的尝试。在责任承担方面,信息公布义务人应保证所公布信息的真实性、准确性、完整性,并承担不履行信息公布义务或公布虚假信息的法律责任,例如,责令停止活动、撤销登记等。另外,由于分散的社会大众的监督缺乏专业性、持续性,监督成本高等缺点,我国可借鉴国外成功经验,培育和发展独立于慈善组织和政府部门的专业性慈善组织评价机构,建立社会性的针对慈善机构的评价体系,为公众提供全面、便捷的慈善信息,并代表公众对慈善组织予以有效监督。

综上所述,第三次分配的动力机制包括两个层面:一是内在激励,即信仰培育,通过弘扬慈善文化,树立"富即责任"的观念,激发社会公众的"恻隐之心"和人道主义精神,引导他们乐善好施。此为根本;二是外在激励,通过行为规范机制、税收激励机制与社会监督机制的共同作用,促进社会公众投身于慈善事业。此为补充。其中,行为规范机制将慈善捐赠视为一种特殊的赠与关系,排除任意撤销权的适用,增强了慈善捐赠的执行力;税收激励机制通过税收优惠,提高人们慈善捐赠的积极性;而社会监督机制的有效运行,将提高慈善组织的公信力,增强社会公众的信任感,进一步激发他们的慈善热情。可以说,信仰培育与制度激励,一内一外,相互配合,将极大推动我国慈善事业的健康发展。

5. 慈善组织在第三次分配中的桥梁作用

虽然以慈善组织为纽带的间接捐赠并非第三次分配实现的唯一方式,但就现代社会而言,慈善组织已成为慈善信息与慈善资源的重要载体和传播、分配枢纽,在捐赠人与受赠人之间发挥着重要的桥梁作用。可以说,慈善组织的发达程度也成为衡量一个国家慈善事业发展水平的重要指标。与简单的"捐赠人—受赠人"的直接捐赠相比，以慈善组织为载体的间接捐赠体现出以下优势：其一，低成本、高效率。直接捐赠具有分散化、专业性低等缺点，直接导致捐赠人在信息收集、资源募集及管理上支付更多的成本，同时降低了善款的使用效率。反观间接捐赠，慈善组织作为信息与资源的中转站，专业性强、分工明确，大大节约了信息搜寻成本与资源管理成本，同时具有良好的资源整合能力，既可将有限的资源分配给最需要的对象，还能通过"商业化运作"实现资源的保值增值，从而提高慈善资源的使用效率。其二，规模化程度高。我国的直接捐赠主要是个体行为，救助邻里、熟人，或是"一对一"地帮助陌生人，这已不能满足现代慈善事业的发展要求。因为个人的财力毕竟有限，往往仅能起到"输血"的作用，而现代慈善事业特别强调以慈善组织为中介的"面对面"的慈善，并将资源投向教育、卫生等领域，以增强被扶助者的"造血"能力。慈善组织具有规范的机构设置，规模化程度高，能将大量的小额捐款汇集起来，表现出巨大的积聚和扩散效应，同时扩大社会影响，从而取得更好的慈善效果。其三，持续性强。直接捐赠呈现出一定的随意性，而慈善组织则为个人、企业奉献爱心提供了一个制度化的平台。慈善组织社会号召力强，可信度高，资金来源比较有保障，并且具有长久的慈善目标和稳定的慈善对象，因而其慈善运作具有持续性和延续性。[1] 其四，易于监督。直接捐赠比较分散，政府和社会很难进行监管，道德风险比较高。例如，一些募捐者以募捐之名行诈骗之实，资金募集完毕后卷款潜逃；由于缺乏对捐款使用情况的监督，一些受赠者也将善款挪作他用，违背了捐款人的意愿。对于间接捐赠而言，由于存在包括自我管理、行业自律、政府监管、社会监督在内的多元监督机制，慈善组织运作的规范性、透明度较高，风险也相对较小。

间接捐赠成为第三次分配的主要形式，而作为间接捐赠载体的慈善组织无疑也成为影响现代慈善事业发展水平的重要因素。面对我国慈善组织发展滞后的局面，我们应在政策、资金、人才等各方面给予其支持，促进其成长壮大，从而为第三次分配的发展奠定坚实的组织基础，并在此基础上辅以动力机制，引导个人与企业积极参与第三次分配，最终通过第三次分配促进改革与改革发展成果的公平分享。

---

[1] 范斌著：《福利社会学》，社会科学文献出版社 2006 年版，第 217 页。

五、完善改革发展成果分享法律制度的建议

有效应对我国改革开放以来与经济社会高速发展相伴生的分配不公问题及由此引发的社会矛盾,以便真正实现党和政府提出的让改革发展成果惠及全体人民的奋斗目标,需要形塑有利于使全体人民共享改革发展成果的体制、机制和制度。这其中尤其重要的一环,就是要从公平正义的理念出发,客观评估我国改革发展成果分享的法制现状,直面并致力于解决我国改革发展成果分享具体法律制度安排上的缺失与偏差等问题。鉴于改革发展成果分享牵涉的法律领域十分宽泛,故而本部分仅选择最具代表性的几项法律制度展开探讨。

(一)关于土地利益分享法律制度

作为改革发展成果的土地利益,是指改革中因土地供求关系的变化、土地法律制度的重新安排、土地政策的调整等原因而新增的经济利益。改革开放以来,随着我国土地资源配置中市场机制的逐步引入以及城市化进程的不断推进,土地资源对经济社会发展的重要性日益凸现,经济社会发展对土地需求的日趋旺盛与土地资源严重短缺之间的矛盾愈加突出,改革开放前土地资源所潜在的价值最终通过市场规律、市场机制以及相应的土地制度改革被发现。如何分享土地资源的这种潜在价值转化而形成的比较利益,不但关乎经济发展的效率,而且事关社会公平正义的实现和社会的和谐稳定。然而,冷静审视我国现行的土地法律制度以及因土地利益分享不公而不时产生纷争乃至冲突的社会现实,我们可以发现,我国土地利益分享法律制度至少尚需做出以下完善:

1. 以切实落实国有土地收益权为突破口,健全国有土地利益全民分享的法律制度

国有土地的收益权归国家并由全民分享,这是国家享有土地所有权的

应有之义。国有土地收益权的归属与分享在我国经历了一个反复的历程。1954 年以前,我国对国有土地实行有偿使用,无论全民所有制单位还是集体所有制单位,只要使用国有土地,都必须向国家交纳租金。① 1954 年财政司字 15 号文件和内务部的有关文件规定:国营企业、国家机关、部队、学校、团体及公私合营企业使用国有土地时,应一律由政府无偿拨给使用,均不再缴纳租金;集体所有制单位和个人使用的国有土地,虽不是通过无偿划拨而取得,但所交费用甚少,基本上也是无偿、无限期使用。自此以后将近 30 年的时间里,国有土地有偿使用改采行政划拨无偿使用的制度。② 上世纪 80 年代,我国一些地区积极探索国有土地有偿使用的实践;经过几年的试验,1988 年《宪法修正案》、1990 年《城镇国有土地使用权出让和转让暂行条例》、1994 年《城市房地产管理法》、1998 年修订后的《土地管理法》等法律法规最终将国有土地使用权出让作为与国有土地使用权划拨相并列的一种国有土地配置方式,由此使国有土地有偿使用获得了法律的认可。应当说,通过划拨将部分国有土地的使用权交由使用人无偿享有和行使,虽然国家并没有收取租金,但从法律角度看,这仍然是国家行使其土地所有权的方式;而且更为重要的是,这对于确保国家机关、军事、城市基础设施、公益事业以及国家重点扶持的能源、交通、水利等项目的用地,乃是十分必要的,这也是土地国有制度发挥其提供公共产品、实现宏观调控目标等功能的当然要求。但对于经营性用地,唯有采取出让的方式配置其使用权,实行国有土地有偿使用的制度,才能使国家对土地的收益权得以体现,进而也才能为全民分享国有土地利益提供基本的前提。

我国目前国有土地配置与使用的法律规定虽然从总体上看基本上反映了以上制度设计的初衷,但不可忽视的是:我国国有土地的收益权并没有全面得到落实;因使用国有土地而产生的经济利益由少数人实际享有的不公现象依然在一定程度上存在于我国的社会现实之中。③

首先,国有土地有偿使用制度确立之后,一些国有企业继续免费享用着

---

① 这里所谓租金即土地租金或地租,是指土地所有者凭借土地所有权从土地使用者那里取得的一种收入。在我国目前实行的国有土地有偿使用制度中,地租表现为国有土地出让金。

② 参见雷爱先:"土地资源市场配置时不我待",资料来源:http://www.mlr.gov.cn.

③ 以下关于我国国有土地收益权未全面落实以及国有土地利益未实现全民分享的论述,吸收了盛洪先生对我国国有土地租金流失与国有土地制度改革的观点。参见盛洪:"万亿地租流失,'国有'徒有其名",资料来源:http://news.mylegist.com.

原通过行政划拨方式无偿获得的经营性国有土地的使用权,本应上缴给国家的租金被这些企业据为己有。具言之,在我国实行国有土地有偿使用制度之前,国有企业通过行政划拨免费取得和使用国有土地;在国有土地使用权配置制度改革和国有企业改革中,我国有关部门逐步意识到国有企业作为独立的商品生产经营者免费使用国有土地所隐含的非公平性,并在解决这个问题上作了一些努力。例如,1998年原国家土地管理局发布的《国有企业改革中划拨土地使用权管理暂行规定》便规定:国有企业实行公司制改造、组建企业集团、股份合作制改组、租赁经营和出售、兼并、合并、破产等改革,涉及的划拨土地使用权管理,应当遵守本规定;对国有企业改革中涉及的划拨土地使用权,根据企业改革的不同形式和具体情况,可分别采取国有土地使用权出让、国有土地租赁、国家以土地使用权作价出资(入股)和保留划拨用地方式予以处置。这样的规定意味着:若国有企业改革,则除了符合保留划拨用地方式予以处置的条件的情况以外,①对国有土地使用权应计算其价值并由国家享有其收益;若国有企业未改革,则由国有企业继续免费享有国有土地的使用权及由此产生的收益。由于在这些未改革的国有企业中国有土地的租金不被计算和上交国库,因而国有企业可以减少经营成本并相应增加利润,而通过这种方式增加的利润大都以工资、奖金以及其他福利等名目为国有企业的高管和职工所攫取,实际上并未藉由国家拥有而实现全民分享。有学者曾保守地估计,我国每年通过这种方式流失的国有土地租金至少在1万亿元以上,而这还只是国有农场、国有矿山、国有居民点和工业用地流失的租金,不包括国有园地和国有牧草地等用地的租金。② 由此,经营性国有土地的收益权在我国未得到切实落实及其引发的国有土地利益分配不公现象,即可略见一斑。

其次,一些单位将无偿取得的国有土地使用权用于创收,而由此获得的收入和因实际利用该国有土地而产生的利益并不上缴国库并由全民共享。

---

① 《国有企业改革中划拨土地使用权管理暂行规定》第8条规定:"企业改革涉及的土地使用权,有下列情形之一的,经批准可以采取保留划拨方式处置:(一)继续作为城市基础设施用地、公益事业用地和国家重点扶持的能源、交通、水利等项目用地,原土地用途不发生改变的,但改造或改组为公司制企业的除外;(二)国有企业兼并国有企业或非国有企业以及国有企业合并,兼并或合并后的企业是国有工业生产企业的;(三)在国有企业兼并、合并中,被兼并的国有企业或国有企业合并中的一方属于濒临破产的企业;(四)国有企业改造或改组为国有独资公司的。前款第(二)、(三)、(四)项保留划拨用地方式的期限不超过五年。"

② 参见盛洪:"万亿地租流失,'国有'徒有其名",资料来源:http://news.mylegist.com.

诚如前述,我国在推行国有土地使用权有偿使用的同时,也保留了国有土地使用权无偿划拨的配置方式。这种无偿划拨的土地使用权具有公益性目的,不得用于营利性的活动,更不得将营利活动所获取的收益据为己有。然而现实情况是:我国一些取得划拨土地使用权的国有企业、事业单位和政府部门等单位出于自身经济利益的考虑,任意改变划拨土地使用权的用途,它们将国有土地上的建筑物出租,甚至直接将国有土地使用权出租;由此获得的收益,因原本属于土地所有权借以实现的经济形式的地租而应上缴国库,却事实上进入了土地非所有者的"小钱柜",或由这些单位享有,或成了这些单位成员的福利,或更有甚者被这些单位中的少部分人中饱私囊。我们稍加观察便可以发现,通过这种方式造成国有土地租金流失的现象是普遍而严重的,以至于我们很难对此做出较准确的统计。此外,在我国国有农场等本应承担而实际并未承担其使用国有土地租金的企业中,除存在以上转让国有土地使用权并攫取其收益的情况外,还有的将国有土地使用权低价或免费发包给他人,这部分国有土地的地租利益也就主要由承包人享有而未能实现全民共享。

再次,一些地方政府低价甚至零地价、负地价出让国有土地使用权,或者以土地换项目、先征后返、补贴等形式变相减免土地出让收入,由此使本应由国家获取并由全民分享的土地利益主要甚至全部被受让人享有。这种现象在各地招商引资、旧城改造、国有企业改制的实践中均程度不同地存在着,尤以经济欠发达地区最为普遍。许多地区还制订了专门的招商引资土地优惠政策实施办法,根据投资规模的大小给予投资者程度不同的土地出让金优惠,直至全部免除其原本应交纳的土地出让金。这种为了追求片面的"政绩"而将国有土地租金拱手相让的做法,不但侵害了国家作为土地所有者应享有的收益权,而且也造成了土地利益分享上的不公平问题。

国有土地原本应当造福于全民;我国国有土地收益权未能切实落实以及由此产生的国有土地利益为少数人不正当享用的事实,已经违背了土地国有制度设置的初衷。鉴此,完善我国国有土地利益调整法律制度,也就成为当下我们应当面临的重大课题。从改革发展成果公平分享的角度着眼,我们认为可以针对以上问题,采取以下几个方面的措施:

其一,实行国有土地租金对国有土地营利性使用的全覆盖。这里所谓对国有土地营利性使用,包括企业等市场主体对国有土地的经营性使用以及事业单位、政府部门等非营利性单位将其无偿取得的国有土地使用权用于牟取经济利益。在实行国有土地租金对国有土地营利性使用的全覆盖方面,我们首先应当在认识上树立并在相关法律制度安排上体现租、税、利严格区分的思想。从规范意义上讲,所谓租,是国家基于土地等自然资源的所有权而应获取收益;所谓税,是国家提供公共物品的成本补偿;所谓利,则是投资回报。① 可见,这三者之间的差异是明显的,但长期以来在人们的潜意识中,这三者常常被混淆,以实现利、税作为对企业的考核评价的主要指标,以至于忽略了对租的计算和上缴,忽略了企业实现的利中并未扣除租的成本。这种认识和评判标准的偏颇性是十分明显的,故而应当予以纠正。其次,在以上观念的指导下,目前应当针对一些国有企业、尤其是未改制的国有企业免费享用着经营性国有土地使用权、国有企业及其高管和员工攫取由此所产生的利益的现实,通过制定和实施规范性文件的方式,明确这些国有企业交纳地租的义务,以便落实国家基于其对土地的所有权而享有的收益权,进而为国有土地利益的公平分享创设基本的前提。再次,对现行法上国有土地使用权划拨配置的适用范围进行适当的限缩。我国《土地管理法》第54条的规定:"……下列建设用地,经县级以上人民政府依法批准,可以以划拨方式取得:(一)国家机关用地和军事用地;(二)城市基础设施用地和公益事业用地;(三)国家重点扶持的能源、交通、水利等基础设施用地;(四)法律、行政法规规定的其他用地。"这一规定大致明确了国有土地使用权划拨配置的适用范围。但是,这一规定具有一定的不确定性,且存在国有土地使用权划拨配置的适用范围失之过宽的嫌疑。因为诸如城市基础设施用地以及国家重点扶持的能源、交通、水利等基础设施用地,虽然相较于商品房开发等商业用地具有更为明显的公益性目的,但并非一概不具有营利性,尤其是能源、交通等行业,在当下更是凭借其垄断地位而成为暴利行业并饱受人们的诟病。对这些行业中的企业的用地采用无偿划拨的方式加以配置,显然有失公正,也有损于国有土地利益的保障和全民分享。我们认为,应当以国有土地是否属于营利性使用作为国有土地使用权究竟采取有偿出让抑或无偿划拨的配置方式的标准。如此一来,不但国有土地使用权出让和划拨的制度设计初衷皆可实现,而且尤为重要的是,这可以维护国家对营利性使用国有土地所应当享有的收益权,尽可能避免国有土地利益被少数人攫取而不能为全民共享的不公现象。最后,针对我国目前对事业单位、政府部门等非营利单位使用国有土地制度不健全、约束不力的问题,

---

① 参见盛洪:"万亿地租流失,'国有'徒有其名",资料来源:http://news.mylegist.com.

我们认为应通过法律法规或其他规范性文件明确规定：这些单位可以无偿取得和使用国有土地，但必须将地租作为其运行成本，纳入其财务核算，特别是不得随意改变土地的用途；擅自或者经过批准做营利性使用的，应当追缴其收益或承担土地的租金，以使这样形成的利益由国家按照公平分享的理念集中支配。

其二，严禁低价、零地价和负地价出让国有土地使用权。当前，在这方面尤其应当禁止以牺牲国有土地利益为代价的招商引资等行为，尽快废止各地关于招商引资土地优惠的规定。为了规范国有土地使用权出让行为，优化土地资源配置，建立公开、公平、公正的土地使用制度，同时为了形成公允的国有土地使用权价格，国务院于1990年发布的《城镇国有土地使用权出让和转让暂行条例》、1994年颁布的《城市房地产管理法》在规定协议出让国有土地使用权的同时，也将招标、拍卖作为国有土地使用权出让可采取的方式；2002年，原国土资源部发布了《招标拍卖挂牌出让国有土地使用权规定》，明确要求商业、旅游、娱乐和商品住宅等各类经营性用地必须以招标、拍卖或者挂牌方式出让；上述用途以外的土地的供地计划公布后，同一宗地有两个以上意向用地者的，也应当采用招标、拍卖或者挂牌方式出让。2007年，我国又明确规定了工业用地也必须以招标、拍卖、挂牌等公开竞价的方式出让。这些规定对于制止低价和零地价出让国有土地使用权具有很强的针对性。今后的主要任务，是应切实落实这些规定；同时，进一步扩大招标、拍卖和挂牌出让国有土地使用权的适用范围，并提高这些国有土地使用权出让方式的立法层次。这样，国家对国有土地收益权以及全民对由此形成的利益的公平分享即可望得到更大程度的保障。

其三，通过立法强化国有土地租金的收支管理。① 国有土地租金的收支管理包括国有土地租金的收入管理和支出管理。前者与以上两项措施一样，其主要目的，在于保证国有土地收益权的落实和国有土地利益的实现，进而为国有土地利益的全民分享奠定基础；后者的主要目的，则在于规范已实现的国有土地租金的支出，因而对于国有土地利益的全民共享亦具有直接的决定性影响。

---

① 从严格意义上讲，以上提出的两项措施（实行国有土地租金对国有土地营利性使用的全覆盖；严禁低价、零地价和负地价出让国有土地使用权）也属于国有土地租金收支管理的内容（直接隶属于国有土地租金收入管理）。但此处所谓国有土地租金收支管理，重点关注的是预算环节或财政分配环节的国有土地租金收支管理。

我国自实行国有土地有偿使用以来,不时暴露出国有土地使用权出让金收支上的"黑洞",国家审计署历年度的审计工作报告所披露出的国有土地使用权收支中的违法违规现象都令人触目惊心。针对这些现象,有关部门一直在强化相关对策。例如,国务院办公厅、国土资源管理和财政等部门近年来发布了多项加强国有土地使用权出让金收支管理的通知;财政部、国土资源部和中国人民银行还于 2006 年 12 月印发《国有土地使用权出让收支管理办法》;针对各地较为普遍存在的不将国有土地使用权出让金纳入预算管理的问题,①我国 2010 年《政府收支分类科目(一般预算收入)》和《政府收支分类科目(一般预算支出)》分别设置"国有土地使用权出让金收入"②和"国有土地使用权出让金支出"③等类级科目。上述措施,无疑有助于规范国有土地出让金的收支。尤其值得肯定的是,在《政府收支分类科目》中将"国有土地使用权出让金收入"和"国有土地使用权出让金支出"分列为类级科目,这不但有利于强化国有土地使用权出让金的预算管理,而且对于实现国有土地利益的公平分享具有极大的助益。因为一方面,这有利于国有土地使用权出让金及时、足额入库,尽量避免流失,切实做到公平分享;另一方面,"国有土地使用权出让金支出"这一类级科目之下设置"征地和拆迁补偿支出"、"土地开发支出"、"城市建设支出"、"农村基础设施建设支出"、"补助被征地农民支出"、"土地出让业务支出"、"廉租住房支出"、"其他土地使用权出让金支出"等 8 款,这种对国有土地使用权出让金流向的安排,本身即彰显出公平的观念。鉴于我国在强化国有土地使用权出让金收支管理上所采取的措施具有合理性,但其实际发挥出的效果尚不尽如人意,因此,今后的主要任务,在于切实落实这些措施。考虑到我国国有土地使用权出让金收支管理的依据大多是国务院有关部门发布的通知和为数不多的部门规章,因而,通过立法提升这些依据的规范性和效力层次、增强这些依据的执行力,便成为落实近年来国有土地使用权出让金收支管

---

① 例如,据国家审计署审计长刘家义 2010 年 6 月 23 日向十一届全国人大常委会第十五次会议所作的审计工作报告显示,2009 年 11 个省区未将 683.99 亿元土地专项资金纳入预算管理,这其中包括未纳入预算管理国有土地使用权出让金。

② 下设"土地出让总价款"、"补缴的土地价款"、"划拨土地收入"和"其他土地出让金收入"等 4 款。

③ 下设"征地和拆迁补偿支出"、"土地开发支出"、"城市建设支出"、"农村基础设施建设支出"、"补助被征地农民支出"、"土地出让业务支出"、"廉租住房支出"、"其他土地使用权出让金支出"等 8 款。

理措施的重要工作。

2. 以合理配置土地发展权为出发点,构建土地增值利益公平分享的法律制度

我国改革开放的日益推进不断造就出了大量现实的和潜在的土地增值利益,这是一个不争的事实,也是土地利益分享法律制度应当做出回应的一个问题。从我国当前的情况看,在各种形态的土地增值利益中,因土地用途改变和开发强度增加而产生的土地增值利益如何分配,这是近年来社会各界关注的焦点,也是当下完善土地利益分享法律制度最亟待解决的重大课题。

在理论上,土地管理者、所有者或使用者以及其他利益相关者对于因土地用途改变、开发强度增加而产生的增值利益进行分享的权利,被称为土地发展权。[①] 从表面上看,土地发展权内涵于土地所有权及其具体的权能之中,是所有权的应有之义,然而深层次地看,土地用途改变和开发强度增加所产生的土地增值利益,并不能简单地按照所有权的一般制度安排来处理,因为土地所有权及其具体权能虽然是分享这种土地增值利益的重要依据,但这种土地增值利益并非纯粹的土地产权本身所带来的收益,改革的推进尤其是城市化改革的发展等社会经济环境,更是这种土地增值利益形成的根本原因,不考虑这些原因而将其全部配置给土地的所有者或使用者,那将是有失公平的。此外,无论是土地用途的改变还是土地开发强度的增加,在形成土地增值利益的同时都免不了会产生社会成本,在配置这种土地增值利益时也必须考量该成本。因此,改革发展中这种土地增值利益,不能简单地归国家、土地所有者或使用者独享,而应当在国家、土地所有者、土地使用者乃至其他利益相关者之间建立公平分享的机制。也正因为如此,"土地发展权不同于一般的财产权,它包含着国家意志,体现了公共利益,国家应该严格限定市场机制在农(土)地发展权运行中的作用和范围。"[②]

---

① 土地用途的改变会影响土地的收益,例如,将农地转化为建设用地通常可以增加土地的收益;将商业用地复垦为农地通常会减少土地的收益。土地开发强度的不同也会对土地的收益产生影响,例如,增加或减少土地的空间(地面、地面上空、地下)利用,一般会相应地增加或减少土地的收益;也正是因为如此,在我国建筑业实践中,提高建设用地的容积率,以此获得更多的利润,这成为一些房地产开发商追求的目标。

② 孙弘著:《中国土地发展权研究:土地开发与资源保护的新视角》,中国人民大学出版社 2008 年版,第 147 页。

　　在我国城市化进程中,因农民集体所有的农用地(以下简称"农用地")转化为国有建设用地(以下简称"建设用地")所产生的增值利益在分配上所存在的不公现象尤为突出,故而对此提出有针对性的法律对策,应当是完善土地利益分享法律制度的重中之重。农用地转化为建设用地所产生的增值利益分配不公,既体现在我国现行的土地征收制度安排上,也反映于长期以来我国土地征收的实际操作中。这种不公现象主要包括:

　　其一,作为被征收土地使用权人的农民实际上并未真正享受到农地转为建设用地所产生的增值利益。此乃我国目前土地利益分享法律制度中存在的最严重的问题。根据我国《土地管理法》第 47 条的规定,农用地征收按照被征收土地的原用途给予补偿;补偿的标准是使需要安置的农民保持原有生活水平;补偿费用包括土地补偿费、安置补助费、地上附着物和青苗补偿费。① 在这里,所谓"按照被征收土地的原用途给予补偿",意味着按照被征收土地用于种植、畜牧、养殖等比较效益低的农业用途所产生的收益进行补偿,而没有考虑让农民分享土地被征收后的新用途所产生增值利益;农民对农用地发展权的缺失,通过这样的规定体现得尤为明显。至于补偿的标准,该法将其定位为使农民"保持原有生活水平",农民不享受农地发展权的政策意蕴亦隐含于其中。与以上规定相适应,关于补偿费用的规定也没有反映出农民对土地增值利益的分享,因为为数不多的补偿费用项目按照土地被征收前比较效益低的农业用途较短年限的平均产值计算,农民由此所获得的补偿费用,通常难以保持原有生活水平,遑论负担城市生活的高

---

　　① 我国《土地管理法》第 47 条的具体规定是:征收土地的,按照被征收土地的原用途给予补偿。征收耕地的补偿费用包括土地补偿费、安置补助费以及地上附着物和青苗的补偿费。征收耕地的土地补偿费,为该耕地被征收前三年平均年产值的六至十倍。征收耕地的安置补助费,按照需要安置的农业人口数计算。需要安置的农业人口数,按照被征收的耕地数量除以征地前被征收单位平均每人占有耕地的数量计算。每一个需要安置的农业人口的安置补助费标准,为该耕地被征收前三年平均年产值的四至六倍。但是,每公顷被征收耕地的安置补助费,最高不得超过被征收前三年平均年产值的十五倍。征收其他土地的土地补偿费和安置补助费标准,由省、自治区、直辖市参照征收耕地的土地补偿费和安置补助费的标准规定。被征收土地上的附着物和青苗的补偿标准,由省、自治区、直辖市规定。征收城市郊区的菜地,用地单位应当按照国家有关规定缴纳新菜地开发建设基金。依照本条第二款的规定支付土地补偿费和安置补助费,尚不能使需要安置的农民保持原有生活水平的,经省、自治区、直辖市人民政府批准,可以增加安置补助费。但是,土地补偿费和安置补助费的总和不得超过土地被征收前三年平均年产值的三十倍。国务院根据社会、经济发展水平,在特殊情况下,可以提高征收耕地的土地补偿费和安置补助费的标准。

额支出；一些农民沦为无土地、无工作、无保障的"三无人员"，也就在所难免。①

其二，地方政府和开发商与其他利益相关者对农用地转化为建设用地所形成的增值利益在分享上畸重畸轻。析言之，在我国农地征收中，地方政府和开发商形成了利益共享的链条，成为了土地增值利益争夺中最大的"赢家"。按照我国《土地管理法》、《城市房地产管理法》等法律法规的规定，国家完全垄断了土地一级市场，农村集体土地要改变用途，唯一的合法途径是通过征用，将其转为国有土地，再由地方政府通过"批租"方式来满足建设用地的需要。这样，地方政府通过土地征用积聚了大量的资金。②可以说，地方政府依靠出让土地使用权的收入来维持地方财政支出，这已是我国存在的一种普遍现象；近年来出现的"土地财政"、"第二财政"等概念，就是用来指代这种巨额的预算外收入的。③ 由于征用土地和出让土地使用权成为地方政府的主要财源，因而地方政府对于"圈地"、征地、拆迁总是乐此不彼。地方政府通过向开发商收取大量的国有土地使用权出让金，并未影响开发商从受让国有土地使用权中获得暴利，因为农用地转化为建设用地所潜在的增值利益本身是巨大的，且开发商可以通过成本转嫁的方式弥补其出让金开支。与地方政府和开发商获得农用地转化为建设用地的巨大增值利益形成鲜明对比的是：土地增值利益的中央统筹被架空；一届地方政府把今后几十年的土地增值利益一次性收取和肆无忌惮开销的"寅吃卯粮"的做法，使日后若干届地方政府失去了原本可以获得的财政收入；作为

---

① 当然，也不排除一些经济发达地区的农民因征地等原因而获取大量经济利益的情况。最近，有媒体报道，浙江省义乌市一些公务员为"当农民"把户口迁到农村，以便享受旧村改造补偿等利益，便是这种情况的典型例证。（参见："浙江：义乌部分公务员为巨额利益把户口迁入农村"，资料来源：http://csj. xinhuanet.com；"浙江义乌市'开除'200 余公务员'村籍'事件追踪"，资料来源：http://news. xinhuanet. com 等）。但是，这样的情况并非我国的常态，且如果在农地征收、新农村建设等活动中严格按照我国现行法关于利益分享的规定执行，这样的情况是很难出现的。

② 例如，2002 年时任国务院发展研究中心副主任的陈锡文指出："如果说计划经济时代的'剪刀差'让农民付出了 6000 亿~8000 亿元的代价的话，那改革开放以来通过低价征用农民的土地，最少使农民蒙受了 2 万亿元的损失。"他还以上海浦东为例支持其上述观点——开发浦东时向当地农民征一亩粮田补偿 2.3 万元，一亩菜地补偿 2.8 万元，另外再投入六七万元完成"七通一平"工程，等出让给开发商时，已高达二三十万元一亩。参见陈锡文："农民增收需打破制度障碍"，载《经济前沿》2002 年第 11 期。

③ 在 2010 年的"两会"上，有代表委员透露，2009 年全国土地出让收入约达 14239 亿元，一些城市年土地出让收益占到了财政收入的五六成之多。参见：吴国清："'土地财政'还能维持多久"，资料来源：http://news. xinhuanet. com.

农用地原所有者的农村集体经济组织本该获得的土地增值利益被挤占;民众则因开发商转嫁其所付土地出让金成本而承担着不断攀升的房价。以上情况表明:地方政府和开发商与其他利益相关者对于农用地转化为建设用地所形成的增值利益,在分享上存在着严重的畸重畸轻的问题。

其三,一些村集体干部不当享受了农用地转化为建设用地所形成的增值利益。目前,农用地转化为建设用地虽然受国家法律的严格管制,但较为普遍的现实是:村集体干部无疑是农用地征用中的一方谈判者甚至决策者;他们中的一些人很容易拿农用地作交易,中饱私囊,损害农民集体和农民的利益。此种享受土地增值利益的情况,显然不具正当性。

上述问题的存在,凸显出了合理配置土地发展权从而构建土地增值利益公平分享的法律制度的重要性。我们认为,应当按照改革成果公平分享的原则,通过对农地发展权的合理配置,有针对性地针对上述问题,及时采取以下法律对策:首先,尽快修订《土地管理法》、《城市房地产管理法》等法律法规,明确承认并彰显作为农地使用权人的农民对农地的发展权。其具体思路是:在农地征用中取消按原用途给予农民补偿的规定,实行同地同价足额补偿的原则,根据当地土地资源条件、土地产值、土地区位、土地供求关系和社会经济发展水平等因素综合考虑,确定最低补偿标准。其次,在法律上开放集体建设用地市场,使农民集体经济组织和农民参与到争取农用地转为建设用地增值利益的讨价还价之中。这也就是说,在农用地经过有关部门批准或规划转为建设用地后,应允许其出租、转让,通过市场机制的作用形成农用地转化为建设用地的增值利益的价格。如此改革与保护农用地的基本国策并不相悖,因为保护农用地最有效的环节在于把住第一道关——严格控制农用地转为建设用地;只要把握好这个环节,那么将第二道关放开,即将农用地转为建设用地以后的权利用活,将不会对农地保护产生大的影响。[①] 因此,这样进行农用地配置的改革,不但无损于农用地保护,有助于促进我国稀缺的土地资源的高效利用,而且可以让农民获得农地发展权。再次,建立国有土地收益基金。其具体思路是:将土地出让收益按一定的比例归集为国有土地收益基金,同时还可吸纳社会资金加入,通过基金管理模式,分离政府土地管理职能与政府土地经营行为,明确当届政府在土地出让金中可使用的比例,使地方政府对土地出让金等资金的使用具有长

---

① "广东土改权威报告:农民能否分享级差地租?",资料来源:http://business. sohu. com.

久性和有效性。尤其重要的是,国有土地收益基金应全国统筹,以调节不同地理位置土地的级差收益;基金使用的重点,应放在失地农民社会保障、低收入阶层的住房保障等民生问题上。

(二)关于公共自然资源利益分享法律制度①

新中国成立后较长一段时期,我国通过《宪法》的宣示性规范以及计划模式经营,维系了公共自然资源的产权公共性与利益分配的公共化,但其代价是资源利用效率低下。改革开放后,我国通过修改《宪法》以及出台相应的法律法规,代表国家行使所有权的国务院将相关公共自然资源的管理权、收益权实现了自上而下的"让权分利"制度改造,地方政府、相关职能部门获得了公共自然资源的管理权限及收益权利,形成了公共自然资源领域的地方与国家二元利益分配格局。此外,随着我国经济体制转轨,除部分资源尚未完全市场化外,诸多公共自然资源已经面向市场,从而形成所有权与经营权分离的产权模型。为确保资源利益的公共性、效益化,我国对上述资源的开发、利用借鉴了特许经营制度,通过颁发资源开发许可证和资源利用许可证,试图在有效保障公共自然资源的公共性前提下,强化公共自然资源的有效利用。但是,因产权结构混乱、法制体系不健全、监督机制不完善等原因,我国现行公共自然资源特许经营制度出现了资源垄断、负外部性等市场失灵,甚至产生了公共权力寻租等制度性腐败和其他政府失灵现象,进而导致公共自然资源利益分享一定程度上悖离了公平正义的轨道。

就产权结构混乱而言,虽然我国在《宪法》及各类部门法中对国家所有

---

① 值得说明的是,自然资源利益,即民众在自然资源的开发利用过程中所获得的收益,如民众在自然资源的初始分配、特许经营、生态恢复中获得的收益等。为了与现行立法衔接,本研究将自然资源界定为:法律规定国家所有并由地方政府代为行使所有权的水土、森林、草原、滩涂、矿藏等自然资源以及以相关自然资源为主体而形成的风景名胜区、自然保护区、森林公园及文物保护单位等。此外,鉴于自然资源范围过大,加之土地自然资源与其他公共自然资源具有不同的法律属性与制度构架,土地利益公平分享子课题亦对此进行了专门研究,故本部分所涉公共自然资源,仅限于法权模型界定与社会公众利益直接相关的自然资源部分,对于农村承包土地与城市建设用地不予涉及。同时,公共自然资源系由多种法律调整,本研究中的环境利益公平分享子课题亦从资源保护与利用视角展开了分析。鉴此,本部分侧重于运用民法、宏观调控法透析公共自然资源利益分配所存在的各种问题及其破解之道,因之,论证过程中所涉公共自然资源多以现行利益分配严重失衡为主,特别是以公共自然资源特许经营及其利益分配格局为中心。

163

权的主体与客体均有明确的界定,但在国家所有权行使方式上却存在严重的制度缺失。如我国《宪法》第9条第1款明确规定:"矿藏、水流、森林、山岭、草原、荒地、滩涂等公共自然资源,都属于国家所有,即全民所有。……"应该说,通过基本大法宣示上述公共自然资源归国家所有并无不妥,但核心的问题是,由谁来代表国家行使所有权? 又如,《物权法》第1条、第3条首先重申宪法基本原则,进而于第五章第45条第2款明确宣示:"国有财产由国务院代表国家行使所有权;法律另有规定的,依照其规定。"循此原则,第46条至第49条界定了国家所有权的客体范围,明确了矿藏、水流、海域、城市的土地、森林、山岭、草原、荒地、滩涂等公共自然资源以及相关的野生动植物资源,属于国家所有。但是,《物权法》的规定存在两个问题:其一,并未直接规定归属于国家所有的公共自然资源的具体行使主体、方式、程序、权限;其二,《物权法》并未将公共自然资源概念中的"以相关公共自然资源为主体而形成的风景名胜区、自然保护区、森林公园及文物保护单位"纳入物权的客体范围,缩小了物权法的规范对象。这些问题必然导致国家所有权主体实际上的"虚位",而这又进而导致相关行政职能部门及其代理人的寻租空间无限扩张,造成公共自然资源利益分配上的诸多矛盾和冲突。

就法制体系不健全而言,我国有关公共自然资源开发与利用的立法不可谓不多,但却未形成科学、统一的法制体系。具体而言,其问题主要体现在以下方面:其一,立法理念落后。总体而言,我国的一些公共自然资源法律法规,没有明确立法理念,而是游离于"土地中心主义"与"资源中心主义"之间。诸如《水法》、《草原法》、《林业法》、《矿产资源法》、《渔业法》和《野生动物保护法》等单行法的颁行,从形式看似乎采纳了"资源中心主义";但在《民法通则》中,第81条以列举的方式将公共自然资源划分为森林、山岭、草原、荒地、滩涂、水面这几类,但对土地与森林、山岭、草原、荒地、滩涂、水面等公共自然资源在法律上的关系却未予规定;而2002年颁布的《农村土地承包法》第2条则直接推行"土地中心主义"。立法理念的混乱直接导致立法规范的模糊性、不确定性,各权利主体的权利边界不明,甚至诱发了"权利真空",为各公共管理权力部门恣意扩大自身权力范围提供了制度依据。其二,立法技术不完善,主要体现为立法散乱零落,交叉重叠,甚或基本概念都未统一。如《民法通则》第81条规定的国有水面的承包经营权与《物权法》、《渔业法》中规定的使用水域、滩涂从事养殖、捕捞的权利内容有交叉,界限不明确,在实践中很可能会产生冲突,目前却没有明确的解决依据。① 虽然《物权法》将"使用水域、滩涂从事养殖、捕捞的权利"列入了用益物权中,但很明显,这一概念不能完全表达用益物权的内涵。又如《物权法》第 122 条规定"依法取得的海域使用权受法律保护。"但作为财产法的基本法,却未对"海域使用权"的产权边界予以界定。此外,近年来,针对公共自然资源的开发与利用,法律上出现了"使用权"与"用益物权"等概念,立法上一般采用"使用权"对具有不同内涵、外延的诸项权利予以涵括、统摄,造成了对公共自然资源使用权含义理解上的分歧。② 其三,法出多门、政出多门。现行关于公共自然资源开发与利用立法,依照层级可划分为"宪法——法律——法规——规章"四级。表面上看各层级之间均以宪法为依据,但随着我国地方立法主体的扩展以及地方立法权事项范围的扩大,从"法规"层面开始,法出多门现象愈来愈严重,延至规章、办法层面,情形更为严峻。其四,立法层级混乱。很大程度上,由于各地域、各部委、各部门之间为自身利益最大化并寻求合法性进而扩展自我立法权限,致使公共自然资源立法层级混乱。以风景名胜区保护带的划分为例,1985年颁行的《风景名胜区管理暂行条例》第 6 条规定风景名胜区应划定外围保护带;③1994 年颁行的《自然保护区条例》第 18 条将保护区分为核心区、缓冲区、实验区和外围保护地带四级,④而部分省市地方性法规在立法过程中巧作变通,如 2002 年颁布的《福建省武夷山世界文化和自然遗产保护条

---

① 我国《民法通则》第 81 条第 1 款规定:"国家所有的……滩涂、水面等自然资源,可以依法由全民所有制单位使用,也可以依法确定由集体所有制单位使用,国家保护它的使用、收益的权利;使用单位有管理、保护、合理利用的义务。"我国《物权法》在"用益物权"编的"一般规定"中,仅于第 123 条简单规定:"依法取得的探矿权、采矿权、取水权和使用水域、滩涂从事养殖、捕捞的权利受法律保护。"

② 参梁慧星著:《中国物权法研究》(下册),法律出版社 2000 年版,第 612—614 页。

③ 我国 1985 年《风景名胜区管理暂行条例》第 6 条规定:"各级风景名胜区都应当制定包括下列内容的规划:……(二)划定风景名胜区范围及其外围保护地带。"不过需要说明的是,《风景名胜区管理暂行条例》已于 2006 年废止,取而代之的是《风景名胜区条例》。《风景名胜区条例》不再要求划定"外围保护带",而是规定,风景名胜区总体规划应当包括风景名胜区的功能结构和空间布局。详见《风景名胜区条例》第 13 条。

④ 我国 1994 年《自然保护区条例》第 18 条规定:"自然保护区可以分为核心区、缓冲区和实验区。自然保护区内保存完好的天然状态的生态系统以及珍稀、濒危动植物的集中分布地,应当划为核心区,禁止任何单位和个人进入;除依照本条例第二十七条的规定经批准外,也不允许进入从事科学研究活动。核心区外围可以划定一定面积的缓冲区,只准进入从事科学研究观测活动。缓冲区外围划为实验区,可以进入从事科学试验、教学实习、参观考察、旅游以及驯化、繁殖珍稀、濒危野生动植物等活动。原批准建立自然保护区的人民政府认为必要时,可以在自然保护区的外围划定一定面积的外围保护地带。"

例》第 10 条采用更为模糊的标准,将其区分为特别保护地带、一般保护地带和其他保护地带。① 该条中的"其他保护地带"为各级地方政府及其职能部门扩大立法权限提供了"合法性空间"。其结果必然导致立法层级混乱,各立其法,各行其政。此外,我国按部门设置来划分公共自然资源的管理权限,如风景名胜区由建设部管辖,森林公园由林业局管辖,文物保护单位由文物局管辖,自然保护区则分属环境保护总局、农业部、林业局、海洋局、地质矿产局、水利总局等部门共同管辖,这不仅很大程度上导致了权限冲突,更进一步导致了立法部门化、部门利益化、利益法制化,严重破坏了公共自然资源立法的统一性,进而影响到公共自然资源利益公平分享法律机制的建立。

就监督机制不完善而言,主要可分为对行政许可机关的监督机制不完善和对被许可人的监督机制不完善。就前者而言,我国《行政许可法》等法律法规虽然在赋予政府对公共资源的行政许可设定权的同时,②亦对政府相应权力的行使作了限制,如《行政许可法》第 13 条列举式规定可不设行政许可的情形,③第 53 条特别对公共自然资源行政许可的法定程序予以规定,④但由于信息不对称、被许可人救济程序单一,以及政府藉以设定公共自然资源行政许可的法律法规可选择空间过大,尤其是尚未制定法律时,国

---

① 2002 年《福建省武夷山世界文化和自然遗产保护条例》第 10 条规定:"武夷山风景名胜区和九曲溪生态保护区按照保护规划,划分为特别保护地带、一般保护地带和其他保护地带,由省人民政府组织划定并设立标志。"

② 我国《行政许可法》第 12 条第 2 项规定:"有限自然资源开发利用、公共资源配置以及直接关系公共利益的特定行业的市场准入等,需要赋予特定权利的事项",可以设定行政许可。

③ 我国《行政许可法》第 13 条规定:"本法第十二条所列事项,通过下列方式能够予以规范的,可以不设行政许可:(一)公民、法人或者其他组织能够自主决定的;(二)市场竞争机制能够有效调节的;(三)行业组织或者中介机构能够自律管理的;(四)行政机关采用事后监督等其他行政管理方式能够解决的。"

④ 我国《行政许可法》第 53 条规定:"实施本法第十二条第二项所列事项的行政许可的,行政机关应当通过招标、拍卖等公平竞争的方式作出决定。但是,法律、行政法规另有规定的,依照其规定。行政机关通过招标、拍卖等方式作出行政许可决定的具体程序,依照有关法律、行政法规的规定。行政机关按照招标、拍卖程序确定中标人、买受人后,应当作出准予行政许可的决定,并依法向中标人、买受人颁发行政许可证件。行政机关违反本条规定,不采用招标、拍卖方式,或者违反招标、拍卖程序,损害申请人合法权益的,申请人可以依法申请行政复议或者提起行政诉讼。"

务院、省级人大及政府可以通过制定行政法规、地方性法规和行政规章设定行政许可，①从而使得现实生活中政府的行政许可权往往难以得到应有的限制。就后者而言，尽管我国《行政许可法》第66条专门就资源开发利用被许可人的监管作了规定——"被许可人未依法履行开发利用公共自然资源义务或者未依法履行利用公共资源义务的，行政机关应当责令限期改正；被许可人在规定期限内不改正的，行政机关应当依照有关法律、行政法规的规定予以处理。"但是，这一规定极为原则，缺乏可操作性，并给与了行政机关极大的自由裁量权，在相应配套法律、法规缺失的情形下，行政机关受寻租利益驱动，往往丧失监管动力。

针对上述问题，我们认为需要重点从以下方面建立和完善相应的法律制度：

其一，以《宪法》规定为统筹，通过修改《物权法》、《水法》、《草原法》、《林业法》、《矿产资源法》、《渔业法》、《野生动物保护法》等法律法规，明确规定公共自然资源国家所有权的具体行使主体以及作为相应客体的公共自然资源的范围。尤其值得指出的是，在开展这项工作时，特别需要将相应的规定在《物权法》中加以体现。

其二，以科学发展观，尤其是其中的可持续发展内涵为指导，树立明确的公共自然资源立法理念，并围绕此理念对现行公共自然资源环境法律法规及规章等规范性文件进行系统清理。在清理过程中，需要完成以下事项：第一，进一步明确相应公共自然资源的内涵及外延以明晰界定产权客体范围；第二，在明确其内涵的基础上，统一使用相应的法律概念；第三，在系统清理各级部门的公共自然资源立法权的基础上，全面审查其所出台的相应规范性文件，对与上级立法特别是全国人大立法相悖的规范予以修改甚至

---

① 我国《行政许可法》第14条规定："本法第十二条所列事项，法律可以设定行政许可。尚未制定法律的，行政法规可以设定行政许可。必要时，国务院可以采用发布决定的方式设定行政许可。实施后，除临时性行政许可事项外，国务院应当及时提请全国人民代表大会及其常务委员会制定法律，或者自行制定行政法规。"第15条规定："本法第十二条所列事项，尚未制定法律、行政法规的，地方性法规可以设定行政许可；尚未制定法律、行政法规和地方性法规的，因行政管理的需要，确需立即实施行政许可的，省、自治区、直辖市人民政府规章可以设定临时性的行政许可。临时性的行政许可实施满一年需要继续实施的，应当提请本级人民代表大会及其常务委员会制定地方性法规。地方性法规和省、自治区、直辖市人民政府规章，不得设定应当由国家统一确定的公民、法人或者其他组织的资格、资质的行政许可；不得设定企业或者其他组织的设立登记及其前置性行政许可。其设定的行政许可，不得限制其他地区的个人或者企业到本地区从事生产经营和提供服务，不得限制其他地区的商品进入本地区市场。"

废止,此外,同一层级的各个部门之间权限不清从而导致"各立其法、各行其政"的状况亦须尽快理顺,从而祛除法制体系中的冲突,实现法制体系内部的统一。

其三,考虑到公共自然资源在我国经济社会发展中具有极具重要的基础性地位,建议制定统一的《公共自然资源特许经营法》或者《公共自然资源行政许可法》。该法应从实体及程序两个方面对公共自然资源的特许经营或者行政许可进行全面的规定。其至少应包含以下内容:第一,与前述法律法规修改相适应,明确公共自然资源的产权结构,一方面理顺国家与作为其代理人的享有管理权力的主体之间的权力及收益分配界限,理顺作为管理者与特许经营权人(被行政许可人)之间的权利(力)界限,这可以通过契约约定产权界限,赋予特许经营权人(被行政许可人)以物权效力;另一方面明晰界定相应公共自然资源的产权客体范围。第二,明确政府及相关职能部门的职责,如依法定条件与程序赋予特定主体特许经营权,依法定权限与程序行使相应的监督权,依特许经营协议提供服务与保障。第三,完善相应的监督机制,包括对行政许可机关的监督机制和对被许可人的监督机制,重点在于建立健全听证程序、受害人的权利救济程序。诸如对于公共自然资源是否设立特许经营权、设立何种特许经营权、如何设立特许经营权等核心问题,必须履行听证程序,且听证意见必须作为决策的依据。在制定《公共自然资源特许经营法》或者《公共自然资源行政许可法》之前,可以通过修改完善《行政许可法》等现有法律法规将相关具体制度予以确立。

其四,建立环境权制度。一方面,通过修改《宪法》或对《宪法》进行扩展性解释,赋予社会公众以环境权。此种权利属于一种宣示性权利,为具体立法赋权提供宪法依据;另一方面,通过民事、行政、刑事立法,对社会公众环境权予以具体规定并加以保护。如就私法性权利而言,可于《民法通则》、《物权法》、《合同法》、《侵权责任法》或其司法解释中明确规定相应的公共自然资源利用权、公共自然资源开发与利用知情权、公共自然资源侵害请求权等。此类权利制度的建立,可以进一步推进相应监督机制的完善,矫正公共自然资源开发与利用过程中的弊端。

(三)关于环境利益分享法律制度

一般而言,环境利益是指人类从生态系统自动获得的维持生命延续的效用和人类能动地利用自然环境所形成的各种收益。依据其客体的差异以及我国相应立法的情况,主要可分为土地资源利益、森林资源利益、水资源利益、矿产资源利益、空气资源利益等。作为一项改革发展成果,此项利益则更多是指在经济社会发展的背景下,民众在环境污染防治及自然资源合理利用与保护过程中所获得的利益。是故,民众能否真正实现并分享该国的环境利益,取决于我国环境污染防治及自然资源合理利用与保护状况。

针对环境日益恶化和资源、能源破坏和浪费严重以及众多人口使环境、资源和能源不堪重负的现实,我国自 20 世纪 70 年代末以来,先后制定了一系列旨在保护和改善环境,维持生态系统平衡,控制与防治环境污染,合理开发和利用自然资源、能源的法律法规,①总体上建立了以《宪法》、②环境保护基本法——《环境保护法》③为统领,以环境污染防治及自然资源保护利用单行法为主体,④以环境污染防治及自然资源保护利用法规、规章和其他规范性文件为配套,⑤同时辅以其他部门法相互衔接的较为完善的环境法体系。⑥ 这一规范体系的建立与实施对我国环境污染的防治、自然资源的合理利用与保护、生态环境的改善起到了极大的推动作用。然而不可否认的是,我国的环境污染防治与自然资源保护仍是一项艰巨任务,尤其是随着科学发展观的深入践行以及经济转型的大力推进,现有的环境法体系不少地方已显滞后,亟需加以改革和完善。

总体上,我国环境立法所存在的问题主要体现在如下方面:其一,由于颁行时间较早,在旧有经济社会背景下以旧有发展理念指导制定的包括

----

① 卢代富:"我国国家干预立法及其完善",载单飞跃、卢代富等著:《需要国家干预:经济法视域的解读》,法律出版社 2005 年版,第 383—384 页。

② 我国《宪法》第 26 条规定:"国家保护和改善生活环境和生态环境,防治污染和其他公害。国家组织和鼓励植树造林,保护林木。"

③ 1989 年,在修改 1979 年《环境保护法(施行)》基础上,我国正式颁布《环境保护法》。该法对保护自然环境、防治污染和其他公害的基本要求和措施,环境管理的机构及其职责等问题作了原则性规定,同时将环境影响评价、基本建设项目的"三同时"、征收排污费、限期治理等作为环境法基本制度确定下来。

④ 主要有《循环经济促进法》、《清洁生产促进法》、《环境影响评价法》、《海洋环境保护法》、《水污染防治法》、《大气污染防治法》、《固体废物污染环境防治法》、《环境噪声污染防治法》、《土地管理法》、《水法》、《水土保持法》、《渔业法》、《森林法》、《草原法》、《矿产资源法》、《节约能源法》、《煤炭法》等。

⑤ 国务院、国家环保总局以及全国各地所制定的各层次的相应规范性文件可谓"难以计数",总体上涉及环境污染防治和自然资源保护利用的各个方面,基于篇幅所限,此处不加以列举。

⑥ 如我国《刑法》第六章"妨害社会管理秩序罪"专门设置"破坏环境资源保护罪"一节(第 6 节),共 9 条,规定了 14 种环境资源犯罪类型。

《环境保护法》在内的诸多法律法规等规范性文件,不能适应当前及今后的发展要求;其二,基于环境保护问题本身的复杂性以及立法过程中的准备不足等原因,我国现有的一些环境法律法规过于原则,不少规范性文件存在相互矛盾之处,尚需及时系统清理并出台相应的配套性规范。尤其值得指出的是,我国环境法体系中的低层次规范性文件太过混乱,尽管我国环保总局等部门进行了一定的清理,但问题远未得到解决;其三,我国环境立法仍存在不少空白,尤其随着发展方式的转变,需要加快制定相应的环境法律法规,或者将一些低层级的规范性文件上升为立法。上述问题的存在,不仅使得国家新形势下的发展所面临的环境资源问题无法得到良好解决,亦导致长期以来民众对环境利益分享上的不公平,这突出体现为经济发展过程中的严重环境负外部效应。诸如,资源补偿机制的不足造成资源丰富的西部地区"富饶的贫困"现象突出;森林资源管理体制落后及森林生态效益补偿机制失位导致森林资源利益分享不公;2004年来连续发生的沱江特大污染事故、松花江特大水污染事故、太湖蓝藻事件、阜新自然水污染事故、盐城重大水污染事件等,更是此种负外部效应的集中体现。

针对上述问题,我们认为,尽管全面实现环境污染防治、自然资源保护利用以及环境利益公平分享是一项系统工程,需要多方配合,但是至少在正式制度层面可以通过完善相应的法律制度对此提供助益。

其一,科学发展已成为我国当前及今后发展的必然要求,这不仅需要国家层面的推动,亦需要公民积极参与,而民众的参与很大程度上以赋予其相应的权利为前提。不过,当前我国的环境立法更多是"权力—义务"式的,[1]需要尽快加以转变。对此,我们建议:一方面可以在具体的环境资源立法中增加民众(包括企业等组织)的权利性规定;另一方面应尽快将"环境权"写入《宪法》,这不仅对于民众分享环境利益,而且对于推动整个国家发展方式的转变以及国民环保意识的树立都具有难以估量的意义。

其二,以科学发展尤其是其中的可持续发展内涵为统领,加快修订以《环境保护法》为首的环境法律法规。特别值得说明的,制定于1989年的《环境保护法》是环境保护基本法,然而其一直以来发挥的实质上是"环境污染防治基本法"的功能,时至今日,无论其理念还是制度很大程度上都已跟不上时代的步伐,甚至已经无法"统领"我国近年来制定的环境法律法

---

① 王小钢:"从环境行政权力到环境公共利益——中国环境法律制度的理念更新",载《"生态文明与环境资源法——2009年全国环境资源法学研讨会"论文集》,第1274页。

规,由是观之,对此法的修改已经势在必行。此外,随着近年来特大水体污染事件、湿地被侵事件频发,林权改革问题、矿产资源滥采问题、海洋环境保护问题等日益严峻,相应的《水污染防治法》、《湿地保护法》、《森林法》、《矿产资源法》、《海洋环境保护法》等亦须尽快加以修改。

其三,进一步推进对现有环境法律法规,尤其是低层级规范性文件的清理,一方面为既有环境法律的修改提供立法资源支持,另一方面可以通过整合各类规范,祛除制度体系内部的立法冲突,并且待至高层级法律修改后可以及时与之配套。诸如,《循环经济促进法》出台后,就急切需要对相应的规范性文件进行清理、修改。

其四,根据现实的发展需要,及时研究制定新的环境法律法规以及相应的配套性规范。诸如,针对气候变化、环境税、环境监测等问题,我国均亟需加快研究制定相应的法律法规。

(四)关于产业利益分享法律制度

从改革发展成果分享角度看,产业利益在本质上是各个地区、城乡、各个行业及相关者基于国家产业调整政策而在产业发展中享有的一种经济利益。改革开放以来,我国经济社会等各个方面均取得了卓越成绩,各级政府及部门亦出台了大量有关产业利益分享的政策、法律法规,但是,不同地区之间、城乡之间、不同行业之间的收入差距仍在不断扩大,这已经严重制约了我国经济社会的可持续发展以及和谐社会的构建。对此,亟需审视现有政策、法律法规的不足,制定并完善相关法律法规,出台具有可操作性的规则体系,以推动该问题的有效解决。

总体而言,我国产业分享不公集中体现在以下三个方面:地区之间产业利益分享不公;城乡、工农业之间产业利益分享不公;垄断行业发展利益分享不公。针对这些问题,本部分拟从如下三个方面重点展开分析,并在此基础上提出宏观性的解决思路。

1. 关于区域之间产业利益公平分享法律制度的完善

保障区域协调发展的区域协调互动机制,可谓产业利益公平分享的基础机制。经过多年的努力,尤其是党的十六届五中全会提出健全区域协调互动机制以来,我国在建立健全区域协调互动机制方面已经取得了相当的成就,但是仍存在一些不足:

首先,尽管区域协调与统筹发展已经上升为国家战略,并已形成了相关的政策体系,且取得了较好的成效,但是专门的法律制度没有形成,以至于缺乏体系化的制度保障。诸如有关区域开发的基本原则、战略重点、基本措施等问题,特定区域发展的重点任务、专门支持政策、管理机构等事项,特定区域内部产业发展、环境治理、公共服务等重点要素,都没有通过法律制度加以明确,而是多由执政党的纲领性文件提出,国务院或者其部委通过政策文件来规定。

其次,就具体机制、制度层面而言,主要问题在于:其一,宏观调控权缺乏科学的配置,这主要体现为中央与地方之间权力关系不明确、权力结构失衡;中央调控权失位(在实践中集中体现为"朝底竞争"、区域产业"同构化"等);宏观调控时序安排规则的缺失;宏观调控权行使主体不明确;其二,宏观调控权政策工具选择缺乏合理性,例如,在产业发展中缺乏长远考虑,产业群布局科学性不足等;其三,区域规划过程中缺乏产业利益公平分享的协商表达机制、区域协调发展的合作机制、互助机制和扶持机制;其四,产业利益公平分享的市场机制不健全,主要体现在重大要素的区域市场没有统一建立起来,地方保护主义还比较严重。

对于上述问题,我们认为,需要重点从以下方面完善相关制度:

(1)加快建立健全区域协调发展的法律法规体系。其一,建立包括基本法、区域法、专项法在内的保障区域协调发展的完备法律法规体系。关于基本法,基于主体功能区发展战略已经成为区域发展的主导战略,可制定《区域规划与开发法》,专门针对主体功能区的规划、各功能区发展总体目标、基本原则、基本思路、战略重点、政策措施、协调机制等重大原则性事项进行规定。关于区域法,由于在主体功能区战略下,以地理地域为基础而推进的"西部大开发"、"中部崛起"和"振兴东北老工业基地"等战略将逐步融入主体功能区的各类区域发展战略中,因此专门制定《西部大开发法》、《中部崛起法》、《振兴东北老工业基地法》已经没有意义。但是,以城市群为基础的几个主要经济圈或者经济带已经成为区域协调发展的主体,而这些经济圈或者经济带也与主管功能区的重点发展区相重合,因此可以针对特定经济圈或者经济带的发展制定区域法。关于专项法,主要应针对目前区域发展中的重大特殊事项进行,这些事项包括区域规划、基础设施建设、生态环境建设和保护、自然资源开发与保护、调整产业结构、资金筹措、地区协作、产业投资等;其二,地方人大及政府适时制定相应的地方性法规、规章以及其他规范性文件,完善多层次的区域发展制度规则。

（2）完善具体法律制度。其一，合理配置中央与地方的宏观调控权，主要涉及：明确宏观调控的主体；合理调节中央和地方在宏观调控权分配上的度并在制度层面上明确中央与地方的宏观调控权限；转变传统宏观调控模式，适应以功能区为基础的区域统筹发展战略要求。其二，优化宏观调控政策工具，重点制定并完善以主体功能区协调发展为主线的宏观调控政策体系。其三，完善区域规划机制，确保区域规划过程中产业利益的公平分享，例如科学确立功能区及主要区域的指标体系与考核体系，强调重大经济区域规划过程中的法治原则、关注省内的区域经济规划、建立规划与利益补偿的联动关系以及增加中西部地区的重点战略发展区等。其四，健全区域协调与统筹发展中的合作机制。例如，改变区域合作中政府主导、合作主体单一的现状，建立企业合作与政府合作的分类机制以拓展合作领域；建立区域间合作的组织与协调机制以提升合作效率等。其五，健全区域协调与统筹发展中的互助机制。例如，改进发达地区对口支援欠发达地区的制度安排，尽量以条款的方式将互助制度化；建立健全相应的监督机制等。其六，健全区域协调与统筹发展中的扶持机制。例如，完善财政转移支付法律法规，建立起欠发达地区的产业发展特殊政策机制；依法制定专门的产业政策、财税政策，特别加强对革命老区、少数民族地区、边疆地区和贫困地区经济社会发展的支持力度等。

2.关于城乡、工农产业利益公平分享法律制度的完善

改革开放以来，尤其是在实施建设社会主义新农村、推动城乡统筹发展的战略中，我国制定了一系列旨在发展农村产业、让广大农民分享改革发展成果的法律法规及政策。但尽管如此，城乡、工农业收入差距仍在不断扩大。总体而言，其问题主要在以下方面：其一，保障农民享有改革发展成果的政策思路在执行中出现偏差；其二，在产业利益通过政府扶持机制让农民参与分享时，没有充分关注财政支持中的各种因素，对产业利益公平分享的理念贯彻不够深入；其三，现代化农业产业战略实施中，相关要素或者环境依然缺位，诸如农业产业主体发展、产业链拓展、农村金融支持等均不同程度存在问题；其四，在产业发展与利益分享中，农民主体权利缺失；其五，促进现代农业产业发展的基础性法律缺失。尽管我国已经初步建立了农业法体系，包括全国人大制定的《农业法》《农业技术推广法》《农村土地承包法》《农民专业合作社法》等法律，国务院及相关部委制定的行政法规、规章,以及各地所出台的地方性法规、规章。① 但是,这些立法仍存在不少缺陷。诸如,这些法律、法规多制定于上个世纪 90 年代,而城乡统筹发展、新农村建设、现代农业发展是最近几年中央确立并大力推进的战略,上述法律制度的政策定位、立法思维及相应制度安排已经明显不能够适应时代需要。

针对以上问题,我们建议:

第一,通过制定《城乡规划法实施条例》等规范性文件,完善城乡规划机制,特别是要推进城乡产业布局规划等专门规划工作。

第二,完善与农村集体经济组织等农业经营主体相关的法律法规,促进现代农业经营主体的发展。例如,在总结相应实践经验基础上,适时修订《农民专业合作社法》,或者制定《农民专业合作社法》实施条例或办法;针对合作社同其他农业企业和公司进行合作的问题,制定出专门的合作文件范本、出台鼓励农民专业合作社的政策框架,设计出落实这些政策的可行规则,建立保护农民利益的监督机制和纠纷解决机制等。

第三,加快制定现代农业促进法。一方面,在法律形式选择上,可以先由各地制定《现代农业发展促进条例》,尤其是成都和重庆这两个统筹城乡综合配套改革试验区可以先行制定这样的条例;另一方面,在立法指导思想上,应当贯彻促进农民发展、保护农民权利的原则,坚持市场主导、政府促进以及政府倾斜扶持原则。同时,在具体内容上,应对一些重大制度,如农业产业规划制度、农业基础设施建设投资与管理制度、农业技术发展与推广制度、农村土地制度与经营制度、农村合作社制度、农业投资鼓励制度、农村金融制度、城乡统筹发展管理机制、工业反哺农业的激励机制等进行明确规定。

第四,完善农村金融、农村财政等相关领域的法律法规,培育农业产业化发展相关的要素市场及环境。

3. 关于垄断行业发展利益公平分享法律制度的完善

当下,我国行业间工资差距过大,特别是垄断行业员工工资过高、增长过快问题已经十分突出。对此,我国出台了一系列政策、法律法规予以调整,如中央的会议决定、报告不断提出改革垄断行业,合理调节少数垄断性行业的过高收入等;中共中央办公厅、国务院办公厅出台了《国有企业领导

---

① 如重庆市出台了《重庆市实施〈中华人民共和国农村土地承包法〉办法》、《重庆市农村土地承包经营权流转条例》、《重庆市农村集体资产管理条例》、《重庆市农业机械管理条例》、《重庆市农村机电提灌管理条例》和《重庆市农业机械安全监理及事故处理条例》等。

人员廉洁从业若干规定》，国务院发布了新旧"非公36条"、《关于试行国有资本经营预算的意见》，财政部出台了《石油特别收益金征收管理办法》等规范性文件；此外，《价格法》及国家发展和改革委员会执行的《制止价格垄断行为暂行规定》、《政府制定价格行为规则》、《政府制定价格成本监审办法》等规章，建立了规范垄断企业价格行为的基本制度框架；《反垄断法》则构建了针对垄断企业垄断行为的基本法律机制。然而，既有制度措施尚存在诸多不足：其一，市场开放不够，垄断行业的竞争不足；其二，国有资产所有者缺位，缺少对垄断企业经营行为有效监管；其三，工资总额控制制度等具体措施仍存在不少缺陷，容易被规避；其四，就价格管制而言，一方面现行定价方法不科学，另一方面价格听证制度不完善，很大程度上失去了公信力。对此，需要在以下方面做出努力：

第一，完善相应的市场准入法律制度，把"法无禁止即自由"的法律理念，上升为法律明文规定的原则并在《中小企业促进法》等法律中加以体现。此外，及时清理经济管理部门涉及市场准入的各种规范性文件，尤其是内部性文件，消除不当尤其是与上位法抵触的规定。

第二，及时出台《反垄断法》的配套规则，并建立市场垄断暴利调节机制。就前者而言，主要是要强化反垄断法的执行力度。就后者而言，一方面，财政部门可以把仅仅针对石油行业的特别收益金制度适当地拓展到其他垄断行业，建立起针对所有垄断行业的特别收益金制度；另一方面，在完善特别收益金制度的基础上，增加暴利税这一新税种。建议由国务院制定《暴利税条例》，或者由全国人大常委会制定《暴利税法》。

第三，进一步完善《企业国有资产管理办法》或出台相应的配套规则，完善国有资本收益缴纳制度。

第四，制定《工资法》，其中对垄断行业的工资制度进行专门调整，建立起以竞争指数与市场贡献指数为基础的国有垄断行业报酬调节机制，完善垄断行业工资总额和工资水平的双重调控制度。

第五，修改《价格法》等法律法规，其中重点完善垄断行业尤其是自然垄断行业的定价方法以及价格听证制度；与此同时，还需协调好《价格法》等法律法规与《反垄断法》在规制垄断行为层面上的关系。

（五）关于劳动者利益分享法律制度

作为改革发展成果的劳动者利益，主要是指劳动者在国民经济发展过程中所应享有的获得就业机会、劳动报酬、劳动保护等方面的利益。我国人口众多,加之现代化社会由于技术的不断创新和广泛运用等原因,一定程度上造成劳动力过剩,就业形势较为严峻。为解决劳动就业压力大、劳动权益保障不足等问题,我国在积极发展经济以增加就业、提高劳动者收入的同时,陆续制定了一系列劳动法律、法规和规章以及司法解释等规范性文件。这主要体现为:其一,《宪法》对公民享有劳动的权利和义务以及国家和企事业单位承担的相应义务等作出的较为详细的规定,而且其中特别涉及到特殊弱势群体的就业和劳动保障问题;①其二,全国人大及其常委会制定了相应法律,如《劳动法》、《劳动合同法》、《促进就业法》、《妇女权益保障法》等,通过这些法律,我国建立了较为完善的劳动法律制度,包括促进劳动者就业制度、劳动合同和集体合同制度、劳动基准体系(主要涉及工作时间和休息休假、工资、劳动安全卫生、女职工和未成年特殊保护等)、职业培训制度、劳动者社会保险和福利制度、劳动争议处理制度等;其三,行政法规、部门规章及各级地方制定了相应规范性文件,如《企业劳动争议仲裁条例》、《企业职工奖惩条例》、《国营企业辞退违纪职工暂行规定》、《劳动合同法实施条例》等。这些规范性文件的颁行对《劳动法》等法律起到了细化和补充作用,为它们的有效实施发挥了极大助益;其四,相关司法解释如《最高人民法院关于审理劳动争议案件适用法律若干问题的解释》,弥补了相关立法的不足,有效促进了劳动争议案件的解决。

尽管如此,我国在劳动者利益保护及劳动者参与改革发展成果分享上仍存在不少问题,主要体现为:长期以来我国的登记失业率总体呈现出"稳中有升"态势;各种类型的就业歧视仍比较普遍;劳动者工资的增长滞后于经济增长的幅度越来越大。虽然造成这些问题的因素多样,但法律制度层面的失位可谓一项重要因素。对此我们认为,当前应重点完善以下三项核心制度:

1. 就业机会公平分享法律制度

总体上,我国在制定就业政策、制度的过程中长期存在发展观片面、政府在促进就业中角色缺位、劳动者话语权缺失等问题,这使得我国平等就业机会法制建设滞后。例如,没有建立比较完备的平等就业机会权利制度体

---

① 参见我国《宪法》第42—45条、第48条、第53条。

系、禁止就业歧视规定残缺、平等就业机会权与用工自主权的法律关系仍不清晰、就业机会平等仍面临政策与立法本身的歧视。这些问题的存在,导致了我国劳动者就业机会不平等。对此,需要通过修改相应的劳动法律法规尤其是《促进就业法》或出台配套性实施细则,对上述制度加以完善。其中,应特别消除政策及立法上的歧视性规定,强化政府促进平等就业方面的义务以及对劳动力市场的服务职能、监督职能,如制定平等的劳动力市场准入制度,增加职业介绍、职业指导、职业培训及就业保障方面的措施。

2. 劳动报酬法律制度

这主要涉及最低工资制度的完善以及劳动报酬差距合理性标准体系的建立健全。长期以来,由于劳动者在个人收入分配制度改革过程中缺少话语权等原因,我国现有劳动报酬制度未能有效保障劳动者的收益权,劳动者作为劳动力要素所有者没有合理分享企业利润,甚至劳动力价值没有得到完全实现。[①] 对此,一方面需要对《劳动法》等法律法规加以修订,另一方面及时出台《工资法》等新的法律法规,以建立健全劳动报酬制度。其中,就最低工资制度而言,主要涉及明确最低工资标准的测算方法和确定程序、统一最低工资范围、明确最低工资标准的调整时间、加大用人单位的工资违法成本、合理确定劳动定额等。此外,应强化劳动关系三方协商机制;这其中的关键,在于落实《工会法》,使劳动者能够真正通过工会组织提升自身的谈判能力。就劳动报酬差距合理性标准体系的建立健全而言,需要通过适时制定《集体合同法》、修改相应劳动法律法规,建立劳动者报酬正常增长机制,如工资集体协商制度。

3. 农民工权益保护法律制度

农民工为我国的经济建设作出了巨大贡献,然而作为极为特殊的一类劳动者,他们一直未能公平分享相应的改革发展成果。这涉及诸多方面的原因:其一,城乡分割的二元制度使得农民工难以与用人单位进行公平的交易;其二,农民工缺乏组织性,集体谈判机制不能有效发挥作用;其三,农村劳动力长期供大于求造成劳动力价格普遍偏低;其四,农民工自身素质相对不足;其五,专门对农民工的特别劳动法律法规或相应者规定缺位。对此,

---

① 参见燕晓飞:"谈劳动关系市场化过程中劳动者权益保障的几个问题",载《工会理论与实践》2004 年第 4 期。

一方面需要尽快研究制定专门针对农民工的劳动法律法规,至少应在现有的劳动法律法规增加专门性规定,就诸如农民工培训、农民工工资等方面的问题作出详备的、实质性的而非仅仅是宣示性的规定;另一方面,适时改革、制定其他领域的制度措施,如建立农民变市民的法定通道,建立农民工最低生活保障制度等。

(六)关于社会保障利益分享法律制度

改革开放以来,我国社会保障事业取得了长足发展:社会保障覆盖面不断扩大,社会保障待遇标准稳步提高,社会保障基金收支规模稳健提升,统筹城乡社会保障体系日趋完善。但是,农村社会养老保险、农民工社会保险、城乡低保、社会保障金监管等方面暴露出的问题依然严重。社会保障问题的全面解决,无疑需要立基于我国经济社会发展状况进行系统思考,但不容否认的是,审视、完善我国现有社会保障法律、政策体系,为我国社会保障体系的尽速完善提供法律制度支持,具有极为重要的意义。

我国社会保障法律及政策体系的构成包括:《宪法》、①《劳动法》、②《劳动合同法》、③《残疾人保障法》、《妇女权益保护法》、《老年人权益保护法》、《工会法》等法律;《工伤保险条例》、《失业保险条例》、《城市居民最低生活保障条例》、《军人优抚优待条例》、《社会保险费征缴暂行条例》、《关于改革城镇国有企业职工养老保险的决定》、《关于深化城镇职工基本养老保险制度改革的决定》、《关于建立统一的企业职工养老保险制度的决定》、《关于建立城镇医疗保险制度的决定》、《社会保险登记管理暂行办法》、《社会保险申报缴纳管理暂行办法》、《社会保险基金行政监督办法》、《社会保险费征缴监督检查办法》、《社会保险行政争议处理办法》、《国家扶贫资金管理办法》等大量行政法规、部门规章和地方性法规规章;诸如财政转移支付、减免农业税、灾害救助、住房补贴、就业促进、扶贫开发等一系列政策。上述规范基本确立了包括社会保险、社会福利、社会救助和社会优抚在内的社会保障制度,为我国民众享有社会保障利益、分享改革成果提供了强有力的制度保障。

---

① 参见我国《宪法》第44—45条。
② 主要体现在《劳动法》第9章"社会保险和福利",第70—76条。
③ 参见我国《劳动合同法》第4条、第17条、第42条、第50条。

但尽管如此,我国的社会保障法律制度仍有诸多不完善之处:第一,社会保障立法尚存空白地带,如缺少一部综合性的社会保障法,社会救济、社会福利亦基本上处于立法的真空;①第二,社会保障立法层级偏低,总体上全国人大及其常委会立法少,行政法规、规章多,②这从前述有关社会保障法律法规的有限列举即能发现这一点;第三,现有社会保障法律体系尚显混乱,有关法律文件之间缺乏统一的指导精神和原则;第四,社会保障覆盖范围偏窄。尽管我国近年来不断加快完善覆盖城乡居民的社会保障体系,并取得了令人瞩目的成绩,然而不论是在立法上还是在实践中,社会保障立法保护的仍主要是城市居民,农村社会保障仍较为薄弱;第五,社会保障法律文件中的权利不少是属于宣示性的、原则性的规定,可操作性不强仍是一个重大问题;第六,社会保障权益实现机制欠缺,权利救济成本过高。这些问题的存在,已经严重制约了我国建立健全统筹城乡社会保障体系的进程。对此,我们认为应尽快完善我国的社会保障法律体系及制度:

1. 完善社会保障法律体系

就社会保障法律体系而言,其一,应适时制定具有统筹性的《社会保障法》,在此基础上对各社会保障项目制定专门法律法规,如《社会保险法》、《社会救济法》、《社会福利法》和《社会优抚法》;其二,对现有社会保障法律法规以及各类行政规章进行系统清理,一方面为前述社会保障基本法的制定提供立法资源支持,尤其是可以对部分规范性文件予以整合并上升为全国性的立法,另一方面通过梳理、修改或者废止相应的法律、法规和规章,实现社会保障法律体系内部的协调、统一;其三,在制定、修订社会保障法律法规时,应当增强各项社会保障权利的可操作性,将相应的规定具体化、实质化,尤其应当认真设计相应的救济性权利和救济机制。

2. 完善具体的社会保障法律制度

就具体的社会保障法律制度而言,应重点完善以下几方面的制度:①最低生活保障制度。主要涉及确定贫困线标准、对救助对象分类提供帮助、科学规划就业工程、社会救助制度法制化、实现城乡低保一体化等。②医疗公

---

① 参见杨燕绥:"中国社会保障法律体系的构想",载《公共管理学报》2004 年第 1 期;赵蓉:"论构建我国社会保障法律制度",载《兰州大学学报(社会科学版)》2000 年第 4 期。

② 参见杨燕绥:"中国社会保障法律体系的构想",载《公共管理学报》2004 年第 1 期。

平保障制度。首先,我国在医疗保障方面应走"分类设计,渐进发展"的路径;其次,注重依托社区卫生服务提供医疗救助;其三,建立可相互转诊的多级卫生服务体制,有效整合各类资源,促进医疗救助体系的科学化。③教育公平保障制度。首先,充分认识和坚持教育的公益性质,真正把教育当作一种"公共品"来看待。我国可以制定《义务教育投入法》,依法保证义务教育经费的投入;其次,依法协调高等教育与基础教育、重点高校与一般高校的投入比例;最后,高度重视和发展职业教育,针对特定的地区和受教育对象实施免费的职业教育。④社会保障资金共担机制。第一,建立固定的财政拨款机制,合理划分中央政府与地方政府在社会保障方面的财政责任,通过立法明确地方政府的社会保障财政责任;第二,明确界定企业的责任并尽快实现企业负担的平等化;第三,落实个人承担的责任,通过完善个人所得税、利息税制度及制定遗产税、赠与税、特别消费税等法律法规,来适度调节国民个人收入分配;第四,引导社会各界分担相应的责任,对慈善事业进行合理定位,将其作为完善新型社会保障体系的重要组成部分。⑤社会保障制度实施机制。应建立健全弱势群体的意见表达机制,重点完善相应的司法救济制度,如建立健全相应的诉讼费减、免、缓制度,完善法律援助制度,建立相关案件的快速审批机制等。① ⑥住房公平保障制度、弱势群体身份流动机制等。

(七)关于公共产品利益分享法律制度

公共产品主要是指政府通过直接投资和间接投资向公民提供的满足其生存、发展等基本物质需求和精神需求的产品和服务。② 从本质上看,公共产品可谓国家在公共领域投资的成果,因此公共产品分享亦可视为公共投资利益的分享。我国经过 60 余年,尤其是改革开放 30 余年的发展,无论是

---

① 参见李昌麒:"弱势群体保护法律问题研究——基于经济法与社会法的考察视角",载《中国法学》2004 年第 2 期。

② 我们认为,公共产品分享权益的义务主体只能是国家。即使国家没有直接生产公共产品,也是产品生产的组织者和购买者。它可以通过法律、政策、契约等一系列制度安排授权和委托甚至直接购买由私人资本、外国资本生产的公共产品,并对其进行监督使用。因此,在公共产品多元的供给主体中,国家始终是最后买单人,其他主体的参与只是代国家履行义务,并不意味着国家提供公共产品的责任被转移或减轻。充足、公平地提供公共产品是国家不可推辞也不可让渡的责任。

私人产品还是公共产品的供给,均取得了显著的成就,但同时也存在公共产品较为短缺以及分享不公等问题,这主要体现为:其一,公共投资总量有限,可供分享的公共产品数量不足;其二,公共投资地区分布不合理,致使公共产品分享不公;其三,公共产品城乡差别大,分享权利不平等;其四,公共产品分享中存在异化现象,部分公共产品的享用事实上成为部分人的"专利",其主要表现为部分公共产品的收费高和乱收费现象。就导致上述问题的原因而言,主要在于以下方面:第一,财政支出体制存在弊端,如"吃饭财政"挤占公共产品的供给空间;政府财政供给范围过宽,导致支出结构不合理;公共产品的投资秩序失范。其二,公共产品投资决策存在缺陷,例如,公共产品供给的决策主体单一化致使投资决策出现"公共性"旁漏;公共投资决策中存在内部人控制,不能有效克服利益集团的干扰。其三,公共投资监督机制缺失,社会监督主体缺位,人大监督流于形式,政府内部监督往往成为一纸空文。其四,公共产品供给体制单一、政府非均衡发展战略、财权与事权不对称、政府在公共产品投资中追求政治性和短期利益等,亦是造成我国公共产品分享不公的原因。

虽然导致公共产品分享不公的因素多样,而且公共产品法律调整的复杂性和变化性使得通过法律的手段来规范公共产品的生产、供给和消费颇有难度,但是,公共产品的公共性以及对社会、经济协调均衡发展的影响,要求法律绝对不可以从这个国家经济权力最大、最为集中的领域中"缺席"和"失语"。[①] 通过审视我国现有公共投资、公共产品分享相关的机制、制度,我国公共投资法律体系主要存在以下问题:第一,公共投资缺乏统一的系统性立法,尤其是缺乏统摄性的基本立法;第二,公共投资程序性法律规则相对缺乏,致使公共投资随意性、不均衡性、不公平性较为普遍;第三,与公共投资相配套的一系列法律法规亦存在与公共投资不协调、缺乏可操作性等问题。[②] 针对我国公共投资体制、制度问题繁多,却尚无统一性立法的情况,亟需建立健全公共投资法律法规体系,其中重点需要在以下方面加以完善:

1. 适时制定《公共投资法》

该法重点需要对以下方面作出规定:(1)在明确公共投资应当致力于

---

① 参见钟雯彬:"公共产品法律调整模式分析",载《现代法学》2004 年第 3 期。

② 参见郑书前:"和谐社会视野下的公共投资法律体系重塑",载《山东社会科学》2007年第 6 期;胡元聪:"我国公共投资准入法律制度的重塑",载《理论与改革》2007 年第 2 期。

实现地区公平、产业公平、群体公平等公平理念基础上,对西部地区、农村地区、弱势产业、弱势群体等适度倾斜,并构建相应的倾斜性公共投资机制。(2)在实体性制度层面,应明确中央和地方政府公共投资的范围,核心包括两个方面:其一,明确政府应当退出公共性不强的领域;其二,依据财权与事权相统一的原则,对中央政府、省级政府、县(市)级政府进行公共投资的范围进行划分。对于后者,一方面要明确划分中央政府、省级政府和县市级政府的公共投资范围;另一方面,公共产品的投资主要应当集中在省级以下的地方政府——在比例上建议达到70%。(3)在程序性制度层面,需要建立健全以听证制度为核心的社会公众参与程序,公共投资决策的科学评审程序以及公共投资审批、核准和备案程序。就听证制度而言,应重点就实施听证决策的项目范围、听证主持人和参加人的确定、听证笔录的内容和效力、听证程序的期限、听证程序的救济途径等作出明确规定。就科学评审程序而言,应重点就评审的主体、依据、程序及相应责任机制作出明确规定。就公共投资审批、核准和备案程序而言,重点需要明确各自的适用范围,其中尤其需要规范政府的核准制。(4)建立健全公共投资决策监督机制。其一,公共投资项目决策失误责任追究机制。主要涉及以下内容:监督权的归属和监督机构的设置、具体的监督程序、决策失误的判断规则、决策失误责任的具体形式及追究机制。其二,项目工程质量检查验收制度,重点需要对检查验收主体及其职责、检查验收的内容作出明确规定。其三,公共投资项目资金的监管制度。重点需要明确公共投资基金监管的原则;理顺公共投资项目资金监管的内部和外部监管主体之间的关系;加强外部监管主体的培育;明确各个监管环节及其相应要求。其四,公共投资项目后评价制度。应重点对公共投资项目后评价的主体、地位、作用、内容和具体程序作出明确规定。

2. 完善相关配套性法律法规

其一,由于公共投资涉及公共财政的使用,因此首先需要完善相应的财税法律法规。诸如,通过完善《预算法》、《预算法实施条例》等法律法规及制定《财政转移支付法》,协助实现公共投资所应内涵的公平理念,配合相应倾斜性公共投资机制的构建、中央与地方公共投资范围的确定及相应职责的履行。其二,修改完善《电力法》、《铁路法》、《城市公共交通条例》等涉及公共产品的法律法规。其三,针对地区、产业等公共产品分享不公情况,需要制定、完善相应的区域协调、产业协调发展法律法规。其四,就民众具体享有的公共产品分享权益的法律保障而言,一方面可以通过前述法律法规中的相应具体规定来实现;另一方面亦需要通过完善相关法律法规予以实现,诸如适时建立宪法诉讼制度、完善行政诉讼制度和公益诉讼制度等权益救济机制。其五,适时制定《反垄断法》实施细则及修改《反不正当竞争法》,强化对自然垄断企业规制力度。其六,修改完善相关市场准入、金融等法律法规,建立健全公共产品供给的多元融资机制。一方面,就引导民营资本进入公共产品供给领域而言,总体思路是应鼓励和引导民间投资以独资、合作、联营、参股、特许经营等方式,参与经营性的基础设施和公益事业项目建设;进一步完善"非公36条"的有关规定,并在具体的操作层面予以细化。另一方面,就利用外资进入公共产品领域而言,需努力改变目前外资在公共产品领域投资比例微小的状况,可进一步完善《外商投资产业指导目录》的有关规定,使得外资进入公共产品供给领域时既有利可图,又能促进我国公共产品供给市场的转型与发展。

(八)关于融资利益分享法律制度

一般而言,融资利益即资金融通过程中产生的经济利益。不过,作为改革发展成果的融资利益,则主要是指产生于融资体制改革过程之中的融资利益。在计划经济时代,我国实行的是政府主导型的融资体制,本质上又是一种政府投资体制。1978年后,我国开始对融资体制进行改革,尤其是1988年国务院发布《关于投资管理体制的近期改革方案》,第一次系统地提出了我国投资体制改革的基本任务和措施。以此为发端至1991年期间,我国成立了上海和深圳证券交易所,并首次发布了国家产业政策。证券交易所的建立,为资本市场的发展创造了条件,直接融资有了基本的交易平台和交易工具。从此,我国初步形成了财政、银行、证券市场"三足鼎立"的融资格局。及至1992年邓小平"南巡讲话"以及1993年中共中央决定建设社会主义市场经济体制后,我国步入融资体制深入改革阶段,为了建立与市场经济体制相适应的金融体制及更好地分配融资利益,国务院及有关部门先后颁布了《关于金融体制改革的决定》、《关于农村金融体制改革的决定》等一系列极具重要性的规范性文件统筹部署金融体制改革;同时,我国还先后制定了建立和改革融资体制所需的绝大多数法律法规,如《公司法》、《证券法》、《商业银行法》、《人民银行法》、《贷款通则》等。此外,针对金融风险逐渐增加的情势,特别是在1997年亚洲爆发金融危机之后,国家对融资体制的改革重点转移到了建立严格的监管制度方面,出台了一系列加强监管的法律法规,如1998年国务院发布了《非法金融机构和非法金融业务活动取缔办法》,1999年国务院办公厅转发《清理整顿农村基金互助会工作方案》等,对前期形成的融资混乱局面进行清理。2001年我国加入WTO后,为了履行相关的入世义务以及加快建立健全社会主义市场经济体制,我国融资体制市场化改革步伐加快,主要体现在:放宽对金融市场的管制;深化农村金融体制改革;逐步降低和开放金融市场准入的门槛,允许外国金融机构进入中国,允许外国资金进入中国市场,批准国内金融机构和资金进入外国金融市场,以建立灵活的融资体制。为了配合这些改革,我国先后修改《公司法》、《证券法》等法律,出台了《村镇银行管理暂行规定》、《贷款公司管理暂行规定》、《农村商业银行管理暂行规定》、《农村合作银行管理暂行规定》、《农村信用社以县(市)为单位统一法人工作指导意见》、《农村信用社省(自治区、直辖市)联合社管理暂行规定》等大量法律法规或规范性文件。经过30余年的融资体制改革,我国已经初步建立起了与社会主义市场经济相适应的融资体制:基本形成了投资主体多元、资金来源渠道多种、融资方式多样的融资格局,同时,市场对资金配置的基础性作用日渐增强。

尽管我国改革开放以来的融资体制改革取得了巨大成果,为我国经济社会的持续发展做出了极大贡献,但必须承认,其中所内含的融资利益分享不公也已十分突出,这主要体现在:城乡之间融资利益分享不公;东、西部地区之间融资利益分享不公;中小企业与大型企业融资利益分享不公。需要指出的是,融资问题不仅仅是一个经济问题,也是一个社会问题、政治问题、法律问题。如果完全放任市场对资金的配置,资金的聚集效应将得以淋漓尽致地发挥,这于整个社会经济的发展是非常不利的,也与我国构建和谐社会、构建改革发展成果共享的社会目标不相容。因此,探讨融资利益的公平分享、并且从法律的角度如何保障这种公平分享成为广大人民切实的权益,是一个需要我们着力关注的问题。通过审视我国融资体制改革成果分享不公的情势,我们认为当前应当重点改革、完善以下三个方面的内容:

1. 完善农村金融法律制度

我国城乡之间融资利益分享不公已十分突出,其核心又在于农村融资难,涉农资金短缺。其具体体现是:农村基础设施建设融资难;乡镇企业融资难;资金分布失衡导致农村产业结构失衡;财政支农中存在的道德风险问题、与信贷支农资金的有效互动问题等未得到很好的解决;农村资金外流现象严重。对此,亟需通过完善农村金融法律制度,以助益该问题的解决。总体而言,农村金融体系主要涉及农村信贷体系、农村信用担保体系和农业保险与再保险体系等三大内容。与此相对应,农村金融法律制度的完善主要在于以下三个方面:

(1)完善农村信贷法律制度。当前,我国提供涉农信贷的主要有:以农村信用合作社、农村合作银行为代表的合作金融机构;以农业银行、农村商业银行为代表的商业金融机构;以农业发展银行为代表的政策金融机构;日益兴起的非正规金融组织。近年来,随着农村合作金融机构的商业化改革不断推进,商业金融机构在农村的网点不断缩减、涉农信贷比重不断下降,政策性金融功能弱化,加之非正规涉农金融组织的发展受到"合规性"制约,致使金融资金对农村的信贷支持不断弱化,相反,农村信贷资金净流出额不断增加。对此,需要强化正规涉农金融机构,尤其是农村商业银行、县域级商业银行、政策性银行的支农责任;放宽农村金融机构的准入限制,尽快实现非正规涉农金融组织的规范化运行,同时促进新型农村金融机构的发展;应改革完善农村信贷管理体制、信贷投向、利率政策;此外,农村金融机构信贷资金来源较为欠缺,需要拓展。至于相应的具体法律制度,可以通过修改、完善《商业银行法》、《农村商业银行管理暂行规定》、《农村合作银行管理暂行规定》等法律法规或者另行出台相应的法律法规(如《政策性银行法》)、实施细则等来构建。

(2)完善农村信用担保法律制度。由于农业经营风险较高、农业投资收益低,加之农业信贷往往期限长、利率低,因此,农村金融具有一定的脆弱性,风险亦比较高。基于此,金融机构开展农业信贷往往需要较高的信用担保。然而,现实中我国农村信用担保体系尚未建立起来,对此可以采取以下法律对策:其一,修改《土地管理法》、《农村土地承包法》等法律法规,赋予农村土地承包经营权抵押权能并建立配套实现机制;其二,通过建立健全农村征信法律体系,完善政策性、商业性信贷担保法律制度等,创新农村信贷担保模式。

(3)建立健全农业保险与再保险法律制度。建立健全农业保险与再保险体系可谓降低农业信贷风险的重要组成部分,尽管我国不乏一些金融机构开展了一定的农业保险业务,国家亦予以了相应的财税支持,但这些业务远未成体系,且规模太小。对此,可以通过建立健全农业保险与再保险法律制度予以逐步解决:其一,尽快出台专门的农业保险法律法规。我国《保险法》已于2009年做了最新修订,但对于农业保险仍是原则性的规定,①而且,时至今日,所谓的"另行规定"仍未落实。对此,需要结合《保险法》的一般性规则,加快研究制定适合我国农业发展需要的农业保险法律法规;其二,探索建立农业再保险法律制度和巨灾风险分散机制;其三,通过改革完善相应的财税、保险法律法规,加大财税政策对农业保险与再保险的支持力度,鼓励商业性保险机构扩大农业保险的覆盖面和保险范围。

2. 完善中小企业融资法律制度

中小企业在我国经济发展中具有重要的战略地位。然而,相对于大型企业,其发展面临着极为严重的融资难问题,主要体现为:难以在资本市场融资,难以获取间接融资,融资成本过高,境外获取资金的机会极为有限等。对此,我们认为应采取以下法律对策:其一,加快建立健全征信法律制度。这不仅可以降低中小企业融资成本,更是对整个金融体制的完善、融资利益的公平分享具有基础性的意义;其二,通过制定《中小企业担保法》等法律法规,尽速建立健全中小企业信用担保体系,具体措施包括构建中小企业的信用评估机制、中小企业担保机构运作机制、中小企业信用担保的风险分担机制及信息失真的惩罚机制;其三,通过修改完善《企业债券管理条例》、《股票发行与交易管理暂行条例》、《股票发行核准程序》、《票据法》、《创业投资企业管理暂行办法》等法律法规,或出台相应的配套规范性文件,合理确定中小企业进入证券市场乃至上市的门槛及规程,扩大中小企业在证券市场上融资渠道;其四,通过完善民间融资法律制度等,为中小企业扩展新的融资渠道;其五,中央或者地方政府根据相应的经济发展状况,依法设立为中小企业提供融资服务的专门的政府机构,组建面向中小企业的信贷机构。

3. 完善民间融资法律制度

在当今新的历史条件下,规范民间金融的发展是我国民众公平分享融资利益的一个新的增长极。对于如何规范民间金融从而有效发挥民间融资的巨大作用,我们认为:其一,从理念上正视民间融资的存在,而非"一刀切"地禁止、取缔。中国人民银行发布的《2004年中国区域金融运行报告》表明,民间金融必须得到正视;其二,适时制定《民间融资法》。该法至少应

---

① 我国2009年修订后的《保险法》第186条规定:"国家支持发展为农业生产服务的保险事业。农业保险由法律、行政法规另行规定。"

对民间融资的类别、民间融资机构的市场准入条件、业务范围及民间融资的监管作出明确规定;其三,修改、完善、协调与民间融资相关的法律法规及司法解释,诸如《贷款通则》、《非法金融机构和非法金融业务活动取缔办法》、《合同法》、《担保法》、《最高人民法院关于人民法院审理借贷案件的若干意见》等;其四,改进民间融资的监管方式。尤其在监管内容上,须改变原来只注重市场准入、业务范围、经营行为的合规性监管的做法,而应突出对民间金融的风险监管,并强化资本充足率、资产质量和流动性管理。

(九)关于财税利益分享法律制度

作为改革发展成果的财税利益,主要是指民众在财政税收体制改革成果分享中得到的利益,如民众在公共财政支出、财政转移支付、资源税、增值税、企业所得税、个人所得税、消费税、物业税等税种改革中得到的利益。改革开放以来,我国经济社会发展实现了飞跃发展并取得了巨大的物质成就。就财政收入这一重要表征来看,除个别年份外,我国的财政收入都保持了两位数的增长速度。而且据估算,2010 年我国财政收入可能超过 8 万亿,成为仅次于美国的全球第二大财政收入经济体。然而,由财政收入表现出来的巨大改革改革发展成果,并没有真正为全体社会成员所共享,这不仅从居民收入差距不断扩大的现实中可以发现,而且更体现在以下事实中:改革开放 30 年来我国所实施的非均衡发展战略,导致公共财政资源过度向东部沿海地区倾斜以及区域经济发展不平衡,导致我国广大农村地区长期游离于财政体制之外,农村居民较少享受政府所提供的公共物品及服务,从而使得农村地区社会经济发展缓慢,占人口多数的农民处于社会的底层。

总体而言,引起我国财税利益分享不公的原因主要在于以下方面:其一,分税制财政体制存在缺陷。现实中,中央政府拥有的财力超出了中央财政本级的支出范围所需,而落后地区地方政府所拥有的财力则相对不足,尤其是我国广大农村地区和中西部地区长期以来对上级财政依赖严重,上级政府对下级财政支出的方向难免加以干涉,地方特别是落后地方的财政自主权严重不足,社会保障、教育、医疗、道路交通等公共物品的提供严重失衡;其二,财政转移支付制度体系悖离均等化目标。财政转移支付制度的基本目的是解决分税制财政体制所带来的政府间财政能力不均衡现象,进而实现公共物品和服务的均等化。然而在实践中,财政转移支付并未发挥好其应有的效用。因为非均衡发展战略,使得财政利益的配置在东西部地区之间、城乡之间、地区之间畸重畸轻;其三,预算制度不完善。这集中表现在预算程序不完善,公共财政支出监管不足,预算外收入监管失控;其四,税收征收管理体制存有不足。主要包括税收征收权配置不当、纳税人权利保护不力、税收征纳主体和税收中介服务主体的信用状况不佳、税源监控的社会协作体系——综合治税体系尚未形成。

通过检视我国现行财税体制、法律制度及政策,我们认为,当前需要重点做好以下工作,以寻求财政利益的公平分享:

1. 统筹税收分配法律制度的构建

尽速制定《税收基本法》或《税法通则》,统筹税收分配法律制度的构建。该法至少应对以下内容作出较为明确的规定:其一,规范税收立法、执法、司法及税收征管的基本原则,这些原则既有实体性的亦有程序性的,如税收法定原则、以量能课税为核心的税收公平原则、公开原则、参与原则、程序及时原则;其二,税收立法、行政主体的权限和职责;其三,纳税人的基本权利和义务;其四,征税行为的效力、合法要件、成立、生效、变更、撤销、废止等;其五,税收征纳、救济等程序制度;其六,法律责任。

2. 全面构建规范、透明的财政转移支付制度

加紧制定《财政转移支付法》,以均衡政府间财政能力,实现公共产品和服务均等化为目标,全面构建规范、透明的财政转移支付制度。这其中的关键,在于根据不同地区的经济发展水平、收入差距和影响财政收支等客观因素,核定各地区标准化收入和标准化支出,合理确定对各地区的转移支付的规模,同时优化转移支付结构,严格控制专项转移支付规模,提高一般性转移支付比重,加大对中西部地区转移支付的力度,促进基本公共服务均等化,保障各级政府履行职能和提供公共服务的基本需要。[①]

3. 深化预算制度改革

尽快修订《预算法》,深化预算制度改革。首先,应推动我国当前以"行政控制"为取向的预算改革向由人大从外部进行整治控制的预算改革转变,实现预算的民主化;其次,完善预算程序,主要涉及明确预算决策主体和

---

① 参见俞光远:"加快构建和谐社会要求的财税法律体系",载《财政研究》2009 年第 2 期。

执行主体的职责,规范预算的编制程序和审批程序,建立包括预算绩效评价体系、政府财政会计制度在内的预算监督程序;其三,逐步将当前尚处预算外的收入纳入预算监管,特别是地方各级政府掌握的土地出让金收益、国有企业的资源及收益,应及时纳入预算管理。

4. 完善个人所得税制度

修改《个人所得税法》,完善个人所得税制度。当前应着力从以下方面加以完善:其一,明确界定和规范个人所得税中的应税收入。实际征税中,我国主要按照分类方法确定各项具体收入,但对于什么是收入并无清晰认识,致使大量的收入在所得税法调整之外,所得税在缓解收入分配不公方面未能发挥应有作用;其二,实行综合所得税制。在我国当前分类所得税制下,个人所得税实质上成了工资、薪金所得税,此外,对于性质类似的收入由于实行不同扣除标准和税率,导致税收负担不均衡;其三,改革税式支出,扩大税基。我国现行税法中规定的税式支出制度不合理,税收优惠不规范,致使原本旨在缩小收入差距的制度变成了扩大收入差距的制度;其四,改革申报单位,即采取家庭课税与个人课税相结合的方式,在对个人课税基础上,实行对家庭课税,以夫妻双方为一课征单位;其五,适时提高个人所得税起征点。

5. 建立健全财产税收法律制度

我国当前财产税主要包括房产税、城市房地产税和契税,实践中,现行财产税法既不能保证税收增长,也不能调节社会分配公平,其功能存在严重缺陷,需要从以下方面加以完善:其一,突出财产税在社会分配方面的功能;其二,扩大财产税的征税范围,在区分经营性房地产和居住性房地产基础上,对居住性房地产全面开征财产税(物业税);其三,开征遗产税。

6. 完善税收征管法律法规体系

以修改《税收征收管理法》为重心,完善税收征管法律法规体系。其一,转变税收征管理念,由监督打击型的征管理念转变为管理服务型的征管理念,切实提高纳税服务水平。其二,强化纳税人的权利。我国2001年修订的《税收征收管理法》尽管将保护纳税人合法权益和为纳税人服务提到了非常高的地位,明确了纳税人12项合法权益并进一步严格了税务部门的依法征税义务,但这些权利仍然局限于纳税人与征收机关接触中的相应权利,与现代民主社会所倡导的纳税人权利还有很大的差距,对此需要进一步完善。如,应当建立纳税人权利告知制度,依法保障纳税人的知情权、救济权等应有的权利。其三,规范税收征收权。当前最需要开展的工作是要通过规范税收执法程序,强化税收执法的公平、法治原则,加强对权力运行过程的监控,加大对执法过错、管理失职和不作为等行为的追究力度。其四,构建税收信用体系。这主要涉及:健全税收法律体系,完善税收立法信用;强化税务机关及税务干部的诚信制度化建设,提高税收执法信用;强化税收司法公正,提高税收司法信用;建立纳税人信誉评价管理体系;建立失信处罚机制。其五,建立健全社会综合治税体系,如尽快建立统一的信息共享平台,健全社会综合治税的工作协调机制;加快主要包括政府部门在内的信息化建设。

7. 其他财税法律法规的完善

财税法律法规体系的建立健全涉及面极为广泛,除了上述内容外,还有不少领域需要完善,如适时制定《公共财政监督法》,重点对公共财政的支出进行监督;在修订《资源税暂行条例》基础上,适时制定《资源税法》,这不仅有助于资源的合理利用与保护,而且有利于实现财税利益的公平分享;择机将《增值税暂行条例》、《土地增值税暂行条例》、《消费税暂行条例》、《营业税暂行条例》等行政法规上升为人大立法,在切实贯彻税收法定原则的同时,推进相应税制的改革。

分　报　告

之一：以人为本：改革发展成果分享的权利依据

目　录

改革发展成果的分享是个极为复杂的理论与实践问题，涉及社会各个方面的利益。在中国目前的社会经济条件下，不论从什么角度以及用什么方法认识和解决这一问题，就大的思路和制度建设的方面而言，都必须纳入法制的体系，充分利用法律制度化解矛盾的优势功能，才能尽可能地减少矛盾和冲突，实现建设和谐社会的目标。西方发达国家长期发展的经验证明，这基本上可以说是解决社会改革发展成果分享最稳妥的路子。然而，在法制的框架内解决社会改革发展成果的公平分享问题，仍然面临着许多理论和实践的难题，而要解决这些难题则必须首先在理论上找到通过法律制度安排社会改革发展成果分享的正当性基础和突破点。我们认为，通过法律制度解决社会改革发展成果分享问题的正当性基础以及突破点实际上是个权利的享有和保障的问题，即权利依据问题。① 只有从理论上找到了改革发展成果分享的权利依据，才能通过法律制度的安排保障改革发展成果的分享。从主体论上理解，以人为本解决了人与社会发展的关系，解决了改革

---

① 研究人权的学者认为，享有权利是任何社会形式的人类社会生活的一部分，如果要有人类社会生活，就必须有权利。参见［英］A. J. M. 米尔恩：《人的权利与人的多样性—人权哲学》，夏勇、张志铭译，中国大百科全书出版社1995年版，第143页。

发展成果分享的主体正当性;从认识论上看,以人为本回答了改革发展成果分享的知识来源,解决了改革发展成果分享的认识正当性;从方法论上讲,以人为本提供了解决改革发展成果分享的恰当路径和切入点;从实践论上探讨,以人为本回答了改革发展成果分享实践与制度化的正当性问题。因此,从权利的视角,根据以人为本的理念和知识,透视改革发展成果分享的权利正当性,成为认识和解决这一问题的最基本的理论视角和切入点。

一、以人为本确立了改革发展成果分享权的主体正当性

作为一种社会及社会制度的变迁,改革发展成果分享的核心是在不同社会关系主体间进行利益的分配和再分配,是构建与重构社会利益关系和制度的过程。因此,深入解释改革发展成果分享的权利正当性与合法性,必须采用社会价值与社会利益关系的理论框架,首先回答谁是成果分享主体的问题。以人为本正是从伦理价值的维度回答并论证了这一问题。

首先,确立了人在改革发展成果分享中的主体地位。在理论意义上,以人为本作为一个基本的哲学命题,是对倡导回归生活世界的人本主义的概括与提炼,是当代世界思潮的基本取向之一;在现实意义上,社会问题的实质就是个人与个人、个人与集体、个体与类的关系以及群体与群体的关系问题。① 因此,人本主义精神就是主体精神,主体精神的核心就是把人视为评判一切的标准,把人视为价值的中心和价值的创造者,人的尊严高于一切。② 其基本内涵包括:(1)人是价值的主体,即人的一切行动都是为了人的幸福;(2)人是评价的主体,即人是公平、幸福的评价者;(3)人是实践的主体,即人类文明是人的共同创造与行动的结果。上述内涵立足于马克思关于人全面发展的理论,扬弃了西方哲学思想中抽象人的理论,融合了西方现代社会发展理论和我国传统文化中的人本思想,确立了社会成员在社会历史发展中的主体地位,从而在主体论的层面回答了人作为改革发展成果分享权利主体的正当性。在当代中国的改革与发展中,以人为本指出了改革发展活动的最高目标是满足广大社会成员的需求,并在此基础上突出了社会发展中人的主体地位和作用,把不断满足人的需求和促进人的全面发

① 王晓东著:《西方哲学主体间性理论批判——一种形态学视野》,中国社会科学出版社 2004 年版,第 6 页。

② 严春友著:《西方思想家的阐释》,中国社会科学出版社 2005 年版,第 319 页。

展作为改革发展的出发点与终极目标。因此,以人为本是一切政治、经济、文化活动的起点和归宿,是共享社会财富与机会的逻辑起点,是理解社会改革发展成果分享的基本价值标准。只有把以人为本的价值取向贯穿于发展的各个方面,才能在发展的基础上不断提高社会成员的物质文化生活水平,才能在尊重和保障人权的基础上,使社会发展的过程成为人的全面发展的过程,使改革发展的成果转化为促进人的全面发展的条件。于是,在这一价值立场和伦理认识的约束下,社会经济体制改革与完善的根本目的便成为了实现每个人的全面发展,并为每个人的全面发展提供物质文明和精神文明两个方面的保障。

其次,确立了改革发展成果分享主体的社会性价值和意义。在社会发展中,权利的获得以一定的生活方式为先决条件,但它本身不会创造一种生活方式。[①] 20 世纪以来,普遍强调回归生活世界和回归人的生存价值及意义的人本主义,成为现代西方哲学的基本趋向。[②] 以人为本奠定了从认知主体向生命主体转向的理论基础,顺应了重建价值体系的时代要求。在这种重建的社会主体价值结构中,社会作为一个共同体,成为一个高于个体的实体存在和价值存在,成为人的存在方式之一。社会的交往因而内在于人的生存之中,人因为共同利益而生存于集体或群体中,人的生活方式具有了社会性,并形成了超越个体需要的集体利益。在这样的主体性结构中,孤立的个体不存在伦理与价值的可能性。因此,社会改革发展成果分享作为一种功利性的价值体现,必须以社会成员的交往为基础,以一定的物质或物质性利益为实现的中介,其本身不仅仅是为我的问题,而且还包含着为他的因素,从而实现为我性与为他性、功利性与超功利性的统一,最终达到社会成果分享关系价值结构的均衡。所以,在以人为本的社会利益分享主体的价值结构中,为我性是价值关系的本质特征,为他性是为我性的另一种表现方式。这就将社会成果分享的目的与手段关系课以了道德价值的约束,每个成员都应当享受社会改革发展的成果,都有权利主张从社会改革发展中受益,但在自己追求幸福的同时又必须尊重别人追求幸福的权利。只有在这种状态下,对改革发展成果分享主体的理解才能到达社会价值的最高层次,

---

① ［英］理查德·贝拉米著:《重新思考自由主义》,王萍等译,江苏人民出版社 2005 年版,第 222 页。

② 李楠明著:《价值主体性——主体性研究的新视域》,社会科学文献出版社 2004 年版,第 30 页。

并由此成为阐释主体社会关系的依据。由此,为我性与为他性的统一,成为确立改革发展成果分享的权利主体的基本依据。① 在为我性与为他性、功利性与超功利性统一的主体关系的基础上,产生两个层面的成果分享关系即:从整体上讲,社会改革发展成果由成员全体共享,即分享主体的集体性;在个体意义上,社会发展改革成果由每个成员分享,即分享主体的个体性。

在这种社会主体性理论基础上,以人为本改变了西方理论中长期占主导地位的个体主义立场,转而采用整体主义的立场,将社会改革发展成果分享纳入社会权利的范畴,确立了社会公众作为社会财富分享主体的正当性。在社会权利的框架内,不能强调孤立的个人利益,而应认同社会成员权利与利益的相互依赖性。社会改革发展的目的不是为了少数人的利益,而是为了不断满足全体社会成员不断增长的物质文化生活、健康安全及全面发展的需要。从这个意义上说,中国社会和经济均衡发展的关键在于社会成员之间利益的合理分享,包括:第一,个体与个体之间利益的分享;第二,个体与集体之间利益的分享;第三,不同集体之间利益的分享;第四,国家与个体、集体之间的利益分享。这些利益关系的处理都需要按照为我性与为他性统一的主体理论予以认识与对待。

第三,确立了改革发展成果分享中社会成员个人的历史主体地位。在关于人的主体意义的理论中,马克思采用历史分析的方法,认为社会历史的发展从根本上说是人的个性得到全面发展的过程,具有自觉的历史主体意义的人应当自觉地把个人作为社会历史的主体,个人不仅对自己的生存和发展负责,而且对历史负责。在现代民主与法治的体制中,以人为本不仅强调改革发展成果分享主体的社会公共性,而且重视个人的历史主体地位。所以以人为本的历史主体观实现了个体与集体的辩证统一,实现了个人利益与集体利益的和谐共存,是真正的集体主义价值观。② 在历史主体观的理论框架中,个人历史主体观对于合理分享社会改革发展成果具有以下理论与现实意义:一是反对平均主义。与历史主体观相反,平均主义以抽象的人道主义价值为理论基础,关注的是抽象的人,其实质是反对主体的个性、独立性和自主性。③ 因此,社会改革发展成果分享决不是平均分配,而是差

---

① 李楠明著:《价值主体性——主体性研究的新视域》,社会科学文献出版社 2004 年版,第 299 页。

② 王晓升著:《价值的冲突》,人民出版社 2003 年版,第 277 页。

③ 王晓升著:《价值的冲突》,人民出版社 2003 年版,第 247—248 页。

别性的共享。二是反对将个人的利益与集体的利益对立起来。两种利益虽然在一定的条件下存在矛盾，但在适当的制度安排下，这种矛盾是可以消除的。按照这样的社会历史主体观，每个社会成员都是社会改革发展成果分享的当然权利主体，改革发展成果分享的最终目标是让每一个现实生活中的个体获得合理的利益。

第四，确立了国家与政府对社会改革发展成果分享所承担的伦理责任。从政治的角度分析，人们针对经济不平等，如剥削、经济上的边缘化、经济贫困等，所进行的努力与奋斗形成社会成果再分配的政治。① 以人为本的改革发展成果分享是一种人性的政治要求，是社会成员对国家与政府行动的要求，国家与政府对此具有不可推卸的社会职责。有学者指出，人权的实现，包括福利权的实现状况是评价一个政府公共与否、民主与否的基本标准之一。② 特别是在中国快速变革的时期，政府在利益分享方面的社会整合功能更是十分重要。一个负责任的政府始终是从公正的视角考虑和认识经济发展，让人们更多地分享经济发展的好处和成果的。从人本主义立场出发，让每个社会成员都能公平地享受社会发展的成果，是当代民主政治合法性的基础之一。正如著名经济学家斯蒂格利茨所说的那样："从政治的角度看，如果政府能够成功地维持更公平的财富分配，那么我觉得民主政府的长期合法性将会得到加强。"③ 著名法哲学家罗纳德·德沃金在《认真对待人权》的演讲中也指出，按照每个人同等重要的原则，如何分配社会财富是政府应该关心的大事。④ 20 世纪初西方国家所形成的社会权利观反映了社会要求国家和政府对社会财富分配承担责任的人本主义价值取向。1919年德国的《魏玛宪法》第 162 条和 1942 年英国发表的《贝弗里奇报告》（《社会保险及相关服务的报告》）提出了社会权利的概念，标志着人们对包括社会福利在内的社会成果的分享开始形成了以下新的知识和理念，并在社会建制和国家制度层面实现了国家与政府职能的转变与更新⑤：第一，社会财

① ［加］威尔·金里卡著：《当代政法哲学》（上），刘莘译，上海三联书店 2004 年版，第593—594 页。

② 俞可平著：《权利政治与公益政治》，社会科学出版社 2000 年版，第 106 页。

③ ［美］约瑟夫·E. 斯蒂格利茨著：《社会主义向何处去：经济体制转型的理论与证据》，周立群等译，吉林人民出版社 1998 年版，第 302 页。

④ ［美］罗纳德·德沃金著：《认真对待权利》，朱伟一译，广西师范大学出版社 2003 年版，第 19 页。

⑤ 周建明主编：《社会政策：欧洲的启示与对中国的挑战》，上海社会科学院出版社 2005年版，第 125—126 页。

富的再分配不是有钱人对穷人的施舍,不再是纯粹道德范畴的问题;第二,社会财富的再分配不是统治阶级对被统治阶级反抗权的赎买,不是各集团认可并遵守既定社会秩序的利益交换;第三,社会财富的再分配是现代民主国家的一项职责与责任,是公民的一项基本权利。这种新的认识论和社会观念确立了以公民为主体的社会权利,由国家保障这些权利作为政府执政合法性的基础之一。从政治理论与实践角度理解,以人为本确立了国家和政府促进社会改革发展成果合理分享的伦理上与政治上的社会责任。在这个意义上,民族国家实际上成为社会的载体,追求公共福利和共同富裕成为国家最主要的目标。中国在走向市场经济和现代化的道路上,国家及政府同样必须承担这样的政治伦理责任。例如,中国政府 2005 年免除学杂费的措施,可减少农民每年 150 亿的负担。从以人为本的社会分享观理解,这是对农民生存权和平等权保护的开始。

二、以人为本确立了改革发展成果分享权的认识论基础

作为历史主体的民族、国家和个人,在改革与发展中都将面临更多的文化与价值的碰撞。经过 30 多年的改革与发展,中国已经进入了利益多元和利益博弈的时代。多元的利益主体在博弈中不会简单地达成共识,对经济与社会的改革和发展通常存在着认识上的分歧甚至冲突,并由此可能产生严重的社会矛盾。同时,国家和政府干预权力赖以存在的社会基础可能也会因政府与公众间的矛盾而出现一定的危机,反过来影响经济与社会的改革和发展。如果各方关于改革的目标、路径与结果的认识分歧过大,必然提高改革的成本并加大改革的风险。因此,在解决改革发展成果分享的问题时,提高共识的程度成为解决这一问题的重要前提。这涉及到两种不同的认识论与认识的范式问题。自 19 世纪下半叶批判黑格尔思辨的理性主义以来,西方现代理论形成了两种不同的范式和取向:一种是科学主义范式,即采用知识论的标准,从理性的角度去衡量社会利益关系;另一种是人本主义的范式,即根据价值意义的标准,从生存意义上去衡量社会利益关系。人本主义与科学主义都反对抽象的思辨理性,主张回归现实生活,但二者却建立了不同的思考范式。科学主义虽也有一些关于人的观点和论述,但本质上属于知识论的范畴,因而将生活世界理解为实证的经验科学的世界,致力于探索认识的科学方法问题。人本主义则专注于对人自身的理解与认识,其基本的哲学立场是回归生活世界,把认识问题变为人的生存问题。由于

我们对改革发展成果分享的认识具有一定的时空局限性,因此,采用什么范式以及如何处理好两种理论范式的关系,决定着我们能否恰当认识改革发展成果分享的问题。

从知识的特点上讲,有关社会改革发展成果分享的知识总体上是以人为核心的知识,具有社会科学和人文科学属性,因此,以人为本的范式成为改革发展成果分享的认识获得一致的基本条件。① 首先,就知识的基础而言,对改革发展成果分享的认识既包含了独立于理论的经验,又很大程度上依赖于理论,受解释者不同旨趣和先验信念的影响,因而具有历史性、条件性和个体性;②其次,就知识的目标而言,对改革发展成果分享的认识既包括建构的活动,又必须重新描述作为研究对象的材料,力求以一种更清晰、更一致的方式再现社会现实的意义;第三,在知识的特征上,有关改革发展成果分享的理论既追求普遍的知识,也追求个体性的知识,整体上更倾向于追求普遍性的知识。由于这些认识上的特征,有关改革发展成果分享的理解及知识体系内的信任是与当代中国社会集体生活的方式联系在一起的。因此,从认识论上分析,以人为本的范式强调对人自身价值与存在意义的理解和认同,要求我们基于共同的人本性主体框架而不是客体性框架,从大体一致的视角认识并解释社会改革发展成果的分享,不仅解决了相关知识的来源问题,维持了理解与解释的一致性,而且给出了知识的统一检验标准,成为提高共识的认识论基础。

在以人为本的框架内认识改革发展成果分享的问题时,对人生的意义和价值的理解成为认识的重要来源。也就是说,对社会财富和机会分享的认识是对人生价值和意义理解的结果。在中国现有社会结构与意识形态下,对改革发展成果分享的共识程度成为决定改革与发展的一个重要因素。尽管有人认为改革共识只是一个美好愿望,但以人为本以其强大的亲和力,为改革发展提供了明确的方向性指导。只要坚持以人为本的框架,多元的利益主体都能从人的价值理念出发追求公平与合理的价值目标,协调各种利益关系和矛盾,认真对待人的生存权、发展权、平等权等支撑改革发展成果分享的基本权利,化解由此引起的社会利益冲突。

---

① 曹志平著:《理解与科学解释—解释视野中的科学解释研究》,社会科学文献出版社2005年版,第98页。

② [美]T.帕森斯著:《社会行为的结构》,张明德等译,译林出版社2003年版,第8—9页。

人本主义强调对人生意义的理解和体验,以此为基础形成的有关改革发展成果分享的知识不再是完全客观的,而是知识共同体达成共识的结果。这决定了改革发展成果分享知识的相对性、建构性与公共性。由于在以人为本的理念下,改革发展成果分享的主体只能是社会公众,并且具有多元性和公共性,因此,相关的知识也必须是向公众开放的公共知识,任何社会成员都有权去理解、研究和检验这些知识。按照这样的理解,有关改革发展成果分享的知识是一种相对性的知识,不具有垄断性,没有先验知识所垄断的隐弊性真理,知识检验也没有唯一的标准。这种公共性的知识体系支持着价值多元的正当性,但也导致了认识上的分歧和冲突。可以说,许多改革发展成果分享的矛盾甚至根本性矛盾,都来自于认识以及价值之间的冲突。尤其在改革与转型时期的国家,这一问题更为突出。近年来,国内对改革的方向与社会财富分配不公问题的大讨论,就是很好的例证。

从整体上看,认识问题的核心在于知识的来源,而知识(尤其关于人类社会的知识)的来源并不是单一的。因此,目标与意义是主体的主观性判断,是不同社会主体间的相对理解,缺乏工具性作用和功能,不足以作为成果分享的确定性标准。在这样的认识论基础上,用什么样的知识认识改革发展成果分享问题,不再仅仅是一个人文主义的问题,而又成为一个科学认识的问题。具体讲,人本主义虽然提供了认识改革发展成果分享的基础性前提,但它并不排斥科学知识的合理性与正当性,而且以人为本是以科学认识为其限制的。如果超越了科学的知识,以人为本可能会走向相对主义,走向非理性主义,成为情绪、冲动、怨天忧人、偏执与自私的依据,从而误导中国改革发展的方向和目标,使改革成果的分享成为社会矛盾与冲突的根源。因此,在认识改革发展成果分享时,人本主义和科学主义是不可缺少的两种基本范式。一方面,科学主义为认识改革发展成果分享提供了客观性的知识和评价标准,并为社会成员之间达成共识提供了前提性的约束条件,从而具有减少价值冲突的功能。尤其科学主义丰富的认识论与方法论为认识改革发展成果分享提供了恰当有效的方法、路径与技术。因此,理解与认识改革发展成果的分享,需要采用科学实证的方法,为改革发展成果分享提供知识上的论证和可行的技术支持,探讨利益分享与社会发展的规律,并按照发展规律的要求分享改革发展的成果。另一方面,理解与认识改革发展成果的分享还需要依赖人文性的理解,提高对成果分享的伦理道德的体会,从整体上把握改革发展成果分享的方向和目标。总的来说,科学主义以知识论为核心,为我们提供了恰当的认识工具和实用的知识;人本主义以人的生存为核心，为我们提供了恰当的理念与目标指引。通过两种认识范式的结合，让有关改革成果分享的理性辩论继续下去，让主流的价值观进一步扩张，让实事求是的认识论发扬光大，让民众参与利益博弈的机制逐渐完善。

在上述两种范式下，人文知识与理性知识结合的结果便转向实践理性的诉求，改革发展成果分享必须纳入具体的现实场景中去认识。首先，改革发展成果的分享具有阶段性。根据经典的社会分配理论，社会分配由第一次分配和第二次分配两个阶段构成，两次分配都会不同程度地影响改革发展成果分享的最终结果。第一次分配是在市场内完成的，是市场交易的结果，是生产要素之一，应当坚持客观主义的科学认识论，坚持效率优先的目标，而不能过多地讲究公平。在第二次分配中，追求国民的整体福利成为最主要的价值目标，其所代表的社会团结精神具有反市场经济的价值取向，强调在市场之外社会还存在利益共同体。① 在西方的理论学说中，福利主义有着非常广泛的影响。福利主义的基本假定是：福利制度和政策在某种程度上能促进团结精神和利他主义。福利制度正是以这一假定为理论前提构建起来的。这种价值观念是对市场经济个人主义的价值观的一种反叛。因此，在认识改革发展成果分享时，要兼顾市场规律与反市场的精神，并实现二者的协调，简单地主张公平优先或效率优先，都是不恰当的。其次，采用历史唯物主义的观点，将社会改革发展成果分享纳入中国社会经济发展的大背景，用发展的眼光去认识。就中国目前的社会状况，发展仍然是第一位的，社会财富分配的矛盾从根本上讲是社会财富生产与需要之间的矛盾。因此，分享社会改革发展成果固然是应当的，但必须是在符合发展条件下的公平分享，否则，成果分享反而可能成为社会经济发展的阻碍。第三，必须重视实践的功效和现实主义的要求。改革发展成果的分享决不是重回平均主义的老路，必须用按劳分配的原则对待改革发展成果的分享。第四，改革发展成果的分享不是任意的讨价还价，而应当是在制度安排下的理性选择。在西方比较发达的市场经济国家，贫富悬殊仍然很大，之所以能相对平稳地解决改革发展成果的分享问题，主要归功于法律制度的功效与作用。

经过 30 余年的改革与发展，中国社会结构发生了深刻的变化。利益主体已经趋于多元化，基于利益而产生的社会阶层划分在转型社会与制度变

① 福利主义的基本假定是：福利制度和政策在某种程度上能促进团结精神和利他主义。福利制度正是根据这一假定为理论前提构建起来的。参见［英］诺曼·巴里著：《福利》，储建国译，吉林人民出版社 2005 年版，第 2—3 页。

革中凸显出来,社会成员中的弱势群体对社会不满则是这种社会阶层划分的后果之一。因此,社会公众常出于情绪化的认识,对政府所主导的制度变迁逐渐缺乏支持的热情,甚至引发潜在或现实的社会对抗,以此实现其利益诉求。对此,政府与公众都应该具备足够的理性与承受能力,提高理性思考与行动的素养,通过理性的努力,获得趋近的改革共识。因此,有关改革发展改革成果分享的认识,应当在以人为本的认识价值框架内,坚持科学理性主义的认识论原则与立场。中共十六届三中全会对科学发展观概括为:"坚持以人为本,树立全面、协调、可持续的发展观,促进经济社会和人的全面发展"。这一概括将科学发展与以人为本恰当地统一起来,把以人为本确立为科学发展观的基本价值取向,实现了科学理念与人文精神的统一,既是马克思主义唯物史观的内在要求,也是对历史经验的科学总结。

三、以人为本决定了改革发展成果分享权的现实基础

在以人为本的框架内,实现改革发展成果分享的基本路径是关注并解决社会成员的民生问题。改革发展成果分享的理论意义来自于中国的现实需要。尽管中国的社会财富与机会分配不公所产生的负面影响有日渐扩大的趋势,但相比较而言,最根本的问题还在于许多社会成员的基本权利和基本生存条件尚没得到适当的保障。同时,用历史发展的眼光看,要从根本上提高社会成员的生活水平,经济必须保持健康的发展并创造出更多的财富。所以,在今后比较长的时期内,中国有关改革发展成果分享的一切制度化的建构,主要是在公平和效率之间寻找一个最佳结合点,这个结合点便是重视民生并改善国民整体的生活状况。① 重视并改善民生状况不仅有利于逐步建立公正的社会秩序,提升社会的整体和谐程度,而且能够有效地保障经济稳定地发展,从根本上消解社会改革成果分享的矛盾。具体讲,从以人为本的立场出发解决好民生问题,应当着重解决好以下问题:

第一,确定并保护社会成员的财产权、就业权、劳动保护权等基本的生存权益,改善多数社会成员的民生状况。在民主与法制的社会建制中,权利是民生的合法性基础,因此,确认并保护权利成为解决民生的基本路径。在

---

① 清华大学人文社会科学学院的秦晖教授指出,决定中国以往各项改革成败的,并非效率的得失,而是对公平的把握。参见欧国峰:"公平缺失成不争事实:中国第三轮改革即将到来",载《经济》2006 年第 2 期。

人权理论中，不论是主张天赋人权的自然权利论，还是主张法定权利的法律权利论，以及马克思提出的经济权利论（福利权利论）①，都是从权利的角度对民生问题进行的探讨与论证。在宪政体制下，生存权是宪法赋予社会成员的最基本的权利，是社会成员分享社会改革发展成果的合法性依据，是民生的权利确认。在法律权利的体系结构中，生存权具体化为财产权、就业权、劳动保护权、获得救济权等。因此，获得并实现这些权利是社会成员生存的基本需求，是民生的基础。具体讲，保护社会成员的财产权不仅可以为社会成员的生存及社会安定团结提供最基本的物质保障，而且有利于杜绝强行拆迁、强行征收等不公平掠夺财富的现象；保护就业权可以为社会成员平等参与社会经济生活提供保障；保护社会成员的劳动保护权能够保障社会成员的劳动投入与劳动收入之间的均衡，真正落实按劳分配的原则，提高社会成员的劳动积极性，从而提高生产率。② 因此，维护上述生存权利，既是改革发展成果分享的基本路径，也是构建和谐社会的基础。

第二，维护社会成员平等享受改革发展成果的权益，缩小贫富差距，减少贫困人口的数量。③ 贫富差距虽然有其存在的客观原因，但也有社会财富分配不公的原因，成为诸多社会矛盾与冲突的根源。因此，缩小贫富差距不仅是关注民生的切入点和解决改革成果分享的重要路径，而且是确保中国经济稳定发展的一个必要前提。虽然任何一个社会都存在着各种各样的利益矛盾，但只要利益分配问题被控制在一定限度之内，经济的安全运行就有保障。如果利益问题所产生的负面影响超出了必要的限度，便会引发较为严重的社会冲突和社会动荡，从而危及经济的安全运行。西方发达国家的发展过程已经表明，较好的民生状况有助于增强社会公众承受经济波动和经济危机的能力。而一些发展中国家和地区的经验也已证明，民生状况的恶化通常会引发一系列的社会矛盾，引发激烈的社会冲突和动荡，甚至造成社会危机。由此可见，不同的民生状况及贫困人口的多寡，决定着社会成

---

① 俞可平著：《权利政治与公益政治》，社会科学文献出版社 2000 年版，第 100—103 页。

② 有人从国有企业剩余分享的可行性角度提出，国有企业剩余分享不具有可行性，而应当通过以契约形式保障劳动者的工资权利，提高劳动工资标准实现利益的合理分配。参见董全瑞、张雪珍："论国有企业剩余分享的不可行性"，载《社会科学研究》2006 年第 2 期。

③ 按照一些社会学家和经济学家的大型调查来看，中国目前的基尼系数比较高，已经超过了 0.5，而且贫困人口的数量巨大。参见吴忠民："重视民生：公平与效率的最佳结合点"，载《中国经济时报》2005 年 12 月 16 日。

员承受经济波动的能力,较好的民生状况有助于减弱社会矛盾所产生的负面效应。因此,从实证的角度考察,是否会出现以及在多大范围内出现严重的社会问题,很大程度上取决于社会成员的民生状况。处于转型时期的中国社会利益结构在不断地重新调整,因民生状况而引发的社会问题比较突出。所以,从重视并改善民生的角度,确认并保护社会成员公平分享改革发展成果的权利,保证他们能够公平分享到改革发展的成果,不仅体现了以人为本的新文化理念,而且对于中国经济社会的发展有着更加现实的意义。

第三,重视并有效开发人力资源,维护社会成员的发展权。在被称为知识经济时代的今天,从个人的角度看,人力资源关系着社会成员的生存竞争能力和发展能力。从国家的角度看,人力资源是中国经济持续发展必不可少的生产要素。中国人力资源结构决定着中国劳动力的整体竞争能力,决定着中国自主创新的能力、国际竞争的能力和持续发展的能力。从中国当前的劳动力结构看,80%的工人属于初级工,1亿左右的"农民工"和大量的农民总体上缺乏必要的现代化劳动技能。这种劳动力结构难以适应市场经济激烈竞争的需要,难以适应经济全球化发展的需要,更难以满足社会成员全面发展的需要。由于劳动能力偏低的人在竞争中必然处于劣势,他们在国际竞争和国内改革发展中成为利益分配不公的主要受害者。因此,要改善中国大多数社会成员的民生状况,应当为普通劳动者提供必要的职业教育和职业培训,让他们掌握更多的现代科学知识和劳动技能,籍此提高他们的生存竞争能力、自我发展能力以及在市场中获得财富的能力,并在此基础上提高全民族的竞争能力和发展能力。

从国家与政府责任的角度考虑,通过改善民生实现改革发展成果的分享,必须采用以下两项具体措施:一是对制度进行纠偏,消除影响公平分配的制度性因素。在改革的初期,整个制度安排片面追求经济发展,忽视了对人本主义和公平的追求。① 许多改革成果分享不公问题是因为制度安排不合理造成的。例如,失地农民的贫困、农民工的利益被损害、下岗职工的生活保障等问题,都与制度性因素有关,或直接由制度性因素造成。例如,虽然国家近年放开了工业消费品的价格,但工业产品在价格方面相比农产品本身具有一定的垄断性,工农产品之间的"剪刀差"实际上仍存在,专家估

---

① 福利国家是一套制度安排,公平因此被定义为一套复杂的制度,这套制度旨在考虑超越了基于私人产权要求的"需要"和"应得"的关系。参见[英]诺曼·巴里著:《福利》,储建国译,吉林人民出版社2005年版,第2—3页。

计每年仍高达 1000 多亿元。在农业用地转为非农业用地过程中，据估计，20 年来土地出让收入与土地征用补偿支出之间的差额达 20000 亿左右。因此，为了让社会成员公平合理地分享社会改革发展的成果，国家必须通过制度创新，消除产生社会改革发展成果分享不公的制度性因素，建构有利于社会成员公平获得社会财富的新制度。① 二是建设福利国家。英国学者诺曼·巴里在《福利》一书中指出，福利国家是一套制度安排，公平因此被定义为一套复杂的制度，这套制度旨在考虑超越了基于私人产权要求的"需要"和"应得"的关系。② 经过 30 余年的改革与发展，中国已进入高风险性的社会，这决定了改革发展成果分享的一个客观原因是满足社会风险分散的需要。在化解由经济发展（工业化过程）所带来的风险时，欧洲国家通过各自的发展经验找到了共同的道路，即建立福利国家。19 世纪 80 年代德国首相俾斯麦率先将社会保险计划引入社会改革，开始了福利国家的建构。20 世纪初德国的《魏玛宪法》规定了福利保险制度。在此后的 100 多年里，西方国家纷纷效仿德国，不断对福利国家进行发展、扩充、调整、反思和修正，并将其视为社会政策的重要内容。这些国家所选择的解决社会风险的道路有一个共同特点，即：由国家介入，建立了具有国家性和义务性的社会保障，由社会成员共同参与，通过国民收入的再分配，向社会成员提供以社会保障为核心的物质保障，从而降低市场经济中所出现的社会风险。福利制度的确立反映出西方国家在解决改革发展成果分享方面的基本思路：第一，广泛的贫困是现实分配不公的结果，根源在于人力资源浪费、机会不均和制度安排不合理等；第二，社会有责任为成员提供基本的生活保障；第三，政府应当采取一切必要的措施干预经济生活，通过二次分配制度，提高福利服务的水准与效率，为社会成员提供可靠的生活保障。

尽管福利国家受到许多人的抨击，但仍然不失为解决社会改革发展成果分享的成功路径之一，而且福利国家目前所面临的危机已经不是 20 世纪 80 年代的合法性危机，即使有危机的话，也远不具有普遍性。在对德国、英国、意大利、奥地利和挪威 5 个国家进行调查后发现，只有极少数人希望看

---

① 美国学者奥尔森指出，即使在发达国家，许多再分配制度和政策有利于富人而不利于穷人。参见［美］曼库尔·奥尔森著：《国家兴衰探源：经济增长、滞胀与社会僵化》，吕应中等译，商务印书馆 2001 年版，第 204—205 页。

② ［英］诺曼·巴里著：《福利》，储建国译，吉林人民出版社 2005 年版，第 2—3 页。

到国家削减开支。① 在中国现阶段,构建福利国家的基本措施有两个:一是建立健全与中国经济发展水平相适应的社会保障体系,将社会保障的范围逐步扩大到农村居民、农民工、下岗工人等弱势群体。在社会保障体系的框架内,国家通过对社会财富的二次分配,让社会成员都能公平地分享社会发展的成果,并为社会成员的基本生存状况提供一个可靠的保障。2006 年中央 1 号文件第一次明确提出要建立农村养老保险制度。新修订的《农村五保供养工作条例》实现了农村五保供养从农村集体内部的互助体制向国家财政供养为主的现代化社会保障体制的历史性转变。二是建立科学合理的公共财政体制。国家财政从"投资型财政"向"公共财政"转型,增大必要的公共教育支出和公共卫生支出,将义务教育落到实处,解决民众看病难和子女上学难的问题,防止一些成员因生活负担沦为贫困人口。

通过建设福利国家改善基本民生,可以将市场精神与人本价值、公正和效率在政策取向的层面上有效结合起来,既能有效地建立公正的社会分配秩序,使社会的各个群体和谐相处,又能有效地推动经济持续健康地发展。由于不同历史时期可供社会分配与再分配的财富总量有所不同,社会经济各个环节不可能保持完全的均衡发展状态,而且公众的需求也有所差异,所以,应当根据客观条件解决公正或效率的优先性问题。正是从这个意义上讲,在不同的历史时期,改革发展成果分享的价值目标可能会有所侧重。例如,在中国改革的初期,为了从根本上消除计划经济体制和平均主义的影响,倡导效率优先兼顾公平的政策取向有历史的必然性和进步性。当中国经济与社会发展到今天的状况时,虽然发展仍然是主要矛盾,而社会分配不公业已成为影响社会稳定与发展的突出矛盾,因此,不能再简单地强调发展的政策取向,而应当在维持经济稳定发展的情况下解决好公平的问题。《中共中央关于制定国民经济和社会发展第十一个五年规划的建议》也采取了这样的政策取向与策略,明确指出完善社会分配体系的基本方向与路径是:完善按劳分配为主体、多种分配方式并存的分配制度,坚持各种生产要素按贡献参与分配。着力提高低收入者收入水平,逐步扩大中等收入者比重,有效调节过高收入,规范个人收入分配秩序,努力缓解地区之间和部分社会成员收入分配差距扩大的趋势。注重社会公平,特别要关注就业机会和分配过程的公平。在经济发展基础上逐步提高最低生活保障和最低工

---

① [瑞士]费朗索瓦—格扎维尔·梅里安著:《治理问题与现代福利国家》,肖孝毛编译,转引自俞可平主编:《治理与善治》,社会科学文献出版社 2000 年版,第 113 页。

资标准,认真解决低收入群众的住房、医疗和子女就学等困难问题。

四、以人为本决定了改革发展成果分享权的法制化路径

权利的制度化满足了利益分配的程序化要求,是社会改革发展成果分享得以付诸实践的前提性条件。在现代社会中,利益、理想与认知的多元化已经成为必然趋势,目的的个人化与主观化成为现实的存在,因此,不论社会改革发展的成果如何分享,相关的国家制度与政策都必须在程序上满足某种标准。在这个标准下,即使社会成员的目的与利益各不相同,也都会赞同并服从这种制度和政策的约束。换言之,改革发展成果的分享仅有目标是不够的,正确的目标必须与合理的程序结合起来,才能最大限度地避免误入歧途。因此,在分享改革发展成果时,制度化提供了这样的实践标准。

在中国改革发展成果分享的制度体系中,确立以全体社会成员的生存和发展为基本价值取向的公正的权利义务分配体系,依然是目前最为迫切的现实需要。寻求社会权利义务分配的公正,就是要在我们的制度构建中确立社会成员作为"成员"或"公民"的地位,保护他们的"个体权利"。这需要我们用制度安排好市场经济与社会成员基本权利的关系。在市场经济中,虽然市场在资源配置中发挥着基础性的作用,很多权利是可以交易或纳入交易的范畴的,但有关人本身的一些基本权利,如生存权、平等权、发展权、受教育权、健康权等,却不能受市场交易规则支配,而必须在法律制度中得到严格的保护,并由国家和政府保障其实现。即使被奉为市场交易前提的产权或法律上的物权,也只是人的基本权利之一。如果产权的扩张侵害了人的其他基本权利,产权就必须受到适当的限制。事实上,西方国家的所有权及国家干预制度的变迁已经证明了这一点。所以,只有切实保障全体社会成员的个人的基本权利,包括分享社会改革发展成果的权利,制度才能够从最起码的意义上维护人的价值和尊严。

以权利为中心认识和实现改革发展成果分享的方法固然重要,但需要强调的是,权利意味着社会成员个体能够做某些事而不能做另一些事。对于社会成员个体而言,仅有权利是不够的,只有通过民主的体制结构才可能获得最好的保护。因此,民主是改革发展成果分享权利制度化的正当性基础,通过以宪法为中心的法律制度解决社会改革发展成果分享的问题,仍然是以人为本展开的,因而以人为本决定着社会改革发展成果分享制度化价值目标的正当性。与整个人权发展的阶段相一致,改革发展成果分享也经

历了从初步与原则性的要求到构建规范性具体制度的阶段。在西方发达国家，社会改革发展成果分享问题并不是个新问题，19 世纪 80 年代德国首相俾斯麦就已经将社会保险计划引入社会改革，开始了福利国家的建构。在此后的 100 多年里，西方国家纷纷效仿德国的做法，不断对福利国家进行发展、扩充、调整、反思和修正，并将其视为经济社会法律制度的重要内容。

在人本主义的视野中，通过宪法确立公民权利的制度性框架有两个好处：首先，这一框架有助于社会成员参与到改革发展成果的分享中来，行使其应有的经济社会权利，同时使他们认识到社会关系和个人自主必须依赖于集体的原则和安排，而不是通过侵犯他人利益来实现。而且民主作为一种制度形态，能够在某种程度上改造社会成员个体的偏好，也有助于不同的利益集团通过共同的价值观达成共识，这些价值观可能为社会成员个体带来新的生活方式。其次，宪法所确定的公民权利虽然没有表现出应有的本体论特征，但反映了由多数社会成员所决定的目标。这些目标具有再生的能力，可以应对不断变化的环境和人们的态度。同时，改革发展成果的分享作为经济社会权利的一部分，必须具有某种程度的制度意义上的普遍性和客观性，因此必须符合两个基本条件：一是为了获得公众的支持，必须对多元化的民众和社会制度具有号召力，以令人信任的方式表明其对于维护公正社会秩序的必要性，而且能够平等地适用到社会成员个体。既然如此，改革发展成果分享的权利自身就不能建立在任何具体的伦理道德性价值判断之上，以免我们的偏好变成此项权利的对象。二是改革发展成果分享权必须能够运用到具体的事实情形中，具有无可置疑的可实践性。经由法律、政策等途径的制度化满足了这样的条件。

改革发展成果分享被纳入正式的制度安排后，权利的协调成为改革发展成果分享在实践中必须重视和解决的问题之一，因为这种权利的确立可能诱发新的社会冲突。T. H. 马歇尔认为，与市场相关联的消极自由权的授予就引发了剧烈的社会经济和政治权利的不平等。[①] 在宪政体制框架中，既然改革发展成果分享被纳入权利的范畴，必然要求国家承担向个人或特定弱势群体提供福利的责任，因而这些权利的实现需要一定的财政投入与支出。另一方面，现行的法律制度确立了越来越广泛的具体权利，某种程度上也确立了相应的国家义务，但国家义务尚没有充分发展起来。那些不愿

---

① ［英］理查德·贝拉米著：《重新思考自由主义》，王萍等译，江苏人民出版社 2005 年版，第 260 页。

承担因社会经济权利所加在国家身上的义务的国家,常常只愿意批准公民和政治权利方面的国家公约,而不愿意批准《经济、社会和文化权利公约》。迄今为止,联合国的《经济、社会和文化权利公约》仍未得到广泛的批准,这是主要原因之一。也正是因为这个原因,文化和意识形态的人本主义观念对改革发展成果分享的权利机制产生了一定的影响。例如,坚持自由主义的国家认为国家在福利中的作用是极为有限的,从而对经济、社会和文化权利产生抵制。例如,美国共和党执政时期,政府抵制将经济、社会和文化权利纳入正式的权利体系。① 尽管如此,在人本主义的影响下,包括西方国家在内的越来越多的国家批准了《经济、社会和文化权利国际公约》,通过建立经济社会权利机制实现社会财富与机会的公平分享。

权利经由制度化尤其经由正式的法律制度安排后,要发挥有益的作用,必须得到认真的对待。因此,将改革发展成果分享纳入权利机制的范畴并不困难,而如何使其实现才是真正的困难。在将这些权利转化为现实权利的实践中,由于国家的相应义务多为结果性的义务而不是行为的义务,因此,只有这些义务被进一步具体化后,才能成为行为的义务,从而具有可审判性。换言之,与改革发展成果分享权利相关的法律问题主要不在于法律效力,而在于其实践中的适用性。由于许多学者认为社会权利因自身的特点而不具有可审判性,在诉讼中不能援引有关这些权利的法律规定,法官也不能根据这些权利的规定做出裁判。② 有些学者在讨论经济和社会权利时提出了同样的观点。因此,改革发展成果分享权是否具有通过诉讼机制获得救济的可适用性,成为对这种权利进行救济的核心问题。这个问题在欧洲等西方发达国家已经成为法学讨论的重要问题之一,受到国家、社会及学者的关注。

在权利的保障与落实方面,包括医疗体制改革在内的改革发展成果分享应以政府为主导还是以市场为主导,一直是个很有争议的问题。在制度结构的意义上,民间制度创新与法律制度创新对改革发展成果分享都发挥着不可替代的作用。以市场为主导还是以政府为主导,都是不完全的命题

---

① P. Alston *U. S. Ratification of the Covenant on Economic, Social and Culture Rights; The Need for an Entirely New Strategy*, American Journal of International Law, Vol. 84(1990), pp. 365 - 393.

② ［挪］M. 谢宁:《作为法律权利的经济和社会权利》,转引自［挪］艾德等著:《经济、社会和文化的权利》,中国社会科学出版社2003年版,第32页。

和结论,需要依赖更为具体的条件才能成立,简单地肯定或否定都没有多大意义。尤其在被称为后福利国家的当代,社会更加强调全面协调、民主化和团结,制度的多样性也在不断增强,为中国的改革发展成果分享提供了参考依据。基于改革与发展的需要,中国改革发展成果分享主要选择了建构的路径,而不是自然演进的路径。因此,学习和借鉴发达国家的经验成为基本的路径选择,近年来逐步建立和完善的社会保障制度都是通过这种途径展开的。然而,对于社会经济转型的国家而言,学习和仿效西方国家的制度并不是最困难的,如何使引进的正式制度与本国的非正式制度相一致,或者如何按照市场经济制度的要求逐步改造本国的文化传统及生活方式,才是最困难和漫长的过程。对于因市场自身的福利制度不完善所产生的分配不公问题,我们往往希望通过国家和政府的福利制度加以矫正,然而,这样做的结果可能会导致新的不公平后果,从而走向歧途。在建立和谐社会的目标下,我们更关注改革发展成果分享法律制度的改革进程,忽略了制度改革的扎实性,注重了改革的法律制度构建,忽略了改革的民间行动。

另一方面,在改革发展成果分享(尤其是社会财富的再分配)中,政府一直承担着主要的责。在中国目前的社会经济条件下,这当然是正确的,而且在今后的一段时间内,中国的改革发展成果分享制度仍将沿着这一路径发展。但是,我们必须看到,因为原有制度的路径依赖等问题,仅仅依靠国家法律制度的安排可能难以完全达到通过制度结构的变化促进财富公平分配的目标,因此,社会财富分配制度在西方发达国家已经出现了新的趋势。这种新趋势主要包括了两种不同的路径:第一,在知识经济时代,新的福利国家应当关注对私营部门创新的激励和保护,应更多地以激励与责任为特征。激励要求国家和政府鼓励民间的创新,包括制度理念创新和制度技术创新。第二,通过建立全球化的多元收入转移渠道,减少国家福利保障机制所占的比重,进而解构国家福利。民间制度创新可实现市场福利制度的自发创新,矫正了市场福利分配中的某些法律制度所产生的不公平后果。这种功能恰恰是法律制度所难以发挥的,尤其在中国现有社会制度变迁的过程中,民间制度创新相当活跃,在很多情况下发挥了基本的引导和自我发展功能。中国共产党十七次代表大会明确提出要增加群众的财产性收入。依照我们的理解,财产性收入属于市场行为的结果,因此,在理解政府对改革发展成果分享的责任时,不能将政府的责任仅理解为建立和完善再分配法律制度并籍此促进财富的公平分配,政府的责任还包括致力于为民间制度创新提供良好的制度环境,大力推动社会救助制度、志愿者组织制度、企业社会责任制度的发展,确立经济平等权和经济自由权制度,以此弥补国家福利制度的不足,实现制度结构的均衡。

在经济全球化的背景下,如何建立多元化的收入转移机制,成为现代政府责任的一种合理扩展。因此,我们致力于如何建立社会保障法律制度的路子肯定是正确的,但如果仅仅注重以国家和政府为核心的法律制度的改革与完善,则是一种需要适当矫正的路径选择。当然,这也并不意味着像某些人所认为的那样,社会财富分配应由市场发挥主导作用。从国外的经验和中国的实际情况看,在中国的社会财富公平分配中,政府及法律制度的安排是重要的推动力量,民间制度的创新及私人部门的责任分担则是重要的基础。在完善相关法律制度的同时,注重构建如何让市场主体能够自由地创新以有利于财富公平分配的制度,并实现财富分配的合理性,将是中国改革发展成果分享制度发展的一个基本方向。如果政府不能营造民间制度创新的环境,只靠完善法律制度,很难达到改革发展成果公平分享的目标。

综上所述,通过法律与政策安排的权利机制合理分享改革发展成果,已经成为中国社会的共同愿望与呼声。由于改革发展成果的分享是一个综合性的社会问题,而且改革时期人们的价值多元化与相对性不断扩张,如何认识其正当性,成为关系社会稳定和国计民生的重大问题。以人为本为我们认识这一问题提供了一个恰当的范式,回答了改革发展成果分享权的主体、认识论基础、现实基础及实践和制度化的路径选择等问题。但需要强调的是,以人为本主要提供的价值标准和观念是一个历史视野中的认识范式,具有明显的相对性和局限性。尤其在中国目前的条件下,发展仍然具有不可置疑的优先性地位,其他问题只能在这个原则下解决。改革发展成果分享作为人权的一个重要组成部分,同样不能脱离这个现实,否则可能会走向发展的反面,出现方向性和原则性的错误。科学发展观强调科学、全面协调与可持续的发展,深刻总结了国内外在发展问题上的经验教训,站在历史和时代的新高度,进一步回答了改革发展的方向及基本路径等重大问题,既是我国经济社会发展必须长期坚持的指导思想,也是解决改革发展成果分享问题必须遵循的基本原则。因此,在坚持以人为本的范式认识与解决改革发展成果分享问题时,还必须回到科学发展观上来,用科学发展观认识和解决社会财富与机会的公平分享问题。

之二：和谐社会:改革发展成果分享的目标诉求

目 录

中共中央总书记胡锦涛在中共十七大报告中明确指出："合理的收入分配制度是社会公平的重要体现。初次分配和再分配都要处理好效率和公平的关系,再分配更加注重公平。"①我们认为,胡锦涛的论述事实上包括三个重要的维度:一是对我国的收入分配制度的性质进行了阐述,明确将社会公平作为合理的收入分配制度之本质要求;二是把两次分配放在一起考虑,提出"初次分配和再分配都要处理好公平和效率的关系",这与以往的"初次分配更加注重效率、再分配更加注重公平"有很大的不同,也是本研究重新思考我国传统分配范式的逻辑性起点;三是在阐述收入分配制度时,是将其作为和谐社会的重要内容、作为和谐社会中民生问题的主要方面来进行思考的。这既是一个创新,也为研究改革发展成果分享的目标取向指明了方向。

---

① 胡锦涛:《高举中国特色社会主义伟大旗帜 为争取全面建设小康社会而奋斗——在中国共产党第十七次全国代表大会上的讲话》,人民出版社 2007 年版,第 38 页。

为什么和谐社会是改革发展成果分享的目标诉求？我们认为，这主要是由于作为民生问题的核心部分，收入分配是一个关系到最广大人民利益的重大问题。从法学的角度看，根据什么理念指导有关收入分配制度体系的建立并以此来保障人民共享改革发展成果，需要回答以下四个核心问题：一是我国现行的分配制度（分配范式）到底是怎样一种状态？这是我们提出对策与建议应当回答的前置性问题；二是如果我国现行的分配制度是合理的，为什么会出现有关分配的种种社会性问题？这实质上牵涉到如何评价现行的改革发展成果分享范式以及我国应当确立一种怎样的改革发展成果分享范式的问题；三是在构建和谐社会中我国如何建立有关改革发展成果分享的制度体系？这就必须对和谐社会的本质进行深入考察；四是能够保障改革发展成果公平分享的制度体系到底是怎样一种图景？这就需要我们思考国家与社会的关系、利益群体（集团）之间的关系、人与自然的关系以及区域之间发展的均衡等宏观性的问题。我们认为，只有系统地、完整地回答以上四个方面的问题，才能真正理解为什么改革发展成果公平分享的制度体系是以和谐社会为旨归的，也才能真正深刻体会胡锦涛在和谐社会的视域下论述构建公平的收入分配制度的意义和价值。

一、改革发展成果传统分享范式的解读

柏克深刻地指出，历史不是原则的导师，但它是审慎的导师。[1] 改革开放的历史进程让我们见证了改革发展的繁荣成果，同时也使我们洞识到改革发展成果分享中存在的一些问题，而对改革发展成果传统分享范式本质的审视与评价，将成为我们检视现实问题并提出应对之策的逻辑起点。

（一）传统分享范式提出的历史背景

改革是一种伴随着阵痛的社会变迁与社会发展之历史进程。就如何分享改革发展的成果，以邓小平和江泽民为代表的中央领导人做出了卓越的探索。早在改革前夕，针对平均主义的分配政策，邓小平就深刻指出："如果不管贡献大小、技术高低、能力强弱、劳动轻重，工资都是四五十块钱，表面看来似乎大家是平等的，但实际上是不符合按劳分配原则的，这怎么能够

---

① 参见［美］拉齐恩·萨丽等著：《哈耶克与古典自由主义》，秋风译，贵州人民出版社2003年版，第378页。

调动人们的积极性。"①改革发展的繁荣进程证明,这种打破平均主义分配模式的努力是卓有成效的。随着我国经济实现跨越式的发展,分配不公逐渐成为社会的一个焦点问题。针对这种情况,以江泽民为核心的党的第三代领导集体在中共十六大中慎重提出:"初次分配注重效率,发挥市场的作用,鼓励一部分人通过诚实劳动、合法经营先富起来。再分配注重公平,加强政府对收入分配的调节职能,调节差距过大的收入。"概言之,就是"效率优先,兼顾公平"。

据此,我们可以认为,"效率优先,兼顾公平"是改革发展成果分享的传统范式。因为"传统不仅仅是过去的东西,而且是对现在和未来都能够产生定向性和规定性影响的东西。那些仅仅属于过去,早已僵化和死亡的东西,并不能称为传统。"②客观而论,这种传统的改革发展成果分享范式有其历史性的功绩。但随着我国经济的进一步发展,收入差距的进一步拉大,现实又把"公平"与"效率"这样一对范畴推向了历史的前台,并成为现今构建社会主义和谐社会的基本问题。实践已向我们表明:重新检视"效率优先,兼顾公平"的关系,不仅具有理论的先导意义,更有实践的现实价值。

(二)"效率优先兼顾公平"存在的理据

1.效率优先存在的根据

我们认为,坚持效率优先的根据是:(1)基于我国处在社会主义初级阶段这一最大国情的考虑。社会主义初级阶段就是生产力不发达的阶段,这种过程的漫长性使我们必须充分注重效率的重大经济与政治意义。保罗·克鲁格曼曾经指出,生产率不等于一切,但长期看它几乎意味着一切;(2)基于市场经济是我国改革发展的既定目标的考虑。历史证明,市场是当今人类所能找到的最好的资源配置方式。市场不相信别的权威,只相信竞争的权威,而效率是衡量竞争力大小的有力尺度,因此,效率优先契合了市场经济的话语安排;(3)基于对按劳分配的至真考虑。按劳分配是人类历史发展过程中不可逾越的阶段,它矫正了计划经济体制下分配与效率的错位,使劳动者的收入充分体现其劳动的社会价值。效率高者收入高,而效率低者收入也就相应降低,从而大大激发了个人的创造力并在总量上有利于社会财富的增长;(4)基于有效克服社会主义初级阶段主要矛盾的客观性考

---

① 《邓小平文选》(第2卷),人民出版社1994年版,第30—31页。
② 张文显著:《法哲学范畴研究》,中国政法大学出版社2001年版,第240页。

虑。社会主义初级阶段的主要矛盾是人们日益增长的物质文化需要同落后的社会生产力之间的矛盾,这种现实状况要求大力发展生产力,提高经济效率。由于效率优先可以极大激发个人的创造力与潜能,因此可形成"小河有水大河涨"的局面,从而有利于社会主要矛盾之克服;(5)效率优先有效地回应了以经济建设为中心这一时代主题。注重高效率才是以经济建设为中心的本旨;(6)从操作的层面看,效率优先在运用政策的、法律的手段以保障其推行时具有可操作性。衡量工作是否真的是以效率优先,一些量化的指标数据如 GDP、GNP 以及绿色 GDP 等就很能说明问题。由是观之,"效率优先"因其强有力的理论基础、与时俱进的内在品格及可操作的现实特征,使其在我国分配领域中得到了有效的落实。

2. 兼顾公平存在的依据

客观而论,"兼顾公平"也存在一些有力的理论支撑点,这主要表现在以下几个方面:(1)"兼顾公平"是社会主义的本质要求。邓小平指出,"社会主义的本质,是解放生产力,发展生产力,消灭剥削,消除两极分化,最终实现共同富裕。"①解放生产力与发展生产力体现了对效率的关注,而"实现共同富裕"则体现了对公平的重视。因为"社会主义不是少数人富裕起来,大多数人穷,不是那个样子。社会主义的最大优越性就是共同富裕,这是体现社会主义本质的一个东西。"②(2)兼顾公平体现了对社会稳定的追求。"稳定是压倒一切的大事。"没有稳定就没有发展,而收入分配是否公平是影响稳定最重要的因素。国务院总理温家宝在 2006 年的《政府工作报告》中郑重指出:要"更加注重社会公平和社会稳定,让全体人民共享改革发展成果。"(3)兼顾公平也体现了公平与效率深层次上的辩证统一关系。没有效率的公平是低水平的公平,而没有公平的效率是难以为继的效率;(4)兼顾公平是保障基本人权的需要。生存权是最重要的人权,而市场是不相信眼泪的。但"在一个正义的社会,劣汰者可以被逐出市场,但不能被逐出社会,不能丧失作人的资格,作为人他们有人的权利,有生存发展的权利。"③

理论能够指导实践,但理论与实践毕竟存在距离。改革开放以来贫富差距的迅速拉大,使我们深刻认识到兼顾公平并没有得到相应的贯彻。其理由是:(1)"矫枉过正"的心理在作怪。新中国成立以来,我们吃过平均主

---

① 《邓小平文选》(第 3 卷),人民出版社 1993 年版,第 373 页。

② 《邓小平文选》(第 3 卷),人民出版社 1993 年版,第 364 页。

③ 邱本著:《市场法治论》,中国检察出版社 2002 年版,第 205 页。

义、大锅饭的苦头,所以兼顾公平很可能就在实践上被曲解为兼顾平均主义,历史的阴影使我们很难对公平产生认同感甚至一开始就有抵触情绪;(2)"兼顾公平"的提法在客观上给人造成一种可以兼则兼、不可以兼则不兼的错觉。这"一方面是作为改革和发展过程中的客观代价不可避免,另一方面也是关键问题,那就是在实践的操作层面上人们对于'效率优先,兼顾公平'存在着片面认识……'可以顾也可以不顾',从而人为地造成了社会不公。"①(3)"兼顾公平"存在操作上的困难。对于效率优先是否得到保障,有明确的指标,而对于公平是否得以恰当地兼顾,基本上没有可操作的指标。因此,造成实际工作中无法操作的困局。正如有学者所指出的,"我们应当承认,当前社会不公现象的存在,不是由于我们坚持了'效率优先,兼顾公平',而是很少或根本没有顾及公平造成的。"②

(三)"效率优先兼顾公平"范式的实质

上述关于"效率优先,兼顾公平"的分析使我们认识到:效率优先作为社会主义初级阶段以经济建设为中心、以市场经济为目标这样一种语境中的"关键词",得到了较好的执行。而兼顾公平虽然也有其存在的理论依据,但由于历史的沉重以及可操作性较低,使之在分配领域中没有得到很好的贯彻。因此,"效率优先,兼顾公平"的范式实质上是一种"效率范式"。基于改革发展成果的传统分享范式——效率范式的缺陷与不足,有学者对其进行了重新反思与检视。③ 中共中央党校张恒山教授从制度设计的角度

---

① 董振华:"和谐社会视域中的公平与效率",载《重庆社会科学》2005 年第 8 期。
② 王天崇、贺利军:"试论构建和谐社会的核心因子——公平、效率、正义与法治",载《求实》2005 年第 9 期。
③ 事实上,国内有学者很早就有关于这方面的争论。如,有学者早在 1994 年就撰文公开批评"效率优先,兼顾公平"的命题。参见吴鹏森:"围绕社会主义市场经济重建公平",载《光明时报》1994 年 6 月 22 日。同时,该学者进一步分析指出,"长期以来,经济学把公平等同于平均分配,等同于以洛伦斯曲线为基础的基尼系数为零,由此出发,认为公平会影响效率的发挥。这是不正确的。公平是一种价值判断,而洛伦斯曲线只是一个事实表达,收入的平均分配,并不等同于公平。"因此他告诫我们要跳出经济学的"公平陷阱"。(参见吴鹏森:"公平:和谐社会的柱石",载《探索与争鸣》2005 年第 4 期。)此外,有学者认为,"效率优先,兼顾公平"只是一个策略性的提法。随着中国发展进程和市场化进程的逐渐深入,这一提法已经显露出它的局限性:(1)它降低了公正的地位,并割裂了公正与效率的关系;(2)忽略了作为全社会的代表者——政府对于社会成员应尽的责任;(3)颠倒了发展的基本价值目标与发展的基本手段、基本途径的关系。"效率优先,兼顾公平"是一个适用于市场经济因素初步形成时期的提法,曾经对中国社会经济的发展起过积极的重要作用,但是其自身有着明显的局限性。我们

指出，"效率优先，兼顾公平，在一定意义上可能是正确的。但从整个社会制度设计的层面来看，它是根本不可能被适用的……对一个社会而言，对正义的追求应置于首要地位（而公正的第一个含义便是 justice，即正义，引者注）。任何制度设计，都要以正义为优先价值取向。人类经济史表明，效率，实际上只是真正具有正义性的社会整体制度的副产品。"同时，张教授批判了传统的关于计划经济制度重公平不重效率，当代经济制度因此应"效率优先，兼顾公平"的肤浅看法，指出其"是一个貌似正确，实质错误的观念"。"可以说，传统式计划经济的真正失败在于，它以平均分配这种表面上的公平掩盖了实质上的不公正，所以，抑制了人们的劳动积极性、创造性，使得社会生产没有效率。"②我们认为，这些论述是极为深刻的。因为理论的生命力不在于其对追求永恒真理供给的热情，而在于其通过对开放性特质的展示，不断修正自己。在社会分配成为当今社会焦点之际，重新客观地检视"改革发展成果分享的传统范式"——"效率范式"，并对其进行客观评价，是至为重要的。正如伽达默尔深刻指出的，问题就不简单是怎样丢弃自己（它既无可能又无必要），而毋宁是如何在置身于某种历史视域的同时，既超越自己固有的视域，也超越此一历史的视域，并通过此二者间循环往复而又富有成效的对话实现某种更高程度的统一。③

应当本着与时俱进的精神，对之做出必要的矫正。同时，需要看到的是，在新的时代条件下，必须把公正放到一个至关重要的位置。以公正为基本出发点，促进社会经济全面而协调的发展。（参见吴忠民："对'效率优先兼顾公平'提法的反思"，载《中国经济时报》2002 年 7 月 4 日。）当然，也有学者持相反的观点。如邓微认为，无论是在建立社会主义市场经济体制的初始阶段，还是在建立了该体制之后，"效率优先，兼顾公平"都是顺应社会发展实际、符合社会公正要求的。所以在收入分配领域必须坚持"效率优先，兼顾公平"的原则。"商品是天生的平等派"，平等竞争、优胜劣汰是市场经济机制发生作用的必然结果，在激烈的市场竞争中，依照效率，分配的天平自然向优者、胜者、强者倾斜，这种分配正是建立在市场公正基础之上的。高的效率带来高的回报，并激励市场主体努力提高效率以获取高的回报——这便是市场经济的内生性动力。（参见邓微："关于'效率优先，兼顾公平'的思考——与吴忠民先生商榷"，载《中国经济时报》2002 年 8 月 29 日。）周为民认为，人们往往只是在生产效率的意义上来理解效率，甚至只把它理解为任何个别活动的"效率"。这样一来，"效率优先这个提法自然就被荒谬化了。"效率优先，兼顾公平"原则针对的是传统体制的根本弊端"，是与建立市场经济体制的大目标紧密相连的一个重大战略思想，是一项正确而又关乎全局的改革大计，必须坚持，不可动摇。（参见周为民："对'效率优先，兼顾公平'的误解应当澄清"，载《中国经济时报》2002 年 9 月 2 日。）但现在看来，我们必须重新检视这个问题。

② 参见张恒山："略论和谐社会中的公平正义与法律"，载《法学杂志》2005 年第 4 期。

③ 参见［德］伽达默尔著：《真理与方法》，洪汉鼎译，上海译文出版社 1992 年版，第 373—394 页。

二、改革发展成果传统分享范式之评析

（一）"效率范式"与"中国奇迹"

1. 中国经济取得的巨大成就

对于"中国奇迹"，学术界有争议，①也有人担忧，②但有一点是无可否认的：中国经济的成就确实巨大。这里，数据是最令人信服的：据世界银行的统计，从 1980 年到 1991 年，中国的国民生产总值和人均国民生产总值的年增长率分别为 9.4% 和 7.8%。③ 而 1991 年到 1996 年间，我国国民生产总值年平均增长率更是高达 11.2%；个别年份甚至达到 14% 以上。④ 以农业为例，1984 年谷物产量达到了 4 亿零 700 万吨，比 1978 年超产 1 亿吨，并从 1985 年始，中国首次成为粮食出口国。⑤ 中国用世界 7% 的耕地养活占世界 28% 的人口，还出口粮食，这本身就是一个奇迹。金融是国民经济的血液与国家经济情况的晴雨表，中国的金融市场在过去短短几年中也有了

---

① 对于 1978 年以来中国经济的进步，林毅夫等总结指出，"中国在整个 80 年代的平均增长率接近 10%，达到创造'东亚奇迹'的亚洲'四小龙'在快速发展时期的增长速度。特别是在面积和人口分别为亚洲'四小龙'5 倍和 4 倍的沿海 5 个省份，连续保持高达 12% 的经济增长速度，创造了人类经济增长历史上前所未有的奇迹"。参见林毅夫等：《中国的奇迹：发展战略与经济改革》，上海三联书店、上海人民出版社 1994 年版，第 2—3 页。于此可见，林毅夫等是认为中国存在经济"奇迹"的。与此相对，哈佛大学学者的研究则标明：有鉴于中国的后发优势、地理优势、人力资本优势及市场取向改革政策的正面影响等因素，中国高速的经济增长是与国际发展经验相符合的，并没有超出世界经济史已有的经验。因此也就不存在"中国奇迹"的说法。显然，这一学者群体是否认中国存在"经济奇迹"的。（参见亚洲开发银行：《崛起的亚洲》马尼拉 1997。）

② 美国加州大学伯克利分校新闻学院院长、著名中国问题专家夏伟（Orrille Schell）就表达了这种对"中国奇迹"的担忧："在过去的十年中，中国似乎一直是一个'奇迹'，但是经济表现良好的时期对政府来说，很少是一种考验。"参见夏伟："对中国经济'奇迹'的担忧"，冯亦斐译，载《新闻周刊》2003 年第 12 期。而美国麻省理工学院国际问题研究中心研究成员乔治·J·吉尔博伊则在其《中国奇迹背后的迷思》一文中指出，"中国要成为一个科技和经济大国所面临的一个困境是，在中国释放使其成为一个全球有力竞争者的潜力以前，中国必须实行相关的体制改革，而不是简单地使市场更加自由开放，或者吸引更多的投资。"（参见［美］乔治·J·吉尔博伊："对中国经济发展奇迹的反思"，曾爱平摘译，载《国外理论动态》2005 年第 3 期。）

③ 参见世界银行：《世界发展报告》（1993），牛津大学出版社 1993 年版，第 238 页。

④ 参见《1997 年中国经济年鉴》，中国经济年鉴社 1997 年版，第 800 页。

⑤ 参见姜列青："中国经济奇迹的秘密"，载《国外理论动态》2001 年第 10 期。

"惊人的增长率",它以交易额达 5000 亿美元的数量仅次于华尔街与东京交易所。① 中国同世界及世界主要国家同期经济增长率的比较如下表 1:②

表 1　中国和世界及世界主要国家经济增长率比较

	1979—1988 年均增长率（A）	1989—1997 年均增长率（B）	1998 年增长率（C）
世界	3.4	3.2	2.5
发达国家平均	2.7	2.2	2.2
美国	2.7	2.3	3.9
日本	3.8	2.4	2.8
欧盟	2.3	2.0	2.8
发展中国家平均	4.3	5.7	3.2
中国	10.1	9.5	7.8
韩国	8.1	7.3	−5.5
新加坡	7.3	8.5	1.5

　　2005 年,我国社会主义现代化事业取得显著的成就,③首先是经济平稳较快发展。2005 年国内生产总值达到 18.23 万亿元,财政收入突破 3 万亿元。其次是改革开放迈出重大步伐。以进出口贸易为例,2005 年进出口贸易总额达到 1.42 万亿美元。利用外资持续保持良好势头。2005 年年底外汇储备达到 8189 亿美元。最后,人们生活进一步改善。城镇新增就业人口 970 万人;城镇居民可支配收入达到 10493 元,农村人均纯收入达到 3255 元。我国正在全面建设小康社会的道路上迈出新的、坚实的步伐。④

---

　　①　参见［叙］哈米迪·艾勒阿·杜拉:"中国经济奇迹的六大成因",载《当代世界》2004 年第 1 期。

　　②　参见沈波涛、李玉举:"中国奇迹的新经济增长理论分析",载《经济师》2001 年第 5 期。

　　③　参见温家宝:《2006 年政府工作报告》,人民出版社 2006 年版,第 3 页。

　　④　中国目前的经济总量排在美国和日本之后,位居世界第三。美国投资专家罗杰斯曾预言,中国有可能在 2025 年前超越美国,成为世界第一大经济体。美国高盛公司首席经济师奥尼尔则称,中国有可能在 2027 年前挑战美国的老大地位。而中国科学院发布的 2050 年科技发展路线图中预测,2050 年,中国经济总量将达到世界首位。参见中科院:"2050 年中国经济总量将达到世界首位",资料来源:http://www.chinanews.com.cn。同时,根据中国外汇管理局公布的数据,截止到 2009 年 3 月,我国持有外汇储备达到 19537.41 亿美元,超过西方七国的外汇储备之总和,并取代日本成为美国最大的债权国。

2. 效率优先对中国奇迹的铸就

毋庸置疑,"中国奇迹"的出现是多种因素铸就的。但我们认为,"效率范式"起了至关重要的作用。其理由是:(1)"效率范式"符合社会主义解放与发展生产力的本质要求。追求效率势必要求解放生产力与发展生产力,这必然会催生"中国奇迹"的产生;(2)"效率范式"有效地契合了社会主义初级阶段按劳分配的基本要求。按劳分配就是多劳多得、少劳少得、有劳动能力者不劳不得。这样一种分配尺度势必促成广大人民群众"多劳"从而促进整个经济的发展;(3)"效率范式"符合社会主义初级阶段"让一部分人合法先富,先富带后富,最后共同富裕"这样一种发展路径。"效率范式"的推行使一部分人通过合法手段先富起来,起到了榜样、示范作用,而榜样的力量是无穷的;(4)"效率范式"最大限度地激发个人潜能,使每个人在市场竞争中拿出自己最好的一面,从而利于经济的总体繁荣,进而催生"中国经济奇迹"。

(二)"效率范式"与"贫富差距"

1. 中国贫富差距之现实考察

中国的贫富差距是很大的,这主要表现在以下五个方面:

第一,城乡差距不断扩大。自 1978—2005 年,我国城乡之间的基尼系数及收入差距如下表 2:①

表 2　1978—2005 年城乡之间基尼系数及收入差距情况

年度	农村基尼系数	城市基尼系数	城乡收入差距(单位:倍)
1978	0.212	0.160	2.570
1979	0.237	0.160	2.528
1980	0.234	0.160	2.497
1981	0.239	0.167	2.240
1982	0.232	0.150	1.982
1983	0.246	0.150	1.822
1984	0.258	0.160	1.835
1985	0.264	0.190	1.859

---

① 参见陈晖:"金融发展问题研究:经济效应及影响因素",华东师范大学 2008 年博士学位论文,第 120 页。

年度	农村基尼系数	城市基尼系数	城乡收入差距（单位：倍）
1986	0.288	0.190	2.126
1987	0.292	0.200	2.166
1988	0.301	0.233	2.166
1989	0.300	0.230	2.284
1990	0.310	0.230	2.200
1991	0.307	0.240	2.400
1992	0.314	0.250	2.585
1993	0.320	0.270	2.797
1994	0.330	0.300	2.863
1995	0.339	0.280	2.715
1996	0.283	0.280	2.512
1997	0.330	0.196	2.469
1998	0.330	0.206	2.509
1999	0.350	0.175	2.649
2000	0.330	0.253	2.787
2001	0.360	0.140	2.899
2002	0.365	0.317	3.111
2003	0.368	0.329	3.231
2004	0.369	0.194	3.209
2005	0.375	0.246	3.224

据有学者统计，2005 年"我国农村每年人均收入低于 625 元的尚未解决温饱的贫困人口有 3000 万，低于 865 元的低收入人口有 6000 万，两者共占农村总人口的 11%。"[1]

第二，地区贫富差距过大。这集中体现在"一个国家四个世界"上。[2]"第一世界"的代表是上海、北京和深圳等发达地区。上海和北京人均 GDP 分别为 15516 美元和 9996 美元，这高于世界上中等收入国家的 8320 美元的平均水平。"第二世界"是大中城市、沿海地区的小城市以及恢复农村恢复较发达地区。广东、浙江、天津、江苏可为代表。"第三世界"是广大农村

---

① 张素芳："构建利益公平分配的和谐社会——三论市场经济的公平与效率"，载《学习与探索》2005 年第 1 期。

② 参见汝信等主编：《中国社会形势分析与预测》，社会科学文献出版社 2001 年版，第 167 页。

下中等收入或者低收入的较不发达地区,中部省份可为代表。"第四世界"是西部少数民族的农村地区以及边远地区的极低收入贫困区,如贵州人均GDP只有1247美元,在世界排名177位,与上海相差132位之巨。①

第三,不同行业和不同所有制的职工收入差距拉大。从不同行业看,职工平均工资,1978年金融保险业是农、林、牧、渔业的1.30倍,1990年为1.36倍,2000年扩大为2.60倍,2003年更扩大到3.00倍。② 而与1990年相比,2000年房地产、金融保险业和技术服务业收入增幅分别达到470%、547%和466.8%,相较之下,农业牧渔业与采掘业增幅仅为236.4%、206.8%。1990年收入最高的行业是收入最低的行业收入的1.72倍,到2000年便上升为2.63倍。③ 从不同所有制看,2003年,国有制单位职工平均工资比城镇集体所有制单位职工平均工资高68%左右,而其他所有制单位与国有制及集体所有制单位相较,农、林、牧、渔业分别高出45%和64%,采掘业分别高3.1%和近1倍,制造业分别高出5.3%和75%。④

第四,城镇、农村内部的贫富差距扩大。在城镇,自20世纪90年代以来,贫困人口规模逐年增长:1993年,人均月收入低于100元的城镇贫困人口为1200万,而到1994年,人均月收入低于103元的城镇生活困难职工已达2000万。1995年人均月收入低于130元的城镇贫困人口涉及到3000万左右。⑤ 与此同时,根据《2005年社会蓝皮书》的统计,城镇中最富有的10%的家庭与最贫穷的10%的家庭可支配收入差距超过8倍,而收入最高的10%的家庭财产总额占城镇居民全部财产的比重接近50%,而最低的

---

① 据贵州省一位副省长介绍,尽管改革开放以来,贵州抢抓西部大开发和新阶段扶贫开发历史性时机,深化革新,扩大开放,经济社会发展方面取得了很大成绩,人民生活日益改善,但与兄弟省区市相比,还是存在不小的差距。尤其突出的是工业化、城镇化、市场化水平低,交通、水利等基础设施薄弱,农村贫困面大,"欠发达,欠开发"的基本省情没有改变。同时,据贵州省发改委一负责人介绍,尽管贵州省的生活水平相对于改革开放前有较大幅度的提高,但与全国平均水平比较,老百姓收入明显偏低,而且差距比改革开放前更加扩大。(西南政法大学"改革发展成果分享法律机制研究"课题组赴贵州调研资料,2008年11月。)

② 张素芳:"构建利益公平分配的和谐社会——三论市场经济的公平与效率",载《学习与探索》2005年第1期。

③ 参见伏兰君:"解决当前收入差距问题的重点与对象",载《甘肃社会科学》2003年第2期。

④ 参见张素芳:"构建利益公平分配的和谐社会——三论市场经济的公平与效率",载《学习与探索》2005年第1期。

⑤ 参见王朝明:"中国城镇新贫困人口论",载《经济学家》2000年第2期。

10%的家庭财产总额占城镇居民全部财产的比重仅维持在1%上下。① 在农村，2001年有30%左右的农户人均年纯收入在全国贫困线以下（1000元），70.5%的农户人均年收入在平均值2768.52元以下，而有56.4%的农村家庭年纯收入不到2000元，基本处于温饱型阶段。② 这一情况在一些不发达的省份特别突出。根据本课题组的调研，截止到2007年底，整个贵州省尚有贫困人口603万人，占全国贫困人口4320万人的13.96%。而其中绝对贫困人口215万人，占全国同类人口1479万人的14.54%，低收入贫困人口388万人，占全国同类人口2841万人的13.66%，全省贫困人口占全省农村人口的比重为21.14%，是全国贫困人口所占全国农村人口的三倍。

第五，反映贫富差距的基尼系数已超过警戒状态。③ 据学者的研究，我国的基尼系数在1980年为0.3左右，而到1988年则上升到0.382，到1994年则达到0.434，而2000年，中国的基尼系数已达到0.458。④ 中国人民大学的调查表明，2003年我国城市居民个人年收入的基尼系数达到0.561。⑤

综上所述，我们可以看出，我国的贫富差距已成为一个不可回避的问题，以致学术界有人惊乎我们正面临着"拉美化的陷阱"。

2. 我国贫富差距原因的分析

造成贫富差距的主要原因有以下几个方面：

第一，历史及地理的原因。冰冻三尺，非一日之寒。城乡差距、地区差距、行业差距、城镇与农村居民收入差距都非朝夕所致，而是长期累积而成。以地区差异为例，由于地理环境、基础设施、原有的生产力水平等"硬件"方面的差距和文化传统、民情风俗及人口素质等"软件"的方面的差异，形成了大国发展进程中不可避免的地区间贫富差距。例如，根据本课题组在贵州的调研，由于生态环境遭到破坏，贵州省"石漠化"程度相当严重，面积高居西南各省区市之首，需要治理的"石漠化"面积已达4900多万亩，同时每

---

① "缩小差距，共同富裕"，资料来源：http://www.china.org.cn.

② 参见李强："试析我国农民收入状况"，载《经济学动态》2002年第9期。

③ 基尼系数是反映贫富差距的重要指标。一般认为，基尼系数为0为绝对平均状态；基尼系数在0以上0.3以下属最佳状态，此时贫富差距较小；在0.3到0.4之间为正常状态，超过0.4便是进入警戒状态，而达到0.6以上则是处于社会随时有可能发生动乱的危险状态，基尼系数为1则为绝对贫富分化状态。

④ 参见汝信等主编：《中国社会形势分析与预测》，社会科学文献出版社2003年版，第226页。

⑤ 参见郑杭生主编：《中国社会发展研究报告》，中国人民大学出版社2004年版，第53页。

年还继续以 135 万亩的规模扩展。而由于受资金投入不足等多方面因素的制约,贵州省每年能治理的"石漠化"面积仅 60 多万亩。显然,在生态环境有效改变之前,这些地区居民的收入不可能有较大的提高。

第二,制度安排的原因。制度对于社会经济的发展、社会公平的铸就具有非凡的意义。因为"较高水平的制度的存在,可以使环境保持稳定,可以有效地减少环境中的熵,从而可以释放出更多行动的熵,用于制度化水平低的领域。"①从反面看,制度安排不当就会产生更多的"熵"。就制度安排不当导致贫富差距的原因而论,具体表现为以下几个方面:(1)制度失灵。例如,就中外合资经营企业的建立而论,虽然我国已颁布《中华人民共和国中外合资经营企业法》,但由于原则性强操作性差,加之其他的配套制度跟不上,以致在国有企业资产进行评估时,国有企业负责人对国有资产不评估或者评估不足,甚至造成负责人暗中吃"干股"的现象。(2)制度不公。这主要表现为因资源的垄断性经营而形成的垄断性高收入。据统计,垄断性的行业或企业一般员工的工资收入比非垄断部门高出 3 倍以上。②(3)制度调整造成的贫富差距。以收入分配制度为例:一方面由于以按劳分配为主体,多种分配方式并存的分配制度的确立,使得个人之间的收入拉开了距离。应该说,贫富差距的存在是普遍的,但问题是不能太大;③另一方面,由于我国处于社会转型的进程中,这使得社会再分配领域的改革还很不到位,最为明显的例证就是社会转移支付能力弱和我国社会保障体系的不完善。这种对高收入者的规制不力和对低收入者的保障不力,通过市场机制的放大作用,更加大了社会贫富差距。(4)制度缺位造成的贫富差距。这以建立开发区为典型。据不完全统计,我国土地隐形交易损失每年高达 100 亿以上,城镇土地使用税不到位的损失每年达到 120 亿元,而由于土地闲置每年损失的收益则高达 800 亿元。④

第三,个人能力差异的原因。决定经济效率的高低既有物的因素,也有人的因素。而物的因素归根结底要通过人的因素才起作用。因此,劳动者

---

① 〔美〕拉齐恩·萨丽等著:《哈耶克与古典自由主义》,秋风译,贵州人民出版社 2003 年版,第 192 页。

② 参见胡静波、李立:"我国垄断行业收入分配存在的问题和对策",载《经济纵横》2002 年第 11 期。

③ 参见邓伟志著:《和谐社会笔记》,上海三联书店 2005 年版,第 3 页。

④ 白莹:"和谐社会:基于人本主义经济学视角的研究",西南财经大学 2005 年硕士学位论文,第 37 页。

的积极性越高,资本、土地、工具、原料等物的因素的利用率也就会越高,从而产生更高的经济效率。① 根据本课题组的调研,当前我国农村贫困人口大体可以分为几种类型:一是无劳动能力的;二是因病因灾因学致贫的;三是缺乏生产资料的;四是文化素质低下,思想观念落后的;五是好逸恶劳者。显然,这些不同类型的贫困对象都有一个共同的特征:个人能力比较欠缺。由于按劳分配以个人的劳动能力的质和量为尺度进行分配,而人的差异性是不可避免的,因此个人之间的贫富差距在一定生产发展的阶段上也是必然的。

第四,"马太效应"是产生贫富差距的又一个原因。因为"市场只相信竞争的权威而不相信眼泪",同样的商品只能卖同样的价钱并受供求关系的影响,于是,市场成为个人能力的放大器:使富者愈富,而穷者可能更穷。

3. 效率范式与贫富差距的关系

上述分析使我们认识到,造成贫富差距的原因是多方面的。也许我们的分析仅是冰山一角,但我们认为:不论是历史原因,还是制度原因、个人原因及市场作用机制的原因,产生贫富差距这一结果都是最终通过分配范式这一关键环节才得以促成的。因为利益不光要有相对主体才有其存在的意义,更要予以分配才能转化为现实的利益。完全不可分配的利益是"只可远观而不可近玩"的飘缈存在,是不可欲的,其顶多提供一种"期待"。这一分析进程表明:分配范式才是至为重要的根因。鉴于我国的分配范式实质上是一种"效率范式",而兼顾公平则由于认识的原因及操作性不强的原因而在现实中遭遇了"冷处理"。至此,我们完全可以认为,"效率范式"与"贫富差距"之间存在一种因果关系。而效率范式所要求的理性人假设以及理性人所具有的"理性的冷漠计算使得现代文明人不仅对同胞的苦难视而不见和缺少同情心",而且其自利性也正如休谟所言,"人如果宁愿毁掉全世界而不肯伤害自己的一个指头,那并不是违反理性的。"这样就铸就了"理性的黑暗"。② 这种效率范式指引下的理性的计算与自利本旨在深层次上加剧了对平等的"藐视"。卢梭深刻指出,在四种不平等(包括财富、爵位或等级、权势和个人功绩)中,个人的身份是其他各种不平等的根源,财富则是最后的一个。各种不平等最后都必然会归结到财富上去,因为财富是最直接有益于幸福,又最易于转移,所以人们很容易用它来购买其余

---

① 周清:"分配中的公平与效率",载《兰州商学院学报》2002 年第 2 期。

② [俄]奥伊则尔曼著:《十四——十八世纪辩证法史》,人民出版社 1984 年版,第 257 页。

的一切。① 而财富的占有最终是通过分配实现的。中国改革发展成果的传统分享范式——"效率范式"在大幅度提升人们生活水平的同时,也扩大了人们的收入差距。特别是20世纪90年代以来,收入差距日渐扩大且短时期内有不可逆转之趋势。② 针对这种形势,在党中央提出构建社会主义和谐社会的历史背景下,重新检视改革发展成果的分享范式以构建一个注重利益均衡的和谐社会,已进入议事日程。

(三)注重效率的公平是和谐社会的必然选择

1. 和谐社会基本内涵的考察

胡锦涛2005年在中共中央举办的省部级主要领导干部提高构建社会主义和谐社会能力专题研讨班开班式上的讲话中指出:"根据马克思主义基本原理和我国社会主义建设的实践经验,根据新世纪新阶段我国经济社会发展的新要求和我国社会出现的新趋势新特点,我们所要建设的社会主义和谐社会,应该是民主法治、公正正义、诚信友爱、充满活力、安定有序、人与自然和谐相处的社会。围绕什么是社会主义和谐社会,学界有不同的观点。③

---

① 〔法〕卢梭著:《论人类不平等的起源和基础》,李常山译,商务印书馆1962年版,第143页。

② "我国收入分配趋势与对策",载《人民日报》2002年7月9日。

③ "和谐社会"的涵义应该说是一个见仁见智的问题,正谓"横看秦岭侧成峰,远近高低各不同"。代表性的观点有:(1)稳定说。认为和谐社会是指社会系统的各组成部分或社会体系中诸要素处于一种相互协调的稳定状态,具有权利的合法性、文化的共融性、社会基础的稳固性及社会成员的流动性这样一些典型的特质;(2)广义、狭义说。中共中央党校吴忠民教授认为:广义的和谐社会所关注的几乎就是科学发展观所设计的全部内容,狭义上的和谐社会主要指社会层面本身的协调。他进一步指出,党的十六届四中全会通过的《中共中央关于加强党的执政能力建设的决定》中所涉及的和谐社会与我们现在重点所阐述的和谐社会,主要是指狭义上的和谐社会,而不应作泛化的解释;(3)协调说。该说认为和谐社会应当是经济与社会发展、城乡发展、区域发展及各方面利益关系相协调的社会;(4)秩序说。认为"和谐社会"的概念不仅仅涉及现代社会生活秩序,更涉及现代人的心灵与精神秩序;(5)社会主义本质说。这种观点认为和谐社会应该是一个体现社会主义本质的社会;(6)全面系统说。认为和谐社会是一个全面系统的目标,既包括人与人、人与社会间的和谐,也包括人与自然的和谐;既包括各个阶层之间的和谐,也包括各个社会利益群体、利益集团之间的和谐;既包括政治、经济、文化各个子系统之间的和谐发展,也包括该子系统内部的和谐发展;既包括中央与地方关系的和谐,也包括各个部门之间的和谐;(7)兼容共生、合理、规范、得当说。认为和谐社会至少应包括以下四方面:社会资源兼容共生、社会结构合理、行为规范、运筹得当;(8)有学者从公法的角度,认为和谐社会应该是崇尚民主法治,保障人权,奉行公开、公平、公正原则,重诚信讲文明,追求良好秩序的社会。(参见陈明凡、宋衍涛:"关于'构建社会主义和谐社会'研究综述",载《探索》2005年第4期。)客观而论,上述关于和谐社会的论述都有其真知灼见。

这里应注意的是：(1)中国共产党提倡的和谐社会是以马克思主义为指导，从中国国情出发的和谐社会，这是和谐社会的政治方向与时空要件；(2)中国共产党所要构建的和谐社会是变革中的和谐、发展中的和谐、充满活力的和谐，这是和谐社会的重要特质；(3)中国共产党所要构建的和谐社会是以人为本的社会，这是和谐社会的构建旨归。①

我们认为，和谐社会最基本的含义应有这样四个维度：(1)在代表最广大人民利益的中国共产党领导下进行构建；(2)人与社会和谐；(3)人与自然和谐；(4)人与人和谐。上述四个维度最终都可归结为人与人的和谐，而人与人的和谐最根本者又可归结为主体间利益的和谐。利益问题牵涉两个方面：一是利益的生产问题，这与效率密切相关；二是利益的分配问题，这与公平紧密相连。从终极的角度看，效率更多的是一个手段问题，但公平却具有目的的价值含蕴。和谐社会是一个利益和谐的社会，传统的效率公平观在铸就中国奇迹的同时也带来了贫富差距，因此，重新思考和谐社会语境的效率观与公平观并给予准确的定位，具有重大的理论与实践意义。

2.和谐社会与效率之关系

和谐社会是与效率共生的。和谐社会是党中央根据当今中国的现实与历史情势提出来的。为什么要强调改革发展成果的公平分享，核心的理据就是要构建一个和谐社会。但作为力求更卓有成效的解放与发展生产力的社会目标诉求，和谐社会必须重视效率的巨大作用。

第一，从长远的角度观之，我们必须注重效率。根据马克思生产力与生产关系的原理，生产力既是最活跃的因素，又是历史发展的最终决定力量。而效率是衡量生产力水平的重要尺度，效率的高低最直观地反映一国的生产力水平的高低。生产力创造的物质财富作为人类一切活动的基础与前提，我们没有理由不予以重视。早在100多年前，马克思、恩格斯就在《共产党宣言》中指出："无产阶级将利用自己的政治统治，一步步地夺取资产阶级的全部资本，把一切生产工具集中于国家即组织成为统治阶级的无产阶级手里，并且尽可能地增加生产力的总量。"②

第二，从现实的角度看，我们必须重视效率：(1)从我国的国情看，我国处于社会主义初级阶段并将继续处于社会主义初级阶段。初级阶段就是不发展的阶段，就必须发展生产力，就必须注重效率；(2)从经济体制的角度

① 邓伟志著：《和谐社会笔记》，上海三联书店2005年版，第15页。
② 《马克思恩格斯选集》(第1卷)，人民出版社1972年版，第272页。

看,建立市场经济体制是我们既定的目标,而市场不相信别的权威只相信竞争的权威,优胜劣汰在所难免,注重效率也就势所必然;(3)从党和国家现行的政策角度看,现阶段我国以经济建设为中心,除非发生大规模外敌入侵,否则这个中心一刻也不能动摇,由是观之,注重效率是我们必然的抉择;(4)从我国的国际地位看,我国基本上还是一个发展中国家,我国是大国,但不是强国。"一个国家四个世界"的现实告诉我们:提升我国的生产力水平任重道远,而注重效率亦不能有任何松懈。

第三,从当今的国际形势看,我们亦必须注重效率。浪漫的现实主义者总是有一颗勇敢的心,但现实总是铜墙铁壁般冰冷。戈尔巴乔夫曾满怀热情地指出,"今天的世界虽然陷于深刻的矛盾,在世界各国间存在重大差异,但却相互联系,相互依赖,成为一个完全不可分割的整体。"①然而现实是怎样审视这位总统的呢?"新思维"并没有让苏联找到自己应有的位置,反而成为促成苏联解体的重要因素。因此,冷静的国家主义者采取了另一种眼光来审视当今世界联系的加强。美国前资深外交官基辛格就深刻指出:"世界变小但世界各国彼此并没有更接近。自相矛盾的是,当我们大家所面临的最严重的问题只有承认我们需要相互依存才能解决时,民族主义恰恰在这个时候抬头了。"②虽然我们已从工业文明进入全新的信息时代,但民族国家依然林立,各国相对独立的利益的存在使得以经济为基础的综合国力成为国家行动的至关重要的筹码。特别是中国这样一个大国,落后就要挨打的近代史教训活生生地告诉我们:必须注重效率。

第四,效率也是体现社会主义制度优越性的重要指标。在一球两制的今天,社会主义制度要在与资本主义制度的竞赛中显示出其优势,创造更高的效率是最有力的雄辩。革命导师列宁早就洞识这种情势,他一针见血地指出:"劳动生产率,归根到底是使新社会制度取得胜利的最重要最主要的东西。"③

3. 和谐社会与公平的关系

上述分析使我们认识到:和谐社会的构建必须注重效率。但效率与公平在利益维度的手段与目的关系上使我们认识到,和谐社会也必须关注公

---

① Mikhail Gorbachev, *The Nation's Road From* 1917 *to Now*; *The Leader Takes Stock*, New York Times, 3(Nov1987), pp. 11 – 13.

② [美]亨利·基辛格:"重新思考世界新秩序",石中译,载《战略与管理》1994 年第 3 期。

③ 《列宁选集》(第 4 卷),人民出版社 1971 年版,第 16 页。

平：(1)公平作为人类社会的目的性价值，它不会自然降临到我们头上。布坎南的研究表明："一种多数人一无所有而少数人却无所不有的状态，事实也可以是帕累托佳态，因为改善不幸的多数人的条件可能要降低优越的少数人的条件"。因此，"一个社会状态可以是帕累托佳态，而在总体上却不公平或不公正"。① (2)仅仅注重效率不会使穷人相应受益。这里，我们必须反对经济学上"涓滴效益"理论。这种理论认为，只要经济效率提高，经济增长，那么从长期来看经济增长的好处便可以慢慢渗入下层贫困阶层，这一论调在当今中国语境的表述便是：只要经济增长，全体人们迟早可以共享改革发展成果。我们认为，这种理论是站不住脚的，其中以贫富悬殊为特征的"拉美陷阱"便是明证；(3)公平对效率也有促进作用。公平是目的，但必须建立在注重效率的前提之上。公平给予了市场主体合理的预期，从而使经济人能有更多的闲暇去应对市场其他方面的瞬息万变。有论者深刻指出，"没有公平的效率只能是强权压迫下的效率或饥饿压力下的效率，这种效率在社会发展及具体的经济活动中虽然存在，但绝不是社会发展的基本支柱"。② 上述分析使我们认识到：公平是必需的。但我们也认为有两个问题需要注意：一是要有对公平内涵的科学解读。公平分配不光要看结果公平，也要看起点公平、规则公平，否则不仅会扼杀人们对积极性的自我开掘，也会无视由不公平所产生的合理差距进而采取"一刀切"的简单态度；二是要丢弃"永恒公平"的形而上学的观点。恩格斯早就指出，"平等的观念，无论以资产阶级的形式出现，还是以无产阶级的形式出现，本身都是一种历史的产物。"③因此，"关于永恒公平的观念不仅是因时因地而变，甚至也因人而异。"④

4. 构建和谐社会崭新的分配范式

在构建和谐社会成为时代主题、经济持续发展但贫富差距不合理拉大的今日中国，上述关于效率与公平的分析使我们认识到：公平与效率并不处于一种"鱼"与"熊掌"不可兼得的困境之中，而是辨证统一的。一方面，公

---

① ［美］詹姆斯·布坎南著：《伦理学、效率与市场》，廖申白、谢大京译，中国社会科学出版社 1991 年版，第 14 页。

② 庄三舵："多维视角下的公平与效率之关系"，载《江苏广播电视大学学报》2004 年第 1 期．

③ 《马克思恩格斯选集》(第 3 卷)，人民出版社 1972 年版，第．117 页。

④ 《马克思恩格斯选集》(第 2 卷)，人民出版社 1972 年版，第 539 页。

平是契合和谐社会的。因为社会的本质是社会关系,而利益是社会关系的集中体现。① 和谐社会是利益协调的社会,而利益协调的社会必定是分配公平的社会。但分配公平绝不等同于平均分配。分配公平是目的,而注重效率为分配公平提供了一个标准与尺度,同时升华着公平的物化水准;另一方面,从经济学的角度看,公平作为一种目的性的价值取向,本身就具有一定的稀缺性,而这正是效率的"拿手好戏"——因为效率是稀缺的克星。由此看来,公平与效率的调和是有其理论基础的。但是,一味地追求调和可能导致公平与效率的两败俱伤,所以要以得失的计算为基础,以实现合理目标为目的。②

综上所述,我们认为,构建一个契合和谐社会的分配体系必须重新审视传统的分配范式——也就是"效率优先、兼顾公平"范式(即我们所称的"效率范式"),实践呼唤一种崭新的分配范式。我们不奉行"笛卡儿原则"。③但我们认为,简单的效率优先论、公平优先论、效率优先兼顾公平论、公平优先兼顾效率论、公平效率并重论要么失之片面,④要么无法操作,要么无所适从,因此,我们提出"注重效率的公平论"作为对当今构建和谐社会语境下,经济发展与贫富差距不合理扩大情势中的理论回应。我们认为,"注重效率的公平"优于前面所讲的"优先论",也不同于"并重论"。其理由可以概述如次:(1)在分配方式上注重公平反映了这种分配范式在和谐社会的语境中对现实存在的贫富差距不合理扩大的有力回应,因为这种分配范式

① 王煜:"构建和谐社会的核心、关键与主导",载《中国党政干部论坛》2005 年第 10 期。

② 邢华平:"对'公平'与'效率'的再理解",载《广东韶关学院学报(社科版)》2004 年第 1 期。

③ 所谓"笛卡儿原则",就是指"只要我们对任何一种观点哪怕还有一点理由去怀疑,我们就应当将它视作完全谬误而加以拒绝和否弃"。参见[英]哈耶克著:《自由秩序原理》(上),邓正来译,生活·读书·新知三联书店 1997 年版,第 75 页。

④ 如有学者认为,"效率优先,兼顾公平"在理论上存在缺陷,在实践中已经表现出负面效应,亟待调整,必须调整。较为妥当的提法可以是:"努力实现效率与公平的优化结合"。"效率优先,兼顾公平"("优先说")在理论上存在明显缺陷。"优先说"仅注重效率与公平相互矛盾的一面,而没有注重更为主要的统一与相辅相成的一面,尤其是没有注重公平失衡会损害效率。"优先说"与现代市场经济的要求是不相符的。应当摒弃"优先说",改用"并行说",具体的表述可以是"努力实现效率与公平的优化结合"。"优化结合"的含义是,维护适度社会公平以促进效率,通过效率提高以进一步提升社会公平。(参见应宜逊:"效率优先,兼顾公平"原则必须调整——兼与周为民先生商榷,载《中国经济时报》2002 年 11 月 2 日)。我们认为,"并行说"貌似二者得兼,但由于没有一个基础性的价值取向,从而在实践操作中如何分配这二者的比例,是很难把握的。因此,并重论只具有理论的意义。

的"落脚点"在"公平"；（2）"注重效率"体现了对生产力的终极性作用、以经济建设为中心的党的政策等方面的至真考虑；（3）"注重效率的公平"的提法有效地避免了对"公平"与"效率"进行二难选择，也避免了"优先"与"兼顾"这些模糊操作性的提法，从而成为和谐社会建构的崭新分配范式的必然选择。

三、和谐社会的利益格局与法治化的联动性
分析——以利益均衡为核心

（一）利益多元化是和谐社会的特征

1. 利益及利益特征的一般诠释

马克思认为，"人们奋斗所争取的一切，都同他们的利益有关。"①什么叫利益？霍尔巴赫认为，"人的所谓利益，就是每个按照他的气质和特有的观念把自己的安乐寄托在那上面的那个对象。由此可见，利益就只是我们每个人看作是对自己的幸福所不可缺少的东西"。② 利益作为主体的需要在一定条件下的具体转化形式，是人们行为的内在动力。③ 根据利益是否涉及经济内容，利益可分为经济利益与非经济利益。根据本课题的研究语境，这里所讲的利益是特指能满足人的需要的经济利益。利益是人类历史上最为动人心弦的现象之一。我们认为，利益的特性主要有以下几个方面：

第一，利益的主体性。利益总是主体的利益，主体的全部灭失就是利益的完全废黜，因此没有主体也就无"利益"之说，利益此时顶多就是"存在着的无"（黑格尔语）。但利益的主体性不同于利益的主观性。"马克思主义认为利益的认识和实现要通过人，但这并不意味着利益纯粹是主观的"。④

第二，利益的客观性。⑤ 利益特别是经济利益是客观存在的。利益可以通俗地理解为"好处"，并且人们对其从"需要"的角度予以定义，但这并不能否认利益的客观性。在一定的社会关系里，利益是具有其不以人的意志为转移的客观性的。

---

① 《马克思恩格斯选集》（第1卷），人民出版社1995年版，第82页。

② ［德］霍尔巴赫著：《自然的体系》，管士滨译，商务印书馆1999年版，第259页。

③ 张文显主编：《法理学》，高等教育出版社、北京大学出版社1999年版，第215页。

④ 张文显主编：《法理学》，高等教育出版社、北京大学出版社1999年版，第215—216页。

⑤ 张文显主编：《法理学》，高等教育出版社、北京大学出版社1999年版，第215页。

第三,利益的目的性。利益是主体行动的根本归属。"经济人"在行动的时候,其过程受着理性与规则的制约,而其目的就是其所欲的利益。"趋利避害"的心态恰恰精准地反映了利益的这种目的。

第四,利益的多元性。这根源于利益的主体性,因为主体是多元的、各异而非单一的,因此作为其诉求的目的——利益势必也是各异的。不同的主体有不同的利益诉求,从而形成利益的多元存在样态。

第五,利益的扩张性。利益并不是一个"安分守己"的天使,而是具有扩张性的。利益的扩张性在资本主义时代表现为资产阶级对利润的疯狂追求,即那惊人的"为300%的利润去冒绞首危险"的非理性。① 因此,在资本主义社会,"利益最大化"的追逐是被奉为"竭尽其能的天职"(马克斯·韦伯语)。

第六,利益的排他性。马克思认为,利益就其本性说是盲目的、无止境的、片面的,一句话,它具有不法的本能。② 由此看来,利益的这种"汹涌澎湃"是具有排他性的,因为"不法"往往意味着对他人"合法"领域的非法入侵。事实上,利益的排他性源于利益主体对利益的独占欲倾向。独占的欲望不仅会竭力扼杀社会其他利益主体的创新愿望,而且会破坏和瓜分现有社会的存量资产。

第七,物质利益的可测度性。利益固然是从主体的需要而产生的,但它又是客观的,特别是就物质(经济)利益而言,它总表现为一定数量的东西,因而具有度量衡上的意义,从而是可测度的。综上所述,我们认为:利益的主体性说明利益是能够用法律予以规制的,利益的扩张性与排他性说明利益是需要规范与控制的,而利益的客观性与可测度性则从技术的角度说明了对其进行规制的可行性。

2.和谐社会的利益格局及原因的解析

和谐社会是一个利益多元的社会,不同的利益交互作用:和而不同,活而不乱。和谐利益体系源于差别又高于差别,利益存在源于多元又高于多元。利益的单一和纯粹,不是和谐,更构不成和谐社会。因此,"建立和谐社会的唯一可能性,在于我们能够形成一个多元化的现代社会。"③由于"和

---

① 《资本论》(第1卷),人民出版社1956年版,第961页。
② 《马克思恩格斯全集》(第1卷),人民出版社1972年版,第179页。
③ 李抒望:"社会主义和谐社会的价值诉求",载《政工学刊》2005年第9期。

谐社会是一个多元社会"，①又是"一个差别与变化的社会，"②而"作为现代社会范畴的和谐社会，不仅是一个伦理共同体，更是一个利益共同体。"③由是观之，和谐社会必定是一个利益多元的社会。所谓经济利益多元，是指"社会经济利益结构的多元，含经济利益主体的多元、利益分配方式的多元、社会成员利益所得的多元。它是商品经济条件下利益分化的结果，是与利益平均化格局相对立的新的经济利益格局。"④

　　和谐社会利益多元化有其深刻的原因：(1)市场经济的本质要求。市场要求以竞争方式对资源进行有效的配置，而竞争的展开前提就是存在不同的利益主体，而主体不同在根本上就是利益不同。因此，要竞争就必须保护各种多元的利益主体。可以说，利益多元化是市场展开竞争的前提条件。因为利益同一，也就不存在竞争的必要，而这往往是整个社会活力的沦丧；(2)按劳分配的必然结果。按劳分配尊重个人能力的差异，多劳多得，少劳少得，有劳动能力者不劳不得。这种分配原则势必导致社会单个利益的分化与组合，从而形成多元的利益格局；(3)社会主义初级阶段多种所有制并存格局的存在。在现阶段，我国坚持以公有制为主体，多种所有制共同发展的格局。基于"增量改革、存量调整"的渐进式改革思路，在各种所有制安排之下利益多元是无可避免的。当然，在社会主义社会，这是在根本利益一致的基础上存在的差异；(4)客观存在的地区、部门、行业、个人差异。这是导致利益多元格局的又一个重要原因。显然，不同地区之间、部门之间、行业之间以及个人之间，由于种种"先天"与"后天"的因素，会形成各自相对独立的利益。由于我国社会正处于转型期间，制度的不力、失灵、缺位同时存在，因此，各利益主体之间的博弈十分激烈，有时甚至酿成群体性事件。从内容上看，多元利益主体的利益冲突表现在以下三个方面：一是权力与权力的冲撞；二是权力与权利的冲撞；三是权利之间的冲撞。⑤ 鉴于"多元利

---

　　① 俞可平："和谐社会面面观"，载《马克思主义与现实》2005年第1期。
　　② 如黑格尔所认为的，"简单的东西，一种音调的重复并不是和谐。差别是属于和谐的，它必须在本质上，绝对的意义上的是一种差别。和谐正是绝对的变或变化。"[德]黑格尔：《哲学史讲演录》(第一卷)，贺麟等译，商务印书馆1983年版，第302页。
　　③ 蒋京议："在调整利益结构中构建和谐社会"，载《长白学刊》2005年第3期。
　　④ 刘新庚："正视经济利益多元，加强政治观念教育"，载《湖南社会科学》1995年第2期。
　　⑤ 尤俊意："坚持以人为本的理念，实现多元利益和谐统一"，载《政治与法律》2005年第3期。

益集团是和谐社会的内生变量之一",①因此,以利益多元为特征的和谐社会,必须力求利益的均衡。

(二)利益均衡是和谐社会的核心

"根据世界和谐规律,任何人不能独自占有过多,大大高于平均水平"。② 而占有主要是对财产(利益)的占有。要使社会符合和谐规律,就得使社会利益达致一种"均衡"状态,这就必须协调好各方面的利益。因为"和谐是一个关系范畴和存在状态,是指事物之间协调、均衡、有序的发展状态。"③中共十六届四中全会通过的《中共中央关于加强党的执政能力建设的决定》中指出:"我们党必须最广泛、最充分地调动一切积极因素,不断提高构建社会主义和谐社会的能力,妥善协调各方面的利益关系。"因此,要成功构建和谐社会,必须抓住利益调节这个关键,坚持群众利益无小事,综合解决群众反映强烈的突出问题,要把在改革与发展中协调利益关系、在各种利益关系的协调中达致利益的均衡作为我们工作的一个重要的思路和目标。有论者指出,"我们在构建和谐社会的过程中,更多的还是围绕富民,怎么使老百姓在经济发展中得到更多的实惠,来做好我们加快发展、科学发展的工作。"④

1. 和谐社会利益均衡的含义

和谐社会是利益均衡的社会,其含义包括以下几个方面:(1)和谐社会是尊重利益多元的社会。和谐社会正视利益多元的现实,其精髓不在于简单抹平利益(财富)的差距,而在于保证起点公平、规则公平以及结果公平,从而达致利益的均衡。当然,"结果公平并不是指结果的绝对相等。"⑤事实上,平等有数量平等与比值平等两种,而"利益均衡"是从"比值平等"的角度而论的;(2)利益均衡并不是利益的平均分配,而是按社会各利益主体都能接受的方式和规则进行资源的配置以达到利益的平衡。因为在现阶段,

---

① 文力:"利益群体显性化:利益表达和谐均衡的有效机制",载《福建论坛(人文社会科学版)》2005 年第 9 期。

② [俄]C. 谢·弗兰克著:《社会的精神基础》,王永译,生活·读书·新知三联书店 2003 年版,第 225 页。

③ 袁银传、郑洁:"社会公平及其在构建和谐社会中的作用",载《学习与实践》2005 年第 5 期。

④ 罗志军:"构建和谐社会首要是富民",资料来源:http://www.china.org.cn.

⑤ 顾乃忠:"论效率优先,兼顾公平",载《探求》1995 年第 6 期。

人们对利益的占有必须与自己在利益形成过程中的贡献相对称；①（3）利益均衡并不意味着没有利益冲突，没有矛盾，而是意味着有一套有效的利益协调机制，从而能及时化解利益冲突，达到均衡这一理想状态；（4）利益均衡是静态均衡与动态均衡的统一。利益的静态均衡是我们定点认识的结果，它是指"利益关系的各组成部分或诸要素之间比较持久、稳定、协调的相互联系模式"；②而动态均衡是"动点"考察的结果，它反映了利益主体之间经过一个有效的博弈过程，是一个此消彼长、相互制约的连续进程；（5）利益均衡反映了崭新的公平观，这集中体现在这种公平观对"不患寡而患不均"的辩证认识上。③ 一方面，就"患寡"而言，这种公平观明确反对"贫穷"，因为贫穷是与社会主义的本质背道而驰的；另一方面，这种公平观对"不均"作了具体的分析：一是"不均"体现了对先富的尊重。为了达到共同富裕，一部分人先富起来无可避免且应大力鼓励，当然手段必须合法；二是"不均"体现了按劳分配的必然结果，只要这种不均不是由于不公正的社会分配或者权力的不当干预而带来，而是因勤劳、合法而造就，就正好体现了"均衡"，就是公平的。

2. 和谐社会利益均衡的建构

社会的本质是社会关系，人是社会关系的总和。和谐社会是利益多元的社会，而人们奋斗所争取的一切都同他们的利益有关，因此利益的冲突无可避免。但和谐社会又本质地要求利益的相谐相安，因此利益均衡是和谐社会的核心。如何达致利益的均衡，我们认为要以点、线、面的全方位视野，分别处理好三个方面的问题。

第一，从"点"的角度看，欲达到利益的均衡，必须处理好以下五大关系，以寻求达致利益均衡的突破点：（1）要把群众根本利益放在首位。我们党是代表最广大人们根本利益的党，群众利益无小事，相较其他利益而言，我们必须高度重视群众利益的有效保护与救济；（2）处理好长远利益与当前利益的关系。我们反对"寅吃卯粮"，但也反对"卡紧脖子"去搞建设。要通过妥善处理好这二者的关系，把广大人民群众对现实生活满意度与对未来美好的憧憬有机的结合起来，要使人民共享繁荣成果，也要"存钱以备不

---

① 吴鹏森："公平：和谐社会的柱石"，载《探索与争鸣》2005 年第 4 期。

② 陈槟城："论建设和谐社会利益均衡机制的法治化选择"，载《理论研究》2005 年第 2 期。

③ 尉利工："哲学视域中的和谐社会与其正义基础"，载《泰山学院学报》2005 年第 9 期。

时之需";(3)要处理好强势群体与弱势群体的关系。强势群体往往是社会的精英(政治精英、技术精英、知识精英),是社会发展的强劲动力,但其有扩张的倾向,必须予以有效规范;而弱势群体(包括政治弱势群体、经济弱势群体及文化弱势群体)往往由于先天不足或后天的苦难,处于社会劣势地位,因此必须予以有效保护。老子云:"有无相生,难易相成,长短相形,高下相倾,音声想和,前后想随",说明"任何事物都有它的对立面,同时因着对立面而形成。并认为'相反相成'的作用是推动事物变化发展的力量"。① (4)要处理好地区之间的利益关系。具体而论,就是要处理好东部、中部、西部之间以及其内部之间的城乡关系、城城关系以及乡乡关系;(5)要处理好中央与地方之间的关系。中央要适当放权,地方要大力搞活。中央要在宏观上统筹兼顾,地方要在微观上因地制宜。

第二,从"线"的角度看,我们要形成"五大利益机制"以促进利益均衡的实现。这"五大利益机制"包括:(1)利益导向机制。自利是人类的天性,市场经济关于"经济人"的假设就表达了对自利的这种尊重。② 同时,趋利避害是人类的本能,追逐利益是人类的本性。因此,利益导向机制不是要扼制人类利益的欲望,而是要合理地引导它,并且主要借重道德等人类较高的非正式规则去陶冶人类的自利心,苟能"君子爱财,取之有道"大行其是,则利益导向机制就非常成功了;(2)利益表达机制。利益表达机制最主要的形式是代表制,即通过代表把利益主体的利益诉求公之于党于政于民。此外,在网络时代,传媒也扮演了重要的利益表达角色。利益表达机制必须顺畅,否则便会"土壅而川决"。这一方面要警惕"话语霸权主义"的扩张,另一方面要防范利益群体的"失语"现象;(3)利益规范机制。利益的扩张性与排他性告诉我们,利益并不是一个柔弱的、安分守己的天使,它更多地挟带着甚至"洪水猛兽"般的气势,如果不能有效规范,这种和欲望紧密相连的东西就会完全地释放其非理性,酿成社会的灾难甚至崩溃;(4)利益监督机制。合法的利益要予以保护,非法的利益必须予以矫正,而利益监督机制就是发现非法利益的重要手段,同时也是告诫逐利主体守法的重要举措;

---

① 陈鼓应:《老子注释及评价》,中华书局1984年版,第7页。

② 当然,人类并不是单纯的经济动物,一味追求自我利益的最大化,无视公平、诚实、对法律的尊重、自尊、考虑其他人的利益等。我们在进行经济上成本效益分析时,并不是永久将法律和道德问题搁在一边。(See Harry Mcvea, *Financial Conglomerates and the Chinese Wall Regulating Conflicts of Interest*, Clarendon Press, 1983, P. 45.)

（5）利益救济机制。无救济即无权利。利益救济机制提供利益所有者在利益受到侵害时的救济渠道、程序及实体规定等。利益救济机制是体现社会公平正义的试金石，因为利益救济往往表达了一种"以看得见的方式实现的正义"，它是亚里士多德所言的"校正正义"的具体表现。以贵州省为例，根据本课题组的调查，该省就特别注重利益救济机制之一——法律救助机制的完善。为了加强法律援助工作的制度化和规范化建设，贵州省司法厅在广泛调查研究的基础上，起草了《贵州省法律援助条例（草案）》，并于2001年1月提请省人大常委会审议通过并颁布。《贵州省法律援助条例》的颁布和实施，事实上构建了一个利益的救济机制，也为该省的法律援助工作提供法律依据。同时，贵州省司法厅随之陆续制定了统一的法律援助工作程序、接待咨询制度、受理审查指派制度、质量管理、经费管理、档案管理、数据统计制度等一系列规章制度。会同有关部门制定了法律援助经济困难标准、办案补贴标准和法律援助事项等"三项标准"。各市、县司法局还根据当地具体情况，依照相关法律法规和省司法厅的规范性文件，进一步健全完善各项规章制度，保证了法律援助工作有章可循，有据可依，提高了其法律援助工作的制度化、规范化水平。由于措施得当有利，据统计，自1998年以来，该省各级法律援助机构共办理各类法律援助案件66368件，其中刑事法律援助案件29752件，民事法律援助案件33125件，行政法律援助案件341件，其他事项3150件。解答各类法律咨询44.85万余人次；受援人总数为67989人，其中残疾人6604人，老年人8669人，未成年人23866人，妇女15936人，农民工7661人，特殊案件当事人5253人。自2006年首次办案数量突破万件以来，连续两年均以60%以上的幅度增长。在农民工的法律援助方面，据统计，从2005年到2007年，公开办理农民工法律援助案件5141件，追偿工资及人身赔偿2743.23万元，惠及农民工48842人，为贵州省社会主义新农村建设提供了有力保障。

第三，从"面"的角度看，我们要着力构建五大制度以保障利益均衡的实现。具体包括：（1）要有完善的市场准入制度。市场准入包括一般市场准入和特殊市场准入，前者指的是投资者进入市场从事经营活动的一般条件和程序规则，后者涉及的是投资者进入对公共利益有重大影响的特殊市场和程序规则。① 在混合经济下，一般市场准入对市场自由的尊重和特殊

---

① 单飞跃等著：《需要国家干预：经济法视域的解读》，法律出版社2005年版，第380页。

市场准入对国家干预的有限依赖看来都是十分必要的。事实上,市场准入制度的完善意味着起点的公平,意味着任何市场中的人和可以进入市场中的人都能为追求自我经济利益而从事生产经营活动,因而在形式上造就了人们参与市场利益分配的起点公平,从而为社会的利益均衡提供了一个基本条件;(2)要有明晰的产权制度。所有权是历史上最动人心弦的现象之一。历史上就有"恒产恒心"的美谈。① 在市场经济成为我们的目标的今天,明晰的所有权将使我们的社会更加有效地利用现存的财富。我们要防止"公共财产的悲剧",寻求能发挥公有制优势的保值增值方式。产权是人们行动的方式之一,取得产权的欲望将使经济人竭尽其能从而达致一种社会利益的均衡。布坎南甚至指出,"产权是自由的保证"。② (3)要有合理的价格制度。商品是天生的平等派,同样的商品只能卖同样的价钱,这是经济学的基本原理。这事实上为市场主体之间利益的均衡提供了有力的保障。但是由于我国处于转型过程中,由于改革政策的盲点或者落实不力、制度的缺失、失效或者空白,经济垄断、行政垄断和政府的不当干预,使得价格制度有时遭受不同程度的扭曲,因此,建立合理的价格制度是实现利益均衡的有效路径;(4)要有规范的政府干预制度。我们实行的是市场经济,但"自由市场的存在并不排除对政府的需要。相反地,政府的必要性在于:它是'竞赛规则'的规定者,又是解释和强制执行这些已被决定的裁判者"。③特别是我们这样一个发展中的大国,我们的政府就更加不可避免地应比发达国家的政府为我们国家的美好将来承担更主动的责任。④ 由是观之,政府干预是客观存在的,是必需的,因此,我们的工作就是要对政府的干预进行有效的规范,从而使政府的强力有利于造就利益均衡而不是破坏利益均衡的生成;(5)要形成有效的再分配制度。由于初次分配主要是市场因素作用的结果,它体现了"各得其所"的朴素正义。但"即使是最有效率的市场体系,也可能产生极大的不平等",因此,"一个国家没有必要将竞争市场

---

① 当然,我们对"恒产恒心"要有正确的态度,我们一方面肯定"恒产"一定意义上对"恒心"的作用,当另一方面,我们也不要夸大作用。同时,这也绝不能成为"私有化"的辩护词。

② 参见[美]詹姆斯·布坎南著:《财产与自由》,韩旭译,中国社会科学出版社2002年版,第29—52页。

③ [美]弗里德曼著:《资本主义与自由》,张瑞玉译,商务印书馆1986年版,第16页。

④ 参见[美]托达罗:《经济发展与第三世界》,印金强、赵荣美译,中国经济出版社1992年版,第513页。

的结果作为既定的和不可更改的事实接受下来"。① 事实证明,社会再分配制度对于缓和社会矛盾,减少社会摩擦是卓有成效的,而这实质是对利益均衡的诉求,从而使社会利益主体相谐相安。目前,我国的社会再分配制度主要有以下一些关节点:最低工资标准的推行;对城乡生活困难户低保的发放;通过财政转移支付扶贫,进行公共投资等;②利用税收制度调节收入差距。③

综上所述,我们认为,利益均衡是和谐社会的核心,因为和谐的落脚点是人与人的和谐,而人与人和谐的关键就是利益的和谐,利益和谐就是利益的相谐、相安,就是利益的均衡。利益均衡具有重要的现实意义,因为利益均衡意味着各利益主体对这种状态的依赖,而此时的政府则更加愿意担当起制度创新的角色,社会各利益主体则会以某种形式对当前阶段新的利益制度予以确认和保护,从而构成和谐社会的基础性力量。与此同时,由于国家权力受到各个利益群体的有效制约,从而使政府从这种和谐环境中吸取了更大的认同与执政的合法性。④ 利益均衡是和谐社会的核心,为达致这一目标我们须从点、线、面着手进行推进,但在法治的语境下,哪种手段会在和谐社会利益均衡的创设中发挥主心骨的作用,这是我们必须认真考虑的。

---

① ［美］保罗·萨谬尔森等:《宏观经济学》(第16版),肖琛等译,华夏出版社1999年版,第29页。

② 值得注意的是,课题组的实地调研发现,有地方官员反映转移支付中专项转移支付比例过大,地方没有支配权,只有实施的义务,于是造成地方政府工作安排的被动及"有钱不能用,有事没钱用"的状况。鉴此,该官员建议增大一般性转移支付比例,让地方政府自主安排财力,把钱用到真正需要的地方。(西南政法大学"改革发展成果分享法律机制研究"课题组赴贵州调研资料,2008年11月。)

③ 根据课题组的调研,有税务官员反映,税收虽然具有调节收入分配特别是再分配的重要作用,但是,税收的征收需要考虑中央和地方两个积极性。该官员以消费税为例,认为由于消费税为纯粹的中央税,而根据我国现阶段的经济发展状况、消费政策、居民消费水平和消费结构及财政需要,消费税的范围包括了烟、酒等在内。但在实践中,由于消费税纯中央税特性,因此地方在征收时积极性并不高,甚至出现地方上人为压低计税价格的现象,这种现象在征税对象为烟、酒时更为严重。因而,该官员建议将中央税转为中央与地方共享税,认为这可以有效提高地方征收积极性,同时也进一步提高消费税征收管理质量和水平,并且从最终的角度看也有利于与税收再分配功能的发挥。(西南政法大学"改革发展成果分享法律机制研究"课题组赴贵州调研资料,2008年11月。)

④ 参见陈槟城:"论建设和谐社会利益均衡机制的法治化选择",载《理论研究》2005年第2期。

(三)法治化是利益均衡的必由之路

利益多元是和谐社会的特征,利益均衡是和谐社会的核心。我们认为,法治化是达致和谐社会利益均衡的必由之路。其理由如下:

1. 利益均衡法治化是历史的选择

"历史本身就是一种力量,就是理性的一种源泉"。① 如何达到利益均衡,实现社会的和谐,先行者曾为此殚精竭虑:(1)推行"平均主义"以求达致利益的"表面均衡"。应当说,平均主义在社会财富分配严重不均时是暂时地迎合了劳苦大众的需求的,这也是为什么中国历史上历次农民起义其初始阶段总是汹涌不可遏止的原因。但是,平均主义从长期看是行不通的。黑格尔的批判就发人深省:"关于财产的分配,人们可以实施一种平均制度,但这种制度实施以后短期内就要垮台的,因为财产依赖于勤劳……其实,人们当然是平等的,但他们仅仅作为人,即在他们的占有来源上,是平等的。"因此,"有时人们要求平均分配土地或现存财富,如果考虑到在这种特殊性中的,不仅有外在自然界的偶然性,而且还有精神的整个范围——这种精神是处于它无限的特殊性和差异性中,处于发展成为有机体的它的理性中的——那就愈显得这种要求是一种空虚而肤浅的理智。"②(2)推行"按需分配"以求利益均衡。按需分配是人类社会的理想,在一个"每个人自由的发展是他人发展的条件"的共产主义社会里,它是达致利益均衡的有效方式。但是,囿于现实的生产力水平及民族国家的林立,实行按需分配可能会造成两个结果:一是社会发展动力的普遍丧失从而在与其他国家的竞争中引发民众对政府的信任危机,以致酿成社会制度的改变;二是由于社会发展阶段的人为超越从而破坏社会的生产力,进而引起整个社会进入争夺生活必需品的倒退。因此,在目前现实条件下,按需分配是达不到真正的利益均衡状态的。

我们认为,法律作为社会利益的调节器,是达致利益均衡的有力保障。借助法律达致的利益均衡将是恒久的利益均衡。"法律体现的意志背后是各种利益。法律是适应利益调节的需要而产生的,法律的发展根源于利益关系的变化,法律制度实质上是一种利益制度"。③ 而"社会上占统治地位的那部分人的利益,总是要把现状作为法律加以神圣化,并且要把习惯和传

---

① 程燎原、江山著:《法治与政治权威》,清华大学出版社2001年版,第13页。
② [德]黑格尔著:《法哲学原理》,范扬、张企泰译,商务印书馆1961年版,第58页。
③ 赵震江主编:《法律社会学》,北京大学出版社1998年版,第249页。

统对现状的各种限制用法律固定下来"。① 因此，用法律的方式对利益进行固化（也即均衡）是每一个社会的统治者的必然选择。借助法律这一神圣的外衣，利益均衡披上了合法性的光环，并由此在人们心目中确立了被信仰的地位。必须指出的是，这一过程并不是与生俱来的，而是历史发展到一定阶段的产物。

2. 利益均衡法治化是现实的需要

霍贝尔认为，"人类越走向文明，就越需要法律，因此它就制定出更多的法律。法是应社会的需要而产生的。"②利益均衡是和谐社会得以和谐之核心，如何达致这一目的，法治化是不可或缺的。

第一，利益均衡法治化是克服人治的随意性以张扬理性的需要。特别是我国这样一个有着"人治"传统和正在走向现代化的国家，寻求利益的均衡更是离不开对法律的倚重。正如有学者所指出的，"在现代化过程中操之过急的国家，当政治领导人和社会改革家生硬粗暴地对待妨碍他们的正当利益和势力时，淡化这些领导人和改革家们的激情是法律家责无旁贷的任务。"③

第二，利益均衡法治化使我们在处理现实的利益纠纷时不致陷入随意性的泥潭。据统计，我国自改革开放以来至2002年，法院审结的案件、经济纠纷案件、民事纠纷案件以及信访数量急剧膨胀。具体见表3、表4、表5及表6；④

从表3—表6可以看出：如何妥善地处理这些社会问题以达到利益均衡，法治化是其必然选择。正如有社会学学者所指出的，"对社会问题的治理采用法治化可以摆脱社会问题治理上的'人治'的随意性，体现市场条件下公正、公平的基本要求。"⑤

第三，利益均衡法治化有利于控制利益集团的"零和博弈"以稳定社会。利益集团的出现是利益多元化的结果，实践证明，采取简单的消灭利益集团或禁止其相互博弈是极其愚蠢的。正确的做法是尊重利益集团的存在，

① 《马克思恩格斯全集》（第25卷），人民出版社1964年版，第894页。

② ［美］E. A. 霍贝尔著：《初民的法律——法的动态比较研究》，周勇译，中国社会科学出版社1993年版，第328—329页。

③ ［美］H. W. 埃尔曼著：《比较法律文化》，贺卫方、高鸿钧译，清华大学出版社2002年版，第246页。

④ 参见朱力："对'和谐社会'的社会学解读"，载《南京社会科学》2005年第1期。

⑤ 顾俊："消解社会矛盾要讲'四个化'"，载《解放日报》2004年11月30日。

表3 各类案件发生总体状况

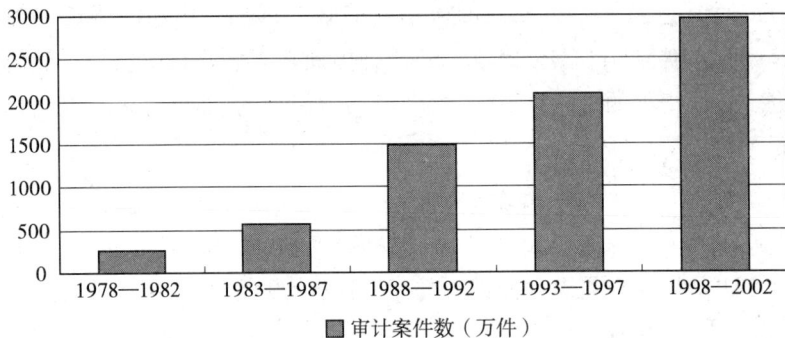

■ 审计案件数（万件）

表4 经济纠纷

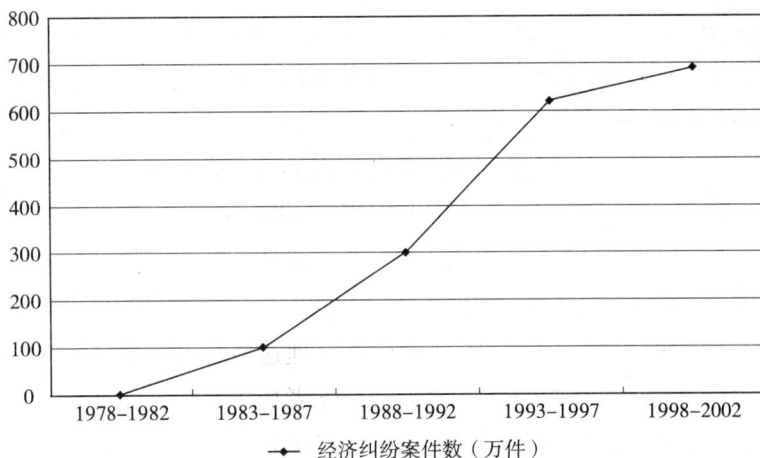

◆ 经济纠纷案件数（万件）

表5 社会成员的民事纠纷状况

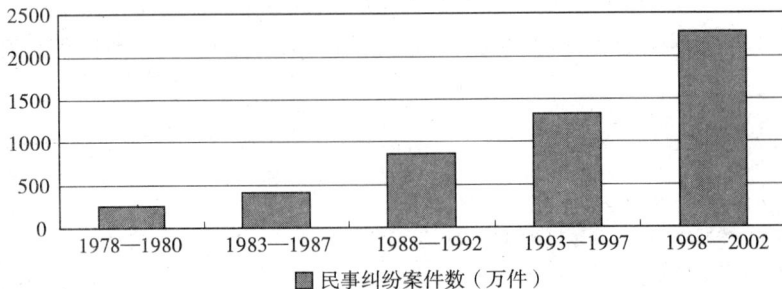

■ 民事纠纷案件数（万件）

表6　信访情况

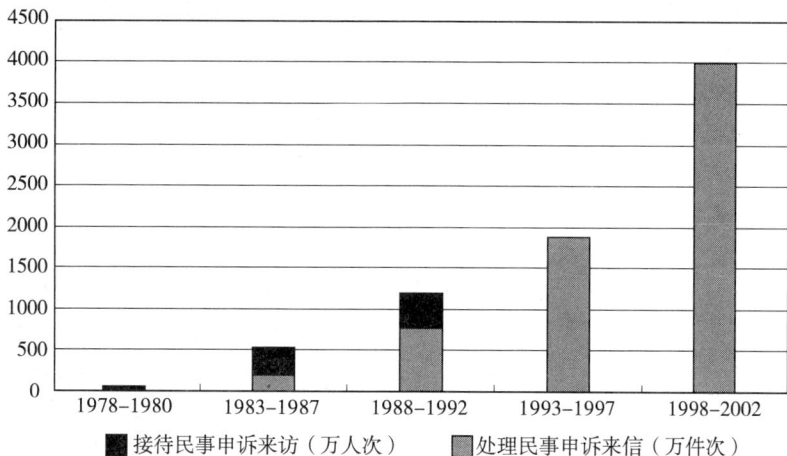

■ 接待民事申诉来访（万人次）　　　□ 处理民事申诉来信（万件次）

对其进行分化的同时对派别之争加以法律的有效控制,从而达致一种"利益联盟"①的状态,避免利益集团两败俱伤的"零和"博弈,从而事实上形成了"利益均衡"。因此,麦迪逊认为,"管理这些各种各样、又互不相容的利益集团,是现代立法的主要任务"。② 事实上,本课题组的调研发现,由于我国现行立法是由法制办牵头、行政主管部门起草的形式,这极容易造成"个人利益部门化,部门利益法律化的现象"。显然,这样一种情势是不利于利益均衡局面之型构的。

第四,利益均衡法治化是有效化解利益冲突以形成秩序的需要。和谐社会是一个利益多元的社会,各种利益交互作用。利益的扩张性、排他性使我们认识到,利益的妥协是不可或缺的。因为"妥协的意思就是用这样一个规范来解决冲突,它既不完全符合一方的利益但也并不完全违背另一方的利益"。③ 从某种意义上讲,利益均衡就是妥协的结果。而这种"妥协"的达成恰恰反映出法律在这一进程中的调整性功能,因为"法律的功能在

① 利益联盟的根本前提是:人们服从相对稳定的相互关系标准,因为他们相信这是共同利益之所在,而不是因为他们共同拥有一种同一真理观和善的信念。换句话说,主体之所以接受并遵守一种人们之间相互关系的结构框架,原因在于他相信这是实现其目的的手段。(参见[美]R. M. 昂格尔:《现代社会中的法律》,吴玉章、周汉华译,译林出版社2001年版,第141页。)

② [美]汉密尔顿等著:《联邦党人文集》,程逢如译,商务印书馆1980年版,第47页。

③ [奥]凯尔森著:《法与国家的一般理论》,沈宗灵译,中国大百科全书出版社1996年版,第320页。

于调节、调和与调整各种错综复杂和冲突的利益"。① 由是观之,利益均衡法治化事实上就是一个以妥协为核心环节、以法律规制为重要手段从而形成新的秩序的过程。

3. 利益均衡法治化是和谐社会的要求

胡锦涛指出,社会主义和谐社会应该是民主法治、公平正义、诚信友爱、充满活力、安定有序、人与自然和谐相处的社会。由此可见,和谐社会之建构离不开法律制度的支撑与法律规范的整合。因此,"社会主义和谐社会在本质上要求实行法治"。② 而法治作为一种优于一人之治的治国方略,"它不仅是一种行为规范和实用工具,同时还是一种精神的集合体,也蕴含着人们的利益诉求"。③ 可以肯定地说,和谐社会是法治社会,而法治社会是含蕴着利益诉求的社会,如何整合这些利益诉求以达到利益的均衡,恰恰体现了法律的基本作用。一方面,法律制度要达到法律秩序的目的,就必须承认某些利益并规定这些利益,同时在法律规定的界限内努力保护这些得到承认的利益。④ 另一方面,整合各种利益以达到利益的均衡也体现了法律的基本价值。有学者就此指出,"法律的第一价值或原价值便是保障社会的存在,实现社会的和谐"。⑤

总之,在分歧中求协调,在差异中求一致,在对立中求妥协,在冲突中求共存,开始成为现代和谐社会中重要的利益观,进而也使与之相应的经济制度呈现出两个方面变化:一是对建立抑制利益独占均衡机制的需求;二是对塑造自律自立与宽容共存的理性诉求的追寻。⑥ 反映在法律上,便是对如何达致利益均衡进行法治化,使利益的取得、使用、移转和救济进入制度化的运作流程,从而在利益层面上为和谐社会的建构提供基础性的作用。

4. 利益均衡法治化是对人性至真的考虑

休谟深刻地指出:"一切科学对于人性总是或多或少地有些联系,任何

---

① [美]庞德:《法理学》(第3卷),美国西方出版公司1959年版,第16页。

② 卓泽渊:"怎样理解社会主义和谐社会是民主法治的社会",载《人民日报》2005年3月25日。

③ 参见高鸿钧:《清华法治论衡》(第3辑),清华大学出版社2002年版。

④ 参见[英]哈特:《法律的概念》,张文显等译,中国大百科全书出版社1996年版,第301页。

⑤ 江山著:《人际同构的法哲学》,中国政法大学出版社2002年版,第24页。

⑥ 参见蒋京议:"在调整利益结构中构建和谐社会",载《长白学刊》2005年第3期。

学科不论似乎与人性离得多远，它们总是会通过这样或那样的途径回到人性。"①之所以利益均衡这一目标要通过法治化这一手段以达致，其中就有关于对人性的至真考虑。黑格尔指出："人们认为，当他们说人本性善这句话时，他们说出了一种很伟大的思想，但他们忘记了，当他们说人本性是恶的这句话时，是说出了一种更伟大得多的思想。"②经典作家亦认为，"人来源于动物界这一事实已经决定了人永远不能完全摆脱兽性"。③由此可见，不论是黑格尔的"性恶论"还是马克思的"性恶因素论"（即人性中含有恶的因子），都认为人性中有消极的一面，即恶。事实上，对人性恶的假设也是法律得以存在的条件之一，因为如果人人是天使，法律就没有必要存在了。从西方法律发展史看，"以性恶论为基础的西方法律文化特点正在于不因人性本恶就放弃对人的使用，亦不寄望于通过道德教化使人性变恶为善，而是通过严密的制度将这种恶限制在不得溢出的范围"。④

上述分析使我们认识到，人性有恶的一面，而法律制度正是以性恶为基础进行设计的，它既考虑到人性中恶的现实从而予以充分的尊重，如柏拉图所言，"人类的本性将永远倾向于贪婪与自私从而我们必须作第二种最好的选择即选择法律之治，⑤又采取必要的手段对其予以控制。人性恶在法律上的重要表现便是自我利益的扩张倾向与对他人利益的损害倾向，这二者又集中表现为对利益均衡的破坏。由于"法律是没有欲望的理智"，⑥因此，运用这种"没有欲望的理智"对利益扩张与损人利己或损人不利己的行为进行规制，既表达了对人性的尊重——因为法律是以性恶为前提的，又有利于达致利益的均衡——因为"法律的作用之一就是调整及调和种种相互冲突的利益"。⑦

---

① ［英］休谟著：《人性论》，关文运译，商务印书馆1980年版，第6页。

② 转引自刘学智：《儒道哲学阐释》，中华书局2002年版，第88页。

③ 《马克思恩格斯全集》（第20卷），人民出版社1995年版，第110页。

④ 徐国栋著：《民法基本原则解释》（增订本），中国政法大学出版社2001年版，第246页。

⑤ 参见徐国栋著：《民法基本原则解释》（增订本），中国政法大学出版社2001，第187页。

⑥ ［英］哈特著：《法律的概念》，张文显等译，中国大百科全书出版社1996年版，第41页。

⑦ 参见［美］博登海默著：《法理学——法律哲学与法律方法》，邓正来译，中国政法大学出版社1999年版，第398页。

四、改革发展成果公平分享制度体系的构建
路径——以和谐社会为目标

改革发展成果公平分享的目标是什么？我们认为，这个目标就是和谐社会。而公平分享的关键在于寻求利益的均衡，因为公平"从最根本上讲就是人与人的利益关系及关于人与人利益关系的原则、制度、做法、行为等合乎社会发展之义"。① 而"分配关系问题是调整个人与人利益关系的核心问题，也即分配公平问题是整个社会公平问题的核心"。② 由是观之，我们欲达和谐社会这一目标，便离不开对利益均衡的追求，而利益均衡的实现又有赖于分配的公平。③ 由于运用法律手段对改革发展成果进行公平分享中所谓的"改革成果的物质性"，④因此，本研究所指的分配公平又主要是一个经济公正问题。⑤ 如何保障经济公正从而保障分配公平和利益均衡，进而达致和谐社会这样一个理想目标，我们认为，其进路有三：一是要厘定和谐社会中政府角色定位；二是要寻求和谐社会利益群体间的协调；三是要营造和谐社会中人与自然的良性互动；四是要注重和谐社会中区域发展均衡的制度供给。我们认为，以上四个方面是一个有机整体，它们共同以利益均衡的构建为核心，为和谐社会这一目标的达致而生发其应有作用。

（一）明确和谐社会中政府角色的定位

"在实现改革发展成果公平分享的价值目标中，政府承担着更大的责

---

① 戴文礼著：《公平论》，中国社会科学出版社1997年版，第42页。

② 戴文礼著：《公平论》，中国社会科学出版社1997年版，第10页。

③ 分配公平不是指均等的分配，而是关注分配原则、分配形式的公平性，关注在社会成员或群体之间进行权利、权力、义务和责任配置的问题。参见［美］博登海默：《法理学——法律哲学与法律方法》，邓正来译，中国政法大学出版社1999年版，第265页。

④ 李昌麒教授认为："现在党和国家所提出的改革发展成果的分享，更多的是着眼于物质利益的分享"。（参见李昌麒："建立改革发展成果公平分享的法律保障机制"，在2005年9月由中国法学会、《人民论坛》杂志社主办，西南政法大学、重庆市法学会承办的"构建和谐社会法制保障——中国法学家论坛"上的演讲。）

⑤ 所谓经济公正是指最能增进人类的福利、最符合按个人应得分配、最大限度地促进个人自由和尊严的经济行为和经济制度。（See Stephen Nathanson, *Economic Justice*, Upper Saddle River, N·J·: Prentice Hall, 1998, p. 27.）

任,既包括政府的积极的主动的作为,又包括政府不作为而招致的否定性评价"。① 因此,建构社会主义和谐社会,主导力量是国家,②国家一方面要调节、解决社会公平问题,另一方面要大力加强社会建设,解决社会发展问题。③ 事实上,由于利益均衡是和谐社会的核心,而国家是构建和谐社会的主导,因此,如何出台一些有效的措施与安排一些相关的制度从而给政府以明确的定位,进而形成利益均衡的和谐社会,我们认为其进路有三:一是直面强大的国家经济职能,以法律制度的供给为基本手段,迎难而上;二是通过对国家的对应面——市场的关注,力求以权利制约权力;三是在政治国家与市民社会的互动关系中把握政府的角色定位。

1. 塑造权责统一的政府经济职能

现代政府是社会生活的核心,而这种核心作用又主要是通过政府的经济职能展现出来的。经济学的研究表明,国家在经济中作用的加强是现代化过程中经济发展的结果。④ 事实上,由于经济生活的日益纷繁复杂,政府承载了越来越多的预期:不仅要促进效率,更要促进公平。因此,国外有学

---

① 李昌麒:"建立改革发展成果公平分享的法律保障机制",在2005年9月由中国法学会、《人民论坛》杂志社主办,西南政法大学、重庆市法学会承办的"构建和谐社会法制保障——中国法学家论坛"上的演讲。

② 有关这一点,课题组在贵州省进行实地调研时更是有十分真切的感受。该省扶贫办副主任的发言中提到了贵州省扶贫的五个核心措施:一是加快资金下达进度。省扶贫办下达财政扶贫项目资金9.2亿。共安排实施到村到户扶贫项目9247个。主要用于基础设施建设、种植业、养殖业、社会事业、各种培训及其他扶贫工作;二是抓好整村推进。按照国务院扶贫办"三个确保"的工作方针,整合扶贫资金和支农资金的配套投入,切实加大在人口较少的民族地区和革命老区的贫困村开展整村推进扶贫开发工作;三是推进产业化扶贫。33个草地生态畜牧业产业化扶贫项目县人工种草32.92万亩,建圈舍28.38万平方米,购基础母羊3394只。此外,50个乡镇特色优势产业扶贫项目正在逐步实施当中;四是抓好劳动力转移培训。确定了全省96个开展普通农民工技术培训和产业化培训的教学点,全省"雨露计划"共完成贫困地区农村劳动力转移培训30023人,其中初级技工培训1421人、普通农民工培训16895人、农业产业化培训6371人,实现转移就业或就地转产24265人,转移就业率为80%—82%;阳光工程示范性培训完成示范性技能培训33558人;实现转移就业26087人,转移就业率达77.74%;五是开展了社会扶贫工作。继续做好4个对口帮扶城市和22个中直机关定点扶贫单位的协调服务工作。(西南政法大学"改革发展成果分享法律机制研究"课题组赴贵州调研资料,2008年11月。)从这些措施我们可以看出,离开了政府的主导性作用,这些目标的达致几乎是不可想象的。

③ 参见王煜:"构建和谐社会的核心、关键与主导",载《中国党政干部论坛》2005年第10期。

④ 参见梁小民:《经济学的开放》,生活·读书·新知三联书店1999年版,第81页。

者认为,"政府应该被视作生产的最高管理者,并因这一职责而被赋予巨大的权力"。① 事实证明,为了有效驾驭市场这匹烈马和充分发挥国家经济职能的建设性作用,赋予政府"巨大的权力"是十分必要的。现在的问题是:如何有效地控制这种权力以达到利益的均衡。以法律的视角审视之,就是要对政府经济职权与经济职责的双重关注。

　　一方面,必须明晰政府的经济职权。所谓经济职权就是指国家机关在履行经济职能时依法享有的按照一定方式进行组织与管理的经济权力。② 经济职权作为国家干预社会经济生活的法律依据,对其加以明确具有重要的现实作用:(1)经济职权的明确有利于有关经济建设的法律法规的推行。奥斯丁就深刻指出,"如果没有人去建立政府,没有人让政府拥有实际的权力,人类的法律将是乌有之物,是不值得一提的,或者是废纸一堆,是形同虚设的"。③ 经济职权明确的过程,就是赋予政府权力的过程,同时也是表达政府经济权力运作的法律限度的过程;(2)经济职权的明确有利于分配公平问题的解决。市场是资源配置的有效方式,但市场并不必然产生公平,这就为国家的介入提供了一个机制性的入口。但国家如何介入市场过程以求得社会分配的公平,以法律规定为基础的经济职权应该说很好地满足了这种需要。因此,加尔布雷斯指出,关于不平衡发展、不均等收入分配……政府是问题中的一部分。但是要求得问题的解决,还得依靠政府"。④ (3)经济职权的明晰有利于对市场失灵的克服。市场失灵主要表现为外部性的负担不公、公共产品的不足、信息不对称的存在等,这些问题是市场自身无法

---

① Louis Blanc, *Organization of Work*. Trans. Maria P. Dickore. Cincinnati, OH: University of Cincinnati Press,1911,p. 16.

② 关于经济职权与经济职责在经济法学界有两种观点:一种是李昌麒教授等人所持的经济职权与经济职责相异的观点。(参见李昌麒主编:《经济法学》(修订版),中国政法大学出版社 2002 年版,第 83—85 页。)一种是杨紫烜教授等人持的经济职权与经济职责"合一"的观点。(参见杨紫烜主编:《经济法》,北京大学出版社、高等教育出版社 1999 年版,第 101 页。)我们认为,经济职权与经济职责作为一对逻辑上的对应范畴,不可同日而语。关于经济职权的有关论述,刘水林教授认为,经济职权虽亦名为"权",但与其他权利不同,盖其他权利皆以利益为依归,而经济职权对于经济机关并无利益可言(效果直接归于社会经济有机体),故经济职权仅为一种资格或地位,其发生基于法律规定。我们对此深表赞同。但他认为,"经济职权与经济职责"有区别仅是因为角度不同而言,我们对此又不敢苟同。(参见单飞跃、卢代富等著:《需要国家干预:经济法视域的解读》,法律出版社 2005 年版,第 45 页。)

③ See John Austin, *Lectures on Jurisprudence or the Philosophy of Positive Law*,P. 321.

④ [美]加尔布雷斯著:《经济学与公共目标》,陈彪如译,商务印书馆 1980 年版,第 238 页。

克服的。而经济职权作为国家机构履行国家经济职能时所具有的权力,它具有法定性、优先性与支配性的特点,这使得国家机构依经济职权对市场失灵的情况进行应对与克服时,具有较强的权威性与说服力,从而利于问题的尽快解决;(4)经济职权的明晰有利于弥补市场机制的不足。早在 1926 年,凯恩斯就在其"自由放任的终结"一文中写道,"政府的当务之急,不是要去做那些人们已经在做的事,无论结果是好一点还是坏一点,而是要去做那些迄今为止还根本不曾为人们付诸行动的事"。① (5)经济职权的明晰有利于公共利益的维护。穆勒就认为,"在某一时期或某一国家的特殊情况下,那些真正关系到全体利益的事情,只要私人不愿意做(并非不能高效地做),就必须由政府来做"。② 事实上,政府经济职权的明确一是明确了公共利益的问责对象,二是也有利于规制国家借公共利益之名而行滥用经济职能之实的行为。因为经济职权的明确表达了政府经济行动的范围、程序、方式等的法律限度。

另一方面,必须明确政府的经济职责。经济职责是指国家机关在履行经济职能时依法必须遵守的法定义务。③ 经济职责的明确具有重要的意义:(1)经济职责的明确使得国家经济职能的存在方式更加全面。我们一方面要强调政府的经济职权,但另一方面也要强调政府的经济职责,二者并举才能防止偏颇,也才符合权利与义务的对立统一关系之法律原理;(2)经济职责的明确有利于政治权威的结构化。④ 这是因为经济职责的明确使得履行国家经济职能的各机关的责任明确化了,这不光避免了责任的行政性推诿,而且使得各级行政机关不得仅凭级别的高低或权力的隶属关系就随意推卸责任,从而充分体现了权责的统一性;(3)经济职责的明确一定程度上抵制了行政的恣意。虽然"野心必须用野心来对抗"而且"毫无疑问,依

---

① 参见[英]凯恩斯著:《就业利息和货币通论·译者前言》,魏埙译,陕西人民出版社 2004 年版,第 5 页。

② [美]约翰·穆勒著:《政治经济学原理》(下卷),商务印书馆 1991 年版,第 570 页。

③ 关于职责,王连昌教授认为,职责即在某项工作中所规定的事情(即职务)和责任。但法律上的责任在不同情形下被赋予两种不同的含义:一是指所负有并应当履行的义务;二是指违反或不履行某项义务所应承担后果(即应承担的新义务。)而职责含义中的责任,应指前者,而非后者。(参见王连昌主编:《行政法学》(修订本),中国政法大学出版社 1999 年版,第 69 页。)显然,本研究所指的经济职责,亦是取职责的前一含义。

④ 政治权威的结构化是指:(1)政治权威是多元的而非单一的;(2)政治权威之间的关系的体制化而非个人化;(3)政治权威相互有所制约或制衡,尽管存在某种不对称性。(参见程燎原、江山:《法治与政治权威》,清华大学出版社 2001 年版,第 165 页。)

靠人民是对政府的主要控制,但是经验教导人们,必须有辅助性的预防措施"。① 我们认为,经济职责的明确便是这种预防措施之一;(4)经济职责的明确在一定程度上可以避免或者减少权力的寻租②。事实上,经济职责表达了相关国家机关在履行经济职能时必须为或不能为一定行为的法律旨趣,由于法律本身的权威性、确定性及普遍性,使得被"寻租"的国家机关暴露在法律威严的审视之下从而不得不停止寻租或至少有所收敛。

总之,经济职权与经济职责是定义着国家经济职能的两个重要方面。经济职权表达的是国家在履行其职能时可以为的法律限度,而经济职责表达的是国家在履行经济职能时必须为或不能为一定行为的法律根据,只有这二者辩证统一,才有利于国家在发挥其经济职能时促进而不是阻碍利益均衡的实现。

2.辩证地尊重市场这一自生自发秩序

黑格尔认为,"每一方只有在它与另一方的联系中才能获得它自己的规定,此一方只有反映了另一方,才能反映自己。另一方也是如此。所以每一方都是它自己的对方的对方"。③ 黑格尔的论断使我们认识到,要找准政府在和谐社会中的角色定位,离不开对政府的"对方"的理解,而市场就是这样的一个至为重要的"对方"。因此,科学地认识国家与市场的作用,既有利于把握市场"自由的度",更有利于把握"国家干预的度",进而在客观上寻求国家与市场的均衡点,而这正是利益均衡所期待的结果。为此,我们应当从两个方面来认识这个问题。

首先,我们要尊重市场这种自生自发秩序,从而使国家在介入市场进程中明确自己行动的范域,特别是在涉及利益分配时保持应有的谨慎。以经济自由主义为基础的市场自发秩序论强调的是市场的自发性、自愿性以及市场的自由。④ 那么,市场这一"自生自发秩序"究竟有何作用以致自由主义大师(如哈耶克等)甚至认为对其破坏将通往奴役之路,本研究综合学界各种观点,认为我们尊重市场这一自生自发秩序的理由主要体现在以下四

---

① [美]汉密尔顿等著:《联邦党人文集》,程逢如等译,商务印书馆1980年版,第264页。

② "寻租"是由美国经济学家安妮·克鲁格在1974年《美国经济评论》上发表的一篇论文中提出来的,它指的是"那种利用资源并通过政治过程获得特权,从而构成对他人的利益的损害大于租金获得者收益的行为。

③ [德]黑格尔著:《小逻辑》,贺麟译,商务印书馆1980年版,第254—255页。

④ 参见黄德发著:《政府治理范式的制度选择》,广东人民出版社2005年版,第34页。

个方面:(1)市场这一自生自发秩序最能促进经济的发展。市场是目前人类能找到的最有效的资源配置方式,在市场中每个人都拿出了其最好的一面,并且热情高涨。因此亚当·斯密认为:"关于可以把资本用在什么种类的国内产业上面,其生产物能有最大价值这一问题,每一个人处在他当时的地位,显然能判断比政治家或立法家好得多。"① 布坎南甚至认为市场秩序是"无所不知的实现周密设计的头脑的产物","如果这个设计者能知道全体参加者的效用函数……能够精确地复制市场调节过程所有个人,个人就会自发地达到个人效用最充分、最大化的目标"。② 客观而论,市场虽然不像布坎南所讲的这般"进乎技矣",但其能促进经济的快速发展则是历史的事实。正如国内有学者所言,"近代以来的经济发展,主要是以市场为依托的发展"。③ (2)市场这一自生自发秩序有其自身的发展规律,我们既不能人为地加以排斥,也不能揠苗助长。"历史的和逻辑的说明告诉我们,市场经济机制及秩序不可能通过非市场的、计划的、行政的力量造就,市场经济机制的转换只能是整个社会生活的转换,只能是大众的、分散的、个体的行为方式的转换,不能是少数人观念的转变"。④ (3)市场这一自生自发的秩序代表了一定历史条件下经济发展的方向。世界市场体系的形成与社会主义国家的市场转向也许就是最为有力的说明。市场并不因为成为一种世界性的资源配置方式就变成是万能的,相反,它是有缺陷的,但它是人类目前能找到的最有效的资源配置方式。美国诗人惠特曼甚至为此满怀激情地写道:"全世界所有的人一起远航/沿着同一条航线/驶向同一个命运"。⑤ (4)市场这一自生自发秩序有利于自由和平等环境的造就。市场天然要求自由竞争,亚当·斯密早就指出:"每一个人,在他不违反正义的法律时,都应听其完全自由,让他采用自己的方法,追求自己的利益,以其劳动及资本

---

① 〔英〕亚当·斯密著:《国民财富的性质和原因研究》(下卷),郭大力、王亚南译,商务印书馆1974年版,第27页。

② 〔美〕布坎南著:《自由、市场与国家》,平新乔译,生活·读书·新知三联书店1988年版,第26页。

③ 盛洪著:《治大国若烹小鲜——关于政府的制度经济学》,生活·读书·新知三联书店2003年版,第146页。

④ 列伟著:《经济改革与发展的产权制度解释》,首都经济贸易大学出版社2000年版,第69页。

⑤ 转引自黄德发著:《政府治理范式的制度选择》,广东人民出版社2005年版,第39页。

和任何其他人或其他阶级相竞争。"①商品是天生的平等派,同样的商品只能卖同样的价钱并受供求关系影响而波动。因为市场这一自生自发秩序的存在,自由与平等变得真正的不可或缺。事实上,正如马克思所言,"流通中发展起来的交换价值过程,不但尊重自由和平等,而且自由和平等是它的产物,它是自由和平等的现实基础"。② 总之,市场过程会产生一种有助于价值最大化的自发的市场秩序。在适宜地设计的法律和制度中间,市场中分散的谋私利的个人的行为会产生一种自发的秩序,一个分配结果的模式,它不是任何人选择的,但是它可以合适地归类为能反映参加者的价值最大化的秩序。③

其次,我们在看到市场这一自生自发秩序珍贵的的一面的同时,也发现国家在尊重这一秩序的基础上对其进行干预既是不可避免的,又是必需的和有用的。④ 事实上,国家干预自市场产生以来就存在着。如卢梭就主张国家要干预工商业活动。⑤ 之所以在尊重市场这一自生自发秩序的同时要主张国家的干预,其理由在于:(1)从认识论的角度看,尊重市场秩序并不否认对市场的介入。正如胡鞍钢所指出的,"有自由,并不一定有不受干涉的权利"。⑥ (2)市场发展的历史证明,完全的放任将会导致灾难性的后果:生产力的倒退、社会财富的巨大浪费。而国家干预则可以在一定程度上缓和或者延缓这种经济周期。因此,刘易斯指出,"目前,听任市场经济自由放任地发展,这在不发达国家毫无疑问是一个错误的答案"。⑦ (3)市场的自生自发秩序过于注重表面的、形式的公平,把人都看成是抽象的"经济人",而无视现实中人的差异性,因此在某种程度上忽视了实质公平这一深层次的价值。布坎南就一针见血地指出,"市场经济所谓'自愿原则'其实是诱使弱者接受强者的剥削"。⑧ 市场造就的效率并不能一好遮百丑。美

---

① [英]亚当·斯密著:《国民财富的性质和原因研究》(下卷),郭大力、王亚南译,商务印书馆1974年版,第252页。

② 《马克思恩格斯全卷》(第46卷),人民出版社1995年版,第477页。

③ 参见[美]布坎南著:《自由、市场和国家》,吴良健等译,北京经济学院出版社1985年版,第88页。

④ 参见李昌麒主编:《经济法论坛》(第3卷),群众出版社2005年版,第162—163页。

⑤ 参见徐大同主编:《西方政治思想史》,天津人民出版社2000年版,第184页。

⑥ 参见胡鞍钢等编:《政府与市场》,中国计划出版社2000年版,第92页。

⑦ [美]威廉·阿瑟·刘易斯:《发展计划》,经济学院出版社1989年版,第6页。

⑧ [美]布坎南著:《财产与自由·代译序》,韩旭译,中国社会科学出版社2002年版,第2页。

国经济学家鲍尔斯就断言，"即使市场配置的确产生帕累托最优效果，以及即使所产生的收入分配被认为是公平的，但如果支持一种非民主的权力结构，或者如果因它奖赏而促进了贪婪、机会主义、政治被动性和对其他方面的冷淡，那么市场也仍会失败"。① 上述分析使我们认识到：讲究自生自发秩序的市场与强调国家干预都有其各自的存在理据。正如斯蒂格利茨所指出的，"市场是经济的中心，但政府必须发挥重要的作用。这一问题的关键是如何在政府和市场作用中取得平衡"。② 事实上，深层次的分析使我们还认识到：市场和政府都有其失败的地方，③这种认识提醒我们应该把市场的自生自发秩序和国家干预对市场秩序的造就结合起来，即"当人们只考虑需要政府对经济进行特别干预而忽视市场机制时，应该提醒政府注意竞争性机制的功能；当人们虔诚地笃信自由放任可以解决一切问题时，又必须强调社会控制在什么情况下仍然是必要的"。④

综上所述，我们认为，要明确和谐社会政府角色的定位，在处理政府与市场的关系时，我们既要充分地尊重市场酿造的这一秩序，又要看到市场的种种不足；既要看到政府干预的必要性和客观性，又要看到政府和市场同样存在着不足这样的现实问题。由是观之，明确政府角色定位就是一个尊重市场秩序与在具体分析中处理政府与市场的关系问题，我们不能偏颇，但也不是把这二者等量齐观，因为尊重市场自生自发的秩序毕竟是中心，只有这样，才能找准政府的应当的角色定位。

3. 促成政治国家与市民社会的良性互动

经典作家认为，"自然科学证实了黑格尔曾经说过的话：相互作用是事物的真正终极原因。我们不能追溯到比这个相互作用的认识更远的地方，因为它背后没有什么要认识的了"。⑤ 我们认为，通过在事物的相互关系中把握事物的定位，同样适用于社会科学的分析进路。欲明确政府在和谐社会中的角色定位，在政治国家与市民社会的关系中对其进行审视是十分必

---

① 胡代光等编著：《当代国外学者论市场经济》，商务印书馆1996年版，第16页。

② 胡鞍钢等编：《政府与市场》，中国计划出版社2000年版，第152页。

③ 如布坎南就认为："当根据理想化的标准来检验市场在资源配置和分配上的效率时，以私人所有权为基础的市场体制在某些方面显现出是'失败'的……人们通过公共选择理论看到，当根据理想化的标准来检验政府工作的效率和公平性是否令人满意时，政府或者政治组织在某些方面也显现是'失败'的。"（参见［美］布坎南著：《财产与自由》，韩旭译，中国社会科学出版社2002年版，第102页。）

④ ［英］詹姆士·E·米德著：《混合经济》，上海三联书店1989年版，第4—5页。

⑤ 《马克思恩格斯全集》（第3卷），人民出版社1972年版，第552页。

要的,事实上,传统的那种强政府、弱社会、政府单独主治的局面已难以解决日益增加和繁复的社会公共问题。由于受自身治理能力的限制,政府部门已经无法成为唯一的统治者,政府必须与民众、社会其他组织共同治理、共同管理、共同生产与共同配置,从而实现公共利益的最大化。[①] 事实上,多元善治理论正是这种社会与知识背景下的产物。而寻求政治国家与市民社会的良性互动,正好反映了这种在使公共利益最大化的进程中明确政府角色定位的努力。如何达致这二者的良性互动,我们拟从以下三个维度进行思考:

第一,要建立一个精干的政治国家。这样的政治国家应当具有以下一些基本的功能:(1)能有效应对突发性事件、群体性事件。"由于中国今天已不再是从前的高度集中的政治体制,应付危难的能力将急剧下降;再与市场特有的灾难放大机制相结合,问题就会发展到不堪想象的地步"。[②] 现代社会是一个市场社会,也是一个风险社会,因此,必须建立有效的事件预防机制、事件疏导机制及事件善后机制,这非得有一个精干的政治国家不可;(2)能在强势阶层的经济势力与政治渗透力面前保持应有的独立性和自主性。政治国家必须时刻明白,它是一个公共产品而不是一个"俱乐部产品"[③];(3)有能力保护"碎片化"的弱势群体。这在现代社会主要应采取两项措施:一是避免弱势群体"失语"。因为听不到弱势群体呼声的国家是不能代表最广大人民利益的;二是给予弱势群体一些最直接的经济援助。(4)具有一定的自我调适能力,能够有效地克服腐败。当前,"少数领导干部的贪赃枉法等腐败行为,越来越引起广大人民群众的不满,严重影响了干部与群众的关系,激化了干部与群众之间的矛盾,乃至导致矛盾冲突"。[④] 由此看来,政治国家具有一定的自我调适能力并能有效克服腐败是十分必要的;[⑤](5)有一套公正的政绩评价体系。必须深刻检讨那种有增长而无发

---

① 参见王慧军:".构建和谐社会进程中的政府行为",载《中共天津市委党校学报》2005年第2期。

② 贺雪峰:《三农中国》(第3辑),湖北人民出版社2004年版,第39页。

③ 经济学上认为,有些物品既不同于由个人消费的纯粹私人物品,又不同于毫无排他性的公共物品,它们的消费容量是有限的,而消费者是无限的。这种物品介于私人物品与公共物品之间,被称为俱乐部物品。(参见梁小民著:《经济学的开放》,生活·读书·新知三联书店1999年版,第170页。)本研究所称的"俱乐部产品"即俱乐部物品。

④ 《构建社会主义和谐社会学习读本》,中央文献出版社2005年版,第239页。

⑤ 但同时我们也应认识到,腐败是一个与社会体制无关的历史问题。因此,本研究认为,社会主义和谐社会并不是能完全杜绝腐败的社会,而是能有效处理腐败的社会。

展的片面政绩观,树立全面、科学的政绩观,杜绝面子工程,既看城市,更要看郊区与乡村;(6)树立公民本位①的政府工作思路。"公民本位"意味着公民在公共服务中居于主体地位,普通民众的满意水平是评价政府绩效的最终标准,群众利益无小事;(7)提高制度建设的质量与依法行政的水平。政府的制度安排应经过充分论证,要因地制宜,要有很强的可操作性,要杜绝行政具文。牢牢把握依规则行事的依法行政之精髓,同时有限地进行行政的自由裁量以有效应对纷繁的社会现实。总之,上述七个方面是一个有机的整体,不可割裂对待,于此才可造就精干的政治国家。

第二,要建设一个健康、进取的市民社会。市民社会作为一种历史现象,含有以下三个环节:一是需要的体系;二是通过司法对所有权的保护;三是把特殊利益作为共同利益予以关怀。② "中国的市民社会乃是指社会成员按契约性规则,以自愿为前提和以自治为基础进行经济活动、社会活动的私域,以及进行议政参政活动的非官方公域"。③ 要建设一个健康、进取的市民社会,我们认为不仅仅对"私域"的培育就能了事,还必须着力认识到以下问题:(1)市民社会作为一种历史现象,它的存在是以国家为前提的。黑格尔早就指出,"市民社会是处在家庭和国家之间的差别阶段……它必须以国家为前提,而为了巩固地存在,它也必须有一个国家作为独立的东西在它面前"。④ (2)市民社会要注重道德与诚信的塑造。黑格尔关于市民社会三个环节的分析使我们认识到:不论是需要的满足、所有权的保护还是公共利益的维护,都离不开法律这一制度安排。然徒法不足以自行,更何况天下之事无穷而法之规定有限,若诚信缺失、道德沦丧,则市民社会的建设也将成为泡影;(3)要避免把市民社会弄成一个完全自私自利的社会。市民社会是一切癖性与禀赋等汹涌澎湃的社会,"在市民社会中,每个人都以自身为目的,其他一切在他看来都是虚无"。⑤ 因此,对市民社会不加以有效的约束,很可能就会使这个私域的温床蜕化为自私自利的泥潭,从而造就一个不可欲的社会;(4)虽然市民社会本质上讲应当是一种自主性的社会

---

① "本位"乃承我国台湾地区学者王伯琦先生最早提出的概念,是指基本观念、基本目的或基本作用、基本任务。参见王伯琦:《民法总则》,学生书局1979年版,第31页。

② 参见[德]黑格尔著:《法哲学原理》,范扬、张企泰译,商务印书馆1961年版,第203页。

③ 邓正来著:《市民社会理论的研究》,中国政法大学出版社2002年版,第7页。

④ [德]黑格尔著:《法哲学原理》,范扬、张企泰译,商务印书馆1961年版,第197页。

⑤ [德]黑格尔著:《法哲学原理》,范扬、张企泰译,商务印书馆1961年版,第197页。

领域,特别是基于对福利国家和国家全面干预的反思,市民社会的自主性更是得到了前所未有的重视,①但是,市民社会并不是"自足"的。特别是"当市民社会内部发生利益冲突或纠纷而其本身又无能力解决时,就需要国家这个公共管理机关从外部介入进行干预、仲裁和协调"。② 由此看来,市民社会是自治的但不是自足的;(5)市民社会的构建要特别注重行业协会等中介组织的建设。行业协会建构的意义主要表现在以下三个方面:一是从经济学的角度看,行业协会的培育有助于社会福利的提高。李斯特在其《政治经济学的国民体系》中就指出,"为了一个共同目标而结成的个人协会是保证实现个人福利的最为有效的模式。当一个人孤独地与他的同伴相分离,这个人就会变得软弱和贫穷。联合起来的人数越多,越能使协会得到改进,个人得到精神与物质财富这一结果也就会越好"。③ 事实上,行业协会的组建从深层次上反映了对市民社会过分自利的导向——其他一切在他看来是虚无——的克服,它造就了一个交流的平台与利益的共同体。二是从法学的视角看,行业协会的建构能发挥其对立法的良性作用与对市场的有效导向作用。诚如 Franzen 所言,"由各行业自行制定规则,可以避免立法的不足与偏颇,使市场法对市场经济的引导具有更高的准确性,对一般立法者及司法者来说,也可借此得到更多的资讯与灵感"。④ 事实上,行业协会根据行业自身的情况制定其行为准则,正是市民社会自治的重要体现,因此,要建构自治的市民社会,而不培育行业协会这种中介组织几乎是不可想象的。三是从政府职能转移的角度看,社会中介组织(主要是行业协会)是政府职能转移的重要载体。社会组织不同于政府,但它可以起到政府起不到、也不应当起的作用。⑤

第三,建立政治国家与市民社会的良性互动机制。上述分析使我们认识到:政治国家和市民社会都有其独特的价值与意义。政治国家在现代社会已承载了太多的预期,因此它必须是精干的,而不应是庞大的、软弱的和孤立的;而市民社会必须是自治的,但并不意味着它是自足的。从法治建设

---

① 参见鲁篱著:《行业协会经济自治权研究》,法律出版社 2003 年版,第 12 页。

② 邓正来著:《市民社会理论的研究》,中国政法大学出版社 2002 年版,第 9 页。

③ [美]斯坦利·L.布鲁著:《经济思想史》(第 6 版),焦国华、韩红译,机械工业出版社 2003 年版,第 147 页。

④ 转引自苏永钦著:《经济法的挑战》,清华大学出版社 2005 年版,第 120 页。

⑤ 参见王慧军:"构建和谐社会进程中的政府行为",载《中共天津市委党校学报》2005 年第 2 期。

的视角审视，"对国家强制和人们自治如何配合、互动加以类型化，再据以为民事立法者和裁判者的角色功能，作更清楚的定位，应该会有助于法律体系整体的顺畅运作，使公私法走向有机的结合"。① 事实上，寻求政府角色准确、正确定位的过程从政治国家与市民社会这一二元结构看就是寻求这二者良性互动从而达致一种利益均衡的过程。我们既不主张洛克式的市民社会先于政治国家的架构，也不赞同黑格尔式的国家高于市民社会的架构，我们勿宁折衷。我们要寻求一种适度的制衡，同时又在互动中使双方能够较好地抑制各自内在的一些弊病，使国家维护的普遍利益与市民社会捍卫的特殊利益得到符合总体发展趋势的平衡，这才是中国市民社会与政治国家之间的良性互动。②

综上所述，利益均衡是和谐社会的核心，而政府是建构和谐社会的主导，如何使这个起主导作用的主体围绕利益均衡这个核心展示其存在，我们主张从明确政府权责、尊重市场自生自发秩序及在政治国家与市民社会的二元分析框架中寻求政府准确的、正确的角色定位。从上述三个维度的二元分析（对国家经济职能的二元分析、对国家与市场的二元分析及对政治国家与市民社会的二元分析）中我们认识到：和谐社会语境中的政府应该是一个"法治——公正的政府、权威——责任的政府、民主——透明的政府"这样一个三位一体的政府，只有这样的政府才是其在和谐社会中准确与正确的角色定位，也只有这样的政府，才有能力在对改革发展成果进行分享时取得契合和谐社会的核心——利益均衡这一理想的目标。

（二）寻求和谐社会中利益群体间的协调

1. 利益群体的一般诠释

利益主体可分为利益个体与利益群体两种。③ 相较利益个体的分析进路而言，利益群体由于其体现个人存在的社会性这一本质特性，因而具有普遍性和概括性的意义。什么叫利益群体？有学者认为，"社会利益群体，一般来说，就是指有某种具体的共同利益关系、相近的利益地位以及相关联的发展前途、命运的人们共同体。不同社会利益群体，不仅在经济地位、社会地位、利益特点等方面有所不同，而且在价值取向、归属感、认同感等方面也

---

① 苏永钦著：《私法自治中的国家强制》，中国法制出版社 2005 年版，第 92 页。
② 参见邓正来著：《市民社会理论的研究》，中国政法大学出版社 2002 年版，第 15 页。
③ 参见张荣洁："浅析中国社会新兴利益群体"，载《北京大学学报》2002 年专刊。

呈现出明显的差异"。① 有学者认为,"所谓利益群体,就是指以一定社会关系为基础的,具有大体相同的利益要求,持相对共同的利益态度而结合在一起的个人的利益集合体"。②

概言之,利益群体的特性有四个方面:①利益群体具有社会性,即利益群体是社会关系网络上的纽结点,总是以一定的社会关系为基础的;②利益群体具有趋同性,即利益群体内部的利益基本趋同;③利益群体具有多样性,即社会上存在多种利益群体,而各种利益群体其利益取向是多样的,同时,就是同一利益群体内部成员利益取向也是多样的;④利益群体具有的矛盾性,这不仅包括不同利益群体之间的矛盾性,也包括同一利益群体内部成员之间的矛盾性。利益群体这四个特征是有机统一的。

2. 我国利益群体的划分

就我国利益群体的划分,学者有不同的观点。李强教授从经济利益关系的角度,将中国社会各个阶层区分为四个利益群体:一是特殊获益者群体;二是普通获益者群体;三是利益相对受损群体;四是社会底层群体。③有学者从改革的渐进性特征,提出由于传统利益结构的分化,中国社会目前形成了三大新兴的利益群体:④一是新富群体。包括"无色新富群体"、"灰色新富群体"和"黑色新富群体",分别代表着合法致富、合法与不合法边缘致富、非法致富三类群体;二是新中间群体;三是新贫困群体。有学者从体制变迁的角度对中国的利益群体进行了划分,⑤认为我国目前主要存在三大利益群体:一是在旧体制中固有的利益群体;二是在新旧体制转换过程中产生的过渡性利益群体;三是在新体制条件下,正在形成并逐步壮大的利益群体。具体而论,我国的利益群体包括:一是国家机关领导人员;二是企业经营管理者;三是企业职工;四是私营企业主;五是普通劳动群众。

我们认为,上述关于我国利益群体的四元、三元分析范式各有其独到的解释力,但是,基于改革开放以来,收入、权力、声望、身份、教育等因素在社

① 梁琴、钟德涛著:《中外政党制度比较》,商务印书馆2000年版,第292页。
② 董德刚主编:《唯物史观新视野》,东方出版社1999年版,第96页。
③ 参见李强:"当前中国社会的四个利益群体",载《学术界》2000年第3期。
④ 参见张荣洁:"浅析中国社会新兴利益群体",载《北京大学学报》2002年专刊。
⑤ 参见李丽霞:"协调多元利益关系:构建和谐社会的重要前提",载《理论导刊》2005年第3期。

会位置中的序列出现了弱相关、不相关或负相关，①而且，改革开放以前的三大利益群体——工人、农民、知识分子的分化加速，因此，上述四元、三元分析范式又不同程度地存在着解释力的不足：要么不足以涵盖现行中国的全部利益群体，要么仅有部分的解释力。如何寻求一种比较有效的分析范式，使之能基本全部涵盖现行所有的利益群体，进而确立规范这些群体的指导原则与思想，是解决当前利益群体冲突纠纷的基础。根据前人的研究成果及课题组的思考，我们在此提出一种利益群体的三元分析范式——强势群体、中间群体、弱势群体。我们认为，以行业、职业、单纯的经济地位、政治地位及文化地位等为标准来划分当今的利益群体，都面临着不可穷尽、不能完全涵盖的"危险"，而且，这样的划分也会由于利益群体的相互交叉而降低其有效的解释力。因此，与其求一个并不存在的精准，不如允许适度的模糊。我们认为，就本课题倡导的三元分析范式而论，我们确实无法给出一个强、弱与中间的具体标准（因为这种标准必须随社会、经济发展水平而变动），但我们完全有理由说在现今时代一个身居要职的国企老板肯定是强势群体，而那些睡在简易工棚的农民工肯定是弱势群体，而对一般国家公务员（非领导者）、小私营企业主等则当属于中间群体。

依此进路，我们认为，所谓强势群体就是指至少在政治、经济、文化三个领域之一中占据优势地位的社会群体，其代表是政治精英、经济精英、文化精英或者这三者的任意组合。而弱势群体是指在政治、经济、文化领域均不占任何优势、主要表现为经济收入较低的社会群体。弱势群体的突出特征有两个：一是一般说来人数众多；二是这一群体往往是"失语"者群体，其利益代言人一般是非本群体人员。而介于强势群体与弱势群体之间的则为中间群体。我们认为，这一分析范式基本上可以囊括现行中国所有的利益群体，因此，在构建和谐社会协调利益群体的进程中，其工作思路也应循此。

3. 和谐社会中利益群体协调之路径

和谐社会是利益群体间协调的社会。如何协调各利益群体，我们认为应当以改革成果的分配为核心，走规范强势群体、保护弱势群体、培育中间群体、协调强势群体与弱势群体关系的路子。

第一，规范社会强势群体是协调利益群体的前提。其理由如下：（1）规范强势群体是正义的要求。古希腊哲学家毕达哥拉斯很早就指出，正义作

---

① 参见李一平："转型期利益群体的分化及新型分层秩序的构建"，载《杭州师范学院学报》2000 年第 4 期。

为一个形而上的宇宙论原则,是数和元素的比例平衡与和谐。强势群体从某种程度上看就是占有的财富和地位远高于其他利益群体的群体,而这很可能就是"不合比例与不和谐"的,因此,必须对其进行有效的规范;(2)强势群体中虽然不乏合法致富致强者,但更不乏非法致富致强者。调查表明,在问及先富起来的人靠什么致富时,排在第一位的居然是权力而不是我们社会倡导的勤劳致富。① 由是观之,必须对强势群体进行规范,以防止其滥用社会优势地位,从而避免加剧社会不公或者造成新的社会不公;(3)要充分利用税收等收入再分配手段对强势群体的过高收入进行调节,以遏制社会过度的两极分化。对于罗尔斯而言,解决不平等的唯一途径就是通过税收进行收入的再分配。当然,这里我们既要充分利用税收调节收入的作用,也要注意到税收作为"权利的成本"②作用——它是公民自由得以存续的经济成本;(4)要倡导强势群体的社会责任。事实上,这与我党一贯提倡的先富帮后富在理念上是同一的。当然,倡导强势群体的社会责任并不是对强势群体利益的漠视,更不是对其财富推行简单的"劫富济贫"或者让每个强势群体都成为慈善家的典范,只是要求其在不损害其可持续发展能力时尽其力所能及的社会责任;(5)规范强势群体还需要有吸纳强势群体的制度安排。强势群体往往就是社会的精英,我们既要从制度层面对其予以规范,同时又要对其利益表达、竞争提供规范化的制度安排,从而在制度层面上对强势群体进行有效的回应。这对转型中的中国特别重要。正如亨廷顿所指出的,"一个正在进行现代化的制度还必须具有将现代化造就的社会势力吸收进该体制中来的能力"。③

第二,保护社会弱势群体是协调社会利益群体的基础。中国有没有弱势群体?《珠江农民工调查》的数据最能说明问题:④"百分之八十以上的工伤者是农民工","61.7%的工伤者没有与企业签劳动合同","66.3%的被调查者每天工作超过8小时,工作时间最长的达16小时,工作12小时最

---

① 参见廖申白、孙春晨:《伦理新观点:转型时期的社会伦理与道德》,中国社会科学出版社1997年版,第210页。

② 关于税收作为"权利的成本"的详尽精彩论述,中文的译作主要可参见[美]史蒂芬·霍尔姆斯,凯斯·R.桑斯坦:《权利的成本——为什么自由依赖于税》,毕竟悦译,北京大学出版社2004年版。

③ [美]塞缪尔·亨廷顿著:《变动社会中的政治秩序》,王冠华译,三联书店1989年版,第129页。

④ 转引自邓伟志著:《和谐社会笔记》,上海三联书店2005年版,第52—54页。

普遍,占 25.6%";"96% 的工人不是工会会员","工伤者所在企业建立了工会的只占 11%,肯定没有工会的占 53.6%,可能没有的占 4.8%,不知道的占 30.4%"。事实胜于雄辩:中国肯定存在社会弱势群体。关于中国的弱势群体的构成,据学者研究,主要由以下几部分构成:①(1)占人口大多数的农民整体上变成了贫困的弱势群体;(2)进入城市的上亿农民工基本上也属于弱势群体,他们的弱势不仅表现在经济上,也表现在社会地位上;(3)城市中以下岗失业者为主体的贫困阶层也是新出现的弱势群体,其人数已达数千万,占城市居民总数的六分之一以上。从上述分析可见,所谓弱势群体,主要是指经济上的"穷人",特别是在改革开放的今天,弱势群体更与经济上的穷人几乎等义:因为市场已使人摆脱了人身依附,进入资本依附的时代。②

保护弱势群体,就是保护社会的大多数劳苦大众,就是保护广大的"穷人",因而保护弱势群体是协调社会利益群体的基础。社会对弱势群体的保护并不是纯粹的同情心的表达,更是社会的自身之需:(1)保护穷人是有"好处"的。著名经济学家西斯蒙第就认为,"保护穷人,因为他们需要支持,为了增加他们的才能,他们可以有一些闲暇、一些智力教育;保护穷人,因为对法律、公共和平与稳定来说最危险的莫过于穷人认为他们是受压迫的以及他们对政府的怨恨;保护穷人,因为如果你希望工业繁荣,穷人就是最重要的消费者。"因此,"保护穷人是政府与立法者应该上的最重要的一课"。③(2)社会是一个有机的整体,是一种强、弱者相互依存的人际关系体系,因此,保护弱势群体可以说会间接地保护了强势群体从而有利于社会整体福利之增进。因为"事实和逻辑都告诉我们,损害一部分就会损害全体的人"。④ 同理,损害弱势群体这一部分人的利益,最终也会损害到全体

---

① 参见孙立平:《断裂》,社会科学文献出版社 2003 年版,第 64 页。

② 从哲学的视角看,市场经济这种功利主义的价值取向、工具理性的思维取向和民主法制的政治取向,它确认了一种人的存在方式。市场经济条件下,人是一种"以物的依赖性为基础的人的独立性"的存在。这种存在,既是一种巨大的历史的进步性,又是一种巨大的历史的局限性。因为在市场经济当中,人的"独立性"必须是"以物的依赖性为基础"。(参见孙正聿:《哲学修养十五讲》,北京大学出版社 2004 年版,第 145—146 页。)由此可见,市场时代是资本依附的时代。

③ Simonde de Sismodi, *Political Economy and the Philosophy of Government*, London: Chapman, 1847, pp. 220–223.

④ 盛洪著:《治大国若烹小鲜——关于政府的制度经济学》,上海三联书店 2003 年版,第 126 页。

人(包括强势群体)的利益;(3)正确地对待弱势群体,是一个社会政治上和制度上成熟的表现。因为"弱势群体是相对于强势群体而言的,在某种意义上,弱势群体实际上是强势群体的牺牲品。因此,如果不能正确对待弱势群体,必然造成弱势群体的"社会报复"。① (4)保护弱势群体,关键是经济上的扶贫,确立弱势群体生存需要优先的原则。鉴于分配在决定个人财富上的重大作用,因此,从经济上保护弱势群体,必须选取分配这一切入点。这里一是应提倡在初次分配中提高劳动要素的分配比重,并通过政策、制度等使之程式化、固定化;②二是要在社会再分配中注重对弱势群体的保护:坚持少取多予、完善社会保障制度体系等,使弱势群体共享改革发展成果。

---

① 参见吴鹏森:"论弱势群体的'社会报复'",载《江苏行政学院学报》2003年第1期。

② 据本课题组的实地调研,如何在初次分配领域中保护弱势群体的利益,一个重要的方面就是要维护劳动者的权益。以农民工(典型的弱势群体)的就业利益保护为例,贵州省有关官员的观点是值得我们重视的。据其介绍,有关贵州省农民工就业权益保障中存在的问题就包括:(1)流动就业当中的权益保障问题。贵州省是个劳务输出大省,这其中又以农民工占绝大多数。一方面,这部分农民工大多从事劳动强度很大、危险系数较高的行业或有毒有害的工种,他们为输入地创造了大量的价值;但另一方面,由于农民工年轻力壮在输入地打工时缴纳的社会保险费绝大部分成为了输入地的积累,而年老体弱多病返乡后却无法享受这笔社会保险资源,只能依靠自身或输出地政府。比如,农民工在输入地参加了养老保险,返乡时却只能退到个人帐户资金,没有养老保障;在输入地参加医疗保险,只是保大病、保当期,而当他们年老体弱返乡时由于打工造成的伤病、职业病等没有保障;(2)在就业中实现同工同酬的问题。尽管国家有关法律法规已有明确规定,但现在相当部分国有企业中普遍存在"正式工"、"合同工"、"临时工"等区别,尽管从事的是相同的岗位,但"正式工"的待遇却比"合同工"、"临时工"高许多,这违背了公平就业的精神。《劳动合同法》实施以后,企业为了规避由此可能产生的劳动纠纷的风险,把原来的"合同工、临时工"转变成了劳务派遣的用工形式,企业只和劳务派遣公司签订用工协议,劳务派遣工与正式工的收入差距较大,使得越来越多的企业把通过与劳务派遣公司合作的方式当作规避《劳动合同法》相关条款的手段。目前这种现象有扩大的趋势,需要进一步规范劳务派遣公司和劳务派遣行为;(3)缺乏对就业困难群体援助的长效机制。虽然国家对就业困难群体进行了就业援助,在现行政策下国家每年通过中央转移支付的方式下拨了专项的再就业资金用于各地的就业再就业援助工作。但如果今后中央用于促进就业的资金量减少,那仅仅靠地方筹集资金难度就会非常大,并且,各地资金可能出现断档,各项对就业困难对象的补贴难以兑现。同时,由于目前对就业困难群体的援助都是以国家补贴就业的形式开展的,通过各项补贴降低了就业困难人员的就业成本,为他们解决了实际的困难,维护了社会的稳定。但是从长远来看,补贴的金额和时间毕竟有限,而就业困难人员大多存在文化素质较低、技能单一、观念落后等问题,在社会竞争就业存在很大困难,因此当就业困难人员享受各项补贴期满后可能又会陷入了失业状态,需要通过为受援助的就业困难对象提供切合实际的、有针对性的培训使其真正学到能谋生的一技之长,使之在不依靠国家补贴的情况下仍能自食其力;(4)人力资源市场和公共就业服务体系建设不完善,等等。本研究认为,我国要保护弱势群体,以上这些问题就必须有一个根本性的解决,否则,公平分享改革发展成果就会成为一句华而不实的空话。

第三，培育中间群体是协调利益群体的核心。社会学的研究表明，"富少穷少、中等收入很多的'橄榄型'社会结构是最和谐的社会结构"。[1] 而我国的现状是：社会贫富分化程度大，中间阶层比例过小。[2] 而中间群体"政治后卫与消费前卫"的特点，[3]使得中间群体成为维持政治稳定的主要力量与促进产品消费的主导力量，因此，培育中间群体显得十分必要。如何培育中间群体？我们认为思路如下：(1)重视教育这一公共投资。教育使许多年轻人获得了基本的知识与技能，从而成为社会群体间流动的强力润滑剂。这就需要打破当前教育的不正常垄断，使教育特别是高等教育的机会向每个年轻人开放。[4] 这里，法国的高等教育"一体化"为我们提供了很好的借鉴作用。[5] (2)要提高农民收入问题，核心是农村劳动力从务农转向非农作为培育中间群体的突破口。我国农村人数众多，中间群体要成为社会的主体，必须有大量的农民转变为中间群体的成员，否则，中间群体的主导性就会流为空谈；(3)要进行制度创新，推进经济结构的战略性调整。这一方面要通过制度安排使低收入的弱势群体向中间群体转化，另一方面要进行产业结构调整，大力发展第三产业；(4)要培育相应的中间群体的心理意识，形成中间群体那种普遍的"职业中产、收入中产、消费中产、主观中产及综合中产"的社会心理意识，鼓励弱势群体成员的"中间群体"梦想实现。

第四，协调强势群体与弱势群体利益关系是协调社会不同群体利益关系的关键。亚里士多德在研究古希腊的政治变迁时曾得出这样一条规律：

---

① 参见邓伟志著：《和谐社会笔记》，上海三联书店 2005 年版，第 37 页。

② 参见李培林等著：《中国社会分层》，社会科学文献出版社 2004 年版，第 94 页。

③ 参见周虹："中产阶级：何以可能与何以可为？"，载《社会学》2003 年第 2 期。

④ 以贵州省为例，根据本课题组的调研，贵州省在促进教育利益公平分享方面出台了一系列政策和法律。其中包括建立高等教育贫困家庭学生资助体系。这一体系含国家奖学金、国家励志奖学金、国家助学金、国家助学贷款、勤工助学和学费减免等多种形式并存的资助体系，以确保只要考得起大学就能读得起大学。其中，国家奖学金由中央出资，每年对普通高校特别优秀的全日制本专科学生进行奖励，每生 8000 元。而新设立国家励志奖学金，用于奖励普通高校全日制本专科(高职)在校生中品学兼优的家庭经济困难学生，资助面为在校生的 3%，标准为每生每年 5000 元。国家助学金普通高校贫困生每生每年平均资助 2000 元，资助面为在校生数 20%。

⑤ 在法国，学士学位一度是法国社会未来精英的资格证明。而 1985 年的高等教育"一体化"使得技能与职业培训也有了相的学位证书，从而打破了旧有的教育壁垒，使教育成为法国中产阶级成长的一个坚实基础。(参见许荣："法国中产阶级：历史与现状"，载《湖北社会科学》2004 年第 11 期。)

"所有这些内讧,都常常以不平等为发难的原因。"①由是观之,协调利益群体的关系,事关稳定的大局。诺贝尔奖获得者西蒙·库兹涅茨认为,在经济高速增长的过程中,增长较慢部门的人口集团较之增长较快部门的人口集团相对受损,他们付出的代价往往不是少数受惠者获得的利益所能补偿的,因而可能发生摩擦和对抗。② 事实上,不同利益群体之间存在冲突与矛盾,是迄今为止的人类社会所普遍存在的现象。人们不可能完全消灭这些冲突与矛盾,因此,要通过对利益行为、利益获取、利益分配等进行适当的调整,使利益群体之间达到一种均衡与协调的状态。

如何协调强势群体与弱势群体的利益关系,我们认为进路有四:(1)坚持公平的理念。当前的现实是:改革开放的成果本应由全社会共享,但目前强势群体享受多或者首先享受这些成果;改革的代价应主要由受益者负担,但目前弱势群体承受了其中的大部分。也正因为如此,表现在社会现象上,就是收入分配成为我国目前最为突出的社会问题之一。因此,协调强势群体与弱势群体,必须坚持公平理念:坚持成果分享与成本负担分摊的合比例原则;(2)要对低收入群体进行保护。一方面要调节过高收入,运用经济的、法律的手段对部分高收入者进行调节以缩小再分配后的社会差距;另一方面要保障低收入群体的基本生活,并遏止低收入群体收入下降的势头。与此同时,应扩大中等收入群体的规模;(3)要从制度上建立强势群体与弱势群体的利益整合机制。"建立以利益调节为核心的社会整合机制,建立规范的对话协调机制,引导各利益群体以理性、合法的形式表达利益诉求,妥善处理各种利益关系"。③ (4)要积极促进利益群体的交叉流动,打破"强者恒强、弱者恒弱"的僵化利益格局与利益群体间关系。因为"利益主体的交叉流动,在某种程度上造就出了新的利益群体,改变了利益主体的整体结构"。④ 因此,只有加速利益群体的交叉流动,才会给强势群体以"去天生优越"感,而对弱势群体则有"王侯将相,宁有种乎"的进取豪气。这样,强势群体将力求以身作则,而弱势群体则将为自己的美好明天孜孜以求,从而造就一个"强弱相形"的和谐社会。

---

① [古希腊]亚里士多德著:《政治学》,吴寿彭译,商务印书馆1997年版,第234页。

② 参见胡鞍钢著:《中国发展前景》,浙江人民出版社1999年版,第13页。

③ 覃雪:"最广泛最充分地调动一切积极因素构建社会主义和谐社会",载《党建研究》2004年第10期。

④ 彭劲松:"当代中国社会阶级阶层和利益群体的新变化及其评价",载《新东方》2002年第4期。

（三）营造和谐社会中人与自然的良性互动

人类只有一个地球。一部人类社会的发展史，就是一部生产力发展与人类精神世界发展的历史。生产力是人类改造世界的能力，而这个世界又是以自然界为主要对象的。自然是沉默的，人类是能动的，但这并不能成为人类可以为所欲为的理据。因为人类来源于自然，最终也将回到自然界去。如果大自然有一天资源枯竭，成了不毛之地，那么，人类将无可奈何地选择集体离开。不杀鸡取卵，不涸泽而渔，生态主义者甚至提出要敬畏大自然。新千年已经到来，可是人类的新世界并没有出现，反而是令全球困扰的环境问题日益严重：气候变暖、冰川融化、臭氧层穿孔等等。人类已经到了必须重新审视自己行为的时候。正是基于此种考虑，党中央高瞻远瞩，及时提出了构建和谐社会的战略举措。而这重要的一个方面就是对人与自然关系的强调。因为，没有人与自然的和谐相处，国民很可能会集体面对大自然报复（1998年的大洪水、日渐频繁的沙尘暴、2003年的"非典"等就是明证），甚至使整个社会的种种举措失去存在的基本环境。从法律的视角审视之，就是我们在创造财富时要注意自己行动的生态限度，并通过一些制度的安排内化自己行动的负外部性；在分配财富时应注重分配的公平，因为我们都是地球的居民。而且，我们应该认识到，这样一些被创造出来的财富，都是我们利用地球财富的结果，如果我们的法律是公平与正义的载体，我们就应该对这个问题提供一个满意的答案。由此看来，注重人与自然的良性互动事实上又演变成人际关系的调整，并进而变成人际环境关系与资源利益关系的调整。由是观之，改革发展成果的公平分享同营造人与自然的良性互动是有内生性关系的：改革发展成果的公平分享一个很重要的方向就是对人与自然良性互动的承载，它在本质上就是寻求一种人与人之间环境利益的均衡，而这恰恰是和谐社会建构的题中之义。那么，如何营造和谐社会中人与自然的良性互动以达到环境利益的均衡，我们拟作如下思考：

1. 克服人类中心主义的虚妄

人类中心主义是指人类是生物圈的中心，具有内在价值，是唯一的伦理主体和道德代理人，其道德地位优越于其他物种。① 事实上，人类中心主义的端倪在普罗泰戈拉说出"人是万物的尺度"时便已见。古希腊著名思想家亚里士多德更是宣称：大自然是为了人类而创造的。并进而认为植物的

---

① 参见曹明德著：《生态法原理》，人民出版社2002年版，第2页。

存在是为了给动物提供食物,而动物的存在是为了给人提供食物,大自然不可能毫无目的地创造任何事物,因此,所有的动物都是大自然为了人类而创造。① 近代欧洲哲学的创始人笛卡儿的二元哲学更进一步确立了这种人类中心主义的思想进路。② 在笛卡儿看来,人以外的其他一切,都是黑格尔所讲的"存在着的无"。而康德"人是目的"的论断进一步推进了这种人类中心主义思想。概言之,人类中心主义就是在探究天人之际时,把人类视为宇宙的唯一目的,而自然没有人类就失去了它存在的意义——即人本身就是目的、意义,而自然只是因为人的存在才有其意义的,它的意义是不自足的。

毫无疑问,人类中心主义有其特定的历史意义,它不仅标志着人类主体性的突显,是对神性张扬的蒙昧时代的有力摆脱,更是造就了特别是自工业革命以来的斐然物质成就。但是,随着社会的深入发展,这种一切以人类为中心的价值观与世界观造成了人与自然的紧张关系,频繁的自然灾害向我们昭示:必须反思这种传统认知世界的范式与价值取向。和谐社会一个重要的要求便是人与自然和谐相处,是一个环境友好型的社会。这就要求我们必须克服人类中心主义的虚妄倾向,其主要内容包括以下三个方面。

第一,我们应尊重大自然的存在。正如恩格斯所言,"人本身是自然界的产物,是在他们的环境中并且和这个环境一起发展起来的……"③"连同我们的肉、血和头脑都是属于自然界和存在于自然之中的"。④ 由此看来,人本身就是大自然的一部分,是从大自然中生长发育起来的。"生于斯、长于斯、死于斯"。因此,我们必须尊重大自然的存在,明确大自然独立存在的意义。事实上,大自然是人类赖以生存的基础,人类须臾都不能离开自然界。正如马克思所深刻指出的,"一个存在物如果在自身之外没有自己的

---

① 参见构通进著:《走向深层的环保》,四川人民出版社 2000 年版,第 44 页。事实上,这种观点(人类中心主义)还有一个很重要的表现就是"任择原理"的出笼:该理论认为,我们的宇宙之所以有这样的初始条件和宇宙常数,是因为只有这样的宇宙才能为智慧生命的生成提供条件。

② 从哲学的角度看,事实上,现今所有的哲学都存在这样一个预设性的命题:即"主体先在性"。这一命题意味着任何思考总是从这样一个逻辑前提开始的:即先有主体人的存在,再有人的思考。课题组认为,这种哲学在无形之中也加深了人类中心主义的倾向。因此,从深层的角度看,环境问题的克服实非朝夕之功:因为它牵涉到整个人类的思维方式的革命性转变。

③ 《马克思恩格斯选集》(第 3 卷),人民出版社 1995 年版,第 374 页。

④ 《马克思恩格斯选集》(第 4 卷),人民出版社 1995 年版,第 384 页。

自然界,就不是自然存在物,就不能参加自然的生活"。① 但是,认识到这一点绝非易事。如美国 19 世纪末一位教授就完全无视大自然的存在。他认为,"大自然完全是可塑的和冷漠的……对这样一个妓女,我们无需忠诚,我们与作为整体的她之间不可能建立一种融洽的道德关系;我们在与她的某些部分打交道时完全是自由的,可以服从,也可以毁灭它们;我们也无需遵循任何道德律,只是由于她的某些特殊性能有助于我们实现自己的私人目的,我们在与她打交道时才需要一点谨慎"。② 现在看来,这种视大自然为"妓女"以致可以任意蹂躏的奇谈怪论是十分荒谬的。

第二,我们应尊重自然规律。我们要开发资源、利用资源,但是必须按自然规律办事。马克思很早就指出,"不以伟大的自然规律为依据的人类计划,只会带来灾难。"③恩格斯更是以历史的教训指出,"美索不达米亚、希腊、小亚细亚以及其他各地的居民,为了得到耕地,毁灭了森林,但是他们做梦也想不到,这些地方今天竟因此而成为不毛之地,因为他们使这些地方失去了森林,也就失去了水分的积聚中心和储藏库。阿尔卑斯山的意大利人,在山南坡砍光了在北坡得到精心保护的松林,他们没有预料到,这样一来,他们把他们区域里的高山牧畜业的基础给摧毁了;他们更没有预料到,他们这样做,竟使山泉在一年中的大部分时间内枯竭了,而在雨季又使更加凶猛的洪水倾泻到平原上"。④ 事实上,关于人类不尊重自然规律,以致受到大自然惩罚的例子一直没有间断过。19 世纪末期英国伦敦的光化学烟雾短期内致数千人死亡;20 世纪 30 年代美国的黑风暴;1998 年我国长江中下游的洪水泛滥;2000 年春天起,我国出现的沙尘暴天气,其发生时间之早、频率之高、范围之广、强度之大,为 50 年以来所罕见。2004 年 1 月至 4 月,我国共出现 11 次沙尘天气,涉及我国北方大部分地区以及江淮和长江中下游共 19 个省、市。⑤ 由是观之,我们必须从根本上改变过去那种"征服自然"的世界观,树立尊重自然规律、按自然规律办事的生态世界观,否则,严峻的生态危机将使我们的社会生产力发生严重倒退。

第三,克服人类中心主义的虚妄绝不意味着我们改造世界的停滞。注重改造世界但忽视环保是错误的,但过分注重环保以致停止发展更是错误

---

① 《马克思恩格斯全集》(第 5 卷),人民出版社 1995 年版,第 168 页。

② 转引自[美]霍尔姆斯·罗尔斯顿:"遵循大自然",载《哲学译丛》1999 年第 4 期。

③ 《马克思恩格斯全集》(第 31 卷),人民出版社 1972 年版,第 251 页。

④ 《马克思恩格斯全集》(第 20 卷),人民出版社 1995 年版,第 519 页。

⑤ 参见李明华:"和谐社会中的人与自然",载《学术研究》2004 年第 11 期。

的。特别是对我们这样一个发展中的大国,人口多底子薄,生产力水平普遍不高,"一个国家四个世界",因此,生产力的发展必须一刻也不能放松。事实上,人类面对的地球是宇宙系统中一个具有无限潜力的资源载体。但在特定的时空下,可供利用的资源是有限的,这也正是我们要注重有效利用资源的真正原因。在加入了技术这一因素后,我们能够使用的资源的种类与效率是不断提升的。有鉴于此,我们一方面要在注重环保的条件下开发利用资源,但另一方面我们必须明白技术的关键性作用。就 1 美元 GDP 的能耗而论,中国所耗能源是美国的 4.3 倍,日本的 11.5 倍。① 这当中固然有生产习惯的因素与节俭因素,但更关键的是技术因素的作用。

2. 正确确立人类的生态位

人类的生态位是指人类有其自己的生态资源利用空间,但人类在利用资源时不能侵占其他生命的生态位,即人类与其他生物必须"各有各的位置"。生态问题不仅仅是一个单纯的自然问题,更是一个涉及到社会发展的问题。马恩经典作家把人与自然之间"抗争的真正解决"看作是"历史之谜和存在之谜"的最高解答。事实上,这种"最高解答"的答案就是人与自然的和谐相处,而不是人类对自然的奴役或者自然对人类的吞没。这就要求我们从根本上转变以往的那种关于人类与自然关系的认知范式,树立一种全新的世界观与方法论。正如霍尔姆斯·罗尔斯顿所指出的,"衡量一种哲学是否深刻的尺度之一,就是看它是否把自然看作与文化是互补的,而给予她以应有的尊重"。② 历史发展到今天,选择这种对自然认识的"深刻"已不言而喻。而这关键的一环就是找准人类的生态位,如何运作,我们认为应着力处理好以下两个方面的问题:

一方面,正确确立人类的生态位需要处理好人类与其他生物的关系。恩格斯认为,"我们必须时时记住:我们统治自然界,决不像征服者统治异民一样,决不像站在自然界以外的人一样……我们对自然界的整个统治,是在于我们比其他一切动物强,能够正确认识和运用自然规律"。③ 由是观之,我们不仅应"善待自然",而且更要认识到我们之所以有"善待"的机会,仅仅是因为我们在"能够正确认识和运用自然规律"这一点上比其他动物

---

① 参见李明华:"和谐上中的人与自然",载《学术研究》2004 年第 11 期。
② [美]霍尔姆斯·罗尔斯顿著:《哲学走向荒野》,刘耳、叶子译,吉林人民出版社 2000 年版。
③ 《马克思恩格斯全集》(第 20 卷),人民出版社 1995 年版,第 519 页。

强而取得的。自然界各种生物都有其存亡规律，各种生物之间也存在着有机的内在联系，比如我们不能因为草原兔子的可爱而把我们讨厌的狼杀光，那样我们美丽的草原很可能就要成为不毛之地。

另一方面，正确确立人类的生态位需要处理好人与人之间的关系。自然辩证法深刻指出："只要有人存在，自然史和人类史就彼此相互制约"。① 因为"人同自然界的关系直接就是人与人之间的关系，而人和人之间的关系直接就是人同自然界之间的关系"。② 马恩的教导告诉我们，找准人的生态位不仅是一个人同自然关系的问题，更是一个有效处理人与人之间关系的问题。这是一个问题的两个方面。具体而论，处理好人与人之间的关系需要做好以下两个方面的工作：(1) 要处理好当代人之间的关系。这又包括处理好国内各地区人们之间的关系、同一地区内人们之间的关系及国家之间人们的关系。就国内各地区人们之间的关系而论，找准人类的生态定位需要注重发达地区与发展中地区之间环境利益的平衡：发展中地区往往是发达地区资源与能源的供给地，这就要求发达地区予以适度的环境利益补偿。以贵州省为例，根据本课题组的调研，由于地处长江、珠江源头，为了减少和防止水土流失，改善生态环境，促进可持续发展，贵州实施了大面积的退耕还林及石漠化治理工程，显然，贵州对保护长江、珠江等河流方面都做了相当大的贡献。与此同时，作为资源型省份，贵州省实施了"西电东送"工程，为东部地区提供了清洁便宜的能源。该省环保局官员指出：有一年贵州省放了 8 亿立方米的水到广东，但没有得到任何补偿，这显然是很不公平的。就同一地区之间而论，这里主要是要求企业环境责任这一制度的创新。因为环境问题绝大部分是工业生产发展引起的，而企业是当今社会最重要的、占主导地位的生产单位，因此，倡导企业的社会责任特别是企业的环境责任，③代表了历史发展的正确方向。就国家之间而论，主要是要防止发达国家对发展中国家污染产业的转嫁与"洋垃圾"的出口。发达国家把一些污染度大的工厂转移到无能力防污的发展中国家，是赤裸裸的环境暴行。同时，"洋垃圾"问题也很严重。据统计，我们入境的"洋垃圾"1990年 99 万吨，进口额 26 亿美元，1993 年 8285 万吨，进口额 1575 亿美元，1997

---

① 《马克思恩格斯选集》(第 1 卷)，人民出版社 1995 年版，第 66 页。
② 《马克思恩格斯全集》(第 42 卷)，人民出版社 1979 年版，第 119 页。
③ 参见卢代富著：《企业社会责任的经济学与法学分析》，法律出版社 2002 年版，第 38—57 页。

年为 1078 万吨,进口额为 295 亿美元。① 人类只有一个地球,如果放任这种"生态殖民主义"与"生态垃圾倾卸",发达国家最终也将"无家可归"。(2)处理好当代人与后代人之间的关系问题。概言之就是当代人不能挤占后代人的资源空间。这里最为关键的是对可持续发展的推崇。② 可持续发展的基本含义是"既要满足当代人的需求,又不对后代满足其需要的能力构成危害"。③ 其基本特征是生态可持续性、经济可持续性、社会可持续性。当然,我们在塑造代际公平时,并不能片面的一切只向后看,事实上,子孙后代的良好存续是建立在我们这一代良好存续的前提之上的。因此,我们不能因为子孙后代对煤或者石油的需求而武断停止开采这些资源以致使生产力萎缩,而是在开采这些资源时应更多地考虑到资源的高效开采与利用并且力求不危及后代的发展这一原则性问题。因为从深层次上讲,"生态利益"的提倡并不是对"人类利益"的完全否定,而是一种辨证的扬弃。

3. 生态建设与生态管理并举

实现人与自然的良性互动,在环境污染问题已日益严峻的今天,只有消极的不作为是肯定不够的,必须辅之以积极的作为。生态建设与生态管理就反映了人类的这种努力。就我国而论,有鉴于 1998 年的大洪水及日益肆虐的沙尘暴天气等较为频繁的自然灾害,党中央及时提出了建设和谐社会的因应之策。就生态建设和生态管理而论,总体上讲,生态建设和生态管理取得了不小的成绩,但是,问题也是存在的,并且形势是严峻的。因此,重新检视生态建设与生态管理及其二者的关系,是我们应该着力解决的问题。

第一,应该重视生态建设。在和谐社会的价值序列中,人与自然的和谐是最基本的内核,其具体含义是尊重自然、善待自然、保护自然,从而实现人类与环境的和谐共生。④ 显然,生态建设是我们尊重自然、善待自然、保护

---

① 参见刘湘溶、曾建平:"作为生态伦理的正义观",载《吉首大学学报》2000 年第 3 期。

② 根据经济学学者的研究成果,关于可持续发展的定义至少有四种:一是从自然属性定义,认为可持续发展指保护和加强环境系统的生产和更新能力;二是从社会属性定义,认为可持续发展指在生存于不超出维持生态系统的涵容能力的情况下,改善人类的生活品质;三是从经济属性定义,如皮尔斯(D. W. Pearce)提出,可持续发展指当发展能够保证当代人的福利增加时,也不会使后代人的福利减少;四是从科技属性定义,认为可持续发展是指建立极少产生废料和污染物的工艺或技术系统"。(参见谷书堂主编:《社会主义经济学通论——中国转型期经济问题研究》,高等教育出版社 2000 年版,第 791—792 页。)

③ 参见联合国世界环境与发展委员会:《我们共同的未来》1987 年版。

④ 参见段永清、何凤鸣:"环境法治的新视角:构建人与自然和谐的社会",载《四川经济管理学院学报》2005 年第 3 期。

自然的重要举措。如何搞好生态建设，我们认为以下三个方面值得特别重视：（1）在生态建设的运作模式上，我们要选择"政府主导、市场为辅"的运作模式。生态建设从根本上看是一个公共产品问题，因此，对这种"公共产品"的供给必须发挥政府的主导作用。但是政府主导并不意味着政府包办，而是要在政府主导的前提下，充分运用市场的力量和优势，从而使生态建设注入市场的活力而达致一种良性的运作状态；（2）在生态建设的作业面选择上，应采取"重点突破、全方位推进"的方式。之所以要重点突破，是因为我国地域辽阔，加之国家财政力量相对有限，因此必须集中有限的资源，解决一些突出的生态问题。如三北防护林的建设、长江中上游的植被保护、淮河和太湖的治理，等等。而"全方位推进"是考虑到环境是一个系统，如果长期只重一点，那么最后终将"四面楚歌"。因此，必须运用系统论的观点，全方位地推进生态建设。在生态建设上，有轻重缓急之分，但绝没有做与不做之分；（3）在生态建设的保障措施上，我们必须在综合运用法律、行政及经济手段的同时，重点进行制度建设。行政措施与经济措施都有能对突出问题针对性强、见效快的优点，因此必须予以有效运用，但是都有无法提供稳定预期、"人亡政息"的缺陷，因此必须倚重制度在生态建设中的作用。事实上，"制度的产生是由于它们能够最小化人类相互作用的成本"。① 因此，对生态建设的制度化安排将使生态建设获得持续进行的动力。

第二，应当注重生态管理。事实上，从我国目前的现状来看，生态建设的举措不少，但是由于缺乏制度化的安排，因而往往像政治运动一样：来也匆匆，去也匆匆。不过客观而论，我国的生态管理不乏一些行之有效的制度安排。因此我们应着力落实这些已有的制度。具体包括：（1）排污收费制度。排污收费制度是对于排放污染物或者超国家标准排放污染物的单位或者个人，按照污染物之种类、数量及浓度等，依规定征收一定费用的制度。排污收费制度的作用有三：一是调节排污者的治污动力，使得排污者加大治理污染的力度；二是为国家进行生态管理提供资金源。通过排污收费制度，国家可以取得一定的财政收入，从而加大对环境治理的力度；三是有利于抵消环境污染的负外部性，是环境污染负外部性内部化的重要举措，从而有利于环境公平的造就。目前在排污收费制度上存在的问题是收费的性质定位、收费的标准及收费的使用问题。特别是如何保障排污收费的专项使用，

---

① ［美］斯坦利·L.布鲁：《经济思想史》（第6版），焦国华、韩红译，机械工业出版社2003年版，第289页。

更是应着力加强的;(2)许可证制度。所谓许可证制度是指"凡是对环境有不良影响的各种规划、开发、建设项目、排污设施或经营活动,其建设者或经营者,需要事先提出申请,经主管部门审查批准,颁发许可证后才能从事该项活动"。① 许可证制度对于国家及时掌握环境情况并针对不同情况进行统一管理具有重要的作用。同时,许可证制度的推行,于企业而言等于为其设了一道门槛,从而促使其改进技术,减少污染,而于群众而言,由于许可证制度的登记在案性,从而有利于社会特别是群众对环境污染的监督作用的发挥,进而有利于生态管理政策的落实;(3)"三同时"制度。所谓"三同时"制度,是指"建设项目中防治污染的设施必须与主体工程同时设计、同时施工、同时投产使用"。② "三同时"制度是我国的首创,它是防止新污染产生的最卓有成效的制度之一。但是,目前"三同时"制度存在的问题主要是未能与环境影响评价制度很好地对接、在实践中执行不力等。我们认为,优良的生态管理离不开这些问题的有效解决。此外,要搞好生态管理,除了注重以上三大支柱性制度的推行,还应该注重土地利用规划制度、环境影响评价制度及经济刺激制度的推行。只有这样,我国的生态管理才能真正达到一个新的水平。

第三,应当把生态建设与生态管理结合起来。事实上,生态建设和生态管理往往在实践中是不对接的。这就造成一方面我们看到生态建设有一些卓著的成绩:如三北防护林的建成,但是,由于人们的环境意识淡薄,因此往往是这边治理那边破坏,从而使生态建设的成果大打折扣,造成一些地方年年植树不见树、岁岁种草草不生,这里说到底就是生态管理与生态建设不对接:建设者只管播种而不问收获,而管理者总是在行动上慢半拍。由是观之,要营造人与自然的良性互动,就必须生态建设与生态管理并举,也只有这样,才能从根本上改变治理与破坏并存的现象。

(四)协调和谐社会之区域发展

协调区域经济的发展是公平分享改革发展成果的应有之义,其本质是要对改革利益的分享进行地区间的均衡,其手段是要建立地区之间的反哺机制并以制度供给为保障。建立反哺机制,它所蕴含的是对共同富裕的至真考虑;而制度安排所体现的则是一种秩序理念,它可以为社会经济活动提

---

① 金瑞林主编:《环境法学》,北京大学出版社 2002 年版,第 104 页。

② 李昌麒主编:《经济法学》(修订版),中国政法大学出版社 2002 年版,第 505 页。

供相对稳定的预期。反哺机制下合理的制度安排将使财富的"辐射功能"或者"扩散效应"增强，使劳动力、资本、技术等生产要素流向制度安排所引导的地区，从而使这些地区分享到改革发展的成果。我们之所以要特别强调通过制度安排协调区域经济发展，是因为制度作为约束人们行为的一系列规则，①规定了人类行为（这里特指经济行为）的表达限度，这种制度供给将使投资者感到这个区域是可欲的，从而把财富投向这个地区。也正是在这个意义上，有学者认为"制度的建立是为了减少交易成本，减少个人收益与社会收益之间的差异，激励个人和组织从事生产性活动，最终导致经济增长"。② 那么，如何从制度层面协调区域的发展，使改革发展成果的分享达致地区均衡呢？我们认为以下方面是值得重视的。

1. 架构东部沿海地区对内地的反哺机制

架构东部沿海发达地区对内地的反哺机制，是在区域间分享改革发展成果的最直接的方式。生产资源是有限的，有限的资源如何在区域间进行配置，以赫希曼为代表提出的"不平衡发展理论"认为，经济的增长过程是不平衡的，因此我们应强调的是经济部门的不平衡发展并注重产业和区域的关联效应。这一理论遵循了经济发展的非均衡规律，从而有利于资源的优化配置。既然不平衡发展是客观存在的，所谓"物之不齐，物之情也"，为此，我们应做的就是要在尊重这种不平衡规律的基础上，分享发展区域的改革发展成果。

第一，尊重东部沿海地区的繁荣是建立反哺机制分享改革发展成果的前提。东部沿海地区的繁荣是在改革开放以来"让一部分人、一部分地区先富"政策指导下的产物，对于东部这种因历史机遇而取得的繁荣，我们必须予以尊重。在此前提下，建立东部发达地区对内地的反哺机制，就是东部沿海地区的义务与内地的权利。因为东部沿海今天的繁荣是全国人民支持的成果。但这里要注意两个方面的问题：（1）不要把反哺机制当成"劫富济贫"的快车道，否则会挫伤东部沿海的反哺积极性，因此须在国家政策、制度的引导下依据市场规则进行；（2）一定要注意反哺的"机制性"建设。反哺既不是简单的社会财富再分配，也不是简单的输血式扶贫，而是一种制度化运作的、造血式的援助。并且，鉴于不平衡发展的长期存在，这种反哺机

---

① T. W. Schultz, *Institutions and the Rising Economic Value of Man*. American Jouranl of Agricultural Economics, 1968, (5).

② 卢现祥著：《西方新制度经济学》，中国经济出版社 1996 年版，第 207 页。

制必须是一种长效机制,而不是一场短暂的"救助困难者行动"。

第二,建立反哺机制是我国统筹区域发展的重要内容。中共十六届三中全会提出的"五个统筹"中,统筹区域发展占有十分重要的地位。温家宝在政府工作报告①中对《"十一五"规划纲要(草案)》的说明中也指出,《"十一五"规划纲要》突出了"五个统筹"。事实上,统筹区域发展强调的不是"梯度推进",而是"协调发展";强调的不是为开发中西部做准备,等待"梯度推进"的到来,而是"更加重视支持中西部地区经济的发展"。② 这种支持,既反映了东部地区的"反哺",又反映了"中西部地区对改革发展成果的公平分享"。由是观之,"五个统筹"便内蕴着区域的利益均衡,这与建设和谐社会这一时代主题是相呼应的。

第三,建立反哺机制必须体现政府在区域经济发展中的主导性作用。新古典经济增长理论认为,在一定的政策环境与市场条件下,生产要素的流动将遵循如下规则,③即劳动力将趋向于从资本贫乏的或经济上贫穷的区域向资本充裕的或经济富裕的区域转移,这是因为经济富裕的地区有较高的劳动报酬这一内在的吸引力;资本倾向于向与劳动力转移相反的方向流动,这是由于资本充裕的地方往往竞争激烈,且劳动报酬相对较高;技术则会由技术中心向其周围地区扩散或作为资本和劳动力的属性而随它们的流动而转移。由是观之,从理论上看,生产要素的区域间流动将使区域经济发展达致平衡。但是,这个时间差太大了,以致我们目前所见到的都是地区的发展不均衡。从改革开放始到 2002 年止,我国东、中、西部的经济总量变化,就能很好的说明这一点,如表 7 所示:④

表7　主要年份东、中、西部地区占全国经济总量(GDP)的比重

(单位:%)

年份	东部地区	中部地区	西部地区
1980	51.13	30.20	18.67
1985	51.96	29.69	18.35

---

① 参见温家宝:《2006 年政府工作报告》,人民出版社 2006 年版,第 12 页。

② 刘健、李国平:"统筹区域发展问题研究综述",《南京社会科学》2005 年第 1 期。

③ 参见郭腾云等:"区域发展政策与区域经济增长空间收敛",《中国科学院研究生院学报》2006 年第 1 期。

④ 参见刘乃全等:"中国区域发展战略政策演变及整体效应研究",《财经研究》2005 年第 1 期。

年份	东部地区	中部地区	西部地区
1990	52.64	28.36	18.99
1995	55.54	26.09	18.37
1998	55.82	26.48	17.69
1999	56.59	25.90	17.51
2000	57.29	25.58	17.13
2001	57.50	25.41	17.09
2002	57.86	25.12	17.01

从表7可以看出,区域经济的发展并不像古典经济理论认为的那样趋向平衡,而是差距的不断拉大。总体上而论,东部地区是上升趋势,而中、西部地区呈下降的趋势。这也表明,区域经济增长必然伴随一个非均衡的过程。事实上,在市场机制下经济增长还依赖于区域间的非均衡性,市场机制并不能使区域差距自动消失。正如缪尔达尔所指出的,"市场力量的作用通常倾向于增加而不是减少区际差异。"①由是观之,经济的发展进程伴随着区域的非均衡是必然的。但是,如果这种差异固化为一种社会结构,固化为社会的贫富悬殊,则政府必须发挥其主导性作用加以改变。对此,在法治的语境下,政府不能简单地通过政治运动以"劫富济贫"的方式去完成,而应通过包括建立反哺机制在内的制度性安排使广大人民群众共享改革发展的成果。由于市场不会自发生成这种反哺机制,这就使政府提供这种制度安排成为必要。

2. 注重区域发展的制度供给

要保证区域开发政策、战略的连续性和可预见性,引进国内外的投资,就必须注重相应的法律制度供给。如英国在制定区域政策的同时,曾先后颁布了《特别区域法》、《工业布局法》、《地方就业法》和《工业发展法》,日本则颁布了《新产业城市建设促进法》、《工业再配置促进法》和《特定产业集聚促进法》等。值得欣慰的是,我国的区域开发法之一如《西部开发法》

---

① 转引自豆建民:"区域经济理论与我国的区域经济发展战略",载《外国经济与管理》2003年第2期。

正在筹措中。① 由是观之,注重区域的协调发展以建构和谐社会必须注重制度特别是法律制度的有效供给。

制度供给是指"为规范人们的行为而提供法律、伦理或经济的准则或规则"。② 制度供给并不是凭空的产物,社会变迁是制度供给的内生性基础,而利益主体的博弈则是制度供给的现实前提。同时,制度供给具有功利性的取向,即只有当新的制度安排带来的收益超过新制度产生的成本或者旧制度的成本高于新制度安排的成本时,制度的供给才可能发生。③ 当然,这只是在认可"哈韦路假设"④的前提下得出的结论,即认为政府是中立的,公共利益才是其活动的旨归。从实证的角度看,这一看法为公共选择学派所否定,而奥尔森的集体行动逻辑理论⑤则对这一观点做出了有力反击。但我们认为,作为一种理论分析手段,这种关于成本——收益的制度解读还是有其价值的。在改革发展行进的今天,高位的基尼系数的存在使我们认识到:欲建构和谐社会,必须注重区域间发展的制度供给以消除这种过大的贫富差距。那么,哪些制度安排是我们应予必须重视的呢?

第一,建构区域发展的基本制度以营造发展中区域的基本制度环境。事实上,这种区域开发的基本制度相当于"核心制度"。⑥ 那么,这种区域发展的"核心制度"包括哪些呢? 我们认为,应包括以下五个方面:(1)市场主体制度。它应以一般市场主体准入制度与特殊市场准入制度为支柱;(2)

① 参见刘乃全等:"中国区域发展战略政策演变及整体效应研究",载《财经研究》2005年第1期。

② 李松龄:"制度供给:理论与实证",《湖南财经高等专科学校学报》1999年第3期。

③ 参见[美]R·H·科斯等:《财产权利与制度变迁——产权学派与新制度学派译文集》,上海三联书店1994年版,第3页。

④ 哈韦路是英国剑桥的一条街,英国政府官员与上层人士大多来自这里。哈韦路假设是指政府官员作为政府的代表是一心为社会而无私利的。凯恩斯正是根据这一假设,认为国家干预经济可以消除市场经济的缺点,实现稳定与繁荣。(参见梁小民:《经济学的开放》,北京三联书店1999年版,第177页。)现在看来,这种观点受到了有力的挑战,特别是来自哈耶克组建的"朝圣山学社"与以布坎南为代表的"公共选择理论"等的挑战。

⑤ 详细的论证可见[美]奥尔森:《集体行动的逻辑》,陈郁等译,上海人民出版社1995年版。

⑥ 邓大才先生2001年在研究中国农村经济制度变迁的过程中,将制度的供给分为核心制度供给和配套制度供给。他认为,脱离核心制度而只考虑配套制度的供给可能会加快制度创新的边际效率逆减速度,从而滑入制度陷阱。而只进行核心制度供给,推迟配套制度的出台,则也会拖累核心制度的演变进程,从而降低制度的整体效率。(参见邓大才:"制度缺失与制度供给陷阱——论农业核心制度的缺失与创新",《湖南农业大学(社科版)》2001年第3期。)

产权制度。诺思早就指出，"有效率的组织需要建立制度化的设施，并确立财产所有权，把个人的经济努力不断引向一种社会性的活动，使个人的收益不断接近社会收益率。"①这里应指出的是，确立产权制度并不意味着只确立个人产权，其核心是明确产权，而不管这种产权是国家所有、集体所有还是个人所有。产权的确立是交易的动力与压力的泉源；（3）市场交易制度。这主要包括反垄断法、反不正当竞争法等；（4）宏观调控制度。主要包括产业调节法律制度、计划法律制度、金融法律制度及价格法律制度等。市场往往是自发的，是个体的高效率与集体的盲目性并存的资源配置机制。因此，辅之以宏观调控法律制度以把握市场运作的大方向是完全必要的；（5）责任制度。如果没有一套责任制度并以强力的机构保证责任追究的话，那么，制度就会形同虚设，或者它将蜕化为一种道义的说教并将在争利行为面前显得无能为力。以上五个方面是一个有机的整体，它们对于区域的发展都是不可或缺的。

第二，建构区域发展的激励制度。经济发展是一种不平衡的推进，如何发掘后发区域的后发优势，仅有基本的制度安排显然是不够的，还必须有区域发展的激励制度。事实上，区域发展的激励制度更为直接地体现着后发区域是如何分享改革发展繁荣成果的。因为激励制度的安排，将导引着发达地区的劳动力、资金与技术的流入，再通过市场这一特殊机制扩大这种影响，从而发掘出后发区域的后发优势。通过进一步的分析我们发现，后发区域也并非在激励制度的惠及之下就能全面推进，它还必须有重点、有中心，即在区域之内也不一定要寻求均衡发展，有如在西部大开发中就有重庆市这一中心。由此看来，区域发展的激励制度最重要又是表现为对后发区域的一些优惠措施、对于朝阳产业与夕阳产业采取不同的政策取向及保障本区域比较优势的存在与发挥等。诚如刘易斯深刻指出的，"制度促进或者限制经济增长取决于制度对努力的保护，为专业化所提供的机会，以及所允许的活动的自由"。②

第三，建构区域发展的约束制度。区域经济要发展，但绝不是不择手段或者"杀鸡取卵"的粗放式发展，而是要走"集约型"的发展路子。我们看到，有的地方为与发达地区竞争大项目、高科技项目等，多以经济上的重大

① ［美］道格拉斯·诺斯：《西方世界的兴起》，张炳久译，学苑出版社1988年版，第1页。

② ［美］刘易斯：《经济增长理论》，梁小民译，上海三联书店1990年版，第65页。

损失甚至政策上的巨大让步为代价。例如有位县领导在招商引资会上就放言要用好一个优势，就是大作特作土地资源丰富的文章，对大项目、好项目不仅可以零成本引入，甚至可以连土地一块奉送。又例如一些污染严重、资源能源消耗大的项目也往往在欠发达地区急功近利政策的驱使下纷纷推进，现今严重污染环境的造纸、化工、印染等项目的进入不仅成了欠发达地区"永远的痛"，而且还削弱了这些地区的比较优势。① 为了使区域开发不致蜕化成"区域开伐"，就必须有明确和严格的制度性约束。

总之，区域发展中制度短缺是一种普遍性现象。因此，欲使后发区域共享改革发展的成果，就必须注重区域发展中的制度供给。而区域发展的基本制度是区域发展的前提，区域发展的激励制度是区域发展的"魅力底线"，区域发展的约束制度是区域发展的理性界限。同时，区域发展也是政府主导下的战略性选择。但是，区域经济的开发虽然是政府主导的行为，但绝对不应该是一种政绩运动，而应是一种关于经济与社会发展的有计划的制度安排。如果仅以行政命令作为保障和动力，则"开发的动力在量上将会不足，在时间上将不会持久，而在开发中更容易违反经济规律而造成资源的严重浪费和环境灾难"。② 由是观之，注重区域发展的制度供给是十分关键的一环。

3. 建构统一的区域发展规则

世界强国的发展历史不断揭示和印证了经济体制及经济制度在形成国家竞争力和促使后进国家崛起方面的重要作用。③ 而 Armstrong 和 Taylor 通过对欧盟经济的研究发现，"在欧盟一体化的进程中，每一步都有区域政策的影响"。④ 由是观之，要使区域经济协调发展，必须注重政策与制度的重要作用。这里事实上存在这样一个二律背反：一方面，"因地制宜"要求发展规则的"地方性"，但另一方面，区域之间作为国内统一大市场的一部分，又需要发展规则的对接，这样才能使生产要素自由流动，从而使后发地区享受到改革发展的繁荣成果。我们认为，建构统一的区域发展规则应着

---

① 参见赵复强："完善欠发达地区在区域不平衡发展中的促动机制"，载《广西经济管理干部学院学报》2005 年第 1 期。

② 潘彬等："区域经济发展中的制度短缺与制度创新"，载《统计与决策》2005 年第 4 期。

③ 参见金芳："科学发展观的制度保证"，《光明日报》2004 年 2 月 23 日。

④ Harvey Armstrong，Jim Taylor，*The Economics of Regional Policy*，Edward Elgar Publishing Ltd，1999.

重注意以下几个方面：

第一，构建有利于发达区域发挥"扩散效应"的规则。所谓"扩散效应"，根据缪尔达尔的观点，在一个动态的经济过程中，社会经济各因素之间存在着循环累积的因果关系。这种累积效应有两种反应：一种是"回波效应"，即落后地区的生产要素向发达地区流动，从而使不发达地区生产要素出现不足和发展更慢；一种是"扩散效应"，即发达地区的资金等生产要素向落后地区移动，从而促进落后地区的发展。一般说来，发达地区的"回波效应"大于"扩散效应"，[①]这也是"富者愈富贫者愈贫"的原因所在。由此看来，要解决区域的协调发展，就必须增强"扩散效应"，这就需要政府强有力的干预。在法治的语境下，体现国家干预经济的基本法律制度——经济法就成了最好的制度选择。

第二，增强区域发展规则间的协调性。鉴于我国一元多级的立法体制与历史的政策的原因，我国区域发展规则间的协调问题特别突出。我们在此提出应超越地区发展规则的"比利牛斯山"[②]。事实上，从国际经验来看，亚太经合组织也为我们塑造内国发展规则的协调性提供了典范。1994年8月，APEC名人小组提交的《亚太地区自由和贸易》报告中首次提出"开放的地区主义"原则。该报告强调这是一种区域合作进程，这一进程的结果不仅是经济交往中区域内障碍的实际减少，而且包括对非成员的区域外障碍的实际减少。[③] 我们认为，抛开其他因素，"开放的地区主义"原则完全适用于区域发展规则协调的理念，是十分值得借鉴的。

第三，谨防制度供给中的"木桶效应"。所谓"木桶效应"是指木桶的盛水量不是以最高的木板为准，而是以最低的那块木板为准。因此，在区域发展的制度供给中，不能存在某些重要制度不当或者缺失这样的"硬伤"，否

---

① 参见豆建民："区域经济理论与我国的区域经济发展战略"，载《外国经济与管理》2003年第2期。

② 法国哲学家帕斯卡尔在其《思想录》一书中说，"所有的正义或不正义都在随着气候而改变其性质。三个纬度就颠倒所有的法理学，一个纬度决定真理。根本大法频频改变。法有其自身的时代。以一条河或一座山来划界是多么可笑的正义。在比利牛斯山这边的是真理，而在那边的却是谬误。"我们借用此比喻意在指目前中国地区间存在的较为严重的规则冲突，这些规则在此地区是正确的，在彼地区是错误的。超越发展规则的比利牛斯山意指应建立适用各地区的统一的市场游戏规则。（参见李昌麒主编：《经济法论坛》（第3卷），群众出版社2005年版，第158页。）

③ 参见于金镒、泰宏："世界区域经济合作的发展趋势及其经验借鉴"，载《中国海洋大学学报（社会科学版）》2006年第1期。

则这一制度安排便会影响区域整个的制度环境,进而影响投资者的决策。比如要发展高科技产业,但制度安排中对知识产权保护的规则不力甚至缺失,则会造成制度环境的"木桶效应"。因为投资区位选择的决策者所满意的区位不一定是成本最低或利润最高的区位,而是综合优势最显著的区位。①

4.相机的制度"厚度"与制度"薄化"

首先是区域经济协调发展中的制度"厚度"建设问题。所谓制度厚度,是指各种制度强烈的存在并交互作用,并且在部门主义与制度的博弈中能充分降低这二者摩擦的一种制度存在方式,同时制度厚度也表征着区域间制度安排的显著性同构。② 从上述定义我们可以看出,制度厚度由具有个性特点的"制度存在"而积累起来的,而制度个性又意味着制度的创新,没有制度的创新,制度的厚度是无从形成的。鉴于区域经济中的主体主要是地方政府、企业及个人,因此地方政府的制度创新也主要是这三者进行博弈的产物。具体而论,地方政府的制度创新主要有以下三种类型:③一是中央政府授权地方政府进行制度创新;二是地方政府自主的制度创新;三是地方政府与微观主体(如企业、个人)合作博弈进行的制度创新。制度创新对于增强区域的制度厚度进而促进区域经济发展具有重要的作用。作用之一就是对地方基础设施融资困难的有效解决。制约不发达地区的一个重要瓶颈就是这些地区基础设施薄弱而影响其他产业的发展。作用之二是有利于推动跨区域的产业重组。其目标是要使企业从小而全、大而全的传统发展路径中解放出来,建立专业化的、跨地区的企业集团;作用之三是利于国家的经济战略布局。从宏观的角度看,主要是树立发展战略产业观念与保护夕阳产业的观念。④ 从微观的角度看,主要是要使公有制经济从竞争性领域

---

① 参见宋璇涛:《寻求区域经济非均衡协调发展》,中共中央党校出版社 2001 年版,第 63 页。

② See S・Cameron,S・Davoudi,S・Graham,A・Madani-pourA. *The New Urban Context Eds P Healey. Managing Cities*(John Wiley,Chichester,Sussex),1995,P.91.

③ 参见王洪庆、朱荣林:"制度创新与区域经济一体化",《经济问题探索》2004 年第 5 期。

④ 首先是对战略产业的扶植。因为战略产业在一国经济系统中具有十分重要的地位,诚如日本学者小林实所言,"保护扶持战略产业是各国实现产业结构合理化的一项重要措施,也是各国产业政策所要实现的直接目标"(参见[日]小林实:《90 年代日本与世界经济》,毛鸿良译,上海翻译公司 1991 年版,第 26—27 页。)其次是对夕阳产业的调整与援助。夕阳产业指经过一段时间发展后出现衰退或处于困境中的产业。由于国民经济是一个有机整体,因此,夕阳产业虽然现时不能或不宜大规模发展,但它在没有被其他产业完全替代之前,是不可或缺的,同时,社会稳定一般也与夕阳产业有一定的联系,因此,必须注重夕阳产业的重要作用。

逐步退出，向非竞争性领域适度进取，同时对自然垄断行业进行改革——因为国外的经验证明，有些公共产品并不一定必须完全由国家来提供，如最近日本对邮电业的改革便是如此。事实上，欠发达区域往往同时也是制度建设落后的区域，因此，注重制度的厚度建设，并进行制度的创新是十分必要的。

其次是关于区域经济协调发展中的制度"薄化"问题。制度的厚度建设正好应验了一句古训："几乎任何一套规则都好于无规则"。[①] 但是，正如Raco 所指出的，朝着建立制度厚度的方向发展，可能会排斥某些内部主体以及外部投资，从而可能对经济发展有害。[②] 同时，过于强调制度的厚度，很可能滑向对政府作用的否定，因此，有论者深刻指出，"制度厚度"只是一个静态的概念，关键是寻找出区域发展的瓶颈，并进而认为，中国的改革开放，从某种意义上看实际上是一个制度的"薄化"过程：即中央权力的下放以减少对地方的管制，同时政府减少对企业的繁琐的管制。[③] 事实上，我国的改革开放正是这种制度的"薄化"语境下取得举世瞩目成果的。因此，我们必须根据具体的情况，"薄化"我们的某些制度。一个典型例子便是用现代企业制度去取代传统的以所有制为基础的繁复的企业制度安排，这就是一个明显的制度"薄化"进程。

最后是协调区域经济发展必须正确处理制度"厚度"与制度"薄化"的关系。上述分析使我们认识到：不论是制度的厚度建设还是制度的薄化过程，都不是不变的原则，而必须依客观情况而采取相应的因应之策。在进行区域经济的协调发展时，我们既要看到康芒斯所说的制度的"发动机作用"，从而注重制度的厚度建设以使生产要素顺利流向这些地区，又要看到"错误的制度对经济发展的阻碍作用"[④]以及"自生自发市场秩序"的重大作用，从而注重制度的"薄化"发展。概言之，制度的厚度建设与"薄化"发展必须是相机的。同时，制度的厚薄、得当与否，还必须接受市场的检验，因

① ［美］道格拉斯·诺斯：《经济史中的结构与变迁》，陈郁等译，上海三联书店 1994 年版，第 64 页。

② See RACD·CAR, *Understanding Motor Racing Valley*, Engineering, 1997(6).

③ 参见吕拉昌、魏也华："新经济地理学中的制度转向与区域发展"，载《经济地理》2005年第 4 期。

④ 参见［美］刘易斯：《经济增长理论》，梁小民译，上海三联书店、上海人民出版社 1994年版，第 15 页。

为"市场经济社会不仅筛选产品、技术、人才,而且筛选制度"。① 同时,就制度的厚、薄与区域经济发展的关系而论,存在着厚而有效、厚而无效、薄而有效、薄而无效四种情况,②显然,我们应注重的是厚而有效的制度与薄而有效的制度。

五、结 论

改革开放以来,我国取得了巨大的经济成功,人们生活水平得到普遍的提高。我们用30多年的时间,创造了自汉唐以来的空前盛世。然而,我们也注意到,由于改革发展成果分享不公而引发的突发性事件与群体性事件不断出现以及已经存在的贫富差距有可能进一步扩大并固化为社会结构的危险。种种迹象表明:必须高度重视改革发展成果的公平分享。本课题的研究表明:

第一,改革发展成果传统的分享范式实质就是"效率范式"。这一分配范式有其产生的特定历史背景与存在的理据,因此,我们必须用历史的、辨证的观点来审视这种分配范式。

第二,巨大的经济成就与贫富差距的并存使我们认识到,必须重新检视传统的改革发展成果分享范式。在构建和谐社会的语境下,我们认为,注重效率的公平是和谐社会必须树立的崭新的分配范式。

第三,在和谐社会的语境下,如何分享改革发展成果,核心的问题就是需要构建一种保障利益均衡的制度体系。也可以说,公平分享改革发展成果的进程实质上就是一个利益均衡的过程。在依法治国的今天,法治化是实现利益均衡的必由之路。

第四,改革发展成果公平分享的目标是和谐社会,换句话说,之所以要公平分享改革发展的成果,意义和价值可以有多种解读,但是,目标却只有一个,那就是构建和谐社会。显然,一个不能公平分享社会改革发展成果的社会既不可能是一个利益均衡的社会,更不可能是一个真正和谐的社会。需要指出的是,使广大人民群众共享改革发展的成果,并不是要求推行平均主义或者简单的"劫富济贫",而是要消除两极分化,构建一个利益均衡的

---

① 林澍:"制度供给的路径依赖和程序化蕴含",载《理论研究》2005年第2期。

② 参见吕拉昌、魏也华:"新经济地理学中的制度转向与区域发展",载《经济地理》2005年第4期。

和谐社会。

第五,和谐社会是利益多元的社会,而利益均衡是和谐社会的核心。因为和谐的前提就是差异与多元的相谐相安,和而不同,同一与单调是不可能造就和谐的,也正是鉴于利益均衡是构建和谐社会的核心内容,因此,改革发展成果公平分享法律机制的构建是一个包括土地利益公平分享法律机制、公共自然资源利益公平分享法律机制、环境利益公平分享法律机制、产业利益公平分享法律机制、劳动利益公平分享法律机制、弱势群体社会保障利益公平分享法律机制、公共投资利益公平分享法律机制、融资利益公平分享法律机制以及财政税收利益公平分享法律机制在内的体系。

第六,改革发展成果公平分享制度体系的构建路径要以和谐社会为旨归,根据我国当前的形势,我们认为应该造就四种利益均衡:一是政府与市场的利益均衡;二是社会群体之间的利益均衡;三是人与人之间环境利益的均衡;四是区域之间发展利益的均衡。

第七,改革发展成果分享的对象限于物质成果或者说物质利益。但需要指出的是,物质成果的分享方式可以是直接的,但在社会层面可能更多地表现为间接的方式,即通过倾斜性的权利配置进行有利于弱者、弱势群体、欠发达地区成果分享的制度安排,从而促进改革发展成果的"扩散效应",这在现代社会是更为常见的社会财富重新分配方式。

之三：公平分享：改革发展成果分享的现代理念

目　　录

一、公平理念的现代意蕴与评判标准

（一）公平理念的历史变迁

关于公平理念历史变迁的考察，我们将以人类社会形态的历时性演进和同一社会形态中不同地域文化的共时性存在为参照，同时，我们也将立足于"公平"总是反映和体现具体的社会生产、生活中的利益关系这一基本事实，来分析不同历史条件下的公平理念，并揭示其发展的基本路向。

就原始社会而言，其时已有了某种原始的公平观念。众所周知，原始社会的生产力水平十分低下，先民们只有依靠群体的力量，协作互助才能维持生存，这就形成了以共同占有生产资料、共同劳动、共同分配、共同消费为特征的原始共产制度。相应地，公平观念也随着社会生产和生活实践萌生出来。在原始的生产关系中，由于劳动的重要性，先民们把参加劳动视为天经地义的公平。这种公平观在古埃及神话中得到折射：管理稼穑的俄赛里斯神就是所谓的公平神，他专司对死人的审判，而这种审判方式又是以是否勤于稼穑来判断人们生前的罪恶。于是，公平以劳动为依据，就成了埃及神话

中评判德行的最高准则。① 在原始社会中其成员的分配关系实行的是"瓜分"或"酌量取用"的分配方式。在古希腊诗歌中，这种原始的平均分配被视为公平，成为处理一切社会关系的标准。② 当然，此时的公平观还仅仅是一种原始的平等观，真正的公平观是在利益差别和阶级社会产生之后才形成的。

当有利益差别的阶级和阶层出现之后，公平理念具有了新的内涵。具体而言，古希腊奴隶社会所孕育的公平正义理念就与利益有着密切的关系。在当时的古希腊社会中，普遍存在的是不平等的自然正义观，不平等被赋予自然的色彩，自由人和奴隶各守其分，其所得到自己应得的东西即被视为是公平和正义的。在古罗马，罗马人将这样的正义同法学结合起来，力图以法律上的权利义务来建构社会制度，维持统治阶级的利益安全。③ 及至欧洲的封建社会，新的社会结构又赋予了公平理念以新的内涵：在农村，"公平"意味着无地农奴承担着无条件为领主耕种土地的义务；在城市，"公平"则体现为学徒还承担着在学习期满后再帮业主工作若干时候而不取工资的义务。④

相较而言，中国古代奴隶社会和封建社会的主流道德标准是重义轻利的义利观。这种观念的形成受到传统农业社会的生产方式及由此所决定的传统社会关系的影响。在中国传统社会中，农业生产不需要充分的分工和人员流动，农民只需依附家庭就能自给自足地生活。在这种家庭关系中，人们习惯于以伦理关系来组织社会。在伦理社会中，经济利益关系也为一定的伦理规范调整。正如梁漱溟先生所说，财产关系在夫妇、父子之间为"共财之义"，兄弟、近支宗族之间为"分财之义"，亲戚朋友之间则有"通财之义"，这就形成了"凡在其伦理关系中者，都可有分"的经济形式。⑤ 当然，尽管有上述主导性的经济伦理关系，但这并不能压制社会中存在"等贵贱、均贫富"的呼声，而这一利益要求也正好表达了伦理社会中民众的"公平意识"。

当人类迈入资本主义社会后，公平理念具有了现代意义上的内涵。在

---

① 万斌、陈业欣："公平概念的历史发展及当代意义"，载《浙江社会科学》2000 年第 4 期。
② 夏勇著：《人权概念起源》，中国政法大学出版社 1992 年版，第 9—12 页。
③ 夏勇著：《人权概念起源》，中国政法大学出版社 1992 年版，第 34、96 页。
④ 周谷城著：《世界通史》，河北教育出版社 2003 年版，第 489、498 页。
⑤ 梁漱溟："中国文化要义"，转引自陈少峰：《中国伦理学名著导读》，北京大学出版社 2004 年版，第 296 页。

西方社会实现工业化的过程中,经济领域的进步引致了社会结构和利益关系的变化。其时,人们在收入、教育和机会方面的差别逐渐缩小,收入分配较之以前更为公平,参与市场竞争的机会也趋向平等。[1] 这样的利益格局激发了人们积极参与崇尚机会均等和交换等价的市场活动;并且,经济上的独立唤起了人们的权利意识,着力于保护个体财产利益和人身利益的民法正好满足了人们对人格平等、财产保护、缔约公平、私权救济的需求,而法律的发达又进而促进了经济社会的发展。然而,当后工业社会来临之际,人们发现,形式上的平等和公平固然可以刺激和推动经济的发展,但市场失灵却会造成难以接受的收入和财富的不平等,因此,着力保障形式公平的私法制度已经不能充分满足人们对经济福利、生活幸福的需要。在此背景下,公平理念中增加了实质公平的内涵;并且,发展、少数人受保护、体质和心理健康、带薪休假、就业等一切可以被看作与人的尊严和实质公平有关的利益几乎都被宣布为权利。[2] 相应地,这些权利在宪法中得到了基本的反映、并在民法、经济法和社会法等法律制度中得到了切实的保护。以上对现代公平理念的考察限于西方资本主义社会这一范围,其形成也是与西方社会特定的社会历史条件分不开的。在确立中国当代的公平理念时,上述公平理念可以作为我们借鉴的理论资源。

(二)公平理念的现代意蕴

1. 现代西方与中国转型期的公平理念

(1)现代西方的公平理念。在现当代,由于西方世界各种经济、社会问题层出不穷,人们在十分广泛和深刻的范围内思考公平问题,形成了如下具有代表性的学说:

功利主义的公平观。该理论主张,社会整体的福利水平越高,社会公平程度就越大。当社会中某一部分人的所失能够补偿另外一些人的所得还有余时,这种变化就是"好"的,社会就将朝着收入"公平"的目标发展。而要做到这一点,需要政府对收入实行再分配。这一公平观体现了对结果公平的重视。[3]

罗尔斯的公平观。罗尔斯在提出"作为公平的正义"时,强调这样两个

---

① 丁建弘主编:《发达国家的现代化道路》,北京大学出版社1999年版,第86、105页。

② 夏勇著:《中国民权哲学》,三联书店2004年版,第170—171页。

③ 毛程连著:《西方财政思想史》,经济科学出版社2003年版,第108—112页。

正义原则:其一是平等自由的原则,其二是机会的公正平等原则和互惠互利的差别原则的结合。通过这两个正义原则,社会成员能够平等地分配权利和义务以及由社会合作所产生的利益和负担;同时,在社会中,各种职务和地位平等地向所有人开放,而分配制度应当给最少受惠者的利益带来补偿。这一公平观反映出以某种补偿或再分配使所有社会成员都处于平等地位的愿望。①

诺齐克的公平观。诺齐克主张,只要个人的基本权利得到尊重,就可认为任何分配都是公平的。在不考虑个人效用的情况下,这些权利包括生存权、获得个人劳动产品的权利以及自由选择权。他认为,这些权利是不可剥夺的,除了有义务尊重他人的基本权利之外,人们的行为不受任何约束。该理论强调了程序公平以及个人的自由权利在公平中的重要地位,相应地忽略了结果公平和社会成员间的不合理差距。②

阿马蒂亚·森的公平观。森指出,较之于收入上的不平等,"可行能力"的不平等更值得关注。所谓"可行能力",是指人们能够过有价值的生活的"实质自由",它包括免受贫苦的能力和掌握知识、参与政治等方面的自由。在森看来,只有帮助贫困者提高"可行能力"、获得增加收入的机会,才能使其获得充分的发展,进而实现公平。③ 森的理论为当今世界消除贫困发挥了重要的作用。

(2)中国转型期的公平理念。当前,中国正处于一个新的社会转型时期,中国社会的利益格局也在进行着全面的调整。这种调整在改革初期体现为全体居民在改革中普遍受益;而在改革30余年后的今天,利益调整体现为社会各阶层从改革发展中获利的格局又有了新的变化,这种变化主要表现为暴富阶层与相对、绝对利益受损阶层之间的分化。④ 当这种分化引致的贫富差距日益拉大、利益矛盾日益凸现的时候,如何矫正社会不公、保证改革发展成果的共享就成为备受关注的问题。围绕这一议题,国内学界对公平问题进行了较为全面充分的探讨,形成了中国转型时期的公平理论。

---

① [美]约翰·罗尔斯著:《正义论》,何怀宏等译,中国社会科学出版社1988年版,(译者前言)第6—8页。

② [意]尼古拉·阿克塞拉著:《经济政策原理:价值与技术》,郭庆旺等译,中国人民大学出版社2001年版,第66页。

③ [印]阿马蒂亚·森著:《以自由看待发展》,任颐等译,中国人民大学出版社2002年版,译者序言,第2—11页。

④ 孙立平等著:《中国社会分层》,中国社会科学文献出版社2004年版,第.54—55页。

具体而言,学者们关于公平问题的探讨主要从以下几个方面展开:

①关于公平的内涵。学者们基于不同的学科立场,往往强调公平不同层面的特质,如厉以宁从经济学角度把公平理解为收入分配的协调,即通过协调把收入差距控制在合理的范围之内。① 强以华则从伦理学角度指出,公平应该同时包含主观和客观两个方面:在主观方面,公平就是人们的公平感;在客观方面,主观上的公平感是以客观上是否适中、是否不偏不袒为条件的。因此,公平是以客观为基础的主客观相统一的概念。②

②关于公平的分类。吴忠从伦理学角度划分出公平的类型,认为公平包括经济公平、政治公平、伦理公平。经济公平主要与物质财富的分配相联系,政治公平主要与非物质的社会价值分配相联系,伦理公平则与人的生存权利相联系。③ 茅于轼则指出了经济领域内不同类型公平之间的关系,认为真正的公平既非起点的公平,也非终点的公平,而是竞争规则的公平,即每个人在实现自身价值的过程中应遵守同样的制度规则。而实施结果平等政策可能带来不良的后果,即引起另一类不平等和使有能力做出贡献的人心灰意懒。④

③关于公平与效率的关系。李昌麒指出,应当在不同的分配层次上适用不同的分配原则,即初次分配坚持效率优先兼顾公平,再分配坚持公平优先兼顾效率。⑤ 李培林指出,收入分配秩序的安排应当是初始分配继续坚持主要由市场调节,注重效率,再分配要强化政府调节,注重公平,这两种分配都要依靠法律和制度建立秩序。⑥ 吴忠明则提出,"效率优先,兼顾公平"的提法在计划经济向市场经济体制过渡的初始阶段具有积极的历史意义。但是随着中国市场经济体制的逐步完善,这一提法在进行现代社会的制度设计方面就显得力所不能及。因此,应当对这一提法做出必要的纠正。⑦高尚全认为,效率与公平不能厚此薄彼。因为市场要讲求效率,也要强调公平竞争;政府要强调公平,也要提高效率。正确的做法是使公平与效率有机

---

① 强以华著:《经济伦理学》,湖北人民出版社 2001 年版,第 157—158 页。

② 强以华著:《经济伦理学》,湖北人民出版社 2001 年版,第 157—158 页。

③ 吴忠著:《市场经济与现代伦理》,人民出版社 2003 年版,第 59—60 页。

④ 唐斌尧:"20 世纪 90 年代以来关于社会公正问题研究述评",载《教学与研究》2005 年第 1 期。

⑤ 李昌麒主编:《经济法学》,中国政法大学出版社 2002 年版,第 546—547 页。

⑥ 唐斌尧:"20 世纪 90 年代以来关于社会公正问题研究述评",载《教学与研究》2005 年第 1 期。

⑦ 吴忠民著:《社会公正论》,山东人民出版社 2004 年版,第 338 页。

地结合起来，而不是简单地说效率优先或者公平优先。①

④关于实现公平的法制保障。吕世伦等指出，在法制系统中，公平价值体现在两个方面：即"法律体系中的公平要求及体现"，以及"法制运转中的公平要求及体现"。前者主要是从法律表现内容方面对公平这一价值内容的体现，也即"法律中的公平"；后者主要是指在立法、行政、司法等过程中的公平要求，也即"法制公平"。②

上述的公平学说反映了学者们对当代中国社会转型中所需解决的利益分配问题的思考，对此我们可以做出以下评述：其一，公平价值在当代受到关注得益于改革之后个人利益正在被视为真实而合法的要求这一客观条件。③ 正是在改革之后，个人利益的取得及其保护受到较之于传统社会和计划经济时代更多的重视，这就唤醒了公民主张利益公平分配的权利意识。并且，随着这一时期利益格局的变化和利益冲突的上升，各个阶层迫切需要以公平理念来表达自己的利益要求。在此背景下，对于公平理念的研究就获得了充分发展的空间。其二，在转型时期的公平学说中，学者们对于公平的探讨主要集中在公平的基本内涵、基本类型、公平与效率的关系以及公平在制度中如何实现等方面，这反映出中国在改革过程中为实现经济与社会协调发展、化解经济发展中的社会问题正在进行着不懈的探索和实践。其三，现有国内的公平理论是结合我国国情形成的研究成果，可以作为我们研究改革发展成果公平分享问题的重要参考。同时，有必要强调的是，在公平理念的研究中，关于公平实现的法律机制是改革发展成果公平分享能够实现的根本制度保障，因此，本研究将把这一制度条件作为分析公平理念的重要内容。

2. 现代公平理念的界说

通过对传统公平理念和中国转型时期公平理念的考察可知，公平是一个具有多维度内涵的范畴。因此，对于公平理念内涵的界定最好采用描述式方法。对此，我们拟从以下三个层面来界定现代公平理念：(1)公平是一个主客观相统一的范畴。这就是说，公平是一个以现实的利益分配关系为客观基础，并在主观上形成对此利益关系的意识和感受的概念。由于公平反映了人们的主观感受，因此，某一利益分配格局在不同阶层的人看来就是

---

① 高尚全："社会再分配是实现社会公平的重要环节"，载《中国经济时报》2005年12月16日。

② 吕世伦、文正邦著：《法哲学论》，中国人民大学出版社1999年版，第506—508页。

③ 夏勇著：《中国民权哲学》，三联书店2004年版，第115页。

不一样的,例如某些既得利益群体认为市场规则是公平的,而在利益受损群体看来则是不公平的。(2)公平是一个关系范畴。在此意义上,公平意味着以一定的社会正义原则来选择决定利益分配的制度安排,进而在人们之间形成社会合作中利益和负担的适当分配关系。① (3)公平是一个社会历史性范畴。不同社会形态下的公平内涵总是由这一时期的社会经济条件以及由此所决定的社会经济关系来说明的,也总是反映了具体的社会历史条件下的利益分配关系。正因为公平具有社会历史性和相对性,故而所谓永恒的公平观念是不存在的。

在界清公平内涵的基础上,我们还需进一步明确公平的外延。以现实生活中人们的活动领域为标准,我们可以把公平分为经济公平、政治公平、社会公平以及与之相适应的法律公平。其中,经济公平是指人们在参与市场活动的过程中,拥有平等的生产、分配、交换、消费的机会,并能够从市场活动中获得正当的利益。经济公平的实质是人们以不同方式参与市场活动,由市场机制的作用产生优胜劣汰的结果,从而使得人们的物质利益形成市场化的结果。政治公平是指社会成员在公共事务、国家事务的参与、决策方面享有应得的平等权力,其实质是权力资源在不同社会成员之间保持合理的分配。② 社会公平则强调公平的社会性,其要义是对因市场失灵或政府失灵导致的不公进行纠正,具体是通过政策实施的分配效果来给予社会弱势群体以公平待遇、保障全体公民的合法权益,从而实现社会公正。③ 法律公平是经济、政治、社会诸领域的公平价值通过法律的制定和实施上升为法律上的公平价值,此种公平通过法律上权利和义务的安排得到实现,并最终保障经济、政治、社会诸领域里的利益得以实现。

当代中国,上述四个领域的公平都得到了相当程度的实现——民主权利、平等权利、自由权利以及在人身、财产、参政、言论、游行、示威、结社、劳动、休息等方面的具体权利与自由,在宪法和其他法律部门中得到确认。④ 并且,通过这些法律的实施,经济、政治、社会等诸领域的利益受到法律的保

① ［美］约翰·罗尔斯著:《正义论》,何怀宏等译,中国社会科学出版社1988年版,(译者前言)第6—8页。

② 李强等著:《市场经济、发展差距与社会公平》,人民出版社2003年版,第10页。

③ 参见［美］乔治·弗雷德里克森著:《公共行政的精神》,张成福等译,中国人民大学出版社2003年版,第88页、第107页;［美］罗纳德·克林格勒等著:《公共部门人力资源管理:系统与战略》,孙柏瑛等译,中国人民大学出版社2001年版,第7页。

④ 夏勇著:《中国民权哲学》,生活·读书·新知三联书店2004年版,第189页。

护，相应的公平得以实现。当然，在现时期，与改革发展成果分享有关的经济公平和社会公平问题正受到社会各界的广泛关注。其中，尤其是社会公平问题受到人们的高度重视——中国的社会不公问题已经明显地影响到改革的推进以及和谐社会的构建，而目前这一问题并没有得到完满的解决。我们认为，对于社会公平和经济公平问题的有效解决，需要找准问题产生的原因，并通过有效的制度性措施来协调利益关系、实现"公平分享"。申言之，从理论上，我们可以把影响"公平分享"实现的原因归结为起点公平、机会公平和结果公平等因素。

具体而言，起点公平强调的是社会成员生存和发展机会的起点应当平等，即对于具有不同自然禀赋、依存于不同社会条件和自然条件的社会成员，应当根据具体的自然、社会和经济状况，有所倾斜地采取措施，以尽可能地保证其在社会经济活动中拥有同样的起点。① 机会公平是指社会成员在利用生存与发展的资源和空间时拥有公平的机会。这种公平的机会有两个方面的含义：其一，从总体上来说，每个社会成员（包括同代的和不同代的社会成员）都应拥有大致相同的基本发展机会；其二，从具体层面来说，由于客观上人们在智力、体能、健康以及性格等方面存在着差异，这些合理的差异会造成社会成员拥有的发展机会不可能完全相等，因此，应有程度不同的差别。② 结果公平强调的是通过一定的平等原则使参与市场活动的主体各得其所。其实现可以从两个方面着手：一是在初次分配领域，以比例平等的原则来调整分配中的利益关系，即市场主体的所得与其在劳动、资金、技术、智力等要素方面的付出和贡献大小相适应，由此体现经济上的公平；二是在再分配领域，以完全平等的原则来调整分配中的利益关系，即按照一个人最基本的生存需要来分配社会资源。在做此分配时，只考虑每一个人作为人以及他（她）对于缔结社会所做的贡献，而不考虑其才能和经济上的贡献，由此体现出社会性的公平。上述三类公平着力保护社会成员在市场活动中或市场活动外的经济社会利益，由这三个方面的公平问题引起的不公正也是实现改革成果公平分享时需要着力解决的。

在对现代公平理念的内涵、外延和实现方式有了基本认识之后，还应当明确的是公平与发展的关系，理清二者关系对于实现"公平分享"具有重要意义。我们认为，公平与发展之间并不存在着强调公平就会阻碍发展，致力

---

① 杨宗元著："论公平范畴"，《道德与文明》2003 年第 5 期。
② 吴忠民著：《社会公正论》，山东人民出版社 2004 年版，第 33 页。

于发展就会牺牲公平的问题。合理地表述二者关系,应当是以公平作为检验发展方向正确与否的价值尺度和促进发展的重要动力,以发展作为实现公平的基本条件和必经过程。现时期,我国的发展目标是本着以人为本的要求,从解决关系群众切身利益的现实问题入手,更加注重经济社会协调发展,促进社会和谐。为实现这一发展目标,必须注重经济公平和社会公平,通过保证机会公平、过程公平和结果公平来促进发展,并保证发展的正确方向;同时,我国社会中公平问题的解决在根本上需要依靠加快发展,在发展中增加社会财富总量,由此提高政府和社会力量调节利益分配、解决改革成果分享不公问题的能力,并最终实现共同富裕。

(三)公平理念实现的评判标准

通常,在采取了实现"公平分享"的制度措施之后,我们还应当考虑是否有某些标准来评判公平理念的实现效果? 我们认为,考量其实现效果的标准是可以把握和运用的。一般而言,我们可以运用具有评价功能的经济性标准、心理性标准、社会性标准和范围标准来对法律、政策等制度措施的运行绩效和公平理念的实现效果作出客观、全面的评价。

首先,就经济性标准而言,主要是通过对经济指标的分析来评判改革发展利益分享中"公平"的实现效果。目前,常用的反映社会分配公平度的经济性分析工具主要有以下几种:(1)基尼系数。该系数是一种度量收入分配平均与否的尺度。具体说来,基尼系数为 0 时,表示社会收入分配绝对平等;基尼系数为 1 时,表示收入分配绝对不平等;基尼系数在 0.3 以下时,为收入分配平均性"好";0.3—0.4 之间为"正常",超过 0.4 为"警戒";一旦超过 0.6,表明收入分配过于悬殊。由于基尼系数可以有效地预警两极分化的质变临界值、衡量贫富差距,因此得到各国的广泛运用。① (2)洛伦茨曲线。这也是现今国际社会通用的反映社会分配公平度的一种方法。该曲线中,实际收入分配曲线越接近绝对平均曲线,收入分配越平等。反之,实际收入分配曲线越接近绝对不平均曲线,收入分配则越不平等。由于该曲线虽能直观、形象地反映社会分配公平度,但不如数值计算方便,故现实中多使用基尼系数来衡量收入分配状况。② (3)库兹涅茨"倒 U 型理论"。该

---

① 尹继佐:"科学解读基尼系数",载《文汇报》2006 年 3 月 16 日。

② 杨灿明著:《转型经济中的宏观收入分配》,中国劳动社会保障出版社 2003 年版,第147 页。

理论假设，一国经济发展由初期的收入分配比较平等开始，在其发展过程中，为了提高经济效率，必须扩大收入差距，使社会日趋不平等，当经济发展达到一定人均 GDP 的阶段时，收入分配才又重新趋于平等。这一收入分配的变化趋势呈现为"U"型曲线的形状。据此，该理论认为，公平分配只能随一国经济发展的推进而逐渐到来。应当指出的是，该理论在一定程度上描述了发达国家实现现代化所走过的"先增长后分配"的道路，[①]我国在社会发展过程中，既应当重视收入差距和人均 GDP 之间的相关性，更应该在发展经济时积极发挥政府的作用合理控制收入差距，从而使经济在公平中实现增长。

其次，就心理性标准而言，主要是通过对社会成员心理状态即"公平感"的分析来评判改革发展利益分享中"公平"的实现效果。在理论上，社会心理学对公平感的考察主要从以下三个方面进行：[②]（1）从结果上判断公平性。这主要是以"分配公平"为依据，即个体通过了解自己为群体作的贡献所应该获得的回报来判断公平性。通常，公平感只有在当事者与参照者双方"公平指数"（即收益与贡献的比值）完全相等的情况下才能够获得。这样，双方所获收益在绝对量上存在的差异即使悬殊，也不一定会造成不公平感。而只要双方的公平指数不等，哪怕二者之间的绝对数差异不大，当事者也可能产生不公平感。[③]（2）从程序上判断公平性。这主要是以"程序公平"为依据，即个体以组织在成员中分配奖励的过程来判断公平性。通常，以下因素会影响程序上的公平性：同一程序是否适用于每个人、奖酬是否正确地依贡献而定、对分配中错误进行处理的程度、决策者是否避免个人利益的涉入，以及决策与伦理道德的符合度等。（3）从人际互动上判断公平性。这主要是以"人际公平"为依据，即以奖励者就奖励作出的解释和证明以及奖励者对成员所表现出的关照程度为依据来判断公平性。在知道了如何判断公平感之后，我们还应当了解人们应对公平感与不公平感的态度。一般而言，当社会成员认为受到公平的对待时，公平感会激发其工作的积极性、主动性或创造性；而当社会成员认为受到不公平的待遇时，不公平感则

① 何大昌："西方经济学关于公平与效率关系理论研究"，载《现代管理科学》2002 年第6 期。

② ［美］R. A. 巴伦、D. 伯恩著：《社会心理学》，黄敏儿等译，华东师范大学出版社 2004年版，第641—644 页。

③ 杨灿明著：《转型经济中的宏观收入分配》，中国劳动社会保障出版社 2003 年版，第136 页。

会促使其采取应对不公正的策略,如要求加薪、抗议、罢工、或采取其他影响社会安全的过激行为。通常,我们应当针对人们应对公平感或不公平感的态度来改进相关的利益分配措施,从而更好地实现成员间利益的合理分配。

再次,就社会性标准而言,主要是运用社会学的理论方法来评判改革发展利益分享中"公平"的实现效果。目前,常用的反映社会分配公平度的社会性分析工具主要有以下几种:(1)社会指标。该指标是衡量和监测社会发展、评价社会进步和揭示社会问题的一种量化手段。在该指标中,社会分配公平度仅仅是其评价社会发展的一项内容。因此,利用该指标进行综合评价,能够全面地衡量"公平分享"法律措施实施的效果,并有利于我们对措施实施中存在的问题加以改进。具体说来,能够反映包括分配公平性在内的社会经济发展水平的社会指标有人均国民生产总值、农业占 GDP 比重、教育经费占 GDP 比重、人均医生数、通货膨胀率、失业率、贫困率、社会秩序和社会稳定指数等。① (2)社会分层结构的标准。该标准的价值在于,通过了解社会分层结构,可以判断社会公平的实现程度。目前,中国社会分层结构仍然是一种底层大、中间层小的"金字塔形"结构,中间层的短缺使得社会高层与底层之间的冲突难以得到中间层的缓冲,"社会紧张"在一段时期内还难以消除。为此,我们只有通过采取有效的制度性措施来培育社会中间阶层。当分层结构成为中间大的"纺锤形"结构时,既反映出"公平分享"的目标得以实现,也能够发挥中间层维系社会稳定,保障社会和谐发展的作用。② (3)"上升流动"标准。该标准的价值在于,通过了解社会中的上升流动,可以在一定程度上判断改革发展利益在社会成员间的分享状况。通常,我们可以从多个途径来评价是否实现了体现多数人获利的上升流动,即一定时期内生活水平的上升、产业结构的升级演进以及由产业演进带来的职业地位的上升等,都能体现改革发展利益在社会阶层之间、产业之间或职业群体之间的优化分配。③

最后,就评判"公平分享"的范围标准而言,改革发展成果的分享不仅仅限于"私人产品"分配,同时还包括"公共产品"的分配。事实上,胡锦涛在党的十七大报告中所指的人民共享的"改革发展成果"既包括群众拥有的属于"私人产品"性质的"财产性收入",同时还包括主要由公共财政而形

---

① 韩明谟等著:《中国社会与现代化》,中国社会出版社 1998 年版,第 182 页。

② 孙立平等著:《中国社会分层》,中国社会科学文献出版社 2004 年版,第 13 页。

③ 孙立平等著:《中国社会分层》,中国社会科学文献出版社 2004 年版,第 22—23 页。

成的不把任何人排斥在享受之外的"公共产品"，如基础设施、供水供电、公共安全、公共管理、公共医疗、公共卫生、文化教育、环境保护等。由此，可以认为，在衡量全体人民分享改革发展成果的公平程度时，还应当把公共产品的分享程度纳入评价体系。指出这一点是十分重要的，就政府而言，不仅要"创造条件让更多群众拥有财产性收入"，同时还要"强化政府责任和投入"，使城乡居民共享更多的公共产品；就群众而言，在感受自己获得改革发展成果公平分享的程度时，不仅要看到自己"财产性收入"的增加，同时还要看到不需付出任何费用都可以得到的对公共产品的享受。因此，总的说来改革发展成果公平分享应该是全方位的。

二、公平理念的体系架构

"公平问题是一个人类价值问题，是人类的一个恒久追求，是政治社会中所有价值体系追求的一个最高目标。一切社会规范形式，诸如政治规范、经济规范、法律规范、道德规范、宗教规范，等等，都将公平作为重要的价值内容和价值目标，体现在和渗透在自身的规范结构之中。"①从根本上讲，公平理念体现了人与人之间的社会利益关系，意味着以一定的社会正义原则来选择决定利益分配的制度安排，进而在人们之间形成社会合作中利益和负担的适当分配关系。② 伴随社会的变迁与历史的发展，作为一个相对的范畴，公平理念被赋予了许多新的蕴涵，形成了不同层面的框架体系。

（一）起点公平与结果公平

在市场经济条件下，起点公平与结果公平是最容易被人们提起的一对折射公平内涵的概念。因此，关于公平理念体系架构的认知，我们可以先从起点公平与结果公平谈起。

起点公平强调的是社会成员生存和发展机会的起点应当平等，即社会成员应当站在同一条起跑线上进行社会经济活动。事实上，在实际生活中，社会个体基于主观或客观的原因，在很多方面都处于不平等和不相同的状态，这种人生起点的差异性导致社会个体客观上无法处于同一条起跑线上。

① 邵诚、刘作翔著：《法与公平论》，西北大学出版社1995年版，第2页。
② ［美］约翰·罗尔斯著：《正义论》，何怀宏等译，中国社会科学出版社1988年版，第12页。

诚然,绝对的起点公平是不可能的,也是不现实的,因为它否定了人类经过千百年来自然选择形成的社会秩序。但是,公平是人类世代追求的道德理想,如果对先天的不平等视而不见,依然对所有人一视同仁,就只能使不平等变得天经地义,甚至加深这种不平等。因此,国家必须要采取一定的措施来缓解这种基于起点的不同所可能造成的社会紧张状态。这是国家的伦理责任,也是社会秩序得以稳定并持续良好发展的重要保障。具体而言,对于具有不同自然禀赋、依存于不同社会条件和自然条件的社会成员,国家应当根据具体的自然、社会和经济状况,有所倾斜地采取措施,以尽可能地保证其在社会经济活动中拥有同样的起点,从而最大限度地缩小起点不平等的差异。①

在实践中,起点公平往往与机会公平紧密相连。机会公平是指社会提供的生存、发展、享受机会对于每一个社会成员都始终均等,包括受教育的机会、就业机会、受保障的机会以及参与竞争的机会等。不过,值得注意的是,机会公平与起点公平是不同的两个概念。"拿田径比赛来做比喻,起点的公平是站在同一条起跑线上,而机会的公平则是比赛资格的公平。"②机会公平是市场经济中最重要的、最基本的平等观,它意味着每一个社会个体在资源配置过程中面对同样的机会、同样的风险并拥有同样的选择权。换句话说,机会公平要求国家对不同的社会成员相等至少是相似,并通过制度安排对社会成员之间的权利、义务和责任进行合理配置,从而实现社会共享和关系对待。由此看来,机会公平强调采取一视同仁的普遍原则,不作非理性的区别对待与个体歧视。其实,近代资本主义社会在法律上废弃了不合理的区别对待的分类,在法律平等的阶梯上前进了一大步。"相同的人和相同的情形必须得到相同的至少是相似的待遇,只要这些人和这些情形按照普遍情形的正义标准在事实上是相同的或相似的。"③正如世界银行《2006 年世界发展报告》以"公平与发展"为主题,指出:公平不等于收入的平等,不等于健康状况的平等,也不等于任何其他具体结果的平等,而是一种机会平等的状况。

很多学者认为,机会公平就是社会公平的首要标志。一般而言,机会公

---

① 杨宗元:"论公平范畴",载《道德与文明》2003 年第 5 期。

② 杨宗元:"论公平范畴",载《道德与文明》2003 年第 5 期。

③ [美]博登海默著:《法理学——法律哲学与法律方法》,邓正来译,中国政法大学出版社 1998 年版,第 286 页。

平具有四个方面的规定性：社会资源平等地向市场主体开放；竞争的起跑线均等；市场主体同等地不受歧视；市场主体平等地拥有实现其经济目标的手段。[①] 从这个意义上讲，机会公平主要体现为一种在竞争领域的形式公平，即市场主体的法律地位平等与竞争机会平等，所有竞争主体都平等地拥有实现其经济目的的手段。因此，在中国目前，强调机会公平就是要打破各种各样的垄断，废除各种不合理的市场准入限制制度，鼓励机会均等的市场竞争；强调信息公平，提高社会制度、社会政策、社会管理、社会信息的透明度，保证广泛的社会成员都能够有机会并且及时了解到这些信息，从而避免由于信息的不对称所产生的机会不公平。[②]

不过，我们也要意识到，一个公平的起点并不一定换来公平的结果。机会公平虽然易于判断且注重效率，但是它忽略了市场中竞争主体之间可能存在的"资源占有量"的非合理差异，极易导致社会的阶层分化并引发激烈的社会冲突。在市场竞争中，对于彼此不同的个体而言，由于各自在智力、体力或其他主客观方面的差异，当被以同一个标准加以计量时，实践的结果很大可能会导致各自所获得的利益存在事实上的不平等。进言之，机会公平对社会个体而言仅仅是一种心理状态的平衡和抽象的人的资格的平等，但实际结果往往又会反过来否认起始的公平规则。[③] 也就是说，机会公平的实质只是一种形式的公平，它仅仅强调同等的资格，但由于人们的起点是不同的，就不可能有同等的机会。因此，机会公平固然因为肯定了人的价值而具有积极的意义，但也有其自身所无法克服的局限性。

对此，国家除了对在未开展竞争前先天条件不足的社会个体予以扶持外，也要对在竞争过程中所形成的弱势主体进行支援，对在竞争中形成的强势主体进行限制，以求通过适度干预将不同主体尽可能地拉回到新一轮的起跑线上。换句话说，为了实现社会成员对资源成果的分享公平，还必须强调结果公平。结果公平主要体现为一种在分配领域的实质公平，它强调的是通过一定的平等原则使参与市场活动的主体各得其所，主要着眼于内容与目的的公平性。即在初次分配领域，结果公平强调以比例平等的原则来调整社会分配中的利益关系；在再分配领域，结果公平强调以完全平等的原则来调整社会分配中的利益关系。正如西方学者所说，"一个经济社会并

---

① 公丕祥："论当代中国法制的价值基础"，载《法制与社会发展》1995 年第 2 期。

② 牛先锋："社会公平的多重内涵及其政策意义"，载《理论探讨》2006 年第 5 期。

③ 单飞跃著：《经济法理念与范畴的解析》，中国检察出版社 2003 年版，第 10 页。

不仅仅只是追求效率。哲学家和公众会问:'要效率是为了什么?''要效率是为了谁?'一个经济社会或许会作出选择,改变自由放任的均衡,以便增进收入和财富分配的公平和公正性。该社会可能决定以牺牲效率来增进公平。"①

纵观人类社会的发展,市场并不必然带来公平的资源分配,因此,基于社会正义的考量,结果公平要求对具有特殊条件、地位与能力的市场主体的某些行为进行一定的限制,增加其义务或减少其权利;同时,对于那些在竞争过程中处于弱势地位的群体予以扶持,赋予其更多的权利,而承受更少的义务。

当然,结果的公平并不等于结果的平均。那种将两者等同的观点本质上是一种平均主义的思想,与我国市场经济取向的经济体制改革背道而驰。平均主义是一种无效率的分配方式,它只会挫伤社会成员的积极性与创造性,降低整个社会的效益,甚至于阻碍人类文明的进步与发展。谁要无视客观的社会差别,就不可能不陷入幻想、空想,并在实际上以失败告终。国内外无数事实都证明了这一点。没有效率的公平只能是一种乌托邦的公平,任何社会长期低效率的背后必然是公平自身的丧失和破坏。②

综述之,结果公平并不是简单地通过削高平底的方式将社会成员置于同一水平线上,而是以社会公共利益为标准,尽可能地使强者与弱者基本相同,从而缩小其因天赋、能力、机会等造成的差距,使其能够在新一轮的市场竞争中处于相对公平的地位,重新获得自由竞争的机会与能力。

(二)经济公平与社会公平

如果以现实生活中人们的活动领域为标准,公平可以分为经济公平、社会公平、政治公平与法律公平。③ 鉴于政治公平与法律公平奠基于经济公平与社会公平基础之上,因此,本部分关于公平理念体系架构的探讨主要集中于经济公平与社会公平。

---

① [美]保罗·萨缪尔森、威廉·诺德豪斯:《微观经济学》,萧琛等译,华夏出版社1999年版,第122页。

② 李昕:"公平与效率:经济法的基本价值目标",载《法制与经济》2006年第6期。

③ 也有学者认为,从外延上来分析,公平可以三个层次:第一层次是社会公平,包括经济、政治、法律等不同领域的公平;第二层次是各个具体领域的公平,如经济公平、政治公平、法律公平等;第三层次是各个领域内部的公平,如法律公平包含的司法公平、执法公平等。参见杨宗元:"论公平范畴",载《道德与文明》,2003年第5期。

经济公平是市场经济主体进行市场交易的基本追求和基本条件,它是指任何一个法律关系的主体,在以一定的物质利益为目标的活动中,都能够在同等的条件下,实现建立在价值规律基础上的利益平衡。[①] 换言之,经济公平强调所有经济主体之间的权利与义务都必须是对等的,一切经济主体在经济活动中都必须要坚持等价交换、公平竞争的思想观念与行为准则。一般而言,经济公平包括竞争公平、分配公平与保持合理的收入差距三个层次。在市场经济条件下,一个社会的效率越高,其资源的使用与配置就越合理,就越能促进生产力的发展。而社会效率的提升取决于生产过程中各种要素的有机组合,其中,最根本与最重要的要素就是人的要素。可以说,人的积极性、创造性与进取心是一切经济效率产生的重要源泉。而人的积极性与创造性的激发,主要依赖于经济主体获取利益机会上的公平以及责权利的统一。因此,经济公平是市场经济主体进行市场交易的基本要求和基本条件,其实质就是人们以不同的方式参与市场活动,由市场机制的自发调节作用产生优胜劣汰的结果,并由国家予以适度的分配干预,从而使得人们的物质利益形成合理化的结果。

在市场经济中,经济公平首先表现为一种经济发展所要求的规则公平与程序公平,也就是人们都能够享有的平等的规则和平等的程序,从而使人们在经济活动中能够平等地享有权利与承担义务,实现个人利益与社会利益的协调一致。[②] 规则公平与程序公平是经济公平的第一个层次,它主要是通过保证经济主体的意思自治来实现交易公平。每一个经济主体都能够成为真正的市场主体,都能够独立享受相应的权利和承担相应的义务,在竞争中获得的机遇也是均等的。在这种背景下,每一个经济主体都可以按照市场经济自身的调节机制和价值规律来不断进行自我调适,从而实现资源的有效配置与合理使用。虽然,规则公平与程序公平无法避免人们在经济活动中利益冲突的出现,但是却能从根本上调动每一个经济主体的积极性与创造性,更好地解放与发展社会生产力,实现人力资源和物力资源的最佳配置。因此,在中国目前的条件下,我们要放手让一切劳动、知识、技术、管理和资本的活力竞相迸发,让一切创造社会财富的源泉充分涌流,全面保护发达地区、优势产业和通过辛勤劳动与合法经营先富起来人们的发展活力,

---

① 李昌麒著:《经济法——国家干预经济的基本法律形式》,四川人民出版社 1999 年版,第 229 页。

② 孙洪义:"论社会主义的经济公平",载《天府新论》2006 年第 3 期。

鼓励他们积极创造社会财富。

分配不公是经济社会发展的伴生物,如果说确保规则公平与程序公平是主要关注市场主体的竞争公平的话,那么分配公平则是在此基础上进一步强调社会成员对改革发展成果的分享公平,是经济公平的第二个层次。[①]竞争公平的实现,可以创造经济的高效率,推动整个社会经济的发展,但同时,由于竞争是旨在争夺交易机会或市场份额的活动,而在一定的时期,社会的需求和购买力以及由此决定的交易机会和市场容量总是有限的,因此,只有那些具有竞争力的市场主体才能在竞争中获得生存和发展,而那些缺乏竞争力的市场主体必然被淘汰出市场。这样,与竞争相伴随的,将是优胜劣汰这一竞争规律。在这种情况下,为了有效地实现最大程度的社会公正,我国应当制定相应的方针政策与法律措施来鼓励先富的个人和地区来帮助后富的个人和地区,从而逐步消除贫富差距过大的现象,最终引导全体民众走向共同富裕。具体而言,国家应当通过收入转移支付实施贫富差距调节,实现收入分配公平,从而满足人们生存与发展的基本需求。当然,我们这里所说的公平,并不是指社会财富的平均分配,而是指利用国家经济实力,在调整产业结构、均衡收入分配、刺激产业效益等方面发挥重要作用。此外,人们在经济主体内部采取什么样的分配方式,主要是由生产力的发展水平所决定的,而不是取决于人们的主观愿望。[②] 鉴于我国现在生产力的发展水平以及整个社会经济结构的特点,按劳分配应当作为我国当前最主要的分配标准,同时,国家还需要规范并合理运用其他分配标准,在此基础之上确保社会分配公平的实现。

保持合理的收入差距,是经济公平的又一题中之义。如果片面地强调分配公平,就会不可避免地抹煞经济主体的实际差别,造成经济主体的劳动付出与劳动报酬脱节的现象,而且也不利于社会效率的提高。因而,导源于人道主义的现代思潮,以及社会福利思想的倡导,有条件的差别待遇原则逐渐被纳入公平的范畴,并成为经济公平的第三个层次。差别待遇强调的是社会资源根据人的具体情况进行具体分配,也就是说,只有保持合理的收入差距,追求客观分配结果的相对公平,才能维持社会劳动力的再生产,为效率的提高提供必备的人力资源,从而使效率成为可能;只有实现一定程度的

---

① 李昌麒主编:《经济法学》,法律出版社 2007 年版,第 81 页。

② 孙洪义:"论社会主义的经济公平",载《天府新论》2006 年第 3 期。

分配公平,才能维护社会秩序,避免社会冲突,为经济高效运行提供稳定的社会环境。① 需要注意的是,经济公平必须以合理性为标准,在这里,合理性就是合规律性,它不仅意味着人们的认识活动要遵循价值规律,而且这种认识与评价还要符合历史发展的规律。

虽然经济公平在公平体系架构中占据重要地位,但是我们不能片面地强调经济公平而忽视社会公平,因为从人的全面发展的视角看公平,必须将公平放到广阔的社会生活之中来考察。从这个意义上讲,社会公平的基本要求是人们的社会地位平等,人人都有同等的生存和发展的权利,都有获得自己正当利益的机会,同时也要尽相应的义务,实现权利与义务的平等。② 换句话说,社会公平是一个社会的基本价值观念及社会发展评价准则,强调的是社会的公平性,其实质在于通过政策实施的分配效果来给社会弱势群体以公平待遇、保障全体公民的合法权益,从而实现社会公正。③ 只有切实维护和实现社会公正和正义,各方面的社会关系才能协调,人们的积极性、主动性、创造性才能发挥出来。

社会公平的主题是个人的全面发展与社会关系的和谐完善。从伦理上说,社会公平是以人格尊严的被尊重和道德价值的弘扬为皈依的平等要求,它表明在特定社会范围内社会成员生存权、发展权和追求自我价值实现的自由权利,也表明人类社会的发展将沿着伦理公平所指引的方向前进。④ 因此,社会公平是衡量社会全面进步的重要标准,其主旨在于把改革发展的成果惠及社会全体民众。如果从不同的视角审视,不难发现,社会公平实际上具有着多重特征:首先,社会公平的核心是人与人之间关系的均衡合理,是对人的生存方式及社会关系是否具有合理性的追问,孤立的个人不存在社会公平的问题;其次,社会公平总是与特定的经济结构、政治结构紧密相连,其归根结底是由一定的社会生产方式决定,并且为一定的生产方式服务的;最后,社会公平总是具体的和历史的,它在现实的历史过程中不断地生成、变化与更新,不同的历史时期具有着不同的内涵。因此,社会公平的内

---

① 陈泽亚:"试论科学发展观下的新经济公平与效率观",载《伦理学研究》2004 年第 5 期。

② 杨宗元:"论公平范畴",载《道德与文明》2003 年第 5 期。

③ 〔美〕乔治·弗雷德里克森著:《公共行政的精神》,张成福等译,中国人民大学出版社 2003 年版,第 88 页。

④ 陈文江、周亚平:"社会公平:构建和谐社会的重要推动力量",载《甘肃社会科学》2006 年第 2 期。

涵不能与特定的社会现状相分离,它只能被置放于特定的社会情境中才具有其现实意义。

"自 1848 年马克思恩格斯宣布共产主义的幽灵在世界徘徊以来,公平正义一直作为社会主义核心价值观贯穿并指导着国际共产主义运动,成为我们理解科学社会主义理论与实践的中心线索。"①由此可见,社会公平是社会主义的本质要求,是构建社会主义和谐社会的价值准则。改革开放以来,我国的社会经济发展取得了举世瞩目的成就,但在经济快速增长的同时,发展不平衡问题也越来越突出,而其中引起普遍关注的社会不公正现象也日益突显,具体表现在城乡之间、行业之间与群体之间收入差别大、农民收入水平低、城市失业率偏高、贫富差距过大等。因此,实现社会公平,除了缩小收入差距、扩大社会保障、维护基本的经济公平外,还必须从法律上、制度上、政策上努力营造公平的社会环境,保证全体社会成员都能够比较平等地享有教育的权利、医疗的权利、福利的权利、工作就业的权利、劳动创造的权利、参考社会政治生活的权利和接受法律保护的权利,②使广大社会民众对自己分配所得及自己与他人分配所得之间的差距与自己的条件和他人的条件感到均衡,从而维护社会的秩序和稳定,促进经济社会的可持续发展。

不过,我们也要看到,社会公平的实现,必须具备一定的经济条件与措施保障。首先,物质条件是社会公平能否实现的重要前提条件。完善的市场经济体制与发达的物质基础是现代社会的支撑,没有坚实的经济基础,很难实现社会的稳定与发展。应当说,从根本上实现社会公平的理念,归根到底还是要靠发展,要靠高效率的发展。其次,重点解决收入分配差距过大的问题。一般说来,通过按劳分配或按生产要素贡献分配所获收入,特别是初次分配收入差距的扩大,是正常的,总的来说也有利于经济效率的提高。③但是,如果收入差距拉大是源于不合理的、非法的因素,那么,就需要国家采取相应措施来解决这些问题。具体而言,我们既要调整不同利益之间的冲突,让更多人更公平地分享改革发展成果,又不能破坏合理的市场分配规则,以免重陷"平均主义"的漩涡。从"效率优先、兼顾公平"转变为"兼顾效率和公平",到"更加注重社会公平,加大调节收入分配的力度",再到"共享

---

① 何建华:"社会公平:构建社会主义和谐社会的伦理基础",载《伦理学研究》2007 年第 5 期。

② 包玉秋:"社会公平的法哲学基础",《社会主义研究》2007 年第 5 期。

③ 包玉秋:"社会公平的法哲学基础",《社会主义研究》2007 年第 5 期。

改革成果，兼顾各方利益"，应当是我们追求社会公平的必经之路。最后，还要用制度保障弱势群体的基本权利。弱势群体由于缺乏资源优势，在经济、政治、社会各领域的地位较低，无法与强势群体开展正常博弈。因此，必须建立健全社会保障体系，切实保障弱势群体的生存权与发展权，这是社会公平理念的基本要求。此外，在加强社会保障制度建设的同时，还必须加大对弱势群体再就业援助力度，通过各种培训，使其能够自食其力。唯有如此，才能实现分配结果的相对公平，才能保证社会整体的公平正义，从而在一个有效率的经济体制中增进平等。①

（三）代际公平与代内公平

可持续发展的提出发轫于 20 世纪 80 年代，其标志性代表便是挪威首相布伦特兰夫人在联合国环境与发展委员会上所作的专题报告《我们共同的未来》。根据这份报告，可持续发展被定义为"既满足当代人的需要，又不对后代人满足其需要的能力构成危害的发展。"②作为一种对于人类现在与未来的新思维，可持续发展观突破了发展就是"经济增长"的单一思路，不再将经济和技术增长作为社会发展的全部，而是将发展视为经济、社会、技术、文化、政治等综合性因素的集中体现。作为法律的一种新的指导思想和价值目标，可持续发展观强调公平理念，要求在当代和代际的时空范围内对公平进行重新的理解与落实。因此，关于公平理念的体系架构，也需要放置于可持续发展观的视域下来予以思考。

在可持续发展观的视域下，公平包括代内公平与代际公平。代内公平主要是指代内的所有人，无论其国籍、种族、性别、经济发展水平和文化等方面的差异，对于利用公共自然资源与享受清洁、良好的环境均有平等的权利。代内公平是同代人之间的横向公平，是可持续发展公平原则在空间维的要求，意即当代一部分人的发展不能以损害另一部分人的发展为代价。代内公平实际上包含了国家间的公平问题以及一国范围内不同地区间、中央与地方间、不同阶层间的公平问题。③ 以下详述之：

① 何建华："社会公平：构建社会主义和谐社会的伦理基础"，《伦理学研究》2007 年第 5 期。

② 世界环境与发展委员会：《我们共同的未来》，王之佳等译，吉林人民出版社 1997 年版，第 52 页。

③ 郑少华："论环境法上的代内公平"，载《法商研究》2002 年第 4 期。

就国家间的公平问题而言,当代国家通过自由贸易产生了公共自然资源占有和环境保护责任分配的不公平问题。发达国家的环境问题通常同工业化与技术发展直接有关,由于其过早地进入了工业化进程,因而对全球的环境污染与公共自然资源的破坏较为严重;而发展中国家的环境问题大多是由发展不足造成的,并且发达国家对发展中国家公共自然资源的掠夺和污染的转嫁,也是重要原因。因此,代内公平强调各国应本着全球合作伙伴精神,为保存、保护和恢复地球生态系统的健康与完整进行合作。鉴于导致全球环境退化的各种不同因素,各国负有共同的但是有差别的责任。具体来说,发达国家应当改变发展方式和生活方式,走持续发展之路,并以其所掌握的技术和财力资源维护良好的社会环境,带头开发更洁净的技术,提供更平等的发展机会和社会服务,并支持经济落后国家的发展。发展中国家、特别是最不发达国家和在环境上最易受到伤害的发展中国家的特殊情况和需要应当受到优先考虑,此外,发展中国家一方面要扩大生产以满足不断增加的人口需要,另一方面又必须更加有效利用公共自然资源,使用清洁的生产工艺,抵制发达国家的污染转移,努力保护和改善环境。总而言之,各国对全球环境问题的形成负有不同的责任,只有坚持共同但有区别的责任原则,才能实现真正的代内公平。

就地区间的公平问题而言,利益冲突与分配不公主要存在于那些地区发展不平衡的国家之内。例如,由于公共决策机制的不健全,导致发达地区的官方代表与民意代表在国家所有政策的决策过程中处于强势地位,如此形成的所有国家政策都直接或间接地损害了欠发达地区的经济与生态效益,而形成发达地区单方受益的局面。[①] 此外,由于欠发达地区缺乏先进的技术与能力,对资源的使用普遍存在着低效率的现象,客观上也会加剧环境的污染。当前,区域之间发展差距日益扩大的趋势越来越明显,已经成为影响发展中国家可持续发展的重要障碍。显而易见,这种状况并不符合代内公平原则,因此,需要从制度层面设计出符合代内公平原则的相关制度安排(例如,财政转移支付的方式。),以便有效克服区域之间的不公平问题。

就中央与地方之间的公平问题而言,由于政治结构的不同,中央与地方之间在环境责任的分担与生态维护上存在着一定的差异性。在我国,由于实行中央集权制,环境法制建设都以中央政府为主导,因而形成了一种政府

---

① 郑少华:"论环境法上的代内公平",载《法商研究》2002年第4期。

主导型环境管理与法制模式。然而，按照分税制中的"事权与财权相对应原则"，地方因受财力所限及基于环保方面的中央政府主导型等因素，对环境保护等事权不愿也无力承担。① 因此，我们应当改进中央与地方在环境保护与生态维护方面的制度建设，健全环境管理体制，理顺事权与财权关系，从而努力实现可持续发展观下的代内公平。

就阶层之间的公平问题而言，即使是号称世界上最富裕的现代化国家美国，也存在着大量"富裕中的贫困"。富人与穷人在资源保护与生态维护等方面，存在着截然不同的心态。富人热衷于享乐主义，占有大量公共自然资源，但同时对于环境品质又有着过高的要求；穷人忙于改善自身的物质际遇，处于社会劣势地位，疏于对环境品质的追求。这种不符合代内公平现象的克服，有赖于国家在税收、公众参与、社会中间层组织建设等方面有所作为。

代际公平主要是指本代人不能因自己的发展需求而损害人类世世代代满足需求的根本——公共自然资源和环境，要求给世世代代以公平利用公共自然资源与环境的权利。代际公平是人们世代之间的纵向公平，是可持续发展公平原则在时间维的要求。早在1972年斯德哥尔摩联合国人类环境会议通过的《人类环境宣言》中，国际社会就已初步认识到代际公平问题。《人类环境宣言》共同的观点之六指出："为这一代和将来的世世代代，保护和改善人类环境已经成为人类一个紧迫的目标，这个目标将同争取和平、全世界的经济与社会发展这两个既定的基本目标共同和协调地实现。"国内外的生态伦理学家分别从环境伦理、资源生态伦理、人口生态伦理、消费生态伦理、战争生态伦理等不同维度进行了深入的探讨，其取得的研究成果为在法律上确立这一原则提供了深厚的理论依据，且为这些学说的传播打下了广泛的民众基础，对这一原则从伦理准则向法律原则的转化产生了重大影响。②

代际公平的内涵是把可持续发展放在一个跨世代的历史背景下来考察，区分了前代、当代和后代的权利与责任问题。虽然对于当代人而言，我们无法改变前代人的行为方式，而只能被动承担其行为后果，但是我们却可以选择当代的发展方式，不损害后代人的利益，也就是既满足当代人的需求，又不对后代人满足其自身需求的能力构成危害。关于代际公平原则的理论，最具影响的就是"地球资源信托理论"。根据这个理论，地球资源是

---

① 郑少华："论环境法上的代内公平"，载《法商研究》2002年第4期。

② 曹明德著：《生态法原理》，人民出版社2002年版，第207—208页。

人类的共有财产,当代人作为受托人对公共自然资源的安全保管负有责任,不得超越合理必要的限度而使用或占有。该理论实质在利用环境与公共自然资源方面,赋予了每代人公平分享的权利,同时界定了当代人对后代人所要担负的代际责任。毕竟,社会发展的可持续性包括人类种族的绵延性,人类社会的发展要靠当代人和后代人共同努力才能实现,人类共同体的目的是保证现在和将来所有成员都拥有幸福的生活,短视的做法与自我牺牲的做法都是不现实的,也是不利于社会可持续发展的。

一般认为,代际公平存在三个基本原则:第一,要求各世代保护自然和文化遗产的多样性,这样便不会对后代人解决自身问题和满足自身价值观造成不适当的限制,而且未来世代有权享有同其以前世代相当的多样性。这个原则可以称为"保护选择"的原则。第二,要求各世代维持地球的质量,从而使地球质量留传给未来世代时状态不比其从前代继承时有所下降,并且其有权享有与前世代所享受的相当的地球质量。这个原则可以称为"保护质量"的原则。第三,各世代的每个成员都有权公平地获取其从前代继承的遗产,并应当保护后代人的这种获取权。这个原则可以称为"保护获取"的原则。① 这些原则都可以被视为是对可持续发展原则的实施。具体而言,国家应当通过对当代人行为的规范来实现当代人与后代人之间的利益平衡,注重解决好经济发展与环境保护的关系,注重保护自然生态环境与地球资源,注重发展资源再利用循环经济,从而为后代人找到一条可持续发展之路。

三、公平理念实现的责任配置与限度

公平理念的实现需要符合实际行为的责任制度,当然,其中最核心的问题是责任的配置和限度。而责任的配置和限度必须要以主体为依托,即围绕政府、企业、团体社会组织以及个人展开,其中最关键的是政府责任的配置问题。

(一)政府权力范式路径依赖的克服及责任政府的重构

在公平理念视角下,政府责任的配置可以通过权力范式路径依赖的克

---

① [美]爱蒂丝·布朗·魏伊丝:《公平地对待未来人类:国际法、共同遗产与世代间衡平》,汪劲等译,法律出版社2000年版,第41—42页。

服寻求出路，而这一过程要落脚到责任政府的重构上。就公平理念而言，政府的宏观经济调控、经济监管等职能应当在理性框架内进行设计，而该理性框架的形成需要政府权力范式的突破。

　　1. 公平理念下我国政府权力范式的路径依赖

　　在公平理念下政府权力范式的界定对经济法提出了要求，毕竟，经济法的国家干预理论发端于经济学思想，在经济法语境下探求政府权力范式的创新，具体指导思路要与经济学的理念保持统一。事实上，经济法中的干预更多地体现为一种理念，侧重于对政府权力的考究，而具体的经济法规范则是对该理念的确认，其中蕴含有授权与限权的双重意味。当然，经济法语境中，政府权力范式存在较强的路径依赖现象。要合情合理地解释和克服该问题就需要政府权力范式的转向，这既包括理论上对逻辑矛盾的克服，也包括实践中如何对政府权力进行恰当的归位。当然，对于政府，既不能将其描述成"万能之主"，也不能将其描述成为"万恶之源"。应当看到，当今社会条件下几乎任何一个负责任的政府都在寻求职能的转换，我国政府更是如此；要否定政府对经济的干预是不恰当的，甚至是有害的。[①]　在此过程中，公平理念的实现就显得尤为重要，它既可以夯实经济法的理论根基，又能够为经济社会发展提供指导。当然，对于经济法来讲，不应当去寻求否定政府对经济的干预，而至关重要的是要寻求国家干预经济的边界，从政府视角来看，这属于权力范式的转向问题。公平理念下我国政府权力范式路径依赖的克服应当在经济法语境中进行，具体思路是以国家干预为视角，对政府权力实现过程中的国家干预进行系统调整。

　　（1）宏观层面上将国家干预纳入法治语境。现代法治的理想"既要求国家对他人实施法律，此乃国家唯一的垄断权，也要求国家根据同一法律行事，从而国家与任何私人一样都受着同样的限制。"[②]现代法治既要树立法律权威，反对任何形式的非法律化的权力权威，同时，也意味着对社会私域的保护。市场化力量是西方法治化进程的内在动力，这源于西方社会中市民社会的发达。由此来观察中国的现实社会可以发现，中国法治化两难的症结在于国家与社会之间没有形成适宜于法治化发展的良性结构，确切地说，在于社会一直没有形成独立的、自治的结构性领域，即市民社会在中国

---

　　① 　李昌麒："经济法视域中的国家与市场的关系"，载《甘肃社会科学》2006 年，第 4 期。

　　② 　[英]弗里德里希·冯·哈耶克著：《自由秩序原理》，邓正来译，生活·读书·新知三联书店 2003 年版，第 267 页。

的缺失。市民社会在中国的缺失使中国国家力量与社会力量失衡,从而不能实现国家与社会的良性互动,由于"市民社会横向整合个体关系,纵向阻隔国家对个体自由的侵犯,缺少了市民社会这个有效隔离带,个人无时无刻不生活在国家的阴影下。"①总之,法治发展为国家干预创造了良好的制度环境,法治化促进了中国社会的相对自治,它在一定程度上可以弥补市民社会缺失的不足;能够为国家干预提供制度性法律保障,使其具有合法性空间;法治环节中的一系列规则体系使公权力的运作趋于有序;法治框架内社会自治权与国家公权力的博弈在一定程度上弥补和矫正了国家干预的缺漏和偏向。因此,就宏观层面而言,将国家干预纳入法治语境是必然之路。

(2)中观层面上政府权力范式路径依赖克服的辅助力量。市民社会与政治国家理论在分析社会结构和社会关系的模式方面具有统摄全局的功能。② 市民社会与政治国家的良性互动是经济法的分析框架和分析视角,市民社会的内在缺陷是国家借助政府经济行为进行干预的内在机理和依据,因此,经济法是"政府干预社会经济之法",而市民社会自身性质和特点又限定了政府干预的限度与范围,在此意义上,经济法又可称为"干预政府之法"。合理安排市场化的限度与政府经济行为的边界是经济法的重心。③故而,经济法是市场、国家和社会孕育的产物,经济法正是市民社会与政治国家相互联动的法律辩证法。然而,随着经济形势和社会形态的演变,"二元"法律结构难以有效划分实存法,也不足以反映社会结构,因而,有学者提出了"市民社会——团体社会——政治国家"的三元社会结构论。④ 应当说,这些认识比较接近当代社会结构和社会关系的现实,经济法语境中,应当将社会权力吸收整合为政府权力范式路径依赖克服的辅助力量,倘若依然在传统二元模式下进行制度设计,势必无法真正缓解政府与市场之间的紧张和冲突状态。

(3)微观层面上国家干预的型构。政府行为可能会出现非理想化的状态,这需要对传统的国家干预进行相应的型构:国家干预理念的科学化调

---

① 汪太贤、艾明著:《法治的理念和方略》,中国检察出版社 2001 年版,第 236 页。

② 刘旺洪:"国家与社会:法哲学研究范式的批判与重建",载《法学研究》2002 年第 6 期。

③ 吕忠梅等著:《规范政府之法——政府经济行为的法律规制》,法律出版社 2001 年版,第 37 页。

④ "关于'二元'结构理论的现实困境的分析",参见郑少华:"社会经济法散论",载李昌麒主编:《中国经济法治的反思与前瞻》,法律出版社 2001 年版,第 367 页。

整;国家干预手段的多元化和市场化趋向;①国家干预界限的明晰化选择。在关于国家干预与自由竞争的结合以及两者的界限上,尽管国家干预界限的模糊性现实存在,但还是应当提出一个命题,即要尽力追求国家干预界限的明晰化,这也是国家干预理论的症结之一。对此,理论界已经形成共识,即国家干预经济的目标是要从资源配置的宏观经济视角来考虑资源投入的社会边际收益,而国家干预经济的手段或方式是尽力通过市场机制来影响微观经济单位的决策,通过微观经济单位的资源投入调整和资源转移来达成资源配置的优化。② 鉴于市场功能的模糊性和国家职权的特殊属性,从国家职权角度来划分国家干预的界限难免会陷入困境,但如果从国家责任的角度来划分,则具有一定的科学性,既暗含着合法性与合理性的评判标准,也从另一个侧面阐释和明晰了国家干预的权限范围,在总体上与"主体—行为—责任"的理论分析框架也是吻合的。

2. 责任政府的设计与实现

任何强大到足以保护个人权利并促进普遍福利的权力,同样也会强大到足以破坏权利,并极有可能服务于权力支配者们个人的想法。要形成对政府权力的牵制,必须用相对应的责任予以制衡。

(1)责任政府的设计。政府的责任应当从权力的视角进行认知,进而科学合理地进行责任政府的设计,以保证责任政府的实现。为贯彻责任政府的理念,一方面要树立政府及其工作人员的责任感,责任感意味着政府官员对社会及公众承担责任的理解,从而形成忠诚、良心和认同的自主性,在治理者的观念上拥有内在的制衡理念;另一方面,借助于法律和职业纪律形成对政府及其工作人员履行规制责任的外在约束机制。责任感是来自政府自身决定应怎样谋其政,责任制度是由其他主体决定在其位应如何谋其政。如前述,政府职能的范围应取决于市场和社会的需要,市场的需要来自纠正市场失灵,社会的需要则来自于公平和效率。国家干预经济领域的范围、力度和方法往往与特定时期经济和社会的情形有关,而政府调控市场范围的

---

① 国家干预的市场化趋向,即干预过程中侧重以市场为中介,通过间接性的手段达到干预的目的,其间的优势在于公开性和针对性。

② 此为厉以宁的"二次调节论"的基本观点。对资源配置中政府行为非理想化以及政府行为适度与优化的深入理论解析中,他通过对政府调节局限性的剖析划定了新经济体制中国家干预的边界。

空间、力度和方式要与政府的能力和职能相适应。① 当然,责任政府必须在科学框架内构建,即要有具体合理的程序设计,可考虑从以下环节展开:程序确定是责任政府程序制度设计的前提;程序内容明确是责任政府程序制度设计的必然要求;程序运作的信息公开等。

(2)责任政府的实现思路。要真正实现责任政府的设计目标,必须要合理地配置政府权力,只有建立一个合理稳定、相互制衡的权力体系,以权力之间的关系来制衡权力,才能有效地控制权力。换言之,只有将权力的运行问题转变为权力的自身结构问题,责任政府的构建才会有实效。权力结构是指权力的组织体系,它主要解决的是权力的配置与各种不同的权力之间的相互关系问题。权力结构的合理性主要是一个形式合理性问题,或者是一个工具合理性问题,但是,它又不仅仅是一个形式合理性问题,它同时也是一个实质合理性问题。因为权力结构的合理性不仅涉及社会合理地分配权力以及权力的合理运用,而且合理的权力结构还为公民平等地进入权力体系提供了可能,即一个合理的权力结构可以为合理分配社会资源与解决社会纠纷提供可能。保证权力结构的科学性和合理性,可以从两个层面展开:一是权力的平面化设计,它旨在构建权力间在法律上的平等关系,这是一种将权力在分解的基础上加以组合的思路;二是权力的层级化设计,它旨在改变单向的、绝对的权力服从关系,使权力处于一种和谐的背景下。② 政府的重要职能是为市场的充分发展和市场机制作用的充分发挥提供制度框架和制度安排,在制度创新理论的逻辑里,制度是经济增长与否的根源,政府则是制度的载体和基本的存在形式,同时也是制度创新的经常和基本的主体。③ 由此,责任政府理念的确立是国家干预权科学有效行使的根本前提,责任政府的合理设计及功能实现是矫正政府行为偏失的必然选择。

(二)企业的公平理念价值及行为偏失矫正

从企业的人格体特征来看,社会性的人性路径为其提供了广阔的自由空间。而自由也正是市场经济活的灵魂,自由规则的确立对于企业利益的实现举足轻重,因而,政府应当通过宏观经济调控和微观秩序维护来保障企

① 张忠华:"政府的规制和规制的政府——现代经济法的制度安排",载《黑龙江省政法管理干部学院学报》2003 年第 6 期。

② 周永坤著:《规范权力——权力的法理研究》,法律出版社 2006 年版,第 222、227 页。

③ 张忠华:"政府的规制和规制的政府——现代经济法的制度安排",载《黑龙江省政法管理干部学院学报》2003 年第 6 期。

业的经济自由。

1. 企业存续过程中的公平理念价值

公平理念对企业的价值体现在自由和秩序两个方面。

（1）自由层面上公平对企业的价值。在自由层面上，公平对企业的价值在于公平理念指导下培育、发展和保障企业的竞争能力，[1]从而提高企业的自由运营能力，拓展企业的自由运营空间。以公平理念为根基的产业调整、计划、投资、财税、金融、价格、中小企业促进等领域的众多制度为企业提供了一系列的政策优惠和制度支持。从一定程度上讲，公平理念为企业竞争能力提高注入了活力和后续力。企业竞争能力的培育、发展和保障是开展市场竞争的重要前提条件之一，企业的竞争力提高了，市场经济的运转就会更有效，此时政府之手的干预度就会下降，由此使得企业的自由空间加大。而在另外一个意义上，以公平理念为指导的市场经济规则体系保证了市场平台运转的稳定性。

（2）秩序层面上公平对企业的价值。在秩序层面上，以实质公平为价值取向的经济法主要通过竞争法来实现对企业权利的保障。例如，现代经济法是以竞争法为核心逐步产生和发展起来的，竞争法自然成为经济法的核心构成部分。伴随着经济社会关系的演化以及国家干预经济社会关系的增强，经济法的内容日益丰富。经济法对秩序的确立和维护主要是通过对竞争关系和竞争管理关系的调整。在竞争关系中，诸如确认市场经济体制，创设公正、平等的竞争条件，保障市场主体的公平竞争；确认和保护正当的合法竞争关系，保障竞争机制的正常运行及竞争功能的充分发挥；宣布不正当竞争和垄断为非法，避免或减少竞争的消极作用等方面是民法难以调整的，这方面的任务只能由经济法来承担。而竞争管理关系也显然是民法所不能调整的，它只能由作为经济法组成部分的竞争法独立承担调整任务。可见，在对秩序价值的制度供给上，公平理念的效用显著。

2. 企业行为偏失的矫正

企业行为偏失的矫正可以借助理论选择理论以及行为法经济学的研究成果来进行分析。理性选择理论判断行为人的追求目标是自我利益，但是行为法经济学研究表明：一是行为人自我利益并没有得到追求；二是行为人追求了自我利益以外的价值。[2] 行为法经济学的研究为人性的科学内涵进

---

[1] 竞争能力是指主体追求有价值的目标所需具备的一组功能组合。

[2] 魏建著：《法经济学：分析基础与分析范式》，人民出版社 2007 年版，第 222 页。

行了查验,而社会责任是企业责任理念的合理内核。行为法经济学不拘泥于行为人动机的自我利益最大化上,认为行为的产生有多种动因和机制,因而扩大了法经济学的解释基础,能够说明一些传统分析所没有解释或难以解释的法律制度。① 企业承担社会责任是经济社会发展的必然选择。一个企业在获得利润的同时,应当对社会包括相关利益方承担一种责任,这是对社会应该做出的回报。因此可以说,企业的社会责任问题是个意义重大的问题。随着世界经济的发展,企业的社会责任问题越来越得到广泛的关注。这是社会进步的结果,是人类文明的表现,与世界发展到后工业社会、进入到以人为本的时代有密切的关系。事实上,我国在这方面也取得了显著的成绩,以企业劳动者保护为例,我国在保护用工条件、规定劳工标准、保护劳工权益等方面已经建立了相对完善的法律法规体系。以党的十六大后新修订的《宪法》为标志,它更加突出了"以人为本"的思想以及对公民权利的尊重和关心,例如对"农民工"的重视就是一种体现。因此,推动企业社会责任是符合科学发展观的理念的。综上,在一般性的法律责任规定之外,以公平理念价值预设为理论前提,社会责任在一定程度上矫正了企业的行为偏失,即通过企业的人性路径,对企业的行为进行了内化。当然,社会责任的具体实践还需要进行合理的制度设计,比如要通过建立具体指标体系进行社会责任的具体认证,在尊重市场机制的基础上使经营者的行为趋于合理。

(三)公平理念下团体社会组织的权限②

具有公私属性的团体社会组织的出现迎合了公私利益的双重需求,突

---

① 魏建著:《法经济学:分析基础与分析范式》,人民出版社 2007 年版,第 233 页。

② 关于社会团体的内涵界定,较有代表性的有:1. 社会团体活动的目的在于实现和保护公民的政治、经济、社会和文化的权利和自由,发挥其积极性和开展业余文娱活动;满足职业爱好与兴趣;发挥科学、技术和艺术创造,保护人们的生命与健康;保护周围的自然环境;参加慈善事业;举办文化教育、体育健身活动;保护历史文物和文化古迹;进行爱国主义和人道主义教育;扩大和加强国际合作;从事哈萨克斯坦共和国立法不禁止的其他活动。参见《哈萨克斯坦共和国社会团体法》(1996 年 5 月 31 日),第 5 条。2. 社会团体是指根据利益一致原则联合起来的公民的动议,为了实现社会团体章程中规定的总目标(以下称章程目标)而自愿成立的、自我管理的非商业性组织。公民成立社会团体的权利,既可以直接地通过自然人的联合实现,也可以通过法人—社会团体的联合实现。《俄罗斯社会团体法》(附 1997 年 5 月 17 日,1998 年 7 月 19 日,2002 年 3 月 21 日、7 月 25 日作出的修改),第 5 条。3. 社会团体,是指公民、法人和其他组织,根据本规定,按照一定宗旨和目的自愿结成且不以营利为目的的社会组织。《深圳经济特区社会团体管理规定》(1998 年 1 月 22 日深圳市人民政府令第 69 号发布,根据 2004 年 8 月 26 日深圳市人民政府令第 135 号修订)第 3 条。

破了传统公、私的界限,架构起了公、私利益沟通的桥梁。

1. 经济社会自治权是团体社会组织的主体性体现

尽管团体社会组织是非营利性的,但还是应当将它放于市场经济框架内去考虑,因为在利益层面上它也有其趋同性。在一个组织中,个人利益和共同利益相结合的情况与竞争性市场类似。按照社会学观点,国家和社会的边界并不仅仅是由政策制订者重建的,它也是由社会重塑的。① 这个边界实际上与团体社会组织的自治性有极大的关联性。在经济法语境中可以还原为经济社会自治权的界限,这是团体社会组织的主体性之体现。

团体社会组织的经济社会自治权的核心是自治。其自治性存在两个维度:相对于组织成员的独立;相对于政府的独立。尽管中国目前的社会组织形态各异,可很多都依赖于政府,有相当一部分还被政府作为权力的延伸。无论法律是否明确其为自治性组织,但从实际上看,其自治程度还远远低于政府。因此,在当前情况下以简单的、原则性的、应然的视角探讨法律对社会自治的保障没有太大的实践价值,而必须经由法律重构团体社会组织的经济社会自治权。经济社会自治权是指团体社会组织为实现其宗旨而享有的规则制订和实施权以及为防止团体社会组织自治的负效应而拥有的自治权限体系。具体而言,团体社会组织的自治权限,一方面包括团体社会组织享有的规章制订权、监管权(即根据其规章监督和管理其成员的权力)、惩罚权(即根据其规章惩罚其违规成员的权力)、争端解决权(即根据其规章对其内部纠纷进行裁决或调解的权力)、起诉权(即当其自身利益、成员利益、其所代表的行业利益受到损害时,以自己的名义提起诉讼的权力),另一方面,还包括对团体社会组织上述自治权的限制。例如,团体社会组织的自治不得妨碍或限制竞争。② 可见,对团体社会组织的经济社会自治权应做扩大解释,即经济社会自治权的权限范围内可能存在政府的授权。

2. 团体社会组织的主体性限制

团体社会组织自身的特性和功能应当在公私共存的平台上进行探讨,而对其主体性的限制亦应从此展开。

(1)对团体社会组织的监督。对团体社会组织的监督,从内部层面来

---

① ［美］大卫·斯塔克、维克多·尼:"走向对社会主义社会的制度分析",参见苏国勋、刘小枫主编:《社会理论的政治分化》,上海三联书店、华东师范大学出版社 2005 年版,第 694 页。

② 鲁篱著:《行业协会经济自治权研究》,法律出版社 2003 年版,第 37 页。

看,就是结社权的限制和限度问题,毕竟,在当今社会,团体社会组织容易对社会公共利益造成威胁,故而,必要的限制是必需的,但就其限度而言,应区分为:其一的限度层次是要求团体社会组织必须在宪法和法律的框架内活动;其二的限度层次是社会的道德底线;其三的限度层次是团体社会组织的自律和自治性。对结社自由的限制主要表现在以下方面:首先是实体上的限制,即在结社主体、特种结社以及结社目的等方面必须遵循的界限;其次是程序上的限制,现代各国对此大都采取两种形式,即预防制和追惩制;第三是法人资格上的限制。① 而对非政府组织②的外部监督主要包括政府监督和社会监督。政府对非政府组织的监督,行之有效的方法就是构建我国非政府组织的问责机制。问责机制的建立不仅要求财务过程公开和透明,而且要对整个组织的运行管理进行全面问责,并建立相应的问责和监督机制。同时,对于违反法规的非政府组织要进行严格处罚,并追究其法律责任。

社会监督的力量主要来自三方面:一是捐赠者的监督,捐赠者是非政府组织物资的重要来源之一,非政府组织能否实现其社会承诺,是否有诚信,是其能否获得继续捐赠的重要因素;二是第三方评估机构的监督,由具有法定权威的中间机构或组织制定标准,对行业内成员机构的工作和项目进行评审,并在此基础上确认或否定成员机构自己所作的评审结果,我国目前还缺乏对非政府组织的第三方的监督与评估,这也是我国当前非政府组织发展过程中一项最为紧迫的任务;三是新闻媒体的监督,新闻媒体的正面和反面报道都会对非政府组织的发展产生影响。除此之外,还应建立非政府组织管理的信息系统,建立有效的检测机制。要对非政府组织进行监督,首先必须建立信息沟通系统,有些非政府组织虽然能够自己收取服务费,但是主要的资金来源还是政府机关的资助、捐赠及各种优惠措施。所以,作为公共机构,它必须发布财务信息,以利于主管机关、社会及捐赠者的监督;同时,非政府组织有义务和责任主动向主管机关提供及时、有效的信息以利于监督。③ 对团体社会组织的监督体系从上述论证中可以明确,它弥补了前述立法例中的诸多不足,对于团体社会组织的良性运作起到了较好的促进作用;但其中也有疏漏,即在团体社会发挥自身的公私利益融通功能时的责任

① 王建芹著:《非政府组织的理论阐释》,中国方正出版社 2005 年版,第 147—149 页。
② 非政府组织,英文缩写为 NGO,是团体社会组织的另一称谓。
③ 刘卫:"中国非政府组织发展的路径选择",载《经济导刊》2007 年第 12 期。

规制,因为团体社会组织作为新兴的"第三种力量",其行为主要发生在跟消费者、经营者和国家的权利(力)交换中,这其间的行为矫正尚需新的责任形式,以上责任或约束显然满足不了这一需求。

(2)连带责任是对团体社会组织主体性限制的有效措施。连带责任是民法中的常用语,是指依照法律规定或者当事人的约定,两个或者两个以上当事人对其共同债务全部承担或部分承担,并能因此引起其内部债务关系的一种民事责任。它属于共同责任中的一种。传统民法并无并行的连带责任概念,它是指与补充性连带责任相对立的连带责任形态。连带责任确定后,依债务人承担责任的先后顺序不同,可将连带责任划分为并行的连带责任与补充的连带责任。在一定限度内引入连带责任制度是矫正团体社会组织行为偏失的良策,毕竟,仅仅从团体社会自身考虑过于狭隘,因为团体社会组织作为公私利益的沟通者在市场经济中与消费者、经营者以及政府有着千丝万缕的联系。倘若从相互之间关系的角度对团体社会组织进行规范,就会取得更好的效果,其关系划分和实践纠纷处理也会趋于科学化和合理化。团体社会组织行为偏失矫正中连带责任的内涵是以民法中的连带责任为原型的,它应当充分考虑到行为人的主观方面和客观方面,在责任性质上应侧重补充性责任,慎用无限连带性责任。在设计此责任时也要辅以同业自律。同业自律是团体社会组织管理的有效形式。

当然,国家在团体社会组织问题上也应重视各项制度的整体配套,发挥多方向管理的综合效益。民间组织的发展与管理,在主体法之外还涉及众多领域,如税收、社会保障、人才流动等,需要各个领域的政策相互配套、整体协调。根据我国的实际情况,可以在团体社会组织承担连带责任的大前提下,引入保险制度,充分利用责任保险或保险基金的方式来修正团体社会组织连带责任制度产生的消极影响。

(四)公平理念下个人的主体性诉求与限制

在公平理念下,个人的主体性往往体现在消费上,而在公平理念实现中,个人的主体性诉求与限制表现为消费权和消费正义。

1. 公平理念下个人的主体性依据

个人主体性的核心依据是生存权、发展权的人权需求以及消费者主权理论。

(1)生存权与发展权的人权需求。生存权与发展权的人权需求可以从两个方面来理解:生存权、发展权是最基本的人权,这是我国在人权问题上的基本立场;生存权和发展权是首要人权,没有生存权、发展权,其他一切人权均无从谈起,它是享有其他人权的前提。马克思和恩格斯在《德意志意识形态》中指出:"我们首先应该确立一切人类生存的第一个前提也就是一切历史的第一个前提,这个前提就是人们为了能'创造历史',必须能够生活,但是为了生活,首先就需要衣、食、住以及其他东西"。[①] 而联合国的《发展权利宣言》也指出:"发展权利是一项不可剥夺的人权,由于这种权利,每个人和所有各国人民均有权参与、促进并享受经济、社会、文化和政治的发展,在这种发展中,所有人权和基本自由都能获得充分实现"。没有国家、社会和个人的全面发展,其他人权同样无从谈起。进而言之,从人性角度来看,人性是人基于生存与发展的天然的心理倾向。这种倾向既包括了人的社会性也包括人的生物性,它决定了人的意志和行为,因而也决定了人的生存方式。也就是说,人性是人的天然本能,是人的一切活动和外部表征的内在根据。在以人为本的人文观念中,人之生存与发展的两大主题,可以说是对人性共同特征的高度概括。[②] 总之,生存权、发展权是首要人权的论断是我国从自己的历史和国情出发,在人权问题上坚持的一个基本立场。而关于生存权、发展权的落实,就必须考虑公平理念下消费者作为特殊群体的利益需求。

(2)消费者主权理论。消费者主权具有丰富的内涵,它也是市场经济的核心内容之一。近代资产阶级启蒙思想家从天赋人权、人人平等自由的观念出发,认为国家基于人民之间的契约而成立,国家的一切权利来源于人民。因而,国家政治生活中的一切重大问题应由人民直接或间接决定,这种政治领域中主权在民的思想是现代资产阶级民主制度最基本的理论前提。与政治领域的民主相对应,在经济领域,经济学家也提出了经济民主的主张。他们认为,在经济生活的层面上,应当由广大消费者行使最终决定权,即消费者主权。[③] 从字面意思理解,消费者与市场,国民与国家在"主权"的意义上基本一致,包含着最终决定权的意思。但有一点必须明确,即消费者主权是一个经济学上的概念,与法律制度中的消费者权利有着明显区别,因为消费者主权描述的实质上是一种通过投票解决公共需求的模式,而并不

---

① 《马克思恩格斯全集》(第3卷),人民出版社1960年版,第31页。

② 胡光志:"通向人性的复兴与和谐之路———民法与经济法本质的另一种解读",载《现代法学》2007年第2期。

③ 李昌麒、许明月著:《消费者保护法》,法律出版社2003年版,第73页。

属于具体的权利范畴,但它具有价值意义,是市场经济条件下所追求的价值目标。消费者主权思想体现着市场经济规律的内在需求,体现着市场经济发展的客观要求,消费不单单是社会经济生产中的一个环节,而是推动经济与社会发展的力量,从这个意义上讲,消费者主权思想的确立有其历史进步意义。

2. 消费权①:个人的主体性诉求

在社会生活中,人人都是消费者,而在经济法语境中,国家通过强调身份性来对此作出识别,例如,针对行为目的、行为方式以及行为主体等方面来确定消费者的身份,其目的在于对人的生存发展方面的权益进行重点关照,最终用意在于满足人性的需求。消费权的构造主要是基于消费者的弱势地位。按照学界的观点,现代社会中消费者沦为弱者,主要缘于以下几方面的原因:②消费者的经济力微弱;消费者与经营者之间存在着信息的严重不对称;消费者具有人性上的弱点;消费者缺乏组织性。只有当消费者的权利得到充分保护,才能刺激消费需求,从而增加产品和服务的供给,实现国民经济持续增长的目标,形成一种生产、消费的良性循环。当然,消费也是社会再生产环节中的关键环节,它在扩大需求、促进国民经济增长方面成效显著,以此现实角度考虑,消费者权益的保护首当其冲。就消费权的定性而言,消费权是一种特殊的民事权利。这种特殊性体现在以下三个方面:消费权与消费者的身份紧密联系在一起;消费权主要体现为法定权利而非约定权利;消费权是法律基于消费者的弱者地位而特别设定的权利。这正如日本经济法学家金泽良雄指出的那样,消费权,与其说是权利,莫如说是"作为弱者的消费者失地回复的手段。"③消费权上述三方面的特性决定了它有别于一般的民事权利,因为一般民事权利是拒绝考虑当事人的身份的,是可以通过意思自治加以创设、变更甚至抛弃的,并且当事人之间在法律上也不存在弱者与强者的区分。

3. 个人行为偏失的矫正

个人主观意识和客观地位上的弱势以及消费在社会再生产中的基础地

---

① 消费权,是指消费者依法享有的各项具体权利,以及这些权利给消费者带来的应得利益,它既包括实体意义上的权利也包括程序意义上的权利。

② 梁慧星著:《民法学说判例与立法研究》,中国政法大学出版社1993年版,第263页及其以下。

③ [日]金泽良雄:"消费者政策的意义及其视点",《法学家》增刊总合特集No.13。转引自梁慧星著:《民法学说判例与立法研究》,中国政法大学出版社1993年版,第266页。

位共同构成了个人行为偏失的诱因,并导致了个人行为的偏失。矫正个人行为偏失可以借助消费正义理念。[①] 当前,个人消费行为出现异化的现象,并由此引发了一系列问题。个人消费行为异化的原因在于个人行为的偏失,要克服此类现象,应当从消费正义的价值维度来规范消费行为,对消费者的消费动机、消费价值观等进行审视和重构。消费正义的内在机理在于,人既有对自然性需要的满足,也有对人社会性需要的满足,即个人在消费过程中,不仅要看到客体对自身需要的满足,同时,在客体的效用消失时,客体已经随着其效用的消失转化成了自身本质的力量。可见,消费正义蕴含了人的内在需求,即与人的本性在内在逻辑上是和谐统一。消费正义的价值目的源于人对自身存在意义的诉求和努力,它的关注点在于人价值的提升以及将人的自由全面发展作为消费的终极目的。因此,消费正义有助于个人实现自己的现实生命过程,毕竟,消费是维持人的生存和发展的重要前提和手段,换句话说,消费正义是人生存与发展的必然内容,它内含着正义价值和人的终极目标。个人行为偏失的矫正,其制度应当以此为指导进行设计。

四、公平理念实现的路径选择

公平理念的实现必须仰赖于制度的保障,从制度经济学的角度分析,"制度是一个社会中的游戏规则,更规范地说,它们是为决定人们的相互作用而人为设定的一些制约",[②]因此制度是对人的行为具有约束力的所有规则。制度可以分为正式制度和非正式制度两种:正式制度是人们有意识地创造的一系列政策法规,它的特点是具有法律上的可执行性,由公共权威机构制定或由有关各方共同制定并具有国家强制力;非正式制度是人们在长期交往中无意识地形成的行为规则,包括信念、道德、习俗、惯例及意识形态等,是来源于社会所流传下来的信息以及人们称之为文化遗产部分,是自发形成的且得到社会认可的行为规范和内心行为标准,是人们在日常与他人

---

① 翁传洁:"当代消费的哲学反思",新疆大学 2007 年硕士学位论文。消费正义,按照我国学者毛勒堂的说法,"消费正义表达了以正义的价值维度和意义标准来考量作为人之重要存在方式的消费行为的合理性和合目的性的价值问题,实质上是对人的消费行为的哲学思考和意义审视。"毛勒堂:"超越消费主义——论消费正义",载《思想战线》2006 年第 2 期。

② [美]诺斯:《制度、制度变迁与经济绩效》,刘守英译,上海三联书店 1994 版,第 3 页。

发生相互作用时所遵守的由"行为规范、行为准则和习俗"来确定的"控制结构"。① 这一分类，为我们探讨公平理念实现的路径提供了基本的分析框架，也就是说，就公平理念的实现而言，必须重视正式制度与非正式制度的共同作用。正如苏力所指出的："我们即使承认制定法及与其相伴的国家机构活动是现代社会所必须，我们也不能因此误以为现代法治必定要或总是要以制定法为中心。社会中的习惯、道德、惯例、风俗等社会规范从来都是一个社会的秩序和制度的一个部分，因此也是其法治的构成性部分……如果没有内生于社会生活的这种自发秩序，没有这些非正式制度的支撑和配合，国家正式的制度也就缺乏坚实的基础，缺乏制度的配套。不仅谈不上真正有社会根基的制度化，甚至难以形成合理的、得到普遍和长期认可的正当秩序。"②

（一）正式制度

一般而言，正式制度包括法律与政策，它们都是国家层面正式制度的代表。

1. 法律

在制度经济学家眼中，法律是最具代表性的正式制度。诺斯认为："正规规则包括政治（及司法）规则、经济规则和合约。这些规则可作如下排序：从宪法到成文法与普通法，再到明确的细则，最终到确定制约的单个合约，从一般规则到特定的说明书"。③ 基弗·雪莉则认为："正式制度一般表现为宪法、法律、制定国家决策的方式（投票人数和投票方式），以及由法官、法庭、警察、官僚机构等类似组织实施的管理条例"。④ 因此，从改革发展成果公平分享理念实现的角度分析，就应当建立起实现公平分享的法律机制。因为法治作为社会秩序的理想状态，强调对基本人权的保障，而改革

① 蔡宝刚："透视新制度经济学视野中的国家法与民间法"，载《山东大学学报》（哲学社会科学版）2007 年第 6 期。

② 苏力著：《道路通向城市—转型中国的法治》，法律出版社 2004 年版，第 26 页。当然，如果从广义的法律角度来看，正式制度可以被视为国家法，而非正式制度可以视为民间法，因此我们也可以说，国家法与民间法的互动对于公平理念的实现具有重要意义。

③ ［美］诺斯著：《制度、制度变迁与经济绩效》，刘守英译，上海三联书店 1994 年版，第 64 页。

④ ［美］基弗·雪莉："经济发展中的正式与非正式制度"，载［法］克劳德·梅纳尔主编：《制度、契约与组织——从新制度经济学角度的透视》，刘刚等译，经济科学出版社 2003 年版。

发展成果分享机制的建立,从本质上说就是要实现对人的利益包括公益和私益的公平配置,而法律能够有效解决社会利益之间的冲突和矛盾,保证社会公平正义价值的实现。由此,在法律的框架内,建立改革发展成果分享机制,是实现科学发展、促进社会和谐的有效途径之一。[①] 从这个意义上讲,一切改革发展成果分享机制的有效开展,其最终的保障都必须依赖于分享的法律机制的建构。

所谓法律机制是指法律规范的形成、遵守和实施、到产生预期的、最佳的法律秩序状态,推动社会生产力发展的法制综合运行原理。[②] 它是现代"系统论"在法律领域的具体运用。而法律机制最为核心的运行机制则在于权利义务机制,这是因为法律作为一种行为规则体系和社会控制机制,对于纷繁复杂的人类行为的指引与规范,进而对于各类社会关系的调整与规制,是通过权利(权力)义务(职责)在不同性质的社会关系主体之间的合理配置和有效运行来实现的。这是法律区别于包括道德、宗教、习惯等其他社会规则体系的一个重要标志和优势所在。由于权利与义务总是要归属于特定的主体,而在各个部门法中,有关各类主体权利、义务的规范的质与量各异,导致权利与义务会形成不同的排列与组合,从而构成各不相同的"权(利)义(务)结构"。这些"权义结构"上的差异,带来了各类法律制度或部门法之间的差异,从而确立了各类法律制度或部门法的重要价值,也形成了它们在调整社会关系方面的互补性。[③]

因此,不同法律对于特定社会关系的调整正是通过各自不同的权利(权力)义务的配置模式和运行机制来完成的,不同的权利(权力)义务配置结构本身表征和实现着不同法律的目标和功能。而在中国改革发展成果分享的制度体系中,确立以全体社会成员的生存和发展为基本价值取向的公正的权利义务分配体系,依然是目前最为迫切的现实需要。

2. 政策

西方学者一般认为:政策是对全社会的价值作权威性的分配。[④] 我国有学者认为,政策是国家和政党为了实现一定的总目标而确定的行为准则,

———————

① 李昌麒:"法治保障公平分享发展成果",载《人民日报》2008 年 1 月 16 日。

② 李昌麒著:《经济法——国家干预经济的基本法律形式》,四川人民出版社 1995 年版,第 333 页。

③ 张守文:"权义结构的经济法分析",载《经济法制论坛》2004 年第 3 期。

④ 陈庆云著:《公共政策分析》,中国经济出版社 1996 年版,第 2 页。

它表现为对人们的利益进行分配和调节的政治措施和复杂的过程。[①] 政策的内涵包括四个方面：一是政策主体，任何政策都有特定的主体，政策体现了政策主体的意志；二是目标取向，一定的政策总是要实现一定的目标，具有明确的方向性；三是活动过程，包括谋略、措施、办法等一系列行为；四是行为规范，它往往表现为一种行为准则或行为规范。[②] 政策通常具有导向、控制、协调和象征的功能。政策可以根据不同的标准做出多种的分类。例如根据政策的层次，它可以分为总政策、基本政策和具体政策；根据政策的内容，可以分为实体性政策和程序性政策；根据政策的手段和目标可以分为分配性政策和调控性政策等等；根据政策主体的不同，可以将政策分为公共政策和私人政策；另外就是根据政策所作用的领域，分为政治政策、经济政策和社会政策，等等。

政策作为正式制度的一种，在实现公平理念方面也起着非常重要的作用，尤其是其中的公共政策。因为公共政策的本质决定了公共政策必须力足于解决对社会资源公平分配的问题，而公平分配社会资源中的核心问题则是"究竟把利益分配给谁、怎么分配、最佳分配是什么？"。[③] 而从某种意义上讲，公共政策的实质就是利益的分配。正如有学者所分析的：分配利益是一个动态过程，分配的基础是选择利益和综合利益；分配的关键是利益落实。从社会利益中，由利益选择到利益综合，由利益分配到利益落实，这是一个完整的过程。公共政策的过程取向，是与这种利益取向完全一致的。[④] 所以，公共政策具有利益导向的功能、利益调控的功能和利益分配的功能，它有助于公平分享理念的实现。而要达到这样的目的，还必须注意以下几个方面的问题：[⑤]一是完善公共政策的制度基础，包括政治制度、文化制度和经济制度；二是扩大公共政策的社会基础，保证公共政策的社会正义不被侵蚀；三是提高公共政策的技术基础，推进公共政策的科学民主化；四是实现公共政策的实质正义与形式正义的统一。

[①] 陈振明著：《政策科学——公共政策分析导论》，中国人民大学出版社 2003 年版，第 49 页。

[②] 陈振明著：《政策科学——公共政策分析导论》，中国人民大学出版社 2003 年版，第 50 页。

[③] 李玲玲："公共政策应坚持社会总体利益最大化"，载《复旦公共行政评论》（第二辑），上海人民出版社 2006 年版，第 172 页。

[④] 陈庆云著：《公共政策分析》，中国经济出版社 1996 年版，第 6 页。

[⑤] 陶学荣、王锋："论公共政策中的社会正义"，载《复旦公共行政评论》（第二辑），上海人民出版社 2006 年版，第 178 页。

（二）非正式制度

1. 乡村规约

所谓乡规民约，是指中国农村的广大基层民众在其生产、生活中自发产生、形成和发展演变，主要利用道德的约束机制，在一定地域或范围之内进行自我管理的一种民间行为规范群体。[①] 自古以来，乡规民约就在中国社会广泛生成，作为中国传统文化的重要组成部分，在我国历史上渊远流长，并作为社会"长治久安"之策，发挥着国法难以达到的社会控制作用，成为维护乡土社会秩序的一种重要方式。[②] 作为一种地方性知识，乡规民约所维护的民间秩序，往往比正式制度所维护的法律秩序，更贴近生活，更符合当地的风俗，因而被视为公平的制度。正如费孝通先生所讲：乡土社会是'礼治'社会，在"乡土社会中，法律是无从发生的"。[③] 虽然，随着我国城市化加剧，乡村规约所依赖的社会背景已经不是费孝通意义上的"乡土社会"，[④]但我国在追求"政治国家"与"市民社会"两分的过程中，首先面临的还是"城市社会"和"乡民社会"的分野。[⑤] 这说明乡规民约仍然会起到一定的作用。

回溯历史，乡规民约承载的内容十分广泛，孝亲敬上、和睦乡里、各安生理、鼓励农耕、保护生态、毋作非为等。"村范"与"村禁约"并存，侧重于整肃社会秩序，维护一方安全。[⑥] 但当代的乡村规约却呈现出不同的特点，在价值目标上：自发、自愿制定的行为规范与新农村建设的"生产发展、生活宽裕、乡风文明、村容整洁、管理民主"的目标相一致。在形式上，它是依据

---

① 袁兆春："乡规民约与国家法关系分析：——兼论乡规民约与国家法的冲突与协调"，载《济南大学学报》2000 年第 1 期。

② 刘建荣："乡规民约的法治功用及其当代价值"，载《北京人民警察学院学报》2008 年第 1 期。

③ 费孝通著：《乡土中国生育制度》，生活·读书·新知三联书店 1985 年版，第 50—53 页。

④ 有学者就认为随着中国城市化的加剧，意味着人们生活方式从熟人结构，转向陌生人结构，城市化自身发展的内在要求必然会削弱、化解、改造、甚至抛弃熟人社会的关系规则——乡民社会的规则。参见谢晖："当代中国的乡民社会、乡规民约及其遭遇"，载《东岳论丛》2004 年第 4 期。

⑤ 谢晖："当代中国的乡民社会、乡规民约及其遭遇"，载《东岳论丛》2004 年第 4 期。

⑥ 刘建荣："乡规民约的法治功用及其当代价值"，载《北京人民警察学院学报》2008 年第 1 期。

法律,主要采用村民自治章程的方式来表现。① 在内容上,除了传统的维护社会治安之外,还包括维持生产秩序、如封山育林、护山护林、保护水利设施、合理用水、禁止滥伐乱砍、保护生态环境等。这样就可以从多方面达到公平分享。

2. 行会规章

行会规章,是指调整行会内部的各种事务的规章制度。一般来讲,主要包括四个部分,一是基本性规范,即协会章程,它指协会组织及运行的规范;二是行为规范,既包括职业道德规范,又包括行业准则;三是惩罚规则,主要是指协会对违反章程或行为规则的个体是否应当做出惩罚以及如何做出惩罚的规定;四是争端解决规则,其主要规定协会成员相互发生争议或成员与协会发生争端时如何适用程序解决的问题。行会规章之所以是实现公平理念的一种路径,主要原因是行业协会在市场经济条件下,既可以克服市场失灵,又可以克服国家失灵,从而保障社会资源的公平分享。正如埃莉诺·奥斯特罗姆所指出的,利维坦或者私有化均不是唯一有效的解决方案。她从实证的角度分析了运用非国家(集权)和非市场(私有化)的解决方案解决公共事务的可能性。认为人类社会中大量的公共池塘资源问题在事实上并不依赖国家也不是通过市场来解决的,人类社会中的自我组织和自治,实际上是更为有效的管理公共事务的制度安排。② 我国有学者将其称之为市场失灵与政府失败下的第三条道路,并认为相较于市场失灵与国家失败、特别是国家失败,行业协会在有效配置市场资源方面具有以下几方面优势:③第一,行业协会有助于减少因信息不对称而引发的政府失败。第二,行业协会有助于精简机构,防止政府官僚机构数量的膨胀。第三,行业协会有助于政策的实施,减少法律的运行成本。第四,实证研究表明,行业协会这种"公""私"混合的自治性团体确实是解决市场失灵与国家失败的有效武器。而行业规章作为行业协会集体行动的契约,则从制度上保障了行业协会这一功能的发挥,当然也有利于资源的公平分享。

---

① 2010 年 10 月修订生效的《中华人民共和国村民委员会组织法》第 27 条规定:"村民会议可以制定和修改村民自治章程、村规民约,并报乡、民族乡、镇的人民政府备案。""村民自治章程、村规民约以及村民会议或者村民代表会议决定的事项不得与宪法、法律、法规和国家的政策相抵触,不得有侵犯村民的人身权利、民主权利和合法财产权利的内容。"这是当代村规民约和村民自治章程制定的法律依据。

② 转引自毛寿龙、李梅著:《有限政府的经济分析》,上海三联书店 2000 年版,第 171 页。

③ 鲁篱著:《行业协会经济自治权研究》,法律出版社 2003 年版,第 36—37 页。

3. 道德

一般认为道德是社会调整体系中的一种调整形式,它是人们关于善与恶,美与丑,正义与非正义,光荣与耻辱,公正与偏私的感觉、观点、规范和原则的总称。从制度的角度分析,实际上道德就是一种社会控制力量,它通过是非、善恶、公平、正义等观念对人们的思想和行为进行评价,促使人们遵守社会公认的道德规范,并依靠道德舆论、社会习俗和人们的内心信念来维持,从而维护社会生活的稳定、和谐。① 道德主要通过人的内心信念、社会舆论、风俗习惯来发挥作用,它是主体自觉自律的道德要求,然而道德又是从社会集体生活和社会理想中产生的,因此它最大的功能也在于对社会利益的整合。② 因为"尽管有一套不变的规则、检查程序和惩罚措施,在限制个人行为程度上仍存在着相当的可变性。社会强有力的道德和伦理法则是使经济体制可行的社会稳定因素"。③ 尤其在市场经济条件下,道德更是实现公平分享的重要路径。市场经济理论的鼻祖亚当·斯密在《道德情操论》中吸取柏拉图的学说,阐述了道德的理论结构,它由三种功能构成:一是理性的判断,二是热情和欲望,三是审慎和自控。斯密建构的道德情操"体系",主要有"三个为本",即"以适宜为本"、"以审慎为本"、"以慈善为本",由此引出左右道德情操的公平正义价值观:财富如果长期为少数人所占有,而多数人处于贫困状态,那是不公平的,这个社会注定是不稳定的。我们今天要建立的是一个公平正义的社会,是一个让每一个人在自由和平等的条件下得到全面发展的社会。④

由此可见,构建和谐社会不仅是政治和法律的事情,而且也是道德伦理的事情,因为只有通过道德伦理的方式而不是政治法律的方式才能真正深入人们的心理与精神世界。因此,在调节社会各阶层的不同利益和矛盾中,

---

① 李孟菊:"道德的作用——从中国传统法律文化的视角解读",载《法制与社会》2008年第4期。

② 从伦理学角度看,现实社会存在着三种利益:自我利益、他人利益和集体利益。由于义与利的关系涉及道德规范与物质利益、个人利益与社会利益、整体利益与局部利益、物质生活与精神生活的关系问题。因此,在市场经济秩序形成的非正式制度的供给中,我们要寻找义与利相通的基础,并构建与现代市场经济相容的经济伦理观。参见任保平、蒋万胜:"经济转型、市场秩序与非正式制度安排",载《学术月刊》2006年第9期。

③ [美]诺思著:《经济史中的结构与变迁》,陈郁等译,上海三联书店、上海人民出版社1999版,第51页。

④ 关于斯密对道德情操的分析参见周锦尉:"道德也是'看不见的手'",载《文汇报》2009年6月29日。

只有遵循"道德公平性"的原则，才能有效地整合社会各种资源和力量，实现社会的公平。① 在市场经济条件下，必须注重经济伦理的建设，因为"整顿和规范市场经济秩序需要标本兼治、着力治本。治本主要是制度建设，特别是信用制度建设，其中突出的是道德建设"。② 具体而言，道德情操在建立和维护社会公平正义方面在以下几方面发挥了重要作用：③其一，在市场经济的价值取向方面，有着道德情操因素的取与舍；其二，在分配与再分配方面，也有道德和公平的要求；其三，市场经济主体和自然人，离不开优良职业道德的历练和塑造；其四，关注、同情、帮助困难群体，成为市场经济发展的一种需求。

（三）正式制度与非正式制度的比较

从整体上讲，正式制度与非正式制度具有紧密的联系：④一方面，正式制度与非正式制度是相互生成的，非正式制度是正式制度产生的前提和基础，一定的正式制度通常是依据一定非正式制度中的价值观念和意识形态而建立起来的。一定的正式制度确立起来以后，又会逐步形成新的非正式制度，促使旧的非正式制度向新的非正式制度演化；另一方面，正式制度与非正式制度的作用是相互依存、相互补充的。任何正式制度的作用都离不开非正式制度的辅助。同样，非正式制度安排作用的有效发挥也依赖于正式制度作用的支撑。但二者的区别也是明显的，因为非正式制度并非理性设计，它是由文化遗传和生活习惯累积而成，它对应于哈耶克的"自发秩序"；而正式制度是人们有意识地对社会行为确定的规范，它是经由理性设计而来的制度，对应于哈耶克的"建构秩序"，因此，非正式制度与正式制度之间也必然存在差异。正是由于二者的性质不同，正式制度与非正式制度在实现公平方面还是存在诸多的区别，具有各自独特的功能。

首先，就公平理念实现的保障而言，正式制度具有强制性，在实现公平理念的过程中，由政府提供强力保障，具有很强的刚性，是一种"他律"。例如，不遵从法律规定就会遭致严厉的制裁。而非正式制度则不具有强制力

① 葛贤平、张洪根："道德公平性：社会和谐的伦理基础"，载《探索与研究》2007 年第 2期。
② 洪银兴著：《以制度和秩序驾驭市场经济》，人民出版社 2005 年版，第 438 页。
③ 周锦尉："道德也是'看不见的手'"，载《文汇报》2009 年 6 月 29 日。
④ 任保平、蒋万胜："经济转型、市场秩序与非正式制度安排"，载《学术月刊》2006 年第9 期。

保障,主要依赖于习俗、惯例、道德等软性约束,通过自身内心的反省和自觉而达到保障公平理念的实现效果,因此是一种"自律"。在实践中,如果非正式制度在实现公平理念时不发生作用,往往会转向正式制度寻求强制保障。

其次,就公平理念实现的程序而言,正式制度具有严格的程序性,无论是法律还是政策的实施,均有规范的程序要求,而非正式制度则往往不具有这样的要求,在实践中只要能达到公平的效果,并不在意程序的严谨性,大量的乡村规约和行业规定在解决矛盾时都具有简洁、便利的特点,这一点与国家法律诉讼程序的拖沓、繁杂相比尤其明显。

再次,就公平实现的效率而言,正式制度和非正式制度不能一概而论,主要依据科斯定理加以分析,[①]也就是具体分析是采用正式制度还是非正式制度更节约交易成本。例如有学者就认为,如果行业协会规章运作的交易成本低于制定法,那么,则应适用行业协会规章,反之,制定法则更有充分适用的理由。[②]

最后,就公平理念实现的范围而言,新制度经济学家诺斯认为,即使在最发达的经济中,正式制度安排也只是决定选择的总约束的一小部分,人们生活的大部分空间仍然是由非正式制度安排来约束的。由此可见,相较于正式制度,由于非正式制度渗透到社会生活的各个方面,所以就公平理念实现的范围而言,它比经过理性设计的正式制度更为宽泛。

(四)正式制度与非正式制度的联动

正如前述,由于正式制度与非正式制度既有紧密联系,又在实现公平理念方面具有不同的功能,因此要实现公平理念,就应当实现正式制度与非正式制度的联动。正如青木昌彦所言:"在一个经济中,只有那些相互一致和相互支持的制度安排才是富有生命力的。我们可以把这些思想在理论上定

---

① 科斯定理的经典表述为:在一个交易成本为零的社会组织内,当事人之间的协商可能导致作出这样的安排,它会使财富最大化,而不问开始的权利转让是怎样的。"由于社会交易成本不可能为零,因而对科斯定理得一种引申便是在特定的配置资源的行动中,是进行平等人之间的谈判(即市场的办法)还是接受法律的裁决,取决于在达到同样交易效果的情况下,那种方式的交易费用为低。参见盛洪:"市场化的条件,限度和形式",载《经济研究》1992年第 11 期。

② 鲁篱著:《行业协会经济自治权研究》,法律出版社 2003 年版,第 185 页。

义为制度化的联动与制度的互补"。①

1. 制度内容的转化性

正式制度与非正式制度的内容其实可以相互转化,正如卢梭所指出的:"风俗习惯形成了国家真正的宪法,它每天都在获得新的力量。当其它的法律衰老或消亡的时候,它可以复活那些法律或代替那些法律,它可以保持一个民族的创新精神,却可以不知不觉地以习惯的力量代替权威的力量。"②在对公平理念的实现中,正式制度要善于从非正式制度中吸收有益的规则,并适时上升为正式法律规则,因为"从文化上讲,违反大家感情和道德愿望的法律很难执行",而"利用文化,汲取其力量的法律则可以极为有效"。③ 例如,中国农村经济体制的改革过程中,家庭联产承包制并不是正式制度从上而下的安排,而是出自农民的自主选择和自发创新,并被我国《宪法》所采纳。④ 同时,正式制度也会对非正式制度产生影响,诺斯就指出:"正规规则能贯彻和增进非正规制约的有效性,它们可能会降低信息、监督和实施成本,因而使得非正规制约成为解决更为复杂交换的可能方式。正规规则也可能被用于修正、修改或代替非正规制约"。⑤ 例如在我国,乡村规约就已经外化为村民自治章程,在内容上就体现了国家新农村建设的政策目标,与国家倡导的主流价值目标具有高度的一致性。

2. 制度机制的互动性

从总体上而言,正式制度的机制具有强制性,而非正式制度具有保障力不足的缺点,因此正式制度正好可以弥补这一弱点;同时,正式制度又太过刚性而缺乏弹性,而非正式制度恰好具有灵活性的特征,从而与正式制度形成互补。因此在公平理念的实现过程中,正式制度需要从非正式制度中吸收礼俗、习惯、规矩、人情机制,对国家法的僵硬化有一个灵活性的处理。以法律实施为例,相较于法律程序的严谨,非正式制度的处理就更为简洁和快

---

① [日]青木昌彦:"沿着均衡点的制度变迁",载[法]克劳德·梅纳尔主编:《制度、契约与组织—从新制度经济学角度的透视》,刘刚等译,经济科学出版社2003年版,第9页。

② [法]卢梭著:《社会契约论》,何兆武译,商务印书馆1980年版,第3页。

③ [美]弗里德曼著:《法律制度》,李琼英译,中国政法大学出版社1994版,第126页。

④ 1977年,安徽省凤阳县的小岗村为了对付天灾人祸而自发兴起了"包产到户",这种制度不仅在物质上取得了巨大的进步,而且也在人们精神上起了波澜。到1979年底,安徽省整个一个省实行"包产到户"的生产队已经有将近四万个,到1980年,全国将近有两亿人实行"包产到户",这种制度后在1982年的《宪法》中被确立。

⑤ [美]诺斯著:《制度、制度变迁与经济绩效》,刘守英译,上海三联书店1994年版,第64页。

速,所以,民间法规则的适用更具经济性。事实上,当下在西方发达国家兴起的 ADR 运动(Alternative Dispute Resolutions,即替代纠纷解决方式),就是法律实施中对非正式制度机制的借鉴。从我国实践来看,我国设立的许多调解纠纷的机构,如社区调解中心等,都充分彰显了非正式制度的作用。实践证明,这种做法有利于纠纷的解决和公平理念的实现。

五、我国当前公平理念实现的制度障碍及其法律对策

(一)我国当前公平理念实现的制度障碍考察

1. 现行制度阻碍公平理念实现的表现

(1)立法缺失对实现公平理念造成的障碍。改革开放以来,我国致力于加强法制建设,目前已基本形成了以宪法为核心、部门齐全、层次分明、结构协调、体例科学的中国特色社会主义法律体系。[1] 但是,这个法律体系仍然存在着立法欠缺的问题,以致明显影响到改革发展成果分享的公平性。因此,我们需要就立法缺失及其障碍进行考察,以究其根源,寻找对策。若以立法缺失对不同类型公平的实现产生的影响为分析对象,我们即可检视立法缺失对实现公平理念造成障碍的具体表现。

1)立法缺失引致起点公平、机会公平和结果公平难以实现。具体而言:①立法缺失阻碍起点公平的实现。现阶段,公共投资法律制度的缺失阻碍了农村、落后地区或弱势群体倾斜获得公平的发展起点;同样,公共财政法律制度和社会救助法律制度的欠缺也有碍起点公平的实现。②立法缺失阻碍机会公平的实现。现实中,因立法缺失阻碍机会公平实现的情形表现得尤为多样,如城市低收入阶层的市民居住权保障制度的缺失使得个人对土地级差利益的参与分配权难以得到保障,统一的公共自然资源立法的缺失影响公共自然资源利益的公平分配,《民间融资法》的缺失阻碍了金融资源进行民间性配置的机会,等等。这些例证表明,我国在确保机会公平的实现方面缺乏诸多有效的立法。③立法缺失阻碍结果公平的实现。现实中,确保结果公平得以实现的法律制度缺失亦多有体现,如《工资法》的缺失影响了劳动利益分享上的结果公平,《财政基本法》、《财政转移支付法》、《公共财政监督法》、《税收基本法》的缺失反映了借助财税制度实现结果公平

---

[1] 国务院新闻办公室:《中国的法治建设》白皮书,2008 年 2 月 28 日发表。

的难度。

2）立法缺失引致经济公平和社会公平难以实现。具体而言：①立法缺失阻碍经济公平的实现。举例来讲，《能源法》的缺失使得能源行业的垄断状态难以打破，民间资本不能分享能源行业的经济利益，消费者的经济福利也受到损失，由此造成经济公平受损；又如，保护农村宅基地权利法律的缺失使得农民对宅基地使用权的行使受到限制，农民不能从宅基地使用权的自由流转中获得经济利益。②立法缺失阻碍社会公平的实现。长期以来，我国的社会立法滞后于经济立法，《社会救助法》《慈善法》《住房保障法》等社会立法都亟待制定。因此，在今后相当长的一个时期，加快制定社会立法以突破立法缺失的瓶颈将是保障公民经济社会权利协调发展的必由之路。①

3）立法缺失引致代内公平和代际公平难以实现。具体而言：①立法缺失阻碍代内公平的实现。这一问题主要体现于立法缺失对同一时期不同群体、不同地区之间以及中央与地方之间的利益分配产生滞碍影响，如《慈善法》的缺失阻碍了"第三次分配"的充分实现，《财政转移支付法》的缺失影响了地区之间财政资源的公平分配，《税收基本法》的缺失阻碍了中央与地方在税收立法权、税收征管权、税收分配权上进一步合理划分权限及分配税收利益，等等。因此，为了实现可持续发展，应当填补具有代内利益公平分配功能立法的空白，以求消除立法缺失的桎梏。②立法缺失阻碍代际公平的实现。在现阶段，代际公平的实现要求当代人在发展经济时提高资源利用效率，保护和改善环境，实现可持续发展，只有这样才能给子孙后代留下可资利用的资源和可供享受的环境。目前，我国《循环经济促进法》的颁布实施对于实现代际公平以及最终达到以较小发展成本获取较大的经济、社会、环境效益的发展目标都具有积极的意义，但该法的若干配套法规以及其他具有促进代际公平作用的立法仍然处于空缺状态，需要立法者承担起相应的立法任务。

（2）立法本身对实现公平理念造成的障碍。我国当前公平理念实现的制度障碍反映在法律制定上，一则是立法缺失的障碍；二则是立法本身的障碍。前者对于改革成果公平分享的消极影响已如前述，后者对公平理念实现的阻碍体现为各种异化了的立法状态违背立法的初衷，进一步强化了利

---

① 李林："统筹经济社会发展的几个立法问题"，载《法学》2005 年第 9 期。

益分配的不均衡性和不公平性。具体而言,立法本身对实现公平理念造成的障碍表现在以下六个方面:

1)政府部门对立法活动的消极影响引致改革成果分享不公。在我国,政府部门对权力机关立法的消极影响体现为在本应是权力机关依职权主导的立法活动中,政府部门包办了法律起草的绝大部分工作,而权力机关的功能基本上限于表决通过法律,这就容易导致立法权被行政权所吸纳,以致政府主管部门为了维护既得权益而争夺规则制定权的现象。① 此外,政府部门基于职权立法和授权立法所进行的立法活动也容易渗入部门利益或少数领导的利益,从而出现"部门利益法定化"的现象,其结果是原本应该获得某项利益的群体被排挤出去,政府部门则从自己操纵或设计的制度中获得不正当的利益。②

2)立法过程中利益集团博弈引致改革成果分享不公。目前,我国已经进入利益博弈时代,但是利益主体的发育却又相当不均衡,呈现出强势过强,弱势过弱的局面。③ 显然,作为强势一方的利益集团(诸如国有企业、外商、民营企业等)与作为弱势一方的弱势群体集团(诸如工人、农民、残疾人、妇女、消费者等)对于立法的影响力是不一样的,前者更有能力对立法施加影响,甚至使得公权为特定利益所"俘获"而制定显失公正的劣法、恶法;后者若非借助公允有效的制度安排,则难以在立法博弈中有效地实现自己的利益诉求。④ 因此,消除立法博弈中的不公正现象是改进现行立法制度的一个重要问题。

3)地方立法规定不协调或发展不平衡引致的改革发展利益分享不公。实践中,地方在不同宪法、法律、行政法规相抵触的前提下,根据本地情况就某项具体的经济社会事项制定地方性法规,客观上将起到促进本地各项事务改革发展、提升居民福利水平的作用。然而,当某项事务需要放置在全国范围来解决时,则往往会因各地就同一事务立法的确认标准和解决实效不同而造成对当事人的利益保障不公。例如,劳动者的社保关系在跨省转移、接续时存在着地方立法上的壁垒,由此造成的异地转移接续困难使得劳动者的社保利益难以得到有效的实现。对此问题,立法机构需要通过保证地

---

① 季卫东著:《法制的转轨》,浙江大学出版社 2009 年版,第 25 页。
② 汤耀国、朱莹莹:"超越部门立法",载《瞭望新闻周刊》2007 年第 4 期。
③ 孙立平:"中国进入利益博弈时代",资料来源:http://theory.people.com.cn.
④ 李曙光:"立法背后的博弈",载《中国改革》2006 年第 12 期。

方立法的协调性和均衡性来加以解决。

4）地方立法中出现的问题影响改革发展利益的公平分享。近年来，各地在经济社会的发展中制定了大量立法，这对于细化国家立法规定、补充国家立法"空白"、保证宪法和法律的实施发挥了积极的作用。但与此同时，地方立法在不同程度上也存在着盲目攀比、只求数量、忽视质量的突出问题。例如，大量重复国家法律规定、用语模糊缺乏可操作性、与现行法律相比出现错位和滞后等问题时有发生。① 这样的立法既无助于解决改革发展利益分享问题，也使得立法在人们心目中的权威性大打折扣。因此，在推进地方立法进度的同时，需要把握好地方立法的质量，使其真正有助于解决民生问题、维护民众利益。

5）中央与地方立法权限划分不明确影响改革发展利益的公平分享。目前，我国宪法、立法法和地方组织法均未对地方进行立法的事项作出明确而具体的规定，这就造成地方立法机关的立法行为难以受到合法有效的规制，地方越权立法等不当立法行为时有发生。② 与此同时，在区域发展不均衡和利益格局多元化的背景下，中央与地方立法权限的不明晰也使得各地为博取本地利益而在立法过程中与其他地区产生冲突。例如，在草原法草案、土地管理法草案、税收征管法草案的审议中出现的各地立法委员和法律专家的激烈争论即反映了这样的利益冲突。③ 可见，明晰中央与地方的立法权限是改进立法工作的一项重要任务。

6）立法不完善影响改革发展利益的公平分享。立法不完善表明现有立法存在某种缺陷或瑕疵，不能合理调整利益分配。举例来说，现行立法中，有必要进行立法完善的有：与土地利益分享有关的土地使用权制度、土地征收制度、房屋拆迁制度；与公共自然资源利益分享有关的公共自然资源特许经营权的授予、管理和监督法律机制；与环境利益分享有关的污染防治法律制度、环境利益分享法律制度；与产业利益分享有关的产业利益分配和再分配制度；与劳动就业利益分享有关的劳动保护执法和责任追究法律制度；与社会保障利益分享有关的社会保险与社会救助法律制度；与公共投资利益分享有关的公共投资主体准入、公共投资实施行为规制等制度；与融资

① 刘行："让地方'超速立法'回归质量本位"，载《法制日报》2008 年 10 月 15 日。

② 秦前红："地方立法中的三大不和谐"，载《检察日报》2009 年 2 月 13 日。

③ 崔卓兰、赵静波："中央与地方立法权力关系的变迁"，载《吉林大学社会科学学报》2007 年第 2 期。

利益分享有关的区域间融资制度、产业间融资制度；与财政税收利益分享有关的社会保险税费制度、公平税收制度等。①

（3）法律实施中公平理念实现的障碍。法律实施中公平理念实现的障碍主要表现在以下几个方面：

1）执法对实现公平理念造成的障碍。在社会生活中，人民群众通常是凭借行政机关的执法活动来评价政府的施政效果。因此，规范执法、严格执法对于实现改革发展成果的公平分享具有十分重要的意义，而执法中出现的问题则会有损改革发展成果的公平分享。总体而言，现实执法中存在的以下问题对改革发展成果的分享产生了不利影响：

一是执法权限配置问题对改革发展成果的分享产生不利影响。执法权限配置不清是当前执法活动中一个较为典型的执法问题。当某种市场活动为多个行政部门"齐抓共管"时，就容易出现执法权限配置不当和执法冲突问题。例如，对于销售假冒烟酒的行为，工商局、质监局、行业主管部门都出面管理就容易出现执法冲突，这既不利于打击违法行为，也不利于保护消费者权益；此外，在环境执法、反垄断执法等方面都有可能出现此类问题，其后果是影响执法效率、损害市场主体的合法权益。因此，合理配置执法权限是确保改革发展成果公平分享的一项重要措施。

二是趋利性执法对改革发展成果的分享产生不利影响。在趋利性执法中，执法者往往是自收自支、自费执法、以罚代管，将执法作为谋取自身利益的渠道，从而导致执法目的的私利化与执法行为的功利化。② 实践中，趋利执法成为执法机关的"创收"手段，执法机关往往事先纵容行政相对人违法，继而采取执法措施惩罚当事人，这不仅容易滋生执法腐败，而且也使得人民群众的切身利益受到损害，法律的权威性也受到公权力本身的消解和社会公众的质疑。因此，必须消除趋利性执法对改革发展成果公平分享的不利影响。

三是运动式执法对改革发展成果的分享产生不利影响。运动式执法通常表现为执法者在一定时间内集中力量对某种违法行为进行"从重、从严、

---

① 李昌麒："建立改革发展成果公平分享的法律保障机制"，资料来源：http://www.lichangqi.net.

② 舒小庆、万高隆："论法治视野下我国行政执法体制之重构"，载《南昌大学学报（人文社会科学版）》2006 年第 5 期。

从速"的专项治理。① 在某种特定情况下,对某种事项进行专项治理也是必要的。但是也要看到这种执法方式很容易背离法治所主张的稳定性、确定性,其执法效果也仅仅限于事后补救。近年来,有关"苏丹红"事件和"三鹿奶粉"事件的专项整治就反映了这种执法方式的局限性。因此,要使老百姓的利益得到长期、稳定的执法保护,确保改革发展成果的分享得以持续公正地实现,就应当尽力消除运动式执法可能带来的消极影响,更加经常地注重事前对利益关系的调整。

四是不当执法行为对改革发展成果的分享产生不利影响。实践中,不当执法行为也会影响改革发展成果的公平分享。例如,执法者因不履行法定的作为义务而怠于调整利益分配关系,执法者超越职权的执法不当干扰市场运行秩序,执法者不当行使自由裁量权而损及群众利益,执法者没有正确适用法律依据而影响群众利益,执法者违反程序执法影响群众利益等等。这些不当执法行为的后果与依法行政的目标背道而驰,与确保改革发展成果公平分享的目标相去甚远。因此,消除不当执法行为对改革发展成果分享的不利影响是当前需要解决的重要问题。

五是执法资源供给不足对改革发展成果的分享产生不利影响。现实中,存在着解决既有性问题的执法资源供给不足和解决新生性问题的执法资源供给不足这两种情况。前者表明,物力人力等执法资源在某些地方、某些领域解决常规性问题时存在着供给短缺,由此影响到执法力度;后者表明,对于某些新生的经济社会问题,尚缺乏制度构建和相应的物力人力配备,由此无力解决某些新生的经济社会问题。这两种情形都会影响改革发展成果的公平分享。因此,解决执法资源供给不足问题也有助于为改革发展成果的公平分享扫除障碍。

2) 司法对实现公平理念造成的障碍。迄今为止,我国所实施的司法改革已取得诸多令人瞩目的成就,如司法公信力的提升、审判效率的提高、法官职业水平的强化、法官队伍素质的提高等等。但是,司法工作仍然存在着"对社会主体权利的保护不充分、不完善"的问题。② 具体而言,现时期司法对实现改革发展成果公平分享的障碍体现在以下几个方面:

一是司法行政化影响改革发展利益的公平分享。所谓司法行政化,

---

① 舒小庆、万高隆:"论法治视野下我国行政执法体制之重构",载《南昌大学学报(人文社会科学版)》2006 年第 5 期。

② 熊秋红:"中国司法改革 30 年",载中国社会科学院法学研究所编:《中国法治 30 年》,社会科学文献出版社 2008 年版,第 200—211 页。

"体现在司法机关地位的行政化、司法机关内部人事制度的行政化、法官制度的行政化、审判业务的行政化、司法机关职能的行政化等诸多方面。司法的行政化为行政权干涉司法权提供了可能"。[①] 在此情形下,涉及经济社会利益问题的纠纷在司法程序中往往受到行政因素的干扰,司法独立难以得到保障,司法公正的实现受到阻碍,人民群众切身利益的维护亦受到影响。因此,司法工作的去行政化应当是司法改革的一个重点,也是发挥司法工作维护改革发展成果公平分享作用的一个关键。

二是司法地方化影响改革发展利益的公平分享。所谓司法地方化,表现为司法工作受到地方利益的影响和地方势力的干扰,从而形成司法地方保护主义的状态。[②] 在此情形下,涉及经济社会利益问题的纠纷在司法程序中往往受到地方因素的控制,进而影响到司法独立和司法公正,人民群众的切身利益难以得到维护。可见,司法工作的去地方化既是司法改革的一个重点,同时也是发挥司法工作维护改革发展成果公平分享作用的一个重点。

三是部分法官的素质问题影响改革发展利益的公平分享。现实中,我国部分法官存在着法律专业素养偏低、责任心不强、怠于行使职责、好于谋取私利以及司法专横等情况,其职业素养和专业精神难以胜任作为法官的角色,尤其是难以以居中公正的姿态裁决案件、切实维护当事人合法权益。从近年来发生的不少法官渎职犯罪案件以及部分法官在民众中留下的不良口碑来看,法官素质问题确已成为影响司法机关形象、影响法治进程、影响改革发展成果分享的一个不容忽视的现实问题。

四是司法程序因不适应农村的具体情况而影响改革发展利益的公平分享。在考察基层司法解决农村社会矛盾这一问题时,我们会看到一个不尽如人意的现象,即县基层人民法院及其派出法庭如果把正统而严格的城市司法运用到农村,往往会因为农民对城市司法的陌生及其参与司法程序的困难而制约司法机制的效用;[③]长此以往,这种情况会严重影响司法在解决农村社会矛盾时发挥作用,也影响农民在改革发展中维护和实现自己的利

---

① 熊秋红:"中国司法改革 30 年",中国社会科学院法学研究所编:《中国法治 30 年》,社会科学文献出版社 2008 年版,第 217 页。

② 熊秋红:"中国司法改革 30 年",中国社会科学院法学研究所编:《中国法治 30 年》,社会科学文献出版社 2008 年版,第 217 页。

③ 陈巍:"新农村建设与基层司法改革",载《法学家》2007 年第 1 期。

益。因此,如何创立适应农村需要的司法机制,走出城市司法在农村面临的困境,是完善改革发展成果分享法律机制的一个重要问题。

五是司法救济机制的缺陷影响改革发展利益的公平分享。随着我国经济社会的发展和各种新的利益冲突问题的出现,我国的司法救济机制日渐暴露出诸多程序性缺陷。例如,竞争利益保护、社会保障利益保护、环境利益保护、税收利益保护等涉及到"扩散的集体性利益"①保护的新型问题均缺乏行之有效的司法应对程序。而现有的司法程序往往难以解决这些层出不穷、数量众多的新型问题。可见,对于涉及扩散的集体性利益,或者说涉及到社会公共利益的新型问题,需要司法机关建立新的程序机制来加以化解。

2. 造成公平理念实现之制度障碍的成因分析

(1)立法缺失阻碍改革发展成果公平分享的原因。现阶段,立法缺失影响改革发展成果分享的公平性不仅反映在起点公平、机会公平,更反映在结果公平;不仅反映在经济公平,更反映在社会公平;不仅反映在代内公平,更反映在代际公平。究其原因,我们认为主要是以下四个因素引起的,即理念因素、体制因素、利益博弈因素以及立法观念因素等导致立法缺失。

1)理念因素引致立法缺失。具言之,改革开放以来,在处理效率与公平关系问题上,我国在不同时期的提法有所不同:从主张效率与公平两者并重,到提出"效率优先、兼顾公平",再到提出"注重社会公平",再到主张"更加注重社会公平",直至提出"初次分配和再分配都要处理好效率和公平的关系,再分配更加注重公平"。② 这种理念的演变直接影响到立法发展:在主张"效率优先、兼顾公平"的时期,民商经济立法得到了极大的发展,而此时社会立法显得比较滞后;在提出"注重社会公平"、特别是将效率与公平统一起来考虑时,社会立法得以加强。③ 可见,理念因素既引致立法缺失,也会促进立法完善。

2)体制因素引起立法缺失。体制因素比之于理念因素,与立法的联系更为密切,它可对法律所要实现的公平或效率目标产生直接的影响。举例而言,城乡二元结构体制限制了农村居民在国土资源权利上享有平等待遇、

① 吴卫星:"环境权可司法性的法理与实证",载《法律科学》2007年第7期。

② 高尚全:"把提高效率同促进社会公平结合起来",载《人民日报》2008年10月6日。

③ 李林:"中国立法发展30年",中国社会科学院法学研究所编:《中国法治30年》,社会科学文献出版社2008年版,第157—159页。

阻碍了农村社会保障法律制度的建立;①为配合 1994 年实行分税制财政体制而逐步建立的现行财政转移支付制度体系背离了均等化的公共服务目标,特别是现行附条件的转移支付不利于实现均等化的公共服务目标;非均衡发展战略在加快实现中国现代化的同时,也导致地区之间的差距不断拉大,进而影响区域经济法的建立。上述事例表明,体制因素导致的立法缺失是阻碍改革发展成果公平分享的一个重要原因。

3)利益博弈造成立法缺失。改革开放加快了我国的社会结构转型和利益格局分化,随之也促成了利益博弈时代的到来。其时,立法机构、政府部门、学者、公众舆论、社会团体、大型企业等都成为对立法过程发挥影响的不可忽视的力量:②一方面,很多法律的制定都是各个主体相互博弈的结果,另一方面,利益博弈也阻碍了诸多法律的出台。例如,从 1980 年开始起草的《电信法》迄今仍未出台,《反垄断法》、《破产法》的起草均是在 10 年以上,《社会保险法》的审议也曾因各方分歧而推迟审议,这些法律的颁行滞后反映了立法涉及到改革深处的利益。③ 由此可见,我们在分析立法缺失问题时应当关注利益博弈的影响。

4)立法观念问题导致立法缺失。在我国过去的改革发展中,存在着"只重经济增长,而忽视社会发展的现象",存在着经济与社会发展"'一条腿长、一条腿短'的失衡现象"。④ 这种现象反映在立法工作中,就形成了重经济、轻社会立法的观念。客观上讲,该观念的生成一方面反映了社会急需经济立法的现实,另一方面,以经济建设为中心的立法思想影响也使得经济立法长期居于国家立法工作的重心,而社会立法则相对滞后。⑤ 时至今日,随着社会问题日益突出,对社会立法的需求量日益加大,要求统筹经济立法和社会立法的议题就成为立法工作亟待解决的一个重要问题。

(2)立法本身阻碍改革发展成果公平分享的原因。现行立法本身的因素也是阻碍改革发展成果公平分享的一大主要原因。具体而言,立法环节存在的问题反映在以下几个方面:

---

① 李昌麒、孟庆瑜:"改变城乡二元经济结构的若干法律思考",载陈甦主编:《科学发展观与法制建设》,社会科学文献出版社 2006 年版,第 228 页。

② 李曙光:"立法背后的博弈",载《中国改革》2006 年第 12 期。

③ 李曙光:"立法背后的博弈",载《中国改革》2006 年第 12 期。

④ 本书编写组编著:《党的十六届三中全会(决定)学习辅导百问》,党建读物出版社 2003 年版,第 20 页。转引自李林:"统筹经济社会发展的几个立法问题",载《法学》2005 年第 9 期。

⑤ 李林:"统筹经济社会发展的几个立法问题",载《法学》2005 年第 9 期。

1）立法原则和指导思想的不足使得法律不能充分保护不同主体的权益。以现行森林资源立法为例，在立法原则上，主体之间权利平等的原则以及权利义务一致性的原则在具体的森林立法中没有得到明确体现，不同主体的森林权益难以得到同等保护；在立法指导思想上，现行森林资源立法偏重于对森林资源的行政管理，轻视甚至忽略对森林资源的产权界定和权利保障，由此导致产权残缺和对森林资源权益的保护不力。又如，在较长一段时间里，由于受管制型政府模式的影响，我国的市场准入法律制度体现出行政管理过严的特征，具有社会服务功能的法律相对较少；而党的十七大提出"建设服务型政府"之后，这一指导思想将有助于建立适度的市场准入法律制度和具有公共服务作用的经济社会立法。因此，确立合理的立法原则和指导思想将有助于推动法律充分保护公民权益。

2）立法过程中的利益博弈阻碍改革发展成果公平分享。关注中国的立法过程，我们会看到各方利益群体在立法中围绕利益分配进行博弈。其中，大型企业、外资力量、政府部门、地方政府等都是立法博弈中的强势群体，而工人、农民（包括农民工）、消费者、中小企业等则是博弈中的弱势群体。一部立法，往往是涉及利益群体越多，博弈程度越高，立法越困难，利益越难以调和，而强势群体较之弱势群体更能够使其利益在立法中加以反映。这一现象从近年来跨国公司围绕"两税合一"进行的立法博弈、房地产商和地方政府影响中央政府出台房地产市场调控政策等事件中可以得到证实。[①] 因此，平衡立法中的利益博弈，提高立法质量是完善立法工作的一个重要任务。

3）政府部门立法权限扩张影响改革发展成果的公平分享。观察中国的立法博弈，最为强大的博弈力量其实还是政府部门。一方面，政府部门能够起草法律草案，另一方面，其还能够发布同样具有法律效应的行政法规、部门规章。有统计显示，30多年来，在全国人大通过的法律中，由国务院各相关部门提交的法律草案占总量的75%至85%，而行政法规和部门规章为数更多。[②] 由于议行合一体制的影响，加上政府部门占有信息易于操作，"政府部门主导立法"的情况十分普遍。对部门利益、小团体利益、甚或个别领导利益的追求使得部门立法偏离公共利益，出现"部门利益法定化"的

---

① 李曙光："立法背后的博弈"，载《中国改革》2006年第12期。

② 汤耀国、朱莹莹："超越部门立法"，载《瞭望新闻周刊》2007年第4期。

现象。① 由此可见，政府部门的立法权限应当在立法过程中受到必要的规制。

4)公众难以参与立法影响改革发展成果的公平分享。让公众直接参与立法活动是当今很多国家通行的做法，也是我国建设透明型政府的一个基本要求。然而，在现实中，一方面立法过程的神秘化赋予了各种利益集团影响立法过程的机会，另一方面，公众却很难对此过程进行实质性的参与并发挥作用。相反，如果在公开和透明的程序中，保证那些权益可能受到立法影响的个人或组织有机会参与立法过程，对法案所涉问题进行充分的质证和辩驳，将会有利于阻止利益集团过分干扰甚至阻碍立法过程，并能够以立法的形式合理反映利益相关者的诉求。② 近几年来，虽然我国在一系列立法活动中已开始采取措施来推动公众参与立法，但立法公开和公众参与仍然是今后立法活动需要完善的一个重要问题。

5)立法程序的缺陷阻碍改革发展成果公平分享。残缺的立法程序也是当下引致立法不能体现利益诉求均衡的重要因素。正如有学者指出的那样，"造成政府部门在立法方面有机会营私舞弊的根本性弊端，既不单纯是行政主导的法案起草，也未必就是利益相关者参与决策，归根结底还是在保障公开辩论和反复审议方面的程序残缺。"③因此，完善相应的立法程序，填补"公开辩论和反复审议方面的程序"残缺是解决立法本身阻碍改革发展成果公平分享问题的一个重要途径。

(3)法律实施阻碍改革发展成果公平分享的原因。在法律实施中，针对执法阻碍改革发展成果公平分享的具体表现，可以找到相应问题的根源：

1)关于执法权限配置问题造成改革发展成果分享不公，其原因主要存在于以下几个方面：首先，在立法层面，不同的法律法规将相同的执法权限赋予不同的执法部门，或者对于执法部门的权限界定不清，会造成执法权限冲突；其次，在执法环节，各个职能部门之间出于部门利益之争，于己有利争相执法、于己无利相互推诿，从而形成执法权限冲突；各个职能部门内部上下级之间，对于相同的执法事项，有利者上级部门争着管，无利者推诿给下级部门管，由此造成执法秩序混乱；再次，在现行执法协调机制中，存在着协调职能不明确、协调程序不规范等问题，这也是导致执法权限冲突的重要

① 汤耀国、朱莹莹："超越部门立法"，载《瞭望新闻周刊》2007 年第 4 期。
② 汪全胜："立法公正的实现与保障机制"，载《政法论坛》2005 年第 1 期。
③ 季卫东著：《法制的转轨》，浙江大学出版社 2009 年版，第 25 页。

原因。①

2）关于趋利性执法造成改革发展成果分享不公,其根源主要有以下几个方面:首先,执法者不当追求经济利益是产生趋利性执法的根本原因。现实中,此类执法既违背了依法行政原则,也破坏了公序良俗,尤其是对政府行政的合法性造成严重损害;其次,受害者未能及时有效利用现行法律进行维权也助长了执法的发生。事实上,我国的《行政复议法》和《行政诉讼法》并未在制裁趋利性执法中发挥好应有的作用;再次,执法者及其共谋参与"钓鱼执法"的非公职人员没有受到法律惩处也"激励"了违法者再次以身试法,故而,明确责任并实施处罚是防范趋利性执法的必要措施。

3）关于运动式执法造成改革发展成果分享不公,其原因存在于以下几个方面:首先,受传统人治惯性的影响,执法者习惯于采取这种随意性和形式化的执法方式。而法治理念和依法行政的意识尚未根植于执法者心中;其次,稳定、规范、公正的行政执法程序尚未很好地运行起来,符合法治要求的执法机制尚未完全建立。由此,运动式执法不能发挥好执法效果,甚至还助长了违法者的投机心理,使违法行为屡禁不止,严重影响到人民群众经济社会利益的维护和实现。②

4）关于不当执法行为造成改革发展成果分享不公,可就具体的不当行为产生的原因进行分析:执法者不履行法定的作为义务表明其疏于承担职责,需要承担相应的行政不作为的责任,同时,需要建立公益诉讼程序来督促执法者行使职责;超越职权执法既可能是执法权限配置不清引起,也可能是执法者受利益驱动所为;不当行使自由裁量权主要是执法者未能掌握好"合理"执法的度量;未正确适用法律的执法既可能是执法者法律技能缺失,也可能是其主观原因造成;违反程序执法可能是执法者故意或者过失违反程序造成。总之,对于不当执法行为,应当从提高执法者职业素养、加强执法监督、推行责任承担机制等方面加以克服。

5）关于执法资源供给不足造成改革发展成果分享不公,也应视具体情况分析成因:解决常规性问题的执法资源供给不足,主要是政府财政支持力度薄弱、政府配置执法资源不当以及政府部门怠于使用执法资源造成;解决新生性问题的执法资源供给不足,主要是对于某些新出现的经济社会问题,

---

① 金国坤:"行政执法权限争议协调机制研究",载《新视野》2007年第3期。

② 舒小庆、万高隆:"论法治视野下我国行政执法体制之重构",载《南昌大学学报(人文社会科学版)》2006年第5期。

缺乏相应法律制度的供给和相应物力人力的配备。因此,对于执法资源供给不足给利益调整带来的消积影响,应当针对具体问题的成因采取相应措施加以解决。

在法律实施中,针对司法阻碍改革发展成果公平分享的具体表现,也能够找到相应问题的根源:

1)关于司法行政化影响改革发展成果的公平分享,其深层次原因是现实中司法权的运作与其应有的运作规律尚有一定距离,由此影响到司法公正和实体权利的实现。具言之,司法行政化的形成至少源于两个方面的因素:首先是历史影响因素。在法院体制的变迁中,法院被赋予的任务多是完成特定的政治职能,司法权多围绕行政权这一国家权力体系的中心在运作。① 其次是现实运作因素。法院组织架构中上下级法院的关系本应是监督与被监督的关系,而现实中这种关系却形同上下级行政机关的关系,行政权所具有的上命下从、上下一体的集合性运作机制影响到司法权的运行,由此造成法官司法的过程极易受到行政权力因素的干扰。② 在司法行政化的影响下,司法机关枉法裁判的情形难以避免。

2)关于司法地方化影响改革发展成果的公平分享,其深层次原因是"地方各级司法机关在行使国家司法权力过程中受到地方因素的不当影响、干预,使得地方各级司法机关难以独立、公正地行使司法权力"。③ 司法地方化使得国家的司法机关在其财力和人事受制于地方的情况下,被地方权势用来实现其利益,由此破坏了国家法制的统一性,助长了地方保护主义。在曾经备受关注的"乔红霞案"中,面对同一案件,两地法院各自管辖、各自判决的事件即突出地反映了司法地方化的复杂性和破坏性。故此,为促进改革发展成果的公平分享必须破除司法地方化。

3)关于部分法官的素质问题影响改革发展成果的公平分享,其原因主要在于部分法官的能力和素养难以适应在急剧变化的社会环境中裁决纠纷、平衡利益关系的需要。实践中,法官是否具备基本的认定事实和适用法律的能力,具备化解矛盾、案结事了、息诉罢访的能力,具备依法办事和实现

---

① 张烁、虞振威:"司法行政化的理性反思",载《理论界》2005 年第 4 期。

② 万毅:"司法行政化与司法独立:中国司法改革的逻辑悖论",资料来源:http://www. civillaw. com. cn.

③ 陈卫东:"优化司法职权配置建设公正司法制度",资料来源:http://www. procedurallaw. cn.

社会效果最大化的能力，①以及是否具备"仁爱、自治、谦虚、精细、勤勉、忠诚、勇敢、奉献、缄默、反省"②等素养，将影响到案件审理的效果、涉案当事人的利益以及社会的和谐。因此，提高法官素质对于实现改革发展成果公平分享具有重要意义。

4）关于司法程序因不适应农村的具体情况而影响改革发展成果的公平分享，其原因主要存在于以下几个方面：一是农民对现代司法的陌生致使其不知道运用司法手段维护自己的权益；二是即使知道司法程序可以选择，也会因考虑到参与司法程序的各种困难而被迫退却；三是虽然启动了司法程序，但如果将其运用于市场经济尚不成熟、传统经济和乡规民约依然留存的农村，则仍然会因现代司法与落后农村的隔阂而不能发挥应有的作用。因此，如何通过创新诉讼程序来维护农民权益，这本身就是一个社会成员分享制度改革发展成果的问题，而该问题的解决需要创新适应农村特点的司法机制。

5）关于司法救济机制的缺陷影响改革发展成果的公平分享，其暴露出我国现有司法救济机制的短缺与不断增加的新型经济社会利益急需得到救济的矛盾，这种矛盾随着我国市场经济的进一步成熟和社会结构的进一步演进而愈加显得突出。因此，当大量涉及到竞争利益维权、社会保障利益维权、环境利益维权、税收利益维权、公共服务利益维权等新型权利救济的需求出现时，国家能够拿出相应的司法救济机制来帮助这些维权事件中的弱势群体争得自己的合法权益，就成为当前社会转型时期政府对民众承担的一项极为重要的政府责任。

（二）克服公平理念实现之制度障碍的法律对策

1. 全面构建有中国特色的改革发展成果公平分享的法律体系

当前，我国正处于改革发展的关键时期，一方面经济体制正在发生深刻变革，另一方面，社会结构也在发生深刻变动，由此产生利益格局的深刻调整。在这种空前的社会变革中，经济社会的全面、协调、可持续发展维系于社会结构的优化和稳定，这就给我们提出了以制度发展确保改革成果公平分享的时代议题。我们认为，只有"全面构建有中国特色的改革发展成果

---

① 江必新："发挥司法审判职能构建社会主义和谐社会"，载《求是》杂志 2007 年第 7 期。

② 吕瑞萍："当代中国司法运行的现状及推进思路"，载《中州学刊》2007 年第 5 期。

公平分享法律体系",才能为这一时代议题的求解提供制度保障。所谓有中国特色的改革发展成果公平分享法律体系,主要是从法律功能上对各个部门法中具有保障改革发展成果公平分享作用的法律制度进行整合,充分发挥其各自的作用;所谓全面构建,主要是在促进各个部门法全面发展的基础上,形成部门法之间的良性互动,从而在一个法律系统中,系统性地实现法律制度对有关改革发展成果分享问题的综合调整,进而解决那些影响利益分配、影响社会稳定、影响法制运行、影响执政合法性、影响改革发展成果公平分享的经济社会问题。

目前,中国特色社会主义法律体系在我国已基本形成。这个体系由七个法律部门(宪法及宪法相关法、民法商法、行政法、经济法、社会法、刑法、诉讼与非诉讼程序法)和三个层次的法律规范(法律、行政法规、地方性法规)构成。① 要全面构建有中国特色的改革发展成果公平分享法律体系,就应当充分发挥这七个法律部门和三个层次法律规范的作用。其中,特别是要发挥好对物质利益的分享起重要作用的民商法、经济法和社会法这三个法律部门及其各个层次法律规范的协同作用。具体而言,在经济社会立法中,总体上有九个方面的法律制度可以成为构建有中国特色的改革发展成果公平分享法律体系的制度基础。这九个方面的法律制度包括:②(1)确保土地利益公平分享的法律制度,主要有土地使用权法律制度、土地征收法律制度、房屋拆迁法律制度、保障城市低收入阶层居住权利的法律制度、保障个人对土地级差利益享有参与分配权的法律制度等;(2)确保公共自然资源利益公平分享的法律制度,主要有规范特许经营权授予、管理和监督的法律制度、规范公共自然资源分配中竞争关系的法律制度、规范社会成员平等参与公共自然资源利用和平等分配公共自然资源利益的法律制度等;(3)确保环境利益公平分享的法律制度,主要有产业补贴法律制度、流域财政转移支付法律制度、生态保险法律制度、生态融资法律制度、生态补偿税法律制度、生态灾民扶助和救济制度、与生态灾民保护有关的公益诉讼制度等;(4)确保产业利益公平分享的法律制度,主要有调整产业利益分配和再分配的法律制度、工业和其他产业反哺农业的法律制度、调控暴利行业利益的法律制度等;(5)确保劳动就业利益公平分享的法律制度,主要有关于反就

---

① 国务院新闻办公室:《中国的法治建设》,发表时间:2008 年 2 月 28 日。
② 李昌麒:"建立改革发展成果公平分享的法律保障机制",资料来源:http://www.lichangqi.net.

业歧视以及加强就业培训的就业促进法律制度、规范劳动报酬合理差距的法律制度、规范劳动保护执法和责任追究的法律制度、作为市场准入必备条件的劳动保障措施法律制度等;(6)确保社会保障利益公平分享的法律制度,主要有城乡医疗保障和养老保险法律制度、城乡最低生活保障制度、面向农民工等弱势劳动者的社会保险法律制度、面向城市贫困人口的社会援助法律制度等;(7)确保公共投资利益公平分享的法律制度,主要有公共投资主体准入法律制度、公共投资决策行为规范法律制度、公共投资实施行为规制法律制度、公共投资监督法律制度、公共投资成果分享主体的权利救济法律制度等;(8)确保融资利益公平分享的法律制度,主要有确保区域间平等获得融资利益的法律制度、确保产业间平等获得融资利益的法律制度、确保民营企业和中小企业平等获得融资利益的法律制度等;(9)确保财政税收利益公平分享的法律制度,主要有社会保险税费制度、企业和个人所得税法律制度、针对欠发达地区的公共财政投入固定优惠法律制度、财政转移支付法律制度、遗产税和赠与税法律制度等。

通过上述九个方面法律制度的改革与完善,中国改革发展成果分享不公的现实矛盾和冲突有望得到逐步化解,和谐社会的构建也将获得有力的制度保障。与此同时,在充分利用法律制度解决改革发展成果分享问题的过程中,我们还应当积极运用伦理道德、习惯规则、行业自律、市场机制以及先进的管理措施来调整利益关系,①由此,使正式制度与非正式制度一起,共同构成转型时期有中国特色的调整各方利益分配关系、实现改革发展成果公平分享的制度体系。

2. 现有制度的补充和改善

现有制度的补充和改善主要是对现有的立法、执法、司法制度进行完善,这是全面构建有中国特色的公平分享法律体系的重要步骤。如前所述,现行的立法、执法、司法制度都还存在诸多问题,如不加以解决,将阻碍改革发展成果的公平分享。因此,我们需要有针对性地采取措施克服现有制度的不足。具体说来,可以从以下三个方面对现有制度加以完善:

(1)现有立法制度的补充和改善。针对前面所述现行立法制度存在的问题,可行的完善措施有:1)确立有助于实现改革发展成果公平分享的立法原则和指导思想。其中,立法原则既要体现市场交易、市场竞争中主体间

---

① 杨景宇:"形成并完善中国特色社会主义法律体系需要把握好的几点",载《人民日报》2009 年 3 月 24 日。

权利平等和权利义务一致的精神,也要体现对弱势方进行权利倾斜性配置①的精神;立法指导思想应根据现实需要,确立民主立法与科学立法相结合、以人为本与优质立法相结合、法律清理与制定新法相结合、不同层次立法协调发展的指导思想。2)平衡立法中的利益博弈,以此提高立法质量。对此可采取提高立法透明度、保障各方公平参与、由非利益相关者进行第三方立法、提高立法者职业素质等措施。3)限制政府部门立法权限的扩张,以此平衡立法博弈力量。就此可采取充实人大的立法力量、由人大专门委员会和法工委加强立法调研、组织立法听证会和座谈会、增加利益超然的第三方立法数量、减少部门起草法律草案数量等措施。② 重庆市人大常委会曾经实行的立法助理制度,应当说是一个能够发挥立法委员与立法专家共同智慧的一个开放的、民主的立法制度,是一个可以推广的制度。4)确保立法公开和公民参与立法,以此保证利益相关者的诉求在立法中得以实现。就此应建立公开和透明的程序,保证利益相关者对法案所涉问题进行充分质证和辩驳,由此实现立法程序的民主化、立法结果的科学化以及法益保障的均衡化。这里需要特别强调要赋予农民群众在涉农立法中的充分的话语权。5)弥补立法程序的缺陷,消除立法不公的根本性弊端。就此应完善"保障公开辩论和反复审议方面的程序残缺",③进而从根本上解决行政主导法案起草和利益相关者影响决策的问题。

(2)现有执法制度的补充和改善。针对前面所述现行执法制度存在的问题,可行的完善措施有:1)合理配置执法权限。就此应在立法环节对执法部门的权限进行清晰的界定,同时对不同执法部门执法权限的冲突在立法上加以协调;在执法环节,各个职能部门之间以及职能部门内部上下级之间,应明确对相同执法事项的权限界分;在执法协调环节,应明确协调机构的协调职能和协调责任、规范协调方式和协调程序。④ 2)以制度性措施克服趋利性执法的弊端。就此应注重加强执法人员的职业素养和职业道德的培养;加大法制宣传力度,使公众在遭遇趋利性执法时能够有效利用《行政复议法》、《行政诉讼法》等现行法律进行维权;明确法律责任和处罚措施,使趋利性执法者及共谋参与的非公职人员受到必要的惩处。3)以制度性措施克服运动式执法的弊端。就此应注重培养执法者的法治理念和依法行

① 应飞虎:"权利倾斜性配置研究",载《中国社会科学》2006年第5期。
② 汤耀国、朱莹莹:"超越部门立法",载《瞭望新闻周刊》2007年第4期。
③ 季卫东著:《法制的转轨》,浙江大学出版社2009年版,第25页。
④ 金国坤:"行政执法权限争议协调机制研究",载《新视野》2007年第3期。

政意识;确立稳定、规范、公正的行政执法程序,建立符合法治要求的执法机制。4)以制度性措施克服不当执法行为的弊端。就此应对不履行法定作为义务的执法者施以行政不作为的法律责任,同时,应建立公益诉讼程序来督促执法者行使职责;对超越职权执法、不当行使自由裁量权、未正确适用法律、违反程序执法的执法人员,应根据其执法的过错、事实与情节、社会影响及危害程度等因素追究其法律责任。5)以制度性措施克服执法资源供给不足的问题。对于解决常规性问题的执法资源供给不足,应加大政府财政支持力度、促使政府合理配置执法资源和积极利用执法资源;对于解决新生性问题的执法资源供给不足,应加强相应法律制度的供给和相应物力人力的配备,以此满足新兴经济社会问题对执法资源的需要。

（3）现有司法制度的补充和改善。针对前文所述现行司法制度存在的问题,可行的完善措施有:1)采取相应措施克服司法行政化问题。就此应按照司法权应有的运作规律来配置司法权、设计司法机关的组织架构、改革司法工作的运行机制和队伍管理机制,[①]以此确保司法公正和实体权利的实现。2)采取相应措施克服司法地方化的影响。就此应着力改革司法机关的人事管理制度和财政保障机制,建立相对独立的司法预算,消除地方对司法机关的控制,从而维护国家法制的统一性、革除司法上的地方保护主义。[②] 3)采取相应措施提高法官能力和素养,通过优化其素质改良司法审判质量。就此应注重提高法官认定事实和适用法律的能力、公正裁判和实现社会效果最大化的能力、案结事了、息诉罢访的能力以及仁爱、忠诚、自治、自律等素养。4)创新司法程序及其机构的设置,适应农村对司法的需要。就此应加大对农民进行法制宣传的力度,使其知晓现代司法这一维权手段;为其提供及时、必要、有效的司法援助;建立简单易行、适于农村操作的司法机制;合理设置基层司法机构,拉近司法机构与乡村社会的距离,降低农民的诉讼成本,减少和杜绝政府对涉农案件的不当干预,畅通农民寻求司法救助的途径,力求将农村的各种矛盾和问题解决在基层,消灭在萌芽状态;同时,处理好现代司法与乡规民约之间的协调关系,发挥好国家法与民间法在解决农村经济社会纠纷中的积极作用。5)完善相应制度性措施弥补司法救济机制的缺陷。就此应建立和完善适于处理竞争利益维权、社会

---

① 王家福、蒋熙辉:"依法治国基本方略的回顾与展望",载中国社会科学院法学研究所编:《中国法治 30 年》,社会科学文献出版社 2008 年版,第 115 页。

② 秦旭东:"陈光中:司法改革须从政治体制改革入手",载《财经》2009 年 1 月 6 日。

保障利益维权、环境利益维权、税收利益维权、公共服务利益维权等新型案件纠纷的司法程序,以此保障弱势群体的合法权益。

3. 填补立法空白

面对改革发展成果公平分享的问题,至为重要的一点就是要通过填补立法空白来为解决此类问题提供法律依据。而当下对于填补立法空白,需要立法者解决好以下五个方面的具体问题:一是在继续加强经济领域立法的同时,提高社会领域立法的比重,以此适应经济社会统筹发展的需要;二是在继续加强实体法制定的同时,注重公益诉讼等程序法的发展,以此促进实体法和程序法的平衡发展;三是在不断充实中央立法的同时,注意发挥地方立法的作用,以此实现中央立法和地方立法的良性互动;①四是在不断增加法律制定的同时,也要注重行政法规、地方性法规的制定,以此实现各个立法层级法律规范之间的良性互动;五是在致力于实现立法的科学性和技术性的同时,也要确保实现立法的民族性和地方性,以此推进有中国特色、民族特色、地方特色的立法切实发挥好法律应有的功能。具体说来,在全面构建有中国特色的公平分享法律体系中,尚需填补的立法空白涉及以下九个方面:

(1)填补与土地利益公平分享有关的立法空白。目前,与土地利益分享有关的立法框架已基本搭建形成,但仍然存在一些不足之处。今后需要纳入立法议程的相关法律规范包括《土地规划法》、《土地市场管理条例》、《土地征收和征用条例》、《集体建设用地流转条例》和《土地登记条例》(或者《不动产登记条例》)等。②

(2)填补与公共自然资源利益公平分享有关的立法空白。建议在填补相关立法空白时,制定一部公共自然资源的基本法即《公共自然资源法》,以此明确公共自然资源产权制度、流转制度、有偿使用制度、管理机制等方面的问题;③同时,制定一部规范能源利用规划、能源行业管理、能源储备和应急等问题的《能源法》,以及规范公共自然资源特许经营问题的《公共自然资源特许经营法》。此外,各地还应结合自身公共自然资源开发与保护

①　崔卓兰、赵静波:"中央与地方立法权力关系的变迁",《吉林大学社会科学学报》2007年第2期。

②　袁枫朝:"观察2008:土地政策年转向立法年",载《中国房地产报》2008年1月8日。

③　陈开琦、唐军:"我国公共自然资源法律保护问题研究",载《社会科学研究》2007年第6期。

的实际情况,针对地方立法空白,制定适合各地公共自然资源开发与保护需要的地方性法规。

(3)填补与环境利益公平分享有关的立法空白。目前,与环境利益分享有关的立法空白包括:流域水污染防治法律制度、流域财政转移支付法律制度、土壤污染防治法律制度、外来入侵物种防治法律制度、生态保险法律制度、生态融资法律制度、生态补偿税法律制度、生态灾民扶助和救济制度、与生态灾民保护有关的公益诉讼制度等。

(4)填补与产业利益公平分享有关的立法空白。目前,我国产业利益调整的法律化水平还比较低,而以产业政策法来推动产业发展、以此促进整个经济结构协调运行是后发国家实现现代化的重要经验。① 因此,我国也有必要采取产业政策法制化的措施,制定《产业振兴法》、《区域规划与开发法》以及调整产业利益分配和再分配的法律制度、工业和其他产业反哺农业的法律制度、调控暴利行业利益的法律制度,以此促进产业结构调整和产业利益的公平分享。

(5)填补与劳动就业利益公平分享有关的立法空白。目前,我国已初步建立起与劳动就业利益分享有关的制度框架,但仍然存在不少需要填补立法空白的空间。今后填补立法空白的任务主要是:制定关于反就业歧视以及加强就业培训的法律制度如《反就业歧视法》、《就业培训促进法》,制定规范劳动报酬合理差距的法律制度如《工资法》,制定规范劳动保护执法和责任追究的法律制度,制定作为市场准入必备条件的劳动保障措施法律制度;同时,各地还应根据自身实际,制定满足地方需要的相关地方立法。

(6)填补与社会保障利益公平分享有关的立法空白。目前,我国的社会保障立法总体上层次较低,没有形成体系,法律效用较弱,而构建统一的社会保障法律体系是当务之急。我们认为,应适时制定具有统筹性的《社会保障法》,在此基础上制定《社会救助法》、《社会福利法》、《社会优抚法》、《基本医疗卫生保健法》、《住房保障法》、《社会保险基金监管法》;同时,应根据现实需要,制定相应的行政法规和地方性法规。

(7)填补与公共投资利益公平分享有关的立法空白。随着建立服务型政府和构建和谐社会目标的提出,提供质优量足、经济实惠的公共产品和公共服务已成为一项重要的政府责任,而获得公共产品和公共服务也已成为

---

① 丁道勤:"我国产业政策法律化研究",载《中国软科学》2007 年第 8 期。

公民生存权和发展权得以实现的重要标志。因此,我国急需制定一部《公共投资法》,由该法对公共投资主体准入条件、公共投资决策行为规范、公共投资实施行为规制、公共投资监督、公共投资利益分享主体的权利救济等问题进行必要的规范。同时,通过制定《公用事业法》、《财政基本法》、《公共预算法》、《公共支出法》、《公共财政监督法》等相关立法,对公共投资问题进行全面的规范。

(8)填补与融资利益公平分享有关的立法空白。目前,在确保融资利益的公平分享方面,现行立法框架中仍然存在着许多空白。为使融资利益的保障有法可依,政府需要针对融资难问题切实加强立法,帮助处于融资难困境的地区、产业或市场主体获得从事经济活动所需的资金。具体而言,当前急需制定的法律法规包括《融资租赁法》,对民间融资的类别、民间融资市场准入条件、民间融资监管进行规范的《民间融资法》,对融资所需信用环境进行规范的《社会信用法》,帮助中小企业解决融资难的《中小企业担保法》、《促进中小企业融资条例》,以及规范政策性融资、银团贷款融资、债券融资、投资基金融资、典当融资等的立法。

(9)填补与财政税收利益公平分享有关的立法空白。目前,现行财政法律体系尚不适应公共财政制度的要求;现行税法制度的立法层次低,权威性、规范性、稳定性不足,与税法有关的基本问题缺乏统一规定。填补财税法制立法空白的举措包括:制定与公共财政相适应的法律制度,如《财政基本法》、《公共财政监督法》、《公共预算法》、《国家债务法》、《财政转移支付法》等;制定《税收基本法》,使税法的宗旨和基本原则、国家与纳税人的权利义务、税收立法、税收执法、税收司法、税务中介等问题有法可依;将目前的税收实体法规中的暂行条例上升为法律,加快增值税、营业税、消费税、资源税的立法;尽快填补社会保障税、环境保护税、遗产赠与税、反倾销税、农业补贴等立法空白;赋予省级政府适当的税收立法权,实现不同层级税法的相互协调和中央与地方财税利益的均衡分配。

之四：土地利益分享的法律问题研究

目　　录

一、土地利益分享法律机制概述

土地是人类财富之母，人类社会种种利益冲突的根源就在于土地利益冲突，因此要构建和谐社会，就必须运用一切法律手段和政策手段对土地利益关系进行格外细致的调整。本研究将以我国土地利益分享为研究对象，从马列主义和"三个代表"的重要思想出发来分析问题，进而为完善我国土地利益的公平分享提供理论认知和法律政策建议。

（一）土地和土地利益

1. 作为利益载体的土地

关于土地的本质，存在着自然综合体说和社会综合体说之分歧。在自然综合体说看来，土地是公共自然资源和自然力量的代名词，是大自然赋予人类的东西，例如，有学者指出："土地是自然本身的产物，它的产生和存在不随人类的意识和意志而转移"[1]、"土地是大自然为了帮助人类，在陆地、海上、空气、光和热等方面所赠与的物质和力量"[2]。而在社会综合体说看

---

[1]　乌达钦：《土地规划理论问题》，中国农业出版社1960年版，第2页。

[2]　［英］马歇尔：《经济学原理》（上），朱志泰译，商务印书馆1964年版，第157页。

来,土地不仅仅是公共自然资源和自然力量的载体,更融注了人类的影响和努力,代表性的观点如:"土地是由地球表面的陆地部分(包括陆地、内陆水域和海涂)以上和以下的一定幅度的空间(包括大气层和地壳)中的自然物(包括空气、水、土壤、生物、沙砾、岩石、矿物)及人类活动的某些结果所组成的综合体"①、"土地包含地球特定地域表面及以上和以下的大气、土壤及基础地质、水文和植被,它还包括在这一地域范围内过去和目前人类活动的种种结果以及动物就它们对目前和未来人类利用土地所施加的重要影响"②。但也有学者主张将土地本质上区分为原生土地和人工化的土地,前者是先于人类而存在的公共自然资源,而后者是人类劳动与自然土地相结合后的已利用土地。

我们认为,要准确把握土地的本质,就必须清晰地认识土地的构成要素与土地之关系,并有必要立足于土地的形成过程进行历史的观察。诚然,构成土地的诸要素如土壤、植被、岩石等最初都是大自然的产物,与人类意志并不发生直接的关联,然而,土地的构成要素毕竟不同于土地本身,其仅仅是土地系统的有机组成部分,土地系统还拥有超越于其构成要素之外的新质。特别是,在人类活动的持续影响下,今日土地之构成要素已经发生了巨大的变化,烙上了越来越深刻的人类印记。从历史的角度而言,现今构成人类生存依托的土地的形成过程实际上是人们根据土地要素的特性对之进行组合、使之形成新质以符合人类不断增长需要的过程,这显然是一个劳动的过程,在这个过程中,凝聚了人类过去和现在劳动的、"被劳动过滤的劳动对象"——土地本身毫无疑问地构成了人类劳动的产品。正如 R.U. 拉特克里夫所指出的那样,作为自然空间的土地,如果不投入资本和劳动,就不具有经济价值;如果没有人类的贡献,土地就不具备生产性。综上,自然综合体说构成了人们剖析土地概念之前提,以其视野来理解土地的本质是必要的,但仅仅从自然物质的角度认识土地,对土地经济的研究来说,又是不充分和不完整的,研究土地经济问题,不能只把土地看成自然(物质)综合体,还必须进一步将其视为自然经济综合体,即社会综合体③。由此可以认

---

① 周诚:《土地经济研究》,中国大地出版社 1996 年版,第 8 页。

② 该观点为 1972 年在荷兰瓦赫宁根召开的为农村进行土地评价的专家会议上所提出。

③ 李建建:《中国城市土地市场结构研究》,福建师范大学 2002 年博士学位论文,第 12 页。

为,土地本质上既是自然的综合体,也是社会的综合体。作为自然的综合体,土地是公共自然资源和自然力量的代名词,构成土地的诸要素如土壤、植被、岩石等最初都是大自然的产物,是大自然所赋予给人类而与人类意志不发生直接关联的东西。作为社会的综合体,土地不仅是公共自然资源和自然力量的代表,而且融注了人类的影响和努力,凝聚了人类过去和现在的劳动,是被人类劳动过滤后的社会产品。值得注意的是,虽然现今社会还存在一定数量的处女地即原生土地,但我们也不得不注意以下几个事实:(1)一部分处女地为人迹罕至之地,甚至完全超越了目前人类能力可以控制的范围;(2)一部分处女地虽在人力控制范围之内,但其可利用价值极低,难以在短期内成为人类劳动"过滤"的对象;(3)余下的一部分处女地已受到或正在受到人类活动之影响,如我国农村的"四荒"土地。由于前两种情况并不涉及或者几乎不涉及到围绕土地的人与人之间的关系,没有必要对其作相应的制度性调整;而在第三种情况,已经开始与人的活动相关联,不再是单纯意义的处女地,应成为法律规范的对象。

2. 土地利益的构成

简而言之,土地利益是指作为公共自然资源的利益和作为劳动产品的利益的总称。作为公共自然资源的土地利益与其它公共自然资源利益并无实质上的不同,但作为劳动产品的土地利益却具有区分于其它劳动产品的特性,该特性集中体现在其价值形成过程:(1)土地构成价值的复合性,既凝聚了人类的当前劳动,又是人类过去若干年劳动成果的结晶;既包含了土地所有者或使用者直接以土地为开发利用对象从而形成土地产品的劳动,又包含土地外部环境人类劳动的辐射影响。从静态的角度而言,土地所有者或使用者个人为生产土地产品而投入的资本、劳动及其所带来的收入可称为土地的私有价值,而某一地带或某一宗土地之外的一切基本建设投资的劳动,流溢到该地带或该宗土地之上,作为外部环境人类劳动的辐射性影响,使受益土地的价值增加,就形成了该地带或该宗土地的外来价值;就动态发展而言,土地在使用过程中,只要运用得当,就会不断改良,而不会逐渐陈旧、磨损甚至报废,从而像蓄电池一样,不断积累人类劳动,形成土地沉积价值。(2)土地级差价值的普遍性。随着对劣等地的开发利用,土地价值会因此而发生变化。因为,劣等土地的开发利用成本高于优等土地,这必然引起土地的社会必要劳动时间发生变化,优等地也就因此而产生级差价值。正是因为土地价值形成上的特殊性,其私有价值之外的外来价值、沉积价值以及因劣等地开发而产生的级差价值,对土地资源和土地利益的分享产生重大影响,并最终使土地制度具有了超越于其它公共自然资源制度和产品分配制度的更大程度的重要性以及理论构造上的更高难度的挑战性。

(二)构建土地利益分享法律机制的意义

"地者,政之本也"。构建科学的土地利益分享法律机制,不仅可以最大限度地挖掘土地价值并通过土地创造出新的价值,而且还能最大限度地化解社会矛盾,实现社会和谐,所以说构建科学的土地利益分享法律机制不仅具有重要的经济意义,也具有重大的政治意义。

1. 能充分释放土地的生产要素功能

土地是人类从事生产活动的物质条件和自然基础,是人们赖以生存繁衍的基本生活载体和生活资料,"是一切生产和一切存在的源泉"。劳动力以土地为条件,生产资料以土地为基础。如果没有立足之地和发挥作用的条件,人类必将失去衣食之源。如果没有土地,生产资料不但缺乏得以形成的渊源,也将没有投施的地方。就工商业(采矿业除外)而言,"土地作为地基,作为场地,作为操作的基地发生作用",而在农业(尤其是种植业)中,土地乃是农作物赖以生长发育的纯母体,其与劳动力一道,构成现实劳动过程的两个最基本的要素,直接参与农产品的形成。而如何在生产者之间分配土地这一重要的生产要素,都离不开土地利益分享法律机制。因此,通过土地利益分享法律机制,明确土地的配置与归属、规范土地的生产与利用,对于从制度层面上最大程度地释放出土地作为生产要素的功能具有重要意义。

2. 能适度发挥出土地的社会保障功能

除生产要素功能外,土地事实上还具备一定的社会保障功能。特别是在农村地区,由于系统性的社会保障制度的缺失,土地扮演着对农民提供生存保障任务的角色,其不仅是单纯的生产资料和经济资源,而且是农民的"命根子"和"养命田",土地权利转化为农民生存权的物质外壳,土地制度由"财产规范转变为保障规范"。在城市中,土地虽主要发挥其生产要素功能,但其社会保障功能也不能忽视,只不过其保障内容与农村地区有所不同而已。具体而言,在农村,土地的保障功能表现为"耕者有其田";而在城市,则表现为"居者有其屋",即城市的土地保障是与市民的居住保障联系在一起的。而无论是农村的生存保障,或者城市的居住保障,都离不开土地利益的分享,离不开土地利益分享法律机制。所以说,通过土地利益分享法律机制,不仅能使城乡居民获得相应的土地保障,而且能妥善地处理土地保障与其他社会保障的关系,以及土地社会保障功能与土地生产要素功能的关系,实现经济发展和社会稳定的完美结合。

3. 能有效确保土地保值增值

土地不仅是自然的产物,也是人类劳动的产物。在现代社会,人类对土地的利用,固然要充分发掘土地的公共自然资源价值和沉积在土地中的、前人投下的私有价值和外来价值。更为重要的是,还应通过对土地的利用,在消耗土地部分价值的同时又不断培育新的土地价值,使其得以可持续地利用。

尤其是在人多地少的中国,我们更应努力推进土地的集约利用,确保土地保值增值。而构建土地利益分享的法律机制,不仅能从外部约束土地的不当利用行为,防止掠夺性地使用土地,而且还可以明确在土地上投入利益的预期,从内部强化土地所有人、土地使用人珍视土地、呵护土地的意识,特别是促成其在土地上累积新的价值的冲动,使其在土地上大胆地投资,形成新的私人利益和外来利益,从而使土地在保值的前提下不断增值,最终增加全社会的财富。

(三)土地利益分享法律机制的价值取向

1. 公平与效率的一般关系

在构建土地利益分享法律机制时,基本的价值取向是兼顾公平与效率。公平和效率都是人类社会的价值诉求,更是法律的价值目标。公平即公正、公道、正义,代表人们对社会分配的正面道德评价。效率是发端于经济学上的概念,包括经济效率和生产效率。前者指经济资源的有效利用程度,后者指单位时间里低投入高产出之状态。公平与效率既有对立的一面,也有统一的一面,但不是一种简单的对立统一关系,而是一种建立在多层面基础上的对立统一与交错互动的关系,且在不同的层面,这种互动关系具有不同的特征。关于公平和效率的差别,从主观与客观的层面看,公平更多地属于主观的范畴,效率更多地属于客观的范畴;从规范和实证的层面看,公平表现为一个规范的命题,效率表现为一个实证的命题;从生产力与生产关系的层面看,公平属于生产关系的范畴,效率属于生产力的范畴;从政府与市场的层面看,公平以政府主导,效率由市场主导;从生产与分配的层面看,公平更多地从属于分配领域,效率更多地从属于生产领域。由于公平和效率的相互差别性,使二者呈现出某种程度上的价值对抗性:实现公平将以降低部分效率为代价;增进效率将以牺牲部分公平为补偿。但公平和效率也有和谐互动的可能,公平的分配能最大限度地唤起社会全体的创造欲和进取心从而提高效率;效率的增进又能在更高的程度上实现公平。为使公平与效率和谐互动,在总体上固然应兼顾这两项价值,但也不排除因时而异、因地制宜地调整公平与效率之间的价值优先劣后关系。

2. 土地利益分享法律机制应以实现社会公平为己任

由于土地利益的稀缺性、重要性、根本性,土地利益分享必须坚持公平原则,土地利益分享法律机制必须确保实现此种公平。在中国,土地利益分享曾经历了从原始社会土地公有制到奴隶社会的宗族土地所有制、从奴隶社会宗族所有制到封建君主集权国家土地所有制、从封建君主集权国家土地所有制到土地私有制三个大的阶段。而在土地私有制正式确立以后,由于其残酷的制度本质,极易导致土地的兼并和土地占有的两极分化,而土地利益分享的不公则成了所有社会矛盾的聚集点以及让这些社会矛盾总爆发的"火药库"。可以说,历朝历代的农民革命都自觉不自觉地以"均贫富"为其政治纲领,而"均贫富"的要义即在于公平分享土地利益。事实上,在暴力摧毁一个王朝后,新王朝建立之初,通过招抚流亡、授田与民、休养生息等政策,在一定程度上满足了农民公平分享土地的要求,而王朝中后期的土地再次集中却又背离了这一要求,从而使新一轮的暴力革命爆发。可以说,我国封建社会历代王朝"繁荣——毁灭"的轮回,其实都是围绕公平分享土地利益这一轴心旋转波动而表现出来的。进入近代以后,无论是太平天国"耕者有其田"的梦想及其《天朝田亩制度》,或是孙中山"平均地权"的思想与民国时期的土地立法,及至土地革命、抗日战争、解放战争时期中国共产党领导下的土地法律制度,也无不以公平分享土地利益为其灵魂。可见,实现土地利益的公平分享是自古以来我国社会(乃至于整个人类社会)一以贯之的理念。

我国现行土地制度较之于奴隶制社会、封建社会、资本主义社会的土地制度较好地体现了利益分配的公平,表现在:(1)土地公有制确保了土地归属的公平。无论是土地的国家所有,抑或是集体所有,都鲜明地反映出公平分享土地利益的思想,甚至可以说,公平分享土地利益构成了土地公有制的理论基础。因为实行土地公有后,在土地归属的意义上,全国人民都对国有土地拥有平等的利益,集体成员亦对该集体土地拥有平等的利益,而且,这种归属意义上的平等土地利益是不可能为外部力量所随意改变的。也就是说,土地公有从根本上排除了土地归属于少数人或被少数人兼并的可能,至少在观念上彻底实现了土地归属的公平。不仅如此,在土地使用的层面,也自始至终将公平作为最高价值准则。(2)国有土地的利用机会公平。利用国有土地的公平集中表现为国有土地使用权出让时的机会公平,并具体化为出让程序的公平。(3)集体土地使用权的均衡分享。集体土地的公平使用更是直接地表现为分享结果的均衡,农民的土地承包经营权基本上都是以户为单位,以人头为基础,仍属于典型的"均田制"思维。(4)对失衡土地使用状况的调节。不同个体从国家或集体取得的土地使用权未必相同,且这些土地使用权还可能因市场流转等原因相对集中,最终导致土地使用的不均衡,但由于土地使用权都是有期限的,期限届满后国家和集体可基于其所有权重新调节土地使用关系,使其回复到平稳状态。

尽管如此,也必须清醒地认识到我国现行土地利益分享中的不公平因素,这些因素主要有:(1)就集体土地所有权而言,由于所处地域位置的不同以及各集体内部成员结构的差异,导致土地利益在集体与集体之间(本质上仍为集体成员之间)配置上的不均衡。(2)在国有土地的使用上,由于建设用地的高度商品化,绝大部分城市建设用地事实上成为了房地产商追逐商业利润的工具,低收入的城市居民不能直接获得建设用地,其居住权日益受到威胁。(3)土地所有权双轨制导致了农民阶层与其他社会阶层土地权利能力的不平等。因此,构建科学的土地利益分享法律机制,使土地利益公平分享的社会理想落到实处,仍然任重道远。

3. 土地利益分享法律机制应同时关注效率

总体上看,我国计划经济体制时期的土地利益分享法律机制对公平价值重视有加,而对效率价值则关注不够。这主要表现为:(1)过度强化了土地所有权(归属)的中心地位,忽视了土地他物权(利用)建设。在社会主义制度全面建成的很长一段时间内,我国只存在公有性质的土地所有权,国有土地由国家无偿地提供给有关的机关、团体和单位使用,集体土地由集体经济组织直接组织农民进行耕种,根本就不存在规范意义上的土地他物权。随着城乡土地制度改革,诞生了城镇国有土地使用权和农村土地承包经营权等他主土地利用权,土地用益物权才初露苗头,在一定程度上提高了公有土地的利用效率,但土地用益物权建设远未成熟。(2)集体所有土地的低效率。由于集体所有所固有的主体虚化等制度性缺陷,直接从事耕种的农民缺乏对土地的权利体验感和亲和感,缺乏有效利用土地资源的激励。在推行农村土地承包经营制前,据经济学家计算,除 1952 年至 1957 年间中国农业总要素生产率有过一个增量极小的上升以外,整个 1983 年以前的农业集体化生产率明显低于 1952 年个体农业的水平,与集体化运动发起者的预期截然相反。但在80年代初期推行农村联产承包责任制①以来,由于承包经营权使土地利益的收益权基本上归属于农民,在一定程度上刺激了农民的生产积极性,农业生产率有了明显的提高②。历史已经证明,过去的土地利用制度,无论是农村土地的集体共耕制,或者是城市土地的无偿划拨使用制,都是没有效率的。

改革开放以来,我们逐步建立起来了城市国有建设用地使用权制度与农村农民集体农用地的承包经营权制度。客观说,前者是有效率的,但后者却仍然是缺乏效率的。农村农民集体农用地的承包经营权制度的缺乏效率又表现为:(1)农村承包土地分配时追求绝对公平,将全村耕地按质量好坏、距离远近划分为若干等级,每户人家都分得每一等级的一块土地,结果是耕地经营规模小、田块分割零散,使耕地资源低效率配置,根本形成不了现代生产中的经营规模;(2)耕地生产目的多以自给自足为主,生产经营投入不足,导致土地基本上处于粗放经营状态;(3)农村存量建设用地难以盘活,不少农村宅基地长期处于闲置状态,造成建设用地指标紧张和建设用地粗放并存的局面;(4)为土地资源的合理流动设置了层层法律障碍,无法实现土地资源与人力资源、技术资源和资金资源的有效配置,不利于产业结构的适时调整和先进农业科学技术的推广运用。而在大批农民工进城的情况下,承包经营权自由流转功能的不足也导致了大量土地被撂荒的情况,使本就发展受阻的农业经济"雪上加霜";(5)强化了农民的"恋地"心态,这在一定程度上阻碍着城镇化的进程,成为我国城镇化进程滞后于工业化进程的一个因素。总体上看,现行农村土地承包经营机制在最大限度地实现土地利益公平分享及承担对农民社会保障任务的同时,也使我国农业生产处在缺规模、缺资金、缺技术的"三缺"环境下,难怪家庭联产承包制在创造了农村经济发展的短暂奇迹后就迎来了其自身发展的低潮,1985年农业粮食大减产后农村经济长期停滞徘徊,成为中国经济发展之瓶颈。

之所以农村集体农用地的承包经营权制度较城市国有建设用地使用权制度缺乏效率,究其原因,主要是因为后者以建立建设用地市场为价值取

---

① 1978年11月,安徽省凤阳县小岗村的18户农民,以"敢为天下先"的创新精神,自发订立了"大包干"合同,创造了家庭联产承包责任制,从此拉开了中国农村经济改革的序幕。

② 土地联产承包责任制在全国农村得以推广,中国农村出现历史上前所未有的大跨越发展,在1984年全国粮食产量突破4亿吨,人均粮食产量第一次达到世界平均水平,突破800斤。与1978年相比,短短六年,粮食产量增加1亿多吨,增长1/3以上。不止粮食产量,全国农业增加值在1981—1984年的4年间增长45%,资料来源:http://www.xici.net。

向,不追求土地的平均分配,不负担社会保障功能;而前者则实行了农民集体成员平均分配土地的政策,使土地承载了过重的社会保障功能。因此对于土地利用效力缺乏问题的破解需要以进一步完善我国的社会保障制度为前提。① 考虑到本研究关注的是土地利益的公平分享问题,因此下文未就我国土地制度中的效率缺失问题与改进对策予以详细展开。②

(四)土地利益分享法律机制中的主要制度

土地利益分享法律机制是一个综合性的系统工程,应由民法机制、行政法机制、经济法机制共同构成。民法机制重在确认土地权利和保护土地权利;行政法机制重在限制土地利益分享中的政府权力;经济法机制则立足于社会本位对土地利益的分享进行干预。综观这三种法律机制,最具基础性的为民法机制,具体表现为下列几项法律制度:

1. 地权制度

这里所称"地权制度",是指土地所有权制度和在一定土地所有权制度基础之上建立起来的土地使用权制度。其基本构造是:(1)以确定土地归属,调整土地利益初始分配为目的的土地所有权制度;(2)以一定的土地所有权制度为基础而进一步调整土地所有人与使用人间就土地的利用而产生的经济利益关系为目的的土地使用权制度。在地权制度的这一结构体中,土地所有权制度具有定分止争,维护土地占有秩序的功能;而土地使用权制度则通过对土地所有人与使用人间的利益调节,具有满足土地所有人、使用人双方各自利益需求,避免土地闲置,充分发挥土地社会经济效益的功能。人类之土地占有史表明,人类社会无论以何种方式确定土地的归属,即建立何种土地所有权制度,都存在土地所有人以一定方式将其土地交他人使用的社会必然性。这源于这样一种经济事实:土地虽然是人类生产、生活不可或缺的最为重要的资源,但是如果不向土地投入相应的劳动或资本,土地就不会有能够满足人的需求的产出。基于这种经济事实,只要人类的土地所有权制度还不能实现人类社会平均地权的理想(也许这种理想永远不能实现),为社会的每一个人配置一块他需要的土地,就会发生无地者使用他人

① 当然,这里也有制度的障碍问题。参见黄忠:"农业企业法:破解'土地入股'的尴尬",载《中国社会科学院报》2008 年 12 月 25 日。

② 对此的论述可参见李开国主持的司法部重点项目结项报告:《我国土地制度改革与物权法研究——以土地使用权为中心》。

土地的需求。而只要这种需求存在,地主就会利用其土地所有权(排除他人使用自己土地的权利)以地租的形式获取土地使用人劳动成果或资本利润的一部分(马克思称这部分劳动成果或利润为剩余劳动或剩余利润)。基于人类社会的土地所有权制度不能(奴隶社会、封建社会的统治阶级还不愿意)为社会每一个人配置一块土地,社会存在非所有人利用他人土地之必然性,因此自从有国家和法律以来人类社会都无不以土地所有权制度与土地使用权制度并列的地权制度来调整人类社会生活中的土地利益关系。在古代罗马法上,规定了与土地所有权分离的土地役权制度,包括人役权制度与地役权制度;近代以来,在大陆法系国家的民法典上,根据资本主义经济发展的要求,在继受和改造罗马法人役权制度的基础上,规定了与土地所有权分离的永佃权制度①和地上权制度;在英国及其殖民地(包括回归前的香港),则规定了与土地所有权制度分离的土地批租制度。在我国则规定了与土地所有权分离的农地承包经营权制度和建设用地使用权制度。

包括土地所有权制度与使用权制度在内的地权制度,是人类社会调整土地利益关系的基本法律制度,特别是土地所有权制度,涉及土地利益的初始分配,其如何构建对土地利益的公平分享至关重要。对土地利益关系也具有一定调节作用的其它法律制度,不管是行政法律制度、财税法律制度,或者兼有民法、行政法性质的土地征收法律制度、居住权保障制度,都必须建立在一定的地权制度的基础之上,特别是要与其中的所有权制度相适应。

2. 土地征收制度

土地征收制度,是规范和处理有关土地征收问题的法律规范的总称。传统意义上的土地征收,是指国家基于社会公共利益的需要强制将个人或集体的土地所有权移转给国家。在土地的国家所有制下,国家也可能基于社会公共利益的需要或社会经济发展的需要,强制消灭其土地上的使用权负担,收回土地使用权人使用的土地。国家强制收回自己的土地,虽然在法律性质上及国家应当负担的经济补偿上与国家强制移转他人的土地所有权不同,但是在国家动用公共权力,强制改变土地利益现状这一点上却是相同的,因此也可以纳入广义的土地征收范围予以讨论。

土地征收涉及两种土地利益关系的调整:一是私人或集体的土地利益与社会公共的土地利益的调整,在这里体现着私人利益、集体利益(在一定

---

① 《法国民法典》、《德国民法典》和《瑞士民法典》均将永佃权规定为用益权,以与地上权相区别。

程度上扩大了的私人利益)让位于社会公共利益的原则。二是国家对原土地所有人或使用人的合理补偿问题。由此可知,土地征收之如何构建,亦关系着土地利益的公平分享。另外,土地征收建立在一定的土地所有权制度与土地使用权制度之上,而且在民法上引起属于民事权利的土地所有权或使用权的变动,因此我们一并将其纳入具有民事性质的土地利益调整机制中加以研究。

3. 居住权保障制度

这里所称"居住权"不是指用益物权意义上的居住他人房屋的权利,[①]而是宪法意义上的,或者说人权意义上的,即体现"居者有其屋"之民生主义政策的基本权利。当土地按社会主义的要求实行全民所有(即国家所有)或集体所有时,法律理应按土地公有的性质,实行"居者有其屋"的民生主义政策,让国有土地和集体土地承担起保障其集体成员或人民的居住权的社会保障功能,否则就会出现"名不副实"的弊病。应当说,我国农民集体建设用地使用权制度通过对农民宅基地使用权的规定,已经赋予了农民集体土地的这种社会保障功能。所以,本子课题将要进一步研究的是城市国有土地应否负担起这项社会保障功能,以及以何种形式承担起这项社会保障功能的问题。毕竟,农民与市民都应统一到公民的框架下,予以同等对待。换言之,要让农民普遍享有市民的权利,同时也要让市民享有农民所享有的权利。

二、土地利益分享视角下我国地权制度的现状及缺陷分析

(一)地权制度是土地利益分享的基本法律制度

在前面我们已经谈到在土地利益分享法律机制中有三种主要制度,即地权制度、土地征收制度和居住权保障制度。其中,最能体现土地利益分享关系的是地权制度。从这个角度讲,地权制度应是土地利益分享的最基本的法律制度。因此,我们把研究的重点放在了对土地权利制度的研究。地权是由土地所有权和土地使用权所构成。土地所有权是一种独占性的权

---

① 传统民法上的居住权制度主要是用来解决男女双方离婚时房屋所有权归属于男方,但女方应对其中的一些房屋享有终身居住权的问题。如《瑞士民法典》第 776 条规定:"称居住权者,指可以居住于房屋或住宅的一部的权利。居住权不得让与、继承。除法律另有规定外,居住权适用关于用益权的规定"。

利,谁享有了某幅土地的所有权,就意味着谁有权垄断那幅土地,未经所有权人同意,任何其他人都不得使用那幅土地。土地使用权是指非所有人在向土地所有人缴纳一定贡赋,取得土地所有人同意的条件下,对土地所有人的土地进行占有、使用、收益的权利。尽管"平均地权"一直是人类社会追求的理想,但是由于历史条件的限制,无论奴隶制社会、封建社会或资本主义社会,可利用的土地,包括农业用地和建筑用地,总是集中在社会少部分人手中,社会的大多数人则没有土地或仅有很少的土地,这就产生了无地者或少地者使用他人土地的社会需求。于是,当土地的产出能够为土地的所有人提供一个或多或少的剩余劳动或剩余利润时,土地所有人以占有这个剩余劳动或剩余利润为目的而将自己所有的土地交给他人使用的社会经济现象也就出现了。这种经济现象在法律上的表现便是同一土地上的所有权与使用权的分离所决定的人类社会地权制度的基本构造:以调整土地利益初始分配为目的的土地所有权制度;以一定的土地所有权制度(土地的私人所有制、集体所有制或国家所有制)为基础的进一步调整土地所有人与使用人间的土地利益关系为目的的土地使用权制度。

通过对人类社会经济生活的历时的和共时的分析,不难发现,土地上的两权分离不仅是财产上两权分离的最早形态,同时也是由土地作为财富之母,即作为一切财富的原始源泉的性质所决定的。土地上的两权分离从古至今一直是人类社会财产上两权分离的典型形态和主要形态,只不过在不同的历史时期,由不同的历史条件所决定,其分离的具体形式有所不同罢了。在古代的土地氏族公有制中,存在着氏族的土地公共所有权与氏族成员的份地使用权的分离;①在中世纪的封建土地关系中,存在着由封建的人身依附关系所决定的土地所有权与使用权的层层分离。人类社会由奴隶社会、封建社会到资本主义社会演进的过程,是一个由土地公有制、封建所有制到土地私有制转换的过程。伴随这个历史进程,私有土地的租赁日益成为土地两权分离的典型形式。以土地租赁实现的两权分离,在其发展的前期阶段,其普遍的存在形态还是地主的土地所有权与靠(或主要靠)自己劳动进行耕作的个体农民的使用权的分离。但是,到了资本主义社会,随着资

---

① 这种土地制度,虽然发生于人类之原始社会,但并没有因人类社会进入奴隶制社会而消灭,在一些经济落后、封闭的地方,甚至以土地村落公有的形式延续到公元18、19世纪,如俄罗斯的一些地方,直到十月社会主义革命前都还存在着土地村落公有制。我国农村现在实行的农民集体所有制,从某种意义讲,也是一种土地村落公有制。

本主义经济的发展,则出现了地主的土地所有权与资本家对土地的投资权(包括资本家对农业用地或建筑用地的投资权)分离,或者说与租地资本家对土地的使用权的分离。对资本主义社会出现的土地所有权与农业资本家的农用地使用权的分离,马克思曾经指出:"资本主义生产方式的重要结果之一是,一方面使农业由一种单纯经验的、原来由社会最落后部分担任的刻板一样相传下来的过程,转化为农学的自觉的科学应用……另一方面又使那种当作劳动条件之一的土地,完全同土地所有权和土地所有者分离,让它对这种所有者来说不过代表一个已经确定的货币租税,那是他凭他的垄断,向产业资本家即租地农业家征收到的。当中的联系已经受到这样厉害的破坏,以至一个有土地所有权位置在苏格兰地方的地主,竟然可以在君士坦丁堡安度他的全部生活。"①

土地上的两权分离,是土地的所有者与土地使用者之间的经济关系,即土地用益关系在法律上表现。按马克思主义的历史唯物观,这种经济关系的形成当然要以一定社会生产力发展水平所决定的一定生产方式为其前提。但是,这种经济关系一旦形成,即作为人类社会中的一种事实关系便构成了法律的调整对象,从而在法律上形成相应的制度。因此,在人类的法制史上亦不乏调整土地用益关系,规定土地使用权与土地所有权分离的土地用益物权制度:在古代罗马法上,规定了土地使用权与土地所有权分离的土地役权制度,包括人役权制度与地役权制度;近代以来,在大陆法系国家的民法典上,根据资本主义经济发展的要求,在继受和改造罗马法人役权制度的基础上,规定了土地使用权与土地所有权分离的永佃权制度和地上权制度;在英国及其殖民地(包括回归前的香港),则规定了调整土地用益关系的土地批租②制度。除上述具有物权法性质的制度外,债法上的租赁制度也调整土地的用益关系,在一定程度上使土地使用权与土地所有权分离;只不过,其分离的程度不如永佃权制度、地上权制度、土地批租制度那样深刻。

土地上的两权分离,不仅在奴隶制社会和封建社会存在着社会的必然性和必要性,③即使在当今世界上,无论资本主义社会或社会主义社会,亦

---

① 〔德〕马克思:《资本论》(第3卷),郭大力译,人民出版社1966年版,第724—725页。

② 将若干年内的土地使用权一次出让给土地使用(经营)单位。土地批租的费用,即土地使用权出让金。

③ 因为在奴隶制社会和封建社会,不事生产的奴隶主和封建贵族凭借其政治权力获取了土地所有权,而靠耕作为生农奴或农民则不享有土地所有权。

仍然存在社会的必然性和必要性。在资本主义国家,存在土地私有制与生产社会化的矛盾,通过土地的两权分离实现土地的社会化利用,是缓解和克服这一矛盾的唯一途径。在社会主义国家,土地所有权的高度集中与其相对低下生产力发展水平也是不相适应的,需要运用两权分离的形式将国家所有的或集体所有的土地交给一定组织或个人使用。就土地的所有者与使用者而言,两权分离也是当事人双方利益的需要。土地交易并不限于一方支付价金、另一方移转土地所有权的交易,双方协商由一方将土地交他方有偿使用也是一种交易。后一种交易就是通过土地所有权与使用权的分离来实现的。这种交易方式,于土地所有者方面,可以避免土地的闲置、浪费,使土地所有者获得长期的收益;于土地使用者方面,则可以以远远低于购买价格的费用使用他人土地从事商品生产经营活动,赚取利润。由于这种交易方式对财产所有者与使用者皆有利可图,使双方在交易中呈双赢的局面,因此随着商品经济的发展,这种交易方式越来越得到广泛的运用,以至在大陆法系国家的物权法上呈现出用益物权与所有权共领风骚的局面。而大陆法系国家规定的用益物权,其中最重要的就是土地使用权,包括农用地的永佃权与建设用地的地上权。

以土地所有权与土地使用权分离为特征的,包括土地所有权制度与土地使用权制度在内的地权制度,虽然一直是人类社会自国家、法律出现以来调整土地利益关系的基本法律制度,但是由于历史条件的限制,历史上形成的地权制度总是存在这样那样的缺陷,未尽合理,离"平均地权"的社会理想相去甚远。因此,在人类社会土地利益冲突一直联绵不断,不仅历史上的奴隶起义和农民革命皆因尖锐的土地利益冲突而生,皆以推翻旧政权,夺取旧政权的统治阶级的土地,重新配置地权为目标,就是中国共产党领导的无产阶级革命的第一阶段也被历史赋予了"土地革命"①的称谓。我国目前实行的以土地的两种公有制为基础的地权制度,虽然较之于以土地的奴隶主所有制、封建贵族所有制、资本主义私有制为基础的地权制度远为公平合理,但是这套制度离平均地权、社会各阶层公平分享土地利益的理想仍有距离,因此在我国,各种各样的土地利益冲突仍时有发生,并呈愈演愈烈之势。特别是随着我国工商业经济的发展,城市外延的扩展,城市建设用地的高额级差地租利益已经成为郊区农民与地方政府争夺的焦点。与此同时,城市

---

① 土地革命(1927—1937),指第二次国内革命战争时期,共产党在革命根据地开展打土豪、分田地、废除封建剥削和债务,满足农民土地要求的革命。

中不断攀升的地价和房价,以及富者广厦千万间、贫者无栖身之所的社会两级分化,也为广大城市贫民所普遍不满。这一切说明,以平均地权、公平分享土地利益为价值取向,改革和完善我国的地权制度,已成为我们必须认真思考和研究的重大课题。

(二)我国地权制度的现状及其历史成因

我国现行地权制度的基本结构是:其一,土地所有权制度。我国的土地所有权制度,既不同于奴隶社会的奴隶主所有制,封建社会的封建贵族所有制,也不同于资本主义社会的私有制,还不同于前苏联的国有制,实行的是城市土地归国家所有,农村土地既可以归国家所有,又可以归农民集体所有的土地所有权双轨制。我国宪法第十条规定:"城市的土地归国家所有。农村和城市郊区的土地,除由法律规定属于国家所有的外,属于集体所有;宅基地和自留地、自流山,也属于集体所有。"我国《土地管理法》第8条规定:"城市市区的土地属于国家所有。农村和城市郊区的土地,除依法属于国家所有的外,属于农民集体所有;宅基地和自留地、自流山,属于农民集体所有。"第10条规定:"农民集体所有的土地依法属于村农民集体所有的,由村农民集体经济组织或者村民委员会经营、管理;已经分别属于村内各两个以上农村集体经济组织的农民集体所有的,由村内各该农村集体经济组织或者村民小组经营、管理;已经属于乡(镇)农民集体所有的,由乡(镇)农村集体经济组织经营、管理。"2007年3月16日通过的《中华人民共和国物权法》第47条、第58条、第60条对土地所有权制度亦有类似于《土地管理法》第8条、第10条的规定。其二,土地使用权制度。我国的土地使用权制度,是以土地所有权双轨制为基础的土地使用权制度,它虽然与其他国家的土地使用权制度一样,根据土地的不同用途分别规定了农用地使用权制度与建设用地使用权制度,但是基于土地所有权的双轨制,却有着不同于其他国家土地使用权制度的特色。首先,基于农民集体土地所有权,对农民集体所有的或者国家所有交给农民集体使用的农用地实行了以农户家庭承包为基本形式的承包经营制度。对此,《农村土地承包法》第3条做了如下原则规定:"国家实行农村土地承包经营制度。农村土地承包采取农村集体经济组织内部的家庭承包方式,不宜采取家庭承包方式的荒山、荒沟、荒丘、荒滩等农村土地,可以采取招标、拍卖、公开协商等方式承包。"其次,基于维护城市市区土地归国家所有,国家掌握建设用地供应主渠道,占有建设用地高额极差地租利益之目的,在土地所有权双轨制的基础上,亦实行了建设用地使用权的双轨制。对国有建设用地使用权之适用范围及出让、转让、出租等没有任何限制,而对农民集体所有的建设用地使用权的适用范围及出让、转让、出租等则实行了严格的限制。如《土地管理法》第 43 条规定:"任何单位和个人进行建设,需要使用土地的,必须依法申请使用国有土地;但是,兴办乡镇企业和村民建设住宅经依法批准使用本集体经济组织农民集体所有的土地的,或者乡(镇)村公共设施和公益事业建设经依法批准使用农民集体所有的土地除外。"第 63 条规定:"农民集体所有的土地的使用权不得出让、转让或者出租用于非农业建设;但是,符合土地利用总体规划并依法取得建设用地的企业,因破产、兼并等情形致使土地使用权依法转移的除外。"

我国现行地权制度的形成经历了建国初期的土地改革、20 世纪 50 年代后期至 60 年代初期的城乡社会主义改造、20 世纪 70 年代末至 90 年代初针对农村土地共耕制和城市土地无偿划拨使用制而进行的以社会主义市场经济为主要导向的土地使用制度改革,以及将历次改革形成的立法成果及政策成果一并纳入作为民事基本立法之一的《中华人民共和国物权法》中等四个历史阶段,历时五十余年。

中国共产党领导的新中国成立后,由中国革命的阶段性特征所决定,中国共产党没有像俄罗斯十月社会主义革命成功后俄共所作的那样,立即宣布全国城乡土地一律归国家所有,而首先实行的是具有新民主革命性质的土地改革,通过采取剥夺地主的土地和富农多余的土地平均分给农村农业人口(包括农村佃耕农、富农和居住在农村的地主在内)的革命手段,将我国农村原来存在的地主的土地私有制变革成了个体农民的土地私有制。与此同时,在城镇,在继续承认资本主义私营工商业和个体工商业合法存在的同时,亦承认土地的私人所有权。

但是,包括土地改革在内的新民主主义革命,并非中国共产党领导的无产阶级革命的政治目标,其政治目标是要建立以生产资料公有制为基础的,实行"各尽所能、按劳分配"原则的社会主义,并在大力发展社会生产力的基础上逐步过渡到实行"各尽所能、按需分配"的共产主义社会。因此土地改革完成不久,便在全国城乡立即开展了社会主义改造运动(1953—1956)。我国农村的社会主义改造,经历互助组、初级农业生产合作社、高级农业生产合作社等发展阶段,最终建立了政社合一的农村人民公社组织,并于 20 世纪 60 年代初期制定的有关人民公社的政策性文件中对农村土地及其他生产资料确立了人民公社、生产大队、生产队三级所有、生产队为基础的生产资料集体所有制。在城镇社会主义改造中，对资本主义私营性质的工商企业通过公私合营，逐步转变成了国营企业；对个体手工业和个体商店，则通过合作化的途径，逐步转变成了集体经济性质的合作社或合作商店。就这样，通过社会主义改造，在我国城镇建立起了国有和集体所有两种工商业经济。但是，与农村不同的是，在城镇土地问题上，并没有随着城镇社会主义改造的完成宣布城镇集体工商企业占有的土地归企业集体所有，城镇居民占有的宅基地归街道集体所有，而是一直保持沉默，直到1982年制定新宪法时，才由宪法宣布城镇土地归国家所有。基于社会主义改造而产生的城乡集体经济组织，都是性质相同的社会主义公有经济组织，为什么对农村集体经济组织占有的土地配置了土地所有权，而对城市集体经济组织占有的土地又不配置土地所有权呢？这是谁都无法作出解释的问题，而事实上我国立法机构也从未对此作出任何解释。

人类社会反反复复的历史经验告诉我们，一个国家的某个历史进程或历史事件所产生的某种结果，即使并不符合理性的要求，但是由于历史惯性的作用，它也会在一定历史条件下和一定历史期间内影响甚至决定相关的政治、经济制度，直到新的历史变革发生为此。我国社会主义改造运动在土地问题上产生的结果——城乡分割的土地所有制形态也不例外，它不仅在旧的计划经济体制时期决定着我国城乡土地的利用制度，而且在新的经济体制改革时期亦决定着我国新一轮土地制度改革的范围、内容和进程。

在旧的计划经济体制时期，农村土地的农民集体所有制与国家对农村农业经济的计划领导相结合，决定了农村土地在政府的安排下以初级农业生产合作社、高级农业生产合作社、人民公社或人民公社的生产大队、生产队为单位的共耕制，以及由这种共耕制所决定的，对农民个人参与集体耕作的劳动实行评工计分，在集体完成向国家交纳公粮、出售余粮的计划任务的前提下按工分分配集体农副产品及集体货币收入的分配制度。而城镇土地的国家所有制①与国家对城镇工商业经济的计划领导相结合，则决定了在对城镇资本主义工商业、个体手工业的社会主义改造完成后，在基本承认机关、团体、企事业单位（包括集体所有制企事业单位）和居民个人历史形成的土地占有状态的基础上，对新的用地需求则实行着由市、镇人民政府按计

---

① 在城镇社会主义改造完成时及其以后一段时间里，虽然没有立法文件或政策文件宣布城镇土地归国家所有，但实际实行的是国家所有、企业及城镇居民无偿使用的制度。对城镇新增的建设用地需求，则由政府无偿划拨。

划无偿划拨、调剂的制度。即使新增的建设用地是人民公社、或其生产大队、生产队集体所有的土地,也由政府无偿划拨,政府的义务只是将失去土地的农业人口转为城镇居民户口并进行工作安置,对人民公社或其生产大队、生产队并无征收补偿一说。

由于计划经济体制的低效益甚至无效益,实行计划经济体制的各社会主义国家的经济发展水平不仅未能像预期的那样赶上和超过发达资本主义国家,相反与发达资本主义国家的经济发展水平相比,越来越拉开了落后的距离。这显示出了市场经济在效益价值上的优越性。因此,从上个世纪七、八十年代开始,各社会主义国家差不多都先后开始了由计划经济体制向市场经济体制过渡的经济体制改革。但是,各社会主义国家由于其具体国情的不同,改革的路径选择是并不相同的。前苏联和东欧各国,由于共产党在政治动荡中丧失了执政权,遂选择了包括土地私有化在内的全盘私有化的改革路径;而在我国共产党作为执政党则选择了以公有经济为主体的、各种经济成分共同发展的改革路径。我国经济体制改革的路径选择,对我国自上个世纪七十年代末期开始的新一轮土地制度改革产生了如下影响:

一是由我国经济体制改革的总的路径选择所决定,迄今为止我国土地制度的改革,都局限于土地利用关系的改革,对作为社会主义改造结果而形成的土地归属关系,即土地的两种公有形式,则没有任何触动。这种改革在法律上表现为土地使用权制度的改革,而不是土地所有权制度的改革。

二是由于以农民集体所有制为基础的土地共耕制的无效益,使我国长期处于农产品短缺状态甚至饥馑状态,废除以农民集体所有为基础的农用地共耕制显得格外紧迫,因此在我国新一轮土地制度改革中,农地利用关系的改革早于建设用地利用关系的改革。建设用地利用关系的改革是在农地利用关系改革取得一定成效后才开始的。

三是在农村土地的农民集体所有制下,由农户作为平等的集体成员的身份地位所决定,再加上农民集体土地对农户所承担的保障功能,农民集体土地利用关系的改革只能采取按人口平分土地到户的承包经营形式,无法像国有的"四荒地"那样采用招标、拍卖等方式进行开发利用。

四是由城市土地所承担的建设用地功能所决定,我国建设用地的利用关系的改革主要在城市展开。我国城市土地利用关系的改革,由其全民所有制具有的开放性所决定(土地使用人无任何资格限制),可以根据不同情况采用土地使用权出让、租赁、划拨等灵活多样的形式。同时,在城市化进程中,即城市外延的不断扩大中,为维护城市市区土地的全民所有制,确保城市土地一律归国家所有,对农民集体土地的非农业利用采取了种种限制措施,由此在城乡不同的土地所有制的基础上建立起了两套不同的建设用地使用权制度。

五是由于农村土地集体所有制天然存在的封闭性(主要表现为作为土地所有人的乡、村及村民小组等基层社区组织的狭窄的地域性和土地使用人原则上须是集体成员之资格限制),尽管农民集体土地的使用制度改革先于城市全民所有制土地使用制度改革,但是农民集体土地在使用权层面上的市场化程度远不如城市全民所有制土地在使用权层面上的市场化程度高,其改革的绩效也远不如城市全民所有制土地使用制度改革。

(三)我国现行地权制度的缺陷与失衡的土地利益分享

在我国地权制度的上述结构中,对农村土地(包括农民集体所有的农用地及国家所有交给农民集体使用的农用地)实行的按农村人口平均分配,以农民家庭为单位进行承包经营的农用地使用权制度,就土地利益在农民间进行分享的角度言,它是公平的,并无值得挑剔的地方。它的问题不是公平问题,而是效益问题,是农用地按农业人口平均分配所造成的细碎分割不适应现代大农业经济发展要求的问题。因此,从土地利益公平分享角度来研究我国的地权制度,应着重于其土地所有权双轨制及以土地所有权双轨制为基础的建设用地使用权双轨制。

1. 土地所有权双轨制与失衡的土地利益分享

这里所称"双轨制",是指我国现行法(包括宪法、民法通则、土地管理法、物权法等法律)所规定的城镇土地归国家所有,农村土地依法归国家所有或农民集体所有的土地所有权制度。

我国 20 世纪 50 年代开始的社会主义改造运动结束以后,在我国广袤的农村地区,从法律形式看,似乎既有归农民集体所有的土地,也有归国家所有的土地,但从土地的地理位置和经济价值看,占有重要地位的并非国家所有的土地,而是农民集体所有的土地。因为我国农村土地的农民集体所有制是在土地改革时分给每个农村人口私有土地、房屋的基础上,即变革封建地主土地私有制为个体农民土地私有制的基础上,经过农业合作化运动和人民公社化运动形成的;而在举国上下、声势浩大的土地改革中,几乎所有为农村人口占有、耕作及做其他利用的土地,包括村庄公共用地、农田、山林、草场、鱼塘等,都悉数分给了农村人口,而留给国家所有的土地则几乎都是无人占有和耕作的不毛之地。再从我国现行法关于农民集体土地所有权的规定看,农民集体土地的所有权主体包括乡农民集体、村农民集体或村民小组农民集体,完全覆盖了我国农村所有的基层社区组织。这意味着我国农村基层社区占有的所有土地都属于农民集体所有。由此可见,中国的社会主义改造所造就的土地所有制实际上是由国家与农民(尽管在"农民"二字的后面贴上了"集体"之社会主义标签)分割城乡土地的所有制。

我国现行的由国家与农民阶层分割城乡土地的土地所有权制度,是当今世界少见的畸形的土地所有权制度,不仅西方资本主义国家没有实行这种土地所有权制度,就是作为社会主义国家的苏联及东欧各国也没有实行这种土地所有权制度。我国的这种土地所有权制度,虽然有其形成的历史根源,其运行也在一定程度上推动了我国社会经济的发展,但是从根本上说是一项极不公平的土地所有权制度,甚至比资本主义私有制下的土地所有权制度还不公平。因为以资本主义私有制为基础的土地所有权制度虽然会导致土地的私人垄断,从而造成土地实际利益分享的不公平,但是至少它在法律形式是公平的:无论国家、企事业单位、社会团体及公民个人都有取得土地所有权的权利能力。而按我国现行的土地所有权制度,除国家外,唯有农民阶层才能以其基层社区(乡、村或村民小组)集体的名义取得土地所有权,而其他社会阶层,如工人阶层、资产者阶层、国家公务员、城镇自由职业者等一切非农业人口,对其居住、生活、劳动、工作的土地都不能以其基层社区集体的名义取得所有权。这意味着,我国的土地所有权制度被打上了社会阶层的烙印,社会不同阶层之集体及其成员在土地权利能力上是不平等的。

依照有关公平的科学理论,公平可分为形式公平与实质公平两种类型。形式公平是指获取利益的机会公平,表现在法律上就是权利能力平等。实质公平是指利益之实际享有的公平。民法的公平原则所追求的公平,是法律形式上的公平,即社会成员不分阶层,人人都享有平等的民事权利能力。民事权利能力是取得包括人身权和财产权在内的民事权利的资格,民事权利能力的平等即意味着人们获取人身利益和财产利益的机会的公平。尽管法律形式上的公平并不等于实质公平,在实现法律形式公平的条件下仍然可能出现实质上并不公平的社会现象,但是法律形式上的公平是达成实质的前提,没有法律形式的公平,就会更加远离实质公平。也许人类社会永远都实现不了实质公平,但是我们应当选择最为公平的法律形式去接近实质公平。

我国的土地所有权双轨制虽然对我国城镇社会各阶层自始就是不公平

的,但是这种不公平并未引发城市社会各阶层与农民阶层的土地利益冲突,也未受到社会的普遍关注。究其原因,其一是,在计划经济体制时期,城市居民及其集体虽然在法律形式上不享有土地所有权,但却实实在在地享有着对国有土地的无偿使用权。在城乡居民都无偿使用其占有的土地的情况下,是在土地所有权层面使用土地或者在土地使用权层面使用土地,也就无关紧要,土地所有权双轨制法律形式上的不公平也就因此而被掩盖。其二是,我国法律虽然在形式上赋予了农民集体土地所有权,但是并未对农民集体土地所有权配置所有权应有的完整权能,其突出的表现就是农民的集体土地所有权不含所有权最为重要的权能——处分权能①。在上个世纪七十年代末八十年代初开始的以开放城市土地市场为价值取向的建设用地使用权制度改革中,不仅为农用地转建设用地设置了行政审批的关口,而且特别规定了城市发展规划区的建设以及城市发展规划区外的能源、交通、水利、矿山等重要项目的建设,需要使用农民集体所有的土地时,须经政府先行征收转为国有土地,然后才能用于建设目的之先征后用原则。先征后用原则的实行则避免了其他社会阶层与农民阶层为争夺建设用地高额极差地租利益的正面冲突。

先征后用原则的实施,虽然避免了其他社会阶层与农民阶层正面的土地利益冲突,但是却引发了城市郊区农民与地方政府、城市贫民与地方政府的土地利益冲突。一方面,随着城市土地市场的建立,人们惊奇地发现城市建设用地会给土地所有权人带来高额的极差地租利益,于是将关注的眼光逐步朝向我国的土地所有权制度。首先是城乡结合部的农民,他们眼见政府以低价将其土地征收,然后高价转让出去,从中获取了巨大的经济利益,于是失去心理平衡,群起向政府争取土地权利和土地利益。与此同时,一些学者也以农民利益代言人自居,他们不仅从理论上论证了农民集体土地所有权与国家土地所有权的不平等,呼吁政府赋予农民集体完整的、与国家平等的土地所有权,而且引用土地私有制国家土地征收的先例,要求政府将土地征收限定在狭隘的公益征收范围之内,②允许农民集体不经征收而直接

---

① 按照经济学理论,作为所有权,即财产权,对它的拥有者应当具备的权能是:占有权、使用权、处分权、收益权。

② 参见王富博:"土地征收的私权保护——兼论我国土地立法的完善",载《政法论坛》2005 年第 1 期;王庆功、张宗亮:"农村土地征收中的利益博弈及其解决途径",载《东岳论丛》2009 年第 1 期;吕焱:"农村集体土地征收引发社会冲突的成因及对策",载《调研世界》2010 年第 1 期。

向城市工商企业和房地产开发商出让非公益建设用地。① 对公益征收的土地,他们亦要求按建设用地之市价补偿农民;另一方面,随着国有建设用地出让金的不断攀升②,亦引起了作为建设用地高额极差地租支付者的工商企业和城镇居民对政府的不满。特别是城市居民住房商品化改革后,由商品房建设用地出让金的攀升带动起来的房价攀升引起了城市工薪阶层的普遍不满,尤其是购买不起商品房的城市贫民的强烈不满。③

　　2. 建设用地使用权双轨制与失衡的土地利益分享

　　如前所述,我国建设用地使用权制度与西方大陆法系国家民法典规定的可统一适用于城乡建设用地的、也不管土地所有权人是谁的地上权制度有所不同,而是在我国土地所有双轨制的基础上形成了建设用地使用权双轨制。因此,在检讨我国建设用地之土地利益分享是否存在利益失衡问题时,须分别检讨城市国有建设用地使用权制度与农村农民集体所有建设用地使用权制度。

　　(1)城市国有建设用地使用权制度的缺陷与失衡的土地利益分享。我国现行城市建设用地使用权制度,是改革计划经济体制时期实行的以无偿、无期为特征的行政划拨土地使用制的产物。我国计划经济体制时期实行的行政划拨土地使用制虽然解决了土地私有制造成的土地私人垄断问题,实现了共产党人理想中的土地公正分配,但它同时又产生了一个共产党人始料不及的问题,这就是:否定了土地的商品属性,使社会主义国家手中掌握的土地无法实现其应有的经济效益。尽管共产党人的导师们早就指出过"消灭土地私有制并不要求消灭地租"④,"所谓归国家所有,就是说国家政权机关有获得地租的权利,并且由国家政权规定全国共同的土地占有和土地使用的规则"⑤,但是在无偿、无期的行政划拨使用制下,由于土地不能进入市场流通,并未能如导师们所指示的那样使国家政权机关获得城市土地的级差地租利益(按马克思的级差地租理论,城市土地是可以产生高额级差地租利益的。),使我国城市土地与农村土地一样长期处于低效益甚至无

---

　　① 参见王永莉:"国内土地发展权研究综述",载《中国土地科学》2007 年第 3 期;王海鸿、杜茎深:"论土地发展权及其对我国土地征收制度的创新",载《中州学刊》2007 年第 5 期;王碧峰:"我国农地非农化问题讨论综述",载《经济理论与经济管理》2007 年第 6 期。

　　② 2007 年,南京共计卖地 122 幅面积 780 多公顷,成交金额 386.2 亿元;2008 年则卖地 53 幅面积超过 515 公顷,成交金额 137.2 亿元。http://nj.focus.cn/news.

　　③ 参见"高房价重压下的青春",载《半月谈》2010 年第 2 期。

　　④ 《列宁全集》(第 3 卷),人民出版社 1995 年版,第 162 页。

　　⑤ 《列宁全集》(第 16 卷),人民出版社 1988 年版,第 302 页。

效益的状态。于是,在 20 世纪 80 年代末期,随着我国经济体制改革的深入,计划经济向市场经济的逐步过渡,也就开始了以开放城市土地市场为目标的国有建设用地使用制度的改革。1987 年 4 月,国务院第一次提出了土地使用权可以有偿转让的政策,并同时在天津、上海、广州、深圳四城市进行土地使用权有偿出让的试点。1988 年 4 月,七届全国人大第一次会议根据中共中央的建议修改了《中华人民共和国宪法》第 10 条第 4 款,废除了土地不得出租的规定,增加了"土地的使用权可以依照法律的规定转让"的内容。1988 年 12 月,七届全国人大常委会第五次会议又进一步修改了《土地管理法》第 2 条,补充规定了"国家依法实行土地有偿使用制度","国有土地和集体所有的土地的使用权可以依法转让",并授权国务院制定国有土地有偿使用和土地使用权转让的具体办法。根据全国人大常委会的授权,国务院以我国城镇建设用地之有偿出让和转让作为改革我国土地使用制度的突破口,于 1990 年 5 月 19 日制定了《中华人民共和国城镇国有土地使用权出让和转让暂行条例》。1994 年 7 月 5 日,第八届全国人大常委会第八次会议又进一步制定了《中华人民共和国城市房地产管理法》,对我国城市建设用地使用权的出让及房地产开发、交易、登记等问题作了更为全面的规定。1998 年 8 月 29 日修订的《土地管理法》第 5 章则以"建设用地"为标题,分别规定了国有建设用地使用权、农民集体所有建设用地使用权,以及通过土地征收途径将农民集体土地转为国有建设用地等问题。2007 年 3 月 16 日制定的《物权法》,则在吸纳上述法律、法规有关规定的基础上,从民事角度构建起了国有建设用地使用权制度和农民宅基地使用权制度。而对农村除农民宅基地外的其他建设用地问题,该法第 151 条规定:"集体所有的土地作为建设用地的,应当依照土地管理法等规定办理。"上述立法的相关规定共同构成了我国现行城市建设用地使用权制度的基本内容。

如果从《中华人民共和国城镇国有土地使用权出让和转让暂行条例》施行之日(1990 年 5 月 19 日)算起,我国现行城市建设用地使用权制度已在中国大地实施了近 20 年。从该制度实施的客观效果上看,我们可以做出这样的评价:一方面,它开放和激活了我国城市土地市场,造就了我国十分可观的城市房地产业,同时给政府带来了极大的级差地租利益,促进了我国城市建设和交通运输等基础设施建设的快速增长;但是,这一制度之实施在取得重大积极效果的同时,也带来了人们始料不及的但又不能不正视的一系列消极后果。其主要的消极后果有:诱发了地方政府的圈地风,导致大量良田沃土被征收、征用,对我国经济的持续发展产生了不利影响;土地利益分享失衡,引发了失去土地的郊区农民和住房被强制拆迁的城市居民与政府间的尖锐的土地利益冲突,更潜伏着城市居民、工商业者与政府间的更大的土地利益冲突;土地使用权出让成了官商勾结、腐败政府官员的一个可怕温床。这些消极后果既有经济上的,也有政治上的,但更多的是政治上的消极后果。以党中央以民为本的指导思想及土地利益公平分享的价值观念来审视我国现行城市建设用地使用权制度,我们认为我国现行城市建设用地使用权制度,由于历史的局限①,无论在立法指导思想上,或者在制度设计上,都还存在着诸多缺陷和问题。

1)立法指导思想上的问题。立法指导思想涉及法律之价值取向和本位选择两个问题。我们认为,我国现行的有关建设用地使用权的立法,无论在价值取向上或本位选择上,都还存在一定问题。这些问题归结起来,主要是:

第一,在对旧的以无偿、无期为特征的行政划拨土地使用制进行改革时,忽略了社会主义全民所有制的精神,没有正确理解以社会主义全民所有制为基础的国家所有权的性质及其真正内涵。马克思主义所设想的全民所有制,指的是全体人民共同所有,全民财产在经济上属于全体人民,国家仅处于代表全民行使财产所有权的地位。这决定了以社会主义全民所有制为基础的建设用地使用权制度的根本价值取向只能是全体人民的利益,包括作为全民一分子的个体(每一个城市居民)享有一片阳光、占有一块宅基地的土地利益。

第二,没有反映出“三个代表”重要思想蕴含的“以民为本”的思想精髓,片面强调甚至完全站在了政府追求高额级差地租利益的立场上,漠视了对土地使用者(即土地全民所有制下的人民大众)利益的维护。我国现行建设用地使用权制度也不符合“三个代表”重要思想体现的“以民为本”的精神。在21世纪之初,党中央明确提出了“三个代表”重要思想。接着,围绕“三个代表”不仅在第一逻辑层面上提出了“立党为公、执政为民”,而且

---

① 我国城市建设用地使用权制度改革是在缺乏历史经验的条件下进行的,难于避免一种倾向掩盖另一种倾向的片面性。我国城市土地使用权制度改革所针对的是计划经济体制时期实行的虽然公平但毫无效益的行政无偿划拨制度,效益自然成为改革追求的目标,从而导致人们对效益的热情追求,以至忘记了对公平的兼顾,甚至忘记了社会主义全民所有制的性质,也就谈不上对改革可能产生的消极后果的预见和预防。

在第二逻辑层面上又提出了"行政为民、司法为民、检察为民",但是迄今为止就是没有人提"立法为民"。我们认为,在法制社会,如果不提"立法为民",那么"行政为民、司法为民、检察为民"便只能是一句空话。特别是与人民生活密切相关的土地使用权立法,必须十分强调"以民为本"的政治理念和"耕者有其田、居者有其屋"的民生主义思想,优先确认和保护人民在土地的社会主义全民所有制下所应当享有的土地权利。

第三,在土地使用权出让金的收取和分配上,没有遵循马克思的地租理论,存在不公平的问题。在城市土地的社会主义全民所有制下,政府对城市土地地租(在我国现行土地制度下表现为土地使用权出让金)的收取绝不是越多越好,而是要有所控制,并对已收取的地租进行公平合理地分配。对城市建设用地(马克思称为"建筑地基")之高额地租,包括这种地租产生的原因及本质,马克思在《资本论》第三卷中都做了精辟的论述。按马克思的建筑地基地租理论,这种高额地租的产生有以下原因:土地的地理位置;因城市人口增加而增长的对住所的需求;对土地投入的固定资本的增长;建筑投机。在私有制下,这种地租是"社会一部分人在这里向另一部分人要求一种贡物,作为在地球上居住的权利的代价";是"地主剥削地体,剥削地中心,剥削空气,并从而剥削生命维持和发展的权利"。① 马克思的这些论断虽然是针对土地私有制提出来的,但是对我们在土地社会主义公有制下处理土地使用权出让金的收取和分配问题仍然具有重要的理论指导意义。

2)制度设计上的问题。我们认为在制度设计上主要有以下问题:

第一,有关城市建设用地使用权设定方式的规定存在的问题。我国在法律传统上属大陆法系国家,但是让我们感到惊奇的是,我国其他方面的立法都紧随西方大陆法系国家的传统制度,唯独城镇建设用地使用权制度毫不犹豫地采纳了英国的土地批租制度,②全然抛开了西方大陆法系国家的以年租方式设定建设用地使用权的方式。我国法律继受的这一特殊现象固然与中英土地所有权制度有些类似相关,但最为主要的原因还是英国的土地批租制度契合了我国政府追求高额级差地租利益的欲望。我国之土地使用权出让制度,亦如英国当年,诱发了"圈地运动"。政府圈占土地之结果,也一如英国的圈地运动,利弊参半,尤值反思。其利的一面是:它开启了我

---

① [德]马克思:《资本论》(第3卷),郭大力译,人民出版社1973年版,第903—904页。
② 即在设定建设用地使用权时,土地所有人一次向土地使用权人收取若干年限的租金。这种设定建设用地使用权的方式,在我国法律上改称为土地使用权出让。

国城市土地市场,为政府的市政建设和公益设施建设积累了大量的资金,促进了我国城市房地产业的形成和发展,加快了我国城市现代化的进程。其弊的一面是:乱圈耕地的结果,影响农业经济的发展;大批郊区农民失去土地,在原有农民问题的基础上又形成了新的农民问题;爆发了政府与失去耕地的农民和失去宅基地的市民的利益冲突,给我国城市社会添加了两个不稳定因素;由于土地资源的有限性,圈地风终有被刹住之时(为刹住地方政府的圈地风,我国中央政府已经采取了一定措施),在这种情况下政府一次花掉土地的几十年的租金,势必影响城市今后的建设和的发展,这是不符合胡锦涛同志所倡导的科学发展观的。①

第二,有关城市建设用地使用权期限届满之法律后果的规定存在的问题。关于城市建设用地使用权期限届满应如何处理的问题,我国现行法有两条原则规定:一是土地使用权期限届满,土地使用权人可以申请续期,与土地使用权出让方重新签订土地使用权出让合同,并再次缴纳土地使用权出让金;二是土地使用权人未申请续期或者其申请未获批准的,"土地使用权及其地上建筑物、其他附着物由国家无偿取得。"抛开人民对土地的自然权利和我国城市土地的社会主义全民所有制性质不论,仅就民法之原理而言,如果说土地使用权期满土地所有权人无偿收回土地还有道理的话,那么他在不批准使用权人续期的情况下还同时无偿取得本属于土地使用权人的建筑物也就蛮横无理了。这一不公正的规则表明,政府在制定这一规则时没有摆正自己的立场,完全是在为自己谋求不合理利益进行立法。②

第三,有关建设用地使用权期前收回的规定存在的问题。对国有建设用地使用权之期前收回问题,我国现行法规定了两种不同情形:一是建设用地使用权期间届满前,因公共利益需要提前收回土地的;二是未按土地使用权出让合同约定的土地用途、动工开发期限满两年而未动工开发土地的。对第一种情形,《物权法》第148条规定了"应当依照本法第42条的规定对该土地上的房屋及其他不动产给予补偿,并退还相应的出让金"的法律后

---

① 2004年胡锦涛在中央人口资源环境工作座谈会上讲话时就曾指出:"坚持以人为本,全面、协调、可持续的发展观,是我们以邓小平理论和'三个代表'重要思想为指导,从新世纪新阶段党和国家事业发展全局出发提出的重大战略思想。"参见《中国国土资源报》2004年4月6日第一版。我们认为,胡锦涛在这里阐明的科学发展观,即以人为本的全面、协调和可持续的发展观念,也应当成为改革我国城镇建设用地使用权制度乃至整个物权法的指导思想。

② 参见《土地使用权出让和转让暂行条例》第40—41条,《城市房地产管理法》第21条。

果,当无问题。对第二种情形,《城市房地产管理法》第25条规定了"无偿收回土地使用权"的法律后果。我们认为这一规定违背了有关违约责任之法理,是不公平的。

(2)农村集体所有建设用地使用权制度的缺陷与失衡的土地利益分享。从法律形式看问题,农民集体建设用地使用权制度,似乎是与国有建设用地使用权制度相平行的土地使用权制度。但是,从立法精神和法律实质看问题,农民集体建设用地使用权制度则与国有建设用地使用权制度中的划拨使用权制度一样,处于服从于、服务于国有建设用地出让使用权制度的配套制度的地位。在我国建设用地使用权制度的体系结构中,国有建设用地出让使用权制度以开放国有建设用地使用市场为价值取向,以最大限度实现国有建设用地价值为目的,在我国建设用地使用权制度的体系结构中处于核心地位;而国有建设用地划拨使用权制度与农民集体所有建设用地使用权制度,则处于配合国有建设用地出让使用权制度实施的两翼。国有建设用地使用权制度与农民集体建设用地使用权制度的这种地位,集中反映在其立法目的上。就这两项制度的立法目的而论,我们虽然不能否认它们带有满足特殊建设用地需要之目的,但我们同样不能否认的是,它们还同时带有确保国有建设用地出让使用权制度的适用空间,维护国家对建设用地市场的垄断地位,独占建设用地高额级差地租利益的目的。出于这一目的,我国现行法对国有建设用地划拨使用权与农民集体所有建设用地使用权给予了种种限制。现行法对农民集体所有建设用地使用权的限制,集中体现在以下三个方面:

1)适用范围的限制。农民集体建设用地使用权制度之适用,在空间范围上受到现行法规定的先征后用原则的限制。先征后用原则对农民集体建设用地使用权制度适用的空间范围给予了以下两方面的限制:

第一,城市发展规划区内的建设用地不适用农民集体建设用地使用权制度。我国《城市房地产管理法》第8条规定:"城市规划区内的集体所有的土地,经依法征用转为国有土地后,该幅国有土地的使用权方可有偿出让。"

第二,城市发展规划区外的能源、交通、水利、矿山、军事设施等建设用地,也不适用农民集体建设用地使用权制度。《土地管理法实施条例》第23条规定:"能源、交通、水利、矿山、军事设施等建设项目确需使用土地利用总体规划确定的城市建设用地范围外的土地,涉及农用地的,按照下列规定办理:……(二)建设单位持建设项目的有关批准文件,向市、县人民政府土地行政主管部门提出建设用地申请,由市、县人民政府土地行政主管部门审查,拟定农用地转用方案、补充耕地方案、征用土地方案和供地方案(涉及国有农用地的,不拟定征用土地方案),经市、县人民政府审核同意后,逐级上报有批准权的人民政府批准。……(三)农用地转用方案、补充耕地方案、征用土地方案和供地方案批准后,由市、县人民政府组织实施,向建设单位颁发建设用地批准书。有偿使用国有土地的,由市、县人民政府土地行政主管部门与土地使用者签订国有土地有偿使用合同;划拨使用国有土地的,由市、县人民政府土地行政主管部门向土地使用者核发国有土地划拨决定书。"

2)使用主体与使用目的的限制。《土地管理法》第43条规定:"任何单位和个人进行建设,需要使用土地的,必须依法申请使用国有的土地;但是,兴办乡镇企业和村民建设住宅依法批准使用本集体经济组织农民集体所有的土地的,或者乡(镇)村公共设施和公益事业建设经依法批准使用农民集体所有的土地除外。前款所称依法申请使用的国有土地包括国家所有的土地和国家征用的原属于农民集体所有的土地。"本条规定反映出这样一种立法精神:在使用主体方面,只有作为土地所有者的农民集体及其成员才有资格申请使用农民集体所有的建设用地;本农民集体社区外的任何主体(包括单位和个人)的任何建设项目,都不能申请使用农民集体所有的土地(例如,本农民集体社区外的个人,无论是城镇居民或农民,就不能申请使用本农民集体社区内的土地建设住宅);在使用目的方面,哪怕是作为土地所有者的农民集体或者是作为其成员的单位和个人,离开法律许可的四种使用目的,都不能使用农民集体土地进行建设活动(例如,作为土地所有者的农民集体就不能利用自己所有的土地进行商品房开发活动①)。

3)使用权设定方式及使用者权能限制。《土地管理法》第63条规定:"农民集体所有的土地的使用权不得出让、转让或者出租用于非农业建设;但是,符合土地总体利用规划并依法取得建设用地的企业,因破产、兼并等情形致使土地使用权依法发生转移的除外。"本条是关于限制农民集体土地以有偿方式用于非农业建设的立法规定,这一规定包含了两个逻辑层面的具体内容:其一,在建设用地使用权设定层面上,本条禁止在农民集体所有的土地上以出让和出租的有偿方式设定建设用地使用权。按《土地管理

---

① "国土资源部:农村集体土地不得建设商品住宅",资料来源:http://news.qq.com.

法实施条例》第29条的规定,国有建设用地之有偿使用方式有以下三种:"(一)国有土地使用权出让;(二)国有土地出租;(三)国有土地使用权作价出资或者入股。"而按本条之规定,农民集体所有建设用地使用权之出让和农民集体所有的建设用地的出租,都在禁止之列,只有作价出资或者入股没有被禁止。其二,在建设用地使用权流转的层面上,本条亦禁止土地使用者以转让的方式处分其土地使用权和以出租的方式在其土地使用权上为他人设定承租权,对土地使用者的处分权能进行了严格的限制。按照《城镇国有土地使用权出让和转让暂行条例》第4条的规定,国有建设用地出让使用权人,"其使用权在使用年限内可以转让、出租、抵押或者用于其他经济活动",即使是国有建设用地划拨使用权,在满足《城镇国有土地出让和转让暂行条例》第45条规定的条件下,也可以依法转让、出租、抵押;但是,按照《土地管理法》第63条的规定,只有乡村企业于破产或被兼并时,其依法享有的农民集体所有建设用地使用权才被允许依法转让,在其他情形下,农民集体所有建设用地使用权均被禁止转让和出租。

在上述三种限制中,对第一种限制,即通过先征后用原则的规定对农民集体建设用地使用权制度于空间适用范围上加以的限制,是持肯定态度的。而对后两种限制,即适用主体资格与使用目的上的限制、使用权设定方式与使用者权能上的限制,则需要进一步研究。对此,本部分后面,在讨论如何以土地利益分享相对公平为价值取向革新我国地权制度时,将进一步说明我们的看法。

三、我国地权制度改革应以土地利益均衡分享为目标

前面已经谈到,要实现土地利益的公平分享,社会各阶层的土地权利能力平等是一个至关重要的前提。而我国地权制度的最大问题,莫过于土地所有权双轨制所造成的社会各阶层土地权利能力不平等。因此,以土地利益均衡分享为目标来思考我国地权制度改革,我们应当将关注的焦点首先集中于如何革新我国的土地所有权制度上,然后再考虑土地所有权双轨制变动前如何完善建设用地使用权制度的问题,以及变动后重新构建土地使用权制度的问题。

(一)改革的最佳模式是废除农民集体土地所有权

前面已经谈到,要实现土地利益的公平分享,社会各阶层的土地权利能

力平等是一个至关重要的前提；而我国地权制度的最大问题，在我们看来，莫过于土地所有权双轨制所造成的社会各阶层土地权力能力不平等。因此，以土地利益均衡分享为目标来思考我国地权制度改革，我们应当将关注的焦点首先集中于如何革新我国的土地所有权制度上，以实现我国社会各阶层土地权利能力平等。

以实现社会各阶层土地权利能力平等为目标来思考我国土地所有权制度的改革，其模式有以下三种：一是赋予城市中相当于农村乡、村、村民小组的社区组织土地所有权；二是使土地与社会普通财产一样，既可以归国家所有，也可以归集体、私人所有，不过这里所称"集体"不是指乡、村民委员会、村民小组或者镇、街道委员会、街道居民小组等一类按行政区划分的城乡社区组织，而是指民法上的法人与非法人团体，如工商企业、农场、社会团体等；三是土地一律归国家所有，自然人、法人及非法人团体都只在使用权层面享有地权。

在前述三种模式中，我们认为最不可取的是第一种模式，因为这种模式虽然提升了城市社会各阶层的土地法律地位，使之与农民阶层具有了平等的土地权利能力，但它绝不是一种能够适应城市工商业经济和城市社会生活发展要求的土地所有权制度。如果赋予镇、街道居民委员会或居民小组对其社区范围内的土地以所有权，其第一个严重后果将是大大削弱国家对城市土地的所有权，除国家机关、国有事业单位占有的土地将继续归国家所有外，城市工商企业使用的经营性用地和居民使用的宅基地都将悉数归城市社区所有。这不仅将大大减少国家对城市建设用地的级差地租收益，还会大大降低国家对城市土地利用和工商业经济发展的调控力度。其第二个严重后果是，社区分割的土地所有权，将构成城市工商业经济发展的限制，而且工商企业作为社区土地的承租人，亦难免于受作为土地所有人的社区组织的摆布。现代的市场经济，早已不是古代那种具有封闭性的自给自足的自然经济，它的发展除受国家的宏观调控和管理外，要求有不受地域限制，不受其他组织，包括按行政区划确定的基层社区组织干涉、制约的自由；而社区分割的土地所有权必然构成对市场经济发展自由的制约和限制。前面我们曾经谈到，社区分割的农民集体土地所有权制度不能适应现代农业经济规模经营的发展要求，现在我们更可以说社区分割的市民集体土地所有权将更不能适应社会化发展程度更高的城市工商业经济发展的要求。

在分析前述第一种模式是否可行时，我们还应看到并思考以下两点情况：其一，如前所述，以农村社区为单位的农民集体土地所有权在人类历上还有类似的先例可循,但是以城市社区为单位的市民集体土地所有权,则是无先例可循的,为什么?其二,我国社会主义改造的结果在全国城乡都造就了国有经济与集体经济两种公有经济,但是在土地所有权制度上却没有依循两种公有经济既规定农村农民的集体土地所有权,又规定城市市民的集体土地所有权,相反却只规定了农民的集体土地所有权,违背逻辑地宣布城市土地归国家所有,为什么?对此,立法者虽然没有作出任何解释,但是可以肯定的是,立法者已经看到了城市市民的集体土地所有权制度的不可行。

在上述三种模式中,第二、三种模式的采用都要废除农民集体土地所有权制度,因此在比较分析第二、三种模式前,需要先探讨应否废除我国现行法上的农民集体土地所有权制度。对此,存在着"维持论"和"废除论"两种观点,前者认为两种土地所有制并存是宪法根据中国的国情确定的原则,不宜改变;后者认为根据我国和别国的经验,宪法也是可以修改的,宪法的规定并不是一成不变的,随着实践的推移、情况的变化以及认识的深化,有的宪法上的基本制度也是可以改变的,农民集体土地所有制度就属于这种情况。我们认为,应该废除农民集体土地所有权制度,其理由是:

第一,我国农民集体土地所有权制度的形成具有历史的偶然性,它既非马列主义土地理论的要求,也非中国共产党领导的社会主义改造运动的追求。

在19世纪至20世纪初期的国际社会主义思潮中,曾有人提出过土地归联合起来的农民集体所有或者地方公有的理论主张,但都遭到了马克思或列宁的反对。马克思在《论土地国有化》一文中指出:"1868年,在国际布鲁塞尔代表大会上,我的一位朋友曾说:'科学已判决小土地私有制必定灭亡,正义则判决大土地所有制必定灭亡。因此,二者必居其一:土地要么必须成为农业联合体的财产,要么必须成为整个国家的财产。未来将决定这个问题。'相反地,我们却认为,社会将作出决定:土地只能是国家的财产。把土地交给联合起来的农业劳动者,就等于使整个社会听从一个生产者阶级摆布。"①在20世纪的俄国资产阶级革命中,社会民主党的领导人因害怕土地国有化纲领会赶走支持革命的农民,提出了土地地方公有的纲领。列宁在《社会民主党在1905年——1907年俄国第一次革命中的土地纲领》的

---

① 《马克思恩格斯全集》(第18卷),人民出版社1964年版,第64—67页。

著名长文中,从政治、经济各个方面批判了土地地方公有的纲领。在从经济方面批判土地地方公有纲领时,列宁提出的一个最有分量的观点是:土地的地方公有是"土地关系上的复本位制",即中世纪的土地村社公有制下的份地制度。这种制度具有封闭性,并不适应资本主义生产方式的要求。列宁指出:"要在俄国建立真正自由的农场主经济,必须'废除'全部土地——无论是地主的土地还是份地——的'地界'。必须摧毁一切中世纪的土地占有制,必须为自由的业主经营自由的土地铲除一切土地方面的特权。必须尽最大可能保证自由交换土地、自由迁居、自由扩大地块,建立新的自由的协作社来代替带有纳税性质的村社。必须把一切土地上的中世纪垃圾全部'扫清'。体现这种经济必要性的就是土地国有化。"①

我国的以农村社区为单位的农民集体土地所有权制度虽然在我国宪法上得到了肯定,但它并非是我国农业社会主义改造所追求的最终的土地所有权制度。在我国农业社会主义改造中,从当时的舆论导向及对农业进行社会主义改造的组织形式由初级社到高级社再到政社合一的人民公社的发展趋势看,以毛泽东为代表的中国领导人是要按马列主义的社会主义土地理论的要求,通过集体经济的层层升级将中国农村土地的所有制推进到社会主义全民所有制的。而且于事实上,当中国农村的土地制度发展到由政社合一的人民公社支配时,可以说就已经有了全民所有制,即社会主义国家所有制的萌芽。但是,由于计划经济体制下实行的共耕制的无效益,在对农业的社会主义改造还没有使我国农村的土地所有制完全达于社会主义全民所有制时,即开始了以社会主义初级阶段理论为基础的、以建立有计划社会主义商品经济为目标的经济体制改革,我国农村土地制度的社会主义改造不仅停顿了下来,甚至出现了政社分离、所有制形式向后倒退的现象,未能朝社会主义全民所有制的方向继续前进。

第二,在社会主义市场经济条件下,废除农民集体所有权制度还具有政治上、经济上的现实的必要性。

一是经济上的必要性。在计划经济体制下,农村土地的集体耕作制和城市土地的无偿划拨使用制掩盖了马克思和列宁在批判土地农民集体所有制或地方公有制时指出的问题。那时虽然土地的经营效益差,但是没有土地利益冲突发生。一切风平浪静,人们也就不去分析研究农民集体土地所

---

① 《列宁全集》(第16卷),人民出版社1988年版,第390—391页。

有制潜存的问题,马克思和列宁对土地农民集体所有制或地方公有制的批判也就被忘记得干干净净。但是,随着计划经济体制向市场经济体制的转变,马克思和列宁就土地的农民集体所有制或地方公有制所指出的问题,都在我国现实经济生活中显现。在农用地方面,自 1979 年实行农户家庭承包经营权制度以来,绩效甚差,至今未能形成现代农业所要求的规模经营和集约经营。究其原因,是土地的农民集体所有权和农户家庭承包经营权所造成的细碎分割土地的"地界"阻碍了农用地的横向流动和剩余工商业资本向农业的投入,在这方面应验了列宁对土地地方公有的批判。在建设用地方面,随着国家工业化和城市化的历史进程,城市郊区的农民已经发现农用地及未利用地转城市建设用地会给土地所有者带来高额的极差地租收益。他们已经不能满足于政府征收土地时给他们提供的经济补偿,"集体"地站了起来,主张法律赋予他们的土地所有权,向《城市房地产管理法》就城市建设用地规定的先征后用原则挑战,主张经营性建设用地不经政府征收,而由他们直接出让、出租给工商企业和房地产开发商使用;而且他们的这种主张还在社会知识阶层有了代言人。不仅如此,他们还用以租代征的方法,用实际行动搞出了一个隐形的土地市场,逼迫政府从法律上予以承认。在这方面,应验了马克思对农民集体土地所有制所作的批判。在现实经济生活——应验马克思、列宁对土地的农民集体所有或地方公有的批判的情况下,采纳马克思、列宁的土地国有化主张,废除农民集体土地所有权制度,也就具有了现实的必要性。

二是政治上的必要性。现行法就城市规划区内的建设用地和城市规划区外的重要建设用地规定的先征后用原则,虽然在让政府掌握建设用地供应主渠道,从而预防农民阶层利用其土地所有权摆布社会其他阶层上发挥了一定作用,但是它超越了国际上公认的土地公益征收范围,抽空了农民集体土地所有权的处分权能,却又授人以柄,使农民阶层及其在知识界的代言人得以从物权法规定的所有权平等原则出发,从国际公认的土地公益征收范围出发,批评政府侵犯农民的土地利益,从而使政府在法律上处于受批判和受谴责的尴尬境地。政府要走出这种尴尬境地,有如下两条途径:一是对农民阶层作出让步,把农民集体土地所有权置于与国家土地所有权平等的法律地位,将土地征收限制在国际公认的公益征收的范围之内,允许农民集体直接向工商企业和房地产开发企业出让、出租建设用地;二是采纳马克思、列宁的土地国有化的主张,废除农民集体土地所有权制度。如果走第一条途径,将面临如下两种后果:一是政府将丧失掌握建设用地供应主渠道的权利及其内含的高额级差地租利益;二是随着城市外延的扩张和农民集体所有的农用地和未利用地向经营性建设用地的转化,那些昔时作为劳动者阶层的农民便会在集体土地所有权的庇护下蜕变为不事耕作,专食建设用地级差地租收益的土地贵族——一个通过收取地租剥削他人剩余劳动(对拿工薪为生的劳动者而言)或剩余利润(对资产者而言)的剥削阶层。前一种后果是政府不愿接受的后果,而后一种后果则是全社会都不能接受的后果,只有那些等待工商业经济发展和城市外延扩张将他们集体所有的农用地和未利用地转为建设用地的城市郊区农民及其利益代言人除外。而后一条途径,即土地国有化途径则不仅是政府愿意接受的,也是全社会都能够接受的(仍然只有等待其农用地和未利用地转建设用地的城市郊区农民及其利益代言人除外)。

在讨论应否废除农民集体土地所有权制度后,接下来需要讨论的便是前述三种土地所有权制度改革模式中的后两种模式,即第二种模式——土地私有化模式与第三种模式——土地国有化模式,在我国具体国情下谁有采纳的现实可能性和谁在价值上更优的问题。

其一,在我国具体国情下,谁有采纳的现实可能性? 按照俄罗斯的经验,土地私有化的成本付出是低的,只要在法律上宣布将工商企业、城乡居民享有的土地使用权变更为土地所有权即可。但是,俄罗斯的土地私有化是建立在共产党丧失政治领导权,放弃社会主义道路及社会主义意识形态的基础之上的。而我国的经济体制改革,则在共产党坚强的政治领导下,走着一条与俄罗斯不同的道路,即我们通常所说的特色社会主义道路,即社会主义市场经济的道路。我国经济体制改革三十年的历史经验证明,无论在国民经济的发展上或者在民生问题的解决上,我们所走的这条道路都是成功的,没有理由放弃这条道路。只要我们不放弃社会主义道路和社会主义意识形态,在我国就无实行土地私有化的现实可能性。而将土地的农民集体所有推进到土地的全民所有,即国家所有,按社会主义意识形态,则是顺理成章的,因为土地的集体所有本来就是由土地私有到土地的全民所有的一种过渡形式。

其二,在公平价值与效益价值上,土地私有化与土地国有化谁优越? 对此我们可以做如下比较:

首先是公平价值的比较。在土地私有制下,土地兼并不可避免。通过兼并,土地就会集中在社会少部分人手中。这些掌握土地的人,就会凭借其法律上的土地所有权,通过土地租赁关系榨取社会另一部分人的剩余劳动或剩余利润(这里所称"剩余劳动"或"剩余利润"是相对于由承租人自己占有的那部分劳动成果或利润而言。这两个术语都是马克思在《资本论》第三卷中分析土地私有制下的土地租赁关系的性质时使用的术语。)在奴隶制社会和封建社会,土地租赁关系通常在地主与农奴或农民之间发生。在这种关系中,农奴或农民向地主缴纳的地租,是农奴或农民的劳动(劳役地租)或劳动成果(产品地租与货币地租)的一部分;因此这种地租也就具有了地主榨取劳动者剩余劳动的本质。在资本主义社会,土地租赁关系通常在地主与向土地进行投资(包括向农用地和建设用地的投资)的资本家之间发生。在这种土地租赁关系中,资本家向地主缴纳的地租是资本家赚取的利润的一部分;因此这种地租也就具有了地主榨取资本家剩余利润的本质。在奴隶制社会和封建社会,地主利用其土地所有权榨取劳动者的剩余劳动,在伦理上具有非公平性与非正当性,这是大家都能承认的。那么,在资本主义社会,地主利用土地所有权榨取资本家的剩余利润,系一个剥削者榨取另一个剥削者,其在伦理上又是否还具有非公平性与非正当性呢?回答应当是肯定的,仍然具有非公平性与非正当性。马克思在分析资本主义土地私有制下的土地租赁关系时指出:"当商品生产,从而价值生产跟着资本主义生产一同发展时,剩余价值和剩余产品的生产也会按相同的程度发展起来。但后者越是发展,土地所有权靠它对土地的垄断权,也会按相同的程度,越是能够在这个剩余价值中取去一个不断加大的部分,并由此提高地租的价值和土地本身的价格。资本家在这个剩余价值和剩余产品的发展上还有一个积极的作用。地主却不过在这个剩余产品和剩余价值中坐享一个不断加大的份额。"[1]"即使从资本主义生产方式看,土地所有权也显见是一个无用而且有害的东西。"[2]"从一个较高的社会经济形态的观点看,个别人对于地球的私有权,是和一个人对另一个人的私有权一样完全悖理。"[3]马克思的这三段话对我们在社会主义市场经济条件下认识相关问题具有重要的启发性,通过这三段话的启示,我们可以对我国现实生活中的相关问题获得如下认识:土地虽为财产,但它与其他财产不同,不是人类社会的劳动成果而是公共自然资源,类似于矿藏、水,以这些公共自然资源为私人所有权的客体,就像以自然人为私人所有权的客体一样悖理,换句话说,土地私有

---

① [德]马克思:《资本论》(第3卷),郭大力译,人民出版社1966版,第748—749页。
② [德]马克思:《资本论》(第3卷),郭大力译,人民出版社1966版,第731页。
③ [德]马克思:《资本论》(第3卷),郭大力译,人民出版社1966版,第907页。

制就像奴隶制一样悖理。除土地、矿藏、水资源外的其他生产资料私有制及与此相联系的资产阶级,对发展商品经济还有积极作用,而土地私有制及与此相联系的地主阶级对发展商品经济则毫无作用。基于二者对发展商品经济一个有积极作用、一个毫无作用的区别,在社会主义市场经济条件下,我们对二者就应区别对待:肯定前者而否定后者。这样,我们对社会主义市场经济条件下的私有化设定一个合理的界限:以不对土地、矿藏、水资源等公共自然资源实行私有化为限。

国家既不同于集体,更不同于私人。国家只要不是一个阶级压迫另一个阶级的工具,而是全体人民的国家,它就会中立于社会各阶级、阶层之上,以为全社会谋福利为己任。这样的国家,除了全体人民的利益外,是没有其自身的特殊利益的。因此,实行土地国有化,由这样的国家来掌管土地所有权,即使它仍然要向使用土地的企业或个人收取地租,但由国家作为全社会利益之代表的地位所决定,其收取的地租的性质亦不同于私人收取的地租,不具有社会一部分人榨取另一部分人剩余劳动或剩余利润的本质。国家收取的地租,如同国家征收的其他税赋一样,在性质上属于一种社会扣除,即国家代表社会对私人财富的一种扣除,是国家对国民收入进行在分配的一种形式。基于国家收取的地租的这种性质,只要国家征收得当,则是能够造福于社会的。我们假定国家要履行其职能,其对财产的需要是一个恒量,如果实行土地国家所有制的社会主义国家已经像实行土地私有制的资本主义国家那样通过其他赋税渠道征收到了这个财产数量,那么原本作为地租由私人占有的那部分社会财富,现在集中到了国家手中,国家就会反馈于社会,以提高社会的整体的福利水平;或者国家减少其他税费的征收,以惠于社会各阶层。由此可见,在土地国有制下国家凭借土地所有权收取地租,与在土地私有制下私人凭借土地所有权收取地租,在性质上是不相同的,国家收取地租是具有公平性和正当性的。与此同时,我们还应当看到,国家基于其不同于私人的特殊社会地位和社会责任,也不会对任何用地收取地租,而会将其所有的部分土地无偿地用于社会公益目的和社会保障目的。我国有建设用地使用权制度将国有建设用地的提供方式区分为有偿出让方式与无偿划拨方式两种,已经显示出国家会将其所有的部分土地无偿用于社会公益目的和社会保障目的。这一点,是土地私有制下的私人地主做不到,也是不愿做的。两相比较,更加彰显出土地的国家所有制所具有的社会公平性和公正性。

然后是效益价值的比较。在效益价值上,土地国有化也明显优于土地私有化。如前所述,在土地国有制下,国家会将其所有的土地的一部分无偿

384

用于社会公益目的和社会保障目的,以促进社会公益事业和社会保障事业的发展;而在土地私有制下,私人不会将其土地用于社会公益目的和社会保障目的。这一点彰显了土地的国家所有制独具的社会效益。在经济效益上,土地国有化也明显优于土地私有化。首先,前面所分析的土地的农民集体所有或地方公有对发展商品经济所具有的负面效应在土地私人所有制下显得更加突出;前面所分析的土地农民集体所有或地方公有所具有的优越性在土地国有制下显得更加明显。这里可以用一个假设的例子来说明问题。假如实行土地私有化,将农民的土地承包经营权变更成了土地所有权,如果一个发展良好的工业企业为扩大其生产经营规模需要使用某处的 100 亩土地,在土地私有化下这 100 亩土地就可能分属于 20 户农民。那么这个企业就必须就购地问题与这 20 户农民进行谈判。当企业找上门来向这 20 户农民表明购地愿望时,这 20 户农民完全可能趁机摆布这个企业,向这个企业索要高价。只要其中几户甚至一户不满意企业所给价格,企业发展生产的计划就会落空。如果这 100 亩土地属于国家所有,情况就会完全不同,只要这个企业对发展当地经济有好处,能够为当地政府提供丰厚的税收,这个企业就只需向当地政府提出用地申请,政府就会按有关规定办好征地、供地手续,使企业的用地希望得到满足,其用地的成本也将远远低于向私人地主购地或租地。因为在地方政府看来,一个经营良好,能够源源不断地、日益增多地为他提供税赋的企业,即使贴上征地成本向他提供建设用地也值得。关于这一点,只要我们看看当前各地方政府大搞什么工业园区、科技园区,千方百计招商引资,在为企业提供方便、优惠条件方面大搞竞争的情况,我们就不会有什么怀疑。而私人地主在决定是否向一个工商企业卖地或租地时,就只会从地价或租金的高低出发,绝对不会考虑这个企业对当地经济发展有什么好处,能够为政府提供多少税收之类的问题。其次,我们还应看到,基于国家征收的地租是一种社会扣除的性质,国家还可以将地租的征收作为经济调节的一种手段来运用,从而促进国民经济各部门协调发展。例如,国家可以用少收甚至不收地租的方式来促进朝阳产业的发展,用多收地租的方式来抑制夕阳产业的发展。而在土地私有制下,地租则根本发挥不了这种作用。

(二)改革的次佳模式是在土地所有权双轨制继续存在情况下完善建设用地使用权制度

人类社会反反复复的历史经验告诉我们,一个国家的某个历史进程或历史事件所产生的某种结果,即使并不符合理性的要求,但是由于历史的惯性的作用,它也会继续存在,直到历史条件成熟,由新的历史事件将其变革为止。我国社会主义改造运动所产生的结果——土地所有权双轨制也是如此,尽管它不符合理性的要求,但是在新的历史事件将其变革前,它还会继续存在。因此,当我们从理性的角度将变革土地所有权双轨制作为改革我国地权制度的最佳方案推出后,我们还需求其次,探讨在土地所有权双轨制继续存在情况下如何完善以它为基础的土地使用权制度,特别是建设用地使用权制度。因为这一制度的某些规定在公平性上最具争议,引发的土地利益冲突也最为激烈。下面就我国建设用地使用权制度之如何完善谈以下问题。

1. 是否要废除先征后用原则,建立对国有土地和农民集体土地统一适用的建设用地使用权制度

在制订《物权法》的过程中,从所有权平等的民法原理出发,主张废除《房地产管理法》第8条的规定,将土地征收限制在传统的公益征收的范围内,在此基础上建立统一适用于国有土地和农民集体土地的建设用地使用权制度的呼声很高。[①] 因此在探讨如何完善我国建设用地使用权制度时,我们必须面对和正视这个问题,否则我国建设用地使用权制度之完善首先就要从废除先征后用原则做起。

我们认为,上述理论主张是不足取的,只要我国的土地所有权双轨制存在一天,就必须继续坚持先征后用原则,坚持建设用地使用权制度对国有土地与农民集体土地分别适用。上述理论主张之不足取在于它不顾中国具体国情去照搬西方大陆法系国家的财产公益征收制度与地上权制度。影响中国与西方大陆法系国家建设用地使用权制度的具体国情的不同点在于二者的土地所有权制度不同。在西方大陆法系国家,公法人、私法人与自然人都可以取得土地所有权;在中国,除国家外,只有农民集体才能取得土地所有权,其他阶层的集体与全体自然人都不能取得土地所有权。不同的土地所有权制度又进一步绝对化了土地在中国与在西方大陆法系国家的不同法律地位:在西方大陆法系国家,土地与其他财产的法律地位并无不同;而在中

[①] 在《物权法》实施后,学者更是主张,国家对集体土地的征收应当严格限制在公共利益目的范围以内,公共利益目的范围外的建设用地,应当允许集体建设用地直接通过市场进行配置。参见韩松:"集体建设用地市场配置的法律问题研究",载《中国法学》2008年第3期。

国,土地与一般财产不同,处于一种特殊法律地位。作为用益物权的土地使用权制度,是与一定的土地所有权制度为基础的,不同的土地所有权制度必然派生出不同的土地使用权制度。在西方大陆法系国家,没有土地农民集体所有权制度,我们就不能要求他建立像我们这样的以乡、村、或村民小组为单位,按人口平均分配土地由家庭承包经营的土地承包经营权制度。在西方大陆法系国家,土地与其他财产处于同样的法律地位,不分土地与其他财产,将国家之征收统一限制于公益的范围是合理的;在我国实行土地所有权双轨制,土地处于特殊法律地位的具体情况下,为防止农民阶层在建设用地上摆布其他社会阶层,实行先征后用原则,适当扩大土地征收之范围,也是合理的。具体而言,在我国土地所有权双轨制下,坚持先征后用原则,坚持对国有土地与农民集体土地实行不同的建设用地使用权制度的合理性(包括公平与效益两种价值)表现在以下几个方面:

(1)我国的土地所有权双轨制导致了在土地权利能力上农民阶层优越于其他社会阶层的法律地位,在工业化和城市化的历史进程中,针对建设用地使用权出让与出租问题不给农民阶层与国家平等的法律地位,才能缓和其他社会阶层基于土地权利能力不平等、远郊农民与近郊农民基于土地地理位置的差异而导致的城市建设用地级差地租利益占有格局的不平等。

(2)就城市建设用地级差地租产生的原因分析,城市建设用地的级差地租既不是基于土地的自然因素形成的,也不是郊区农民的劳动投入和资本投入创造的,而是由城市基础设施建设、交通设施建设、公益事业建设所造成的优越的地理位置,以及国家工商业经济发展、城市发展造成的人口集中等社会因素引起的,废除先征后用原则,让农民集体直接向城市工商企业、房地产开发商出让、出租建设用地,摄取高额级差地租是不公平的。

(3)从维护城市土地归国家所有的宪法原则和防止在社会主义中国的城市出现食取城市级差地租的土地贵族出发,也不能允许废除先征后用原则,让农民集体土地以出让、出租、投资入股等方式直接进入城市土地市场,而只能经国家征收转为国有土地后进入城市土地市场。

(4)我国工业化和城市化的历史进程不能受农民集体土地所有权的牵制,实行先征后用原则,由国家强制征收农民集体土地用于城市建设和重要工业基地建设,正是保障我国城市发展和工业发展不受农民集体土地所有权牵制的经济法律措施。

2. 完善我国城市国有建设用地使用权制度的若干建议

针对我国城市国有建设用地使用权制度立法指导思想上和制度设计上

存在的问题(在前面已进行分析),提出以下建议:

(1)端正立法指导思想,转换立法本位,从维护城市工商企业和居民在城市土地全民所有制下应有的权利出发,处理好以下问题:

第一,协调好城市居民住房商品化与保障城市居民居住权的关系问题。在我国现行法上,对农民的居住权,是由作为土地所有者的农民集体无偿提供宅基地永久使用权来保障的;而对处于城市土地全民所有制之下的城市居民,作为代表全民行使土地所有权的国家又应不应当从宅基地使用权之角度为城市居民的居住权提供一定的保障呢?我们认为是应当的。当然,基于城市住房开发的特点和城市居民住房已经商品化的实际情况,我们不能照搬农村的宅基地使用权制度,但是从保障城市居民居住权出发,从法律上作出以下两条原则规定还是可能的:一是将城市经济实用房和廉租房建设用地纳入划拨用地范围;二是借鉴土地私有制国家和地区在一定起点免收地产税和房产税的做法,为我国城镇非农业居民的宅基地也规定一个征收土地使用权出让金或租金的起点,在这个起点下免收土地使用权出让金或租金。

第二,要处理好建筑物所有权永久性与国有建设用地出让使用权的有期限之间的关系。在这个问题上,要从维护市民居住权和城市工商企业生存权、发展权出发,不再将土地使用权出让年限届满作为使用权消灭的原因,而只将它作为土地使用权出让方再次向土地使用方收取土地出让金或开始向土地使用方收取年租的条件。在这个问题上,《物权法》第149条第1款已经作出了住宅建设用地使用权期间届满自动续期的规定,这一规定应当扩张适用于工商企业建设用地用地。

第三,要从马克思的地租理论,特别是有关城市建筑用地地租形成原因及其过度征收的可能造成的不良后果的理论出发,解决好土地使用权出让金之收取及分配方面存在的不公平问题。城市建设用地之出让金,是由城市工商企业和城市居民负担的,过高的土地使用权出让金会造成对城市居民及工商企业的剥削,侵害他们生存和发展的权利。依我国城市土地的全民所有制的性质及城市土地级差地租形成原因,我国城市土地的出让金的收取水平应当低于同等经济发展程度的私有制国家之私人地主收取的地租,并应当以满足城市基础设施建设之需要及填补城市公益事业建设之土地成本之需要为限。要采取一切政策、法律措施限制城市土地、房屋投机,城市土地、房屋投机所造成的地价、房价攀升,不仅会损害城市居民及工商企业的生存和发展的权利,导致城市可贵的土地、房屋资源的闲置,并且会引发泡沫经济,影响城市房地产业的可持续发展。要规范好土地使用权出让金的用途并处理好在不同用途间的分配关系,特别是政府与土地被征收者、房屋被拆迁者的经济利益关系。

(2)修订不合理规定,对我国城市国有建设用地使用权立法从制度层面加以完善。在使用权设定、消灭、土地提前收回等重要问题上,我国现行法都存在不合理的规定,对此前面已作分析,这里仅就如何修订的问题提出我们的看法。

第一,在使用权的设定方式上,现行法规定的出让方式,是英国的批租方式,应同时采纳大陆法上的年租方式。建设用地使用权设定之年租方式可适用于以下两种用地:1)企业建设用地。以此种方式为企业设定建设用地使用权,企业应当一次性向政府缴纳征地补偿费、房屋拆迁补偿费及其他必要费用,然后按年向政府缴纳土地租金。以此种方式为企业设定建设用地使用权的好处,一是可以减轻企业负担,并使企业获得其可持续发展所必须具有的对不动产的永久性产权;二是可以使政府获得稳定的地租收益,使市镇公益设施建设具有持续的资金来源。2)安居工程用地。随着市场经济的发展,贫富悬殊、社会两极分化将成为不可避免的社会问题。为实现"居者有其屋"的民生主义政策,实施安居工程,开发部分房屋,以解决城市贫困者的居住问题,将成为政府的一项日常性的任务。我们认为,政府安居工程开发的房屋,在以分配形式销售给城市贫困者时,政府应以低年租的方式为购房户设定永久性的宅基地使用权。购房时购房户支付的房价,应当只含征地补偿费(或旧房拆迁安置补偿费)、建设费和承包开发商必要的低利润。以房屋销售为目的的房地产开发项目用地,包括居民小区开发用地、以销售为目的的写字楼用地等,仍应继续采用出让方式为房地产商设定建设用地使用权,交房地产商去开发、利用。这样做的理由是:其一,需要继续支持我国城市刚刚兴起的房地产业;其二,有利于实现城市的规划布局;其三,可以发挥集中开发的集约效益;其四,随着城市的现代化,计划经济体制时期实行的市民个人申请批地自建住宅的历史已经一去不复返了。对以年租方式设定的使用权,可以不规定土地的使用年限,但应原则规定租金调整的方式,如规定租金每五年一次按物价指数变动的情况进行调整。

第二,关于土地使用权的消灭,前面已经谈到,应当将《物权法》第149条第一款关于住宅建设用地使用权期间届满自动续期的规定扩张适用于工商企业用地,这里需要进一步讨论的是以下两个问题:一是土地使用权自动续期后,国家还要不要向土地使用人收取地租,是以批租方式或年租方式收取地租？二是如果根据当时当地社会经济的发展需要改变土地用途时，政府可否收回土地？对这些问题，现行法都没有作出规定。对第一个问题，我们认为地租是土地所有权在经济上的表现，工商企业用地和居民用地所满足的是自己的私益，其缴纳的土地出让金只是土地出让年限内的地租，其年限届满后自然应当重新交纳地租。至于地租的收取方式，我们认为应采年租方式。对第二个问题，我们认为应当赋予政府在根据当时当地社会、经济发展的情况确实需要改变土地用途之条件下收回土地的权利。但是，政府应当就地上建筑之残值进行补偿。

第三，关于土地之提前收回，前面已经谈到我国《物权法》第148条与《城市房地产管理法》第25条分别规定了两种不同的情形。其中，《城市房地产管理法》第25条关于土地使用人未按合同约定的动工开发期限满两年开发土地的，"无偿收回土地使用权"的规定违背了违约责任之法理，是不公平的。按该条文之意，土地使用人未按合同约定的动工开发期限开发土地满两年，应属一种违约行为，其法律后果应按违约责任之法理赋予。在民法上，土地使用权出让方与受让方的关系是平等的民事合同关系，当一方违约构成另一方单方解除合同之条件时，另一方有权解除合同并追究违约方的违约责任。但是双方依被解除的合同取得的财产，都应返还给对方。而《城市房地产管理法》第25条关于"无偿收回土地使用权"则意味着土地使用方需要返还出让方交付的土地，土地出让方却可以占有土地受让方缴纳的土地出让金。这在民法上是毫无依据可寻的。我们认为对我国《城市房地产管理法》第25条应做如下修订："除不可抗力及政府、政府部门的原因造成土地开发迟延者外，土地使用权受让方未按土地使用权出让合同约定的动工开发日期开发土地满两年的，土地使用权出让方有权解除合同，收回土地并追究土地受让方相当于土地使用权出让金百分之二十左右的违约金。其他法律、法规有征收土地闲置费规定的，遵照其规定。"

（三）完善我国农民集体建设用地使用权制度的建议

针对前面我们在分析我国农民集体建设用地使用权制度缺陷时所指出的问题，我们认为应当在继续坚持先征后用原则，保证国家掌握建设用地供应主渠道的前提条件下，以适度开放农村建设用地市场为价值取向，放宽现行法上的某些限制。为此提出以下建议：

一是在农民集体所有建设用地使用权的设定上，应给作为所有权主体的农民集体以必要的尊重和必需的地位。在《土地管理法》及其实施条例中对农民集体建设用地使用权之设定都仅有需经乡人民政府同意报县级或县级以上人民政府批准的规定,连需经作为土地所有人的农民集体同意的话都没有,似乎只要使用者提出用地申请,不经作为土地所有人的农民集体同意,政府就可以审批似的。决定是否在自己的土地上为他人设定权利,是土地所有人的一项权利,应当将土地所有人之同意作为政府审批的前置条件。

二是在继续维持现行法关于一个农户可以并只能无偿取得一份宅基地的规定的前提条件下,增设农村宅基地的有偿设定方式,并允许农村宅基地转让,面向全社会开放农村宅基地市场。这样做有以下好处:第一,面向城市居民开放农村宅基地,有利于缓和城乡居民土地权利能力的不平等和满足人们思乡情怀和落叶归根的愿望;第二,有利于解决我国当前存在的人口单向流动的问题,增强农村的人气和财气,促进农村经济的发展和乡村社会的繁荣;第三,有利于实现农民宅基地的价值,消除农民离乡不离土的后顾之忧,改变当前我国农民离乡不离土所造成的房屋空置、农田荒芜的状态,在农民既离乡又离土的基础上形成现代农业所要求的规模经营。

三是在继续维持现行法允许农民集体以出资方式为企业设定建设用地使用权的同时,可以考虑在不违背先征后用原则的前提下允许农民集体以出租方式为企业设定建设用地使用权。

四是改乡(镇)村公共设施和公益事业建设用地由农民集体(包括承包土地农民个人)无偿提供的制度为国家征收转用制度。这样做的理由有:第一,有利于解决失地农户的经济补偿问题;第二,扩大国家在农村所有的土地,特别是由国家掌握乡(镇)村公共基础设施建设用地和公益事业建设用地,有利于城乡统筹发展;第三,无论城市或乡村,公共设施建设和公益事业建设的成本都应由政府负担,包括其土地成本。

四、土地征收、居住权保障与土地利益分享

(一)土地征收与土地利益分享

1. 土地征收与土地利益分享的关联性

根据现行《农村土地承包法》的规定,农民取得的宅基地和家庭所承包的耕地不需要支付相应的对价,所以在土地征收中,土地利益分享问题主要体现为土地的增值利益的分配问题。

土地的增值利益源于土地改良产生的增值利益和土地用途变更产生的

增值利益。在我国,土地增值利益的均衡分配问题具有两重性:一是土地增值利益分配的经济性,即对被征地农民财产损失的填补问题,也就是对土地改良产生的增值利益的填补问题;二是土地增值利益分配的社会性,即如何在政府与农民之间划分土地用途变更所产生的增值利益? 是坚持现行的所谓"涨价归公"①,还是坚持自由派经济学家所谓的"涨价归农"? 中间道路,即在政府与农民之间划分土地增值利益是否可行? 还有是否能离开农民的社会保障问题讨论土地增值利益的均衡分配? 应当说,现行土地征收补偿制度是不能解决土地增值利益的均衡分配的。这是因为大量土地增值利益被政府获得,而政府又没有通过征收补偿等直接途径和社会保障等间接途径(再分配形式)反哺和惠及失地农民。于是,在生存和发展受到威胁的情况下,失地农民只好起而抗争,这样就形成了一种社会问题。

2. 土地所有权双轨制下的土地征收与土地利益均衡分享

(1)现行土地征收制度的缺陷。虽然,《土地管理法》和《物权法》对征收作了相关规定,但是在征收实践中,土地增值利益的分配仍存在下述问题:

一是土地征收补偿受益主体不明确。《土地管理法》第 10 条规定,集体土地所有权人是村集体经济组织、村民委员会或者乡(镇)农村集体经济组织。这种所有权主体多级和不确定的规定,导致集体土地所有权主体的缺位和越位现象,即在土地有效管理和保护方面,集体土地所有权主体不到位,存在缺位现象,而在集体土地征收补偿发放时却争当所有权主体。

二是土地征收补偿范围过窄。我国目前土地征收的补偿范围包括三项:一是土地补偿费,主要用于填补集体土地所有权人丧失土地的损失;二是地上附着物和青苗的补偿费,主要是填补土地承包经营权人在当前土地上耕作投入的财产损失;三是安置补助费,主要用于填补集体不能安置或者不需要安置的被征地人的损失。这一补偿范围限于与被征用土地关联的直接经济损失,对那些可以量化的其他财产损失,如残余地分割损失、经营损失等均不予补偿。

三是土地征收补偿标准过低。目前,对土地补偿费的计算标准为前 3 年平均产值的 6—10 倍,对土地的补偿和对农民的安置费用总计为该耕地征用前 3 年平均年产值的 10—16 倍,最多不超过 30 倍。而且,在年产值的

---

① "涨价归公"是借用孙中山先生的"平均地权"思想中的一个概念,指报价之后地价上涨时,国家通过土地增值税将上涨部分收归国有。

计算中,存在政府为了压低年产值而人为降低产量和市场指导价的可能性,同时,平均年产值的标准,从法律设置上也忽视了土地征收过程中级差地租存在的这一经济现实。

四是在土地用途变更所产生的增值利益方面,被征地农民根本不能参与分享该部分增值利益。政府往往以较低补偿征用土地,然后将土地转为建设用地,再设定建设用地使用权予以出让,实践中,因为土地用途变更所产生的增值利益是非常可观的。但是被征地农民不能参与分享该部分增值利益,该部分增值利益以政府财政收入的方式成为政府的土地财政,且占据相当大的比例。数据显示,如果土地出让成本价为 100%,农民只得 5—10%,村级集体经济组织得 25—30%,而县乡各级政府得 60—70%。

(2)现行土地征收制度的改善途径。针对目前的土地征收制度在土地增值利益均衡分配上的困境,理论界主要提出以下解决路径:

第一,放松农地用途管制、放弃建设用地垄断——土地增值利益由集体和农民共同分享论。一种观点认为,在坚持两种土地公有制并存的前提下,放松政府对农地转用的垄断和管制,促进和发展地权特别是集体建设用地的流转和交易才是改革土地制度和土地政策的方向,同时有必要废除土地用途管制,并将征地补偿标准从"按照被征用土地的原用途给予补偿"修改为"按照被征用土地的市场价值给予补偿",从而将土地增值利益由集体和农民分享。另一种观点认为,可以在坚持现有土地公有制的前提下,通过给农村集体土地所有权松绑,废除对集体土地所有权的限制,赋予两种土地所有权同等的地位,建立发展权——国有土地发展权和农地发展权,实现国有土地的增值利益由国家独享,集体土地的增值利益由集体享有。

第二,单一农地私有化——土地增值利益农民独享论。这种观点从农业资源配置和微观经济效率等层面考虑集体土地制度,主张取消农村土地集体所有制,将农村现有的土地产权归农户,土地作为私人不动产,可以抵押、继承、赠与、转让等,其转让价格由市场双方协商谈判来决定。

第三,单一的农地国有化——国家享有土地增值利益,农民享有使用权补偿论。该观点认为,土地国有化是破解征地补偿难题的根本途径,一方面,土地国有化后国家因基础设施建设而在征地时,不必经过集体而直接从农民手中有偿收回使用权,有偿体现的是对农民因在使用期间给土地投入而增值的补偿;另一方面,农村土地所有增值利益除去土地使用人应得部分外,绝大部分仍归国家所有,国家应当考虑征收土地资源税或设立土地基金,用于建立社会保障制度,并可根据不同地区生产力发展的状况,加大政府财政转移支付力度,保证贫困地区农民能够分享社会进步和财富增加所带来的福利。

我们认为,在土地利益均衡分享的目标下,土地征收制度的改革有次优和最优模式,前者为在坚持目前的集体土地所有权制度存在的基本格局下,应当继续坚持农业用地的用途管制和国家对一级建设用地市场的垄断性供应,但需要完善土地征收中的补偿问题;后者为放弃集体土地所有权制度,实施农村土地国有化,建立农民对国有土地的使用权制度,从而简化国家与农民之间的土地关系,建立起更为便捷和直接的土地利益均衡分享格局。

在"扩大补偿范围,提高补偿数额——土地增值利益国家、集体、农民分享论"的次优改革模式下,应当坚持目前的土地制度(农地用途管制、国家建设用地垄断),通过土地补偿"范围公正、数额公正"来实现。主要体现为三个方面:

一是在立法上理顺土地征收补偿费的受益主体和发放程序。在司法上,通过最高人民法院的司法解释,在一定范围内已经将被征地农民与村集体之间的土地补偿费纠纷纳入了司法解决的范围,但是还存在一些司法所不能解决的问题,如土地补偿费的分配原则、集体组织成员资格认定等问题,有必要在立法上进一步明确土地补偿费在村集体与村集体组织成员之间的分配关系问题。

二是扩大土地征收补偿范围。《物权法》已经将被征地农民的社会保障费用纳入征地补偿的范围之内,但是还应当纳入土地使用权损失补偿、营业损失补偿、构筑物损失补偿、残地损失补偿等项内容。

三是提高土地征收补偿标准①。借鉴大多数国家和地区的做法,提高土地征收补偿标准,将土地补偿费、地上附着物和青苗补偿费等主要补偿项

---

① **日本土地征收补偿的标准**是:1. 土地补偿(地价补偿)标准为:征收时的正常市价=确定征收时邻近同种类的土地交易价格所确定的相当价格×确定征收至实际征收间的物价指数变动。2. 残余地补偿标准为:因征收减低的价值。残余地需新建、增建或改进通路、沟渠、围墙、栏栅及其它构造或需修缮、填土挖土等所需的费用;残余地所有人可以申请将残余地一并征用。3. 地上物补偿标准为:参考邻近同种对象交易的相当价格。**英国土地征收补偿标准**是:1. 土地(包括建筑物)的补偿标准为:公开市场的市价,并且不得因征收而给予被征收入救济或其他优惠;2. 残余地的分割或损害补偿标准为:市场的贬值价格;3. 租赁权损失补偿标准为:契约未到期的价值及因征收而引起的损害。**德国土地征收补偿的标准**是:1. 土地或其他标的物的权利损失补偿标准为:土地或其他标的物在征收机关裁定征收申请当日的移转价值或市场价值。2. 营业损失补偿标准为:在其他土地投资可获得的同等收益。由上可见,各国(地区)制定的补偿标准一般都以市价为准,使被征收入既无法获取暴利,也不致遭受损失,实属公平合理之补偿。

目的补偿标准参照当前土地的市场价格,实行公平补偿。

(3)土地国有化模式下的土地征收制度与土地利益均衡分享。集体土地国有化从宏观上说是我国农村土地制度改革的最优模式选择,从微观上说是破解我国征地补偿难题的关键。因此,可以说,我国土地征收与土地利益均衡分享问题的本质在于农民丧失了作为社会保障的土地之后如何保障其基本生活的问题。

我国现行《宪法》虽然没有对征收补偿标准作出具体规定,但是《土地管理法》第 47 条却已经对征收补偿的标准作了明确的规定。《物权法》第 42 条则进一步强调了集体土地征收补偿的问题:一方面,为了解决补偿标准过低或拖欠补偿费的问题,《物权法》在形式上重申了征收集体土地的补偿内容,并要求征收集体的土地,应当足额支付各项补偿费的规定;另一方面,《物权法》又新增加"安排被征地农民的社会保障费用,保障被征地农民的生活"的内容。

可见,我国《物权法》的立法思路是在做实现有的补偿项目并足额及时支付的同时,着力解决被征地农民的社会保障问题。这虽然可以说是抓住了我国当前征地中的土地增值利益分配的关键问题。但上述思路并非是对整个问题的解决,从长远的角度看,如何构建不仅仅是对被征地农民,而是涵盖全体农村居民的社会保障制度才是根本的稳定农业、发展农村、富裕农民的保障措施。

我们认为,在实现集体土地国有化的框架下,在征收农民土地使用权时,由国家与农民直接谈判,征地补偿支付给农民,至于支付补偿的标准,则应以农民的土地使用权的价值和农民个人需要补偿安置费作为补偿标准(在农村土地企业化经营的状况下,在企业中工作的农民不需要补偿安置费用,农民的安置补偿通过社会保障途径解决);土地增值利益归于由各级人民政府代表的国家,专门用于建立对整个农村居民的社会保障制度。在农民社会保障制度的建立中,可以采用渐进策略,从失地农民开始,逐步扩大到全体农村居民(已经进城务工的农村居民除外,因为他们及其雇主要按照国家有关规定参加社会保险)。在此情况下,城乡社会保障的二元体制也会逐渐形成并保持,如何消弭城乡社会保障分治,建立统一的全民社会保障制度,就将是未来不得不面对的问题。

(二)居住权保障与土地利益分享

1.居住权保障的必要性

国家在保障公民居住权上担负不可推卸的重要责任。《世界人权宣言》第 25 条规定:"人人有权享受为维持其本人和家属的健康及福利所需的生活水准,包括食物、衣着、住房、医疗和必要的社会服务"。《经济、社会及文化权利国际公约》第 11 条约定:"本公约缔约各国承认人人有权为他自己和家庭获得相当的生活水准,包括足够的食物、衣着和住房,并能不断改进生活条件。各缔约国将采取适当的步骤保证实现这一权利"。我国《宪法》第 45 条也明确规定,"公民在年老、疾病或者丧失劳动能力的情况下,有从国家和社会获得物质帮助的权利"。中国政府也一直重视公民居住问题。2007 年 5 月 19 日,建设部部长汪光焘在参加"城市发展国际论坛"时就表示,要更加注重健全市场体系,完善住房价格形成机制,保持合理的住房价格水平,新旧兼顾逐步实现"人人享有住房的"的目标。

此外,在满足公民宪法性居住权问题上,国家与社会已经被认为是主要义务主体。现阶段,我国正处于计划经济体制向社会主义市场经济体制转型的过渡期。公民的居住权正遭到前所未有的来自于商品房市场的高端扩张和社会保障制度不健全所带来的双重冲击。这表现在商品房的价格持续飙升,已经严重超出了中低收入阶层的承受能力。公民,尤其是普通市民的居住权问题正面临着被剥夺的危险。事实上,以人为本、维护最广大人民群众利益的执政理念要求我们应当密切关注我国公民居住权问题,通过法律、经济等诸多手段确保公民居住权的实现。

2. 居住权保障与土地利益分享的关联性

由于房地之间的天然联系,因此,不可否认的是,地价在房价中占有很大的比例,所以确保居住权的问题既要对住宅市场本身进行调控,同时又须追本溯源,对土地利益本身进行公平分享。尤其是在土地国有化,政府掌控建设用地市场主渠道的背景下,政府更有义务通过对土地利益进行公平分享来为公民居住权的切实实现提供基础。尤其是在我国,当前住宅商品化的大势已经形成,因此,政府企图通过对商品房价格的直接过度干预确保公民的居住权可能不符合现代政府和市场经济的基本要求,所以,从根本上讲,只有通过对土地权利的合理分配才能确保公民的居住权。①

3. 我国公民居住权保障概述

自 20 世纪 50 年代末 60 年代初通过社会主义改造对土地实行国家所有与农民集体所有两种公有制以来,我国法律和政策不仅一直承认私有房

---

① 当然,政府也应当对商品房市场进行干预,这里主要的任务是促进信息公开,防止垄断。

屋的所有者有继续无偿、无期使用其宅基地的权利(尽管其宅基地经社会主义改造已经转变为国家所有或农民集体所有的土地),而且一直承认城乡居民有申请无偿、无期使用国有土地或农民集体土地建筑私有住宅的权利。这意味着作为公有土地所有者的国家和农民集体对城乡居民承担了一项无偿、无期提供宅基地使用权的社会主义义务。正是在这种以土地公有制为基础,针对公民私有房屋宅基地问题而形成的,以作为公有土地所有者的国家、农民集体为一方,以不再享有土地所有权的全国城乡居民为另一方的社会主义权利、义务关系的基础上,产生了适用于全国城乡一切居民的公民个人宅基地使用权制度,尽管在改革开放前的一段时间里尚未形成公民个人宅基地使用权这一法律概念。在改革开放后的一段时间里,这一制度不仅没有被废止,相反以法律法规的形式加以了肯定和完善。我国1982年制定的《宪法》的第13条规定:"国家保护公民的合法的收入、储蓄、房屋和其他合法财产的所有权。"1983年6月4日,经国务院批准,城乡建设环境保护部还专门颁发了《城镇个人建造住宅管理办法》。该《办法》在禁止城镇个人乱占土地建房的同时,鼓励城镇居民采用自筹自建、民建公助、互助自建等形式建造私有住宅。该《办法》第3条、第4条规定,凡在城镇有正式户口、住房确有困难的居民或职工,经所在单位或所在居民委员会开具证明,都可以向所在地房地产管理部门申请住宅建设用地;城镇个人建造住宅需要使用农民集体土地的,还可以依法办理征地手续。1986年制定的《土地管理法》第38条和第41条则对乡村居民(包括非农业户口居民)使用农民集体土地建筑住宅的问题作了专门规定。这些法律、法规的规定进一步以立法的形式肯定和完善了我国自社会主义改造以来一直实行的,既可以适用于乡村居民又可以适用于城镇居民的,既可以以农民集体土地为客体又可以以国有土地为客体的,以批准使用和无偿无期使用为特征的公民宅基地使用权制度。

但是,自1990年5月19日国务院颁布《城镇国有土地使用权出让和转让暂行条例》以后,随着城镇房地产市场(包括商品房开发市场和交易市场)的发展,以及以住宅商品化为目标的住房体制改革的深入,1994年制定的《城市房地产管理法》第23条没有沿用《城镇个人建造住宅管理办法》第3条、第4条将城镇居民宅基地使用权纳入划拨使用权之中的精神。至此,除原有私房的所有者还可以继续无偿使用其宅基地外,城镇居民申请无偿划拨国有土地建筑私有住宅的权利被剥夺了,代表全体市民行使城市土地所有权的国家对市民承担的无偿提供宅基地的义务也免除了。接着,1998

年修订《土地管理法》时,在将原《土地管理法》第38条有关农村居民(指农业户口居民)申请农民集体土地建筑住宅的规定修订为现《土地管理法》第62条的同时,又将原《土地管理法》第41条关于城镇非农业户口居民申请使用农民集体土地建筑住宅的规定取消了。至此,城镇非农业户口居民既丧失了申请国有土地建筑住宅的权利,又丧失了申请农民集体土地建筑住宅的权利,立法将城乡非农业户口居民完全圈进了政府猎取建筑用地高额级差地租利益的围栏里,原来一直适用于城乡一切居民的公民个人宅基地使用权制度也就演变成了现在的只适用于农村农业户口居民的农村村民宅基地使用权制度。

当然,在现行法律制度将城乡非农业户口居民一齐圈进政府猎取建筑用地高额级差地租利益的围栏中的同时,一些地方政府也采取了一些诸如单位集资建房、开发经济适用房、廉租房一类措施,使城乡部分居民实际享受到了无偿使用宅基地的利益。这一点也是不容人们否认的。但是,这毕竟只是一些好心的地方政府于法律外的一种灵活处置,还不是城乡非农业户口居民的法定权利。不是法定权利的利益就可能被剥夺,例如单位集资建房①在一些地方就已经被禁止。

可见,从土地权利角度而言,我国公民已经从城乡一体平等对待走入了城乡差别对待的误区,其最终的结果就是,造成城乡居民在居住权保障上的不平等:农村居民有权无偿无期占有土地获得住房保障,而城市居民必须通过有偿方式获得有期限的土地使用权。在破除城乡壁垒,促进城乡统筹发展的大背景下,这种对农村居民与城市居民差别对待的政策是不可取的,必须予以改正。

4.通过土地利益的分享实现居住权保障的具体措施

事实上,马列主义的社会主义理论虽然否定生产资料的私有制,但是从未否定生活资料的私有制。相反经典作家们一向认为,社会主义生产资料公有制建立的目的就是为了使全体公民对生活资料所有权的平等享有提供充分的制度保障。而在公民个人可以依法享有财产所有权的生活资料中,住宅是其最为重要的生活资料。因此,我们认为,应当在土地利益公平分享,确保公民居住权的原则下,采用农民与居民的一体化保护方针。

---

① 如单位集资合作建房只能由距离城区较远的独立工矿企业和住房困难户较多的企业,在符合城市规划前提下,经城市人民政府批准,并利用自用土地组织实施。参见《国务院关于解决城市低收入家庭住房困难的若干意见》。

作为具体改革的初步方案,我们认为可以将住宅用地分为基本保障型、小康型和奢侈型三种层次,进而作区别对待。详言之,国家无偿提供人均最低居住用地,因为这一用地属于公民居住权的基本保障用地。对于我国公民人均最低居住用地的具体数量可以通过有关调查统计,并结合农民宅基地的用地,统筹确定一个数额。我们初步建议的基本保障型数额为人均 25 平方米。对于超出最低居住用地数,但在奢侈型数额之下的用地,国家适当收取土地出让金。这一土地出让金比例的收取应当采取年租的方式,其数额应当按照整个社会的人均收入来确定,不宜过高,并且可以随着国民收入的增加而适当增长。对于超出小康型用地数的奢侈型用地,国家可以收取较高的土地出让金。收取的数额可以参照个人所得税的原则来确定。

上述方案既体现了公平原则,通过基本保障型的制度设计确保了公民的基本居住权,同时也实现了效率,通过奢侈型用地的高额出让金为政府转移社会财富提供了一项手段。而且,也不妨碍步入小康社会的基本战略,通过对小康型住宅用地的制度设计为政府灵活实现土地利益的公平分享提供了平台。

更为重要的是,上述土地改革方案并不会对现行房产制度造成过度冲击。因为国家在此主要针对的是土地权利的分配,而就住宅的具体建设仍可基本维持现行的模式。比如一家三口享有 75 平方米的无偿住宅用地数,因此其在购买商品房后可向土地出让金收取部门退还 75 平方米的土地出让金数。当然对于只有一人的家庭或对基本保障型也无力购买的公民,政府应当通过廉租房或经济适用房来解决。因此,为确保公民居住权的实现,在住宅建设层面,政府的工作是在引导商品房建设市场的合理、稳步发展的同时,重点推进廉租房或经济适用房的建设和维护。由此,一个多层次、公平优先、兼顾效率的制度就会逐渐形成,我国公民的居住权也可以在这一制度平台上得到实现。

之五：公共自然资源利益分享的法律问题研究

目　录

一、公共自然资源概念辨析

公共自然资源的内涵与外延都极为广泛，不同分类方法会产生不同的结论。如学界根据公共自然资源的形成条件、组合情况、分布规律等地理特征，将公共自然资源区分为矿产资源（地壳）、气候资源（大气圈）、水资源（水圈）、土地资源（地表）、生物资源（生物圈）五类；或根据公共自然资源自我再生的性质，将公共自然资源分为可更新资源（如生物资源）和不可更新资源（如矿产资源）；著名地理学家哈格特将公共自然资源分为恒定性资源、储存性资源和临界性资源，等等。①

本研究不采用学界流行的公共自然资源分类标准及其分类结果，其原

---

① 恒定性资源是指按人类的时间尺度来看是无穷无尽并且也不会因人类利用而耗竭的资源。这类资源主要包括太阳能、风能、潮汐能、原子能、气候资源和水资源。储存性资源是指地壳中有固定储量的矿产资源。由于它们不能在人类历史尺度上由自然过程再生产，或由于它们再生的速度远远慢于被开采利用的速度，它们可能被耗竭。这类资源主要包括我们常说的煤炭、石油、天然气等各类化石能源。临界性资源是指在正常情况下可通过自然过程再生的资源，但如果被利用的速度超过再生速度，它们也可能耗竭，这类资源主要包括土地资源和森林、草原、动植物等生物资源。

因有二:一是本研究探讨公共自然资源的逻辑前提与价值前提是基于公共自然资源的公共性特征而非其自然性特征;二是本研究的最终目标是论证公共自然资源开发与利用过程中对利益分配进行有效法律调控的必要性与可能性。为此,本研究所谓的公共自然资源是指法律规定为国家所有并由地方政府代为行使所有权的水土、森林、草原、滩涂、矿藏等公共自然资源以及以相关公共自然资源为主体而形成的风景名胜区、自然保护区、森林公园及文物保护单位。

鉴于公共自然资源范围过大,加之土地公共自然资源与其他公共自然资源具有不同的法律属性与制度构架,故将土地利益分享单列,本子课题主要论证土地之外的其他公共自然资源。

鉴于水土、森林、草原、滩涂、矿藏以及各风景名胜区、自然保护区、森林公园及文物保护单位均有其独立立法,而这些立法对"公共自然资源"的内涵与外延界定也不尽一致,为此,本研究中我们特别关注的是公共自然资源概念的如下特质:

第一,在产权构建上,属于国家所有的,一般由地方政府或特定部门、单位代表国家行使权力并通过特许经营模式实现两权分离。

第二,在客体范围的确定上,除传统的水土、森林、草原、滩涂、矿藏等显性资源外,还包含以公共自然资源为主体的风景名胜区、自然保护区、森林公园及文物保护单位。

第三,在权利行使及其利益归属上,公共自然资源仅限于法权模型界定的与社会公众利益直接相关的公共自然资源部分,对于农村承包土地与城市建设用地不予涉及。这一方面可以避免与本研究单独设立的子课题四土地利益分享法律问题研究重复,另一方面可以探析现行分配体制所存在的问题及其突破路径。

第四,公共自然资源系由多种法律调整,本子课题侧重于从民法和经济法的视角透析公共自然资源利益分享所存在的各种问题及其破解之道。因之,在论证过程中所涉公共自然资源多以现行利益分享严重失衡领域为主,特别是以公共自然资源特许经营及其利益分享格局为中心。

二、公共自然资源利益分享现状分析

沿袭传统政治经济学所有制理论,我国改革开放以前通过《宪法》的宣示性规范以及计划模式经营维系了公共自然资源的产权公共性与利益分享的公共化,但其代价是资源利用效率低下,资源浪费日趋严重。改革开放以来,根据《宪法》修正案以及各部门法的调整,代表国家行使所有权的国务院对公共自然资源的管理权、收益权实现了自上而下的"让权分利"的制度改造,地方政府、相关职能部门获得了公共自然资源的管理权限及收益权利,形成了公共自然资源领域的地方与国家二元利益分享格局。

随着我国经济体制转轨,除部分资源尚未完全市场化外,诸多公共自然资源已经面向市场,从而形成所有权、经营权分离的产权模型。为确保资源利益的公共性、效益化,我国对公共自然资源的开发和利用实行了特许经营制度,即通过颁发资源开发许可证与资源利用许可证,试图在保障公共自然资源的公共性前提下,强化公共自然资源的有效利用。但是,因产权结构、立法漏洞、监管不力等因素,现行公共自然资源特许经营制度仍然存在资源垄断与市场失灵等严重缺陷,甚至沦为了公共权力阶层寻租的手段,致使公共资源利益分享悖离了公平轨道,形成了制度性腐败。

半个多世纪以来,我国公共自然资源领域虽然实现了从所有制向所有权的历史性转换,资源的利用率也得到了改善和提高,但囿于体制约束与法律构建两方面的缺陷,公共自然资源利益分享并未按照理想化轨迹运行。

就体制约束层面而论,所有制向所有权的改造并未打破公共自然资源的垄断格局。公共自然资源名为国家所有,但囿于科层化管理体制,在所有权行使及利益享有方面,国家只能依靠其低层级代理人(一般表现为地方政府与中央政府直属各部门)行使权力并与其分享利益。由此,地方政府与中央政府直属各部门成为实际上的权力支配者,为使公共自然资源从一种物化力量转换为一种具体利益,地方政府与中央政府直属部门又必须将权力不断细化、下放,藉此实现所有权,而在下放的过程中实则又陷入新一轮分利循环。作为公共自然资源利益分享者,按照"经济人"假设,每一个环节的利益享有者均会寻求利益的最大化、最优化。因而,在行使权力及制度设计方面,无一而非强化自身的垄断程度以增强利益分享份额与砝码。

就法律构建层面而论,我国目前尚无统一的公共自然资源立法文件,相关公共自然资源立法分散于《宪法》、《民法通则》、《土地管理法》、《森林法》、《草原法》、《矿产资源法》等法律以及大量的行政法规、规章中,再加上中央政府直属部门或地方政府职能部门委托立法,导致法出多门、政出多门,权限冲突、部门利益优位等诸多问题进而引致公共自然资源利益的分享出现如下弊端:

（一）公共自然资源利益分享的身份化与特权化

1. 公共自然资源利益分享的身份化

所谓身份化是指政府、政府职能部门以及其直接或间接代理人凭藉其优势地位获取公共自然资源的特许经营权。

按照《宪法》第6条、第7条规定，我国虽然"坚持公有制为主体、多种所有制经济共同发展的基本经济制度，坚持按劳分配为主体、多种分配方式并存的分配制度，"但其经济基础及其所有权法权模型仍然是生产资料的社会主义公有制。① 第9条更明确规定："矿藏、水流、森林、山岭、草原、荒地、滩涂等公共自然资源，都属于国家所有，即全民所有。"应该说，通过基本大法宣示上述公共自然资源归国家所有并无不妥，但核心的问题是，由谁来代表国家行使所有权？《物权法》制定之初，国家所有权到底由人大行使还是由国务院行使成为立法热点与难点。为此，全国人大常委会副委员长王兆国在《物权法》草案中指出：关于国家所有权的行使问题，依据宪法规定，全国人民代表大会是最高国家权力机关，国务院是最高国家权力机关的执行机关。全国人民代表大会代表全国人民行使国家权力，体现在依法就关系国家全局的重大问题作出决定，而具体执行机关是国务院。因此，具体行使国家所有权的是政府，而不是人大。《物权法》第45条第2款明确宣示："国有财产由国务院代表国家行使所有权；法律另有规定的，依照其规定。"循此原则，第46条至第49条界定国家所有权的客体范围，明确了矿藏、水流、海域、城市的土地、森林、山岭、草原、荒地、滩涂等公共自然资源以及相关的野生动植物资源，属于国家所有。② 然而，《物权法》的这一规定仍然存在两个问题：其一，并未直接规定归属于国家所有的公共自然资源的具体行使主体、方式、程序、权限；其二，《物权法》并未将本子课题公共自然资源概念中的"以相关公共自然资源为主体而形成的风景名胜区、自然保护

---

① 我国《宪法》第6条规定："中华人民共和国的社会主义经济制度的基础是生产资料的社会主义公有制，即全民所有制和劳动群众集体所有制。社会主义公有制消灭人剥削人的制度，实行各尽所能、按劳分配的原则。国家在社会主义初级阶段，坚持公有制为主体、多种所有制经济共同发展的基本经济制度，坚持按劳分配为主体、多种分配方式并存的分配制度。"第7条规定："国有经济，即社会主义全民所有制经济，是国民经济的主导力量。国家保障国有经济的巩固和发展。"

② 我国《物权法》第46条规定："矿藏、水流、海域属于国家所有。"第47条规定："城市的土地，属于国家所有。法律规定属于国家所有的农村和城市郊区的土地，属于国家所有。"第48条规定："森林、山岭、草原、荒地、滩涂等公共自然资源，属于国家所有，但法律规定属于集体所有的除外。"第49条规定："法律规定属于国家所有的野生动植物资源，属于国家所有。"

区、森林公园及文物保护单位"纳入物权的客体范围,缩小了物权法的规范对象。这两个问题不仅无助于解决公共自然资源固有的身份化问题,反而会加剧公共自然资源开发与利用中利益分享的失衡程度。这是因为:国家所有权的主体虚位必然要导致相关行政职能部门及其代理人寻租空间的无限扩张,在特许经营权形成过程中,由于公共权力始终居于主导地位,更容易出现上述问题。换言之,所谓国家所有的公共自然资源由政府代为行使,实则赋予了政府及其代理人的"管理人"身份,而该"管理人"又代表国家与地方政府甚至自己的独立部门参与公共自然资源利益的分配,由此形成"管理人"与"参与人"双重身份,最终在市场竞争中获得了既是"裁判员"、又是"运动员"的互补、互强优势,此点必然深度影响公共自然资源特许经营的命运。即使是依法推进公共自然资源特许权的运行,经营权人首先面临的不是信息、资金、能力等市场要素问题,而是如何与"管理人"进行利益分配的博弈问题。①

2. 公共自然资源利益分享的特权化

公共自然资源特许经营的身份化必然催生特权化。所谓特权化,系指政府、政府职能部门以及其直接或间接代理人凭藉其身份获取公共自然资源利益。

按照公共选择学派的理论:政府的存在是人性的证明。而所谓人性,公共选择学派采用了古典经济学和实用主义哲学之人性假设,从而形成了自身的理论构架,其核心原理表现为方法论上的个人主义立场和伦理哲学上的经济人假设,其主要观点是,政府之官吏或政客与私法领域一样是由"经济人"组成,倾向于关注自身权力之最大化和寻求预算的最大化,一旦约束机制不足为用,政府组成人员必然倾向于利用权力寻租,谋求私利。由是,公共选择学派主张限制政府之权力,而充分保障私权领域之各项利益,特别是主张保护经过私法领域所有人一致同意而趋于完善的作为公平、公正的社会契约。②

---

① 美国学者斯蒂格利茨指出:政府作为一个社会的管理人,其有权力和力量对资源(尤其是公共资源)进行再分配,这是一个事实,但是这一事实并没有告诉人们政府用于再分配的收入从何人而来向何人而去,以及政府的这些权力和责任是如何获得的。参见[美]斯蒂格利茨:《政府为什么干预经济》,郑秉文译,中国物资出版社1998年版,第82页。该问题的存在使得经营权人在与政府的博弈中完全处于劣势。

② James Buchanan and Gordon Tullock, The Calculus of Consent: Logical Foundations of Constitutional Democracy, The University of Michigan Press, 1962. 转引自包万超:"儒教与新教:百年宪政建设的本土情结与文化抵抗",载《北大法律评论》,法律出版社1998年版,第522页。

政府对公共自然资源享有的行政特许权,实际上创造了一个更加稀缺的公共自然资源市场,谁拥有这一市场份额,就相当于拥有某种特权。受资源丰度影响及利益驱使,各类市场主体均试图以各种方式争取资源特权的原始分配;而对于已经拥有资源特权的市场主体,则力求维持并扩张资源特权。问题由此而生:政府及其代理人作为"经济人",受自利动机驱动,必将凭藉其对公共自然资源配置的垄断地位追求自身利益利润的最大化。换言之,作为"经济人"的政府及其代理人面临巨大的市场利润,势必积极利用手中的权力,主动"创租"或"抽租"。特别是在我国对公共自然资源行政许可法律规定还是很不完善的时期,政府的活动往往被某些政府官员用以设置租金,并以此吸引寻租者,为自己创造最大利润。

寻租动机与垄断地位也为公共自然资源的特许经营的权钱交易等腐败行为提供了广阔的空间,在掌握公共权力的人与市场主体之间架起了一座桥梁:一方用政治权力换取金钱;另一方则用金钱换取政治权力以牟取更大私利,这是双方"经济人"追求利润最大化行为的异化表现。政府"经济人"的寻租活动使得政府干预难以达到公共自然资源的有效配置和社会公平,同时产生了大量的社会成本,如寻租活动中浪费的资源,寻租成功后所损失的社会效率等等。

从制度层面考察,特许经营权,特别是公共自然资源领域的特许经营权,其早期确乎源自于皇权的身份性和特权性。西方关于特许经营的最早记录出现于十一世纪的英国:国王授予贵族在其领地内享有行政管理权、征税权等世俗公共权力;作为回报,贵族将税收的一部分上缴国王,该种费用后来演化为特许权使用费。但随着民主、民治理念的兴盛,特许经营制度的价值发生变异,不再作为一种权力的特别恩宠与利益的身份性支配,渐次演化成一种为集束和优化资源与公开和公平竞争的契约制度,藉此实现资源的有效和可持续利用。与此同时,这种竞争性的缔约机制也在最大程度上堵塞了公权力的寻租空间。

相形之下,我国传统的经济体制在由封建经济向公有制计划经济以及多种所有制经济并存的混合经济的历史转轨进程中,中国的特许经营出现了价值偏离,即政府职能部门以及其代理人乃至具有某种身份关联的主体均可凭藉其独特的身份优先或者低价获得特许经营权,最终导致特许经营权悖离其应有价值场域,沦落为公共权力及其附属力量的寻租领地。

（二）公共自然资源利益分享的垄断化与部门化

公共自然资源所有权虽然名为国家或集体部分所有，但因所有权权利主体虚位，所有权行使机制不健全，因之，公共自然资源使用权、经营权在各主体之间并非遵循市场经济规律进行分配，而是基于各自的身份占有分享公共自然资源利益，从而形成公共自然资源利益分享的垄断化格局。

所谓垄断化，系指那些具有相关特权性、身份性力量凭藉其优势主导公共自然资源利益的分配并从中攫取垄断性利益的情形。集中表现为行政垄断。所谓行政垄断系指在公共自然资源开发与利用过程中，政府及其所属部门滥用其行政权力排除、限制竞争的行为，其具体表现形式如下：

一是部门垄断。公共自然资源领域中存在着诸多利益主体，各利益主体在相互作用、相互制约过程中，会产生不同的利益关联感，藉此形成一定的利益阶层或利益群体。部门垄断是指行政机关及其职能部门运用自己的权力设定市场壁垒，禁止或限制其他部门、行业进入公共自然资源领域从事开发与利用。具体表现方式有：其一，部门机关下设公司或相应经济实体，变相利用权力渗透公共自然资源开发与利用领域，形成不公平竞争。其二，为垄断公共自然资源经营利益，运用行政权力阻碍、限制部门外经营者的正常经营活动。其三，增设关卡、审批程序或通过其他非法手段限制其他经营者进入市场。

二是准入限制。按照《行政许可法》第 12 条第 2 项规定："有限公共自然资源开发利用、公共资源配置以及直接关系公共利益的特定行业的市场准入等，需要赋予特定权利的事项"。这一规定表明法律赋予了政府以广泛的特别许可和准入限制。主要表现为：其一，由于政府藉以设定公共自然资源特许经营的法律规范可选择空间过大，既包含法律、国务院的行政法规，还包括国务院发布的决定与地方性法规以及省级政府的政府规章。①

---

① 我国《行政许可法》第 14 条规定："本法第十二条所列事项，法律可以设定行政许可。尚未制定法律的，行政法规可以设定行政许可。必要时，国务院可以采用发布决定的方式设定行政许可。实施后，除临时性行政许可事项外，国务院应当及时提请全国人民代表大会及其常务会员会制定法律，或者自行制定行政法规。"第 15 条第 1 款规定："本法第十二条所列事项，尚未制定法律、行政法规的，地方性法规可以设定行政许可；尚未制定法律、行政法规和地方性法规的，因行政管理的需要，确需立即实施行政许可，省、自治区、直辖市人民政府规章可以设定临时性的行政许可。临时性的行政许可实施满一年需要继续实施的，应当提请本级人民代表大会及其常务委员会制定地方性法规。"

故而,虽然《行政许可法》第 13 条、第 15 条也对上述规定作了限制,①但此种多头授权必然会导致地方政府行政权的扩张,为公共自然资源的垄断大开方便之门。其二,虽然《行政许可法》明确规定了公共自然资源特许经营的法定程序,②但在现实生活中,政府往往会通过协商、谈判而非法定方式赋予特许经营权,最终形成对公共自然资源经营的垄断。其三,市场准入限制具有强制执行力,特许经营权人的利益一旦受损,尽管可以通过行政复议或行政诉讼予以救济,但在层级化的公共权力场域,申请人的利益也很难得到实质性保障。

三是信息屏蔽。特许经营与竞争信息息息相关。潜在的申请人是否能够获得平等的竞争机会与政府各类信息公开制度紧密相连。但在实际操作流程中,相关行政机关及其职能部门在信息公开时往往巧妙地规避法律的强制性规定,在公开的方式、范围和期间上大做文章,名为信息公开,实为一种信息屏蔽,旨在剥夺潜在竞争者的机会。

四是强制失权。强制失权系指在公共自然资源特许经营过程中,相关行政部门或其附属性力量为垄断经营性利益与市场,以非法方式和程序终止特许经营权或强制经营权人"转让"特许经营权,藉此将经营权人拖入诉讼泥沼,最终只好退出市场。

(三)公共自然资源利益分享不公的消极影响

上述缺陷的存在,不仅妨碍了公共自然资源的市场化路径,而且导致其市场准入、利益产出两方面与公共权力格格不入,最终为地方政府介入甚至

---

① 我国《行政许可法》第 13 条规定:"本法第十二条所列事项,通过下列方式能够予以规范的,可以不设行政许可:(一)公民、法人或其他组织能够自主决定的;(二)市场竞争机制能够有效调节的;(三)行业组织或中介机构能够自律管理的;(四)行政机关采用事后监督等其他行政管理方式能够解决的。"第 15 条第 2 款规定:"地方性法规和省、自治区、直辖市人民政府规章,不得设定国家统一确定的公民、法人或者其他组织的资格、资质的行政许可;不得设定企业或者其他组织的设立登记及其前置性行政许可。其设定的行政许可,不得限制其他地区的个人或企业到本地区从事生产经营和提供服务,不得限制其他地区的商品进入本地区市场。"

② 我国《行政许可法》第 53 条规定:"实施本法第十二条第二项所列事项的行政许可的,行政机关应当通过招标、拍卖等公平竞争的方式作出决定……行政机关违反本条规定,不采用招标、拍卖方式,或违反招标、拍卖程序,损害申请人合法权益的,申请人可以依法申请行政复议或提起行政诉讼。"其中,《行政许可法》第 12 条第 2 项所列事项为:"有限公共自然资源开发利用、公共资源配置以及直接关系公共利益的特定行业的市场准入等,需要赋予特定权利的事项。"

参与利益分享提供了广阔空间。地方政府、职能部门和权力实施者不仅享有管理权,还以产权代表人身份间接参与公共自然资源利益分享并处于强势地位。这种情况的存在不仅激化了社会矛盾,还削减甚至排斥了市场对公共自然资源之配置能力,而且伴生了利益分配权,最终导致市场失灵和权力寻租。权力寻租势必引致垄断性力量向公共权力的渗透甚至反向控制公共权力,最终公共自然资源特许经营制度成为寻求垄断性利益甚至获取公共权力的一种有效路径,湖南郴州普遍存在的官商利益链充分说明了这一点。具体而微,我国通过特许经营而形成的公共自然资源利益分享不公问题的消极影响主要表现为价值偏移与制度障蔽两个方面。

1. 公共自然资源利益分享发生价值偏移

(1)悖离效益价值。行政许可于公共自然资源而言,其核心价值在于效益。但特许经营一旦成为公共权力阴翳下的身份与特权,其经营目的、理念、模式会发生两方面蜕变:一方面,纯粹以特权性利益获得为中心,必然会导致经营规模严重萎缩、效益极度低下,乃至公共自然资源被严重浪费或闲置;另一方面,凭藉特权性优势,最大化地实现一己之利,最终将削弱公共自然资源的公共性、福利性和服务性。如果基于纯粹以获得特权性利益为中心的考量,特权性经营人可能会做出两种选择:要么在极度低的效率模式下仍然进行着垄断经营,以实现最低效益;要么通过市场化手段转让特许经营权,藉此牟利,坐享其成。如果以实现利益最大化考量,公共权力的执掌者就会为特权经营人提供最低机会成本,削减公共自然资源的公共利益含量,使特许经营权人获得最大利益。上述两方面,均会引致公共自然资源效率低下、效益减损等后果。

(2)悖离可持续发展价值。公共自然资源的效益不仅仅包含现有效益,更包含后续性效益。就权利主体而言,公共自然资源享有权利的主体并不单纯是现有的特权阶层,还应包括其他的公共主体,更应该涵括后代公共主体。换言之,公共自然资源的效益天然应当包含现实效益与代际传承效益。就公共自然资源开发与利用价值诉求而言,表现为可持续发展战略。西方国家一般通过“环境权”入宪或直接通过私法权利对上述权利予以保护并缔结相应国际性、区域性公约、协定赋予其普适性,扩大其调整空间。如1973年《东京宣言》首次提出“环境权”概念,主张“把每个人享有其健康和福利等要素不受侵害的环境的权利和当代传给后代的遗产应是一种富有自然美的公共自然资源,作为一种基本人权,在法律体系中确定下来。”1994联合国人权委员会特殊报告委员起草的《人权和环境原则草案》从实体权利层面规定了人类免受污染环境恶化和对环境造成的负面影响、威胁生命、健康、生活、福利及可持续发展的权利与平等地从对公共自然资源维持和可持续利用中获得收益的权利。反观中国,在公共自然资源开发与利用的立法、行政、司法、执法诸方面均与发达国家存在较大差距。以公共自然资源特许经营权而论,因为政策导向与地方经济发展短线需求,"先污染后治理"已成为近三十年来的基本模式,虽然相关法律竭力作出调整、规范,但在强大的行政权力冲击下,法律显得苍白无力。通过特权性身份获得经营权的经营人为攫取最高利益,往往不计环境成本甚至生命代价,竭泽而渔,实现自我利益最大化的同时,造成永久性的环境破坏。"改制"十余年来各类矿产资源开采、海域开发等之所以会出现诸多"公地悲剧",实则是公有制下的特权经营人悖离可持续发展规律的必然结果。按照密歇根大学黑勒教授的观点,公地悲剧的悲剧元素实则源自于每个当事人都知道资源将由于过度使用而枯竭,但每个人对阻止事态的继续恶化都感到无能为力,而且都抱着"及时捞一把"的心态加剧事态的恶化。

（3）悖离公平价值。就法权模型而论,现代意义的特许经营实质上是政府通过竞争性方式将相应资源的开发与利用权利授予特定主体而生成的一项契约。就公共自然资源而言,为避免"公地悲剧"与"反公地悲剧"的双重困境,采用特许经营模式无疑是上上之举。但特许经营权的生成路径及其实现必须是在不违背效益价值与可持续发展前提下恪守公平价值理念。所谓公平,就法律制度构建方面而言,无非表现为两个方面:其一是确立竞争性缔约制度,使每一个潜在的、可能的主体均能获得市场准入的平等机会,这是实现公平价值的首要前提;其二是确立公平的利益分享机制以实现公共自然资源分享的实质平等。包括授权人与受许可人之间的利益分享的实质公平与受许可人与社会公众之间利益分享的公平。

徵诸我国现行的公共自然资源特许经营权制度,因为体制约束与法治化程度都比较低,使上述两类公平均难以有效实现,或者在表面上看似实现,但却难以防范幕后交易,如政府官员以其附属性、身份性力量在公共自然资源开发与利用中以"干股"形式参与分配等,这就在无形间增大了特许经营权人的经营成本,而经营权人又会通过一切手段转嫁这种成本,最终导致公共自然资源特许经营悖离公平价值。

2. 公共自然资源利益公平分享存在制度障蔽

（1）市场失灵。诚如上述,地方政府、职能部门、权力实施者以及特许经营权人一旦形成利益共同体,极易形成"合谋",而国家、特许经营人甚至消费者最终沦为成本支付人。特许经营人为获得更多利益,一方面必须增加大量非经营成本(主要表现为行贿成本)以尽量降低获取特许经营权之原始成本,完成权钱交易;另一方面,又必须基于其垄断性经营权提高服务费用,将预付成本与市场利润捆绑式地转嫁于公共消费者。如此,市场失去了配置资源的核心地位,更失去了调节杠杆的功能。由此我们看到相当多的地方政府为片面追求 GDP 的增长,不惜通过政策性优惠将公共自然资源经营权以超低或超优惠价格加以转让,再加上暗含的寻租机会,市场被完全疏离了。①

(2)政府失灵。按照一般理论,政府失灵系指在公共自然资源的开发与利用过程中,政府应有的监督管理权力与功能丧失或受限。其主要表现为两方面:一是角色错位与功能变异。诚如上述,地方政府、职能部门、权力实施者与特许经营人形成“合谋”与利益共同体,必然导致其角色错位与功能变异。如在大量的景区开发建设中,有关部门和一些地方政府已经从公共资产的代表者、管理者、监督者,变成了投资者。其收益转化为一些地方、部门、集体或个人的利益,造成了国有资产的大量流失。这不仅激活了制度性腐败,更导致政府在公共自然资源开发与利用中权力发生变异,沦为特权性阶层的工具。二是权力寻租与功能萎缩。虽然地方政府、职能部门、权力实施者为直接或间接成为投资者,但通过公共权力运作、信息发布、程序运用等方式拓展寻租空间,以合法形式将公共自然资源开发权、经营权转让,最终导致公共权力机构的功能萎缩。

以上两种方式均直接引致公共权力腐败,诱发政府失灵风险。按西方学界腐败理论,所谓公共权力腐败,实质上是公职人员(既包括经选举产生的政府官员或由政府任命的官员,也包括公共权力机构雇用的公务员系列)为了谋取个人私利而违反公认准则,②或背叛公众信任,③或为个人利

---

① 重庆市南川市山王坪可为显例:山王坪 8000 亩生态林地、人文景观的 50 年经营权 1997 年以 150 万元的超低价格被转让给某公司,导致国有资产严重流失,但因当时政府强力介入,市场化要素被忽略。目前,该景区资产累计已达上亿元,而特许经营权之争也烽烟四起。具体可参:“重庆山王坪升值近亿元投资过热资本退市艰难”,载《时代信报》2005 年 8 月 3 日;“山王坪旅游资产争夺战”,载《时代信报》2008 年 1 月 3 日。

② [美]塞缪尔·亨廷顿著:《变革社会中的政治秩序》,王冠华等译,生活·读书·新知三联书店 1989 年版,第 54 页。

③ Dobel, Patrick J, *The Corruption of a State*, American Political Science Review, 72, (1978), P. 3.

益出售政府财产或物品。① 上述所有方式均会造成公共财富的丧失、浪费、低效率,而公共权力机构不履行监管之责,必然导致政府失灵。

3. 公共自然资源利益分享严重失衡。结合现行我国公共自然资源特许经营制度,虽然有关领域已渐次步入法制化、民主化轨道,但由于体制僵化、立法分散、行政权力扩张等原因引致的痼疾仍然广泛存在,公共自然资源开发与利用中的资源利益分配与成本分摊出现了严重失衡。这种失衡又使得现行公共自然资源特许经营权呈现出如下特征:

一是整体性。近年来,地方政府,特别是经济欠发达地区政府为片面实现 GDP 的飞速增长,以招商为名,将土地之外的另一重大公共资源——公共自然资源以一揽子协议方式授权给单一的企业或公司。按照协议,受许可人不仅获得了一定区域内公共自然资源的开发权、经营权,还获得了该区域内的其他一系列经营权利。以自然遗产资源为例,受许可人不仅获得整个遗产地或其核心区的经营权,还一次性、整体性地获得了遗产地的全部重要经营项目,包括门票收取、游客安全、山林资源安全等管理权。实践中,本应由地方政府及其职能部门享有的管理权因为通过一揽子协议被授予受许可人,最后,管理机构只能从受许可人处"分享"到因从事公共事务管理所必须的费用,而大部分费用则由特许经营权人独享。无形间,本应由全体人民共享的公共资源利益归为少数人所有。

这种公共自然资源的整体性转让直接导致公共事务管理机构与特许经营权人的"角色"错位。在强大的经济利益驱动下,特许经营权人实际上获得了管理权,而执行公共事务管理事务的管理局或管委会反而只能仰人鼻息,这种状况已经成为公共自然资源开发与利用中的一种模式。针对这一模式,就公共权力层面而言,表面上是在恪守合同,减少政府治理成本,发展地方经济,但该种管理模式完全悖离了公共自然资源特许经营制度的基本价值立场——作为公共自然资源所有人的代理人的公共管理机构的职责是保护公共自然资源,最大程度发挥其公共性、福利性功效;就特许经营人层面而论,其核心价值是为了获取资本的增值,一旦通过一揽子协议获取了本应由公共权力机构行使的规划管理、资源和环境保护管理、对景区内经营活动和行为的监督管理、治安和安全管理等管理权,该种权力随之被异化为攫取最大利益的手段,公共权力的旁落必然导致公共自然资源经营的唯利是

---

① Shleifer, Andrei, and Robert W. Vishny, *Corruption*, Quarterly Journal of Economics, 108 (3). (1993).

图,无所不用其极。不仅诱发经营权人的过度开发,极度利用,损害公共自然资源,还将特许经营的性质从公共性、福利性直接转换为私人性、唯利性,与公共自然资源特许经营所追求的公平分享目标无疑是南辕北辙。

二是垄断性。如前所述,现在我国绝大多数公共自然资源的开发与利用非特许经营而不得进行,几乎都具有垄断性。如各级各类景区定价权、收费权甚至附属性服务如吃、住、索道均由一家企业或公司专营,从而形成垄断性利益。

三是长期性。现行公共自然资源特许经营模式忽略了特许经营制度应当具有的竞争理念,经营权期间多为 50 年或 70 年。这种集占有、使用、收益于一身长期享有的"经营权"实际上架空了国家所有权,致使不少公共资源被掠夺式开发和利用,进而对环境造成严重破坏。

四是隐蔽性。虽然我国法律、法规、规章都规定了公共自然资源的开发与利用以及特许经营权的取得必须遵循公开、公正、公平等原则,但在实务操作中,诸多特许经营项目事前信息不公示,事后协议或合同亦不公开,属于典型的暗箱操作;或者形式上经过公开招投标,但在招标项目和内容上又设置许多模糊地带,甚至内定中标人,具有极强的隐蔽性。

由于特许经营权具有的如上四个特征,使得我国现今在公共自然资源开发与利用中的利益分配格局出现严重的失衡状态。如果不加以改进或制止,就很容易走向 Rebecca 理论所描述的境地:当"强盗贵族"与"被俘获"的官员结盟并共同侵犯弱势公共群体权益时,弱势群体利益从制度上已无从保障,只能成为被动的消费者或被强制消费。

三、公共自然资源利益分享不公的成因分析

(一)产权结构混乱

虽然在《宪法》及各类部门法中对国家所有权的主体与客体均有明确界定,但作为一种资源性资产,公共自然资源虽为国家所有,但在国家所有权行使方式上却存在严重的制度缺失。

首先,在产权结构设计方面混淆了公法与私法的界限。严格意义上的所有权仅能是私法意义上的,而不能是公法意义的。即便于所有制权属领域归属于公法主体,如罗马法之神法物、现代德国、法国之国家所有,表现为产权结构仅能是一个足以对抗其他权利的私法所有权。我国《宪法》、《物权法》规定国家财产属于全民所有,是典型的所有制界定而非所有权界定,

而为维护所有制层面的公有制,法律制度设计过程中不惜牺牲所有权核心价值适应所有制。作为公法主体并非不能享有私法所有权,但一旦进入所有权法域,则必须恪守私法规则而不得享有公法主体之豁免权、优先权。但如果通过强制规范使所有权屈从于所有制,则所有权应有的平等地位、独立人格、自由意志等价值无疑被悬空搁置,而产权结构自然出现公私难辨且具有超乎私法所有权的优越性,由此派生的其他权利束,包括公共自然资源特许经营权亦难依照私法规则行使、救济。

其次,在权利行使方面,导致了公法意义的公共权力与私法意义的国家财产所有权的竞合。按照新制度经济学代表人物阿尔钦的观点:产权是一个社会所强制实施的选择一种经济品的使用的权利,而产权系统实际上表现为"分配权力的方法"。① 根据该种理论,现行国家所有权无论是在实质上,还是在逻辑上均为现行政权的有效元素,所有权被包容于政权架构下且必须服务于政权。如此,公共权力无形间成为国家所有权行使过程中的主导性力量。而特许经营权源自于公共权力机构的特别许可,如果公共权力既从所有制层面控制了公共自然资源归属权,又在其实现领域控制了其配置权、审批权、收益权且具有强制性,则特许经营权无论是从权源、权利产生、实现均需受制于公共权力,故特许经营权人为获取经营权必须与公共权力进行交易。按照私法交易规则,公共权力一身二任(管理人与收益人),能为交易的仅仅是作为收益人的产权行使主体而非公共权力之管理人主体,但该种产权结构的特殊性迫使申请人首先必须与作为公共权力管理人交易,才能获得与收益人交易的资格,由此引发上述诸多制度刚性。

再次,政府角色定位偏差。国家所有权实现具有间接性特征,基于上述两方面论证,此种间接性是国务院各部委、地方政府及其职能部门获得监管权力与收益权利的基础。监管权力源自于公法授权,而收益权则源自于私法委托,公共权力机构及其实施者一身二任,加以缺乏有效法律监督、社会监督,为使自身利益、部门利益最大化,公共权力层域的监管权必然成为收益权最大化的有力工具,最终悖离政府应有的角色定位。

最后,所有权主体"虚位"。依照现行法律规定,公共自然资源的公有产权属性及主体非常明确:《宪法》第9条规定:"矿藏、水流、森林、山岭、草

---

① A. Alchian, *Some Economics of Property Rights*, IL Politico, 4. (1965), P. 30.

原、荒地、滩涂等公共自然资源,都属于国家所有,即全民所有;由法律规定属于集体所有的森林和山岭、草原、荒地、滩涂除外。国家保障公共自然资源的合理利用,保护珍贵的动物和植物。禁止任何组织或者个人用任何手段侵占或者破坏公共自然资源。"而《物权法》第45条第2款又规定:"国有财产由国务院代表国家行使所有权;法律另有规定的,依照其规定。"但近年来的理论研究与实证研究均表明:集体所有权存在主体虚位性(无实体性代表人)、功能缺失性(不能对其所有资源享有最终处分权)等缺陷,因之,处于现行乡村产权结构中母权地位的集体所有权无疑成为一种象征产权。① 就其产权主体而言,在具体的立法文件中,集体土地所有权的主体尚未达成一致。集体土地在《宪法》中,被笼统界定为集体所有;②在《民法通则》中,被界定为乡(镇)、村两级所有;③而在《农业法》和《土地管理法》中,则为乡(镇)、村或村内农业集体经济组织三级所有。④ 就其产权功能而论,虽然《土地承包法》第9条明确规定:"国家保护集体土地所有者的合法权益,保护承包方的土地承包经营权,任何组织和个人不得侵犯。"但稍加留意即可看出,国家对农村土地、特别是对农民权利的保护仅限于维持基本生计与稳定的土地农业用途。一旦涉及农村土地的非农用途,土地增殖利益飞速上扬,则集体权利与农民权利双重受限:根据《宪法》、《土地管理法》和

---

① 依据我国法律,对国有土地的利用层面,一般称之为"国有土地使用权",而对于农村土地的使用则区分为农村土地承包经营权与农村建设用地使用权。关于"使用权"与经营权之称谓,学界争议极大。有学者基于《农业法》第12条的规定,认为承包经营权是土地承包经营权的上位概念,参阅江平著:《中国土地立法研究》,中国政法大学出版社1999年版,第302页;有人认为土地承包经营权与农村土地使用权是一种并列概念,二者并不兼容,参阅崔建远:"房地产法与权益冲突及协调",《中国法学》1994年第3期;还有人认为"土地承包经营权是基于土地所有权或土地使用权而产生的权利",参阅王家福、黄明川著:《土地法的理论与实践》,人民日报出版社1991年版,第56—57页。笔者以为,鉴于土地用途管制的强制规定,农村土地不得用于非农经营,"经营权"实则表现为一种耕作权以及基于耕作而取得的收益权。

② 我国《宪法》第10条第2款规定:"农村和城市郊区的土地,除由法律规定属于国家所有的以外,属于集体所有;宅基地和自留地、自留山,也属于集体所有。"

③ 我国《民法通则》第74条第2款规定:"集体所有的土地依照法律属于村农民集体所有,由村农业生产合作社等农业集体经济组织或者村民委员会经营、管理。已经属于乡(镇)农民集体经济组织所有的,可以属于乡(镇)农民集体所有。"

④ 我国《土地管理法》第10条规定:"农民集体所有的土地依法属于村农民集体所有的,由村集体经济组织或者村民委员会经营、管理;已经分别属于村内两个以上农村集体经济组织的农民集体所有的,由村内各该农村集体经济组织或者村民小组经营、管理;已经属于乡(镇)农民集体所有的,由乡(镇)农村集体经济组织经营、管理。"

《物权法》，集体丧失土地所有权；农民则丧失土地使用权、收益权和承包经营权①。从该一法权模型考察，集体土地所有权根本就不是格罗斯曼和哈特所界定的所有权。因为真正的所有权应当表现为一种对资产的最终控制权，对资产的一切剩余权利的控制权；对农民而言，因其谈判权本身被剥夺，无法为自身利益最大化寻求通道，也不可能通过现有司法途径进行维权，更谈不上对农村土地享有控制权，当作为所有权人的集体仅能获得传统所有权意义上的剩余收益权时，作为用益权人的农民阶层只能获得补偿。②

此外，国家所有权同样存在主体虚位现象。虽然《物权法》第 53 条至第 55 条分别规定由国家机关、国家举办的事业单位、国家出资的企业依照法律、行政法规代表国家行使出资人职责，试图消弭主体"虚位"可能导致的消极后果。但实际情形并非如此。由于产权所有者地位"虚置"，致使国家所有权得不到很好地体现与保障，法律上的国家所有权在实际运行中常常被异化为部门所有、地方政府所有、企业所有、社团所有甚至个人所有，本已清晰的产权结构因为所有者的"虚位"而变得混乱不堪，造成公共自然资源利用利益分配上的诸多矛盾和冲突，导致各种利益主体注重眼前利益而难以顾及公共自然资源可持续开发与利用，也直接引致了前述的不公平的利益分配现状。

（二）法制体系不健全

关于公共自然资源开发与利用，我国立法不可谓不多，但却未形成科学、统一的法制体系。基于所有制与所有权的双向混淆，在公共自然资源特许经营领域，我国法制体系尚存在如下弊端。

1. 立法理念落后

基于不同的公共自然资源立法理念，发达国家形成了两种立法模式，即"土地中心主义"和"资源中心"主义。"土地中心主义"源于古罗马法。在

---

① 按照现行立法规定，集体对其土地不享有最终处分权。农业经营外的建设用地，除极少数例外外，均需先履行征收程序，将集体土地转化为国有土地。按照《土地管理法》第 43 条规定："任何单位和个人进行建设，需要使用土地的，必须依法申请使用国有土地。"所谓少数例外系指《土地管理法》第 43 条的但书所列三项：其一，为兴办乡镇企业经依法批准使用本集体经济组织农民集体所有的土地；其二，因村民建设住宅经依法批准使用本集体经济组织农民集体所有的土地"；其三，因"乡（镇）村公共设施和公益事业建设经依法批准使用农民集体所有的土地。"

② Grossman, Sanford and Hart, Oliver. *The cost and Benefit of Ownership: A Theory of Vertical and Lateral Integration*, The Journal of Political Economy, 8. (1986).

古罗马前期,房屋及其相应设施均被视为土地之从物,按照添附原则,租用他人土地建造房屋的,房屋所有权被土地所有权吸收,归属于出租人。此种制度后被英国土地法继承。英国法着眼于公共自然资源依附于土地这一物理现象和客观事实,将地表和地下的公共自然资源视为土地的成分、附属物或天然孳息,土地的所有人对其土地内赋存的其他公共自然资源拥有所有权,在土地所有权转移时,其他赋存在土地中的各种公共自然资源通常也与之一并转移,除非出让人与受让人就公共自然资源的权属另有约定。"土地中心主义"在土地与公共自然资源的关系上所采取的手段是以土地吸收公共自然资源,公共自然资源不具有独立的客体地位。例如在对水资源的利用中,将水作为其载体——土地的成分,纳入对土地的利用当中。对矿产资源、林业资源等公共自然资源的利用也是如此。以大陆法系的德国、法国为代表的"资源中心主义"则鉴于公共自然资源在人类社会生活中的重要性,将土地与以其为载体的其他各种公共自然资源进行区分,认为土地与依附于土地的矿藏、水、森林等同为公共自然资源的组成部分。① 土地所有权与其他公共自然资源所有权相分离,土地所有权人并不当然成为其土地上各种公共自然资源的所有人,其他公共自然资源的所有权也并不因其所赋存的土地及其所有权或其他权利的不同而改变。因之,基于对公共自然资源的利用而产生的一切权利均独立于土地权利。在土地与公共自然资源的关系上,采取的是以公共自然资源吸收土地的手段,例如在对水资源的利用中,将水的载体——土地纳入水当中,承载水的土地在水权中不具有独立的客体地位。对矿产资源、渔业资源等公共自然资源的利用也是如此。

徵诸我国现行关于公共自然资源的法律、法规,却没有明确立法理念,而是游离在"土地中心主义"与"资源中心主义"之间,既缺乏明确而坚实的立法理念,又未形成统一而系统化的法律制度。《水法》、《草原法》、《林业法》、《矿产资源法》、《渔业法》和《野生动物保护法》等单行法的颁行,从形式看似采纳了"资源中心主义";但在普通法——《民法通则》中,第81条以列举的方式将公共自然资源划分为森林、山岭、草原、荒地、滩涂、水面这几类,但对土地与森林、山岭、草原、荒地、滩涂、水面等公共自然资源在法律上的关系未予规定;而2002年颁布的《农村土地承包法》第2条则直接推行

---

① Daniel W Bromley, Michael M. Cernea, *The Management of Common Property Natural Resources: Some Conceptual and Operational Fallacies*, The World Bank, 1989.

"土地中心主义"。① 立法理念的混乱直接导致立法规范的模糊性、不确定性,各权利主体的权利边界不明,甚至诱发了"权利真空",为各公共管理权力部门恣意扩大自身权力范围提供了制度依据。

2. 立法技术不完善

所有的立法,均需运用一定的立法技术,或者说,所有的法律文本,均是一定水平的立法技术的反映。我国台湾地区学者罗传贤认为,立法技术的作用,"在以合理的体例及恰切的词语,以表现立法原则的真谛,以期法规的条贯井然有序,法规的词语明确清晰,然后才可免执法者和守法者误解曲解之弊,而达到'万事皆归于一,百度皆准于法'的境界。"②我国现行《立法法》亦将立法的科学原则作为立法的四项基本原则之一。③ 然而,我国公共自然资源的立法却存在着散乱零落,交叉重叠,甚或基本概念都未统一的状况,导致了各种权利行使时所产生的矛盾和冲突。前者如《民法通则》第81条规定的国有水面的承包经营权与《物权法》、《渔业法》中规定的使用水域、滩涂从事养殖、捕捞的权利内容有交叉,界限不明确,在实践中很可能会产生冲突,目前却没有明确的解决依据。④

至于概念不统一,其根本原因是立法中缺乏统一的立法理念与明确的制度规范。虽然《物权法》将"使用水域、滩涂从事养殖、捕捞的权利"列入了用益物权中,但很明显,这一概念不能完全表达用益物权的内涵,又如《物权法》第122条规定"依法取得的海域使用权受法律保护。"但作为财产法的基本法,却对"海域使用权"概念不作产权边界界定。⑤

近年来,针对公共自然资源的开发与利用,法律上出现了"使用权"与"用益物权"等概念,立法上一般采用"使用权"对具有不同内涵、外延的诸项权利予以涵括、统摄,造成了对公共自然资源使用权含义理解上的

---

① 我国《农村土地承包法》第2条规定:"本法所称农村土地,是指农民集体所有和国家所有依法由农民集体使用的耕地、林地、草地,以及其他依法用于农业的土地。"

② 罗传贤著:《立法程序与技术》,五南图书出版股份有限公司2006年版,第82页。

③ 我国《立法法》第6条规定:"立法应当从实际出发,科学合理地规定公民、法人和其他组织的权利与义务、国家机关的权力与责任。"

④ 我国《民法通则》第81条第1款规定:"国家所有的……滩涂、水面等公共自然资源,可以依法由全民所有制单位使用,也可以依法确定由集体所有制单位使用,国家保护它的使用、收益的权利;使用单位有管理、保护、合理利用的义务。"我国《物权法》在"用益物权"编的"一般规定"中,仅于第123条简单规定:"依法取得的探矿权、采矿权、取水权和使用水域、滩涂从事养殖、捕捞的权利受法律保护。"

⑤ 参见我国《物权法》第122条规定。

分歧。①

首先,"使用权"一词涵盖内容太多,几乎与用益物权同义运用,现行立法确定的使用权这一用益物权类型,涵盖了用益物权种类的绝大部分,同时将传统地上权也容纳其中。如森林资源使用权包含了林木采伐权和林地使用权;草原资源使用权包括了放牧权、打草权、野生经济植物收获权、草地使用权等;滩涂、水面资源使用权包括水产养殖权和捕捞权等等。

其次,现行立法中的"使用权"概念缺乏科学性。依科学定义而非实用主义,作为用益物权之一的"使用权"与作为所有权权能之一的"使用权"必须区分。否则,在实践中就往往相互混淆,不易区分作为用益物权的"使用权"还是作为所有权的"使用权能"。所谓"使用"是指权利主体根据物的性质和用途加以利用从而实现其利益,它是所有权的权能之一。

最后,使用权的内涵与外延不确定。既包括物权性质的使用权,也包括债权性质的使用权,有时也指使用权中的使用权能。这说明现行的使用权制度缺乏系统性和完备性。

3. 法出多门

现行《立法法》赋予了行政机关以极大的权力,从而助成了行政机关既是"参与者"亦是"规则制定者"的悖论。主要表现为:

(1)地方立法主体的扩展。原来地方立法权的主体包括两类:省级和大市级地方人大及其常委会,其中的"大市"只包括省、自治区的人民政府所在地的市和经国务院批准的较大的市。《立法法》则将经济特区所在地的市列入"较大市"的范围,使经济特区市的人大及其常委会取得了地方性法规制定权。②

(2)地方立法权事项范围的扩大。首先,为执行法律、行政法规,需要根据本行政区域的实际情况作具体规定的事项以及属于地方性事务需要制定地方性法规的事项,均可制定行政法规。其次,除了只能制定法律的事项外,③其他

---

① 梁慧星著:《中国物权法研究》(下册),法律出版社2000年版,第612—614页。

② 我国《立法法》第63条第4款规定:"本法所称较大的市是指省、自治区的人民政府所有地的市,经济特区所在地的市和经国务院批准的较大的市。"

③ 我国《立法法》第8条作了详细列举,其规定:"下列事项只能制定法律:(一)国家主权的事项;(二)各级人民代表大会、人民政府、人民法院和人民检察院的产生、组织和职权;(三)民族区域自治制度、特别行政区制度、基层群众自治制度;(四)犯罪和刑罚;(五)对公民政治权利的剥夺、限制人身自由的强制措施和处罚;(六)对非国有财产的征收;(七)民事基本制度;(八)基本经济制度以及财政、税收、海关、金融和外贸等基本制度;(九)必须由全国人民代表大会及其常委会制定法律的其他事项。"

事项国家尚未制定法律或者行政法规的,省、自治区、直辖市和较大的市根据本地方的具体情况和实际需要,可以先制定地方性法规。在国家制定法律或者行政法规生效后,地方性法规仍可存在,只是同法律或者行政法规相抵触的规定无效,而且制定机关应当及时予以修改或者废止地方性法规。①

为适应改革开放的立法需求,我国现行《宪法》将立法权向地方扩散。在缺乏基本的民事、经济、行政法律的特殊历史条件下,这种做法可谓具有一定合理性。然而,这仅是一个权宜之计,是治标而非治本之策。不仅会损害全国人民代表大会的立法权威,更在实务中混淆了立法权与行政权的界限,扩大了行政权的立法权限,最终在公共自然资源开发与利用过程中形成了政府及其职能部门的双重身份:作为享有立法权的行政机关成为"规则制定者",作为执行政务、公务的机关,又成为"规则执行者"。

具体而微,现行关于公共自然资源开发与利用立法,依照层级可划分为宪法——法律——法规——规章四级。表面上看各层级之间均以宪法为依据,但从"法律"、"法规"层面开始,法出多门现象愈来愈严重,延至规章、办法层面,情形更为严峻。单以公共自然资源中景区收费权为例,诸多地方性法规、各部委、各部门之规章、办法之间存在不同的规定,缺乏统一立法模式,更谈不上立法的科学性与利益分配的公平性。如重庆市永川市茶山竹海风景区关于景区收费权和门票收入分配方案长期陷入"十面埋伏"困境中,单茶山竹淘景区收费权和门票收入分配方案一年内即发生4次变化,且每次变化均能找到"合法"依据。②

法出多门必然带来政出多门。如泸沽湖景区收费权,2003年以前属于县级人民政府。2003年末,丽江市人民政府办公室以丽政办发〔2003〕128号"关于交接泸沽湖景区收费站的通知"规定:"2004年1月1日开始,泸沽湖景区门票收费权统一划归丽江泸沽湖省级旅游区管理委员会。"一个市级政府办公室,未依据任何法律规定,仅凭人事变动和一份"通知",即剥夺了县级人民政府的收费权。

---

① 我国《立法法》第64条规定:"地方性法规可以就下列事项作出规定:(一)为执行法律、行政法规,需要根据本行政区域的实际情况作具体规定的事项;(二)属于地方性事务需要制定地方性法规的事项。除本法第八条规定的事项外,其他事项国家尚未制定法律或者行政法规的,省、自治区、直辖市和较大的市根据本地方的具体情况和实际需要,可以先制定地方性法规。在国家制定法律或者行政法规生效后,地方性法规同法律或者行政法规相抵触的规定无效,制定机关应当及时予以修改或者废止。"

② 参见"重庆市永川茶山竹海:陷入十面埋伏",资料来源:http://tea.ahnw.gov.cn.

4. 立法层级混乱

法出多门的表面原因是因为立法层级混乱。但仔细考量二者之间的因果关系，不难见出，公共自然资源立法层级混乱正是因为各地域、各部委、各部门之间为自身利益最大化并寻求合法性进而扩张自我立法权限所致。以风景名胜区保护带的划分为例，表面上不涉及任何利益，仅仅是保护公共自然资源的一种科学分类。但在实务中，保护带的分类实则演化为利益分享区域。不同类型、不同级别的保护带必然带来不同的利益分享格局，因之，立法层级混乱势在难免：1985 年颁行的《风景名胜区管理暂行条例》第 6 条规定风景名胜区应划定外围保护带；①1994 年颁行的《中华人民共和国自然保护区条例》第 18 条将保护区分为核心区、缓冲区、实验区和外围保护地带四级，②而部分省市地方性法规在立法过程中巧作变通，如 2002 年颁布的《福建省武夷山世界文化和自然遗产保护条例》第 10 条采用更为模糊的标准将其区分为特别保护地带、一般保护地带和其他保护地带。③ 该条中的"其它保护地带"为各级地方政府及其职能部门扩大立法权限提供了合法性空间。其结果必然导致立法层级混乱，各立其法，各行其政。

立法层级混乱必然带来权限冲突。依据《保护世界文化和自然遗产公约》，世界遗产共有四种，即世界文化遗产、世界自然遗产、世界人类口述和非物质遗产、世界地质公园。而我国又将上述标准细化为：风景名胜区，自然保护区，森林公园和文物保护单位四大类。划分依据并非针对公共自然资源之资源属性，而是为了各类公共权力行使方便，由此引发了各级各类公

---

① 我国 1985 年《风景名胜区管理暂行条例》第 6 条规定："各级风景名胜区都应当制定包括下列内容的规划：……（二）划定风景名胜区范围及其外围保护地带。"不过需要说明的是，《风景名胜区管理暂行条例》已于 2006 年废止，取而代之的是《风景名胜区条例》。《风景名胜区条例》不再要求划定"外围保护带"，而是规定，风景名胜区总体规划应当包括风景名胜区的功能结构和空间布局。详见《风景名胜区条例》第 13 条。

② 我国 1994 年《自然保护区条例》第 18 条规定："自然保护区可以分为核心区、缓冲区和实验区。自然保护区内保存完好的天然状态的生态系统以及珍稀、濒危动植物的集中分布地，应当划为核心区，禁止任何单位和个人进入；除依照本条例第二十七条的规定经批准外，也不允许进入从事科学研究活动。核心区外围可以划定一定面积的缓冲区，只准进入从事科学研究观测活动。缓冲区外围划为实验区，可以进入从事科学试验、教学实习、参观考察、旅游以及驯化、繁殖珍稀、濒危野生动植物等活动。原批准建立自然保护区的人民政府认为必要时，可以在自然保护区的外围划定一定面积的外围保护地带。"

③ 2002 年《福建省武夷山世界文化和自然遗产保护条例》第 10 条规定："武夷山风景名胜区和九曲溪生态保护区按照保护规划，划分为特别保护地带、一般保护地带和其他保护地带，由省人民政府组织划定并设立标志。"

共自然资源的权限冲突。如按照上述分类标准,无疑是画地为牢,各占江山。如风景名胜区由建设部管辖,森林公园由林业局管辖,文物保护单位由文物局管辖,自然保护区则分属环境保护总局、农业部、林业局、海洋局、地质矿产局、水利总局等部门共同管辖。而同一世界遗产地如被同时定为风景名胜区和森林公园,则管束机构愈多,权限冲突愈见突出。①

此外,按照部门设置来划分公共自然资源的管理权限,也造成了对公共自然资源的人为分割,过分地强调公共自然资源的部门化行政管理。部门起草、立法机关审查的立法方式进一步强化了立法的部门色彩,从而导致了立法部门化,部门利益化,利益法制化,严重破坏了公共自然资源立法的统一性。如草原和森林的法律边界不清、渔业和海洋在海水养殖方面的交叉、矿泉水所引发的水资源与矿产资源的管理冲突均为明证。

(三)监督机制不完善

现行中国公共自然资源领域之所以出现"市场失灵"、"政府失灵"、资源利益分享与成本分摊严重失调、权利寻租与制度腐败等严重问题,与现行监督机制不健全有着直接联系。而各管理部门背叛公众信任,唯以自身利益为重,管理官员个人贪赃枉法,违法审批特许经营权,特许经营权人恶意经营,破坏生态环境,也无一不与监督机制阙如或监管不力息息相关。具体而言,目前我国公共自然资源特许经营监督机制存在以下众多缺失:

1. 对许可机关监督的缺乏

(1)行政机关内部监督的缺失。行政机关的内部监督属于行政机关自律性质的监督,具有明显的弊病:一是监督主体的依附性。行政机关的内部监督主体隶属于本级人大和行政机关,后两者共同控制了前者的人事权和财政权,因此在监督活动中,难以保证监督的独立性和公正性。即使监督部门依法独立公正地行使了监督权,也会给人产生"自己监督自己"的嫌疑。二是难以有效地解决行政机关双重从属体制下的监督问题。中国行政机关的双重从属制,即是指地方各级行政机关在地位上既从属于本级人大,又从

---

① 1985年《风景名胜区管理暂行条例》将"风景名胜区"界定为:"具有观赏、文化或科学价值,自然景物、人文景物比较集中,环境优美,具有一定规模和范围,可供人们游览、休息或进行科学、文化活动的地区,应划为风景名胜区。"该条规定相当模糊,导致风景名胜区与目前之自然保护区、森林公园、文物保护单位等竞合。

属于相应的上级行政机构。① 因之,地方各级行政机关既要接受本级人大的监督,又要接受相应的上级行政机关的监督。当这两种监督相冲突时,地方各级行政机关更倾向于接受本级人大的监督,因为地方人大更多地控制了本级行政机关的人、财、物。由此,面对公共自然资源可带来的巨大利益与可观政绩,行政机关不可避免地组成一个个利益共同体,当地方政府与上级政府的政策不一致时,往往优先执行地方政策,最终导致公共自然资源领域的地方保护壁垒,而上级对下级或者同级不同部门之间进行的监督在某种程度上亦等同虚设。

(2)行政机关外部监督的缺失。首先是人大监督的缺失。尽管我国《宪法》赋予人大对行政的监督权,②然而,中国的现实情况是,人大对行政的监督与立宪者的期望存在着较大的差别。造成这种差别的原因主要在于以下三个方面:一是人大及其常委会的监督时间难以保证。全国人大每年只开会一次,而且每次会期只有 10 天左右的时间,虽然在全国人大休会期间可以由其常委会行使对行政的监督权,但是对于大量的国家事务,也是无暇顾及。而且,我国实行人大代表兼职制度,致使人大代表不可能有充足的时间履行监督职责。二是人大代表没有充分享有独立人格权。人大监督强化的基础之一是人大代表的独立人格。在我国,人大代表对权力依附较强,对自身利益的顾及也很大,很难做到依法独立公正行使监督权。三是人大监督没有法定的责任形式。监督与责任是紧密相联的,没有相应的责任为后盾,必然导致监督的无力。其次是检察监督的缺失。尽管我国《宪法》规定人民检察院是国家的法律监督机关,③但是,一方面检察机关并不具有监督宪法和法律实施的实际功能,并不能真正防范和限制国家权力的滥用,另一方面最需要受到监督的公诉权和检察院的自侦权却没有谁来监督。从国家监督权的配置上看,这是现行体制的一个巨大缺陷。最后,审判监督的缺失。从我国目前的审判体制看,存在两个明显的缺失:一是审判活动缺乏独立性和公正性。我国审判机关的人事权受制于权力机关,财政权受制于行政机关,这就很难保证审判机关能够依法独立公正行使审判权。正如汉密

---

① 王学辉著:《行政权研究》,中国检察出版社 2002 年版,第 359 页。

② 如我国《宪法》第 92 条规定:"国务院对全国人民代表大会负责并报告工作;在全国人民代表大会闭会期间,对全国人民代表大会常务委员会负责并报告工作。"第 110 条规定:"地方各级人民政府对本级人民代表大会负责并报告工作。县级以上的地方各级人民政府在本级人米代表大会闭会期间,对本级人民代表大会常务委员会负责并报告工作。"

③ 我国《宪法》第 129 条规定:"中华人民共和国人民检察院是国家的法律监督机关。"

尔顿所言:"就人类天性之一般情况而言,对某人的生活有控制权,等于对其意志有控制权。"①二是行政诉讼的受案范围太窄。根据我国《行政诉讼法》第 11 条之规定,人民法院只能受理公民、法人和其他组织对具体行政行为不服提起的行政诉讼。因此,公民、法人和其他组织对行政机关在实施行政许可过程中制定、发布的行政法规、规章、决定、命令等抽象行政行为不服,既无权提起行政诉讼,也无权提起违宪审查,造成了权利救济的缺失。

2. 对被许可人监督的缺失

依我国《行政许可法》的规定,原则上,行政机关对被许可人从事行政许可事项活动的监督检查采用书面方式,主要通过书面核查反映被许可人从事行政许可活动情况的有关材料来履行监督责任。行政机关进行书面监督检查的,应当将监督检查情况和处理结果归档并允许公众查阅,以便于对实施监督检查的行政机关及其工作人员本身进行监督和建立被许可人的信用档案、增强交易安全。② 通过书面检查方式难以达到监督效果的,行政机关可以采取抽样检查、检验、检测和实地检查方式,可以依法查阅被许可人的有关材料并要求其提供相关材料。被许可人有义务积极予以配合,如实提供有关材料。③

虽然法律有着如上的明确规定,但采书面监督形式极难发现问题,也不能产生有效的威慑;同时,所谓实地检查等方式的采用关乎人力、物力的支持与投入,为诸多部门所不取;此外,尽管我国《行政许可法》第六十六条专门就资源开发利用被许可人的监管作了规定:"被许可人未依法履行开发利用公共自然资源义务或者未依法履行利用公共资源义务的,行政机关应当责令限期改正;被许可人在规定期限内不改正的,行政机关应当依照有关法律、行政法规的规定予以处理。"但是,这一规定极为原则,缺乏可操作性,并给予了行政机关极大的自由裁量权,在相应配套法律、法规缺失的情形下,行政机关受寻租利益驱动,往往散失监管动力。因此,建立、健全有效

---

① [美]汉密尔顿等著:《联邦党人文集》,程逢如等译,商务印书馆 1980 年版,第 396 页。

② 我国《行政许可法》第 61 条第 1 款、第 2 款规定:"行政机关应当建立健全监督制度,通过核查反映被许可人从事行政许可事项活动情况的有关材料,履行监督责任。行政机关依法对被许可人从事行政许可事项的活动进行监督检查时,应当将监督检查的情况和处理结果予以记录,由监督检查人员签字后归档。公众有权查阅行政机关监督检查记录。"

③ 我国《行政许可法》第 62 条第 1 款规定:"行政机关可以对被许可人生产经营的产品依法进行抽样检查、检验、检测,对其生产经营场所依法进行实地检查。检查时,行政机关可以依法查阅或者要求被许可人报送有关材料;被许可人应当如实提供有关情况和材料。"

的公共自然资源权力监督机制、特许经营监管机制、环境侵权赔偿机制、破坏生态环境公法责任机制、公众与媒体监督机制已迫在眉睫,不容暂缓。

四、公共自然资源利益分享法律机制的改革

实现公共自然资源利益的公平分享需要一系列具体的法律制度的共同作用才能完成。但是考虑到特许经营权制度是世界上许多国家用以控制和保护公共自然资源的一项行之有效的法律制度,再考虑到我国的特许经营权往往又是与公共自然资源利益紧密相关,特许经营权已经并且将继续成为分割公共自然利益的"利器",因此我们在考虑建立公共自然资源利益分享法律机制时,重点探讨了特许经营权制度。在此项下,我们又重点探讨特许权的价值转换及其制度变革两个问题。

(一)价值转换

一是所有权观念转换。这里首先必须明确区分政治意义上的归属权与私法意义上的所有权。按照德姆塞兹的观点,所有权可以区分为公有权、私有权和国有权三类,其中,公有权是全社会所有成员共同拥有的权利,国有权是国家拥有的权利,是按照政治程序行使国有财产的权利。按照上述分类,我国所有权制度设计时就明确将公共自然资源归类为"公有权",与此相应地赋予社会公众的利益分配权、监督权和救济权,藉此衡平国家——经营者——社会公众之间的利益分配关系。

二是公共权力监督与约束机制。在对公共自然资源经营实行特许经营授权和监管过程中,宁肯秉承性恶论,抛弃性善论,强化对公共权力的约束与监督。近世以来,西方一些资本主义国家之所以对公共自然资源能够实现民有、民主、民治并建立起相应的公共道德服务体系,均源自于对公共权力的性恶论证。出于对市民社会人性之界定,近代社会之哲学领域开始将人性恶理论直接引申至政治领域,不仅将人性恶假设作为政治哲学之人性起源,还以人性恶理论衡估政治家或统治者的政治行为。易言之,市民社会中的个人是自私利己的,而政治生活中的政治家同样也是自私利己的,两者具有同样的道德恶性,而后者之危害远胜于前者。由是,西方近代政治哲学产生了另一个重要命题:因为每一个政治家或统治者都是自私利己的,如对其权力不加限制,权力必然沦为政治家欲望的工具,故而必须对权力本身加以限制。在我国公共自然资源成果分享过程中,为什么有的

人面对利益诱惑岿然不动,而有的人却为利益而折腰,皆可从性恶论中求得诠解。

三是政府角色的转换。作为具有公有权性质的公共自然资源制度一经建立,政府只能充任"监管人"与"服务人"角色,以彻底去除公共自然资源开发与利用过程中的政府利益,化解和消除因所有制、所有权混淆而导致的历史痼疾。以美国国家公园管理制度为例,政府及其职能部门始终定位于管家或服务员而非业主的地位。因之,必须禁止、防范政府及其职能部门将公共自然资源作为自己的生产要素投入,更禁止将上述资源转化为商品而获取利益。如是,政府及其职能部门不仅可以减轻管理重压,也可避免因腐败而引致的对政府的信任危机,消弭各管理部门之间的矛盾。

(二)特许经营权制度的变革

价值理念仅仅是一种观念命题,它的最终实现还必须仰仗于与价值取向相适应的制度建设,以构建科学、公平的公共自然资源利益分配制度。

1. 产权制度变革

(1)明晰产权。首先是界定公共自然资源的产权边界。对于公共自然资源,它涉及到三条主线:政府职能部门、授权的代理人以及特许权人。面对这三类主体,我国长期以来存在着权责利不清的弊端,由此导致了许多问题。为此,完善特许经营权制度,最重要的是要划分各个主体之间的产权界限。其中,至关重要的步骤应当是要削弱相应行政管理部门的垄断性权力,使管理公共自然资源的权力机关公开化、社会化、服务化,甚至可以通过竞标程序设立多个代理人,然后通过市场竞争择优将公共自然资源特许经营权利授予一个或多个中标者,防止资源与权力高度集中而产生的腐败现象。

一般而言,腐败收益取决于公共产品的稀缺性和科层化管理体系的自由裁量权。那么,如何防止管理机关运用这种稀缺性和裁量权谋求私利,最重要的就是要通过立法明确规定:国家所有的公共自然资源应当通过市场方式加以配置,以减低政府对公共资源的垄断,削弱科层化管理体系的寻租能力,只有这样才能在降低管理成本的同时,有效防止管理人、代理人、特别是特许经营权人因主体交叉和产权结构混乱而引发制度性腐败。

在管理人及其代理人与特许经营权人之间,主要应当通过契约约定产权界限,赋予特许经营权以物权性效力,从而保障其市场竞争力与自由流通度,促使其对公共自然资源之经营采取市场化模式,在获取市场利润的同时,加大投入力度,维护作为商品的公共自然资源之生态平衡以保证其获利能力。①

其次,界定产权客体范围。为了避免因政出多门、法出多门以及多重管理人干预而诱发的特许经营权人的成本增加、管理效益低下、公共自然资源过度耗散等弊端,必须对公共自然资源的产权客体范围予以明确界定,以防范公共权力对特许经营权制度的渗透。以风景名胜区为例,可通过立法对风景名胜区之有效资源进行市场化评估,将其分解为资源性资产和经营性资产。资源性资产包括自然形成和历史遗留的有形资产和无形资产,如风景区的品牌、形象、知名度、历史渊源等;经营性资产包括人为后期投入资金开发建设的景区各类设施、设备等。在界定产权客体范围前提下,明确规定资源性资产所有权为国家所有,但可通过市场化配置以特许经营模式实现资产的保值增值。至于经营性资产之所有权则可归属于各投资主体所有,其经营权可以通过市场行为自由移转。

按照市场经济规律与法权模型设计理论,公共自然资源之市场化程度越高,资源利用及其价值增值程度相应增大,相应的,公共权力寻租能力就会减低。在确保公共自然资源的公有权性质不变的前提下,通过价格杠杆调整公共自然资源不仅是有效利用市场配置稀缺资源、防止腐败的措施,同时也是提高公共自然资源效益并确保其增殖的措施。这里首先涉及一个对特许经营权法律属性的认识问题。有的人认为,它是一种具有私权性质的权利,有的人则认为,它应当是一种公权性质的权利。我们倾向于认定它是一种公私权兼融的权利。其公权属性主要体现为它是一种公权机关才拥有的权力;私权性质主要体现为它是一种可以产生财产利益的权利。本来公权是不可以交换的,但是它一旦与私权相契合,即可以作为交易对象的。综观我国现今的特许经营权,许多都是处于"暗箱交易"的状况,而暗箱交易的危害又是显而易见的。因此,在建立公共自然资源利益公平分享法律机制时,必然把特许经营权的赋予和取消纳入公平的市场交易轨道。由是,我们主张:公共自然资源在进行价值评估之后即可进入产权交易中心而进行交易,成为稀缺性商品。这样,国家或地方政府所委托之代理人通过竞标模式配置特许经营权,一方面可根据公共自然资源的稀缺程度、不同性质和用途规定不同的特许经营权费用及其范围,另一方面还可以通过对公益性公

---

① Rose-Ackerman, Susan, *Corruption and Government: Causes, Consequences and Reform*. Cambridge University Press,1999.

共自然资源实行限价使用制度以维护消费者利益,最终实现国家—管理人—代理人(产权交易中心)—特许经营权人—消费者之间的利益衡平。特许经营权进入市场交易领域,不仅可以增强公共自然资源交易的透明度,还可以从源头防腐,实现低成本、高效率等市场化功能。

在公共自然资源产权界定及其市场化方面,美国的经验值得借鉴。比如美国的世界遗产属于国家公园系列并通过统一立法进行规范①,建立起了单一化、专业化的国家公园管理机构并实施全方位、多层次管理的特许经营制度。美国法律将公共自然资源特许经营权的产权范围界定为:提供与消耗性地利用遗产核心资源无关的后勤服务及旅游纪念品,同时经营者在经营规模、经营质量、价格水平等方面必须接受管理者的监管。1965 年美国国会通过了《国家公园管理局特许事业决议法案》,要求在国家公园体系内全面实行特许经营制度,即公园的餐饮、住宿等旅游服务设施及旅游纪念品的经营必须以公开招标的形式征求经营者,特许经营收入除了上缴国家公园管理局以外必须全部用于改善公园管理。

(2)明确政府职能。政府作为公共自然资源特许经营权的授权人,应当履行的职能如下:

第一,严格公共自然资源使用收费制度。特许经营权所体现的是一种利益关系,而这种利益关系又集中地体现为对有关资源的使用价格,而公共自然资源的使用价格又必然与公共自然资源利益的公平分享发生联系。为此,政府应当根据公共自然资源的性质和用途规定不同的税费和严格的使用制度。如对紧缺的公共自然资源实行高标准收费使用制度;对不可再生的、特别的公共自然资源实行严格的管制使用制度;对一般性再生公共自然资源实行市场定价制度;对公益性公共自然资源实行限价使用制度等。

第二,制止特许经营权背后的腐败。特许经营权作为一种稀缺资源,谁拥有权利,谁就可能获得垄断利益。因此,人们就可能争先恐后地去获取,特许经营权领域腐败由此应运而生。如何遏制这种现象的发生,我们主张建立公共自然资源的多层代理制度,扩大申请人获得特许经营权的法律路径。最终,同质的政府产品或服务可由多个代理人提供,这不仅可以降低公共产品与公共服务的稀缺程度,同时又可以使公职人员的自由裁量权依次

---

① 1998 年,美国国会废止 1965 年颁制的《特许经营政策法》(Concessions Policy Act),制定了统一的《国家公园综合管理法》(National Park Omnibus Management Act),公共自然资源立法高度统一。

减弱。这种制度的实质是在公共自然资源权力管理系统内部设置了竞争机制,通过权力抑制权力,它可以有效地杜绝腐败,激发公共自然资源的开发与利用的活力。①

第三,对特许经营权的行使实行监管。权利人获取特许经营权后,如缺乏有效监管,就可能为了追求自身利益的最大化对公共自然资源进行掠夺式经营。此点在我国已经成了一种普遍现象。频频发生的矿难事件以及大量公共自然资源被破坏均与经营权人掠夺式经营有直接的关系。为此,政府作为管理人即应义不容辞地行使监管权,对特许经营权人的经营活动进行监管,以防止对公共自然资源及其利益的永久性破坏。

第四,为特许经营协议的履行提供服务与保障。政府及其职能部门必须依照特许经营权合同的约定提供相应便利与服务,否则,作为合同当事人,特许经营权人可依据相关法律追究其违约责任或侵权责任。如果特许权人撤销许可,还可依据信赖利益理论请求补偿。

(3)缩短特许经营期限。特许经营权期限的长短确定应与特许经营权客观存在情况相适应。太短不利于资源开发,太长则容易形成垄断。在我国,特许经营权期限普遍较长,有的甚至是永久。二战以来,纵观世界许多国家都出现了特许经营权缩短的趋势。在美国,针对美国世界遗产地存在的特许经营权的垄断性和长期性问题,美国国会于1998年废除了1965年《特许经营政策法》,代之以《国家公园综合管理法》,将特许经营合同期限从30年缩短到10年,这一发展趋势值得我国效法。

2. 建立公众信托制度

公共自然资源公众信托制度是指在借鉴公众信托理论的基础上,对公共自然资源实行社会化、公开化和透明化管理。公众信托或称公共信托,属于公益信托的一种。该项制度源于罗马法。罗马法在公共自然资源、人文资源、城邦其他公共资源的管理方面,基于上述资源的公共性、公益性,通过市民大会及相应立法将上述资源的管理权授予民选城邦管理机构进行统一管理。该一制度嗣经美国学者密执安大学的法学教授约瑟夫.萨克斯改造成为现代社会诸多发达国家采用的一种公共自然资源管理制度,其理论称为公共自然资源公共信托理论(PTD)。按照PTD相关预设,即有三种公共

---

① Rose-Ackerman, 1999 Rose-Ackerman, Susan, *Corruption and Government: Causes, Consequences and Reform.* Cambridge University Press,1999.

自然资源及其利益必须通过公共信托制度予以管束:①

一是天生重要的资源,而这些公共自然资源及其利益对每个公民来说天生就是如此重要,以致每个公民对它们都可以自由利用。它往往表明社会是所有公民的社会而不是奴隶的社会。比如,1787 年美国《西北法令》就规定:流入密西西比河与圣劳伦斯河的可通航水域以及这两者之间的运载区域应永远作为公用公路,无论这些领域的居民使用还是其他地区公民使用,都不得征收税金、关税或其他形式的赋税。这表明,在美国,对具有航运能力的公共自然资源任何人都不得拥有私人所有权。

二是自然力恩赐于人类的资源,而这些公共自然资源及其利益系因自然力对人的特别恩赐,因而它们应当属于全体人民。基于这一理论,早期新英格兰地区的法律规定,所有"大湖"不论重要与否,都属于全体公民,每个人都有平等且自由的使用权。这一理论后来成为在特殊的自然风景区建立国家公园并将其作为国家自然博物馆进行保护的重要理论依据。

三是具有特别公共性的资源,指那些不适合私人用途的资源,即个人不能像占有手表或电视一样拥有所有权,而是一种只能人人共享的用益物权。对于这种资源的使用,政府有义务将其使用限制在符合公共利益的范围之内。水资源就属于这一类资源。

以上表明,美国从法律上确认了政府作为公共自然资源的所有者,有义务保护其公共信托用途得以实现,并对政府转让公共信托资源及改变其用途施加了限制。换言之,保护河流、湖泊等在内的人类共同遗产是国家主权者的义务,无论是立法机关还是行政机关都不得放弃。这里,我们注意到,PTD 不仅确立了受其保护的资源的公共用途,是一种实体保护理论,同时,它也确立了如何保护这些资源的公共用途,因而也是一个程序保护的理论。PTD 明确了公园、湖泊、河流、海洋、湿地、潮间地、珍稀野生动植物等公共自然资源是作为公共信托资源来管理的范围。这种公共信托资源所有权的性质极为特殊,并表现为"所有权与利益相分离"。易言之,该类公共信托资源仅服从于公共信托目的,作为该资源的委托人即全体人民,事实上丧失了对公共信托资源的所有权,而政府作为受托人,虽然取得了信托财产的所有权,但只是一种形式上的、名义上的所有权,政府并不能享受因行使这一所有权所带来的利益即公共信托利益,也不能如同真正的所有权人一样,管理和处分这种公共信托资源,相反要受到诸多限制,例如必须谨慎地协调公共

---

① 吕忠梅:"公民环境权的民法保护",资料来源:http://www.xslx.com.

信托资源上不可避免的用途冲突;受益人则只享有对信托利益的请求权,可享有为实现公共权利而提起公共信托诉讼的原告资格。① 可见,公众信托理论的实质是以信托的形式将本应由公众行使的公共自然资源管理权转由民选政府机关行使,该机构直接对社会公众负责,社会公众则可通过行政或司法等程序对其管理行为进行全方位、多层级的监督。

3. 确立环境权制度

环境权是指自然人、法人、国家和人类对环境所享有的适宜生存和发展的权利。环境权作为一种法律权利,就其性质来讲属于公共产品范围。由此而论,环境也是一种利益,而且是一种与生俱来的利益。本研究认为,它也应纳入改革发展成果的分享的范围,因为唯有有了适宜的环境,就等于分享到了环境利益;污染了环境就等于侵害了环境利益。这表明环境权的范围的大小决定了分享范围的大小。在我们看来,环境权是由环境管理权、控告权、监督权、知情权、诉讼权等构成的权利束。应当说,我们法律已以明示或暗含的方式赋予了社会公众以环境权,但仍然存在许多不完善的地方。

针对公共自然资源开发与利用过程中的诸多弊端,建议通过两种方式赋予社会公众以环境权。

首先,鉴于我国现行《宪法》对环境权已作规定,但仅限于一种宣示性权利,并不具备可操作性。我们建议通过修、立综合性环境保护法和单行性法律如环境污染防治法、环境行政管理法,同时结合侵权责任法等民事法律对社会公众环境权予以具体规定并加以保护。

其次,依照联合国人权委员会特殊报告委员起草的最后报告《人权和环境原则草案》,可从实体法与程序法两方面规定社会公众环境权的内容。

实体性权利包括:免受环境恶化和对生命、健康、生活、福利及可持续发展的威胁和危害的权利;享有空气、土壤、水、海洋层、植物种群的权利、参与维持生物多样性和生态环境所必要的基础过程和领域的权利;拥有环境危害不可达到的最高健康标准的权利;拥有足以维持其福利和安全和健康的食物及饮用水的权利;拥有安全而又健康的工作环境的权利;能够在一个安全健康和生态健全的生态环境中获得足够的住房、土地使用权和生活条件的权利;平等地从对自然和公共自然资源维持和可持续利用中获得收益的权利;少数民族对其土地、区域的公共自然资源保持既有状态并维持他们持

---

① 肖泽晟:"社会公共财产与国家私产的分野———对我国'公共自然资源国有'的一种解释",载《浙江学刊》2007 年第 6 期。

续发展的方式的权利。

程序性权利包括:社会公众获得与环境有关的信息的权利;社会公众持有、发展和传播有关环境的观点和信念的权利;社会公众获得环境和人权方面的教育的权利;社会公众获得自由并有意义地参与可能对环境和发展造成影响的计划和决策经过的过程的权利;为了使用环境或者为了保护环境不受人们损害的权利,社会公众还享有自由平等地与他人结社的权利;社会公众由于遭受环境伤害或此类威胁,在行政或司法程序中获得有效的救济和赔偿的权利。

4. 完善公共自然资源开发与利用的监督程序

中国现行公共自然资源开发与利用,无论是特许经营权的取得与行使,还是政府的特许权、监督权的行使以及服务供给方面与发达国家尚存在一定的差距,其中尤为突出的是监督机制与程序不完善。为了保证公共自然资源利益公平分享,有必要从以下两方面入手,促进公共自然资源特许经营领域的公开化、社会化。

(1)完善公共自然资源的听证程序。对于公共自然资源是否设立特许经营权、设立何种特许经营权等核心问题,必须履行听证程序。不能完全取决于政府机关管理人的意志,而应广泛听取申请人、相关专家以及社会公众意见。对于所提意见或建议,决策机关应予慎重对待,合理的应当采纳,不采纳的应当作出必要的解释,以防止过去经常出现的听证就是走过场的弊端。

纵观各国立法,对公共自然资源的开发与利用无非有两种立法模式并由三大维度构成:第一种模式是以公众参与权为核心,以公众及其代议机关之表决权、知情权、监督权为维度,其目的在于强化公共自然资源开发与利用的社会参与力度;第二种模式是以强化公共自然资源开发与利用法制化管理为核心,以特许经营权的透明度、公众参与度与相关部门与官员问责度为考核维度,其目的在于强化特许经营权的法治化管理。以美国为例,凡涉及提交市长或市议会决策的公共自然资源开发与利用议案,必须履行如下8个法定工作程序:拟定议案;列举现状和分析问题;制定议案所要达到的目标;拟定解决问题的各种方案;对多种方案进行评估并选定推荐方案;举行公众听证会;拟定执行方案;提交决策。

上述第六项程序"举行公众听证会"以法律形式保障了公民的参与权。根据一般规则,议案制定小组将推荐方案及其评估分析报告预先在公众媒体公告,并邀请公众报名参加公众听证会。听证会邀请的主要对象是利益受影响的公众及相关团体,特别是利益受损的公众及团体。如果方案在公众听证会上受到强烈抵制,则必须返回第二项程序"列举现状和分析问题",重新分析、制定、调整和评估方案,直到推荐方案于公众听证会上获得多数公众认可。

即便进入第八项——"表决"程序,行政主管尚需召开公众听证会,市民只要提出书面申请,即可于听证会发表不超过3分钟的意见。所有发言都会被书面记录,议员的辩论也会被记录并存档供公众查阅。参与制定方案的官员和专家也可以被当场质询———只有在多数议员认为多数公众意见已达到一致后,议会才会表决,否则议案则会被否决。

(2)强化公共自然资源特许经营权的授予与获得的监督程序。特许经营权应当是平等的权利,而不应当被异化为某些特定人的特权。考察我国现行特许经营权的授予或行使,仍然存在着许多不足和权利滥用。其中最为突出的一个问题是:特许经营权往往被授予给那些与政府官员有某一类关系的特定主体。这些人在取得特许经营权后往往以为有了靠山,为所欲为,滥用权利,此点构成我国掠夺式开发公共自然资源屡禁不止的一个重要原因。要改变这种状况,提倡政府官员以人为本,执政为民、大公无私的精神固然重要,但这种"内发式"的控制还需佐以"外发式"的监督机制才能达到满意的效果。

为了达成上述目标,最重要的是要建立以下三方面的监督:

第一,强化公共权力之间的相互监督。首先应当明确各行政管理部门职责分工。确保公共自然资源管理部门的主导地位,所有涉及资源开发、利用、保护等活动,它都有权参与指导和决策。同时赋予其切实可行的监督权、执行权及在本领域范围内的资源监督管理权,确保各公共自然资源管理部门在统一指导下运作。其次,所有公共自然资源本为一体,现实中由于各个独立资源管理和保护部门各司其职,造成了各行政部门仅从本部门利益出发,难以与其他部门做到有效的配合。因此,除了明确各自分工之外,还要强调相互之间的协调和配合。所以,应当以法律的形式,制定各种具体的措施,明确规定提供协助和配合的条件和方式,以便有法可循。①

第二,社会监督。主要是指新闻媒体、公众网络等大众化监督。这是遏制公共自然资源开发与利用过程中的种种不法、不公行为的最为有效的

---

① 陈开琦:"我国公共自然资源立法保护研究",载《生态环境》2008年第3期。

方式。

第三,社会公众知情权、异议权和检举权。知情权、异议权、检举权对于保障公共自然资源的公平分享具有极为重要的意义。这是因为作为产品的环境与资源对于每一个公民而言都是须臾不离的。一个国家的环境与资源状况,不仅与资源所在国家的公民利益休戚相关,而且与全国公民的利益也息息相关。公民作为这种天然利益的享有者,就应当对我国的环境和资源状况享有充分的知情权,对政府的资源、环境决策享有发表自己意见的权利。而这种权利在现有条件下,其享有程度还存在不合理之处。要改变这种状况,至关重要的一是政府的公共资源决策要面向公众公开,要是公民有意见,要有一个畅通的表达渠道。公民意见一经表达,就应当引起决策者的高度重视,对于合理建议应予采纳。今后应当在法律上明确规定这样一种制度,即公众对某项公共自然资源的开发、利用,之前已经提出了正确的意见,而这种意见当时被拒绝采纳,则应当追究相应决策人的责任。如此,如果遵循知情权—异议权—采纳—责任追究的思路建立规则,那么就可以在很大程度上防止决策失误。

5. 权利救济程序

人的权利如果收到侵害且得不到应有的救济,那么人的权利从根本上讲得不到充分的保护。尽管从目前来看,公众的公共自然资源或环境权利遭到侵害,可以通过民法、行政法、刑法及其诉讼法予以救济,如通过民事诉讼请求损害赔偿,亦可通过行政法追究管理人责任,还可根据刑法追究相关人的刑事责任;既可选择集团诉讼,亦可选择个体诉讼等等,但总的说来,公众权利救济无论从实体法还是从程序法上都还存在一些障碍,还需要进一步的矫正或改良。

之六：环境利益分享的法律问题研究

目　录

一、什么是环境利益

（一）环境利益的内涵

近年来，环境利益作为一个使用频率非常高的概念，广泛表达于官方文件[①]、学术著作[②]和市民话语中。但是，对于环境利益的涵义，未见统一界说，以致出现了根据需要任意应用的现象。为了统一话语表达、更好地服务于问题解构，实有必要厘清该语词的涵义。

从语法学的角度判断，环境利益作为一个偏正结构，其重心在利益。按照通常理解，所谓利益，就是能够给人（无论是作为个体的人还是作为整体

[①]　参见国家科委、外交部、国家计委、中国气象局关于印发"我国履行《联合国气候变化框架公约》过程中对外开展在试验阶段共同执行活动项目合作的暂行管理办法"的通知（国科发社字〔1997〕473号），这是我国第一次在官方文件中使用"环境利益"这一概念。此外，国家环境保护总局关于学习和贯彻实施《环境保护违法违纪行为处分暂行规定》的通知（环办〔2006〕20号），商务部、环保总局关于加强出口企业环境监管的通知（商综发〔2007〕392号）分别使用了"国家环境利益"这一概念。

[②]　参见刘长兴："环境利益的人格权法保护"，载《法学》2003年第9期；张怡、王慧："环境利益公平分享语境下'养护者受益原则'解析"，载《甘肃政法学院学报》2007年第5期；吴贤静："环境权的本位：从支配环境到环境利益优势"，载《甘肃政法学院学报》2006年第9期等。

的人类)带来的好处。因此,要准确界定"环境利益",关键在于对环境的界定。从知识考古学的角度讲,人类社会从口耳相传、结绳记事到发明文字,已经形成门类众多、专业广泛的知识体系,在不同的学科中,基于不同的分析方法、知识理路和认知目标,对环境有不同的定义。① 在法学领域,对环境一词做出权威解释的,无疑就是《环境保护法》的规定。该法第 2 条规定:"本法所称环境,是指影响人类生存和发展的各种天然的和经过人工改造的自然因素的总体,包括大气、水、海洋、土地、矿藏、森林、草原、野生物、自然遗迹、人文遗迹、自然保护区、风景名胜区、城市和乡村等。"基于该项规定,有学者认为该定义较为科学,揭示出了法律意义上环境的本质属性。在范围上,既包括生活环境,也包括生态环境。② 相较于《环境保护法(试行)》的规定③,该定义的确体现了我国立法技术在不断走向成熟。但是,如果透视该法律文本所映射的认知逻辑,不难发现该定义是建立在人类中心主义这一方法论基础上的。众所周知,世界经济和社会发展史清楚证明:建立在人类中心主义基础上的认知结构、生产方式和消费模式,给人类安全和生态安全造成了前所未有的巨大危害。为此,"生态整体主义"开始成为人类思考和行动的"新指南"。作为一项"新指南",它严肃而朴素地指出:"不是地球属于人类,而是人类属于地球。……所有的物种像一个具有血缘关系的大家庭一样紧密联系,……地球和她的子民血脉相通,同呼吸,共命运。人类并非生命之网的编织者,他只是生命之网中的一根丝。人类在这个网中的一举一动都将作用于他自身。"④

基于生态整体主义的指引去解读环境利益,我们发现,对环境利益的理解不能停留在线性思维模式上,而要采用网状思维结构。首先,对环境的理解,既不能限定为生态学上的无机环境(阳光、营养物质等),也不能拘泥于现行立法所设定的维持人类生产生活的公共自然资源和由人类活动所形成的部分人化环境。也就是说,在理解环境利益时,只能从生态系统的角度去把握环境的范畴,它既包括自然环境,又包括人化环境;既包括生态系统构

---

① 韩德培主编:《环境保护法教程》,法律出版社 2003 年版,第 1 页。

② 韩德培主编:《环境保护法教程》,法律出版社 2003 年版,第 2 页。

③ 《环境保护法(试行)》第 3 条规定:"本法所称环境是指:大气、水、土壤、矿藏、森林、草原、野生动物、野生植物、水生生物、名胜古迹、风景游览区、温泉、疗养区、自然保护区、生活居住区等。"

④ [美]爱蒂丝·布朗·魏伊丝:《公平地对待未来人类:国际法、共同遗产与世代间衡平》,汪劲等译,法律出版社 2000 年版,第 1 页。

成要素的静止存在形式,又包括生态系统构成要素之间相互作用过程的表现状态。因此,从语词上讲,环境利益之解有:作为客观存在的无机环境因其自身的规律运动(比如热力学第一定律、林德曼效率、物质循环规律等)对生物群落所产生的利益;生物群落中的各功能类群(生产者、消费者、分解者)因其相互作用而产生的利益;人类能动地利用自然环境所产生的利益,包括形成人化环境系统(如人工环境)的利益,对自然环境系统的物质和能量直接利用的利益,治理异态人化自然环境(如治污等)的利益。在此基础上,我们可以从法学的角度对环境利益做出如下界定:环境利益就是指人类从生态系统自动获得的维持生命延续的效用和人类能动地利用自然环境所形成的各种收益。具体言之,它至少包含以下五层意思:第一,生态系统对维持人类生命的效用,比如自然人自断脐开始就需要可呼吸的空气,因此,由该效用体现的利益可以称为"初始利益";第二,人类直接利用自然环境所获得的物质利益和精神利益,比如排放污染物、游览自然风光等,此类利益称为"原生利益";第三,人类因其自身活动形成人化环境系统所产生的收益,比如聚居环境、交通环境、水文环境、文化环境等引致的人类福利增长,将该项利益称为"次生利益";第四,人类因对异态人化自然环境实施治理产生的效益,比如节能减排措施的实施,清洁能源的开发,退耕还林的推行,自然保护区的建设等,在此方面产生的利益称为"再生利益";第五,人类应对自然灾害所获得的收益,比如防沙治沙、防洪、减震、挽救文化遗产等,此项利益称之为"共生利益"。

环境利益与资源利益既相互区别又相互联系。一方面,环境利益不同于资源利益。环境利益是土地、森林、河流等公共自然资源所提供的涵养水源、清洁空气、容纳污染物等生态系统服务,是一种无形的生态价值。而资源利益是土地、森林、河流等公共自然资源所具有的经济效用,是一种有形的经济价值。另一方面,公共自然资源是环境利益的载体,公共自然资源利益的分配格局影响着环境利益的实现和分配。环境利益是公共自然资源的生态外部效益,此种效益的产生依托于公共自然资源的保育和合理开发,而公共自然资源的保育和合理开发又与公共自然资源利益的合理分配(尤其是公共自然资源的产权分配)密切相关。鉴于公共自然资源利益的合理分配由分报告之五研究,本部分仅针对环境利益(公共自然资源所产生的生态外部效益)的公平分享问题进行探讨。

（二）环境利益的属性

关于环境利益的属性,学界普遍认为是公共利益,其认识论基础在于环境孕育了生命,人类既离不开环境,又无法分割环境,因此环境问题理所当然就是事关大多数人的问题甚至是全人类的问题。因其与群体利益相关,所以,人们不假思索地得出结论:环境利益就是公共利益。该认识虽有促进环境保护之善良愿望,但是,缺乏分析论证。有鉴于此,有必要对其做一番探讨。

1. 环境利益是公益抑或私益

要清楚识别环境利益的属性,必须从环境利益的内涵入手。前已述及,环境利益包含了初始利益、原生利益、次生利益、再生利益和共生利益五项。这些利益,首先涉及每一生命个体需求的满足,包括作为个体的人的生命维持与延续和独特的人生价值的体现和落实,因此,作为生命健康权所显现的利益,自然具有私益的属性。同时,基于生态系统的整体性和生命个体利用生态系统的非排他性,环境利益也具有公共属性,构成公益。"地球表面不存在各个独立演变的领域,也不可能处在同一个空间却互不相干地共生。实际上在这个唯一的系统里,一切起作用的东西都是相互起作用,一切演变的东西都交换、改造、改变着邻近的东西。"①在此意义上观之,环境利益是公益与私益的集合。

2. 环境利益是财产利益抑或人身利益

在民法上,权利之标的(即客体),或为人身,或为财产,依此作为分类标准,可以将权利分为对人权利和财产权利两种。② 权利云者,法律赋予特定人,以享受其利益之权力也。③ 因权利之存在,而得以享受之利益,可分为二大类:一曰经济利益,二曰人身利益。④ 环境利益不仅内蕴了对个体生命和人类整体的价值关怀(种的延续),而且决定了人类利用资源的方式(集体或者个体)、效能和限度;不仅需要在代内建立环境资源利用的效率和公正机制,而且必须关照代际之间对资源的公平分享权利。始于 45 亿年前地球形成之时的自然史,已经清楚昭示:人类是地球最完美的产物。但

---

① ［法］克洛德·阿莱格尔:《城市生态,乡村生态》,陆亚东译,商务印书馆 2003 年版,第 16 页。

② 梅仲协著:《民法要义》,中国政法大学出版社 1998 年版,第 34 页。

③ 梅仲协著:《民法要义》,中国政法大学出版社 1998 年版,第 32 页。

④ 梅仲协著:《民法要义》,中国政法大学出版社 1998 年版,第 33 页。

是,作为孕育了人类生命的生态系统,在诞生伟大生命的同时,也同时孕育了冲突;在进行复杂演变时,既提供了生命必须之资源,也决定了资源的有限性。人类所有的生产和消费,都必须依存于对生态环境的利用,无论是产品的来源还是废弃物的排放,无论是对物的直接支配还是对自己特殊生命价值的彰显,均遵循这一规律。所以,环境利益、财产利益和人身利益始终是浑然一体的。

3. 环境利益与经济利益、社会利益的关系

地质演化史表明,自然先于人类而存在。而人类在漫长的进化历程中,历经采集狩猎、农耕生活和工业经济各个时期,不仅以自己的劳动缔造了一系列伟大的文明,而且积累了丰富的生活、生产经验,创造了纷繁复杂的组织形式和社会制度。人类所经历的每一个发展阶段,每一次社会运动和生产实践,无论时间跨度多长,都以推动人类的进步和发展为主题。虽然不同时代对资源的依存度不同,资源配置方式有别,社会活动空间和方式相异,但有两点是共同的:第一,维持人类生存的一切资源,甚至于人类创造力的源泉,皆取之自然,依附生态;第二,人类一切行为包括经济行为、政治行为、社会行为等都无一例外地参与着生态系统的演变。可以说,环境利益决定着经济利益的总量、社会利益的限度。人类的智慧可以超越环境,但人类的行为受制于环境。人类可以设计任何需要的产品、创造任何想像得到的制度,但产品的原料必须由自然供给,制度的运行系统必然从属于生态系统,人类行为的结果只能交由生态系统来检验和评判。因此,环境利益既是经济利益和社会利益得以生成的基础,又是评判经济利益和社会利益的"基准器具"。

(三)环境利益的分类

公共自然资源不仅具有经济价值还具有重要的生态系统服务价值。如前所述,公共自然资源是环境利益的载体。依据环境利益的载体不同,我们将环境利益重点分为土地资源利益、森林资源利益、水资源利益和矿产资源利益。

1. 土地资源利益

土地利益,通俗的讲,就是土地所有者和使用者基于土地的所有权和使用权所享有的土地本身所能提供的权益。依据我国土地管理法律法规,我国的土地分为农业用地、建设用地和未利用地。由此,我国土地利益可以分为农业用地利益(农地利益)、建设用地利益及未利用地利益。其中,与环

境利益联系密切的是农业用地利益。农地利益源于农地农用所带来的价值。农地作为一种公共自然资源,农地农用所带来的价值可大体归纳为以下五个方面①:①"直接使用价值",指农地作为农业生产投入所获得的产出所得,以及农业生产者透过直接使用农地所享受到的舒适环境、农业文化等效益;②"间接使用价值",指土地农用时所产生的水源涵养、生物多样性维持以及生态调和等环境生态方面的效益;③"选择价值",指土地作为较低开发程度的农业用途时,相对可以确保未来选择其他用途的机会的效益,这种效益在资源使用具有不可回复性时特别显著;④"遗赠价值",指维持农业生产环境带给子孙后代的效益;⑤"存在价值",指因为了解农地农用之环境保育效益而从农地维持农用本身即可获得的满足和效用。从农地的价值来看,农地农用不仅能对农业生产者的私经济产生贡献,使农地使用人因此获得经济上的收入和舒适环境的享受;农地周围地区的住户、乃至更多的社会大众也能从中分享到环境生态等方面的利益。萧景楷利用条件评价法测算,以1997年价格为基准,台湾地区农地环境效益约为每年新台币2230亿元,每公顷每年可产生26万元的环境效益。② 陈明健等估算,当环境保育程度减损1%—4%时,社会感受到社会福利边际损失约为每月18038万元至31111万元。③ 因而,任何农用土地用途的转变总会伴随着环境功能的灭失,而现有的从土地原有用途出发来计算土地利益的做法忽视了土地环境功能的量化工作,这种做法在实践中人为地减少了可供分享的土地利益。

从环境利益角度看,土地资源利益是指因为农业用地的开发利用而带来的生态效益。农地所产生的生态效益,包括清洁空气、涵养水源、保持生物多样性等,农地使用人既不能排除他人享用,其消费也没有竞争性,具有典型的公共产品特性,这些效益称为农地的外部效益。

2. 森林资源利益

《中华人民共和国森林法》第4条把森林划分为以下五类:防护林、用材林、经济林、薪炭林、特种用途林等,主要是根据森林对人类的效用来区分

① 陈瑞主、吴珮瑛:"市场机制下农地与农地外部效益财产权之界定与保障",载《经济社会法制论丛》2005年第35卷。
② 萧景楷:"农地环境保育效益之评价",载《水土保持研究》1999年第3期。
③ 陈明健、阙雅文:"农地的环境保育及粮食安全效益评估",载《土地金融季刊》2000年第2期。

的。这种对森林概念的狭隘理解是长期以来占主导地位的"人类中心主义"价值观的体现。古希腊哲学家曾言:"人是万物的尺度,是存在的事物存在的尺度,也是不存在的事物不存在的尺度。①"也就是说,人是判断万物是非曲直的唯一标准。这种理论认为,在整个生命共同体和所有生命形式之中,人类处于最高位阶,占主导地位,是价值的主体,而自然、其他生命形式是价值的客体,它们本身无价值可言,它们至多具有工具价值,自然的价值不过是人类情感投射、映射、折射的产物。狭隘的"人类中心主义"价值观反映在人类对待自然的态度上,其典型表现就是在衡量公共自然资源与环境的价值时,仅仅从经济效益出发,而无视其生态效益。例如,我国《森林法》第 4 条把森林的功能定位为防护、用材、经济、薪炭、特种用途等,计算利润时用林木、竹林和林地的总利润减去开采、运输、仓储等成本。实际上,森林不仅有经济效益,更具有生态效益。森林对保护生物多样性起着至关重要的作用。据科学测算,在人类生存的地球上,大约有上千万种野生生物,其中已被认识并有科学记载的只有 143 万种,而在热带雨林生物群落内聚集的就有 200—400 万种,森林是陆地物种基因库。此外,森林还可以净化空气、释放氧气、吸收二氧化碳和有毒气体、涵养水源、防风固沙、杀灭细菌、净化水质、消除噪声等方面的生态功能。据不完全统计,从价值来估算,森林提供林木等产品的价值只占其全部价值的 20 左右%,而生态服务功能价值大约占 80%。由此可见,我们应更多地关注森林的生态服务功能价值,从生态效益的角度去定位森林资源的价值。从生物界相互间的共生关系来研究森林生长、繁衍所需要的生态环境,然后再借助人类力量来保护森林资源。因此,森林可以定义为:由树木和其他木本植物以及与其所生长的林地、湖泊及沼泽地组成的协调共生的生物社会。

从环境利益的角度讲,森林资源利益是指森林资源所具有的净化空气、释放氧气、吸收二氧化碳和有毒气体、涵养水源、防风固沙、杀灭细菌、净化水质、消除噪声等生态效益。据美国科学家 Robert Costanza 等测算,森林资源的生态服务价值大大高于其木材产品的价值(详见下表)。

---

① 北京大学哲学系外国哲学史教研室编译:《古希腊罗马哲学》,生活·读书·新知三联书店 1957 年版,第 133 页。

表1　全球森林生态系统服务功能价值评估

全球森林生态系统服务功能	价值（$ yr^{-1}×10^9）
气体调节	—
气候调节	683.740
干扰调节	9.5
水调节	11.4
涵养水源	15.2
防风固沙	465.5
保育土壤	38
养分循环	1,751.8
减少空气污染	422.385
森林植物传粉	—
生物防治	11.82
保护区价值	—
木材产品	208.55
原料	672.375
基因资源	77.9
森林游憩	319.180
文化价值	9.71
总计	4,705.710

资料来源：Costanza（1997）

3. 水资源利益

根据我国《水法》等相关法律的规定，通常意义上我们所称的水资源，是指地表水和地下水。水资源作为一种相对稀缺的有限资源，是可资利用或可能被利用的水，能够被人加以一定的占有和利用，具有可控制性和有价值性。水资源利益则是环境资源法律关系主体基于其合法的水资源权利而依法享有的获利及收益。此种获利或收益既包括经济上的，同时也包括生态价值和社会价值等多个层面。我们认为，广义的水资源利益的公平分享应包括水资源开发利用权益的公平分享和水污染防治责任的公平负担，其中前者即水资源开发利用权益主要是指水资源开发利用所获之相关经济收益，此部分利益的公平分享由其他部分的研究报告专题讨论，本部分报告则将讨论的视域主要集中在水资源所产生的生态利益的公平分享问题上。

水是基本的生产要素，又是影响我国社会和经济可持续发展的重要战略性资源,水资源环境利益分配公平与否对于我国战略发展规划的实现影响巨大。由于工业化的高速推进,森林资源过度消耗、水源涵养能力下降、水土流失严重、过分发展耗水企业又不采取节水措施、污染物对水体的污染导致可用水资源减少、城镇生活污水污染和农村面源污染较严重等诸多有害水环境的问题十分突出,认识和探讨水资源环境利益分配中的公正问题已十分迫切。

4. 矿产资源利益

矿产资源利益是指矿产资源作为客体对主体所具有的积极的或者好的价值。矿产资源的开发不仅涉及到矿产资源的产权,还涉及到矿产资源地的生态环境保护和可持续发展问题。因此,矿产资源利益具体包括所有权人的利益、使用权人的利益、后代人的利益以及因开发矿产资源而遭受损失的主体的利益。在我国,矿产资源所有权人的利益是指国家作为矿产资源的所有人所享有的财产权益。使用权人的利益指探矿权人、采矿权人对矿产资源享有的权益。后代人的利益是指后代人享有的与当代人平等的对矿产资源进行开发利用的权益。因开发矿产资源而遭受损失的主体的利益是指为矿产资源的开发利用做出牺牲的主体对矿产资源所享有的要求填补损害的权益。从环境利益的角度看,矿产资源利益主要涉及三方面的利益,即所有权人的利益、后代人的利益以及因开发矿产资源而遭受损失的主体的利益。其中,所有权人的利益和后代人的利益因矿产资源的耗竭而产生,因开发矿产资源而遭受损失的主体的利益因自身环境利益受损而产生。本部分从环境利益角度研究矿产资源利益的公平分享问题,将矿产资源利益公平分享问题集中于矿产资源所有权人、后代人以及因开发矿产资源利益受损的主体三方面。

二、环境利益分享的现状考察

对环境利益的分享进行法律调整,无疑是为了实现环境正义。但要实现环境正义,必须要采取一种差别化的视角,即要从群体间在环境利益分享与环境权利的失衡和对比上切入,区分出社会强势群体与弱势群体①,从而

---

① 在现实生活中,虽然由于利益的多元化,人总是分解的,分解为不同的利益集团,但是,人相对于群体来说,却又是整合的,所以在很大程度上可以用群体来涵盖人的生存样态。另外,尽管社会分化可以有各种具体的表现,如社会分化为不同的阶级或阶层,但既然是分化,就必然会有相对意义上的强弱势之分,所以,从强弱分化来认识人的分化或社会分化具有一般性和普遍性。

有针对性地进行法律调整。从社会强势人群与社会弱势人群的对比来看，对环境利益的分享存在着明显的分配不公现象。总的来说，就是社会弱势人群往往要承受更多的环境负担，承受环境成本不平等的份额，而工业化带来的利益却通常归社会强势人群所有，这使得他们之间的义务和负担是不对等的，他们对环境利益的分享也是不均衡的。这大致可以从这样几个方面来理解：一是社会强势人群和社会弱势人群在对公共自然资源的利用目的上是迥然有别的。社会强势人群利用公共自然资源通常是为了攫取财富，通过消耗大量的资源过奢华的生活，满足其非基本的需要。而自然、环境对社会弱势人群来说则首先意味着生存，意味着满足基本的需要；二是社会强势人群和社会弱势人群在对公共自然资源的利用能力上显然更有差别。社会强势人群的"强势性"决定了其更有能力支配公共自然资源的利用，而社会弱势人群的"弱势性"则决定了他们通常只能在受侵害的生态环境中去获取最基本的生活需求；三是社会强势人群和社会弱势人群在对环境危机后果的承担上是不对等的。虽然环境危机的后果具有普遍性，但毕竟对不同的人的影响程度是不同的。社会强势人群在资本意志的驱使下，虽然掠夺资源、对自然环境造成了破坏甚至是毁灭性的破坏，但他们往往并不担负或独自担负环境恶化、生态危机和自然反扑的后果。而环境破坏的恶果则常常会落到处于弱势地位的国家、地区或群体的头上。以下将按照环境利益的分类具体分析强弱势群体环境利益分享的现状及存在的问题。

（一）土地资源利益分享的现状及存在的问题

我国 1998 年的《土地管理法》建构了严格的土地用途管制制度，特别强调对耕地的保护。2002 年的《农村土地承包法》仍强调承包人应当"维持土地的农业用途"、"依法保护和合理利用土地"。《土地管理法》在"耕地保护"一章中对农地使用权人设定了若干禁止性规范，"禁止占用耕地建窑、建坟或者擅自在耕地上建房、挖砂、采石、采矿、取土等"，"禁止占用基本农田发展林果业和挖塘养鱼"，"禁止任何单位和个人闲置、荒芜耕地"，却没有任何关于补偿的要求；《基本农田保护条例》进一步禁止在基本农田保护区内从事"建房、建窑、建坟、挖砂、采石、采矿、取土、堆放固体废弃物；买卖或者以其他形式非法转让基本农田；闲置、荒芜基本农田；破坏或者擅自改变基本农田保护区的保护标志；向基本农田排放污染物"等行为，但仍没有关于补偿的任何规定。可见，我国的土地管理法律法规明显的以义务为本位，只强调农民耕作和保护农地的义务，没有建立农地外部效益内部化的权利机制。农地管制制度将农户从事农业生产的外部效益简单地视为一种"公共利益",并理所当然地归属于社会公众所有,而政府则以此"公共利益"为由理所当然地对农户的土地使用权施以限制。此种财产权界定完全没有顾及农地外部效益的供给人——农户的利益和感受。因此,目前我国农地外部效益的分配现状是全社会无偿地分享了由社会弱势群体——农民所提供的涵养水源、净化空气等环境外部效益。这显然是不公平的。这种不公平的一个严重后果就是耕地抛荒。从 2000 年开始,耕地抛荒现象不断蔓延:从非农产业高度发达、"农民"早已普遍"离土"的沿海富裕地区,蔓延到非农产业并不发达的粮食主产区,从产出率低的边际农田蔓延到旱涝保收的高产农田,从季节性抛荒发展到常年抛荒。据调查,安徽省肥东县1999 年的抛荒地中高产田只占 20%,2000 年急升至 40%,而 2001 年上半年已高达 50%;湖北省耕地抛荒率 1999 年为 3.39%,2000 年升至 5.18%,而粮食主产区荆州市更达 15.6%;同一时期,湖南省耕地抛荒总面积从161.2 万亩上升至 195 万亩,上升 21%,而其中常年抛荒则从 38.6 万亩急升至 51 万亩,上升 32.1%[①]。另据本课题组在重庆市的调研,重庆市云阳县目前撂荒地面积 5302 亩,占全县承包耕地面积的 0.98%,涉及全县 41 个农村乡镇,2208 户,占全县总户数的 0.76%。从撂荒时间看,撂荒耕地在 1年以内的有 1601 亩,占全县撂荒地总数的 30.2%,撂荒时间在 1 年以上 2年以内的有 1744 亩,占全县撂荒地总数的 32.9%,撂荒时间在 2 年以上的有 1957 亩,占全县撂荒地总数的 36.9%。

(二)森林资源利益分享的现状及存在的问题

1. 不同地区森林资源利益分配不平衡

在我国,某些地区和流域承担着利用森林保护生态环境的重要职责,却得不到相应的补偿,或得到的补偿很少。比如长江上游地区,该地区的森林承担着保护长江上游水资源、防止水土流失的政策职能,国家对该地区的森林砍伐等施加了相对比下游地区更严格的限制。而下游地区一方面享受到因为这种公共政策的实施而带来的环境利益,另一方面却并不需要支付相应的对价,至少下游区域的森林资源可以更自由的处分,从而使下游获取更多的利益。国家对上游地区的补偿相比于下游地区所获得的利益是不平等

---

① 秦晖:"中国转轨之路的前景",载《战略与管理》2003 年第 1 期。

的。流域上下游之间如此,城市与农村之间同样存在着这种森林资源利益分配不平衡现象。由于我国工业与农业之间的巨大成本差异,城市地区可以更少的代价获取森林资源(如木材),而农村地区则需要付出相对更多的成本来经营和管理森林资源,所得收益相较于城市来说要少得多。需要说明的是,在客观上,我国森林资源分布很不均衡。从地域分布上看,我国森林东北、西南地区多,其他地区少,黑龙江、吉林、内蒙古、四川、云南、西藏六省区的森林面积、蓄积分别占全国的 51.4% 和 70%,而华北、西北地区的森林资源较少,尤其是新疆、青海两省区的森林覆盖率不足 5%,其中新疆只有 2.94%①。这种由于客观地理环境导致的森林资源分布不均是一种客观现象,并非人为因素造成,因此它不属于本研究所讲的"不同地区森林资源利益分配不平衡"的体现,也无法从法律和政策的层面加以调整。

2. 不同用途的森林资源权利义务分配不对等

从用途划分,森林分为防护林、用材林、经济林、薪炭林、特种用途林。②我国现有用材林面积 7862.58 万公顷,防护林面积 5474.63 万公顷,经济林面积 2139.00 万公顷,薪炭林面积 303.44 万公顷,特种用途林面积 638.02 万公顷。不同用途的森林资源,其权利义务内容并不相同,集中体现在公益林(如生态防护林)和商品林(如经济林、薪炭林)之间。在营造和管理成本上,公益林和商品林几乎没有什么大的差异,但是二者所获取的收益大不相同。公益林能够持续产生生态保护的公共利益功能,但是国家对它投入的补助或扶持政策并不足以激励人们去营造和管理公益林,相反,商品林巨大的经济价值和商业利益,促使人们更乐于营造商品林,甚至砍伐公益林。造成这一现象的重要原因在于,国家对公益林的政策倾斜力度不够,利益激励不足。典型案例是中央电视台《新闻调查》曾经播出的《石光银的选择》。石光银 1984 年成立治沙公司,营造了 60000 多亩林子,林木经济价值高达3000 多万元。因为他造的大多是生态林,一棵也不许砍,直到今天,他不仅没有拿到一分钱,反而欠银行几百万元贷款。人们常说林子是绿色银行,造林是往绿色银行里存钱,可石光银往绿色银行里存了上千万元,按一般经济学常识,他应该取得一定的利息,可悲的是他不但没取到利息,连本也收不回来③。

---

① "2005 年中国林业基本情况",资料来源:http://www.forestry.gov.cn.

② 《中华人民共和国森林法》第 4 条。

③ 姚顺波:"产权残缺的非公有制林业",载《林业经济问题》2003 第 6 期。

3.森林资源在公共利益与私人利益间的不合理分配

我国的立法和政策比较注重对公共利益的维护和保障,但对私人利益的关注却不够。一方面体现在公有森林资源与私有森林资源之间的区别,如野生动物和森林资源明确归国家所有,居民仅对少量的林木可以享有所有权;另一方面体现在整体利益与局部利益之间的区别。这方面体现得尤其明显。《中华人民共和国自然保护区条例》规定了濒危物种的区域保护,对于受管制区域的居民和农民,该《条例》政策性地宣示,"妥善处理","兼顾生产、生活需要"。自然保护区的管理覆盖居民和农民,后者的利益是所谓管理中的衡量因素之一,但不是受法律保护的权利①。事实上,对自然保护区当地居民正当利益的不够重视,必然影响到当地居民对自然保护区政策遵守的积极性,最终影响到自然保护区功能的有效发挥。

再以采伐许可证为例。实施森林采伐许可证的理由是维护生态。采伐林木会影响林木生态作用的发挥是一个不争的事实。但对私人而言,采伐林木并不妨碍其他权利主体行使自己的产权,他只不过是阻止了自身私益的外溢,把其他权利主体免费享有的生态效益给取消了。这难道应该成为限制林木权利人行使采伐权的理由吗? 我国的林木所有者给国家、社会、邻居提供了生态功能,但未获得补偿,他的采伐权就不应受到限制。

对公共利益的关注还体现在对森林资源持续发展的关注,对后代人利益的关注,即对代际公平的关注。代际公平是环境公平的重要内涵。森林是有用的资源,森林给当今和未来世代带来了多种好处,同时它们也是可更新资源,因此所有的世代都有可能享用——但前提是它们必须得到持续的维护。如果这些资源得不到持续地维护,当今世代就会在享用他们的同时把未来世代排除在外②。因此,对森林资源利益的分配,也必须保持当代人与后代人在森林资源利益分配上的平等。

(三)水资源利益分享的现状及存在的问题

自然形成的资源禀赋在绝大多数情况下不均衡。由于各地水资源条件不同,水资源配置不均衡是一种无法避免的客观现实。同样对于一个流域

---

① 丁晓阳:"既得权保护与环境利益的平衡—中美濒危物种保护法之管窥比较",载《2004年中国环境资源法学年会论文集》。

② [美]爱蒂丝·布朗·魏伊丝:《公平的对待未来人类》,汪劲等译,法律出版社2000年版,第21页。

来讲,流域内上下游、左右岸的水资源分布也不均衡。水资源环境利益的后天分配则应对自然形成资源禀赋的不均衡进行有效的矫正和调节;反之,水资源环境利益的后天分配的不公则将加剧自然形成资源禀赋的不均衡。可见,水资源环境利益分配机制的公平与否对于水资源环境利益的公平分享起着至关重要的作用。总的说来,相对于工业、城市、生产和强势群体,农业、农村、生态和弱势群体总是处于不利地位,若没有适当的政策和措施保证,就必然导致水资源环境利益分享的不公正结果。目前我国水资源环境利益分配不公的主要表现可概括如下:

1. 水资源利益在不同地区间分配不公

水资源环境利益在区域间的分配不公主要表现为在江河源头地区和中下游地区间的分配不公。为保护江河源头的生态环境,源头地区人民一方面投入资金;另一方面限制了自身产业的发展而造成了许多损失。而直接享受生态效益的中下游地区却没有任何投入,并且还可因良好而丰沛的水源从工业、农业和第三产业中获得极大的经济利益,较为显著的如房地产行业、旅游业等。以东江源头为例,江西省政府为确保东江源头水质为Ⅰ至Ⅱ类标准,采取了一系列的保护源区水质及生态环境的政策,源区资源优势无法转化为经济优势,经济发展受到较大限制,造成地方财政收入较低,源区脱贫工作难度加大。根据赣州市发改委《关于要求建立东江源头区域生态资源补偿机制的报告》(赣州市发改地区字〔2006〕128 号),"十五"期间,源区拒绝污染严重、破坏资源的招商引资项目数百个;关闭了污染严重、资源消耗量大的企业;开展了以稀土开采为主要的矿业整治活动;采取最为严厉的保护措施,限禁森林砍伐。不包括源区对耗材工业治理、关闭矿山和直接投资减少,源区每年可以计算到的收益损失(禁伐林木、果树种植减少和农作物减产)为 29485 万元,但直接享受生态效益的广东省却没有任何投入,且广东省还从供应香港地区的东江水中得到 25 亿元的水资源补偿费,东江源区却没有得到任何补偿。这显然有失公平且违背了公正原则。水资源环境利益在源头和下游地区间分配不公,将导致源区面临发展与保护的矛盾,而贫困必将限制生态环境保护,如果对源头生态地区的贫困现实不加以改变,生存的巨大压力将可能导致源头生态环境的重新破坏。

2. 水资源利益在不同行业间分配不公

受经济人逐利的偏好影响,水资源环境利益总是更多地流向经济效率更高和经济效益更丰厚的行业,农业用水被大量挤占,削弱了农业和农村及农民的发展权利。改革开放以来,由于经济的快速发展和人民生活水平的提高,特别是工业的发展和城镇化进程的加速,我国的工业用水量和城镇生活用水量大量增加。从 1980—2002 年,我国的工业用水从 457 亿 m³ 增加到 1142 亿 m³,城镇生活用水量从 68 亿 m³ 增加到 321 亿 m³,农业和农村生活用水量仅仅从 3912 亿 m³ 增加到 3924 亿 m³(其中包括农村生活用水在此期间的增长,估计约 200 亿 m³),而我国的总供水量仅仅从 4437 亿 m³ 增加到 5497 亿 m³①。因此,在改革开放的 20 多年中,工业和生活用水的增加是部分挤占农业用水而实现的。而以上数据仅仅是一个数量的概念,从水质和工程的供水保证率上讲,如水库、优质地下水源等稳定可靠、高保证率、水质好的水利工程的供水目标大量地从以农业供水为主向以城镇生活和工业用水转变,农业用水只能使用河道中水质低下和低保证率的水源。尽管在经济较发达地区,政府对供水目标的改变进行了一定的补偿,如修建节水工程等,但挤占农业用水,无疑降低和制约了农业和农村及农民依赖水资源的发展基础和潜力。这种挤占从经济学的角度来看是有效率的,但从法学的角度观察则是不公正的。特别是在重新配置过程中,没有或极少考虑和咨询农民意见,其程序是不公正的。挤占农业用水是我国改革开放以来追求经济效益的一个体现。由于工业和城市用水的效率明显地高于农业用水,因此在效率的牵引下,挤占农业用水是一个必然结果。此外,在各工业行业中,还因为水资源的低价和污水排放的低成本,高耗水行业和高排放行业得到极大的刺激和发展,从而实际上攫取了更大的水资源环境利益,进一步造成了我国水资源环境利益在不同行业间的分配不公。

3. 水资源利益在代际间分配不公

人类开发利用水的活动部分改变了天然的水循环过程和规律,导致水资源衰竭和水环境退化,特别是对深层地下水的开采以及水资源开发利用所带来的严重环境问题,使代际分配及其公正成为水资源利益分配中需要考虑的一个问题。当然,这也是可持续开发利用的要求。代际之间的不公正,就是在水资源利益分配中出现约翰·罗尔斯所称的"时间的偏爱"②。理论上,代际不公正主要有两种情形:一是开发利用不足;二是开发利用过度。处理代际不公正的困难在于,不公正产生的时间滞后比较长;另一个是

① 刘昌明、陈志恺:《中国水资源评价和供需发展趋势分析》,中国水利水电出版社 2001 年版,第 116 页。

② 赵时亮:"代际外部性与不可持续发展的根源",载《中国人口·资源与环境》2003 年第 4 期。

行为主体的缺失,即在当代水资源环境利益分配的决策中,没有未来行为主体的代表。

(四)矿产资源利益分享的现状及存在的问题

1. 矿产资源所有人的利益没有充分实现

国家是矿产资源的所有权人。在矿产资源的开发利用过程中,矿产资源所有权利益没有充分得到实现,具体表现在以下几个方面:

第一,国家对矿产资源的财产性收益不充分。在资源开采领域,我国不可再生资源长期以来实行的是无偿开采制度。无偿开采在制度结束于1994 年《矿产资源补偿费征收管理规定》以及《资源税条例》的施行,随后我国于1998 年颁布了《矿产资源勘查区块登记管理办法》、《矿产资源开采登记管理办法》、《探矿权采矿权转让管理办法》三个与《矿产资源法》相配套的行政法规,明确规定了矿业权有偿取得及其流转的相关制度。国家对矿产资源的财产性收益来源主要有资源税、矿产资源补偿费和矿业权使用费。然而,资源税目前在我国仍然是小税种且税率偏低,矿产资源的资源补偿费率仅占矿产品销售收入的 1% —2% ,矿业权市场不充分,不能够充分体现国家对矿产资源的财产性收益。

第二,矿产资源浪费严重。矿产资源浪费导致国家对矿产资源的所有权利益流失。我国的矿产资源利用方式还比较粗放,一些地方采富弃贫、一矿多开、大矿小开的现象较为普遍。据统计,我国矿产资源总回收率和共伴生矿产资源综合利用率分别为 30% 和 35% 左右,比国外先进水平低 20 个百分点。大中型矿山中,几乎没有开展综合利用的矿山占 43% [①]。

第三,矿产资源的环境利益没有得到体现。矿产资源作为生态系统的一个因子,不仅具有资源价值也具有环境价值。长期以来,我国矿产资源税费体系中没有包含资源的环境价值,导致国家对矿产资源的环境利益无法实现。

2. 矿产资源生产地区与消费地区利益不均

我国矿产资源分布不均,煤炭资源主要分布在新疆、内蒙古、陕西和山西四省区,石油主要分布在黑龙江、山东和河北三省,天然气主要分布在吉林、广东和辽宁三省。矿产资源消费主要集中在东部经济发达地区。可见,

---

① "我国矿产资源浪费严重大中型矿山 43% 未综合利用",资料来源:http://www.nblr.gov.cn.

我国矿产资源生产区和消费区存在地域不平衡。长期以来,我国对矿产资源价格实行强有力的行政指导,阻碍了公共自然资源遵循价值规律在市场上实现自由流转,矿产资源价格被严重扭曲,矿产资源价值难以通过市场价格反映出来。东部经济发达地区不仅以低价获取资源并且享受能源补贴,而西部地区得不到合理的补偿,这导致了矿产资源生产区和消费区的利益不均衡,出现了诸多问题。例如,资源补偿机制的不足已成为西部经济腾飞的"短板",导致西部地区出现"富饶的贫困"这一奇怪现象①。

3. 矿业企业与矿区居民之间利益不均

矿业企业与矿区居民之间的利益分配不均衡突出表现在两个方面。第一,因为矿产资源开发矿区居民的发展受到限制。矿产资源的开发必然限制矿区居民对矿区土地的利用和发展,造成了许多失地农民,当前对矿区居民的土地补偿标准低、形式单一,矿区居民的发展出现很多问题。第二,矿产资源开发活动导致矿区环境遭受严重破坏。矿区环境问题主要表现在采矿过程中的环境污染及环境破坏,它涉及到对矿区土壤、水和大气环境的污染,对周边生态的破坏及对矿区周围人群人身健康和财产的危害,还可能造成矿区地质灾害和生态环境均衡的破坏。随着矿产资源开发强度进一步加大,矿山环境保护与恢复治理难度将越来越大。首轮规划实施评估结果表明,全国只有5个省(区、市)矿山环境恢复治理率达到了25%的目标,一些省(区、市)的矿山环境恢复治理率甚至低于10%,西部地区的差距更大②。

4. 当代人与后代人之间利益不均

当代人与后代人的利益不均主要表现在矿产资源的过度开发限制后代人的生存和发展。矿产资源是不可再生资源,我国的粗放式的资源开发利用模式不利于矿产资源的可持续利用。一方面,我国矿产资源开发中过度开采、资源浪费等现象严重,这将导致资源的过快耗竭,并将损害后代人对矿产资源的利用权;另一方面,矿产资源的开采导致严重的环境污染和生态破坏,损害了后代人的环境权。根据《山西省煤炭开采对水资源的破坏影响及评价》结果,山西每开采1吨煤直接破坏2.48吨水资源。每年开采的5亿吨煤,破坏的水资源达12亿立方米左右,相当于山西省整个引黄工程

---

① "资源补偿不足成短板西部成'富饶的贫困'地区",资料来源:http://finance. people. com. cn.

② "我国矿产资源浪费严重大中型矿山43%未综合利用",资料来源:http://www. nblr. gov. cn.

的总水量。煤炭开采造成了严重的大气污染。全国污染最严重的 10 个城市中,前 3 个均为山西省城市。太原曾在世界银行公布的全球污染最严重的 20 个城市中名列前茅,大气中总量悬浮微粒浓度(TSP)是世界卫生组织规定标准的 8 倍,SO_2 浓度是世界卫生组织公布标准的 3 倍。据统计,至 2004 年山西省矿区面积累计达 8,000 平方公里,其中采空区面积达 5,000 平方公里,每年新增塌陷区面积约 94 平方公里。矿井、矿区占用、矸石山压占等造成了土地资源的严重破坏。矿区的生态系统严重退化,物种资源迅速灭绝。仅 2003 年,山西省煤炭工业环境污染和生态破坏的损失就达 288.77 亿元,约占 2003 年全省 GDP 的 11.5%,折合吨煤的损失平均为 64.23 元,约占煤炭 2004 年出省平均价格的 28%。而这些损失估算主要是不完全的直接经济损失[①],不是全部直接经济损失,更未包括间接经济损失。

表2 2003 年山西省煤炭开采环境污染经济损失核算

序号	污染损失项目		经济损失(万元)	吨煤污染损失(元/t 煤)
1	大气环境污染损失	人体健康与人类福利	182,584.7	4.06
2		农业损失	31,780	0.71
3		增加清洗费用	59,060.8	1.31
		小计	273,425.5	6.08
4	水环境污染损失	水质污染型缺水人口损失	2,690	0.06
5		工业排放废水的损失	26,971.1	0.6
6		矿坑排水造成的损失	118,673	2.64
		小计	148,334.1	3.3
7	固体废物污染损失	煤矸石堆存处置	188,797.9	4.19
8		自燃矸石山治理	9,220.9	0.21
		小计	198,018.8	4.4
	合计		619,778.4	13.78

资料来源:山西省环保局,《山西省煤炭开采环境污染和生态破坏经济损失评估研究报告》2005

---

① 王金南等:"山西省煤炭资源开发生态补偿机制研究",王金南、庄国泰主编:《生态补偿机制与政策设计》,中国环境科学出版社 2005 年版,第 242—244 页。

表3 2003年山西省煤炭开采生态破坏经济损失核算

序号	生态损失项目	经济损失（万元）	吨煤生态损失（元/t煤）
1	采煤造成水资源永久性破坏的损失	867,751.3	19.30
2	采煤漏水造成的缺水人口损失	3,135	0.07
3	采煤造成的水土流失	33,039.6	0.74
4	森林资源生长量损失	9,000	0.20
5	采煤占地损失	132,699	2.95
6	采煤破坏植被引起释氧量减少损失	369,666.7	8.22
7	植被破坏引起涵蓄水分功能下降的损失	13,079.6	0.29
8	采煤破坏土地的复垦费用	21,584	0.48
9	消耗坑木造成的生物多样性损失	497,906.7	11.08
10	生态重建恢复植被增加成本	2,294.2	0.05
11	湿地生态系统损失	35,050	0.78
12	物种资源损失	124,476.6	2.77
13	塌陷复垦	96,984	2.16
14	水浇地变旱地	4,895	0.11
15	房屋建筑损失	52,533	1.17
16	交通设施损失	3,592	0.08
合计		2,267,686.7	50.45

资料来源：山西省环保局，《山西省煤炭开采环境污染和生态破坏经济损失评估研究报告》2005

三、环境利益分享不公问题的成因

（一）土地资源利益分享不公的原因

1. 农地外部效益的产权缺位与内部化理念的缺失

从我国现行立法看，没有法律对农地外部效益的财产权予以明确地界定与保障，相反，《土地管理法》第31条强调"国家对耕地实行特殊保护制度，严格控制耕地转为非耕地"，因为"保护耕地是关系国家前途、命运和子孙后代生存发展的重大问题。保护耕地就是保护我们的生命线"①。《农业法》第31条也明确要求："国家采取措施保护和提高粮食综合生产能力，稳

----

① 周永康：关于《中华人民共和国土地管理法（修订草案）》的说明。

步提高粮食生产水平,保障粮食安全。国家建立耕地保护制度,对基本农田依法实行特殊保护"。我们可以把这种管制思路中隐含的产权逻辑归纳为:农地外部效益被直接视为一种"公共利益",并理所当然地归属于社会公众所有,而外部效益的供给者——农民不仅没有主张其所提供的外部效益的权利,反而被理所当然地课以免费提供此"公共利益"的义务。在过去农业所得具有比较优势的时代,这样规定不存在太大的公平性问题,因为外部效益毕竟带有公共利益属性。但是,在农业生产的利润不断下降,甚至入不敷出的情形下①,立法仍然坚持必须由农民免费提供外部利益,就有违社会正义。况且,由于农产品属于基本生活消费品,消费需求受限于人的基本生理需要,需求弹性小,过多地促进农业生产只会导致生产过剩,农产品滞销,因而农产品价格提升的空间有限,农地外部效益内部化的缺失无疑更加彰显了利益分享的不公。

2. 农业补贴的"补助化"与内部化措施的功效不彰

在不承认农民对其提供的外部效益享有财产权的制度背景下,我国的农业补贴制度实际上也不具有均衡农户损益的理念,没有起到农地外部效益内部化的效果,说到底不过是对农业生产的一种"补助"和对农民的一种"恩惠"。我国过去长期采取的"暗补"方式,即通过补贴流通渠道间接补贴农民,其补贴理念显然并不包含对农业生产所能提供的、难以通过市场显现的外部效益的补偿;加入 WTO 前的"绿箱"政策,按学者分析,"政府部门的直接花费和对国营粮食企业的亏损补贴占用了当时 95% 以上的'绿箱'资源,几乎没有多少剩余资源能直接转移支付给农业生产者"②;2000 年开始在全国推广的"退耕还林补贴",具有一定的"生态补偿"功能,但按规定只

① 刘凤芹的调查报告显示,村民种植一亩地的投入成本大约为 350—400 元,不包括农民投入土地的劳动支出。枣一村的耕地分为五类:一类地每亩收益按常产计算为 620—630元,五类地每亩收益维持在 300 多元至 400 元之间。这和土地的投入差不多。可是人均农地才一亩多,那么即使是耕种一类土地,人均年收入也只有 300 元左右(参见刘凤芹:"弃耕还是复种——土地抛荒现象考察",资料来源:http://www.xslx.com);再根据农村固定观察点调查,江西省南昌县每亩水稻的生产成本(含物化成本和劳力成本)691 元,而在市场上实现的交换价值却只有 630 元,每亩亏损 61 元。(参见章毅,周边疆:"江西省农民增收面临的困境与出路",http://www.rcre.org.cn);郴州市国土资源局调查数据显示,随着物价上涨,农民种粮的成本急剧上升,种子、化肥、农药不同程度上涨,农民劳资从 2000 年 15 元/天上涨到 2007年 40 元/天。经测算,农民种粮除去成本每亩利润不足 200 元,按每人种 5 亩计算,年收入不足 1000 元,远不能满足一家的开销。(郴州市国土资源局:"减少耕地抛荒提高土地效益",资料来源:http://www.czgtzy.gov.cn)

② 钱克明:"中国绿箱政策的支持结构与效率",载《农业经济问题》2003 年第 1 期。

能补偿有限的年数(种植生态林、经济林和草,按照有关规定造林成活率达到要求,可分别领取补助8年、5年和2年),这说明该政策的主要目的在于鼓励农民退耕,而并非要补偿退耕农的生态贡献;至于2004年起开展的"三补一免"(即粮食直补、良种补贴、农机补贴和免农业税),具体落在每一个农民身上的补贴利益少[1],而且"补贴目标的界定并不清楚,一部分不种粮食的农民也得到了补贴,而有些租种粮食的农民却没得到补贴"[2],这意味着补贴实际上已异化为一种带着身份属性的"福利化"的补助,农地外部效益内部化的理念仍未得以明确。

3. 为了维持农地外部效益的供给,农地使用权受到限制而未得到补偿

我国目前无论是立法规范还是司法实践,均只强调管制的正当性却没有承认"补偿"的合理性。这种完全不考虑"补偿"的管制制度其实彰显了一个近乎荒谬的逻辑:只要是出于"公共利益"的需要,受管制者无论付出多大的代价,都显得那么理所当然,小代价小光荣,大代价大光荣。这种逻辑下的管制制度包含着严重的利益失衡。补偿缺位一方面意味着管制者无需考虑管制的成本,所以容易造成国家过度管制;另一方面也使财产权的内涵被架空,比如城市近郊的农地因为区位优势具有更高的经济价值,立法禁止其转用意味着土地产权人必将丧失更多的利益,所以,如果近郊农户的这种"特别牺牲"得不到补偿,则其产权无疑已被严重"稀释"。

4. 农地提供的外部效益越大,限制越严格,农户损失越严重

根据《土地管理法》第34条,我国农业用地被划分为一般耕地和基本农田。《基本农田保护条例》第2条将基本农田定义为:"按照一定时期人口和社会经济发展对农产品的需求,依据土地利用总体规划确定的不得占用的耕地",具体包括"经国务院有关主管部门或者县级以上地方人民政府批准确定的粮、棉、油生产基地内的耕地;有良好的水利与水土保持设施的耕地,正在实施改造计划以及可以改造的中、低产田;蔬菜生产基地;农业科

---

① 以"粮食直补"来说,政府强调对农户直接给付并向主产粮区和产粮大户倾斜,客观上具有了将"粮食安全"这一外部效益内部化的功能,但有学者指出,这一政策"落到每个农户的补贴资金太少,成本也高。如孝南区2005年的粮食直补资金为476万元,农机补贴50万元,良种补贴1000万元,三项合计1526万元。孝南区农业人口63万人,平均到每个家庭全年补贴资金不过几十元。由于补贴金额小,有些农民不怎么放在心上。"这意味着目前的直接补贴更多只是向农民发出了一个鼓励种粮的政策信号,其将农地外部效益内部化的作用仍非常有限。参见陈波、王雅鹏:"湖北省粮食补贴方式改革的调查分析",载《经济问题》2006第3期。

② 钱克明:"2004年中央一号文件执行效果分析",载《农业经济问题》2005年第2期。

研、教学试验田;国务院规定应当划入基本农田保护区的其他耕地"。显然,基本农田担负了更多的粮食安全的责任,而且其农业生产条件更好,能够提供的农业生态效益应该也更大,所以国家对基本农田实行了更严格的保护和管理制度:一般耕地被禁止从事建窑、建坟或者擅自建房、挖砂、采石、采矿、取土等行为,而基本农田连发展林果业和挖塘养鱼也不被允许。这种限制当然有其正当性,事实上这种管制策略也为当今世界各国所通行,比如德国的《联邦空间规划法》将其农业发展区划分为优先地区和储备地区,前者严禁变更使用,后者则有条件的允许变更用途,但这也意味着基本农田的土地使用权人通过在大农业范围内调整农业结构而获得土地增值收益的机会被剥夺了,而在现行制度下,这种损失不仅得不到相应的补偿,相反越是粮食主产区,地方财政负担越大,农业补贴标准反而越低,也就是说,基本农田的生产人提供了更多的外部效益,但所获得的农业支援和补助相对更低,这实际上造成了发展上的另一层剥削,使得资源配置的公平性进一步扭曲。

(二)森林资源利益分享不公的原因

1.计划经济时代的历史因素

目前我国的森林资源基本上为公有制,非公有制林业资源占的比重非常小,公有制下的权利人对非公有制下的权利人在某些方面造成法律上和政策上的歧视,不同所有制之间权利义务关系不平衡。这种现象是管制经济时代"一大二公"遗留下来的产物,是国家对非国有林的不当干预。有人认为,这种产权结构完全是计划经济条件下的产物,是社会主义公有制基本经济制度在林业产权设置上的具体体现。其所体现的是一种严格意义上的经济(公有制经济)和政治意愿(社会主义制度)而非林业可持续发展①。

2.人们思想认识有偏差

一方面,对森林资源的功能认识不全面不正确。长期以来,人们只注重森林的经济价值,忽略其环保生态和文化价值,导致只注重对森林经济价值的利用;另一方面,对个人、集体、社会三者之间关系认识不当,片面强调社会公共利益和国家利益,忽略集体特别是个人的正当合法权益。

---

① 孔凡斌:"论南方林区森林生态保护与森林资源产权管理模式",载《林业资源管理》2004 年第 2 期。

3. 现行立法存在不足

在指导思想上,现行森林资源立法偏重于对森林资源的行政管理,轻视甚至忽略对森林资源的产权界定和权利保障,导致产权残缺、保护不力。在立法原则上,权利平等原则及权利义务一致性原则在具体的森林立法中没有得到明确体现,不同主体的森林权益未能得到同等保护。在具体制度上,林木权属制度、运输制度、交易制度、许可证制度、采伐限额制度等还存在一些不合理之处,需要进一步完善。

4. 森林资源管理体制不尽合理

在方式上,强调行政管制,忽略市场机制和激励机制的作用;在内容上,偏重森林资源的计划指标管理,忽略可持续经营;在层次上,中央与地方之间、地方不同层级之间、同一层级不同地方之间、不同部门之间就森林资源的管理权限和职责分配存在交叉重合甚至冲突矛盾,地区利益、部门利益倾向明显。

5. 缺乏合理的森林生态效益补偿机制

林业对山区发展至关重要。但林业投入主要靠百姓,百姓不得随意采伐,做了很大的牺牲。现行森林资源生态效益补偿制度的缺陷主要表现为以下几个方面:第一,补偿主体范围过于狭窄;第二,环境资源法的立法观念尚未走出"人类中心主义"的阴影,把森林资源仅当作客体加以保护;第三,对森林的保护仅局限于树木和其他木本植物;补偿标准过低。根据本课题组在贵州的调研,贵州省曾经搞过补偿:每亩5元,扣0.25元的工作经费,农民拿到手的4元多,起不到什么效果。将私人的林地划为公益林,但又不给予补偿,这是不公平的,生态维护也是不可能的。

6. 其他原因

如城乡二元对立的社会经济结构、地区发展不平衡、社会主义市场经济体制不完善、执法不规范,等等。

(三)水资源利益分享不公的原因

1. 水资源具有公共产品的属性,以私权利为主要调整对象的市场调节机制不能彻底解决水资源利益的公平分配问题

水资源由其公共财产的性质始终存在"公地的悲剧",集体和个人在运用公共资源时虽然付了费,可是国家对公有财产的合法所有权导致集体和个人的搭便车,故而价格杠杆在平衡国家、集体、个人三者之间的利益冲突、合理配置资源方面虽起着十分重要的作用,然而市场本身是没有大脑

的,以私权利为主要调整对象的市场调节机制不能彻底解决水资源环境利益的公平分配问题。21世纪世界水资源委员会主席伊斯梅尔·塞拉杰丁表示,希望人们树立起一种有偿使用世界水资源的公平的价值观,以尽量避免水资源的浪费。

更进一步地说,由于存在环境贡献者与环境受益者的利益"非对称性",同时,还普遍存在根深蒂固的"产权实物观"(即把产权仅仅理解为一种实物形态的东西),而对于生态环境这种无形之物,人们普遍认为可以"无价"或廉价获取。于是,在现实生活中,大部分生态环境形成无偿使用,外部经济的受益者不需要支付相应报酬(甚至不需要支付任何报酬)就能获得好处,而外部收益的提供者利益则受到损害。此即涉及到"溢出收益"问题。而生态环境即具有典型的正外部性,主要表现为私人边际收益与社会边际收益的不一致,产生向外溢出的收益。而这种外溢的收益又常常处于市场交易之外,难以通过市场价格反映出来。比如,西部地区在生态环境保护方面做了诸多贡献,包括生态公益林的建设以及各种"禁止开发"的自然保护区建设等,但未能获得与这种"环境贡献"相对称的收益;与此同时,那些享受到这种生态环境外溢收益的其他地区则未支付相应的费用。长期以来存在的"环境无价、资源低价与商品高价"的价格体系,助长了资源开发造成的生态破坏的外部不经济性转嫁给社会,为生态环境保护做出贡献的地区和享受溢出效应的地区之间存在着利益分配的不公平,这些都是造成区域间水资源环境利益分配不公的重要原因。

2. 在生存权、发展权与环境权之间的利益冲突衡量上政府的政策选择存在价值偏好

首先,由于资源产权"主体归属"与产权"收益归属"存在"非对称性",使得水资源利益公平分享的实现存在现实问题。本来,根据现行法律规定,土地(除农村集体土地)、矿藏、水流、森林等公共自然资源都属于国家所有,国务院代表国家行使占有、使用、收益和处分的权利,但实际上却存在着资源的所有权与收益权在相当大程度上偏离,使得公共自然资源最终所有者从资源开发和使用中得到的收益——本应由全体公民共享的公共利益——未能完全实现。

其次,政府在代表国家行使水资源权利的时候存在自己的价值偏好。对于一个发展中国家来说政府保障其公民生存权、发展权的充分实现是一个十分重要的问题,政府在决策中出于对经济目标的过多追求,也往往热衷于将水资源利益的分配向产出效率高的地区和行业倾斜,当然随着我国经

济建设由"又快又好地发展"向"又好又快地发展"目标的转型,这一问题已得到政府的重视。党的十七大报告已明确提出:要增强发展协调性,努力实现经济又好又快发展;要建设生态文明,基本形成节约能源资源和保护生态环境的产业结构、增长方式、消费模式。同时还提出要使"主要污染物排放得到有效控制,生态环境质量明显改善","建设资源节约型、环境友好型社会","使人民在良好生态环境中生产生活,实现经济社会永续发展。"然而蓝图的实现还需要行之有效的制度的支撑,历史积弊的清除过程仍存在重重困难。

此外,由于我国水资源管理中的决策机制和监督机制建设极不健全,极易使得水资源利益分配中的弱势群体的利益诉求被忽视,这会进一步使得政府在水资源利益分配政策选择上的价值偏好得以无阻碍地贯彻。强势利益集团由于可能拥有更多的资金、更大权力和影响力等,能够影响水管理,为自己获利。在我国的水管理中,相对于如城市和工业等强势利益集团,农业、农村和农民等弱势利益集团没有得到平等对待,以至于弱势群体的观点没有能够反映和得到倾听,极大地影响了水资源利益分配的公正性。

(四)矿产资源环境利益分享不公的原因

1. 矿产资源有偿使用制度存在不足

矿产资源有偿使用制度是国家矿产资源所有权利益实现的基础。1986年8月19日我国颁布了《矿产资源法》,首次规定"国家对矿产资源实行有偿开采。开采矿产资源,必须按照国家有关规定缴纳资源税和资源补偿费"。这一规定结束了我国长期对矿产资源的无偿划拨使用的历史,确立了矿产资源有偿使用制度。1996年8月29日第八届全国人民代表大会常务委员会第二十一次会议《关于修改〈中华人民共和国矿产资源法〉的决定》,又进一步确立了"国家实行探矿权、采矿权有偿取得的制度"。自此,资源税、矿产资源补偿费以及探矿权采矿权制度成为国家实现矿产资源所有权权益的制度保障。但是,现行的矿产资源有偿使用制度存在诸多不足,主要体现在其经济实现形式的不合理和维护所有者权益的力度不够[1]。

(1)资源税定位不清。资源税采用"普遍征收、级差调节"的原则,目的在于调节使用不同级差矿产资源的级差收益,具有所得税的某些特征。但

---

[1] 张彦平、王立杰:"论我国矿产资源有偿使用制度及其实现",载《矿业快报》2008年第1期。

是,资源税的立税是缺乏理论依据的,存在着逻辑上的悖论。因为,资源税作为"税"是国家凭借政治权力无偿从矿山企业征收的,它的立税原则应与资源财产效益无关,不存在国家与企业之间财产交换关系①。因此,将资源税作为矿产资源有偿使用制度的组成部分在学理上是说不通的,这与税收的无偿性不相吻合。由于资源税理论上的混乱导致实践中的错位。首先,我国现行资源税的定义是国家财产收益,既混淆了其与矿产资源补偿费的性质,也背离了调节优势矿山企业与劣势矿山企业级差地租的初衷②。其次,如前所述,按税收的性质,其征收对象应当是矿产资源所有者,即国家。但是,作为征收主体的国家向自己征税显然是荒唐的。再次,从资源税的收入归口来看,资源税被划入地方税种,所征收的收入全部纳入地方财政,也不能反映国家作为矿产资源所有者的权益。此外,从征收方式上,如果将资源税视为"级差矿租",应从价征收,考虑栅栏收益率,而不应当从量征收,更不应该"普遍征收"。相反,对于矿产资源补偿费,既然是"绝对地租",矿产资源使用者理应向矿产资源所有者支付租金,应当从量征收,而无需考虑栅栏收益率,以及经营者是否盈利。因此,不论从理论上或是实际上考察,我国都应当对现行的资源税进行改革,或者说取消资源税。

（2）矿产资源补偿费无法充分实现矿产资源所有者的权益。为了补充国家对资源勘探投入的不足,1994年2月27日,国务院发布了《矿产资源补偿费征收管理规定》。该规定明确了矿产资源补偿费的征收对象为采矿权人,征收客体是矿产资源经过开采或者采选后,脱离自然赋存状态的矿产品。计征基础是矿产品的销售收入。征收的矿产资源补偿费应当及时全额就地上缴中央金库,年终按照规定的中央与省、自治区、直辖市的分成比例,单独结算。中央与省、直辖市矿产资源补偿费的分成比例为5∶5,中央与自治区矿产资源补偿费的分成比例为4∶6。1996年《矿产资源补偿费使用管理暂行办法》第3条规定:"矿产资源补偿费纳入国家预算,实行专项管理。矿产资源补偿费主要用于矿产资源勘查支出(不低于年度矿产资源补偿费支出预算的70%),并适当用于矿产资源保护支出和矿产资源补偿费征收部门经费补助。"这一办法现已废止。2001年《矿产资源补偿费使用管理办

---

① 唱润刚、张云鹏:"我国矿产资源权利金制度研究浅议",载《中国国土资源经济》2005年第9期。

② 唱润刚、张云鹏:"我国矿产资源权利金制度研究浅议",载《中国国土资源经济》2005年第9期。

法》规定矿产资源补偿费的使用对象为具有地质勘察或同类资质的企事业单位、独立矿山企业和矿产资源补偿费征收部门。

从性质上分析,矿产资源补偿费是矿产资源所有权人凭借所有权取得的租金,是矿产资源使用者向其所有者支付的租金,英美法系国家称其为"权利金"。从理论上说,矿产资源补偿费应当构成矿产资源有偿使用的主要部分。在矿业发达国家,体现矿产资源所有者权益的"权利金"约占矿产品销售收入的10%—20%。但是,目前中国绝大部分种类的矿产资源的资源补偿费率仅占矿产品销售收入的1%—2%,无法充分实现和保障矿产资源资源所有者国家的所有者权益,并导致了矿山企业"采富弃贫"、"采厚弃薄"的不良现象,造成我国矿产资源的严重浪费。此外,在实际征收中,缺乏严格、科学的测算,甚至沦为定额征收,造成回采率低者少缴资源补偿费而回采率高者缴费负担相对偏重的结果。而且,不少乡镇小煤矿成为矿产资源补偿费征收的死角,资源补偿费对小煤矿的资源浪费行为缺乏抑制作用。

(3)矿业权的取得和转让不规范。1998年2月12日国务院发布了《矿产资源勘查区块登记管理办法》、《矿产资源开采登记管理办法》、《探矿权采矿权转让管理办法》等3个与《矿产资源法》相配套的行政法规,明确规定了矿业权有偿取得及其流转的相关制度。《矿产资源勘查区块登记管理办法》第12条规定:"国家实行探矿权有偿取得的制度。探矿权使用费以勘查年度计算,逐年缴纳。"《矿产资源开采登记管理办法》第9条也规定:"国家实行采矿权有偿取得的制度。采矿权使用费,按照矿区范围的面积逐年缴纳,标准为每平方公里每年1000元。"《探矿权采矿权转让管理办法》第3条规定了探矿权、采矿权的流转:"除按照下列规定可以转让外,探矿权、采矿权不得转让:①探矿权人有权在划定的勘查作业区内进行规定的勘查作业,有权优先取得勘查作业区内矿产资源的采矿权。探矿权人在完成规定的最低勘查投入后,经依法批准,可以将探矿权转让他人。②已经取得采矿权的矿山企业,因企业合并、分立,与他人合资、合作经营,或者因企业资产出售以及有其他变更企业资产产权的情形,需要变更采矿权主体的,经依法批准,可以将采矿权转让他人采矿。"此条规定的主要目的是限制矿业权的自由转让。该办法还明确了探矿权、采矿权转让的条件、受让人的资质以及转让的程序和审批机关等。

从理论上讲,探矿权使用费和采矿权使用费也属于权利金的范围,类似于发达国家的矿业权租金,其征收依据是矿产资源的绝对地租和级差地租。

因此,属于矿产资源有偿使用制度的一个有机部分。我国现行的《探矿权采矿权转让管理办法》的立法目的不是鼓励探矿权、采矿权的转让,而是对其转让设置了严格的条件,并且其转让程序复杂、要求苛刻,中国社会科学院法学研究所环境法学者常纪文博士对此进行了实地考察,他通过对广西等区、省的实证调查,发现当地矿业权黑市交易即非法转让矿业权的现象比比皆是,原因在于按照法定程序进行探矿权、采矿权的转让成本太高,手续繁琐,效率低下。因此,在实践中,人们往往以名义上长期租赁而实际上为变相转让的方式来进行操作,这种情况屡见不鲜,导致矿业权市场处于无序状态。

2. 缺乏合理的矿产资源生态补偿机制

矿产资源开发是一个自然再生产和经济再生产过程的统一,不仅需要经济补偿,而且应当关注生态补偿。矿产资源的生态补偿是国家通过对矿产资源的探矿权人、采矿权人征收一定数量的矿产资源补偿费,以实现国家作为资源所有者的权益,并对因矿产资源的开发利用而利益受损者进行相应的经济补偿;与此同时,国家通过征收矿产资源补偿费,来促进新技术的研发以寻求替代性的矿产资源,并对因矿产资源开发而受到损害的生态环境进行恢复、整治、补偿。实现矿产资源的生态补偿,国家和后代人因矿产资源耗竭而产生的不利益将得到合理的补偿,同时因矿产资源开发而利益受损的主体也应得到补偿,因此,通过建立合理的矿产资源生态补偿机制,可以促进各主体实现矿产资源利益的公平分享。

现行的矿产资源生态补偿机制的重要缺陷之一在于,立法上未能突出对资源耗竭和环境损害的补偿作用。矿产资源税、矿产资源补偿费、探矿权使用费和采矿权使用费,探矿权价款和采矿权价款,主要是偏重于补偿资源自身的经济价值以及调节资源级差收入,或者属于矿产资源勘探投资的对价,因而都是经济补偿,而不是生态补偿。缺乏对矿业城市资源耗竭的环境代价进行补偿,损害了后代人可持续发展的能力。政府对因矿产资源开发而环境利益受到损害的矿区居民采取经济安抚,土地复垦和矿山环境保护制度被架空,从而导致了大量废弃且未经复垦的矿山,影响了生态环境。据国土资源部统计,全国因采矿而被破坏的土地达 4 万平方公里,并以每年 200 平方公里的速度增加,其中因矿山开采而沉陷的土地总面积已达 60 万平方公里,被破坏的土地多为农业用地,其复垦率不到 12%①。

① 汤湘希:"企业核心竞争力的识别与会计确认研究",载《财会通讯》2005 年第 11 期。

四、创新环境利益公平分享的制度体系

（一）土地资源利益公平分享制度

1. 创设土地发展权，建构整合市场力量的农地管制新机制

所谓土地发展权，是指对土地在利用上进行再发展的权利，即土地所有权人或土地使用权人改变土地现有用途或者提高土地利用程度的权利。土地发展权最早起源于英国，英国为了平衡土地开发所带来的利益不均而实行土地发展权国有化。所谓土地发展权国有化，是指国家规定改变土地现有用途或者提高土地利用程度的权利属于国家，任何人想要改变土地现有用途或者提高土地利用程度必须经过国家的同意，并且向国家交纳捐税以购买发展权。后来，美国部分地方政府在土地使用管制上常常遭遇很多问题，于是想借用英国的土地发展权国有化的理念，然后加以必要的修改，以利于土地规划的顺利实施。美国实行土地发展权移转和国家购买土地发展权两种模式。其中，国家购买土地发展权主要用于农地保护、保持开敞空间等目的。据美国农业局的国家天然资源调查显示，自1992年起美国每年损失的农业基本生产用地高达100万英亩以上，为了解决此问题，美国东北部及西岸地区的一些州政府及地方政府逐渐发展出类似"保育地役权"的农地保育与利用限制的发展权购买计划，并在此基础上逐渐形成比较系统的农业地役权（发展权）计划，即由政府机构或保育团体基于公共利益、地区性土地使用规划或政策发展的需要，以协议方式向农地所有权人购买该土地的特定发展权以达成限制农地使用的目的。私人间移转土地发展权，是指土地发展权归私人所有，国家建立土地发展权市场并且规定私人间享有的发展权数额，如果私人超出了自己所拥有的发展权数额对土地进行开发利用，那么他要到发展权市场购买相当的发展权数额才能够进行开发。私人间已转土地发展权的做法可以平衡因为土地利用规划不同带来的利益不均。因为，由于土地利用规划被限制开发的主体可以将因为不能开发而保留的发展权数量拿到发展权市场出卖，从而通过市场获得发展受限制的补偿。

与传统土地管制制度不同的是，这一机制并非仅仅着重于土地使用限制的规定，它同时也是对土地所有权的一种重新组合，其中土地所有权人通过让渡特定发展权而获得税赋减免等利益无疑体现了对让渡人的补偿，因而这种机制不仅更加符合公平正义原则，而且可以在尊重人民土地利用的

意愿的前提下,更有效率地利用并保护优良农地,促进农业生产的稳定性,使农业政策能在抗争较少的情况下更有效率地达成。2003 年美国农地信托针对美国各州农业地役权实施计划的评估报告,评估了美国 15 个州的 46 个农业地役权计划,反映了农业地役权在美国农地保育上的卓越成效①。当然这一机制也有其局限性,由于损失的判断取决于农地所有权人的主观价值认定,而不同的人有不同的价值衡量标准,因而可能使损失补偿变得不易执行。但我们仍觉得其不失为一项值得借鉴的诱导性管制工具,可以为我国现行僵硬的农地管制方式带来更多的公平与活力。

创设土地发展权,要结合我国国情,解决土地发展权在我国的归属模式和实现方式问题。在界定土地发展权的归属时应当厘清国家对土地的宏观调控权和土地产权之间的关系,不能因为国家宏观调控而抹杀了土地产权。我国的土地发展权应当归属于土地所有权人,即根据我国的土地所有权制度,土地发展权应当分别归属于国家和农民集体。因为,土地发展权归属于土地所有者更有利于土地资源的有效配置,而且土地发展权是土地所有权人参与社会利益分配的依据。各种生产要素参与分配根据在于生产关系,在法律上表现为产权关系;生产要素参与收入分配是要素所有权或产权在现实上、经济上的实行形式,是体现所有制关系或产权关系的利益关系所必须具有的经济上的实现形式。所以,财产权利是分配的前提条件和经济依据。② 就土地增值利益的分配来讲,我国目前的土地权利体系无法为农民集体提供参与土地增值利益分配的权利基础,创立土地发展权并将之归属于土地所有权人之后,农民集体作为农地的所有人当然地享有土地发展权,土地发展权的实现便是对土地增值利益的分享。

土地发展权归属的确定是土地发展权实现的基础。在土地发展权归国家所有的国家,如英国,土地发展权的实现表现为国家通过征收土地开发税(相当于国家移转土地发展权)获取土地增值收益。在土地发展权归属于土地所有者的国家,如美国,土地发展权的实现主要由市场主导,辅之以国家的监督管理。至于我国的土地发展权如何实现,有的学者基于土地发展权归属于国家主张由国家进行土地发展权的配置;有的学者主张建立土地

---

① 林志昌、陈明灿:"美国农业地役权应用于我国农地资源保育之问题研究",载《土地问题研究季刊》2007 年第 1 期。

② 李长健、冯果:"我国农民合作经济组织立法若干问题研究(下)",载《法学评论》2005 年第 5 期。

发展权市场,实行土地发展权移转制度。我们认为,土地发展权如何实现,应当在确定土地发展权归属于土地所有人的基础上,依照我国的国情,借鉴国外土地发展权制度,实现土地发展权制度的本土化。

我国应当实行土地发展权移转和国家购买土地发展权相结合的模式。英国建立在土地发展权国有化基础之上实行土地发展权的国家移转制度,即所有土地开发者都必须从国家那里购买发展权。英国将土地发展权统一收归国有,并且由国家出售发展权的模式,遭到了许多大地主的抵制,造成了土地市场的一度低迷。后来,英国保守党执政时期,废除了工党制定的土地发展权国有化制度,将土地发展税降低至60%。我国的土地发展权如前所述,应当归属于土地所有权者,因此不宜仿照英国由国家移转土地发展权的做法。我国应当借鉴美国的经验,采取国家购买发展权和发展权移转两种模式,其中应当以发展权移转为主,辅之以国家购买发展权。因为发展权移转利用市场机制实现对限制发展地区的补偿,既减少了政府的财政负担又实现了发展权益的均衡。但是,发展权移转以建立成熟的土地发展权市场为基础,并且要求发展权市场主体(限制发展地区和可发展地区的土地所有者)相互毗邻。在发展权市场难以建立的情况下,要实现农地、环境敏感地带以及历史古迹保护等公共目的,就需要国家购买发展权。

要结合国情,实现土地发展权的本土化。生产资料的社会主义公有制是我国最大的国情。共同富裕是社会主义国家的共同目标。国家"十一五"规划指出:"要正确反映和兼顾不同方面群众的利益,正确处理人民内部矛盾和其他社会矛盾,妥善协调各方面的利益关系,采取积极有效措施,缩小收入差距,扩大社会保障,使人民群众享受基本的经济公平。特别要高度重视调整国民收入分配格局,解决地区之间和部分社会成员收入差距过大问题"。① "十一五"规划从多个角度论证了如何促进共同富裕和社会和谐,特别强调实现社会公平的重要性,使全体人民共享改革发展成果。我国未来的社会如果存在城乡收入差距过大,存在少数利益同盟与广大农民利益"拔河"现象,存在严重贫富差别的话,就不会成为社会主义和谐社会,不会成为广大农民满意的社会,也不会成为符合广大人民根本利益的社会。②

---

① 周兴旺:"'十一五'规划:共同富裕让人民共享改革成果",资料来源:http://politics.people.com.cn.

② 吴志攀:"论构建和谐社会中的农地权问题",载《北京大学学报(哲学社会科学版)》2006年第6期。

因此,我国在引入土地发展权制度的同时,要结合我国的国情,注意社会发展利益的平均分配。

美国的土地发展权移转制度和国家购买发展权制度是建立在资本主义的土地私有制基础之上的。土地发展权移转和国家购买土地发展权只是对发展受限制地区的土地所有者进行补偿,而没有对社会进行补偿的功能。也就是说,美国的土地发展权制度仅仅是平衡了发展受限制地区和可发展地区之间的利益,而没有实现社会经济发展利益在全社会中的公平分配。我国改革发展的成果应当在全社会公平分配。在我国,全国的每一块土地都天然地拥有土地发展权,只是土地的用途、位置在客观上决定了它是否可能以及在何时实现其土地发展权,如基本农田是受到强制性保护的,不可任意开发为非农用地;位置偏远的农地被开发的机遇较低等等。这样,就存在一个"已转非"农地和"未转非"农地所有者之间在土地发展权实现上的机会不公平问题。那么,从已开发的农地自然增值中拿出适当的份额进行再分配,即用于补偿未实现土地发展权的那些农地所有者,便是顺理成章的。因为那些未实现土地发展权的农地所有者的耕作行为为社会提供了生态效益、粮食安全等公共物品。另外,在社会主义国家,共同富裕是全国人民的共同目标,对未实现土地发展权的农民进行补偿,让他们分享改革发展的利益成果,也是公平正义的。因此,在引入国外的土地发展权制度时,要配合财政税收制度,以实现社会发展利益的合理再分配。

2. 土地资源利益公平分享的保障机制

(1)引入"准征收"制度,建构农地使用权限制的公平补偿机制。如果说将农地外部效益的财产权赋予农地使用人是为了更好地激励生产,那么限制农地农用则是为了更好地保障社会大众对农地外部效益的需要。但这种限制意味着土地权利人土地开发机会的损失,可以看作是土地权利人为供给农地外部效益所支出的成本。而利益的公平分享要求公平分担成本。如上所述,我国目前的农地管制制度按农地资源的品质高下区分了基本农田和一般耕地,并分别采取了宽严不一的限制策略,因此,为了平衡不同的管制程度带给土地权利人的不同成本,我们主张引入"准征收"补偿机制,在充分考虑管制措施的不同管制水平以及受管制人遭受的不同损失程度的基础上,使遭受过于严格管制的农地权利人,能为其"特别牺牲"获得额外的公平补偿。

(2)改革农业补贴制度。由于农地外部效益的生产者与受惠者人数众多,通过市场来实现农地外部效益财产权的成本非常大,同时,从我国国情出发,多数人习惯于依赖政府解决与公共事务相关的问题,私人协商的环境并不成熟,所以有必要借助政府的力量来为此项财产权提供保障。"政府既然能够弱化财产权,同样也可以保障财产权,尤其是属于附属在土地上的权利"①。农业补贴制度应当是政府达成这一目的的重要工具。我国实施农业补贴制度时日已久,只不过原有的补贴机制建立于对农业弱质性的扶持,承担补贴责任的地方政府往往视其为一种负担,受补贴的农户也多视其为一种福利和恩惠,致使该制度在嘉奖和激励农地外部效益的生产上显得功效不彰。我们主张将均衡农户损益的理念引入农业补贴制度,让农业补贴承担起内部化农地外部效益的责任,即政府作为社会大众的代理人,籍由补贴付给农户一笔享受其所提供外部效益的费用,并通过税收方式向社会大众收取这项费用,以此保障农户外部效益财产权的实现。当然,此种补贴机制的建构需要政府对农地外部效益财产权的价值进行评估,而此种价值评估由于缺乏可供参考的相关市场价格而存在较多的困难,不过,当农地外部效益日益成为影响农地利用决策的重要因素,政府事实上已经无法回避这一问题,因为只有当农地农用的总的净效益高于非农用地时,限制农地农用的决策才是合理和有效率的。

(3)完善征地补偿机制。我国现行的征地补偿机制仅仅从土地的原有用途出发来计算土地的经济价值,完全没有考虑土地用途的转换所带来的环境功能的丧失。因而征地补偿机制中应当涵盖土地(特别是农地)原有环境功能的价值,将土地(特别是农地)环境功能的量化机制引入征地补偿中。

(二)森林资源利益公平分享制度

1. 森林资源利益公平分享的法律对策

要改变我国目前森林资源利益分配上的不合理现象,必须进行相关领域的改革,进行制度创新。我们以为,实现森林资源利益的公平分配,主要从以下几个方面进行改革和创新。

(1)开展与林业相关的综合性改革。要从林业体制和政策、投入、法治、科技、人力资源、国际化途径等方面,对制约林业发展的体制、机制和政策进行重大调整和改革。对公益林业和商品林业实行不同的经营管理体

---

① Lai, L. W. C. *Property Rights Justifications for Planning and a Theory of Zoning*. Progress in Planning, 1997(48), pp. 161–245.

制;在林业分类基础上改革和完善林木限额采伐制度,对公益林业和商品林业采取不同的资源管理办法。建立管资产、管人、管事相结合的国有林管理体制。要建立和完善以公共财政体系为主的林业投入体制,进一步深化林业投资体制改革;实行林业轻税赋政策,减轻林业生产经营者的税费负担;发展非公有制林业。明确非公有制林业的法律地位,鼓励民间各类投资主体积极营造新林;建立与林业生态建设相适应的科教保障体系;逐步完善林业法律体系;坚持实施"引进来、走出去"战略,着力引进资金、资源、良种、技术和管理经验,充分借鉴各国森林资源配置政策。当然,更艰巨更基础性的改革可能还在于,要不断完善社会主义市场经济体制;推进城乡社会综合统筹发展;促进各地区均衡协调发展,建立资源节约型环境友好型社会,等等。以此为基础,林业领域的综合性或具体性改革会更有成效。

(2)提升森林资源管理和社会服务水平。森林资源管理和服务是实现利益公平分享的重要组织保障。一方面,林业主管部门应改进森林资源管理方式,提高管理效率,增强服务意识。另一方面,培育健全与森林资源相关的各类行业及社会中介服务体系,引导创建新型的林业合作经济组织①。

完善森林资源管理的一个重点是,不断完善森林采伐利用管理政策。森林采伐限额制度是《森林法》确定的一项法律制度。二十多年的实践证明,这项制度完全符合我国国情、林情,必须长期坚持,特别是在我国生态建设任务十分艰巨、森林资源总量不足的情况下,坚持这项制度尤其重要。但是,这并不意味着这项制度的管理措施不能改,执行方式不能变。今后最重要的是,要从单纯的指标控制管理转向森林可持续经营上来,真正做到"在培育中采伐、在采伐中培育,在保护中利用、在利用中保护",使该采的能够及时采,不该采的严格保护好,实现越采越多、越采越好、青山常在、永续利用。同时,在采伐审批上,要减少中间环节,简化申报手续和审批程序,方便林农群众;在申报主体上,要由林权所有者直接申请,并实行采伐公示制度,依法保障中小经营者和林农平等获得采伐的权利;在指标安排上,要优先考虑森林抚育间伐和工业原料林采伐的需求②。

---

① 贺东航、朱冬亮:"中国集体林权改革存在的问题及思考",载《社会主义研究》2006年第5期。

② 贾治邦:"在全国森林资源管理工作会议的讲话",资料来源:http://www.forestry.gov.cn.

提升森林相关领域社会服务水平是实现森林资源的科学利用和管理的重要举措。林业相关领域的社会服务包括但不限于:建立和完善森林资源价值的评估机制,将森林资源的各项功能特别是生态功能纳入其价值评估体系;建立和完善稳定的科技服务体系,为林农提供有效的科技支撑;加大对森林法规政策及生态道德的宣传力度,增强全社会的绿色意识等等。

(3)采取适当而具体的利益倾斜政策。森林资源一般分布于山区、边区、少数民族地区和贫困落后地区,林业及其相关人员在我国的产业体系中总体上处于弱势,需要国家和地方政府从物质和非物质两个方面采取适当而具体的利益倾斜政策。

物质上的利益倾斜包括的类型有:现金、补贴、税收优惠、科研投资、较高的产品价格等。其中,在税收方面,税收是利益衡平的重要政策工具。如同有学者提出通过环境税来促进环境利益公平分享一样,通过在林业领域设定、分配合理的税种、税率和课税主体等,促进森林资源利益的公平分配。在产业政策方面,我国目前的《外商投资产业指导目录》中,鼓励外商投资的林业领域仅限于:林木(竹)营造及良种培育、多倍体树木新品种和转基因树木新品种的培育;"次、小、薪"材和竹材的综合利用新技术、新产品开发与生产。我们认为,应结合林业发展的实际情况,适当扩大鼓励投资的林业领域范围。

非物质上的利益倾斜包括的类型有:促进当地经济的发展、改善林区居民的生活条件,比如基础设施和食物安全;通过提高协商能力提高社区的权利和地位;加强当地居民可持续性地利用森林资源的能力;对林业进行各方面的培训,提高能力和技术等[1]。

(4)完善森林资源生态补偿机制。完善森林资源生态补偿机制,要注重森林生态效益的内部化,扩大补偿支付主体的范围或拓宽补偿资金的来源渠道,提高补偿标准,尤其要注重通过国内和国外两个市场实现生态补偿的目的。气候变化是全球的一个重要议题。面对应对气候变化的国际背景,我们可以利用碳交易市场实现森林生态效益的市场化。中国森林资源丰富,林业用地面积为 $2.85 \times 10^8 hm^2$,森林面积为 $1.75 \times 10^8 hm^2$,森林覆盖率为 18.21%,森林蓄积量为 $1.25 \times 10^{10} m^3$。科学研究揭示,森林每产生 1

---

① Sven Walter:"非木材森林产品的认证和利益分享机制概论",资料来源:http://www.wwfchina.org.

吨干物质,可以吸收 1.6 吨二氧化碳,释放 1.2 吨氧气。森林每长出 $1m^3$ 的蓄积量,大约可吸收固定 350 公斤的二氧化碳。因此,中国具有发展碳汇交易市场的巨大潜力,森林资源生态服务市场支付手段及国际合作具有光明的前景。自 2003 年至今,我国已与一些国际组织在气候变化领域进行合作,并开展或拟开展 7 个林业碳汇项目的试点,包括广西、云南、四川、内蒙古、河北、山西以及辽宁等省市地区(详见下表)。《京都议定书》作为全球应对气候变化的法律框架,规定了应对气候变化的灵活机制,即京都三机制:联合履行机制、排放交易机制和清洁发展机制。其中清洁发展机制项目有助于发展中国家实现森林碳汇效益的市场化。清洁发展机制的核心内容是允许附件 I 缔约方(即发达国家和经济转型国家)与非附件 I 国家(即发展中国家)合作,在发展中国家实施温室气体减排项目。清洁发展机制的设立具有双重目的:促进发展中国家的可持续发展和为实现公约的最终目标做出贡献;协助发达国家缔约方实现其在《京都议定书》第 3 条之下量化的温室气体减限排承诺。据悉,"中国东北部敖汉旗防治荒漠化青年造林项目"是中国实施的第一个清洁发展机制下造林再造林碳汇交易项目。也有学者提出在国内建立碳平衡交易市场。"中国碳平衡交易框架研究"项目牵头人、中国科学院首席科学家、国务院参事牛文元称:"将首先考虑建立全国各省、自治区、直辖市'碳源—碳汇'的平衡账户,建立国家碳基金、企业碳基金、银行碳基金和碳汇投资基金,最终推进'碳源—碳汇'交易制度建设。"

表 4　我国 7 个碳汇项目试点情况

试点区域	投资方	资金 10^4 \$	造林面积 hm^2	单位面积投资 \$/hm^2	内容
内蒙古	意大利	153	3,000	510	在第一个有效期完成后,自动延续新的 5 年有效期。到 2012 年后,该项目产生可认证的 CO_2 减排指标归意大利所有。
广西	世界银行、世界碳基金	200	4,000	500	广西已递交碳融资文件给世界生物碳基金委员会,申请碳汇造林再造林项目审核。在 15 年间吸收的碳减排指标归世界银行所有,15 年后森林归广西所有。

试点区域	投资方	资金 10^4 \$	造林面积 hm^2	单位面积投资 \$/hm^2	内容
云南、四川	美国3M公司	300			按照国际规则设计和操作程序,结合森林植被恢复和生物多样性保护,进行林业碳汇试点示范项目。该项目计划发展森林多重效益,包括生物多样性、碳汇及社区发展。实施时间为2005—2008年。
辽宁	日本	18			营造防风固沙试验林,按照CDM小规模造林项目设计要求,开展试验林林木生长及相关数据采集工作,通过分析得出林木吸收 CO_2 情况,把所造林分吸收的碳汇指标卖给日本企业,所得收益用来继续营造防护林。
河北、山西	荷兰、芬兰				荷兰、芬兰和有关国际组织与河北、山西省有关单位拟议开展碳汇项目。

资料来源:《国合会生态补偿机制与政策课题组研究报告》(2006年)

2. 森林资源利益公平分享的保障机制

实现森林资源利益公平分配,不仅需要采取一系列改革措施,更需要对改革措施加以法治化保障。建立和完善森林资源利益公平分享的法律保障机制,对于保障林业改革和制度创新,促进我国森林资源利益在不同主体之间的公平分享,实现主体间利益衡平,具有非常重要的意义。

(1)宏观上以生态文明理念为指导,完善森林资源立法体系

一要转变立法理念和指导思想,从管理立法转向权利立法与管理立法相结合。充分认识森林资源的生态价值和公益功能,保障为森林生态系统服务功能做出贡献的主体的权利,生态文明的理念指导相关立法及制度构建。

二要完善立法体系,协调法规之间的关系。完善从森林法、野生动物保护法等基本法到行政法规再到部门规章等多层次的立法体系,加强对现有法律法规的配套立法建设,填补森林生态效益产权流转等领域的立法空白,协调好上下层级立法之间及同一层级立法之间的关系,确保立法体系和谐。

(2)微观上建立和健全相关法律制度

一是优化森林资源的分类管理制度。对不同森林资源分类进行优化和选择,大致上分为两种:生态公益林和商品林。

对于生态公益林,从主导属性和任务来看,生态公益林所提供的生态服

务是一种严格意义上的社会产品或公共产品。按照公共产权理论,生态公益林产权结构适合以公有产权形式作为最优的选择,并且在森林资源不变的情况下,应当最大限度的分散森林资源经营权和管理权①。从森林生态保护的世界发展潮流来看,集体所有、林农经营这种所谓的公有化管理成功的关键不在于森林资源经营管理权的公共化,更不在于资金使用上的集体所有和集体调配,其公有化应当更多地体现在森林产品的公共属性上,落脚点在于能否有效保护林农的经济利益:第一,尊重个人"经营权"及林木所有权。按照承包经营合同或林权证书所指定的产权归属,由林农直接享受国家财政补贴,改过去的"暗补"为"明补",资金的使用必须由实际经营者(即林农)掌握。第二,应当允许林农在被保护的森林里开展必要的生产活动,以增加经济收入,如林中间作、林副产品生产等。第三,对林农森林经营行为进行监督和控制(主要是采伐限制),以保证森林经营行为不损害森林公共生态效益。

对于商品林,顾名思义是以生产商品为主要目标,以追求经济效益为唯一目的。从产权激励机制的角度判断,建立商品林私人所有的产权结构更有利于提高商品林经营管理的积极性,更有利于提高商品林经济效益的实现。目前我国商品林产权结构的实际情况是,国有和集体林业经营单位掌握绝大多数的森林蓄积量和面积,真正的私人占有资源量还非常有限。从商品林的经济目标出发,其林木的采伐和利用应当严格按照市场经济的价值规律、供求关系以及价格规律来组织,何时采伐森林、采伐多少以及如何采伐完全是经营管理者自身的私有权力。国家仅以其对森林土地资源的所有权而对私人森林资源产权实施法律监督,通过制定和实施森林资源采伐更新,监督森林经营行为,使其经济行为保持在公共生态利益所能容忍的最低范围之内即可。

二是建立和落实对生态公益林的特殊保障机制。林业不仅满足社会对木材等林产品的多样化需求,更满足改善生态状况、保障国土生态安全的需要,生态需求已成为社会对林业的第一需求。我国林业正经历着由以木材生产为主向以生态建设为主的历史性转变②。对此,应通过国家立法及各地方立法,建立对生态公益林的特殊保障机制。

在规划方面,国家应将生态公益林建设纳入国家基本建设项目计划,注

---

① 尹来邦:"关于生态公益林法律保护的几点建议",载《中国林业》2004年第5期。
② 《中共中央国务院关于加快林业发展的决定》(2003年6月25日)。

重跨区域和跨流域的生态公益林项目在不同地方利益间的协调和平衡。各个地方要根据国家的计划制定相应的地方规划,并确保规划的科学性与可执行性。

在资金保障方面,国家和地方都应把生态公益林建设项目的资金纳入相应的财政预算,要把公益林业建设、管理和重大林业基础设施建设的投资纳入各级政府的财政预算,并予以优先安排。对关系国计民生的重点生态工程建设,国家财政要重点保证;地方规划的区域性生态工程建设投资,要纳入地方财政预算;部门规划的配套生态工程建设投资,要纳入相关工程的总体预算。森林生态效益补偿基金分别纳入中央和地方财政预算,并逐步增加资金规模①。在此需要强调的是,对森林生态效益补偿,要转变过去把生态补偿视为单纯的"扶贫、恩赐"的错误认识,将其理解为一种社会分工和利益互补,并将其纳入森林资源物权的框架之中,在国家的宏观调控下,发挥市场的自我调节功能,平衡森林资源物权人与生态价值受益人之间的利益②。

三是建立多元化的森林资源生态效益补偿融资机制。森林资源生态效益补偿制度的重要内容包括补偿资金的筹措方式,在市场经济条件下,必须解放思想,广开门路,扩大主体,分散风险,提高筹措基金的效率。可考虑以下资金筹集途径:

第一,国家财政拨款。国外的成功经验显示,财政是充分发挥森林生态效益的物质基础。尽管中国的财政主要是"吃饭财政",财政收入的主要部分用于国家公务员及事业单位人员的工资发放,但是,在目前情况下,各级政府应是森林生态效益的主要购买者,生态公益林的主导作用是其生态功能,受益的是全社会,而社会利益的代表是中央及各级人民政府,理应由财政支付生态公益林的补偿费用。因此,财政投入应是森林生态效益补偿基金的主要资金来源。国家可通过财政专项补助、事业拨款及免税的形式,为森林生态效益补偿制度提供资金扶持。

第二,征收生态安全保险金。我们建议增设生态安全保险金,对每一从事砍伐、经营木材产业的组织和个人在获准砍伐资格时,缴纳一定比例的保险金,以维护森林资源生态安全,并且在森林资源生态安全出现危机时,可以用此项费用保护管理森林资源。

---

① 《中共中央国务院关于加快林业发展的决定》(2003 年 6 月 25 日)。
② 谌丽、蒋兰香:"森林资源权利论纲",载《甘肃林业》2006 年第 1 期。

第三，向受益人收取森林资源生态补偿费。征收项目可包括：工业用水和城镇居民生活用水，木材加工、贩运，征用、占用林地，狩猎，野生动物养殖、经营，森林旅游，风景区的商业活动等。可考虑从电厂电费、生活和工业用水、森林公园和风景名胜区门票收入中按照一定比例提取生态补偿费。

第四，生态法人公开募集森林资源生态补偿基金。生态法人，即指那种持生态主义主张的环保社团。生态法人可以向社会筹集资金，其来源渠道可以是国际组织、外国政府和国内单位、个人的捐款或援助。

第五，林业部门补偿。林业部门从育林基金或造林更新费中提取部分公益林补偿基金，主要用于公益林的病虫害防治、护林防火、科学研究等。

第六，发行生态彩票。由中央政府授权并下达发行额度，县级以上人民政府通过发行生态彩票的方式，向社会公众募集森林资源生态补偿基金。

第七，BOT 融资方式（Build，Operate，Transfer）。在典型的 BOT 方式中，政府部门就某个基础设施项目与私人公司或项目公司签订特许协议，授权承担该项目投资、融资、建设、经营、维护，并在一定期限内移交。在特许期内，项目的业主向项目的使用者收取适当的费用，特许期满后项目业主须将该项目无偿移交给政府部门。在典型的 BOT 方式中，政府将某项基础设施项目交由商业公司或私人公司进行融资，建设和经营，后者经过一定的特许期限回收成本并获取利润，然后无偿地将该基础设施移交给政府。BOT 方式为基础设施建设开辟了财政预算外的资金来源渠道，能加速基础设施建设，将 BOT 融资方式应用于森林资源生态补偿制度，可以加速资金筹措，尽快改善生态效益的维护。在前文提及的石光银治沙案中，BOT 方式无疑是一个较好的解决途径。而且，石光银治沙案还说明了生态林的生产具有可分割性，且私人生产效率高于政府生产效率，可以节约社会成本。政府可以通过招标方式委托私人主体建设生态公益林，也可采用收购、租赁私人投资的生态公益林为社会提供生态服务。①

（三）水资源利益公平分享制度

1. 水资源利益公平分享的法律对策

我们认为，广义的水资源环境利益的公平分享应包括水资源开发利用权益的公平分享和水污染防治责任的公平负担，其中水资源开发利用权益

---

① 曹明德："森林资源生态效益补偿制度简论"，载《政法论坛》2005 年第 1 期。

的公平分享是该问题的主体和关键,也是本研究报告将要讨论的重点。此种公平分享的实现,既要求助于市场机制的调节,如要求水资源消耗行业和生活用水消费者向从事水资源生产的给水行业支付对价,此种对价应包括及充分考虑给水行业兼具商业和公益的双重性,并对由此对水资源的消耗和水生态及水环境的影响等非经济成本加以综合考虑;同时,更要求助于国家对水资源环境利益分配的宏观调控和有效干预,其核心制度对策在于施行水资源生态补偿战略,建立水资源生态补偿法律机制。所谓水资源生态补偿战略,简单的讲就是要求对水资源高消耗和对水环境高污染型的行业和地区付出成本和代价,使其对资源消耗和环境污染进行补偿和治理,同时使对水生态和水环境品质的维持及改善做出贡献和牺牲的主体获得应有的补偿。此项制度主要应包括:其一,要求工业发达、消耗水资源多的地方对水生态保护地区进行补偿;其二,要求高效益的第二或第三产业对被挤占水资源的弱势产业如农业进行补偿;其三,要求调水、用水的地区或城市对水源地进行作出的牺牲进行补偿;其四,要求江河下游地区对上、中游保护水资源付出的代价进行补偿;其五,要求企业对由排污对水资源、水环境造成的社会损害进行补偿,等等。我们注意到,在水资源环境利益的公平分享中水资源开发利用权益的公平分享和水污染防治责任的公平负担是有机联系和协调互应的辩证统一关系,对其中任何一个问题的忽视都将导致另一命题的实现事倍功半,其中水资源生态补偿法律机制是解决这一问题的关键。

(1)水资源环境利益补偿的制度对策。生态补偿作为一项生态环境保护措施,已受到国内外越来越多的关注,并成为公共自然资源和生态系统管理研究及社会实践中亟待解决的一个重要课题。随着生态环境和资源价值观的日趋形成,社会各界对生态保护与投资回报呼声日益强烈,尤其是处于重要生态功能区的政府和群众,希望通过建立和完善生态补偿机制来获得相应的经济补偿。目的是为了解决资源与环境保护领域的外部性问题,使资源和环境被适度持续地开发、利用和建设,从而达到经济发展与保护生态平衡协调,促进可持续发展的最终目标。建立和完善生态补偿机制,有利于促进区域生态经济协调发展,缓解不同地区之间由于生态系统功能定位不同导致的发展不平衡的问题。

水资源生态补偿机制应遵循客观性和公正性原则、科学性原则以及环境责任原则相结合的原则进行建设。所谓水资源生态补偿机制,指根据"谁保护、谁受益"等生态补偿基本原则,由流域中下游地区的水环境受益者支付一定的费用,向加强水土涵养、有效保护水生态的上游源头地区提供一定的经济补偿。其补偿主体是流域中下游水环境受益区域,补偿对象是有效保护水生态的上游源头地区,补偿标准按"水生态保护成本"和"水资源修复成本"测定。水生态保护成本由三方面成本因素构成:一是水生态保护的工程成本,包括绿化造林工程,相关水利工程和修建污水处理厂、垃圾中转站等环保工程,其成本可按其造价的折旧额计算。二是水生态保护的日常运行成本,包括人工费、动力费、材料费、办公费、业务费等费用。三是保护水生态而丧失的发展机会成本,可以用源头地区人均纯收入与可比地区人均纯收入的差额测定。"水资源修复成本"计算的简化公式如下[①]:水环境修复总价=每升超标地表水修复单价×年总流量。式中,年总流量可以从水利部门取得数据,关键在于科学测定每升超标地表水修复单价,较为可行的方法是常规污水处理厂治污成本延伸法,即利用较多常规污水处理厂在 COD 高浓度状态下的治污成本为基础,建立数学模型,计算出超标地表水的修复单价。把"水生态保护成本"和"水资源修复成本"加总即可计算出流域源头地区水生态保护和治理的大致成本,同时还应充分考察源区和中下游地区的社会经济状况、源区的贡献和国内外生态补偿实践中的成功经验,在保障公平的同时,注重增强补偿机制可操作性。

这里我们不妨先对率先试行县域内水生态补偿机制的浙江德清县进行案例调查以获取相关有益经验。该县政府于 2005 年 2 月正式实施《关于建立西部可持续生态补偿机制的实施意见》。该县从五个渠道筹措生态补偿资金:县财政每年在预算内安排 100 万元,每年从全县水资源费中提取 10%,每年从土地出让金县政府得到部分中提取 1%,从每年排污费中提取 10%,从每年农业发展基金中提取 5%。原计划每年筹措 1000 万元,实际筹措 550 万元。德清县利用有限的财政转移支付资金建立了水生态补偿基金,每年采取生态项目补助的方式对县域西部两个乡镇提供生态补偿,已实施了两年。以 2005 年为例,补偿总额为 550 万元,其中用于莫干山镇和筏头乡生活污水处理工程的补助 89 万元,投向筏头乡笋厂综合整治补助 145 万元,用于西部两乡镇垃圾中转站建设补助 30 万元,用于西部两乡镇自来水厂改扩建补助 50 万元,用于生态公益林补助 120 万元。由于一个县的财力有限,目前德清县没有考虑对两个乡镇农民的发展机会或成本的补偿。根据我们的理论测算,对该县西部两个乡镇年补偿金额合计应为 3213 万

---

① 刘晓红、虞锡君:"水生态补偿标准的实证研究",载《生态经济》2007 年第 8 期。

元。其中,体现发展机会成本补偿的农民收入补差为2745万元,占应补偿总额的85.4%。尽管德清县目前的补偿水平远低于客观的补偿标准,依然收到了显著的效果。基于各地已有水资源生态补偿立法的相关经验和实践,我们认为水资源生态补偿法律机制的主要框架如下:

第一,国家是源区生态环境建设的基本补偿主体。由于生态环境是公共产品,而现代政府的一个重要职能就是提供公共产品和服务,因此,政府应是水生态建设重要的买单人,实施生态补偿则是政府买单的基本方式。水资源生态补偿应以国家(中央政府及国家部门)为主,统一规划,由国家主导建设。国内外在这方面有许多生态补偿范例,如美国的农业土壤政策,瑞士的农业土地政策;国内在天然林保护、退耕还林和京津风沙源治理三大重点生态工程方面的先例等。由于源区的生态经济建设需要大量的资金投入,而目前我国大多数源区经济落后,人民生活贫困,不可能有更多的资金用于生态环境建设;再加上生态经济建设的外溢性和收益回报的长期性,这就要求国家必须是生态环境建设主要的投资者。

第二,中下游地区政府是源区发展损失的重要补偿主体。相对于源区而言,我国江河中下游地区的经济大多较为发达,应设立补偿下限,部分补偿源区的收益损失。中下游地区对源区的生态补偿方式可以是资金、实物、人力、技术等,但应以资金补偿为主。并且随着居民生活水平的变化,补偿额度也应发生变化。同时中下游地区还可考虑到源区直接投资,可以把环境友好型和劳动密集型产业转移到源区,以解决源区劳动力过剩问题,这样在一定程度上也能补偿源区直接投资减少造成的损失。另一方面还可适当调高中下游地区直接受益于源区水资源的部门,如农业、林业、渔业、旅游、水利、电力等部门的资源环境税或费,用于补偿源区;不足的经费中下游地区政府还可采取财政补贴等补充形式补偿源区。

第三,源区政府本身应补偿对源区生态环境做出贡献和牺牲的地区和行业的损失。按照"谁受益谁补偿"的原则,源区政府也应部分承担源区的生态环境建设,因为源区生态环境保护建设好了,源区自身也受益。特别应提出的是,建立源区补偿机制,为保证一种相对公平,还应包含补偿(赔偿)部分。即江河中下游地区支付了源区生态补偿费,源区就有责任保护好源区的生态环境,否则就应补偿中下游地区的损失;补偿的标准可以用水质来衡量,如源区的水质没有达到规定的水平,源区就应补偿没有达到规定水质而造成的经济损失量。补偿额与超标污染物的种类、浓度、水量以及超标时间有关。此外,源区政府还可采取经济激励手段和市场手段来补偿源区经济发展,可以借鉴美国和德国在矿区建立的生态保证金制度、建立完善的排污制度、推广绿色食品、支持开发有机农业,增加污水处理设施建设与资助替代能源建设等措施以确保源区生态环境。

第四,补偿依据认定方面,应考虑在原有水质监测制度的基础上建立交界水质监测制度。运用在线监测技术在江河主要流域所有县级行政区的河流交界断面和公共湖泊近岸区建立自动监测设施,由上一级人民政府环保部门认定的水环境监测机构实施监测,建立各县级行政区域出入境水质动态档案,并引入公众参与机制,接受公众的监督。

第五,水资源生态的社会补偿。建立生态补偿社会捐助办法,成立源区生态补偿社会捐助机构,接受来自社会的各种捐赠。同时还可考虑发行生态补偿基金彩票,筹集国债资金、开发性贷款以及国际组织和外国政府的贷款或赠款等多种渠道并行。补偿资金可以按照补偿的水资源流域面积大小、流域水质好坏进行分配。此外,为使生态补偿机制正常运转,发挥效益,还应建立生态补偿机制监督管理体系,建立内部及跨地区的监管机制,在对生态环境及水资源状况进行经常的监督和监测的同时对补偿资金的使用情况进行有效监管。

(2)水污染防治责任公平负担的制度对策。水污染防治责任公平负担制度建设的实质在于使水资源利用过程中的负外部性问题内部化,其核心在于正确界定水污染防治中政府的职权和责任界限,矫正不同排污企业因搭便车行为而获取的多少不等的不正当利益(实际上排污越严重的企业往往基于其对水资源造成的损害大、成本低的排污行为获得了更多的不正当利益),以促使企业对因其排污对水资源、水环境造成的社会损害付费并进行补偿,并最终达成水污染防治责任的公平负担。

第一,水污染防治中政府的职权和责任制度。政府在环境保护中的主导作用在水污染防治领域有突出表现。水资源在保护和消费过程中存在明显的外部性,即对他人或团体强加了不可补偿的成本或给予了无须补偿的收益,水资源不可分拨性导致的市场失灵是水资源破坏和水污染的一个重要原因,因而,国家在水资源管理和保护中必然起主导作用。并且,只有政府才能行使在全国范围内通盘考虑、统筹安排、合理调控水资源的权力,水资源的可持续利用必须加强建设政府的职权和责任制度,以纠正政府可能存在的职能偏失、监督管理体制效率缺乏、监管力度不够、对公众的救济责任缺失、政府失职行为的赔偿责任不明确等问题。

第二,污染物排放总量控制与排污许可证制度。关于水污染物排放总量控制,当前最突出的问题是缺乏总量控制实施的具体法律依据,以及划定水功能区划和确定水体纳污能力的科学依据。结合我国国情,应尽快颁布针对重点污染物的总量控制和重点污染物排放量的核定的具体办法,并实行以流域为单元的流域水污染物总量控制制度。由流域管理机构确立全流域及不同河道的纳污总量,由环保部门根据纳污总量确立相应的排污总量,并报有管辖权的人民政府批准后实施。排放水污染物的单位和个人必须向环境保护部门申请排放许可证,并按照许可证规定的条件排放污染物,发放水污染物排放许可证的部门不得超过当地的水污染物排放总量控制要求。

第三,经济刺激手段的辅助运用。国内外实践经验表明,经济刺激手段是推动水污染防治的一个有效政策法律工具。当前,应当从我国经济发展、科技水平和环境状况出发,改革过低的排污费征收标准,加大经济刺激作用的力度,特别是改革我国现行排污费与超标排污费并存的制度。在具体做法上,主要有两种思路:一种思路主张在保留排污收费制度基础上,建立禁止超标排放污染物制度,规定向水体排放污染物的企业事业单位,按照国家规定缴纳排污费,且其排放的污染物不得超标,否则对其进行停产治理或关闭并处罚款的处罚;另一种思路则主张修改现行的排污收费制度,建立按照排放水污染物的数量征收排污费的制度,对超过许可证规定排放污染物的,给予处罚并责令限期治理。

需要说明的是,无论是对于水资源开发利用权益的公平分享还是水污染防治责任的公平负担,信息公开和公众参与都应是其重要的基础性制度或原则。水资源环境利益公平分享的相关信息的收集、整理、公开、查询、使用都应有规范的渠道,建立相关信息的公开和通报制度,掌握信息的政府机构和相关企业应免费向公众提供相关信息,保证信息的公开与传播,保障公众的水环境知情权,以促进和监督水资源环境利益的公平分享。

2. 水资源利益公平分享的保障机制

国外的立法经验为我们提供了有益的启示,美国现行《联邦水污染控制法》对水污染问题采用了多层次的管理模式,形成了以"命令——控制"为主、以"经济刺激"为辅、以"公众参与"为补充的水污染防治的多元法律调控机制。具体而言,"命令——控制"机制是有效控制水污染的组织保证,它通过合理的权力配置实现权力的沟通与协调;经济刺激机制是消减水污染的激励因素,它是运用市场的力量实现环境公共利益与个体经济利益的结合;公众参与机制则是水污染管理中单纯僵硬的行政管理与多元灵活的自律、自为相结合的管理模式。

据此,我国水污染防治责任公平负担的法律调控机制的基本思路可考虑为:建设以"命令—控制"为主、以"经济刺激"为辅、以"公众参与"为补充的水污染防治多元法律调控机制,其中又以强化政府的职权和责任的命令—控制法律调控机制建设为重点和核心。具体来说应主要包括:

(1)水污染防治规划制度。新修订的《水污染防治法》已有加大政府责任的新规定,主要有:①政府应当将水环境保护工作纳入政府最重要的规划——国民经济与社会发展规划,而这个规划是有项目和资金作保证的。②县级以上地方政府要对本行政区域的水环境质量负责。③国家实行水环境保护目标责任制和考核评价制度,将水环境保护目标完成情况作为对地方人民政府及其负责人考核评价的内容。但由于当前实践中任意违反规划和不执行规划的现象仍比较突出,规划缺乏规划区域、流域内社会公众的意见和支持,水污染防治规划操作性差、监督和保障措施仍应进一步加强。主要措施则应当通过进一步具体规定规划的程序性要求,以增强立法的操作性,并在对规划不当的政府相关部门的责任追究机制上进一步完善和明确化,切实做到通过法律来确定规划的监督和责任机制。同时,从自然特征来看,水资源和水环境是不可分的,应当在流域综合规划之下,加强协调流域水污染防治规划与流域水资源保护规划,促进水功能区划和水环境功能区划的统一。

(2)水环境监测管理制度建设。建议制定《环境监测管理条例》以配合和进一步落实新修订的《水污染防治法》第二十三条关于完善的水环境监测网络的规定。特别需要指的是,2007年10月环保总局颁布的《环境监测管理办法》是环境监测法制化的重要转折点。与以往的规定相比,《环境监测管理办法》明确了企业环境监测责任和义务。"排污企业有责任定期向政府环保部门提供污染物排放数据,并保证数据的准确性、真实性和及时性。"《环境监测管理办法》依据《环境保护法》的基本精神,开创性地对此进行了补充说明。企业对自身排污状况进行监测责无旁贷。排污状况监测既是环保主管部门的责任,同时也是排污企业的责任。据了解,随着环境管理和执法力度的加强,绝大多数企业建立了污染治理设施,但治理设施运转不正常、超标排放、偷排、漏排现象时有发生,加之相关的环保法律法规不健全,企业自身更缺乏对排放的污染物进行监测、提供污染源数据、建立污染源档案的法律责任和意识,发展监测能力、建立企业环境监测实验室的自觉性严重不足,全国企业自我污染源监测能力发展缓慢,监测水平普遍较低。《环境监测管理办法》指出,排污者必须按照县级以上环境保护部门的要求和国家环境监测技术规范,开展排污状况自我监测,这是企业的责任和义务。

实施这项规定,就是要求有能力的企业必须建立自测机构,其监测能力和数据的有效性由省级环境保护主管部门所属的环境监测站进行审核和定期验证;不具备能力的,必须委托有资质的环境监测机构进行监测。环保部门所属环境监测机构对于企业排污状况,由承担具体监测任务转向更多地对企业自我监测行为的监督管理上。这样规定,丰富了环境管理的内涵,完善了环境管理的责权体系,界定了监管与被监管双方的责任,有利于加强污染源监督监测工作,是环境保护工作的一项有益创新。然而《环境监测管理办法》效力过低,建议早日通过较高层级的立法以增强该制度及其执行的权威性。

(3)流域污染控制法律制度建设。由于水污染具有明显的流域特性,在水污染控制体系中,流域控制属于一种十分有效的中观控制,它具有宏观控制与微观控制所不具有的优势,是水污染控制系统不可或缺的一个环节。尊重流域自然生态特性,实行集中控制,是世界各国水污染防治立法的重要经验。对水污染控制应当以构建流域管理为目标,建立相应管理体制和监督管理制度,对流域水资源及其相关资源的开发、利用与保护进行统一规划与协调。流域管理的权力配置必须与流域管理要求相匹配,在未来的流域管理立法中,应当明确规定流域管理机构的法律地位高于地方水行政主管部门。同时,应当建立和健全流域管理法律制度,加强流域管理立法的可操作性。具体地说应考虑在修订《环境保护法》、《水法》的基础上,统筹协调《环境保护法》、《水法》和新修订的《水污染防治法》,成立重要流域的流域水环境资源保护机构,或将现行流域水资源保护机构改为国务院环境保护行政主管部门的派出机构,通过法律或国务院环境保护行政主管部门授予其保护流域水资源和防治流域水污染的双重职责;当然也有另一种思路,即制定《流域水环境资源管理法》以及《黄河法》和《长江法》等专门性流域法律。跨界环境管理是流域管理的关键,应当以流域机构为核心组织机构,构建相关法律制度,赋予流域机构制定省界水质标准和确定跨行政区边界污染物排放总量控制标准及实施省界水质的监测等方面的职责。

(四)矿产资源利益公平分享制度

1. 矿产资源利益公平分享的法律对策

(1)设立权利金制度。矿产资源补偿费在性质上就是矿山地租。[①] 国

---

① 吴鉴、吕征:"以地租理论构筑矿产资源有偿收费的制度体系",载《资源·产业》1999年第8期。

外的矿山地租分为三种形式：一是权利金。其合理征收是矿产资源所有权人实现其权益的重要途径。二是红利。对能给开采者带来级差收益的矿产地，在权利金之外还要通过招标、拍卖等形式向矿业权受让人收取一笔费用，以最大限度地保护国家作为资源所有者的权益，这就是红利，它体现了不同矿产地的级差收益。红利可以一次性支付，也可以按约定条件分期支付。① 三是矿业权租金，又称矿业权使用费。它是按年度及矿业权单位面积征收的矿山地租，具有遏制矿业权人过多占有矿地面积的作用。权利金是资源所有人实现其权益的最主要形式。然而，我国 1994 年的《矿产资源补偿费征收管理规定》的征收费率很低，是矿产资源平均销售收入的 1.18%，使得它与资源税（全国平均为矿产资源销售收入的 3.7%）呈现出本末倒置的怪现象，而增值税则高达 13%。矿产资源补偿费无足轻重的分量降低了它在运作过程中的地位。而且，所收取的金额的一半或 40% 要上缴中央财政，地方政府缺乏征收的积极性。不仅如此，收取的费用坐支、挪用现象严重。由于资源补偿费的费率过低，征收的数额大大低于矿产资源自身的价值，无法实现矿产资源的有偿使用。因此，建议取消资源税和资源补偿费，设立权利金制度。

（2）完善探矿权、采矿权制度，保障矿业权的合法流转。我国《矿产资源勘查区块登记管理办法》第 16 条、《矿产资源开采登记管理办法》第 13 条分别规定了探矿权、采矿权可以招标、投标方式有偿取得。在实行操作过程中，往往采用招标、拍卖或者挂牌的方式。但是，并未将其作为基础性的配置方式加以运用。据悉，国土资源部准备加大力度完善相应制度。在完善矿业权有偿取得制度方面，对于勘查风险大、周期长、成功率低的矿产，探矿权的取得主要遵循"申请在先"的原则。只要是没有他人登记的区块，就可以申请登记。找不到矿，风险自担；找到矿，采矿权归探矿权人。经批准，可以开采，也可以转让，政府依法保护其权益不受侵犯。对于勘查风险不大甚至不必勘查就可直接开采的矿产，必须充分发挥市场配置资源的基础性作用，全面实行招标、拍卖、挂牌的方式出让矿业权。目前，世界上不少国家采用两权合一模式，将采矿权授予发现矿床的探矿权人，有的国家将探矿权和采矿权作为整体矿业权处理。这些做法值得我国借鉴。鉴于探矿权、采矿权两权分离的流弊，建议采用探矿权、采矿权两权合一模式，与国际通行

---

① 晁坤、陶树人："我国矿产资源有偿使用制度探析"，载《煤炭经济研究》2001 年第 1 期。

做法一致。

在探矿权、采矿权的二级市场上,黑市交易盛行。据调查,探矿权的转让需要经过5个审批手续,而探矿权的取得只需两级机关审批。因此,在讨论修改我国《矿产资源法》的过程中,实务界和学界均对矿业权的流转问题给予相当程度的关注。建议在《矿产资源法》设立单独章节,对矿业权的流转原则、方式、条件等予以规范。尤其是对矿业权的二级市场要进行规范,简化其流转的程序和审批层级,降低其交易成本,以解决现在的流转渠道不畅,黑市交易兴盛的局面。例如,采矿权转让的审批不宜只限国务院、省两级地质矿产主管部门,应当将其修改为县、地两级地质矿产主管部门可以审批相应采矿权的转让。

现有的矿业权使用费的收取制度存在着不公平的现象。一是原来获得行政无偿出让采矿权的矿业权人与现在通过国家有偿转让获得采矿权的矿业权人之间的不公平;二是二级市场中缴纳采矿权价款与不缴纳采矿权价款的矿业权人之间的不公平。这不利于矿业权市场向公平、公正、竞争、有序的方向发展。实际上,采矿权价款体现的是国家作为勘查投资主体的经济利益,是对国家地质勘查投入的补偿。因此,所有的矿山企业应当向国家支付采矿权价款,原先矿山企业无偿取得的矿业权,经评估后应补交价款。

(3)建立矿业城市和环境损害的补偿机制。矿产资源开发的外部性问题,也是目前学界关注的一个焦点。如何理顺矿产资源的收益分配关系,在坚持矿产资源国家所有的前提下,统筹兼顾中央与地方、矿业权人与当地居民的利益,建立矿山环境治理和生态恢复责任机制。在加拿大、美国等矿业大国,石油和天然气等资源绝大多数是在省(州)政府控制之下,地方政府能够以开采税、租赁费、财产税和企业所得税等多种形式获得资源租金。[①]资源租金之丰厚已经引发各区域之间财政能力的不平衡。中国的情况正好相反,赋存公共自然资源的广大西部地区成为贫困的资源输出地,不少矿业城市在资源枯竭后成为"废墟城市"。这是不符合"污染者付费、受益者补偿"的环境法基本原则的。国家应当制定政策"对土地所有者、建筑物占有者以及周围社区给予货币的或非货币形式的补偿"。[②] 美国、加拿大、澳大

[①]　Helliwell,J. F. *Using Canadian oil and gas revenues in the 1981s*:provincial and federal perspectives. Terry Barker,Vladimir Brailovsky. *Oil or Industry*? New York:Academic Press 1981.

[②]　Helena Mcleod. *Compensation for landowners affected by mineral development*:the Fijian experience. Resources Policy,2000(26) P.115.

利亚、马来群岛等相继建立了复垦基金制度,要求采矿企业在取得生产许可证之前就建立起生态重建的金融安排。① 美国 1977 年国会通过了《联邦露天采矿控制和复垦法》。该法规定任何进行露天采矿的企业必须缴纳一定数量的复垦抵押金,采矿企业若完成土地复垦任务则返还其复垦抵押金,反之,则将抵押金用于资助第三方进行复垦。美国的复垦保证金形式有履约担保、不可撤销信用证、信托基金或现金等。② 英国 1995 年的《环境保护法》、德国的《联邦矿业法》等在法律上也明确了类似于生态补偿保证金的制度。一些国家还要求矿山企业对周围社区传统生活方式以及休闲性的损失提供一些隐含的补偿。如,斐济将文化的、休闲的和保存价值的损失均确认为需要补偿的成本形式。

我国《矿产资源法》环境恢复补偿机制也有明文规定,第 32 条指出:开采矿产资源,应当节约用地。耕地、草原、林地因采矿受到破坏的,矿山企业应当因地制宜地采取复垦利用、植树种草或者其他利用措施。开采矿产资源给他人生产、生活造成损失的,应当负责赔偿,并采取必要的补救措施。《水土保持法》、《土地复垦条例》均规定了"谁破坏、谁复垦"、"谁复垦、谁受益"的原则。但是,这些规定不具体,操作性不强,法律并未规定采用土地复垦保证金制度。值得一提的是西藏自治区 2003 年出台的《黄金矿山地质环境的恢复保证金制度》,规定凡在西藏自治区内开采黄金者必须承担因采矿而破坏的矿山地质环境的恢复与治理责任,预缴矿山环境恢复保证金。③ 这一制度可资借鉴,建议上升到国家法律层面,作为矿区生态环境恢复的资金保障。当然,环境具有公共物品性质,国家应该是环境恢复生态补偿的主体之一。同时,各种社会团体包括环境保护组织也可以募集环境恢复生态补偿基金,如发行生态补偿彩票、社会捐赠等。④

2. 矿产资源利益公平分享的保障机制

(1)改革矿产企业税收制度。各主要矿业国政府,在制定矿业税收政

① Bassett R. A. *A selective review of laws requiring reclamation on closure of mines.* International Bar Association. 13th Annual Conference of IBA-Section on Energy and Natural Resources Law. Cape Town, South Africa, 1998.

② 李国平、张云:"矿产资源的价值补偿模式及国际经验",载《资源科学》2005 年第 5 期。

③ 窦玉珍、李雅萍:"矿区环境恢复补偿机制初探",载《资源节约型、环境友好型社会建设与环境资源法的热点问题研究——2006 年全国环境资源法学研讨会(年会)论文集》。

④ 曹明德:"对建立我国生态补偿制度的思考",载《法学》2004 年第 3 期。

策时都给予充分考虑,总体上立足于扶持,因此对矿产勘查开发实行各种不同幅度的税赋减免政策,使矿山企业的平均税赋低于加工工业,从而有效地调节了社会各界对矿产资源开发的投资,建立了矿产资源耗竭补偿机制,促进了矿业发展,同时使本国的矿产品在国际市场上有较强的竞争力[①]。在税费项目上,我国矿业企业多于其他行业企业;从数量上看,我国矿业平均综合税率为 14.65%,为全国各行业平均税费负担的 2.15 倍,为国外矿业平均税费负担的 1.91 倍[②]。我国要建立权利金制度和矿业城市和环境损害的补偿机制,必须配套改革现行的矿产企业税收体制,减轻矿产企业的税负。

1)增值税。在 WTO 的有关文件中,将"从自然界直接取得物质和能量的产业"定义为第一产业。世界各主要矿业国都普遍将矿业划为第一产业,实行低税率,有的不征收增值税。世界上只有少部分国家征收增值税或类似增值税性质的税收(销售税),很多国家对矿产品都不征收增值税。实行增值税的少数国家,对矿业勘探与生产一般不征税,还有一些国家对石油工业上游领域提供的货物或劳务不征增值税,如英国等。而且,这些实行增值税的国家普遍选择实施"消费型"增值税或"收入型"增值税。即使对后续冶炼加工企业征收,也多采用消费型增值税,可抵扣固定资产的进项税[③]。建议降低矿业企业增值税税率,并且由生产型增值税改为消费型增值税。

2)所得税。我国所得税制度与世界各国的所得税制度基本一致,但在对矿山企业的应税所得的确定上与国际上的通用做法相差很大。如国外普遍允许矿山企业加速固定资产折旧,在应税所得中扣除资源耗竭补贴,勘查费用在税前摊销,等等。而我国目前对这些问题仍处于研究阶段,在实践中矿山企业与其他工业企业并无差异。对于所得税的改革主要是下调矿山企业所得税税率并使其征收办法与国际接轨。首先,允许矿山企业将矿产勘查、可行性研究和矿山开拓费用在矿山投产开始的几年内摊销或一次摊销。其次,允许矿山企业加速折旧。

---

① 谢闻南:"四矿问题不亚于三农调整矿业税费政策势在必行",载《中国经济时报》2003 年 3 月 27 日。

② 黑龙江省地质矿产勘查开发局:"矿业产业改革与发展的政策建议",资料来源:http://www.hljdk.gov.cn.

③ 刘羽羿:"我国矿业税费现状及其改善措施",载《矿业快报》2004 年第 1 期。

（2）改进矿产资源行政管理方式。我国现行矿产资源管理政出多门，不分主次，各部分之间的权力配置交叉重叠。例如，我国《水法》规定："在行洪、排涝河道和航道范围内开采砂石、砂金，必须报经河道主管部门批准，涉及航道的，由河道主管部门会同航道主管部门批准"。而矿石、沙金又是矿产资源，地质矿产部门也有权管理。在具体实施中，地质矿产部门与水利部门时常发生冲突。许多矿产资源管理内容缺失，主体缺位。再如，关于矿产资源开发利用过程中的生态环境恢复补偿问题，由于地质矿产部门与环保部门争夺主管权，至今有关法律规定难以出台。另外，在管理方式上，传统的命令加控制的手段运用较多，市场手段运用较少，管理方式单一。此外，在环境恢复生态补偿的管理上，未能有效地发挥公众参与的作用。

之七：产业利益分享的法律问题研究

目　录

一、树立产业利益公平分享观

完善产业利益公平分享法律机制，首先要树立产业利益公平分享观。为此，必须解决几个认识前提：在法律上，产业利益能否成为一种利益？产业利益可以被分享吗？在改革发展成果分享的背景中，产业利益公平分享观的基本内涵是什么？树立产业利益公平分享观念的现实必要性何在？

（一）全面把握产业利益的法律内涵

1. 认识起点

探讨改革成果公平分享机制的目的在于解决居民收入差距扩大的现实问题。[①] 收入差距被拉大，可能与经济体制转型、分配制度、国家制定和实

[①] 根据联合国开发计划署、中国发展研究基金会于2005年发布的资料，农村与城市的的基尼系数1978年分别为0.21、0.16，1997年分别为0.34、0.29，2002年分别为0.38、0.34。参见联合国开发计划署、中国发展研究基金会：《中国人类发展报告2005—追求公平的人类发展》，中国对外翻译出版公司2005年版。近几年来，国家连续采取的一系列缩小城乡居民的收入差距的政策，起到了一定效果。但是，城乡居民收入差距拉大的趋势还是没有得到根本改观。根据国家统计局发布的消息，2005年农村居民人均纯收入实际增长1%，城镇居民家庭人均可支配收入增长3.22%，2009年农村居民人均纯收入实际增长8.5%，城镇居民人均可支配收入实际增长9.8%，城市居民的人均可支配收入增长比农村稍快一些，城乡居民收入的差距在继续扩大。行业收入差距的问题也相当突出，或已达10倍。参见王仁贵："中国高收入行业30年变迁职工收入差距或已达10倍"，载《瞭望新闻周刊》2009年5月18日。

施的区域与行业经济发展战略等多种因素有关。其中,经济发展水平、经济增长是影响居民收入的主要因素。某个地区、某个行业的经济发展水平在很大程度上决定了该地区居民、行业员工的收入水平。在经济学上库兹涅茨的倒 U 型假说就是分析经济增长与收入差距之间关系的主要理论。① 经济发展水平越高,居民收入水平也就越高;经济发展越好,缩小居民收入差距的可能性越大。

中西部地区居民的贫困问题、农村居民的贫困问题,主要根源于落后的经济发展水平。导致东部地区居民的收入水平高于中西部地区居民的收入水平的一个重要原因就在于,改革开放尤其是 20 世纪 90 年代以来,较为发达的东部地区经济增长速度较快,而较为落后的中西部地区经济增长速度较慢,中国经济总量和生产力布局不断向东部经济发达地区集中。城乡居民收入差距也如此。在大城市郊区和经济最为发达地区的农村,农民收入与城镇居民的收入差距相对较小,并且差距在逐步缩小;而在中西部传统农牧区,因为农牧业发展水平相对较低,农牧民收入与城镇居民的收入差距相对较大,并且这种差距还呈现逐步扩大的趋势。② 垄断行业与非垄断行业之间居民收入差距的原因,在很大程度上则是垄断。特定行业因为自然垄断及行政垄断而获得高额利益,这些利益被这些行业的主体通过各种形式所分享。③

经济发展主要反映于产业发展上,而产业发展是经济发展的基本依托。某个地区、某个行业的产业发展越好,经济发展也就越好。东部地区与其他地区相比较,其经济发展的优势最直接地表现于产业发展优势上。城市地区的经济发达程度高于农村地区,主要是因为城市的工业产业要比农村的农业产业发达。东部沿海与中西部地区、城市地区与农村地区,经济发展不平衡,也集中表现在产业发展水平的不平衡上。因此,从产业角度分析,产业的类型及其发展水平是影响居民收入的一个直接因素。也正是在这个意

---

① 把这种增长与分配之间的关系描画成图形,以横坐标代表人均收入水平,以纵坐标代表收入分配恶化的程度,如基尼系数,就形成一个以库兹涅茨命名的倒 U 字形曲线。

② 有学者在采集浙江 1978—2006 年度相关经济数据后,分析了浙江省经济发展与收入分配之间的协调关系,得到了经济增长是影响城乡收入差距变化主要原因的结论。参见刘秋生、易鑫村:"浙江城乡收入差距与经济增长关系的协整分析",载《商场现代化》2008 年第 10 期。

③ 管晓明、李云娥:"行业垄断的收入分配效应——对城镇垄断部门的实证分析",载《中央财经大学学报》2007 年第 3 期。

义上讲,产业政策成为我国区域协调发展政策、城乡协调发展宏观调控中的一个基础性因素。

产业发展的差异,既是市场的结果,也与政策因素有直接关系。东部地区的产业发展优势,在很大程度上与我国改革开放以来坚持的优先发展沿海地区的梯级发展战略有关;而城市产业发达于农村地区、工业发达于农业,也与我国长期推行优先发展城市、以农补工的产业政策有很大关系;至于垄断行业的存在与发展,则与市场准入管制政策或特别行业保护政策有关。在这个意义上,产业布局与产业政策的选择与变革,对居民收入水平及其差距改变之间存在着相当高的关联度。

2. 产业利益在本质上是一种法律利益

(1)产业利益的利益本质。按照维基百科的理解,利益是对人或物有良性影响的事物。利益分享理论所涉及的利益,应当属于经济利益。在辩证唯物主义看来,经济利益是受客观规律制约的、为了满足生存和发展而产生的、人们对于一定对象的经济性客观需求;经济利益最终表现为由一定的生产关系所决定的特定经济关系,是在这种社会经济形态中满足人们经济需要的生产成果。由此看来,产业利益的利益实质,具体表现在以下几个方面:

第一,产业与产业发展能够给特定主体带来良性的影响,能够满足人们的特定经济需求。产业布局能够改善某地的经济结构、发展某地的经济水平,从而满足人们对经济发展、收入提高、收入差距改变的需要。[1]

第二,产业发展是在特定社会经济形态中能够满足人们经济需要的生产成果。在以前推行的非均衡发展战略中,东部沿海地区的各个产业在国家大力支持下取得了较大发展,而产业发展也为居民和当地政府都带来了巨大物质财富。居民收入的增加,带来了生活水平的显著提高;当地政府利用获得的大量公共财政资源去发展各项社会事业,为居民生活质量的提高奠定了坚实基础。金融保险业、邮电通信业以及电力煤气等行业借助国家力量独占资源取得了显著的发展成就,相关行业的主体也获得了实惠。当然,从整体上讲,产业发展也提升了国家经济水平,全体国民的财富也有了显著增加。

---

[1] 有学者认为,位于农村地区的成熟集群可以通过提高农村地区收入起到缩小城乡收入差距的作用,而以城市为中心的集群实际上扩大了收入差距。参见康伊:"产业集群与城乡收入差距的变动研究",载《中国科技产业》2006 年第 5 期。

第三,产业与产业发展本身反映了由一定生产关系决定的特定经济关系。这在产业布局与产业政策上表现得特别明显。在经济发展的不同阶段,我国对东西部、对城乡、对某些垄断性行业采取了不同的产业政策。这事实上是"让一部分人先富起来、先富带动后富"的社会发展政策在经济上的基本表现。

如前所述,居民所处的地区不同、行业不同,受制于该地区、行业的产业发展水平,他们所获得的利益也是不同的。这种不同,最直接地、最客观地反映在收入水平、财富水平上。在这个意义上,我们可以认为,产业与产业发展对人们的收益产生实际的影响,产业与产业发展也具有了利益的属性。对特定社会主体而言,产业与产业发展本身就构成一种特别的经济利益,而产业利益当然是一种特定的经济利益。需要注意的是,在经济理论上,产业利益多出现在产业链理论中,主要指向相同产业上下游之间的利益分配问题以及国际经济合作中不同国家和地区对特定产业利益的分配问题。在本文,我们是在特定意义上使用该术语,即针对地区、行业的经济发展整体利益。

（2）产业利益的内容。产业利益的具体内容,在理论上可以从不同角度加以考察。本研究则基于改革成果公平分享的这个独特视角,在产业发展与收入分配差距的关系中展开。在我国,导致不同地区之间、城乡之间、不同行业之间的居民收入差距被拉大的一个重要的原因就是,相关社会主体对地区之间、城乡之间、行业之间产业发展利益没有进行公平的分享。倾斜型的区域发展战略是一种效率优先于公平的发展战略,在很大程度上也是一种不公平的产业利益分享战略。正是在这种不公平的分享机制中,东部沿海地区居民与政府获得了较多的物质财富。城市优先发展、工业优先发展的战略,也是一种不公平的产业利益分享战略。在这种战略推动下,城市工业发展水平高于农业产业,而农民难以从工业发展中获取利益。同时,在不公平的产业利益分享机制中,东部地区、城市也因产业发展、经济发展而获得了较为优良的产业发展环境,在后续发展中又处于比较优势的地位,"富者益富、穷者益穷"的马太效应不断显现。垄断行业也如此,它们借助国家力量独占资源,利用不完善的经济体制和不完善的法律环境,让这些行业的相关主体通过高工资和高福利等途径不公平地占有该产业发展的利益。基于以上分析,我们认为,对于那些已经享受产业利益的特定主体而言,产业利益的内容主要表现在以下方面:

第一,直接获取由产业发展带来的财富。特定地区或者行业的主体参与产业发展过程本身就直接享受产业发展带来的收益,这实质是社会财富的第一次分配。在经济发达地区,工人的工资与福利水平显著高于经济欠发达地区;在某些垄断行业,工资水平与福利显著高于非垄断行业。产业发展财富直接获取的差异,还表现在农业经营者与非农业经营者的投资回报上。同时,产业相对发达地区的居民,还能够从所获得产品及服务的高性价比种获得额外的收益。

第二,间接获取产业发展带来的财富。在经济发达地区,政府在财政收入相对充足的条件下提供的社会保障与社会服务要比经济欠发达地区的水平高。不同地区的居民社会生活水平也当地政府的财力及公共服务投入的差异而呈现出显著差异。

第三,对后续发展环境利益的享有,包括发展机会的享有、发展起点的提高。产业发展相对高的地区或者行业,市场条件相对成熟、市场机制相对完善、市场发展保障型环境相对良好,包括居民在内的各类社会主体能够在一个较高的起点、在一个相对公平的经济环境中利用发展机会参与经济活动。

第四,对产业发展优惠政策带来利益的享有。产业布局政策事实上会影响各地发展水平、影响相关主体的实际收益。在不同行业、不同区域,基于政府的产业政策,相关参与主体能够在享有产业政策实惠时获得收益。①

(3)产业利益的经济特征。作为特定主体在特定的经济关系中所享有的止当经济利益,产业利益具有如下经济上的特征:

第一,产业利益是一种发展利益。社会主体的法律利益,从功能上看,至少可以包括生存利益、发展利益两个方面。产业利益,属于发展利益的范畴,关系到社会主体参与经济生活而获得发展的问题。

第二,产业利益主要是一种机制性利益。确保相关主体获得发展利益的根本目的在于,让他们去利用产业发展机制去发展自己、获得收益。在这个意义上,产业利益主要指一种机制性的利益,主要并不是针对物质财富本身。

第三,产业利益主要针对第一次分配。国民财富的分配,包括直接参与

---

① 当然,也可以从其他角度来揭示产业利益的表现形式。有学者就认为,产业利益可以是一种产业与其他产业相比存在比较优势,也可以是同一产业在不同地区的合理安排;可以体现产业优势,还可以是不同产业合理的空间分布体现出来的结构利益。参见江冰:"区域协调发展要靠新型利益协调机制",载《中国改革》2006年第2期。

经济活动的第一次分配、通过税收与公共财政支出的第二次分配、通过社会公益与慈善活动等进行的第三次分配等多种形式。让特定主体享有产业利益,其目的是让其参与经济活动而直接获得收益,因此产业利益主要通过国民收入的第一次分配来实现。当然,这也不排除有关主体通过国家产业调控的方式、社会公益活动的方式来实现产业利益的分享。

第四,产业利益是一种集体性利益。调整产业利益关系的目的,是使地区之间、城乡之间、行业之间的不同主体能够公平地享有产业发展收益。因此,产业利益关涉的主体基本上是集体性质的;产业利益也属于集体利益的范畴。① 产业利益的权利主体,除少数情况下指向个体社会主体外,主要是地区性的、社会群体性的主体。在现行法律框架中,某个特定社会主体的确能够通过向中央以及地方有关部门主张具体经济权利、通过参与经济活动而享有产业利益。不过,这并不是我们创设产业利益分享这个法权概念的最主要目的。本研究的目的是期望通过该理念使得政府有关部门在推进地区之间、城乡之间、不同行业之间有关产业政策和产业规划时能够综合考虑各个地区、各个群体的合理利益诉求,以确保这些地区内的民众和相关群体能从产业发展中公平地获得好处。

第五,产业利益是一种宏观性利益。由于产业利益是一种集体性利益,不属于某个特定个体享有,它本身也是一种宏观性的利益,不针对具体行为。地区之间、城乡之间、行业之间相关主体对产业利益的参与分配与享有,在很大程度上与国家的宏观经济调节政策相关。因此,国家的宏观调控应当高度关注产业利益分享的合理性问题。

第六,产业利益是一种与产业政策密切相关的经济利益。产业政策是国家进行宏观经济调控的一种主要手段,我国的区域发展政策与产业发展政策也出现了高度融合的趋势。产业结构和产业发展水平是影响区域发展最重要的现实支撑条件。在宏观经济调控过程中,特定的产业政策将使特定地区、特定行业的发展受到实质性影响。区域产业结构的形成与特定地区的自然要素有关,也与全国生产力布局要求和区域发展战略及其政策密切相关。在统筹城乡发展过程中,产业布局政策以及工业发展的产业政策也是考虑的主要因素。垄断行业之所以能够享受垄断经营的保护,在很大程度上也是国家对特定产业保护的结果。

---

① 曾军平:"集体利益:一种理论解说",载《财经研究》2006 年第 9 期;朱道才等:"集体利益、自组织治理与区域协调发展",载《经济问题探索》2008 年第 3 期。

（4）产业利益的法益属性。在法律视野中，产业发展成果实质就是产业发展所形成的利益。这些利益，本质上是能够使社会主体的需要获得某种满足的生活资源。"有了这种资源，人们就可以获得好处，就可以使自己的生活达致某种状况，就可以在自己所参与的社会生活中，满足自己的一定的需要、愿望或要求，就可以获取一定的幸福"。① 在私法理论中，合法利益受法律保护，而某些被法律保护的利益还可以上升到权利的高度。在现实生活中，当某种利益或者说资源被视为应受法律保护的客体时，它就转化为一种法益。在现行法律框架中，法律权益意义上的产业利益具有如下特征：一方面，产业利益是法律应当保护但还未规定保护的应然法益。如前所述，产业政策、产业发展在很大程度上导致收入差距问题，也实质地影响特定地区、特定行业有关群体成员对改革发展成果的公平分享。即使产业发展的法益还没有被现行法律明确承认，我们也不得忽略其社会意义。为有效实现缩小居民收入差距的政策目标，我们应当保护相关主体应当享有的产业利益，也应当确立这些主体对产业利益的公平分享权。另一方面，鉴于公平发展权已经成为了社会主体的法律权利，而公平参与各个产业经济活动也是市场经济体制下各个主体享有的法律权利，产业利益公平分享权已经在很大程度上已经被现有法律间接承认，成为了一种实然的权利。

（5）产业利益的法律内涵。从改革成果分享的角度看，产业利益在本质上是指地区、城乡、行业的相关者等特殊主体基于国家产业政策而在产业发展中享有的、在法律上受到保护的一种合法经济利益，具体地表现为平等地参与有关经济活动、收入水平的直接或者间接提高、发展机会的享有、发展起点的提高、产业发展优惠政策的享有等方面。由此可以看出，作为法律权益的产业利益，其内涵应当包括以下几个方面的意义：

第一，产业利益的权利主体，除少数情况下指向个体社会主体外，主要是地区性的、社会群体性的主体。

第二，产业利益的义务主体主要是政府。为实现有关地区、有关行业内的民众整体能够公平参与分享产业发展利益，政府及有关部门有义务推进产业规划、产业政策的宏观调控行为以及市场开放等微观调控行为。

第三，产业利益的内容是指不仅通过产业发展来提高收入，而且强调社会主体对产业发展的参与、产业优惠政策的享有等方面。从这个角度看，产

---

① 周旺生："论法律利益"，载《法律科学》2004 年第 2 期。

业利益包括机制性利益与物质性利益两方面内容;其中机制性利益又是最主要的指向。

（二）充分认识树立产业利益公平分享观的必要性

法律上的利益,一定归属于社会中的特定主体,并且被特定主体所分享。作为法律利益之一种的产业利益也具有可分享性。产业利益属于我国社会推进改革开放、进行各项体制改革所形成的一种利益。这些利益,不管是物质性或者机制性成果,具有"可经受所有社会的基本价值评价"的特质,为我国的现行法律或者即将制定的法律所确认和保护,有关社会主体享有为实现该利益而主张某项权利的机会。

在当今社会条件下,我们应当确立利益分享观,并且把它作为构建和谐社会的一项基本原则。树立产业利益公平分享则是利益公平分享观进一步深化的体现。要在承认社会各个主体的经济权利,承认他们追求自身利益的合理性和合法性的基础上,着力于在各个主体的经济利益之间建立起一种新的协调的利益分享关系,由各种经济主体按照一定的比率去分享经济发展所取得的成果。[1]

如前所述,我国不同地区之间、城乡之间、不同行业之间的收入差距不断扩大,一个重要的原因就是相关社会主体对地区之间、城乡之间、行业之间产业发展不平衡。不公正的产业发展机制导致改革成果分享的不公平,并且加剧两级分化,这已经成为社会共识。建设和谐社会、实现改革发展成果的公平分享已经成为我国的一项基本国策。在社会和国家努力探寻社会深层次改革途径的过程中,产业利益公平分享的问题正日益成为社会关注的焦点。

社会主体发展的不平衡,除市场与自然禀赋外,政府的经济发展政策也是一个主要因素。从历史和现实考察,地区之间、城乡之间、行业之间不公平产业发展机制的形成,与政府的特殊地位以及积极推动有密切联系。在此条件下适当的产业利益公平分享机制的缺位,与政府的缺位也直接相关。对那些仅仅因为市场与自然禀赋导致的发展不平衡,需要政府的调节。对于那些主要是因为政策原因导致的发展不平衡,就更加需要政府干预与调节。

---

[1] 李炳炎:《利益分享经济学》,山西经济出版社 2009 年版,第 1 页。

要缩小产业发展不均衡导致的收入差距,当然应当立足于产业发展本身。为此,在改革成果公平分享的基本理念下,政府应当密切关注产业发展利益及其分享问题,树立产业发展利益公平分享观,让广大人民有权并且有机会去分享产业发展利益。通过让不同主体参与产业发展利益的方式,让他们能够通过经济发展来增加自己的物质财富,让他们能够利用市场机制参与各个产业经济活动。如果不能够建立起合理的产业利益公平分享机制,要消除改革成果分享中的不公平、有效化解收入差距,完全依赖于国民收入的第二次分配则是相当困难的。

(三)科学把握产业利益公平分享观的内涵

1.确立产业利益公平分享权,实现从观念到权利的转化

对产业利益的分享,应当首先确立一种合理的社会经济发展观念。为落实产业利益公平分享观,推进社会经济发展政策时,我们应当依托于产业发展,通过合理的产业布局与产业政策,确保相关的社会主体能够分享市场经济活动中产业发展带来的收益。将产业利益的公平分享建立在经济发展的基础之上,主要发生市场经济活动第一次分配领域,其目的是要建立各产业利益群体之间的互惠互利、协同共进关系,保证社会相关主体能够公平地获得各种产业发展的机会、公平地参与到对产业发展所产生的增量物质财富的分配过程中去。在产业利益公平分享观的指导下,我们应当建立产业调整的利益平衡机制和产业布局优化机制,实现社会主体对产业发展机会和产业发展最终利益的公平分享。

通过保障公平分享产业发展机会和有关物资利益,相关主体获得了实实在在的经济利益。相关主体的这些利益,是受法律保护的。受保护的合法利益,可以转化为法律权利。为有效贯彻产业利益公平分享观,我们需要确立和保护相关主体的产业利益公平分享权。这样,在产业利益公平分享的问题上,我们要实现了从观念到权利的转换和深化。在此基础上,如何建立有效的产业利益公平分享权保障制度就成为了社会改革的重大课题。

2.正确理解产业利益公平分享权的基本内涵

为完善产业利益公平分享权保障制度,我们首先应当在全面地把握产业利益公平分享权的基本特征的基础上,正确理解该权利的基本内涵。

(1)产业利益公平分享权是一种经济发展权。发展权是联合国《发展权利宣言》明确承认的一种新型人权。根据该宣言,发展权是"一项不可剥夺的人权。基于这项权利,每个人和所有各国人民均有权参与、促进和享受

经济、社会文化和政治的发展;在这种发展中,所有人权和基本自由都能得到充分实现。"产业利益公平分享权涉及个人以及团体性主体的发展问题,其目的在于保障相关主体能够利用产业发展获得经济上的发展。其中,个体发展主要表现为个体在国家产业政策框架下,能够公平地参与各项经济活动,不至于受到市场准入控制的不公平对待;团体性主体的发展主要表现为欠发展区域在国家的区域规划、产业规划中能够得到公平对待,能够享有一定的政策补偿权,以便能够通过产业发展利益的公平分享实现当地经济发展的目标。

(2)产业利益公平分享权的内容具有综合性。为达到建立确保对改革开放经济成果公平分享长效机制的目标,产业利益公平分享权既涉及产业利益发展带来物质财富的分享,也包括对产业发展机会的公平利用、产业发展政策优惠的享有;既针对发展结果的不平等,也针对起点不平等、机会的不平等、过程参与的不平等。因此,产业利益公平分享权至少包括如下权利内容:社会个体对某个行业经济活动的参与权,即在法律框架内各个主体平等地投资、参与特定行业经济活动的权利;区域主体、行业主体在区域与产业规划中的决策权、监督权,即作为利益关系人的某个特定区域主体、行业主体在区域规划、产业规划中的决策参与与监督权;特定产业发展参与权及政策受惠权,即作为利益关系人的某个特定区域主体、行业主体根据区域规划、产业规划而参与特定产业经济活动的权利;区域主体、行业主体补偿权,即作为利益关系人的某个特定区域主体、行业主体因区域规划、产业规划导致利益受到损害而享有的政府给予补偿的权利。

(3)产业利益公平分享权的权利主体和义务主体都相当特殊。产业利益公平分享权的权利主体,在不同领域的所指不同:在地区之间产业利益分享中,为不同地区及地区中的居民,特别是欠发达地区及居民;在城乡产业发展中,则为城市与乡村及居民,特别是乡村地区及居民;在不同行业之间的发展利益分享关系中,则指非垄断行业的有关主体及普通消费者。也正是在这个意义上,产业利益公平分享权属于整体的、宏观性质的一种社会性权利。产业利益公平分享权的义务主体,则是政府。产业利益公平分享权的目的是使相关主体在产业发展中真正获得好处,这与产业发展及国家的产业政策有密切联系,产业利益公平分享权的落实在很大程度上就取决于在产业政策推行方面政府行为的合理性与规范性。

3. 应当坚持理性原则来保障产业利益公平分享权

(1)经济发展原则。由产业利益公平分享机制缺失导致的收入差距问题,本质上属于经济发展中的问题。地区经济的欠发达、特定居民收入水平偏低的问题,需要通过经济发展来解决。这就决定,产业利益公平分享,需要通过产业的快速、持续、健康发展来实现。我们强调产业利益公平分享的根本目的,不是"劫富济穷",而是实现"增富减贫"。因此,政府有义务妥善运用产业政策,调整产业结构,促进各地特别是落后地区产业的良性发展。

(2)市场主导、政府调控辅助的原则。导致产业发展的不均衡,可以说是市场因素和非市场因素并存,历史因素与现实因素共生。在市场经济体制中解决经济发展、产业发展以及发展中的利益分享问题,我们应当充分发挥市场主导作用,通过促进生产要素在各地区之间、城乡之间、行业之间的合理流动,实现经济发展的效益最大化。对那些由非市场因素、历史导致的显著不公平现象,则需要政府进行积极调控来克服。在制定产业发展规划、推进产业政策、促进产业结构调整、打破垄断、赋予产业主体平等竞争的权利与机会、完善反哺机制、调控暴利行为等方面,不仅需要政府发挥作用,而且政府发挥作用的空间相当大。不过,在采取这些调控措施时,政府也应当尽可能地利用市场机制。为此,政府应当及时推进与经济有关的行政管理体制改革,消除不利于发挥市场基础性作用的体制与机制障碍,完善所有制结构、推进现代市场体系建设,保障社会主体能够公平地参与到各个行业中。需要特别指出的是,在贯彻产业利益公平分享理念的过程中,政府应当理性对待地区之间、城乡之间、行业之间的"公平差距"与"不公平差距"。我们反对的不是那些公平市场经济条件下产生的公平与合理的差距,而是那些因不合理的非市场因素介入产生的不公平、不合理差距。因此,那种将所有的利益差距拉平的主张是不可取的。在这个意义上讲,我们也应当正确看待产业利益公平分享机制实施的最终效果。对于差距拉大的矛盾,该机制虽然能够缓解,但是并不能够完全加以消除。

(3)权利保障原则。针对产业利益公平分享,改革相关政策、完善相关制度建设,这无疑又是一次深层次的改革和探索。在这个过程中,我们应当遵守宪法的基本原则,严格执行有关程序,在有效保护社会相关主体合法权利的基础上,推进各种社会变革。

(4)法制化原则。产业利益公平分享权利的落实,需要完善法律制度作保障。在区域经济发展、城乡统筹、特殊行业管理等过程中,我们应当在树立产业利益公平分享观的同时,实现从观念到政策、从政策到法律的"双重"转化,从而建立起产业利益公平分享的长效保障机制。目前,各级政府、政府各部门已经出台了大量有关产业利益公平分享的产业政策,实现了从观念到政策的转化。在此基础上,我们应当及时总结政策实施的经验和教训,制定并且完善相关法律法规,出台具有可操作性的规则体系,尽快实现从政策到法律的转化。从现实需求和制度逻辑看,产业利益公平分享机制应当解决两个主要问题:一是经济发展机会问题。机会不平等包括本身带来的差距问题以及机会控制带来的非法收入问题。机会问题实质是一个市场准入、管制的开放问题。二是倾斜问题。既有倾斜政策已经给某些特定地区、行业、产业带来了优惠,为了改变以前因没有享受倾斜政策而发展受限的特定地区、行业落后状况,需要坚持给予这些后发展的特定地区、行业以适度倾斜的优惠政策。在国家没有倾斜优惠的领域,各个地区之间也有义务自愿调节,通过加强区域合作,建立一个有效机制来实现共同发展、均衡发展。完善产业利益分享的法律机制,也应当从这些方面来展开。

二、产业利益分享的现状与问题

如前所述,收入分配不公是本研究讨论的起点。在我国,居民收入的差距显著地体现在地区之间、城乡之间、行业之间。从产业利益的角度考虑,城乡差距的根源主要地基于农业和工业关系,城乡领域的分析则主要从工农角度展开。因此,本研究也就主要从地区、城乡和行业三个角度考察我国产业利益的分享现状,剖析现实矛盾背后的制度根源。

(一)地区之间产业利益分享的现状考察与问题探究

1. 现状考察

我国地区之间的产业利益分享命题,是伴随着区域发展战略的演变而提出的。新中国成立之后的区域经济发展战略经历了数次调整,每次调整都给我国区域经济、区域产业的发展带来了重大影响。改革开放以前,区域均衡发展是基本策略,这对发展内地、消除内地与沿海之间经济与产业发展差距有着重要意义。改革开放之后,在邓小平同志提出的"先富带动后富,最终实现共同富裕"思想的指导下,我国实施了优先发展沿海地区的非均衡区域发展战略,在该地区东部沿海地区"率先开放"、"率先改革"、"率先发展",先后设立了5个经济特区、14个沿海港口城市、5个沿海经济开放区,中央政府对其实行投资、财税、信贷、外贸外资、价格等政策支持,促使各类要素开始向这些地区集中。

基于非均衡发展战略,整个东部沿海地区在政策支持下实现了大发展,进而推动了整个国民经济的发展。但是,该战略也带来区域发展严重失衡、东部与中西部发展差距拉大、地方保护主义等严重问题。为此,国家从"八五"开始着手对区域经济发展战略进行调整,实施了"点轴式"的宏观经济战略,对非均衡区域战略进行了微调。所谓"点轴式"战略,就是以中心城市为"点"、交通干线、动力网络等为"轴"推进发展,其重心不再是东部沿海地区。

党的十四到十五大期间,是我国新型的区域协调发展战略形成期。党的十四大报告提出,应在国家统一指导下,按照因地制宜、合理分工、优势互补、共同发展的原则,促进地区经济的合理布局和健康发展。这样,以解决地区差距、实现区域协调发展为目标的新型区域发展战略被提升到国家战略的高度。我国的区域根据该战略经历如下发展的历程:开始由沿海向中西部地区推进对外开放政策,开放了一大批内陆省会城市、沿边沿江城市。十四届五中全会通过的《关于国民经济和社会发展"九五"计划和2010年远景目标建议》明确提出要"坚持区域经济协调发展,逐步缩小地区发展差距";1996年3月,八届全国人大四次会议通过的《关于国民经济和社会发展"九五"计划和2010年远景目标纲要》则专门设置"促进区域经济协调发展"一章来系统阐述了今后15年国家的区域经济发展战略。1997年,党的十五大报告再次强调要促进地区经济合理布局和协调发展。

鉴于区域发展不平衡导致的地区居民收入差距拉大的情况已经严重影响到国民经济的良性运行、社会的稳定发展和现代化战略目标的实现,党中央提出了以"西部大开发"、"中部崛起"和"振兴东北老工业基地"为主要内容的区域经济协调发展的战略。1999年党中央和国务院提出西部大开发战略,标志着我国区域协调发展战略开始进入具体实施阶段。2000年通过的《国民经济和社会发展第十个五年计划纲要》明确提出,"实施西部大开发,促进地区协调发展"。2003年,党的十六届三中全会第一次明确提出了"统筹区域发展"的重要战略,要求以科学发展观来统筹区域发展,继续发挥各地区的优势和积极性,逐步扭转地区差距扩大的趋势,实现共同发展。2003年9月和2004年3月,国家又先后实施振兴东北老工业基地和促进中部地区崛起的发展战略。在西部大开发战略实施10周年之际,谋划西部未来大发展成为中央战略决策的重要议题。2010年7月5—6日,中共中央、国务院在北京召开西部大开发工作会议,在新的历史起点上再次布局西部地区发展,以产业发展为线索,确定了今后十年西部大开发总体目标,即:着眼于提高内生增长能力或自我发展能力,西部地区综合经济实力上一个大台阶,基础设施更加完善,现代产业体系基本形成,建成国家重要的能源基地、资源深加工基地、装备制造业基地和战略性新兴产业基地。

2005 年以后,以新型经济区、主体功能区、健全区域协调互动机制这三个关键概念为核心,区域协调发展战略得到不断深化,区域经济发展战略转向了统筹发展的阶段。2007 年 10 月,中共十七大报告提出,缩小区域发展差距必须注重实现基本公共服务均等化、引导生产要素跨区域合理流动的重要方针。公共服务均等化、引导生产要素跨区域合理流动,是未来十几年缩小区域发展差距的基本目标和促进区域协调发展的基本途径。2007 年,国家先后批准了重庆城乡统筹综合配套改革的试验区、成都城乡统筹综合配套改革的试验区、武汉城市圈和长株潭城市群的"资源集约型和环境友好型社会"综合配套改革试验区。2008 年,批准设立重庆保税区。2009 年 6 月,国务院批准皖江城市带承接产业转移示范区。2010 年,批准设立重庆两江新区。

同时,有关区域协调发展新型理念的"功能区"战略被提出并推行。2005 年,中共十六届五中全会上通过的《中共中央关于制定"十一五"规划的建议》提出了"主体功能区"概念。主体功能区战略实质是打破行政区发展的思路,在强调区域发展的社会与生态要素的基础上,关注培育区域竞争优势,坚持适度非均衡协调发展。该战略的最终目标是,国家通过宏观政策和宏观调控,确保区域经济非均衡的适度化,实现社会的稳定和区域经济的协调和可持续发展。2007 年 7 月,国务院发布《关于编制全国主体功能区的意见》,全面启动了全国主体功能区规划的编制工作。根据该《意见》,编制全国主体功能区规划,就是要根据不同区域的资源环境承载能力、现有开发密度和发展潜力,统筹谋划未来人口分布、经济布局、国土利用和城镇化格局,将国土空间划分为优化开发、重点开发、限制开发和禁止开发四类,确定主体功能定位,明确开发方向,控制开发强度,规范开发秩序,完善开发政策,逐步形成人口、经济、资源环境相协调的空间开发格局。这是完全有别于传统的东、中、西、东北四大板块,或者以往的七大区划分的区域发展战略。因此,有学者认为,主体功能区理论是"点轴"理论的自然延伸,又是对我国区域统筹发展战略的积极响应。①

目前,全方位、多层次的区域合作全面铺开,多足鼎立的区域经济基本

---

① 付承伟:"从行为主体视角看主体功能区区域政策",载《浙江经济》2008 年第 8 期。

格局已经形成。① 既有中央政府主导的区域合作,也有地方自发的区域合作;在市场机制的牵引下,以行政主导的单一区域合作变化为既有行政主导又有市场主导的多元区域合作。这样,在东中西与东北等四大板块,在各个主体功能区,在长三角、珠三角、环渤海等三大经济圈内部各区域,在成渝经济带、西三角经济带②、长株潭经济带、中部地区沿京广线经济带、中部地区沿长江经济带等经济带内部各区域,在地方政府的合作推动下的经济合作机制逐步产生。从区域经济协调发展的走向看,大城市圈将成为区域经济发展的主导力量;产业跨区域转移加快并形成各具特色的区域分工。③

特别值得注意的是,中共十六届五中全会上通过的《中共中央关于制定"十一五"规划的建议》提出了"健全区域协调互动机制"的概念。所谓区域协调互动机制,是指推动区域间相互协调、相互促进、实现优势互补、共同发展的机制。按照《建议》,要健全包括市场机制、合作机制、互助机制和扶持机制在内的四大机制,以促进区域协作的协调互动。具体而言,健全市场机制,就是要打破地区封锁,建立实现要素自由流动与产业转移的市场机制,加快建立全国统一市场,改变以往合作"靠行政命令调拨资源、靠计划安排项目"的传统模式。健全合作机制,就是要探索建立制度化的区域合作机制,开展多层次、多形式、多领域的区域合作;要在基础设施和公共服务建设方面加强统筹协调,避免重复建设和资源浪费;要充分发挥政府和中介机构的作用,建立区域合作的服务体系。健全互助机制,就是要发扬先富帮后富的优良传统,鼓励发达地区采取对口支援、社会捐助等方式帮扶欠发达地区,要建立发达地区帮扶欠发达地区的科学模式、固定机制。健全扶持机制,就是要按照公共服务均等化原则,加大国家对欠发达地区的支持力度。

另外,我国还一直推行了区域协调互助机制。就实质而言,区域协调互助机制是一种利益补偿机制,目的在于实现先富帮后富的政策目标。先富帮后富的特别互助,不仅是中华民族传统美德的一种表现,也是我国经济与社会发展中国家战略的一个重要内容。互助机制主要有两个内容,一是发达地区对欠发达地区的对口支援,二是针对贫困地区和受灾地区人民的社

---

① 国家统计局中国经济景气监测中心:"多足鼎立成区域经济基本格局合作向水平型转变",载《经济日报》2006 年 5 月 24 日。

② 这是重庆市市长黄奇帆提出的概念,期望以重庆、成都、西安三个城市为中心,大造中国西部地区的经济圈。

③ 国家统计局中国经济景气监测中心:"多足鼎立成区域经济基本格局合作向水平型转变",载《经济日报》2006 年 5 月 24 日。

会捐赠。由于社会捐赠是一种完全道德意义上的机制,在区域经济与产业发展中产业利益分享的法律框内很难进行规范。在这里,我们主要讨论前一类互助。1979 年中共中央在北京召开了"全国边防工作会议",会上首次提出了对口支援的政策,确定经济相对发达的省市对口支援相对落后的民族省区,北京支援内蒙古,河北支援贵州,江苏支援广西、新疆,山东支援青海,天津支援甘肃,上海支援云南、宁夏,全国支援西藏。后来,对口支援被拓展成一种扶贫政策。1994 年国务院制定《"八七"扶贫攻坚计划》,其中的第 34 条规定:"北京、天津、上海等大城市,广东、江苏、浙江、山东、辽宁、福建等沿海较为发达的省,都要对口帮助西部的一两个贫困省、区发展经济。"为了落实上述规定精神,1996 年,国务院办公厅下发文件,明确对口帮扶的关系,要求北京帮扶内蒙古,天津帮扶甘肃,上海帮扶云南,广东帮扶广西,江苏帮扶陕西,浙江帮扶四川,山东帮扶新疆,辽宁帮扶青海,福建帮扶宁夏,大连、青岛、深圳、宁波帮扶贵州。① 为了支持特定区域的经济发展,我国还推进了特定区域对口支援政策。2008 年汶川大地震后,我国启动了对受灾地区的对口援建行动。在 2010 年,为促进新疆经济社会的发展,中央还特别召开了全国对口支援新疆工作会,启动了最大规模的对疆援建工作,要求东部和中部相关省市资金、人才、技术和管理等方面,综合援助新疆 12 个地州、82 个县市和 12 个兵团师。

伴随着区域发展战略的转变,地区之间产业利益分享的格局与具体措施也随之而变化。在非均衡发展战略中,产业利益由东部沿海地区享有,其他地方则通过发展自然溢出、公共财政转移支付、劳务转移、发达地区对口扶持等形式来分享。在区域协调发展战略下,中西部以及东北地区在公共财政转移支付、劳务转移、发达地区对口扶持等形式来分享产业利益的情况下,也能够直接享有政策倾斜支持下的产业转移发展利益。在功能区发展战略思想以及健全区域协调互动机制的统筹发展政策框架中,经济欠发达地区能够通过健全的市场机制、合作机制、互助机制和扶持机制,通过多种形式来直接或者间接地参与产业利益的分享。

---

① 在范围内的对口支援还发生在重大工程建设以及重大自然灾害的灾后重建过程中。1991 年,在全国范围内推行了三峡移民对口支援政策,参加对口支持的主体包括省、直辖市、大城市以及中央部委。2008 年汶川特大地震发生后,灾区之外的省、自治区、直辖市全部参与了对灾区的对口援助建设。这两类对口支援,并不属于区域经济协调互动机制中的互助机制,不过在一定意义上还是具有产业利益分享的意味。

2. 问题探究

如前所述,产业利益表现为收入水平的直接或者间接提高、发展机会的享有、发展起点的提高、产业发展优惠政策的享有等具体形式。区域经济协调发展中的一个核心问题就是如何确保各地区相关主体公平地分享产业发展利益,如何让各地区相关主体能够公平地分享表现为以上形式的各种经济利益。从国家提出的各类区域发展战略看,基于全面关注地区之间产业利益公平分享的视角,政府有义务建立起保障区域协调发展的区域协调互动机制这个基础性机制。从逻辑上考察,实现区域协调互动的调控机制包括纵向调控机制、横向合作机制、特别区域发展促进机制等。纵向调控机制表现为中央利用包括区域协调发展规划、财税、金融、产业政策、投资政策在内的各种区域发展政策自上而下地对区域发展进行调控的机制。横向合作合作机制表现为区域间的横向主体之间的合作机制以及国家对此类合作的促进机制。特别区域发展促进机制则表现为国家为促进特别区域发展而建立的专门机制以及特殊的区域协调发展规划、财税、金融、产业布局、投资等政策法律机制。立足于产业利益公平分享的视角,纵向机制主要针对区域产业规划、区域产业政策、区域产业投资、区域产业利益补偿等内容;横向机制主要针对区域之间的产业合作及产业利益分享等要素;特别区域发展促进机制主要针对特殊的区域产业规划、区域产业政策、区域产业投资等内容。

经过多年的努力,我们在健全区域协调互动机制方面已经取得了相当的成就,纵向调控、横向合作、特别区域发展促进的机制体系已经初步成形。在此基础上,要素流动与产业转移的市场机制正在逐步形成,区域之间合作机制也见雏形,区域之间的产业互助机制正在深化,区域之间的利益补偿机制正得到逐步优化。这些机制有效地保证了各地区相关利益主体对产业利益的公平分享,对于稳定社会、促进经济持续健康发展起到了重要作用。不过,现行的区域协调发展政策在促进保障产业利益公平分享方面,也存在一些机制上、制度上的不足。

(1)纵向调控、横向合作、特别区域发展促进等三种机制在体系结构上存在缺失。在区域协调发展调控机制中的纵向调控、横向合作、特别区域发展促进的三架马车中,横向合作相对弱化。这具体表现在以下几个方面:

第一,地方政府之间基于促进区域发展协调战略目标的合作不够。我国在中央统一部署下除了推进对口支援外,地方之间也有经济技术协作活动,但各地自行推动的区域合作不多,他们的主动性还比较低,要素流动的公平市场机制也有待完善。本来,横向合作机制的目标在于充分调动各地政府参与区域发展协调的积极性,使他们能够把地区经济发展竞争的最终目标定位于促进我国区域发展协调的国家战略目标上来。但是基于这个特定目的的合作还相当少,很多地方经济的所谓合作主要表现为资源和优势的争夺。

第二,地方政府合作的层次性不够全面。区域合作中,有的发生在地方行政单位之间,有的发生在城市群之间。从行政单位看,既有省级别单位之间的合作,也有不同级别行政单位之间的合作。不过,特定区域发展战略相关区域内部之间的合作相对多,而在东部与西部、东部与中部、西部与中部向度上的区域合作还相对较少。当然,在很大程度上,特定区域战略相关区域内部之间的合作机制也能促进这些特定区域内部各地产业发展利益的公平分享,并且该机制可以成为完善东部与西部向度上的区域合作机制的范本。不过,即使是前一种横向合作机制,也有存在一些问题。

第三,区域合作中的行政色彩过浓。区域协调发展与统筹发展中的合作,在产业发展方面,主要表现为:不同地区相关主体把地区之间的经济要素按照市场规律进行交流,使产业在尊重市场规律的前提下进行转移。区域合作机制的一个主要目的就是服务经济,其实质是在区域之间由政府搭台、企业唱戏的机制。在这个意义上,区域合作本质上也是一种市场活动,也必须尊重市场规律。所以,理性的区域合作,应当由企业主导、由平等的经济性组织全面推进。虽然企业或平等主体主导的合作也需要政府的调控与服务,但在本质意义上讲,政府服务与调控的目的在于为平等主体之间的合作创造条件,建立区域合作鼓励机制与服务机制,并且政府的作用也是有限的。就目前来看,区域合作大多由政府主导。不仅线由政府牵、台由政府搭,而且戏也主要由政府这个主角来唱。

第四,区域合作的合作内容不够全面。区域合作既可以直接服务于产业转移、要素流动和统一市场的建立,也可以促进公共基础设施建设、公共服务的统一。但是,目前的合作多直接服务于经济,较少涉及公共基础设施与公共服务这些经济发展的软环境。即使是直接经济目的方面,也多在具体经济要素上进行合作,对于建立统一的要素市场方面,各方合作的意愿也不太高,合作成效也不明显。

第五,区域合作的规范性不足。企业之间的合作,应当是一种严肃的合约行为,但是很多事实上相当随意。特别是在诸如交流洽谈会等各类短期合作平台上开展的合作,很多企业仅仅当作意向看,不太注重合作文本的规范设计。政府之间的合作,框架性意见占的比例相当大,有明确而具体举措的合作成果相当小;还有一些合作明显违背法制原则,事实上是在以"合作之名"行"地方保护之实"。

第六,合作协调机构设置不够合理。区域合作的有效开展依赖于可行的组织与协调机制来开展合作的决策、执行与协调等具体事务。目前存在也诸如经济联合会、行政首长联席会议、市长论坛、秘书长论坛、协调会等协调机构。比如:为协调西南与西北的经济发展,陕甘川宁蒙五省(区)共18方成员连续多年召开了陕甘川相邻地区经济联合会。珠江三角洲的区域合作,有珠三角的粤港联席会议制度和9省区试图建立的政府联席会议、秘书长会议、部门衔接会议。长三角的区域合作,有政首长联席会议、城市经济协调会、信息合作联席会议,等等。但是,既有的这些机构,组织相对松散,职责不甚明确,也缺乏权威,明显地表现出会议化的倾向。由于缺乏稳固强有力的居中协调机构,沟通渠道欠缺,协调机制的制度化程度较低,以至于很多合作被"矮化"为非制度化的合作协调,政府间的共识在很大程度上要靠地方领导人的承诺来保障,这就使得区域合作效率受到严重影响。

第七,区域之间的互助也存在一些不足。以对口支援位主要内容的区域互助的政策实施以来,发达省市积极履行职责,投入了大量资金,从经济技术、企业管理、人才培养、公共基础设施建设、产业发展方面,组织了一大批对口支援的项目,有力地推动了民族地区的经济和社会发展。但是,对口支援政策在实施中也出现了一些问题。首先,作为一项国家政策,对口援建政策的落实在很大程度上依赖于政策宣示,还没有建立起体系化的考核指标及考核机制。发达地区推动该项政策,多出于政治考虑,没有从法律义务与责任的角度看待,因此政策实施的热情不高,随意性和不确定性的特征很明显。如果发达地区认识到了对口支援政策在国家区域协调发展宏观调控政策体系中的地位,如果发达地区认识到了在区域经济协调发展战略中承担更多的责任对促进自身发展有重要意义,那么其积极性和责任感将完全不同。其次,从1996年国务院明确对口帮扶关系后的10多年以来,帮扶地与被帮扶地的经济社会发展水平都有了很大变化,社会经济发展的环境也显著发展,但是帮扶地选择机制、帮扶关系主体、帮扶水平、帮扶领域等决定该政策实施效果的传统机制要素,仍然被沿用。

(2)宏观调控权的配置欠缺合理性。如前所述,近年来的区域经济发展战略事实上经历了两个阶段。在2005年以前推行的是东、中、西、东北四个区域为核心的地域分区区域协调发展战略。在2005年后,逐步转向了以功能区规划为核心的功能区区域统筹发展战略。不管在哪个阶段,宏观调控都是关键的要素。在前一阶段,产业利益分享主要通过行政主导的方式进行,依赖于中央政府的各种产业利益分享优惠,推行以产业振兴为核心的政策体系,让中、西、东北这三个地域内的相关主体能够公平的分享到产业发展利益。在功能区区域统筹发展阶段,首先要通过国家的宏观调控手段来划分经济与产业发展的功能区;然后通过国家的宏观调控政策来培育相关区域的竞争优势,实施适度的非均衡产业与经济发展;最后通过宏观调控的方式来调节功能区的利益关系,实现社会的稳定和区域经济的协调和可持续发展。这其中,国家的投资政策与产业政策将相当关键。在实行按主体功能区定位进行分类管理的产业政策的同时,国家还掌握部分中央投资,省里也要掌握一部分省财政投资,以确保按主体功能区和按领域安排的各类投资政策能够更好地配合。可以说,在后一个阶段,虽然更加强调发挥市场的基础作用,但为确保统筹发展基本目标的实现,国家宏观调控的参与度事实上会更高。在区域经济协调发展过程中,中央和地方政府的调控都相当关键。不过,宏观调控权的优化配置还没有跟上。

第一,中央和地方之间权力关系不明确。在各地的区域发展利益、区域产业利益诉求都相当强烈的情况下,中央和地方政府的权力如何配置呢?这个问题在目前还没有得到有效解决。在有关区域产业发展规划、协调、分享、补偿等事务中,哪些权利归属中央,哪些权利归属地方,都不明确。由于区域经济协调发展本身是一项重大改革,没有现成经验可资借鉴,也没有既定制度可以依据。说到底,就是地方到底有多少权力?比如,在长三角、珠三角经济圈、成渝经济圈的发展战略中,中央和地方到底该如何发挥作用,目前还处于相对混沌状态。

第二,权力结构失衡。这主要指从市场规律看,在某些调控事务上,诸如大的区域内部产业规划,中央管得过多而地方自由太少,而在另外一些事务上,诸如地区产业发展利益的补偿,地方的自由太多而中央管得过少。目前的区域经济协作在很大程度上是发挥市场机制而推进的,但是传统的区域经济发展管理还是建立在行政推动的模式下。大力推进的城市群、经济带发展战略,很多需要中央批准才能够名正言顺,而地方和地方之间却缺少足够的经济调控创设权,这是很不正常的。相反,在区域间利益矛盾尖锐、地方协调成本很高的情况下,在一些本应由中央政府强力推动的事情,但是中央却难以从整体上进行宏观调控。各区域之间的产业发展合作推进缓慢,或者各地在引资与产业承接过程中的"朝底竞争"、区域产业"同构化"

与"低度化",都可以看作是由这些问题导致的社会后果。① 鉴于已经存在国家层面上的功能区规划、产业政策和相关的土地、环境、税收政策,如果中央能够严格执行各种宏观调控权力,那么各地在引资与产业承接过程中不应当出现"朝底竞争"、区域产业"同构化"的问题。如果国家对国土进行了有权威的统一规划并且严格规范地方的管理行为,这些问题本是可以避免的。在功能区统筹发展战略的实施过程中,国家的宏观调控将面临一些新的真空领域,诸如功能区的标准与考核指标、功能区动态调整,等等。

第三,宏观调控权行使主体安排不明确。不管在中央还是在地方,宏观调控权最终是由具体主体来行使的。中央层面,应当由谁行使? 国家发展与改革委员会能够直接决定功能区的划分、重大改革试验等基本国策性质的事项吗? 既有的西部开发、东北振兴管理协调机构,该何去何从? 是否应当针对新型的区域合作形式成立新型的协调机构? 在地方层面,产业发展的宏观调控权,到底是由省级、地级、县区级政府的哪一级别行使? 地方之间的经济协调,是否需要成立专门的机构? 对于这些问题,目前还没有答案。

(3)宏观调整政策合理工具的缺失。如前所述,区域协调发展目标的实现在很大程度上必须依赖于国家理性的宏观调控政策。在产业利益公平分享的角度看,区域协调发展又根本地取决于理性的区域产业政策,区域产业协调发展的程度决定着区域协调发展的程度。在这个意义上,"产业"与"地区"相结合的政策是最优区域政策,而国家也应在区域政策与产业政策有机结合的角度来关注区域发展战略的有序推进。通过产业发展政策来支持落后地区,使得贫困地区经济与生活条件得到显著改善,相应的经济发展不公平问题也能在很大程度上得以化解。因此,国家的区域协调宏观调控政策应当高度关注区域产业政策协调机制的问题,关注产业政策工具的理性选择问题。从区域协调发展的角度看,应当加大对中西部地区、东北扶持与优惠力度。从产业利益分享权实现的特定视角看,应当在产业政策的制定与落实方面朝这些地区倾斜。当然,区域产业政策的良性推进也需要财

---

① 所谓"朝底竞争",就是为了吸引外地资本进入,地方政府不断降低条件、提高政策优惠,甚至不惜牺牲环境与其他社会利益。"同构化",主要是指产业结构在变动过程中不断出现和增强的区域间结构的高度相似趋势。各地产业结构的雷同或者相似,严重背离了地区产业合理分工的经济规律,脱离了当地实际。"低度化",主要是指在产业结构从低水平状态向高水平状态升级的动态过程中,依然处于在低速度或者低水平上重复的状态。

政政策、投资政策、土地政策、人口政策等其他配套政策的及时跟进。我国目前已经建立起了一套促进地区之间产业利益分享的宏观调政策,这些政策也起到了很好的效果。但是,从产业利益公平分享的视角看,这些宏观调控政策工具也存在合理性缺失的问题。在实践中,这方面问题主要有:

第一,还没有选择理性的宏观调控政策来高度关注地区之间产业的恶性竞争问题。恶性竞争最最主要地表现为"朝底竞争"。地区经济的"朝底竞争"已经导致了严重的经济和社会问题,不仅严重恶化我国经济结构,而且严重影响区域协调发展战略的实现。

第二,产业发展政策与收入差距缩小政策目标之间出现关联性偏差。比如,拿各地推行的产业集群政策这种重要的产业政策来说。产业集群构造对于收入差距有不同影响效应。[①] 以农村为中心的产业集群,有助于缩小差距;而以城市为中心的产业集群,可以反而扩大收入差距。在进行产业集群布局时,到底选择以什么为中心需要科学论证,并在此基础上搭建配套的产业利益调节分享的政策体系。很多地方对此关注不够。再比如产业转移。产业转移本身也有一个政策导向下的模式选择问题,即"就资金移动劳动力"还是"就劳动力移动资金"。如果是前者,产业还是将向沿海发达地区集中;而依据后者,产业资金向劳动力密集的中西部地区转移。在这些方面,宏观调控的政策导向,如何选择? 该如何保障这个导向与发展中西部产业的政策目标相适应? 在现行宏观调控政策工具体系中,与这些问题相关的理性工具还没得到应有的重视。

第三,宏观调控政策工具的转型与适应性调整问题。在主体功能区的区域战略中,宏观调控政策体系包括财政政策、投资政策、产业政策、土地政策、人口政策。[②] 与产业发展与产业利益分享有关的,主要是前四种。比如,优先开发区的主要政策工具有优惠贷款、禁止与许可制度、课税;重点开发区的主要政策工具有拨款、优惠贷款、减免税收、基础设施、工业与科技园区。[③] 这些政策体系与传统区域政策在分类上、指向上有明显差异。因此,在区域协调发展向统筹发展、地域为中心的区域发展政策向主体功能区的

---

① 康伊:"产业集群与城乡收入差距的变动研究",载《中国科技产业》2006 年第 5 期。

② 赖华东、蔡靖方:"主体功能区的区域政策工具选择与组合策略——基于主体功能区分类区域政策的思考",载《珠江经济》2007 年第 7 期。

③ 赖华东、蔡靖方:"主体功能区的区域政策工具选择与组合策略——基于主体功能区分类区域政策的思考",载《珠江经济》2007 年第 7 期。

区域发展政策转型过程中,宏观调控政策工具也面临适当转型与调整问题,目前各级政府的关注还不够。

(4)区域协调战略中对产业利益公平分享的关注力度尚不够。鉴于区域政策与产业政策的高度关联性,在推进区域协调发展战略中,必须高度关注产业发展利益公平分享的基本政策目标。虽然既有政策在这方面有所体现,但在区域规划与利益补偿方面,还存在一些值得关注的现象:

第一,在区域规划过程中对产业利益公平分享权关注的缺失。目前存在多种区域经济格局并存的局面,而区域本身又包括功能区、东中西东北四区域、经济圈、经济带、城市群等多种形式。在这些不同区域发展战略中,有哪些与解决东西产业发展差异的战略目标相关联?在这些区域战略的规划过程中,政府是否对地区产业发展不公平的问题以及产业利益公平分享的战略保持了应有的关注度?在这些方面,可能都存在疑问。根据《关于编制全国主体功能区的意见》,主体功能区实质是一种目的在于缓解资源环境矛盾、打破行政区划分割、促进区域分工和优势互补使命的区域经济规划。根据该战略规划,国家将遵循经济规律和自然规律,编制引导人口分布与经济发展趋势相适应,人口、经济分布与资源环境承载能力相适应的规划总图,指导城乡之间、区域之间以及人口、经济、资源环境之间的协调发展。东中西东北四区域,是中央政府通过国家力量按照特定区域发展战略而对国土特定区域进行发展规划的结果。在不同的区域中,采取了不同的政策支持机制来发展经济与产业。目前的经济圈、经济带、城市群等,是在地方政府主导下形成的以经济发展、产业分布为核心的区域规划形式。因此,按照区域发展战略,区域类型的确立直接影响有关区域经济的发展定位和产业发展定位。其结果是,特定区域的规划定位直接决定某地经济样态、产业样态、资源集聚,也直接决定了当地有关主体对产业利益分享的数量与途径。很明显,区域经济发展规划将直接影响到某地相关主体的经济发展权、产业利益分享权。也就是说,区域经济规划本身是一种重大利益调节行为。这也是各地极力争取各类规划区的根本原因。但是,就目前的实施情况看,在进行各种区域经济规划的过程中,对相关主体产业利益公平分享的关注不够。这主要表现在以下五个方面:

①重大的区域规划过程中缺少相关主体的利益表达机制。功能区指标体系的设计、规划推进过程、调整规则的设计,国家发改委并没有召开有关听证会,社会上也因此出现了对功能区战略的反对声音。中部崛起战略之所以产生,是因为在西部大开发政策实施过程中中部地区产业发展因政策

真空而出现塌陷情况。之所以出现这些被动局面,在很大程度上是因为,在制定相关政策的过程中,没有征求中部地区各利益主体的意见,没有对西部大开发政策实施的社会影响进行全面论证。

②缺少利益相关主体对这些规划的协商机制。区域规划不仅关系到特定利益主体的利益享有,也关系到在该区域内与其他利益主体的关系。因此各个利益主体之间在区域规划过程中的沟通与协商,对于健全区域发展中的协调机制有重大意义。但是,这个环节在国家规划的层面上很少被关注。

③现行的利益补偿或者扶持机制还较少关注规划本身带来的利益调整问题。区域规划本身涉及到利益的调整,规划中的利益调整也应当成为区域协作互助与扶持中必须考虑的一个因素。区域规划实质是一种产业发展利益的分享机制,在这个利益分享过程中,必然涉及利益的受益方和受损方。为全面贯彻产业利益公平分享观,应当建立区域补偿权与补偿义务制度,产业利益因规划受到损害的区域应当享有补偿权,因规划受益的主体则应当承担一定的补偿义务。目前的规划活动,还较少在事前关注这个问题。

④中西部地区的重点战略地区的选择和培育力度不够。经济发展现状表明,重点战略区将成为新一轮区域发展的增长点。目前,中央已经确定广西北部湾、天津滨海新区、唐山曹妃甸新区等作为我国新一轮社会经济发展的助推器,也战略性地选择建立了中西部地区和东北地区的改革试验区,但是广大的中西部和东北地区,相关增长极的数量还是不够的。①

⑤对省内区域规划的关注不够。现有的区域规划多集中在国家层面、省际层面,虽然省内的区域经济规划相当必要,很多地方也在大力推进,但是不管是理论还是制度层面,对于这些省内的区域规划涉及到的产业利益调整、产业利益补偿等问题,都缺少应有关注。

第二,缺乏完备的区域产业利益补偿机制。产业利益的公平分享必然涉及到产业利益的补偿机制。纵向区域产业发展调控机制的推行并不能消除产业发展的不均衡,通过国家强制的方式来推行产业利益补偿机制是必要的。在横向区域合作机制中,虽然可以通过健全的市场机制、参与合作的各方合作机制以及收益方对其他方的帮助机制等方式来实现产业利益在相

① 于今:"让科学发展成为区域调控的核心",载《中国经济导报》2009 年 1 月 10 日。

关主体之间的公平分享,但是市场机制本身就意味着经济资源非均衡配置是不可以避免的。也就是说,在推行区域协调发展横向合作机制的过程中,利益分享机制本身也会涉及到自愿非均衡产业政策下的利益补偿问题。在自愿补偿机制失灵的情况下,强制的产业利益补偿机制也是必须的。在落实特定区域发展促进的战略中,通过公共财政转移支付的方式来实现的产业利益补偿,也是一种重要的调控措施。产业利益补偿机制在本质上是一种对弱势地区倾斜性扶助机制。这种机制,建立在产业利益公平分享其他方式的基础上,在国民财富的第二次分配领域中得以实现。与传统产业利益协调手段相比较,产业利益补偿机制具有更加强调操作的规范性,在维系地方公平竞争的前提下更加强调公平,更加有助于发挥中央政府的核心作用。① 目前,我国已经建立起财政转移支付制度的基本框架,也启动了环境利益补偿机制。在经济发展相对落后的地区,大力推动发展义务教育、公共卫生、公共安全、公益文化、最低生活保障、扶贫等各个方面事业,也已经取得了相当的成效。但是这些政策也存在一些不可忽视的问题。首先,既有财政转移支付制度,还带有浓厚的扶贫色彩,对产业利益补偿、环境利益补偿的关注不够。很明显,在这种背景下的财政转移制度,其效果必然受到一些非理性观念的影响。在推进相关转移支付时,实施主体可能并不是从利益分享的角度考虑其应然性和正当性基础,而是仅仅从扶持的角度去考虑其道德性、政治性;以发展利益受到影响为基础来进行计算,现行公共财政转移支付的数量还达不到应然补偿的水平。获得转移支付财政资金的特地区域,并不一定把通过转移财政转移支付获得的公共财政资金全部用于义务教育、公共卫生、公共安全、公益文化、最低生活保障、扶贫等事业,而是用于当地不应当发展的产业上。如果获得补偿资金的各地把这些资金非理性地用于发展当地所谓的希望产业,那么又可能产生新的区域发展不均衡问题。

(5)地区之间产业利益分享欠缺体系化的制度保障。区域经济发展在理论与实践上都属于区域开发范畴。通过比较考察我们发现,其他国家针对区域开发建立专门法律制度是相当普遍的。在发达国家,有关区域开发的法律一般包括基本法、区域法和专项法等三类。德国的《联邦区域规划法》(1965年)、《促进经济稳定与增长法》(1967年)、《改善区域经济结构

---

① 江冰:"区域协调发展要靠新型利益协调机制",载《中国改革》2006年第2期。

共同任务法》(1969年);日本的《国土综合开发法》(1950年)、《国土开发利用法》(1974年),这些都是区域发展基本法。该类法律主要用于规范某国在区域开发领域的总体目标、基本原则、主体思路、战略重点、政策措施等重大原则性事项。美国的《田西河流域管理法》以及《联邦受援区和受援社区法案》、日本的《北海道开发法》、韩国的《有关特定地区开发临时措施法》、《城市再开发法》、《促进特定地域综合开发特别措施法》、《首都圈整备计划法》、《济州岛开发特别法》等等,都属于区域法。这些法律专门规范拟重点开发的特定区域在发展中面临的一些特殊事项,诸如发展方向、重点任务及支持手段等。法国的《滨海带整治方案》、日本的《关于东京首都圈建成区控制发展工业法》、英国的《工业发展法》等都属于专项法。这些法律,针对解决区域发展中某一类重大问题或特殊事项而制定,以明确特定问题解决的基本思路、方向重点和具体措施。①

尽管区域协调与统筹发展已经上升为国家战略,相关政策体系已具雏形,但是我国专门法律制度体系还没有形成。可以认为,地区之间产业利益分享协调缺乏体系化的制度保障,是一个不争的事实。有关区域开发的基本原则、战略重点、基本措施等重点问题,特定区域发展的重点任务、专门支持政策、管理机构等重点事项,特定区域内部产业发展、环境治理、公共服务等重点要素,都缺乏专门法律制度的作为支撑。目前,我们看到的有关地区之间产业利益分享的有关内容,多由执政党的纲领性文件提出,多由国务院或者其部委通过政策文件的方式来规定。比如,"西部大开发"、"中部崛起"和"振兴东北老工业基地"等重要决策,是党中央和国务院以政策的方式来确定的,至多列入到全国人大批准的国民经济与社会发展的长期规划。导致产业利益在不同区域主体之间进行重大调整的主体功能区战略,是由国务院通过发布《关于编制全国主体功能区的意见》的方式直接提出、最终交由国家发改委来负责实施的,而在立法层面上至今没有任何动作。我们并不否认,在当今社会经济条件下党中央和国务院的政策文件在推行这些重大战略中的重大作用,但是我们的思维并不能够仅仅停留在政策推动上,而是应当考虑如何及时地将那些行之有效的区域与产业发展及利益公平分享的政策措施上升为法律制度的问题。

---

① 杨荫凯等:"加快我国区域发展立法工作",载《宏观经济管理》2009年第3期。

(二)城乡、工农业之间产业利益分享的现状考察与问题探究

1. 现状考察

城乡问题、工农业之间的问题,是"三农问题"的核心要素。如前所述,城乡、工业之间差距拉大的原因很多,其中产业发展不均衡、产业利益分享机制不合理导致的广大农村居民难以公平分享整个国家经济与产业发展的利益,是一个重要方面。"三农问题"一直受到党中央的高度关注。事实上,我国的改革开放政策是从"三农问题"开始的。1979 年开始实施的家庭联产承包责任制,让农民获得自主和实惠,极大地释放了广大农民发展农业的激情,农业与农村也因此有了很大发展,城乡居民之间的收入差距也因此有所缩小。① 但是,由于家庭联产承包制的内在局限以及市场的原因,从 1984 年起一直到 1994 年,城乡居民收入差距事实上是在扩大。1995—1997 年间有过短暂的缩小,但从 1998 年开始,城乡居民收入差距又在急剧扩大。到了 2007 年,城乡居民收入比例达到了 3.33。② 可以认为,虽然近年城乡居民收入增加率之间的差距有所缩小,甚至也出现了短暂的农民收入年增长率超过城镇的情况,城乡居民收入差距继续被拉大的趋势没有改变。③ 城乡居民收入差距拉大很大程度上是对城乡发展严重失调状态的反应。城乡发展严重失调为经济与社会发展带来了严重的负面影响,不仅使得"三农问题"更加突出,而在很大程度上也使得地区发展的非均衡问题更加严重。有学者通过研究发现,农村地区收入差距大约解释了总体地区收入差距的 23%,远大于城镇地区收入差距对总体地区收入差距 3% 左右的解释率。④

从 2002 年开始,"三农"问题受到高度关注,党中央、国务院陆续出台了一系列有关政策,持续推进农村综合改革与制度创新。伴随经济与社会

---

① 韩劲:"战略与决策:从收入差距看我国统筹城乡发展",载《中国软科学》2009 年第 2 期。

② 1978 年,城乡居民收入比为 2.56;1983 年,该比例为 1.82;从 1984 年起,在逐步扩大。1986 年,该比例为 2.12;1994 年为 2.86;1997 年为 2.47;2007 年为 3.33。(资料来源:《中国统计年鉴2007》)

③ 国务院新闻办公室 2010 年 1 月 21 日举行新闻发布会,国家统计局局长马建堂在介绍 2009 年国民经济运行情况时指出,2009 年农村居民人均纯收入实际增长是 8.5%,城镇居民人均可支配收入实际增长 9.8%,确实城市居民的人均可支配收入比农村稍快一些,城乡居民收入的差距确实实在继续扩大。

④ 高连水:"我国农村地区收入差距大于城镇且波动更为明显",载《人民日报》2009 年 10 月 30 日。

发展基本理念与政策的逐步转型,统筹城乡发展、建设社会主义新农村,让农民共享改革发展成果的三农政策理念逐步形成和推进。2002 年党的十六大提出了统筹城乡经济社会发展的战略,2003 年党中央提了科学发展观的战略,2004 年提出了构建和谐社会的战略,2008 年党的十七届三中全会在总结十一届三中全会以后 30 年来我国农村改革发展的光辉历程和宝贵经验的基础上,提出了"加快推进社会主义新农村建设,大力推动城乡统筹发展"的一系列政策。从 2004 年开始的连续 7 年 1 号文件,分别就"促进农民增加收入"、"加强农村工作提高农业综合生产能力"、"推进社会主义新农村建设"、"积极发展现代农业扎实推进社会主义新农村建设"、"切实加强农业基础地位进一步促进农业发展农民增收"、"促进农业稳定发展农民持续增收"、"夯实农业农村发展基础"等重大命题做了比较系统的阐述。发展现代农业,通过农业产业化来使农民获得发展利益,是"三农"战略中产业环节中最为关键的内容。四川大学经济学院课题组进行一项研究的研究表明,缩小中国城乡居民收入差距的关键,不是一般地提出使农民增收,而是必须使农村居民的收入增长率稳定达到城镇居民的收入增长率,其基础就是实现农业产业化。[①] 综观这些文件,党中央从不同角度广泛地涉及了发展农业与其他产业的政策措施。可见,发展农业产业、让广大农村居民分享产业发展利益在中央政策体系中的重要地位。为完善我国农村经营体制改革,我国还于 2006 年专门制定了《农民专业合作社法》,以大力发展农民专业合作社这种新型经营主体,从而优化农村产业化发展的市场主体。截至 2008 年 6 月底,全国依法登记并领取法人营业执照的农民专业合作社有 58072 个,已占到全国农民专业合作组织总数的 1/3;登记成员 771850户,农民成员占登记成员总数的 96%;成员出资总额 430.13 亿元,货币出资占出资总额的 77%。

我国正在推进的社会主义新农村及统筹城乡发展战略首先树立了"以工促农、以城带乡"的发展理念。在 2004 年 9 月召开的中共十六届四中全会上,中共中央总书记胡锦涛明确提出"两个趋向"的重要论断,即:在工业化初始阶段,农业支持工业、为工业提供积累是带有普遍性的趋向;在工业化达到相当程度后,工业反哺农业、城市支持农村,实现工业与农业、城市与农村协调发展,也是带有普遍性的趋向。在同年 12 月初召开的中央经济工

---

① 四川大学经济学院课题组:"关于中国城乡收入差距的若干问题",载《经济学家》2005 年第 4 期。

作会议上,胡锦涛强调指出,我国现在总体上已到了"以工促农、以城带乡"的发展阶段。从此,"以工促农、以城带乡"的战略理念得以确立。工业反哺农业、城市支持农村,是对工业化、城市化发展到一定阶段时工农关系、城乡关系的科学概括。从产业利益发展及公平分享的角度看,该战略理念的基本目标是消除城乡差距,破解"三农问题"。其中,工业反哺农业是基于产业发展、产业政策的思路而提出的;以城带乡,则需要通过包括以工促农在内的各种政策来推进。① 按照胡锦涛的论断,我国工业化的发展到一定阶段,工业取代农业成为主导产业,为使工农业协调发展,必须加强对农业的扶持和保护,实行由农业哺育工业到工业反哺农业的政策转变。

在此基础上,我国还基于产业利益公平分享的政策目标建立起了比较体系化的工业反哺农业的机制和政策。这些包括:继续贯彻农业支持与保护政策,通过增加农业农村投入、大幅度增加农业补贴、维持农产品价格水平、增强农村金融服务能力等方式,加大对农业的支持与保护力度;通过加大力度扶持粮食生产、支持优势产区集中发展油料等经济作物生产、加快发展畜牧水产规模化标准化健康养殖、加快农业标准化示范区建设、加强农产品进出口调控等政策措施,实现农业产业化经营,稳定发展农业生产;通过加快建设农田水利、机械化、农业科研、农产品市场体系等方式,强化现代农业物质支撑和服务体系;通过稳定农村土地承包关系、建立健全土地承包经营权流转市场、推进集体林权制度改革、扶持农民专业合作社和龙头企业发展等措施,稳定完善农村基本经营制度;通过发展农村基础设施、公共服务体系等方式,推进城乡经济社会发展一体化,完善农业产业化发展的社会环境。为此,《农村土地承包法》、《农民专业合作社法》等法律文件及时地把其中的某些成熟政策转化成为了法律制度。我国还提出了发展县域经济的基本战略。2002 年 11 月,中共十六大报告首次提出:"发展农产品加工业,壮大县域经济"。此后,十届人大一次至三次会议的政府工作报告、党的十六届三中全会、2004 年中央一号文件都相继明确了该战略。2005 年中共十六届五中全会通过的十一五规划建议对该战略做了系统地表述:"大力发展县域经济,加强农村劳动力技能培训,引导富余劳动力向非农产业和城镇有序转移,带动乡镇企业和小城镇发展。"县域经济战略虽然并没有直接提出以工促农的产业发展导向问题,但事实上贯彻了以城带乡的基本理念,也

---

① 也正是在这个意义上,本课题主要从以工促农的角度来探讨城乡差距的破解问题。

也具有发展农业产业的浓厚意味,为农村产业特别是农业发展提供了新的政策思路。可以预见,在这些战略框架中,我国城乡之间、工农之间的利益关系必将得到很大优化。

2. 问题探究

上述政策从根本上体现了通过"以工促农、以城带乡"来实现统筹城乡发展、保障农民公平分享产业发展利益的基本思想。迄今为止,这些政策在推动农村经济发展、保障农民享有发展利益、保障农民产业利益分享权等方面,都取得了显著成就。但是,这些政策在实施中也暴露出一些问题。从政策实施的结果看,城乡居民的收入差距不仅没有缩小,反而继续被拉大。2004 年为 3.21,比 2003 年下降 0.02;但是 2005 年则上升到了 3.22;2006 年上升为 3.28;2007 年上升为 3.33;2008 年上升为 3.36。2007 年绝对差距为 9646 元,2008 年的绝对差距首次超过 1 万元。根据 2010 年各省、自治区、直辖市的政府工作报告发布的数据,31 省区市居民收入差距的数值绝对值相差已经达到两倍,上海城镇居民年人均可支配收入是排在末尾的甘肃的两倍还多。[①] 这些事实给社会造成了一种"越关心三农、城乡收入比差距越大"的印象。虽然城乡居民收入差距拉大的原因很多,但工业与农业发展不平衡、工农之间产业利益公平分享机制的缺失,是其中的一个主要方面。城乡差距拉大的结果本身就可能意味着,促进农业产业发展的某些政策的实施效果不理想。究其原因,其中的主要问题有:

(1)产业利益分享的观念偏差。"以工促农"在本质上是产业利益分享的一种基本政策思路,而理顺工农两大产业关系的目的在于建立相关主体公平分享有关产业利益的机制。在处理工农关系的过程中,存在着产业利益分享的观念偏差。这种偏差主要地表现在以下两个方面:

一方面,农民发展权益保障的政策思路在执行中出现偏差。从城乡居民收入差距持续加剧的事实看,农民参与产业利益分享的效果不甚理想。在这里,需要我们反思:为什么良好战略得不到有效执行? 这背后是否存在某些深层次的原因? 我们认为,产业发展与利益分享中农民主体权利的缺失可能就是其中的一种重要因素。让农民公平分享产业利益的政策,是在统筹城乡、建设社会主义新农村的三农战略中提出的。统筹城乡、建设社会主义新农村的根本目标是什么? 是农村本身,还是农民本身? 答案显然应

[①] 曾佑忠:"31 省区市居民收入差距明显上海是甘肃两倍多",载《法制晚报》2010 年 3 月 1 日。

当是后者。就各地提出的城乡统筹战略或者具体措施看,城乡统筹的目标定位似乎有偏差。以城乡统筹为背景的宏观政策很多关涉工业发展、城市发展。如果这些工业政策、城市发展政策对于发展农村经济、提升农民收入来说有必然联系,那么无可厚非;如果该类政策引发农民反感,甚至还导致农民产生一种被剥夺利益的感觉,那么这些政策的合理性或者说合目标性就值得怀疑了。在这个意义上,我们应时刻注意,城乡统筹发展战略应当最终定位于农民本身的发展,发展工业、发展城市应当只是解决统筹城乡发展的手段。只有坚持这种理念,我们才能够防止统筹城乡战略被异化为倾斜性发展工业和大力发展城市的一次借口。也正是在这个意义上讲,为破解"三农问题"而推行工业化和城市化的政策,我们的初衷不应是为了工业和城市的发展,而是为了缩小城乡差距。因此,有效保护农民权利的观念理应成为有效确保农民公平参与分享产业利益的前提条件。从需求层次性理论看,农民的需求包括法律平等权、生存权、发展权。城乡二元、工农二元结构下农民权利的贫困,造成了农民的生存贫困与发展障碍,而生存贫困与发展障碍又造成农民精神与物质上相对于城镇人口的贫困,并由此产生恶性循环。正是因为对农民这些基本权利保护不够,在农村产业规划、农村产业发展的过程中出现了一些不利于农民公平分享产业利益的问题。比如,为了发展工业与城市化,在土地征收、资源转让的过程中,压制农民的利益,甚至牺牲农民的生存环境利益;很多地方借统筹城乡发展的名义发展了大批与农业产业化无关的一些工业,其结果可能反而扩大城乡居民的收入差距;由于缺乏确保作为利益相关者的农民有机会表达自己意见的表达机制,各地出现了大量有关农村经济发展的基本规划与规划执行被异化的情况。

另一方面,在农业产业扶持政策的制定与执行中,农民公平分享产业利益的理念树立得不够高。基于各种原因,农业的发展必须依赖于国家财政的高度支持,但是我国在确立农业支持资金时,对资金计算的基础考虑不全面,财政支持资金的量还有待提高。从我国社会经济发展的历史与现实看,对农业支持资金不仅可以直接地体现为农业产业发展促进支持预算,也可能体现在对农民、对农村的支持预算中。因为以农民、农村为对象的财政支持事实上会改善现代农业发展的基础性条件。在这个基础上考虑对农业的财政支持资金时,我们就必须回应以下四个要素:第一,农业是弱势产业。对作为弱势产业的农业进行财政支持是世界各国的惯常做法,是农业产业发展的必要条件。第二,作为社会成员的农民有权平等地享有国家提供的公共服务,相关的涉农财政资金当然应当包括农村公共服务的支出预算。

第三,在很长一段时期内,我国实行的是"以农补工、以农村支持城市"的倾斜战略,在转向"以工促农、以城带乡"的政策后,对农业的财政支持预算必须考虑对历史的补偿因素。第四,在现阶段,我国农村与农业在事实上依然负担了相当大的社会功能。为了社会稳定,农村土地资源因被限制流转而无法自由地参与到经济发展的要素市场中去;粮食价格在事实上也受到限制。① 由于社会稳定、粮食安全、耕地保护等社会性义务被单方面施加给了农民、农村、农业,国家理应通过公共财政转移的方式对农民、农村、农业进行补偿。在这个意义上,对"三农"的财政支出占整个财政支出预算的比例应当有显著提高。但是,政策观念上重农而财政政策轻农的现实依然没有得到显著改观。财政用于农业的投入力度未能与中央"三农"政策力度同步。② 拿2005年来说,虽然中央把新农村建设放在国家"十一五"规划八个战略的首位,但财政用于农业的支出比重却比2004年下降了25%,从9.67%下降到了7.22%。农业发展的水平在很大程度上决定了农民的收入,发展农业产业是确保农民公平分享社会产业利益的一种基础路径。如果对农业支持的力度不到位,这本身就意味着农民公平分享产业利益的理念不到位。

(2)现代农业产业发展的要素与环境不够完备。发展现代农业,就是要实现农业的产业化,就是要用工业化理念办农业,把农业再生产过程的产前、产中、产后诸环节联结成有机统一的整体,实现种养加、产供销、贸工农的一体化经营。农业产业化发展涉及的要素很多,包括农业产业化的产业主体的发展、产业链的拓展、农村土地资源流转与经营制度的完善、金融支持、财政支持等。除农村土地资源流转与经营制度因政策刚性难以突破外③,农业产业的组织要素、产业链的拓展、金融支持、财政支持等方面还存在很多亟待改进的问题。

第一,农业产业的组织要素有待发展。农业集中经营、规模经营是产业化发展的必要条件。问题是,让谁来主导这些集中经营、规模经营?如果把农民排除在外,他们显然难以充分分享农业产业化发展的利益。在现实中,

① 相对于国际市场,我国粮食的价格相当低,以至于出现了大量的粮食走私出口案件。
② 韩劲:"战略与决策:从收入差距看我国统筹城乡发展",载《中国软科学》2009年第2期。
③ 当然,这并不意味着就放之任之。就经营机制而言,在巩固家庭承包经营的基础上,还是有必要思考对传统农村集体经济组织的改造问题。

有地方政府强制推行土地集中,然后把这些集中的土地交流由某个企业经营。在这种经营模式中,当地农民事实上被排除在产业化之外了。在这个意义上,建立那些能够确保农民能够依据市场原则选择并参与的产业化经营组织形式,是解决产业化发展目标与农民参与产业发展利益之间矛盾的最佳选择。事实上,各地也尝试推动有助于化解该矛盾的各种农村经济经营模式,诸如土地直接入股、合作社、"公司+农户"、"农户+专业协会"、"公司+专业协会+农户"等经营模式。但是,这些模式在实践中的问题很多。首先,土地直接入股模式不仅会遭遇土地承包法上的土地流转限制,而且还会遭遇耕地保护法律制度中的农用地用途管制。其次,农民专业合作社的运行不规范。目前,我国农民专业合作社的发展总体上还处于起步阶段,"恐合症"、套取国家扶持政策的"假合作社"等现象还大量存在,合作社中"政社不分"、"企社不分"的现象还比较普遍,农民专业合作社法规定的扶持措施落实中不到位的情况比较严重。① 再次,"公司+农户"、"农户+专业协会"、"公司+专业协会+农户"等模式虽然避开了生产环节的集中、绕开了土地基本国策和农业基本政策的限制,在一定程度上适应了农业精耕细作的要求,也得以广泛推行。但是,这些模式的内在缺陷依然突出。在"公司+农户"的模式中,与公司进行谈判的是农民个体而非农民集体,由于公司始终处于主导地位,农民个体的利益很难在合作中得到有效尊重。"农户+专业协会"模式的实施效果也不理想。② 全国的几十万个协会,大多数事实上已经停止运行;在很多场合,协会是某些企业的实质代言人。"公司+专业协会+农户"具有能够保障农民的集体谈判,但也面临"农户+专业协会"模式同样的一些弊端。农户依然处于产业的最底端,依然是交易关系中的最弱势方,以至于出现了农民利益被合作公司或协会侵害的大量事件。

---

① 2008 年 10 月 27 日,十一届全国人民代表大会常务委员会第五次会议听取并审议农民专业合作社法实施情况的报告。

② 以重庆为例。重庆市已经有大量的各类专业合作社或专业协会。到 2007 年年底,仅仅在供销系统内,全市已建立有 215 个柑橘合作社、348 个生猪合作社、167 个中药材合作社、497 个蔬菜合作社,所拥有的种植面积和经营规模都分别占全市总规模的 30% 以上。不过,这些合作社并不是以《农民专业合作社法》为依据成立和运行的。同时,这些合作社本身的运行情况也难尽如人意。重庆市农业局在 2006 年重点支持了 20 家合作社或专业协会。根据我们对 3 家入围协会的实地调查,这 3 家事实上在当年就停止运行了。即使现在的所有合作社都是按照《农民专业合作社法》的要去成立或者转化而来的,也至少有 2/3 的运行效果欠佳。

第二,现代农业产业链整合的政策力度还不够。产业化的现代农业产业链,涉及生产、加工、销售、服务等一系列环节。近几年,粮食增收伤农、经济作物增产伤农的事件大量发生,究其原因,除与农业商品市场供求关系导致的价格波动的有关外,参与产业的农民无法分享整个农业产业链的其他增值利益也是一个重要因素。目前,在发展农业与工业的过程中,各地围绕农业产业链而促进工业农业结合的政策力度不够。

第三,现代农业的风险金融支持机制还不够完善。金融对农业的支持,从效果看,应当包括要素金融支持政策、风险金融支持政策两个方面。前者,是为农业产业直接提供资金。对此,我们将在融资部分加以分析。后者,则是为农业产业过程中的风险转移提供支持,并且主要表现为农业保险。农业是高度依赖自然条件的行业,是世界公认的抵御自然灾害能力极差的"弱质产业"。如何帮助农业经营者有效防范经营风险,是现代农业支持政策必须考虑的问题,而农业保险正好适应了这个紧迫要求。农业保险在本质上是一种可以按照商业保险模式进行管理的政策性保险。在我国,发展政策性农业保险是推进社会主义新农村建设的重要举措,是保险业服务"三农"和保障民生的重要途径。政策性农业保险制度的建立和完善,有利于减少灾害对农民生产生活的影响,有助于稳定和保障农民收入,也有利于通过保险机制发挥财政支持政策的杠杆效应使广大农民切实享受到中央惠农政策带来的效益。我国是世界上自然灾害最为严重的国家之一,我国的农业保险必然是一个高风险的保险业务。传统意义上的农业保险只指种植业和养殖业保险,这两部分保险是农民最急需的。在很长一段时期内,我国以商业性保险的方式来经营农业保险,在很大程度上并未把农业保险作为农业保护措施和一项政策性业务对待。因风险金不足、没有保费补贴以及保费筹措保护性政策,农业保险再推行过程中一度出现了政府组织难、保险公司经营难、农民交费难的"三难"尴尬现象。从 2003 年开始,这种现状有所改变。在当年,上海将农业险补贴列入公共财政体系,市区两级财政每年补贴达 1000 万元,约占上海农业险、农村建房险总保费的 25%。上海市也在全国率先出台农业保险实施办法,规定上海市郊农民在养殖业及蔬菜、水稻等种植业方面投保的可获得政府部门 25%—45% 的保险费补贴。2006 年后,政策性农业保险通过试点的形式在全国推行开来。中央财政首次对农业保险给予补贴,选择内蒙古、吉林、江苏、四川、湖南、新疆等六个省(区)的五种主要农作物开展试点,当年主要农作物承保面积达 1.4 亿亩,占试点地区播种面积的 70%。2007 年中央政府又将能繁母猪列为保费补贴品种。当年全国共承保能繁母 2888 万头,超过全国存栏总量的 60%。2008 年中央一号文件提出了积极推进政策性森林保险的要求。① 江苏、浙江也自主地在 2006 年推行政策性农业保险试点。② 虽然农业保险有很大发展,但现行机制依然存在很多问题:农业保险基本法的缺失;农业保险还处于试点中,没有全面推广到全国,也没有推广到农业生产的各个环节;农业保险产品还相对单一,没有涵盖从一般财产到所有领域中各个风险的防范需求;在试点农业保险的过程中,政府的支持力度不够;农业保险的经营与管理体制还没有理顺,存在着政策性保险公司直接经营管理、政策单方面支持商业保险公司而由商业保险公司经营、政策单方面支持投保农民而由商业保险公司经营、中华联合保险公司与新疆建设兵团共保等四种模式,我们到底该选择哪种模式,还需要进一步探索;对于如何基于商业性与社会管理性的双重目标预设而建立适宜的农业保险市场监管机制的问题,目前刚刚被保险监管部门所提及。

第四,直接支持农业产业发展的财政支持机制还有待完善。对此,我们将公共财政政策部分将予以讨论。

(4)促进现代农业产业发展的基础性法律的缺失。现代农业产业化发展是以国家促进为基础性条件的。因此,我们应当把有关促进农业产业化、现代化发展的基础性政策,上升到法律高度,给现代农业的产业化发展提供长久保障。我国已经初步建立了农业法体系,包括全国人大制定的《农业法》、《农业技术推广法》、《农村土地承包法》、《农民专业合作社法》以及国务院以及相关部委制定的行政法规、规章。各地也陆续制定了一些地方性法规。诸如,重庆市就出台了《重庆市农业机械管理条例》、《重庆市农村机电提灌管理条例》和《重庆市农业机械安全监理及事故处理条例》,等等。但是这些法律制度有明显的缺陷。第一,立法没有及时跟进时代背景、政策

---

① 我国于 1984 年由中国人民保险公司在桂林首次开展林业保险试点。由于林业保险的复杂性、我国林业产权的不清晰以及缺乏对林业保险的扶持政策等原因,作为农业重要组成部分的林业,其保险保障制度的建立与完善却明显滞后于农业保险,林业保险覆盖面很低。自 1984 年至 2007 年的这 24 年间,中国人保共承保林木 8.2 亿亩,承担保险责任限额 2258 亿元,保费收入仅 5.8 亿元。公司平均每年承保林木 1300 万亩,投保比例很小,仅占我国森林面积 1.75 亿公顷(2005 年林业普查数据)的 0.5%,占人工林保存面积 5325.7 万公顷(2005 年林业普查数据)的 1.6%。

② 浙江保险试点中,试点品种有九个,其中种植业五个:水稻、大棚蔬菜、西瓜、柑桔、林业;养殖业四个:生猪、鸡、鸭、淡水养鱼共九个品种。试点县(市、区)按"1+4"模式进行试点承保,即水稻(必保)+四个品种(选择),原则上不超过 5 个试点品种。

背景的显著变化。这些法律、法规多成形于20世纪90年代,而城乡统筹发展、新农村建设、现代农业发展等则是在最近几年由中央提出的。上述法律制度的政策定位、立法思维已经明显不能够适应现实需要。第二,有关现代农业促进的政策还相当缺乏。现代农业发展以及政府促进政策涉及到很多因素,而这些既有的法律、法规,多针对农村农业发展中的某些问题,有很多主要内容还没来得及作规定,更不用说详细规定了。

(三)垄断行业发展利益分享机制的现状考察与问题探究

1. 现状考察

如前所述,存在于垄断行业与非垄断行业之间的产业利益分享矛盾给社会带来了严重危害。首先,在那些依靠行政支持力量而形成的电力、电信、金融、保险、水电气供应、烟草、石油等垄断行业中,员工与管理人员的高报酬与经营效率、市场竞争中的自身贡献完全脱节。早在2005年的全国两会期间,民进中央常委、清华大学教授蔡继明委员在其发言中就指出,我国电力煤气业职工收入差距中有3110元是自然垄断造成的,占其收入的21.32%;政府政策垄断形成的垄断收入更高,2001年该行业职工收入中约有1766.90元是行政性垄断或政策性垄断形成的。[①] 依据市场原则,高工资理应是市场竞争的结果;同时,即使是市场竞争导致的高工资,只有能反映贡献的才是合理的。其次,相关员工或者企业高管依赖于公共权力而形成的垄断来获得行业水平畸高、增长畸快的工资,在本质上构成对全国人民共享权益的一种剥夺,严重违背产业利益应当由全国人民共享的基本原则。最后,与市场效率无关的高报酬,实质上是构成对低效率行为的一种不当激励,这将在社会上产生一种畸形效应。

党的十六大以来,中央高度关注垄断行业收入问题,并推出了一系列措施。党的十六大报告指出:"规范分配秩序,合理调节少数垄断性行业的过高收入,取缔非法收入。"中共十六届三中全会《关于完善社会主义市场经济体制若干问题的决定》要求,"加强对垄断行业收入分配的监管"。2005年,《中共中央关于国民经济和社会发展"十一五"规划的建议》提出:"控制和调节垄断性行业的收入,建立健全个人收入申报制度,强化个人所得税征管。"2006年,中央关于构建社会主义和谐社会的《决定》强调:"加快垄断

---

① 参见蔡继明:"我国行业收入差距和对策",2005年全国两会委员发言资料,资料来源:www.china.com.cn。

行业改革,调整国家和企业分配关系,完善并严格实行工资总额控制制度。"2010 年温家宝在政府工作报告中提出了改革垄断行业收入改革的新型政策:"要深化垄断行业收入分配制度改革。完善对垄断行业工资总额和工资水平的双重调控政策。严格规范国有企业、金融机构经营管理人员特别是高管的收入,完善监管办法。"

改革工资制度是调节垄断产业利益的一种直接方式。目前,国有企业的工资收入调节政策,已经从绩效工资制转向到了工资总额和工资水平的双重调控制。与此同时,国务院有关部门也推行了一些专门监管政策,诸如金融机构限薪、国企高管薪酬制度等。2009 年 7 月,中共中央办公厅、国务院办公厅还印发了《国有企业领导人员廉洁从业若干规定》,特别规定国企领导不得擅定自己薪酬。目前,人力资源和社会保障部目前正在制定一部针对所有行业国有企业高管薪酬的总规范。一些地方政府也以工资指导线的方式,专门明确要求垄断行业、国家财政补贴的国有及国有控股企业的平均工资增长不得突破基准线。

行业开放是也促使垄断产业利益公平分享、调节垄断行业过高收入的一种重要手段。2005 年 2 月,国务院出台了《关于鼓励支持和引导个体私营等非公有制经济发展的若干意见》(民间称之为"非公 36 条"),这是新中国成立以来首个以促进非公有制经济发展为主题的中央政府文件。该文件允许非公有资本进入垄断行业和领域,并承诺为它们提供融资上的支持。该文件还明确了非禁即入的基本政策思想,并且要求清理和修订限制非公有制经济发展的法律法规和政策,消除体制性障碍。2005 年 3 月,国家工商总局向全国各工商机关发出通知,要求采取多种鼓励措施,促进个体私营等非公有制经济发展,要求放宽个体私营的市场准入,降低公司注册资本的最低限额,允许注册资本分期到位,进一步清理、修订和废止限制个体私营经济发展的部门规章和规范性文件,不得随意增加登记前置许可项目,鼓励公平竞争,鼓励、支持有条件的私营企业参与电力、电信、铁路、民航、石油、公用事业、基础设施等垄断行业、领域的投资经营。中央各个部委、各地政府在近几年也出台了大量支持民营经济发展的措施。2010 年 3 月 24 日召开的国务院常务会议通过了鼓励民间投资的"非公新 36 条"。该文件提出了引导民间资本进入交通电信能源等领域,鼓励和引导民营企业通过参股、控股、资产收购等多种方式参与国有企业改制重组等四项措施,并针对当前民营经济发展面临的一些具体问题做出了针对性的指导,明确提出了向民间投资开放的 6 大具体领域、16 个具体行业。

　　垄断行业利益的公平分享还有赖于国有企业红利分配及预算制度。国务院 2007 年发布了《国务院关于试行国有资本经营预算的意见》，该文件规定了国有资本经营预算的具体支出范围，要求依据国家宏观经济政策以及不同时期国有企业改革和发展的任务来统筹安排确定国有资本经营收入，并"必要时，可部分用于社会保障等项支出"的思路。2006 年，财政部出台了《石油特别收益金征收管理办法》，启动了对石油企业征收特别收益金的制度。特别收益金具有暴利税的某些特征。2007 年 9 月，根据国务院发布的《关于试行国有资本经营预算的意见》，财政部宣布央企国有资本收益收取试行工作于同年 10 月启动，央企国有资本收益将按"适度、从低"原则分三档上缴财政部。其中，石油石化、电信、煤炭、电力、烟草五个行业的上缴标准为税后利润的 10%；科研院所和军工企业 3 年内暂时不上缴；其余央企均按照 5% 的标准上缴红利，同年试行阶段减半征收。这样，保证国家股东对国有企业收益权实现的国有企业收益收缴制度开始推行。这一制度开辟了规范垄断行业收益分配的新途径。

　　此外，确保消费者以公平合理的价格获取垄断行业提供的产品或服务，是保护一般民众分享垄断产业利益的有一种重要途径。为此，《价格法》、《反垄断法》以及国家发改委员制定的《制止价格垄断行为暂行规定》、《政府制定价格行为规则》、《政府制定价格成本监审办法》等规章建立了规范垄断企业价格行为的基本规则。

　　2. 问题探究

　　针对垄断行业的这些政策和规范，对于确保全国人民公平分享垄断行业利益有一定意义，在一定程度上促进了垄断行业的市场开放、抑制了垄断行业员工工资过高、确保了保障消费者的公平交易权。不过，促进对垄断产业利益进行公平分享的这些措施的实施效果并不理想。垄断行业的开放政策推进艰难，垄断行业高工资现象并没有得到解决，垄断行业随意涨价的行为依然比较普遍。这些现象依然是垄断行业利益分配机制不公平的集中表现，社会对此的反响依然最为激烈。

　　（1）垄断企业高薪的体制性问题。造成垄断行业的畸形高工资原因是多方面的。报酬机制不完善只是浅层次原因。正因为如此，中央有关垄断行业利益公平分享的政策文件对垄断行业收入控制问题提出了层层递进的措施。2001 年提出的是直接进行分配调节政策。到了 2006 年，则强调改革垄断行业体制改革、调节国家与企业分配关系、控制工资总额等多种措施。但是，这些递进的措施也没有被有效落实。我们不得不反思：为什么至今仍然无法在垄断产业利益上建立全国人民的公平分享机制？为什么中央有关部门出台的三令五申的限薪、降薪令不能得到有效落实？为什么关系到垄断行业利益公平分享的法律无法得到有效执行？市场开放不够、所有者缺位都可能是其深层次原因，综合以上这些存在的问题，深层次的各种原因，我们深入分析认为，其具体表现在以下三个方面：

第一，市场开放政策执行的效果不佳。在我们看来，促进垄断产业利益公平分享的最重要机制乃是开放市场。但是由于各种原因，"非公经济36条"的实施效果并不理想，民营资本进入某些行业时总要面对一些实质性的限制，甚至取得有关批文时要还要遭遇新的行政垄断。在市场没有充分竞争的情况下，垄断行业有没有压力改进管理和提高效率，也没有能力改变不公平的价格行为，国家也难以找到评价工资的合理市场机制，由此，要想改变畸形高工资的现象也是比较困难的。

第二，国家与企业的分配关系没有理顺。目前，国有资本经营预算的政策还仅仅是试点，而且这种试点也只局限于中央企业，以至于国家这个所有权人在国有企业的收益分配中出现了近20年的体系性缺位。那些本应由国家享有的收益，很多以报酬或者福利的形式被分配给了垄断企业的员工、管理人员。

第三，国有企业绩效工资调控政策的负面影响还在延续。如前所述，理性的报酬机制，应当建立在市场贡献率的基础上，符合报酬与贡献相匹配的原则。2006年以前推行的企业的经济效益挂钩政策，不仅因为没有考虑企业经营绩效的市场垄断因素和行政支持因素而与市场贡献完全脱节；而且在实际中甚至出现了工资"能上不能下，能高不能低"的极端情况。虽然这种工资政策已经被取消，其对社会产生的负面效果在短时期内是难以消弭的。

（2）工资双调政策的内在缺陷。现行的以控制工资总额和工资水平为内容的工资双调政策也存在一定的问题，主要表现为以下三个方面：

第一，工资总额与工资水平设计的实施难题。比如：工资总额的确定基础因素，是按照中国经济领域的一般人工成本，还是按照整个国际人工成本水平？是按照国际标准设计确定工资水平，还是按照国内水平确定？国内工资水平，是包括农民工在内的所有在岗工人的工资水平，还是排出农民工之后的工资水平？目前，很多国有企业在内部实行员工等级管理、劳务外包。在这种现实条件下，在计算工资水平时，是否把外包劳务员工的工资水平计算在内？很多垄断国有企业虽然不敢突破工资总额管理的办法，但往往通过补助、奖金等手段来提高整体收入。那么福利、奖金是否计入工资总额、工资水平？如果工资水平的设计不合理、工资总额确定不合理，双控政策还是难以消除垄断行业员工工资畸高的问题。

第二，公司治理难题。按照公司法的原则，国有企业高官的报酬在很多情况下应当由股东会或者董事会决定。如果在股东会、董事会被管理人实际控制，我们就很难保障他们决定的报酬符合市场原则。在我国国有公司中，由于国有股东的缺位，管理者内部控制的现象相当突出．

第三，双控政策并不一定符合市场贡献评价标准。双控政策下的工资总额、工资水平难以反映该企业收益与市场贡献率、市场竞争度的关系。与竞争度相对高的国有垄断企业相比较，那些竞争度低的垄断企业员工的报酬反而高得多。这类情况大量存在的事实表明，双控政策本身有明显局限。

（3）垄断行业产品或者服务的价格管制机制有缺陷。在我国，很多垄断领域的价格还受到国家管制。虽然这些行业的价格调整必须首先进行价格听证，但现行的价格听证在很大程度上又失去了公信，"价格听证等于涨价"，已经成为了普通民众的口头禅。在那些价格没有受到管制的领域，垄断行业随意提升价格的行为事实上也相当普遍。近年来，银行针对金融消费者随意上涨服务价格的行为似乎形成了一种惯例。事实上，在很多行业，通过涨价来向消费者转嫁自己内部不合理人力成本和管理成本被看作一种惯常做法。为什么会出现这些情况？原因有三：第一，部分垄断行业价格形成机制不合理，导致了商品和服务的质与价不匹配；第二，在确定价格时，缺乏对垄断行业产品或服务的成本水平的约束机制，以至于垄断行业自身缺乏通过加强自身管理来提升效益的内在动力；第三，对垄断商品或服务成本的构成要素和控制标准、利润率的具体水平等问题，法律或其他文件都没有做出明确具体的规定，这导致价格监管机制缺乏约束力和可操作性①。消费者分享垄断行业利益的基本途径是以公平价格获得垄断行业提供的产品与服务，因此不合理的价格机制必然造成对普通消费者公平分享垄断行业利益的权利的严重侵害。

---

① 国家发改委价格司、价检司联合课题组：《垄断行业价格监管问题研究》（研究报告）。

三、完善产业利益公平分享法律机制的对策

如前所述,产业利益本身有关广泛的意义指向,而产业利益分享路径和政策也涉及多个方面。但是,本研究仅从产业发展的视角来分析产业利益及公平分享的问题,关注地区之间、城乡之间与工农之间、垄断行业与其它行业之间的收入差距问题。因此对有关产业利益公平分享法律机制的分析,也基于产业利益的独特视角而展开。本部分主要从产业政策与产业利益分享之间关联度的角度出发,针对现实中产业政策推进过程中出现的主要问题,提出完善产业利益公平分享法律机制的一些具体建议。

(一)完善区域之间产业利益公平分享法律机制的对策

1. 优化纵向调控、横向合作、特别区域发展促进这三种政策机制的体系结构

如前所述,纵向调控、横向合作、特别区域发展促进,是区域协调发展调控机制中并行的三架马车。为促进区域之间产业利益的公平分享,中央政府有义务利用包括区域协调发展规划、财税、金融、产业政策、投资政策、产业利益补偿政策在内的各种区域发展政策,自上而下地对区域产业发展进行的调控。我们还应当充分发挥各地在区域产业利益公平分享上的能动作用,中央应当鼓励各地建立起在区域产业协调发展方面的自愿合作机制。对特定区域的产业发展,中央还应当建立起科学的特定产业发展促进政策体系。针对横向合作机制相对弱化的情况,我国应当在优化纵向调控机制与特别区域发展促进机制的同时,加强横向合作机制建设,以提升区域协调发展与产业利益公平分享的市场机制的作用。为此,我们应当在以下几个方面有所作为:

(1)解决区域合作上存在着行政色彩过浓、参与主体单一、合作内容不够全面、合作行为规范不足、合作协调机构设置不够合理的问题。地方政府政府在参与合作、建立直接服务于产业转移、要素流动和统一市场相关机制的同时,要促进公共基础设施建设、公共服务体系在区域的统一;在建立区域合作鼓励机制与服务机制的基础上,应鼓励企业参与区域产业协调发展中的合作;鼓励经济区域内各县市区之间的产业发展合作。中央政府应当参与协调,督促各地建立开展区域合作的固定组织与协调机制,提升合作中决策、执行与协调等具体事务的规范性。

（2）加强东部与西部向度上的区域合作机制建设。鼓励东部各省与西部各省在既有区域规划的基础上,响应中央的区域产业协调发展政策,在各自所在区域的区域经济发展战略规划外,加强与特定经济区或者经济圈外的其他省市的产业发展合作。同时,还应当借助主体功能区、经济带、城市圈战略,推进中部与西部、中部与东部之间的区域发展协作。

（3）加强地区之间在产业规划与产业布局方面的合作。基于强烈的趋利动机,各方在产业发展方面出现了大量不正当竞争甚至是恶性竞争行为。为有效破解该问题,除强化中央政府的调控职能外,特定经济区域内的各地方政府应当建立专门协调机制,统一规划产业布局,在招商引资方面加强合作,统一招商引资的政策。

2.合理配置中央与地方之间的宏观调控权

完善区域之间产业利益公平分享法律机制的关键在于,如何定位地方在区域经济与产业协调发展中的宏观调控权。理论与现实昭示,为实现区域协调发展与产业政策的良性结合,必须发挥中央政府的宏观调控权;同时,作为区域经济与产业发展利益主体的地方政府,在中央统一政策和法律框架内,应当享有一定的宏观调控权。这就必然要求在区域协调发展与区域产业政策方面合理配置中央和地方之间的宏观调控权。如前所述,目前我国在这方面还存在一些问题。为此,我们应当着眼于以下几个方面加以完善:

（1）明确中央和地方之间的权力关系。在科学论证的基础上,把区域产业发展规划、协调、分享、补偿等有关事务的调控权,明确分配给中央和地方。为此,要合理确定中央和地方在宏观调控权分配上的边界。在坚持规范中央与地方关系的既有体制的前提下,在宏观调控权配置的比例上,确保中央政府的优势地位。因此,全国性的功能区规划、整体的财政税收以及产业、环保政策的制定权应当归中央,而其他地域经济协调发展的产业调控权可以划归地方享有。在界定时,可以采取明确列举地方政府所享有的调控权、再辅之以"其他宏观调控权优先划归中央所有"的立法技术。[①]

（2）明确区域产业发展宏观调控权的相关主体。首先,宏观调控权配置的决定权应当交由全国人大及其常委会。为此,应当改变当前宏观调控领域的部分创设权不适当地由中央政府及其所属部委长期享有的局面。其

---

① 何锦前:"从区域合作发展看宏观调控权配置",载《牡丹江大学学报》2009 年 4 期。

次,建立宏观调控分级管理机制,让省级政府、地市以及县区级政府也成为享有某种程度宏观调控权的主体。①

(3)在配置宏观调控权时应关注区域发展战略的转型问题。如前所述,在东、中、西、东北这四个以地域为核心的区域协调发展战略中,政府主动、行政主导的色彩比较明显;而以功能区为基础的区域统筹发展战略,则突破行政区谋发展的理念,地方行政的作用也因此被弱化。很明显,两个战略前后之间存在着转型。在实现由非不平衡的区域发展政策转向到把全国作为一个相互联系、相互依赖的整体进行统筹一体化的区域发展政策的过程中,由于把工作重心从过去的促进地区之间资源配置转向了培育区域竞争优势的方面,宏观调控的需求、方向、路径、依据以及中央与地方之间的权力结构等要素都应当有相应改变。目前的区域协调发展宏观调控机制以及权力配置结构都几乎是在传统区域协调发展模式下形成的。比如,国务院的西部开发办公室、东北振兴办公室等机构继续存在,相关政策文件也依然有效。在功能区规划出台后,在调节某个特定地域内的产业发展时,地域性的调控政策与功能区协调发展政策之间就可能存在不一致的情形。此时,我们应当高度关注宏观调控机制的适时变更问题,以使各项调控机制与政策具有衔接性。

3. 优化宏观调整政策工具

如前所述,"产业"与"地区"相结合的政策是最优区域政策。促进地区之间利益分配的宏观调控政策应当立足于产业协调发展、产业利益公平分享、产业利益补偿等基本要点展开。为此,我们应当克服既有政策工具的局限,在以下几个方面有所作为:

(1)宏观调控政策应高度关注地区之间产业的恶性竞争问题。为此,中央政府应加强产业规划机制、区域产业发展协调机制、产业利益补偿机制的建设,把产业利益补偿内化于规划中,坚决执行环境保护等基本政策,引导地方合理调节产业结构。中央政府还应当着力理顺资源的价格,以消除不合理资源价格对地方产业布局行为可能产生的不利影响。

(2)应当尽量提升产业发展政策与收入差距缩小政策目标之间的关联度。在产业集群政策方面,应当妥善处理"以农村为中心"与"以城市为中心"这两种模式的关系,尽量推进"以农村为中心"的产业集群政策。在推

---

① 何锦前:"从区域合作发展看宏观调控权配置",载《牡丹江大学学报》2009 年 4 期。

进产业转移的过程中,应当妥善处理"就劳动力移动资金"与"就资金转移劳动力"这两种模式的关系,坚持合理的政策导向,尽量选择有利于中西部地区产业发展的转移政策。

(3)应当关注宏观调控政策工具转型与适应性。适时考虑不同政策的内涵指向,选择那些适应于从以地域为中心的区域发展政策向以主体功能区、区域协调发展为中心的区域发展政策转向过程的宏观调控政策。为此,应当制定并完善以主体功能区、区域协调为主线的宏观调控政策体系。首先,顺应政策分类基础发生改变的事实,优化以财政政策、投资政策、产业政策、土地政策等为分类主线的政策体系。其次,考虑到个人、企业、政府对主体功能区、区域协调发展战略的规划与目标实现起着基础作用,要建立起针对个人、企业、地方政府等主体功能区、区域协调发展战略实施主体为主线的政策体系。比如,对个人可以实施的培训、移民、信息服务政策;对企业可以实施的产业政策、金融政策、财政政策;对地方政府可以实施的土地、财政、投资政策。① 再次,要及时修订区域发展中有关产业发展、产业布局的调控文件,改变以前那种以地理地域为中心的优惠政策体系,搭建以优化开发、重点开发、限制开发和禁止开发四类等主体功能区为主线、以区域协调发展为目标的政策体系。最后,应当关注宏观调控政策时序安排的优化问题。应当在不同时期安排不同的宏观调控措施,分阶段推进区域经济的协调和统筹发展,以使相关政策机制与我国现有社会经济条件相适应。

4. 应当在区域协调战略中强化对产业利益公平分享的关注

从产业发展的角度看,推进区域协调发展的最终目的是实现区域之间产业利益的公平分享。为此,我们应当在区域协调战略中强化对产业利益公平分享的关注。这具体表现在以下几个方面:

(1)应当立足于产业利益公平分享的理念去完善区域规划机制。由于区域规划直接关系到区域产业利益的分配,我们必须立足于产业利益公平分享的视角去完善该机制。具体而言,应当注意以下问题:

第一,应当提升经济区域规划的科学性。首先,要科学确立功能区以及主要区域发展的指标体系与考核体系。其次,摒弃以前那种自上而下、政府操控、以计划为形式、以生产力布局为主要内容的刚性规划模式,贯彻以空间为基础进行规划而不是产业为基础进行规划的理念,拓展现有区域规划

---

① 付承伟:"从行为主体视角看主体功能区区域政策",载《浙江经济》2008 年第 8 期。

的内涵,采取发展规划、控制规划和经济调节政策相结合的形式进行经济区域规划。最后,应当把定期性开展的涵盖全国范围的常规性区域规划和不定期开展的有重点的大区域规划结合起来。以经济发展带、城市带为基础的规划,诸如长江三角洲地区、珠江三角洲地区、环渤海地区、成渝经济区的产业发展规划,应当尽快启动。如果能够通过这些重点区域国家规划的途径来达到消除地方自身各自为政乱象的效果,那么可以走国家制定的政策大框架的路子,使得不同地区之间的政策壁垒得以消除,最终实现"游戏规则一体化"。

第二,应当完善重大区域规划过程相关主体的协商机制与利益表达机制。在功能区指标体系设计、规划过程、调整规则设计的过程中,有关主管部门应及时公布相关信息、启动听证机制,让利益相关主体在充分知情的基础上享有利益诉求表达权,让他们有机会就产业发展利益的分配问题进行充分协商。

第三,应当贯彻适当向中西部地区倾斜的政策思路,加强中西部重点战略地区的选择和培育的力度,适当提高中西部经济改革试验区或者经济圈的数量。从各地经济与社会发展实际情况看,西部可以推动建立以成都、重庆、西安为中心的西三角经济圈,建立长江上游成渝经济带、四陇海—兰新经济带,中部应大力发展中原城市群、长株潭经济圈,在东北地区发展大连和哈尔滨等中心城市、丹东和满洲里等边贸项目。①

第四,应当重视省内区域规划,通过这些区域规划来规范省内各地的产业利益分享与补偿等问题。

(2)应当建立合理的利益补偿或者扶持机制。鉴于区域规划必然涉及到利益的调整。为全面贯彻产业利益公平分享观,应当在区域规划的基础上建立区域互助扶持机制、区域补偿权与补偿义务制度。

第一,完善互助机制。目前,我们应当完善既有对口支援机制。具体而言,应当注意以下几个方面的问题:①应树立对口支援中的法律义务观。目前,发达地区对口支援西部地区的政策多由政治文件确立,虽然政治使命感的约束有一定作用,但是从长远看,还是有必要把政治文件转化为宏观调控的经济文件,并在条件成熟时上升到法律的高度,制定专门法律予以规范,用法律来界定发达地区的对口支援义务,把对口支援的政治任务转化为法

---

① 于今:"让科学发展成为区域调控的核心",载《中国经济导报》2009 年 1 月 10 日。

律义务。②应合理界定受援地区的范围。中央政府应当根据援助地区与受援地区的经济发展状况,在扩大受援地区范围的基础上及时优化受援地区的范围,使得那些真正需要援助的地区及时地获得援助。③应着眼于受援地产业发展能力去优化设计对口支援的具体项目。援助地区与受援地区应当在充分协商的基础上确定需要援助的项目。从以前援助的情况看,这些项目涉及产业、技术、人才培养、劳务输出等领域。从区域产业协调发展、产业利益公平分享的角度看,在以后的对口支援中,应当优先选择那些能够促进受援地产特色优势产业发展的项目。另外,鉴于劳务输出之于受援地经济发展的重要性,援助地区应当适当安排与劳务输出有关的对口支援项目,以发展受援地的劳务经济。④应逐步提高发达地区对口支援义务的水平。要综合考虑援助地区经济实力以及受援助地区的发展需求去安排援助资金。在此基础上,应建立援助资金预算的适时增加机制,逐步加大对口支援的支持力度。⑤应建立对口支援义务的指标体系以及履行监督机制。指标体系有助于援助义务的明确化,也有助于援助义务履行情况的监督。同时,还应当建立针对援助的专项审计制度,对援助项目的实施情况进行专项审计。

第二,完善扶持机制。扶持机制涉及到公共财政的问题,本部分对此不作深入讨论。在此,我们只关注其中几个与产业利益分享有关的问题。①为有效促进特定区域的产业发展,中央政府应当建立特定区域的选择机制、体系化的特殊扶持政策以及政策落实机制。②调整公共财政转移支付的参考要素,明确把区域规划中产业利益公平分享要素内容纳入指标体系。③应当明确规定基于产业利益公平分享而获得的财政转移资金不得使用的领域,防止地方用该类资金去不当发展当地产业。④借鉴欧盟区域协调发展结构基金的经验,①在中央层面建立区域协调发展的基金,用于特定区域的区域协调发展促进。⑤中央应确立促进欠发达地区特色优势产业发展、传统产业转型发展的专门机制,建立专门针对革命老区、少数民族地区、边疆地区和贫困地区产业发展的财政政策、基础设施投资政策、政府采购倾斜政策。

第三,完善区域补偿机制。中央政府应当建立与区域产业规划相匹配

---

① 从1988—1993年间该基金预算为438亿欧元,在1994—1999年间,该基金预算为1410亿欧元。为此,欧盟还专门成立了区域政策委员会来管理,并且负责评估资金的使用效果。

的补偿机制,明确区域协调发展补偿权主体与补偿义务主体,优化补偿标准。

5.完善地区之间产业利益分享协调的制度体系

根据建设社会主义法治国家的战略,区域发展战略也需要有完备的、科学的机制,并配以相应的法律制度作为保障。为此,应当加快制定区域协调发展的法规体系,完善推动地区之间产业利益分享的法律制度。不过,由于区域发展、产业发展战略经验尚不成熟,建立针对所有事项的法律制度想法在目前还是不可行的。在很大程度上,地区之间产业利益分享还需要继续由政策来推动或者规范。因此完善相关政策文件也是必需的。具体而言,制度体系的完善应当着眼于以下几个方面:

(1)应当建立地区之间产业利益公平分享的完备法律体系。从法律渊源上考虑,与地区之间产业利益公平分享有关的法律体系应当包括基本法、区域法、专项法等。

就区域协调发展基本法而言,鉴于主体功能区发展战略已经成为区域发展的主导战略,区域协调发展的基本法可以定名为《区域规划与开发法》。该法主要规定主体功能区的规划以及各功能区发展总体目标、基本原则、基本思路、战略重点、政策措施、协调机制等重大原则性事项。由于主体功能区战略才刚刚起步,区域规划与开发中的重大原则问题尚需要进一步总结和深入研究,即刻就由全国人大来推定该项立法是不现实的。目前比较可行的做法是,将主体功能区战略纳入国民经济与社会发展的长远规划,由全国人大批实施。

就区域法而言,在主体功能区战略框架中,基于地理地域而推进的"西部大开发"、"中部崛起"和"振兴东北老工业基地"战略将逐步融入主体功能区的各类区域发展战略中,因此专门制定《西部大开发法》、《中部崛起法》、《振兴东北老工业基地法》既无必要也没有意义。但是,以城市群为基础的几个主要经济圈或者经济带已经成为区域协调发展的主体,而这些经济圈或者经济带又与功能区战略中的重点发展区发生重合,因此可以先由国务院出台针对特定经济圈或者经济带开发的专门条例。待时机成熟后,再由全国人大制定涉及主要功能区发展的区域法。

就区域协调发展专项法而言,与区域协调发展基本法、区域法相比,专项法的制定既迫切也容易。因此,及时出台区域协调发展专项法在目前是适宜的。该类法主要调整区域发展中的某些重大特殊事项,诸如区域规划、基础设施建设、生态环境建设和保护、公共自然资源开发与保护、调整产业结构、资金筹措、地区协作、产业投资等。

（2）应当及时出台法规、规章以及其他规范性政策文件，完善多层次的区域发展制度规则体系。

由国务院颁发的不属于行政法规的规范性文件、国务院主管部门颁布的部门规章及其他规范性文件、地方各级人民政府制定的各类规范性文件，都可能涉及区域发展事项的制度规则、宏观调控政策工具。虽然以这些规范性文件的形式出台的有关制度规则不太符合法治原则，但是只要这些文件不违背法治精神，我们对它们是可以持宽容态度的。在正确认识这些规范性文件本身效力的基础上，充分发挥它们的实际作用，是比较理性的态度。在相关法律还没有出台的情形下，我们则要更加努力推进区域发展协调指引性文件的制定。

（二）完善城乡、工农产业利益分享的法律对策

如前所述，导致城乡之间的原因很多，但产业发展的角度看，工农差距是一个关键的要素。克服城乡差距，应当大力推行包括大力发展现代农业在内的各种政策措施。也就是说，在"以工促农"的理念下推行农业发展政策虽然并不是破解城乡差距战略要素的全部。不过，就我国现阶段的国情看，基于产业利益公平分享理念的农村产业发展战略必须建立在农业发展的基础上。国家应当在加大财政投入、提高农村公共产品供给水平的同时，必须完善相应地的制度规范体系，大力推动与农民利益有密切相关的产业特别是农业产业的发展政策，最终保障农民能够公平地获得产业发展利益。因此，本部分重点考虑如何完善工农产业利益分享、现代农业发展促进的相关法律对策。

1. 树立保护农民权利的基本理念，确立理性的城乡发展战略

理性的城乡发展战略是保护保护农民发展权、产业利益公平分享权的前提，也是推定农村产业特别是现代农业发展的基本条件。同时，只有建立在保护农民权利基本理念上的城乡发展战略，才能称得上是促进农民发展权、产业利益公平分享权实现的科学发展战略。

（1）应树立保护农民发展权、产业利益公平分享权的基本理念。城乡二元下农民权利的贫困，造成了农民的生存贫困与发展障碍。为破解城乡二元结构，必须树立保护农民权益的思想。以工促农、以城带乡的政策就是优先考虑农民权益的政策。为此，我们应当正视农民主体发展的现实需求，树立农民发展权以及农民产业利益公平分享权的基本观念。

（2）确立理性的城乡发展战略。这包括：一是科学制定城乡规划。必须切实贯彻《城乡规划法》关于城乡一体化的规划思想，要完善城乡规划的论证机制与听证机制，及时出台包括城镇体系规划、城市规划、镇规划、乡规划和村庄规划在内的一体化规划。二是推进城乡产业布局规划等专门规划工作。就城乡发展而言，产业发展是最为关键的。因此我们应当特别推进产业规划等专门规划，并确保产业利益公平分享的思想贯穿于城乡规划中。同时，在产业规划中还应当贯彻城乡产业发展的互动原则。虽然工业化、城镇化是发展农村、提高农民收入的一个主要战略，但是我国的国情决定我们不能够放弃农业。在农村地区的工业化、城镇化战略规划中，我们应当要根据当地资源特色、农业特点和农业发展需要来布局工业，重视引进与农业有关的产品加工、服务等项目。

2. 推进农业产业化发展主体要素的建设

农业发展应当遵循其本身的内在规律。在当前条件下，我们认为最主要的是基于"一个思想转变、一个机制建设"的基本理念，立足于主体要素的完善来推动。

（1）一个思想转变。从总体上讲，就是要从土地资源集中思路转到创新农业经济实施主体的思路上来，以推进农业的产业化发展。规律与经验昭示，解决现有农业生产困境的出路在于发展以产业化、规模化为特征的现代农业。这其中，我们必须破解农业生产的集中经营、规模化经营的难题。很多人也许认为，发展现代农业必须改革农村土地制度，促进农村土地流转，从而为农业的规模化经营创造条件。但是，目前在我国广泛推行农村土地流转是不现实的。因为，该思路不适应我国人多地少的国情，不适应我国山地多而平原少的国情。各地推行的各种土地产权改革，几乎都集中在城郊、经济发达地区。而在其他地区，该思路不仅不具有普遍实施的可能性，而且还可能产生耕地非农化利用的风险，最终会触及农业基本政策的红线。以土地直接入股的方式来推进土地集中的战略，也会面临很多法律的难题，诸如公司法上的出资与管理难题、破产法上的破产难题、农业法的土地用途管制难题。并且，耕地集中经营并非适应农业生产本身需要精耕细作的特点。比较而言，土地利用组织机制、农村经济组织机制的创新则要容易得多。那么，如何推进着两类机制的创新呢？为此，我们应当把眼光从土地产权转到农村经济组织上来。事实上，我们目前建立在土地直接集中基础上的农业公司并不多，而"公司+农户"、"公司+协会+农户"、"协会+农户"等成功的合作模式在全国则是遍地开花。通过农村经济组织机制的创新来大力发展合作社,是各发达国家发展农业的成功经验。也正是在这个意义上,中西部各地在近几年才把大力发展农业合作社作为突破农业分散经营弊端的一个重要举措。因此,我们应当把促进现代农业发展、促进农业产业化的政策精力集中到如何大力发展新型农村经济组织上来。

(2)一个机制建设。一个机制建设,指农业经济主体机制的建设,其目的是完善农业产业化的主体要素。传统的农村集体经济组成很难进行创新性改造,也很难成为实现农业规模化生产的依托主体。各国农业发展的经验表明,农民专业合作社是促进农业规划化、产业化经营的最佳主体依托模式。在我国现行社会经济条件下,农业经济主体的机制建设应当着眼于农民专业合作社。

在农业生产的各个环节,我们都可能着力促进规模化,即:生产规模化、加工规模化、技术服务规模化、销售规模化。把这些不同环节的规模化进行排列组合,会有多种组织模式。多年来各地推行的模式大致有四种:公司+农户;农户+专业协会;公司+协会+农户;土地直接入股或其他形式。为有效克服这些既有模式的内在缺陷,我们有必要对其进行适宜性改造。从国际经验看,引入由农民自己作为主体成立的、按照市场规律运作的农民专业合作社,是最理想的改造模式。在这种模式中,我们把传统的"公司+农户";"农户+专业协会";"公司+专业协会+农户"等形式分别改造为"公司+农民专业合作社+农户"、"农户+农民专业合作社+专业协会"、"公司+专业协会+农民专业合作社+农户"等模式。甚至,还可以直接建立"农民专业合作社+农户"的集中经营模式。这种改造的意义在于:一方面,在坚持集中经营能够导向的基础上,让农民专业合作社作为代表农民利益的中介去与其他外部经济组织进行谈判,提高农民在与公司等龙头企业进行谈判时的地位;另一方面,让农民广泛参与农业生产的各个环节,并提高农村经济在生产、流通、加工、技术服务等领域的产业化程度。事实证明,也只有以农民专业合作社为组织基础大量发展"农民专业合作社+农户"、"公司+农民专业合作社+农民"等新型的模式,农业产业化模式才能够较快地建立起来。

《农民专业合作社法》为农村经济规模经营的组织创新提供了契机。政府应当大力发展符合《农民专业合作社法》要求的农民专业合作社。一方面,应当大力鼓励新型合作社的组建。另一方面,应当对以前的各类协会按照《农民专业合作社法》进行改造。为此,要大胆创新,强化制度供给,建立起完善的政策框架与制度框架,设计出精细化的规则,以便推进《农民专业合作社法》的实施。

第一，要制定《农民专业合作法》实施条例或其他规范性文件。目前，全国只有湖北、陕西等少数几个省制定了有关农民专业合作法实施的地方性条例，天津等地颁行了农民专业合作社标准化建设指南，北京和云南等地也启动了《农民专业合作法》实施条例或办法的制定议程。其他地方也应当大力推进该项专门立法工作，国务院也可以考虑制定实施条例。实施条例出台前，国务院有关部门可以学习天津经验，立即出台农民专业合作社标准化建设指南，对农民专业合作社的组建程序、建设标准、内部管理等事务，为农民提供详细的指导意见。

第二，要完善农民专业合作社章程范本及其它示范文本。首先，在全国供销合作总社出台的《农民专业合作社章程》的基础上，各地针对应针对各自特点出台相应的合作社章程范本。其次，针对合作社内部管理事务，各地也应当出台详细的制度范本。再次，针对合作社同其他农业企业、公司进行合作的问题，制定出专门的合作文件范本，诸如"合作社+农户"、"公司+合作社+农民"合作模式中的合作示范文本。通过这些示范文本，我们可以确立保护农民合作社利益的最低合作标准，也可以引导各方尽可能通过合作合同的签订来建立长效合作机制。

第三，要出台鼓励农民专业合作社的政策框架，设计出落实这些政策的可行规则。《农民专业合作社法》第49—52条规定了在农业建设项目实施以及财政、金融、税收等方面对农民专业合作社的优惠和支持。这些规定都相当原则性，需要各地在实践中加以细化。这包括：首先，设立扶持农民专业合作社的专项资金，支持农民专业合作社开展信息、培训、农产品质量标准与认证、农业生产基础设施建设、市场营销和技术推广等活动。其次，完善针对合作社的税收制度。对于弱势群体组成的专业合作社，政府应在税收上给予最大限度的税收优惠，免征所得税；合作社销售的自产农产品免征增值税；合作社为其成员提供农业生产经营服务免征营业税。再次，完善金融支持机制。国家政策性金融机构和商业性金融机构应当采取多种形式，为农民专业合作社提供多渠道的资金支持和金融服务，要把农业发展银行的业务范围拓展到支持农民专业合作社的范围上来；要鼓励商业银行为农民专业合作社提供优惠贷款；鼓励农村金融机构对那些制度健全、经营业绩好的农民专业合作社提供信誉担保服务；鼓励金融机构扩大对这些农民专业合作社的信用贷款额度。最后，完善服务机制。各级人民政府的相关部门应当为农民专业合作社提供各种信息的搜集、整理及发布等服务；为合作社经营管理人员和成员免费提供相应的知识和技能培训;建立保护农民利益的监督机制和纠纷解决机制,及时提供纠纷解决服务。

3.完善农业保险制度

农业保险是支持现代农业产业发展的一种重要的金融支持工具。我们应当立足于拓展范围、优化扶持、改善经营、强化监管的基本思路,来促进农业保险的优化发展。

(1)拓展农业保险的覆盖范围。2004年《中共中央国务院关于促进农民增加收入若干政策意见》指出,加快建立政策性农业保险制度,选择部分产品和部分地区率先试点,有条件的地方可对参加种养业保险的农户给予一定的保费补贴。在该意见实施多年后,应当改试点推行为全面推行,以便为各农业种植、养殖活动提供全覆盖的农业保险服务。

(2)增加农业保险的财政支持资金。农业保险应当属于政策性保险的范畴,其健康运行需要政府的支持。政府应当着眼于保险经营机构的经营情况、保险人的参保需求,在既有标准的基础上,适当增加农业保险财政补贴资金预算。

(3)应当建立或选择适宜的农业保险经营模式。农业保险经营模式有多种,诸如:成立专门农业保险公司经营、委托给商业保险公司经营、成立专门政府机构经营、成立合作型的农业保险经营机构经营。从保险经营需要看,委托给商业保险公司经营、并且对商业保险公司的农业保险业务进行补贴的模式比较适合中国国情。

(4)应当优化农业保险补贴对象机制。2004年,《中共中央国务院关于促进农民增加收入若干政策意见》把补贴对象限制为参保农民。在这种补贴方式下,保险公司要么提高保险费率,要么就是开展农业保险的积极性不高。如此一来,农业保险的需求与供给同时受到严重影响。因此,在补贴参保农民的基础上,还可以根据农业保险经营机构选择的具体情况,把补贴对象扩大到保险经营机构。对农业保险经营机构的补贴,可以通过经营亏损补贴、发展再保险制度、退税等形式来实现。

(5)应当完善农业保险的投保与理赔程序,方便农业主体的投保与索赔。

(6)建立农业保险风险基金。风险基金的来源包括:从保费收入中按一定比例提取;将保费结余按一定比例转入;每年财政专项补贴。风险基金由县级政府专门机构管理,专款专用,在农业保险经营主体当年收不抵支的情况下,用于受灾投保农户的理赔支出,避免农业保险经营主体倒闭后,造成投保农户的损失。同时,可考虑把该基金与农业再保险相结合,以完善农村巨灾风险分散机制。

(7)制定农业保险条例。为有效推行农业保险制度,我国应当立即制定农业保险条例,把具体政策上升为法律,从而提高政策的权威性、增加制度的可操作性。

4.加快出台现代农业促进法

为建立现代农业发展促进的长久机制,切实保障农民的产业发展权、产业利益公平分享权,应全面总结现代农业支持机制与政策,在此基础上,出台《现代农业促进法》。在该法的制定过程中,应主要关注以下问题:

(1)法律形式与时机的选择。可以先督促各地制定《现代农业发展促进条例》,特别应当督促成都和重庆这两个统筹城乡综合配套改革试验区制定该条例。同时,国务院也应当启动该条例的制定工作。待时机成熟后,由全国人大常委会制定《现代农业发展促进法》。

(2)立法思想。在立法指导思想方面,应当注意以下要素:

第一,应当贯彻促进农民发展、保护农民权利的原则,把通过发展农业,促进农村产业发展、保障农民发展权、促进农民参与产业发展利益的思想加以明确规定。

第二,应当坚持市场主导、政府促进的原则。要调动农民、农民集体、农业企业参与产业积极性,政府只负担促进农业发展、为农业生产活动创造基本的物质与技术保障、完善农业发展市场体制的责任。

第三,应坚持政府倾斜扶持的原则。在工农关系、城乡关系上贯彻对农业、农村倾斜支持的政策,明确落实"工业反哺农业、城市支持农村"的政策原则,在明确财政支持资金计算的指标体系时,应当把农业弱势的产业因素、利益转移补偿的历史因素以及社会政策义务负担等各种要素均考虑在内。

(3)基本内容。该法律应当包括现代农业产业法制促进的政策指导思想、基本原则以及重大制度。这些重大制度包括:农业产业规划制度、农业基础设施建设投资与管理制度、农业技术发展与推广制度、农村土地制度与经营制度、农村合作社制度、农业投资鼓励制度、农村金融制度、城乡统筹发展管理机制、工业反哺农业的激励机制等。

(三)完善垄断行业发展利益分享法律机制的对策

从我国现实情况看,完善垄断行业发展利益分享的法律机制,应当着眼于市场开放、报酬、价格调整、国有资本收益预算、反垄断、社会责任等几个方面。

1. 完善市场准入机制,进一步扩大对内开放的力度

市场开放,是实现垄断行业发展利益公平分享的最基本途径。垄断,包括基于技术力量的自然垄断、基于发展优势的自然垄断、基于行业网络化特点的自然垄断、基于行政干预而形成的行政垄断。不论是在何种垄断,只要存在于特定行业中,其处于垄断地位的行业主体都处于优势地位、占有优势资源,都存在处于垄断地位的主体在交易中利用滥用优势、压榨对方、获取不当利益的可能。在这个意义上,解决这些问题的根本性措施在于开放市场、尽可能地消除垄断。垄断行业发展利益的公平分享,必须坚持市场开放的原则,特别是在国有领域尽量向民营资本开放。对此,我们应当着眼完善以下五个方面的机制:

(1)在市场准入方面,把"法无禁止即自由"的法律理念上升为由法律明文规定的原则。经济体制改革的渐进性决定了市场开放的渐进性,市场主体的行为自由取决于市场开放的范围,而市场开放的范围也多取决于法律法规规定。在改革初期,"没有明文规定即不自由"是一个基本社会事实。关于自由与禁止的关系,在市场经济体制确认的过程中经历了从限制与禁止转向市场开放与自由的转变。这个转变过程的特殊性在很长一段时间内影响了我们对自由与强制之间关系的判断,也影响了我们对民商行为效力判断规则的理解。在市场开放的特定阶段,不承认"法无禁止即自由"的观念是有一定合理性的。如果市场经济的某个领域已经被充分的开放,而经济管制立法也已经比较完善,那么"法无禁止即自由"的观念理应被确立。作为一种法律理念,"法无禁止即自由"的原则几乎是不需要法律明文规定的。正是因为其非成文性,在特殊利益驱使下,某些法律实施者故意延续了改革开放过程中曾经具有某种合理性的其他理解。在经济领域,非公有制经济在市场准入上受到很多不公平待遇,这事实上就与"法无禁止即自由"原则没有得到很好贯彻有着直接联系。其结果是,虽然国家没有明文禁止,但因各种不属于法律渊源的政策文件的限制,非公有制经济实际上是难以进入的那些已经普遍解禁的领域和行业的,这事实上构成了法律之外的禁入。新旧两个"非公36条"的重要意义在于,明确表达了"法无禁止即自由"这一基本法治理念。现在,我们一方面要花大力气宣传该理念,一方面也要努力推动有关法律对该理念的成文法表达。值得欣慰的是,《个体工商户条例(征求意见稿)》就明确地规定了该原则。按照该原则,个体

工商户可以进入法律、法规没有禁止的一些领域。在将来制定《民营经济发展促进法》或者《中小企业促进法》时，我们还要继续推动该理念的成文化。

（2）经济管理部门要及时清理涉及市场准入的各种内部性文件。为履行 WTO 的承诺，我国已经对有关文件进行了全面清理。为落实市场的内开放原则，我们还要进再一次展开清理工作，及时废止那些与"非公经济36条"相抵触的规范性文件。

（3）完善那些可能涉及"法无禁止即自由"法律原则落实的行政管理程序机制，特别是市场开放审批有关的程序性机制。虽然国务院颁发的"非公36条"明确规定，要消除那些限制民营资本准入的机制。但是，在现实生活中，有关经济管理部门在处理民营资本的准入申请时，却故意设置一些限制性程序性机制。在法律实体性规定之外，行政审批程序本身可能构成市场开放的隐性障碍。有关行政机关完全可能通过复杂的程序要求、申请资料接收、审批时间等方式来阻碍民营资本进入某些垄断行业。为此，还可以考虑简化有关市场开放的审批事项，在某些领域试点改革事前审批为事后备案。同时，应借鉴《公司登记管理条例》中主要进行形式审查的精神，要求行政管理机关对一般性审批项目的申请资料采取以形式审查为主的模式进行审查，从而减少实质审查的比例。

（4）专门解决与行政管理有关的行业垄断问题。我国的行政垄断，除了金融、电信、公共自然资源开采等为社会所熟悉的行业外，还有依附于各种经济行政管理部门的特殊行政垄断行业，诸如城市规划设计院、环境评价咨询服务所等。在经济管理中，某个项目或者某些经济活动的实施必须事先取得有关政管理部门的批准，而这些机关的审批往往要依赖于一些中介服务机构的评价意见。在这种情况下，很多行政管理机关明确要求申请主体只能委托其认可或者指定的中介服务机构出具意见。譬如，食品安全监管部门要求申请人只能提交由其认可的中介服务组织出具的认证资料，否则就难以通过监管部门的审查关；在颁发环境许可证时，环境主管部门可能要求该项目的环境影响评价只能由其认可或者指定的机构完成。这些所谓的被指定单位，往往是依附于有关监管部门的关联机构。这些要求不仅实质地构成了审批事项市场开放的障碍，而且事实上构成一种新型的行政垄断。为此，各级政府应当加强这方面的监管，并责成各类行政主管部门开展这方面的专门清理活动，取消对中介机构的认证或者指定制度。至于这些中介机构本身的资质，完全可以通过设立管制与年检的机制加以管控。

（5）出台开放时间表制度。借鉴我国加入 WTO 过程中的市场开放承诺制度，在开放垄断行业方面实施时间表制度。为此，我们要在确定应当开放的行业与事项的基础上，结合我国市场经济发展情况与社会公共利益保护的需要，制定特定行业开放的时间表。中央应明确要求有关部门必须按照时间表规定的时间开放市场。由于一方面能够给我们一个市场开放时序的明确预期，另一方面又对政府有关部门施加了改进管理机制、开放市场的压力，该时间表制度对于促进垄断行业的开放有相当重要的价值。

2. 针对基础行业与公共服务领域的垄断企业，建立完备的经营信息公开机制与科学的价格约束机制

（1）制定专门规则，规范垄断企业的经营信息公开行为。除按照公司法承担信息披露义务外，垄断企业还应承担更加多的信息披露义务。增加披露的信息应当包括：第一，有助于控制企业滥发工资、奖金、福利的信息，包括：人力成本信息、工资计算基础信息、员工激励标准与工资总额信息、高级管理人员职务消费信息。第二，有助于社会对垄断企业的价格垄断行为进行控制的信息，包括产品或者服务重要成本构成、经营利润率、行业平均利润率等重大财务信息。

（2）完善垄断企业产品或服务价格管制机制，控制随意提价行为。第一，我们应当明确定价成本规则，规范计入定价成本的项目，合理确定利润基准，建立健全包括工资成本在内的垄断行业成本控制和约束机制。在此基础上，完善垄断企业产品或者服务的价格计算指标体系，防止经营者将不合理开支计入成本，导致成本上涨不断推动价格上涨。[①] 第二，完善垄断企业价格变动的监管政务公开机制，增加透明度。对与群众利益密切相关的垄断商品和服务价格，要实行社会公示和听证制度；要完善听证代表遴选制度，吸收一定数量的经济、技术和法律方面的专家参与，认真考虑听证代表的类型、立场取向；明确公示的范围、原则和方式，保证听证活动参与者的代表性，建立有效的听证意见反馈机制。[②]

3. 建立起以竞争指数与市场贡献指数为基础的国有垄断行业报酬调节机制

为确保垄断企业员工工资水平真正地反映市场竞争情况，逐步消除工

---

① 国家发改委价格司、价检司联合课题组：《垄断行业价格监管问题研究》（研究报告）。

② 国家发改委价格司、价检司联合课题组：《垄断行业价格监管问题研究》（研究报告）。

资收入中所包括的由行政垄断带来的红利因素,国有企业、垄断企业的工资调整应当进行如下改革:

( )建立针对垄断行业的竞争指数评价与公开机制。为充分评价行业的市场开放度,以便建立针对该行业工资的科学调控机制,国家有关部门应当推动设计合理的评价指标体系,完善评价行为规则、评价结果发布规则。

(2)建立针对国有企业的市场贡献指数评价与公开机制。为有效评价某企业的员工与管理人员在管理企业的过程中对企业的实际贡献情况,国有企业主管部门应推动国有企业市场贡献指数评价机制,研究该指数评价应当包括的具体指标、计算的具体规则。在适当时机,对所有国有企业进行市场贡献指数的评价活动。

(3)以竞争指数与市场贡献指数为基础,改善国有企业工资总额的双控制度。首先,把奖金与福利要素纳入工资总额。其次,要在财务报表反映的企业经营绩效的基础上,计入竞争指数与市场贡献指数,以最终确定企业工资变动的基础。最后,完善垄断行业工资总额和工资水平双重调控政策的配套政策,这些政策包括:根据我国市场发展、行业管制等多种因素,由国家发改委、财政部、国资委在国务院的统一领导下发布专门文件,划定需要进行工资制度改革的垄断行业的具体范围;按照国际标准与中国国情相适合的原则,明确行业工资总额和工资水平的计算依据;明确国有企业、金融机构经营管理人员特别是高管的工资构成、确定标准以及披露规则;对完善垄断行业和国有企业收入分配的监管体制,建立国资委、财产部门、人力资源管理部门等部门联动监督机制,严格规范企业经营管理者薪酬制度和职务消费。

4. 完善国有资本收益缴纳及预算机制

国有企业向国家这个所有权主体交纳经营收益,在性质上属于向投资人分配红利的范畴。如果该国有企业是公司法上的公司,那么股东当然享有公司法规定分红权,国有企业应当按照公司法规定去实现股东的分红权。依照公司法,公司可以在遵守法律刚性规定的基础上,由股东或者股东大会决定是否分红。这些刚性规定包括:有利润才能够分红、利润先用于弥补以前的亏损、利润必须按照规定提取公积金、当年只能够分配当年的利润。

比照这个原则,国有企业向国家缴纳资本收益必须是当年实现的利润。具体比例,可以在扣减税收、弥补以前亏损、计提法定公积金之后的基础上由投资人会议根据市场情况决定。鉴于垄断企业不分红而员工高工资的现象已经相当普遍,我们建议,在确定这个具体比例时,应当综合考虑扣减后的基础数据、行业垄断指数、员工工资与福利支出水平等三个基本要素为基础加以确定。对于那些行业垄断指数相对高、员工工资福利水平相对高的国有企业,向国家缴纳的资本收益可以达到扣减后基数的100%。对于一般企业,不应低于50%。科技类企业和军工类企业,可以免缴。

对于国家获得资本收益金,应当纳入政府公共预算并按照产业利益公平分享的原则加以使用。对此,相关部门已经提出了政策动议。2010年4月财政部起草的《国有资本经营预算条例(征求意见稿)》提出了建立央企红利流向社保基金的制度保障的思路,保证"国有资本经营预算支出将向社会保障预算等预算进行调出支出"。在8月底召开的十一届全国人大常委会第十六次会议上,人大财经委在其国民收入分配问题专题调研报告中提出,"将国有资本经营预算主要部分用于补充社保资金来源"。可以认为,国有资本预算和社会保障预算体系的接轨是国有资本预算发展的基本趋向。具体而言,在国有资本经营预算试行期间,该类资金可以适当用于解决国有企业改革和发展中的历史遗留问题。试行期间届满后,该类资金则应当仅限于定社会保障公共开支,应当明确限制充实国有企业资本金的用途。

5. 制定反垄断法配套细则以强化执行效率,建立市场垄断暴利调节机制

(1)强化反垄断法的实施力度。市场垄断会构成其他资本进入的实施性门槛,成为市场开放的市场型障碍。因此强化反垄断法的实施力度,有助于形成民营资本进入垄断行业的良好市场环境。为有效实施反垄断法,应当着眼于以下两项工作:一是尽快出台配套规则。由于《反垄断法》的规定本身相当原则,按照先前规划,2008年8月1日之前将出台40余个配套规则。遗憾的是,迄今为止尚无一个配套规则出台。因此,我们应当加大规则研究和立法投入,尽快出台这些规则。二是完善执法机制。按照反垄断法规定,我国将实行"二元"执法体制,即国务院设立反垄断委员会负责组织、协调、指导反垄断工作,具体执法由国务院规定的承担反垄断执法职责的机构来进行。反垄断委员会、商务部、发改委、国家工商总局的执法机构的事权如何分配?这些机构如何在具体执法活动中进行有效配合?这些问题还没有明确答案。对此,需要我们采取务实的立场,认真研究,完善相关规则。

(2)建立市场垄断暴利调节机制。针对垄断行业的暴利,除通过引入市场开放、强化价格管制等措施进行监管外,建议引入暴利税进行调控。为此,财政部门应当考虑拓展特别收益金制度的适用范围,从石油行业拓展到

其它垄断行业。同时,应当在完善特别收益金制度的基础上,增加暴利税这个新税种。目前,国务院应当启动制定《暴利税条例》的工作。

6.建立国有企业社会责任履行监管机制

国有企业承担社会责任,对广大社会成员参与产业发展利益的公平分享有一定促进作用。在某种意义上讲,国有企业承担社会责任本身就是产业利益分享的一种特别方式。因此,我们应当从产业利益分享的角度来考虑如何完善国有企业的社会责任体系与履行监管机制的问题。

(1)明确国有企业的社会责任。企业社会责任是一个历史性的概念,在不同国家、同一个国家的不同时代、甚至同一时代的不同企业上,都有不同的意义指向。在我国,国有企业的社会责任包括道德责任、伦理责任、法律责任、政治责任等内容。从产业利益公平分享的角度看,这些责任应当包括:遵守税收、环境保护、消费者保护、劳工保护、国家产业调控等一系列法律;在此基础上,国有企业应当努力为善,尽企业之力推动产业利益的公平分享,诸如:尽量为消费者提供高性价比的产品或者服务、资助落后地区经济与社会的发展、围绕产业链建立起对特定主体进行扶持的机制、推动行业的开放等。

(2)建立国有企业社会责任履行监管机制。国家在鼓励国有企业履行社会责任的同时,也应当建立起督促国有企业履行社会责任的监管机制。国有企业社会责任履行的外在约束,包括市场的一般约束、国家的强制约束。一般而言,国家的强制性监管要慎重适用。在市场强制与国家强制之间,我们应先考虑前者。我们认为,从促进产业利益公平分享的角度看,可以考虑建立以下监管措施:

第一,特别投资行为与经营行为的限制制度。从产业利益分享的角度,应明确国有企业限制进入的领域以及可以进入领域的某些经营活动限制。

第二,出台国有企业社会责任指引。起草国有企业社会责任指引,通过该指引文件来特别强调国有企业在促进产业利益公平分享方面的特别义务。

第三,推行国有企业社会责任专项审计。国家在对国有企业进行经营审计时,应当增加社会责任履行情况的专项审计。

第四,建立国有企业社会责任履行专项信息披露与报告制度。国有企业应当建立针对社会责任履行的专项信息披露机制,及时披露社会责任履行有关的信息,制作专项报告向社会披露自己在促进产业利益分享方面的具体措施及成效。

第五,推行国有企业社会责任指数制度。建议有关机关推动建立国有企业社会责任指数评价机制,设计科学的指标评价体系、评价规则以及评价结果发布规则。

之八：劳动者利益分享的法律问题研究

目　录

一、劳动者工资利益分享的现状分析

改革开放 30 多年来,我国经济发展取得了举世瞩目的成就,国民生产总值已经跃居世界第三,人民生活总体达到小康水平。收入分配制度改革取得了积极成效,企业工资分配宏观调控体系框架已初具雏形,但居民收入分配差距出现了扩大的趋势,基尼系数超过 0.4 的警戒线,贫富差距已突破了合理的限度。中共中央总书记胡锦涛在中共十七大报告中强调,要"逐步提高居民收入在国民收入分配中的比重,提高劳动报酬在初次分配中的比重"。

(一)劳动者工资收入差距扩大的表现

1. 劳动者工资收入占 GDP 的比重下降明显,收入差距愈加两极化

劳动者工资的增长滞后于经济增长的幅度越拉越大,我国工资总额占GDP 的比重一直在下降。中国社科院 2008 年发布的社会蓝皮书显示,我国劳动报酬占国民收入比重也在逐年下降,2003 年以前一直在 50% 以上,2004 年下降到 49.6% ,2005 年降至 41.4% ,2006 年更是仅为 40.6% 。与

此相反,资本回报占国民收入的比重却节节上扬,从以前的 20% 提高到 2006 年的 30.6%。"与之相对的一个可比数据是,美国的工资总额占 GDP 的比重,近年来一直稳定在 50% 左右。"①在广东,"2000 年—2006 年间,劳动者报酬占 GDP 的比率从 45.4% 降到 38.7%,6 年降低了 6.7 个百分点。如果与改革开放初 1978 年的 60.6% 相比,下降幅度则达 21.9 个百分点。"②

同时,收入差距愈加两极化:在 2009 年 6 月全国政协第十一届常委会第六次会议期间,赖明常委做大会发言时指出,现在贫富悬殊的距离由改革开放初期的 4.5:1 扩大到 12.66:1。城乡居民收入从 1998 年的 2.52:1 扩大到 2008 年的 3.31:1。中西部收入差距也不断扩大。电力、石油、金融等行业收入远远高于全国平均水平,差距高达 10 倍。③普通劳动者对改革发展成果的分享越来越少,由此带来的社会矛盾日益突出,劳资关系日益紧张,劳动争议逐年攀升。国企高管薪酬节节飚升,高者年薪数百万,有的还持有市值更为巨大的股票,而许多普通劳动者却处于低增长甚至负增长的状况。2006 年年底,"上海一项针对 100 家国企、1000 名一线职工的抽样调查结果显示,有 42.5% 的职工从 2002 年起就没有加过工资。"④"全国工商联研究室主任陈永杰在接受《华夏时报》记者采访时表示,全国工商联近期就中小企业贷款难的调研中,偶然发现,全球性的经济危机发生后,大量中小企业中的一般职工的收入都有不同程度的减少。"⑤

2. 行业间工资差距过大,垄断行业员工工资增长过快

行业间工资差距过大,垄断行业员工工资过高、增长过快的问题比较突出。根据国家统计局的数据,按细行业分组,2000 年最高的是交通运输、仓储及邮电通信业当中的航空运输业 21342 元,最低的是采掘业当中的木材及竹材采运业 4535 元,二者相差 4.71 倍;2004 年最高的是金融业当中的证券业 50529 元,最低的是农、林、牧、渔业当中的林业 6718 元,二者相差

① 朱四倍:"建议涨工资为何被误读",载《中国经济时报》2008 年 6 月 12 日。

② 林亚茗、吕楠:"广东实施工资倍增计划今年起职工工资年增 14%",载《南方日报》2008 年 7 月 10 日。

③ 常红:"赖明常委:我国贫富悬殊不断加大收入差距",资料来源:http://cppcc.people.com.cn。

④ 姜微、高路"上海国企一线职工'涨工资'将与经营者收入挂钩",资料来源:http://news.xinhuanet.com。

⑤ 郑益:"工商联称一般职工普遍减收将向中央建议提高最低工资标准",资料来源:http://finance.ifeng.com。

7.52 倍,4 年间行业差距扩大了 1.6 倍。而在目前,电力、电信、金融、保险、水电气供应、烟草等行业职工的平均工资是其他行业职工平均工资的 2—3 倍,如果再加上工资外收入和职工福利待遇上的差异,实际收入差距可能在 5—10 倍之间。① 2005 年,央企资产比较集中的 27 个主要行业,平均工资最高与最低差距倍数,从 2002 年的 3.5 倍扩大到 2004 年的 6.4 倍,最高的是服务业,平均工资 7.2 万元,最低的是纺织业,平均工资 1.1 万元。②

3. 低收入劳动者工资增长缓慢

以农民工为主体的低收入劳动者,工资增长缓慢,工资水平普遍偏低。有关调查显示,珠江三角洲地区的农民工工资绝大多数在 600 元左右,改革开放以来,珠江三角洲 GDP 年增长率平均 20% 以上,农民工工资近 12 年来仅增长 68 元。同时,农民工同工不同酬的现象比较严重,由于身份不同,不少企业农民工劳动报酬与同岗位城镇职工工资相差 1 倍左右。③

总体而言,我国处于体制转轨、经济转型的过程中,劳动法制不够完善,劳动执法不容乐观,劳动者权益无法得到有效保障。拖欠、克扣工资,随意安排加班,较恶劣的劳动安全卫生条件等非法现象屡禁不绝,强者更强、弱者更弱的马太效应明显。

(二)劳动者工资收入差距扩大的原因

1. 社会再分配制度不健全

社会再分配制度,如社会保障等制度不健全,本应更注重公平的再分配制度的缺位放大了收入差距,例如在我国从低工资模式向高工资模式转换过程中,较早退休的劳动者由于原来工资很低,退休养老金调整机制又存有缺陷,其退休待遇相较于晚退休的劳动者明显偏低。且企业职工养老金与机关事业单位人员退休金相差较多。又如由于医疗保险存在问题,医疗费增长过快,1990 年—2004 年,我国综合医院门诊病人人均医疗费用以每年 18% 的速度增长④,大大超出了居民可支配收入的增长速度,造成因病致

---

① "2006 年苏州第三届中国薪酬管理高层论坛上国家劳动和社会保障部副部长步正发的讲话",资料来源:http://www.eol.cn.

② 张馨月:"中央党校报告:国企一般员工收入分配不公突出"第一财经日报网,资料来源:http://www.sina.com.cn.

③ "2006 年苏州第三届中国薪酬管理高层论坛上国家劳动和社会保障部副部长步正发的讲话",资料来源:http://www.eol.cn.

④ 赵德馨:"中国须遏止'富者愈富、穷者愈穷'",载《广州日报》2008 年 6 月 17 日。

贫、一人生病一家穷等现象。

2. 垄断行业和国企的工资确定机制缺位

对垄断性行业工资总额及其高级管理人员工资水平欠缺有效管制。我国新近颁布的《反垄断法》主要针对的对象是行政性垄断和经济性垄断,自然垄断在适用上有诸多特别之处。由于自然垄断行业的产品价格非市场竞争形成,故价格管制非常必要(在自然垄断行业引入竞争也为改革措施之一,但不足以取消价格管制)。对垄断性行业工资总额及其高级管理人员工资水平的控制属于价格管制,但我国长期对此欠缺有效管制。

国企工资制度尚未形成明晰、科学的确定机制。国企高管由谁来确定工资,依据哪些因素如何确定工资,高管与各层级的劳动者之间如何形成合理差距等机制尚未形成。

3. 工资集体协商机制不健全,普通劳动者欠缺工资增长的有效路径

市场经济条件下,国家只能决定财政工资的增长,并可通过国企工资的增长带动企业工资水平的提高。但这些对数量更多的非国有企业职工的工资影响都较间接,从市场经济发达国家的经验来看,后者工资增长有赖于集体协商机制作用的发挥。集体协商机制不健全,企业就不能形成工资正常增长的良性机制,劳动、资本、技术、管理等生产要素按贡献公平参与分配就缺乏必要的实现路径。以经济发展和劳动保障水平较高的广东为例,该省2007年提出推行工资集体协商制度,但却因为遇到不少现实阻力而举步维艰。这种阻力主要体现在"四不"上:即企业不愿谈,担心工资协商会损害企业利益;职工不敢谈,担心提出协商要求会被企业解雇;职工对相关工资法规政策不熟悉,不会谈;工会组织不健全,不能谈。

4. 收入秩序较混乱,工资外收入可控性差

工资占劳动者收入的比重太小,以福利为幌子的工资外收入混乱,灰色收入、非法收入同时并存,工资外收入不同行业、不同地区、不同单位之间差别明显,扩大了劳动者收入的差距。财政预算决算信息公开不够,政府对财政拨款单位的收支的控制弱化,有权有势的政府部门公务员与普通公务员、普通劳动者之间在福利、社会保险等方面差距明显,这尤其表现在公有住房、经济适用房的分配上。

5. 最低工资标准普遍偏低,规范化程度低

劳动力供远大于求的背景下,低技术或无技术劳动者不可替代性差,在劳动力市场上对工资的议价能力弱,他们往往也是低收入者。又由于劳动

者普遍欠缺职业培训,其本身劳动技能发展的空间也极为有限。最低工资制度能够划出劳动力市场的底线,对保障低收入劳动者的合法权益、实现我国"提低、扩中、限高"的分配政策具有重要意义。而我国最低工资制度欠缺制度刚性,相关规定存在若干重大缺陷,确定最低工资标准时随意性太大、规范化程度低,资强劳弱背景下就自然体现为最低工资标准普遍偏低。

6. 就业机会不公平、就业权利不平等

形形色色的就业歧视和流动障碍导致的就业机会不平等、就业权利不平等,使底层劳动者收入增加更为艰难。

当权钱交易、机会和权利不平等、非法收入等现象较多地在社会生活中呈现时,普通民众的不公平感更为强烈。在进行社会财富分配之前,不公平的游戏规则就已经确立,那么民众的不公平感就已经形成,这种情感是财富分配本身无法轻易改变的。因此,倡导法治,健全民主,为不二之选。

劳动者利益保护与改革利益公平分享,是一个十分宏大的系统工程。在中国经历了改革开放 30 年的历史后,社会的核心价值观向公平和正义回归,全体社会成员共享改革发展成果,已经成为一种广泛的社会共识,而法制无疑为劳动者公平分享改革发展成果提供了最坚实的保障。我们非常欣喜地看到,国家已经意识到收入分配改革的必要性和重要性,已着手进行了众多工作:对养老、医疗等社会保险制度的改革、对央企高管的限薪、极力破解城乡二元分割体制、加大转移支付,等等。因此,本部分的研究选择了劳动者公平分享改革发展成果法律机制中最有价值的几个问题进行研究:一是就业机会的公平分享,这是因为就业机会平等是工资公平分配的起点,就业机会的不平等已经影响到劳动者在工资方面实现平等的可能性及现实性;二是工资收入的公平分配,这是一个国家已经意识到但尚未看透的问题,尤其是退休时间不同的劳动者之间工资水平差距较大,企业、事业、机关之间退休工资差距太大;三是工资集体协商,从市场经济发达国家的经验来看,这是让劳动者公平参与企业利益分配、使劳动者工资水平合理化的主要途径;四是最低工资制度,今年以来各地大幅提高最低工资标准的做法不能掩盖最低工资制度的根本缺失和应有的制度性反省;五是住房改革利益的公平分享,住房作为劳动者最大一笔开销,住房利益的公平分配直接成为劳动者工资支配的重大影响因素。

二、实现就业机会公平是劳动者的民生诉求和权利回归

（一）问题的提出

就业是民生之本，是安邦之策，实现就业机会公平是民生的诉求与权利的回归。然而，伴随我国经济发展与社会转型，不平等就业问题日益突出。在各种不平等就业问题中，就业机会不平等成为亟待破解的一个重大问题。在目前情形下，我们必须承认，而且需要有足够的道德勇气承认，我们正面临就业不力与不平等就业的双重困境。其中，就业不平等的危害远比就业不力严重得多，因为常识告诉我们：一个更符合公平原则的社会比一个非常不公平但对自己更有利的社会要好得多，尽管后者比前者更符合"自利理性"原则。同时，就业机会不平等仅仅是对中国整个就业状况的某种折射，它所反映的是更深远、更深刻的社会现象和社会问题。就业机会不平等的负面影响及其破坏力是全局性的，远比我们想象得还要严重，它已经影响到人们在其他方面实现平等的可能性及现实性。

值得注意的是，随着"和谐社会"、"执政为民"、"以人为本"和"民生至上"等执政理念的兴起，执政者成为社会立法与和谐社会建设的最强力、最高效的主导者，而以就业机会平等为代表的法治，则是最有力、最有效的公正与平衡机制。尽管上述执政理念与美国的"罗斯福新政"、"伟大社会"构想产生于不同的社会土壤，但不约而同的是，以追求社会正义为最高目标的就业机会平等，都是支撑这些深刻社会变革的脊梁。当下，随着社会主义和谐社会建设步伐不断推进，全体劳动者公平分享改革发展成果，已经成为一种广泛的社会共识，而公平分享就业机会则是实现这个目标的根本途径。正是从这个意义上讲，就业机会公平分享，就不再是一个简单的宣示，而是一种积极的权利主张，是广大劳动者的一个最普遍的利益诉求。

（二）中国就业机会不平等的现状分析

考察中国就业机会不平等之现状，必须把其置身于中国经济改革与就业制度改革的宏大背景中，才能获得对其最充分的把握。整体观之，处于转型时期的中国，就业机会不平等既反映了中国经济改革与就业制度改革的一般特征，也体现了就业机会不平等自身的特殊性。前者说明了就业机会不平等遵循了中国经济改革的整体步骤与逻辑，后者揭示了就业机会不平等内在的若干深层次问题。

在就业机会不平等的各种现状中,需要把握的焦点问题是:劳动者所享有的就业机会实际上处于权利短缺和权利配置不平等的双重"尴尬"境地。一方面,在经济改革经历了从效率至上到权利回归的历史阶段后,尽管我国已经导入市场经济国家的市场就业体制,但与之匹配的就业制度却迟迟未建立健全起来,一个最直接的表现是立法对就业机会平等的规定并未像我们期待的那样清晰。譬如,无论是《劳动法》还是《就业促进法》都未对就业机会平等给予明确的规定。其结果是,在劳动力供过于求的局面下,劳动者不知道自己究竟享有哪些平等就业机会的权利。可以说,当前劳动问题所反映的焦点,不是经济不发达,也不是财富不充分,而是劳动者地位的沦落和就业机会平等基本权利的缺失。另一方面,我国长期实行的就业区分政策并未随着经济改革而退出历史的舞台,在包括地方就业利益在内的各种因素的阻碍下,以国有企业下岗职工、"农民工"和大学毕业生为代表的特殊就业群体,并未实际享有平等就业机会的权利。根据中国政法大学宪政研究所的调查,雇主单位要求受聘者的平均年龄须在 36.5 岁以下。很显然,大量国有企业下岗职工("4050"人员)因为年龄歧视而无法实际享有公平的就业机会。另外,针对"农民工"的社会出身歧视还很严重。据国家统计局调查结果显示,农村劳动力外出务工数量逐年增加,2003 年为 1.1 亿人,2004 年为 1.2 亿人。然而,农村劳动者进城就业遭遇了各种歧视性待遇。各地在职业准入方面实行"先城镇、后农村,先本市、后外地"的原则,表现出对农民工最严重的歧视。另据统计,《深圳市居民按比例就业实施办法》要求各个行业的用人单位,均必须录用一定比例的本市居民。例如,邮政电信业要求本地居民就业比例不低于 60%,金融业要求本地居民就业比例不低于 80%。在《2000 年北京市允许和限制使用外地人员的行业、职业范围》中,包括垃圾清运工在内的体力型工种,都要求使用人员的文化程度为初中。应该看到,在 20 世纪 90 年代中期,中国九年制义务教育尚未全面普及,尤其是在外地的年轻劳动力中,大多数接受教育的情况都不尽如人意。2005 年劳动和社会保障部课题组的调查报告显示:农民工总体文化程度偏低,初中以下文化程度者所占比例高达 83%,未接受任何技能培训的占 72%。[①] 可以说,没有初中以上文化程度的农民工就被排除在城镇就业的范围之外,而不加区别地普遍要求外地劳动力必须具备初中以上文化程

---

① 蔡定剑主编:《中国就业歧视现状及反歧视对策》,中国社会科学出版社 2007 年版,第 235 页。

度的招工规定,无疑会对该部分农民工造成就业歧视或者其他不合理的限制。

(三)中国就业机会不平等的问题揭示

在劳动就业还是人们谋生的基本手段的历史条件下,就业机会平等是现代社会最重要的正义原则。如果没有就业机会平等,其他平等只能是"画饼充饥"。因此,就业机会平等是最大的社会平等,是社会平等是首要标志。中国当下就业机会不平等导致了若干问题,其中最值得关注的深层次问题有:

第一,就业机会不平等使我国就业问题无法得到根本解决。从世界经验来看,促进充分就业与保障平等就业,是解决失业问题的不可或缺的两个重要方面;什么时候放弃了平等就业,不仅失业问题得不到根本解决,而且不平等就业所导致的问题就会累积到摧毁社会基本价值体系的严重程度。受中国经济改革及各种因素的影响和制约,中国就业制度改革绩效显示:当GDP不断飞涨的时候,面对扑面而来的就业压力,中国成了"睡不着"的国家。现在的问题已经很清楚了:经济增长已经很高了,在这种情况下,我们还存在很大的就业问题,这确实需要我们从更广泛和更深层次来思考和解决这一问题。

第二,就业机会不平等是劳动者公平分享改革发展成果的最大障碍。在经历了20多年的普惠全体国民的"人口红利期"后,中国的改革进入了利益分割、矛盾凸现的考验期。以社会公正、民生保障为主旨的"后改革时代",其根本任务是维护社会的公平与正义,让全体国民共享改革发展成果。然而,在劳动还是人们谋生的基本手段的历史条件下,就业机会不平等成为劳动者公平分享改革发展成果的最大障碍。

第三,就业机会不平等违背了和谐社会公正、合理的价值理念。建设社会主义和谐社会是我国中央政府在新时期提出的一项重要战略任务,体现了社会主义社会的时代性和先进性。和谐社会首先应当是利益的和谐,即全体社会成员都能够在利益上达成一种比较均衡的状态。在劳动还是人们谋生的基本手段的历史条件下,就业机会不平等,不仅使人们丧失了最基本的生存依据,也使人们相互之间的利益差距不断扩大,造成利益分享的"鸿沟",违背了和谐社会公正、合理的价值理念。

第四,就业机会不平等已经成为社会稳定持续发展的最大隐患。我国是一个人口大国,比世界上其他任何国家都面临更加复杂的就业形势。但即便是在经济危机全球化背景下,当世界上其他国家都承受巨大失业压力的时候,中国的就业问题为什么还没有发展到不可控的局面呢? 有两个重要因素不容忽视:一方面,中国经济持续高速发展,"中国奇迹"在创造了大量就业岗位的同时,也使本来应该比其他国家更加尖锐的就业矛盾暂时缓和。另一方面,在国家需要延缓适龄青年进入劳动力市场而扩大高校招生人数的社会利益与高校招生收取学费的经济利益的双重利益的驱动下,自20世纪90年代末开始,我国高校在校学生的规模可以用飞速发展来形容。可以说,我国新建大学的速度和大学扩招的规模不仅在中国高等教育发展史上是空前的,在世界高等教育发展史上也绝无仅有。然而,上述两个因素不可能一直保持下去。在经济高速增长的时候,就业机会不平等所产生的负面问题或许可以被"高增长"和"高效益"掩盖,但是,谁敢断言在经济增长放慢的时候,由于就业机会不平等所导致的各种深层次问题不会以更加极端的方式爆发出来呢? 同时,中国高等教育的"膨胀式"扩招规模也不可能长久发展下去,长期聚集在高校的大量毕业生最终要释放于社会寻求就业机会。另外,随着我国城镇化速度不断加快,"爆炸式"增长的失地农民与农民工也涌入城镇寻求就业机会。在全球化背景下,处于转型时期中国的就业问题面临的不确定因素更多,而经济增长的不稳定性、最终需要释放于社会的庞大的高校毕业生群体、不断增多的失地农民和农民工等三个主要因素的"叠加"使我国的就业矛盾不断显现。在我国就业岗位还非常有限的情况下,当社会保障制度还不能为广大劳动者提供足够保障能力的时候,就业就成为绝大多数人生存并获得发展的基本途径;但如果广大劳动者连就业机会都不能公平分享,他们就不仅会产生不公平感,还会由此形成对社会的对抗心理和行为。2009年年初,被称为"世界工厂"的珠三角地区再现"民工荒",不能被误读为"刘易斯转折点"的来临,它既是我国经济升级转型的必然反映,也是我国劳动用工体制改革滞后的应付代价。"民工荒"的本质是"权利荒",即农民工进城就业还不能平等享有以平等就业权为核心的各种权利,最终导致他们以集体行动的方式对抗漠视他们权益的地区和企业。近年来,西方国家出现的许多因为不平等就业而导致的社会集体行动,已经给中国提出了严重的警示:经济越是高增长,就越应重视建构就业机会公平分享的法律机制,而不是过度依赖经济本身;就业岗位越是有限,就越应强调就业机会的公平配置,而不是放任就业岗位的市场配置。任何有远见的政治家都不会无视保障公平就业与维护社会稳定和谐之间的紧密关系。如果忽视公平就业所蕴涵的政治意义,中国将会为此付出难以估量的代价。关于这一点,中央最高决策层应该引起高度关注。

(四)中国就业机会不平等的原因透视

1. 中国就业机会不平等的深层次原因

就业机会平等的国际化绝非一个抽象或均衡的问题,而是一个与各个国家和未来紧密相联的具体问题;就业机会平等的世界性也并非一个全新的现象,而是一个如何对待就业机会平等的视角。对中国平等就业机会现实而言,人们显然希望尽可能地探求原因,开解密码。而最有价值的解读,无疑是带着问题意识、抱有超拔之心地深入中国改革开放 30 年的历史,无所避讳,不惮尖锐,待其出而可有裨于将来。整体观之,中国就业机会不平等的深层次原因包括:

第一,中国就业政策与制度的片面发展观与认识误区。造成我国当前就业机会不平等的原因是多方面的,既有劳动力供给严重过剩,也包括经济与社会发展持续不断地对劳动力产生替代或挤出效应。然而,这些理由并不能成为解释就业机会不平等的最主要的原因。造成目前就业机会不平等的最主要的原因,首先是片面的发展观与一些认识的误区。在效率优先甚至效率至上的背景下,许多地方在发展思路上没有统筹考虑经济增长与就业增长,"唯 GDP"成为许多地方官员政绩考核的硬指标。这种发展观,必然在就业问题上存在一些认识误区,认为工业化能够自动促进就业,劳动成本低才能促进就业,甚至以牺牲劳动者的平等就业权益来换取招商引资等。

第二,中国政府在促进就业中的地位和角色还未定型。目前,国际社会对政府必须承担促进就业和治理失业的主要责任已经形成共识,促进就业普遍成为各国政府施政纲领的重要内容。回顾中国就业制度 30 年的改革历史,我们不难看出,中国政府始终高度重视就业工作,把解决失业与促进就业摆在国民经济和社会发展十分突出的位置,通过实践探索并借鉴国际经验,制定和实施了一系列积极的就业政策,使我国的就业取得了举世瞩目的成就。然而,就目前的情形来看,我们必须承认:我们不仅面临日益严峻的就业不力的困局,而且要面对不平等就业及其严重负面影响的困境。甚至可以说,切实有效地解决就业机会不平等问题,已经成为我党在新时期面临的重大新课题。在认真分析就业机会不平等的深层次原因时,非常值得注意的是,尽管党和政府高度重视就业工作,出台了若干促进就业的政策和法律,但为什么不平等就业尤其是就业机会不平等的问题却日益严重呢?我们认为,考察中国就业机会不平等的最核心的原因,不能脱离中国经济改革的大背景。在效率至上的发展观的影响下，"经济中心论"不仅使各级政府把发展经济摆在首要的位子，而且政府在处理发展经济与促进就业的关系中还没有给自己定好位，政府在促进就业中的角色还未定型。一个典型的例子为：千呼万唤的《就业促进法》虽然在公平就业上有了重大突破，但是，政府促进平等就业的职责和法律责任却依然"政策性过强而法制化过弱"。按照国际人权条约，国家在国际人权条约下承担尊重、促进、保证和实现人权与基本自由的法律义务。尊重的义务是一种消极的、不作为的义务，即只要求国家做到不干预、不限制个人行使其权利；而促进、保证和实现的义务则需要国家积极的作为，具体到促进就业与保障平等就业权方面，国家起着关键的作用，国家的积极义务首先表现为制定平等的法律。反观《就业促进法》的平等就业制度，一个非常突出的问题是：政府促进平等就业的规定依然停留在过多的宣示层面，没有实质性措施；政府促进平等就业的规定依然政策性过强，而法制化过弱。

第三，中国劳动者平等就业的地位沦落与权利缺失。中国经济改革不仅创造了中国"奇迹"，也创造了世界"奇迹"，其中一个重要原因在于我们在"经济中心论"的引导下，在资本与劳动关系的处理上长期坚持"低人权优势"。一个突出的表现为："重资本轻劳权"，劳动者在公平就业中没有足够的"话语权"。我国长期存在的"用人单位有多大胆，歧视就有多大产"深刻反映了劳动者地位的沦落与平等就业权的缺失。关于这个问题，我们现在已经看得很清楚了。

2. 中国就业机会不平等的立法原因

中国平等就业机会的法制建设还比较后进。在我国，就业机会平等遭遇了单位制社会和身份制社会的长期困扰，就业机会平等法制建设还存在若干深层次问题。在立法层面上，我国就业机会平等面临"权利短缺"和"权利配置不平等"的双重困境。尽管《就业促进法》的平等就业制度有所突破，但仍然存在许多深层次问题，集中体现为：

首先，就业机会平等宣示性过强，无健全的实质内容，未建起完备的平等就业机会权利制度体系。国际人权公约关于就业机会平等的规定主要有两个方面：一是从正面规定人人享有平等就业机会的权利；二是禁止基于社会出身、性别等因素的不合理的差别对待和歧视。就就业机会平等而言，现行规定仍然不足，多停留在权利宣示层面，无健全的实质内容。比如，《宪法》仅仅原则性规定了男女公民享有平等的权利，而未对就业机会平等做出规定。虽然《劳动法》明确规定劳动者享有平等就业权，但没有具体规定平等就业权的内容等。《就业促进法》第 3 条第一款规定:"劳动者依法享有平等就业和自主择业的权利。"表面上看,本条规定了劳动者享有平等就业权,但如果仔细推敲,我们就会发现本条规定的平等就业权实际上过于笼统,无法反映平等就业权的基本内涵。比如:什么是平等就业权? 平等就业权的内容包括哪些方面? 对于这些最基本的问题,《就业促进法》可谓语焉不详。立法对平等就业权概念与内涵的模糊规定,使求职者不清楚自己究竟享有哪些权利。值得注意的是,我国长期存在一种观念:认为平等就业权就是反就业歧视。很显然,在社会转轨时期,保护平等就业权就是反就业歧视,这种观点具有较强的号召力。但必须指出的是,一切禁止就业歧视制度的创设,都必须建立在一个完备的平等就业权利制度的基础之上。实际上,当我们试图借鉴西方反就业歧视经验来解决中国不平等就业问题的时候,总是面临难以跨越的理论障碍与制度瓶颈:反就业歧视缺乏"权利支点"与权利平台。没有这个支点和平台,一切看似美好的反就业歧视主张和建议,都将成为无源之水、无本之木。整体上看,平等就业权在《就业促进法》中还多停留在宣示层面,没有健全的实质内容。同时,透过《就业促进法》的平等就业制度,我们不难看出:我国的平等就业权策略还只是一种对当前各种就业问题简单应对的被动策略,是一种存在"系统性"缺陷的平等就业权策略,是一种没有中国立场的平等就业权策略。

其次,禁止就业歧视规定残缺不全,还没有建立起健全的反就业歧视法律制度体系。不歧视是联合国人权条约的核心内容,国际劳工组织(ILO)八个基本公约中有两个涉及不歧视。国际人权法中的不歧视规定是基于个人受到歧视性待遇不符合平等这样一个理念而产生的。"等者等之,不等者不等之",这既是正义的箴言,也是判断歧视的基本原则。歧视的本质是不合理的差别对待,不歧视是平等的一项重要内容,不歧视与"法律面前人人面前平等并有权享受法律的平等保护"一并成为人人享有人权的基础。在我国,当不歧视研究还未达成共识的时候,创建制度层面的反就业歧视法制,无疑是非常困难的。同时,平等就业权的正面研究仍然是被"边缘化"的,反就业歧视缺乏平等就业权强有力的理论支撑,反就业歧视与平等就业权一般被视为同一范畴和相同的概念。反映在立法上,《就业促进法》对禁止就业歧视的规定残缺不全,主要问题有:1)缺乏对就业歧视概念的界定。《就业促进法》第三条第二款规定:"劳动者就业,不因民族、种族、性别、宗教信仰等不同而受歧视。"依法理,该规定只是列举了就业歧视的法定情形,而没有对就业歧视的概念予以界定。从国际经验来看,无论是联合国的人权公约,还是国际劳工组织(ILO)的劳工标准和欧盟禁止就业歧视的若干指令,都对就业歧视的概念做了明确规定。在我国就业歧视日益严峻的情况下,如果法律对就业歧视概念的规范缺位,求职人或受雇人很难认识用人单位所采用的雇佣措施是否构成就业歧视。同时,即便是上述规定列举了就业歧视的四种情形,但仍然重点不突出与遗漏并存。比如,目前非常严重的身份歧视就没有被列举规定。依比较法来看,美国被禁止的就业歧视类型主要有种族与肤色歧视、性别歧视、宗教信仰歧视、原国籍与公民身份歧视、年龄歧视和残疾人歧视。① 2)没有就业歧视的例外规定。歧视的本质特征在于不合理的差别对待,或者说没有正当理由的差别处理。判断一个差别对待的立法或具体行为是否具有合理性,并非需要确定是否存在差别对待,而是确定该区别的理由是否正当。换言之,法律并不反对合理的、相关的和必要的差别,仅仅是禁止没有正当理由的差别。② 因此,禁止就业歧视立法一方面要规定禁止就业歧视,他方面还要规定就业歧视的例外情形。这在国际劳工组织(ILO)第 111 号公约《(就业和职业)歧视公约》中得到了最充分的体现。该公约第一条第二款规定:"对任何一项特定职业基于其内在需要的区别、排斥或优惠不应视为歧视。"3)未规定"工作相关资格"原则。禁止就业歧视必然涉及平等就业权与用工自主权这对最核心的关系,禁止就业歧视的关键,是依法规制平等就业权与用工自主权之间的界限。在一般情形下,用人单位不得根据劳动者的先赋因素③限制劳动者的平等就业权,否则便构成就业歧视或者构成对劳动者不合理的其他限制。因为,"由于出身和天赋的不平等是不应得的,这些不平等多少就应给予某种补偿。"④如果基于先赋因素对劳动者的平等就业权实施不合理的限制,则根本违反了正义的一般原则,是极不道德的。同时,在一般情况下,用人单位根据劳动者的自获因素⑤所采取的区别对待又是正当的。因为,自获因素主要体现了劳动者通过自身努力而获得的、具有不同就业能力的个体

---

① 参见郑津津:"美国就业歧视法制之研究——兼论我国相关法制应有之发展",载《台大法学论丛》2002 年第 4 期。

② 周伟:"论禁止歧视",载《现代法学》2006 年第 5 期。

③ 所谓"先赋因素",是指人力难以选择和控制的因素,比如人的民族、种族、性别、户籍、年龄、外貌、等。先赋因素应当由法律直接规定。

④ [美]约翰·罗尔斯著:《正义论》,何怀宏等译,中国社会科学出版社 1988 年版,第95 页。

⑤ 所谓"自获因素",是指劳动者通过主观努力逐步培养的、与工作岗位相关的知识、技能和整体工作能力,其具体形态包括劳动者的学历、专业、经验、技能、以及某种职业资格等。

差异,这种个体差异也是劳动力生成成本的差异。必须承认劳动力生成成本的差异及其通过竞争获得相应回报的差异,这是市场经济的一条基本规则,是效率的根本要求。如果说禁止根据劳动者先赋因素的非正当的区别对待是平等的基本要求,那么,主张根据劳动者自获因素的正当的区别对待则是效率的基本要求。在用工自主权与平等就业权的博弈中,如何从法律上划清其界限,建立"工作相关资格"原则至关重要。根据"工作相关资格"原则,用人单位在用人选择上,应该基于工作性质、需求以及员工工作能力或此类相关因素进行选择,不得随心所欲地制定招聘标准。换言之,用人单位必须证明其所限制求职者的资格是与工作有关联的。① 比如,加拿大人权法中的正当职业资格在解决用工自主权与平等就业权之间矛盾的问题上颇具特色,该正当职业资格包含以下几个要件:第一,是否存在一项就业标准或政策,基于性别、种族、肤色等法律禁止的理由实施歧视或者产生了歧视的后果;第二,雇主所采取的就业标准或政策是否与所从事的工作具有合理的联系;第三,雇主在采取某一就业标准或政策时,是否已经真诚地、善意地相信它对完成该工作具有合理的必要。② 反观我国禁止就业歧视之规定,尽管《就业促进法》第三条第二款原则性规定了禁止就业歧视,但没有深入地规定"工作相关资格"原则,这不仅不符合禁止就业歧视立法的一般要求,也使准确划分平等就业权与用工自主权的界限陷入了困境。

再次,平等就业机会权与用工自主权的法律关系仍然不清楚,立法对用人单位的招工规制依然不够。一方面,平等就业机会权与用工自主权的法律关系不清楚。《就业促进法》第8条第一款规定:"用人单位依法享有自主用人的权利。"如果把第三条规定的平等就业权和禁止就业歧视与第八条规定的用人自主权相对照,我们不难发现:尽管立法同时主张依法保障平等就业权并维护用工自主权,但关键问题是:怎样认定用工自主权侵害了平等就业权以及用人单位构成对劳动者的就业歧视? 怎样划分平等就业权与用工自主权之间的界限? 对于这些最基本的问题,立法并未正面回答该问题。这导致了本来就很强势的用人单位在就业压力不断加剧的情况下继续膨胀的用工主权意识和日益严重的就业歧视行为,最终将使好不容易建立

① 李薇薇、Lisa Stearns 主编:《禁止就业歧视:国际标准和国内实践》,法律出版社 2006年版,第 242 页。

② 李薇薇、Lisa Stearns 主编:《禁止就业歧视:国际标准和国内实践》,法律出版社 2006年版,第 638 页。

的平等就业权利有"落空"的危险。另一方面,立法对用人单位的招工规制依然不够。平等就业权与用工自主权是统一人力资源市场中一对密不可分的权利,平等就业权保障必然涉及立法对用工自主权的彻底规制。这不仅是因为资本与劳动的紧张关系一直是市场经济的"轴心关系",并决定了平等就业权保障必然要以规制用工自主权为基本条件;而且,在中国社会转型时期,随着劳动用工改革的不断深入,就业压力日益加剧,"资本强势"地位更加凸现,用人单位的用工自主权表现出超强的主权意识,而劳动者的平等就业权却在就业压力和强大的资本面前处于非常不利的危险境地。同时,用人单位的招工行为也是法律在实践中最难控制和规范的环节。因此,依法规制用工自主权,就成为切实保障平等就业权的关键措施。目前存在的很突出的立法问题有:

一方面,与招工行为有密切关系的《劳动合同法》与《就业促进法》还未能实现有效的衔接。从表面上看,《劳动合同法》只管招工就业后的事情,即《劳动合同法》只管就业后劳资双方的权利与义务,至于就业前的事情,则由《就业促进法》来管。但实际上,招工与就业是一个关系十分紧密的统一过程,在实践中实难截然分开。《劳动合同法》规定的用人单位应当依法制定和完善劳动规章制度、招工说明义务和招工备案制度,其与《就业促进法》的相关规定都有紧密的联系。因此,从有效规制招工行为和保障平等就业权的根本目的出发,《就业促进法》与《劳动合同法》应当相互衔接,互为补充,避免目前存在的《就业促进法》对招工行为规制不足、而《劳动合同法》又不管的尴尬状态,并使本来就"失范"的用工自主权和招工行为继续在法律的"漏洞"中任意侵犯脆弱的平等就业权。

另一方面,劳动和社会保障部于2007年10月颁布的《就业服务与就业管理规定》也未能对该问题做很好的处理。其第三章"招用人员"第9条依然原则性重复规定了《就业促进法》第26条之规定。虽然其第12条规定:"用人单位招用人员时,应当依法如实告知劳动者有关工作内容、工作条件、工作地点、职业危害、安全生产状况、劳动报酬以及劳动者要求了解的其他情况。"本规定原意在于突出劳动者在求职过程中的知情权,加大用人单位的告知义务。但是,本规定却过之而不及。主要问题有:一是立法对用人单位招工制度的规范几乎没有。从实践来看,用人单位一般都制定了相应的招工制度,包括招工标准、招工程序和录用规定等,同时,招工制度成为用人单位内部管理制度的重要组成部分。如何从招工制度环节依法规范招工行为,把就业歧视等不平等招工行为遏制在源头,这应当是解决不平等就业问题的一个着力点。但一些深层次问题也就随之出现了,比如:招工制度作为用人单位内部管理制度的重要组成部分,是用人单位用工自主权的重要体现,它与保护平等就业权的关系为何? 立法对招工制度的限制是否有违用人单位的用工自主权? 等。对于这些最基本的问题,现行立法只是做了原则性规定。2001 年 3 月 22 日最高人民法院审判委员会会议通过的最高人民法院《关于审理劳动争议案件适用法律若干问题的解释》第 19 条规定,用人单位根据《劳动法》第四条之规定,通过民主程序制定的规章制度,不违反国家法律、行政法规及政策规定,并已向劳动者公示的,可以作为人民法院审理劳动争议案件的依据。从表面上看,立法似乎对用人单位的招工制度做了限制。但是,如果稍加分析,我们就会发现该规定仍然存在许多深层次问题,集中体现为:该规定仅仅原则性规定了用人单位的招工制度只要符合民主程序、合法和公示三个条件,就可确立其法律效力。但现实中的问题并非如此简单。实事求是地说,现行规定不仅过于原则和抽象,缺乏对用人单位内部招工制度的制定程序、基本内容、法律效力、法律监督和法律责任等具体规定;而且在授予用人单位有制定内部规章制度权利的同时,没有跟进相应的法律义务,没有对用人单位制定规章制度的权利加以必要、合理的约束。这导致实践中的很多问题,包括招工制度制定的程序不民主、内容不合法、带有明显的招工歧视等。因此,在缺乏法律充分规范和约束的情况下,法律规定的用人单位有制定招工制度的权利和义务实际上成了其仅有的权利。而在我国就业压力不断增大和"资本强势"的一贯影响下,本来就"失范"的用工自主权成为肆意侵犯平等就业权的"刽子手",就似乎是自然而然了。二是并非用人单位有义务告知劳动者想了解的所有情况,这里有一个用人单位商业秘密保护的问题。应把用人单位的告知义务限定在与劳动者求职与工作有关的范围内。三是仅仅规定用人单位的告知义务还不够。因为这里有一个根本性问题还未得到解决,即当出现招工条件与劳动者本身情况相冲突的时候,尤其是招工条件高于劳动者所具备的条件的时候,立法就应当规定用人单位必须根据平等就业与不歧视的根本原则,负有向劳动者解释和说明的义务。值得一提的是,应赋予劳动者对恶意招工行为以及可能含有就业歧视的招工行为等的投诉权,并规定相应的投诉机制。唯有如此,才能把法律纸面上的权利转化为实际维权行动,通过依法切实规制用人单位的招工行为,实现有效保障平等就业权的终极目的。

最后,就业机会平等还面临政策与立法本身的歧视。政策与立法在就业中的歧视即为制度性歧视。我国的制度性就业歧视主要表现为我国就业区分政策下对进城就业的农民工的歧视和对异地就业者的歧视。就业区分政策是指在就业制度中国家将劳动者因其社会身份的不同而区分为不同的就业群体,并针对区分结果对不同就业群体采取不同就业政策的现象。据资料统计,自 1949 年以来,我国在不同时期出台的有关就业政策、法律和法规等都不同程度地存在政策和立法歧视问题,主要体现在对农民工的歧视、干部和工人的身份歧视和临时工歧视等[①]。

3. 中国就业机会不平等的执法原因

在执法层面上,就业机会平等在执法中的不足主要包括:

一是立法对执法的规定不足,集中表现为执法规定过于原则和抽象而导致执法实际"无法"可依。比如,2004 年出台的《劳动保障监察条例》没有把就业歧视明确规定为劳动保障监察的事项之一。虽然该《条例》第 11 条做了扩张性解释,将禁止就业歧视视为劳动保障监察的事项之一,但由于我国目前没有专门的反就业歧视法,有关就业歧视的规定过于分散,并未得到劳动监察部门的重视。同时,各地专门的劳动保障监察机构在对禁止就业歧视的认识上观念还很淡薄,各地政府对劳动监察的投入也很有限。[②]这些因素导致了目前劳动执法监察不统一、不协调、不深入等实际问题。又比如,《就业促进法》第 7 章"监督检查"只是原则性规定各级人民政府和有关部门应当建立促进就业的目标责任制度,县级以上人民政府对所属有关部门和下级人民政府进行考核和监督。同时,劳动行政部门应当对本法实施情况进行监督检查。仔细推敲,我们就不难看出:促进就业目标究竟如何建立? 该目标的内容如何? 该目标是否体现了依法保障平等就业权? 对于促进就业目标考核制度的这些最基本的问题,立法可谓含糊其词。其一个根本原因仍在于政府促进就业措施的政策性过强而法制化过弱,政策推动和行政力量仍然是政府促进就业的一个主要手段,而法制在促进就业中的地位却未能得到足够的重视。另外,从立法技术来看,虽然立法还无法对政府促进就业的目标体系、考核制度和评价机制等做出详细的规定,但至少应对上述基本问题做总体性要求和规定。另外,前面我们已经谈到,依法规制用人单位的招工环节,是破解平等就业权"保护难"的一个关键性举措。为了解决这一问题,劳动和社会保障部于 2007 年 10 月颁布的《就业服务与就

---

① 周伟等:《中国的劳动就业歧视:法律与现实》,法律出版社 2006 年版,第 189—207 页。

② 林嘉等:《劳动就业法律问题研究》,中国劳动社会保障出版社 2005 年版,第 252 页。

业管理规定》有了重大突破,其第 7 章"就业与失业管理"第 62 条规定:"劳动者被用人单位招用的,由用人单位为劳动者办理就业登记。用人单位招用劳动者和与劳动者终止或者解除劳动关系,应当到当地公共就业服务机构备案,为劳动者办理就业登记手续。用人单位招用人员后,应当于录用之日起 30 日内办理登记手续;用人单位与职工终止或者解除劳动关系后,应当于 15 日内办理登记手续。"从表面上看,本条在用人单位招工备案制度上有了重大突破。但本条依然问题重重,主要有:一是本条仅仅规定了用人单位录用后的招工备案制度,而用人单位录用人员之前的招工行为并未进入法律监督的视野,尤其是监督用人单位的招工广告和录用程序等。实际上,现实生活中发生用人单位招工歧视的情形主要在招工录用前的阶段,而立法对该阶段的"遗漏"将无疑继续助长用人单位的歧视之胆和歧视行为。二是本条仅仅从形式上规定用人单位负有办理就业登记之法律义务,既未跟进内容健全、实际可行的法律义务,也未突出劳动执法部门对就业登记进行实质性监督和检查之法律义务,主要是监督检查用人单位招工行为中有无就业歧视、侵害劳动者合法权益等现象。其后果将是严重的:形式意义上的就业登记可能助长用人单位的"侥幸"心理,而对其负有的平等招工和不歧视等法律义务"束之高阁",甚至产生当问题出现时再"应付"的恶意招工行为;由于立法对执法部门执法职责与义务的规定过于笼统,在我国目前劳动法制还很薄弱的情况下,执法部门受各种利益驱动,执法过程中以牺牲劳动者平等就业权等权益为代价的"权力寻租"现象就容易滋生;对于劳动者而言,正如我们所看到的,无论是用人单位的"侥幸心理"与"顶风作案"行为,还是执法部门的"权力寻租"行为,都会在根本上损害劳动者的平等就业权等合法权益。三是从整体上看,本条规定的用人单位就业登记备案制度,其主要目的还停留在政府方便就业和失业管理的一般层面,而没有把就业登记备案制度提升到加强就业监督检查、切实维护劳动者平等就业权等合法权益的法制高度。

二是执法机构建设落后,还存在机构繁杂和无序的局面。比如,我国目前除了劳动行政部门外,还有一些指代不明的"有关主管部门"、"上级机关"等。

三是各个执法机构职责不清,容易出现执法过程中的相互推诿、权力寻租等不良现象。从各国实践来看,大都建立了专门的执法机构,并对执法机构的具体职责做了详细规定。虽然《就业促进法》已规定国务院劳动行政部门具体负责全国的促进就业工作,但由于就业本身是一个牵涉面十分广泛的问题,仅由国务院劳动行政部门实在是很难解决诸多就业问题的。另外,虽然我国现有一些官方机构和非官方机构具备相关行政执法职能,但由于各部门职能分散,功能交叉,在实际操作中既会出现"夺权"现象,也会出现相互推诿的现象。一个比较突出的例子是:劳动保障监察和劳动争议仲裁两个机构目前还存在权限不清、关系模糊的严重问题,已造成一定的混乱局面。[1]

四是执法监督机制还不健全,执法效率依然很低。执法监督机制不健全,包括执法机构的外部监督和其内部监督都还非常薄弱。执法效率仍然很低。一个突出的例子是:中央政府一直重视对劳动者权益的保护,我国也建立了门类繁多的劳动标准体系。劳动法理应更好保护劳动者权益,但事实并非如此。这种"悖论"的出现,根本说明了制度实施存在严重问题。即是说,我国平等就业权保护的问题还很多,其中一个重要原因就在于保护劳动者平等就业权的法律制度和政策还处于文本状态,未起到真正规范的作用。

4. 中国就业机会不平等的司法原因

在司法层面上,就业机会平等与就业歧视争议在我国传统的司法体系中一直是被"边缘化"的。《就业促进法》在平等就业权保障的司法机制上虽然有了重大突破,但存在问题也不少,主要有:

一是反就业歧视诉权主体单薄。从根本上讲,就业歧视危害的不仅是个人的平等就业权,还危及到社会的整体利益。权利的性质是其保障的关键性因素,代表众多主体利益的平等就业权的救济机制应当是开放的和积极的,反映在反就业歧视的诉讼主体上,除了劳动者本人外,反就业歧视执法机构也可以依法代表劳动者向法院提起诉讼。这已成为世界的经验。因此,仅仅赋予劳动者反就业歧视的诉讼权利,显然是不够的。

二是劳动者享有的诉权"有名无实"。在现实生活中,就业歧视主要来自政府和用人单位,而对这两个不同主体所实施就业歧视的司法救济途径也是不相同的。对于用人单位的就业歧视,可以考虑将目前的劳动争议处理机制整合并轨。对于政府实施的就业歧视,则需要特殊对待。由于政府的就业歧视主要表现为制度性歧视,该歧视行为一般不是具体行政行为而是抽象行政行为,要使该抽象行政行为得到法律上的矫正,需要改革我国现

---

[1]　许建宇:"社会法视野中的劳动权——作为社会权的劳动权之基本范畴解析",载林嘉主编《劳动法评论》(第一卷),中国人民大学出版社 2005 年版,第 130 页。

行诉讼机制,依法赋予劳动者对侵犯其平等就业权的抽象行政行为的诉权,并扩大人民法院的受案范围,使受到就业歧视的劳动者的合法权益能够得到司法上的救济。显然,《就业促进法》第62条之规定是不充分和不彻底的。

三是平等就业权的救济途径仍然过于"狭窄"。《就业促进法》在就业歧视的救济上有了重大突破,填补了就业歧视司法诉讼的空白。但是,唯一的诉讼机制使就业歧视争议解决的途径过于狭窄。

四是就业歧视争议诉讼机制在我国现行司法体制的框架内,还面临宪法司法化"瓶颈"和相关诉讼机制对接等具体问题。

五是中国平等就业机会的社会文化还未完全形成。正如西方平等就业权源于"自由"和"正义"的理念一样,我国平等就业权也应当有其特殊的文化底蕴。我国平等就业权与我国劳动用工制度改革有着密切的关系,尽管不平等就业的原因是多方面的,但我国缺少广泛的群众基础和深厚的平等就业社会文化却是不争的事实。整体上看,我国还缺乏捍卫平等就业权的"社会一致"文化。"社会一致"是欧盟推进平等就业的共同就业政策的重要组成部分,其基本精神为社会各方面都要对不平等就业承担责任;相反,我国还残留着根深蒂固的各种不平等就业的偏见。对此,有学者指出,"在某些情况下,歧视是由于人们的成见所造成的。"[1]同时,平等就业文化在我国缺失的主要原因包括:首先,从我国传统文化来看,几千年的"王权"思想长久地影响着国人。这在就业领域表现得尤为突出。即便是在市场就业的大环境中,人们仍然崇拜"关系",各种不平等就业和"非正规就业"(这里指就业途径的非公开化和就业方式的秘密化)极大地依赖于"关系"——这种非市场化、非平等化的就业模式。其次,从经济转轨和劳动用工制度发展的历史来看,计划经济根深蒂固的"完全劳动权"[2]与"国家安排就业"使平等就业文化几乎缺乏生成及延续的土壤。再次,从劳资关系来看,"资本强势"不仅是世界的问题,也是中国的问题,这在中国社会转型时期显得尤为

---

① 田新豹:"新时期就业歧视及其对策",载《山西财经大学学报》2001年第12期。

② "完全劳动权",是相对于市场经济下"限定劳动权"而言的。所谓"完全劳动权",是指劳动者享有要求国家或社会提供劳动的机会并获得适当报酬的权利,即计划经济下的"统包统配";所谓"限定劳动权",是指劳动者的劳动就业行为,主要通过劳动力市场流动来解决,国家不再直接限制或包办,但在劳动者自行寻求劳动机会或确保劳动机会有所不能时,享有国家补充提供劳动机会,或提供其维持生活的必要资金的权利。转引自常凯:"中国入世与劳权保障",载《中国党政干部论坛》2003年第6期。

突出。在强大的资本面前,面对有限的就业岗位和相对无限的劳动力,劳动者屈从于资本的现象司空见惯,平等就业文化也就在劳资力量失衡的博弈中被不断地"淹没"了。最后,在法制层面上,我国平等就业权的法制"短缺"使平等就业文化丧失了最终的"屏障"。

总之,回溯平等就业机会在我国的现状和实践,我们不难看出:我国的平等就业权策略还只是一种对当前各种就业问题简单应对的策略,是一种存在"系统性"缺陷的平等就业权策略,是一种没有中国立场的平等就业权策略;而在各种不平等就业的问题中,最核心的问题在于劳动者平等就业权的实际沦落和用工自主权对平等就业权的肆意剥夺和侵害。造成该问题的原因固然很多,但其根本原因包括三个方面:一是虽然我国已经导入西方市场经济国家的市场就业机制,但还没有建立起并培育成与之匹配的平等就业制度和平等就业文化;二是随着我国劳动用工制度改革的不断深入,劳动法制建设还处于相对落后的状态,其一个直接后果是劳动者平等就业权利还很"短缺"。甚至可以这样说,当前劳动问题所反映的实质和焦点是劳动者的劳动权利配置不平等;三是法律对用工自主权的规制还很薄弱,尤其是用工自主权与平等就业权之间的法律关系非常模糊。历史已经反复证明:"劳资关系"一直是市场经济的"轴心关系"。多年以来,我们关于转型时期各种具体就业问题的讨论无不是以这一基本格局为大背景的。在就业压力不断增大的情况下,在多种因素的影响和促成下,用工自主权已成为侵害平等就业权的关键因素。

(五)劳动者公平分享就业机会的对策

劳动者公平分享就业机会,是新时期和谐社会的本质要求,是广大劳动者最普遍的一个利益诉求。当我们清楚地认识到我国当前就业机会不平等的现状、问题及原因后,就不难为破解劳动者公平分享就业机会的难题寻求相应的对策了。整体而言,实现劳动者公平分享就业机会,从而为劳动者公平分享改革发展成果提供最坚实的基础,需要采取系统思维和"一揽子"的配套改革措施,主要包括:

1. 以"科学发展观"统率我国的平等就业工作

在处理发展经济与保障平等就业机会权的关系中,有人认为这两者是一对难以协调的矛盾。应当说,中国经济的"高增长"是能够为促进平等就业提供余地与空间的。中央政府对经济发展进程中的问题是清楚的,中央的各种政策取向包括积极的就业政策等给出的信号也是清晰的,关键在于各级地方政府能否真正转变重经济轻劳权、重效率轻平等的片面发展观,要站在全面构建社会主义和谐社会的高度,把促进就业机会平等置身于国民经济和社会发展的总体规划和战略之中,从国民经济和社会发展全局的高度,通盘考虑发展经济与促进就业机会平等之间的紧密关系,实现发展经济与促进就业机会平等两者又快又好的发展。需要指出的是,在转变发展观念的同时,除了在经济结构、产业结构以及财税、金融政策等方面下工夫外,还要在就业之外下工夫。有四个重要的发展思路值得考虑:

一是尽快改变"低劳动力成本"优势,依法保护劳动者以平等就业机会权利为中心的各项劳动权利,改革目前还很混乱的收入分配结构,增加劳动者的劳动收入,拉动消费,刺激生产,创造就业岗位。

二是树立平等就业机会权利保障的新思维,培育并发扬社会企业家精神。在目前情形下,平等就业机会权利保护似乎已经陷入僵局:核心是平等与效率、稳定与发展、权利与成本等长期以来难以解开的情节纠缠。在经济全球化背景下,面对日益严峻的就业压力、弹性用工、国际劳工标准一体化以及劳动力市场的不确定性等风险,我们需要一个与以往不同的方法来打破这个僵局。正是在这种特殊的背景下,社会企业应运而生。社会企业的崛起是西方福利国家转型过程中不可忽视的一个重要问题。一方面,一个文明的社会应有这样一种基本的价值理念:人人都有维持生存并"体面生活"的基本权利,对一部分人发生的社会危险实际上是整个社会进步的代价,社会应当对该部分人给予必要的关注和帮助;另一方面,当秉承平等与公平的西方福利国家在经历了"黄金时期"后,到了 20 世纪 70 年代,这些福利国家在不同程度上面临"社会福利危机"的严重考验。同时,现代社会最强劲的潮流是对个人成就与自我价值实现的追求。那些始终处于选择、决定和自我塑造过程中的个体——他们渴望成为自己生活的主人,成为自我认同的建构者,享受私人空间的自由——是我们这个时代的核心特征。社会企业迎合了这个时代特征。社会企业具有社会性和企业性,它将创新与企业家精神结合在一起,创造出一种主动的社会福利机制,鼓励服务对象更多地为自己的生活负责,从而能够打破福利的僵局。从实践来看,欧盟《就业指南》(1998)确定将提升企业家精神作为欧盟共同就业政策的四大"支柱"之一;在我国社会转型时期,建设创新型社会是我们这个时代的一个典型特征。尤其是在目前就业供过于求压力还很大的情形下,只有转变思路,激励并培育社会企业家精神,鼓励创业,通过创业破解当前和今后将长期存在的就业难题,这应当引起国家的高度重视。同时,发扬社会企业家精神并激励创业,在平等就业机会权利的保护中有其特殊的价值和作用,主要包括:创造主动性福利,增进社会成员的责任感并减少其对国家和社会的依赖;通过保护就业机会平等促进就业,实现就业机会平等与促进就业的"质"与"量"的统一;让所有的劳动者都能够享有平等就业的权利,大力发展人力资源;通过平等就业机会权利保障培育一种相互尊重、宽容的社会文化,增强社会凝聚力,推进新时期和谐社会文化的健康发展;等等。我们不难想象,一个专业化的、有创新精神的社会企业将成为现代社会福利体系的核心要素。同时,创新是解决我们社会弊病的关键,而社会企业家正是社会创新的领路人。当然,发扬社会企业家精神与激励创业,我们还面临诸多实际困难,需要采取一种"综合性战略",借助社会各方面力量,采取规范与扶持、管理与服务、惩罚与激励等综合措施,其中,建立健全劳动就业领域的法律制度应成为核心任务。因为,社会企业家精神的培育与发扬首先必须有赖于一个健全的法制环境。就平等就业机会权利保障而言,社会企业家精神的培育与发扬离不开劳动者平等就业机会权利保障的基石。

三是加快城镇化建设,尤其是加快中小城市的发展,实现城乡统筹就业与平等就业机会权利保障的"双赢"。城乡统筹就业是新时期全面建设社会主义和谐社会与落实"科学发展观"的一项重要任务,是推动农村劳动者在城镇就业的重要举措,是深化我国二元社会转型的一个突破口。现在的问题是,无论是从国家的执政理念来看,还是从广大劳动者的普遍诉求来看,都迫切希望国家把统筹城乡就业的政策上升到法律的层面,从而在法制上确立城乡统筹就业关系,核心任务就是要通过提升城乡劳动者、尤其是农村劳动者在就业权利和义务配置中的地位,依法赋予城乡劳动者平等就业机会的权利。改革开放以来,数以亿计的农村劳动者进城务工的事实表明,城市(镇)化是促进就业的重要途径。同时,城市(镇)化必须与劳动者平等就业机会权利的保障相结合,实现城乡统筹就业与就业机会平等的"双赢"。目前需要注意的是,城镇化建设要在中央已经取消各种限制或阻碍劳动力流动的规定的基础上,加强以户籍制度为中心的各项改革,取消不合理的行政限制,减少劳动力的流动成本,回归劳动者就业机会平等的基本权利,创造劳动力自由流动的制度环境。

四是强化政府促进平等就业的义务与职责,构建新型的就业机会平等的推进模式。就业机会不平等产生的原因是多方面的,既有就业总量供过于求的结构性矛盾,也有传统体制的影响和左右;既有就业供需匹配的错位,也有就业服务的落后;等等。但必须指出的是,中国经济在经历了改革开放 30 年的高速发展后,尽管我们成功地解决了三次失业高峰问题,建立了适应经济体制改革要求的就业体制,但目前日益严峻的就业不足与就业机会不平等的客观事实却让我们不得不思考这样一个问题:经济发展了,市场化就业体制建立起来了,为什么就业不足与就业机会不平等的矛盾却日益突出? 多年以来,人们从不同的角度和层面对其做了探索和解读,但至今似乎还没有发现破解问题的良方。我们认为,对中国经济高速发展与就业机会不平等矛盾的解读,必须把其置身于中国整个经济与社会发展的宏大背景中予以全面观察。原因非常简单,中国的就业制度改革从来都是围绕中国经济改革而逐步推进的,探索中国就业机会不平等的深层次原因,必然遵循中国整个经济改革与发展的逻辑。因此,对中国经济发展与就业机会不平等矛盾的最有价值的解读应当是:尽管我国已经导入并建立起西方市场经济国家的市场化就业机制,但与市场化就业机制相匹配的就业制度体系却一直没有建立健全起来。譬如,2003 年《中共中央关于完善社会主义市场经济体制若干问题的决定》第一次提出实施积极的就业政策,即"坚持劳动者自主择业、市场调节就业和政府促进就业的方针"。在应然层面上讲,积极的就业政策是一种政府促进战略,其基本含义包括三个方面:第一个层次,就业政策要以积极地解决就业问题为基本目标;第二个层次,促进就业不仅要千方百计地开发就业岗位,而且要更加注重开发人力资源,提高劳动者的就业技能和职业能力;第三个层次,也是最高层次,要把就业从被动适应经济发展的现行格局转到促进就业与经济发展的良性互动。在积极的就业政策中,有几个问题值得我们高度关注:劳动者自主择业还缺乏相应的平等就业权利制度体系的支撑;市场调节就业还面临市场机制短缺与功能不足、我国统一人力资源市场仍然停留在口号与宣示层面等实际困难;政府促进就业还面临政府促进就业义务与职责不完整(主要是政府一直偏重促进就业"量"的提升,而轻视促进平等就业"质"的转变)、政府干预市场冲动与政府不作为矛盾并存、以及"政府失灵"等问题。这些问题从不同的角度和层面说明:尽管我国已经导入并建立其西方市场经济国家的市场化就业体制,但与市场化就业体制的配套制度却还未建立健全起来。这是当前为什么会出现"用人单位有多大的胆,就业歧视就有多大的产"的一个根本原因。

借鉴西方发达国家的积极经验,立足我国实际,以"科学发展观"为统率,强化政府促进就业机会平等的义务与职责,构建新型的就业机会平等的推进模式,应作为破解当前"高增长、不平等就业"困局的必由之路。相关建议及对策主要包括：

第一，强化政府促进平等就业、尤其是就业机会平等的法律义务，改变目前政府促进就业职责不完整与政策性过强的不利局面。促进就业机会平等与充分就业，是政府促进就业职责的不可分割的两个方面，是促进就业的"质"与"量"的有机统一，是落实"科学发展观"具体要求，是推进"以人为本"与"和谐社会"执政战略的根本要求。关于这一点，首先需要政府有一个明确而积极的表态，并在公务员招考和录用中身先垂范，做好榜样。

第二，营造就业机会平等的制度环境。政府在劳动力市场中的立场并不完全是"不偏不倚"，而是必须以保护劳动者合法利益为宗旨，以追求法律上的实质平等为基本原则。① 政府在营造就业机会平等的制度环境方面的义务与职责主要包括：制定平等的劳动力市场准入制度，主要是最低就业年龄标准和就业进入与退出制度；依法赋予所有劳动者平等的就业权和就业机会，坚决反对并清理各种制度性歧视；制定平等的就业规则和竞争规则，保证所有劳动者都能够享有平等参与、平等竞争和平等录用的权利等。

第三，强化政府对劳动力市场的服务职能、监督职能和保护职能。强化政府在落实就业机会平等中的服务职能，是积极就业政策的内在要求。在我国传统中，政府一直扮演着"管理者"的角色，"官本位"思想非常浓厚。因此，必须加快推进从"全能政府"到"有限政府"的转变，政府应当利用有限的行政资源，通过职业介绍、职业指导、职业培训以及就业保障等措施，强化对就业机会平等的服务与保障。值得注意的是，强调"有限政府"，不是让政府完全退出劳动力市场，更不是意味着政府什么都不管。我们要特别警惕那种"凡是政府没有能力解决的问题，都交给市场去自发调节"的极"左"思维，使中国的就业机会平等化过程演变成为政府推卸责任的过程。事实上，以市场为取向的经济改革，并不是要求政府退出，而是要求它转变职能，包括为市场经济提供市场规则和保障社会公平的丰富内容，机制上应是"回应——支持"型政府，其远远不是政府退出与市场化所能涵盖的。可以说，对公共产品的合理配置和对公共产品的有效提供，是民众对政府作为的最大期待。因此，在维护就业机会平等方面，"有限政府"的要义应包括如下方面：政府应在创造就业机会平等的制度环境的基础上，加强对劳动力市场的监督，既要着力监督用人单位不规范的用工行为，依法切实保障劳动

---

① 转引自常凯："中国入世与劳权保障"，载中国人民大学报刊复印资料《经济法学、劳动法学》2003年第11期。

者的平等就业机会权益,又要积极消除既有的歧视性制度及其对劳动力市场的负面影响。同时,针对目前很多弱势群体在劳动就业方面面临的最大的不平等就是没有平等进入劳动力市场的机会的问题,政府还应加强对劳动力市场中弱势群体平等就业的"倾斜保护"。

第四,强化政府在劳动力市场中的主导地位,坚持用深化改革来根本解决中国的不平等就业问题。一方面,我们必须清醒地认识到,即便是在市场化就业体制中,由于就业承载了保障人的生存权的基本功能,由于劳动者的个体差异,由于劳动力市场的"市场失灵",政府介入劳动力市场的必要性和必然性始终存在。同时,在就业不足和不平等就业的双重"困局"面前,我们必须改变以往单纯强调劳动者自谋职业和夸大灵活就业的功效的做法。由政府推动有组织的就业,实现劳动岗位规范化,用人单位守法化。当然,政府主导与推动就业既不是包揽就业,也不是代替市场机制,而是运用包括产业政策、财政税收政策、城市(镇)化、提升劳动力成本、强化就业公共服务等在内的综合措施,既要充分尊重市场机制对劳动力资源配置的基础作用,又要发挥政府"无形的手"的特殊作用,把市场调节与政府调控相结合,把经济增长与权利保护相结合,从而在自由与平等、效率与公平之间实现有效的平衡。另一方面,中国不平等的就业问题仍然需要通过深化改革来根本解决。改革是第一位的。如果我们把改革义无反顾地进行下去,所有就业问题的解决都是有希望的。目前,中国的劳动就业体制改革已经步入深水区,面临许多棘手的问题和困难,包括就业机会不平等在内的所有这些难题,都需要通过坚持改革来逐步解决。当然,这里首先有一个政府在改革中的立场与态度的取舍问题。

2. 回归劳动者的平等就业机会的基本权利

从对就业机会不平等的现状、问题及原因的梳理中,我们不难看出:当前劳动问题所反映的焦点,并不是经济不发达,也不是社会财富不充分,而是劳动者地位的沦落和平等就业机会基本权利的缺失。另外,随着我国经济社会的发展和劳动用工制度改革的深化,"弹性用工"将不断得到强化,劳动力市场的"弹性化"将对平等就业机会权利的保障提出新要求和新的挑战。这种趋势是好是坏,从某种程度上讲,它完全取决于我们是否能够预见这种趋势的到来,取决于我们是否能够理解好这种趋势,还取决于我们在政策与法制上如何应对这种趋势。

依法保障劳动者平等就业机会的权利,涉及方方面面,需要采取系统化思维和整体行动框架。立足当前,结合我国经济改革的基本走势,依法回归劳动者平等就业机会的基本权利,应当成为所有改革工作的中心任务。

一是正面赋权,即依法赋予所有劳动者平等就业机会的基本权利。机会平等是人类社会在从身份社会进入契约社会的过程中提出来的旨在反对封建等级制度和世袭制度的革命纲领。机会平等,具体而言是指社会成员在解决如何拥有作为一种资源的机会问题时应遵守的平等原则。机会平等表达了这样一个信念:在不平等的情况下如何实现平等,即是说,机会平等是在对人们相互不平等最大尊重的基础上,兼顾效率与平等,追求一种惠及处于不利地位人们在结果层面的平等。机会平等的涵义已经在国际劳工组织的建议书和欧盟的共同就业政策中得到清晰的体现。在我国,受各种因素的影响,就业机会平等一般被解读为职位平等地向所有人开放。很显然,这种"职位平等开放"定义范式中的就业机会平等并未揭示出就业机会平等的全部内涵,是一种狭隘的就业机会平等。实际上,回顾我国的劳动就业制度改革历史与平等就业机会权利保障的历史,我们不难发现:尽管中央政府对保护劳动者就业机会平等的权利的态度是清晰的,相关政策与立法也对此做了积极的回应,然而,为什么在实践层面劳动者所享有的就业机会平等的基本权利一直未得到切实保障呢? 一个最关键的原因是:当我们试图保障平等就业机会权利的时候,却面临难以跨越的制度障碍,即平等就业机会权利究竟包括哪些具体内容? 可以说,无论是政策,还是立法,对该问题的态度和规定一直是模糊的。

从根本上讲,就业机会平等是一种过程的机会平等:首先是参与平等就业的起点要达到平等,包括职位向所有的劳动者平等开放,切实治理当前存在的很多弱势群体面临的最大的不平等就是职位没有平等地向其开放的突出问题;就业信息平等地向所有劳动者公开,减少并杜绝平等就业过程中就业信息不对称的现象;就业领域向所有的劳动者平等开放,着重解决当前还很突出的"下岗工"、"农民工"就业领域受到很多限制的严重问题。其次是参与平等就业的过程要达到机会平等,主要包括:在参与平等就业机会的各个阶段,尽管每个人存在个体差异,但对每个社会成员的尊重和关怀应该是平等的,政策与立法不应厚此薄彼,或者有歧视的倾向;所有劳动者都平等地享有职业培训的权利,通过平等享有职业培训的权利来提升其平等就业机会的基本能力。最后是参与平等就业机会的结果要达到机会平等,也就是实际上的就业机会平等,主要是指劳动者在遭遇就业挫折或不利境地时,能够从相关义务主体那里获得平等的帮助。当我们清晰地认识到就业机会平等的应有涵义后,无论是《宪法》,还是《劳动法》和《就业促进法》,都应当对就业机会平等做出明确的规定,使就业机会平等的保障和落实真正"有法可依"。

在依法正面赋权的过程中,有三对基本关系需要正确处理:一是正确处理平等与效率的关系。尽管平等就业一般会受到经济与社会发展水平的影响,平等要讲效率,但从就业机会平等所承载的保障人的生存权的基本功能出发,它的效率只能来自公平与平等,应当是平等里面出效率,并且在就业机会平等中讲效率的目的也是为了更加平等。即是说,就业机会平等中平等与效率的关系是目标与手段的关系,就业机会平等中讲效率是有条件的而不是无条件的,目标与手段的关系千万不能本末倒置。二是正确处理就业机会平等与反就业歧视的关系。在应然层面上,就业机会平等是反就业歧视的"权利支点",反就业歧视是落实就业机会平等的关键措施。两者不可等量齐观。三是正确处理就业机会平等与用工自主权的关系。就业机会平等与用工自主权之间的界限一直是一个备受关注的焦点问题。这不仅是因为资本与劳动的关系是市场经济的"轴心关系",也是因为就业机会平等与用工自主权之间界限的确立是反就业歧视与保障就业机会平等的关键。从我们对就业机会平等的界定与就业歧视的定义中,正确处理就业机会平等与用工自主权关系的关键是确立一种系统模式和整体框架,以"工作内在要求"为中心,全面考察用工自主权对就业机会平等的限制和影响。

二是反面禁止就业歧视,即建立健全我国禁止就业歧视的法律制度。平等权利与不歧视原则是国际人权法的两个核心,其中,平等权利是不歧视原则的"权利支点",不歧视原则是实现权利平等的关键措施。如果说正面赋权解决了什么是平等就业机会权利和"有法可依"的基本问题话,那么,禁止就业歧视则是从反面规定禁止所有违背平等就业机会权利的内容的,而这种立法模式也与世界经验相吻合。同时,在工作平等已经成为普世价值的全球化时代里,建立一个健全完备的反就业歧视法律制度,已经成为一个刻不容缓的重大课题。需要指出的是,我国禁止就业歧视法律制度的构建,不仅面临平等就业机会权利的短缺,还面临就业歧视理论研究的滞后。因此,要想在短时期内建立一种能够解决就业歧视问题的反就业歧视的法律制度,无疑是非常困难的。我们认为,需要首先解决如下两个最基本的问题:

一方面,确立禁止就业歧视的立法模式。联合国人权公约关于不歧视的规定主要有两种形式:一种是一般性、原则性的不歧视规定;另一种是具体的不歧视规定。从各国禁止就业歧视的实践来看,立法模式主要有三种:

一是泛禁止立法,即法律禁止一切类型的就业歧视,而不限定具体的类型;二是原则性禁止立法,即法律列举基于特定原因进行的就业歧视,只有基于这些原因对劳动者进行区别对待的,才构成就业歧视;三是原则性加列举式立法,即在规定禁止一切类型的就业歧视的同时,又列举基于各种原因进行的区别对待。第三种模式最为普遍,我国目前属于该类模式。需要指出的是,我国在构建禁止就业歧视法制体系的过程中,目前是以《劳动法》为中心,以《就业促进法》为龙头的反就业歧视立法模式。从长远来看,结合世界经验,在就业领域实施不歧视原则最有效的国内立法是制定一部专门的《反就业歧视法》。

另一方面,依法规定就业歧视的定义。依法确立就业歧视的定义,不仅是世界反就业歧视立法的一个共同经验,也是构建我国禁止就业歧视法律制度体系的基础。目前,依法确立就业歧视的定义还面临很多实际问题,西方式就业歧视定义也对国内学者和政策制定者产生了诸多影响。我们认为,我国就业歧视定义的确立应注意这样几个问题:我国就业歧视定义应充分立足于我国的传统文化,即更加注重我国劳动者基本权利的保障与发展;我国就业歧视定义的确立应当以我国目前不平等就业所存在的主要问题为基本导向;我国就业歧视定义还应适应我国的劳动用工发展趋势,反映世界就业歧视界定的发展趋势。在对就业歧视定义的内涵和外延做出界定的时候,核心问题还在于正确划分用工自主权与平等就业权之间的界限。所谓就业歧视,是指用人单位在没有正当理由的情况下,不是根据劳动者的专业、学历、经验、技能以及职业资格等与"工作内在要求"①密切相关的自获因素作为招工和录用的标准,而是基于与岗位性质没有必要联系的劳动者的性别、户籍、身份、地域、年龄、外貌、民族、种族、宗教信仰等先赋因素为标准,对劳动者在求职过程中所采取的任何形式的区别、排斥、限制或者优惠,其目的和结果在于取消或损害劳动者的平等就业机会的权利。从就业歧视的定义中,我们不难看出:一方面,我们所指的就业歧视,是建立在"工作内在需要"的基础之上的。"工作内在需要"是区分正当用工限制与就业歧视

---

① 所谓工作内在要求,是指某种岗位、工种或职业由其本身的属性、实现资格和完成效果等因素所决定的内在要求,该种内在要求的基本特征是工作自然属性的外化。在分类上,工作内在要求主要包括两个方面:一种是工作性质的要求,即某些特定工作对劳动者本身的特殊要求,包括劳动者的性别和身体健康状况等;一种是工作环境的要求,即某些工作的特定环境或者背景对劳动者的要求,包括劳动者的性别、健康状况和生活习惯等。

的"分水岭"。另一方面,我们所指的就业歧视包括用人单位基于劳动者先赋因素的就业歧视和用人单位基于劳动者自获因素的就业歧视,在这两种情形中,用人单位对劳动者的招工和录用限制都必须具备法定的程序和条件,否则,用人单位便构成对劳动者的就业歧视或者其他不合理的限制。当然,从严格的意义上来看,就业歧视还包括制度性就业歧视,即由于历史原因而非故意实施造成广泛的中性政策、习惯和待遇固定形成的特定群体遭受的普遍的有规律的社会不利状况。① 我们所指的就业歧视仅仅是针对用人单位对劳动者的就业歧视,这主要是基于我国目前就业歧视最严重的问题是用人单位对劳动者的歧视。

构建中国反就业歧视法律制度体系,除了确立立法模式和就业歧视的定义外,还包括禁止就业歧视的判断规则、举证规则、禁止就业歧视的性质和效力、禁止就业歧视的执法机构、救济途径和法律责任等问题。鉴于我国反就业歧视不仅面临自身理论素养不足与制度经验后进,而且反就业歧视的"权利支点"平等就业机会权利还很短缺,因此,构建我国反就业歧视法律制度体系将是一个逐步探索的艰苦过程,相关问题还需要展开深入细致的研究。

三是加强就业机会平等权利保护的执法保障。在我国,中央政府一直重视对劳工权益的保护,出台了许多保护劳动权益的政策与法律,劳动法理应担负在保护劳动者合法权益的重任;但事实并非如此。这种"悖论"说明制度实施存在很大问题。即是说,我国现在的问题是很多保护劳动者权益的政策和法律还处于文本状态,未起到规范的作用。因此,在依法赋予劳动者就业机会权利平等的基础上,加强执法建设,就成为一个亟待解决的重大课题。主要措施包括:尽快制定专门的《劳动保障监察法》,从法律层面明确规定各级人民政府在就业机会平等保障监督检查中的法律义务、职能职责、执法程序和法律责任等;在现行的《劳动保障监察条例》中增补规定就业歧视监察;加强就业机会平等权利保障的组织建设和工作机制建设。从世界范围来看,大多数国家和地区的立法都规定了专门的平等就业执法机构,针对我国平等就业机会权利保障执法中存在的突出问题,就执法组织和工作机制而言,建议从以下两个方面完善相关工作:

---

① [澳]罗宾·雷顿:"采取临时特别措施,防止就业歧视",奥斯陆大学人权研究中心(NCHR)中国项目组 2004 年研讨会演讲稿。转引自周伟:"论禁止歧视",载《现代法学》2006年第 5 期。

一方面,优化促进就业工作的协调机制。《就业促进法》规定国务院劳动行政部门作为促进就业的专门机构,这是一个突破,但存在的问题也不少。譬如,就业工作是一个涉及面十分广泛的综合性问题,关系若干职能部门,不是一个独立的劳动行政部门这个层面就可以解决的。必须把促进就业放在国家战略这个位置,需要一个层次很高的促进就业协调机构来统领各项工作。美国就曾在《就业法》的制定中提出建立总统经济顾问委员会。因此,建议提升全国促进就业工作机构的地位,比如在中央层面建立促进就业的专门领导小组,使其工作机制稳固化和常态化,并在地方建立相应的对接机构。另一方面,统一劳动监察机构。针对我国目前劳动监察中存在的机构繁多、职责模糊、权限不清和效力低下等具体问题,我们建议设立一个综合、有效的劳动执法监察系统。主要对策是:在人力资源和社会保障部设立劳动监察司,在各地设立相应的分支机构,实行条条管理,保证执法组织的垂直性和独立性;每一级劳动监察部门可以分设若干子部门;在我国目前成立平等就业机会委员会的条件还不成熟的情况下,比较现实的做法是在现有的各级劳动监察机构中设立平等就业监察部门,并吸收一定比例的女性成员作为劳动监察员;加强基层劳动监察机构的建设,尤其要加强街道专职、兼职劳动监察员的组建工作,依靠包括工会、妇联等组织在内的社会力量来完成劳动监察任务;统一劳动监察机构还必须注重机构的“实体化”建设。

四是强化就业机会平等权利保障的司法建设。司法是权利保障的最后屏障。立法对权利的分配仅仅是对权利的宣告,要把纸上的权利转化为现实生活中的权利,还必须有一套完善的权利实施与救济机制。然而,从对平等就业机会权利司法保障现状的梳理中,我们不无忧虑地发现,即便是承载了保障生存权基本功能的平等就业机会权,在我国却遭遇了司法保障的“空白”。其后果的严重性是显而易见的。

针对目前的问题,我们的建议是:一方面,逐步建立健全我国的违宪审查制度。如果说在宪法层面规定就业机会平等权为权利的保障提供了最高规范效力的法律依据,那么,要把这种最高规范效力的法律转化为可以具体运用的机制,建立违宪审查制度无疑是最佳选择。违宪审查制度的主要目的在于制裁并处罚违宪行为,制约国家权力,保障公民权利。应当说,我国现行宪法其实已经包含了违宪审查制度的设计,遗憾的是,全国人大及其常务委员会至今未见行使该项权力的实践。近年来,宪法学界已经基本达成共识,应当建立违宪审查制度,但对于建立何种模式的违宪审查制度还存在争议。我们认为,就保障平等就业机会权利而言,建立违宪审查制度无疑具有非常积极的意义。同时,在我国宪政体制下,建立违宪审查制度的价值目标应当符合这样的标准:既要充分利用宪法作为最高法律的权威,使其真正成为我国平等就业机会权利保障的最高正义;又不至于在现有的体制下造成较大的变动和不可估量的改革风向。因此,我国违宪审查制度的构建必然是一个逐步探索的过程。另一方面,建立我国平等就业机会权利保障的宪法诉讼机制。如果说违宪审查制度为平等就业机会权利提供了间接的法律保障,那么,宪法诉讼则为平等就业机会权利提供了直接的法律保障。"徒法不足以自行",保证宪法的实施,让公民的权利跃出纸面,是现代宪法发展的一个趋势。如果不能被独立的司法机构实施,宪法就只能是一张空文而已;即使权利条款包罗万象,它们也只不过是空中楼阁,毫无现实意义。① 我们认为,随着我国法治进程的加速和宪法救济机制的不断建立,利用我国已有的根据宪法基本权利反就业歧视的司法经验,在宪法层面建立平等就业机会权利保障的诉讼机制,当是题中应有之义。

需要指出的是,强化平等就业机会权利保障的司法机制,还应在完善我国劳动争议处理体制、扩大民事诉讼受案范围、完善行政诉讼机制、建立健全公益诉讼机制、法律援助机制和法律责任制度等方面深化改革。

3. 培育并发扬就业机会平等的社会文化

我国就业机会不平等现状的形成有其深刻而复杂的原因,而在各种损害就业机会平等的原因中,除了劳动者地位沦落和平等就业机会权利短缺外,平等就业文化不足也是一个不容忽视的重要原因。退一步讲,即便是按照我们所精心构建的法律体系,平等就业机会权利的保障也不可能带来"速溶咖啡"似的效果。在法律与政策的背后,传统的不平等就业观念和各种偏见,才是阻碍平等就业机会权利的最后"堡垒"。因此,我们从法制的视角展开对平等就业机会权利的研究,还仅仅是一个开始。有效保障平等就业机会权利,还必须有赖于相关配套改革措施的推行以及平等就业文化的培育及其发扬光大,从而全面推动并促进我国平等就业机会权利保障与反就业歧视"全民运动"的纵深发展。

为了更好的促进就业机会平等,除了采取以上提及的法律措施之外,还需要从心理认同的角度出发大力培育就业平等的社会文化。为此,首先要

---

① 张千帆:《西方宪政体系》(上册·美国宪法),中国政法大学出版社 2000 年版,第 6 页。

以新时期"社会主义荣辱观"为基本导向,倡导、激励并培育相互尊重、宽容的社会文化。世界上不存在绝对的公平,但相对公平需要创造和维护,营造公平的发展环境成为民众最普遍的诉求。宽容,不是赐予,不是施舍,而是在内心深处对人与人之间差别的接受和认同。只有社会成员都能以自己的方式,通过诚实劳动获得生存和发展的资本,安居乐业,社会才能真正和谐。相反,如果一个人连基本的谋生的权利都得不到甚至被剥夺时,社会矛盾就会激化,公平的底线一旦被突破,其结果是社会失去和谐安全的基础。其次,培育就业机会平等的社会文化,需要"社会一致"行动。所谓"社会一致"行动,就是要求全社会都要对实现就业机会平等担负义务并承担责任。目前,企业社会责任运动的兴起、强制用人单位招聘特殊人员、依法限制用工自主权等,都是"社会一致"行动的具体体现。当然,如何深入推进我国"社会一致"行动,还面临若干深层次问题,需要一个逐步的过程。最后,平等就业文化的培育需要一个健全的平等就业法制的支撑。从世界平等就业机会权利保障的历史长河中,我们不难看出:西方发达国家非常注重劳动权利与平等就业机会权利的保护,甚至目前已经形成了一种让全世界都为之羡慕的平等就业文化,但是,支撑这种平等就业文化的背后,却是一个非常健全发达的平等就业法律制度体系。因此,在我国社会转型时期,就业机会平等文化的培育最终离不开平等就业机会权利的法制体系的支撑。这是我们最关注也是最期待的核心问题。

三、工资改革与劳动者利益保护

工资,按照马克思的解释:"是按照劳动的价值或来自这一价值的价格支付给劳动的报酬。"[1]"是劳动力价值或价格的转化形态。"[2]可见,"工资"应体现劳动者的劳动质量(或劳动效率),劳动者的"工资"应与"劳动力商品"(马克思语)的质量成正比。工资担负着劳动者在工作岗位之外的全部负担,养老金负担其年老后不能劳动时的生活。一个国家的大多数人都是靠工资生活,他们生活水平的提高决定着这个国家的繁荣。研究工资分配问题,既是一个实践性很强的课题,更是一个具有丰富的理论内涵的课题。

---

① 《资本论》(第1卷),人民出版社2004年版,第557页。
② 《资本论》(第1卷),人民出版社2004年版,第553页。

(一)我国工资改革及特点

1. 工资形式的演变

新中国成立以来我国工资形式的演变,大体可分为三个阶段,即供给制、工资分制、工资制三个阶段。一是供给制阶段。解放初,党政机关和人民团体的大部分工作人员都实行供给制,即工作人员的膳食由国家包起来,伙食标准依其职级分大、中、小灶供给,鞋、被子、服装、帽子、毛巾、牙刷、肥皂等由国家定量发给,医药费开支由国家包起来。二是工资分制(工分制)阶段。1952 年 7 月,政务院颁布了各级人民政府供给制工作人员的津贴标准,确定了"工资分"作为全国统一的工资计算单位。所谓"工资分"是以实物为计算基础,国家规定每一个工资分的粮、布、油、盐、煤的含量,用这 5 种实物的含量,根据当时当地价格计算出工资分值,每个工作人员的供应总工资分乘以分值,即为供应标准。[①] 当时,各级党政机关实行供给制和工分制两种制度并存。三是工资制阶段。从 1955 年起,按照国务院指示,把包干制待遇一律改为工资制待遇,废除了工资分计算办法,改为货币工资制,工资标准分为 30 个等级,并增发地区物价津贴。

2. 历次工资改革

(1)1952 年工资改革。1952 年国家进行第一次工资制度改革,这次改革是按行业分期进行的。开始只是供给制,后来又渐渐出现了工资制和由供给与工资两个不同部分构成的混合工资制三者并存的情况。

当时人均工资只有 15 元左右,但物价便宜,大米一毛钱一斤,面粉也差不多这个价,猪肉都是定量供应的,也是四五毛一斤。当时花钱的地方少,衣服很少买,基本上是"新三年,旧三年,缝缝补补又三年",住的是单位分配的房子,没什么家具,床一般是用木板搭的。

(2)1956 年工资改革。1956 年,根据国务院统一部署进行工资制度改革。1956 年 6 月 16 日,国务院通过了《关于工资改革的决定》,正式确立了新中国的工资制度。这次工资改革,国家机关为所谓"一条龙"形式的工资等级制度,由高到低分为 30 个等级,最高级工资为最低级工资的 28 倍。工资标准由 20 元到 560 元,同以前相比有了较大幅度的提高;同时,全国依物价与生活水平分为 11 类地区,同一等级的工资标准,第 11 类比第一类高 30%。

---

① 傅茗、肖世艳:"工资改革史话",载《广西党史》2005 年第 1 期。

20 世纪 60 年代初,是吃饭最困难的时期,1959、1960、1961 连续三年自然灾害使得全国人民的口粮定量都全面压缩,各地饮食业实行凭票用餐,食油、禽、蛋、肉等严格限量供应。那时候买东西光有钱还不行,还要凭票才能买到,吃饭要交粮票、买布要有布票、买油要有油票,买白糖也得要票,有些地方还增发了补助豆票、糕点票、饼干票、儿童食品补助票、侨汇粮油票、高级脑力劳动者补助油票、节日补助油票,等等。

1964 年,劳动部还准备对工资制度进行"再改革"。正在抓试点期间,这一方案却被突如其来的"文化大革命"给搅黄。从此,一连十几年几乎没再调整过工资,但工资分配仍由国家统一管理。尽管 20 世纪 60 年代没有涨过工资,由于物价涨幅也不大,生活也没受到多大影响,如当时花一块五毛钱可以买一把椅子、一个水壶、一个铲子、一个簸箕,猪肉几毛钱一斤,鸡蛋一块钱 30 多个。

(3)1985 年工资改革。改革开放后,党中央和国务院决定扩大企业自主权,并于 1979 年 7 月实行企业利润留成,从而出现了各种各样的奖金分配形式。1983 年和 1984 年,又分两步对国营企业实行"利改税",允许企业可以用奖金给部分职工浮动升级,或搞自费"工资改革"。

为了增强企业活力,充分发挥企业和职工的主动性、积极性和创造性,克服企业中的平均主义、吃大锅饭的弊病。1985 年 1 月,国务院发出了《关于国营企业工资改革问题的通知》,决定从 1985 年开始,在国营大中型企业中,实行职工工资总额同企业经济效益按比例浮动的办法;国家对企业的工资,实行分级管理的体制,国家负责核定省、自治区、直辖市和国务院有关部门所属企业的全部工资总额及其随同经济效益浮动的比例。国营企业自费工资改革主要是实行工资总额同经济效益挂钩的试点,国营企业简化统一工资标准和自费浮动升级。集体所有制企业的工资改革,原则上参照全民所有制企业办理。无疑,这是对传统工资分配模式的有力冲击,是工资改革的又一次重大突破。

1985 年,国家机关行政人员、专业技术人员均改行以职务(技术)工资为主要内容的结构工资制。结构工资分为基础工资、职务工资、工龄工资和奖励工资 4 个部分。改革后的高低工资差为 10 倍多(不包括工龄工资和奖励工资)。

(4)1993 年工资改革。1993 年 10 月,党中央、国务院决定改革机关和事业单位现行工资制度,机关实行职务级别工资制度,工资按不同职能分为职务工资、级别工资、基础工资和工龄工资 4 个部分。为了使机关工作人员工资有计划地增长,保证新工资制度正常运转,建立相应的增资制度。事业单位则实行与机关不同的工资制度,引入竞争、激励机制,加大工资中活的部分,建立符合事业单位不同类型、不同行业特点的津贴、奖励制度,建立正常增加工资的机制,使工作人员的工资水平随着国民经济的发展有计划地增长,并与企业相当人员的工资水平大体持平。此后,我国工资制度逐渐走向正规化的道路,并随着国民经济的发展逐步完善。1993 年 10 月 1 日,《国家公务员暂行条例》正式实施。

3. 工资调整

在工资改革的基础上,国家还进行了规模大的职工工资升级工作。主要有:

(1)1954 年的工资调整。这次调整是在不超过改薪控制数字的原则下,对国家机关工作人员进行了工资调整,调整级别主要根据现任职务,结合德才情况并适当考虑资历。

(2)1959 年的工资调整。这次调整是根据国务院人事局《关于今年国家机关工作人员升级问题的通知》的规定,国家机关工作人员原则上不升级,只在十分必要的情况下个别调整级别,调整的人数不得超过总人数的 1% 或者 2%。

(3)1963 年的工资调整。1963 年中共中央批转了劳动部《关于 1963 年工资工作安排意见的报告》,决定从 1963 年 8 月份起调整全国职工工资,升级面是 40%。工人和干部的升级面应当区别对待。升级条件,应当根据生产和工作需要,职工的技术(业务)熟练程度与工作成绩,劳动态度来确定。职工升级一般只升一级。极少数生产和工作成绩特别好、工资等级又过低的职工,可以升两级,但不得升三级。

(4)1971 年的工资调整。这次调整是根据国务院《关于调整部分工人和工作人员工资通知》的规定,对低等级职工的工资进行了调整工作。这次调整工资的范围,是全民所有制的企业、事业单位和国家机关中 1957 年底以前参加工作的三级工,1960 年底以前参加工作的二级工,1966 年底以前参加工作的一级工和低于一级的工人,以及与上述工人工作年限相同、工资等级相似的工作人员。矿山井下主要生产工人的调整范围,可以分别放宽一级,即 1957 年底以前参加工作的四级工,1960 年底以前参加工作的三级工,1966 年底以前参加工作的二级工。调整范围内的工人和工作人员,一般都调高一级。在这次调整工资中,调高一级的工资在五元以上的,按现行工资标准执行。调高一级的工资在五元以下的,可以增加到五元。

(5)1977年的工资调整。这次调整是根据国务院《关于调整部分职工工资的通知》(国务院〔1977〕89号)的决定,在国民经济初步恢复和国家财政情况开始好转的基础上,为部分低工资的职工调整工资,使三千多万职工生活有所改善。调整的重点是工作多年,工资偏低的职工,升级面为40%。

(6)1978年的工资调整。这次调整是根据国家劳动总局《关于给工作成绩特别突出的职工升级的通知》的规定,对全民所有制单位中生产、工作成绩优异、贡献较大和提职后工作表现好而工资特别低的人员,进行一次考核升级;对个别学习特别优良的学徒工提前转正定级工资升级和提前转正定级的人数,控制在十一月底固定职工总数的2%以内(每升一级算一个人数)。

(7)1979年的工资调整。1979年中共中央、国务院批转《全国物价工资会议纪要》,根据中共中央〔1979〕70号文件和国务院《关于职工升级问题的通知》精神,决定对部分农副产品提高销售价格,调整部分地区的工资区类别,对职工实行物价补贴,并给40%的职工增加工资。

(8)1981年的工资调整。这次调整是根据国务院国发〔1981〕144号文件,从10月份起,给中小学教职工、医疗卫生单位部分职工、体委系统、优秀运动员、专职教练及部分从事体育事业的人员调整工资。

(9)1982年的工资调整。这次调整是根据国务院《关于调整国务机关、科学文教卫生等部分工作人员工资的决定》,原则按现岗位工资标准的级差增加一级工资,不搞群众评议,按干部管理权限,报上级主管部门统一审查批准执行。

(10)1983年的工资调整。这次调整是根据国务院国发〔1983〕65号文件《关于企业调整工资和改革工资制度问题》的通知精神,调整企业单位部分职工工资。这次调资的最大特点是实行了调改结合的方针,把调整工资和改革工资制度结合起来,把调整工资同企业经济效益的好坏、职工个人劳动成果的大小挂钩。

(11)1989年的工资调整。这次调整是根据《国务院批转人事部、国家计委、财政部1989年调整国家机关、事业单位工作人员工资实施方案的通知》(国发〔1989〕82号),将国家机关和事业单位工作人员的工资普调1级。并在此基础上重点解决专业技术人员工资中的一些突出矛盾。这次改革后的高低工资差别仍为10.2倍(不包括工龄工资)。

(12)1997年的工资调整。1997年经国务院批准,人事部、财政部《关于1997年调整机关、事业单位工作人员工资标准等问题的通知》(人发〔1997〕89号)规定,机关行政人员基础工资标准由原每人每月90元提高到110元。机关新录用人员的试用工资相应提高:大学本科生由每月70元提高到225元;硕士生由每月97元提高到260元;博士生由每月105元提高到290元。此次加薪充分体现了对知识分子的重视。

(13)1999年的工资调整。这次调整是根据《国务院办公厅转发人事部财政部关于调整机关事业单位工作人员工资标准和增加离退休人员离退休费三个实施方案的通知》(国办发〔1999〕78号),公务员再次加薪,将基础工资标准由每人每月110元提高到180元,级别工资标准由十五级至一级每月55元至470元提高到85元至720元。通过这次调整,机关干部的高低工资差别为5.6倍(不包括工龄工资)。

(14)2001年的工资调整。这次调整是根据《国务院办公厅转发人事部财政部〈关于从2001年10月1日起调整机关事业单位工作人员工资标准和增加离退休人员离退休费三个实施方案〉的通知》(国办发〔2001〕70号)规定,基础工资标准由每人每月180元提高到230元,级别工资标准由十五级至一级每人每月85元至720元,提高到115元至1166元。调整后的国家公务员高低工资差别为5.7倍(不包括工龄工资)。

(15)2003年的工资调整。这次调整是根据国务院办公厅《转发人事部、财政部关于2003年7月1日调整机关事业单位工作人员工资和增加离退休人员离退休费三个实施方案的通知》(国办发〔2003〕93号),将职务工资由原来的100元至850元提高到130元至1150元。调整后的国家公务员高低工资差别为6.6倍(不包括工龄工资)。

4.我国工资改革的特点

(1)漫长的工资增长缓慢期。新中国成立以后,国家采取低工资、多就业的方针,在职工中实行低工资制,平均工资增长很慢。例如,武汉地区全民所有制职工年平均工资由1952年的533元到1985年的1176元,增长仅1.21倍。如表所示

1985年《劳动人事部关于印发国营大中型企业职工工资标准的通知》规定,以六类工资区为例,一般使用第2种至第6种工资标准,最低34元,最高114元。在漫长的低工资时代,国家实行了高福利,没有现在的医疗、教育和购房的巨额负担,也没有现在这样明显的收入差别。

表1　1952～1985年武汉地区全民所有制职工平均工资表① (单位:元)

年份	平均工资	年份	平均工资	年份	平均工资
1952 年	533	1975 年	618	1983 年	840
1957 年	670	1978 年	652	1984 年	1023
1962 年	618	1980 年	829	1985 年	1176
1965 年	677	1981 年	810		
1970 年	615	1982 年	824		

　　虽然职工工资增长缓慢,但是国民经济指标增长很快,真正实现了低工资、高积累。以武汉为例,1949 年—1985 年工业总产值值增加 36.81 倍,职工工资只增加一倍多。

表2　1949—1985年武汉市国民经济主要指标表②

项目		单位	1949 年	1952 年	1985 年	1985 年较 1952 年增长倍数	1953～1985 年平均增长速度 %
社会总产值		亿元	6.63	10.99	212.55	18.34	9.4
工业总产值		亿元	1.98	4.32	163.34	36.81	11.6
其中	轻工业	亿元	1.85	3.85	76.23	18.80	9.5
	重工业	亿元	0.13	0.47	87.10	175.32	17.7
农业总产值		万元	21,279	28,872	120,852	3.19	4.4
国民收入		亿元	3.33	5.82	79.45	12.65	8.3
货物吞吐量		万吨	—	701.3	8,256	10.78	7.8
全民所有制企业年末固定资产原值		万元	2,096	14,990	1,164,763	76.70	14.1
社会商品零售额		万元	—	42,274	508,989	11.04	7.9
市财政收入		万元	792	13,813	240,693	16.43	9.1
年末职工人数		人	183,811	268,422	2,125,500	6.92	6.5
全民所有制企业全员劳动生产率		元/人	4,167	4,960	18,420	2.71	4.1
全民所有制职工平均工资		元	639	535	1,176	1.20	2.3

注:除货物吞吐量外,均采用市统计局《武汉40年》数据。

---

① 武汉市地方志办公室:"劳动工资",资料来源:http://www.whfz.gov.cn.

② 武汉市地方志办公室:"宏观调控与经济联合",资料来源:http://www.whfz.gov.cn.

（2）近二十年出现了工资快速增长期。自改革开放以来，特别是1993年中央决定建立和完善社会主义市场经济体制以来，我国出现了工资快速增长期。深圳是我国改革开放的前沿，以深圳市为例。

表3　深圳市1979—2008年全市职工平均工资（货币工资）①

年度	年均工资（元）	月均工资（元）
1979	769	64
1980	979	82
1981	1132	94
1982	1366	114
1983	1545	129
1984	2179	182
1985	2418	202
1986	2452	204
1987	2677	223
1988	3388	282
1989	3858	322
1990	4304	359
1991	5016	418
1992	5931	494
1993	8145	679
1994	10572	881
1995	12276	1023
1996	14507	1209
1997	16531	1378
1998	18381	1532
1999	20714	1726
2000	23039	1920
2001	25941	2162
2002	28218	2352
2003	30611	2551
2004	31928	2661

---

① 深圳市统计局：《深圳统计年鉴》，资料来源：http://www.sztj.com.

续表

年度	年均工资(元)	月均工资(元)
2005	32476	2706
2006	35107	2926
2007	38798	3233
2008	43454	3621

资料来源:深圳市统计局

注:1998 年以后职工平均工资为在岗职工平均工资

从上述数据可以看出,从 20 世纪 90 年代以来,随着社会主义市场经济体制的建立和完善,我国出现了工资快速增长期。虽然工资总额占 GDP 的比重一直在下降,物价的上涨也很快,以及医疗、教育和购房的巨额负担接踵而至。不管怎样,我国出现了工资绝对数的快速增长期,深圳市 1986 年平均月工资 204 元,增加到 2008 年的 3621 元,增长近 18 倍。改革开放 30年来,居民收入的确在增长,从绝对数看,我国职工年平均工资从 1978 年的615 元上升到 2008 年的 29229 元,增长 47.5 倍。①

（3）体制外劳动力市场实现了向市场定价的转变。体制内劳动力市场是指具有计划经济体制特征的机关、事业单位和国有企业的用工市场,其他则属于体制外劳动力市场。1984 年 10 月,党的十二届三中全会通过的经济体制改革的决定,第一次明确提出了社会主义有计划商品经济的理论,标志着我国对于社会主义市场问题认识的一次重大突破。1987 年 10 月中共十三大报告在有计划商品经济理论基础上对于社会主义市场机制问题进行了新的概括和说明,认为社会主义有计划商品经济体制应该是计划与市场相统一的体制。1989 年前后中国经济政治生活中出现了一系列严重问题,为了实现经济和政治的稳定,国家加强了对经济的行政控制,直接计划调节的作用有所加强,计划经济与市场经济相结合就是这种特殊环境的产物。

在这个背景下,为了增强企业活力,充分发挥企业和职工的主动性、积极性和创造性,克服企业中的平均主义、吃大锅饭的弊病。1985 年 1 月,国务院发出了《关于国营企业工资改革问题的通知》,决定从 1985 年开始,在国营大中型企业中,实行职工工资总额同企业经济效益按比例浮动的办法,这是对传统工资分配模式的有力冲击,是工资改革的又一次重大突破。

_____

① 数据来源:《中国统计年鉴(2009)》。

1989 年《国务院批转劳动部、国家计委、财政部关于 1989 年国营企业工资工作和离退休人员待遇问题安排意见的通知》(国发〔1989〕83 号),规定有条件的地区、部门,应积极实行工资总额同经济效益总挂钩办法;暂不具备条件的地区、部门,要实行工资总额总包干办法。各地区、各部门对所属企业的挂钩办法应进一步加以改进和完善。挂钩指标必须符合国民经济发展对企业经济效益的要求和企业的生产经营特点,并能反映企业的实际效益;挂钩的工资基数不合理的在 1990 年要适当调整。企业因产品销售价格上涨而增加的盈利,要采取措施合理剔除,不得计提效益工资。对于没有条件实行挂钩的企业,可以实行工资总额包干办法。企业职工增加工资,在国家核定的增资幅度内,由企业自主安排。

1992 年 7 月 23 日发布《全民所有制工业企业转换经营机制条例》(国务院令第 103 号)第 19 条规定:企业享有工资、奖金分配权。企业的工资总额依照政府规定的工资总额与经济效益挂钩办法确定,企业在相应提取的工资总额内,有权自主使用、自主分配工资和奖金。该条例以行政法规的形式确定了工资总额与经济效益挂钩。

1993 年 3 月,劳动部发出《关于行业部门实行动态调控的弹性劳动工资计划的通知》,对劳动工资计划不再实行具体的指标控制,而是间接调控职工人数。此后,劳动部还会同国家经贸委、国家体改委下发了《全民所有制企业工资总额管理暂行规定》,会同财政部、国家计委、国家体改委和国家经贸委下发了《国有企业工资总额同经济效益挂钩规定》(劳部发〔1993〕161 号),会同国家计委决定对部分行业、企业实行工资控制线办法,等等。凡此种种,都保证了工资改革的进一步推行,标志着我国的工资分配制度发生了“转轨”性的变革。

《国有企业工资总额同经济效益挂钩规定》规定实行工效挂钩,应以能够综合反映企业经济效益和社会效益的指标作为挂钩指标,一般以实现利税、实现利润、上缴税利为主要挂钩指标。企业实行工效挂钩办法,必须坚持工资总额增长幅度低于本企业经济效益(依据实现利税计算)增长幅度、职工实际平均工资增长幅度低于本企业劳动生产率(依据净产值计算)增长幅度的原则。

进入 20 世纪 90 年代,我国市场经济体制改革的目标与方向逐步确立。宏观经济战略发生变化,非国有制经济蓬勃发展。国有企业经营出现困难,国有企业改革也从内部制度的改革走向股份制、出售等产权制度的改革。原先工效挂钩的工资总额计划管理制度也日渐艰难而必须改革。工资制度纵深改革以在企业内推行岗位技能工资制和宏观方面实行工资指导线为主要路径。

1993年5月劳动部发出了《关于进一步深化岗位技能工资制试点工作的意见的通知》,在企业中实行岗位绩效同工资收入挂钩,从而打破了收入分配中的等级划分后的无差别待遇,激发了劳动者的工作积极性,提高了劳动效率。而在宏观方面,1996年6月劳动部、国家计委决定实施工资指导线制度,并于1997年1月30日发布《劳动部关于印发〈试点地区工资指导线制度试行办法〉的通知》,在北京、深圳、成都等城市开展试点工作。该通知指出工资指导线制度是指社会主义市场经济体制下,国家对企业工资分配进行宏观调控的一种制度,其目的是在国家宏观指导下,促使企业的工资微观分配与国家的宏观政策相协调,引导企业在生产发展、经济效益提高的基础上,合理确定工资分配。工资指导线不仅适用于国有企业,对非国有企业也具有指导意义。对某些工资增长过快的行业和企业,工资指导线有一定的抑制作用,以防止其侵蚀国家经济利益。由此,我国工资制度实现了从计划管理向宏观调控方向的重要转变。

在劳动力价格形成机制方面,政府不再充当定价人,而是逐步向市场定价机制转变。1994年12月1日,劳动部发布了《工资支付办法》,明确了工资由劳动合同来约定的形成方式。2000年发布的《工资集体协商试行办法》确立了劳资集体协商参与工资确定的方式。至此,我国体制外劳动力市场价格体系逐渐形成,定价机制由政府定价向市场定价的转变。

正因为如此,面对政府出台一次次工资改革政策,企业职工为什么会成为"被遗忘"的群体,主要原因在于,现在政府对企业采取的是政企分开、自主经营、自负盈亏的政策,单位职工的工资增长与否完全由企业经营效益决定,政府只是实施工资指导线等宏观调控。

(4)职工工资总额占GDP的份额偏低。在西方经济学里,"分享工资理论"是主流的工资理论。分享经济增长的红利、分享企业发展的好处,已经成为民众的基本共识。我国很多人对工资的认识,更多还停留在18世纪末19世纪初残酷的"生存工资"阶段——工人的工资等于它的最低生活费用。也就是说,工资只能保持在维持其生存、使其勉强糊口的水平上。甚至认为,正是这种"生存工资"成就了中国的竞争优势。为简化分析,大致可以将GDP分解为三大块:一块就是劳动者的劳动报酬,一块是资本所有者所得,一块是国家的财政收入。近几年来,我国的资本形成率和财政收入增长均超过GDP的增长。虽然整个"蛋糕"在做大,但是后两块切走"蛋糕"

的份额更大,劳动者所得比例自然会缩小。

从宏观经济数据看,目前政府财政大约拿走了国民生产总值的 35%,企业资本拿走了大约 45%,农民和城镇劳动者拿走了剩下的大约 20%[①]。这是一个极不合理的收入分配结构。由此导致我国的政府部门、企业所有者财大气粗,劳动群体日益贫困化。

职工工资总额占 GDP 的份额,1980 年、1990 年和 2000 年分别为 17%、16% 和 12%。2000 年到 2003 年,这一比重虽略有上升,但依然徘徊在 12%—12.5% 之间。2005 年我国职工工资总额仅有 19980.8 亿元,仅占当年 GDP 的 11%[②],2010 年 5 月,全国总工会进行的一项调查显示,中国劳动报酬占 GDP 比重连降 22 年[③],而西方发达国家的工资收入一般都占 GDP 的 50—65%[④]。2008 年我国城镇居民的人均可支配收入为 15780.8 元[⑤],平均到每个月仅有 1315.1 元。这一数据已经足以显示,即使我国工资出现了快速增长期,但我们今天依然是一个低工资的国度。

(二)工资分配中存在的问题

1. 企业职工工资正常增长机制没有建立

1993 年 10 月,党中央、国务院决定改革机关和事业单位现行工资制度。机关实行职务级别工资制度,工资按不同职能分为职务工资、级别工资、基础工资和工龄工资 4 个部分。为了使机关工作人员工资有计划地增长,保证新工资制度正常运转,建立相应的增资制度。事业单位则实行与机关不同的工资制度,引入竞争、激励机制,加大工资中"活"的部分,建立符合事业单位不同类型、不同行业特点的津贴、奖励制度,建立正常增加工资的机制,使工作人员的工资水平随着国民经济的发展有计划地增长,并与企业相当人员的工资水平大体持平。此后,我国工资制度逐渐走向正规化的道路,并随着国民经济的发展逐步完善。

1985 年 1 月,国务院发出了《关于国营企业工资改革问题的通知》,决

---

① 仲大军:"我国低工资真正的原因是什么",资料来源:http://www.unicornblog.cn.

② 李小彤:"低工资''馅饼'还是'陷阱'",载《中国劳动保障报》2007 年 5 月 18 日。

③ 李强:"全国总工会最新调查:劳动报酬占 GDP 比重连降 22 年",资料来源:http://news.xinhuanet.com.

④ 施晓渝:"给劳动者涨工资,中国经济才有未来",资料来源:http://www.chinaelections.org.

⑤ 数据来源:《中国统计年鉴(2009)》。

定从 1985 年开始,在国营大中型企业中,实行职工工资总额同企业经济效益按比例浮动的办法。这在 1992 年《全民所有制工业企业转换经营机制条例》、《国有企业工资总额同经济效益挂钩规定》中得到进一步的明确。1994 年《劳动法》特别规定,工资水平在经济发展的基础上逐步提高。十几年过去了,部分企业职工工资没有随经济效益同步增长,工资水平偏低且增长缓慢。

1993 年 11 月,为了适应社会主义市场经济发展的需要,保护劳动者个人及其家庭成员的基本生活和劳动者的合法权益,促进劳动者素质的提高和企业公平竞争,原劳动部发布的《企业最低工资规定》,没有规定工资总额随着经济效益同步增长。1995 年《工资支付暂行规定》主要是规定工资的具体发放办法,是获得劳动报酬的支付保障机制,也没有规定工资总额随着经济效益同步增长。

(1)工资指导线制度刚性不足。我国 1994 颁布《劳动法》之后,开始实行工资指导线制度。这套制度是参考借鉴新加坡等国的有益经验,根据我国实际情况进行改造调整后形成并开始实施的。之所以实施这一制度,是因为我国当时确定了社会主义市场经济体制改革的目标,在市场经济体制构建的过程中,企业成为分配主体,实行自主分配。在这样一个背景下,政府有责任在宏观层面进行指导、调节和控制。正是在企业实行自主分配,部分企业开始建立现代企业制度,少数企业开始自主决定工资总额的情况下,我国开始实施工资指导线制度。这是适应建立社会主义市场经济体制的需要,也是深化收入分配制度改革、引导企业合理安排工资增长的需要。

工资指导线制度是中国目前对企业工资分配进行宏观调控的一种制度。有关地区结合当年国家对企业工资分配的总体调控目标,综合考虑本地区当年经济增长、物价水平及劳动力市场状况等因素的基础上,提出本地区当年企业工资增长指导意见,企业应根据企业工资指导意见,在生产发展、经济效益提高的基础上,合理确定本企业当年的工资增长率。工资指导线水平包括本年度企业货币工资水平增长基准线、上线、下线。基准线是当年企业工资增长的适度水平,是地区企业工资增长的总体调控目标;上线是企业工资增长的高线或最高调控线;下线是企业工资增长的低限。生产经营正常、有经济效益的企业,工资增长不应低于基准线;经济效益增长较快、工资水平较低的企业,可在工资增长上线区间内相应提高工资增长幅度;其他企业可在工资增长下线区间内安排工资增长。

工资指导线实施十多年来,经过有关方面的努力,其覆盖面逐步扩大,有的地方甚至开始考虑建立行业工资指导线。工资指导线只对企业在制定内部工资标准时起指导和参考作用,不具有强制性,而是靠企业自觉。没有严格的监督,就没有办法来保证企业拿职工的利益当成一回事。由于工资指导线这项政策本身存在的模糊性与软弱性,导致在实践中落实不到位。也就是说,美好的"工资指导线"在现实中成了一个花瓶式的摆设而已。总的来讲,"多年来的工资指导线政策并未起到应有的效用。"①有人主张"工资指导线制度要和劳动力市场工资指导价位制度、行业人工成本信息指导制度、最低工资制度以及工资正常增长机制和支付保障机制联动才能落到实处,职工工资增长机制要与工资集体协商制度相结合才能落实。"②

(2)工资集体协商制度市场回应不力。工资集体协商是市场经济条件下职工参与民主分配决策、形成企业共决机制的重要制度手段,这也是市场经济国家在企业工资决定方面的通行做法。随着经济和社会不断发展,建立工资集体协商制度显得格外重要。一方面,它能缩小市场经济中不合理的收入分配差距,维护一线职工的权益,使工资增长与企业效益提高相适应,确保每个职工分享企业发展的成果。另一方面,对于企业来说,有利于建立和谐稳定的劳资关系,增强企业的凝聚力,调动所有职工的积极性。

早在 1996 年劳动和社会保障部就出台了文件,2000 年还发布了《工资集体协商试行办法》。但由于政府部门认识不够、企业积极性不高、相关制度建设滞后等原因,企业尤其是非公企业建立工资集体协商制度的进度相对缓慢。全国已有 31 个省、自治区、直辖市开展了工资集体协商工作。但总体来看,目前仍处于起步阶段,建制率和职工覆盖面还较低。③

职工收入增长缓慢并非新问题,主要原因在于工资正常增长机制缺乏以及社会保障制度不完善,更深层次的因素是劳动者缺乏与企业、经营者平等博弈的权利,以至于职工工资不能与企业发展同步。工资不透明、工资增长方案不合理等已成许多企业普通职工的心头之痛。要真正建立起职工工资正常增长机制,首先应当修补制度缺陷,从法律与制度的高度保障劳动者工资增长的博弈权利。无论是在国有企业,还是民(私)营企业,许多基层职工为企业创造着财富,话语权却很弱,加之一些企业的工会组织成了"花

---

① 孙广勋:"工资指导线还要指导到何时",载《中国经济时报》2007 年 7 月 24 日。

② 杨正莲:"具指导作用不具强制力'工资指导线'难涨工资",资料来源:http://www.chinanews.com.cn.

③ 陈殿升:"全总力推工资集体协商制度",资料来源:http://news.xinhuanet.com.

瓶",职工权益得不到有效维护。因此,建立职工工资正常增长机制,要改变劳资博弈不均衡的现状,充分发挥工会在职工中的作用,通过推行"劳资合作"、"集体谈判"等制度决定工资水平、劳资关系和工资增长率,杜绝"涨利润不涨工资"的现象一再发生。

2. 收入差距不断拉大

充分竞争的劳动力市场的含义之一是劳动力可以自由地跨地区、跨行业、跨职业、跨所有制流动。一旦存在工资差距,追求收入最大化的劳动者就会由工资低的地方转移向工资高的地方,从而使工资差距逐渐消失。另一方面,如果劳动力流动没有绝对的限制,但流动的成本非常高,致使流动的收益小于流动的成本,也会抑制劳动力的流动,使得工资差距不能得到消失。劳动力市场不能实现劳动力自由流动也被称为劳动力市场存在着分割,分析劳动力市场分割是寻找工资差距原因的一个关键。工资绝对数快速增长 20 年来,出现了行业之间、地区之间、所有制之间的收入差距扩大。据全国总工会 2005 年对 10 省 20 市万名职工调查,2002 年到 2004 年企业职工工资低于当地社会平均工资的人数占 81.8%,低于社会平均工资一半的占 34.2%,低于当地最低工资标准的占 12.7%。[1]

(1)收入差距不断拉大的表现。首先,行业间工资差距。行业间的工资比例是指不同行业间有着相同工龄、学历、职务、职称的工作人员的工资收入之比。从理论上讲,行业工资差异应体现劳动质量的差异、风险程度的差异、劳动时间的差异、脏累程度的差异等。经过 20 多年工资改革,我国出现了不同行业之间的工资比例失衡。从具体行业来看,长期以来,金融保险、科学研究和综合技术服务业、电力煤气及水的生产和供应、交通运输邮电通讯等行业的工资较高,这些行业基本上属于垄断行业或不完全竞争行业,政策因素和自然垄断因素使得资本不能自由地在不同行业间转移,利润率的平均化就很难实现,垄断行业的高额利润使得其中的劳动者也从中获益;"政府公共部门也是一个近似垄断的部门,它不是一个市场化部门,其工资主要来自税收,在中国公务员工资水平很少受到纳税人的监督。近年公务员工资的上调和报考公务员热都部分反映了这一事实。"[2];而农业、批

---

① 纪明波:"健全完善企业职工工资正常增长机制",资料来源:http://news. xinhuanet. com.

② 宁光杰:"中国工资差距问题的综合分析———完善工资形成机制、注重初次分配公平的视角",载《中央财经大学学报》2009 年第 2 期。

发零售贸易和餐饮业、建筑业、制造业的工资较低,这些行业属于充分竞争的行业。2006年7月11日,由国资委统计评价局编制的一份统计年报显示,石油石化、通信、煤炭、交通运输、电力等12家企业员工工资达到全国平均工资水平的3—4倍。① 另据国家统计局的数据,目前,电力、电信、金融、烟草等行业职工的平均工资是其他行业的2—3倍,如果再加上工资外收入和职工福利待遇上的差异,实际收入差距可能在5—10倍之间。②

其次,地区间工资差距。地区经济发展政策的差距导致企业获利能力的不同,而地区经济发展水平也使得劳动力市场的发育状况不同,在劳动力不能在不同地区自由流动的情况下,劳动力的工资差距就会出现。我国不仅存在有东部、中部和西部的劳动力市场分割,而且存在有城乡劳动力市场分割。从理论上说,只要资本和劳动力是自由流动的,各地的经济发展水平会逐渐地趋同,工资差距也会逐渐消失。但是由于不同地区的经济政策不同导致发展水平很难趋同,由发展水平差距形成不同的工资水平,劳动力市场的分割会造成工资差距长期难以缩小。分析我国不同地区的工资差距,要考虑各地的经济发展水平、物价、地区劳动力市场的分割。从总体上看,经济发展较早的东部沿海地区工资水平较高,而中西部省份工资较低,2008年北京和上海的平均工资较高,分别为56328元、56565元,而中部如江西、湖北,西部如四川、贵州的工资较低,分别为21000元、22739元、25038元、24602元,均不到北京、上海工资的一半。

再次,所有制工资差距。不同的所有制企业会面临不同的发展政策和机遇,因而它们的获利能力就会不同。由于劳动力市场在不同所有制部门之间的分割,它们也会面临不同竞争程度的劳动力市场,不同所有制部门劳动者的工资也会出现差距。从我国不同所有制企业的工资差距实证数据看,1985年—2002年期间,其他所有制部门的工资>国有部门的工资>集体部门的工资,例如2001年三个不同所有制部门的平均工资分别为12140元、11178元、6867元;2003年—2008年期间,这一规律发生了改变,国有部门工资超过其他所有制部门,例如2008年国有部门工资平均为31005元、其他所有制28387元、集体部门为18338元。"2003年以后国有部门的工资超过其他所有制部门,部分反映了国有企业改革的成果;从劳动关系看,国有部门的工会组织一般较健全,不会形成劳动力市场的买方垄断,因而劳

---

① 罗娟:"工资上涨,要让普通职工'有感觉'",载《工人日报》2008年2月10日。

② 王红茹:"垄断行业减薪多少才合适?",资料来源:http://finance.people.com.cn.

动者的工资不至于被压得过低。集体部门的工资与其他所有制部门和国有部门的工资差距很大，一方面说明集体部门的经济效益不如其他所有制部门，另一方面它也不像国有部门那样有更多的政策支持、工资与企业经营状况联系较少。而其他所有制企业的较高经济效益与政策的宽松和企业承担的义务相对较少是分不开的，如果考虑到很多其他所有制企业对劳动者的福利费用支出不足，则其相对较高的工资就包含了补偿社会保障的部分。"①

（2）工资差距原因分析：以劳动力市场二元分割为视角。所谓体制内劳动力市场是指具有计划经济体制特征的机关、事业单位和国有企业的用工市场。"体制内劳动力市场具有封闭性和就业者具有相对较强的谈判势力或政治势力的特征"②。其封闭性表现在决定进入和退出这个劳动力市场的条件，劳动生产效率标准只是因素之一，其他因素如户籍、社会关系、政治等因素也很重要。该市场与体制外劳动力市场是分割的，如果不是分割的，则体制外劳动力市场劳动力的进入威胁会自然降低体制内劳动力市场劳动力的工资水平。体制内劳动力市场劳动力具有相对较强的谈判势力或政治势力方面，以国有企业的员工为例，既是旧体制使然，又是由于国企员工对社会稳定有特殊的影响力，就使得政府——国企所有者在企业能够生存的条件下，会以等于甚至高于劳动的边际生产力水平去确定国企员工的工资水平，会容忍国企高于同类私人企业的水平雇佣员工。

相当一部分国有企业的行业垄断是政府设置进入壁垒造成的，垄断行业国企获得的垄断利润为国企员工分享利润创造了前提条件。国有企业存在的"委托—代理"关系，使国企员工在一定程度上能够控制企业收益在各要素所有者之间的分配，因而，国企员工最大化自身利益的决策便是利用各种可能的手段，采取各种可能的形式，尽量侵占其他要素所有者应得的收益，将之变为自身的工资福利。

3. 退休金分配中的公平性问题

（1）早期退休的企业退休人员退休金偏低。通过前文的梳理，不难发现建国以后，国家采取低工资、多就业的方针，在职工中实行低工资制，平均工资增长很慢。1960 年的工资标准一直延续到 1985 年，这期间干部职工

---

① 宁光杰："中国工资差距问题的综合分析———完善工资形成机制、注重初次分配公平的视角"，载《中央财经大学学报》2009 年第 2 期。

② 姚惊波："谈资源配置无效率与工资差距问题"，载《商业时代》2007 年第 7 期。

的工资基本没有大变动,即使增加也有名额限制。由于工资基数很低,导致早期退休的的企业职工的待遇比较低。20 世纪 50 年代参加工作、90 年代以前退休的企业退休老人,他们现在每月的养老金一般在 500—600 元。形成鲜明对比的是,20 世纪 60 年代以后参加工作的企业退休老人,即使职务、工种或工龄相等,比 20 世纪 50 年代参加工作的企业退休老人的养老金也高出一大截。① 20 世纪 50 年代参加工作、90 年代以前退休的企业退休老人,在长期拿低工资、国家高积累的年代干了一辈子,虽几次上调退休金,仍只有几百元,在物价上涨的年代,基本生活都很难维持。"从退休时间看,1994 年后养老金水平总趋势是逐年上升。养老金水平较低的为 1979 年至 1993 年退休的人员,其中 1985 年工资改革后到 1988 年 12 月这段最低,仅为 437 元,与其他时段退休的相差 100 元以上,与最高的 2003 年退休人员相差 258 元。"② 这些企业退休老人待遇低的主要原因是,企业老人在计划经济时期"低工资、高就业"的情况下,工资待遇很低,每月一般在 30—40 元不等。而养老保险的计算总是以退休前的工资基数相联系,由于工资基数的绝对值小,不管怎么增加,增加后的待遇依然很低。

(2)企业与机关、事业单位退休人员退休待遇差距过大。1997 年我国统一企业养老保险制度以来,机关、事业、企业单位退休人员待遇的差距逐步加大。从全国来看,机关、事业、企业单位退休人员月均养老金,1990 年分别为 145 元、155 元、106 元,比例为 136∶1.42∶1,差距不大;1997 年分别为 548 元、563 元、401 元,比例为 1.36∶1.40∶1,差距没有扩大;2001 年分别为 964 元、921 元、531 元,比例为 1.81∶1.73∶1,企业退休人员的月均养老金仅相当于机关退休人员月均养老金的 55%,相当于事业单位退休人员月均养老金的 56%,差距加大。③ 从全国来看,2004 年全国企业退休职工退休金人均为 7831 元,事业单位的职工退休金为 14644 元,机关单位的职工退休金为 15932 元。2000 年至 2004 年的 5 年间,全国企业职工的退休金以年均 6.31% 的速度增长,机关和事业单位职工的退休金增长速度分别是 13.45% 和 11.67%。④ 内蒙古包头市一对夫妻的退休收入问题经《中国经

① 许芳:"应当对企业退休老人实行待遇倾斜",载《中国劳动保障报》2006 年 1 月 26 日。

② 佚名:"关于基本养老金调整机制的几点思考",资料来源:http://www.cnss.cn.

③ 张永清:"正确认识和解决企业与机关事业单位退休人员待遇差距问题",载《宏观经济管理》2003 年第 7 期。

④ 汪晓东:"同样是退休,待遇大不同",载《人民日报》2006 年 7 月 24 日。

济周刊》披露后,成为"企业退休人员养老金偏低"的典型案例。丈夫退休前是某公司的总工程师、经理,职称是高级工程师,工龄近 40 年,退休后的月收入是 1008 元;妻子原为农村妇女,后受惠于落实知识分子政策,随丈夫进城,在环卫局工作做环卫工人,后又转正并提前退休,工龄 12 年,她退休的月收入是每月 1300 元左右。工龄 40 年的高级工程师丈夫的退休金,却不及做清洁工且工龄仅有 12 年的妻子。这是因为"丈夫是从企业退休的,而妻子是从机关事业单位退休的"。[①] 20 世纪 50 年代参加工作、90 年代以前退休的企业退休老人,他们现在每月的养老金一般在 500—600 元,而同一时期参加工作,相等工龄、职务或工种的机关事业单位的退休人员,每月的养老金几乎高出企业退休老人的一倍。[②] 在 20 世纪 50 年代甚至以后较长一段时期参加企业工作的人员,待遇与机关事业单位人员一样都是行政级别工资。那时,从企业调到机关事业单位或从机关事业单位调到企业工作是习以为常的。随着改革的深入,到了企业,退休后养老金自然就减少了,公平性无从谈起。有报道称:2002 年,上海机关事业单位退休人员的平均养老金在 1600 元左右,企业退休人员的平均水平为 900 多元,两者相差 700 元左右。[③]

企业与机关、事业单位退休人员确实存在养老退休待遇差距大的情况。一方面,从机关事业单位退休人员平均学历高、平均职务高、专业技术人员多;退休待遇总体水平适当高于企业退休人员是正常的。二是企业年金制度还未普遍建立起来,按照制度设计,企业养老金制度还有第二支柱——企业年金,提供 20% 的替代率,但由于种种原因,企业年金制还没有普遍建立起来,机关事业单位的养老制度改革还未启动,其退休人员的退休金实际上是包括职业年金的,如果企业普遍建立职业年金,在基本养老金的基础上再提供 20% 左右的替代率,企业与机关事业单位的退休待遇差距就不会太大。另一方面,这一问题形成的原因在于企业和机关、事业单位实行的是不同的工资分配制度、不同的基本养老金计算办法和不同的基本养老金经费列支渠道。1993 年以后,企业与机关事业单位实行不同的工资制度,企业

---

① "'确实存在差距':劳动保障部直面'养老金不公平'",资料来源:http://finance. people. com. cn.

② 许芳:"应当对企业退休老人实行待遇倾斜",载《中国劳动保障报》2006 年 1 月 26 日。

③ 忻愚:"社保:企业事业两重天",载《中国经济时报》2002 年 7 月 31 日。

职工完成了由单位退休向养老保险制度的过渡,实行了基本统一的社会化养老金制度;相比之下,机关事业单位的退休制度并没有太大变化,退休人员待遇与在职人员的关联度甚至还得到了强化。随着企业工资制度的放开,职工工资与本企业的经营状况紧密相关。在职职工以本人的工资总额作为缴纳基本养老保险费的基数,退休时基本养老金的计算办法在兼顾公平的同时,建立在个人缴费的基础上——职工在职时缴费基数高、年限长,退休时基本养老金水平就相对较高,遵循基本养老保险水平与社会生产力发展水平相适应的原则。因此,历年制定企业基本养老金调整政策,在考虑当期职工平均工资的增长幅度、物价指数变化情况等因素的同时,还必须考虑基本养老保险基金的承受能力。机关、事业单位经过1993年的工资制度改革,执行国家制定的统一的职务(技术)等级工资标准,职工退休时根据工作年限,以基本工资为基数,按照规定比例计算退休待遇。这种退休待遇计算办法重点体现的是机关、事业单位职工在职时的职务、职称。机关、事业单位(除自收自支事业单位外)退休人员的退休待遇,由财政拨款列支。机关、事业单位退休人员待遇调整执行国家或人事部门的规定,经费来源于财政拨款。正是由于企业和机关、事业单位计算养老退休待遇的办法考虑基点不同、体现因素不同、列支渠道不同,同类人员退休待遇水平才存在差别。

(三)实现工资公平分配的建议

1.建立企业职工工资正常增长机制

随着社会经济的发展,如何保障劳动者收入正常增长,是一个非常现实的问题,是社会发展到一定阶段的必然要求,是构建和谐社会的需要,让共建共享的社会目标真正落到实处。[①] 建立企业职工工资正常增长机制的基本思路是:

(1)抓好基础工作,为职工工资正常增长提供依据。建立企业普通职工工资收入月报制度和年报制度、职工家庭生活状况调查制度、职工家庭日用消费品和菜篮子价格等生活支出的信息收集分析制度等,定期分析普通职工工资收入水平及变化特点,长期跟踪分析职工收入变化对家庭基本生活的影响,分析国内生产总值增长、物价指数变动和职工收入变化的关系

---

① 旨在解决一线职工工资偏低、工资增长缓慢、遭遇欠薪的社会问题,建立工资正常增长机制以及支付机制的《工资条例》正在起草中。

等,为职工工资正常增长提供依据。

(2)增强工资增长指导线的制度刚性。各地发改委要将提高普通职工工资收入水平列入经济社会发展计划,劳保局每年公布企业职工工资增长指导线和劳动力市场价位。加大执法力度,建立企业执行工资增长指导线的汇报和公示制度,加强审计和会计监督。

(3)切实推进企业工资集体协商制度。建立以工资集体协商为核心内容的企业工资决定机制,并在协商中,促进企业发展和职工收入的同步增长,共创效益,共享成果,实现企业和职工的"双赢"。集体协商应根据当地保障线,指导线和市场指导价位,结合本企业发展的实际,应制定能够尽量达到的,高于当地标准的本企业保障线,使工资专项集体合同更适合本企业实际。

(4)探索推进区域性、行业性工资集体协商。近年来非公经济迅速发展,各级工会要主动深入社区、开发区、工业园区、集贸市场、超市和商务楼宇等,发挥联合工会和行业工会联合会的作用,把地域相近、性质相同的企业组织起来,积极推进区域性、行业性工资集体协商。针对一些自身不具备工资协商能力的非公小企业,积极推行"上代下"工作方法,强化上级指导推进区域协商,由上级工会与区域中的经营者代表协商签订区域性工资集体合同。针对同行业企业之间在岗位工种、人工成本等方面的相似性、可比性特点,强化共性标准推进行业协商,根据行业工资指导线确定本行业工时工价标准、劳动定额标准、最低工资标准、工资调整的最低幅度等,使工资集体协商更有针对性、集体合同履行更有可行性、工会参与协商工作更具有效性。

2. 调节收入差距

以是否公正为标志,导致收入分配差距的因素可分为两类:制度"不公"的因素,如因在垄断行业、公共部门工作获得较高收入;个人天赋和能力的因素,如具有创业者或企业家才能,或因特别努力工作获得较高收入。对于前者,是尽可能消除;对于后者,则是适度调节。[1] 在行业间收入差异的影响因素中,行业的人力资本水平和行业垄断程度是学者们公认的主要影响因素。[2] 行业人力资本水平和行业劳动生产率的差异是造成行业工资差距的影响因子,它们对行业工资都有正向影响作用。

---

[1] 陈宪:"中国收入分配差距的态势与缓解",载《文汇报》2010 年 6 月 27 日。

[2] 李晓宁:"关于行业工资差距与行业垄断的研究",载《经济问题》2007 年第 7 期。

（1）建立收入信息库。对于目前我国收入分配差距的现状，有各种分析和判断，但是，由于数据来源和真实性不同，其结果就有很大的差别。只有通过建立与每一位公民有关的收入信息库，才能获得相对全面、准确的数据，并基于这些数据的计算，对收入分配差距的状况有一个客观的估计，以利于制定具有针对性的有效措施。收入信息库不仅是揭示收入差距的必要手段，而且其本身作为一个强制性的制度安排，对缩小收入差距将产生积极的影响。有学者主张，我国需要借鉴相关国际经验，以及中国香港、台湾等地的做法，推出收入申报制度。并认为，建立收入申报制度所需要的技术条件，已经不存在任何问题，问题就在于如何充分利用这些技术条件，确定推出这一制度的时间表和其他保证执行的细则。①

（2）缩小行业收入差距。第一，增强经济实力是提高收入分配的基础。邓小平指出"发展是硬道理"。发展经济，增强经济实力是提高我国居民收入分配的基础保证。改革开放近三十年我国的经济实力不断增强，经济增长不断加快。在增长与分配的关系上，经济增长能自动产生一种"滴流效应"，使穷人分享增长的成果。② 尽管增长不等于发展，但经济增长至少是衡量经济发展的重要指标。因此，应继续保持经济增长，从量和质两个方面发展经济，才能使国家有足够的经济能力来提高居民的收入水平。

第二，运用税收杠杆调节过高收入。完善税收调节功能能够起到对行业再分配的调节作用。我国对个人所得税起征始于 20 世纪 80 年代，1994年税制改革后明确了个人所得税的起征点和起征办法。经过多年的实践，我国个人所得税制度的缺陷明显地显现，一是起征点过低，尽管将起征点提高到 2000 元标准，但对于低收入群体来说由于收入低也会形成负担。二是个人所得税占总税收的比例过小。低收入群体收入情况比较明了，易于控制，税收漏洞小，但税收空间小。而高收入阶层，由于多种因素的影响，无法对其收入构成进行有效监控，尽管实行自动申报机制，但也不能够全面掌握其收入真实情况，因此，无法制定针对性的税收征管办法。而高收入阶层才应该成为国家个人所得税的主要来源。因此，要认真开展个人所得税税源摸底工作，重点监控高收入者相对集中的行业和高收入者相对集中的人群，掌握高收入人群的主要所得来源，建立高收入者所得来源信息库，完善税收征管机制，有针对性地加强个人所得税征收管理工作。

---

① 陈宪："中国收入分配差距的态势与缓解"，载《文汇报》2010 年 6 月 27 日。

② 马洪、孙尚清：《现代管理百科全书》，中国发展出版社 1991 年版，第 992 页。

第三,努力提高低收入行业的人力资本水平。行业人力资本水平始终是拉大工资差距的重要因素之一,因为行业人力资本水平代表了行业内从业者的受教育水平,这一因素属于存量因素,其积累的程度越大,就越能对行业生产力水平进行变革,从而提高行业劳动生产率。所以,行业人员的受教育程度对行业收入的分配至关重要,应该努力提高低收入行业人员的受教育水平,这需要加强对劳动者进行各项职业培训,提高他们的从业水平,以改善行业人力资本水平。

第四,不断提高低收入行业的劳动生产率水平。行业劳动生产率是一个行业在市场中投入与产出的综合反映,行业劳动生产率越高,行业产出相对越高,职工个人从行业获利中分享的利润越多。所以,应不断提高低收入行业劳动生产率,这需要在行业改革过程中尽可能多的采用能够提高劳动生产率的各项措施,如引进先进设备、强调技术工艺创新、学习国际国内成功经验,以发掘低收入行业劳动生产率的增长潜力。

(3)坚决打破国有行业垄断。在行业人力资本水平和行业劳动生产率相同的条件下,国家对某行业的垄断程度越大,即政策制度保护的程度越大,则该行业的职工工资越高;反之,国家对某行业的垄断程度越小,则该行业职工工资越低。行业垄断是所有制对行业的制度分割,是收入差距拉大的主要原因。行业属性的差别也会影响行业工资水平,垄断行业与非垄断行业工资之间的差别主要在于垄断行业受到国家所有制的"保护",这种垄断或开放的行业属性差别是行业之间的"鸿沟"。垄断不除,缩小行业工资差距就是一句空话。国有垄断与所有者缺位是"孪生兄弟",也就是说,只要是因为国家所有制造成的垄断,就必然存在着国家的所有者缺位。因此,可以从放松行业管制和强化所有者权益两个方面进行改革:

一是放松行业规制,强化竞争机制。要使垄断行业形成真正的竞争格局,关键是放松行业规制,允许市场自由进出。而恰恰是在这一关键问题上,我国仍实行严格的进入规制,主要表现在国家在固定资产投资上实行严格的审批制度。所以,在垄断行业引入竞争,关键是要放松进入规制。[1]

二是进行产权改革。垄断作为一种社会资源,垄断收益理应由社会利益代表人国家收取,再通过第二次分配还原给社会。为此,要加强对垄断行业收入分配的监管,将垄断收益全部或大部分收归国家财政。对自然垄断

----

[1] 李晓宁、邱长溶:"转轨时期中国行业工资差距的实证研究",载《山西财经大学学报》2007 年第 6 期。

行业实行高于一般行业的税率,对垄断行业提供的产品或服务,要加强成本核算监督,实行成本定价机制。对于垄断行业的工资水平,政府应该制定工资指导线,"按照国际上通行的做法,垄断行业职工工资保持在全社会平均工资中等偏上的水平,以社会平均利润率作为企业的平均利润率。"①以此来减小垄断行业与非垄断行业之间的收入差距。

(4)缩小地区差距。地区收入差距有两种基本的计算方法,一是以东部、中部、西部和东北四大区域为单位,计算收入差距;二是以省、市、自治区为单位,计算它们之间的收入差距。这两种方法又分别按城镇和农村两种情形进行计算。针对东西部地区收入分配的较大差距,国家要加快西部开发战略步伐,加大对西部地区的转移支付,加强中西部地区基础设施建设,鼓励外地投资者到中西部投资,通过各种形式增强中西部地区的经济实力,以经济发展带动西部居民收入的增长。由于西部地区开发、振兴东北老工业基地、中部地区崛起战略的实施,地区间收入差距扩大的趋势已经得到了一定程度的控制。随着转移支付力度的加大,以及上述的区域开发战略的实施,省区间地区收入差距也有望出现缩小的态势。"就政策意义而言,考虑到中国地区工资差距的日益扩大,中国不仅要着力在中西部尤其是西部打造一个能与长三角、珠三角和京津塘三大经济圈相提并论的中心市场并适当开放一些西部沿边城市以便利西部地区进入国外中心市场,从而起到缩小东中西部的工资差距的作用,而且要适当降低政府干预程度,弱化由政府力量所导致的一种人为经济地理因素对地区工资差距的形成和演变所起的作用,以缩小政治中心与非政治中心的工资差距。"②从这个意义上讲,建设部将重庆市规划为国家中心城市之一,以及国务院批复重庆市设立两江新区等政策措施,都将有助于缩小中西部与东部地区之间的工资差距。

(5)扩大社保覆盖面和实现公共服务均等化。社会保障制度的建立和健全,是任何一个负责任的政府都无法回避的发展主题。我国在改善社会保障和提供公共服务方面,取得了积极的进展,有关社会保障的目标也在陆续实现。当前,最为紧迫的是实现各项社会保险项目百分之百的全覆盖,真正做到"应保尽保",减少游离于社会保障制度之外从业人员的数量。同

① 汪兆旗:"缩小收入分配差距是构建社会主义和谐社会的重要着力点",载《长白学刊》2007年第6期。
② 童燕、刘修岩:"新经济地理学与地区工资差距——基于中国城市数据的实证检验",载《世界经济情况》2008年第9期。

时,不断改进我国社会保障制度的架构、社会保障项目的安排、相关服务的匹配,以及社保资金的筹集、保值增值和监管等,提高社会保障的公平性。

公共服务是政府的基本职能之一,也是政府存在的理由之一,建立服务型政府要求把公共服务放在更加重要的位置。基本公共服务是公共服务中最核心、最根本的部分,是政府回应社会基本公共需求而提供的产品和服务,关系到公民基本的生存权与基础性的发展权,因而政府应当承担主要的责任。基本公共服务均等化的重点有三个方面:推进城乡基本公共服务的均等化,推进不同镇区间区域间基本公共服务均等化,推进不同社会群体之间基本公共服务均等化。推进和实现基本公共服务均等化,提高社会保障的公平性,发挥其有效的再分配功能,缩小收入分配差距。

3.逐步解决企业与机关事业单位退休人员养老金待遇差距较大的问题

解决企业与机关事业单位退休人员养老金待遇差距较大的问题必须对症下药。从制度建设入手,理论上有两种办法:一是减少机关事业单位退休人员待遇,二是增加企业单位退休人员待遇。但是,不管采取哪种办法,都不能完全抹平差距。如前所述,待遇存在差距是正常的,关键是差距要适度,不要超过社会上的心理承受能力。如果采用前者,退休收入差距问题要改革机关事业单位基本养老保险制度,降低机关事业单位退休人员的养老待遇来解决,必将危及公务员队伍的稳定,同时,这一办法并没有解决企业退休人员待遇偏低问题。事实上,退休待遇差距问题的关键是少数企业退休人员待遇偏低,因此解决差距问题,应当采用后者,就是提高企业退休人员的养老待遇,重点解决少数企业退休人员待遇偏低的问题,逐步缓解差距,从而达到社会和谐和可持续发展。

(1)普遍建立企业年金制。我国正在完善的城镇职工养老保险体系,是由基本养老保险、企业年金和个人储蓄性养老保险三个部分组成,企业年金被称为城镇职工养老保险体系的"三个支柱"的重要组成部分之一,是企业退休人员退休金的重要补充,按照制度设计,企业基本养老金替代率只有60%左右,企业年金替代率20%左右。如果普遍建立企业年金,对于提高企业退休人员的养老金待遇,解决企业与机关事业单位的退休待遇差距具有不可替代的作用,这是关键,也是企业基本养老保险制度的内在要求。

(2)建立最低养老金制度。这是社会保险的本质要求,西方国家的养老保险制度大多有最低养老金的规定,"国际经验表明,最低养老金制度有利于解决养老待遇差距过大的问题"①,退休待遇差距问题的实质是部分企业退休人员待遇偏低,建立最低养老金制度,使凡是正常参保的职工,退休后都能享受到不低于最低养老金标准的养老待遇,保证参保退休人员的基本生活。最低养老金标准一定要高于城镇居民最低生活保障标准,根据养老保险基金承受能力和物价变动情况,每年调整一次,这是目前缓解养老待遇差距的最有效措施,也是政府调控养老金水平的重要手段。

(3)建立退休金正常调整机制。《国务院关于深化企业职工养老保险制度改革的决定》(国发〔1995〕6 号)规定,为了保障企业离退休人员基本生活,各地区应当建立基本养老金正常调整机制。基本养老金可按当地职工上一年度平均工资增长率的一定比例进行调整,具体办法在国家政策指导下由省、自治区、直辖市人民政府确定。十几年来,我国对退休人员待遇的调整总是通过劳动保障部门和财政部门的文件进行的,完善的基本养老金正常调整机制始终没有完全建立起来。基本养老金正常调整机制是为了保证退休人员基本养老保险待遇不会随着经济增长、生活水平的提高而降低,按规定对退休人员基本养老金定期进行调整而形成的一种制度。按照我国养老保险制度改革规定,各地都建立了基本养老金正常调整机制,调整基本养老金的平均增长幅度一般为全省上一年度职工平均工资增长率的40%至60%,并且向退休早、待遇偏低的退休人员倾斜,每次调整办法及具体标准,由省统一制定。但在实际操作中,大多数是全省统一按照全省平均工资增长幅度确定基本养老金增长水平。全省统一调整的问题是,由于地区间经济发展不平衡,经济发达的中心城市与经济落后的县按相同的增资数额调整,显然不合理;对养老金水平较低者重视不够,没有建立最低养老保障机制。我国现行制度单纯以职工工资增长率为参数,未将生活费价格指数进行综合考虑。因此,研究更为科学、合理的基本养老金调整办法需要考虑以下问题:1)综合考虑基本养老金调整参数。基本养老金调整既要与社会平均工资相联系,也要与物价指数相联系,物价指数要侧重食品、生活用品指数,这样更能保障退休人员生活水平不因物价上涨而降低。由于部分副食品价格上涨,在一定程度上影响了企业退休人员的基本生活,给他们适当增加养老金,有利于保障他们的基本生活。2)采取有效措施向退休早、待遇偏低的退休人员倾斜。为了解决早期退休的企业退休人员退休金

---

① 张永清:"正确认识和解决企业与机关事业单位退休人员待遇差距问题",载《宏观经济管理》2003 年第 7 期。

偏低的问题,国家应当逐步提高企业退休人员养老金标准,并向具有高级职称的企业退休科技人员以及退休早、基本养老金偏低等人员倾斜。具体而言,"调整基本养老金应适当向 1985 年工资改革后到 1988 年底退休的和 1954 年到 1960 年参加工作的倾斜。"①3)逐步缩小差距,要让企业退休人员感到有希望。我国企业退休人员为国家建设做出过重要贡献,妥善解决他们的退休待遇,让他们安度晚年,是政府的重要职责。提高企业退休老人的待遇需要政府实行财政上的倾斜。在计划经济体制下,国营企业和集体企业的退休老人创造的财富都直接或间接地上交了财政,几十年的贡献和劳动积累交给了国家,现在由财政倾斜负担企业退休老人的待遇是理所应当的。我国自 2005 年起,国家已连续五年提高企业退休人员基本养老金,从 2010 年 1 月 1 日起,将再次提高企业退休人员基本养老金水平,提高幅度按 2009 年企业退休人员月人均基本养老金的 10% 左右确定,全国月人均增加 120 元左右。由于我国企业退休人员人数较多、基金和财政承受能力有限,一次性大幅度提高养老金不现实,必须兼顾基金承受能力和财政负担能力,积极稳妥地逐步解决。今后,"要继续完善退休待遇调整机制,企业退休人员待遇调整要大步走,每年一大调,机关事业单位退休人员待遇调整要小步走,每年一小调,通过增量调整,逐步缓解待遇差距,直到合适的程度,最后统一步伐调整全社会所有退休人员的待遇。"②4)实行调整养老金与缴费年限挂钩。按缴费年限增加养老金更为合理,体现了效率,调整待遇水平与退休人员缴费(工作)年限和年龄等挂钩,体现了"多工作、多缴费、多得养老金"的激励机制,更有利于养老保险制度健康运行。

(4)改革补助机制。按现行体制,养老保险统筹应主要是地方政府的基本责任,中央财政只有在统筹地区出现支付困难时才给予资金调度上的帮助,加大对养老保险的支持。但是现行的养老基金缺口补助制度,没有激励机制,地方有了缺口只管向中央申请,这在一定程度上纵容了地方推脱养老责任。为加大统筹地区的责任,建议改革现行的中央财政无偿补助制度,建立一整套养老基金缺口资金借调、核销制度。统筹地区出现支付困难时,可向中央财政申请借调资金,地方借的钱必须按时偿还,如

---

① "关于基本养老金调整机制的几点思考",资料来源:http://www.cnss.cn。

② 张永清:"正确认识和解决企业与机关事业单位退休人员待遇差距问题",载《宏观经济管理》2003 年第 7 期。

不能偿还,可申请核销。要求核销的统筹区,财政应受到中央审计部门的全程监督,严格控制其开支,停止不必要的开支,经审计确无力偿还的可核销。

(5)逐步统一机关事业与企业的养老金计发办法。从长远看,机关和事业单位的养老保险,在制度设计上不应与企业相互分割,而应当保持一致。这样既有利于保持国家社会保障制度的统一,又有利于人员流动和统一的劳动力市场的形成。从根本上解决养老金差距过大问题,要着眼于制度改革与完善。在完善企业养老保险制度的同时,积极推进机关、事业单位养老保险制度改革,使企业与机关事业单位退休人员在制度上、管理上互相衔接,化解因制度不同、管理不同、资金来源不同等造成的不平衡矛盾。机关事业与企业养老保险两类制度衔接的基本思路:1)两类养老保险在制度上确保政策的统一性。二者实行统一的征缴基数和征缴比例,特别是个人缴费比例要保持一致,建立统一的个人账户,确保把个人账户做实,将个人缴费的比例一步到位,提高到8%,全部记入个人账户。单位缴费部分不再划入个人账户,全部用于统筹基金。因此,机关事业与企业养老保险制度要统一缴费比例、补保的标准,等等,以保证政策的连续性。目前机关事业单位养老保险以市、县级为单位统筹,而企业养老保险已达省级统筹。随着机关事业单位养老保险事业的不断完善和发展,将来由市县级统筹过渡到省级统筹;逐步使机关事业单位和企业养老保险均达到全国统筹。这样,机关事业单位和企业参保人员能在省内、国内自由流动,而自身的社会保险合法权益不受任何影响。同时,国家在各地试点的基础上早日出台统一的机关事业社会保险实施办法的法规性文件,以便使这项改革能全面铺开。2)实行统一的养老保险待遇标准。就目前而言,机关事业与企业养老保险在退休待遇上差距较大,待遇差距的存在有其客观的原因,事业单位创造的主要是社会效益,它们的价值不好用经济效益来衡量。因此,在条件成熟的情况下,在原来的企业养老金计发办法基础上,适当提高基础性养老金的比例,在其待遇上与机关事业退休待遇逐渐拉平。由于养老金支出的刚性,降低待遇是不现实的,那就只有提高企业养老金水平。个人账户建立后,退休后养老金与个人缴费年限挂钩。个人缴费积累的基金所有权属于参保职工自己,数目直观,透明度高,体现了权利与义务相统一、享受与贡献相联系的原则,同时,要把个人账户做实做好。

四、工资集体协商机制

（一）现实背景

集体谈判作为平衡劳资双方力量的一项制度，在劳动法制发达国家地位非常突出，为实现劳资关系的和谐、效率以及产业民主等发挥了不可替代的重要作用。在我国实行劳动力市场化改革的过程中，集体谈判制度也被引入我国，不过囿于历史条件和认识的限制，这一制度被改造为"集体协商制度"。在中国，集体协商又可以分为区域性集体协商、行业性集体协商和专项集体协商。工资集体协商属于专项集体协商的一种，其内容包括工资正常的增长机制、工资支付的保障机制、职工工资在企业工资分配中的比例等等。工资集体协商，对于确保收入分配的公平、保护工人的经济利益发挥着重要的作用，也是确保劳动者公平分享改革发展成果的重要机制。为此，劳动部于2000年公布了《工资集体协商试行办法》，对工资集体协商活动进行规范；劳动部于2004年重新颁布经修改的《集体合同规定》，也为工资集体协商提供了重要的法律依据。

我国的工资集体协商是在中华全国总工会的直接推动下进行的，在短时间内实现了对大量劳动者和用人单位的覆盖，取得了一定的成效。以重庆为例，新增工资专向协议占到已建制企业的52%。[①] 但是在工资集体协商的过程中也存在较大的问题。这些问题主要体现在两个方面：第一，在有些用人单位，工资集体协商仍然无法推行下去，劳动者享受不到工资集体协商所带来的利益；第二，工资集体协商流于形式，为了完成总工会布置的工资集体协商的任务，企业的基层工会和企业主往往应付了事，将现有劳动法律的规定照抄一遍，并未有任何实质性的内容，工人也无法从工资集体协商中获得工资增长的保障。对于工资集体协商而言，其制度初衷在于通过劳动者与用人单位双方的协商（谈判），特别是工会作为工人代表与用人单位之间的制度化的协商，使劳动者能够从中获得高于法律规定、劳动标准的工资、劳动保护等。然而，现行的工资集体协商将法律的规定作为工资集体协商协议的内容，完全背离了工资集体协商制度的初衷，也限制了其功能的发挥，需要通过系统的改革予以完善。

---

① 重庆市总工会："重庆：新增工资专项集体合同占已建制企业的52%"，资料来源：http://www.lm.gov.cn。

工资集体协商在我国出现的上述问题,是由多方面原因造成的,既包括用人单位的原因,也包括劳动者自身的原因,以及劳动者的代表——工会的原因。从用人单位角度来讲,往往认为在劳动力供大于求的情况下,不存在与工人进行工资集体协商的必要,相反认为工资集体协商会提高企业的生产成本、影响企业的利润;认识不到工资集体协商对于调动劳动者的积极性、保持劳动力队伍的稳定、劳动关系的和谐所起到的重要作用,因此用人单位往往"不愿谈",认为没有谈的必要。从劳动者角度讲,在劳动力市场供大于求的情况下,劳动者往往处于绝对弱势的地位,担心因为与用人单位进行工资协商而被辞退,因此在工资集体协商问题上往往采取退缩、观望的态度;再加上劳动者特别是农民工的组织程度非常低,很容易被用人单位分化、瓦解,因此很难组织有效的工资集体协商,"不敢谈"、"不愿谈"现象非常突出。从劳动者的代表即工会角度来讲,虽然各级总工会积极推动工资集体协商工作,但是由于广大的基层工会在企业中的弱势地位,往往使其无法独立于企业主而提出工资集体协商的主张;即使提出了工资集体协商的主张,也往往只能听命于企业主,而无法与企业主进行真正的协商,也存在严重的"不敢谈"问题。由于上述三方面的原因,使得工资集体协商要么无法在企业推行下去,要么流于形式,重复法律的相关规定,无法使劳动者切实地享受到工资集体协商的益处。

正是由于工资集体协商在我国遇到的各种阻力,使得工资集体协商机制根本无法发挥调节收入分配、缩小收入差距的功能。根据社科院发布的2007 年企业蓝皮书《中国企业竞争力报告》的数据,1990 年至 2005 年,劳动报酬占 GDP 的比例从 53.4% 降低到 41.4%,降低了 12 个百分点;而同期营业余额占 GDP 的比例却从 21.9% 增加到 29.6%,增加了 7.7 个百分点。[①] 而中国的基尼系数已经超过了 0.5,[②]远远超过基尼系数的国际警戒线,也凸现了我国收入分配不公平的程度和状况,不同行业之间工资收入差距过大,不同所有制单位之间工资差距扩大,行业内部、企业内部工资差距亦呈扩大趋势,农民工和城镇职工之间工资差距明显,不同地区之间的工资

---

① 转引自常凯:《劳权保障与劳资共赢》,中国劳动社会保障出版社 2009 年出版,第 276 页。

② 新华社:"中国基尼系数已超 0.5 可能导致社会动乱",载《经济参考报》2010 年 5 月 21 日;俞宁:"关注弱势群体、重视社会公正——构建社会主义和谐社会",载《毛泽东邓小平理论研究》2005 年第 2 期。

水平差距较大等都是这种收入分配不公平的表现。① 这种收入差距过大的状况,引起了劳动关系的紧张。

2010 年上半年发生在代工企业富士康员工的密集跳楼事件以及佛山本田工人"罢工"事件则是劳动关系紧张的表征,与收入分配差距过大不无关系。在深圳富士康的工厂中,员工的基本工资为当地最低工资 900 余元,而提高收入的唯一途径就是加班,从网上爆出的"加班工资单"来看,有些员工的加班时间在每个月竟然达到 140 小时以上,甚至更多,这远远超过《劳动法》规定的每月 36 小时的加班上限。根据日本的经验,在长期加班的情况下,可能会引起一定的精神障碍,并对员工正常的认识能力、行动判断能力以及停止自杀的抑制能力造成了重大的损伤,并最终可能造成员工的自杀惨剧。② 在这意义上讲,深圳富士康工厂发生的员工密集跳楼事件就与长时间的加班、收入分配不合理有关;另外,在有 40 多万员工的工厂中,员工感觉到对自己的职位晋升、工资增长等没有任何发言权,看不到任何希望,或许也是其选择放弃生命的原因。因此,在这一悲剧中,工资集体谈判机制的缺失难辞其咎。在佛山南海本田工厂罢工事件中,中日员工的工资相差 50 倍,工人长时间对薪酬制度的不满被认为是此次罢工的导火索。③ 本田工厂员工的工资是由管理方单方面决定的,员工并无任何参与的权利,最终才导致采用罢工这种极端的手段。换句话说,在建立工资集体协商的情况下,赋予工人参与决定工资增长幅度、机制的权利,或许这一罢工事件就能够避免。这些极端事件的发生,既说明了我国收入分配不公引起的严重社会问题,也为建立和完善工资集体协商制度提出了客观要求。

(二)现行工资协商制度的缺陷

如前文所述,现行工资集体协商制度在推行过程中出现了一些问题,这些问题既与用人单位、劳动者、工会各主体有一定的关系,也暴露了现行集体协商制度的缺陷。认清这些制度性缺陷,对于改革工资集体协商制度具有重大的意义。

首先,工资集体协商的主体制度有缺陷。根据《工资集体协商试行办

---

① 常凯主编:《中国劳动关系报告——当代中国劳动关系的特点和趋向》,中国劳动社会保障出版社 2009 年版,第 252—255 页。

② 李满奎:"日本经验:过劳自杀的法律规制",载《法制日报》2010 年 6 月 8 日。

③ "劳资纠纷引发罢工本田在华四工厂被迫停产",资料来源:http://news. xinhuanet. com.

法》的规定,在工资集体协商中,工人一方由工会代表;未建立工会的,由职工民主推选代表,并应获得半数以上职工的同意。然而,由于中国工会特别是基层工会缺乏独立性,很难独立于企业的管理层而存在,虽然《工会法》为工会的组织、活动及其人员提供了法律保障,但在实践中,企业的管理层仍然对工会有相当的控制权。在佛山本田工厂罢工事件中,工会的工作人员竟然与罢工的工人发生了肢体冲突,就足以看出工会在独立性上的缺失。在这种情况下,工会就无法真正地代表职工进行工资集体协商。对于未建立工会的企业,职工的工资集体协商的代表虽然是由职工民主推选,但是由于其代表职工进行协商的活动缺乏法律的保障,使得推选出来的职工代表无法真正地代表职工进行工资集体协商。

另外,由于工会的工作人员以及职工推选出来的代表通常都是兼职的,本身就是职工,因此通常缺乏协商、谈判技巧,无法在工资集体协商中为工人获得最大的利益。尽管《工资集体协商试行办法》中规定了协商双方可以委托本企业以外的专业人士作为本方的协商代表,试图克服双方在谈判技巧上的差异。但是在实践中往往因为费用问题,职工一方请不起专业人士作为协商代表;而用人单位则凭借其强大的经济实力,聘请专业人士作为协商代表。这一规定在客观上又加剧了工资集体协商双方在协商技能、谈判技巧上的悬殊。

其次,工资集体协商缺乏强制性,不利于工资集体协商的推进。《工资集体协商试行办法》虽然规定一方在收到另一方的协商意向书后,应当在20日内予以书面答复,并且与提出方进行集体协商。这一规定从表面上看确立了用人单位的工资集体谈判义务,即在劳动者提出工资集体协商的要求后,用人单位应当进行协商。但是《工资集体协商试行办法》并未规定用人单位违反这一义务的法律后果,这使得用人单位这一义务形同虚设。用人单位可以随意拒绝劳动者提出的集体协商要求,因为它这样做不需要承担任何法律后果。

由于工资集体协商配套措施的缺失,使得用人单位可以轻易规避进行工资集体协商的义务。用人单位可以同意与劳动者进行工资集体协商,但是拒绝作出任何让步,对劳动者提出的任何工资增长的要求一概予以拒绝,故意使协商未果;或者将现行法律规定进行照搬,而不对劳动者的工资增长要求进行回应。劳动者根本无法从这种工资集体协商中获得任何实益。由于工资集体协商配套措施的缺失,再加上法律对工资集体协商的过程、内容未加以规范,使得工资集体谈判成为了一种空洞的承诺,无法发挥其应有的功能和作用。

再次,在实践中,各级总工会将工资集体协商简单地等同于"正常的工资增长机制",阻碍了工资集体协商在各类企业的推行,也增加了企业对工资集体协商的抵触情绪。工资集体协商作为一种协商机制,应当包含用人单位和劳动者双方相互的让步和妥协,这也是协商或者谈判的应有之义。然而,在实践中,各级总工会以及广大的劳动者都将工资集体协商简单地等同于工资增长机制,即工资集体协商只能增加劳动者的工资,不得有其他选项。这就在无形中造成了用人单位对工资集体协商制度的误解,并加重了用人单位的抵触情绪。因为在用人单位看来,工资集体协商制度只能增加劳动者的工资,增加企业的成本并减少其利润,因而对企业是一种不利的制度。

众所周知,劳动者的收入增长情况取决于企业的利润空间。如果企业的利润空间很大,那么劳动者的收入增长的空间也就相应地增加;如果企业的利润空间很小,那么劳动者的收入增长的空间也就会相应缩小。原因很简单,劳动者的收入增长不可能超过企业的利润空间,否则企业主的资本就没有任何回报。而企业的利润空间取决于总体上的经济环境:在经济大环境比较好、经济景气的时候,企业的利润空间就会上升,而在经济危机和衰退时,利润空间就会下降;企业的利润空间也取决于所在行业的情况:劳动密集型行业的利润空间总体上比较低,而高科技行业的利润空间则相对较高。这就决定了工资集体谈判在不同时期、不同行业、甚至不同的企业应当有所不同,有所侧重,而不应当一味地强调工资增长机制。在经济不景气、企业生产经营困难情况下,应当允许用人单位和劳动者双方通过工资集体协商机制冻结工资增长、甚至降薪来帮助企业渡过难关。这在国外是有先例的,在加拿大,金融危机时期加拿大航空公司的工会通过集体谈判来主动要求冻结工资增长帮助公司渡过难关,而航空公司则在金融危机过后向员工提供更多的待遇。这才应当是工资集体协商的正常发展路径。

(三)工资集体协商制度的改革

我国现行工资集体协商制度存在许多缺陷,导致了其在实践中存在各种问题和弊端。我们应当对现行工资集体协商制度进行改革,消除其所存在的弊端。这对于缩小工资收入的差距、调整分配结构以及促进劳资关系的和谐都将起到重要作用。

首先,应当从法律上确定用人单位的工资集体协商"义务",明确双方所负有的"善意协商"的义务,并且规定双方特别是用人单位违反"善意协商"义务应当承担的法律责任。用人单位在接到劳动者发出的协商意向书后,有义务进行回应,并就劳动者提出的协商事项进行"善意的协商"。对劳动者提出的协商事项一概予以拒绝,或者仅将法律规定照搬进入工资集体协议的做法将被认定为违反了"善意协商"的义务,应当认定为"不公平劳动行为",对用人单位进行处罚。

在发达国家和地区,集体谈判的一个很重要的配套机制就是罢工权,即以罢工权作为威胁,来迫使用人单位在集体谈判中让步,或者促使集体劳动争议的解决。罢工权在产业关系发达国家被认为是集体谈判的一项保障措施,"没有罢工权的集体谈判无异于集体行乞"。① 但是,在我们国家,罢工权尚未成为一种法律上的权利,而在这种情况下推进工资集体协商制度无疑是一种挑战。我们必须寻找一种替代罢工的机制。在西方发达国家,如加拿大,虽然罢工权是一种可以合法行使的权利,但是对于涉及公共安全、卫生的部门,如警察、消防员、医生等在发生集体劳动争议的情况下,不得罢工,将其集体劳动争议送交"强制仲裁",仲裁裁决对双方当事人有效,构成集体协议的内容,双方必须履行。对于集体谈判的双方当事人来讲,"强制仲裁"也是一种威慑,因为仲裁的结果是双方无法控制的,可能对任何一方不利。因此集体谈判双方当事人竭力避免"强制仲裁",而愿意双方通过相互让步达成集体谈判协议。这就为我国工资集体协商制度的建立提供了一种思路:既然罢工权无法在短时间内确立,那么不如建立"强制仲裁"制度,并扩大其适用范围,将其应用到所有的工资集体协商中,这样也有利于工资集体协商在中国的推进。

其次,在工资集体协商代表的确定上,我们也应当改变现有的制度,大力推行地区性和行业性的工资集体协商。如前文所述,中国的基层工会缺乏独立性,不能摆脱管理层对其的干预和影响,因而无法在工资集体协商中发挥劳动者代表的作用。因此在现有的工会体制下,我们要大力发挥行业性工会和地区性工会在工资集体协商中的作用,这也是在短期内中国工资集体协商的发展方向。行业性工会和地区性工会相对于单个的企业而言,具有相当的超脱性和独立性,不受单个企业管理层的控制,能够在工资集体协商中充分发挥劳动者代表的作用;并且由于行业性工会和地区性工会在

① 黄越钦:《劳动法新论》,中国政法大学出版社 2003 年版,第 306 页。

工资集体协商中能够协调不同企业的工资增长幅度、统一不同企业职工工资的比重,在一定条件下能够使统一行业的各企业或者同一地区的各企业在生产成本上实现统一,有利于创造一个公平竞争的环境。这一点在欧洲各国已经得到验证,在欧洲各国,集体谈判协议应工会和雇主或雇主协会的请求,政府可以将集体谈判协议扩展适用至该行业的其它雇主,即"集体谈判效力的扩张"。①

同时由于前述工会作为工资集体协商的代表,缺乏集体协商的技巧,即"不会谈"而导致劳动者在工资集体协商中利益得不到维护的问题。各级总工会应当定期对各企业负责集体协商的人员进行培训,邀请谈判专家为协商代表讲授各种谈判技巧、谈判经验以及在工资集体协商中应当避免的问题,提高劳动者代表在工资集体协商中的议价能力。同时应当进一步完善工资集体协商指导员制度。工资集体协商指导员独立于企业之外,能够推动企业建立工资集体协商机制、指导劳动者代表进行工资集体协商,有利于解决职工方与企业在集体协商中"地位不平等"、"力量不均衡"、"素质不匹配"、"信息资源不对称"等问题。

再次,我们还应当对工资集体协商的内容进行类型化分析,并在实践中进行贯彻。如前文所述,工资集体协商包括多方面的内容,如工资增长机制、工资支付保障、职工工资在企业收入中所占有的比重等等,不能简单地将工资集体协商等同于工资的增长机制。在工资集体协商制度的内容上,我们应当清醒地认识劳动者收入增长与企业的利润空间之间的关系,并根据实际情况来确定工资集体协商制度的内容。如在经济不景气、企业经营生产困难时期,应当强调工资的支付保障,甚至可以协商减薪以换来用人单位的工作稳定性的承诺,以帮助用人单位渡过难关;对于经济效益较好、生产经营顺利的企业,可以协商确定工资的正常增长机制、增长幅度的问题。

五、最低工资制度

最低工资,是指劳动者在法定或约定工作时间内提供正常劳动的前提下,用人单位依法应支付的最低劳动报酬。最早的最低工资制度产生于十九世纪末的新西兰、澳大利亚,目的主要是通过制定最低工资来缓和劳资纠

---

① 李满奎:"欧洲罢工潮中的三道'防火墙'",载《法制日报》2010 年 3 月 2 日。

纷,消灭"血汗工厂"。其后,英国、法国、美国等也结合本国实际,建立了各自的最低工资制度,迄今为止,世界所有发达国家和绝大部分发展中国家都实行了最低工资制度或类似规定。最低工资制度能划出劳动力市场的工资底线,对保障劳动者的合法权益、落实我国"提低、扩中、限高"的分配政策、实现改革发展成果的公平分享有着重大意义。

(一)最低工资制度的存废与绩效

最低工资制度应否存在,如何看待其绩效,一直是经济学界争论的话题,概而言之,无非是两种截然不同的观点:

反对者认为最低工资制度会人为地破坏市场劳动力价格的形成机制,违背市场供需法则,导致失业(尤其针对低技术和刚就业的劳动者)的加剧和社会资源配置效率的损失,对社会收入调节意义不大。诺思在《最低工资经济学》一文中认为,在一个无限制的劳动力市场,会有一个均衡工资率,当政府利用法规所制定的最低工资强制推行较高的工资率时,将会使某些雇主不再雇佣那些对总产量所贡献的市场价值低于最低工资的工人;同时最低工资上涨也会使雇主以少数较高技能和较高工资的工人取代更多低技能的工人。斯蒂格勒在《最低工资立法经济学》中指出,为减少贫困制定的这种政策,不仅对减少贫困未能起到作用而且扭曲了资源配置,其本质是政府对劳动力市场的干扰。同时,他还提出了著名的失业效应模型:在完全竞争的市场条件下,当最低工资高于市场均衡工资时,由于劳动力供给大于劳动力需求,社会将会出现失业。如果政府实行扩张性的经济政策刺激经济增长来减轻就业压力,会导致价格水平升高,实际工资下降,就业暂时增加;当价格上升,实际工资下降到一定程度时,政府又一次提高最低工资,结果形成恶性循环。

对最低工资制度持否定观点的理论分析大多基于如下假设:劳动力市场是充分竞争的;市场机制是完善的;企业中劳动要素的工资水平已处于边际收益和边际成本相均衡的状态。而现实约束条件与理论设想的状况能否逐一契合则是我们评判理论是否合理的依据。由于劳动者与用人单位地位相差悬殊,劳动关系具有从属性,劳动力市场信息高度不对称,劳动者集体力量先天不足,再加上我国城乡二元结构的长期存在,劳动力自由流动和充分竞争仍存在着诸多的障碍,经济学在研究最低工资制度时所依托的理想状态在我国是不存在的。而且,我国社会保障制度远未健全,二次分配的调节作用仍非常有限,通过最低工资法设定工资分配底线,是当前最起码也是最为现实的政策选择。退而言之,最低工资问题上,西方各个流派的经济学者并没有给出一个明确的结论,萨缪尔森折衷地认为"根据你自己的偏好顺序,你也许会就提高最低工资的合理性问题得出截然不同的结论"——尽管在理论上争论不一,但西方国家无一例外地都实行了最低工资制度,我们又有什么理由拒绝它呢?

赞成者认为:"最低工资制度的设置使作为弱者的劳动者在讨价还价能力很弱的情形之下,也能获得不低于最低工资的报酬……它虽然不能彻底实现按贡献获取报酬的原则,但它毕竟使弱者的权利得到了一定程度的保障,并且这种保障是最为直接的。此外,还有其他确保分配公平的干预方式。"[1]最低工资制度有较佳的社会效应:保障劳动者基本生活需求,提高劳动力持续发展能力,规范劳动市场,防止劳资之间关系利益矛盾的激化,促进社会公平,维护社会稳定,体现法律的人本思想。至于其经济绩效,有学者认为虽然最低工资并不尽如人意,但在我国目前的现实经济条件下是一种次优选择的制度安排,也是迄今为止所发现的均衡经济系统的一种可行方案。作为价格管制的方式之一,最低工资的直接目的是弥补市场机制的不足。在某种程度上,最低工资使劣势产业商品的价格偏高,从而保证该产业的投资和利润充足,有效缓解各产业利润及投入的差距,保障产业结构的平衡和利润平均化规律得以实现。[2] 有的则认为,一方面,提高最低工资标准,提高了劳动力成本,有利于促使区域内企业积极采用当代先进技术、现代管理方法来降低产品成本,转变经济增长模式,从而提升企业本身的核心竞争力,同时最低工资调整还会促使他们自觉提高人力资本积累,不断自我升值,引导劳动力素质的自我提高;另一方面,最低工资制度不仅是国家干预收入再分配的工具,还是国家作为维持社会购买力、扩大内需、调节经济活动的重要措施。[3] 有学者通过对国外最低工资的理论模型和实证研究进行考察,认为:"关于最低工资的理论研究及最低工资的经济效应,目前比较容易为多数人认可的结论是:最低工资的作用不仅被其批评者而且也被其支持者高估了。实行最低工资制度对社会经济运行究竟会产生何种影响,主要取决于规定的最低工资标准是否合理,合理的最低工资标准就能使

---

①　李昌麒、应飞虎:"论需要干预的分配关系——基于公平最佳保障的考虑",载《法商研究》2002 年第 3 期。

②　李定:"关于最低工资法的经济学反思",载《经济问题》2007 年第 3 期。

③　韩兆洲、黎伟:"最低工资标准调整的经济分析",载《南方农村》2005 年第 3 期。

得最低工资制度发挥其有效的经济和社会功能。恰当的最低工资标准并不会降低就业甚至能促进企业提高管理和技术水平,并确实能改善收入的不平等状况。目前经济学家普遍认为现行的最低工资水平尚未达到影响就业的水平,无须过度忧虑最低工资标准的适度增加。"[1]有学者通过实证研究,认为在目前我国劳动力市场买方垄断的情形下,提高最低工资标准对农民工就业有正作用。[2] 基于向量自回归模型(VAR)分析深圳市最低工资、劳动力供给和失业率的数据表明,在当前水平上,最低工资标准的适当提高不会对失业产生显著影响。如今,美国的经济学家"对最低工资的争论,已经从是否应该存在最低工资转移到应制定多高的最低工资"。[3]"不久前,在美国的经济政策研究所(EPI)组织下,美国逾 650 名经济学家(包括 5 位诺贝尔经济学奖得主)联署一封公开信支持提高最低工资。其理由是——美国联邦最低工资自 1997 年调高以来,实际购买力已大幅下降,现已跌至低于 1951 年的水平。温和地调高最低工资,不仅对就业的'影响极微或毫无影响',更是对抗贫穷的重要政策工具。"[4]

(二)我国最低工资标准的实施状况

最低工资标准,是最低工资制度的核心。最低工资标准的实施状况是最低工资制度运行状况的集中体现。

1. 全国主要省市历年最低工资标准及其变动情况

最低工资标准在我国确立已经十多年,大致可以分为两个阶段。一是1994 年《企业最低工资规定》的实施到 2004 年《最低工资规定》的实施;二是 2004 年至今。在前一阶段,我国最低工资制度发展缓慢,除了北京、深圳少部分地区外,其他大部分地区最低工资标准调整频率低,如山西 1994、1995、1996 三年全日制的最低工资标准的最低档次均为 120 元,同期保持全国最低;1999、2000、2001 年的全日制最低工资标准的最低档次为 180元,也处于全国较低水平;内蒙古从 1996 年到 2001 年的六年间全日制最低

---

[1] 魏章进、韩兆洲:"国外最低工资制度理论研究及启示",载《商业时代》2006 年第 14期。

[2] 罗小兰:"我国最低工资标准农民工就业效应分析——对全国、地区及行业的实证研究",载《财经研究》2007 年第 11 期。

[3] [美]坎贝尔·R. 麦克南等:《当代劳动经济学(第 6 版)》,刘文、赵成美等译,人民邮电出版社 2004 年版,第 368—378 页。

[4] 周八骏:"最低工资的政治经济学",资料来源:http://finance1. jrj. com. cn。

工资标准保持不变,其最高和最低档分别为 210 元和 170 元;广西也有连续四年未对最低工资标准进行调整等。最低工资标准与实际生活的严重脱节,使得最低工资制度的作用难以发挥。这一现状在第二阶段有了明显的改善,全国主要省市基本实现了《最低工资规定》所规定的"两年内至少调整一次",而北京、上海、深圳、天津保持着每年调整一次的频率。

由于这两个阶段的特征不一样,而第二阶段更具有现实意义,因此,我们侧重分析 2004 年《最低工资规定》实施以来最低工资标准的变化。如下表 4① 所示,首先,各地最低工资标准调整的频率、幅度不一致。以北京、上海、深圳、天津等为代表的发达地区,最低工资标准调整频率高、幅度大、档次少,五年内平均一年一次,年均增长近 10%,而以内蒙古、河北、重庆等为代表的欠发达地区,其调整频率低、幅度小、档次多,虽然符合法律所规定的"两年内至少一次",但是其调整的幅度远远跟不上近年来经济社会发展水平。

表 4　主要省市最低工资标准(2004—2008 年)　　（单位:元/月）

		2004	2005	2006	2007	2008
北　京	最高档	545	580	640	730	800
	最低档					
天　津	最高档	530	590	670	740	820
	最低档	510	570	650	720	820
河　北	最高档	520	520	580	580	680
	最低档	420	420	440	440	510
山　西	最高档	520	520	550	610	720
	最低档	400	400	430	490	570
内蒙古	最高档	480	480	560	560	670
	最低档	300	300	340	340	400

① 表 4 是 2004 年我国《最低工资规定》施行以来,截止 2008 年全国主要省市地区最低工资标准。根据《最低工资规定》,我国区分全日制和非全日制最低工资,前者以月为单位,后者以小时为单位,二者可以通过公式换算。由于资料收集困难,目前尚有少部分地区有关最低工资标准的数据没有收集到,但表中所列的省市具有一定的代表性,因此能够反映一些普遍性问题。

		2004	2005	2006	2007	2008
辽 宁	最高档	450	450	590	590	700
	最低档	350	350	420	420	500
上 海	最高档	35	690	750	840	960
	最低档					
江 苏	最高档	620	690	750	850	850
	最低档	360	400	520	590	590
浙 江	最高档	620	670	750	750	850
	最低档	440	490	540	540	？
安 徽	最高档	410	410	520	520	560
	最低档	310	310	360	360	390
重 庆	最高档	400	400	580	580	680
	最低档	330	330	440	440	520
江 西	最高档	360	360	510	510	580
	最低档	270	270	390	390	420
广 西	最高档	460	460	610	610	670
	最低档	320	320	390	390	460
云 南	最高档	470	470	540	540	680
	最低档	350	350	420	420	520
深 圳	最高档	610	690	810	850	1000
	最低档	480	580	700	750	900
湖 南	最高档	400	480	600	635	665
	最低档	300	350	400	440	500
广 东	最高档	510	684	780	780	860
	最低档	360	410	500	500	530

其次,我国最低工资标准地区差距悬殊,而且这一差距呈扩大的趋势。如表5和表6所示①,2004年上海的最低工资标准(最高档)位居全国首位,比末位的江西多出250元,这一差距到2008年有所扩大:最高的深圳和

———————————

① 资料来源:根据《中国城市统计年鉴》、各省市劳动社会保障网站提供的数据整理而来,以下数据亦同。

最低的安徽相差 440 元。

表5   最低工资标准(最高档)差值表(2004—2008 年)

(单位:元/月)

时间	最高	省市	最低	省市	差值
2004	635	上海	360	江西	275
2005	690	深圳、上海、江苏	360	江西	330
2006	810	深圳	510	江西	300
2007	850	深圳	510	江西	340
2008	1000	深圳	560	安徽	440

表6   最低工资标准(最高档)差额绝对值变动表

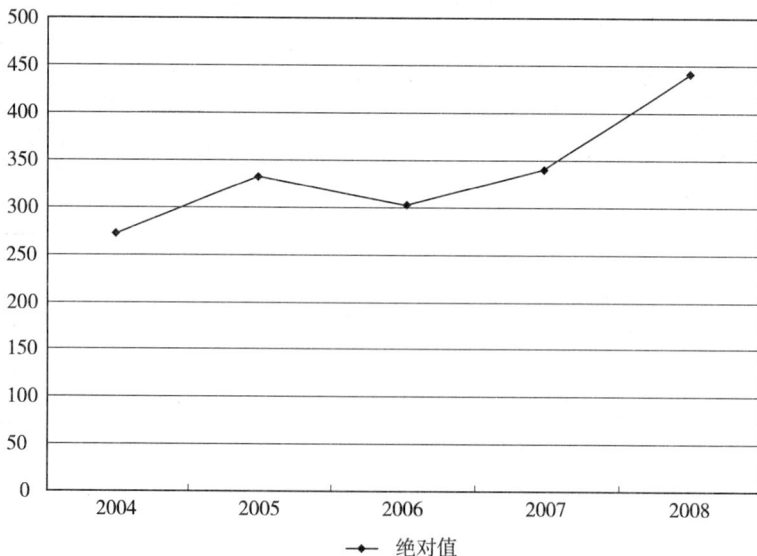

再次,各省市最低工资标准调整时间不明确、不统一。首先,同一省、市不同年份调整时间不同。如上海 2005 年最低工资标准的调整时间是 7 月 1 日,到了 2006 年和 2007 年其调整时间变为 9 月 1 日,而 2008 年又变为 4 月 1 日。四年三变,最低工资标准调整显得随意;其次,各省市之间也不一样,北京 2004 年以后多是以 7 月 1 日为调整时间。尽管各地政府会在报刊中公布,但很多企业和劳动者却很难及时获得调整的信息,影响了最低工资制度在最低工资标准调整后最初实施阶段的落实。因此,调整时间的不明确、不统一,对最低工资制度的效用、公民及时了解调整信息和管理部门制

定调整方案都带来了不利的影响。

最后,最低工资标准还存在着内涵不统一的问题。关于最低工资标准内涵争议最多的是最低工资标准是否包含劳动者个人缴纳的社会保险费。虽然《最低工资规定》中规定了"确定和调整余额最低工资标准,应当参考职工个人缴纳的社会保险费、住房公积金等因素",但是未明确最低工资标准是否包含职工个人缴纳的社会保险费。从各省、市最低工资标准实行情况来看,是否包含社会保险费并无统一的做法。如江苏、上海等最低工资标准不包含个人缴纳的社会保险,而内蒙古、广东等则包含个人缴纳的社会保险。这一问题的存在,容易使人产生误解,不利于各省、市间最低工资标准的对比,也不便于国家的统一协调和管理。

2. 最低工资标准与平均工资

表7　2005、2007 年十省市最低工资和平均工资对照表①

地区	2005 年			2007 年			最低工资年均增长率	平均工资年均增长率
	最低工资	平均工资	比重	最低工资	平均工资	比重		
北京	580	2734.00	21.2%	730	3322.25	21.97%	11.8%	10.2%
上海	690	2235.25	30.9%	840	2892.00	29.04%	10.3%	13.7%
天津	590	1683.00	35%	740	2225.00	33.26%	12%	15%
重庆	400	1385.83	28.86%	580	1924.83	30.13%	20%	17.9%
浙江	670	1676.08	39.97%	750	2050.25	36.58%	5.8%	10.5%
江苏	690	1746.42	39%	850	2281.16	37.26%	11%	14.3%
广东	684	1996.58	34.3%	780	2453.58	31.79%	6.7%	10.9%
深圳	690	2450.00	28%	850	3233.16	26.29%	11%	14.9%
安徽	410	1277.83	32%	520	1848.33	28.13%	12.6%	20.3%
江西	360	1140.67	32%	510	1533.00	33.26%	19%	16%

职工的平均工资是确定最低工资标准的一个重要参照,按照国际惯例,最低工资标准应占职工平均工资的 40%—60%。西方发达国家的最低工资标准,大都达到这一标准,一些还超过60%,如 1990 年荷兰的最低工资

---

① 表格里的最低工资选取的是最低工资标准的最高档次,下同;平均工资为月平均工资,由年平均工资/12 而来。

表8　2005、2007年十省市最低工资占社会平均工资的比重

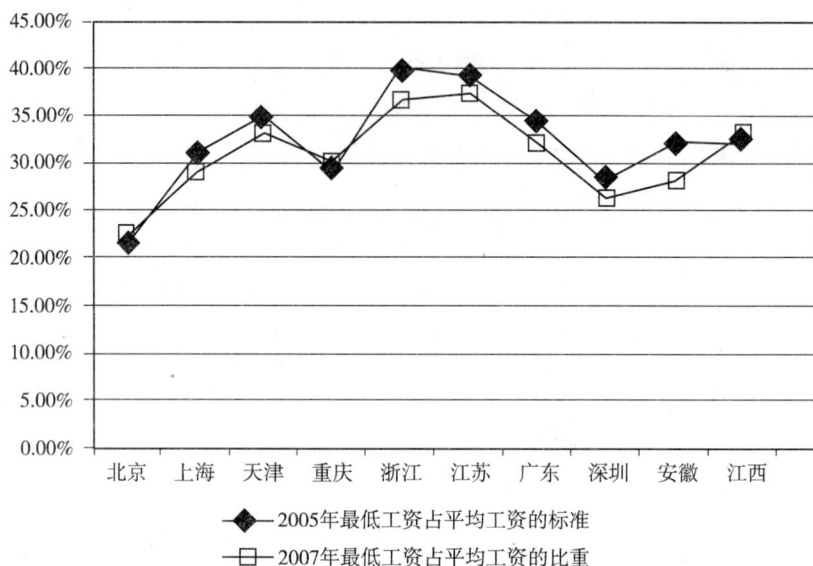

标准为国内平均工资的72%,法国为61%,比利时为61%,德国为69%。①
近年来,我国最低工资标准的调整频率加快,幅度也有所增大,但是根据目前的统计,如图2-1所示,我国大部分省、市最低工资标准还没达到国际上40%的最低标准,同时最低工资标准的年均增长率低于平均工资的增长率。2005年,最低工资标准占社会平均工资比重最高的是浙江,达到39.97%,而到了2007年,这一比重下降到36.58%;2005年最低工资标准占社会平均的比重最低的是北京,达到21.2%,虽然到了2007有所上升,但仍相对较低。除北京、江西、重庆等少数省市外,大部分省市的最低工资标准增长速度低于社会平均工资增长的速度。由此可见,我国最低工资标准仍然偏低,要想达到国际上的基本水平,还有待不断的提高。

3.最低工资标准与人均消费性支出

根据劳动和社会保障部2004年颁布的《最低工资规定》,居民的人均消费性支出是确定最低工资标准的一个重要因素,本部分选取2005、2007年部分省市最低工资标准和人均消费性支出的数据进行分析。

———————

① Freeman R. B; *Minimum wages-again*, Int. J. Manpower, 1994 / 15 / pp. 8－25.

表9　2005、2007 年十省市最低工资标准和城镇居民家庭人均消费性支出①

地区	2005 年			2007 年			最低工资年均增长率	城镇居民人均消费支出增长率
	最低工资（M）	城镇居民家庭人均消费支出（C）	差值（M—C）	最低工资（M）	城镇居民家庭人均消费支出（C）	差值（M—C）		
北京	580	1103.68	−523.68	730	1277.50	−547.50	11.8%	7.6%
上海	690	1147.78	−457.78	840	1230.16	−390.16	10.3%	3.5%
天津	590	804.44	−214.44	740	1002.41	−262.41	12%	11.6%
重庆	400	718.60	−316.60	580	783.25	−203.25	20%	4.4%
浙江	670	1021.15	−351.15	750	1112.41	−362.41	5.8%	4.4%
江苏	690	718.49	−28.49	850	892.93	−42.93	11%	11.5%
广东	684	984.16	−300.16	780	1194.74	−414.74	6.7%	10.2%
深圳	690	1325.99	−635.99	850	1562.74	−712.74	11%	7.5%
安徽	410	530.64	−120.64	520	607.89	−87.89	12.6%	7%
江西	360	509.12	−149.12	510	553.80	−43.8	19%	4.2%

表10　2005、2007 年最低工资与城镇人均消费性支出差值

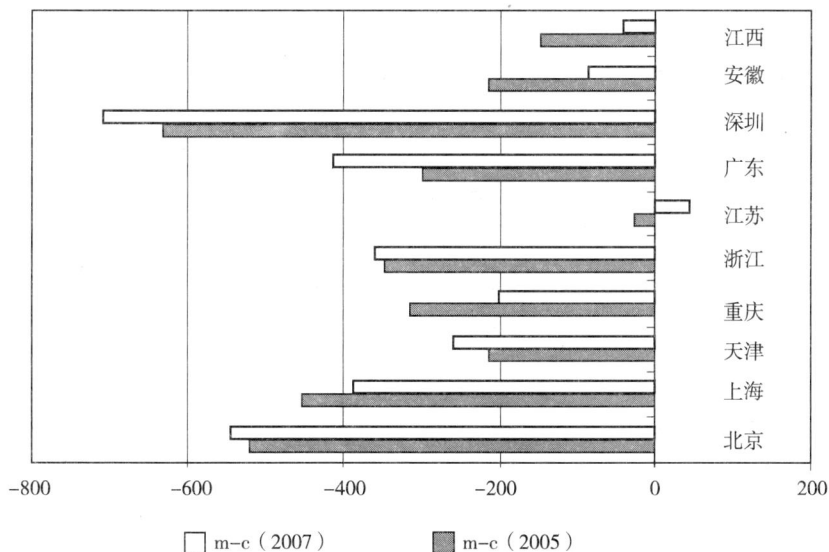

① 由于最低工资标准按月来算,因此表中城镇居民家庭人均消费性支出也换算为月均消费性支出。

由于城镇居民家庭人均消费性支出是确定最低工资标准的一个重要因素,从表3-1中我们可以看出:首先,在所统计的十个省市中,2005年和2007年里城镇居民家庭人均消费性支出低于最低工资标准的只有江苏。其中,深圳城镇居民家庭人均消费性支出与最低工资标准的差值最大,达到635.99元,北京、上海居其次。由于这三个城市都是属于中国的发达地区,城镇居民家庭人均消费性支出高,因此,在这些地区领取最低工资的劳动者相比其他地区而言,其生活状况会更糟。2007年大部分省市的差值,较2005年有所拉大;其次,从2005年到2007年,大部分省、市最低工资年均增长率略高于城镇居民消费性支出增长率,但仍有一些地区最低工资年均增长率低于城镇居民消费性支出增长率,如江苏、广东等,这使得领取本就不高的最低工资的劳动者生活状况更加恶化。

4.最低工资标准与人均GDP

众所周知,GDP反映的是一国的经济实力和市场规模,而人均GDP则反映的是国民的富裕程度和生活水平。通过对近年来人均GDP与最低工资标准的对比,可以衡量在各省市按照最低工资标准领取劳动报酬的劳动者,是否或者在多大程度上分享了社会经济发展的成果。因此,本文选取2005年、2007年最低工资标准和人均GDP相关数据进行分析,如下表:

表11　2005、2007年十省市最低工资与人均GDP

地区	2005 年		2007 年		最低工资年均增长率	人均GDP年均增长率
	最低工资（元/月）	人均GDP（元）	最低工资（元/月）	人均GDP（元）		
北京	580	37058	730	57431	11.8%	24.5%
上海	690	55307	840	65473	10.3%	8.8%
天津	590	31550	740	47972	12%	23.3%
重庆	400	11068	580	14011	20%	12.5%
浙江	670	23942	750	35730	5.8%	22.1%
江苏	690	20705	850	32985	11%	26.2%
广东	684	19707	780	32142	6.7%	28%
深圳	690	60014	850	79221	11%	14.9%
安徽	410	7768	520	11180	12.6%	20%
江西	360	8189	510	12204	19%	22.1%

表 12 最低工资与人均 GDP 年均增长率（2005—2007 年）

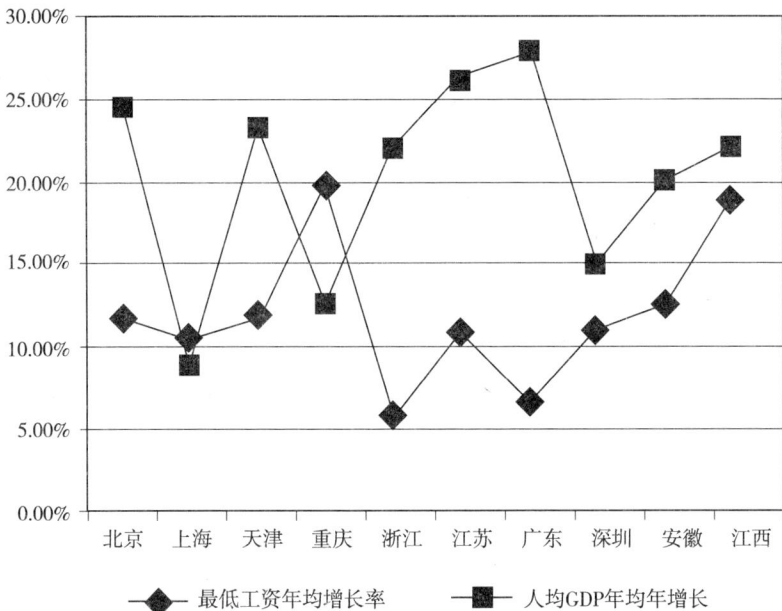

如上表所示，除上海和重庆以外，其余各省、市最低工资的年均增长率均低于人均 GDP 的年均增长率，平均低幅为 8.24 个百分点，其中相差最大的是广东，低幅为 21.3 个百分点。这一定程度上反映了当前最低工资标准调整的幅度远远跟不上社会经济发展的速度，从而领取最低工资报酬的劳动者只能在很小的程度上分享社会经济发展的成果。

5. 最低工资标准与城镇居民最低生活保障标准

城市居民最低生活保障标准，又称为城市居民最低生活保障线，是国家为救济其收入难以维持基本生活需求的社会成员而制定的一种社会救济标准。虽然它与最低工资制度同为保障社会弱势群体的基本生活制度，但却有着本质的区别。前者是为了维持一个人或家庭能够维持基本生活，而后者则是为了平衡劳动关系，保障劳动者的合法权益。

当前，我国部分省、市的最低工资标准和城镇居民最低生活保障标准之间的差距不够合理，出现了"就业不如吃低保"的制度困境。比如重庆主城区 2007 年的低保线是 210 元/月，如果一家三口都领低保，则该家庭一月的收入为 630 元，除此之外，低保家庭还可享受教育、医疗、住房等优惠政策。而当三口之家中的一人出去工作时，如果仅能获得最低工资标准的收入（2007 年重庆最低工资标准最高档次为 580 元），那么除去交通费、午餐费等开支成本后,其收入将低于其家庭的低保收入。也即是说,辛苦的工作,并未增加这个家庭的收入。出现这一问题的原因不是因为低保线过高,而是最低工资标准过低。两种制度缺乏衔接,不利于鼓励有劳动能力的低保人员就业,也不利于发挥最低工资制度对劳动者的保障作用。

(三)我国最低工资制度的困境及成因

1. 最低工资标准普遍偏低

从上述最低工资标准与平均工资、城镇居民家庭人均消费性支出、人均GDP 的对照及增速差值可以明显看出,我国最低工资制度目前最大的问题就是最低工资标准普遍偏低,低收入者不能较好地分享改革发展成果。"国际上一般月最低工资标准相当于月平均工资的 40%—60%"[1],但我国大多数地方低于甚至远远低于这一标准,尤其是各地最近一次调整最低工资标准以前。2006 年韩兆洲、魏章进对全国部分城市最低工资进行实证研究的结果表明:北京、广州、深圳最低工资标准尚不能满足当地劳动者及其家庭的生存需求;上海、宁波最低工资刚能满足生存需求而到不到温饱,天津、济南最低工资尚能满足温饱需求。[2] 劳动和社会保障部劳动工资研究所研究员刘军胜认为,当前我国各省市最低工资标准普遍偏低,低于它应有的标准,特别是东部以及其他经济发达、生活费支出较高的地区最低工资标准低于它应有标准的幅度更趋严重。[3]

最低工资标准普遍偏低的原因在于:

(1)测算方法随意性大且不科学。《劳动法》对最低工资标准并未确定具体的测算方法,劳动和社会保障部也仅将测算方法附在《最低工资规定》附件中,并明确:"各地可参照以上测算办法,根据当地实际情况合理确定月、小时最低工资标准。"因此,《最低工资规定》所确立的测算方法对地方政府没有强制约束力,只需"参照"执行,赋予地方政府过于随意的自由裁量权。更为重要的是,《最低工资规定》附件所确立的测算方法本身也有欠科学。其明确列举了两种通用方法:比重法、恩格尔系数法,而在举例验证核算办法时才将月平均工资法半遮半掩地提及,一定程度上,将月平均工资

---

① 参见 2004 年 1 月 20 日劳动和社会保障部《最低工资规定》附件:最低工资标准测算方法。

② 韩兆洲,魏章进:"我国最低工资标准实证研究",载《统计研究》2006 年第 1 期。

③ 刘军胜:"最低工资标准是把双刃剑",载《经济参考报》2006 年 5 月 13 日。

法降低为仅供参考的验证方法之一。但实践表明,前两种方法算出的标准大致一样,却低于第三种方法,而各地政府出于各种因素考虑,普遍使用前两种测算方法,使得最低工资标准过低。另外,影响最低工资标准的因素较多,劳动者本人及平均赡养人口的最低生活费用、社会平均工资水平、劳动生产率、就业状况、经济发展水平等都应当是测算时需要考虑的因素,然而目前最低工资测算方法中,劳动生产率、城镇就业状况、经济发展水平等因素均未加以定量考虑。

(2)确定程序不尽合理。根据《劳动法》第48条,最低工资具体标准的确定权为省级人民政府享有。但《最低工资规定》第8条又规定:"最低工资标准的确定和调整方案,由省、自治区、直辖市人民政府劳动保障行政部门会同同级工会、企业联合会/企业家协会研究拟订,并将拟订的方案报送劳动和社会保障部。""劳动和社会保障部在收到拟订方案后,应征求全国总工会、中国企业联合会/企业家协会的意见。""劳动和社会保障部对方案可以提出修订意见,若在方案收到后14日内未提出修订意见的,视为同意。"将劳、资、政平等协商纳入到最低工资标准的确定中,既符合劳动法的三方原则又符合国际惯例,值得赞赏,但在省级人民政府批准之前加入劳动和社会保障部的同意的这种程序设计却让人多感困惑。实践证明,当平等协商机制形同虚设时,再多的行政机构的介入并未使我国各地的最低工资标准更趋合理,徒增行政成本而已!而平等协商机制,由于工会、企业联合会/企业家协会在积极性、行动能力等方面存在制度性障碍,协商机制发挥的效用堪忧。

(3)立法层次低。《劳动法》仅有三个条文与最低工资制度有关:第48条、第49条和第91条,涉及最低工资的确定机构、法律效力、确定和调整的参考因素、用人单位违法的赔偿责任,因此最低工资制度的实施有赖于有关配套规定。但无论是旧的《企业最低工资规定》还是2004年修订的《最低工资规定》均属部门规章,立法层次低,对确定最低工资标准的地方政府、适用最低工资的劳资双方缺乏足够的权威,弱化了实施效果。

2. 用人单位违法责任的规定繁琐且不合理

对于用人单位低于当地最低工资标准支付劳动者工资的,《劳动法》第91条规定:"由劳动行政部门责令支付劳动者的工资报酬、经济补偿,并可以责令支付赔偿金";劳动部《违反和解除劳动合同的经济补偿办法》第4条规定:"要在补足低于标准部分的同时,另外支付相当于低于部分25%的经济补偿金";劳动和社会保障部《最低工资规定》第13条规定:"由劳动保障行政部门责令其限期补发所欠劳动者工资,并可责令其按所欠工资的 1 至 5 倍支付劳动者赔偿金";国务院《劳动保障监察条例》第 26 条规定:由劳动保障行政部门责令限期支付劳动者工资低于当地最低工资标准的差额;逾期不支付的,责令用人单位按照应付金额 50% 以上 1 倍以下的标准计算,向劳动者加付赔偿金。

这些规定中,《最低工资规定》与《劳动保障监察条例》对赔偿金标准的规定不一致,即使按下位法服从上位法原理,仍然存在以下问题:一是若未有劳动监察,根据《劳动保障监察条例》第 26 条,劳动者在劳动争议仲裁中不可能获得赔偿金。二是用人单位低于当地最低工资标准支付劳动者工资的,应按《违反和解除劳动合同的经济补偿办法》第 4 条的规定支付低于部分 25% 的经济补偿金。但根据《劳动保障监察条例》第 26 条,用人单位不支付该经济补偿金却不会导致赔偿责任。这无疑会削弱用人单位支付该经济补偿金的积极性,劳动者要获得该经济补偿金则需另行申请劳动争议仲裁,从而使维权程序显得繁琐和不合理。

3. 监察惩戒力度不够

目前我国最低工资制度功能的有效发挥,很大程度上取决于制度的执行机制与监督机制。但囿于地方政府片面追求 GDP、为地方招商引资创造"洼地效应",劳动保障机关作为地方政府的一分子,劳动保障监察常沦落为"选择性"执法,是否切实监察取决于当地政府或劳动保障机关的"选择"或"喜好",从而不利于最低工资保障制度的遵守和实行。就业形势严峻和劳动者维权意识的淡薄,也起到了推波助澜的作用。

监察不力,与立法的含混也有关系。《最低工资规定》明确规定其适用于提供了正常劳动的劳动者,但"正常劳动"对于实行计件工资制或销售收入提成等工资分配形式的劳动者来讲则较难衡量,这些劳动者的工资与工作成果而非工作时间挂钩。虽然《最低工资规定》考虑到计件工资或提成工资等的特点,要求用人单位应以科学合理的劳动定额为基础实行最低工资制度,但是,"劳动定额"是否科学合理难以衡量,实践中因此而往往流于形式,计件工资等形式往往成为不法用人单位规避最低工资的工具。我国劳动密集型企业众多,大多数劳动者实行的都是计件工资制,且这类劳动者一般属于低收入群体,亟需最低工资制度的保护。

4. 最低工资范围不统一

《最低工资规定》第 12 条规定了不应计入最低工资的各项劳动报酬或劳动收入,但最低工资的范围中是否包含职工个人应缴纳的社会保险费,

《最低工资规定》并没有明确规定,只是在第 6 条中提到,确定和调整月最低工资标准时应参考职工个人缴纳的社会保险费等因素。因此各地做法不一,有的省份最低工资范围中已包括,而有的省份又未包括。范围的不统一,会使各地最低工资信息失真或片面,不利于最低工资制度的执行。

5. 最低工资制度的实施模式单一

由于社会经济发展水平的差异,最低工资制度的实施也存在多种模式。然而我国实行的是单一的地区性模式,忽视了行业和工种的区分,弱化了最低工资标准的效力。而国外(详见表 13)最低工资实施模式主要有全国性、行业性、地区性、工种性模式等。全国性模式是指最低工资制度的范围覆盖全国,具有一个统一的标准,行业性模式是指根据不同的行业订立不同的最低工资标准,工种性模式是指为不同工种订立不同的最低工资,地区性模式是指地区不同其最低工资标准也不同;此外,一些国家采用了混合型的最低工资制度。

表 13　部分资本主义国家最低工作制度的实施模式①

模式	国家
全国性	美国、日本、法国、荷兰、西班牙、葡萄牙、新加坡、巴西
行业性	德国、瑞典、丹麦、芬兰、意大利、奥地利、韩国、澳大利亚
地区性	澳大利亚、日本
工种性	英国、新西兰、澳大利亚

(四)最低工资制度的完善

1. 规范最低工资标准的测算方法和确定程序

目前,最低工资标准的测算方法主要有:比重法、恩格尔系数法、月平均工资法、必需品法、超必需品剔除法、生活状况分析法、累加法、分类综合计算法等,均侧重于定性分析,均存在着一定的不足,一种完善的将所有影响因素进行定量分析的方法尚未发现。纵然如此,劳动和社会保障部《最低工资规定》附件:"最低工资标准测算方法"至少也应将比重法、恩格尔系数法和月平均工资法作为同一序列的通用方法,给予同等地重视。

由于测算方法的先天不足,因此确定程序就需更为慎重。除三方协商应大力完善、倡导外,在地方政府片面追求 GDP 的制度动因未消解以前,让

---

① 资料来源:国际劳工组织 1998 年公布。

中央政府确定各地最低工资标准更为公正。目前国家统计局对社会经济状况的诸多统计并非建立在地方统计局简单相加上,而主要由自身完成,这无疑为中央政府担当此任创造了有利条件。在《劳动法》第48条规定的最低工资标准由省级人民政府确定的程序之前,通过《最低工资规定》增添劳动和社会保障部同意这一前置程序,虽具有前文所述的缺陷,但一定程度上也说明了对地方政府的不信任。与其坚持这一已为实践证明不成功的做法,不如将各地最低工资标准的确定权赋予给人力资源和社会保障部和国家统计局。

无论如何,提升最低工资制度的法制化程度,重塑其权威,消除社会上的疑虑,颁布最低工资方面的法律(《最低工资法》或在《工资法》中做出相关规定)为当务之急。以比较法观点,日本的《最低工资法》、美国的《公平最低工资法》等亦有先例可循。在此法律中,应将测算方法、确定程序硬性规定,并明确确定机关的职权与职责。

2.统一最低工资范围

最低工资制度作为一项法制规范,在全国所指的范围应当一致,而不应由各省自由选择。在我国当前社会保险还未实现对用人单位全覆盖的情况下,应统一口径,将社会保险费中个人应缴纳的部分纳入到最低工资的发放中。一方面劳动者个人缴纳的社会保险费用和住房公积金本来就是职工工资的一部分;另一方面,如果不包含职工个人缴纳的社会保险费,最低工资标准测算出来的数值要低一些。最低工资标准包含个人应缴纳的社保费,对于不参保的用人单位来说也需将之支付给劳动者。不管参保与否,用人单位都得为劳动者支出个人需缴纳的社会保险费的那部分费用,为劳动者参保只要再付出用人单位需缴纳的部分就可以,这样,既可以大大提高未参保劳动者的工资收入,也有利于提高社会保险的覆盖面。最低工资范围相同,还有利于更好地协调各地的最低工资标准。

3.明确最低工资标准调整时间

任何一项公共制度,其内部至少应包含一种确定性或可期待性,才能为人们所接受。同样,最低工资标准的调整也需要一定的确定性或可期待性。当前,我国《最低工资规定》只是规定了各省、市两年内至少调整一次,但具体何时调整则未予以强制规定。因而,各省、市最低工资标准调整时间比较混乱,不仅不同的省、市有着不同的时间,而且同一省、市的调整时间也存在不同。如上海2005年最低工资标准的调整时间是7月1日,到了2006年和2007年其调整时间变为9月1日,而2008年又变为4月1日,可谓四年三变,最低工资标准调整显得随意;此外,与上海不一样,重庆最低工资标准的调整时间则多集中在1月、5月和9月份。尽管各地政府会在报刊中公布,但各地如此无规律的调整,使得很多企业和劳动者却很难及时获得调整的信息,严重影响了最低工资制度在最低工资标准调整后最初实施阶段的落实。因此,应当由劳动社会保障部确定一个明确的时间,或者各省、市根据自己的实际情况(综合考虑统计和测算出与最低工资标准有关的上一年度本省的国内生产总值、职工平均工资、就业者赡养系数、最低收入组的人均消费性支出等数据、拟订出初步调整方案和相关机关审核等所需的时间①)确定一个明确的时间,使最低工资标准调整具有可期待性。

4.加大用人单位的违法成本

应将《劳动法》第91条的规定进一步做实。用人单位低于当地最低工资标准支付劳动者工资的,要同时承担以下法律责任,在补足低于标准部分的同时,另外支付相当于低于部分25%的经济补偿金,并按一定比例支付赔偿金。将现行规定中赔偿金的支付前提——劳动保障部门责令——取消,即将之设计为用人单位对劳动者直接承担的惩罚性赔偿。考虑到此时的经济补偿金实质为惩罚性赔偿,也可将之取消,只规定一定比例的赔偿金。并对屡犯、数额巨大等情节恶劣者另行课以行政责任。

5.合理确定劳动定额

对实行计件工资、提成工资等特殊工资形式的劳动者,合理确定劳动定额对其最低工资保障具有立竿见影之效。虽然要在各行各业都明定出科学合理的劳动定额并非易事,但立法必须明确其实质性内核:劳动定额是在正常劳动条件下,正常工作时间内,大多数劳动者均可以达到的水平。还可在以下三方面下工夫:一是国家有关主管部门抓紧制定或修订涉及劳动定额的国家标准;二是充分发挥行业协会的作用,推动行业协会组织制定行业的劳动定额标准;三是积极推行集体协商制度,通过集体协商合理确定用人单位的劳动定额标准。我国《劳动合同法》第4条已有此方面的规定:"用人单位在制定、修改或者决定……劳动定额管理等直接涉及劳动者切身利益的规章制度或者重大事项时,应当经职工代表大会或者全体职工讨论,提出方案和意见,与工会或者职工代表平等协商确定。"

---

① 可以参照北京的做法,2004年以来北京每年最低工资标准调整的时间都是固定在当年的7月1日。据有关专家的估算,到每年7月1日,刚好可以走完最低工资标准制定所需的步骤。

另外,立法应当重申常被忽视的《劳动部关于贯彻执行〈劳动法〉若干问题的意见》第56条:"在劳动合同中,双方当事人约定的劳动者在未完成劳动定额或承包任务的情况下,用人单位可低于最低工资标准支付劳动者工资的条款不具有法律效力。"其立法机理在于,只要劳动者在法定或约定工作时间内提供了正常劳动,即使其没有完成与用人单位约定的劳动定额,用人单位支付的工资也不得低于最低工资标准。正常劳动应当解释为在工作时间内,劳动者在用人单位支配管理下提供劳动,只要有劳动力提供行为即可,无需与劳动成果挂钩,除非用人单位能够举证证明劳动者因可归责的原因而未在工作时间内完成相应劳动成果。这实际上是将计件工资等特殊工资形式转化为计时工资来适用最低工资标准,它可避免用人单位通过计件工资来规避最低工资标准的执行。

6. 强化平等协商机制

市场经济条件下,平等协商机制不仅对最低工资制度,而且对整个工资制度乃至劳动法制均有重大意义。它是劳动法的重要原则之一,为国际劳工组织《费城宣言》所进一步明确:"反对贫困的斗争需要各国在国内以坚持不懈的精力进行,还需要国际间持续一致的努力,在此努力中,雇主和工人代表都和政府代表享有同等的地位,和政府一起参加自由讨论和民主决议,以增进共同福利。"平等协商机制之所以备受推崇,其原因无外乎在于,弱势地位的劳动者能通过集体力量在与资方谈判中的提升其地位,解决工资确定中劳资双方地位、能力、信息不平等的问题,同时能有效地避免政府刚性介入可能诱发的风险。

虽然理论上讲,平等协商机制确实是美,但在我国要使之真正发挥积极效果却有赖于相关制度的配套。其中最为关键的是,如何增强工会(尤其是基层工会)的独立性、代表性、行动的积极性,以及如何构建对用人单位进行协商的压力机制。应通过立法明确:基层工会主席及委员应当全体职工或职工代表大会直接选举(上级工会给予指导),职工有权通过定期及临时职工大会对其予以撤换,职工代表大会须至少每年召开一次,工会委员或10%以上的职工有权要求召开临时职工代表大会,工会主席及委员在工作时间进行工会活动视为提供了正常劳动并享有特别解雇保护。规模以上的企业都要建立工资协商机制,未建立的企业要通过地区或行业的工资协商机制予以覆盖。要将确定最低工资具体标准的有关信息公开,使公众了解制定最低工资的背景、资料和理由、依据等,提高决策的透明度,强化最低工资标准的民主参与,加大各种咨询机构和专家学者尤其是底层直接受最低工资标准影响的劳动者的参与力度,通过听证或座谈会等程序,使劳动者、行业代表的意见能够得到充分的表达并得到有效回馈等等,从而使最低工资标准更为公正、合理,执行过程中遇到更小的阻力。

此外,加强劳动保障监察队伍的组织建设和行动能力,改变对地方政府官员唯GDP的考核标准,强化劳动者的就业能力和维权意识,培育法治化所需的社会环境,是更为艰巨且必不可少的解决之策。

六、住房改革利益之公平分享

"我国房改的主要内容之一,是要把旧的以低工资制为基础的住房实物福利分配供应制度,改变成为住房商品化分配供应制度。"①住房制度改革的过程,就是将新中国成立以来经过几十年积累的国有住宅资源利益分配给职工的过程。住房制度改革是一项重大社会改革工程,它不仅涉及改善人们的居住条件和居住质量,直接满足人们日益增长的物质生活需要,而且也通过改革实现我国住房供应与分配制度的转变。由于居高不下的房价收入比,是否享受到住房制度改革利益,对劳动者个人影响很大。为此,研究劳动者改革利益的公平分享,不能不涉及这个长期以来被忽视的利益公平分享问题。

(一)住房制度改革与劳动者利益公平分享的关系

住房制度改革与劳动者改革利益的公平分享,这个看起来似乎没有任何关系的问题,在我国住房制度改革的特殊背景下,却具有十分密切的关联性。

1. 以劳动为基础的住房福利制度

"居者有其屋",既是我们党在夺取政权过程中对民众的一种承诺,也是任何一个政府在掌握政权之后的一项不可推卸的国家责任。新中国成立后,国家将没收的封建官僚、地主、资本家的房屋分配给无房居住的家庭,在兑现了"居者有其屋"的承诺之后,便逐步建立起了以"劳动"和"劳动者"为基础的住房分配与住房福利制度体系。"单位福利,是计划经济时代形

---

① 包宗华:"认识不一做法各异把脉经济适用住房",载《瞭望新闻周刊》2002年第1期。

成、以城镇职工为核心的一套相互分割又独立运行的福利制度。"①该项制度与劳动者的关联性,主要表现在三个方面:一是住房修建、供应、分配以劳动者所在单位为基本组织形式。"住房一般在企业单位内进行分配,而且住房的租金近于免费,这成为当时社会主义福利的典型。"②职工宿舍、职工住房等术语,就是这一语境下的产物。未建立劳动关系而不属于某一特定单位的劳动者,自然无法纳入这个住房分配体系。二是住房的分配资格、条件、享受面积的大小乃至选房顺序等,都与劳动者的劳动贡献挂钩。住房分配与住房福利,从一个特殊角度反映了作为职工的劳动者对本单位、社会、国家的劳动贡献。三是高度的实物性福利性质,体现了制度对劳动者劳动贡献的承认,本质上是对劳动者劳动贡献与劳动成果的一种特殊分配。

2. 住房制度改革的实质是利益分配

我国住房制度改革,是与改革开放进程同步推进的。无论是改革的过程,或者是改革的实际结果,都反映它实质上是一项重大社会利益的分配。在以公有制为主体的经济制度模式下,尽管人们的居住条件与水平低下,但几十年的发展和积累,仍然形成了一笔巨额的公有住房资产。由于这项巨额国有资产的形成与当时我国低工资模式相关,职工工资中本应当含有正常比例的住房消费资金,在低工资模式下含量非常低,大部分住房消费资金由国家和企事业单位以基建资金和修缮基金形式集中掌管使用,建成住宅后再以实物形式分配给职工。

正因为如此,我国住房制度改革和构建新的住房供应制度体系过程,特别是向职工出售公有住房的过程,实际上也就是将已经形成的住房国有资产向劳动者的一个让利过程。既然是一个让利过程,而且涉及的是重大利益,就必然存在劳动者在这一改革过程中的利益公平分享的问题。

3. 改革中的优惠政策与劳动相关

我国的住房制度改革,无论是改革的目标还是改革的措施,都有一个逐渐调整与完善的过程。在这一改革过程中,国家采取了一系列的优惠政策与措施,这些住房优惠政策与措施的享受,几乎都与劳动和劳动者相关,也就是说,这些优惠政策主要是通过工作单位来实施,其优惠待遇的多少与劳动者工龄、职务职称等直接相关。在 1998 年停止实物性住房分配之后,新的住房供应体系下的经济适用房,也有相当一部分是通过劳动者的所在单

---

① 索德钢:"单位福利的延续、断裂与对策",载《东岳论丛》2006 年第 11 期。
② 李基铉:"中国住房双轨制改革及其不平等性",载《社会主义研究》2006 年第 3 期。

位实施的。

（二）住房制度改革利益公平分享存在的问题

住房制度的改革，不仅实现了由实物福利分房制度向以住房商品化、社会化为核心的适应社会主义市场经济体制和我国国情的城镇住房新制度的转变，而且还加快了住房建设，基本满足了城镇居民增长的住房需求，促进了经济的发展。我国住房制度改革的指导思想、原则、方向，无疑是正确的，符合我国国情和实际情况，其改革的效果也不容否定。然而，应当清醒地认识到，在解决我国住房制度存在主要矛盾和问题的同时，也产生了劳动者之间严重的住房改革利益分享不公的社会问题。

1.住房改革制度本身产生了改革利益非公平分享

我国住房制度的改革历经 20 多年，改革最终的目标模式也是通过了试点、探索的过程逐渐总结、完善而形成的，因此，其制度本身也会产生劳动者改革前后之间的住房利益差别。住房制度改革的法律后果之一，是通过各种改革措施使职工获得房屋产权。同样性质的房屋产权，由于在房改过程中取得的时间、政策依据、具体方式不同，而形成了劳动者支付的价款不同，同一地区或者单位、相同质量和面积的住房，有时会产生成倍的差距。按照自有产权的住房制度改革的路径作一个大致的梳理，就可以比较清晰地发现其间的巨大差别。

1982 年国家建委、国家城市建设总局《关于城市出售住宅试点工作报告》选定常州、郑州、沙市、四平四个城市作为补贴出售住房试点，即职工支付成本价（当时一般为每平方米 200 多元）的三分之一，单位补贴三分之二的房价，职工取得住房的部分产权，从此开始了部分产权的出售（后来通过补交少量价款，改造为全部产权）。

1988 年国务院住房制度改革领导小组《关于在全国城镇分期分批推行住房制度改革的实施方案》要求，以标准价向职工优惠出售住房，同时停止部分产权出售。国家对标准价售房，确定了各项优惠政策，其中最主要的优惠政策是标准价的定价优惠，还有一次性付款、朝向、户型、楼层、工龄等优惠。为防止贱价出售，该通知明确规定砖混结构单元套房每平方米售价一般不得低于 120 元。从各地出售公房的实际情况看，各种优惠的结果，职工实际购买房屋的价格一般都不会超出标准房价的 30%，工龄稍长些的双职工，通常都以最低限价购房。

1994 年国务院发布《关于深化城镇住房制度改革的决定》之后，向职工实施的优惠售房由标准价逐渐向成本价过渡,并实行标准价与成本价并行的价格政策。成本价由七项价格因素构成,与标准价相比,已有大幅度提高,但职工仍然能够享受多项优惠,而且与同一时期实施的"安居工程"房、"集资房"价格相比,每平方米的实际价差通常都在一倍以上。

1998 年国务院发出《关于进一步深化城镇住房制度改革加快住房建设的通知》(以下简称国发 23 号文),该《通知》规定停止使用标准价出售公房,一律使用成本价,并逐步与经济适用房价格相衔接,同时取消了单位的集资建房资格。

在对不同时期以不同方式取得公有房屋产权的价格分析中,我们不难发现,若以一套 80 平方米的房屋为例,标准价加各项优惠实际支付约 3 万元,则实际建筑成本(不含土地成本)约 10 万元,集资房成本价约 12 万元,市场价则应在 20 万元以上。劳动者在上述不同时期以不同方式取得的房屋产权,尽管其支付的房屋价款各不相同,标准价取得的房屋与集资房、经济适用房相比成数倍的差距,但在法律上,其房屋产权是没有任何差别的:1)都具有保障性住房的性质;2)都属于有限制的房屋产权;3)其住房的土地使用权均为划拨土地使用权;4)进入流转市场都受到一定的限制,即未完备相应的法律手续、不具备规定条件不得进入市场交易;5)均有权在不改变居住用途前提下,充分利用。也就是说,渐进地住房制度改革的路径与政策,使得在法律上没有任何差别的房屋产权,却以完全不同甚至是数倍差别的对价获得。获得具有重大经济价值的房屋产权,往往需要一家人多年的积累,因而其改革利益分享的实际差别,远远超出劳动者普通报酬的意义。

2. 制度执行偏差产生改革利益非公平分享

为防止住房改革利益的失衡,国家规定了若干利益调控措施,比如,1984 年开始实行的公有住宅补贴出售,职工只缴纳标准价的三分之一的房款,但职工只取得部分产权,这种部分产权房,除后来补缴房款完善成全部产权外,若要出售,产权人也只能获得"出售增值部分中相当于原来所付房价占当时综合造价比例的部分"。1992 年《城镇住宅合作社管理暂行办法》,允许个人合作建房,但同时规定"不得向社会出租、出售"。1988 年推出标准价售房的各项优惠政策,但也同时规定不适用于年收入一万元以上的住户。应当说,这些规定与措施,对于住房制度改革过程劳动者利益公平分享,都有一定的保障作用。

但是这些有效的调控措施,各地并未认真执行,将政策"用活、用够"、突击低价出售公有房屋,成为全国的一种普遍现象,不仅造成了住房国有资产流失,而且带来了劳动者住房改革利益非公平分享社会问题。为此,国务院办公厅1993年12月发出《关于制止低价出售公有住房问题的通知》,要求"一律暂停出售公房","对已出售公房进行清理"。由于公房的出售与经济适用房之间的利益差距太大,加之社会普遍认识到以后不会再有这样的机会,因此,上述调控要求不仅未能实际落实,反而在1995年之后,进入了新一轮、大规模地突击分房和低价出售公房的浪潮。"在这个过程中,多数地方采取打折扣的方式对职工进行补偿,这就使少数原有住房面积大、位置好的人得到了巨额利益,而原来住房位置差、面积小甚至相当一部分没有分到房的劳动者却得不到应有的补偿。"①于是,1998年国务院再次针对这一现象发出《关于制止违反规定突击分房和低价出售公有住房问题的紧急通知》(国发23号文),但遗憾的是,这时各地的公有住宅出售已经基本接近尾声。

3. 经济适用房政策异化产生了改革利益非公平分享

国发23号文之后,一个借鉴美国的住房供应制度目标模式被锁定:对于经济状况较好的家庭,应当直接通过商品房市场,购买自己所需要的住房;对于中低收入家庭,由政府提供和出售经济适用房;对于连经济适用房都无力购买的城镇低收入家庭,政府应当为其提供廉租房。在这一制度模式下,排除了任何单位和个人,再自建城镇住宅的法律主体资格。这一住房制度中发挥核心作用的是经济适用房。经济适用房的制度设计理念在于:有钱的富裕家庭看不上,无钱的低收入家庭还无力购买,中等收入及其中等收入偏下的家庭正合适。按照这样的制度设计理念,经济适用房的最大户型面积通常不能超过70平方米,配套设施也只能以满足基本居住需要为原则。然而,近十年来,我国经济适用房政策实施的实际情况恰巧相反。

(1)经济适用房趋于高档化。依据经济适用房的保障性定位,其每套住宅建筑面积应在70平方米左右,但最初各地制定的经济适用房控制标准,一般都在120平方米以上,有些地方甚至达到180平方米。更为严重的还在于这些控制标准在实际执行过程中基本不发生作用,许多地方的经济适用房项目,建成了高档住宅小区,大大地突破标准限制,甚至一些地方还将经济适用房建成了别墅,使经济适用房成为有钱人、有权人追逐的对象,

---

① 张群:"住房制度改革30年:从法律史角度的考察",载《法商研究》2009年第1期。

造成供应对象的全面错位。例如,重庆市某区六个机关经济适用房项目,最大户型在 150—199 平方米之间。2007 年 1 月 31 日央视《新闻纵横》报道,一开发商为山东省直机关定向建设的 8 栋经济适用房,最小面积 160 平方米,最大面积 295 平方米。2009 年 4 月,桂林旅游局集资楼曝光①,"户型面积分别为 320、340、350 平方米,为独幢别墅,每套建筑成本 16—17 万(后来建筑材料涨价升为 25 万),职工拿到市场转手价格一般在 80—120 万。"②郑州市中原区一块经济适用房用地建起别墅,经新华社《新华调查》2009 年 6 月 24 日报道后,引发广泛关注。

(2)经济适用房不经济。经济适用房不经济,是一个无需证明的在全国具有普遍性的问题。重庆市沙坪坝区 2005 年推出经济适用房住宅小区——嘉新桃花里小区(二期),"物价局审核确定该房产每平方米售价为 2804 元,而重庆市该年上半年发达商圈商品房住宅每平方米成交均价仅为 2634.9 元",③引起媒体广泛关注。经济适用房不经济的原因,除了户型面积失控、小区建设规划高档化使每套住宅总价增加外,政府责任的缺失和经济适用房采用市场运作模式是两个最重要的因素。

(3)单位利用经济适用房政策变相集资建房。国发 23 号文确立我国住房制度改革的最终目标模式之后,也同时停止了所有单位自建职工住宅的市场主体资格。但是相当一些单位,主要是政府机关、事业单位和少许企业,能够通过各种"关系"或者领导批示获得经济适用房项目,再委托一个有房地产开发主体资格的公司,或者自己直接成立房地产开发公司,实施经济适用房项目的建设,建成后以建设成本价只对本单位职工销售。凡是能够"争取"到经济适用房项目的单位,一般都不用以非招拍挂方式就能获得特别优惠的土地使用权,以这种方式取得的经济适用房价格,通常比市场上的经济适用房便宜一倍以上,比纯粹的商品房更是低得多。"无论是委托代建、还是定向开发以及团购,都属于变相的集资建房,是变相延续福利分房。"④譬如,某市一国家机关以经济适用房政策修建的住宅,一套 190 平方

---

① 实际上应当是经济适用房,不应当叫集资房。1998 年开始,我国就取消了集资房这种建房形式,所有单位已经无申请建造职工住宅的主体法律资格。法律允许的仅仅是带有福利性质,有严格标准限制,只能供应特定对象的经济适用房项目。

② 崔军民:"桂林旅游局:职工集资房建成了别墅",载《中国经济时报》2009 年 4 月 1 日。

③ 乐水:"经济适用房不经济谁之过",载《经济参考报》2005 年 9 月 12 日。

④ 李松:"机关单位住房消费的灰幕",载《瞭望新闻周刊》2006 年第 45 期。

米的房屋,内部价不到 30 万,而当时该房屋的市场价已经超过 100 万。

(4)以家庭为单位的保障性住房享受原则被突破。无论是我国实物性福利分房,还是住房制度改革文件,都严格规定"一对夫妇只能一处住宅",当然,通过市场购买纯粹的商品房除外。但在由单位"争取"经济适用房项目的住房分配中,已经全然不再去考虑配偶之中的另一方是否已经享受过福利房或者是否也通过同样的方式取得了经济适用房。只要单位有一次集资建房,每一个职工都可以得到一套建设成本价的房屋。更有甚者,有些政府机关因修建的房屋多而单位职工少,干脆每个职工两套。改革 20 多年不仅实物性福利分房未能被真正打破,而且就连过去一直坚持的"一对夫妇只能有一处住宅"的基本原则也荡然无存。

(5)突破了保障性住房福利不得重复享受原则。由于单位通过集资建房或者经济适用房政策搞福利房,是在现行的政策体制之外运行的规避政策的做法,因此,过去分房原则已不可能再发挥约束作用,只要在本单位的住房分配不发生内讧,相关职能部门是不会过问。因为一些"相关部门"本来就是这种现象的始作俑者。一个人多次重复地享受高住房福利,不仅缺乏应有监督,而且还成为职工评价本单位领导是否有"政绩"的标志。在这种社会环境与氛围下,各单位及其领导展开了一场"看谁更有能耐"的"竞争"。在这场竞争中,有权势的单位职工,多次享受低价集资房,已经成为一个普遍现象。如果一对厅局级干部夫妻,在组织调动工作的过程中,每调动一个单位就分到一套集资房,这对夫妇可以分得几套集资房。调查发现这样的夫妻并非个别,而且都是分得单位的最大户型。例如,涉嫌受贿的原衡阳市副市长兼市商业银行董事长刘兴德,共有 8 处房产,其中 6 套是单位开发的内部集资房。①

一套由单位内部修建的经济适用房形成的利益,低则几万、十几万,高则几十万甚至上百万,是普通劳动者一家人一生的劳动报酬的积累都望尘莫及的。可见,以"让利"为核心、改善居民居住条件为目标的住房制度改革,历经 20 多年,以新中国成立后几十年艰苦创业积累起来的公有房屋国有资产为代价,以各种优惠政策、措施为支撑,也并未能解决生活在社会最底层劳动者的居住问题。改革前,实物性福利住房配置最好的是公务员群体,以消除住房分配不公为目标之一的住房制度改革,最终的最大受益者仍

---

① 天明、洪克非:"一个副市长的权力磁场",载《中国青年报》2007 年 8 月 30 日。

然是公务员群体,并且还从另一个层面进一步加大了分配不公。毫不夸张地说,经济适用房政策的异化,使住房制度改革成为改革成果分享不公的重灾区。

(三)如何缓解住房改革利益非公平分享形成的社会问题

2007年8月国务院《关于解决城市低收入家庭住房困难的若干意见》强调:"住房问题是一个重要的民生问题。党中央、国务院高度重视解决城市居民住房问题,始终把改善群众居住条件作为城市住房制度改革和房地产业发展的根本目的"。不可否认,通过住房制度改革,我国建立起了与社会主义市场经济相适应的住房供应与保障体系,已经完成了住房供应体制与机制的转换,这是不可否认的重大社会改革成果。同样,我们也应当注意纠正因改革中的偏差所造成的改革利益分配不公的社会问题。

1. 严格执行经济适用房的基本规则

这种采用"砖头补"的经济适用房政策[1],存在先天不足[2]。现阶段,经济适用房政策仍然具有合理性。按照现行制度设计理念,经济适用房政策应当具备以下几个法律特点或者基本规则:1)具有突出的保障性质,以家庭的实际居住需要为前提,"需要"为该类权利享有的唯一的正当性基础。2)政府有责任在土地供应、建筑规划管理、税费等方面给予支持和优惠,降低和有效控制房价。3)保障性权利的享受只能以家庭为单位。4)每一个家庭及其成员只能享受一次,不得重复享受。5)最大户型建筑面积一般不得超过70平方米,并不得建成高档住宅小区。6)只能出售给中等收入及中等收入以下的家庭,并优先解决无房和住房困难家庭。7)实行严格的居住用途限制,权利人无权申请将住宅变更或者用于非居住目的。8)以"需要"为权利基础的保障性住房权利,仅限于权利人实际居住需要,无实际居住需要,也就没有权利享有基础。因此,不得进入房地产市场流转盈利,是经济适用房的本质属性,政府不断地收回不"需要"居住的经济适用房再供应给新的"需要"者,应成为我国改革后住房制度的核心制度机制。我国的经济适用房制度,如果按照上述理念和基本规则设计实施,不仅能够有效地实现"改善群众居住条件"住房制度改革目标,而且也能保障住房制度改革

---

① "砖头补"是由政府补贴经济适用房建设,再以较低的价格出售给符合条件的申购者。"人头补"是让符合条件的申购者从市场上选购住房,政府提供相应货币补贴。

② 唐敏:"经济适用房病在先天不足",载《瞭望新闻周刊》2005年第27期。

中劳动者利益的公平分享问题。

2. 对违规经济适用房和集资房进行全面清理

按照国发 23 号文确立的住房供应制度改革目标模式,城镇居民只能通过商品房、经济适用房和廉租房三者之一的方式与途径获得住宅。在国发 23 号文实施之后,禁止了任何单位以任何形式再自建职工住宅,同时,也停止了过去的城镇居民的个人建房和合作建房主体资格,《城镇个人建造住宅管理办法》和《城镇住宅合作社管理暂行办法》也相继废止。对国发 23 号文之后的单位建造和分配的集资房和经济适用房进行全面清理,是有法律与政策依据的。通过清理,对于重复多次享受集资房或者经济适用房,或者已经依法享受优惠售房又领取住房补贴,以及夫妻双方分别享受住房优惠和福利等违反房改政策的,应当退出房屋或者补交重复享受住房福利形成的价款。

3. 由政府直接修建并提供保障性住房

由于经济适用房政策执行偏差,真正应当享受经济适用房和廉租房的城镇低收入家庭仍然存在住房困难。因此,必须对应当享受经济适用房和廉租房而没能享受的普通劳动者群体给予重点关注。总结十多年来经济适用房和廉租房政策实施的经验与教训,在加大经济适用房与廉租房整体供应量的同时,也必须改变我国目前通过市场载体与机制的保障性住房实施模式。就各国政府向居民提供保障性住房的经验而言,大致有两种模式:一是通过房地产开发主体和房地产市场机制实现,二是通过政府直接的住房机构组织建造与供应。前者以美国为典型代表,后者以德国为典型代表。通过市场方式推进,需要有良好的社会诚信、契约观念、完备的个人信用信息体系、健全的税收机制和较高的政府管理水平与能力;通过政府直接修建和提供保障性住房,是以国家承担的不可推卸住房保障责任为其理论基础的,它的特点就是直接、有效。在两种模式中,显然,我国应选择后者,十多年来通过市场方式提供保障性住房失败的事实便是很好的证明。

4. 建立保障性住房信息公开制度

社会公平正义,是人类社会追求的永恒主题。然而在实现社会公平正义的历程中,非公平正义的最大障碍并非经常性地产生于制度本身,而是制度的实施。执行和实施政策的偏差,也并不是执行者无法达到准确理解政策精要的能力,而在于利益趋向的自我选择。因此,信息公开便成为防止执行偏差的最有效措施。保障性住房的信息公开,应当包括以下几方面的内容:1)国家关于经济适用房和廉租房政策、规范与规则、享受的资格与条件、优先顺序等清晰明确,并通过宣传普及使公众都知晓。2)经济适用房和廉租房建设项目和建设总量等信息向社会公布。3)建设成本、政府补贴与投资、优惠项目与幅度、建设过程等向民众公布。4)享受人员的资格条件、相关个人信息、最后获得者名单等。5)出售的经济适用房和出租廉租房变动情况等。

5. 区分不同类别住房有的放矢地开征物业税

中共十六届三中全会通过的《中共中央关于完善社会主义市场经济体制若干问题的决定》指出:"要实施城镇建设税费改革,条件具备时对不动产开征统一的物业税。相应取消有关收费。"这意味着,物业税已进入了我国最高决策层的视线。① 物业税是一种根据财产存量循环征税的税种,其征税对象一般为财产的所有者。② 我国目前主要是对物业的流动收入进行征税,而不是对物业存量本身进行征税,因而难以对我国住房制度改革中形成的改革成果非公平分享的社会问题进行税收调节。因此,对房屋等不动产开征物业税显得十分迫切。开征物业税,应当按照不同性质对房地产进行科学合理分类,并在科学分类的基础上适用不同的税收政策与税率。对于低收入家庭的小户型住房和标准的经济适用房,可以免征物业税。这里需要特别强调的是:对经济适用房定性,绝不能简单地以立项时的小区住宅定性为依据。对于那些严重违反规定取得的经济适用房,不仅不得免税,而且还应当在普通税率的基础上提高征税标准。

(四)关于"公租房"的评价与建议

我国住房改革利益非公平分享,进一步导致了社会利益关系恶化,由此,近年在各地形成了一股巨大的改革创新动力。重庆的"公租房"制度建立,就是最有代表性的改革创新。

"公租房"即公共租赁房,是以城镇最需要住房居住群体为目标,由政府直接组织修建,按照一定条件出租,并实行只租不售的具有社会福利性质的住房保障制度。从制度功能与制度目标角度分析,"公租房"制度的作用与功能,并没有什么创新之处,现行的廉租房、经济适用房和商品房分类供应制度体系,完全能够解决社会所需要解决的问题。廉租房制度,就是专门为生活在城镇最底层的家庭设置的,具有较高福利性质的保障性住房制度。

---

① 黎江虹:"我国物业税立法模式的选择",载《法商研究》2004 年第 3 期。
② 邵锋:"物业税开征与城市发展",载《探索》2005 年第 1 期。

它以保障基本居住条件和水平为指导思想,奉行只租不售原则。经济适用房制度,是为城镇中低收入家庭设计的,具有一定福利性质的保障性住房制度。它仍然以保障基本居住条件与水平为指导,以实际需要为原则,实行政府回购,不允许进入市场转让盈利。商品房制度是专门为少数有钱人设计的,纯市场性质的住房供应制度,它完全由市场供求关系调整。

既然现行的制度设计已经完全能够满足现实社会的需要,为什么还要另起"炉灶",建立"公租房"制度呢? 道理其实很简单:现行的廉租房和经济适用房制度,已经在长达十多年的错误运行中,形成了难以逆转的观念和路径依赖,希望通过修补与校正的办法实难奏效。相反,"公租房"制度一开始就在吸取既有教训的基础上,严格关注制度作用机制的关键点,其制度绩效与难度,显然比对制度进行正本清源要好得多。因此,以重庆"公租房"为代表的住房民生工程,它不仅会成为我国新一轮房改范例,而且可能成为中国特色的住房保障制度模式。要实现这一改革的制度目标,有必要在理论上作制度完善,并在具体运行中注意以下几个方面:

1. 以公共租赁房制度替代廉租房和经济适用房制度

在公租房制度设计上,应全面取代原廉租房和经济适用房保障性住房形式,建立以公租房核心理念为基础的我国保障性住房法律制度。我国已有的住房制度的目标模式,实际上也是借鉴西方国家住房保障制度的结果:有钱人通过商品房市场满足个性化的居住需要;中低收入家庭,由政府为其提供经济适用房(这种房屋在建筑设计和价格上是,有钱的人看不上,很穷的人还买不起);城镇低收入家庭,由政府为其提供廉租房。廉租房和经济适用房都属于保障性住房,是任何一个国家都有的一项大型国家福利计划,以实现"居者有其屋"的居住保障目标。客观地讲,这项住房制度改革的本身是没有问题的,只不过在长达 10 年的实施中,因为执行问题使这项本来有效的制度被异化了。由于该项制度已经产生路径依赖,通过纠偏的方式已经不能解决问题,因此,只能由公租房制度替代廉租房和经济适用房制度,建立以公租房核心制度理念为基础的有中国特色的保障性住房法律制度。

2. 公租房与廉租房和经济适用房的关系

公租房属于保障性住房,是任何一个国家都有的住房福利政策的具体表现。公租房奉行"需要就是权利"的社会保障理念,并以是否实际"需要"作为享受或者取消这项保障性权利的唯一依据。

一些地方的公租房包括廉租房和经济适用房。公租房的建设标准与条件并不因廉租房或者经济适用房有所差别。所不同的是:廉租房只租不售,而公租房主要是租赁,但5年之后也允许有条件的购买;廉租房享受对象只能是城镇低收入家庭,而公租房供应对象涵盖了廉租房与经济适用房两类社会群体。公租房对城镇低收入困难家庭更加优惠的区别租金政策,既实现了廉租房的制度目标,也避免了过去廉租房"贫民窟"城市病社会问题。公租房制度在允许承租人5年后可以购买的同时,还应规定购买的公租房只限于自己居住,并禁止出租、转让、抵押、赠与、继承等,如果确实不再需要,只能由政府原价回购。这样就可以实现过去经济适用房制度希望实现而又未能实现的制度目标。

3.通过公租房制度推动住房观念转变

造成目前市场房价过高和住房社会问题,除了社会通常所说的原因之外,还与人们住房消费观念进入误区相关。十年前,几乎所有职工都没有自己拥有产权的房屋。我国从1998年正式取消住宅实物性福利和单位建造职工住宅市场主体资格开始到现在,仅仅不过10年多时间,就要实现我国城镇居民有产权的"居者有其屋",且不说我国经济水平不允许,即便经济高度发达,短短的10年要建造这么多出来也是没有可能的事情。国家保障"居者有其屋",并非是有产权保障,通过租赁市场满足居住需要,可以消除一次性购房的经济压力,节约社会资源。有统计数据表明,西方主要发达国家在2000年左右私有住宅和租赁住宅的比例关系,美国为66:34,英国为68:32,德国为44:56,日本为62:38。大都市租赁住房的比重,2000年纽约为69.8%,洛杉矶61.4%,1998年的东京为57.2%,大阪为49.4%。而我国以1998年住房商品化改革为界,1998年自有住房比例北京为20.2%,上海为31.20%,2005年两地分别增加为74.17%和73.33%。另有统计称目前我国城镇住房自有率已超过70%,并且仅仅用了不到十年时间。美国"二战"结束初期(1944—1960)住房自有率增长最快,但从42%到60%却用了15年;从1967年的64%到2008年的67%则用了30年时间。因此,公租房制度可以推动我国住房消费观念的转变,促进房屋租赁市场发育和繁荣。为了有助于实现这一目标,建议政府建造和提供装修好的公租房,并加大对承租人法律保护力度,稳定租赁关系,促进房屋租赁市场繁荣。

4.享受公租房对象范围

确定公租房对象范围,需要特别弄清保障性住房应当优先保障的社会群体。城镇低收入家庭(特别是符合廉租房条件的家庭)当然应当纳入范围并予以优先考虑。除此之外的"打工族"(包括刚就业的高校毕业生、外来打工者、进城农民工),也应当纳入范围。即便是刚就业的博士或者进入公务员队伍的研究生,也不能将其排除在公租房范围之外。以保障"居者有其屋"的"实际需要"标准判断,目前最需要给予住房保障的,除了城镇低收入家庭外,就是新生代就业群体。凡是拥有一定工作年限的劳动者,特别是在机关、国企、事业单位工作人员,大都通过我国住房制度改革的优惠售房,或者被异化了的经济适用房政策,解决了基本的居住问题。而新生代就业者,这些获取居住保障的途径已经完全不存在了,他们在就业、生存生活、无积蓄、创业等多重压力下,更需要政府给予关注和获得住房保障。这个群体是一个非常活跃的群体,也有一定的知识和话语能力,从住房保障方面稳定这一群体,对于构建和谐社会具有特别重要的意义。

5. 享受公租房的标准与条件

公租房的保障性和优惠特点,决定了享受该项保障性权利应有严格的标准与条件。报酬高低,无疑应当成为一个核心标准,但是如何确定?是月收入个人2000元、家庭3000元,还是一个更高一些或者更低一些的标准?总之,无论是一个什么标准,都可能在表象上存在不科学、不合理的问题。因为按照2000、3000的标准,会将硕士以上学历的研究生新生代就业群体排除在公租房之外;如果确定再高一些将包括博士新就业群体纳入在内,是否会存在公租房又被"异化"之嫌。为此,建议一方面以月收入个人2000,家庭3000甚至还可以再降低一点确定一个标准;另一方面以高校毕业新就业对象作为享受公租房条件。即只要符合这个条件,就可以享受,并同时规定新就业研究生最长只能享受5年。5年期满,强制退出。此外,我们也不宜太过分地看重标准条件,只要公租房的限制条件严格、退出机制设置科学恰当、执行机制有效,就会大大降低标准高低方面的压力和矛盾。

6. 由谁建设与供应

实事求是地讲,以廉租房、经济适用房和商品房为基本形式的我国现行的住房制度模式,已经完全覆盖了所有的城镇居民,从制度上讲是可以实现"居者有其屋"社会目标的。只是因为政府责任缺位、保障性住房的修建与提供通过市场机制、经济适用房被异化,才导致了目前未能有效实现"居者有其屋"社会目标的问题。廉租房由政府修建和提供,即便是西方自由经济制度国家,也是一个通行的做法,更何况我们社会主义性质国家。当然也有诸如美国等国家通过市场机制路径推动保障性住房的范例,但这些国家的征信体系健全、税收的规范、社会管理水平等都是我们现在不具备的。我国经济适用房不"经济"的核心原因,就是错误地通过市场路径推动。因此,重庆公租房成功关键,应当是政府修建与提供。

综上所述,我们可以得出以下结论:

一是劳动者利益的公平分享不能单纯从分配领域着手,如此只会事倍功半,应当将之纳入整个社会系统去考虑。解决劳动者利益的公平分享,尤其应将平等就业权及其法制建构置于优先考虑的地位。这不仅缘于就业是劳动者获取劳动报酬的根本性前提,也缘于我国就业形势严峻的现实。健全的平等就业权法制及其切实施行,将会给广大人民群众带来普遍的公平感受。另需特别指出的是,就业问题与社会保障体系犹如天平的两端,若社会保障制度健全、保障水平较高,就业压力则比较小,反之则会使就业矛盾逐步向尖锐化方向发展。

二是通过对我国工资制度历史演进的考察,发现我国从低工资模式向高工资模式的转化过程中,历史地形成了退休时间早的群体普遍退休金较低。若认为劳动者是弱势群体,则退休时间早的劳动者更是弱势中的弱势。这显示出他们成为我国改革发展成果分享中的"路人"。从公平角度考虑,应承认他们在高积累、低工资模式下的历史贡献。由于他们退休金基数小,因此应区别退休时间,以退休越早退休金增长的百分比越高、甚至直接确定增长数额为基本规则。

三是劳动者利益分享之所以成为现在社会上的热门话题,其根本原因在于人们对公平有了更为强烈的诉求。而劳动者利益分享中最明显的问题就是低端劳动者报酬太低,需要国家从宏观上思考并把握高低端之间的合理比差。低端劳动者是最无话语权的群体,因此未来工资改革尤其应关注他们。2009 年以来全国各地最低工资标准的普遍提高并非特别值得庆贺,最低工资制度的法制化、规范化方为根本。

由于居高不下的房价收入比,是否公平享受到住房制度改革利益对劳动者个人影响很大。我国曾形成了以"劳动"和"劳动者"为基础的住房分配与住房福利制度体系,现今其仍以单位集资建房、委托代建、定向开发以及团购等形式变相地存在。因此,总结住房制度改革的得失成败,对科学地构建我国房地产市场、富有成效地发挥公租房作用,具有重要价值。

之九：社会保障利益分享的法律问题研究

目　　录

一、改革发展成果分享与弱势群体保护

由于社会保障利益分配不公主要体现在弱势群体身上，因此本课题重点是研究弱势群体的社会保障利益的公平分享问题。

（一）弱势群体的界定与构成

1. 弱势群体的界定

弱势群体是指一个在社会资源分配上具有经济利益的贫困性、生活质量的低层次性和承受力的脆弱性的特殊社会群体，或如有学者所称"社会弱势群体是指凭借自身力量难以维持一般社会生活标准的生活有困难者群体。"①由于该群体依靠自身的力量或能力无法保持个人及其家庭成员最基本的生活水准，因此需要国家和社会给予特别的支持和帮助。对弱势群体还可以从不同的角度进行定义：从社会视角出发，弱势群体"是一个在社会性资源分配上具有经济利益贫困性，生活质量的低层次性和承受能力的脆

---

① 郑杭生主编：《转型中的中国社会和中国社会的转型》，首都师范大学出版社 1996 年版，第 32 页。

弱性的特殊社会群体。"①从经济视角出发,"弱势群体是指由于某些自然原因或社会原因而使得其权利处于不利地位的特殊群体。"②从政治和法律视角出发,"弱势群体是指在权力和权利方面、发展的机遇方面、生活的物质条件方面处于弱势地位的群体。"③以生活质量为标准,弱势群体是指"创造财富、聚敛财富能力较弱、就业竞争力、基本生活能力较差的人群。"④

弱势群体这个概念最初为社会各界所关注源于 2002 年 3 月国务院总理朱镕基在九届全国人大五次会议上所作的《政府工作报告》,其形成和演变轨迹是社会在一定的发展时期政治经济文化综合作用的结果。但也有人认为弱势群体并未形成真正的群体,其内部没有组织化,它是同类处于不利地位的社会成员的集合。⑤ 相对于其他社会阶层来说,弱势群体具有以下几方面的特征:第一,经济利益的贫困性。弱势群体往往缺乏基本的物质生活资料,经济收入底于社会人均收入水平,甚至徘徊于贫困线上下,处于社会最底层,生活处境困难。第二,生活质量的低层次性。消费结构中绝大部分或全部的收入用于维持生命的基本生活必需品,即恩格尔系数高,生活质量低。第三,社会承受力的脆弱性。社会稳定感差,没有职业安全感,经济收入不稳定或过低,相对被剥夺感强烈。一旦社会各种矛盾激化,经济压力和心理负荷积到相当程度,影响到他们的生存,社会风险将首先从这一最脆弱的群体身上爆发。⑥ 第四,受国际环境变化的影响较大。在全球化进程中,那些接近资本、接近权力或者受过良好教育的强势群体有可能得到更多的利益,而弱势群体不仅获利的机会较少,而且可能降低福利,成为全球化成本的承担者。

2. 弱势群体的构成

学术界一般将弱势群体按其产生原因的不同分为两类:生理性弱势群体和社会性弱势群体。前者产生的原因主要基于生理方面,如年龄、疾病等;后者产生的原因则来源于社会方面,如由于自然条件恶劣或自然灾害等自然原因或是由于更深层次的社会原因如体制转换、结构调整和国家政策等。从我国弱势群体的整体情况看,出现弱势群体的主要原因在于社会。

---

① 陈成文著:《社会弱者论》,时事出版社 2000 年版,第 21 页。
② 李占华:"弱势群体权利保护的宪政关怀",载《人大研究》2003 年第 12 期。
③ 李志勇:"关注社会弱势群体",载《党政干部学刊》2001 年第 1 期。
④ 邓志伟:"关注'弱势群体'",载《文汇报》2002 年 3 月 29 日。
⑤ 薛晓明:"弱势群体概念之辨析",载《生产力研究》2003 年第 6 期。
⑥ 朱力:"脆弱群体与社会支持",载《江苏社会科学》1995 年第 6 期。

由于基于此类社会性原因而沦为弱势群体的人承受了过多的社会转型的代价,因此国家与社会有义务对其承担保护责任。① 随着社会经济体制改革的逐步深化,中国社会开始从普遍贫穷的时代走向了贫富差距日渐扩大的时代,弱势群体在组成上也呈现出多元化。

(1)城乡贫困人口。它包括传统的城镇"三无"人员、乡村"五保户"以及人均收入低于城市最低生活保障线或乡村贫困线的贫困人口。这些人口由于缺乏收入来源,其生活往往处于极端贫困状态,通常需要国家和社会提供相应的救助才能维持最低或最起码的生活。

(2)经济结构调整过程中的失业、下岗人员。下岗职工是指失去工作岗位但仍与原企业保持着劳动关系,并接受企业再就业及其他服务的职工。在市场经济条件下,正常情形下的失业人员并不一定构成弱势群体,为其提供失业保险的目的不是将其作为弱势群体来保障,而是为了促进其尽快恢复就业。但在中国经济结构调整过程中,下岗职工却因年龄相对偏大、知识技能相对较低、家庭经济条件相对较差、就业竞争能力弱等原因,不仅整体上处于就业竞争中的不利地位,而且事实上也处于社会生活的不利地位。因此向失业、下岗人员提供相应的社会保障既是对弱势群体利益的一种保护,同时也是国家对经济结构调整而非完全本人原因导致的失业、下岗人员的一种政策补偿。

(3)残疾人。残疾人是指因先天或后天的原因,导致心理、生理、人体结构上某种组织、功能丧失或者不正常并全部或部分丧失以正常方式从事某种活动的人,包括视力残疾、听力残疾、言语残疾、肢体残疾、智力残疾、精神残疾、多重残疾和其他残疾等。近年来,导致残疾的原因更加复杂,尤其是在乡村工业化进程中,后天致残的现象趋向恶化,竞争激烈导致的精神疾病患者明显增加。

(4)天灾人祸中的困难者。中国是一个多灾国家,每年不同程度地遭遇各种自然灾害袭击者达2亿多人次,还有数以百万计的意外事故受害者。根据以往的经验,在遭遇不同灾难事件的人中,约有20%左右的受灾居民抵御灾害的能力很弱,如果没有国家和社会的援助,贫者会因灾愈贫,即使所谓小康或中产阶层人士也可能难以很快摆脱困境。

(5)农民工。农民工是指具有农村户口身份却在城镇务工的劳动者,

---

① 梁爽:"弱势群体的宪法权利保护比较研究",资料来源:中国宪政网。

是中国传统户籍制度下的一种特殊身份标识,是中国工业化进程加快和传统户籍制度严重冲突所产生的客观结果。① 农民工的农村户口阻碍着其真正融入城镇社会和工业劳动者群体,并被面向拥有城镇户籍居民的相关制度(主要包括社会保障制度等)所排斥;同时亦形成了与传统的、真正的农民群体日益加深的隔阂;这种被排斥、被隔阂的状态决定了农民工作为一个整体事实上处于弱势地位。

(6)老龄与高龄人口。中国已经进入了老龄化国家行列,尤其值得注意的是,中国的老龄化还同时伴随着高龄化现象。在现实中,除乡村老年人外,城市中的一部分老龄、高龄人口亦因养老金水平低或不能足额领取养老金、子女不在身边或身体疾病等原因而存在着生活困难,处于需要社会援助才能正常生活的状态,这一部分困难者亦可以归入弱势群体中。

(二)弱势群体保护的必要性及其法理基础

法学家对弱势群体的界定,主要是从主体基本权利是否得以实现的角度入手,并在更广义层面上进行探讨。如有人提出,"社会弱势群体的法学解释,即由于社会条件和个人能力等方面存在障碍而无法实现其基本权利,需要国家帮助和社会支持以实现其基本权利的群体。可以说,社会弱势群体的最为重要的特征是其基本权利得不到实现,就像在社会学视角中,人们的生活水平没有超过贫困线一样。"②换言之,只要"以政治、经济、文化和社会各个方面是否具有平等的话语权为衡量指标,凡对事关自身利益的事项缺少发言权和意志自由的群体,都可以被称为弱势群体。"③诚然,如此宽泛的界定尚不足以具体确定特定地域、不同情形下的弱势群体范畴,故而有学者强调应在具体法律中对弱势群体加以特定化,即认为"应当把弱势群体的法学定义置于我国已经制定或应当制定的体现对弱者保护的具体法律之中并加以特定化,如下岗职工、失业者、农民工、失地农民、退休人员、残疾人以及消费者等群体。"④尽管法学者们对弱势群体的观点并非完全一致,但都关注到了弱势群体基本权利的保护,其中涉及了生存权、财产权、知情权、

---

① 郑功成:"农民工的权益与社会保障",载《中国党政干部论坛》2002年第8期。

② 钱大军、王哲:"法学意义上的社会弱势群体概念",载《当代法学》2004年第3期。

③ 俞荣根、张立平:"社会弱势群体权利缺位的法律救济",载《重庆行政》2006年第3期。

④ 李昌麒:"弱势群体保护法律问题研究——基于经济法与社会法的考察视角",载《中国法学》2004年第2期。

迁徙自由权等,而最为重要的是生存权,以及其所内涵的尊严因子。

为什么要对弱势群体加以特别保护呢?从弱势群体自身来说,他们当前在社会中主要面临着生存问题和发展问题,需要法律对他们的权益进行特别保护。首先,生存权是公认的基本人权之一,在现代社会,国家有保证每个公民生存并且有尊严地生存下去的义务。弱势群体的利益要求,从根本上说,首先是生存的权利。宪法和法律规定的生存权,并没有真正惠及到弱势群体,未能改变他们的生存状况。主要包括:最低生存保障问题如住房问题;基本生存保障问题如就业问题,就业不平等,不自由,医疗养老保障问题等;尊严生存问题如农民工问题、歧视问题等。其次,发展权是保护弱势群体自身发展,最终改变自己命运,摆脱弱势状态的权利。主要涉及:受教育的问题,一是本人就业教育、下岗后的再就业培训以及后代的教育问题,二是教育资源分布不均的问题,三是教育普及问题;自由权保障不周的问题,包括择业、迁徙、文化娱乐等方面;政治参与问题,政治上被边缘化,参与政治的机会和途径少,无法充分表达自己的利益;以及获得平等充分的司法救济的问题。

进而言之,保护弱势群体是实现公民基本权利的要求。美国著名学者路易斯·亨金在《权利的时代》一书前言中指出:"我们的时代是权利的时代。人权是我们时代的观念,是已经得到普遍接受的唯一的政治与道德观念。"①人权理念是保护社会弱势群体的价值基础,法律权利对于社会弱势群体权利的确认及特别保护是人权思想的一种表达。法律权利以人权为前提,并以人权作为批判的尺度,使权利本身具有了正当性。传统的形式平等思想并不能从根本上实现对弱势群体的有效保护。其原因在于:权利的抽象赋予并不意味着所有人实际上都享有实现这些权利的手段,能够在同等的程度上和范围内使用这些自由和权利。以绝对自由为价值理念的形式权利平等能使强者获得巨大的实际利益,而对于弱者却毫无意义,我们更应该追求实质上的平等。所谓"实质的平等原理,主要指的是为了在一定程度上纠正由于保障形式上的平等所招致的不平等,依据各个人的不同属性分别采取不同的方式,对作为个人的人格发展所必需的前提条件进行实质意义的平等保障。"②实质平等从两个方面对形式平等进行修正:一是限制经济自由;二是保障社会权。也即一方面限制强者的自由,另一方面保障社会

---

① [美]路易斯·亨金:《权利的时代》,信春鹰等译,知识出版社 1997 年版,"前言"。

② 林来梵:《从宪法规范到规范宪法:法学的一种前言》,法律出版社 2001 年版,第107页。

弱者的机会。与政治权利不同,社会权利的实际享有依赖于国家的经济政策和经济实力,要求国家积极介入公民的社会生活和经济生活。国家在保护公民的经济、社会、文化权益时,不仅负有消极的不干涉的义务,而且还负有积极的促进其真正实现的义务,甚至直接提供某些基本需要,帮助社会弱势群体走出困境,摆脱弱势地位。① 从社会改革、发展与稳定的角度来看,也迫切需要对弱势群体进行保护:

首先,我国弱势群体的规模依然庞大,构成了对改革、发展与稳定的威胁。尽管改革开放以来,我国经济增长很快,使得相当规模的人群摆脱贫弱的地位,改善了生活水平,但是,目前依然有相当数量的弱势人群,并在近期内有增长的趋势。弱势群体的大量存在,已经构成了对改革、发展与稳定的严重威胁,迫切需要重视和研究。

其次,关注弱势群体是全面建设小康社会的内在需要。小康社会是我国既定的发展目标,要在现有基础上全面建设小康社会,使经济更加发展、社会更加和谐、人民生活更加殷实,需要社会的共同努力。因此,关注和支持弱势群体,提高所有社会成员的社会经济地位,既是全面建设小康社会的应有之义,又是全面建设小康社会的重要途径。

第三,保护弱势群体是实现改革发展成果分享的基本要求。社会主义所包含的本质内涵之一就是社会公正,使社会成员各得其所。贫困就意味着剥夺了弱势群体对我国经济社会改革发展成果的享有,这种被剥夺是一种隐性的但又实实在在存在的事实。在当前,既要给强势者提供施展创业才能的舞台,又要给弱势者提供生存保障和发展的机会,使社会成员既能合理享受自己的劳动成果,使其付出能得到相应的尊重和回报,又能共享社会发展的成果。不能以牺牲弱势群体的利益为代价来维护强势群体的利益,使社会财富向少数人一方聚集,而是要让社会改革发展成果"惠及十几亿人口"。正如恩格斯所说的,应"结束牺牲一些人的利益来满足另一些人的需要的情况",使"所有人共同享受大家创造出来的福利"。② 弱势群体不能享有社会发展的成果就是一种不公正,是与社会主义的精神实质相悖的。况且现有弱势群体中的很多人是在原体制下做出贡献的人,特别是一些早年退休者和国有集体企业的失业、下岗职工更是如此。

---

① 赵涟漪、宋振玲:"论弱势群体权益的法律保护",载《辽宁行政学院学报》2007 年第 4 期。

② 《马克思恩格斯选集》(第 1 卷),人民出版社 1995 年版,第 243 页。

(三)我国弱势群体的保护现状与不足

目前我国针对弱势群体采取的保障模式是补偿性保障与发展性保障的结合。补偿性保障主要是指针对弱势群体的生存基本问题,即包括社会保障政策、社会救助制度、住房补贴政策及其他各种基本权利的保护政策制度等。发展性保障则主要是指有关促进弱势群体的社会参与机会与能力以消除社会排斥、实现社会整合的政策制度,如针对弱势群体的就业制度、教育政策、积极的扶贫政策等。

根据我国《宪法》第 45 条规定,公民在年老、疾病或丧失劳动能力的情况下,有从国家和社会获得物质帮助的权利。国家发展为公民享受这些权利所需要的社会保险、社会救济和医疗卫生事业。国家和社会保障残废军人的生活,抚恤烈士家属,优待军人家属。国家和社会帮助安排盲、聋、哑和其他有残疾的公民的劳动、生活和教育。除此之外,我国的立法机关制定了不少法律来保障弱势群体的权利,主要包括《妇女权益保障法》、《未成年人保护法》、《老年人权益保护法》、《残疾人保障法》、《消费者权益保护法》、《民族区域自治法》等。尽管我国制定了如此之多的有关弱势群体保护的法律,但保护弱势群体的宪法权利的法律制度仍然不够完善,主要体现在:首先,各法律之间缺乏统一的指导精神和原则,缺乏统一的体系。其次,适用对象狭窄。不论是在立法上还是在实践中,受以上立法保护的主要限于城市居民,而对我国最需要保障的农村劳动者则几乎没有涉及。再次,对权利的规定过于笼统,可操作性不强。法条用语多属于原则性的宣示,缺乏程序性保障。最后,权益实现机制欠缺。最突出的表现就是诉讼成本过高。当弱势群体权益被侵犯时因没有能力支付昂贵的诉讼成本而无法寻求司法保护,如此,司法对弱者的保护只是一种可能性却无法及时转化为现实性。弱势群体保护的法律机制的缺失使我国现阶段弱势群体保护存在着严重的不足:

第一,在生存权保障方面,未建立起综合性的保障系统。各项制度的不连贯不统一使实施各项保障措施的效果大打折扣。如现阶段最低生活保障制度,是面向城市贫困人口的社会救助制度,它所解决的只是根据当地消费水平确定的低营养需求问题;而事实上,相当多的贫困人口需要的是一个综合性的社会救助体系。因此,应以政府财政为后盾,以现行城市居民最低生活保障制度为基础,在全国城镇构建一个综合性的社会救助体系。

第二,发展权的保障较为缺乏。弱势群体保障的重心仍多限于物质与生活关怀,而对弱势群体的精神文化关怀远远不够,弱势群体缺少精神支持、心理关怀及人文关怀,弱势群体接受文化知识教育途径极少,难于培养其正确的观念和积极的心态。问题突出表现为:其一,各种职业学习机会的缺乏。贫困地区农民尚未享受真正的义务职业教育制度,更缺乏以实用技术培训为重点的培训;贫困群体再就业培训支出不足,下岗职工再就业能力有待提升。其二,维护权益方面的弱势。如进城的农民工的权益因为维权成本过高,纠纷解决途径堵塞等原因常常得不到较好的保护;在个人能力与占有信息、资源方面的弱势,如"三无"人员的能力缺陷,城乡贫困人员的信息与资源占有方面的缺乏。其三,心理健康指导的忽视。弱势群体在心理上有着高度敏感性,没有职业安全感,有着比较严重的相对剥夺感和较为强烈的受挫情绪。但是在社会生活中并没有针对他们的适当社会支持与帮助,也没有合适的途径进行心理辅导使其能够自我调适,进而保持对生活充满信心。

第三,未有效地建立政府与弱势群体的沟通渠道,弱势群体的利益要求没有通过制度化的渠道来表达,保障措施的制定和实施并未完全符合弱势群体的真正需要。

第四,尚未利用好社会支持资源。未能正确认识和重视除国家力量以外的社会力量,在街道或社区内搭建起平等互动的方式建立弱势群体的社会支持网,以实现互助和自助,快速便捷解决自身困难。

(四)弱势群体保护的目标和原则

1. 弱势群体保护必须树立正确的目标

在长期城乡二元分离的建设模式下,农村的发展严重滞后,大量农民已经沦落为弱势群体,因此,必须以逐步实现保障机制的一元化,加快城市和农村的趋同性,最终实现城市和农村社会保障制度的统一性为弱势群体保护的目标。在这个目标之下,必须注意弱势群体两方面的要求:生存保障和发展保障。生存保障手段:一是建立健全城市低保制度和农村五保制度以及城市经济适用房、廉租房和农村土地保障、宅基地制度;二是建立健全社会保障体系,以新型农村合作医疗和农村最低生活保障制度为重点,推进农村社会保障事业发展,创造条件,逐步建立农村养老保险制度,同时进一步完善城市最低生活保障制度以及各类社会保障;三是解决失地农民和农民工的社会保障问题。发展保障手段:建立健全弱势群体发展保障立法,保证他们的受教育权、自由权、政治参与权得到充分的行使。

2. 弱势群体保护必须遵守的原则

弱势群体能否摆脱贫困境遇,既靠外力的扶持,更需要自己的努力,这两者是缺一不可的。

（1）社会支持原则。全社会都应该关心弱势群体,倾听弱势群体的声音,真正做到以人为本。应当建立健全相关社会政策和社会保障体系,为弱势群体提供有效的制度性支持,并且加快加强这些制度的落实,为其摆脱弱势地位奠定基础。

（2）加强弱势群体自身能力建设原则。我们的社会政策和制度,应当遵循这个出发点,侧重培育、动员和增强弱者的自助能力。尊重和保障弱势群体的政治、经济和社会权利,特别是要加强民主制度建设,保障弱势群体的参与权利,尤其是保障其参与与其有关的各项决策的权利,使其能够表达和维护自身的权益。同时,增强弱势群体利用法律手段维护自身权益的能力。

（五）弱势群体保护的措施和手段

1. 促进就业是解决贫困的根本措施

充分发挥国家政策导向的作用,建立健全扩大就业再就业的政府主导机制。应把再就业问题列为国家宏观调控的战略目标之一,除引进外资外,应大力发展个体、私营经济,发展第三产业,特别是要发展吸纳劳动力较多的社区服务业。就业扶持要向贫困群体倾斜,对中西部不发达地区,政府应从财力、物力上支援,振兴当地经济,为失业者创造就业机会。在促进就业的具体层面上,政府还需要发展公共性的服务事业,包括提供就业培训、改善公共服务设施。

2. 建立完善的社会保障体系

要建立和健全覆盖全社会劳动者的社会保障机制,使各种经济类型的劳动者都覆盖在安全网内,这不仅能增强劳动者的安全感,也有利于劳动者的合理流动。应逐步调整现有社会福利政策,在住房补贴、退休金、医疗保险、义务教育等方面向低收入者倾斜,通过社会保障的再分配,起到缩小贫富差距的作用。

3. 积极推进农村社会保障制度建设

对农村社会保障问题的忽略,是改革开放以来中国社会保障制度建设的一大失误。[①] 我们认为,要真正保护农村居民中的弱势人口并促使绝大

---

① 郑功成:"中国社会保障制度改革 20 年的若干反思",载《经济学消息报》2000 年 12 月 1 日。

多数农村居民免于沦为弱势群体,就有必要积极推进农村社会保障制度建设。可以考虑以乡村最低生活保障制度的确立并促使城乡最低生活保障制度一体化为基础,以互助合作为原则构建新型的乡村医疗保障体系,构建乡村社会养老保险制度,以农村五保户集中供养为基础逐步发展乡村福利事业。对以农民工为主体的流动人口,采取分类分层保障的办法,①针对遭遇天灾人祸的贫困人口,建立完善的紧急救助机制。

4.建立弱势群体保护资金的多元责任共担机制

(1)建立固定的财政拨款机制。政府承担着保护弱势群体和主导整个社会保障制度的当然责任,这种责任不仅体现在推动社会保障立法、监管社会保障运行等方面,尤其要具体地体现在政府承担的财政责任上。与此同时,合理划分中央政府与地方政府在社会保障方面的财政责任,通过立法明确地方政府的社会保障财政责任,这是一个负责任的政府必须承担的公共职责所在。

(2)明确界定企业的责任。企业缴费是支撑社会保险制度的重要经济基础,应当尽快明确界定企业的责任并迅速实现企业负担的平等化。

(3)落实个人承担的责任。通过完善个人所得税、利息税及制定遗产税、赠与税、特别消费税制等措施来适度调节国民个人收入分配,藉此让先富起来的居民更多地分担一些社会保障责任。

(4)引导社会各界分担相应的责任。国家应当积极引导社会各界分担相应的社会保障责任。例如,慈善事业在许多国家十分发达,它们对弱势群体的保障作用十分突出,对所在国家或地区社会保障体系的完善和整个社会的协调发展起到了不可缺少的重要作用,但在我国还未引起足够重视。因此,国家应当对慈善事业进行合理定位,将其作为完善新型社会保障体系的重要组成部分。

5.建立公平的教育费用分担机制

在义务教育还未能真正成为免费教育的条件下,制定贫困家庭子女义务教育补贴或教育费用减免的政策,并通过这一政策实现义务教育机会均等的目标。教育关怀的核心就是关注和消除由于外在各种差异而带来的教育机会的不平等,关注并致力于消除由于各种差异带来的歧视。教育关怀的对象是全社会,尤其是那些在经济、文化、地理等环境明显处于不利地位

---

① 郑功成:"农民工的权益与社会保障",载《中国党政干部论坛》2002年第8期。

的人群。国家应当为来自弱势群体家庭的学生制定相应的政策,比如国家贷款、奖学金、助学金等等,力图保障学生不因贫困而失学。有关部门应该制定多层次的教育成本分担标准,针对不同层次家庭最好采取不同的收费标准。

6. 继续完善针对特定弱势群体的专门保护法律

加强对特定弱势群体的专门保护的立法。同时,由于弱势群体的多样性和变动性,对某一弱势群体的保护,不是某一部法律就可以解决的,需要各部门法的综合协调,甚至应当在条件成熟之际制定统一的弱势群体权益保障法。① 由于长期无法参与有关游戏规则的制定,越来越多的弱势群体出现了对主流社会的认同危机,长此以往,权利贫困集团被日益边缘化,对主流价值出现逆反心理。因此要注重保障弱势群体的参与权利,其中特别是保障其参与与其有关的各项决策的权利。强调权利平等和社会公正的着眼点就是要让弱势群体"参与制定游戏规则",并促使现有的规则趋于更合理、更公平。在国家保障的基础上,应当积极促成各社会团体的形成与发展,使其能够表达自己的利益诉求。农村劳动者作为一个组织上高度离散、经济上处于弱势的群体,最容易受到谣言和邪教的蛊惑,也最容易成为极端人物的社会基础。因此,农村劳动者也应该建立自己的团体,以便在税费负担、土地承包权利、金融和技术服务、司法审判等活动中获得充分表达的渠道和机制。②

二、弱势群体的最低生存保障

(一)弱势群体最低生存保障的基本理论

1. 弱势群体最低生存保障的定义、法律特征

弱势群体的最低生存保障,是指将弱势群体作为基本保障对象而建构的最低生活保障制度,它以保障弱势群体的最低生存需求为目标,以国家为保障责任主体,通过立法强制实施,属于社会救助的范畴。它在具备社会救助一般法律特征的同时,特别强调保障对象的特定性。在社会保障法体系中,社会救助是社会保障法的基础,它最早出现,提供的又是最后一道防

---

① 赵涟漪、宋振玲:"论弱势群体权益的法律保护",载《辽宁行政学院学报》2007 年第 4 期。

② 覃有土、韩桂君:"略论对弱势群体的法律保护",载《法学评论》2004 年第 1 期。

线——若没有这道防线,陷于生存困境而无力自救的社会公众不仅难以生存,更谈不上发展。一般说来,陷于生存困境的弱势群体都处于社会最底层,由国家和社会对其施予援手,帮助其渡过危机,是现代国家履行社会责任的基本方式,为弱势群体提供最低生存保障乃社会救助制度的核心和基础。

弱势群体的最低生存保障(社会救助的核心)具有下列法律特征:

(1)目的的救助性。弱势群体最低生存保障制度的立法目的既不是为了提高社会成员的生活质量,也不是为了防范因社会危险事件的发生致使社会成员失去生活保障,而是对已经遭遇社会危险并处于生存困境的社会成员,给予帮助和支持,促使他们战胜困难,摆脱困境。如果说社会保险的目标是预防风险,社会福利的目标是提高生活质量的话,那么,弱势群体最低生存保障制度的目标则是克服贫困。

(2)实施对象的特定性。弱势群体最低生存保障制度的实施对象有条件限制,一般只对那些惨遭不幸的生活贫困者,即处于生存危机中的弱势群体实施。最低生活保障制度的救助规模与经济发展水平成反比,随着国家与社会经济水平的日益提高,救助对象会日益减少,即越是经济繁荣发达的国家或地区,其救助规模就越小;越是经济萧条、发展滞后的国家、地区,其救助规模就越大。如在工业化初期,或是在战时及战后的恢复时期,以及广大的发展中国家,对弱势群体的最低生活救助的负担就重。这一点正好与社会保险、社会福利相反:经济越发达的国家和地区,其社会保险、社会福利的项目越多、范围越广、标准越高、规模越大。

(3)实施方式的单向性。在实施方式上,弱势群体最低生活保障的资金来源和流向具有单向性,它力图通过单向的利益赋予形式对处于生活困境的弱势群体提供物质帮助,国家和社会是纯粹的义务主体,受救助者则是单纯的权利主体。因此,就实施方式而言,弱势群体最低生活保障具有准公共产品属性。首先,它具有排他性——只有符合救助条件的弱势群体成员才有权享受,社会救助款物只发给"真正需要者",起补缺作用;其次,它具有非竞争性——这种非竞争性的界定以国家有充足的资金来源为保障,否则,当财政难以为继时,贫困的弱势群体人数越多,每个人所分得的救助款物就会越少。因此,最低生活保障的救助方式是选择性的。上述两种特性决定了对弱势群体的最低生活保障救助的准公共产品属性。

而社会保障的其他两个构成部分即社会保险和社会福利则具有不同特征。社会保险强调权利义务的一致性,受保人须先尽缴费义务,才能在遭遇风险时享受生活安全的保障,不具有公共产品的属性。社会福利是指国家和社会通过社会化的福利设施、福利服务和福利津贴,以满足社会成员的生活服务需要并促使其生活质量不断得到改善的一种社会政策。社会福利是最典型的纯公共产品,十分强调社会化,即福利提供是开放式的,全体国民均可享受;同时,社会福利是不可分的,每个人享受的福利构成福利的总和,一个人享受福利不会影响其他人。所以社会福利属于典型纯公共产品。

(4)救助的无条件性。凡是属于救助范围内的社会成员,国家和社会都应该对其实施帮助,帮助其克服生活困难,摆脱生活困境。接受救助是陷于生存困境者的法定权利,它不以受助者支付一定金钱或履行一定义务为条件。这是因为"国家要对国民最低限度的像人那样的生活实施保障",①作为整个社会保障体系中的一种最低水平的保障,社会救助中的最低生活保障是整个社会安全的最后屏障,若其给予物质帮助也附有一定的对价给付条件的话,势必会导致部分社会成员求救无门,使其难以维持基本生存。因此,作为基础层次的社会保障,对弱势群体的最低生活保障在利益赋予上必须是绝对的、无条件的。换句话说,社会弱势群体无论基于生理(如残疾)、心理(如痴呆)或社会经济原因(如经营失败、破产)而陷于生存困境,皆有权向社会寻求最低生活保障救助。

但是,我们强调对弱势群体的最低生活保障的单向性和无条件性,并不意味着它仅仅是对于社会不幸者的怜悯和施惠。实际上,最低生活保障制度作为现代社会救助制度的核心和重要分支,是建立在社会整体安全和经济发展的基础之上的,以弱势群体的最低生活保障为核心的社会救助制度是实现和保障人权的一项基本制度。维护全体社会成员的基本人权是现代社会保障的基本责任,正如当代著名社会政策学者马歇尔所言,公民资格的一个要素是"取得最基本的经济福利与保障……以及过上相对于普遍社会标准而言的体面生活",因此,当弱势群体生存发生危机时,要求社会给予帮助无疑是其一项基本的权利,而给予适当救助则是社会和国家的基本责任。

2.救助对象和保障标准

(1)确定社会救助对象的量化标准——贫困线。弱势群体最低生存保障是国家以无偿救助的方式向贫困的社会弱势群体提供款物接济和扶助的

① [日]大须贺明:《生存权论》,林浩译,法律出版社 2001 年版,第 8 页。

一种生活保障政策,它是整个社会保障制度的第一道防线,只有符合救助条件的弱势群体成员才有权享受,即救助款物只发给"真正需要者",起补缺作用。因此,如何确定弱势群体最低生存保障制度的救助对象就成为该制度首先需要解决的难题。

如上所述,社会救助的目的,在于帮贫济困,保障陷于生活困境的社会成员享有最低生活水平。而确定应否对特定地区或特定社会成员进行救助的关键是界定贫困。国际社会对贫困有双重理解:一是绝对意义上的贫困,指缺乏满足最低生活需要的条件和手段,没有生活必需的食物、衣服、住所,处于缺衣少食、受冻挨饿,"上无片瓦,下无立锥之地"的赤贫状态;二是相对意义上的贫困,是指相对于社会平均生活水平而言的贫困,贫困者享有少量的消费资料和服务,虽可维持最低生活需要,但生活质量偏低,低于社会平均生活水平的一定比例。前者是19世纪末20世纪初欧美国家的官方文件中普遍采用的概念,它通常根据人体健康发展所必需的营养成分确定一个标准,即在一定收入水平上测算一个家庭满足每个成员起码的生活需求所需的费用,包括必需的食品支出和衣服、燃料及住房支出,由此组成一组收入数字,在此收入标准下即为贫困。这个标准就是绝对贫困线。相对贫困则是在前一概念的基础上进一步完善而来的。1979年英国著名学者彼得·汤森在他的《英国的贫困》一书中指出:"当某些个人、家庭和群体没有足够的资源去获取他们所需的那个社会公认的、一般都能够享受到的饮食、生活条件、舒适和参加某些活动的机会,那么就可以说他们处于贫困状态。他们由于缺少资源而被排斥在一般的生活方式、常规及活动之外。"[①]所以贫困在这里已不是原来饥寒交迫、无法解决温饱的问题了,而是相对被剥夺、相对被侵占的概念。贫困者相对于社会的大多数成员来说,生活在较低水平线上,他们被排斥在社会生活的主流之外。

上述两个贫困概念,可用来描述世界上任何社会的贫困现象,只不过两者所反映的贫困程度不同。对于发达国家而言,主要是相对贫困问题;而对于发展中国家而言,则仍然是绝对贫困问题。同时,上述两者的区别,也是传统社会与现代文明的一种分野,在今天发达的西方国家,已基本消灭了绝对意义上的贫困现象,因此其社会救助的目标也主要针对相对贫困者。尽管随着中国经济的持续发展,绝对意义上的贫困现象将逐步消灭,但目前中

---

① [英]安德鲁·韦伯斯特:《发展社会学》,陈一筠译,华夏出版社1987年版,第4—5页。

国社会救助的主要目标仍应以"绝对贫困者"为主,适当兼顾"相对贫困者"。

由此可见,贫困线是对最起码的生活水平或与社会平均生活水平间的差距的一个量的界定。划定一国或一地的贫困线是进行有效社会救助的前提。目前,国际上大体存在以下四种确定贫困线即最低生活水平线的方法:

第一,"收入比例法",即按成年劳动者人均纯收入确定最低生活标准的方法。通常是将贫困标准和一个地区人均收入水平保持一定比例。国际劳工组织认为,在工业化国家,那些收入低于制造业工人平均工资30%的家庭和个人,就是社会救助的对象。欧洲经合组织以一个地区人均月工资的1/2作为贫困线标准。

第二,"恩格尔系数法",又称"最低饮食费用测算法",即以恩格尔定律为依据确定最低生活标准的方法。19世纪德国统计学家恩格尔经过大量统计调查研究发现,家庭用于食物支出的比例大体可测定家庭的生活水平:如果食物支出占家庭总支出的比例很大,意味着家庭生活水平很低,这说明收入只能维持现有生产力水平下的最低生活;反之,如果食物支出比例很小,则意味着家庭用于满足其他生活需求的收入很多,生活比较殷实。这种食物支出与家庭收入成逆相关的情况,通常被称为"恩格尔定律"。第二次世界大战结束以后,西方有的学者根据这一定律,对家庭的生活状况进行了如下分类:饮食支出占家庭总支出的比例即恩格尔系数为59%以上,属于生活贫困家庭;如果这个比例在50%—59%之间,则属于基本解决温饱的勉强度日型家庭;如果比例在40%—50%之间,则属于小康生活水平;如果比例在20%—40%之间,则属于富裕型家庭;如果比例下降到20%以下的,则属于极富裕家庭。这种确定方法已为许多国家或地区所接受。

第三,市场菜篮子方法。1978年美国有人提出一整套划定贫困标准的具体生活消费指标,包括食品、房租、衣服、家具、交通、卫生保健、水暖电气、税收和文化娱乐,依据市场上这些生活必需品和有关服务项目的价位,计算出维持人们生存和发展所必不可少的基本需求的开支,从而得出最低生活保障线。1990年,世界银行也提出一个设想,以人们日常最起码消费支出的总费用作为划定贫困的标准,具体包括人们的食品、生活必需品和参与社会日常生活的费用。但是这种方法带有很大的不确定性,因为不同的国家和地区人们的生活水平参差不齐,生活必需品在不同的地方也有不同的界定,因而很难进行国际比较。

第四,生活形态式方法。即以当地大多数人的主观判断来确定哪些人生活形态上是属于贫困的,并在此基础上做进一步的调查确认,进行有关救助。这种方法类似于进行社区阶层分析的主观声誉法,只能在一个较小的范围内进行,并带有很大的主观随意性。

以上四种方法各有特色,具体到一个国家(地区),到底用哪种或者兼用哪几种方法,需根据其基本情况来决定。世界银行编撰的《1990 年世界发展报告》根据若干个发达国家和发展中国家的贫困线和平均生活水准,用数理统计的方法确定了一个贫困范围,上限是 370 美元,下限是 275 美元。制定这个贫困标准是为了进行国际比较,照此标准,发展中国家有11.2 亿人处于贫困状态,其中 6.3 亿人口属赤贫。我国的贫困线若按此标准的话,贫困者的数量更大。

尽管我们并不能直接照搬上述确定最低生活水平线的方法,但却不能因此而否认其对我们的启迪和借鉴价值。

(2).救助对象及其分类。陷于生存困境的弱势群体是最低生活保障制度首要的救助对象,而判断弱势群体是否陷于生存困境则以其家庭人均收入是否低于当地最低生活保障线为准,其中的"收入",是指共同生活的家庭成员的全部货币收入和实物收入,包括法定赡养人、扶养人或者抚养人应当给付的赡养费、扶养费或者抚养费,不包括优抚对象按照国家规定享受的抚恤金、补助金。这些弱势群体成员或由于先天或后天的因素失去劳动能力;或虽有劳动能力但就业竞争力弱,受客观环境限制无法或难以实现正规就业,以致收入减少或中断,并被排除在社会保险给付体系之外;或因受到天灾、人祸等因素的突然打击,无力仅凭自身力量走出困境,若无外力救助则会陷于生存危机。实践中,对于不同原因所造就的社会弱势群体,社会救助政策应当加以区别对待。对于先天无劳动能力者,如贫穷的鳏寡孤独、残疾者,应给予长期救助,以保障其生活;对于虽有谋生能力但一时遭遇困难的不幸者,即遭遇意外灾难或一时生活困难、无法维持生活而需援助者,则给予短期救助,以帮助他们渡过难关而恢复正常生活;对于就业竞争力低下的健全劳动力,则通过再就业培训、公共就业机会的开发、非全日制用工等灵活就业形式来解决其基本生存问题。

应当说,弱势群体最低生存保障的救助对象包括所有陷于生活困境的社会成员,涵盖了一切生活水平等于或低于法定最低生活水平线的个人和家庭。相对于能自行解决温饱问题的其他社会成员,这些人处于极端贫困状态却无力自行摆脱。目前,我国的社会救助对象主要有农村贫民、"五保户"、灾民、城镇生活困难职工等。按照他们致贫的原因,大概可以分为以

下几类:

第一类,无依无靠无生活来源的人,简称"三无人员"。其共同特点是无劳动能力,主要包括孤儿(尚未有劳动能力)、残疾人(终身无劳动能力)、长期患病者(较长时间无劳动能力)、未参加社会保险且无子女和配偶的老人(已丧失劳动能力)。这类人大多属于定期救助对象,国家和社会要向他们长期提供维持最低生活水平的资金和实物。但对于其中的孤儿来说,给予救助只限于未成年阶段,一旦他们成年并找到适当工作,社会救助便告完成。

第二类,遭受灾祸严重侵袭而使生活一时陷入拮据状态的社会成员。这类主体有劳动能力,也有生活来源,只是突发性的灾祸使其遭受严重的财产或人身损失,生活一时发生困难,因而需要国家和社会给予救助。这里的灾祸既包括自然灾害,如水灾、旱灾等;也包括生产和生活中潜藏着的有严重危害人身的危险,如车祸、战乱等。生活暂时困难则指人们因不可抗拒的自然灾害而造成经济财产损失,衣食住等基本生活方面无法解决,如粮食歉收、家园被毁等,需要国家和社会给予临时性救济。由于严重自然灾害并非短期内可以消除,因此自然灾害救助将是社会救助的一项长期的和主要的内容。

第三类,生活水平低于国家法定最低标准的社会成员。这类城乡贫困者尽管有劳动能力,也有生活来源,能按期获得稳定的收入,但生活水平没能达到生产力水平已能保障的最低标准,所以,也应纳入社会救助的范围。具体包括:因身处贫困地区而收入过少,不能保证每个家庭成员过上法定的最低生活者;有劳动能力和就业愿望却找不到合适工作的结构性失业者;家庭人口过多、缺乏劳动力及劳动技能低下或家庭主要劳动力病残而陷于生存困境,迫切需要社会救助者。其中,第一类、第二类对象,随着经济的发展和社会的进步,其人数会越来越少;而第三类救助对象则将长期存在。

当然,接受最低生活保障的救助对象除了按上述致贫原因进行划分外,还可按地区、人群、救助期限来划分。如按人群划分,救助对象可分为儿童救助、老人救助、妇女救助、残疾人救助、失业者救助、病人救助等等;按救助期限长短可分为定期救助和临时救助。定期救助的对象限于"三无人员";临时救助的对象主要是因遭遇突然事故而发生生活困难又暂时无力自救、需给予救助的人。

3. 保障标准和救助内容

最低生活保障标准是构筑我国弱势群体最低生存保障制度的核心。要科学、合理地测定最低生活保障标准,做到既能保障好弱势群体的基本生活,又能使其中有劳动能力者保持就业愿望,必须首先解决两个基本问题:一是基本生活保障应涵盖的内容;二是用什么方法进行测定。

(1)弱势群体基本生活内涵。让所有弱势群体都能得到基本生存保障,是构建弱势群体最低生活保障制度的根本要求。准确界定弱势群体基本生活的内涵和外延是科学制定弱势群体最低生活保障标准的基础。

弱势群体基本生活的内涵确定从表面看是对保障项目的界定,但实质上是社会价值的体现——应帮助哪些人满足哪些方面的需求、应提供多少帮助以及如何提供具体帮助,对这些问题的不同回答既反映了人们价值观的差异,也表明了制度本身对社会效益与成本的不同理解。多数专家倾向于在界定弱势群体基本生活时,以衣、食、住等基本消费为主,适当考虑教育、医疗等发展因素;侧重于只满足最低层次的基本生活需求;保障方式则应当从单一保障向综合保障发展。

在国际上,对"最低生活"有三种不同标准,即生存线、温饱线和发展线。生存线是指满足人的生理需求所需要的最低费用,只有达到生存线才能维持生存;温饱线指满足人的生活需求所需要的最低费用,也就是生理需求之外加上还能体面地生活下去的最低费用,只有达到此线才能维持温饱;发展线即能够让人自给有余的最低费用,也就是不仅能够保障人体面地生存下去,而且使其具备自救能力,有余力从贫困中解脱出来,达到此线则具备了自我发展的能力。

以我国城市低保为例,虽然理解上也有差异,但实践中鉴于种种主观和客观的原因,绝大多数地方以"最低生活"为生存线,保障范围相对狭窄。①我国现行制度主要考虑的是救助对象的日常生活问题,但对受教育、健康、居住的权利等保障不够,这在一定程度上也造成了"社会排斥"。中国社科院唐钧研究员提出可将低保对象的保障需求分为日常需求、特殊需求和酌情发放需求三个层次:1)日常需求—购买日常生活必需品所需的救助金(货币或代用券),我国目前的低保金水平只能保障这一层次的需求。按照国际惯例,日常需求应该根据家庭人口构成来确定救助金数额,因为不同规模、构成各异的家庭人均需要量是不同的。所以按一个统一的标准来发放是不合适的,这也是"分类救助"的要求之一。民政部社会福利与社会进步

---

① 多吉才让:《中国最低生活保障制度研究与实践》,人民出版社 2001 年版,第 32 页。

研究所在 1996 年的研究报告中曾提出过一个标准："假设 1 人户所需的金额为 1,2—3 人户则为 0.8—0.85,4 人及以上户为 0.75—0.8。"这还需通过全国性的调查来最终确定。① 2)特殊需求——主要包括房租、教育费用(义务教育阶段)和医疗费用(主要是慢性病患者的门诊费用)等。这一层次的需要也应由政府买单,因其属于弱势群体维持其人格尊严所必需。3)酌情发放需求——主要指非义务教育阶段的教育费用、大病医疗费用(部分提供)和金额较大但生活中又必不可少的家庭设备等。这部分需求可尽量利用社会捐助、慈善救助解决,以便保障弱势群体有能力分享社会经济改革发展成果。

据此,我国弱势群体最低生活保障的内容构成应当包括下列几部分:最低生活保障(城市低保、农村低保和五保户供养)、住房保障(城市经济适用房与廉租房、农村宅基地自建房)、医疗救助、教育救助、就业保障等。其中,最低生活保障和住房保障是最核心的基础构成部分。

(2)分类实施施保障。弱势群体救助需求的多样性,要求救助方式必须由单一化向综合性方向发展;而弱势群体困难程度的差异性,则要求救助工作必须由标准统一向分类分层发展。套用民政部最低生活保障司司长米勇生的话来说,应根据弱势群体所处境况的不同,将其划分为不同的类别,按照困难程度的不同提供差异化的保障待遇,做到突出重点、兼顾一般、分类施保。所谓分类施保,有两层含义:一是不同家庭人口构成应采用不同的补助标准;二是指对城市低保对象中家庭生活特别困难的"三无人员"、70岁以上老年人、重度残疾人、丧失劳动能力的危重病人、非义务教育阶段学生和单亲家庭等 6 类人员分别按规定提高低保补助标准。实践中应当注意针对各类人员在医疗、教育、住房等方面的突出困难,施以有区别的救助。

总结各地分类施保措施,大致可分为三类:第一,对老弱病残人员、"三无人员":在按家庭人均收入与当地低保标准差额计算的基础上,每人每月再增加一定数量或比例的保障金,某些有能力的城市还施行了社区免费康复服务。第二,对就业年龄段内有劳动能力的对象:完善救助和就业联动机制,如上海、重庆等地就对参与社区组织的公益劳动者每月给予适当货币补贴。第三,对单亲家庭、非义务教育阶段学生:制定单项救助措施,如在食品营养、教育费用方面给予救助。

---

① 唐钧:"完善社会救助制度的思路与对策",资料来源:http://www. Social policy. info.

4. 弱势群体的最低生活保障制度

目前,我国针对弱势群体的最低生活保障继续沿用城乡分离、标准各异的两套不同制度,城市居民最低生活保障制度已经相对完善,而农村最低生活保障制度却刚刚起步,还处于制度设计阶段,亟待平稳推进。实践中,城乡弱势群体的最低生活保障制度各自面临不同问题,需要相互借鉴、相互补充、相互促进,共同发展。

(1)城市居民最低生活保障制度。城市居民最低生活保障制度,是指由政府出面,对城市中的贫困居民(弱势群体的核心成员),按照最低生活保障线标准给予基本生活保障的制度,即对收入低于最低生活保障线的贫困人口实行差额补助的社会救助制度。它是适应我国社会主义市场经济体制而建立的新型社会救助制度,是现代社会政府职能由管理型向福利型转变的一个重要体现。作为国家的基本义务,它是保护公民基本生存权的最后防线,它在消除城市贫困方面扮演了重要角色。

中国城市居民最低生活保障制度最初是地方政府的创意。1993年6月,上海市城市居民最低生活保障线的划定,是城市贫困救助制度改革的开端,也是我国城市居民最低生活保障制度法制化的开端。民政部及时总结上海的经验,并在全国推广。在此基础上,国务院颁布了《城市居民最低生活保障条例》(以下简称《条例》),并于1999年10月1日起施行。以《条例》的颁布为标志,城市居民最低生活保障作为一项法律制度,已正式确立。

我国城市居民最低生活保障制度遵循保障城市居民基本生活的原则,坚持国家保障与社会帮扶相结合、鼓励劳动自救的方针,实行地方各级人民政府负责制。县级人民政府民政部门以及街道办事处和镇人民政府,负责城市居民最低生活保障的具体管理审批工作。居民委员会根据管理审批机关的委托,可以承担城市居民最低生活保障的日常管理、服务工作。国务院民政部门负责全国城市居民最低生活保障的管理工作。

1)救助范围。《条例》明确规定:"持有非农业户口的城市居民,凡共同生活的家庭成员人均收入低于当地城市居民最低生活保障标准的,均有从当地人民政府获得基本生活物质帮助的权利。"即城市居民最低生活保障制度救助的范围是有城市常住户口的居民,包括所有家庭人均收入低于"最低生活保障线"的贫困对象。其中的"收入",是指共同生活的家庭成员的全部货币收入和实物收入,包括法定赡养人、扶养人或者抚养人应当给付的赡养费、扶养费或者抚养费,不包括优抚对象按照国家规定享受的抚恤金、补助金。目前,我国已基本实现应保尽保。

2)保障资金的来源。《条例》规定,城市居民最低生活保障所需资金,由地方人民政府列入财政预算,纳入社会救助专项资金支出项目,专项管理,专款专用。国家鼓励社会组织和个人为城市居民最低生活保障提供捐赠、资助;所提供的捐赠、资助,全部纳入当地城市居民最低生活保障资金。为使城市居民最低生活保障制度得到完善和发展,各级政府应加大财政投入,并在中央政府一级设立"城市最低生活保障工作"的专项资金,由中央统一调剂余缺。同时,还应扩大辅助资金的来源,如组织捐赠、义演等慈善活动,依靠民间力量建立互助基金、扶贫基金等。

3)救助方式和程序。对城市居民的最低生活保障一般采取现金救助,包括定期救助与临时救助。也有个别地方采取现金和实物相结合的救助方式。

依靠城市基层组织机构和基层群众自治组织参与社会救助管理是具有中国特色的有效方法。这些城市基层组织最密切、最广泛地联系着广大居民群众,可以综合运用街道民政、社会舆论和民主管理的力量对救助对象实施管理,对救助对象的收入和资产状况进行调查,对一些救助对象实行特殊照顾,为一些贫困家庭直接提供生活必需品,以及帮助失业人员进行职业培训,创造就业机会等。这对于保证城市居民最低保障制度准确有效地实施具有不可取代的作用。

就获取救助的程序而言,首先由救助对象向当地居委会提出申请,并填写救助申请表,在居委会初审后报街道办事处民政科,由其调查复核并提出解决意见,报区民政局,由区民政局发给救助证,救助对象凭证领取救助费。

4)保障待遇。对符合享受城市居民最低生活保障待遇条件的家庭,救助机构应当区分下列不同情况批准其享受城市居民最低生活保障待遇:对无生活来源、无劳动能力又无法定赡养人、扶养人或者抚养人的城市居民,批准其按照当地城市居民最低生活保障标准全额享受;对尚有一定收入的城市居民,批准其按照家庭人均收入低于当地城市居民最低生活保障标准的差额享受。对不符合享受城市居民最低生活保障待遇条件的,应当书面通知申请人,并说明理由。

城市居民最低生活保障标准,按照当地维持城市居民基本生活所必需的衣、食、住费用,并适当考虑水电燃煤(燃气)费用以及未成年人的义务教育费用确定。我国地域广大,各地经济发展不平衡,制定全国统一的最低生活保障标准既不可能也无必要,因此,保障标准由各地人民政府自行确定。

各地均以既保障基本生活又有利于克服依赖惰性为原则,确定本地区居民最低生活保障标准,并随着生活必需品的价格变化和人民生活水平的提高适时调整。

《条例》规定,城市居民最低生活保障待遇由管理审批机关以货币形式按月发放,必要时,也可以给付实物或发放购物券。享受城市居民最低生活保障待遇的城市居民家庭人均收入情况发生变化的,应当及时通过居民委员会告知管理审批机关,办理停发、减发或者增发城市居民最低生活保障待遇的手续。管理审批机关应当对享受城市居民最低生活保障待遇的城市居民的家庭收入情况定期进行核查。在就业年龄内有劳动能力但尚未就业的城市居民,在享受城市居民最低生活保障待遇期间,应当参加其所在的居民委员会组织的公益性社区服务劳动。

实践证明,城市居民最低生活保障制度是一项花钱不多、社会效益极佳的得力措施,它是对我国传统的社会救济制度的改革完善,是对社会救助工作的制度化、规范化。它的实施,有利于解决陷于生存困境的城市弱势群体的基本生活问题,化解社会矛盾,维护社会稳定,促进经济体制转型的顺利进行。

5)存在的问题。进入 21 世纪以来,我国城市低保制度进入日益完善的转型期,实现了一系列转变——从生活救助向综合救助的转变、从平均主义救助向分类救助的转变、从普遍型救助向选择型救助的转变、从维持型救助向发展型救助的转变、从不太规范的救助向比较规范的救助的转变。① 但有调查显示,目前我国城市低保制度仍存在三大突出问题:

一是保障标准过低,仅能维持基本生存所需,不能应付特殊情况。即使享受了最低生活保障金,低保对象的生活也只是糊口,仍有困难。他们在食品方面是节省第一,很少考虑营养;穿衣以亲友赠送为主要来源,以基层社区募集的衣物为辅;因医药费太贵,有病不看的现象相当普遍。对于许多贫困家庭来说,孩子的学杂费是一个沉重的负担(国家规定从 2008 年秋季开始,义务教育阶段免收学费,为这些家庭带来了福音)。而且,因为生活拮据和社会歧视,救助对象往往疏于社交。可见,现有低保待遇仅能维持低保对象的最低生存需求,却难以保障救助对象的体面生存。

城市低保制度建立以来,低保标准虽不断提高,但幅度太小,远远落后

---

① 李迎生、肖一帆:"城市低保制度仍存三大突出问题",载《人民日报》2007 年 2 月 15 日。

于在职人员平均工资的增长幅度,不仅整体保障标准过低,而且各地保障线之间的差别也很大,如 2004 年全国低保标准最高的京、沪地区(290 元)和最低的甘肃地区(118 元)之间相差接近 3 倍。

为切实保障低保对象的生存所需,我们应适当提高低保补助标准,扩大低保制度的覆盖面,逐步将贫困边缘户纳入低保制度的保护范围,并在完善分类办法的基础上建立更加科学、合理的分类救助标准体系。各地政府可通过实际调查,对低保对象作更为科学、合理、细致的分类,归纳不同困难人群的特点和需求,深入细化分类救助的办法,实施多种救助方式(标准),以更好地满足这些特殊困难群体的基本需求。

二是未能与再就业机制有效衔接。近年来全国大部分省份都出台了关于促进有劳动能力的低保对象再就业、实施低保制度与再就业制度联动或衔接的相关措施,并对低保对象中有劳动能力者加大了再就业培训的力度,从而有效促进了低保对象的再就业,减轻了城市低保的负担。不过,由于低保户一旦参加工作,获得劳动收入,就得退出低保,取消或降低现有低保待遇。然而他们的劳动收入普遍不高,扣除就业成本,就与低保待遇相差无几了,故他们很可能会因此拒绝就业、享受低保。更有甚者,低保困难家庭尽管所获得的低保金不高,但却可能获得相应的配套救助,正是这些配套救助措施增加了低保制度的含金量,削弱了低保户找工作的积极性。为防止福利依赖,促进低保户再就业,不少城市都采取了"救助渐退"的优惠政策,即在规定期限内逐渐降低直至停止已经实现再就业的低保户的低保待遇,但却因时限太短(最多不超过三个月),难以发挥其激励效果。

为防止福利依赖,促进再就业,我们可从以下几方面着手强化低保制度促进再就业的功能:一是在保障标准上,扩大有劳动能力的贫困者与无劳动能力的贫困者之间的差别,并对已就业低保户根据其家庭经济状况确定不同的"救助渐退"期限,以求平稳过渡;二是民政部门积极配合劳动部门加强对低保对象再就业的培训,改进培训方式与培训内容,使之真正切合低保对象的就业需要;三是对有劳动能力低保对象的保障待遇在支付方式上尽量避免直接的现金支付,各社区可通过为有劳动能力的低保对象提供临时性就业岗位,将救助金转化为推动其工作的劳动津贴。

三是低保资金筹集机制中存在平均主义倾向。尽管由于各级政府重视,低保制度的资金来源较有保障,为推动"应保尽保"与适度提高保障水平提供了必要的资金支持。但是,低保资金筹集机制却存在一定的问题。由于现行立法对各级财政负担比例没有明确规定,以至于在社区低保资金的构成中,国家财政和省财政所占的比例较低,市、区两级财政成为资金的主渠道。而由于各城市的经济发展水平差异较大,即使在同一个市,不同的区之间的经济发展水平也参差不齐,各区财政能力也就各不相同。但目前不少城市的低保资金筹集机制中存在着平均主义的倾向,即市级财政给各区的拨付比例是固定的,各区所要自筹的比例也是相同的。这就引发了一个问题:财政困难的区在资金筹措方面捉襟见肘;而资金不到位,又影响了低保工作的正常开展。

为切实解决此难题,我们应当尽快完善低保制度的筹资机制,合理划分中央、省、市、区各级政府所应承担的比例,做到各尽所能,不宜"一刀切"。在属地管理的基础上,中央和省一级应建立社会救助专项调剂资金,用于补充贫困地区保障资金的不足。同时,各城市也应合理确定市、区两级财政各自的负担比例,根据保障对象的分布状况和财政承受能力合理分担,市财政应适当向贫困市区倾斜。除此之外,为确保"应保尽保"所需资金,各地还可开拓社会筹资渠道作为补充。

(二)农村最低生活保障制度

1. 农村最低生活保障制度的现状

党的十六大提出了探索建立农村最低生活保障制度的要求。2006 年12 月中央农村经济工作会议作出在全国范围内建立农村低保制度的重大决策。2007 年,在国务院统一部署下,农村低保的系统性建设在全国各地得到全面推进。到 2007 年 6 月底,全国 31 个省区市已经初步建立了农村最低生活保障制度,覆盖了 2068 万人。[①]

实行农村低保以前,各地通过特困户定期定量生活救助以及临时生活救助,对农村特困群众给予救助。但由于缺少制度规范,程序要求不统一,加上资金投入不足,救助水平较低,很多贫困人口甚至根本得不到救助。建立全国农村低保制度的目标,就是把所有符合条件的贫困农村居民都纳入最低生活保障中来,稳定、持续、有效地解决农村贫困人口的最低生活保障问题。为此,民政部要求,农村低保资金必须发放到户,以便农村贫困居民能切实分享改革发展成果。

(1)低保对象标准。目前,我国农村低保制度实行属地管理,低保标准

---

① "专访民政部副部长:农村贫困人口将怎样纳入低保",载《人民日报·海外版》2007年 8 月 20 日。

由县以上各级地方政府自行制定和公布执行。各地主要考虑以下因素来确定低保标准:一是维持当地农村居民基本生活所必需的吃饭、穿衣、用水、用电等费用;二是当地经济发展水平和财力状况;三是当地物价水平。随着社会经济的发展,低保实际补助水平应当逐步提高。至少应保证低保对象的生活水平不低于绝对贫困线,否则就无法满足其最低生活需求;但也不宜比贫困线高得太多,否则会不利于鼓励有劳动能力者生产自救。除了少数东部发达地区,一般地方都参照国家每年公布的贫困标准来制定低保标准。年人均纯收入低于最低生活保障标准、符合当地规定的低保条件的,就可以申请低保,经过收入调查、核查和审批,享受农村低保。换句话说,所有符合条件的农村贫困人口,即家庭年人均纯收入低于当地最低生活保障标准的农村居民,皆可成为农村低保对象,主要涉及那些因病残、年老体弱、丧失劳动能力以及生存条件恶劣等原因造成生活常年困难的农村居民。

目前,农村贫困家庭主要由四部分构成:一是生理和智力有问题,家里缺乏劳动力的家庭;二是因病返贫或家里有子女上学负担重的家庭;三是因为各种自然灾害导致减产减收造成贫困的家庭;四是鳏寡孤独和已经丧失劳动能力而子女不在身边的老人家庭。此外也有少数宁可受穷也不愿干活的懒汉家庭。农村低保的目的是保障由于客观条件限制无法自主谋生而陷于生存困境的贫困者的基本生活需求,故对于因年迈而丧失劳动能力的鳏寡孤独和年幼的弃婴、孤儿应当给予定期生活救助,对于因遭遇意外灾害而临时陷于生活困境者则给予临时救助,对有劳动能力的"懒汉"则应创造条件引导其自主谋生。

(2)申领程序。申请农村低保,一般由户主向乡(镇)政府或者村民委员会提出申请;村民委员会开展调查、组织民主评议提出初步意见,经乡(镇)政府审核,由县级政府民政部门审批。乡(镇)政府和县级政府民政部门要采取措施对申请人的家庭经济状况进行核查,了解其家庭收入、财产、劳动力状况和实际生活水平,结合村民民主评议意见,提出审核、审批意见。对被批准的农村低保对象,农村低保管理部门还要定期审核其家庭经济状况,对困难程度缓解且收入水平已在低保线以上的家庭,应及时停发低保金,让其退出低保行列;对收入发生变动但仍在低保线以下的家庭,及时增发或减发低保金,切实做到"低保对象有进有出,补助水平有升有降"。

实践中,核定低保申请人家庭的收入等情况,是审核审批低保对象的一个重要程序。为防止"骗保",各级基层组织因地制宜采取相应措施来核定申请人收入——东部看差额,中西部重评议。就具体操作方法而言,部分东部经济发达地区,由于已经实现了城乡低保一体化运行,城市化水平高,工作基础较好,可以做到在较准确地核定低保申请人家庭收入的基础上,原则上按照申请人家庭年人均纯收入与保障标准的差额发放低保金;而在广大的中西部地区和部分东部地区,由于农村居民收入渠道比较多,生产经营活动形式多样,家庭收入难以准确核算,但困难家庭的情况左邻右舍都清楚等实际情况,通常是在初步核查申请人家庭收入的基础上,更多地依靠民主评议等办法来确定低保对象,并采取按照低保对象家庭的困难程度和类别,分档发放低保金。

在制度执行中,农村贫困人口中的老年人、残疾人和孤儿,还可以享有农村低保中的特殊服务。这类服务的特殊性主要体现在下列两个方面:一是如果他们存在收入水平更低、生活处境更困难的状态,将按照分类施保的原则,给予相对较高的实际补助水平;二是如果他们申请低保和领取低保金行动不便,可以委托自己的赡养人、监护人以及邻居来代领,基层的民政干部和基层自治组织干部也可以上门服务。在农村低保制度的实施工作上,各级政府应更加关注这些特殊困难群体享受这项制度时的便捷性。

为执行好农村低保制度,应当坚持公平公正公开原则,在农村基层,尤其要防止优亲厚友、徇私舞弊的事情发生,防止将不符合条件的人纳入农村低保之中。在国务院制定的相关操作规范安排中,一再强调三榜公示,即村级收入调查和民主评议情况要公示;乡镇政府对低保制度收入的核查情况要公示;县级民政部门对于低保对象的审批结果要公示。通过公开来达到公平、公正,使这项制度得到落实。

(3)资金保障。低保资金是开展农村低保工作的关键,为切实保障低保资金来源稳定,落实到位,当前我们应着重抓好以下工作:首先,明确各级政府责任,将低保资金纳入财政预算范围。在农村低保资金的筹集上,政府应加大财政投入,增加中央和省级农村低保资金财政预算,建立农村低保资金稳定的增长机制,将农村低保和城市低保统一研究,加大保障力度,努力实现应保尽保;其次,开设专门账户,建立统一的发放渠道。农村低保资金不仅应列入各级财政的预、决算,而且各级政府还应当建立农村低保的专门账户,由民政部门统一管理,调节分配。力求通过省级农村低保工作的"上统筹、下整合",实现经办机构、服务网络和工作程序便民化、规范化和集约化,形成统一的网络体系,使救助对象不被遗漏,享受待遇公平。各级政府有关部门应通过规范和完善资金管理制度,保证专款专用,推行由代理金融机构直接发放低保金的办法,确保低保金能够及时足额地发放到低保户手中。针对有些地方财政困难,存在低保金拖欠的问题,农村低保工作必须把筹集资金、建立稳定的低保资金保障机制放在首位。实践中,为实施农村低保,各地普遍建立起了以地方财政投入为主的资金筹措渠道。自 2007 年起,中央财政安排了专项资金对财政困难地区给予适当补助。各地普遍实行资金专项管理制度,严格专账核算,专款专用,严禁挤占挪用。

(4)低保金发放管理。为保障农村困难群众能受到公平对待,民政部要求农村低保管理部门务必做到低保政策、低保对象、低保标准、低保水平四公开,让群众明明白白地参与到农村低保工作中来。低保金原则上按照申请人家庭年人均纯收入与保障标准的差额发放,也可在核查申请人家庭收入的基础上,按照其家庭的困难程度和类别,分档发放。在核算申请人家庭收入时,为处理好低保政策与其他生活救助政策的衔接,发挥各项支农惠农政策的整体效益,保证群众业已享受的福利待遇不降低,各地一般都规定申请人家庭按国家规定所获得的优待抚恤金、计划生育奖励与扶助金以及教育、见义勇为等方面的奖励性补助,一般不计入家庭收入。同时,为减少资金发放环节,杜绝挤占、挪用低保金,国务院还要求各地加快推行国库集中支付方式,为低保对象建立家庭账户,通过银行、信用社等金融服务机构,直接、及时地将低保金发放到户,管好用好困难群众的"救命钱",确保每分钱都发到低保对象手中。

2.农村五保户救助制度的现状

低保制度建设在我国农村的逐步兴起和普及,对改善农村贫困人口的生活状况,维护农村社会稳定,促进农村经济社会持续协调发展发挥了重要的作用。在推进农村最低生活保障的同时,民政部还采取一系列措施,进一步做好农村五保供养工作,切实保障好农村中无劳动能力、无生活来源以及无法定赡养、抚养、扶养义务人,或者其法定义务人无赡养、抚养、扶养能力的老年人、残疾人和未成年人的生活。民政部力图通过组织《农村五保供养工作条例》执法检查,督促各地落实对农村五保供养的资金投入,尽快将符合条件的人员全部纳入供养范围,实现"应保尽保"。进一步做好农村五保供养与新型农村合作医疗、农村医疗救助制度的衔接,多方解决农村五保供养对象的看病就医问题。

农村五保户救助简称五保供养,是农村为缺乏劳动力、生活没有依靠的鳏寡孤独残疾者提供生活帮助和照顾的一项制度。1994 年 1 月,国务院发布了《农村五保供养工作条例》(以下简称《条例》),对五保供养工作的原则、供养对象、供养内容、供养形式和五保工作的监督管理等做了规定。它是建国以来第一部全国性的农村五保供养法规,使这项工作走上了有法可依的轨道。2006 年,国务院修订并正式颁布的《农村五保供养工作条例》使全国五保对象从农村集体供养转为国家各级财政供养,吃上了"皇粮"。《条例》重点修改了有关农村五保供养资金渠道的规定,明确今后五保供养资金在地方人民政府预算中安排,中央财政对财政困难地区的农村五保供养给予补助。这一规定将农村最困难的群众纳入了公共财政的保障范围,实现了五保供养从农民集体内部的互助共济体制,向国家财政供养为主的现代社会保障体制的历史性转变。

(1)五保供养的内容。所谓五保,就是对五保对象在五个方面予以保障。这五个方面的保障内容和标准在不同的历史时期是不同的。在集体化时期,五保的内容是保吃、保穿、保烧、保葬和保教(儿童和少年)。实行家庭联产承包责任制后,五保供养的内容逐步演变为:保吃、保穿、保住、保医、保葬(未成年人保教)。具体体现为:供给粮油和燃料;供给服装、被褥等用品和零用钱;提供符合基本条件的住房;及时治疗疾病,对生活不能自理者有人照料;妥善办理丧葬事宜。五保对象是未成年人的,还应当保障他们依法接受义务教育。可见,五保供养是对五保对象的各个方面进行全面的保障。

(2)五保供养的对象。五保供养的对象是农村村民中符合下列条件的老年人、残疾人和未成年人:无法定扶养(抚养、赡养)义务人,或者虽有法定扶养义务人,但是扶养义务人无扶养能力的;无劳动能力的;无生活来源的。只有同时具备上述三个条件的老年人、残疾人或未成年人才有资格成为五保对象,三个条件缺一不可。换句话说,凡有法定扶养义务人,而且扶养义务人有负担能力的,不得定为五保对象,特殊情况需经过村民同意,经乡、镇政府批准。

符合五保对象条件的,先由本人向村委会(或村民小组)提出书面申请或由村民小组向村委会提名。村民委员会要派人对申请人的情况进行资格调查和审核,并经村民代表大会通过后,上报乡、镇人民政府。乡、镇人民政府根据村上报的情况予以审批,并对增加五保对象所需粮款作出预算,列入下年度统筹规划。乡镇政府批准村民为五保对象后,要按规定填写并发给《五保供养证书》。

(3)五保供养的经费来源和标准。五保供养所需资金在地方人民政府预算中安排,中央财政对财政困难地区的农村五保供养给予补助。五保供养的实际标准,不应低于当地村民的一般生活水平,或者说不低于当地村民的平均消费水平。有的地方将其具体化为不低于当地上报的上年度人均纯收入的 2/3。

（4）五保供养的性质。随着五保供养所需资金被纳入公共财政的保障范围，五保供养即具有社会救助性质。而且五保对象是农村困难群体中的最贫困者，理应成为社会救助的对象。

3. 当前农村低保中存在的主要问题

（1）保障范围偏窄，保障对象多与补助资金少的矛盾突出。实践中，很多困难户享受不到低保救助，实际上就是因为基层财政没有能力对低保资金进行配套，严重限制了农村低保的覆盖面。而且越是经济欠发达地区，贫困人口越多，需要投入的低保资金就越多。

对于地方财政配套问题，建议国家在财政体制仍未理顺的情况下，不要再要求地方进行配套，因为农村基层大多没有这个实力，结果只能是上有政策、下有对策，最终农村困难群众仍然得不到更多帮助。

（2）组织机构不健全，人员、设施无保障。为推进农村低保工作的顺利开展，我们应大力加强基层农村社会保障组织建设，将农村低保工作经费和低保金社会化发放手续费列入财政预算给予保障，并配足乡镇、街道农村低保管理工作人员。同时，应当划拨专款为各地配备微机，运用现代信息技术，及时、准确、动态地汇集农村各类困难群众的基本信息，提高办事效率。

（3）制度规范性不强，工作随意性大，低保呼唤立法指导。目前农村低保工作主要依据上级的办法、意见等来执行，没有一部统一的法律，实际工作中存在较大的随意性。尽管从过去的"临时化"救济变为制度化低保是历史性的进步，但要全面深入地推进农村低保工作，我们必须通过立法规范低保工作，使其逐步"法制化"。

为促进农村低保工作的规范化，我们应当尽快进行农村低保专门立法，完善各项具体实施细则及配套措施，不断建立健全各项管理体制和运行机制，实现由政府主导、部门协作、社会参与的工作体系。抓好基层管理服务网络建设，充分调动基层管理机构、管理人员、管理组织的积极性。

4. 完善我国最低生活保障制度的建议

最低生活保障作为社会救助制度的基础构成部分，是现代市场经济国家或地区必备的一项基本社会政策，而我国的这项制度目前还只是一个雏形，远远不能适应客观现实的发展需要。借鉴国际通行做法，我国应从以下几个方面来完善该制度：

（1）救助标准科学化。因为中国经济、社会发展极不平衡，就实际操作而言，制定一个全国统一的社会救助标准不具有现实价值，但现行政策的救助标准由地方政府自行确定,又造成了各城市间的极大差异,因此,作为负责管理社会救助的政府职能部门,应该对最低生活保障线的下限作出规定。譬如以"人均国内生产总值"(或"人均国民收入")、"人均地方财政收入"(或"人均地方财政支出")、"居民人均生活费收入"和"居民人均消费支出"等指标(均为国家统计局的现行统计指标)构成一个综合指数,将全国分成若干层次。然后组织力量进行调查研究,在每个层次中随机抽取若干城市包括大、中、小城市作抽样调查和定量分析取得数据,以便对各个层次最低生活保障线的下限提出一个对全国有指导意义的参考标准。同时,考虑到人民生活水平的逐年提高和物价水平的变动等因素,最低生活保障线应该每年进行调整。

(2)管理体制系统化。目前我国在包括最低生活保障在内的社会救助方面的人力配置(市级1—2人,区级1人,街道1人)难以适应新的形势要求,因此,在社会救助管理体制的各个层次上,尤其是基层社区,再适当地增加必要的人力资源,专门负责社会救助基金运作和管理,十分必要和迫切。上海市的经验是"管理中心下移",即把管理的重点放在直接与群众打交道的基层社区(主要是街道),整个救助工作网络的建立以街道社会救助事务所为依托;每个事务所配备2—3人,同时领导居委会的社会救助协理员。市和区两级事业机构的任务主要是档案管理,并承担一些疑难个案的调查,所以人不在多而在精。

另外,最低生活保障毕竟是最后一道安全网,它仅仅对经过层层救助后还处于特困阶段的贫困居民起"兜底"的作用。作为一种"输血式"救助方式,它不能从根本上解决贫困问题。因此,最低生活保障制度的实施应以其他社会保障方式为前提,同时辅以必要的配套措施。然而,我国目前各项配套措施尚未健全,更谈不上制度化、规范化,这种状况必须加以改变。我们应当大力实施再就业工程,发展经济,增加就业岗位,立足于开发式扶贫,在税费减免、转业培训、降低注册资金等方面采取扶助措施,促使下岗职工与失业人员包括新转移的农村剩余劳动力尽快就业、再就业。

(3)职业培训规范化。在中国经济社会转型的大背景下,下岗、失业问题不是在短时间内就可以解决的。为消除社会不安定的隐患,我们应当利用中国社会组织化程度较高的优势,把失业、下岗人员和社会新增劳动力组织起来进行转业、转岗培训和有针对性的职业技能开发;培训的基地应该设在基层社区,并与社区服务联系起来,对拒绝参加培训者可视为没有就业欲望;针对为数不少的就业竞争力弱的特殊困难群体,开展形式多样的就业援助活动,在最基层的社区层次上努力促成社会救助、就业辅导和再就业的整合,目的是使每一个社会成员都不至于脱离有效的社会支持网络而落入无助的窘境。

(4)制度框架立体化。参照国外社会救助的制度结构,最低生活保障制度可分为"基本生活救助金","特别需要救助金"和"酌情发放的救助金"三个部分:"基本生活救助金"是满足生存需求的部分,按照中国的国情,用于解决食品、穿着、交通和日常杂用等日常生活费用,这是每个被批准享受救助的人都可以享受的。"特别需要救助金"是指"视需要"而给予救助的部分,如医疗、教育、住房以及老人、病人、残疾人所需要的护理费用,等等;它所采取的方式类似于实报实销,但应该规定一个最高限额。"酌情发放的救助金"则主要是指购买比较耐用的家用物品的资金。由此而建立"综合的最低生活保障制度"。

(5)制度建设法制化。要把贫困居民获得物质帮助权由一种宪定权利真正变为现实权利,完善立法是第一步。目前关于最低生活保障制度的法律规范,国务院的行政法规是最高的层次,而该法规仅有 17 条,不足以对最低生活保障制度作出全面系统的规定。因此应加强法制建设,尽快制定《社会保障法》,将最低生活保障作为社会保障中一种重要的社会救助形式予以规定,同时有关部门应制定相应的实施细则,使最低生活保障的实施有法可依。当然,法律的实施有赖于全体社会成员的共同努力,故通过加强法制宣传,提高全体公民,尤其是特困居民的法律意识和权利意识极为重要。

(6)城乡低保一体化。长期以来,我们在农村和城市实行两套不同的管理体制,城市居民在救济款物、就业服务、医疗救助等方面明显优于农村村民——尽管同为我国公民的城乡居民,在居民身份上本没有实质区别。目前在农村仍然以传统的社会互助型救助为主,政府在解决农村贫困问题上尚未发挥应有作用。随着我国社会经济的发展,应适时在农村普及最低生活保障制度,提高保障水准,提升工作效率,真正实现最低生活保障制度的城乡一体化。

总而言之,随着政府对中国社会最低生活保障制度重要性的认识逐步加深,有理由相信,这项制度会越来越健全和完善。

(三)弱势群体的住房保障

1.住房保障的概念和特点

衣食住是人的基本生存需要,对于基本解决了温饱问题的中国人来说,居住已经上升为迫在眉睫、必须面对的生存保障第一大问题。为实现人人享有适当住房的目标,我国政府已把帮助低收入群体解决居住问题提上议事日程。在市场经济条件下,政府为帮助单纯依靠市场解决住房有困难的弱势群体而实施的一系列特殊政策措施的总称,就是住房保障制度。住房保障制度属于社会救助的范畴,其所保障的弱势群体的居住权属于基本人权的基础构成部分,因为一个人若居无定所,四处流浪,连生存都成问题,哪还谈得上生活质量与事业发展。

简单地说,住房保障制度即保障人人有房住的社会制度,通过该制度的有效运转,使住房弱势群体获益,实现"居者有其屋"的社会理想。所谓"居者有其屋",广义是指"人人有房住",狭义即指民众拥有自己的私人住房资产。而"有房住"和"拥有房产"是现实社会中普通百姓的基本追求,也是住房保障的制度目的。本研究所谓住房保障制度就是指以政府为主体,通过一定的政策手段,对社会中没有住房消费能力的中低收入家庭(即住房弱势群体)进行住房援助,以保证他们获得起码的居住条件的一系列制度安排。换句话说,住房保障是各国政府为其民众提供的公共服务,其实质特点就是由政府承担住房市场费用与居民支付能力之间的差额,解决部分居民对住房支付能力不足的问题。它是文明社会中世界各国政府维护人权应尽的基本职责。

实践中,现代各国政府为中低收入家庭提供住房保障的方式不外乎两种:一是间接帮助,如制定优惠政策,让中低收入居民购买公共住房;二是直接救助,如直接提供出租住房或给予租金补贴。总体看,提供廉租房、发放住房现金补贴、实施房贷优惠、出售低于市场价格的经济适用房,是各国政府为中低收入家庭提供住房保障最常用的几种基本形式。借鉴欧美国家的经验,我国解决中低收入家庭住房问题的基本思路之一是大力发展公共住房。目前,我国城镇居民享有的住房保障制度主要由住房公积金制度、经济适用房制度、廉租房制度、限价房制度等组成。

所谓公共住房即保障性住房,是指为了解决中低收入阶层居民的居住问题,由政府直接投资建造或以一定方式对建房机构提供补助、由建房机构建设,并以较低价格、租金向中低收入家庭进行出售、出租的住房。在我国,公共住房是指已经列入国家建设规划,由地方政府组织房地产开发企业或者集资建房单位建造,以微利价向城镇中低收入家庭出售或出租的住房。从本质上来讲,公共住房仍是一种商业性住宅,但它同时又具有鲜明的社会保障性,故属于一种公益性住宅。我国有关政策法规中将其统称为"三房",即廉租住房、经济适用住房和限价商品房(即中低价位、中小套型的普通住房)。作为社会保障性住房,其需求对象限于中低收入住房困难家庭,借助政府的土地供应和税费补贴,其售价或租金往往低于一般的市场价。住房保障的基本特征:

(1)政府的主导性。衣食住是人的基本生存需要,享有居住权、获得住房保障是现代社会居民基本人权的法律表现。对于购买力弱甚至不具备购买力的人来说,住房保障是最基本的生存保障之一,是政府应该尽最大可能提供的基础性社会福利。因此,尽管现阶段我国主要依靠市场配置住房资源,但并不等于说人人都只能依靠自己的收入买房子住,也不等于说人人都只能靠市场化竞争、自主分散决策来获取住房!对于低收入的住房消费弱势群体,政府应当实施一些特殊的政策措施,帮助他们解决居住问题。实际上,政府可通过直接投资,提供划拨土地、减免土地出让金、减免税费等政策优惠,大力建设经济适用房、廉租房、限价房(限制户型结构和售价)来保障中低收入家庭的住房需求,从而使住房保障这一公共服务的提供具有鲜明的政府主导性。

(2)对象的针对性。实践中,住房保障专门针对中低收入住房困难家庭,为解决其基本居住需要而设,因此,住房保障的对象限于中低收入住房困难家庭,他们不仅居住条件差(人均建筑面积低于社会平均水平)而且收入水平低下,无力凭借自身努力改善居住现状。除本人申请外,还需通过政府部门调查核实申请人的收入水平和住房状况,并经公示确认后,才能享受相关的优惠和补贴。由此可见,住房保障的对象范围较为狭窄,通常限于社会中无经济能力自主解决住房问题的少数群体,因而不同于我国传统的福利分房。

(3)保障的动态性。随着社会经济发展带来的工资收入、家庭就业人口、就业状况的变动,住房保障的对象也应当发生相应变化。当保障对象的收入和居住状况好转,超出保障标准后,就应当退出住房保障体系;若其收入下降、居住状况变差,则应当加大保障力度。对于因各种原因而导致住房消费能力减弱和丧失的新增住房困难家庭,则应及时纳入住房保障的对象范围。如此才能体现社会公平,真正保障无住房消费能力者的基本居住权,做到人人有房住。

2.我国现行住房保障体系及其存在的突出问题

(1)我国现行住房保障体系。我国现有的住房保障制度主要由公积金制度、经济适用房制度、廉租房制度和限价房(限制户型结构和售价)制度组成。

住房公积金是有关单位和职工个人按规定存储起来的专项用于职工个人住房消费支出的住房储金,是我国国家机关、国有企业、城镇集体企业、外商投资企业、城镇私营企业及其他城镇企业、事业单位及其在职职工缴存的长期住房储金。住房公积金制度实际上是一种住房保障制度,是住房分配货币化的一种形式。职工住房公积金包括职工个人缴存和职工所在单位为职工缴存两部分,全部属职工个人所有,两部分缴存比例现均为职工个人工资的8%。单位为职工缴存的住房公积金是职工工资的组成部分,为职工缴存住房公积金是单位的法定义务,享受住房公积金是职工的合法权利。一些单位不给职工建立住房公积金制度的做法侵犯了职工个人应享有的合法权利。

住房公积金具有两个特征:一是积累性,即住房公积金虽然是职工工资的组成部分,但不以现金形式发放,并且必须存入住房公积金管理中心在受委托银行开设的专户内,实行专户管理。二是专用性,即住房公积金实行专款专用,存储期间只能按规定用于购、建、大修自住住房,或交纳房租。职工只有在离退休、死亡、完全丧失劳动能力并与单位终止劳动关系或户口迁出原居住城市时,才可提取本人账户内的住房公积金。

廉租住房制度是指由国家出资建设的规格适当、设备齐全的住房,用低廉的可以被接受的方式向住房弱势群体提供,以保障其居住条件达到社会最低生活标准的一系列制度安排。就实质而言,廉租住房制度是针对最低收入阶层居民的一种住房保障制度,尤其是针对那些由于各种原因无力通过自身力量解决基本住房需求的人,包括鳏寡孤独、残疾人、居住困难的城市低保户等没有住房消费能力者,由国家和社会提供廉租住房来帮助他们解决基本住房需求。实践中有实物配租或提供租金补贴等不同实施方式。

经济适用房制度是指国家为解决中低收入者基本住房需求而由政府通过减免土地出让金或提供土地补贴、减免税费等方式建设保障性住房的一种制度安排。经济适用房是介于完全市场化的普通商品房和保障性质的廉租住房之间,满足中低收入阶层居民需求的住房。经济适用房通常是由政府或其委托单位组织建造和供应,政府提供一定的划拨土地和实行税收减免等优惠政策,主要由购房人承担住房费用,但房价明显低于普通商品房的一种住房。作为一种针对中低收入家庭购买自用而建造、具有保障性质的"政策房",经济适用房应当在档次、面积以及购房者收入水平上有一定限制。在完善的经济适用房制度中,政府应当对每年住房开工面积中必须包括多大比例的经济适用房作出强制性规定。作为具有社会保障性质的商品住宅,经济适用房具有经济性和适用性的特点。经济性是指住房价格相对于市场价格比较适中,能够适应中低收入家庭的承受能力;适用性是指在住房设计及其建筑标准上强调住房的使用效果,而非建筑标准。总之,经济适用房是国家为解决中低收入家庭住房问题而修建的普通住房,因减免了工程报建中的部分费用,其成本略低于普通商品房,故较为经济适用。

而限价房制度的推行则是国家在当前住房保障制度还没能完整建立,为了解决"夹心层"(收入水平超过廉租房和经济适用房的保障对象范围,却不足以凭借自身经济实力购买普通商品房的社会阶层)的住房困难,通过土地投入保障、税费减免、户型结构控制、开发商赢利水平限制等措施,控制商品房售价,以便"夹心层"也能分享社会经济改革发展成果,拥有自己的住房资产,实现安居乐业的梦想。这是国家应对房价上涨过快、超过普通消费者住房购买力的现实问题的积极尝试,通过政策法规约束、引导房地产开发商大力开发中低价位、中小套型普通商品住房项目,采用"限套型面积、限控制性价位,竞房价、竞地价"的方法增加政府指导价的住房供应,来解决"夹心层"的住房需求。

(2)我国现行住房保障体系中存在的突出问题。长期以来,在我国住房建设实践中,由于过度关注住房的市场化,住房保障问题提出时间相对较短,住房保障制度设计在实施过程中暴露出不少问题。首先从总体上看,投入不足、供不应求是当前住房保障体系最突出的问题。建设部的一项调查的统计数据显示,按 2005 年的发展水平,全国应用于廉租住房建设的资金约有 200 亿元,但实际使用的资金仅为 40 亿元。根据各地已公布的住房建设计划,"十一五"期间拟建廉租住房 144.7 万套,平均每年 28.9 万套,年度建设资金需求 285 亿元,其他低收入家庭的年度租赁补贴资金 212 亿元,全国廉租住房保障年度资金需求为 497 亿元。[①]

其次是具体制度设计不够科学、规范,配套措施不够协调、一致,实际运行和管理环节漏洞多。这在经济适用房制度的运行中体现得较为突出。就经济适用房制度而言,由于准入标准简单化、供应对象过于宽泛化,经济适用房制度很难保证那些最需要解决住房问题的中低收入家庭的优先权;在个人信用体系和住房档案不健全的情况下,资格审核容易流于形式,出现了

---

① 李乐:"住房保障体系垂直管理猜想:委员支招钱从何来",载《中国经营报》2007 年 3 月 12 日。

骗购、转让获利等现象,使经济适用房制度的公平性受到质疑;更有甚者,由于退出机制的缺位,不仅使政府投入大量财力物力兴建的保障性住房不能持续发挥保障功能,而且还导致了经济适用房"商品化",一些经济适用房再上市交易,其投资回报率甚至比商品房还高。另外,经济适用房项目建筑标准偏高的现象也比较普遍,部分城市经济适用住房套型面积偏大,销售对象审查不严格;部分开发商以经济适用房的名义开发中高档商品房,以博取经济利益,严重背离了经济适用房的初衷。由于制度的不完善、市场信息的不透明带来购买主体出现偏差,挤占了中低收入群体的购买机会,而政府投资不足、运作主体责任不明确,也使得经济适用住房难以满足低收入住房困难家庭的居住需求。

在整个住房保障制度体系中,住房公积金制度是住房分配货币化的一种表现形式,也是改善居民住房条件的一种重要手段。住房公积金制度作为一种政策性的购房支持,本该体现出对广大中低收入家庭的关照,但就其实施情况来看,覆盖面小,管理混乱,导致资金被挪用、挤占事件时有发生;而且,目前多数中低收入职工还未纳入住房公积金制度覆盖范围,住房公积金使用政策缺少向中低收入职工倾斜的制度安排,其对中低收入职工改善住房条件的支持作用尚未充分发挥,"济富不济贫"的现象相当严重。针对公积金的使用问题,国家审计署审计长李金华在作 2006 年中央预算执行情况审计报告时曾指出,"公积金的使用更多地惠及了中高收入群体,对低收入群体的倾斜力度不够,未能有效地发挥公积金在改善低收入职工居住条件方面的作用。"①

从 1998 年提出建立廉租住房构想至今,中国廉租住房制度已经走过 10 年历程。1999 年建设部曾出台《城镇廉租房管理办法》,2004 年 3 月在此基础上多部委共同颁布了《城镇最低收入家庭廉租住房管理办法》。建设部通报的数据显示,截至 2007 年 6 月,全国 657 个城市中有 586 个城市建立了廉租住房制度;截至 2006 年底,累计已有 54.7 万户低收入家庭,通过廉租住房制度改善了住房条件。但同时,我们也应看到,廉租住房制度还存在不少急需改进之处。目前,廉租住房制度存在的主要问题是,总体上覆盖面还比较小,廉租住房房源普遍紧缺,部分城市尚未建立稳定、规范的资金渠道,相当一部分低收入家庭住房问题尚未得到有效解决。目前仍有 71

---

① "住房公积金,何时不再'冰火两重天'"? 资料来源:新华网。

个城市没有建立廉租住房制度,我国廉租住房制度建设还处于起步阶段,廉租房政策在很多地方仍停留在文件中,还没有建立稳定的廉租住房资金来源渠道,部分城市财政预算安排资金不足,部分城市廉租住房制度不完善,有122个地级以上城市没有建立严格的申请审批程序等等。① 同时,根据目前的国家规定和各地的做法,廉租房的分配对象主要是具有城市户口的双困难户家庭,这一户口的限制条件将流动人口、农村进城打工的住房困难群体等排斥在外,对部分外来人口占总人口较大比例的城市如上海、广州等,不利于该部分住房弱势群体的生存,不能体现公平原则。

而限价商品房作为我国政府解决"夹心层"购房需求的重要过渡措施,由政府提供土地优惠、税费减免以及限定住房建设标准、供应对象和销售价格,体现了政府对房价的直接干预和对中等阶层拥有房屋产权的政策保障。但这种对房价的直接限制却使开发商完全失去市场风险利润,如果政府定价太低,监督程序太严,开发商认为无利可图,将拒绝投标开发;反之,若政府定价太高,监督程序不严,则无法约束开发商的行为,难以发挥政策功效。同时,一次性预先定价也缺乏科学性,因为房屋开发周期都是以年计算,期间的融资成本、建筑材料和劳动力成本等等都具有变动性和不确定性因素。

3. 我国住房保障体系的制度重构

为求克服我国现行住房保障体系的弊端,真正为中低收入者解决居住需求提供切实有效的制度保障,我们急需从以下几方面对住房保障制度进行制度重构:

(1)牢固树立"政府主导"、"适度保障"、"动态调节"的原则。首先,明确政府职责。住房是生活必需品,居者有其屋,是民众安居乐业的重要条件。关爱民生就应关注民众的住房问题,就应把保障"居者有其屋"当作政府的职责和使命。对一个国家来说,无论其商品市场化程度多高,具有公共产品属性的住房都不应被视为存在贫富差距的现实社会中的一种普通商品,都理应由政府参与主导市场供应。中外住房建设实践表明:通过市场化的方式不可能解决所有人的住房问题,中低收入家庭的住房问题必须靠发展公共住房来解决,通过政府建立健全住房保障机制,为困难家庭的基本住房需求"托底"。因此,我国住房建设应遵循"保障+市场"的模式,实行住房分类供应,保障性住房由政府提供和管理,而普通商品房由市场机制来进行

---

① 沈家文:"如何落实写进十七大报告的廉租房制度",载《中国经济周刊》2007 年 11 月 6 日。

资源配置,政府通过制定政策来进行宏观调控,建立二元管理、三分需求的房地产市场体制。所谓二元管理,即界定政府和市场"边界",住房保障与市场分离。政府更多地把责任、精力放在保障性工作上,提供、配置、监管保障性住房;而对于市场化商品房,则尽量减少行政干预,主要由市场配置。所谓三分需求,就是将安居、改善、投资这三个住房消费群体区别对待,使其各有所归。政府保障的对象是低收入者的安居型需求,通过廉租房、经济适用房等保障房来解决;中等收入者改善住房问题则可通过双限房政策得到解决;而对于投资型需求,则任其进入商品房市场去解决。只有既保障基本住房需求又鼓励通过市场竞争改善住房条件,才会有真正的社会公平,才是政府的职责所在。

其次,确立"适度保障"、"动态调节"的原则。公共住房体系的建立是一个涉及面广、难度大、周期长的系统工程,国外比较成熟的公共住房体系的建立,大都经历了数十年甚至上百年的发展。而我国对住房保障体系的探索,从1998年住房制度改革开始,只有不到十年时间。要实现"居者有其屋"这一制度目标,我们在发展公共住房时,应根据社会、经济发展水平及居民住房状况,制定明确的发展计划,有序推进,逐步完成发展目标。不仅要解决好现存的问题,更要有长远的眼光,未雨绸缪。

公共住房属于政府福利,能否公平合理地分配,直接关系到公共住房政策实施的效果。借鉴国外的经验,我国应坚持"公共住房是为最需要的人提供住房保障"的原则,建立科学、完善的准入和退出机制,以期保证公共住房分配的公平性。我国在制定住房保障体系的发展计划时应注意以下两点:首先,根据我国中低收入者比例较大的特点,短时间内全都纳入住房保障体系显然不现实,应按照"适度保障"的原则,建立多层次的住房保障体系;其次,应根据发展和需求的变化,按照"动态调节"原则,逐步扩大保障范围、提高保障水平,将保障重点从最低收入者逐步调整到中低收入者。

(2)加快法制建设,推动住房保障建设有序开展。作为一项重要的社会政策,住房保障制度需要有效的法律支持。国外的公共住房政策基本都是以法律形式出现的,公共住房体系的建立也得益于法律的强力保障。一些国家甚至把民众享有的居住权利写入了宪法,如西班牙、荷兰、葡萄牙、法国等国家的宪法都明确规定,政府各部门有责任制定住房计划,以保证下层人民的住房权利。

而我国目前已出台的法律和行政法规,很多都是遭遇市场变化时的实时应对,存在不少缺陷,不能为住房保障制度的发展完善提供有力的支持。

现阶段,国内急需出台一部综合性的住房保障法律和一系列的实施细则,用以全面推动住房保障体制建设。目前,国内某些城市已着手相关法制建设,如深圳已发布《深圳市住房保障条例》征求意见稿;成都市则于 2006 年 8 月颁布了《成都市城市公共住房制度实施方案(试行)》,及其配套的《成都市最低收入与低收入家庭住房保障实施细则》、《成都市经济适用住房销售管理实施细则》等政策性文件,初步形成了全面覆盖城市低收入家庭的基本住房保障体系。但全国住房保障体系的建立仅仅依赖地方政府的努力远远不够,我们更需要在《宪法》层面宣示居住权的基本人权地位,需要颁布统一的《住房保障法》,以此明确和保障我们的每一位国民能够分享与社会发展水平相适应的住房的权利。同时国内现有的住房保障相关制度措施也亟待落实。

(3)健全工作机制,发展公共住房,确保"人人有房住"。1)设立专门机构组织实施住房保障工作。城市基本住房保障是政府的一项重要公共职责,应该设立专门机构和管理队伍。为此,中央编办已经批准建设部独立设置住房保障与公积金监管司,全面负责全国住房保障建设;一些地方政府也纷纷设立住房保障办公室,负责组织实施住房保障工作。成都市政府还成立了专门的"住房储备中心",直接承建经济适用房项目,并预先进行供给对象的登记审查工作。① 不过,更多时候政府应当借助宏观调控手段规范房地产商的行为,间接参与保障性住房建设;或通过政策和资金扶持,让房地产商有利可图;或通过立法来强制房地产商加入投资队伍中,如规定开发商进行楼盘开发时,必须同时开发一定比例的保障性住房。②

2)多渠道保障公共住房的资金来源和建设用地需求。目前,我国政府应从下列几方面落实保障性住房的资金来源:财政一般预算安排;土地出让净收益的 10% ,若不够还可增加;公积金的增值收益,扣除管理费用、风险准备金等,剩余部分全部用于保障性住房建设;社会捐助等。对于中西部财政困难地区,则应由中央财政给予专项资金支持。同时,政府应优先保证公共住房建设用地需要,对廉租房和经济适用住房应在土地供应计划中单列,

---

① 唐茜:"政府亲自操刀,成都经济适用房开发惹争议",载《中国房地产报》2006 年 6 月 26 日。

② 莫言锋:"保障性住房:该由谁出面投资建设?"载《长江商报》2007 年 9 月 26 日。

对中低价位、中小套型普通住房的用地则须达到土地供应计划的 70%以上。①

3）明确保障对象和保障标准,建立科学、完善的准入和退出机制。其一,明确保障对象,严把准入门槛。公共住房的保障对象是中低收入群体,中低收入群体的划分标准是制定住房保障政策的一个核心问题,确定这个群体的数量有多大,是制定保障性住房准入标准和供应计划的基础。确定居民收入线是实行住房分类供应的基础,应当由各市县人民政府根据当地人均收入和人均住房水平的一定比例确定不同的具体标准,并通过开展低收入家庭住房调查,建立住房保障对象收入认定标准的动态调整机制和收入核对机制,且随着社会经济的发展,逐步扩大保障范围,做到应保尽保。

其二,科学设定住房保障标准。我国的住房保障建设刚处于起步阶段,居住面积应以"满足基本住房需求"为原则,保障性住房的设计应强调功能优先,严格控制居住面积。在目前土地资源相对紧张、供应量相对不足的情况下,加大供应才是硬道理;保障性住房应该按照面积低标准、土地高利用率的原则进行规划和建设。应当切实保证各市县新审批、新开工住房建设项目,套型建筑面积 90 平方米以下住房面积所占比重必须达到开发建设总面积的 70% 以上。在此前提下,再明确各种户型比例,制定相关执行细则。

其三,健全廉租住房制度,为解决低收入者住房困难"托底"。廉租住房的目的是努力保护低收入者的生存空间,其最大的特点就是政府供应并提供资金补贴,其主要保障对象是人均收入偏低的城镇无房户。由于用地较少、成本较低和可以反复使用,廉租住房制度被公认为是在市场经济条件下,能有效满足城市低收入者住房需求的一种保障方式。香港约有 30% 家庭靠公屋栖身,欧洲也只有一半人有自有房产。② 因此,我国应立足国情,依靠廉租房解决中低收入者居住问题,向低收入住房困难户提供合适的廉租住房;当承租户的经济收入超过廉租房保障对象标准时,即收回出租住房,规定一定时间限制,让其另觅住所搬离,暂时不能迁移者相应提高租金。政府收回的廉租房作为周转房让其他困难户入住,可充分发挥廉租房的公用资源效用。当然,一些廉租房通过一段时间后还可向承租户低价出售,以便既满足住户需要,又减轻财政负担。

---

① 沈家文:"如何落实写进十七大报告的廉租房制度",载《中国经济周刊》2007 年 11 月 6 日。

② 程汉鹏:"'居者有其屋'的和谐是政府责任",载《新疆日报》2007 年 10 月 10 日。

廉租住房保障主要有实物配租(即直接提供廉租住房)和租金补贴、租金核减(仅针对租住公房者)等几种方式。目前,各地对低保家庭基本按照缺房面积给予全额租金补贴。保障范围扩大后,对低保家庭可继续按当地的廉租住房保障面积标准和市场平均租金给予全额补贴;对其他低收入家庭,则按廉租住房保障面积标准,根据当地经济发展水平、市场平均租金、保障对象的经济承受能力等因素确定每平方米租赁补贴标准,计算补贴额给予补贴,多租不多补,少租不少补。

为解决小户型租赁住房供应总体短缺的问题,应通过政府新建、收购、改建以及社会捐赠等方式多渠道筹集房源。小户型租赁住房短缺和住房租金较高的地方,要加大建设力度。新建廉租住房主要在经济适用住房小区和普通商品住房小区中配建,建成后由政府收回或回购,也可以集中建设。同时,应积极发展住房租赁市场,鼓励建设中小户型住房出租。

4)改进和规范经济适用住房制度。明确规定经济适用住房属于政策性住房,购房人拥有有限产权。经济适用住房供应对象为城市低收入家庭;建筑面积应控制在 60 平方米左右;购房不满 5 年,不得直接上市交易,购房人因各种原因确需转让经济适用住房的,由政府按照原价格并考虑折旧和物价水平等因素进行回购;满 5 年,购房人可转让经济适用住房,但应按照届时同地段普通商品住房与经济适用住房差价的一定比例向政府交纳土地收益等价款,具体交纳比例由政府确定,政府可优先回购。购房人向政府交纳土地收益等价款后,也可以取得完全产权。政府回购的经济适用住房,继续向符合条件的低收入住房困难家庭出售。结构性矛盾突出、房价上涨较快的地区要加大建设规模,限价房可比照经济适用住房制度实施。

另外,针对我国目前公积金制度存在的管理、激励机制偏差,不是要禁止公积金缴存或者对公积金收取高额税收,而是要明确公积金对所有缴存职工的普遍的公益性质,以正确的激励机制,使公积金成为真正为民所用的高效的城镇住房融资机制。

三、弱势群体的基本生存保障

(一)弱势群体的就业保障

就业是民生之本,更是弱势群体生存与发展的根本保障。在我国这样一个人口众多、劳动力资源严重过剩的发展中国家,就业再就业问题一直是一个极为沉重的社会话题;其中,弱势群体的就业问题更是一个既沉重又敏感的世纪性难题。相对于一般社会群体尤其是强势群体而言,弱势群体是指由于个人生理、体力、脑力、知识结构、技术水平等方面优势的丧失而在经济、政治和社会生活及其就业竞争中处于弱势地位的社会群体。在愈益激烈的市场竞争中,弱势群体是一个非常需要社会关爱与特殊保护的社会人群。然而,在我国目前的社会环境下,弱势群体就业进程的推进却遇到了重重困难与矛盾。面对日趋严重的就业歧视,增强对弱势群体的就业保障,拓展弱势群体就业出路显得十分必要而迫切。这也是身处社会最底层、自身利益屡遭侵害的弱势群体的最基本的渴望与要求。在建立和完善社会主义市场经济体制,全面建设和谐小康社会的过程中,能否解决弱势群体的就业问题,将直接影响到大局的稳定和改革开放的顺利进行。

1. 弱势群体就业保障的对象

针对弱势群体的就业援助,首先需要确定的是援助对象。根据前文分析,弱势群体是一个在社会性资源分配上具有经济利益的贫困性、生活质量的低层次性和承受力的脆弱性的特殊社会群体,[1]其组成类型相当复杂,大体可分为三类:一是由残疾人、老年人和处境困难儿童构成的生理性社会弱者群体;二是由生态脆弱地区人口和灾民构成的自然性社会弱者群体;三是由下岗失业人员、高校贫困生、城市农民工和库区移民构成的社会性社会弱者群体。[2] 对弱势群体的就业援助显然不可能针对上述所有的社会弱者,而是适用于其中处于劳动年龄阶段,具有劳动能力,又有就业愿望,而失去就业资源禀赋(包括岗位、技能、资金、非歧视性的平等就业权利等)的就业困难群体。

当前,我国政府把弱势群体就业援助的对象锁定为城市下岗失业人员中的就业困难群体——其共同特点是文化素质低、年龄偏大、技能单一、家庭负担重、就业期望值高;加强对他们的基本生活保障和就业保障十分迫切、非常必要,特别是曾经为我国社会经济的发展做出过重大贡献,现在又为经济体制改革做出了极大牺牲的原国企下岗失业人员。我国现行制度对原国企失业人员主要的基本保障措施:一是加大现有社会保障的保障力度,提高原国企失业人员的失业保险待遇,着力解决他们的基本生活保障问题(在社会保障总量不足、分配失衡的情况下,需要不断完善公共财政制度,调整财政收支结构,加大财政在社会保障方面的投入,扩大社会保障的覆盖

---

① 陈成文著:《社会弱者论》,时事出版社 2000 年版,第 21 页。
② 陈成文著:《社会弱者论》,时事出版社 2000 年版,第 34 页。

面);二是采取多种就业促进措施,让原国企失业人员的家庭拥有长期、稳定的收入。即以家庭为单位,对困难的原国企失业人员家庭进行帮扶,特别是对零就业家庭进行就业培训帮助,以便逐步改善家庭所有成员的生活和社保状况。一个家庭有一个稳定的收入来源,不仅能解决该家庭的基本生活问题,更能给家庭成员以信心,获得向上流动的机会与空间。尽管原国企失业人员存在较大的同质性,但其能力、资源仍存在显著差异,应在充分实地调查研究的基础上将他们进行科学分类,针对不同的类别采取不同办法提高其收入。具体而言,对于有创业条件和能力的原国企失业人员,鼓励其自主创业,向符合条件者发放小额信贷,进行资产建设(这需要银行系统相关做法的配套、合作)。对于无条件创业,但仍有劳动能力的原国企失业人员,积极开发公益岗位,提供后勤保障、公共设施维护、社区管理等方面的岗位,如社区保洁、绿化、保安,城市管理协管员、交通协管员,公共场所的停车位、停车场的看守人员等。这样,一方面解决了缺乏技能的下岗失业人员的就业问题,另一方面也改善了社区乃至城市的自然环境、治安环境,一举数得。对于家庭有特殊困难、或无劳动能力的原国企失业人员,要切实保障低保和其他社会救助到位。

将这些承担了改革成本的原国企失业人员确定为就业援助的核心对象予以优先保障本无可厚非,但若将弱势群体就业援助的对象仅仅局限于此,其援助对象范围的界定就太过于偏窄了,比如,同样面临就业困境的进城农民工就同样十分迫切需要就业保障和就业援助。现行制度把实际上同样就业艰难的进城农民工排除在外,十分不利于农村剩余劳动力的转移,不利于建设城乡统一的劳动力市场;若不把8000多万滞留在城镇的农村外出务工人员纳入就业援助的对象范围,当他们暂时无法在城镇实现就业时,就会因孤立无援而迅速地沦入贫困境地,形成一个社会边缘群体,引发诸多的社会问题。

因此,立足现实,从长计议,就业保障和就业援助的弱者对象应当包括下列人员:(1)城镇下岗失业人员中的就业困难群体;(2)农村进城务工的就业困难群体;(3)残疾人中具有一定劳动能力和就业愿望的就业困难群体。上述弱势群体,在目前日益严酷的劳动力市场中竞争能力弱,其就业或再就业十分艰难。消极单一的生活保障并不能根本改善他们的生存环境,当务之急是实行生活保障与促进就业并重的政策,及时推出有针对性的弱势群体就业保障和就业援助制度措施。

2. 弱势群体就业保障的主要措施

根据《就业促进法》的有关规定,为解决弱势群体的就业问题,我们应当重点做好以下几方面的工作:①

(1)把就业列为国家发展的战略目标之一,积极促进弱势群体就业。当前,我国劳动力供需失衡严重,就业弹性呈下降趋势的客观事实提醒人们,不能再仅仅强调经济增长或财政增收,而应当把就业列为国家发展的战略目标之一,实行"就业优先"的发展战略。因为无论是经济高增长还是宏观经济稳定,无论是扩大内需还是对外开放,本身并非发展的目的,而只是发展的手段,其目标都是强国富民,"富民为本",故政策的核心应当是积极创造大量的不同类型的(正规与非正规)就业岗位,使经济增长能够促进就业增长。因此,创造更多的就业机会应当成为中央政府和地方政府的首要目标,就业政策应是最为优先的经济政策和社会政策。

换句话说,针对目前严峻的就业形势,我国政府应当从国情和改革的目标出发,实行"积极的劳动力市场政策",把失业救济与职业介绍、专业训练、生产自救等就业服务紧密地结合起来,使解困和再就业工作制度化。国家应当积极运用产业政策创造更多的就业岗位——这是解决弱势群体就业的根本出路,在发展附加价值高的新技术产业的同时,侧重大力发展多种所有制的中小企业,鼓励个人创业,发展灵活多样的就业方式。一方面要严格控制失业率,保障失业者的基本生活,保持社会稳定;另一方面要针对失业者特别是下岗富余职工的实际情况,加强就业信息交流,通过宣传教育,转变就业者的择业观念,借助职业培训提高劳动力素质,拓宽就业渠道,努力减少摩擦性失业和结构性失业,并对大龄下岗职工进入市场找工作制定可行的保护性政策。在促进就业的具体政策层面上,政府还需要发展公共性的服务事业,包括提供就业培训、改善公共服务设施等。同时,政府还要完善社会保障体系,通过失业保险这个安全网,保证一时找不到工作的失业人员的基本生活,并通过政府支持的培训提高他们的再就业能力。

此外,政府还应当将鼓励非正规就业作为当前重要的策略性措施。根据其他国家和地区的经验,非正规就业对缓解就业压力的作用十分明显。随着我国城镇居民收入的普遍提高和生活质量的改善,服务需求也越来越大,如家庭保姆、老人或病人陪护、接送孩子上下学、配送餐等,但我国这方

---

① 李成禹:"当前我国弱势群体的就业问题探析",载《北京大学学报》(社会科学版)2006 第 1 期。

面的供给尚远远不足。对目前国有企业下岗职工中的弱势群体(其共同特点是年龄偏大、教育程度较低、家庭负担重)来说,非正规就业恰恰可以将他们的劣势转化为优势,例如信任障碍较少,社会保障成本较低,容易接受灵活劳动时间安排和非全时工作等。尽管工资水平与劳动岗位的数量成反比是经济学的一般原理,然而,我国目前却呈现出高工资增长率与高失业率并存的状态,十分不利于劳动力自由流动,不利于贯彻就业优先的原则;而非正规就业恰恰以其工资水平普遍较低的特点,起到有效牵制工资水平增长过快和扩大就业机会的作用。但从长期来看,非正规就业的负面作用也是显而易见的,因此,只能作为权宜之计。

(2)积极建立就业服务和低保联动机制。针对我国城市低保对象(其为我国城镇弱势群体的核心构成部分)中八成有劳动能力的现状,我们应尽力借助各类就业保障措施,帮助他们通过就业摆脱贫困,恢复其自身价值和尊严,减轻财政负担,维护社会稳定。目前各省市都出台了促进低保对象就业的相关措施。有效的就业促进制度重点应在于如何鼓励有劳动能力的贫困人口主动就业、主动退出低保,在实施过程中,必须将激励制度细化和完善。

首先,加大对低保对象的就业扶持。为使免费提供的就业服务更有针对性,可要求有劳动能力的低保对象,到街道(乡镇)社保所进行就业服务登记,确定求职和培训意向,自觉接受劳动保障部门提供的职业指导、就业培训和就业推荐。街道(乡镇)社保所通过改进培训方式与培训内容,对登记人员提供有针对性的就业服务,使之真正切合低保对象的就业需要。

其次,实行就业补助。由各地结合自身实际,采取不同的补助政策。如2006年5月,重庆市规定凡城市低保对象就业后月工资低于当地企业职工平均工资标准2倍的,可申请就业补贴,一般低保对象可获得按其家庭当月核减低保金总额的50%以内的就业补贴,而特困低保对象则可获得按其家庭当月核减低保金总额的60%以内的就业补贴。就业补贴累计最多为36个月,所需资金,由市和区县(自治县、市)就业再就业资金分级负担。

再次,实行救助渐退政策。低保人员实现就业后,家庭月人均收入高于低保救济金领取标准的,其家庭可以享受一定时间的渐退帮扶补助,以缓解其就业初期存在的收入不稳定状况对其家庭生活水平的影响。缓冲期限各省市规定不同,短则3个月,长则1年不等。如2006年深圳市就规定低保人员就业后,若家庭没有脱贫,可继续领取最低生活保障救济金一年,并同时享受其他相关低保待遇。

最后,为防止福利依赖,可采取惩罚措施——明确规定有劳动能力的低保对象无正当理由两次拒不接受社区或公共就业服务部门介绍的就业岗位,则取消其就业救济资格。

(3)加强推进弱势群体就业保障的制度创新。制度创新对于弱势群体的就业保障具有重要的意义,一般来说可以具体采取以下措施:①

1)建立就业信息网络和职业介绍、指导援助制度。要在保持稳定有效的用工信息来源的基础上,将就业招聘信息网络延伸至社区、街道和居委会,为弱势群体提供更为便捷、免费的职业介绍服务。积极主动地为就业弱势群体送信息、送岗位、送指导。此外,还要根据弱势群体的特点,加强职业指导,帮助他们正确认识和评价自己,提高他们适应市场就业的能力,树立市场就业的信心。

2)加强职业技能培训和创业培训援助,实施就业承诺制度。针对素质低、技能单一、年龄偏大的就业弱势群体,要加大职业技能的培训力度,提高他们适应岗位变换的能力;而培训的技能应该是简便易学、有市场需求的实用技能,以便受培训者结束培训后能够上岗就业。对农民工的培训,要结合劳务输出、小城镇就业以及农民工返乡创业的实际需要,有针对性地提供包括短期的技能培训和资格培训等在内的形式多样的培训。政府应当对技能培训给予特殊的政策扶持,一方面在中央和地方政府财政预算中,要增加弱势群体再就业培训支出,以加强免费培训就业弱势群体的工作;另一方面采取"政府购买培训成果"的方式,从根本上提高职业培训的实际效果。对于弱势群体中有创业意识的,要采取"创业培训"的方式,通过创业培训与创业实践相结合,提高创业的成功率,具体路径可采用建立创业园区或创业孵化基地形式,为创业者提供创业指导、创业培训、政策扶持、信息咨询、创业交流等"一条龙"服务。弱势群体的职业技能培训不仅是免费的,而且要由非营利的公益机构来承担。对经过职业指导,技能培训合格,身体适合,不挑不拣的弱势群体求职者,实施就业承诺制度,保证其尽快就业。

3)建立市场就业与政府托底安置就业相结合,各项政策、制度相配合的综合治理体系。公益性的就业援助仍应通过市场化的操作方式来实现,以期促进弱势群体就业观念的更新,提高其市场竞争力。例如就业门槛低、机制灵活、就业弹性和包容性大的非正规就业形式包括临时工、季节工、劳

---

① 王朝明:"社会弱势群体与就业援助制度",载《财经科学》2002年第4期。

务工、钟点工、派遣工等,就是较为适合弱势群体的市场就业选择。当然对于一些就业特困行业和地区,比如老工业基地、"三线"军工企业和煤产资源衰竭的煤矿城市或地区,属于当前下岗失业压力之下最脆弱的部位,应该由政府采取托底安置就业的办法来解决燃眉之急,比如通过政府购买公益性岗位、实施异地转移性就业、以工代赈等形式来安置这类行业和地区的就业特困群体,为这类特殊群体打造快速就业的专用"绿色通道",解决其相当尖锐的就业矛盾。实践证明,由政府直接创造就业机会安置弱势群体的办法,其成本大大低于弱势群体的最低生活保障,并且可操作性也较强。

从现有的经验来看,政府可采取三种方式为城市低保对象创造就业岗位:一是政府直接投资兴办公共服务工作项目,如市容整治、防疫防灾等;二是政府出资购买公益性岗位,如社区环境保洁、社区保安、社区车辆看管、小区物业管理等;三是培植低保对象自己的就业组织,如小额贷款组织、社区公共服务社等。

针对当前社会现实,建议开展以社区为基础的支持性就业项目,如小区物业管理、保安、保洁等社区工作岗位,促进有劳动能力低保对象的就业再就业。这样,有劳动能力低保对象的保障待遇在支付方式上从现金资助转化为推动其工作的劳动津贴,既能解决城市低保对象的就业问题,又有助于改善社区基础设施和管理。应当说,为城市低保对象的支持性就业项目,正日益受到政府的高度重视,其社会效益也很明显。

3. 加强相关的政策、制度配套,确保就业保障收到实效

为确保弱势群体就业援助制度得到有效实施,还需要各种相关的政策、制度的积极配合,主要涉及下列几方面:

第一,为促进弱势群体就业的税收、工商、城建、消防、卫生防疫、市场行政性管理等各项优惠政策,必须按照中央的规定,实实在在地落实到基层,以支持和维护弱势群体自主创业、自谋职业所必需的政策环境。

第二,要建立促进城镇弱势群体自主创业的小额贷款制度。弱势群体自主创业和自谋职业,资金问题是关键。促进城镇弱势群体就业小额贷款要在借鉴农村小额信贷经验的基础上,针对资金来源、担保方式、还款机制等方面创造出适合城镇弱势群体特点的信贷制度,以为弱势群体创办小型或微型企业、家庭作坊、社区服务业、个体经济及其他自我就业形式提供必要的资金保障。

第三,建立健全社会保险相关法律制度,为弱势群体就业安全提供基本保障。基于现行社会保险管理在费用征缴、待遇支付等方面皆针对正规就

业人员而制订,明显不适合非正规就业中的各种灵活就业人员的特点,社会保险管理制度应当降低制度门槛、增加制度可选择性、简化程序、改革管理方式,以适应就业结构的调整和就业格局的转变。积极开展形式多样、针对性强的公共就业服务活动,包括对有特殊需求的灵活就业人员开展社会保险关系接续援助和劳动保障事务代理援助等。

(二)弱势群体的医疗保障

1.弱势群体医疗保障的涵义和特点

WTO 在《阿拉木图宣言》中指出:健康是基本人权,达到尽可能高的健康水平,是社会范围内的一项重要的社会指标。而疾病却是每个社会成员在生命的各个阶段都可能遭遇而无法预知、不可避免的终身风险,特别是伴随工业化而来的环境污染和人类生活方式的改变更是加剧了这一风险;而复杂的致病机理和高昂的医疗成本则使得单个社会成员仅凭自己的微薄之力难以有效化解此疾病风险。因此,由现代国家运用社会资源对疾病风险进行防范,对于保障公民的基本人权非常重要。

现实生活中,陷于生存困境的弱势群体,由于收入水平低,消费水准低,营养不良,心理压力大,罹患疾病的概率更高,而疾病又会进一步削弱其谋生能力,更易深陷"因病致贫""因贫致病"困境,从而加剧社会的不平等。而获得包括基本医疗救助在内的社会救助是宪法赋予公民的基本人权,政府有义务为弱势群体享受基本医疗保障提供制度保证。易言之,法治化国家应当通过立法建立弱势群体的社会医疗救助制度,以保障其基本生存权。因此,世界各国皆立足各自国情为弱势群体选择不同的医疗保障制度模式,其终极目标是根据不同个体的需求来分配医疗资源,以实现社会福利最大化。

弱势群体社会医疗救助是指由政府从财政、政策和技术上为贫困人群中的疾病患者提供某些或全部基本的医疗健康服务,以改善贫困人群健康状况的一种社会救助项目。就其实质而言,社会医疗救助是在政府支持下,依靠社会力量建立的,主要面向特殊困难群体的医疗救助制度,其直接目的是解决特殊困难群体无力支付医疗费用、难以享受基本医疗服务的问题,促进社会公平与和谐。因此,社会医疗救助不强调权利与义务的对等,其资金主要来源于财政拨款和社会捐赠。社会医疗救助的对象限于处于生存困境的弱势群体,主要是无固定收入、无生活依靠、无基本医疗保险的老年人、失业者、残疾人,以及生活在最低生活保障线以下的贫困者。

实践中,我国城乡社会医疗救助制度是指通过政府拨款和社会捐助等多渠道筹资建立基金,对患大病的农村五保户和贫困农民家庭、城市居民最低生活保障对象中未参加城镇职工基本医疗保险人员、已参加城镇职工基本医疗保险但个人负担仍然较重的人员以及其他特殊困难群众给予医疗费用补助(如无力参保的贫困农民家庭可申请农村医疗救助资助其参加当地新型农村合作医疗)的社会救助制度。

社会医疗救助制度的基本特点:一是所覆盖的人群为特定困难人群,如残疾人、退休老年人或儿童等社会弱势群体;二是资金来源主要依靠政府的财政预算,其次也包括社会募捐和特别捐税补助,其中,政府的财政预算是社会医疗救助资金的最主要来源;三是保障项目涉及医疗费用支付、医疗保健服务、家庭护理等多个方面,但所提供的救助往往是最基本的。社会医疗救助制度在实施救助时,应遵循满足基本医疗需求、限定困难群体、紧急病症优先和加入社会医疗救助活动者及其家属优先享受等原则。在经济条件好、财政负担能力强的地区,要逐步建立主要由政府财政支持的社会医疗救助制度。

当前,我国社会医疗救助主要有三种形式:一是提供社会医疗救助金,给救助对象以经济补偿;二是给医疗机构一定的经济补贴,使其直接减免救助对象的部分医疗费;三是由社会医疗救助机构举办专门医疗机构,免费为救助对象提供医疗服务。

2.我国社会医疗救助制度的历史发展和现状

(1)我国社会医疗救助制度的历史发展。随着我国经济改革向纵深推进,社会发展中的问题和矛盾日益凸现,贫困人口的医疗问题便是其中之一。研究表明,疾病是引发贫困的主要成因,因病致贫、因贫致病、贫病交加的恶性循环不仅给贫困者及其家庭成员的身心带来了沉重打击,而且成为影响社会稳定与社会和谐的重要因素。如何通过建立和实施有针对性的医疗救助制度,有效缓解贫困人口的医疗困难,满足其基本医疗需求,已成为促进我国经济社会健康发展、构建和谐社会的当务之急。

随着贫困人口医疗救助的理论研究和社会实践的深化,当前的贫困人口医疗救助理念已经从减轻贫困家庭的经济负担上升为提高贫困人口的医疗服务的公平性;从"大病救济"的理念扩展为医疗救助要保障贫困人口基本的医疗权利;从贫困救助基金的"收支平衡"提升至"社会福利效益最大化"。同时,我国对弱势群体的社会医疗救助实践也随之相应调整,逐步建立和发展起来。

与其他社会保障制度相比较,我国弱势群体的社会医疗救助经历了更为曲折的发展历程,城市和农村分别走上了不同的发展轨道。就城市而言,早在20世纪90年代初,为了解决城市贫困人口的生活问题,我国各地方政府就制订实施了城市居民最低生活保障制度,1999年国务院《城市居民最低生活保障条例》(以下简称《条例》)的颁布,标志着我国城市贫困人口的基本生活权正式受到国家法律的强制保障。但《条例》却并没有将贫困人口的医疗需求考虑在内,因为按照《条例》的规定,城市居民最低生活保障标准,按照当地维持城市居民基本生活所必需的衣、食、住费用,并适当考虑水电燃煤(燃气)费用以及未成年人的义务教育费用确定。这样,基本医疗需求就被《条例》从基本生活项目中排除了。

为解决城市居民的医疗问题,1998年国务院颁布了《关于建立城镇职工基本医疗保险制度的决定》,但其覆盖对象却仅限于城镇企事业单位的在职职工,而下岗失业人员、灵活就业人员、进城务工的农民工皆被排除在外,城市非在业的老幼病残的医疗保障权利更是被漠视,根本没有参保、缴费、享受基本医疗保险待遇的主体资格。与此同时,全国各地在推行其他社会医疗保险项目时却又都规定,必须先参加基本医疗保险,才能参加补充医疗保险,为大额医疗费用的补助设定了"门槛"。因此,尽管补充医疗保险的缴费很低,但难以通过这种形式对贫困人口的基本医疗需求提供保障。可见,我国城市中大量急需医疗救助的弱势群体被排除在现行医疗保障体系之外,其基本生存状况令人堪忧。

面对严峻的社会现实,近年来,各地政府对城市贫困人口就医问题进行了积极探索,如为城市贫困人口提供医疗救助金,并减免部分医疗费;确定一部分为城市贫困人口就医提供服务的带有慈善性质的定点医疗机构;为城市贫困人口提供低费医疗服务,设立"平民医院"、"助困病房"等。这些措施在一定范围内和一定程度上缓解了城市贫困人口就医难的问题,但对于城市贫困人口整体而言,当前的医疗救助措施仍显不足,存在的主要问题是:缺乏统一协调的实施机构或组织,救助面窄,救助额低,资金筹集困难以及各地区实施的情况不平衡等等。因此,为解决城市贫困人口看病难、看病贵的问题,应立足我国国情,并借鉴其他国家为贫困人口建立社会医疗救助制度以及通过多种形式保障社会贫困人口的医疗需求的做法,在我国,建立城市贫困人口医疗救助制度已迫在眉睫。

2005年2月由民政部、卫生部、劳动部和财政部联合下发了《关于建立城市医疗救助制度试点工作的意见》,提出从2005年开始,用2年时间在各省、自治区、直辖市部分县(市、区)进行试点,之后再用2~3年时间在全国建立起管理制度化、操作规范化的城市医疗救助制度。从此,我国才正式开始城市医疗救助制度的探索和实践,它的健全和发展还需要有个过程。

与城市居民相比,农村居民本身处于弱势,其中孤苦无依的老弱病残农民的处境则更令人堪忧,其对医疗保障的需求也更为迫切(目前贫弱农民的医疗救助归入"五保供养"和农村低保的救助范围)。尽管自改革开放以来,农民的生活水平有了很大的提高,但由于农村本来经济基础薄弱,加上近年来农民收入增长缓慢,物价上涨和各种医疗费用的提高,有很大一部分农民因病致贫,甚至一些先富起来的农民,也往往因为自己或家人的一场大病又重新陷入贫困。在农村,长期以来一直是依靠家庭的互助互济来提供医疗保障,随着家庭小型化以及农民所面对的医疗风险日益增多,家庭的保障能力显得力不从心,所以迫切需要建立社会化的农村医疗保障制度,解决农民基本医疗需求问题。尽管目前建立城乡统一的综合性的高水平的社会医疗保险的条件尚不成熟,但是建立与现阶段农村经济社会发展水平相适应的合作医疗制度,来解决农民就医看病难、看病贵的问题却较为可行。从实践看,通过新型农村合作医疗制度的构建,可有效提高农村居民的健康水平,大大缩小农村医疗救助的对象范围,为进一步建构城乡统一的基本医疗保障制度和医疗救助制度铺平道路。

目前我国农村的医疗保障,大体上有合作医疗、集资办医、统筹解决住院费及预防保健合同等多种形式,其中合作医疗是最普遍的形式。实践证明,多样化的农村合作医疗是农民群众通过互助共济、共同抵御疾病风险的好办法,也是促进我国农村医疗卫生事业发展的关键。因此,各地应积极发展与完善农村合作医疗,力争在全国大部分农村建立起合作医疗制度,并逐步提高社会化程度;同时,有条件的地方可逐步向社会医疗保险过渡,到2010年全国建立起相对完善的农村社会医疗保险制度,基本满足广大农民的基本医疗需求。

我国农村最早的合作医疗起源于20世纪40年代陕甘宁边区创立的医疗合作社。50年代中期在河南正阳县王庄乡团结社和山西高平县米山乡的农业合作社首先办起了合作医疗,1959年11月在山西翟山县召开的全国农村工作会议上肯定了农民首创的"合作医疗"办法。随后,合作医疗覆盖面逐渐上升,60年代末到70年代中期,全国90%以上的农村行政村(大队)都实行了合作医疗。所谓农村合作医疗制度指在政府和集体经济支持下,以农民互助合作为基础,按照自愿、受益和适度的原则,通过合作形式,民办公助、互助共济建立起来的满足农民基本医疗保健需求的农村医疗保健制度。政府利用其资金积累优势,建立起了以县医院为龙头的农村卫生网络,并大力开展了地方病、传染病等的预防和治疗。基层卫生机构依靠生产队公益金提取、农民缴纳保健费和业务收入(药品利润),保证了主要经费来源,实现了"合医合防不合药"的合作医疗,基本解决了农村缺医少药的问题,大大降低了农村居民的死亡率,提高了平均期望寿命。

合作医疗尽管是在计划经济体制下推行的政策,而且发展水平差异巨大,甚至某些贫困地区徒具形式,但在总体上提高了中国农民的身体素质,保证了农民的健康水平,并推动了农村三级医疗卫生网络的建设,促进了医疗保健制度结构的形成。世界银行和世界卫生组织把合作医疗称为"发展中国家解决卫生经费的唯一典范"。

从历史发展来看,合作医疗制度是由农民自发创造的,所以,产生之初具有较强的自愿性,是在农民自愿加入基础上发展起来的一种互助共济性制度。受制度产生时的条件限制,合作医疗制度设计本身带有种种先天的缺陷与不足:如合作医疗制度以合作社或人民公社为统筹单位,筹资地域窄、规模小,而且受当时经济发展水平的限制,抗拒风险能力非常有限,只能解决一些日常卫生保健和小病治疗,对于大病缺乏必要的保障力量。并且,长期以来,人们更多的是将其作为带有政治性的制度来关注,而忽视了合作医疗制度本身需要专业知识才能科学、有效、合理建立的一面。因此,合作医疗制度从产生至覆盖率的高峰时期,因制度设计粗线条,管理粗放,其繁荣也是畸形的。当党和国家把合作医疗制度运行良好与否作为政治问题来看,用政治运动的方式推行时,它的覆盖率便直线上升;反之,则会直线下降。据统计,我国农村合作医疗覆盖率1958年为10.0%,1976年达90.0%,而仅仅过了四年,1980年却突降至68.8%。目前,从全国来看,尽管大面积的合作医疗制度不存在了,但在苏南、上海地区合作医疗依然保存,而且新发展了农村劳保医疗、合作医疗保险、大病统筹等多种类型的农村医疗保障。卫生部1998年进行的"第二次国家卫生服务调查"结果显示,全国农民参加合作医疗的比重为6.5%,参加其他某种类型医疗保障的比重也达到6.1%左右。这说明,在农村地区虽然难以恢复传统的合作医疗制度,但是,在农村发展多类型、多层次的医疗保障制度是必要的,也是可行的,而且具有很大的发展空间。

至于农村居民中的特困户,包括无劳动能力、无经济来源、无法定抚养人的孤寡老人、残疾人、孤儿等,其参与合作医疗的相关费用由集体经济组织予以补助,其医疗救助被纳入农村低保救助的范围。

从短期看,城乡分离的医疗保障制度还将持续一段时间,但从长远看,将农村合作医疗纳入城市医疗保障制度体系,实现基本医疗全覆盖,实行城乡统一的医疗救助制度,将医疗救助纳入最低生活保障制度的保障范围,才是构建和谐社会的理智之选。

(2)我国现行弱势群体医疗救助制度的主要内容。首先,救助对象。根据《关于建立城市医疗救助制度试点工作的意见》,救助对象主要是城市居民最低生活保障对象中未参加城镇职工基本医疗保险人员、已参加城镇职工基本医疗保险但个人负担仍然较重的人员和其他特殊困难群众。显然,它所确定的覆盖对象范围太窄,大多数的贫困弱势群体被排除在外。因此,为真正发挥该制度对贫困弱势群体的保障功能,应当加大其覆盖对象范围,具体可包括:失业人员中未参加基本医疗保险者及其家庭,因非个人原因未参加基本医疗保险的就业人员及其家庭,低收入家庭的儿童与老年人、残疾人,已参加基本医疗保险但个人负担仍然较重的人员,同时还应包括非本地区居民但急需医疗救助的流动人口。而农村医疗救助的对象则仅限于五保户、三无人员等低保救助对象中的老弱病残。由于社会医疗救助和基本医疗保险不同,所需经费全部由国家财政负担,个人无需缴费,因此,必须对救助对象进行资格认定,以防止不符合条件的人员享受,从而加剧医疗待遇的不公平。为此,我们可借鉴低保对象的筛查办法,由基层社区负责对申请者进行资格认定——因为其最了解申请救助者的真实生活状况,有助于提高认定工作的效率。

其次,保障项目内容、救助形式与救助水准。由于现阶段社会经济发展水平的限制,我国难以像发达国家一样,向贫困人口提供较高水平的医疗保障服务,因此,我国的社会医疗救助的基本出发点应确定为"广覆盖,低水平,有重点"。广覆盖,是指社会医疗救助应覆盖绝大部分的贫困人口(尽最大可能做到应保尽保),当其因疾病、伤残而遇到生存和医疗困境时,由社会救助体系向其提供必要的物质帮助和服务;低水平,是指社会医疗救助所提供的物质帮助和服务应当既是必要的,也是最低的,以防止被救助者的逆选择行为,并体现与基本医疗保险的待遇差别;有重点,是指对于贫困人口中因患重病和疑难病者,应给予特别的物质帮助,并且发动全社会以及国际组织给予必要的捐赠与帮助。

目前,国际上对弱势群体的医疗救助大致包括三方面内容:一是医疗费用的支付;二是医疗保健服务;三是家庭护理。结合现实国情,我国的社会医疗救助项目应主要包括以下四方面内容,即必要的医疗费用的支付、经常性的医疗保健服务、对于老年人和残疾人等的家庭护理以及向被救助对象提供临时性的医疗服务。实践中,弱势群体的社会医疗救助方式较为多元化,从而既增大了救助对象获得救助的可能性,又体现了社会救助的社会性,代表着社会的进步与文明。具体措施包括医疗费用减免、临时救济、专项补助、团体医疗补助、慈善救助、设立平民医院、筹集医疗社会救助基金,等等。

再次,资金来源。中央和地方政府的财政预算是社会医疗救助资金最主要的来源。当前,我国应当通过立法明确中央和地方各自的筹资比例和责任范围,以保证资金落实到位。尤其是农村贫困地区,中央和地方政府的资金投入状况(特别是中央财政的投入状况),更是直接决定着医疗救助能否正常开展和救助水平的高低。同时,我国还需探索多渠道筹集资金的办法,包括社会筹集、国际援助、发行专项福利彩票等等;应发动全社会的力量参与社会医疗救助,将社会筹集慈善捐款、发行福利彩票等手段制度化与规范化,并且积极探索救助基金合理的运营方式,在基金保值的基础上逐步实现基金的增值。此外,我国还应尽快完善基本医疗保险制度,加大对欠费单位和个人的征缴力度,使有能力缴费的人群尽可能进入基本医疗保险之中,以减轻社会医疗救助的负担。

最后,救助待遇。按我国试点地区社会医疗救助办法的规定,受助对象的医疗救助待遇主要包括享受医疗救助现金补助和相应的医疗服务两个方面。以《镇江市社会医疗救助办法》(镇政发〔2007〕118 号)的规定为例,救助待遇具体包括:其一,本地区城乡低保人员、低保边缘人员、三无对象、五保人员、特困职工、重症残疾人以及持有残疾人证且父母没有工作的残疾学生,在按规定参加居民医疗保险和学生医疗保险时,个人免缴医疗保险费,其医疗保险费由各统筹地区本级财政全额补助,直接划拨到居民医疗保险和学生医疗保险财政专户。其二,符合规定的特困人员,在本地区各级各类定点医疗机构就医时,免收普通门诊挂号费、诊疗费;其到政府指定的公惠医疗机构就医时,在享受相应的社会医疗保险待遇的基础上,自负医疗费用同步享受政府医疗救助待遇。医疗救助对象在市区医保定点零售药店配购《社会医疗保险自购药品目录》内药品时,减收 20% 的药费。优惠减免上述医疗费用后,再按社会医疗保险的有关规定结算。

不过,医疗救助对象享受救助待遇的前提是:患病后应在医疗保险定点医疗机构就医治疗,在其他医疗机构发生的医疗费用不属医疗救助范围。

而且,医疗救助对象发生下列情况之一的,医疗费用将不予支付:打架斗殴、交通事故、服毒自杀、醉酒伤害等以及社会医疗保险规定的其他不予支付的费用。

3. 我国弱势群体医疗救助存在的问题和不足

(1)救助范围过窄,救助标准偏低。由于受救助资金的限制,目前,无论是在城市和农村,都存在救助项目单一、救助病种普遍较少的问题。很多地区只对大病(住院)有救助,并且在开展大病救助的地区,一般也只限于少则几种、多则十几种病的救助,在大病的常规种类中只占极少部分,救助范围狭窄,客观上限制了特困人口对医疗救助的利用。而且,由于受各种因素的制约,救助标准较难确定。主要原因是:贫困患者的疾病种类、严重程度不一样,并且疾病发生的偶然性较强,反复性也较大,众多的偶然因素导致医疗可控度的降低。同时,贫困患者对卫生服务的需要也是多层次、全方位的。由于医疗救助资金有限,不可能满足贫困人口的所有医疗需要,因而只能优先提供那些最基本、最重要的卫生服务,而如何对最基本、最重要的卫生服务进行界定也是目前医疗救助工作中的难点之一。目前,医疗救助的起付线设置较高,报销空间偏窄,对经济困难、疾病负担重的人群来说,则成为其利用基本医疗卫生服务的障碍。

(2)医疗救助资金来源缺乏持续性和稳定性。目前,筹资来源的渠道尽管较多,包括地方财政安排、中央支持、彩票公益金、社会捐助等,但在一些极度贫困地区地方财政预算不足或者在政策执行力上存在问题,资金不能及时拨付到位或拨付额度不足;①中央拨付款往往要求地方按照一定比例予以资金配套,而一些贫困地区由于地方财力有限,救助资金分配和财政配套成了制约救助项目顺利实施和可持续性的关键因素。② 而且,我国医疗救助资金在使用上没有医疗救助支出应占财政支出的规模界限,以至于造成各地方政府对贫困地区的卫生费用支出混乱。例如:114 个贫困地区县的县政府卫生支出占财政支出的比重达 8% 的只有两个县,占 1.76%;30.70% 的县卫生事业费占财政支出的比重低于 4%;56.14% 的县政府卫

---

① 孙晓杰、孟庆跃:"我国城市贫困人口医疗救助现状分析",载《中国卫生经济》2004第 10 期。

② 高梦滔、顾昕、张颖:"青海省与甘肃省城市医疗救助试点情况调查报告",载《卫生经济研究》2006 年第 2 期。

生支出占财政支出的比例在 7% ~ 10% 之间,该比例高于 10% 的县占 35.97%。① 在对医疗救助资金的管理中,虽然制定了严格的公证及监督程序和制度,对医疗救助金支付进行管理与监督,但在实际实施中仍然难以杜绝徇私舞弊甚至弄虚作假的现象。

(3)医疗救助资金使用率偏低。有学者指出,与医疗救助资金不足同时并存的是,目前运行的部分医疗救助项目中存在着医疗救助金使用率偏低的现象。截至 2005 年底,全国各省份共结余医疗救助资金超过 3.2 亿元,结余率为 38.3%。② 实际上,在地方财政资金紧张的情况下,各个医疗救助试点地区基本都采取了以"不崩盘"为原则的较为稳妥的策略,以至于形成了这样一个怪圈:财力不足导致救助政策制定较为谨慎,资金结余较大,使得在新一轮的资金分配上处于不利地位,资金更少,政策制定更谨慎,救助水平在低水平徘徊。

(4)医疗救助职能主体不明确,相关部门之间配合不顺,在救助的时间上也存在滞后性。医疗救助工作本应由民政部门主管,但现实中存在无人主管或多头主管的情况,求助者不知该找谁,以致求助无门。除了民政部门外,医疗救助还涉及医疗卫生、劳动保障和财政等部门,各管理主体间的协调与配合还存在很大不足。而且,我国目前的医疗救助实行定期救助,采取每季度或每半年审批一次、发放一次救助金的做法。先垫付后结算的医后救助方式存在时间上的滞后性,普遍实行的医后救助使相当多的困难群众因无法支付先期医疗费用而难以享受医疗救助政策。

另外,医疗救助的性质应当进一步明确,它是对弱势群体医疗需求的最后一道保障,是医疗保险的补充。因此,参加了医疗保险的人员中,只有享受医疗保险待遇后仍然有困难的特困人员,才能申请社会医疗救助;而不能越过医疗保险这道界线直接进入社会医疗救助,以免加重社会医疗救助的压力。

4.弱势群体社会医疗救助制度的重构

(1)明确指导思想,科学选择救助模式,走分类设计,渐进发展路径。党的十六届三中全会要求进一步建立健全社会医疗救助制度和多层次的医疗保障体系。温家宝在 2005 年政府工作报告中指出:"各地要加快建立城

---

① 蔺凤萍等:"中美医疗救助的各自特点及中国医疗救助存在的问题和对策",载《中国卫生经济》2001 年第 3 期。
② 李红星、吴建:"实施特困人口医疗救助难点初探",载《国际医药卫生导报》2003 第 21 期。

乡特殊困难群众的社会救助体系,帮助他们解决看病、住房、子女上学等实际困难。"国家发展与改革委员会发布的《医药行业"十一五"发展指导意见》,提出新的卫生体制改革目标,即 2010 年实现我国对 WHO(世界卫生组织)"人人享有卫生保健"的承诺,所有居民全部享有基本医疗保障。因此,构建城乡统一的弱势群体社会医疗救助模式应当是设计我国相关制度的重要指导思想。

由于我国经济发展水平的地区不平衡,各地区弱势群体的分布状况和医疗需求各不相同,因而在推行贫困人口社会医疗救助时,我们只有选择一个适宜的制度模式,实施差异化的医疗救助推进策略,方能取得较好的效果。在进行具体制度设计时,各地应根据各自财政实力选择是"管大病"还是"大病小病都管"。所谓"管大病"(即大病救助),就是指社会医疗救助只为贫困的弱势人群的大病医疗开支提供部分报销,其具体做法一般是确定若干病种,然后对符合资格的患病者进行事后救助;所谓"大病小病都管"(即综合救助),则指社会医疗救助不仅应该为贫困人群的大病医疗开支提供资助,而且还应该帮助贫困人群提高初级医疗卫生服务的可及性和利用率。[1]

结合各试点地区的具体实践看,我国对贫困人口的社会医疗救助应当根据各地社会经济的发展水平,分类设计医疗救助内容,而不能搞"一刀切",设定划一模式。如在经济最困难地区的医疗救助可只包括基本医疗服务和临时性医疗补助两个部分;有条件的地区则可在此基础上,补充"高医疗费用(住院)"救助,形成基本医疗服务、住院救助和临时性医疗补助三结合的模式;在经济最发达的地区则应建立相对完整、较高水准的社会医疗救助模式,具体救助内容可包括:基本医疗服务、公共卫生、住院救助和临时性医疗补助等。在此基础上,总结适宜各类贫困人口的医疗救助模式,并研究如何基于现行模式渐进发展的政策路径。

在具体试点中,需着重抓好以下三点:首先,在制度设计层面,应当尽量采用"综合医疗救助"模式。正如上文所言,实践中社会医疗救助可分为"大病救助"和"综合救助"两种模式。实行大病救助模式,贫困人群的大病医疗开支(基本上是住院费用)可以在当地民政部门获得部分报销;实行综合救助模式,当地民政部门则应先确定医疗救助的受益人和给付结构(又

---

[1] 顾昕、高梦滔、张欢:"医疗救助体系与公立医疗机构的社会公益性",载《江苏社会科学》2006 第 3 期。

称"服务包"），受益人在接受医疗服务时只需支付自付部分。综合救助模式的服务包中一般既包括门诊也包括住院服务，而且还包括一些其他的初级卫生保健，例如妇幼保健、预防服务等。两相比较，综合救助模式更能够保障低收入群体大病、门诊、保健等多方面需求，并且它属于事先救助模式，即免除了先付医疗费再报销的资金压力，因此应当作为我国社会医疗救助制度的优先选择。但是由于很多地方担心实施这一模式需要花很多钱，害怕各地政府财力无法承受，以至于目前我国仅有北京、上海、重庆、天津、辽宁、江苏、贵州、陕西、宁夏等9个省份采用综合救助模式。不过，根据测算，若实施综合救助模式，全国仅需要财政拨款大约108亿元，而所需资金占各省地方财政支出的比重最低者仅为区区0.06%，最高者也不过是1.72%，完全在可承受的范围之内。①

其次，依托社区卫生服务提供医疗救助。一般说来，社区卫生服务具有三个优势：一是采用适宜的技术和基本药物提供基本医疗卫生服务，价格便宜；二是社区卫生服务站点分散在各小区内，病人就医方便，对于特殊病人可提供上门服务；三是社区医生通过建立社区病人健康档案，签订保健合同等形式，掌握社区居民的健康状况，并提供连续性的健康照顾。

再次，建立可相互转诊的多级卫生服务体制。根据国外和我国成都、沈阳等医疗试点城市的经验，可以建立福利医院、社区医院和社区卫生服务三级体制。贫困者患病应该首先到社区卫生服务点就医，如果社区卫生服务点不能医治，应将病人及时送往社区医院，若社区医院仍不能治疗的再送往福利医院。这样既能使贫困者得到治疗又有利于充分利用现有资源并降低医疗成本。这种医疗救助体制的设置体现了人道主义关怀，可以满足不同贫困者的不同医疗需求。

（2）有效整合各类资源，促进医疗救助体系的科学化。弱势群体社会医疗救助涉及的参与主体众多，环节复杂，在试点基础上通过国家立法强制推进，有助于协调各方力量，理顺各项关系。在当前我国社会保障体制还不健全的情况下，动员全社会和社区基层组织广泛参与，推动社会医疗救助工作的有序开展，力争加快建立我国以政府救助为主，联合社会力量解决社会贫困群体医疗保障问题的新体制。通过制定一系列严谨科学、切实可行的法律法规，使弱势群体社会医疗救助有法可依，有据可行，最终使社会医疗

---

① 顾昕、高梦滔、张欢："医疗救助体系与公立医疗机构的社会公益性"，载《江苏社会科学》2006第3期。

救助制度化、规范化和系统化。

在进行社会医疗救助相关立法和具体实践过程中,需注意结合现实国情,有效整合现有医疗卫生资源,促进医疗救助与普通卫生服务体系的交融衔接,实现弱势群体社会医疗救助与最低生活保障、医疗保险和农村合作医疗制度的协调统一。需着重做好下列两项工作:

第一,立足社区,依托社区卫生服务中心,实现医疗救助与普通卫生服务体系的衔接。针对我国地域辽阔,各地社会经济条件相差悬殊的客观现实,弱势群体的社会医疗救助应当立足社区,依托社区卫生服务中心提供医疗救助,实行医疗卫生重心下移社区的政策。建立和健全社区医疗卫生服务网络和队伍,为城乡居民提供预防、医疗、保健、康复、健康教育、计划生育技术指导服务,既能够防范性地控制影响人群健康的不利因素,方便居民就诊就医,降低医疗费用;同时还能把医疗保险、医疗救助同基本医疗卫生服务衔接起来,提高卫生资源的利用率,有利于建立高效率低成本的医疗保险、救助与服务三位一体的医疗卫生体系。[①]

第二,合理整合各类医疗卫生资源和社会保障资源,提高救助效率。正如上文所言,我国现行的最低生活保障制度并没有将贫困人口的医疗需求考虑在内,而正在重建中的城镇职工医疗社会保险制度对于解决城市贫困人口的医疗困境的帮助也非常有限,即便新型职工医疗保险制度有意将处于生存困境的城市弱势群体纳入,但是大量的城市贫困人口实质上却被排除在外,因为处于生存困境的城市弱势群体连独立维持生计都成问题,又如何负担不菲的医疗保险费?据调查,大多数贫困家庭没有任何形式的医疗保险。所以,单一的基本医疗保险制度,不可能使贫困家庭的健康得到有效保障。[②] 为此,我们需合理整合各类社会资源,使医疗救助与其他社会保障制度共同发挥保障弱势群体基本医疗需求的作用。正在推进的医疗保险改革试点是我国城乡医疗制度的一项重大改革,贫困人口理应分享这一改革成果。我们应通过多种办法,把贫困人口纳入城市医疗保险和农村合作医疗总盘子(最终目标是建构城乡统一的医疗保险体制),通过立法保障城乡贫困弱势人群享受基本医疗保险、医疗卫生服务和医疗救助。

实践中,作为农村医疗救助对象的"五保"户和农村特困户处于极端贫

---

① 时正新:"中国的医疗救助及其发展对策",载《国际医药卫生导报》2002 年第 11 期。
② 崔凤:"城市贫困人口医疗问题的现状与出路",载《青岛行政学院学报》2004 第 1期。

困状态,即使这些人由民政部门资助参加了合作医疗,但却可能因起付标准较高而享受不到相应的待遇(实际上他们甚至无力负担起付线以下的医疗费用)。而要解决农村医疗救助与新型合作医疗制度衔接的问题,就需要处理好两者的关系,即需注意做好两者之间的沟通与衔接工作。医疗救助可以借助合作医疗的力量,通过降低起付线、提高封顶线等优惠政策为特殊困难群众提供更多的实惠。同样,新型合作医疗解决不了的问题,也可以通过实施二次救助解决符合医疗救助条件的农村困难群众的看病问题。另外,不能将两者等同起来或者将农村医疗救助矮化,将农村医疗救助制度作为合作医疗的一部分来对待。更不能为追求两种制度之间的衔接,将农村医疗救助与农村新型合作医疗同步推进。①

(3)进行医疗救助管理的制度创新。首先,进行医疗救助管理体制的创新。对弱势群体社会医疗救助涉及政府各部门、医疗机构和各类社会组织等诸多方面,如何从政府管理体制、业务管理体制(民政)、服务供给体制(卫生)、社会管理和社会参与机制(社区)等多个管理环节探讨医疗救助管理效率提升的实现途径,包括如何动员地方政府加大对新型农村合作医疗和社区卫生服务的投入,完善相关配套政策,并通过改革提高新型的农村合作医疗和社区卫生服务组织、管理和监督的效率,以及如何在社区层面上加强集体合作和增强社区的责任等方面,还有诸多问题等待进一步的理论研究和实践探索。

其次,加强医疗救助管理的信息化建设。目前我国各地在试点基础上形成的各具特色、因地制宜的多样化的医疗救助模式之间还缺乏相互沟通与交融,不同模式间缺乏必要的地区信息交流平台和网络,导致一地的成功经验往往不能及时顺利地推广到全国,影响了医疗救助经验的共享和提炼,妨碍了全国统一的社会医疗救助模式的形成。为推进我国弱势群体社会医疗救助的有序发展,我们应当积极大力加强医疗救助管理的信息化建设,加大对硬件设施的财政投入和对相关管理软件的开发运用力度,提高医疗救助管理的信息化水平。

最后,学习与借鉴国外医疗救助的先进经验。无论美国等发达国家还是菲律宾、印度等发展中国家,在对穷人的医疗救助制度方面都有一些很好的经验值得我们学习和借鉴。开展医疗救助制度的国际比较研究,有助于

---

① 柳拯:"全国农村医疗救助现状、问题与对策",载《长沙民政职业技术学院学报》2005第3期。

我们学习和借鉴他人之长,少走弯路,从而避免陷入改革的误区。比如,发达国家的下列做法就很值得我们在建立城镇医疗救助制度过程中加以借鉴:1)实行医疗费用减免。即允许个人延期支付医疗费用,对医药费用提供部分或是全额的减免。2)"需方补偿"措施。卫生部门实施的"需方补偿"措施,指通过转移购买力的方法,为无力支付医疗费用的低保对象提供补助去购买规定内的卫生服务。3)指定定点卫生服务机构。由政府与定点卫生服务机构签订卫生保健保险合同,让低保对象优惠或免费享有医疗保健,政府买单;对地理位置偏远的地区,政府可利用非政府组织的相对优势提供基本卫生服务,或与符合基本卫生医疗条件的个体诊所签订卫生保健保险合同。4)药监部门的管理。加强对药监部门的管理并增加消费者获取关于合格药品与用药原理信息的渠道是一个重要的干预领域,因为贫困人群通常会大量依赖非正规渠道采购的药品。① 5)分级医疗,确定为贫困群众提供低费医疗服务的"惠民医院"、"廉价药房"等。

四、弱势群体的尊严生存保障

弱势群体的社会保障利益的公平分享,需要先确定其基础权利而后再进行识别。源于生理意义上的生存权,是一种基础的底线权利,其保障利益公平分享是一种应当由充沛的物质资源所保障实现的,其重心并不在于分配而在于落实。然而,源于发展和作为社会意义的尊严权,是一种发展的愿景性权利,其保障利益公平分享在于更多的弱势群体不断自我强化的机会供给以及社会协调,其重心在于群体的社会表达机制以及有效的机会资源分享。为此,在法律对策学的意义上,弱势群体社会保障利益的实现,应当要区分群体的权利诉求类型,并藉此推敲满足权利要求的制度设计。

(一)弱势群体社会保障利益公平分享的基础权利展开:尊严和生存权

对弱势群体的尊严和生存权进行分析,其前提须建立在对不同类型的弱势群体进行区分的基础上,才能有效把握尊严权和生存权的具体类型。关于弱势群体主流的界定,主要依据弱势群体产生的原因进行划分。一类是因自然原因形成的弱势群体,这主要是基于各种非人力因素而产生的个

---

① 贾艳等:"城市贫困居民医疗救助措施的国内外现状比较",载《福建医科大学学报》(社会科学版)2006年第3期。

人困境,如先天的残疾或智障,后天的灾害或疾病而导致的个人生活困顿;另一类是因社会原因形成的弱势群体,即各种人为作用制造出来的群体困境,如政策上的歧视,社会性的偏见,管理中的不公等等。而后一种类型,还可以细分为系统性人为因素和个人性因素所造成的弱势困境。

1. 自然原因下弱势群体的尊严和生存权

1886 年,奥地利具有空想社会主义思想倾向的法学家安东·门格尔在其代表作《全部劳动权史论》中提出新一代人权,认为人权实质上取决于人的经济基本权,即以劳动权、劳动收益权、生存权为三大方面的体系。具体而言,基于独立人而提出的经济权利,必须依靠个人劳动权和劳动收益权来获得维系生存的基本权。但是,对于因自然原因而致生的弱势群体而言,生存权显然无法依靠自力劳动而直接获得,在缺乏必要经济技能之后,生存权应当被理解为"社会成员根据这一标准具有向国家提出比其他具有超越生存欲望的人优先的、为维持自己生存而必须获得的物和劳动的要求权利",这种由个人按照生存标准提出而靠国家提供物质条件保障的权利就是生存权。① 因此,自然原因下的弱势群体须先获得物质保障请求权,才能够实现其生存权。并且,这种请求权对应的是有保障能力的国家而言,或者说是一种对社会其他群体而言的基本权利,故可以被视为是当然的绝对权。当然,对于缺乏独立请求权能力者(典型如精神病人或者其他无行为能力人),这种权利可以被代为行使,由国家基层组织机构部门或者是 NPO/NGO 等来实现。当这些弱势群体无法通过请求权获得基本物质保障权时,还应赋予其独立的公力救济权,即通过人权诉讼模式,无条件地允许这类标的诉讼的当事人进入诉讼,以责令不作为的职能部门承担给予其基本生存条件的责任。这种诉讼在具体的施行层面,还可以纳入到以职能公益团体作为诉讼担当者的公益诉讼模式中,②赋予这些公益职能团体代为实施诉讼的权利,由其来直接支持这类弱势群体获得保障。

2. 社会原因下弱势群体的尊严和生存权

社会原因下的弱势群体,其实处于一种流动性的不稳定弱势群体状态。只要外部的人为条件发生改变,则他们具有回归到正常社会群体的能力基

---

① 徐显明:"生存权论",载《中国社会科学》1992 年第 5 期。

② 所谓的诉讼担当,是指本来同诉讼案件没有关系的主体,因为某种身份或者法律上的联系,而代那些不能很好履行诉讼主体身份的当事人来进行诉讼,并直接获得诉讼当事人的身份。常怡主编:《比较民事诉讼法》,中国政法大学出版社 2004 年版,第 357 页。

础。当然,如果任由这种弱势原因存在或者继续恶化,则可能会使得这种弱势被强化,导致对他们回归能力的侵蚀甚至剥夺。如长期的因为生存环境的污染而致病;又如长期的缺乏教育,而导致学习能力的退化等。如果将处于社会原因下的弱势群体进行社会意义的识别,则不能否认应将弱势者作为一个社会成员来认定。由此,"不论采取何种形式,享有权利乃是成为一个社会成员的必备要素——将人仅仅作为手段否定了属于他的一切东西,也就否定了他享有任何权利。如果他不仅仅被视为手段而是被作为一个其自身具有内在价值的个人来拦,他就必须享有权利。"①因此,社会原因下的弱势群体尊严和生存权的讨论,应当集中于对他们获得生存资源和发展机会的条件给予和保障的获得权利和请求权利上。

(二)弱势群体社会保障利益公平分享的权利系谱

从实然的角度展开对弱势群体社会保障利益公平分享的剖析,需根植于有效的弱势群体权利体系,才能使公平分享成为一种主体性行为而非被动的接纳。借助福柯系谱学的"陈述",我们可以通过对主体公平分享的权利系谱予以陈述,从而将其"起源与功能揭露出来",并实现将利益公平分享视为"正在进行中的过程而加以描述"。②

1. 生存发展扶助获得权

对因自然原因而造成的弱势群体而言,关键在于能够有效地提供满足其自我发展的资源和条件,且这种自我发展应当是涵盖并超越了生存意义(因为基本生存条件请求权可以最终解决生理生存问题),故应从尊严权方面进行拓展。"人的平等感的心理根源之一,乃是人希望得到尊重的欲望。当那些认为自己同他人是平等的人在法律上得到了不平等的待遇时,他们就会产生一种挫折感,亦即产生一种他们的人格和共同的人性遭到侵损的感觉"。③ 这种平等感的获得必须是基于整体性的个人平等,即作为弱势者强烈要求改变目前的状况,而不断同正常群体的靠拢或者趋同。因此,只有在经济意义上、身份意义上的全面发展,才能够最终实现这种平等。故而,

---

① [英]米尔恩著:《人的权利与人的多样性》,夏勇等译,中国大百科全书出版社1995年版,第154页。

② See Gavin Kendall and Gary M. Wickham, *Using Foucault's Methods*, London: Sage, 1999, P. 34.

③ [美]E. 博登海默著:《法理学:法律哲学与法律方法》,邓正来译,中国政法大学出版社2001年版,第288页。

在目前激烈竞争的现代社会中,代表社会资源配置机构的政府必须对弱势群体这种发展给予特殊的扶助,比如在发展阶段的政策倾斜、资本借予和信息帮助等,从而为该群体的自我发展提供更好的起点。

2. 公平条件请求权

在很大程度上,因社会因素而致生弱势群体的现象,实际上是一种社会制度的不公平对待。比如我国的农村务工人员进入城市工作,却无法获得与城市劳动者同等的待遇;农民工的后代接受义务教育甚至高等教育的资源分配,无论在质量上还是数量上也无法与城市户籍人口相等同。这种工作或受教育的不公平对待,实质上人为设定了地域差异下区别对待的不同标准。对此,应当将宪法的公平权作为基本人权的延伸,要求在各项民生活动中获得这种平等的待遇。鉴于目前中国的宪法救济体系尚未臻健全,宪法司法化还未有效启动,所以应有效地转向公平条件私法化的层面,赋予公平权受侵害之弱势群体相应的司法救济。此外,允许个体具有这种公平条件的请求权,且落实这种公平条件请求权的实现机制,则需要予以相应的制度设计和现实运行的保障体系。

3. 特别的社会活动参与机会

就个人能力而言,要求这些弱势群体从事社会活动,显然会超越他们的驾驭能力以及个人的意愿。毕竟,在解决基本的生存问题之前,过多地涉及社会活动未免对他们而言过于奢侈。但是,需要注意的是,社会原因下的弱势群体恰恰最缺乏对社会各项活动的有效参与,并且因欠缺群体角色的代言而导致在社会活动空间中发声甚少,更谈不上所谓的争取更多权利或者资源。这是一种社会资源分配中"弱者恒弱"的马太效应,而有效地变更则需要国家给予他们特定的参与机会和参与激励。现代民主政治的进化,为这种有效参与和群体自我形象的提升提供了契机,典型的如2008年第11届全国人大代表,很多代表团就将外来务工人员选定为全国人大代表参政议政。① 实质上,这种参与本身也是群体意义上(而不仅仅是个体意义上)的尊严权凸现。因为社会公众在识别个体时,往往首先会习惯于归类化的判定方法,即将个体进行社会属性的归类,对此,若要在群体意义上不断凸现这种社会活动的有效参与,那就需要在民众观感上改变这种认知,从而为群体的整体形象建设提供新的渠道。

---

① 参见李泓冰:"农民工纷纷成为人大代表耐人寻味",载《人民日报》2008年1月14日。

（三）弱势群体尊严生存保障的具体对策

1. 弱势群体的意见表达机制

实现正义有多种举措，最基本的是意见表达机制的供给。缺乏意见表达能力的群体，往往会被剥夺很多应得甚至是既得利益。因为利益的拥有可以分为静态和动态两个层面，就静态层面而言，往往体现在财富财产的制度设计以及进行资源分配时，待分配对象所能够有效阐释或者改变不公平现状的能力以及平台；就动态层面而言，则表现在具体施行制度意义上的资源分配，即待分配对象能够对制度的实施贯彻进行舆论监督并发表引发社会关注的能力，另外，还包括当具体施行可能造成利益冲突时，作为群体所具有的讨价还价的能力。由此可见，如何建构弱势群体的有效民主对话机制，是落实我国弱势群体资源分配的前提举措。

（1）建构有效的弱势群体组织形式。作为"原子状"的个人，是无力也不可能同强势者进行平等对话的。社会学家米尔斯曾经说过，在现代组织这个庞然大物面前，任何个人都会显得既渺小又孤单。但是，因为自身资源的局限以及组织能力的匮乏，我国弱势群体往往难以形成有效的代表群体发音的组织结构。事实上，这种缺失并不是靠弱势群体自身的力量就能够完成架构并实现具有实效意义的运行的，即使通过外部介入而设立了一个平台，亦因缺乏具有运作能力的参与人，这种平台的作用也会被架空而虚化。为此，有必要引入精英人士嵌入上述的弱势群体发声机制中，允许具有弱势关怀的且有话语能力的人士作为群体发声的代言人。

（2）落实表达的效果以及频度问题。需要注意的是，前述的"代言"制度设计，还须避免所谓的过度参与的问题。单纯依赖外部人的公益性介入，尚不足以形成对话机制。因此，这种类似于外部慈善式样态的给予性话语权形式，只会造成继续剥夺其话语权而以慈善式救济缓解矛盾，使弱势这种态势进一步扩大。因为在对话机制的形成上，完全的机会均等会产生公正性偏差，使得现代民主制度的建设存在一个怪圈，即在民主制度的初建时期，必须强调利益表达的机会均等，但实际存在的社会差异，使得机会均等主义导致了越强势者表达能力越强，甚至强势者独霸话语权的现象。因此，建立对话机制，还需要体现差别原则，即限制甚至剥夺某些强势者的话语权，扩展弱者的话语权。

2. 弱势群体的资源肯定性倾斜

德沃金指出，公民们可能被认为具有两类不同的权利：第一类是平等对待的权利，这是某些机会、资源或义务的平等分配权利；第二类是作为一个平等的个人而受到平等对待的权利,这一权利就是与其他人受到同样的尊重和关心的权利,而不是接受某些义务或利益的同样分配的权利。① 如果我们服膺这个判定,则第二类权利的实现,就应要求强势群体必须同样地去尊重和关心上述弱势群体的群体获得以及平等对待的问题。这需要社会更多地考量关于弱势群体的实质平等问题。从社会资源分配的角度出发,经济利益上的贫困性、生活质量上的低层次性和承受力上的脆弱性,共同构成了社会弱者在社会性资源分配上的同一性,其中贫困性、低层次性和脆弱性则是社会弱者的本质特征。② 从我国弱势群体的具体数据出发,亟待需要强大物质性资源的扶持。有学者根据研究认为,贫困群体的总规模约在1.3亿,据测算的约有3,000万人的城镇贫困人口,农村的8,000万贫困人口,残疾人群体的5,164万人,老年人群体(60岁及以上的老年人口)约1.3亿人(我国老年人口已经占全国人口的10%,其中,80岁以上的高龄老人有1,200万人,占老年人口的9.6%)。③ 在这个意义上,应当在社会性资源实质分配上,给予弱势群体具有惠及力的有效倾斜。

但是,如此阐释肯定性资源倾斜的分配问题,显然过于简单。由于稀缺性是目前社会资源存在的一个基本事实,在各种社会资源分配的决定中遍布着稀缺性的问题。这些决定确定特定物品的产量问题,同时也确定谁应当获得这些物品。虽然平等原则(如上德沃金所述)可以成为一种共识从而为某一特定分配方法作辩护,以避免悲剧结果的发生,但由于人们对平等原则往往具有不同的阐释和理解,而导致一般共识易受到挑战,对此,还应回到公正这一概念层面来寻求对这一问题的有效回应。④ 从我国的实际情况出发,基于社会正义本身来看待肯定性资源分配问题。不可否认的是,这种分配并不是一种资源分配本身的问题,而是一种应当分配的问题。在这个意义上,并不是借助某种平等观念而施行,而是源于肯定性分配先天具有的公正特质所带来的正当性要求。因此,强调人本身的平等并不仅仅是机

---

① [美]罗纳德·德沃金著:《认真对待权利》,中国大百科全书出版社2002年版,第300页。

② 陈成文:"论社会弱者的社会学意义",载《电子科技大学学报》(哲社版)2000年第2期。

③ 杨团:"弱势群体及其保护性社会政策",载《前线》2001年第5期。

④ 基于稀缺性而导致的选择分配,可能会引起悲哀、恐怖或者愤怒,甚至导致基本价值上的冲突。参见[美]盖多·卡拉布雷西、菲利普·伯比特著:《悲剧性选择——对稀缺资源进行悲剧性分配时社会所遭遇到的冲突》,徐品飞等译,北京大学出版社2005年版,第8—9页。

会上的分配平等。权利如"盾牌",它用以保护个人免遭那些意图推进集体目标的措施的损害,特别是对于社会弱势者来说更是如此。①

此外,除了直接的物质资源的扶持之外,还应当专门给予弱势群体特定的机会资源和信息资源,以促进实现所谓的"起跑线的公正",并最终促使他们能够融入主流的社会生活和生存竞争状态中。从我国目前的情况分析,具体需要从如下几个方面来落实肯定性资源倾斜的分配问题:

(1)加大政府财政在弱势群体民生资源方面的直接投入,依据具体的弱势群体的人口口径,直接从国家财政预算中予以拨付,并要求有能力的地方财政予以配套补足。

(2)在弱势群体的受教育资源方面,首先应改变目前单纯依据行政区划而分配相关的教育特别是职业教育和高等教育的机会,给予弱势的群体类似于美国肯定性行动中给予少数族裔②的特殊教育名额比例,人为提高他们在社会中不利的受教育劣势,以促进弱势群体融入正常的社会生存轨道中。除了名额制度,还要注意弱势群体教育资源的质量命题,避免因教育资源的巨大差距而造成事实上的落后。③ 我国可以考虑采用优质教学资源的定期流动机制,要求从事教育的人员施行期限不等的流动交换,并对相关的教育人员予以充分的培训和激励。④

(3)在就业资源方面,除了对上述肯定性行动给予名额上的保障之外,从我国目前的国情出发,弱势群体就业问题的解决,还可以同其受教育程度及能力相互衔接,有限度地考虑诸如职业教育与技工型就业岗位(特别是与弱势群体学习能力相对应的重复性技工岗位)的对接。这种衔接,一方

① 张万洪主编:《最新不列颠法律读本(英汉对照)——法理学》,武汉大学出版社 2003 年版,第 243 页。

② See Kathryn Swanson, *Affirmative action and preferential admissions in higher education*, NJ:Scarecrow Press. 刘宝存:"美国肯定性行动计划:发展·争论·未来走向",载《新疆大学学报》(哲学·人文社会科学版)2002 年 4 期。

③ 这种情况已经突出地体现在美国。如得克萨斯的埃奇伍德学区有 96% 少数族裔人口,是贫困区,每个学生的教育经费平均是 356 美元,阿拉莫学区有 19% 的少数族裔人口,相对较富,每个学生教育经费平均是 594 美元。因为经费的差异,也关系到师资力量,现在城区教师的收入要比他们郊区的同行低 25%,所以城区很难找到好的教师。姬虹:"肯定性行动与美国少数族裔的教育",载《国际论坛》2004 年第 4 期。

④ 共青团中央目前推行的大学生西部计划就是一个很好的思路,通过鼓励优秀大学生毕业后定期服务西部教育,而使得西部的教育能够在每届大学生的定期"接力"过程中,获得更好的教育资源。这一活动也获得了很好的响应。张晓琳:"9 万多名毕业生踊跃报名参加西部计划",资料来源:http://www.youth.cn。

面能够呼应弱势群体本身的受教育能力状态,促进他们更好地同工作岗位的发展相互适应;另一方面也能促使他们接受更有效的教育,拓宽就业渠道,使得弱势群体在进入执业之后,不会因自身的能力差距而同岗位要求形成落差。

3. 弱势群体的平等性社会地位固化

康德提出了"人是目的"的著名观点,认为"每个有理性的东西都必须服从这样一条规律,不论是谁在任何时候都不应把自己和他人仅仅当作工具,而应该永远看作自身就是目的。"①这实际上也是弱势者本身作为权利主体的应有之义。作为一种道德精神,人道主义原则体现了以人为本的价值观念,成为当今绝大多数国家的最高价值指向。在伦理学视野中,"社会公正主要涉及社会制度或体制的道德性质,着重阐明社会或国家在政治、经济、文化、社会生活诸方面对社会成员应负的道德责任,表达社会成员对于社会应然状态的道德期待。"②因此,将弱势群体作为社会成员来对待,特别是获得社会的平等对待,将是改善目前弱势群体的社会观感的有效举措,也是实现良好的社会人身份秩序的关键。有学者指出,社会秩序形成的力量主要依靠"强制、互惠和习俗"。③ 在目前单纯地依赖弱势群体与强势群体自身交流而无法达成互惠性关系(目前类同一种由强至弱的慈善关系)的情形下,在社会扶助弱势群体的习俗定势下,借助必要的强制力量,是形成这种平等关系认定的核心要素。为此,平等的弱势群体身份关系,需要国家给予强制性的保障,如就业的岗位配置,应单独为弱势群体预留名额;对于弱势群体的发展性资源保障上,应当给予他们足够的制度待遇,确保持续性的公平发展。

需要注意的是,这种外部力量给予弱势群体的关注和扶持,虽然能够在一定的人际交往幅度内改善弱势群体的地位现状,但作为群体本身的这种平等性地位的自我认知与自我肯定,才是一个群体能够获得自由平等之地位的力量源泉。在中国市民社会尚未臻于充分发育,中国弱势群体的自我肯定观念尚未足够成形的时候,塑造这个群体的自我平等的意识,才是最为艰难却又最有意义的。因为缺乏自我平等、自我尊严的内核,弱势群体势必自陷于权利无知的状态下,每个人仅仅依靠其分散的、无力的、难以纳入社

---

① [德]康德著:《道德形而上学原理》,苗力田译,上海人民出版社1986年版,第24页。

② 程立显著:《伦理学与社会公正》,北京大学出版社2002年版,第55页。

③ 郑也夫著:《信任论》,中央人民广播电视大学出版社2001年版,第115页。

会主流的个人性简单无权利主张性知识基础进行行动,[1]最多只是充斥于行动中的对于不平等地位的话语性抱怨。这种根源于中国传统法律人格的意识,实质上是一种义务性本位的考量——即被强制于"禁于已然之后",因此,守法避害成为意识的自觉,缺乏依法保护自己的权利观念。[2] 对此,为夯实这种权利观的群体知识认知,具体可以从如下几个方面着手:

(1)强化弱势群体权利意识的普及,特别是对文化认知能力较差之个体给予有效的认知提升。从操作层面看,单纯依靠政府本身往往会南辕北辙,这主要因于权利意识的普及往往会被地方政府"识别"为培育刁民,从而架空了地方施行意识培育的激励。鉴于此,较为有效的做法是借助独立的 NGOs 组织力量,从开启民智民识的角度,着重于权利意识的认知并鼓励基层的权利实践。这首先要敦促地方政府与此类 NGOs 合作,保障他们的组织力量能够无碍地进入到基层;其次,要促成 NGOs 所进行的权利教育对基层民众的重点渗入,鼓励底层权利实践,培育弱势群体对基层政府民生保障的资源要求的正当性共识,并在民间形成一种扶助弱势的"政府义务"观念。

(2)在制度空间上,为弱势群体的维权搭建一种便利性权利主张平台,通过实实在在的权利保护案例,通过对弱势群体个案维权的积极援助,来引导现代权利意识在弱势群体中大范围的植入。故而,倘若徒有权利意识而缺乏有效的落实保护机制,那么理想与现实的差异只会进一步刺激弱势群体的实在化权利观感,从而导致他们对虚化权利的排斥。当然,为防范费孝通先生所指出的那种"仅仅依靠乡村生活自然选择出的欲望性活动经验知识",[3]而乏有现代社会借助知识而行动的自觉,也是这种权利意识得以存在的知识根基。

4.弱势群体的身份流动机制

身份大致可以分为两类:一类是先赋身份,指的是个人因生理的原因,先天获得或者从自己的父母那里继承下来的身份,如贵族身份、黑人身份和汉族人的身份;另一类是自致身份,是个人在后天通过努力获得的身份,如

---

[1] 关于无知与行动的关系,参见:"财产权与知识利用——以经济学和哲学解释学为知识背景的初步研究",载孙笑侠、钟瑞庆等著:《复活的私权》,中国政法大学出版社 2007 年版,第 132 页。

[2] 张晋藩著:《中国法律的传统与近代转型》(第二版),法律出版社 2005 年版,第 343 页。

[3] 参见费孝通著:《乡土中国生育制度》,北京大学出版社 1998 年版,第 85—86 页。

教师、警察、律师。法律上的权利义务也多是按照具有法律意义的身份分配的,如法律对消费者权利的赋予,就是以消费者这个身份为基础的。此外,法律的普遍性即是指相同身份享有相同的权利,履行相同的义务。① 在现代社会中,除了那些纯粹的先赋身份外,身份应当是可流动的、可变更的,人们都可以通过自身的努力获得各种身份。身份是否具有可转换性,是现代社会与古代社会的标志性区别。所以,倡导对于弱势群体的尊严和生存权的保护,最终指向的目标还是改变其作为弱势群体的身份,从而使其回归到正常的社会主体身份。在这个意义上,畅通弱势群体的身份流动机制,显得尤其必要。梅因指出:"个人道德的升降往往和个人所隶属集团的优缺点混淆在一起,或处于比较次要的地位。"②所以,排除"人们不是被视为一个个人而是始终被视为一个特定团体的成员"③这种高度的群体身份附属特性,是实现弱势群体成员身份正常化的必要内容。为了防止这种因所属群体身份而造成的差异,在弱势群体成员转为正常的社会主体过程中,应当要建立的是一种对个人出身、过往经历的无差别履历准入机制。这除了要倡导高度平等的社会成员观念(解决先赋身份)外,还应当设置一种隐私保护机制,对于包括社会执业进入机制、活动参与资质、荣誉赋予条件和人格评议体系等,均有强制的隐私保护要求。对于涉及包括弱势信息在内的、同实际能力和外部表现没有联系的因素,均予以有效的摒弃。另外,梅因提出了"身份到契约"的解决路径,弱势群体的成员身份流动,也同样有赖于在社会关系流转中建构其人际交往的契约关系理念。对此,在我国目前情势下构建有效的弱势群体身份流动机制,主要措施包括:

(1)改变目前城乡二元体制下身份制度过于严格的转化体系,倡导给予已经进城的弱势群体以足够的市民待遇,并将城市的基本福利涵盖其身上。这包括了直接户籍制度上对在城市居住满一定期间,而且具有连续工作机会的外来人员给予有效的城市户籍。特别是对于这些外来人员的下一代,应当给予其"起点"身份的待遇,使他们在学龄教育阶段就能有效地获得与城市人同等的待遇。

(2)淡化城市制度上对弱势群体人为贴标签划分的痕迹,避免对弱势

① 钱大军、王哲:"法学意义上的社会弱势群体概念",载《当代法学》2004年第3期。
② 〔英〕梅因著:《古代法》,沈景一译,商务印书馆1984年版,第73页。
③ 〔英〕梅因著:《古代法》,沈景一译,商务印书馆1984年版,第105页。

群体逆向的污名化。① 污名化反映了两个社会群体之间一种单向"命名"的权力关系,而这恰恰是弱势群体难以与社会主流群体相持的一个重要方面。因此,弱势群体要完成自身的角色变迁,社会、媒体以及普通民众,均应当为这种群体角色身份的良性转变创设一种良好的进化空间,而非假"关怀"之名而实"标签"化弱势群体。这可能会使被贴上"标签"的弱势群体在意识淡薄甚或无知中"自觉"修正了"自我形象",从而逐渐接受社会对其的不良评价而走上更为边缘化的轨道。②

(3)打破强势群体的身份垄断,允许处于弱势的群体能够获得向上流动的管道,以改变自身的下位态势。可以说,这一点尤其具有突破群体自我身份龟缩心理的巨大价值和愿景作用。③ 为了有效避免韦伯所指出的"社会强势群体通过寻求增加和控制自己的社会报酬的复杂过程,来将接近稀缺资源和机会的能力限制在有资格的小群体内实现的'社会屏蔽'"这一情势的深化,应当在立法层面上主动化解这种社会排斥,鼓励身份由下往上的自有流动,并为"发展中的弱势群体"而非纯粹的"等闲弱势群体"尽快摆脱公共福利的救济供给,④提供"有效的自我发展机制"。

---

① 社会学家埃利亚斯在研究胡格诺教徒的时候,发现了一个值得注重的现象,即污名化过程,即一个群体将人性的低劣强加在另一个群体之上并加以维持的过程。See Mallett R K,Swim J K. *Bring in on: proactive coping with discrimination.* Motivation and Emotion,2005,29 (4),pp.411−441.

② 标签理论主要探究越轨行为产生的过程而非越轨行为产生的原因,认为一个人所以成为越轨者,往往是因为在社会互动过程中,在父母、老师以及社会组织处理个人的越轨行为时,被贴上诸如坏孩子、不良少年的"标签",而这些标签是一种社会耻辱性"烙印",它将越轨者同"社会的正常人"区分开来。See Becker,HS,*Labeling Theory Reconsidered*,*in Deviance and Social Control*,edited by P. Rock & M. McIntosh,London:Tavistock. 1974.

③ 社会排斥理论(social exclusion)指出社会主导群体在社会意识、制度和政策法规等不同层面对弱势群体的有意排斥,是由于主导群体依据掌握了社会权力,而不愿意被人分享。[英]戴维著:《社会学》,李强等译,中国人民大学出版社1999年版,第197页。

④ 在救助弱势群体方面,要避免一个公共福利救济的困境,就是"越穷越救济,越救济越穷"的逆向救助激励,令被救济者形成等待救济的惰性思维。改变这种状态,需要促进被救济者的自我身份认知,推进他们有效地向上流动,从而改变被动救助的逆向救助尴尬。有学者指出:"世界反贫困实践中的逆向激励问题,尤其是中国贫困地区多年来'争当穷人'的怪现象做了深入剖析,并提出了政策纠偏的初步建议——将有限的扶贫资源赋予'发展的穷人'而不是简单地给予贫困者。"李学术:"贫困中的逆向激励与政策纠偏",载《农业经济问题》2007年第2期。

五、弱势群体的教育公平保障

（一）教育公平的基本内涵和现实意义

1. 教育公平的基本内涵

教育是一种促进人的社会化和个性化的活动，同时也是一个资源消耗和自我能力增强的过程，影响着社会的整体发展和每个人的具体发展。因此，教育公平问题受到人们的广泛关注。早在 20 世纪 60 年代，教育公平问题在国外就成为研究的热点，"教育公平成为了全世界所有国家和所有与教育问题有关的人最关心的问题。"① 自 20 世纪 90 年代以来，我国社会各界对教育公平日益关注，并成为近几年中央政府工作报告关注的对象。国内的研究人员也从不同的角度对教育公平的内涵作了大量的探讨，形成了多种观点。比较流行的观点有：教育公平即教育机会均等；② 教育公平是指对教育机会分配合情合理；③ 教育公平指教育活动中对待每个教育对象的公平和对教育对象评价的公平。④ 概而言之，教育公平的基本内涵如下：

一是权利平等和机会平等，是指不分种族、阶级、阶层、收入和性别等因素，每个人都享有同等的接受某种教育权利的可能性，并根据法律赋予他们这种特定的权利，不受任何的社会排斥或歧视；二是教育过程中的质量平等，指在教育过程中每个人都应该受到较高质量的教育，包括教育经费配置、师资力量的配置和学校文化氛围的营造等等，尽可能地使每个人都能获得充分的教育；三是国家教育行政管理中的制度平等，即各级政府部门应该通过行政管理职权来保障弱势群体的教育权益，营造教育公平的制度环境，克服传统社会所遗留的教育排斥或教育歧视，尽可能地降低社会现实中存在的经济、阶层和地域差异等因素对教育公平的影响程度。

需要强调的是，教育公平是一个历史范畴，其发展有一定的相对性。在不同的国家和不同的历史时期教育公平问题的特征和重心是不同的。这是因为，在社会现实中不存在不受限制、绝对的教育公平，它必然依赖一定的

---

① ［瑞士］查尔斯·赫梅尔：《今日的教育为了明日的世界》，王静、赵穗生译，中国对外翻译出版公司 1993 年版，第 68 页。

② 章毛平："论教育公平与公平教育"，载《江苏社会科学》1997 年第 5 期。

③ 李慧："教育公平与教育效率关系再探"，载《教育与经济》2000 年第 3 期。

④ 郭元祥："对教育公平问题的理论思考"，载《教育研究》2000 年第 3 期。

社会物质条件,随着社会生产力的发展水平和人们对教育公平理念的认识程度而发生变化。在国民教育发展的初级阶段,教育公平的重心在于普及教育,保障广大学龄儿童平等地接受教育的权利。在教育初步普及之后,教育公平追求的是教育过程中的公正待遇和更高的教育质量。但是,鉴于教育公平有着巨大的现实意义,要避免它的相对性成为教育主体逃避教育职责的遁词。

2. 教育公平的现实意义

首先,"教育公平是最重要的社会公平",①是社会平等的重要基础。教育公平已经不是局部和单一的问题,而是一个关系社会公平的基础性问题。这是因为,随着经济和科学技术的发展,人们的受教育程度与职业、收入、社会地位呈正相关关系,特别是在社会竞争越来越激烈的背景之下,教育在很大程度上直接决定着社会个体的发展选择。只有坚持教育公平,尽可能保障每个社会成员的受教育的权利和机会平等,才能使社会成员得到充分的发展,从而实现社会的整体公平。

其次,教育公平是社会发展的重要基础。教育是提高经济效益的重要前提,是现实生产力产生的重要手段,也是知识经济发展和创新的重要因素。当代世界各国都普遍重视教育事业,把教育放在优先发展的战略地位。就我国当前的教育现实而言,国民教育与发达国家相比还有较大的差距,比较落后。因此,教育发展要立足于现实,高度重视城乡差异、地域差异和阶层差异,增强使命感、责任感,把促进教育公平,优先发展公平公正的教育,作为社会发展的重要内容。

最后,教育公平是建设和谐社会的重要途径。和谐社会是以人为本、实现人的全面发展的社会。社会主义和谐社会要求社会公平,这种社会公平首先是指机会的公平,包括接受教育的机会、参与竞争的机会等等。教育公平是社会成员发展起点的公平和发展机会的公平。从教育的实际效果来看,教育是社会发展的助推器和均衡器,是促进社会公平、缩小社会差别和改变社会分层的重要手段。因此,要切实贯彻教育公平的理念,充分发挥教育的公益性功能,尤其是保障弱势群体享有接受良好教育的机会,对保障社会公平、构建社会主义和谐社会具有重要意义。

---

① "教育公平是最重要的社会公平",资料来源:http://news.sina.com.cn.

（二）弱势群体教育公平保障存在的问题和原因分析

1. 地方政府对教育投入缺乏能力和动力

1993 年在制定 90 年代教育改革与发展规划时，中央政府就明确提出到 2000 年国家财政性教育经费占 GDP 的 4%，1995 年颁布实施的教育法也对此作了相应的规定。教育经费占 GDP 的比重，世界平均水平为 4.9%，发达国家为 5.1%，欠发达国家为 4.1%。然而我们国家距离这个欠发达国家的标准还差很远——2007 年仅仅是 3.32%，这还是近年来最高的。从教育部、国家统计局和财政部发布的全国教育经费执行情况统计公告来看，"2006 年全国预算内教育经费占财政支出 40422.73 亿元（2007 年《中国统计年鉴》公布数）的比例为 15.18%，比上年 14.58% 增加了 0.6 个百分点。从全国情况看，有 18 个省、自治区、直辖市预算内教育经费占财政支出比例比上年有不同程度的下降。""2007 年全国预算内教育经费占财政支出 49781.35 亿元（2008 年《中国统计年鉴》公布数）的比例为 16.26%，比上年 15.18% 增加了 1.08 个百分点。从全国情况看，有 6 个省、自治区、直辖市预算内教育经费占财政支出比例比上年有不同程度的下降。"①从以上数据来看，预算的不足限制了地方政府对教育的投入能力。然而从这种局面出现的原因来分析，也说明了各级地方政府对教育投入缺乏动力。我们认为，导致地方政府对教育投入缺乏积极性主要存在以下几个方面的原因：

（1）地方政府官员"重显绩、轻潜绩"错误政绩观的影响。俗话说，十年树木，百年树人。教育投入是一项隐性投资，是一项长期工程，很难在短期内见效。而地方政府官员的任职期也就是三五年，在这短短的几年内，对教育的投入很难起到立竿见影的效果。加之现行不科学、不完善的官员政绩考核评价制度，势必导致地方政府官员为了个人利益宁肯把资金投入到基础建设等政绩工程、形象工程上，也不愿投入到教育上。

（2）教育投入保障机制的缺失。目前我国政府对教育投入尚未形成制度化和法治化，教育投入资金的多少大多由地方主要领导说了算，这导致教育投入具有随意性，教育经费常常不到位或者被挪作他用。

（3）教育投入问责机制的缺失。地方官员常因安全生产问题、腐败等经济问题而被追究行政责任或刑事责任，却很少会因教育投入不足、投入不

---

① 教育部、国家统计局、财政部："2006 年全国教育经费执行情况统计公告"，2007 年 12 月 28 日；教育部、国家统计局、财政部："2007 年全国教育经费执行情况统计公告"，2008 年 11 月 21 日。

到位、挪用教育经费等问题而被追究责任。相反,在有些地方,政府官员挤出教育经费来搞形象工程反而会受到褒奖。

2. 教育投入的结构不合理

(1)基础教育投入不足。我国教育经费投入在基础教育和高等教育分配上呈现"倒金字塔"型,政府财政拨款过多用于高等教育,对基础教育投资严重不足。从数据统计上来看,"从 1996 年到 2002 年期间,作为基础教育的小学和中学,政府的投资比例变化不大,小学甚至还出现了小幅度的下降态势。但高等教育的投入比例却从 1996 年的 17.29% 提高到 2002 年的 22.56%,出现了较明显的上升……。在我国三级教育政府投入中,中学相对于小学的比例呈现先下降后上升的态势,1999 年以前基本呈现小幅下降,1999 年以后则呈现逐步增长,尤其 2002 年出现比较大的增长;大学相对于小学的比例则显示出不断增长的趋势,1996 年政府对高等教育的投入仅相当于对小学教育投入的 50%,到 2002 年,这一比例已达到 68%。显示出政府在教育投资上对高等教育的偏好。"①究其背后的原因,这种结果的出现与我国教育的投入体制存在直接的关系。从 20 世纪 80 年代中期,国家下放基础教育的管理权限,建立基础教育地方负责、分级管理的体制,基础教育经费主要由地方政府承担,尤其是县、乡政府。这极大地调动了地方办教育的积极性,同时也造成了一些问题。在一些经济落后地区,乡级财政能力不足,县际之间、乡际之间经济发展的不平衡直接影响了基础教育的实施,致使农村尤其是贫困地区基础教育的贫弱地位没有根本改善。个别地方财政即使是倾其所有也保证不了教育的正常开支,因而直接影响到弱势群体接受基础教育的公平。

(2)重点学校投入过多。目前不同学校教育质量存在极大差异的主要原因,在于我国长期实行的重点学校制度。重点学校制度是一种精英取向的制度安排,在一定时期对于集中有限资源培养优秀人才起到了历史性作用。20 世纪 80 年代以来,我们仍然沿袭五六十年代的思路,选择了通过激烈竞争、筛选和淘汰,以培养少数"尖子"为目标的精英路线。精英教育路线必然要求对有限的教育资源在分配上有所倾斜,重点学校制度得以"复活",并且得到不断的强化。

不同地区的不同行政区域,我们都可以看到政府对重点学校做出的

---

① 黄书猛:"公平教育与基础教育财政投入模式",载《集美大学学报》2007 年第 3 期。

"倾斜"性规定,主要体现在以下几个方面:1)在经费方面,政府的正常投入和非正常经费都大大超过了一般学校。重点学校的生均经费普遍比非重点学校的生均经费要高出 15%—30%;重点学校的人头经费(主要是教师工资)占拨款经费的比例通常在 60% 左右,而非重点学校的人头经费占拨款经费的比例通常在 80% 以上。这就意味着除掉工资,非重点学校能够用于改善教学的经费微乎其微。关于非正常经费,重点学校通常能够得到像基建费、设备费、附加费等非正常经费,而且这种非正常性经费的数额往往是比较大的,有时甚至会相当于学校全年经费的总和。对于非重点学校而言,这种非正常经费是难以期盼的。2)在设备、校舍等方面差异也同样是巨大的。我国目前各地重点学校、示范性高中的校园建设的硬件水平不仅普遍超过清华、北大等国内重点大学,而且超过了发达国家公立学校的水平。3)在师资方面,无论是师资的学历构成、师生比、晋升高一级职称的比例,还是获得进修深造的机会、取得高级职称和特级教师的荣誉等方面,重点学校比非重点学校都要优越得多,机会也多得多。这决定了重点学校在师资水平、质量上极大地超过非重点学校。可见,重点学校制度在客观上造成了我国教育事业发展的不均衡。①

在国家教育经费总量一定的前提下,国家把大量的教育资源投向部分重点学校,必然导致其他大部分非重点学校教育经费的收缩。而重点学校由于经费充足,可以按照较高的标准改善办学条件、选择优秀的教师资源以及吸引更多更好的生源,又反过来加剧了重点学校和非重点学校之间的差距。近年来,随着经济与社会的发展,人们的教育需求从"量求"转变为"质求"。在这种背景下,由于大部分学校的教育质量难以满足人们的教育需求,择校也就在各地开始盛行,并且愈演愈烈。这使那些重点学校在继续享受优惠政策的同时,还能够吸纳大量的择校费,进一步拉大了重点校与非重点校之间的差距。同时,高额的择校费也变成滋生教育腐败的温床,因为择校生的出现,实际上是和学生的家庭收入以及经济状况相挂钩,因家庭经济力量匮乏而失去择校权,实际上就是一种教育质量的不公平。在这种境遇下,弱势群体的教育公平受到了更大的伤害。

3. 教育与市场的实际需求脱节,使弱势群体就业难问题更加突出

过分看好普通高等教育的功能,忽视职业教育的作用,这种教育政策的

---

① 朱金花:"教育公平:政策的视角",吉林大学 2005 年博士学位论文,第108—109 页。

不良后果突出表现在：大学的规模发展了，但是大学的类型和内涵素质却没有同步发展；在校生人数多了，但是"大批事没人做，大批人没事做"的局面依然存在；科研项目和科研论文多了，但是大学对现代化建设的直接贡献率仍然相当地差强人意。[1]"20世纪末，政府作出了高校扩招的重大决策。经过八年扩容，我国高等学校在校生总规模从1998年的643万人，增加到2006年的1700万人。仅2006年一年时间，全国普通高校毕业生达到413万人，比2005年净增75万人，就业压力被空前放大。"[2]我国高校毕业生找不到工作的情况早在几年前就出现了，在金融危机的背景下，这一问题更加突出。毕业生人数的增加，仅仅是就业难问题出现的原因之一，教育资源的不合理配置是另一个更为深层次的重要原因。在相当长的一个时期内，对于人才的培养，我们常常聚焦于高等教育对于高端人才的培养，而忽视了职业教育对于高级技工人才的培养。当前的人才市场上，低薪工作岗位往往是高学历的毕业生人才济济，而高薪的技工岗位却找不到合适的人才，于是出现了大量的大学生毕业后再到技校"回炉"的奇怪现象。这不仅仅浪费了大量的教育资源和社会成本，而且会进一步恶化由于经济贫困、生理残疾、心理障碍、竞争失败等原因而处于不利境地的大学生弱势群体获得公平教育的社会环境，使就业难问题更加突出。

同时，由于市场经济的发展和经济发展结构的转型，企业更倾向于雇佣素质和技能水平高、工作经验丰富的高"技价比"劳动者，那些素质、技能水平低，缺乏工作经验的求职者自然会受到劳动力市场的排斥。尤其对于多数年龄偏大、文化程度不高、缺乏专长的下岗、失业人员和农民工群体而言，教育、培训工作滞后，已经成为制约他们就业和再就业的一大瓶颈。

（三）弱势群体教育公平保障的对策建议

1. 健全保障教育投入的法律法规，明确不同教育投入主体的职责，中央财政应当成为经济落后地区义务教育投入的主要来源

中共十六届六中全会通过的《中共中央关于构建社会主义和谐社会若干重大问题的决定》将坚持教育优先发展、促进教育公平摆在突出位置，提出了新形势下教育改革和发展的指导方针和重大举措。我们要认真学习领

---

[1] 俞仲文："改革开放三十年我国高等职业教育跨越式发展的经验与启迪"，载《中国高教研究》2009年第1期。

[2] 吴双："高校扩招：乐乎？悲乎"，载《新财经》2007年第2期。

会和全面贯彻落实,深化教育改革,实现教育持续协调健康发展,为构建社会主义和谐社会作出贡献。如果把教育尤其是基础教育当作一种营利性产品的话,必然会出现学费飞涨、择校风盛行、乱收费泛滥等不良后果,从而加剧教育的不公平。当前,"收费教育"已经成为中国教育健康发展最为突出的现实问题之一。[①] 因此,充分认识和坚持教育的公益性质,就要真正的把教育当作一种"公共品"来看待,就要坚决反对"收费教育"。政府作为公共服务的提供者和社会公共利益的维护者,维护教育公平是政府的一项重要责任。政府应当真正承担起提供教育公共品的主要角色,确保应受教育的人平等地接受教育、平等地享受教育。为实现这一目标,应该主要做好以下几个方面的工作:

(1)制定《教育投入法》,依法规范教育经费投入。目前我国教育投入的突出问题,一是教育总投入占国内生产总值的比重仍比较低;二是财政性教育经费对农村教育的投入过低;三是教育投入中财政性投入所占的份额与发展中国家的70%相比,仍有待提高。[②] 从世界范围来看,教育发展相对均衡的国家,都有一套规范的教育财政投入制度,而且各级政府对教育应负担的职责非常明确。我国现行的教育法律和财政法规,还没有对教育的经费投入作出明确的规定。鉴于教育经费对于教育发展的重大意义以及当前我国在教育投入上还存在的很多问题,国家应制定专门的《教育投入法》,在法律上明确规定各级政府在教育投入上的责任,确定各级政府教育经费的负担比例和具体的财政措施,避免教育投入中的随意性。

(2)由于地方政府缺乏对教育充足投入的能力和积极性,尤其是欠发达的中西部地区,中央财政应当成为义务教育投入的主要来源。《义务教育法》颁行以后,各省市依据《义务教育法》规定的要求,建立了相应的统筹保障机制,对义务教育经费的保障起到了一定的作用。有关省、市都按照国家新出台的政策制定了按项目、按比例分担的办法。比如取消杂费,省级规定省级和县级分担的比例,省级以转移支付的方式,将省分担部分下拨给县级财政,县级财政再匹配,拨给教育主管部门安排到校。从机制上看,在项目分担上,一般只安排国家新出台的政策,而教职工的工资基本上由县级财政负责。在县级教育经费中,教职工的工资占教育经费的85%以上,随着教职工工资的较快增长,仅此一项就使很多县级政府难以负担。如国家审

---

① 张英洪著:《农民权利论》,中国经济出版社2007年版,第284页。
② 李岚清著:《李岚清教育访谈录》,人民教育出版社2004年版,第53—54页。

计署对 16 个省份 54 个县(市、旗)2006 年 1 月—2007 年 6 月农村义务教育经费进行审计调查发现,部分地区未落实应由地方承担的资金 1.22 亿元。16 个省份中有 3 个省份未按规定的分担比例落实资金,少承担资金 1.08 亿元,占应承担资金总额的 8.65%。在 54 个县中,有 8 个县未按照规范落实应承担的资金 1350.58 万元,占应承担资金总额的 71.78%。① 对于中西部经济欠发达、财政困难地区的义务教育费用而言,地方应负担的部分更是难以保障,因此,中央财政应当成为中西部经济落后地区义务教育投入的主要来源。

(3)制定预算内教育事业经费的拨款标准。从经费保障角度看,推进教育均衡发展,需要根据不同地区的人均 GDP 和人均可支配收入,制定预算内教育事业经费的拨款标准。对于同一地区的义务教育学校,应当以在校学生数为标准,实行均等化拨款制度,以确保区域内部的城乡之间、学校之间获得大体相当的经费,实现教育经费均衡配置。但是,对于城乡之间、校际之间已经存在巨大差距的现状,必须通过适当增加对于薄弱学校和农村学校的投入来实现学校之间的均衡发展。

(4)建立教育经费的管理和监督机制。各级政府对教育投入是否能切实到位,必须有相应的管理和监督机制加以约束。由于目前我国缺乏规范的监管机制,导致教育资金不到位、教育投入不平衡等现象比比皆是,从而导致了教育资源配置不合理,扩大了城乡之间、学校之间的差距。因此,我们有必要健全和完善教育经费的管理和监督机制,并广泛调动社会各界力量参与到监督政府和学校教育经费执行情况中来。在这方面,关键是要做好以下几点:开展法律教育工作,提高公民个人和团体自觉遵守和执行教育法律的觉悟;严格行政执法,各级政府和教育职能部门必须在各自的职责范围履行相应的职责,保证教育事业经费投入,规范引导教育的改革与发展;加强行政系统内上级对下级的监督检查,发挥教育督导系统的日常督查作用。②

2.协调高等教育与基础教育、重点学校与一般学校的投入比例

各级政府和教育管理部门要合理分配有限的教育资源,在基础教育、职业教育、高等教育之间,在基础教育内部小学、初中和高中之间,在高等教育内部专科、本科、研究生之间都应有个合理的比例。大量的研究成果表明,

---

① "审计署公布农村义务教育经费审计结果",资料来源:http://www.nxnet.net.
② 参见钱国平:"教育公平的法律保障",载《辽宁教育学院学报》2003 年第 1 期。

在基础教育层次的投资回报要远远高于高等教育层次。我国目前非基础教育使用国家公共教育资源的比例过高,"九五"期间义务教育和普通高中教育财政支出增幅明显小于普通高等教育财政支出的增幅。就我的国情而言,目前我国还是一个发展中国家,公共教育资源重点应放在基础教育,确保国家对于基础教育的投入和增幅要高于对高等教育的投入和增幅,并向经济落后地区倾斜。国家虽然无法保证人人都接受高等教育,但应保障人人都接受良好的基础教育。

各级政府和教育管理部门要协调、合理、科学地在重点学校与非重点学校分配教育资源。由于历史的原因,面对国际间人才的激烈争夺和前沿性、关键性科技研发的压力,我国高等教育在今后相当长的时期内还难以取消对重点高校倾斜的教育政策。但是,也要要协调、合理、科学地在重点学校与非重点学校分配教育资源,不能使重点高校与非重点高校的差距过于悬殊,以至于造成不必要资源的浪费和过多伤害教育公平。在基础教育阶段,要力争取消重点学校。虽然重点学校制度的精英主义导向在效率原则的指导下实现了高升学率,但是对整个教育体系的发展与教育平等化的实现是不利的。在精英主义价值取向的导向下,重点学校势必占用大量的教育资源,而大量的薄弱学校和在其中接受教育的学生却受到忽视。这不利于社会公民平等地接受教育和提高全民素质,因而将对社会的整体进步产生威胁。[1] 因此,在基础教育阶段,政府和教育管理部门应禁止对重点学校的经费、师资、招生等实行优惠政策,促使教育资源的投入均衡化,维护教育公平,更好地实现基础教育的价值和功能。这对于弱势群体的教育而言,具有更大保障价值和社会意义。

3. 高度重视和发展职业教育,针对特定的受教育对象实施免费的职业教育

大力发展职业教育,是推进我国工业化、现代化的迫切需要,是促进社会就业和提高职工技能的重要途径,也是促进低收入弱势群体公平享受现代教育的必然要求。职业教育公平的实现是各种因素共同作用的结果,而在所有的因素中,政策因素是最为主要和关键性的因素。政策因素是对现实情况和职业教育目标进行判断和价值选择的产物,在实际中加以实施,它就会对实践的结果产生决定性作用。[2] 结合当前的社会环境,应当采取以

---

① 金生鈜:"精英主义教育体制与重点学校",载《教育研究与实验》2000 年第 4 期。

② 李延平:"职业教育公平问题研究",陕西师范大学 2008 年博士学位论文,第 151 页。

下措施加快职业教育的发展：

首先,各级政府要增加财政投入,以确保职业教育在软硬件方面的发展需要得到满足。职业教育培养的学生一旦不能满足社会和企业的要求,不仅对学生的就业和未来发展造成不良影响,损害职业教育的声誉与形象,更会影响到国民经济发展的进程。职业教育的办学成本远高于普通教育,其主要原因在于以下几个方面:(1)学生实训成本高。职业教育的学生实际操作训练课时和理论课时比例达1∶1,办学成本远远大于普通教育的办学成本。(2)教师转岗培训多。大部分职业教育的教师是从原来的普通教育中转过来的,对这部分教师需要进行实际操作技能的转岗培训,培训经费和条件仅靠学校自身难以保障落实;(3)实训设备投入成本高。职业教育需要建立各类实训基地或实训中心,所需要的设备成本高、投资大,仅靠学校自己的力量,在资金上是难以得到保障的,(4)教师再培训要求高,费用更高。好的职业教育教师不仅是学校的骨干教师,更是企业的技术顾问。职业教育对教师的再培训提出了更高的要求,这方面的投入成本相对较高。(5)实训设备需要维护和更新。随着科学技术的发展,职业教育的设备更新换代快,如跟不上时代的步伐,落后于社会的发展,这对培养学生不利。基于上述原因,各级政府应与时俱进地不断加大对职业教育的资金投入。

其次,要扩大职业教育的范围和帮扶待遇,向弱势群体倾斜。中等职业教育的服务对象不能只盯着应届初中毕业生,一定要进一步扩大招生范围。应届初中毕业生当然是主要对象,同时,往届初中毕业生、未升学普通高中毕业生、回乡农村青年、返乡农民工、退役士兵等城乡劳动者都应该成为中等职业学校的招生对象,这也是职业教育面向人人的内在要求。凡接受过九年义务教育的青年,只要愿意,不管是应届还是往届,中等职业学校的大门都要向他们敞开。中等职业学校招收的非应届初中毕业生,只要是接受正式学历教育的,就要纳入当地年度中等职业学校招生计划,就可以享受国家给予中等职业学校学生的各种帮扶待遇。目前,有些地方针对职业教育进行了创造性的实践,取得了非常好的社会效果。① 在金融危机的背景下,国家和各级地方政府部门应加强对职业教育的投入,针对国家级贫困地区和失业返乡的农民工以及未能找到工作的大学毕业生等弱势群体实施免费

---

① 丁国元、张聪颖:"免费教育照亮'马路青年'人生",载《工人日报》2009 年 1 月 22 日;马楠:"和泰免费家政培训开启弱势群体就业创业之门",载《延边日报》2009 年 11 月 27 日。

的职业教育,给这些特殊的弱势劳动力群体创造受教育的机会,提高他们的谋生能力和劳动技能,促进农村富余劳动力的转移和城市下岗劳动力的再就业。

最后,健全职业教育培训网络,加强受教育者的技能培训。县级职教中心承担着为县域经济社会发展培养高素质劳动者和技能型人才、建设社会主义新农村的重任,是县域教育培训、科技推广、文化建设的公共服务平台,是县域职业教育培训网络的核心。特别是在一些人口大县和经济发达的县(市),县级职教中心对当地的经济社会发展发挥着十分重要的作用。要高度重视县级职教中心建设,完善覆盖县乡村的农民职业教育培训网络,积极开展农村劳动力转移培训工程和新型农民培养工程,努力为新农村建设和县域经济社会发展做出积极贡献。同时,大力推进职业教育集团化办学,切实发挥职业教育集团的效益,还必须进一步加强职业教育集团的核心学校的建设。在集团化办学的实践中,职业教育集团的运行离不开核心学校的骨干和纽带作用,核心学校要向上连结企业,向下与其他职业学校联盟,以带动县级职教中心和其他职业学校共同发展。

之十：公共产品利益分享的法律问题研究

目　录

一、公共产品利益供给与分享概述

本研究所指的公共产品利益包括公共投资和公共投资的成果即公共产品。公共产品不仅直观地体现着一个国家和地区国民财富的增长和经济发展水平，而且对社会的安全和稳定也具有极其重要的影响。改革开放三十多年来，我国在公共产品利益的供给方面取得了举世瞩目的成就，但在分享方面仍然存在诸多问题，如分享权利不平等、分享数量不充分、分享质量不均衡，等等。

（一）公共产品的内涵界定

1. 公共产品的内涵和分类

满足人类生活需要的产品可以划分为私人产品和公共产品。对于私人产品，人们不仅可以通过自己的劳动以及市场自由交易行为而获取，而且完全可以在确定的权利范围（边界）内依法进行占有、使用、收益和处分；而公共产品主要是指具有非排他性或者非竞争性，并由国家承担供给义务和责任的社会公共需求品。对于公共产品，不仅超出个体生产能力，而且产品本身具有不可分割和共同（集体）消费的特点，即非排他性和非竞争性。所谓非排他性是指公共产品一旦提供，不可能限定消费者（即使是免费使用者）分享其带来的好处，例如国防，国防一旦被提供，每个公民无一例外得到安全和尊严的保护,无论是对国防贡献最大的纳税人,还是社会无收入阶层的贫民。公共产品不能限定消费对象的原因在于无法在技术上有效排他,例如国防、环保;或者技术上可行,但排他成本太高,例如,灯塔和道路。所谓非竞争性即是公共产品一旦提供,完全没有必要限定消费者分享其带来的好处,因为对于提供者而言,生产的边际成本并不因消费人数的增加而增加,下降而下降。例如,一个国家的国防一旦建立,对新增居民的保护既不会降低原有居民的保护水准,也不会增加新的投入。

公共产品是一个非常宽泛的概念,按照不同的标准可以进行不同的类型划分。

(1)根据抽象标准,即是否具有非排他性或者非竞争性,可以将公共产品划分为:纯公共产品、准公共产品(混合产品)。通常认为,纯公共产品具有非竞争性和非排他性,而准公共产品二者只居其一。前者如国防、社会安全服务、天气预报,等等。后者又可以分为俱乐部产品和社会共同资源,俱乐部产品在消费上具有排他性但非竞争性的特点,如高速公路、电影院,等等;社会共同资源的特点是在消费上具有竞争性但却无法有效地排他,如江河海洋等。此外,准公共产品中还存在一些不完全具有非竞争性和非排他性特点的产品,即具有较大正外部效益的私人产品,如教育、卫生、科技的投入。

(2)根据具体标准,即投资成果的表现形态进行划分,可以将公共产品划分为:实物类投资(如能源、交通、水电气等)、服务类投资(如邮政、通讯、基础教育、医疗保险、社会保障等)、行政管理类投资(行政服务)、法律制度类投资等。

(3)根据地域标准进行划分,可以将公共产品划分为:全国性公共产品(如国防、全国性交通干线、法律制度等)、地方性公共产品(如水库、电站、城市基础设施等)。

公共产品的非排他性或非竞争性特点使市场机制难以发挥其资源配置和自发调节的效用。但是公共产品和私人产品的区分有时候又具有模糊性,尤其是随着科技逐渐发展,一些传统的公共产品正向私人产品转化,比如电信。

2. 本研究对公共产品内涵的界定

经济学认为,满足人类生活需要的产品可以划分为私人产品和公共产品,对于私人产品,人们不仅可以通过自己的劳动以及市场自由交易行为而获取,而且完全可以在确定的权利范围(边界)内依法进行占有、使用、收益和处分;公共产品是一种具有非排他性和非竞争性的社会公共需求品,通常应当由国家承担供给义务和责任。

公共产品又可以分为纯公共产品和准公共产品。纯公共产品具有完全的非竞争性和非排他性,如国防、医疗、基础教育、城市基础设施、社会保障等等。而准公共产品的非竞争性和非排他性并非完全,如私立教育和私人医疗服务等某些具有较大正外部效益的私人产品;或者要么具有较强的排他性但竞争性有限,如高速公路、电影院等城市高端基础设施和文化建设(也称为俱乐部产品);要么具有竞争性但却无法有效地排他,如江河海洋等社会共同资源。当然,以上区分并非泾渭分明。

然而,我们认为,作为一种受法律保护的基本分享权益的公共产品利益并不完全遵循经济学关于公共产品和私人产品的严格区分。公共产品利益分享权益的客体是国家提供公共产品并使公民公平分享的行为。这种行为的后果或者说分享权益的标的物即为公共产品。从法律层面上看,公共产品并不完全遵循经济学关于公共产品和私人产品的严格区分,而主要是指政府通过直接投资和间接投资①向公民提供的满足其生存、发展等基本物质需求和精神需求的产品和服务。这一认识侧重于产品的用途和性质,而不是简单以产品是否具有竞争性和排他性来予以界定。例如,住房、食物因其具有竞争性和排他性属于典型的私人产品。但是,当它们一旦成为需要由国家供给的保障性住房或食物时,也符合公共产品分享权益的范围。又如,柴米油盐本属于由市场配置的私人产品,但在发生自然灾害等特殊情况时候,就可以视为政府以社会救助形式供给的公共产品。在此,需要把公共产品区分为原生性公共产品和制度性公共产品。前者是严格满足公共产品非竞争性和非排他性特点的产品,后者本身可以实现竞争性和排他性,但政府根据需要可以通过委托、购买等方式选择一些私人(市场)提供的产品进入官方制度性公共产品供给的范围,从而成为法律意义上的"公共产品"。

此外,由于公共产品纷繁复杂,在我们有限的时间和资料范围内,研究范围无法涵盖每一种公共产品的供给和分享,而是择其典型的几类进行考

---

① 我们认为,公共产品利益分享权益的义务主体只能是国家。即使国家没有直接生产公共产品,也是产品生产的组织者和购买者。它可以通过法律、政策、契约等一系列制度安排授权和委托甚至直接购买由私人资本、外国资本生产的公共产品,并对其进行监督使用。因此,在公共产品多元的供给主体中,国家始终是最后买单人,其他主体的参与只是代国家履行义务,并不意味着国家提供公共产品的责任被转移或减轻。充足、公平地提供公共产品是国家不可推辞也不可让渡的责任。

察和分析,即主要集中在教育、医疗、交通通讯、社会保障等方面。

(二)公共产品需求和供给的特点

对于一般社会产品而言,主要是消费决定供给。但公共产品的特殊性并不完全遵循这一规律。公共产品的供给必须受到现阶段经济发展的基本状况和特点的制约,而消费的需求层次也是建立在不同地区经济发展水平基础之上。

公共产品需求本身具有的特点是:其一,需求的弹性较差。民众对公共产品的需求尽管实用而多样,但几乎无法用私人产品来代替,依靠己力更不可能,所以表现出不可替代性。其二,需求的公共性或社会性。对于公共产品的需求,往往是一个社区广大民众的共同需要,与社会公共利益密切相关。其三,需求程度的有限性。一个地区、一个社会需要什么公共产品,需要多少公共产品,是受该地区生产力和经济发展水平决定的。

公共产品在经济上的意义,是总供给的一部分,体现为政府所购买的那部分社会产品,是公共产品需要的使用价值形态。一种产品产出之前或刚刚产出而没有买主之前,它的身份并没有打上公共产品或私人产品的烙印,它的身份是中性的,可以成为私人产品也可以成为公共产品,只有当它为实现公共产品需求而被公共部门生产或提供时,它的身份才被确定为公共产品。产品转化为公共产品,一般以两种形式加以实现:一种是购买性支出,从而直接转化为公共产品;另一种为转移性支出。后者又可能有两种结果:其一还是用来购买公共产品,例如,中央政府给予地方政府的补贴;另一种虽然为了公共需要的目的而支出,但其最终结果归个人使用,例如,对企业补贴的支出、用于社会保障的支出。

我国经济发展的基本状况和特点决定了目前我国公共产品的需求和供给的特点。就我国目前而言,需求的特殊性是:其一,需求层次不高。表现为以生存性需求为主(与发展性需求相对)。民众对公共产品的需求目前限于非常实用的范围,主要集中在住房、社会保障、基础设施等与生存权密切联系的领域。而国外发达资本主义国家的公共投资则更倾向于裨益发展权,大力建设社会福利。其二,需求不均衡。体现为地域性差异和城乡差异。一个地区、一个社会需要什么公共产品,需要多少公共产品,是受该地区生产力和经济发展的水平决定的。我国由于特殊的历史原因造成了地区之间和城乡之间经济发展的不平衡,相应地在公共产品需求上也表现为区域不均衡和城乡不均衡。

我国公共产品供给的主要特点表现为:其一,供给总量不足。我国还处于社会主义初级发展阶段,公共投资的要求还无法赶上人民群众日益增长的物质文化需求,从而呈现出总量不足的特点;其二,供给渠道不畅。随着市场经济的建立和发展,外国资本、民营资本开始进入公共投资领域,为社会公共产品的供给提供了新的渠道,但鉴于思想观念和体制的障碍,公共投资的市场化尚未实现应有的规模,政府垄断局面仍然存在;其三,供给现状不平衡。地区发展不平衡是我国的一个基本国情,东西地区、南北地区、一线城市与二、三线城市经济发展水平的差距使公共产品的供给和需求呈现出明显的差异;其四,分享不平等。公共产品利益分享不平等主要表现为农村和城市的巨大差距。在城市化规模和土地产权制度的约束下,我国城乡二元结构难以消除,其中农村基础教育、公共设施等公共产品的缺失已经成为农村经济发展的主要障碍。

(三)公共产品供给和分享原则

1.政府责任原则

卢梭认为:"人类由于社会契约而丧失的,乃是他的天然的自由以及他所企图的和所能得到的一切东西的那种无限权利;而他所获得的,乃是社会的自由以及对于他所享有的一切东西的所有权。"①个人将部分自由都让渡给共同体(国家),国家就不应当以个人对共同体财产的多寡提供不同的保护,而应当公平地保护每一个共同体成员。不仅如此,国家不应仅仅保证公民享有最起码的生存条件,它还应当提供福利设施来提高人民的生活质量。② 现代社会,政府调节社会经济公平的责任越来越重要,而最为直接的手段即是有效供给社会公共产品。首先,要为全体公民提供最基本的生存保障,包括有饭吃,有衣穿,有住房,生病能治疗等等。其次,要为全体公民提供平等发展的机会。这主要是体现在提供公平的就学和就业机会。没有公平的就学和就业机会,整个社会不仅没有经济公平可言,而且也没有政治公平。如果一个政府做不到最基本的经济公平,那么,这个政府就缺乏合法性。因此,提供公共产品是现代政府义不容辞的责任。当然,政府提供公共产品并不是要求所有公共产品均由政府生产、经营、管理,而是政府应当负

---

① [法]卢梭著:《社会契约论》,何兆武译,商务印书馆1980年版,第30页。

② [英]彼得·斯坦、约翰·香德著:《西方社会的法律价值》,王献平译,中国法制出版社2004年版,第204页。

责组织公共产品的供给。

2. 公平原则

政府不仅有责任提供公共产品,而且要使他们能够公平地分享公共产品。公共产品的公平分享要求社会成员不分种族、宗教、民族、文化、教育、财产多寡、居住处所而收到歧视。比如,就教育而言,联合国《经济、社会和文化权利国际公约》第 13 条规定,"本公约缔约各国承认,人人有受教育的权利。他们同意,教育应鼓励人的个性和尊严的充分发展,加强对人权和基本自由的尊重,并应使所有的人能有效地参加自由社会,促进各民族之间和各种族、人种和宗教团体之间的了解、容忍和友谊,和促进联合国维护和平的各项活动。"现实中,由于自然条件、经济发展水平、个人禀赋等不尽相同,社会成员分享的公共产品存在多寡,这就要求政府对享受较少份额公共产品的成员倾斜。罗尔斯提出,"社会和经济的不平等应该满足两个条件:第一,它们所从属的公职和职位应该在公平的机会平等条件下向所有人开放;第二,它们应该有利于社会之最不利成员的最大利益(差别原则)。"[①]差别原则是经济正义乃至正义的核心,通俗的表述可以是"让境况好者更好,境况差者也随之改善",或者简称为"共同富裕"。差别原则承认社会成员经济地位存在差别或者不平等并且允许其存在,这本身是自由主义者的原则底线,罗尔斯亦承认并坚守这个底线。承认并允许这个差别存在的第一个前提是,社会是其成员相互依存的合作共同体。差别原则要求"财富和收入方面的差别无论有多大,人们无论多么情愿工作以在产品中为自己挣得更大的份额,现存的不平等必须确实有效地有利于最不利者的利益。否则这种不平等是不被允许的。"[②]差别原则有效地为公共产品的供给和分享提供了指导思想,使公平原则更加科学合理。当今中国,公共产品的供给应当向西部地区、边远农村和城镇贫困群体倾斜,实现所有人对改革发展成果的公平分享。

3. 效率原则

效率是指"消耗的劳动量与获得的劳动效果的比率。"即效率＝劳动效果÷劳动量。这是从人力资本投入的角度对效率的定义,也是人们对效率

---

① [美]罗尔斯著:《作为公平的正义——正义新论》,姚大志译,上海三联书店 2002 年版,第 70 页。

② [美]罗尔斯著:《作为公平的正义——正义新论》,姚大志译,上海三联书店 2002 年版,第 103 页。

最常见的理解。它强调的是人的技能和责任心,技能越高、责任心越强,效率就越高。斯蒂格利茨认为,"在一个经济的资源和技术既定的条件下,如果经济的组织能够为消费者提供最大可能的各种物品和劳务组合,那么,这个经济就是有效率的。"①斯蒂格利茨所指的效率实际是配置效率,是一种理想市场状态,这种状态就是帕累托最优。公共产品的供给和分享既要考虑生产的效率,又要考虑配置的效率。由于社会资源是既定的,有时效率和公平就会发生冲突。在公共产品领域,当效率和公平发生冲突时,应当优先考虑社会成员的基本需求,基本需求是生存权,无论效率多低,都必须优先供给。对于非基本需求,应当优先考虑效率,只有优先考虑效率,经济才能够持续发展,公共产品的供给能力才会得到保障。

二、公共产品利益分享不公的现状考察和原因分析

(一)公共产品利益分享的现状考察

由于公共产品主要来自公共投资,而现阶段的公共投资主要来自于政府的财政投入,因此下文主要基于世界银行和我国的官方统计资料,主要通过考察财政对教育、医疗卫生、城市基础设施、社会保障等基本公共产品的投资来分析我国公共产品利益分享的现状。

1.投资总量有限,可供分享的公共产品数量不足

下文以世界银行和我国官方的统计资料为依据,将我国对公共产品的投资与世界其他国家和地区进行比较,以考察我国可供分享的公共产品的总量是否充足。

(1)教育方面②。在"十五"计划期间,我国的教育经费有了较快增长,全国教育总投入由 2000 年的 3849.1 亿元提高为 2005 年的 8418.8 亿元;人均教育经费由 2000 年的 304 元提高为 2005 年的 648 元;全社会教育投入占 GDP 的比例则由 2000 年的 3.9% 提高为 2005 年的 4.6%(其中国家财政性教育经费占 GDP 的比例为 2.83%),达到了历史最好水平,但是到现在为止,我国仍然没有达到 1993 年《中国教育改革和发展纲要》提出的国家财政性教育经费的支出在上世纪末占 GDP 的比例应该达到4%的要

---

① [美]萨缪尔森、诺德豪斯:《微观经济学》,萧琛等译,华夏出版社 1999 年版,第 119 页。

② 除非特别说明,该部分的原始数据参见我国历年的《教育经费统计年鉴》。

求,不能提供与我国经济和社会发展相适应的教育公共产品。

我国的这种教育公共产品不足的情况在与国际社会进行比较的时候体现得比较明显。国际上一般用公共教育经费占 GNP 的比重来评价一个国家对教育事业重视和投入程度,进而评价该国在多大程度上提供了与该国经济和社会发展相适应的公共教育产品,因此,下文我们就采用该指标来评价我国公共教育产品的提供情况。

从公共教育经费占 GNP 的比重来看,据表 1 所示:我国到 1995 年该比例才达到 2.5%。而早在 1990 年阿根廷的比例就达到了 10%,蒙古更是达到了惊人的 12.3%,虽然近年有些下降,但是到 2004 年仍然达到了 5.65%,因此我国和他们比较相差甚远。就是和世界的平均水平相比,我国的差距也是非常明显的,在 1990 年世界的平均水平就达到了 4.9%(我国当时为 2.3%),到 1995 年,该比例更是上升到了 5.2%。也就是说和世界平均水平相比,我国的该比例只有世界平均水平的一半。进入 21 世纪后,高收入国家在 2001 年的公共教育经费占 GNP 的比重更是高达 5.5%,中等收入国家也高达 4.3%,世界的平均水平比中等收入国家略高,达到了 4.4%。而我国的该比例虽然在 2003 年达到了 2.65%,比 1990 年和 1995 年(2.5%)都有所上升,但是该数据和国际上进行比较不仅远低于发达国家,而且低于中等收入国家的平均水平和世界的平均水平。

公共教育产品投入不足的情况在与国际社会进行比较时体现更为明显。国际上一般用公共教育经费占 GNP 的比重来评价一个国家对教育事业重视和投入程度,进而评价该国在多大程度上提供了与该国经济和社会发展相适应的公共教育产品。表 1 的数据反映了我国与其他国家在公共教育投入方面的差距。与其他国家相比,我国公共教育经费占国民生产总值的比重不仅远低于发达国家,而且低于中等收入国家的平均水平和世界的平均水平。因此,就总体上来看,我国对教育类公共产品的投资严重不足。这种投入总量严重不足造成的后果主要表现为:一是不少学校的公用经费严重不足,个别农村学校甚至没有公用经费;二是有的学校还存在危房和欠债;三是一些地方教师工资还不能按时、足额发放;四是学生家长经济负担过重,造成部分学生辍学。① 这就直接导致了国家不能保质、保量地为农村地区提供义务教育的公共产品。

---

① 程刚:"义务教育法有望做修改将解决教育经费投入不足",载《中国青年报》2005 年 8 月 19 日。

表1　主要国家公共教育经费占国民生产总值比重 GNP （单位:%）

	1990 年	1995 年	2000 年	2001 年	2002 年	2003 年	2004 年
世　界	4.9	5.2		4.4		4.70	
高收入国家				5.5		4.54	
中等收入国家				4.3		4.50	
低收入国家			3.2				
中国	2.3	2.5	2.87			2.65	
印度	3.7	3.1	4.1			3.26	
伊朗	4.1	4.1			4.9		4.81
蒙古	12.3	6.3			9.0		5.65
泰国	3.6	4.1	5.2				4.19
美国	5.1		5.7	5.8	5.7	5.86	
阿根廷	10.0	3.6	4.6			3.54	
巴西		5.0	4.3		4.15		
法国	5.3	6.0			5.7	6.02	
德国		4.7	4.53	4.6	4.77	4.77	
意大利	3.1	4.6		5.0		4.87	
荷兰	5.7	5.0		5.0		5.33	
波兰		4.9		5.6		5.81	
俄罗斯	3.0	3.6		3.1		3.68	

资料来源:原始数据来源于世界银行数据库和《国际比较年鉴(2006/2007)》。

　　（2）医疗卫生方面。医疗卫生方面的公共产品主要是由政府投资的,因此政府医疗保健开支占 GDP 的比例能够在很大程度上反映一国的医疗卫生类公共产品的提供情况。从表二我们不难发现,我国的政府医疗保健开支占 GDP 的比例和其他国家比较主要有两大特点:一是比例呈不断下降的趋势。虽然其他国家的政府医疗保健开支占 GDP 的比例也有波动,但是就整体的趋势而言该比例是不断提高的。比如日本从 1990 年的 4.59 提高到了 2003 年的 6.4,韩国从 1990 年的 1.75 提高到了 2003 年的 2.77,提高了一个多百分点,提高最多的是德国,其提高了 2.76 个百分点,另外法国、英国和美国等也有不同程度的提高,可以说政府医疗保健开支占 GDP 的比例不断提高是一个国际化的趋势。但是我国该比例却从 1990 年的 2.15 降低到了 2003 年的 2.03,甚至 1996 年更是低至 1.7724。这种政府保健开支占 GDP 的比重的下降决定了我国的医疗卫生类公共产品不仅不是越来越丰富,而是恰好相反。二是我国的政府医疗保健开支占 GDP 的比例过低。就 2003 年的数据来看,除印度(1.19)外,我国的比例是最低的,甚至不到德国的四分之一。这种过低的医疗保健投入决定了我国提供的医疗卫生类公共产品和国际比较的差距是巨大的。我们根据世界银行数据库整理的国际公共产品国际对照表显示,我国的这种差距主要体现在享有卫生设施和清洁饮用水源人口占总人口的比重、每千人口医生数、每千人口床位数等几个方面。

表 2　政府医疗保健开支占 GDP 的比例表　　　　（单位:%）

年份＼国家	中国	日本	韩国	印度	德国	法国	英国	美国
2003	2.03	6.40	2.77	1.19	8.68	7.71	6.86	6.78
2002	1.97	6.44	2.67	1.16	8.57	7.38	6.42	6.59
2001	1.85	6.37	2.80	1.21	8.47	7.13	6.22	6.27
2000	1.95	6.18	2.17	1.23	8.33	7.05	5.91	5.85
1999	2.00	6.00	2.13	1.25	8.32	7.07	5.80	5.74
1998	1.96	5.82	2.00	1.29	8.33	7.07	5.55	5.80
1997	1.80	5.30	2.10	0.80	8.10	7.10	5.50	5.90
1996	1.77	5.62	1.90	0.81	8.37	7.31	5.80	6.01
1995	1.82	5.47	1.72	0.81	8.13	7.31	5.87	6.03
1994	2.06	5.28	1.56	0.83	7.59	7.31	5.93	5.9
1993	2.05	5.1	1.58	0.87	7.51	7.41	5.96	5.71
1992	1.98	4.84	1.59	0.85	7.58	7.11	5.9	5.5
1991	2.08	4.65	1.49	0.87	7.11	6.88	5.4	5.19
1990	2.15	4.59	1.75	0.9	5.92	6.73	5.07	4.71

资料来源:国家发改委、国家统计局、国家信息中心网站。

卫生设施是一个重要的公共产品,世界各国都非常重视对卫生设施的提供。2004 年我国享有卫生设施人口占总人口比重仅仅为 44%,而同期高收入国家的比例为 100%,因此可以说与高收入国家人人都享有卫生设施这个公共产品相比,我国的差距是巨大的。即使与中等收入国家相比,我国的数据也偏低,2004 年中等收入国家平均有 62%的人享有卫生设施。在中等收入国家中,2004 年马来西亚已有 94%的人享有了卫生设施,阿根廷有 91%的人享有了卫生设施,虽然巴西和委内瑞拉享有卫生设施的数据略低,但也分别达到了 75%和 68%。即使像巴基斯坦等经济比我们落后的国家,其国民享有卫生设施的比例也达到了59%。综合比较,我国只是比低收入国家(38%)高6个百分点而已。上述数据充分展现了我国卫生设施提供不充足,过半数的国民不能享有卫生公共产品的现状。

就清洁水源的享有比例来看,所有的高收入国家100%的人都享有了该公共产品,凸显这些国家对该类公共产品的提供是非常充足的。由于经济等方面的原因,中等收入国家平均有84%的人能够享有清洁水源,而低收入国家的比例平均只有75%。我国能够享有清洁水源的比例是77%,远远低于高收入国家,只比低收入国家的比例高两个百分点,和中等收入国家的平均值(84%)相比,我国也有相当的差距。与经济情况类似于我国的印度(86%)相比,我国仍然低近十个百分点。因此,我国在清洁水这个公共产品的享用上是不充足的,有23%的国民根本不能享用到清洁水。

就每千人医生数来看,2003年最高的数字是俄罗斯联邦(4.3),最低的为印度尼西亚(0.1)。高收入国家每千人医生数平均为2.6,而我国的数据为1.5,和高收入国家相比,我国这方面的差距仍然很明显。与享有卫生设施人口占总人口比重、清洁水源的享有比例等数据相比,我国每千人医生数的比例相对高一些,达到了中等收入国家的水平。但是由于该统计数据包括了我国的乡村赤脚医生,而这些所谓的医生大多不具有医师资格证,就其业务素质普遍而言比有资格证的医生差,因此客观而言,虽然我国每千人医生数已达到了中等收入国家水平,但是在质量上仍然有相当大的差距。

与每千人医生数密切相关的是每千人口病床位数,据2003年的数据显示,最高的为日本(14.3),最低的为巴基斯坦(0.7)。我国为2.3,比印度等发展中国家略高,但是和高收入国家6.4的平均值相比仍然有比较大的差距,我国仍然有必要加大对病床位数的投入,提高该公共产品的数量和质量。

总之,由于我国的政府医疗保健开支占GDP的比例过低,并且该比例呈现不断下降的趋势,这就直接导致了我国在享有卫生设施和清洁饮用水源人口占总人口的比重、每千人口医生数、每千人口床位数几个指标和国外比较都是比较低的,我国并没有提供充足的高质量的医疗卫生类公共产品。

(3)交通通讯方面。我们考察发现,体现我国和国际交通通讯差距的主要是人均信息和通讯技术支出、信息和通讯技术支出占国内生产总值比重和每千人拥有的宽带用户数及其带宽几项指标。表3显示的是我国和其他国家交通通讯公共产品的差距情况。从2005年信息和通讯技术支出占国内生产总值比重来看,我国不仅低于世界平均水平,低于高收入国家和中等收入国家的比重,而且也低于低收入国家的平均比重,显示我国在信息和通讯技术方面的投入严重不足,需加大投资的力度以提高我国可供享用的信息和通讯技术类公共产品的数量和质量。

具体而言,从人均信息和通讯技术支出来看,2005 年世界的平均水平为 537.88 美元,高收入国家为 2468.30 美元,中等收入国家为 149.20 美元,低收入国家为 41.17 美元。其中全世界最高的是美国,达到了 3688.49 美元,最低为孟加拉国,只有 10.33 美元,最高和最低的比值达到了 357 倍。我国为 90.17 美元,虽然比低收入国家高,但是和高收入国家比较差距巨大,是高收入国家平均数的 1/27。也远未达到世界的平均水平,就是和中等收入国家相比,我国的差距也是比较大的,人均差近 60 美元。这种人均支出的差距也显现出了我国在提供信息通讯类公共产品上的不足。

从信息和通讯技术支出占国内生产总值比重来看,2005 年世界平均为 6.86%,高收入国家为 7.23%,中等收入国家为 5.36%,低收入国家为 6.03%,我国为 5.28%。我国的信息和通讯技术支出占国内生产总值比重不仅低于世界的平均水平,低于高收入国家和中等收入国家的水平,而且也低于低收入国家的水平,显示了我国对信息和通讯技术的投入是不够的,需要加大投入力度以提高我国可供享用的信息和通讯技术类公共产品。

据世界银行的数据显示,2004 年世界平均每千人拥有的宽带用户数为 31.66,高收入国家为 125.86,中等收入国家每千人的用户数为 12.97,我国每千人拥有的宽带户数为 16.54,该数据虽然远远低于高收入国家的水平,也低于世界的平均水平,但是超过了中等收入国家的水平。因此,就每千人拥有的宽带用户数来看,我国还是不错的。需要进一步考察的是我国提供的宽带的质量到底怎么样? 据数据显示,2004 年世界最高的国际互联网带宽是荷兰,其带宽为 20549.3 兆比特/秒,紧跟其后的是英国,带宽为 13054.9 兆比特/秒,最低的是孟加拉国,其带宽仅仅为 0.4 兆比特/秒,最高和最低差别达到 5 万多倍。我国的互联网带宽为 57.4 兆比特/秒,和低收入国家 9.8 兆比特/秒的平均值相比进步很大,但是我国的这种数值是世界平均水平(816.3 兆比特/秒)的 7% 左右,还不到高收入国家(4544.9 兆比特/秒)的 1.3%,比中等收入国家(91.0 兆比特/秒)也低了几十兆比特/秒。因此,我国提供的国际互联网产品在质量上急需提高。

表3　2005年交通通讯国际对照表

国家	人均信息和通讯技术支出（美元）	信息和通讯技术支出占国内生产总值比重（%）	国家	人均信息和通讯技术支出（美元）	信息和通讯技术支出占国内生产总值比重（%）
世　界	537.88	6.86	尼日利亚	26.56	3.53
高收入国家	2468.30	7.23	南非	522.77	9.84
中收入国家	149.20	5.36	加拿大	2035.90	5.89
低收入国家	41.17	6.03	墨西哥	246.04	3.30
中国	90.17	5.28	美国	3688.49	8.78
中国香港	2279.61	8.91	阿根廷	336.89	7.12
孟加拉国	10.33	2.44	巴西	332.96	7.82
印度	42.43	5.91	委内瑞拉	204.99	3.92
印度尼西亚	44.10	3.39	保加利亚	129.64	3.77
伊朗	69.34	2.39	捷克	869.18	7.24
以色列	1478.22	8.27	法国	2218.25	6.39
日本	2674.16	7.59	德国	2058.92	6.10
韩国	1127.32	6.91	意大利	1333.78	4.45
马来西亚	360.21	7.02	荷兰	2400.30	6.59
巴基斯坦	49.14	6.91	波兰	330.65	4.22
菲律宾	82.89	7.00	罗马尼亚	164.30	3.61
新加坡	2531.12	9.43	俄罗斯联邦	190.90	3.58
斯里兰卡	66.34	5.53	西班牙	959.10	3.70
泰国	112.36	4.09	乌克兰	141.21	8.15
土耳其	392.60	7.85	英国	2683.95	7.37
越南	95.12	15.06	澳大利亚	2247.72	6.52
埃及	17.88	1.48	新西兰	2604.06	9.82

资料来源:原始数据来源于世界银行数据库和《国际比较年鉴(2006/2007)》

　　(4)社会保障方面。现代社会中,社会保障是一个非常重要的公共产品,世界各国都非常重视提供与自己的国情相适应的社会保障待遇。改革开放后,我国的社会保障事业取得了巨大进步。到2002年,我国已经初步在城市建立了现代的社会保障体系。我国的社会保障支出已达7318.2亿元。但是,我国的社会保障事业不仅不能和发达国家现在的水平相比,就是放在经济背景大体相同的时代进行比较,我国的差距仍然是巨大的。

在西欧、北欧这些高福利国家,财政的钱有45%以上是用在社会保障上的,美国财政也有1/3上的钱用在社会保障方面,我国香港港府下面有11个局,单是卫生福利局和教育统筹局两个局的支出就占到香港财政的50%以上①。我国的社会保障投入比例虽然还没有专门的统一预算,但据财政部的统计,大概占到国家财政的12%左右,社会保障支出占国内生产总值的比重大约为8%左右。在我国现实经济情况下,我国对社会保障的投入要达到福利国家的水平显然是不可能的,因此更有意义的是把这种比较放在大体相同的经济情况下进行。2002年我国人均GDP水平接近1000美元,与英国、芬兰、丹麦、法国、德国等发达国家1960年的人均GDP相近,1960年英国的社会保障总支出占当年GDP的比重为13.9%,瑞典为12.8%,芬兰为12.7%,丹麦为12.5%,美国为10.3%,法国为13.4%,德国为20.5%②,都远远高于我国7.15%,我国的这个比例甚至低于当时人均GDP仅458美元的日本(8.0%)。因此,从历史比较的视角来看,我国的社会保障支出存在总量不足的问题。这种总量不足在公共养老金占国内生产总值中的比例中体现得最为明显。据世界银行统计的36个国家从1994年到2001年的公共养老金占国内生产总值比重(%)来看③,最高为意大利(17.6%),最低为尼日利亚(0.1%)。我国为2.7%,仅意大利的15%左右,在36个国家中排名第26位,不仅低于6.0725%世界平均水平,而且也低于马来西亚(6.5%)、土耳其(4.5%)、阿根廷(6.2%)、巴西(9.8%)、波兰(15.5%)等经济并不太发达的国家的水平。这种过低的社会保障投入决定了我国不可能给国民提供充足的社会保障。

因此,通过在经济条件类似情况的比较显示,我国的社会保障支出存在投入总量不足的问题。这种过低的投入决定了我国不可能给国民提供与经济发展相适应的社会保障项目。此外,文化,科技等公共产品也存在投资比例低,可供分享的公共产品总量不足的问题,限于资料和篇幅的原因,本研

---

① 郑功成:"3000亿能建社会保障体系吗?",载《人民日报》2006年8月22日。

② 关于发达国家1960年的数据,参见穆怀中:《社会保障国际比较》,中国劳动和社会保障出版社2002年版,第113页。

③ 相关的原始数据,参见世界银行《世界发展指标》2006年。

究不再一一考察。

2. 公共投资地区分布不合理,公共产品分享不公平

我国公共投资的地区性差距很大,导致不同区域可供分享的公共产品的数量和质量都存在很大的差别。这种差别主要体现在:

1)教育方面。改革开放后,中央逐渐放权。1986 年颁布的《义务教育法》,把中央为主的教育管理责任和财政责任向地方政府下放,确立地方负责、分级管理的体制,筹资方式由过去单一的国家财政拨付改为多元化的筹资体制。这样一来,地方政府更多地承担起教育投入的责任。由于区域经济发展的差距拉大,导致各地教育投入和教育公共产品的享有的差距逐渐扩大。其具体差距表现为:

首先,教育投资表现出较大的东、中、西部之间的区域差异,以 2003 年国家财政性教育经费支出为例,当年国家财政对东部 6 省共支出教育经费14184977. 1 万元,人均支出 417. 28 元;中部 6 省共支出 6982280. 7 万元,人均支出 192. 30 元;西部 12 省共支出 8991780. 3 万元,人均支出 243. 53元①。中部人均教育经费支出不及东部的一半,西部人均教育经费支出同样也远低于东部。从小学、初中、高中、大学的年生均经费来看,东中西部也呈现出较大的区域差异。从小学生均经费来看,2005 年东部地区小学生均经费为 2440 元(生均经费指数为 0. 18,接近国际平均水平),而中西部地区小学生均经费只有 1400 元(生均经费指数仅为 0. 10),低于东部地区 1000元以上;东部地区初中生均经费为 3070 元(生均经费指数为 0. 22,接近国际平均水平),但中西部地区初中生均经费只有 1670 元(生均经费指数仅为 0. 12),比东部地区低 1400 元。同样,高中、大学也存在东中西部生均经费分布不均的现象。

其次,我国的教育投资在三大地区内部也存在较大的差距,以 2003 年生均财政性教育经费为例(见表 4),当年北京的生均财政性教育经费为11983. 58 元,而同处在东部的江苏只有 1919. 88 元,两者相差 6. 24 倍。同处西部的青海和宁夏的生均财政性教育费和生均预算内经费都不及西藏的一半,存在典型的区域内分布不均。

---

① 关于国家财政性教育经费的相关原始数据参见《中国统计年鉴(2005)》,本研究使用的数据经过整理计算。

表4　各地区生均教育经费财政投资表(2003年)

地区名称	东部			中部		西部				全国综合情况
	广东	北京	江苏	河北	河南	湖南	青海	西藏	宁夏	
国家财政性教育经费(万元)	3800234.9	2523392.4	2607027.0	1481519.2	1699490.0	1221033.7	168022.9	176969.4	182463.6	38506236.6
预算内教育经费(万元)	3485442.4	2319631.6	2271204.8	1350020.3	1582775.7	1124481.0	162434.6	173700.1	170016.1	34538582.6
生均财政性教育经费(元)	2003.77	11983.58	1919.88	1089.38	732.51	1079.78	1828.12	3826.37	1487.43	1708.38
生均预算内经费(元)	1837.79	11015.44	1672.57	992.68	682.20	994.39	1767.32	3755.68	1386.75	1532.35

资料来源:《中国统计年鉴2005》,表中数据经整理计算得出。

再次,教育经费除了表现为东中西部之间的差距和内部的差距外,省际差距也比较明显(参见表5)。从2003年各省生均教育经费支出指标来看,普通高等学校生均教育经费支出最高的北京与最低的贵州之间相差近4倍;中等师范学校生均教育经费最高的北京与最低的河南之间相差6.65倍;普通中学生均教育经费最高的上海与最低的河南之间相差6.99倍;普通小学生均教育经费最多的上海与最少的河南之间的倍数为10.44倍。由此可见,我国的教育公共产品在省际之间的差距明显。

表5　2003年省级生均教育经费支出对照表　　　　(单位:元)

地区	普通高等学校	中等师范学校	普通中学生	地方普通小学生
北京	30822.67	30367.94	7667.27	3405.56
天津	20397.92	11168.88	4915.41	2385.77
河北	11092.51	5905.50	1497.45	864.67
山西	10833.58	5177.77	1744.76	801.09
内蒙古	8051.64	5064.00	2108.51	1303.41
辽宁	12391.89	11794.55	2466.83	1114.88
吉林	12980.23	7284.59	2424.43	1193.06
黑龙江	13044.12	6526.99	1901.51	1609.32
上海	25508.76	—	9281.98	5428.67
江苏	15392.88	7793.30	3098.24	1248.16
浙江	21636.91	10559.43	5051.47	1826.99
安徽	13043.48	5921.46	1427.53	686.41
福建	13371.38	9891.33	2304.44	1141.37
江西	9757.03	4569.61	1392.29	755.22

地区	普通高等学校	中等师范学校	普通中学生	地方普通小学生
山东	11304. 82	6586. 06	2088. 60	969. 14
河南	12913. 15	3968. 68	1161. 86	520. 12
湖北	13703. 79	4849. 67	1712. 19	652. 03
湖南	10895. 19	4113. 47	1744. 57	852. 52
广东	25019. 14	9168. 30	3598. 71	1226. 83
广西	10768. 86	4736. 17	1561. 42	788. 01
海南	10477. 24	7596. 59	2217. 50	801. 32
重庆	14236. 01	5569. 92	1984. 81	620. 49
四川	10969. 55	5626. 36	1653. 75	673. 47
贵州	7592. 37	4196. 21	1165. 37	590. 10
云南	11979. 61	4858. 86	1786. 65	1064. 14
西藏	22278. 95	6706. 90	4542. 15	2436. 12
陕西	14274. 19	5995. 39	1329. 57	707. 78
甘肃	11216. 23	5534. 07	1397. 07	756. 28
青海	8557. 32	9696. 60	1999. 14	1331. 27
宁夏	12546. 02		1989. 71	829. 58
新疆	9541. 67	6032. 27	2478. 86	1275. 27

资料来源:《中国教育经费统计年鉴(2004)》,表中数据经整理计算得出。

2)科技方面。在财政科技拨款方面①,2005 年东部 6 省共拨款 288. 4 亿元,人均科技拨款达 80. 46 元;中部 6 省共拨款 54. 9 亿元,人均科技拨款 为 15. 62 元;西部 12 省共拨款 72. 7 亿元,人均科技拨款为 19. 77 元,东部 人均科技拨款分别是中、西部的 5. 2 倍和 4. 1 倍。

财政性科技拨款在三大地区内部也有一些差距,如表 6 所示,同在东部 地区,上海的人均科学事业费用财政支出为 77. 56 元,江苏为 8. 69 元,二者 相差 8. 93 倍。

就跨区域的省级来看,各地的差距就更大了,在表 6 中,人均科学事业 费全国的平均水平是 9. 52 元,而上海则高达 77. 56 元,最低的河南仅有 3. 57 元,后者只有前者的 5% 左右,凸显了省际间在人均科学事业费上的巨

———————

① 该部分的原始数据参见国家统计局、科技部、财政部公布的《2005 年全国科技经费投 入统计公报》。

大差异。

表6   2004 年各地区人均科学事业费用财政支出对照表   （单位:元）

地区名称	东部			中部			西部			全国综合情况
	广东	上海	江苏	河北	河南	湖南	青海	西藏	宁夏	
人均科学事业费	19.63	77.56	8.69	4.38	3.57	3.60	7.88	10.58	12.18	9.52

资料来源:《中国统计年鉴2005》,表中数据经整理计算得出。

3）医疗卫生方面。在医疗卫生类公共产品方面,无论是每千农业人口拥有的床位数,还是每千农业人口享有的医生数和每千人口卫生人员数,东、中、西部都存在较大的差距。其中又以东部和中西部的差距最为明显,具体数据参见表7。

表7   2005 年东中西部病床位数,医务人员数对照表

地区	每千农业人口医疗机构病床位数	每千农业人口医疗卫生人员数	每千人口医疗机构床位数	每千人口医护人员数	
				执业（助理）医师	注册护士
东部	0.92	1.35	2.81	1.74	1.28
中部	0.72	1.22	2.23	1.37	0.96
西部	0.70	0.91	2.24	1.39	0.87
总计	0.78	1.16	2.45	1.51	1.05

资料来源:2006 年《中国卫生年鉴》,表中数据经整理计算得出。

医疗卫生投入在东、中、西的内部仍然存在差距,表8 的数据显示,就各地区的人均文卫事业费财政支出而言,同在东部的上海人均文卫事业费财政支出为114.47 元,而江苏只有41.20 元,二者相差2.782 倍。同在西部的西藏也远远高于青海和宁夏。

表8   2004 年各地区人均文卫事业费财政支出对照表   （单位:元）

地区名称	东部			中部			西部			全国综合情况
	广东	上海	江苏	河北	河南	湖南	青海	西藏	宁夏	
人均文卫事业费	53.35	114.47	41.20	28.56	31.19	26.62	57.19	129.51	51.02	40.07

此外,医疗卫生公共产品在省际之间的分布也很不均衡。表9显示,以每千人口卫生人员数为例,北京每千人口执业(助理)医师数最高(4.28),安徽最低(1.01),两者相差近4倍;北京、天津和上海100%的农村人口都是改革受益人,而这一数据在新疆不到60%;上海所有的农业人口都用上了饮用自来水,而内蒙古、陕西、安徽却有近七成的人根本没有享用到清洁的自来水。另外,在卫生厕所普及率、粪便无害化处理率、每千农业人口的病床位数和医护人员数等方面各省之间也存在较大的差距。

表9 2005年各省市医疗卫生公共产品对照表

地区	病床位数(每千农业人口)	医护人员(每千农业人口)	医疗机构床位数(每千人口医院、卫生院床位数)	每千人口卫生人员数		各地农改水情况		农村改厕工作	
				执业(助理)医师	注册护士	改水受益人口占农村人口%	饮用自来水占农村人口%	卫生厕所普及率%	粪便无害化处理%
北京	1.13	1.86	6.41	4.28	3.63	100	97.7	78.4	88.1
河北	0.70	0.85	2.24	1.54	0.79	98.7	81.2	44.6	47.2
山西	0.92	1.25	3.10	2.01	1.27	94.5	77.5	47.3	51.9
内蒙	0.91	1.38	2.69	2.12	1.14	88.5	34.6	36.3	46.4
辽宁	1.00	1.12	3.85	2.19	1.74	97.8	54.3	52.8	53.8
吉林	0.82	1.69	3.08	2.12	1.46	98.4	48.8	602.4	61.9
黑龙	0.64	1.13	2.96	1.72	1.19	98.2	58.5	55.8	67.0
上海	4.49	3.81	5.75	3.24	2.89	100	100	96.5	96.5
江苏	1.33	1.92	2.54	1.50	1.11	99.0	95.7	53.8	56.5
浙江	0.62	1.23	2.85	1.91	1.31	97.0	88.1	82.3	87.6
安徽	0.72	0.99	1.84	1.01	0.73	98.4	37.7	54.2	61.0
福建	0.78	0.99	2.16	1.31	1.01	97.6	74.5	58.3	65.8
江西	0.59	0.99	1.97	1.12	0.82	96.5	48.4	62.0	67.7
山东	0.86	1.30	2.51	1.53	1.05	99.5	67.6	68.1	71.1
河南	0.68	1.05	2.02	1.11	0.76	97.3	50.2	61.1	47.4
湖北	0.87	1.60	2.14	1.49	1.10	92.4	52.4	63.7	66.2
湖南	0.70	1.26	2.12	1.38	0.87	96.9	58.4	57.8	33.0
广东	0.95	2.38	2.45	1.50	1.18	98.6	75.0	75.0	75.2
广西	0.52	0.84	1.76	1.11	0.89	90.0	53.1	51.1	54.4
海南	0.92	1.28	2.13	1.44	1.31	91.0	59.1	54.1	63.9

续表

| 地区 | 病床位数（每千农业人口） | 医护人员（每千农业人口） | 医疗机构床位数（每千人口医院、卫生院床位数） | 每千人口卫生人员数 | | 各地农改水情况 | | 农村改厕工作 | |
				执业（助理）医师	注册护士	改水受益人口占农村人口%	饮用自来水占农村人口%	卫生厕所普及率%	粪便无害化处理%
重庆	0.70	1.09	1.94	1.18	0.64	95.2	68.3	40.4	40.4
四川	0.86	1.09	2.13	1.31	0.71	94.1	45.9	38.3	29.6
贵州	0.43	0.60	1.50	1.06	0.56	73.4	53.4	27.1	30.0
云南	0.67	0.71	2.31	1.30	0.87	87.5	63.0	53.2	61.0
西藏	0.89	0.80	2.41	1.72	0.70	—	—	—	—
陕西	0.67	0.97	2.69	1.63	1.02	70.1	31.4	34.1	39.5
甘肃	0.64	0.78	2.30	1.35	0.86	88.4	43.9	50.2	54.1
青海	0.58	0.88	2.92	1.68	1.25	90.9	77.2	59.7	60.0
宁夏	0.54	0.97	2.80	1.76	1.21	95.1	40.3	33.9	38.2
新疆	1.04	1.46	3.86	2.11	1.61	58.0	58.0	36.2	44.7
总计	0.78	1.16	2.45	1.51	1.05	94.1	61.3	55.3	59.5

资料来源：2006年《中国卫生年鉴》，表中数据经整理计算得出。

4）城市市政建设方面。在城市市政工程建设方面，东、中、西部也存在明显差距（具体见表10和表11），无论是在城市道路长度、城市桥梁、城市下水道长度、城市污水处理能力、路灯数量，还是在城市用水普及率、城市燃气普及率、每万人拥有的公共交通车辆的台数、人均拥有道路面积、人均公共绿地面积等方面，东部地区几乎样样都在前列，西部则不如东部。同时，这种差距在这三大地区内部也比较明显，具体参见表10和表11。

表10　2004年各地区城市市政设施对照表

| 地区名称 | 东部 | | | 中部 | | | 西部 | | | 全国 |
	江苏	广东	山东	江西	湖南	河南	西藏	青海	宁夏	
年末实有铺装道路长度（公里）	26597.9	22528.6	23617.0	3670.8	5539.9	6505.5	407.9	539.9	1215.1	222963.8
城市桥梁（座）	12680	3712	3712	428	504	1027	32	63	120	51092
城市下水道总长度（公里）	25537.5	25168.1	20082.5	3223.7	4946.4	8622.6	220.2	534.7	861.4	218880.9

续表

地区名称	东部			中部			西部			全国
	江苏	广东	山东	江西	湖南	河南	西藏	青海	宁夏	
城市污水日处理能力(万吨)	1017.8	543.1	510.1	112.5	328.4	249.9	0	8.5	54	7387.2
城市路灯(盏)	1169011	1108886	662650	324801	255498	397351	11085	22856	118508	10531538

资料来源:《中国统计年鉴2005》

表11　2004年各地区城市设施水平

名称省份	东部			中部			西部			全国平均
	上海	浙江	北京	内蒙古	湖北	河南	宁夏	贵州	西藏	
城市用水普及率(%)	100.00	98.86	100.00	82.21	73.75	92.14	61.10	88.60	69.01	88.85
城市燃气普及率(%)	100.00	98.22	99.75	62.79	64.35	66.17	49.39	59.54	41.88	81.53
每万人拥有公共交通车辆(标台)	18.24	11.09	22.75	5.22	7.01	7.12	3.99	8.24	26.00	8.41
人均拥有道路面积(平方米)	15.36	14.04	9.45	9.44	9.31	8.86	9.11	5.18	14.37	10.34
人均公共绿地面积(平方米)	8.47	8.42	10.49	6.97	5.87	7.14	4.75	5.25	0.48	7.39

资料来源:《中国统计年鉴2005》

公共产品提供的区域分享不均除了表现在教育、科技、医疗卫生和市政设施等方面,在社会保障、公共管理和环境保护与治理等方面也表现得非常突出,限于篇幅与资料,本研究不再一一分析。

3.公共产品城乡差别大,分享权利不平等

与城镇相比,农村分享的教育、医疗卫生、社会保障等公共产品仍然存在较大的差距,主要表现在以下几个方面:

(1)教育方面。首先,从表12的城镇与农村的初中、小学生均教育经费差距变化表来看,1996—2002年每两年的统计数字显示,全国小学城乡生均经费差距比从1.80:1扩大到1.83:1,1.86:1,1.82:1,同期初中生城乡生均经费差距从1.59:1扩大到1.75:1,1.97:1,1.94:1,在总体上呈现出城乡差距不断拉大的态势。

表12 城镇、农村初中、小学生均教育经费差距变化表① （单位:元）

年份	小学生均				初中生均			
	教育经费		预算内教育经费		教育经费		预算内教育经费	
	城镇	农村	城镇	农村	城镇	农村	城镇	农村
1996	843.60	466.43	509.15	253.53	1374.31	863.02	802.25	447.02
1998	952.35	519.16	586.58	310.58	1512.77	861.64	863.30	485.82
2000	1205.96	647.01	733.51	417.44	1744.73	884.41	956.76	539.87
2002	1744.18	953.65	1158.01	723.36	2200.61	1129.21	1298.14	815.95

其次,从义务教育投入的生均预算内公用经费的城乡差异来看,城镇小学平均是农村小学的3.39倍,城镇初中平均是农村初中的3.24倍②。另据表13统计的我国预算内生均教育经费显示,我国2001年普通小学生均经费城镇是农村的1.71倍;初中生均教育经费城镇是农村的1.7倍。差距最大的是城乡的生均公用经费,其中普通小学和普通初中的生均公用经费的比值竟然都超过了3倍。

表13 2001年国家财政对义务教育拨发的预算内教育经费情况表③

（单位:元）

项目	普通小学		普通初中	
	城镇	农村	城镇	农村
生均教育经费	953.11	558.36	1120.00	666.70
生均教育事业费	922.81	550.96	1078.30	656.18
生均公用经费	95.39	28.12	145.86	44.95

再次,从表14显示的全国和农村中小学生均事业费和公用经费来看,从1997年至2005年,农村中小学事业费和公用经费均低于全国平均水平。

---

① 张雅光等:"公共产品供给的城乡差异及调整对策",载《农业现代化研究》2006年第3期。

② 参见沈百福:"义务教育投入的城乡差异分析",载《教育科学》2004年第3期。

③ 参见中国教育与人力资源问题报告课题组:《中国教育与人力资源问题报告——从人口大国迈向人力资源强国》,高等教育出版社2003年版,第36页。

此种情况也反映出教育公共产品在城乡之间分布的不均,优质的教育资源集中在城镇。比如在我们对重庆市潼南县古溪镇的调查中发现,该镇的小学生源和教育资源集中在古溪镇中心小学,共有师生3000余人,而许多村小由于教育资源的缺乏面临生存的困难,甚至不得不停办。

表14 1997—2005 年全国与农村的中小学生均事业费与公用经费

（单位:元）

年份	小学生均				初中生均			
	小学事业费		初中事业费		小学公用经费		初中公用经费	
	全国	农村	全国	农村	全国	农村	全国	农村
1997	333.81	275.06	591.38	468.06	33.97	22.07	93.05	22.07
1998	370.79	305.62	610.65	478.25	34.35	23.02	79.82	23.02
1999	414.78	345.77	639.63	508.58	35.72	24.01	76.97	44.15
2000	491.58	412.97	679.81	533.54	37.18	24.11	74.08	38.67
2001	645.28	550.96	817.02	656.18	45.18	28.12	83.4	44.95
2002	813.13	708.39	960.51	795.84	60.21	42.73	104.21	66.58
2003	931.54	810.7	1052	871.79	83.49	60.91	127.31	85.01
2004	1129.11	1013.8	1246.07	1073.68	116.51	95.13	164.55	125.52
2005	1327.24	1204.88	1498.25	1314.64	166.52	142.25	232.88	192.75

资料来源:1997—2005 年的《中国教育经费统计年鉴》。

（2）医疗卫生方面。在医疗卫生领域也存在较大的城乡差距,表15 集中展示了这种差距。从总体上来看,市县每千人口卫生技术人员数和每千人口床位数都大于农村的相应指标。在医疗设施的先进程度和医务人员的学历层次上,城乡差异更大。2002 年的统计资料显示,乡镇卫生院卫生人员中初、高中或中专学历占81.5%,大专学历占16.9%,大学本科学历占1.6%,基本没有硕士、博士学历。

表15:1999 年—2004 年城乡卫生资源对照表

年份	每千人口卫生技术人员数		每千人口床位数（张）	
	市县	农村	市县	农村
1999	3.64	1.45	2.39	0.80
2000	3.63	1.44	2.38	0.80
2001	3.62	1.41	2.39	0.81

年份	每千人口卫生技术人员数		每千人口床位数（张）	
	市县	农村	市县	农村
2002	3.41	—	2.32	0.74
2003	3.42	0.98	2.34	0.76
2004	3.46	1.00	2.40	0.76

资料来源：2005 年《中国卫生统计年鉴》，表中数据经整理计算得出。

（3）社会保障方面。我国农村的社会保障与城镇相比也存在较大差距。

首先，从社会保障资金水平来看，2003 年城市社会保障总支出 7979 亿元，农村社会保障总支出为 146 亿元，城市与农村的社会保障总支出的比例为 54.65∶1，虽然此比例相对于 2000 年的 61.38∶1，2001 年的 60.60∶1，2002 年的 59.34∶1 的比值要小一些，但也足够大了。

其次，从人均社保支出来看，城市与农村的差距就更大了，以 2003 年为例，该年城市人均社保支出为 1516 元，而农村人均社保支出为 16.3 元，两者相差 93 倍（参见表 16）。这种社保投入的巨大差异导致城乡社会保障水平差距巨大，在我们调查的云阳全县参与社会统筹意义的社会保险的纯农民基本上没有，就是农民工和被征地农民参加社会保险的比例也非常小。

表 16　1997——2003 年我国城乡社会保障水平比较表[1]

项目	社会保障总支出（亿元）			人均社保支出（元）		农村占社保总支出比%	社会保障水平%	
	城市	农村	城市/农村	城市	农村		城市	农村
1997	3511	85	41.31∶1	890	9.8	2.36	14.64	0.16
1998	4108	97	42.35∶1	987	11.2	2.31	15.44	0.18
1999	4992	86	58.05∶1	1141	10.5	1.69	17.42	0.16
2000	5647	92	61.38∶1	1230	11.4	1.13	17.39	0.16
2001	6362	105	60.60∶1	1324	13.2	1.62	17.30	0.17
2002	7061	119	59.34∶1	1416	15.2	2.32	17.50	0.18
2003	7979	146	54.65∶1	1516	16.3	1.80	18.10	0.19

资料来源：2002—2003 年《中国统计年鉴》，表中数据经整理计算得出。

---

[1]　参见张雅光等："公共产品供给的城乡差异及调整对策"，载《农业现代化研究》2006 年第 3 期。

再次,从医疗保险来看,表 17 反映了城乡之间医疗保险存在较大的差距。2003 年城镇基本医疗保险构成为 30.4%,该指标在农村只为 1.5%,前者是后者的 20 多倍;参加公费医疗的比例,城市是农村的 20 倍。悬殊最大的是劳保和医疗,城市是农村的 46 倍,农村只有可怜的 0.1%。而近八成的农村居民的医疗保障只能靠自费,而城市靠自费解决医疗问题的不足一半。就是主要针对农村构建的合作医疗制度,在农村医疗保障制度构成中也仅占 9.5%。

表 17　2003 年调查地区居民医疗保障制度构成　　（单位:%）

	合计	城市				农村				
		小计	大	中	小	小计	一类	二类	三类	四类
城镇基本医疗保险	8.9	30.4	37.6	41.1	13.2	1.5	1.9	1.3	1.5	1.2
大病医疗保险	0.6	1.8	3.6	0.6	0.8	0.1	0.4	0.1	0.1	0.0
公费医疗	1.2	4.0	6.7	3.9	1.1	0.2	0.4	0.2	0.2	0.1
劳保医疗	1.3	4.6	5.0	5.0	3.8	0.1	0.2	0.1	0.1	0.0
合作医疗	8.8	6.6	0.1	0.0	19.6	9.5	17.6	6.1	0.7	24.3
其他社会医疗保险	1.4	2.2	3.7	1.0	1.6	1.2	2.9	0.6	0.8	0.3
商业医疗保险	7.6	5.6	4.8	7.3	5.0	8.3	8.9	10.9	7.9	3.2
无医疗保险	70.3	44.8	38.5	41.2	55.0	79.0	67.8	80.7	88.6	70.8

资料来源:2005 年《中国卫生统计年鉴》

综上,在教育、医疗资源和社会保障等公共产品的分享方面,我国存在较大的城乡差距。

（4）公共产品分享异化问题。公共产品分享的异化是指在享受公共产品时,由于公共产品收费较高,影响公民对公共产品的公平享用,使部分公共产品的享用事实上成为部分人的"专利"。公共产品异化的主要表现是公共产品的收费高和乱收费。

公共产品的供给关系到公众基本生活质量。在过去相当长的时期内,提供公共产品的行业基本上是国家拨款投资建设,公共产品的价格水平也相应较低,公众可以比较公平地享受公共产品。后来,由于资金不足,公用事业部门为了"自谋生路",只有变相提高价格,以及重复收费和乱收费,由于公共产品的收费越来越高,影响部分低收入人群对收费较高的公共产品的公平享有。以教育乱收费为例,不但中小学校存在乱收费,如自立项目收取考试费、补考费、补课费、补习费、建校费、上机费、电教费、电扇费、教育成本补偿费、捐资助学费等,而且高等院校也存在乱收费,如有的高校超标准收取住宿费、学费,办理专科升本科超标准收取教育补偿费等,由于教育收费越来越高,因此上大学以及上教育质量较高的中小学成了部分有钱人的专利。此外,医疗领域也存在乱收费和收费高的问题,许多医院超标准收取治疗费、手术费、化验费、检查费、材料费、住院费;以及分解项目多收费、重复收费等。[①] 由于乱收费和收费高的问题,造成很多穷人在病了以后只能放弃治疗,听天由命。

另外,公共产品集中分布在部分区域等问题也导致了公共产品的异化,严重影响了公民对公共产品的公平分享。

总之,上述对教育、医疗、科技、交通等公共产品的实证考察显示,我国可供提供的公共产品不仅存在总量不足的问题,同时还存在地区分布不合理、城乡差别大和分享异化的问题。

(二)公共产品利益分享不公平的原因分析

1. 财政支出体制的弊端

随着中国经济的快速发展,可供政府支配的财政资源数量迅速增长,我国政府用于公共产品供给的财政准备能力在增加。但财政支出体制上的弊端依旧导致我国的公共产品供求不足和供给结构的失衡。

(1)"吃饭财政"挤占了公共产品的供给空间。在某种程度上,可以毫不夸张的说我们的政府是世界上最"昂贵"的政府。财政供养人员高比例,行政运作高成本,造成很多基层政府成为典型的"吃饭型财政",大量的行政运转经费的支出,极大压缩了政府可用于公共产品投资的空间。

(2)政府财政供给范围过宽,导致支出结构不合理。我国现有的财政补贴中,相当一部分用于了国有企业的亏损弥补。而应由财政支出的城市基础设施建设、科教文卫和社会保障性支出等却没有完全纳入财政分配管理范围,供给明显不足。财政供给范围的过于宽泛,分散了财力,使得社会急需的公共产品供给不足或无力供给。

(3)公共产品的投资秩序失范。一方面是政府在公共卫生、基础教育和人口控制等方面供给不足,另一方面却在修建公路、市政建设以及政府的楼堂馆所等等建设上,大量投资。公共产品投资秩序失范导致供求结构失

---

① 蒲实:"以垄断视角论公共产品价格监管",载《天府新论》2005 年第 6 期。

衡。"供给短缺"和"过度供给"并存,加剧了公共产品的短缺空间。

2.公共产品投资决策的缺陷

(1)公共产品投资决策的缺陷。第一,公共产品投资决策无法确切了解公众的偏好。公共产品的特性决定了其难以通过市场价格来反映社会公众对公共产品的需求。政府一方面可以通过其自身所具有的公共权力,以强制性税收的方式解决公共产品的成本分担,从而解决公共产品供给的收益与成本不对称问题。但另一方面,由于政府无法确切了解公众对公共产品的数量、质量等消费偏好,以致其可能没有按照收益与成本对等原则来提供公共产品,造成整个社会公共产品的供给短缺或是过度供给,从而导致了其在公共产品供给上的结构性失衡。第二,公共产品供给的决策主体单一化。在公共产品供给的决策中,政府部门领导者一般处于重要的核心地位,而广大民众并非决策的主体,或根本没有民众的参与。这种决策方式中,即使政府部门在决策过程中向民众征询意见和建议,但大多只是流于表面,没有实质性内容,因此广大民众在很大程度上只能是决策结果的被动接收者。由于参与决策的代表有可能为自身的经济动机所左右,他们对公共利益的理解有时难以符合公共利益的要求,如果广大民众不能对其进行有效监督,那么,所形成的决策就不是广大民众的愿望,出现"公共性"旁漏。

(2)公共产品投资预算编制中的利益博弈。公共产品投资预算在财政年度开始之前就必须是计划好的,并一般延续一至两年。为在自己执政期间办成自己想做的事,决策官员往往会通过共谋或变通的方式取得上级领导的支持。由于公共投资新支付的巨额成本不是官员们自掏腰包,再加上其他官员的游说,他们乐得卖个人情,从而放弃监督权力。这种公共产品投资决策的内部博弈导致了公共产品投资运行的内部人控制。

(3)公共产品投资决策中利益集团的左右。在现实生活中,对公共产品投资提出要求的,主要是政府官员,在有的情况下,某些利益集团或政府官员,掌握更多的信息和专业技能,他们对公共产品投资提出的要求更具有权威性和约束力。在这种情况下,为谋求私利,政府官员的决策行为会背离社会公共利益的要求。所谓的公共产品投资事实上很大一部分就被偷换为与某些利益集团或政府官员的局部利益有关的投资。

(4)公共产品投资决策者的自利性。由于政府及其公务员存在自利性,使其在管理公共事务、供给公共产品时往往考虑自身利益而减少公共产品的数量,降低公共产品的品质,甚至根本"不作为"。在缺乏必要的监督和激励机制的条件下,权力垄断和官本位机制相结合,将导致政府机制向强制性私益机制的转化,从而诱发"寻租"行为。

3. 监督机制的缺失

(1)社会监督主体的缺位。在社会公众和政府的委托代理关系中,由于官员预算最大化激励与信息不对称的原因,纳税人和公共产品受益人无法对政府和官员的公共产品投资行为进行有效的监督。作为理性"经济人"的政府官员自然不会太重视这些来自下边的声音。同时,由于社会公共难以及时、准确、完整地掌握信息,使社会监督的有效性大打折扣。

(2)人大监督流于形式。人大作为权力机关,对于政府的公共产品投资拥有法定的监督权力,但是人大的财政预算及使用的监督尚未完全落到实处,大量的公共产品投资的财政支出尚未纳入人大审查监督的范围。同时,由于我们的人大代表往往缺信息、缺时间、缺专业知识,对于到开会时才拿到的报表和数字往往是一脸茫然,很难真正发挥监督职能。

(3)政府内部监督往往成为一纸空文。政府机关在公共产品投资领域自身制定的一些制度的监督效果不太理想,有的制度往往对下不对上、对外不对内;有的制度在官场潜规则面前更是溃不成军,成为一纸空文;有的则是上有政策、下有对策,花样繁多,防不胜防。

4. 其他原因

(1)供给体制单一导致公共产品供给不足。随着我国社会主义市场经济体制框架的确立,经济体制改革的不断深入,分税制改革和财政分权的日益完善,地方财政独立性增强。在公共产品的供给格局上,形成以地方政府为主,私人部门和投资者为辅的格局,但私人部门和投资者活动范围和配置区域公共产品的数量极为有限。公共产品的产权过于集中于政府及其公共部门手中,产权结构单一、僵化,竞争机制难以形成,最终导致公共产品供给不足。

(2)非均衡发展战略导致公共产品供给的区域差异。非均衡发展战略在 20 世纪 60 年代起到了加快中西部工业化和现代化进程的作用。但是,从 20 世纪 80 年代开始的非均衡发展在加快中国现代化工业化的同时,也导致东、中、西地区差距不断拉大。伴随区域经济发展程度的差异,中国地区间财政能力的差距也在日益扩大。同时,1994 年分税制财政体制改革后的财政转移支付制度,不仅没有起到均等化的作用,反而进一步扩大了地区间公共财政能力的差距,地区间公共财政能力的差距直接导致了各地区公共产品供给的不均衡。

(3)财权与事权的不对称导致公共产品供给的不平等。1994 年分税制改革解决了中央占财政收入比重太低的问题,加强了中央政府的宏观调控能力。但是,中央政府在上收财权的同时,却没有给地方行使事权保证足够的资金,地方政府的事权超出了其应该承担的范围。自1994年实行分税制改革后,地方政府收入在全国财政收入中所占的比重逐年下降。但是,一些本该中央政府负责的公共品供给还是由地方政府负责。在发达地区,由于财力相对充足,地方政府尚可承担这些公共品供给,但是,对于落后地区,由于地方政府的事权与其所掌握的财力之间存在着相当大的缺口,地方财政通过预算资金几乎已无法补偿公共产品与服务的成本,这就直接导致了不同地区在公共产品的供给上存在明显的不平等。

(4)公共产品投资中政治性追求和短期效益。在当前的公共产品投资方面,出现了系统性的"厚此薄彼"的结构失衡问题,即显性的公共产品投资过度而隐性的公共产品投资不足。所谓显性的公共产品是指那些周期短、见效快、成果易于显示和衡量的"立竿见影"式的公共产品,如广场、机场、开发区等;隐性的公共产品则是指那些周期长、收效慢、成果难以量化衡量的"默默无闻"式的公共产品,如教育、卫生事业等。其主要原因在于,长期以来我国实行的"从上到下"的绩效考评机制,政府官员为了取得较好的政绩,得到上级领导的赏识,以图继续留任或日后得到升迁,必然追求自己任内的经济快速增长。在这种情况下,短期行为不可避免。由于传统的考评主要看结果,看GDP的增加量,看在这一年主要做了哪些显性的工程,这就造成了政府官员为了增加自己的功绩,不顾条件的上马工程,结果实施了大量的并非民众需要"泡沫工程"。

三、公共产品利益公平分享的法律对策

(一)公共产品财政支出体制的法律完善

要实现公共投资的公平分享,一个必要的前提是要准确定位政府公共投资资金的正确流向,并通过相关立法措施改善现行的财政支出体制。

1.政府退出公共性不强的领域

从我国目前公共投资资金来源上看,在各大中城市,政府资金投入的主要方式有两种:财政投入和国债投入。财政投入主要来源于各地方税收收入、上级财政拨款和外部借款等,由于它受到地方财力限制,除少数几个经济发达的大城市以外,绝大部分城市财政投入很难满足公共投资建设资金需要;而国债投入,是国家用于支持地方重点工程建设而投入的资金,具有

补充的性质。

我们认为,保持国债在公共投资领域的投资有助于促进各方面投资和经济增长,但随着各方面投资的增加,国债投资在公共投资领域的逐步减少是必然趋势。为了缓解政府财政资金的不足,政府必须退出公共性不强的领域。一般来说,各国政府资金在公共投资建设中占有非常大的比重,长期被视为公共投资建设的主要资金来源。随着经济发展,政府资金在公共投资建设中所占的比重应该降低,尽量退出具有一定竞争性的准公共产品的生产领域,将国有资产转移到教育、科学、安全秩序和社会保障等竞争性弱的公共产品领域,增加这些领域的公共投资。在市场经济发达的西方国家,政府用于公共投资建设上的资金比例大大降低,已经远远小于发展中国家的水平。就我国来说,竞争性行业应该缩减甚至取消政府的直接投资将是我国财政支出体制改革的重要方向。

2.明确中央政府与地方政府公共投资的范围

我国的政府具有多层次性,分为五级。这里按照三个大的层次,即中央政府、省级政府、县、市级政府进行公共投资的范围的划分。划分的主要依据是财权与事权相统一的原则。

(1)中央政府的财权和事权。中央政府的事务应当包括行使外交、国防、反恐等维护国家主权、安全、统一的职能;保持宏观经济健康发展和稳定运行,限制垄断,保护竞争,重大资源的战略性平衡;全国性交通、能源重大项目建设;在地区发展协调上,缩小地区发展差距;形成统一、平等和能促使劳动力在全国流动的养老、医疗等社会保障体系。与之相对应,中央政府公共投资的范围应当为:国防、外交、社会保障、中央政权和政府的行政管理、全国性重大建设项目的付息、地区转移支付、国立教育、对居民社会保障的转移支付,等等。

(2)省级政府的财权和事权。省级政府的事务应当包括区域社会管理、省级交通道路、水利枢纽等工程项目,省级的社会保障项目,省级治安管理、公共卫生,等等。因此,省级政府公共投资的范围包括社会保障支出及各种补贴支出,如支农支出,对市、县的转移支付支出;科教文卫支出,如省属高校、一般性文化公益事业、基础性研究;治安设备及警力支出;投资支出,如对省内交通、通讯、能源、农业等基础设施和产业的投资,本级政府行政管理支出等。

(3)县、市级政府的财权和事权。县、市级政府的事务应当包括市、县内社会管理和市场监管,基层司法,城市管理,县、市区消防和社会治安,基础教育、创业和技能培训,县、市级公路,市内交通,城市供排水系统,生态环境保护,廉租房和最低生活保障,失业保障和促进就业,等等。因此,县、市级政府公共投资的范围应当为本级政府行政管理支出,基础设施和基础产业投资支出,科教文卫支出,低收入人群保障支出,消防和警力支出,生态环境保护等等。以重庆市农民工培训支出为例。根据本课题组赴重庆市云阳县的调查,预计2012年需新增财政支出40.5亿元。包括:1)农村新生劳动力将全部纳入中等职业教育,按每年新生劳动力13万人(注:2006年农村新生劳动力基准数),每人次培训补贴2000元计算,65万新生劳动力培训共需新增财政支出13.0亿元。2)培训亟待转移农村剩余劳动力35万人(注:相当于现有亟待转移农村剩余劳动力143万人的25%),按每人次财政补贴1000元计算,需新增财政支出3.5亿元。3)政府主导的各类农民工培训计划(注:包括阳光工程、雨露计划、农村劳动力技能提升计划、移民培训、温暖工程和建筑行业农民工培训等2006年共培训农民工50万人次)按每年培训60万人次测算,5年累计培训农民工300万人次,按照每人次补助800元计算,需要政府补贴24.0亿元。

在中央政府、省级政府、县、市级政府三个层次中,公共产品的投资主要应当集中在省级以下的地方政府,从支出比例看,我们认为市、县支出约占全国财政总支出的50%,再加上省级的20%,中央支出只能占全国财政总支出的30%。① 另外,还可以因地制宜,具体地区实行不同的投资比例;也可以因时制宜,不同时间实行不同的投资比例。最终目的都是为了实现公共投资产品的公平分享。这些,都需要通过《公共投资法》、《预算法》、《财政转移支付法》等相关法律予以规定。

3.确保公共投资的地区公平、产业公平、群体公平

(1)加大对西部的公共投资,逐步提高国家对西部地区的财政投资比重,实现区域之间公共投资的公平分享。改革开放以来,国家将投资布局的重点转移到东部沿海地区,西部地区的财力有限,地方政府通常无能力为改善西部投资环境而大规模投资,对中央财政投资所要求的配套资金,地方财政难以满足,西部地区亟需国家财政的大力投入,如基础性、公益性项目、环保项目等。同时,西部发展落后是造成我国地区发展不平衡、收入差距过大的原因之一。加之体制转换的进程中国有经济固定资产投资占全社会固定

---

① 参见贾康、阎坤:"完善省以下财政体制改革的中长期思考",载《管理世界》2005年第8期。

资产的比重将进一步下降,而非国有部门的投资能力东部远大于西部,以及市场将成为配置资源的主导等因素,政府通过对中西部地区基础设施的倾斜投资来对一部分竞争性投资起引导作用就更有必要。因此,国家有必要加大对西部财政投入的力度,将国家财政投资转移到西部地区,使西部人均占有国家财政投资额超过东部沿海地区。为确保西部开发财政支持政策的稳定性,有必要以"西部开发基本法"的方式确立国家对西部地区的财政倾斜政策,明确规定国家在不同时期对西部地区财政投资的比例。实现区域性的公共投资的平衡,通过建立规范的财政转移支付缩小地区经济差距。

(2)加大对农业的公共投资,实现不同产业之间公共投资的公平分享。我国农业基础地位长期没有得到加强和巩固,与其他产业相比较,存在着公共投资严重不足的情况。以重庆市为例,根据本课题组的调查,重庆农业基础设施条件差,农业抵御自然风险能力不足。受30年"不上不下,不三不四"的影响,直辖前的相当长一段时间内,国家对重庆尤其是三峡库区农业基础设施投入较少。直辖以后,虽然市委市政府高度重视农业基础设施建设,农业生产条件也得到了明显改善,但基础设施条件差,农业装备落后,农业抵御自然风险能力不足,"靠天吃饭"的基本状况仍然没有发生根本性改变,并因此导致农业综合生产能力不高不稳,农民家庭经营收入的进一步提高受限。主要表现在以下3个方面:第一,旱涝保收面积小。截止2005年底,重庆共有农田排灌面积1682万亩,人均农田排灌面积仅0.6亩,只有全国平均水平的40%。有效灌溉面积927万亩,旱涝保收面积479万亩,机电排灌面积276万亩,分别占耕地总面积的29.3%、15.2%和8.8%,均低于全国平均水平。此外,在有效灌溉面积中有近90%属于小型水利设施灌溉,供水保证率低。第二,资源性缺水和工程性缺水并存。2006年重庆水资源总量415.3亿立方米,人均水资源占有量为1479立方米,只有全国平均水平1945立方米的3/4左右。截止2005年底,重庆已建成各类水库2781座,总蓄水能力49亿立方米;水利工程17万处,蓄引提水能力67亿立方米,人均蓄引提水能力135立方米,不到全国平均水平的1/3。此外,重庆水库,尤其是中小型水库中病险库比例相对较高,许多水库带病运行。第三,农业装备水平低。2005年全市农业机械总动力为776万千瓦,耕种收综合机械化水平为7.4%,只有同期全国平均水平的1/5左右,仅高于云南和贵州,在全国排倒数第三位;同期农村居民常住人口人均农业机械总动力和生产性固定资产原值分别为0.31千瓦和837元,仅占全国平均水平的43%和47%。农业装备水平低的直接后果是农业规模化经营程度不高,难以形成规模效应。以上数据表明,加大农村公共投资的力度非常必要。

从WTO《农业协议》允许的"绿箱政策"可看出,加大农业公共投资是各国政府目前也是今后最主要的农业支持措施。对于我国,农业不仅面临着加入WTO后的种种冲击与挑战,也是今后我国经济发展的基础与"瓶颈"。通过农业公共投资可以改变传统农业技术停滞的特征,提高农业生产力,促进技术等级、知识存量的提高;通过增加对农民进行职业培训和各种技能的培训的支出,可以在一定程度上帮助落后地区农民获取一定的科技知识,提高接受和应用新技术、新成果的能力,从而促进农业生产,提高收入水平以及增加非农就业机会来缓解农村贫困,保持农村经济的持续稳定增长。同时,农村公共投资结构应适时地进行调整,坚持"有所为,有所不为"的方针,在坚持非盈利性、广受益性、战略性的原则的基础上,进一步合理划分农业公共投资范围,逐步退出盈利性领域,进入非盈利性的公益性、先导性、外部性较大的领域,提供完善的"社会资本"。事实上,中共十七届三中全会通过的《中共中央关于推进农村改革发展若干重大问题的决定》要求,"保证各级财政对农业投入增长幅度高于经常性收入增长幅度,大幅度增加国家对农村基础设施建设和社会事业发展的投入,大幅度提高政府土地出让收益、耕地占用税新增收入用于农业的比例,大幅度增加对中西部地区农村公益性建设项目的投入。"这些举措都将最终实现农业产业与其他产业之间的公共投资的公平分享。

(3)加大对农村的公共投资,实现城乡之间公共投资的公平分享。以重庆市为例,根据本课题组的调查,"十五"期间,重庆全社会固定资产投资中农村所占比例逐年下降,从2001年的16.2%下降到2005年的8.4%,到了2006年更是下降到6.5%,在2452亿元全社会固定资产投资中仅有160亿投在农村。按行业来划分,2005年第一产业固定资产投资只有区区44亿元,占2.2%;在基础设施投资中农林牧渔业仅有16亿元,占2.2%。因此,农村公共投资要适应发展的阶段性要求,结合转型时期农村发展的实际,应优先解决重大的、严重影响农村生产生活的问题即物质基础方面的公共产品的供给。首先要加大对农村水、电、路等基础设施建设的公共投资,尤其是道路投资对扶贫效果明显。有研究表明每增加1万元的道路投资可脱贫3.2人,每增加1元的道路投资可增加农村GDP8.83元。[①] 因此,对于

---

① 樊胜根等:《经济增长、地区差异与贫困》,中国农业出版社2002年版,第76页。

基础项目的建设能有效地为农村居民提供生产生活所必须的基本条件,而且加强了农村与外界的联系,为农村的和谐发展提供必备的先行成本,同时有助于增加农村非农就业机会。同时,投入还要集中在生态农业基础设施、农村生态环境保护、农业科技的开发和农业科技成果的推广以及农村基础教育和就业技能的培训等方面,为农村创造有利的基本生产条件,改善农村生态环境,加快农业产业化经营进程步伐,从而增强农业发展后劲,增加农民收入,实现农村经济与农村社会事业的协调发展。然后,要继续加大农村公共投资的力度,增加精神文化方面供给,实现农民与市民之间公共投资的公平分享。

以上三个"公平"目标的实现,有赖于《预算法》、《财政转移支付法》予以规范。

(二)公共产品多元供给体制的法律完善

在政府财政资金有限的条件下,要克服公共产品总量不足的问题,则必须完善公共产品的多元供给体制。一方面,公共投资要改变过去国有经济"一枝独秀"的局面,坚持"有进有退";而另一方面,必须加大非公有制经济参与公共投资领域,即充分利用民营资本和外国资本实现公共产品的总量供给。

1.民营资本投入的制度措施

从公共基础设施建设的角度看,要加快建设速度,深化投融资体制改革,如果能够合理引导民间资本进入公共投资领域,鼓励各类社会投资者增加投资,就可以真正实现投资主体的多元化。因此,我们应该鼓励和引导民间投资以独资、合作、联营、参股、特许经营等方式,参与经营性的基础设施和公益事业项目建设,创造多种条件,为民间资本进入公共投资建设领域扫清一切障碍。

事实上,民间资本投资公共投资领域力度一直不大。基础领域长期成为民间资本的最大禁区。根据本课题组的调查,重庆市近年来民间投资也存在投资不继、后劲不足,占全市固定资产投资总额的比重从2004年的52.2%下降到2006年的41.7%;2005年的重庆农村固定资产投资中民间投资仅为2004年同期的30%左右,其中农户投入比重由2001年的64%下降到2005年的50%左右。而民间资本投资增加不快的主要原因是缺乏法律依据。可喜的是,近几年来我们已经看到了民间资本投资公共投资设施的范围在不断扩大。为了给民间资本创造一个宽松的投资环境,国家首先需要在法规制度上予以放开和明确,2005年,国务院出台了《关于鼓励支持和引导个体私营等非公有制经济发展的若干意见》(简称"非公36条"),这是我国政府对"非公有制经济"发出清除体制性障碍的重要法规。但是,"非公36条"只是为非公经济的发展构建了一个基本框架,因为,在注册制度、市场准入、审核批准等方面,我们的产业政策实际仍然存在着不少阻碍非公经济进入的"玻璃门",它们"名义开放、实际限制"。因此,对其原则性要求的具体细化工作,还有待于中央相关部委和地方政府通盘考虑,作出系统规划,拿出实施细则,使之具有可操作性;在条件成熟时还要提高立法层次,提高法律效力。

2. 外资利用的制度措施

目前外资在我国公共投资建设中的作用很小,在全国公共投资建设资金来源中,外商直接投资比重只占10%左右,在城市公共设施领域则只占5%左右。根据本课题组的调查,近年来,重庆农村固定资产投资的资金来源中,外资投入由2001年的5.7亿元人民币下降到2004年9月的0.05亿元人民币,降幅达到99%,目前呈逐步退出格局。我国已经加入了WTO并根据经济发展的需要和加入时所做的承诺,积极、稳妥、有序地全面扩大了各领域的对外开放,其中也包括公用事业、基础建设领域。2002年3月11日,经国务院批准,我国正式出台新的《外商投资产业指导目录》,新《目录》鼓励外商投资交通、能源、原材料等基础设施和基础产业,将市政工程建设首次列入开放领域,允许采取合作经营、合资经营等方式建设公共投资设施,允许利用国外资金发展基础产业和公共投资设施,这标志着公共投资建设利用外资已经进入一个崭新的阶段。一方面,加入WTO将促使政府加快职能的转变,并遵守WTO有关规则,建立公共财政体制;另一方面,外资进入公共基础设施领域,将带动民间资本投入规模的扩大和投资技术水平、投资效率的提高。而加入WTO后,存在着巨大的市场潜力和商机,需要我们进一步完善法律法规,吸引外商来华投资基础设施,实现公共投资的多种融资渠道。

(三)公共产品投资项目决策程序的法律构建

1. 公共投资项目决策程序的重要性

(1)科学合理的程序设计能够保证公共投资实现公平正义的价值追求。现代社会,人们对社会的管理、经济的运行方式,已经采取更为成熟的做法。那就是,让市场机制和政府机制有机的结合。无论是制度经济学注重将产权和制度作为研究对象的当今西方经济学的主流理论,还是公共管理领域所进行的公共服务中引入市场机制的大胆改革,都显现了市场机制和政府机制的相互交融、取长补短。"让市场机制和政府机制在其各自应该发挥作用的领域发挥作用,并且两者相互交融,你中有我,我中有你"。公共投资作为政府管理经济和社会,同时又作为市场机制的辅助和配合机制,应该体现纯粹的市场机制所无法实现的公平正义价值取向。公共投资作为一种法律制度,其公平正义价值取向的体现,必须有程序机制的保障。公共投资以公平正义作为价值取向,但能否真正实现,要受制于提供公共产品的决策者的意志和行为。按照西方经济学的公共选择理论,即"根据交易范例来观察政治和政治过程"①,政治决策的参与者,无论是政治家、官僚,还是选民,都同私人经济中的个人一样是理性的"经济人",追求个人利益的最大化,而政治活动不过是追求个人利益最大化的一种途径,政治活动形成的集体决策是个人决策某种方式的加总,公共选择不过是个人选择的结果;有效率的集体决策应该能够尽可能真实全面地反映个人的偏好,因此集体活动的理想状态是实现全体一致,在这种情况下,就只存在自愿交换,没有任何强制,从而政治活动也就等同于市场交换,维护了个人自由。在具体决策中实现全体一致往往是困难的,但是可以实现全体一致地通过并购建一个好的政治机制或政治活动的规则,然后依靠这种制度约束来保障实现具体公共决策的效率。② 这样的决策规则或机制,落实在法律上,就是听证、专家评审等法律程序。如果没有这样的程序,难免出现政治决策者出于个人私利考虑,将公共投资决策权行使作为谋取不正当利益的手段,结果是公共投资所追求的公平正义价值目标成为"水中月"、"镜中花"。

(2)科学合理的公共投资决策程序设计可以保障公共投资效率的优化。按照公共部门管理理论,公共部门的效率就是结果,虽然它只是几种可能的结果之一。在任何关于政府配置与管制部门的理论中,效率标准都不可或缺。负责收入与财富分享的政府再分配部门所关注的是社会正义。效率标准对于政府如此重要的原因只是因为在公共部门中,"应该怎样"比"是怎样"更为重要。人们总是对任何一项公共项目提出同样的问题:将资

① [美]布坎南著:《自由、市场与国家》,平新乔、莫扶民译,上海三联书店1989年版,第31页。

② 郭小聪主编:《政府经济学》,中国人民大学出版社2003年版,第199页。

金用在这里是否物有所值,或是否存在公共项目更有效率的其他方法?①
公共投资部门在公平和效率的价值目标追求上,既有一致性,也有矛盾。公
共投资存在的正当理由首先是为了实现社会公平,但是如果公共投资项目
无法实现效率的话,公平的价值也是无从谈起的。可以说,效率是公平的基
础和制约条件。公共投资采取政府机制而非市场机制提供公共产品,这本
身意味着社会资源配置低效率的自然倾向。因为公共产品不经过市场直接
进入消费过程,很难对其进行成本和收益的量化精确分析,这样本身就使得
公共投资的低效率容易被掩盖起来;再者就是较高的交易成本和低效率的
信息传递可能影响到政府工作人员行为的监控、管理、调整和协调;还有就
是官僚机构本身存在扩张的本能和冲动,这些都是导致公共投资项目低
效率的原因。科学合理的决策程序一定程度上制约了这些低效率因素起
作用的条件或者将其尽可能控制在较小的范围内,故而有助于效率目标
的实现。

2. 社会公众参与程序——以听证制度为分析对象

无论从公共投资所追求的社会公平正义价值来看,还是从实现公共投
资项目自身的效率来说,社会公众参与程序都是极为重要的程序制度,它有
助于公平和效率目标的实现,有助于克服政府提供(对应于完全的市场竞
争机制)公共产品的一系列负面后果:官僚作风、效率低下、新的社会不公、
寻租和腐败现象等。通过公共选择或集体选择进行有关公共问题的决策,
在不同的政治制度下有不同的决策程序。② 在直接民主制下,公共决策由
全体选民直接投票决定,每人一票,这种方式叫直接投票制;在代议民主制
下,全体选民通过投票选举出一定数量的代表,再由这些代表代替选民作出
公共决策,这种方式叫间接投票方式。听证制度属于介于直接投票制和间
接投票制两者之间的折中方案,它是现代民主社会普遍推行的用于保证各
方利益主体平等参与公共决策过程,最终实现决策民主化、公开化、公正化、
科学化乃至法制化的一种重要制度设计。③

目前中国存在 4 种听证制度:行政处罚听证(1996 年建立)、价格听证
(1997 年建立)、立法听证(2000 年建立)、国土资源听证(2004 年建立)。

---

① [英]简·埃里克·莱恩著:《公共部门:概念、模型与途径》(第三版),谭功荣等译,
经济科学出版社 2004 年版,第 237 页。

② 从树海主编:《公共支出分析》,上海财经大学出版社 1999 年版,第 44 页。

③ 彭宗超、薛澜:"政策制定中的公众参与——以中国价格决策听证制度为例",载《国
家行政学院学报》2000 年第 5 期。

应该说,我国的听证制度建立以后,取得了一些明显的成绩,但是也存在很多问题。比如绝大多数价格听证会"逢听必涨",但涨价理由常常难以令人信服;听证制度的相关法律规定不够严密,听证过程不够公开透明,听证代表的选拔不明确;听证会组织者的中立性常受到质疑等。我们所探讨的公共投资听证决策程序,一方面要面对我国听证制度实施的总的现状包括正面和负面效果;另一方面还要在公共投资领域缺乏基本法律规范的情况下承担起部分的建构公共投资基本法的重任。因此,公共投资听证制度所涉及的问题较为复杂。但我们的探讨以建构制度为主,重要的是对未来制度的大胆设想和必要论证,附带涉及听证制度在公共投资领域的利弊分析。我们这种考虑主要是基于我国在此领域立法空白的现状,重要的是建立规则,然后才可能在此基础上完善规则。

因此,要合理规范好公共投资听证程序制度的有关法律规则设计。我们认为,公共投资听证程序的法律规则设计,从总体法律安排上,应该和公共投资领域进行基本立法是相一致的,也就是说,我们赞同进行专门的《公共投资法》的立法,同时在未来的《公共投资法》的体系中,将听证程序作为组成部分加以规定。这是公共投资听证程序的立法定位。在未来的立法中,公共投资听证程序应该包括以下法律规则:

(1)公共投资听证决策的项目范围。对公共投资范围的确定,应采取原则概括和例外列举的方式加以明确。听证作为保障民主、实现投资公平和效率的公众参与程序,应该在公共投资决策中普遍使用,所以对公共投资听证决策适用范围可以作出原则性规定:一般的公共投资应当进行听证决策。同时考虑到具体公共投资项目的特殊性需要,可以对不适用听证决策的项目明确列举为:紧急情况、国家行为、政府执法行为以及涉及公共利益、国家利益和国家安全等需要保密的行为,可以不适用听证。为了保证适用听证程序决策的公共投资项目范围的合理性,未来的《公共投资法》可以规定对有关国家机关确定的听证范围有不同意见的,利害关系人可以向人民法院起诉,按照行政诉讼案件解决听证范围确定上的争议。

(2)公共投资项目决策听证主持人的确定。听证主持人的作用主要是两个方面:一是保持主持人的独立性和中立性;二是主持人的专业化。如果听证主持人不能公正和独立地组织整个听证过程,那么其他制度也就不能得到很好的实施;如果听证主持人没有一定的法律专业知识和组织听证会的基本素质,听证的质量和效果也是可以想见的。所以听证主持人制度在听证程序中占有重要地位。① 为了保证听证主持人的中立性和专业化,有必要在我国的国家考试制度中增加专门的听证主持人专业资格考试,这是构建合理的公共投资项目决策听证程序法律制度的外部条件。但是在这个外部条件尚不具备的情况下,可以要求作为公共投资项目决策听证主持人应该具有如下条件:1)已经取得司法资格考试合格证书;2)和作为主持人所参加的公共投资决策项目没有直接或间接利害关系;3)无违法犯罪历史,无不公正和不诚信的个人纪录。这些是听证主持人的必备条件,对于除此之外还应具备的条件,由举办听证会的政府机构根据听证议题具体确定。已经确定的听证主持人名单,应该有举办听证会的政府机构向社会公开,接受社会监督。

(3)公共投资项目决策听证的参加人员的确定。参加听证的社会公众只是全体社会公众的一部分,如何来确定参加人员关系到听证制度能否发挥作用。假如由于听证会参加人确定不当,使得参加人和决策事项没有直接利害关系,就会造成"事不关己,高高挂起",听证会成为走过场、形式主义;听证会参加人虽然和决策事项有直接关系,但是如果不具有广泛的代表性,会形成决策结果一边倒的格局,使得本来应该发挥保障公平作用的听证会程序变成了掩盖不公平结果的"遮羞布"。这两种情况都是应该着重加以避免和克服的。为此,在确定公共投资项目决策听证参加人选时,应该要求:1)听证会的参加人具有和该听证所要决策事项的直接和间接利害关系,没有直接和间接利害关系的人员不得参与该听证会,这样就可以避免无关人员进入听证会使其成为"作秀"的"道具"。2)听证会的参加人应具有广泛的代表性,凡是受到所决策事项影响的社会公众,都有权要求参加听证,至少在听证会中能找到反映他们各自不同权利和利益要求听证会参加人代表,反映不同的民情民意。不管听证决策的结果是对其有利还是对其不利,社会公众的不同意见和建议通过听证会参与人的广泛代表性得以在听证会上公开的得到反映,这是保证听证民主的基础。3)对听证参加人名单应该公之于众,并以合理方式说明参加人选的确定所基于的理由,接受社会监督。

(4)公共投资项目决策听证笔录的内容和效力。举办听证的有关政府机构在听证程序中应当制作听证笔录。听证笔录包括以下内容:1)举行听

---

① 潘小刚:"行政听证的中外比较与我国行政听证制度的完善",载《文史博览》2006 年第 5 期。

证的时间和地点;2)听证的事由;3)出席听证的利害关系人的基本情况,包括姓名、名称、地址、住址、工作单位等;4)听证主持人、书记员的姓名和工作单位;5)利害关系人陈述、辩论的主要内容;6)其他需要载明的关于听证会的情况。应当说听证纪录越详细越清楚,越能真实有效的反应听证会举行的客观全貌。

至于听证笔录的法律效力,是听证程序一个至关重要的问题。我国传统的公共决策事项大都存在明显的"长官意志",决策结果受决策领导个人偏好、个人素质的影响很大,带有严重的主观随意性和滥权倾向。通过听证程序实现公共投资决策的科学化和合理化,就是要通过复杂严密的程序机制制约这种"人治"因素。而听证笔录的法律效力,是检验听证程序最终效果的直接"风向标"。如果听证笔录对公共决策结果不发生任何影响,那么整个听证程序就会成为纯粹的"作秀"。法律应当规定:听证笔录是进行公共投资的政府决策的唯一依据。这样做的优点在于:其一,确保广大公众的法定权利不因政府的恣意武断行为而受到侵害,防止政府在没有充分事实基础的前提下就匆匆地做出决定;其二,便于公众根据做出决策的依据(听证笔录)申请司法审查;其三,便于法院全面评估政府决策的合理性。①

(5)公共投资项目听证程序的期限。期限的合理设置,可以保证程序进行的科学化合理化。在什么时间开始,延续多长时间,通知和开会之间的时间间隔等都要在设计听证程序时有所考虑。作为法律规则的制订,未来的《公共投资法》应当保障听证期限的合理性,同时兼顾到不同种类的公共投资项目具体情况特点在期限规定上留有适当余地。1)进行公共投资的相关政府机构在做出举办听证会的通知时,在通知内应该明确有利害关系的社会公众报名参加听证会的期限。2)在报名参加听证会期限届满后的合理时间内,进行公共投资的相关政府机关就有关参加听证的人员进行确定。3)在确定参加听证的人员名单进行社会公示同时,留有合理长期限供社会公众对该参加人选提出异议并且加以处理。4)在听证会召开前合理长时间内将听证会的具体时间、地点、决策的公共投资事项等内容通知给参加人,并进行社会公示,以便公共媒体参与信息传播。5)在召开听证会时考虑具体的公共投资事项复杂程度,确定听证会的开会时间。如果需要若干次听证会才能解决的重大事项,应当对本次和下次听证会的时间间隔予

---

① 王帅:"行政听证:现实操作对制度价值的游离及其回归",载《河南工业大学学报》(社会科学版)2006年第1期。

以确定。

(6)公共投资项目听证程序的司法救济。公共投资项目采取听证程序决策的,应当通过行政诉讼模式进行司法救济,来保证公共投资的有关政府机构履行听证职责的合法性和合理性。具体而言,公共投资项目听证程序出现三种情形之一的,可以通过行政诉讼加以救济。1)应当采取听证程序进行公共投资项目决策而未采取听证程序的;2)在公共投资项目听证程序中,出现不按照法律要求的程序规则进行听证的;3)公共投资政府机构没有把听证笔录作为做出项目决策的依据的。在出现以上三种情形之一的,利害关系人可以提出有关该情形的证据,然后由举办听证的政府机构举证证明这些情况不存在,否则有关政府机构败诉。公共投资政府机构败诉所承担的法律责任是:具体的行政行为无效,重新进行有关听证或者重新做出公共投资行政决策。

3. 科学评审程序

在整个公共投资决策过程中,听证程序完成的是民意的收集,目的是保证民主,但是参与听证的社会公众是与公共投资有直接和间接利害关系的,这就难免使得听证所收集的社会公众意见带有个人偏好的倾向。固然公共投资决策要反映这些个人偏好,但是如果不从公共投资项目自身特点出发,难免会使得决策结果出现不公平现象。

公共投资决策的科学评审,是指通过专门的公共投资评审机构或者公共投资评审领域的社会中介组织,按照一定的程序和标准,对具体的公共投资项目进行评估,以加强公共投资项目决策的科学性和合理性,保证公共投资的使用效率的程序制度。

公共投资决策科学评审程序的作用,主要在于制约不合理的公共投资机构滥用权力,从而造成公共投资缺乏效率。按照有关领域学者所说,就是公共投资项目的软约束,[1]具体表现为:第一,建设单位出于部门利益考虑,与设计部门联合虚报概算,力图取得更多的公共投资投入。第二,建设单位为了争项目、争投资,在申请项目立项时,故意降低标准,压低概算,目的是取得项目的审批通过,等建设项目批准后再以跨大规模或调整概算为由要求追加投资。第三,有些地方政府部门为了追求政绩,搞"三边工程",也就是边勘探、边设计、边施工,这种不按科学决策程序上马的公共投资工程,最

---

① 秦振龄:"财政投资评审的职能比辨析",载《中州学刊》2004年第3期。

终形成"三超工程":竣工决算超施工图预算、施工图预算超设计概算、设计概算超投资估算,浪费了国家公共投资。第四,擅自扩大建设规模,提高建设标准,建设单位以种种理由要求政府增加投资。第五,有些专项资金的使用,财政部门一批了之,具体实施交给主管部门,资金使用的随意性大,财政对资金使用缺乏有效监督。由于部门和行业利益的存在,这些公共投资项目的软约束的克服,很大程度上无法通过相关主体的自律,而只能通过外部程序。公共投资决策的评审就是一种较为有效的方式。科学评审程序,可以在发挥公共投资和项目建设专家专业性专长基础上,基于相对独立的评审地位,客观公正地对公共投资项目做出评审意见,为公共投资决策提供了科学合理的依据。比如,陕西省财政厅投资评审中心的评审效果就是一个很好的例子,该中心自2000年10月成立后三年,共评审基本建设项目、专项支出等方面项目173个,完成评审金额136.41亿元,净审减不合理投资5.63亿元,净核减率4.1%,其中节约财政资金3.28亿元,项目涉及农业、林业、水利、教育、卫生、环保、行政、交通、电力等各个方面。[①]

(1)公共投资评审的主体要求。公共投资项目评审的主体,大体可以分为两大类来设计。一类是在财政机构内部成立的公共投资评审中心,另一类是相关的社会中介组织作为评审主体。后者一般由会计师事务所、资产评估事务所等中介机构充任,这些机构在接受公共投资项目决策机构委托之后,将公共投资项目评审作为其评估业务之一。作为公共投资项目评审主体,除了具备基本的组织机构条件(比如必要的办公场所、有专门的组织机构、工作章程、必要的活动经费等,属于法人的还应该具备法人的必备条件)以外,最主要的是应具备专业性评审人员。作为公共投资评审人员应该具备的专业知识包括法学、经济学、工程管理等相关领域。我国目前对这一领域专业人员资格条件还没有统一的法律规定,但是以后应当逐渐完善。

(2)对公共投资项目评审依据的要求。即必须符合:1)国家有关投资计划、财政预算、财务、会计、财政投资评审、经济合同和工程建设的法律,法规及规章制度等与工程项目相关的规定;2)国家主管部门及地方有关部门颁布的标准、定额和工程技术经济规范;3)与工程项目有关的市场价格信息、同类项目的造价及其他有关的市场信息;4)项目立项、可行性研究报

---

① 凌天强:"山西财政投资评审的实践与思考",载《山西财税》2003年第12期。

告、初步设计概算批复等批准文件,项目设计、招投标、施工合同及施工管理等文件;5)项目评审所需的其他有关依据。

(3)公共投资项目评审的程序。首先是项目评审准备阶段。其主要工作内容:了解被评审项目的基本情况,收集和整理必要的评审依据,判定项目是否具备评审条件;确定项目评审负责人,配置相应的评审人员;通知项目建设单位提供项目评审必需的资料;根据评审要求,制定项目评审计划。评审计划应包括拟定评审内容、评审重点、评审方法和评审时间等内容。其次是评审实施阶段,其主要工作内容:查阅并熟悉有关项目的评审依据,审查项目建设单位所提供资料的合法性、真实性、准确性和完整性;现场踏勘、核查、取证、计量、分析、汇总;在评审过程中应及时与项目建设单位进行沟通,重要证据应进行书面取证;按照规定的格式和内容形成初审意见;对初审意见进行复核并作出评审结论;与项目建设单位交换评审意见,并由项目建设单位在评审结论书上签署意见;若项目建设单位不签署意见或在规定时间内未能签署意见的,评审机构在上报评审报告时,应对项目建设单位未签署意见的原因作出详细说明。再次是评审完成阶段,其主要工作内容:根据评审结论和项目建设单位反馈意见,出具评审报告;及时整理评审工作底稿、附件、核对取证记录和有关资料,将完整的项目评审资料与项目建设单位意见资料登记归档;对评审数据、资料进行信息化处理,建立评审项目档案。

(4)公共投资项目评审的独立性和法律责任。作为保证公共投资项目评审能够发挥效用的外部机制,首先是保证评审的独立性,然后还要对违法的评审追究相应的法律责任。

评审的独立性,主要从评审主体和决策主体的机构分离、职能分离体现。作为社会中介组织接受政府机构公共投资项目评审委托从事的评审,一般而言不会发生评审的独立性问题,因为这些社会中介组织本身就是按照市场规则运作的,和作为委托人的政府机构之间不存在隶属关系,纯粹是一种服务合同关系,在服务合同中明确双方的权利义务就可以保证评审的独立性。作为财政机构内部设立的公共投资评审中心,评审的独立性关系到评审作用能否有效发挥的根本问题。公共投资评审中心作为财政机构内部机构,应该和财政机构内做出决策的部门做到职能分工明确、各司其职,同时评审中心应该有自己专门的激励机制、监督机制、择优聘用机制、业务考核机制等配套的内部管理机制保障评审独立性。

公共投资项目评审的法律责任,主要是评审机构人员滥用职权、徇私舞弊、玩忽职守或者泄露所知悉的国家秘密、商业秘密的,依法给予处分并承担民事责任;构成犯罪的,依法追究刑事责任。

4. 公共投资审批、核准和备案程序

公共投资决策的最后一个程序就是审批、核准和备案程序。但是审批、核准和备案这几个术语的具体含义是不同的。

审批,是指特定的国家机关根据相对人的申请,经依法审查同意申请人的申请并授予申请人从事名下活动的资格或权利的一种行政行为。① 核准,是指特定的国家机关事先公布专门的从事特定行为或取得某种资格的条件,对申请人提出的申请按照该条件予以审查,符合条件的给与许可的行政行为。备案,是指人民政府各工作部门、下级行政机关或被法律、法规授权的组织作出具体行政行为或行政管理行为后,将有关信息进行登记,并以书面或电子行政公文等形式上报本级人民政府、上级主管部门或法律、法规授权的部门备查,以便及时发现和纠正错误的内部行政行为,或行政相对人在事后用书面形式向行政机关提供有关信息情况与以登记备查,并间接对相对人产生法律效果的具有行政管理性质的外部行政行为。②

审批和备案的区别在于:审批具有资源配置的作用,它除对直接申请的行政相对人的权利产生实际影响外,还对间接相对人权利与义务产生影响。而备案是间接影响到直接申请备案的行政相对人的权利与义务,而不对其他相对人产生影响。核准和备案的区别在于:核准是一种事前控制手段,其本质表现为对相对人是否符合法律法规规定的权利资格和行使权利的条件予以核实。备案是一种事后控制手段,相对人对有关信息进行备案目的在于方便行政机关的管理、监督和服务。审批和核准的区别在于:审批的前提条件一般是法律禁止,获得批准就是解除禁止;核准的前提条件是有条件的许可,只要申请符合该条件,即给与准许。从审批、核准和备案三者对行政相对人的行为控制力的强弱程度区别来看,呈现由强到弱的变化,也就是审批的控制力最强,核准较弱,备案最弱。

公共投资审批、核准和备案的适用范围。用行政审批管理国家事务由来已久,它是各国政府行使行政权力重要的表现形式,是行政机关依法对经济及社会事务事前监督管理的重要手段。行政审批有利于加强国家宏观调

---

① 张布洪:《中国行政法学前沿问题报告》,中国检察出版社 2003 年版,第 276 页。
② 陈雪娇:"论备案制度及其法律性质",载《五邑大学学报》(社会科学版)2005 年第 2 期。

控,保护公共安全和维护公共利益。随着我国经济体制改革的深入,原有行政审批制度的某些弊端逐渐暴露出来。为适应政府从无限责任向有限责任转变,从管制性向服务型转变的需要,行政审批管理的固有模式必须改革,建立以民为本、公开透明、诚实信用、权责一致的现代政府。[①] 这是我国行政审批制度改革的主要趋势。具体到公共投资领域,也不例外。我国目前总的趋势是,逐渐缩小公共投资审批范围,扩大核准和备案的使用范围。2004 年 7 月 16 日国务院发布的《国务院关于投资体制改革的决定》涉及到审批、核准和备案适用范围的调整思路。包括:1)改革项目审批制度,落实企业投资自主权。彻底改革现行不分投资主体、不分资金来源、不分项目性质,一律按投资规模大小分别由各级政府及有关部门审批的企业投资管理办法。对于企业不使用政府投资建设的项目,一律不再实行审批制,区别不同情况实行核准制和备案制。其中,政府仅对重大项目和限制类项目从维护社会公共利益角度进行核准,其他项目无论规模大小,均改为备案制,项目的市场前景、经济效益、资金来源和产品技术方案等均由企业自主决策、自担风险,并依法办理环境保护、土地使用、资源利用、安全生产、城市规划等许可手续和减免税确认手续。对于企业使用政府补助、转贷、贴息投资建设的项目,政府只审批资金申请报告。各地区、各部门要相应改进管理办法,规范管理行为,不得以任何名义截留下放给企业的投资决策权利。2)规范政府核准制。要严格限定实行政府核准制的范围,并根据变化的情况适时调整。《政府核准的投资项目目录》(以下简称《目录》)由国务院投资主管部门会同有关部门研究提出,报国务院批准后实施。未经国务院批准,各地区、各部门不得擅自增减《目录》规定的范围。企业投资建设实行核准制的项目,仅需向政府提交项目申请报告,不再经过批准项目建议书、可行性研究报告和开工报告的程序。政府对企业提交的项目申请报告,主要从维护经济安全、合理开发利用资源、保护生态环境、优化重大布局、保障公共利益、防止出现垄断等方面进行核准。对于外商投资项目,政府还要从市场准入、资本项目管理等方面进行核准。政府有关部门要制定严格规范的核准制度,明确核准的范围、内容、申报程序和办理时限,并向社会公布,提高办事效率,增强透明度。3)对于《目录》以外的企业投资项目,实行备案制,除国家另有规定外,由企业按照属地原则向地方政府投资主管部门备案。

[①] 河北省建设厅行政审批制度改革研究课题组:"行政审批制度改革必须深化",载《城乡建设》2005 年第 2 期。

备案制的具体实施办法由省级人民政府自行制定。国务院投资主管部门要对备案工作加强指导和监督,防止以备案的名义变相审批。4)合理界定政府投资范围。政府投资主要用于关系国家安全和市场不能有效配置资源的经济和社会领域,包括加强公益性和公共基础设施建设,保护和改善生态环境,促进欠发达地区的经济和社会发展,推进科技进步和高新技术产业化。能够由社会投资建设的项目,尽可能利用社会资金建设。合理划分中央政府与地方政府的投资事权。中央政府投资除本级政权等建设外,主要安排跨地区、跨流域以及对经济和社会发展全局有重大影响的项目。

(四)公共产品投资项目监督机制的法律构建

1.公共投资项目决策失误责任追究制度

共同投资项目决策程序的科学合理安排,比如前述的社会公众参与投资决策的听证制度、评审制度等,都是为了保证公共投资项目决策能够实现其所追求的有效配置资源、满足社会公众利益的目的。但是,在具体的公共投资项目决策的有关法律制度和法律规则的设计中,如果没有监督机制的内容,如果不能从外部和从法律规则上具体落实监督的规则的话,公共投资项目决策的失误就会成为社会经济生活的常态,公共投资所承载的社会公平理念将无法实现。

公共投资项目决策失误责任追究制度的具体安排,大致包括四方面内容,一是关于监督权的归属和监督机构的设置;二是具体的监督程序;三是决策失误的判断;四是决策失误责任的具体形式。

(1)监督权的归属和监督机构的设置。公共投资决策失误责任追究,是对公共投资项目本身进行监督的一个方面的内容。公共投资项目的监督权的归属和监督机构的设置,关系到追究决策失误者的执法主体。在我国目前缺乏公共投资基本法的格局下,不仅是投资决策主体没有完全界定清楚,公共投资决策行使监督权的机构更不明确。随着国家投资体制改革的逐渐深化,人们对于公共投资的适格投资主体有了正确的认识,这和政府与市场两者关系的合理界定直接有关。在我国由计划经济向市场机制转轨的过程中,政府所发挥的作用和市场所扮演的角色有一个此消彼长的关系。也就是说,市场能够解决的问题,市场能够提供的投资,比如竞争性的、经营型的投资活动,政府要逐渐退出;只有市场无法有效解决,政府在有关领域的作用不可替代时,才可能涉及到政府的介入,政府对那些市场不愿意提供或者无力提供的关系到社会公共利益的领域提供投资。应当说,"国进民退""政府不与民争利"是一个长期的划分公共投资和私人投资所遵循的基本规则。根据 2004 年 7 月 16 日《国务院关于投资体制改革的决定》规定,政府投资主要用于关系国家安全和市场不能有效配置资源的经济和社会领域,包括加强公益性和公共基础设施建设,保护和改善生态环境,促进欠发达地区的经济和社会发展,推进科技进步和高新技术产业化。对公共投资的范围予以更为严格的限定,必然要求对公共投资项目监督权的归属做出更为明确具体的规定。

对于公共投资项目监管,《国务院关于投资体制改革的决定》规定,完善政府投资制衡机制,投资主管部门、财政主管部门以及有关部门,要依据职能分工,对政府投资的管理进行相互监督。审计机关要依法全面履行职责,进一步加强对政府投资项目的审计监督,提高政府投资管理水平和投资效益。完善重大项目稽查制度,建立政府投资项目后评价制度,对政府投资项目进行全过程监管。建立政府投资项目的社会监督机制,鼓励公众和新闻媒体对政府投资项目进行监督。在该政策文件中,投资主管部门、财政主管部门以及有关部门根据职能分工对政府投资均享有管理权,而且可以相互监督;审计机关进行审计监督。从国家设置公共投资监管机制的初衷来看是好的,希望能够通过多部门的齐抓共管、多管齐下,实现公共投资的良好运行。但是从法律角度分析,应当做到职责分工明确,权力制约关系合理设计。我们以为,可以将投资主管部门、财政主管部门以及有关部门明确为公共投资决策监管的提议机关,由审计机关具体负责对公共投资项目决策实行监督。这样做的好处是既做到职责分工明确,又保证了各相关职能部门行政效率。

(2)公共投资决策的监督程序。如前所述,既然公共投资项目决策监督是由审计机关具体负责,因此,公共投资决策的监督程序主要就应按照现有的审计程序进行,只不过针对的不是其他主体其他事项的审计,而是对政府相关机构公共投资决策行为的审计。审计机构对本级和下级政府公共投资的各部门进行设计,按照如下程序进行。1)审计程序的启动。对公共投资项目决策权的监督,或者由审计机构主动行使审计权,或者由投资主管部门(国家发改委以及地方发改委)、财政主管部门以及有关主管部门提请审计,或者公众或新闻媒介提请审计机构进行审计。但是要注意,公众或者新闻媒介提请审计是基于社会监督权的行使,不是法定的审计启动程序。而前两者,也就是审计机构自行审计和有关主管部门的提请是法定启动程序,直接导致审计程序的开始。2)审计机构组成审计组和送达审计通知书。

审计机构根据所要审查的公共投资项目决策制定审计事项和审计项目计划,并组成审计组,在向有关公共投资决策主体审计 3 日前送达审计通知书。3) 审计的实施。审计机关通过审查有关公共投资机构的决策行为和决策依据,衡量公共投资机构和有关决策者个人履行决策职责是否合法。4) 审计的完成。审计组对公共投资决策事项实施审计后,应当向审计机关提出审计组的审计报告。审计组的审计报告报送审计机关前,应当征求公共投资机构和具体决策人的意见。被审计对象应当自接到审计组的审计报告之日起十日内,将其书面意见送交审计组。审计组应当将被审计对象的书面意见一并报送审计机关。审计机关按照审计署规定的程序对审计组的审计报告进行审议,并对被审计对象对审计组的审计报告提出的意见一并研究后,提出审计机关的审计报告;审计机关在法定职权范围内作出审计决定或者向有关主管机关提出处理的意见。审计机关应当将审计机关的审计报告和审计决定送达被审计单位和有关主管机关、单位。审计决定自送达之日起生效。

(3) 公共投资项目决策失误的判定。公共投资项目决策失误的判定,就是由相关主体对是否存在公共投资机构或决策者个人的决策失误行为,从而作为追究公共投资项目决策失误者的法律责任的基础。如前所述,既然公共投资决策的监督由具体的审计机关负责,根据审计报告和审计决定报送给被审计的公共投资机构和该机构的主管机关,对公共投资项目进行决策的主体就是公共投资机构的上级主管机关。上级主管机关对是否存在投资项目决策失误进行判断的依据是审计机构的审计报告和审计决定。

(4) 公共投资项目决策失误的责任形式。由于公共投资项目决策行为本质上是一种行政行为,因此决策失误的责任形式,相应的主要是行政责任。由于公共投资项目决策者既包括以政府机构形式出现的单位决策者,又包括以个人形式出现的投资项目决策者,因此对决策失误责任的追究,既涉及到单位也涉及到个人,是一种双轨制责任。在具体的责任承担上,首先是由公共投资决策机构承担法律责任,如果该公共机构承担法律责任是由于有关的决策者个人造成的,再由单位向个人追偿。

2. 项目工程质量检查验收制度

实物类公共投资项目竣工后,有一个工程质量检查验收问题。作为公共投资法的组成部分,公共投资项目工程质量检查验收制度意义重大。第一,公共投资能否达到投资的目的,能否满足社会公众对该公共投资项目作为公共产品的价值需求,只有通过项目工程质量检查验收才能有一个明确的答案。第二,工程质量检查验收制度是整个公共投资项目程序中一个重要的环节,从公共投资项目投资开始,到项目施工,项目工程质量检查验收,再到项目投入使用和社会跟踪评价,是一个完整的公共投资程序。缺少了工程质量检查验收这个关键环节,没法检验项目决策的正确性,没法衡量项目施工的效率,也没法对投入使用的公共产品做出合理的社会跟踪评价。

作为公共投资项目最终形成的实物类产品,大多不属于《产品质量法》所适用的"经过加工、制作,用于销售的产品"。因此就公共产品的项目工程本身质量问题,应当由专门的法律规范来调整。这就要求在公共投资法律体系内,通过专门的公共投资项目工程质量检查验收制度具体落实。实物类的公共投资项目大多属于建筑类工程项目。建筑工程法律和公共投资法律各自有不同的调整对象,但是在由公共投资形成的建筑工程建设施工、管理、质量监督、检查验收等方面,二者存在交叉调整的领域。

(1)公共投资项目工程检查验收主体的确定。公共投资项目通常是建筑工程,由发包单位通过招投标、谈判等方式交给承包单位,承包单位负责组织工程建设,建筑工程项目建设流程中,还有勘查、设计、施工、监理,直至最后工程竣工。对于公共投资项目涉及到的建筑工程,竣工后由什么样的主体进行检查验收,即使个法律问题又是个社会问题。

从法律角度来说,现行的建设工程质量管理法律规定了主要由建设行政主管部门进行竣工验收,兼顾其他如规划、公安消防、环保等其他有关部门在各自职能范围内进行检查。从社会角度来说,公共投资建设的建筑工程除了要满足于建设工程质量管理方面的国家要求外,还应当考虑到该建筑工程是为了满足公共利益的需要。能否有效发挥该建筑工程作为特定的公共产品的功能是衡量公共投资项目工程合格与否的必要因素。因此在检查验收主体中完全排除由政府特定机构作为社会公众代言人的参与,是不够合理的。非公共投资的建筑工程,发包方对其质量的检查验收,完全可以通过合同方式固定下来。公共投资项目工程的检查验收,除了由发包方和承包方以合同方式确定权利义务外,还应当由《公共投资法》对作为公共利益代言人的特定政府机构,也就是建设工程的发包方的检查验收职责作出明确。道理在于,发包方对于承包方进行工程的检查验收是合同权利;但是发包方的政府机构履行检查验收职责是其提供公共产品必要的法定义务。规定政府机构对公共投资的工程项目进行检查验收是一项法定义务,这种规定显然属于《公共投资法》的立法范围。

(2)公共投资项目工程检查验收的内容。由上述分析得知,公共投资项目工程检查验收的主体分为两类:一类是以建设行政主管部门为主进行的行政性检查验收;另一种是公共投资政府机构进行的兼具合同性和法定性特征的检查验收。此处仅关注公共投资机构进行的检查验收。公共投资机构检查验收的合同性在于它作为建设工程的发包方身份;法定性在于进行公共投资的政府机构对工程质量进行监督检查是其应尽的法定义务。

合同性特征决定了公共投资的政府机构检查内容根据发包方和承包方签订的合同来决定检查验收的内容,主要包括这几方面:一是建设工程质量本身是否符合合同要求;二是建设工程工期是否符合合同要求,即是否如期完成;三是建设工程本身是否达到了公共产品应具有的功能,即能否正常使用;四是对建设单位本身的施工程序和监理单位的监理程序中所涉及的具体指标进行检查。除了这四个方面以外,还可以根据公共投资项目的具体要求在承包合同中约定检查验收的其他内容。法定性特征决定了公共投资的政府机构必须履行检查验收的职责,以及履行检查验收职责时必须达到法律要求的最低标准,至少应当具备以上四个方面的内容。

3. 公共投资项目资金的监管制度

公共投资项目资金监管作为公共投资监管的一个重要内容,在公共投资项目建设中发挥重要作用。因为公共投资项目和社会投资项目最大的区别在于其资金主要来源于政府财政公共投资,对公共投资的资金监管就成为公共投资监管最重要的内容之一。它是衡量公共投资项目前期科学评审、决策程序的结果是否合理的重要依据,也是控制整个公共投资项目预算资金支出的重要手段,同时还是评价整个公共投资效果的重要标准。

(1)公共投资项目资金监管主体、存在问题及解决思路。公共投资项目资金监管可以分为内部监管和外部监管两种。内部监管指的是公共投资决策部门和项目建设者对项目资金的支出及管理进行监管;外部监管指的是公共投资决策部门以外的其他政府机构以及社会其他单位和个人对项目资金的支出及管理情况进行监督。

公共投资项目资金监管的主体方面主要存在两方面问题。一方面,我国当前的公共投资项目资金外部监管主体较为薄弱,难以适应日益增加的公共投资项目数量和规模对外部监管的要求。随着社会政治经济文化的全面发展,公共投资在建项目和拟建项目数量和规模都有较大增长,然而传统的政府主导型经济发展模式并不能同时带来社会中介层的自然发展,因此主要依靠社会中介机构作为外部监管力量的期望和现实国情之间有较大差距。另一方面,内部监管和外部监管之间的关系没有完全理顺。这突出体现为公共投资决策部门如发改委和履行监管职责的政府其他部门如审计局、财政局等在法律上的权利义务划分不明确,同时又因为同时隶属于共同的党政机关而出现的缺乏独立性和彼此难以制约等问题。

分别从公共投资项目资金监管的内部和外部理顺监管主体之间的关系,以及加强外部监管市场的培育是解决问题的主要思路。同属于政府内部机构的公共投资项目决策者和监管者之间,虽然共同隶属于某一行政机关,但是应当在公共投资项目的决策和监管上明确各自的权利义务,长远来看需要在《公共投资法》制定的内容中就公共投资监管问题专门做出规定,短期来看可以通过政府内部的行政责任制(由共同隶属的行政机关牵头在决策者和监管者之间签订行政责任合同)划清各自的权利义务界限。加强外部监管市场的培育需要从整体上放宽中介市场的准入条件,允许民间资本在符合法定条件下自由进入市场监管主体的行列,工程项目咨询公司、评估公司、会计师事务所等应当与政府机构之间在资金使用和人事安排方面完全脱离关系,这有助于社会中介发挥独立监管公共投资资金的功能。

(2)公共投资资金监管的环节。公共投资资金监管的环节,要根据公共投资资金运用的动态环节来确定。从整个公共投资建设项目的资金运用流程来看,主要有四个环节,相应的资金监管也主要从这四个环节进行。1)公共投资项目概算和招投标环节的资金监管。在公共投资项目已经做出决策之时,必须有明确的项目资金概算。对于法律法规要求必须进行招投标的公共投资项目,资金监管要重点审查招投标最后确定的中标标底是否控制在项目概算范围内,如果超出了概算额度,要认真审查超额部分是否有合理依据。2)公共投资项目预算资金监管。公共投资项目预算资金要严格控制在概算范围之内,同时项目资金的各项具体分类必须非常详细,监管者应按照类别逐项审查项目资金的各种支出是否合理合法,是否能够做到节约和效益最大化。在预算环节的资金监管中,除了应该做到合法性、合理性的细化审查以外,还应当按照透明性要求,将有关预算资金安排的情形及时公之于众,便于社会公众进行监督。3)公共投资项目建设资金监管。公共投资项目的承建单位结合工程进度和工程监理情况,将项目资金使用的详细账目、报表提交公共投资投资者(一般是政府财政部门)审核,财政部门和其他监管机构对在建公共投资项目建设资金使用情况进行监管。除了依据账目、报表等书面资料审查以外,监管者还可结合具体的资金使用活动来判断书面材料的真实性,比如原材料购买款项是否真正如实入账,钱款是否一致。4)公共投资项目竣工结算资金监管。按照惯例,建设单位在公共投资项目在建期间只能拿到90—95%的财政预算资金,余款要等到项目竣工验收合格以后才能全额拨付。公共投资项目完全验收合格之后,根据验收报告制作结算报告。项目资金监管者根据结算报告所涉及到的资金项目进行监管,重点是审查结算资金总额是否超出预算总额,如果超过的话要审查超出部分是否合理。

(3)公共投资资金监管的原则要求。公共投资资金监管的原则要求有三方面:真实性原则、合法性原则和效益性原则。真实性要求公共投资项目资金的使用和管理真实可信,书面材料和实际支出一致,实际支出和项目建设一致。合法性要求公共投资项目资金的使用和管理符合国家各项法律法规,在资金的使用对象上要求合法,资金使用本身也要合法。效益性要求以资金使用效率和管理水平为监管重点,对项目资金的使用全程进行监管,目的在于减少资金使用的浪费、提高资金管理水平、防范和矫正投资决策失误。真实性和合法性原则是整个公共投资监管的基础原则,效益性原则建立在真实性和合法性基础上,是公共投资资金监管的核心原则。对于重大的公共投资项目,由于作为出资人的是政府财政机构,相应的投资决策责任机制不健全,导致了重大的公共投资项目往往出现决策失误、片面追求政绩、资金使用和管理水平低下等弊病。这种情形更需要加强在资金监管中突出效益性原则。

4.公共投资项目后评价制度

公共投资项目评价按照存在的时间阶段,可以分为事前、事中和事后评价三种。对公共投资项目进行评价的目的在于加强项目监管,保证公共投资的目的性、效益性的实现。一般而言,公共投资项目的事前和事中评价是附随着项目评审决策和项目建设监管同时进行的。而事后评价则是在项目建成竣工验收以后一段时间(如3—5年),项目效益和影响逐步表现出来的时候进行;应对照项目可研决策、初步设计方案和设计的技术经济要求,分析项目实施过程的成绩和问题,评价项目的效果、效益、作用和影响,判断项目目标的实现程度,总结项目建设的经验教训,为指导拟建项目、调整在建项目、完善已建项目提出建议。在发达国家,对财政投资项目进行后评价,已成为政府加强宏观管理,提高国家资金运行效率、增强政府公共支出效果的关键手段。① 后评价制度在我国目前的公共投资项目监督中还没有

---

① 李丽红、高喜珍:"财政投资项目后评价管理机制研究",载《商业经济》2004年第5期。

完全建立健全,我们主要对以下对有关问题进行探讨:

(1)公共投资项目后评价的主体。公共投资项目后评价的主体有两类:一类是市场中介组织;另一类是政府的后评价组织。市场中介组织作为公共投资项目后评价的主要承担者,对公共投资项目后评价所涉及的财政评价、效益评价、影响评价和持续性评价等项内容主要由中介组织完成;政府的后评价组织作为公共投资项目后评价的组织者,主要负责组织实施项目后评价和对有关事项进行管理和总结。市场中介组织和政府的后评价组织之间互有长短,它们分别发挥着市场机制和政府机制的作用。

(2)公共投资项目后评价的主要内容。公共投资项目后评价主要包括以下几方面的内容:一是目的性评价。建成后的公共投资项目是否达到了决策通过时所追求的经济和社会目的。二是社会效益评价。对于建成的公共投资项目能否发挥社会效益进行评价,看其能否满足社会公众对特定公共产品的基本需求,对需求的满足要考虑解决的具体问题、使用时间、覆盖的人数或者地域范围等因素。三是成本效益分析。公共投资项目本身虽然要考虑社会利益,但也不能完全忽视项目的成本效益分析。在满足社会公众对于特定公共产品投资需求的前提下,应当体现经济效率,以最小的成本实现最大的收益。

(3)我国公共投资项目后评价制度的完善。我国公共投资项目后评价工作始于20世纪80年代中后期,中国国际工程咨询公司和国家开发银行先后成立了后评价局,并对当时国家计委下达的农业、交通、能源、卫生等部门部分重点建设项目开展后评价。进入20世纪90年代,在后评价得到国际社会普遍认同和我国建设投资规模不断增大的背景下,我国开展后评价的部门逐步增加。但是作为后评价制度的完善,需要从以下三方面着手:1)在专门立法中明确该制度的地位、作用、内容和具体程序。未来的《公共投资法》应当将公共投资项目后评价制度作为公共投资监督制度的重要组成之一加以明确,其作用在于进行事后监督。2)辅助立法规定,在公共投资项目监督实践中,应当加强后评价人才的培养和积极促使社会中介组织发展。3)在相应的政府机构内部成立后评价组织,主要由发改委负责牵头,按照职责分工和协调的要求,建立既有明确分工又能相互配合的政府后评价工作机构。

(五)公共产品利益分享权益的法律保障

1.公共产品利益分享权益的内涵和特点

公共产品利益分享权益即是公民要求国家积极提供适量公共产品并公

平分享的权利。公共产品的具体形态纷繁复杂，但如果我们基于权利分享的视角并以国家提供公共产品的目的为标准，公共产品的分享最终可归结为满足公民的生存需要和发展需要，并由此界分出生存性权益与发展性权益。所谓生存性权益是指当公民无法通过自己的努力满足生存之需时，可要求国家为其提供最低限度的保障。① 满足"生存性需要"的公共产品用以保障公民的基本生存条件，如现代社会条件下的清洁用水、电力、交通等基础设施以及基础教育、基本医疗条件和居住环境。所谓发展性权益是指公民要求国家在最大限度的可利用资源范围内积极创造条件使每一个公民享受到发展的成果。② 满足"发展性需要"的公共产品用以提高国民的生活品质和发展空间。例如，通讯网络、高速公路、高等教育、文化和环保等。当然，随着社会经济的发展，这两个层面的公共产品的范围也会不断变化。这种变化不仅将提高"最低限度的生存需要"的标准，而且将拓展整个公共产品利益分享权益的范围。

公共产品利益分享权益在公民权利体系中具有"基本性"与"抽象性"的特点。"基本性"意味着此类权利属于对公民生活产生重要影响的关系到人性本质的基本权利。一方面，它提供了公共产品分享的最低标准。在这个标准之下，人将丧失"人之所以为人"的基本生存条件和尊严。因此，国家负有维持最低标准的义不容辞的责任。另一方面，"基本性"也赋予了公共产品利益分享权益中的生存性权益（与发展性权益相对）的高度优先性。亦即当生存性权益同其他权利、目标发生冲突时，应优先满足生存性权益的要求。例如，当建设公园、广场等休闲性公共产品的需求同弱势群体获得基本医疗服务的需求产生冲突时，国家的财政支出应优先安排到提供医疗服务方面。公共产品利益分享权益的"抽象性"决定了权利内容大多"抽象地"规定在宪法之中，③其权利内容不具体、不确定，以至于它们更像是一种政策目标，从而使公共产品利益分享权益看起来不像是真正的"权利"，

① 例如，联合国《经济、社会、文化权利国际公约》第9条规定："本盟约缔约各国承认人人有权享受社会保障，包括社会保险。"
② 发展性权益在国际法、国内法层面均得到了认可。例如联合国1986年《发展权利宣言》第1条第1款规定："发展权是一项不可剥夺的人权，由于这种权利，每个人和所有各国人民均有权参与、促进并享受经济、社会、文化和政治发展，在这种发展中，所有人权和基本自由都能获得充分实现。"《日本国宪法》第25条第2款规定："国家必须在一切生活方面，努力提高与增进社会福利、社会保障以及公共卫生。"
③ 如《日本国宪法》第25条第1款规定："所有国民均享有维持健康且文化性的最低限度生活的权利"。

并弱化了司法救济的效力。

2. 公共产品利益分享权益的保障机制

权利要为人真正享有必须依靠健全的保障机制,而机制的选择也应当同权利本身的特点相适应。公共产品利益分享权益的实质是国家对社会资源的再分配,而资源配置的政策制定与执行属于立法机关和行政机关的职能范围。如果司法机关通过"司法抢滩"行为强制政府提供公共产品,则其司法能力与合法性都值得怀疑。并且,公共产品利益分享权益在规范上主要表现为抽象性权利和客观性权利,司法机关直接适用的难度较大。所以,面对政府不作为,权利主体的首要选择是通过议案机制表达诉求,促使政府积极履行公共产品供给的义务;对于具体项目的决策,听证制度可以使公民的参与权得到保障;而对于公民个人有关公共产品的利益诉求,还可以信访的方式作为补充救济的手段。同时,通过司法程序保障公共产品利益的分享仍是必要的,尤其是对生存性权益的保障。

(1)议案机制。现代民主决策程序赋予了公民在公共产品需求与供给的决策中表达自己的意志。就需求决策而言,它是一个将公民的个人偏好汇集成公共偏好的过程。这个过程主要在立法机关中进行,其典型形式就是提出议案,即由人大代表(议员)提出某项具体议案,经代议制机构的其他成员充分讨论和审议后付诸表决的一套操作程序。在审议民主的背景下,它特别强调在投票之前应有一个公共审议的过程,议员就该议案与各方利益主体进行商谈和沟通,以争取达成共识。

议案是民主决策机制的典型形式。以议案为纽带,通过公共审议所形成的决议将更加符合公共偏好。与公共产品利益分享权益相联系的议案有两种形式。一种是制度性提案。这种提案主要是建议制定或修改与公共产品供给相关的法律和政策。它所表达的是一种提供合理制度的请求,而非直接要求提供某项具体的公共产品。例如,在十一届全国人大一次会议上,黄河代表提交了关于制定《农业保险法》的议案,并在议案中拟定了拟制定《农业保险法》的框架和主要内容。叶青代表提交了《关于提高教育支出,使之达到占 GDP4% 水平的建议》和《关于增强医疗保障能力,提高惠民医院的比重的建议》。[①] 在全国政协十一届一次会议上,政协委员伍中信提交了《关于加强对高中贫困生扶助,逐步实施十二年制义务教育》的提案,呼

---

① 这三个提案的具体内容,资料来源:http://npc.people.com.cn.

吁建立高中贫困学生援助保障机制。① 这些议案的提出,表明不同阶层的公民通过代表表达了对各类公共产品的需求,在利益多元化和民意受到尊重的时代,它们可以影响立法机关的预算安排和政策制定,对弱势群体利益的保障以及促进全体公民福利水平的提高有重要意义。议案的另一种形式为实物性提案,即直接要求国家提供某种具体的公共产品。这种公共产品通常是关系到国计民生的重大项目。最为典型的例子便是关于兴建长江三峡工程的议案。1992 年,国务院向七届人大提交了《关于提请审议兴建长江三峡工程议案》,同年 4 月 3 日七届人大五次会议经过审议,以 67% 的得票率通过了《关于兴建长江三峡工程的决议》,决定批准将兴建长江三峡工程列入国民经济和社会发展十年规划,由国务院根据国民经济发展的实际情况和国家财力、物力的可能,选择适当时机组织实施。可以说,三峡工程这样的国家级特大基础设施的建成,将在电力、航运、防洪等方面对我国经济、社会的发展产生深远影响,堪称公民通过民主决策程序促成国家提供公共产品的典范。

(2)信访机制。信访机制即公民来信来访制度,是公民通过写信、上访等活动向党政机关、公共机构及其领导人表达利益诉求和意见的一种制度。② 信访机制具有一定的权利救济功能,并且由于成本较低,没有受案范围的限制,以及我国草根阶层长久存在的"臣民意识"等因素的影响,信访成了弱势群体维权的主要工具。③ 虽然这同现代法治理念有所冲突,但在我国转轨时期的特定背景下,信访机制存在的现实性和必要性毋庸置疑。

在公共产品利益分享权益中,生存性权益的目的就是保障弱势群体的最低限度的生活水平,当政府未能直接提供适量的公共产品或制定与之相关的合理计划时,公民就可以通过信访的途径寻求救济。2005 年 5 月 1 日起正式施行的《信访条例》赋予了信访部门交办权、督办权,便于信访案件的监督和相关部门的及时办理,同时该条例还细化了信访便民原则,公民可通过书信、电子邮件、传真、电话、走访等多种形式向有关部门反映情况;规

---

① 王洁:"政协委员提案建议:尽快推行十二年制义务教育",资料来源:http://cppcc. people. com. cn.

② 褚松燕:《权利发展与公民参与》,中国法制出版社 2007 年版,第 226 页。

③ 《瞭望东方周刊》在 2003 年就曾报道"仅仅从今年 7 月到 8 月 20 号不到两个月的时间,到北京市委门口上访的就达 1.9 万人次,群体上访达 347 批;到中纪委前上访达 1 万多人次,群体上访达 453 批,平均每天达 100 多人,最多一天达 152 人,创改革开放以来历史新高。"转引自邵华:"信访制度变革与弱势群体权利救济",载《河北法学》2007 年第 2 期。

定重大、复杂、疑难的信访事项，可以举行听证；确立信访问责制度，等等。无疑，此种将信访机制制度化、规范化的努力也有利于公共产品利益分享权益的救济。

（3）听证机制。听证是指政府机关在做出直接涉及公众或公民利益的公共决策时，应当听取利害关系人、社会各方及有关专家的意见以实现良好治理的一种必要的规范性程序设计。① 它可以看成是一个以某一具体事项为单位的"准直接民主机制"，是公民参与政府公共决策的重要手段。公共产品利益分享权益是公民要求国家提供公共产品的积极权利，而公共产品的提供又包括立项、生产、运营等多个环节。实践中，公民通过听证机制向政府表达利益诉求在这些环节已得到广泛应用。

例如，在立项阶段，深圳滨海医院听证会是一个较好的例子。滨海医院是深圳市政府投资的非营利性综合医院，属 2004 年广东省"十项民心工程"之一。2005 年 6 月 14 日，深圳市政府在媒体上发布《关于举行滨海医院建设项目听证会的通告》，通告公布了滨海医院选址在深圳湾填海区 16 号地块的消息，此公告一出，就引起了拟建医院周边业主同深圳市政府的博弈。碧海云天小区的业主普遍认为：医院如果建在这里，会给小区带来噪声污染、交通拥堵等问题，医院里的医疗垃圾、医疗废弃物和病菌也对周边居民构成威胁，更为重要的是将破坏附近鸟类及红树林的生存环境。政府于 2005 年 6 月 21 日发布了《深圳市滨海医院建设项目听证会公示信息》，对公众的质疑进行了回应，认为从环境保护的角度该项目依然是可行的。但同时也吸收公众意见对方案做了适当调整，即把原拟建在靠近小区的医院门诊楼、住院部调至了远离小区的南侧。另外，考虑到对小区景观及鸟类飞行的影响，医院内最高建筑只有 32 米。虽然在正式的听证会上，小区居民代表同政府的论辩依然激烈，但经过反复博弈和沟通，2006 年 3 月，滨海医院终于被作为卫生事业重点建设项目列出，并于 2007 年 11 月 18 日正式动工兴建。这一曲折的过程表明，公共产品不仅产生经济效益，也会产生社会效益，其所涉及的利益关系复杂。像滨海医院项目虽然能为深圳、港澳和周边地区居民提供综合和高端医疗服务，但同时也可能给附近居民和环境保护造成外部负效应。如果政府未慎重考虑这些因素，则可能给相关利益群体的权益造成损害，而听证机制则为公众提供了一条通过参与公共决策寻

---

① 彭宗超等：《听证制度——透明决策与公共治理》，清华大学出版社 2004 年版，第 2 页。

求救济的途径,进而促进政府信息公开及优化方案选择。①

在运营环节,尤其是公共产品价格调整方面,听证机制也得到广泛应用。例如,铁路价格听证会和民航价格听证会先后于 2002 年 1 月 12 日、2003 年 7 月 15 日在北京铁道大厦举行。消费者代表、经营者代表、政府有关部门代表及相关专家、学者对调价方案各抒己见。这种经充分协商和沟通所达成的方案由于是多方利益平衡的结果,公民的意愿得到了一定程度的反映,推行起来的阻力也相对较小。

公共产品具有很强的外部性,对相关民众利益影响重大,很多公共产品的提供都应当纳入听证的范围。例如,《重庆市行政决策听证暂行办法》规定了十一个方面必须听证的事项,其中,关于"设定或调整水、电、气、路桥、教育、卫生、公交、垃圾和污水处理等公用事业的收费项目及标准;开挖、改造城市主干道;可能对生态环境、城市功能造成重大影响的政府投资项目的立项审批或核准;重大建设项目的环境影响评价;财政预算追加;与公共安全直接有关、人民群众普遍关注的重大行政措施;低保、最低工资和失业保险的标准"等都属于与公共产品相关的事项。

(4)司法救济。虽然议案机制、听证机制和信访机制对公共产品利益分享权益的保障更加符合其权益的抽象性特点,但这些方式的效力也是有限的。因此,通过司法程序保障公共产品的分享仍然必要,尤其是对生存性权益的保障。

1)宪法诉讼。公共产品利益分享权益涉及公民的基本性权利,所以公民有权请求法院对涉及公共产品利益分享权益的立法、政策以及行政机关的某项具体的作为或不作为进行审查以确认其是否违宪。

在美国、印度、南非等国,依据宪法对公共产品利益分享权益予以救济已取得了令人瞩目的成绩。以南非 TAC 案为例。TAC 案是 Minister of Health v Treatment Action Campaign and Others 的简称。此案主要是关于南非"治疗行动运动组织"(TAC)联合另外一个医生和一个儿童权利组织向法院起诉反对南非政府在防止 HIV 母婴传染方面所实行的一项政策。根据该政策,南非全国只有少数试点单位(每省两个公营医疗机构)能够使用可阻止 HIV 母婴传染的名为奈韦拉平的药物,这就使得那些没有进入每省

---

① 正如深圳大学邹树彬先生所言:"多年来,政府的行为逻辑一直遵循的都是'父爱主义'与'慈善政府',自认为只要提供公共产品公众就必须接受。现在政府也意识到了,它所提供的公共产品、公共政策,必须考虑利益相关者的反应,也要认真考虑所提供的公共产品是否满足了公共需求的偏好。"载《南方都市报》2005 年 7 月 26 日。

两个试点单位的 HIV 呈阳性的母亲不能从该项政策中获益。于是,原告认为政府的该项政策不合理,因为宪法规定人人有权获得公共医疗服务,儿童有权获得基本的卫生保健服务,而政府却阻止该药物在试点公立医院和诊所外的地区被获得。所以原告要求政府为预防母婴传播艾滋病毒在南非全境推行一项全面的政策。南非宪法法院经过审理最终裁决:政府关于防止 HIV 母婴传染的政策没有遵守宪法规定的义务,命令政府立即取消对奈韦拉平使用的限制性规定,同时要求政府采取合理措施,将公立医院和诊所中测试和咨询所需的设施扩展到整个公共卫生部门,以促进和加速对奈韦拉平的使用,从而降低 HIV 母婴传染的风险。① 这个案例说明,宪法诉讼对公共产品利益分享权益的救济是能够发挥积极作用的,同时它也表明此类救济并不局限于向特定公民直接提供物质帮助以实现个体化保护,其还常常以合理的政策请求权的形式出现,从而实现对此类权利的集体保护。除了TAC 案,南非的 Grootboom 案、印度的 PUCL 案、美国的 Goldberg v. Kelly 案、德国的"大学限额第一案"等都依据宪法对公民的住房权、食物权、社会保障权、受教育权等公共产品利益分享权益提供了不同程度的保护。

就我国目前而言,宪法解释权和宪法实施的监督权被赋予了最高立法机关,司法机关并不享有违宪审查的权力,致使我国宪法是一部不可诉的宪法,意欲通过提起宪法诉讼保护公共产品利益分享权益也还有待时日。

2)行政诉讼。公共产品利益分享权益是以国家(政府)为义务主体的一种积极权利,此种权利的实现需要政府积极自觉地履行其作为义务。如果政府不作为或作为不合理,公民则可提起行政诉讼。由于我国的宪法尚未司法化,行政诉讼自然成为公共产品利益分享权益司法救济的主要途径。公共产品利益分享权益在宪法规范层面多属于内容不确定的抽象性权益,其要成为主观性权益由法院直接适用还需普通法律将其内容明晰化。目前我国已颁布了《农村五保供养工作条例》、《城市居民最低生活保障条例》、《最低工资规定》、《城镇最低收入家庭廉租住房管理办法》《社会保险法》等,《社会救助法》也正在起草中。这些实体性法律、法规、规章的先后出台为通过行政诉讼救济公共产品利益分享权益中的生存性权益提供了前提条件。

然而,目前我国通过行政诉讼救济的公共产品利益分享权益的范围仍

① 摘编自 2008 年 3 月 29—30 日在北京举行的"经济、社会和文化权利的可诉性国际研讨会"的会议资料。

然很窄。首先,抽象行政行为不可诉使得大量与分享权益相关的规范性文件不能受到司法审查。其次,在具体行政行为中,《行政诉讼法》第11条明确规定"认为行政机关没有依法发给抚恤金的"行为可诉。在其他法规、规章中,也只有《城市居民最低生活保障条例》第15条规定了最低生活保障的可诉性。① 由此可见,目前我国公共产品利益分享权益的诉讼救济渠道很不畅通,只有极少数的生存性权益可以通过行政诉讼予以保护,更不用说满足发展之需的发展性权益了。究其原因,乃是由于我国现阶段仍是"低福利"的国家,尚没有足够的财力对这些权利提供充分保护,而发达国家对此类权利的保护水平则要高得多。

3)公益诉讼。公益诉讼强调对社会公共利益的保护,即便与诉讼标的没有直接的利害关系,一般民众、社会团体等也可基于公共利益向法院起诉。由于公共产品具有外部性,它所涉及的是大多数人的利益,所以公益诉讼成为公共产品利益分享权益救济的有效途径。可以说,公益诉讼对生存性权益保护的意义更加突出。因为生存性权益的主体为弱势群体,他们在诉讼过程中缺乏足够的财力支持和经验水平,难以同强大的政府相抗衡。公益性团体的介入,可大大增强他们的诉讼能力,进而通过法院推动政府制定合理的公共政策,提供适量的公共产品。公益诉讼在我国尚未确立,但在美国、英国等国家已得到广泛应用。前面所提及的南非的 TAC 案就是一个典型的公益诉讼案件。案件的起诉方包括"治疗行动运动组织(TAC)"、哈龙·萨鲁吉医生和"儿童权利中心组织"。他们并不是受到政府防止 HIV 母婴传染政策直接影响的个人,而是为了保护特定群体的医疗保健权利而奋斗的组织和个人。② 他们的专业能力和所掌握的资源对案件的胜诉起到了关键作用。

总的来说,就我国目前而言,公共产品利益分享权益的保障主要依靠民主决策和行政手段,通过司法途径救济公共产品利益分享权益还显得非常薄弱。增强公共产品利益分享权益的可诉性也成为我们为之努力的方向。

---

① 靳金桥:"论社会权保障视角下我国公法上财产给付诉讼之完善",载《云南大学学报》2007年第3期。

② 黄金荣:《司法保障人权的限度:经济和社会权利可诉性问题研究》,社会科学文献出版社2009年版,第17页。

之十一：融资利益分享的法律问题研究

目　录

"融资"即资金的融通，其含义有广义和狭义之分。广义的融资指资金在持有者之间的流动，以调剂资金余缺的行为，是一个资金双向互动过程，不仅包括资金的融入，还包括资金的融出。狭义的融资主要指资金的融入，也就是通常所指的资金来源。金融是经济的血液。但融资问题不仅仅是一个经济问题，也是一个社会问题、政治问题、法律问题。如果完全放任市场对资金的配置，资金的聚集效应将得以淋漓尽致的发挥，但这对于整个社会经济的发展可能是很不利的，尤其是与我国构建和谐社会、构建发展成果共享的社会是不相容的。因此，探讨融资利益的公平分享，并且从法律的角度探讨如何保障这种公平分享成为广大人民切实的权益，是需要我们着力关注的一个重要问题。

一、融资利益与融资体制改革的历程

融资利益与融资体制是两个不同的概念。然而，任何融资利益总是在特定融资体制下形成的，因而它与融资体制及其改革发展历程密切相关。就一般的逻辑理念来看，研究融资利益的公平分享首先要对"融资利益的含义及融资体制改革的历史进程"有一个清楚的认识。

（一）融资利益及其表现

马克思指出："人们奋斗所争取的一切，都同他们的利益有关。"[1]根据利益是否涉及经济内容，可以将利益分为经济利益与非经济利益。而经济利益是指可以满足主体经济需要的利益，一般与经济活动直接相联系。[2]与此相对，非经济利益主要是指那些不与经济活动勾连的利益，如政治利益、文化利益、精神利益等。根据本研究的语境，这里所指的融资利益显然为经济利益。动态地看，利益既包括现存的利益——我们称之为存量利益；在经济发展过程中，财富（经济利益）是不断增加的，这种新增加的利益——我们称之为增量利益。增量利益是指一个社会在运用存量利益的过程中所产生的利益，其往往是与社会扩大再生产紧密联系在一起的。同时，还有一种随机性的利益——我们称之为机会利益。根据学者的研究，所谓机会利益就是主体在不对称信息条件下利用其相对的信息优势所提供的机会而获取的经济净收益。机会利益本身是中性的，它既可能是损人利己的结果，也可能是创造社会财富的结果。机会利益具有不确定性、时效性和主观性三个基本特点。[3]

根据以上的认知，我们认为，融资利益就是在资金融通过程中产生的经济利益，包括存量融资利益、增量融资利益和机会融资利益。

1. 存量融资利益

存量融资利益主要表现在两个领域：间接融资市场和直接融资市场。

（1）就间接融资市场的存量融资利益而言，其主要表现在银行贷款的发放层面。这种存量融资利益的分享是否公平，又可以从全国各地（港、澳、台除外）的人均贷款规模得到比较直观的反映。统计表明，从1994年到2006年，我国东部、西部和中部人均贷款规模如下表所示：[4]

---

[1] 《马克思恩格斯选集》（第1卷），人民出版社1995年版，第82页。

[2] 洪远鹏等著：《经济利益关系通论——社会主义市场经济的利益关系研究》，复旦大学出版社1999年版，第2页。

[3] 金伯富："机会利益：一个新的理论视角"，载《中国社会科学》2000年第2期。

[4] 数据来源：1994—2003年数据根据《新中国55年统计汇编1949—2004》；2004—2006年的数据参见《中国金融统计年鉴》（2004—2006）。

表1　各地人均贷款规模表　　　　　（单位:元）

年度	1994	1995	1996	1997	1998	1999	2000	2001	2002	2003	2004	2005	2006
东部地区人均贷款规模													
北京	9514	12475	16543	21941	30302	36230	53387	55040	68194	82816	90944	99837	98879
天津	9915	11825	14508	15770	17889	19922	20285	21513	25015	33887	37318	42372	41473
上海	17133	19948	24368	28592	36927	41701	46538	46330	57639	67331	73762	77108	96488
山东	2907	3594	4212	5073	5756	6366	6918	7762	9399	11471	12835	14469	16876
辽宁	5931	7043	8641	9619	10854	11780	12564	13346	14864	17155	18385	18858	21347
江苏	3159	4069	5028	6232	7251	7897	7942	8795	11156	15257	18137	20617	24483
浙江	3791	4871	5950	7382	8764	10410	12049	14052	18534	25672	30404	33833	40470
福建	2999	3660	4400	5333	5958	6869	7380	8328	8973	11002	12438	14351	18122
海南	5093	5782	5923	6785	7276	11870	8181	7998	8063	9039	9795	10827	11648
广东	6488	8002	9079	11624	13384	14981	15518	16823	19349	22870	23519	22586	24916
河北	2051	2452	2922	3635	4264	4602	4397	4626	5179	5695	9035	9374	10745
中部地区人均贷款规模													
安徽	1741	2294	2530	3111	3499	3514	3799	4117	4641	5265	6037	7055	8399
河南	1889	2385	2906	3593	4244	4424	4573	5105	5777	6644	7299	7934	9122
黑龙江	3803	4423	5123	6348	7421	8479	8505	8813	9504	10436	10581	9755	10536
湖北	2442	3033	3902	5073	5942	5937	5886	6338	7202	8332	8939	9900	11295
湖南	1848	2212	2755	3284	3509	3693	3689	4227	4869	5698	6357	7135	8158
吉林	4273	5026	6164	7282	8139	9864	10091	10510	11329	12163	12680	12528	14402
江西	2134	2546	3177	3560	3393	4120	4178	4493	5047	5983	6662	6990	7976
山西	2489	3155	4568	4855	5595	6070	7675	7361	8814	10713	12042	12642	14455
西部地区人均贷款规模													
四川（重庆）	1978	2476	2939	3578	3965	4843	5161	5428	6285	7342	8206	9350	11134
甘肃	2212	2794	3395	4012	4610	4831	4622	4926	5668	6637	7283	7496	8105
广西	1860	2324	2622	3072	3281	3691	3415	3684	4025	4778	5645	6669	7619
贵州	1218	1464	1717	2113	2377	2512	2896	3191	3659	4429	5174	6185	7176
内蒙古	2984	3590	4348	5039	5708	5856	5827	6187	6935	8085	9395	10972	13372
宁夏	3247	3879	4500	5145	5795	6228	6914	7840	9171	11752	12962	14148	18729
青海	3716	4559	5489	5092	5954	6143	7256	7574	8379	9613	11500	11771	13197
陕西	2672	3224	3802	4490	5311	5984	6139	6935	8032	9620	10336	10713	11950
西藏	1709	2177	2434	3057	3213	3011	3210	3647	4537	5349	6128	6480	7249

续表

年度	1994	1995	1996	1997	1998	1999	2000	2001	2002	2003	2004	2005	2006
新疆	3857	5078	6017	8223	7065	7864	7832	8447	9455	10854	11282	11402	11769
云南	1738	2317	2955	3656	4303	4539	4876	5070	5582	6754	7697	8961	10715

从表1我们可以看出:就人均贷款而言,东部地区较之西部地区和中部地区具有很大的优势,东部地区中人均贷款最少的省份基本上就是中部和西部地区人均贷款最多的省份的毗邻,特别是到了2006年,东部人均贷款最高额几乎达到10万元人民币,而中部和西部地区人均贷款额超过1万元人民币的依然是少数,也就是说,东部人均贷款最高的额度达到西部和中部的10倍。显然,在间接融资中的人均贷款层面来看,东部和西部及中部之间对现有融资利益的分享是很不公平的。

(2)就直接融资市场而言,存量融资利益主要表现在股票市场和债券市场之中。从股票市场看,据研究,我国股票市场的发展基本脉络可概括如下:1986年9月,上海工行静安区营业部设立全国第一个股票交易柜台;1987年3月,国务院颁布了《国务院关于加强股票、债券管理的通知》;1988年,深圳发展银行股票首次正式在深圳特区证券公司挂牌上市;1990上海证券交易所成立;1991年深圳证券交易所成立;1999年7月1日《中国证券法》正式颁布实施;2004年,深交所推出中小企业板以拓展中小企业直接融资渠道;2004年国家制定《关于推进资本市场改革和稳定发展的若干意见》;2006年开始实施股权分置改革。截止到2006年12月底,深沪两地共有1300家上市公司完成股改或进入股改程序。[①] 2006年,沪深两地股市价总值达到8.94万亿元,占GDP的比重达42.8%。由此看来,我国股票市场经历了从无到有到不断发展壮大的过程,随着存量融资利益也在不断的扩大其内涵与外延。从企业的层面看,由于制度安排等方面的原因,并不是每一家企业都能通过发行股票的方式筹集到自己所需的合理的资金,况且,大企业和中小企业在股票市场上的资金筹措能力也是不同的。作为一种逻辑结果,这些企业在分享股票市场中的存量利益时,就很可能存在不公平的现象;从地域的角度看,显然,处于东部地区的企业(特别是沪深两地附近的

[①] 周振海:"改革开放以来的中国金融体制改革研究",东北师范大学2007年博士学位论文,第34页。

企业)较之西部和中部地区的企业更能享受到股票市场的存量利益。事实上,这也能从全国上市公司 100 强的地域分布清晰地反映出来——东部明显偏多,西部和中部明显偏少。[①] 从债券市场看,据研究,从 1991 年到 1995 年,财政部就开始采用承购包销方式,并通过财政部和银行的网点向居民销售部分国债。这既是打破行政分配认购方法的开始,也标志着我国国债发行市场初步形成。[②] 债券市场在我国也是一个发展中的市场。据统计,从 1981—2006 年,我国债券(包括企业债和国债)的发行规模如下表:[③]

表 2　我国的债券(企业债和国债)发行规模

年度	企业债发行(亿元)		国债发行(亿元)	
	发行额	企业债余额	发行额	国债余额
1981—1985			237.21	237.21
1986	100.00	83.71	62.51	293.07
1987	30.00	86.35	116.87	391.53
1988	75.41	115.04	188.77	558.64
1989	75.26	146.36	223.91	769.33
1990	126.33	195.44	197.23	890.34
1991	249.96	331.09	281.25	1059.99
1992	683.71	822.04	460.78	1282.72
1993	235.84	802.40	381.31	1540.74
1994	161.75	682.11	1137.55	2286.40
1995	300.80	646.61	1510.86	3300.30
1996	268.92	597.73	1847.77	4361.43
1997	255.23	521.02	2411.79	5508.93
1998	147.89	676.93	3808.77	7765.70

---

　　① 由华顿经济研究院、上海经济杂志社和中国企业改革与发展研究会自 2001 年以来九次共同推出"年度中国上市公司百强排行榜"。2007 年百强企业的地域分布,以北京、上海和深圳为中心的东部地区,聚集了 67 家百强企业。而中部地区和西部地区入围的企业分别为 20 和 13 家。2008 年,东部地区共有百强企业 73 家,中部地区 18 家,西部地区 9 家;从城市分布看,北京、上海、深圳是百强企业的三大聚集地,分别拥有百强企业 20 家、13 家和 10 家,合计 43 家。参见杜琴庆:"上市公司百强榜出炉工行成最赚钱公司",载《东方早报》2007 年 12 月 3 日;蒋娅娅:"上市公司百强排行榜发布",载《解放日报》2009 年 7 月 8 日。

　　② 周振海:"改革开放以来的中国金融体制改革研究",东北师范大学 2007 年博士学位论文,第 33 页。

　　③ 数据的原始来源为《中国证券期货统计年鉴 2007》。

年度	企业债发行（亿元）		国债发行（亿元）	
	发行额	企业债余额	发行额	国债余额
1999	158.00	778.63	4015.00	10542.00
2000	83.00	861.63	4657.00	13020.00
2001	147.00	1008.63	4884.00	15618.00
2002	325.00		5934.30	19336.10
2003	358.00		6280.10	22603.60
2004	327.00		6923.90	25777.60
2005	2046.50		7042.00	28774.00
2006	3938.30		8883.30	31448.70
2007	5058.5		23139.1	
2008	8335.4		8558.2	

从表2可以看出：我国企业债从1986年开始发行，当时仅为100亿元人民币，此后的总体趋势是稳步增长，到2006年达到3938.0亿元人民币，几乎增加了30倍；国债的发行从1986年的不足70亿元达到2006年的8883.30亿元，几乎膨胀了120倍。显然，这样一个债券发行市场中的存量利益是十分巨大的。实际上，债券市场中国债、政策性金融债和央行票据一直是最主要的交易品种。相对而言，企业债发行规模偏小，而发行主体主要是国有大型企业，这导致了债券市场中国有大型企业与非国有企业、中小企业之间对债券市场存量利益分享的不公平。

2. 增量融资利益

如果说存量融资利益主要是一种现有的利益，那么增量融资利益则表现为现有的存量金融资产相互作用而产生的利益。没有增量融资利益的存在，我们就无法解释我国的金融资产何以能够不断的扩大规模。当然，从这里我们也可以看出：增量融资利益是和存量融资利益纠结在一起的，并且是不断转化的——即存量融资利益总是不断地产生增量融资利益，而增量融资利益又不断地转化为存量融资利益。从表3就可以看出：我国银行系统（包括四大国有商业银行、其他商业银行及农村信用社）的资产总额是不断增加的。[1] 以国有商业银行为例，1993年其资产总额仅为30473.4亿元，但

---

[1] 资料来源：《中国金融年鉴》（1993—2005），其中2006年度数据来自中国银监会网站，http://www.cbrc.gov.cn。

2006 年其资产总额便达到 219499.7 亿元,膨胀了 6 倍之多。在这一资产总额的增长当中,就很形象地反映出存量融资利益和增量融资利益之间的辩证转化关系。

表3

年度	四大国有商业银行资产(单位:亿元)		其他商业银行资产(单位:亿元)		农村信用社资产单位:亿元	
	总额	占比	总额	占比	总额	占比
1993	30473.4	0.826	1738.0	0.047	4704.0	0.127
1994	37860.8	0.808	2679.0	0.057	6297.0	0.134
1995	46348.6	0.796	4079.0	0.070	7803.0	0.134
1996	55971.0	0.785	5971.0	0.084	9340.0	0.131
1997	67545.0	0.790	7058.0	0.083	10939.0	0.128
1998	77546.0	0.788	8558.0	0.087	12359.0	0.126
1999	86431.0	0.784	10320.0	0.094	13494.0	0.122
2000	101444.6	0.774	15290.8	0.117	14385.6	0.110
2001	103248.7	0.745	19306.1	0.139	16108.0	0.116
2002	135496.0	0.723	29977.2	0.160	22052.1	0.118
2003	156400.1	0.704	38905.5	0.175	26746.2	0.120
2004	172919.9	0.687	47624.5	0.189	31013.4	0.123
2005	200283.7	0.688	58974.8	0.203	31754.3	0.109
2006	219499.7	0.639	90578.5	0.264	33638.1	0.098
2007	280070.9	0.625	124520.2	0.278	43434.4	0.107
2008	318358.0	0.615	135602.1	0.282	440404.0	0.125

3.机会融资利益

机会融资利益既可能产生于直接融资市场,也可能产生于间接融资市场。由于社会有关主体在直接融资市场和间接融资市场之间机会融资利益分享的失衡,造成了农村和城市的基尼系数不断提升、农村和城市之间差距不断扩大。据统计,自 1978 年到 2005 年,由于机会融资利益的分享不均等原因,城乡之间以及城乡内部的收入差距不断拉大。具体情况如表 4 所示:①

① 陈晖:"金融发展问题研究:经济效应及影响因素",华东师范大学 2008 年博士学位论文,第 120 页。

表4

年度	收入差异			金融发展		
	基尼系数		城乡收入差距	金融相关比率	信贷规模	证券市场规模
	农村	城市				
1978	0.212	0.160	2.570	0.8820	0.3130	0.0000
1979	0.237	0.160	2.528	0.9251	0.3316	0.0000
1980	0.234	0.160	2.497	1.0180	0.3655	0.0000
1981	0.239	0.167	2.240	1.1229	0.4145	0.0000
1982	0.232	0.150	1.982	1.1642	0.4452	0.0000
1983	0.246	0.150	1.822	1.2017	0.4677	0.0000
1984	0.258	0.160	1.835	1.3139	0.4972	0.0000
1985	0.264	0.190	1.859	1.2780	0.4730	0.0000
1986	0.288	0.190	2.126	1.4242	0.5211	0.0367
1987	0.292	0.200	2.166	1.4677	0.5404	0.0396
1988	0.301	0.233	2.166	1.3877	0.4936	0.0448
1989	0.300	0.230	2.284	1.6694	0.6348	0.0539
1990	0.310	0.230	2.200	1.9589	0.7505	0.0582
1991	0.307	0.240	2.400	2.0861	0.8300	0.0639
1992	0.314	0.250	2.585	2.1546	0.8717	0.1171
1993	0.320	0.270	2.797	2.0711	0.8385	0.1662
1994	0.330	0.300	2.863	1.9590	0.8397	0.1382
1995	0.339	0.280	2.715	1.9851	0.8860	0.1221
1996	0.283	0.280	2.512	2.0945	0.9634	0.2080
1997	0.330	0.196	2.469	2.2960	1.0433	0.2983
1998	0.330	0.206	2.509	2.5015	1.1338	0.3311
1999	0.350	0.175	2.649	2.6570	1.2130	0.4214
2000	0.330	0.253	2.787	2.6704	1.2478	0.6246
2001	0.360	0.140	2.899	2.7585	1.3097	0.5485
2002	0.365	0.317	3.111	2.9524	1.4204	0.4792
2003	0.368	0.329	3.231	3.1450	1.5318	0.4790
2004	0.369	0.194	3.209	3.0539	1.5101	0.3930
2005	0.375	0.246	3.224	3.0699	1.5685	0.3343
2006	0.374	0.34	3.28	3.3121		
2007	0.374	0.334	3.33	3.2312		
2008	0.378	0.338	3.31	3.1142		

由此看来:一方面,随着信贷市场和证券市场的不断扩大,我国的经济总量不断增加,①城乡人们生活水平得到普遍提高;另一方面,从上表我们可以看出,尽管信贷市场的规模和证券市场的规模不断扩大,但是,我国的基尼系数却不断攀升,同时,城乡之间的差距也在不断扩大,到2005年达到3倍左右。② 我们认为,之所以会出现这种表面上矛盾的现象,根本的原因之一就是机会融资利益分享的不公平。具体而言,机会融资利益分享的不公平主要表现在以下几个方面:一是信贷市场的融资机会利益分享不公平,这主要是借款人与贷款人之间由于信息不对称而产生的机会利益分享不公平;二是证券市场中的融资机会利益分享不公平,这主要是因为证券市场的有效性与规范性的原因而所产生的机会利益分享不公平;三是非正式金融中的融资机会利益分享不公平,这主要是由于非正式金融在规范化的过程中所产生的机会利益分享不公平;四是金融体制变迁中的融资机会利益分享不公平,这主要是国有专业银行改革所产生的机会利益分享不公平。

(二)融资体制改革的历程

融资体制是指一个社会中经济发展资金的来源、分配与使用的制度体系,其行为主体包括政府、企业及个人,其主要内容包括三项要素:一是投资主体的层次与结构;二是资金的筹措与运用方式;三是投融资领域内各经济主体之间的关系。值得注意的是,融资利益的产生在我国是一个与融资体制改革毗连的问题,因为融资利益正是产生于融资体制改革的过程之中。因此,结合融资体制改革来检视融资利益的分享状况就显得十分必要。

1. 财政主导型融资体制时期

在计划经济时代,我国的融资体制比较单一,基本上都是由国家以计划的形式对资金的筹措、融通和使用进行分配。事实上,这个时期的融资体制是一种财政主导型融资体制。由于资金的筹措和融通都是以投资为中心的,因此,当时的融资体制一般都称之为投资体制。概括来讲,计划经济时代所形成的融资体制(或投资体制)具有如下主要特征:一是投资主体单

---

① 据中国科学院在2009年6月10日发布的报告,我国目前经济总量已经位居世界第三。

② 据中国社科院2009年发布的《城市蓝皮书:中国城市发展报告》,假如考虑到可比性的因素,城乡收入差距大约在4至6倍左右。参见"城乡收入差距扩至4到6倍",资料来源:http://www.gmw.cn.

一。中央政府几乎是唯一的投资主体,当时我国的企业90%以上是国有企业。企业只是政府的附属物,不是独立的投资主体,即不具有投资能力和投资决策的权力,私人投资主体基本上是被排斥的;二是投资渠道单一。在1978年改革开放以前,我国基本建设投资的80%以上来源于财政拨款,国内银行信贷资金极少用于固定资产投资,利用的国外资金也十分有限。除"一五"时期发行过建设债券之外,一直未利用债券、股票等直接融资方式;三是投资决策权高度集中。即以指令性计划为手段,以行政部门为中介的直接管理模式。投资总量与结构的决策完全由中央政府控制,地方政府只有计划建议权、执行权,没有决策权。对于投资决策核心的建设项目决策权也高度集中在政府手中,无论是扩大再生产的项目,还是维持简单再生产的项目,从提出项目建议书、设计任务书,到初步设计、开工报告,都要经过一级政府审查批准;分配资金、物质、安排设计、施工,都由政府主管部门直接管理。①

我们认为,此种融资体制(或投资体制)在当时的历史条件之下具有它特定的合理性。但随着我国社会经济的进一步发展,此种融资体制的种种流弊亦愈发清晰地体现出来:一是由于投资主体单一,使得资金投入的"量"显得不足,特别是国家财政能力有限的情况下,此种融资体制的弊端更为明显;二是由于投资渠道单一,造成投资的原则性有余而灵活性不够,容易造成融资体制的僵化,进而使得融资利益的配给出现机械化的现象;三是资金流向完全由国家决定,很可能造成社会资金流向的取向在社会效益上考虑过多而在经济效益上考虑过少,这种效益"冲突"的长期存在,使得融资利益在总量上发生萎缩;四是容易造成中央财政预算的硬约束与地方企业的"投资饥渴"之间的矛盾。② 因此,在新的历史条件下,对融资体制改革势在必行。

2. 融资体制改革萌芽期

概括来讲,融资体制改革的萌芽期包括两个阶段:第一阶段从1979年至1987年,我们可以称之为融资体制改革的起步阶段。事实上,这个时期改革的主要对象是计划经济时代的投资体制,而基本上没有触及资金筹集和融通体制,改革的中心是简政放权、缩小指令性计划的范围,并在工程建设实施阶段开始引入竞争机制。改革的主要内容包括:试行基本建设投资由财政拨款改为银行贷款;实行财政"分灶吃饭",开始形成中央和地方两

---

① 桂世镛:"中国的投融资体制改革",载《中国工业经济研究》1994年第6期。

② 黄铭:"论我国融资体制的发展历程及其本质特征",载《北京物价》1999年第3期。

级事权划分;允许非国有和非公有性质的经济成分的发展,鼓励外国投资者以各种方式来华投资;改进投资计划管理,缩小指令性计划的范围,将全社会投资规模作为指导性计划的内容;推行项目建设投资包干责任制、建筑安装工程招投标制、引入市场竞争机制等。① 通过这些改革措施,投资主体逐渐朝向多元化方向发展,为我国经济的发展注入了新的活力。第二阶段从1988 年至 1991 年,这可以称之为融资体制改革的第二阶段。国务院 1988年发布的《关于投资管理体制的近期改革方案》,第一次系统地提出了我国投资体制改革的基本任务和措施。在这个时期内,我国成立了上海和深圳证券交易所,并首次发布了国家产业政策。证券交易所的建立,为资本市场的发展创造了条件,直接融资有了基本的交易平台和交易工具。

由此看来,融资体制改革的萌芽期一是打破改革前我国融资体制的单一性,特别是变更计划经济时代财政一统天下的融资局面;二是改变原有高度集中的融资决策体制;三是拓展融资渠道,并初步形成了财政、银行、证券市场三足鼎立的融资格局。从客观效果来看,这些措施事实上也意味着融资利益本身的复杂化。总体而言,此阶段的融资体制改革是卓有成效的,融资利益的分享也符合经济发展的需求,因此有力推动了我国社会经济的进一步发展。

3. 融资体制改革的深化阶段

1992 年,邓小平发表南方讲话之后,我国的改革开放进入了一个新时期,融资体制改革也随之进入了深化发展阶段。在中央提出建立社会主义市场经济的目标之后,投融资体制的改革也主要是朝向这个目标迈进。在这个阶段内,为了更好地分享融资利益,我国制定了建立和改革融资体制所需的绝大多数法律法规,如《公司法》、《证券法》、《商业银行法》、《人民银行法》、《贷款通则》等。从改革措施来看,主要包括:在财税体制改革中对中央政府和地方政府的事权和财权作了进一步的划分,实行经常性预算和建设预算相分离的复式预算管理;组建了国家开发银行,使政策性金融和商业性金融分离,并采取了一套相应的管理办法;对国有商业银行进行改革,成立了资产管理公司;实行建设项目法人责任制,施行固定资产投资项目资本金制度;等等。② 通过这个时期的改革,我国已经初步形成了投资主体多元化、资金来源多渠道化、融资方式多样化、融资利益多元化的格局,市场对

① 方明:"投资体制改革即将迈出重大步伐",http://www.chinainvestment.com.cn.
② 李荣融:"中国的投融资体制改革简况",载《中国外资》1998 年第 11 期。

资源配置的基础性作用日益增强,国家对固定资产投资的宏观调控也有了很大改进。

在这个阶段,由于早期的改革重点在于放权,而对监管重视不够,导致累积的金融风险逐渐增加。例如,由于国有商业银行对贷款的审查不严,导致这个期间内的贷款形成了大量的呆账、坏账;①因民间集资而引发的诈骗案件和群体性事件频发;各种形式的基金会管理混乱,濒临破产等。特别是在1997年亚洲爆发金融危机之后,国家对融资体制的改革重点转移到了建立严格的监管制度方面,包括制定加强监管的法律法规,建立监管机构,并对前期形成的融资混乱局面进行清理:如1998年国务院发布了《非法金融机构和非法金融业务活动取缔办法》,将未经中国人民银行批准而从事金融业务活动的机构宣布为非法的金融机构,予以取缔;未经批准而面向社会不特定对象进行集资的,属于非法的金融业务活动,也予以取缔;成立资产管理公司,专门负责国有商业银行剥离资产的管理;1999年1月,国务院发文,正式宣布统一取缔农村合作基金会,并对其进行清理,等等。通过对监管制度建设的加强,不仅在一定程度上消除了爆发金融危机的风险,亦在一定程度上理顺了融资体制改革中融资利益的分享关系,并使融资体制的改革进一步深化。

4.融资体制改革新时期

2001年,我国正式加入世界贸易组织。此后,融资体制的改革中出现了与履行入世义务相关的一些内容:逐步降低和开放金融市场准入的门槛、允许外国金融机构进入中国、允许外国资金进入中国市场、批准国内金融机构和资金进入外国金融市场等。其他方面的一些改革措施,主要表现为放宽对金融市场的管制,以建立灵活的融资体制。如2005年修订了《公司法》和《证券法》,为中小企业通过私募发行证券融通资金和创业板的推出消除了法律障碍;2006年12月,银监会发布了《中国银行业监督管理委员会关于调整放宽农村地区银行业金融机构准入政策,更好支持社会主义新农村建设的若干意见》;2007年银监会发布了《村镇银行管理暂行规定》和

---

① 例如,1994年,由于消费者的恐慌和工人的不安加速了通货膨胀,而粮食短缺的谣言引发惊惶失措的抢购和疯狂的囤积,使粮价一下子提高了50%。全国通货膨胀率在经济爆炸性的膨胀下高达22%,创人民共和国建国以来最糟糕的纪录;受房地产建设的暴利驱动,城市的通货膨胀甚至更厉害。生活困难的工人索求生活费,国家银行被迫以"稳定团结贷款"为名贷给陷入困境的工厂,而且毫无收回的希望。参见"江泽民如何应对90年代的通货膨胀",资料来源:http://book.huanqiu.com.

《贷款公司管理暂行规定》,等等。这些规定提出了农村金融市场改革的试点方案,允许农民设立主要为入股社员服务,实行社员民主管理的社区性信用合作组织,并放宽了设立村镇银行、小额贷款公司的条件。这些改革措施对于矫正融资利益分享中的不公平现象具有一定的意义。

二、融资利益分享不公的主要表现

改革开放三十年以来,我国对融资体制进行了较大的改革,虽然目前我国的融资体制还存在着不少的问题,但与计划经济体制条件下的融资体制相比,已经发生了深刻的变化——我国已经初步建立了与社会主义市场经济相适应的融资体制:基本形成了投资主体多元、资金来源渠道多种、融资方式多样的融资格局,同时,市场对资金配置的基础性作用日渐增强。我们认为,是否能让各融资主体(包括现实的和潜在的融资主体)公平分享融资利益,应当成为衡量融资体制改革是否成功的一项重要指标。融资利益的公平分享主要涉及到融资领域内各经济主体是否得到了公平的融资机会、享受到了平等的待遇。

我们认为,融资利益分享不公主要表现为以下三个方面:一是城乡之间融资利益分享不公;二是东部地区与西部地区之间融资利益分享不公;三是大型企业与中小企业之间融资利益分享不公,而这又集中体现在中小企业融资难的问题上。

(一)城乡之间融资利益分享不公

客观而论,融资体制的市场化改革符合经济发展规律,在一定程度上对缩小我国城乡差距、特别是使得农村分享到融资利益具有十分重要的意义。城乡之间融资利益分享的核心问题就是我国融资体制的建构要使农村能够顺利融到资金,而这一问题又涉及到以下几个方面:一是如何实现工业对农业的反哺;二是如何保障资金合理地流向农村;三是如何防止农村的资金不当外流;①四是

---

① 需要指出的是,在市场经济条件下,资金随着利润的厚薄而流动本身是无可厚非的,这也提醒我们:农村的资金并不是绝对不可以流出。我们要担忧或者说要反对的,是农村资金的不当流出。显然,如果听任自由放任的市场经济,"马太效应"之发生就是无可避免的。但是我们并不需要消极,因为这种消极早在德国经济学家李斯特的时代就已经受到深刻的批判,甚至在斯密这样的经济自由主义的鼻祖、在哈耶克为代表的奥地利经济学派的著述里,也有这种深刻的批判。

在体制上如何保障农村的发展资金的利用效率。这其中,主要牵涉到政府在农村融资中的角色、乡镇企业的资金筹集、农村产业结构的调整等深层次的问题。进一步讲,城乡之间融资利益分享的问题主要是解决农村资金短缺的问题。因为农村资金短缺的问题解决了,也就意味着农村分享到了融资利益。反之,如果农村依然处于资金短缺的传统状态,公平分享融资利益显然就会流于形式。因此,解决城乡之间融资利益公平分享问题,应主要从农村融资的角度进行思考,而不是相反。概言之,城乡之间融资利益分享不公主要表现在如下几个方面。

1. 农村基础设施建设融资难

农村基础设施是指为农村生产和农民生活提供公共服务,使用期限较长,以保证社会再生产顺利进行的各种设施的总和。① 根据世界银行的归类,农村基础设施主要包括以下三类:一是公共设施,如电力、电信、自来水、卫生设施以及排污、固体废物的收集与处理、管道煤气;二是公共工程,如道路、大坝和灌溉及排水用渠道工程;三是交通设施,如城市与城市间道路、城市公共交通、港口、航道和机场。② 基础设施是一国(或地区)经济社会赖以发展的"先行资本",③而农村基础设施则是农民、农业和农村赖以发展的"先行资本"。④ 这种"先行资本"对于农村经济的发展具有十分重要的意义。⑤ 我们认为,农村基础设施投入严重不足表面上是说明农村发展的资金不足,而实质上表明的却是融资体制存在的深层次的问题。事实上,评价一种融资体制的好坏,评价融资利益是否得到公平的分享,不是从某种主观的标准出发,而是要看此种融资体制是否能够保障资金能够流向需要其的社会领域,使得各融资主体"各得其所"。如果此种融资体制能够做到资金

---

① 冯涛:"我国农村基础设施融资体系重构",载《农村经济》2007 年第 1 期。

② 毛晓威著:《1994 年世界发展报告——为发展提供基础设施》,中国财政经济出版社 1994 年版,第 276—277 页。

③ 美国学者 Paul N. Rosensten-Rodan(1943 年)将基础设施称之为"社会先行资本"(social overhead capital,简称"SOC")。参见[美]杰拉尔德·迈耶、达德利·西尔斯编:《发展经济学的先驱》,谭崇台等译,经济科学出版社 1988 年版,第 212—213 页。

④ 顾敏君、谢家智:"重庆市农村基础设施投融资体制改革浅见",载《重庆社会科学》2005 年第 5 期。

⑤ 值得注意的是,美国学者 Johnson 曾多次指出,中国农村基础设施在农村非农产业的发展、吸纳剩余劳动力和消除城乡差距中起着关键作用。同时,他认为政府在基础设施供给中的职责不可替代。See JOHNM ANTLE. *Infrastructure and Aggregate Agricultural Productivity*: *International Evidence*. Economic Development and Cultural Change,1983 (3),pp. 609 – 619.

的公平和有效地利用,我们就说它是有成效的;如果融资体制不能使资金公平和有效地利用,或者仅仅强调资金利用的公平和效率的某一个方面,那么我们认为此种融资体制就是需要改进的,而作为一个逻辑上的结果,我们也可以认为此时融资利益的分享是不公平的。

客观地讲,改革开放以来,我国的融资体制大体能够保障资金公平和有效率地流向需要资金的主体——这也解释了我国经济持续发展的原因。但是,农村基础设施融资难的局面也是客观存在的,主要表现在以下三个方面:

(1)农村基础设施投入资金的绝对量和相对量都比较低。在绝对量上,虽然"九五"时期是我国财政支农资金增长较快的时期,但从 1996 年到 2000 年,中央财政累计安排水利基础设施建设投入只有 1100 亿元,年均仅 200 亿元左右,而 2000 年我国的外汇储备达 1655.74 亿美元,GDP 为 89404 亿人民币。[①] 由此推算,我国农村基础设施投入仅占我国 GDP 的 0.22%。2005 年,中央财政用于"三农"的支出总额虽然高达 2975 亿,但其中用于支持农村公共基础设施建设的资金只有 293 亿,仅占 9.8%。[②] 因此,农村基础设施的投入在绝对量上是非常少的;在相对量上,农村基础设施的投入与城市相比也相形见绌。例如,有学者指出,投资 1000 多个亿的三峡工程就相当于整个"九五"期间财政支农的资金,而城市每年用于基础设施建设的投资达数千亿元,人均投入量是农村的几十倍,且档次和规模均远远高于农村。[③]

(2)农村基础设施投资主体单一使得农村基础设施融资难。我国农村基础设施投资的资金来源构成如下表:

表5

国家资本	中央政府财政投入
	各级地方政府财政投入
	政策性银行贷款
	国有商业银行贷款
集体资本	村集体投资
民间资本	农民筹资

① 刘家伟:"我国农村基础设施投融资模式研究",载《中央财经大学学报》2006 年第 5 期。

② 闵秀珍、刘跃前:"农村基础设施建设投资资金来源探析",载《农业经济》2007 年第 4 期。

③ 刘家伟:"我国农村基础设施投融资模式研究",载《中央财经大学学报》2006 年第 5 期。

其中,中央财政支农约占财政总支出的 2%,农村集体单位固定资产投资占全社会固定资产投资的比重基本稳定在 10% 左右,基本达到了一个上限,①各级地方财政及间接融资系统给农村基础设施提供的资金非常的有限。至于农民个人投资,20 世纪 90 年代以来,由于农民增收缓慢,闲置资金较少,收入主要用于个人日常消费或购置家庭固定资产,因此造成整体上缺乏投资能力。在农民整体收入不高的状况下,虽然有一部分先富起来的农民具有一定的投资实力,但由于相关制度安排的缺位,难以保证按"谁投资、谁受益"的原则来运作,因此影响了这部分农民投资的积极性。② 与此同时,当前农村基础设施投资中虽然也有一定数量的民间资本,但比重过小,不具有普遍性。③ 其理由在于农业生产经营的高风险性导致农村基础设施投资的风险加大,商业信贷机构因此会提高针对农业领域投资的贷款利率,或者是在投资项目的其他条件足以抵消这种高风险的情况下才会发放贷款。基础设施投资主体也往往会高估或虚估农业投资风险,进而提高对农村基础设施投资资金的期望报酬率。如果再考虑农业生产的季节性和工业生产的连续性差别,则在正常的情况下,农村基础设施的利用系数相对低于工业基础设施。④ 因此,农村基础设施很难吸收到民间资金。作为此种逻辑的结果,政府事实上成为几乎是唯一的农村基础设施投资主体。显然,农村基础设施资金缺口大,但资金来源渠道有限,这势必会造成农村基础设施持续的落后。

(3)农村基础设施融资缺乏成型的融资模式。基础设施方面的城乡差距集中表现为城市有较多的投融资模式,而农村没有。同时,由于农村基础设施和公用事业的可经营性较弱,其运营不能产生足够的现金流量,因而投资回报能力低,特别是在经济欠发达的地区,很难产生收益,想通过收费的方式收回投资困难也很大。⑤ 许多原本在国际上或者城市行之有效的融资模式,到了农村往往都"水土不服"。因此,政府和银行仍然是城市基础设施建设的主要融资渠道,这两部门占据了整个资金来源的 80—90%。而目

① 冯涛:"我国农村基础设施融资体系重构",载《农村经济》2007 年第 1 期。

② 石丁:"我国农村基础设施投资机制的重构",载《商业研究》2007 年第 23 期。

③ 杨林等:"公共财政框架下农村基础设施的有效供给",载《宏观经济研究》2005 年第 10 期。

④ 李志远:"农村基础设施投资研究——以河北省为例",河北农业大学 2007 年博士学位论文,第 30 页。

⑤ 甘琳等:"中国农村基础设施融资模式研究",载《建筑经济》2008 年第 4 期。

前农村基础设施建设的资金主要来自集体积累,农民则出工出力,如何建设农村基础设施还没有统筹规划。①

2. 乡镇企业融资难

乡镇中小企业是农村最重要的经济主体之一。我国的乡镇企业在中小企业中占据了 84.94% 的较高比例,影响其可持续成长的因素是多方面的,但融资能力的薄弱是制约其良好发展的瓶颈因素。调查表明:在乡镇企业融资困难程度中表示比较困难的占 68.75%,在破产的主要原因一项显示由于资金短缺的占 46.44%,在融资渠道中银行机构占 71.86%,最希望解决的问题为融资渠道的占 44.02%。② 中小企业对一国经济的发展具有十分重要意义。党的十七大报告指出,要"推进公平准入,改善融资条件,破除体制障碍,促进个体、私营经济和中小企业发展。"③城乡之间融资利益要公平分享,一个重要的表现就是中小企业要能够顺利地融到发展资金。但目前我国的乡镇企业融资可谓困难重重,具体表现在以下几个方面:

(1)乡镇企业融资方式主要为债券融资,且融资渠道单一。据统计,在乡镇企业的资金来源中,负债融资是最主要的形式,资产负债率一直维持在60% 左右。而且,负债融资又以流动负债为主,且其比例呈现出逐年上升的趋势,乡镇企业往往都面临着巨大的资金流通压力。与此同时,乡镇企业融资渠道单一,其主要依靠农业银行和农村信用合作社进行贷款,以间接融资为主,资金来源中直接融资所占比重不到间接融资的三分之一。④

(2)乡镇企业与现行主流融资机制难以协调。一方面,商业银行的区域设置和管理权限与中小企业之间严重错位。商业银行在机构设置上退出县级行政区域,而且其信贷管理权限向上级行特别是总行、省级分行集中,而这与中小企业主要分布在县市级以下、要求商业银行县市分支机构有更多信贷管理权的实际要求之间出现偏差。同时,商业银行在县市新增存贷

---

① 闵秀珍、刘跃前:"农村基础设施建设投资资金来源探析",载《农业经济》2007 年第 4 期。

② 宋永春:"筹融资问题——制约乡镇企业可持续成长的瓶颈要素",载《乡镇经济》2005 年第 12 期。

③ 胡锦涛:《高举中国特色社会主义伟大旗帜　为夺取全面建设小康社会新胜利而奋斗——在中国共产党第十七次全国代表大会上的报告》,人民出版社 2007 年版,第 26 页。

④ 宋永春:"筹融资问题——制约乡镇企业可持续成长的瓶颈要素",载《乡镇经济》2005 年第 12 期。

比大多不到30%，个别县市仅有10%，这使得对乡镇企业的信贷支持无法落到实处；①另一方面，商业银行的贷款审批程序也不适应乡镇企业的融资需要。乡镇企业由于其规模小，其资金需求往往具有短、平、快的特点，而商业银行办理贷款通常需要经过7个环节，时间少则1个月，如果再加上贷款的其他附加性的手续如担保(抵押、质押和保证)、登记、评估、公证等，一笔贷款从审批到发放一般需要3个月左右的时间，这样一个相对"漫长"的过程姑且不论其是否还能引起乡镇企业的融资兴趣，就算乡镇企业有这种兴趣，很可能等到贷款的时候，乡镇企业已经破产了。

(3)乡镇企业的融资制度环境亟待改善。乡镇企业要顺利融资，一个重要的方面就是乡镇企业要能够有让商业银行贷款放心的"理由"。而这个理由表现在现实层面就是乡镇企业能否提供有效的抵押或者信用担保。一方面，就抵押担保而言，我国乡镇企业的抵押担保方式还需要进一步改进。虽然《物权法》规定了浮动抵押，但是其对浮动抵押的标的依然限定为动产。而在英国，浮动抵押的标的不仅包括公司的原材料、成品、商品这些动产，而且包括应收账款甚至某些无形资产如商誉。② 而对乡镇企业而言，由于其资金及规模等方面的限制，并且随着我国发展特色农业的举措，后两个方面很可能成为乡镇企业最重要的资产。显然，浮动抵押将其排除在外是值得商榷的；另一方面，就信用担保而言，我国相关的制度安排亦是难以适应现实的需求：其一，对于需要贷款的乡镇企业而言，其获取信用担保的费用往往比银行利息更高，有时不规范的操作，使得乡镇企业根本无法获得信用担保，其二，信用担保往往也面临着一个两难的境地：如果信用担保机构在决定给乡镇企业贷款时不要求反担保，固然会有利于乡镇企业融资，但往往会有害担保体系的健康运营，如果信用担保机构在决定给乡镇企业贷款时要求反担保，信用担保机构的意义就又是值得怀疑的——因为乡镇企业融资之所以希望信用担保机构介入，就是因为其担保能力不足——如果乡镇企业担保能力很强大——比如能够提供有力的反担保，那其要信用担保机构干什么呢？

3.资金分布失衡导致农村产业结构失衡

农村产业结构指农村中各产业部门之间的比例关系和相互关系，具体

---

① 占硕："市场失灵下的乡镇中小企业融资壁垒及其解决途径"，载《农村经济》2004年第6期。

② 程啸："物权法解读：物权法创设新型浮动抵押方式"，资料来源：http://www.china.com.cn.

表现为农村劳动力、固定资产及其他资源在各产业之间分配构成的状况,是农村生产力结构的中心。① 社会是一个有机的系统,其需要各行业协调发展。但是,由于融资体制不能正确引导资金流向,导致农村产业结构失衡。一方面,有些产业过度饱和,这导致经济效益低下,并使得这些产业形成巨大的资金缺口,从而进一步加剧农村的资金缺乏局面;另一方面,有些产业又得不到应有的发展,而这主要又是由于资金缺乏造成的。具体而言,由于资金分布不平衡导致的农村产业结构失衡主要表现在以下几个方面:

(1)农业发展银行资金支持面过窄导致农村产业结构失调。农业发展银行是农村金融体系中唯一的政策性金融机构,经过几次职能调整,虽然其业务范围已从支持粮棉购销扩大到涉足农副产品收购、农业综合开发和农村基础设施建设等政策性金融领域,但总体而言业务品种比较单一,主要还是支持粮棉购销,而对涉农产业的发展支持力度偏小。②

(2)商业银行的贷款取向也在某种程度上加剧了农村产业结构失衡。商业银行出于经营的安全性、流动性及效益性等考虑,往往不愿意涉足农村融资市场,而那些回收周期长、风险大的农村产业领域更是不愿意涉足。据调查,近几年来,随着国有商业银行的商业化改革,工、中、建三家国家控股的商业银行已逐步退出农村产业市场,而农业银行对其发展战略也进行了调整,实行了收缩农村和拓展城市并举措施,新增贷款集中投放到效益更好、风险更小的重点企业或行业,出于政策方面等的考虑,尽管农业银行坚持发放农业贷款,但总体而言,其贷款也呈减少趋势。③ 概言之,商业银行在农村的贷款由于其主要看重资金的效益性和安全性,因此,其贷款对象是经过特别筛选的,显然,这样一种贷款取向,势必使农村产业谱系中的强者更强,而弱者将更弱。

(3)农村信用社在提供资金改善农村产业结构方面也难以有所作为,这又表现在以下几个方面:一是农村信用社的业务主要以小额农户贷款、农村个体工商户贷款为主,而农村产业化往往需要持续的、大额度的资金支

---

① 沈春明等:"对中国农村产业结构调整的思考",载《商业研究》2006年第1期。

② 周保平等:"加大金融支持力度优化农村产业结构——对吉水县域金融支持农村产业结构调整的调查与分析",载《金融与经济》2006年第8期。

③ 周保平等:"加大金融支持力度优化农村产业结构——对吉水县域金融支持农村产业结构调整的调查与分析",载《金融与经济》2006年第8期。

持,因此,农村信用社所能供给的资金无论在期限上还是在额度和方式上都难以契合农村产业化发展的资金需要;二是农村信用社的经营环境方面行政干预过多,这使得农村信用社承担了大部分的农业贷款,而其中很大一部分是政府要求的政策性贷款,这一方面造成农村信用社的政策性亏损却无法得到弥补;另一方面也使得农村信用社本来有限的资金受到本应该由政府财政支持的一些项目的不当挤压,这在整体上削减了农村信用社优化农村产业结构的资金支持力度;①三是农村信用社在有限的支农资金的投向方面也带有一定的盲目性。这主要是由于农村信用社对国家的农业产业政策把握不够,同时,农村信用社所存在的乡村社会是一个熟人社会,这使得农村信用社的资金投放往往带有一定的随意性,更难以起到引导产业结构优化的作用。

4.财政支农存在种种弊端

财政支农是农业基础地位政策的体现和增加农业投入的具体实现形式,它为改善农业发展环境,提高农业综合实力,促进农业可持续发展起到了至关重要的作用。② 财政支农资金主要包括支援农业生产和农村水利与气象等部门的事业费、农业基本建设支出、农村科技三项费用以及农村救济费支出等。据统计,我国财政支农金额从 1980 年的 149.95 亿元到 2002 年的 1563.68 亿元,年平均支出额为 722.84 亿元,年平均增长速度为 19.3%。③ "十五"期间,中央财政用于"三农"的资金达 1.13 万亿元,年均递增 17%,是改革开放以来投入增加最多、增长速度最快的时期之一。④ 但总体而言,我国财政支农尚存在种种弊端,具体表现如下:

(1)我国财政支农资金在管理和使用过程中存在多层次的委托代理关系,容易造成代理人的投机行为。财政支农的所有权归全体公民,使用权归各级政府。公民是财政支农资金的最初委托人,各级人大是全体公民的利益代表,将资金委托给中央政府和地方各级政府,中央政府和地方各级政府又将资金委托给各级财政部门和农业主管部门进行管理和分配。最后才能将资金落实到使用单位和使用项目。在资金管理和使用过程中,上下级财

---

① 陈锐、曹正忠:"农村信用社促进农村产业结构优化研究",载《河南金融管理干部学院学报》2003 年第 2 期。

② 陈琪:"财政支农资金存在的问题与建议",载《调研世界》2006 年第 1 期。

③ 黄小舟、王红玲:"财政支农资金绩效实证分析",载《商业时代》2005 年第 30 期。

④ 李丽辉:"'十五'中央财政'三农'投入达 1.13 万亿元",载《人民日报》2006 年 1 月 7 日。

政部门之间、上下级农业主管部门之间、同级财政部门与农业主管部门之间、财政部门与资金使用单位之间以及农业主管部门与资金使用单位之间都可能存在着委托代理关系。① 由于委托人和代理人之间信息不对称以及代理人利益最大化的冲动,代理人往往置委托人的利益不顾而从事投机行为,使得那些资金缺口很大但回收效益不显著的农村产业难以得到资金的援助。

(2)财政支农资金使用效益低下是城乡之间融资体制改革成果分享存在问题的又一个重要表现。概括来讲,资金使用效率低主要有以下三个方面的原因:一是财政支农资金总体上"不够用"。相较国家对工业领域的投入,财政支农只是一个很小的比例,虽然我国已经取消了农业税、特产税等针对农村的税种,也为农民的减负增收发挥了重要作用,但是总体而言,我国的财政支农力度还应该进一步加大;二是对财政支农资金"政出多门"的分散管理模式不利于发挥农业投资规模效益,这使得有限的资金无法集中管理、统一使用和有效利用;三是由于缺乏专业金融部门的引导和监督,对农业项目投资存在财务软约束现象,导致对农业项目投入普遍缺乏科学的投资预算决策分析,造成大量的低效农业项目的投入,甚至形成了部分投入资金的完全损失。②

(3)财政支农与信贷支农缺乏配合导致财政支农效用发挥程度有限。财政支农与信贷支农的目的是一致的,但是,由于信贷支农和财政支农支出的执行主体不同、投资原则和投资方式存在差异、部门之间协作意识不强、政策沟通不够以及农村现实环境等方面的因素,事实上形成了信贷支农与财政支农协作配合少的"两张皮"现象。金融部门在制订信贷政策以及落实信贷投放时,很少考虑财政支农方面的政策,这显然不利于信贷资金发挥最佳作用;而财政部门在安排支农支出时也很少寻求与信贷资金的配合,没有将两项资金结合起来进行统筹安排,其结果是"大的项目上不了、小的项目用不了",③这种农村金融信贷与财政支农支出在支农领域中的"单干"形式,难以形成资金的合力,也无法集中优势力量,发挥支农的最佳效果。

---

① 沈淑霞等:"我国财政支农资金监督绩效的经济学分析",载《中国农业会计》2004年第5期。

② 祁卫士等:"中国农村投融资体制改革的现实思考",载《海南金融》2004年第9期。

③ 聂婷:"浅谈'综合'支农",载《职业圈》2007年第16期。

5. 农村资金外流现象严重

城乡之间融资利益分享不公的又一个重要表现就是农村资金外流现象严重。所谓农村资金外流即农村资金的非农化,主要是指农村资金通过各种渠道流向城市。① 概括来讲,农村资金外流主要有以下几种方式:

(1)农村资金通过金融渠道流出。据测算,改革开放后,通过各种金融渠道,农村资金流出总额大约为 8000 亿元—10000 亿元。② 特别是 1998 年以来,由于国务院调整了农业发展银行的业务范围,改由商业银行和农村信用社来从事各类农业开发性贷款、扶贫贷款、粮食加工企业流动资金贷款、技术改造贷款业务,而农业银行和农村信用社是提供私人金融产品的金融机构,将本应该由政策性银行从事的贷款交给以利润最大化为目标的企业法人,其效果可想而知。从下表(表6、表7,据《中国金融年鉴》)我们可以看到,③仅仅在信用社这样一个环节,农村资金的流出量就相当的可观,有论者形象地称农村信用社为"农村资金的'抽水机'"。④这一点,也为本课题组赴贵州的的实地调研所间接证明:根据中国人民银行贵阳中心支行副行长的介绍,2008 年上半年末,贵州省农村信用社存款余额 757.15 亿元,贷款余额 521.28 亿元,存贷之差达到 235.87 亿元。显然,这些资金大部分流向了城市。此外,农村邮政储蓄流出的资金也是非常的惊人。例如,2002 年 12 月,邮政储蓄余额为 7369 亿元,其中乡镇及所辖农村占 34%。由于邮政储蓄在央行存钱的利率高于金融机构存款准备金的利率,并且邮政储蓄在央行存钱基本上无任何风险,因此,尽管央行调低了邮政储蓄的存款利率,邮政储蓄资金还是大规模流向央行。⑤

---

① 杨文选等:"从'资本流动偏好'视角看我国农村资金外流",《农村经济》2007 年第 3 期。

② 王国敏:"我国'三农'问题的特征分析及政策选择",载《四川大学学报》(哲学社会科学版)2004 年第 4 期。

③ 申燕军、刘红志:"从农村资金外流看农村金融改革",载《山西财经大学学报》2006 年第 2 期。

④ 马诚、杨啸宇:"农村资金外流的体制性分析",载《农村经济》2007 年第 9 期。

⑤ 肖玉珍、张雪绸:"控制农村资金外流是加快建设新农村的重要举措",载《现代商业》2009 年第 3 期。

表6 农民层面的资金净流出表 （单位:亿元）

年份	信用社农民储蓄存款余额	信用社农民贷款余额	信用社农民储蓄与农民贷款差额	信用社渠道农民资金净流出
1994	4816	808	4008	1574
1995	6196	1095	5101	1093
1996	7671	1487	6184	1083
1997	9132	1774	7358	1174
1998	10441	2659	7782	424
1999	11217	3040	8177	395
2000	12355	3588	8767	590
2001	13821	4417	9404	637
2002	15547	5579	9968	564
2003	18005	7056	10949	981
2004	20766.17	8455.70	12310.47	
2005	21739.33	9331.01	12408.32	
2006	23977.47	10853.03	13124.44	
2007	27201.68	12321.42	14880.26	
2008	33205.6	14562.7	18642.9	

表7 农村层面的资金净流出表 （单位:亿元）

年份	信用社农民储蓄存款余额	信用社农民贷款余额	信用社农民储蓄与农民贷款差额	信用社渠道农民资金净流出
1994	5669.7	4168.6	1501.1	219.3
1995	7172.9	5234.2	1938.7	437.6
1996	8793.6	6364.7	2428.9	490.2
1997	10555.8	7273.2	3282.6	853.7
1998	12191.5	8340.2	3851.3	568.7
1999	13358.1	9225.6	4132.5	281.2
2000	15129.4	10489.3	4640.1	507.6
2001	17263.5	11971.2	5292.3	652.2
2002	15547	5579	9968	564
2003	18005	7056	10949	981
净流出				5449.7

（2）工农业价格剪刀差和税收造成农村资金外流。建国初，基于工业化的需要，人为压低农业产品的价格以服务于工业和城市建设，同时，采取措施促使农村金融机构的投资偏向非农产业。据学者统计，1952—1989年，国家通过工农业产品价格"剪刀差"和税收，从农村中汲取资金 7000 多亿元（扣除国家支农资金），约占农业新创造价值的 1/5，超过当时国有工业企业固定资产原值。从新中国成立之初到 20 世纪 90 年代末，我国农民为国家工业化和城市发展提供资金累积（即农村资金净流出）达 2 万多亿元，大约相当于同期我国社会资本存量的 2/3。此外，最近 20 年间，国家在征用农民集体所有土地 1 亿亩的运作中，利用垄断一级土地市场，通过土地价格"剪刀差"（市场价格—征用土地补偿费），从农民手中获得的土地资产收益达 2 万多亿元之巨。① 其直接后果是导致农村资金的严重流失，间接后果就是农业投资规模的萎缩。从这个角度看，当今的"三农"问题可谓非一日之寒。

（3）农村人口流动造成农村资金外流。事实上，这又表现为两个方面：一方面，农村受教育人口流动造成农村资金外流。② 鉴于城乡二元结构的现实存在以及地区发展不平衡的绝对性，城市往往具有农村无可比拟的教育优势。由于农村中由政府负担的教育经费比重低，农村教育主要是农民集资，教育经费的保障程度低，农村师资力量、办学水平、教育质量、教育环境相对城市较差。因此，越来越多的不同年龄阶段的农民来到城市中接受各种各样的教育：中小学的义务教育、职业技能培训、高等教育，等等。农村的资金通过各种学杂费、生活费流向城市；另一方面，农村居民到城市定居造成农村资金外流。改革开放以来，一部分先富起来的农户，出于对生活环境、事业发展等各种需要，往往离开农村而定居城市，③这无可避免地会造成这部分农民将其资金由农村带到城市。

---

① 牛若峰："'三农'问题与二元结构政策"，载《河北学刊》2003 年第 4 期。
② 边璐等："我国农村资金外流分析"，载《内蒙古农业科技》2007 年第 1 期。
③ 根据华东交通大学农民工问题研究课题组 2008 年的问卷调查和访问，农民工表示无论如何要留在城市的达 8%，情况可以的留在城市的达 52%。至少有 60% 的农民工表达了要在所工作城市定居的愿望。参见王向："农民工城市定居问题分析"，载《现代商业》2009 年第 4 期。

（二）东西部地区之间融资利益分享不公

东西部地区之间融资利益分享不公既有"质"方面的差异,[①]也有"量"方面的差异。具体而言,主要表现在以下三个方面:一是东西部经济发展过程中融资能力迥异;二是东西部经济发展过程中融资条件差异巨大;三是东西部地区融资总额差距大。

1. 东西部经济发展融资能力迥异

一个地区的融资能力往往是与这个地区企业的融资能力紧密联系在一起的,而企业的融资能力又与融资体制密切相关。具体而言,东西部经济发展融资能力存在着巨大的落差,这又集中表现在以下两个方面:

（1）东西部国有企业融资能力迥异。同样是国有企业,但东部地区的国有企业较之西部地区的国有企业,其融资能力更强:1）在间接融资方面,东部国有企业融资能力优势明显:在东部地区,银行主要是贷款超过存款的"贷差行",而与之相对,西部地区的银行主要是存款超过贷款的"存差行"。[②] 这样一来,资金雄厚的东部银行贷大于存,而资金本来就比较少的西部银行反而存大于贷,[③]西部国有企业融资的数量由此可见一斑;2）在直接融资方面,东部国有企业的优势更加的明显。据学者的研究,我国东部地

---

① 一般说来,东部地区包括北京、上海、天津、山东、辽宁、江苏、浙江、福建、海南、广东、河北;中部地区是指安徽、河南、黑龙江、湖北、湖南、吉林、江西、山西;西部地区包括重庆、四川、甘肃、广西、贵州、内蒙古、宁夏、青海、陕西、西藏、新疆、云南。要指出的是,我国融资利益分享不公既包括东部和西部分享不公的问题,也包括东部和中部、中部和西部分享不公的问题,甚至还有东部、西部、中部内部之间融资利益分享不公的问题。之所以择取东部和西部进行研究:一是为了便于分析;二是由于东部与西部在融资利益分享不公上的情况更为典型。

② 叶普万、王生龙:"转轨期东西部地区企业发展差异解析",载《唐都学刊》2004 年第 4 期。所谓"存(贷)差"是金融机构各项存款与各项贷款的差额,存款大于贷款是"存差",贷款大于存款是"贷差"。需要指出的是,存差并不等于银行资金闲置,存差与金融机构流动性之间也不存在必然联系,通过多发放贷款和引导居民增加消费的方式并不会减少存差。参见"正确认识金融机构存差现象",资料来源:http://finance.sina.com.cn.

③ 出现此种"现象",原因是多方面的。这主要是西部的行政管理体制相对比较僵化,而东部则相对灵活,且其银行主要受效益的驱动,而西部地区的贷款,可能更多地是从公平的角度来进行的。此外,如有学者所指出的,"东部地区尽管表面上执行统一的官方利率,但是实际上利率已实现了市场化。而西部地区则严格执行统一的官方利率,使实际利率长期处于低利率或复利率状态之中"。参见王圣学著:载《陕西产业发展研究》,中国统计出版社 2002 年版,第 79 页。

区的上市公司远远多于西部地区,①甚至一些本来在西部发展起来的企业,为了融资的便捷等,纷纷将企业的重心移至北京等地。② 此外,我国最为重要的证券交易市场如香港、台北、上海、深圳等都在东部地区,这客观上也为这些地区的企业(自然包括国有企业)的融资提供了便利。

(2)东部的民营企业融资能力远远强于西部民营企业。改革开放以来,民营企业(非公有制企业)在经济生活中的地位日益提升且十分活跃。以 2000—2003 年为例,我国非公有制经济占国民经济产值比重如下表(单位:%):③

表 8

区别	非公有制经济产值比重(2000 年)	非公有制经济产值比重(2001 年)	非公有制经济产值比重(2002 年)	非公有制经济产值比重(2003 年)
东部	32.23	37.00	42.14	46.79
西部	15.33	19.75	23.07	28.17
全国	25.69	30.32	34.75	39.58

由此看来,民营企业(非公有制企业)在经济发展中的作用在东部远远大于在西部,而这主要是根源于东部民营企业的融资能力强于西部民营企业的融资能力。概括来讲,西部地区民营企业融资具有以下特点:1)融资规模偏小且成本偏高。④ 就规模而言,西部大部分民营企业融资无论是在融资的总量上还是在单次融资的规模上,都是相当小的:一般不过几十万元,最多也不过几百万元。例如,本课题组赴贵州的调研就表明,整个贵州省从 2003 年到 2008 年上半年,城市商业银行发放的中小企业贷款余额162.57 亿元,相当于每年发放 30 亿元左右,而分享这些资金的企业达到 7 万多家,平均每家每年取得的资金还不到 5 万元。就融资的成本而言,虽然

---

① 根据著名的《财富》杂志中文版的统计,2006 年,中国上市公司 100 强中,位于西部的仅有 7 家,排名最靠前的为重庆长安汽车股份有限公司——第 56 位,也就是说,在中国上市公司 100 强中,西部没有一家上市公司能够进前 50 名。而且,这 7 家公司大多为金属及食品公司,仅有重庆长安汽车为高附加值产品企业。资料来源:http://business.sohu.com.

② 韦苇主编:《中国西部经济发展报告》(2005),社会科学文献出版社 2005 年版,第 15 页。

③ 韦苇主编:《中国西部经济发展报告》(2005),社会科学文献出版社 2005 年版,第 26 页。

④ 王新红等:"东西部民营企业融资方式的比较",载《经济管理》2006 年第 5 期。

金融机构的贷款利率近几年不断下调,但由于贷款手续繁多、制度建设滞后等等,其实际利率有学者认为要超过7%。而其他融资(如民间借贷)的成本可能更高,而且绝大部分是短期、临时性融资,利率总体水平要高于同档次银行利率,部分甚至是高息融资;2)内源性融资能力差。2004年中国社科院民营经济研究中心对浙江、四川、湖北、吉林等四省关于"影响民营企业可持续发展的因素问卷调查结果"表明:东部的浙江,在被调查的民营企业中,认为融资难的占36.89%,认为自有资金不足的占31.48%;而西部的四川,认为融资难的占50.00%,认为自有资金不足的高达67.86%。① 相对而言,四川属于西部地区民营经济比较发达的地区,而浙江则为东部地区民营经济发展的典型,而调查的结果显示出西部地区民营经济内源性资金严重不足,但西部民营经济之发展又主要靠资金的内部积累(有学者认为其内部积累占比为60%以上),因此,出现以下矛盾的现象:西部民营经济发展主要靠自身资金积累但恰恰其自身积累不够,而东部民营经济发展不主要依靠自身积累但其自身积累却很高,这样一来,西部地区民营经济的融资变得更加困难,而东部民营经济的融资变得相对容易——这恰好印证了经济学上的"马太效应"——因为穷所以更穷,因为富所以更富。与此相对,东部民营企业融资相对而言比较容易。以典型的吸收民间资本的"温州模式"为例,据学者统计,截至2003年末,温州辖区内民间资本存量约2770亿元,温州人民银行称,近5年来温州民间资本投资总额1030亿元,占全社会投资比重的61.9%,相当于国有单位投资额的2倍、外商投资额的20倍。2003年,温州民间投资对当地GDP增长的贡献率为3.47%,也就是说,在当年GDP增长的14.8个百分点中,有3.47个百分点是由民间投资来实现的。② 概括起来,温州模式具有如下特点:一是独特的风险防范机制。与体制内的借贷的风险防范机制不同,温州模式的风险之防范不是依靠担保、抵押这些措施,而主要是仰仗于企业主之间的熟悉情况、企业主之间对个人信用状况的有效沟通等;二是灵活的资金流通方式。一般情况下,资金周转是十分灵活的,在考虑安全的前提下,尽可能地快速、便捷;三是债权债务关系明确。与体制内融资不同,民间融资的债权人债务人是十分明确的,更不会有委托代理人之间那种紧张的博弈。由此看来,相较于西

---

① 中国社科院民营企业竞争力研究课题组:"中国民营企业竞争力:现状、逻辑、机理与对策",载《经济学动态》2005年第3期。

② 李伊琳、马斌:"温州2770亿民间资本生态图",资料来源:http://www.dahe.cn.

部而言,东部地区的民营企业具有巨大的融资优势。

2.东西部经济发展融资条件差距大

东西部经济发展融资条件差距持续扩大是东西部地区融资利益分享不公的又一体现,而这又集中表现在以下两个方面:

(1)西部地区吸收外资较之东部地区难。以2001年到2002年为例,中国西部地区实际利用外资如下表:①

表9

地区	外商直接投资（万美元）		占全国比重（%）		同比增长速度（%）		增减幅度
	2002年	2001年	2002年	2001年	2002年	2001年	
重庆	55583	25649	1.07	1.26	116.7	5.0	111.7
四川	19576	58188	0.38	1.32	-66.4	33.2	-99.6
贵州	3821	2829	0.07	0.06	35.1	13.1	22.0
云南	11169	6457	0.22	0.15	73.0	-49.6	122.6
陕西	36005	35174	0.69	0.80	2.4	22.0	-19.6
甘肃	6121	7439	0.12	0.17	-17.7	19.3	-37.0
青海	4726	3649	0.09	0.08	29.5	29.5	0.0
宁夏	2200	1680	0.04	0.04	31.0	-3.5	34.5
新疆	1899	2035	0.04	0.05	-6.7	6.5	-13.2
广西	41726	38416	0.80	0.87	8.6	-26.8	35.4
内蒙古	17701	10703	0.34	0.24	65.4	1.3	64.1
西部地区	200527	192219	2.72	3.93	55.5	10.6	44.9
东部地区	4545734	4034361	87.63	86.74	17.5	18.7	-1.2
中部地区	500865	410120	9.65	9.33	43.8	18.2	25.6
全国合计	5247126	4636700	100.0	100.01	23.5	18.0	5.5

从表9可以看出:与东部地区吸收外商直接投资的额度相比,西部地区

---

① 彭真怀主编:《中国西部大开发年度报告》(2002—2003),中共中央党校出版社2004年版,第14页。

吸收外资的速度虽然远远高于东部地区,但在绝对量上,西部地区却远远落后于东部地区,以 2002 年为例,西部地区吸收外资的比例仅占全国吸收外资的 2.72%,而东部地区却达到惊人的 87.63%。2005 年的数据同样表明:东西部地区吸收外资的数量差距巨大,具体如下表:①

		2005 年实际利用外资	同比增长	省平均
东部地区(部分)	河北	22.8 亿美元	15.2%	约 87.97 亿美元
	北京	35.3 亿美元	14.4%	
	天津	72.23 亿美元	31.0%	
	辽宁	35.9 亿美元	172.7%	
	上海	138.33 亿美元	18.3%	
	江苏	131.80 亿美元	29.2%	
	山东	89.7 亿美元	3.1%	
西部地区(部分)	内蒙古	11.86 亿美元	89%	约 3.57 亿美元
	广西	3.79 亿美元	28.0%	
	重庆	5.16 亿美元	27.3%	
	云南	1.89 亿美元	34.1%	
	贵州	1.0768 亿美元	64.8%	
	陕西	6.28 亿美元	19.3%	
	宁夏	1.41 亿美元	12.5%	
	甘肃	0.20 亿美元	−42.26%	
	新疆	0.47 亿美元	3.6%	

从上表我们可见,在 2005 年度,虽然西部地区在实际利用外资方面整体而言比东部地区同比增长率高一些,但是东部地区实际利用外资的总量远超西部地区:东部地区每个省实际利用外资达到 87.97 亿美元,而西部地区才区区 3.57 亿美元。这种状况在 2006 年、2007 年并没有得到很大的改变,例如,据中国官方公布的《西部大开发"十一五"规划》显示,截止到 2007 年,中国西部地区实际利用外商直接投资比重仅占全国的 3%

---

① 韦苇主编:《中国西部经济发展报告》(2006),社会科学文献出版社 2006 年版,第 75 页。

左右。① 由此可见,中国西部引资相对乏力已成制约其发展的短板之一。

(2)西部地区较之东部地区资金聚集能力弱。无差别的货币政策使西部地区的实际货币供应量低于东部。加上西部的资金效益和边际利润率低于东部,因此信贷资金的实际利率低,资金更多的流向东部。② 与之相对,东部地区由于其优越的硬件设施条件及比较灵活的融资机制,使得其资金聚集能力非常强。

3.东西部地区融资总额差距大

经济发展主要依靠资金,但我国东西部地区融资的总额差距很大,具体表现在以下两个方面:

(1)东西部融资在绝对量上差距较大。以基础设施的投入为例,据学者统计,自 1999 年到 2004 年 5 年期间,虽然西部地区基础设施投资年增长速度达到 20% 以上且明显高于全国水平,③但从绝对数值看,东部地区与西部地区的差距还是很大的,以 2005 年为例,西部地区 2005 年投资总额为14736.84 亿元,但东部地区 2005 年投资总额为 34264.26 亿元。④ 如果再考虑到西部地区本来就地广人稀,且基础设施远远落后于东部地区的历史现实,那西部地区基础设施吸引的资金就显得相对更少。

(2)东西部地区主要投资所占的比重严重失衡。以 2003—2008 年为例,我国东西部主要投资总量及比重如下表:

表10　2003—2008 年投资情况　　　　　（单位:亿元,%）

地区	固定资产投资总额		更新改造投资		基本建设投资	
	总量	比重	总量	比重	总量	比重
2003 年投资情况						
东部	43760.85	80.14	6946.15	80.78	16367.36	74.49
西部	10843.51	19.86	1653.02	19.22	5604.69	25.51

---

① "中国西部地区利用外资比重仅占全国百分之三",资料来源:http://www.chinairn.com.

② 徐建华等:"我国东西部合作与联动发展的几点认识",载《开发研究》2004 年第 5 期。

③ 韦苇主编:《中国西部经济发展报告》(2005),社会科学文献出版社 2005 年版,第 6 页。

④ 王焕祥、段学民:"东西部基础设施融资模式的实证比较研究",载《现代管理科学》2008 年第 7 期。

地区	固定资产投资总额		更新改造投资		基本建设投资	
	总量	比重	总量	比重	总量	比重
全国	54604.36	100.00	8599.17	100.00	21972.05	100.00
2004 年投资情况						
东部	20242	59.55				
西部	13749	40.45				
全国	33991	100.00		100.00		100.00
2005 年投资情况						
东部	63222.1	66.84				
西部	13548.5	14.32				
全国	94590.8	100.00		100.00		100.00
2006 年投资情况						
东部	54546	71.34				
西部	21916	28.66				
全国	76462	100.00		100.00		100.00
2007 年投资情况						
东部	72314	71.95				
西部	28194	28.05				
全国	100508	100.00		100.00		100.00
2008 年投资情况						
东部	87412	70.92				
西部	35839	29.08				
全国	123251	100.00		100.00		100.00

由表 10 可知,除了 2004 年西部固定资产投资达到空前的 40.45% 外,其他年份西部地区固定资产投资最低年份只有 14%,而最高年份也不超过 30%,西部地区融资的劣势地位十分明显。

(三)中小企业与大型企业融资利益分享不公

中小企业在个体意义上对一国经济发展的影响不大,但是作为一个群体,中小企业在一国经济体系中具有战略性的地位。由于历史的原因,我国的经济体系形成两个主导性的特征:一是金融体系中国有商业银行(国家控股银行)占主导地位;二是企业体系中国有企业(国家控股企业)占主导地位。在这样一种经济格局下,我国传统的金融体制可以说是为国有企业(国家控股企业)而生的。改革开放以来,中小企业(主要是民营企业)异军突起,成为经济发展新的增长极,金融体制也随着市场经济的进程进行了较大规模的调整,如从传统的间接融资一统天下到资本市场的兴起与繁荣。但总体而言,在这一金融体制的改革进程中,中小企业较之大企业而言,其受益的机会少,边缘化的现象严重。析言之,就是中小企业和大企业(特别是与国有大企业或国家控股企业)相比,在融资利益分享中受益严重不均,而这又集中体现为中小企业融资难的问题。

所谓中小企业,是中型企业和小型企业的总称,按原国家经委的定义,以工业企业为例,雇员200人以下,或者资产规模在4亿人民币以下、或年销售额在3亿元人民币以下的企业就是中小企业。[1] 这一中小企业的划分标准实质上是一个规模标准,因此中小企业的覆盖面特别大——可以说我国的企业基本上都是中小企业。中小企业(主要是民营企业)目前是我国国民经济发展、国家财政税收以及安置就业人口的重要力量,其地位与作用日益显著。[2] 因此,大力发展中小企业也就成为顺理成章的事情。那么,制约中小企业发展的瓶颈是什么呢? 根据世界银行在四川省的调查结果,60%以上的中小企业认为在所有困难(包括公平竞争、税收、腐败、融资难等)中,融资难是限制企业发展的最大障碍。[3] 国际金融公司的调查如表11:[4]

---

[1] 吴文钊、程鸿:"500万到50亿营业额:定义中小企业的三个指标",http://industry. ccidnet. com.

[2] 据统计,2005年,民营经济在GDP中的比重已经由2000年的55%增长到65%左右;从民营工业发展来看,"十五"期间,内资民营工业资产总值年均增长29.2%,增速比规模以上工业资产总值高15.4个百分比;十五期间,民营经济吸纳了劳动力增量和存量转移的绝大部分。在二、三产业中,民营经济占就业的比例,已从2000年的77.5%增加到2005年的84.1%;民营经济也是"十五"期间国家税收的重要来源。从税收总量看,目前民营经济税收比重已经超过国有经济。而在有的地方,民营经济税收占地方财政比重已经超过70%—80%。参见中国中小企业宁波网:"宁波民企经济贡献率82.7",资料来源:http://www. cnsme. com.

[3] 汤敏:"解决中小企业融资难的新思路",资料来源:http://172. 16. 42. 4/adksvod/ view. asp.

[4] Neil Gregory,Stoysn Tenev,and Dileep M. Wagle, *China's Emerging Private Enterprises:Prospects for the New Century*,Washington:International Finance Corporation,2000.

表 11

融资方式 经营年限	自我融资	银行融资	非金融机构	其他渠道
3 年以下	92.4	2.7	2.2	2.7
3 年—5 年	92.1	3.5	0	4.4
6 年—10 年	89.0	6.3	1.5	3.2
10 年以上	83.1	5.7	9.9	1.3
总计	90.5	4.0	2.6	2.9

从表 11 可见,我国民营企业融资 90% 以上都是靠自我融资。因此,中小企业要发展,必须要解决资金问题。

从全国的总体情况来看,中小企业处于发展阶段,其信贷需求趋旺,而银行的满足率却很低。据海通证券研究所近年来的数据显示,80% 的中小企业缺乏资金,30% 的中小企业资金十分紧张。在 1 年半的时间里,申请贷款的满足率往往在 40% 以下。更多的中小企业是靠自有资金来完成,而自筹资金的风险与不确定性也是不言而喻的。这一事实也得到官方信息的印证。① 具体而言,中小企业与大型企业在融资利益分享不公方面主要体现为以下几个方面:②

1. 中小企业通过资本市场直接融资难

在资本市场方面,中小企业在分享融资利益方面也存在不公平的问题。证券市场中股票市场与债券市场的结构失衡,而债券市场中,相对于国债,企业债、公司债的发展缓慢。这些资本市场最根本的内部结构性缺陷,导致政府与企业、大型企业(公司)与中小型企业(公司)之间无法公平分享资本市场的融资利益。

(1)我国债券市场发展不足导致中小企业在资本市场融资难。相比股票市场,债券市场很不发达,特别是企业债占比很低,而且债券市场内部结构不尽合理。自 1995 年开始发行政策性金融债以来,以企业债券为主的其

---

① 姜业庆:"银监会欲破'中小企业贷款难'僵局",资料来源:http://www.unsme.cn.

② 事实上,中小企业与大型企业融资体制改革发展成果分享不公主要体现在中小企业融资难的问题上,因为大企业显然在现有的融资体制安排之下是既得利益者,是受惠者和获得优势地位的群体。但是,中小企业和大型企业之间融资体制改革发展成果分享不公又不仅仅是一个中小企业难的问题。因此,以下分析一方面基于中小企业融资难进行分析,但是另一方面,也注意到需把这个问题置与大型企业融资的比较之中。

他债券份额逐渐下降,且降幅很大。2002 年末我国国债市场余额近 17000 亿元人民币,金融债 10000 亿元人民币,而企业债只有 400 亿元人民币。[①] 债券市场逐步演化成为国家筹集资金的重要场所。同时,由于我国实行"规模控制、集中管理、分级审批"的规模管理方式,这进一步使得中小企业很难通过发行企业债券来获取资金。

(2)在实体经济中,企业融资需求受到较大的压抑,企业无法通过债券市场获得所需资金,造成政府与企业在筹资中的不平等。企业债券仍处于行政部门个案审批和只允许个别大企业发行阶段,[②]虽然公司债券没有企业规模的约束,中小公司只要达到标准也可以发行,但是公司债券直到 2007 年才开始试点发行,导致中小企业与大型公司之间在融资方面的不平等。

(3)资本市场结构不健全造成中小企业融资难。资本市场的外部结构也不健全,表现为体系层次简单,除主板市场外,创业板市场仍然由深圳证券交易所通过中小企业板试验,尚未正式建立。目前的"三板市场"基本上是一个退市公司收容所的角色,只能进行存量交易,失去了再融资的能力。场外市场、柜台交易也处于小规模试点状态。资本市场的外部结构单一直接导致不同性质和类型、处于不同发展阶段的企业,尤其是处于初创期的高科技企业无法有效利用资本市场进行融资;更导致非上市股份制公司无法实现股票的顺畅流通,影响了资本市场的高流动性需要;也限制了不同类型投资者的交易方式选择,比如机构投资者之间非正式的交易。资本市场的外部结构体系层次简单,直接影响到中小企业难以利用资本市场筹措到所需资金。[③]

2. 中小企业难以获取间接融资

中小企业获取银行贷款较难是一个现实问题。据统计,大约占企业总数不到 10% 的大企业占用了 80% 以上的银行贷款,而几乎占有企业数量

---

① "中国金融改革:改革开放 30 年的历程与发展趋势(下)",资料来源:http://finance.sdnews.com.cn.

② "中国金融改革:改革开放 30 年的历程与发展趋势(下)",资料来源:http://finance.sdnews.com.cn.

③ "中国金融改革:改革开放 30 年的历程与发展趋势(下)",资料来源:http://finance.sdnews.com.cn.

90%的小企业只能获得不到20%的信贷资金,[1]资金的严重不足直接制约了中小企业的发展。在实地调查中,有59.72%的问卷企业认为目前获取贷款难度较大,而小规模企业中认为贷款难的占64%。关于贷款难在何处,24.29%的企业认为贷款手续比较繁杂,41.24%的企业认为贷款担保比较困难,55%左右的小规模企业认为贷款担保难度更大,同时有39.21%的企业认为贷款抵押难度较大。[2] 中小企业为什么难以获取间接融资,原因是多方面的——既有中小企业自身的原因,也有银行政府的原因。例如,由于我国目前的信用等级评定机制不健全——如工商银行的信用评级中经营实力居然占到了15分,为信用总评分的18.75%,使得中小企业处于不利地位。此外,在上市过程中,由于上市的门槛于中小企业而言过高,很多中小企业不得不"借壳上市"——往往需要中小企业付出更多的成本——使得中小企业一开始就背上了沉重的债务。

3. 中小企业的融资成本高

目前,我国中小企业融资成本普遍偏高。这种高成本体现在两个方面:一是中小企业的贷款往往被银行拒绝,使得中小企业为贷款而进行的先行投入完全损失;二是中小企业即使获得贷款,其成本也是十分的高昂。据统计,在已经获得银行贷款的中小企业中,融资成本的主要的方面居然有4项之多:贷款利息;抵押物登记评估费用,一般占融资成本的20%;担保费用,一般年费率3%;风险保证金利息。此外,许多金融机构在放款时以预留利息名义扣除部分贷款本金,中小企业实际得到的贷款只有本金的90%。[3]同时,由于目前商业银行对中小企业的贷款利率一般上浮20%—30%,加上登记费、评估费等其他费用,估计中小企业的融资总成本高达12%,这比大中型优势企业的贷款成本一般要高出1至数倍。有学者就此指出,这种高额的融资成本意味着企业的资金利润率至少要达到12%才不致亏本,但事实上我国工业平均利润率能达到12%的行业是很少的,[4]而且,作为市场经济的必然逻辑,没有那个企业能够保证一定有多少的利润。[5]

---

[1] 何其刚:"传统规模经济制约中小企业间接融资的误区分析",资料来源:http://article.chinalawinfo.com.

[2] 翁振荣:"中小企业融资现状、原因及对策研究——对浙江嘉兴市企业的调查",载《开放导报》2007年第3期。

[3] 李杰、孟祥军:"我国中小企业的融资困境及解决途径",载《贵州社会科学》2007年第11期。

[4] 赵平:"中小企业融资难的成因及对策",载《会计之友》2007年第12期。

[5] 秋风著:《为什么是市场》,中信出版社2004年版,第116页。

4. 中小企业境外融资形势严峻

在境外融资方面,境外融资的主体结构存在明显缺陷。造成中小企业无法真正完全分享融资利益。虽然我国境外融资的主体结构多元化趋势有所加强但是还不够。近年来,尤其是加入 WTO 之后,随着我国经济体制改革的深入,适应经济多元化的需要,不断加快了非国有的民营经济、中小企业境外融资主体地位的形成。但是,由于人们的认识观念以及市场诚信的低下,导致区别对待的歧视性经济发展政策仍然占据一定的地位,进而导致境外融资主体的多元化主要停留在表面上,实质性的多元化还有待加强。我国的境外融资主体尚未彻底改变以公有经济体、国有企业、大型企业为主的局面,参与境外融资的民营企业、中小企业数量较少。①

三、融资利益分享不公的成因分析

造成融资利益分享不公的原因是多方面的,也是很复杂的。因此,准确分析与把握融资利益分享不公的成因,对于正确、有效地解决融资利益分享不公的问题具有极为重要的意义。我们认为,融资利益分享不公的主要原因表现在政府的不当干预、融资机制不健全、制度安排不尽合理、资本市场不成熟和市场信息不对称等方面。

(一)政府干预过度与政府干预不足并存

就政府干预过度而言,主要表现在政府投融资的约束机制缺位。我国的市场经济是在政府推动下进行的,政府的投融资活动在资金的融通中具有十分重要的地位。然而,目前我国政府在投融资活动中缺乏约束机制,使得政府在决定资金流向的问题上享有过大的自由裁量权。其危害突出表现为:其一,政府既要介入农村的融资活动之中,同时,根据公共选择理论的观点,政府也不可避免地会有"经济人"的思维。这使得政府往往陷入"与民争利"的境地,而这使得政府的公信力受到不利的影响;其二,正如有论者所指出的:"政府直接参与经济,既当裁判又当运动员。政府一方面是法律

---

① 值得注意的是,为了缓解中小企业融资难的问题,2008 年中央财政将进一步加大对中小企业的支持力度,将鼓励有能力的中小企业采取多种形式在境外投资、设立贸易性实体。"中央财政 51.1 亿元缓解中小企业融资难,鼓励中小企业参与境外投资",资料来源:http://mykj. hbstd. gov. cn.

法规的制定者和执行者,另一方面又直接参与经济活动,势必会影响法律法规的权威性和执行效果,在竞争中难以体现公平、公正的原则,影响了市场机制的运行。"①国家干预过度在现实中的一个很重要的表现就是国有商业银行对信用的过度垄断,从而造成中小企业融资难。金融业是一个外部性很强的行业,又是一个市场风险、道德风险很高的行业,因此需要国家对其进行卓有成效的控制和监管,②但这并不能成为国家过度垄断的理由。反观我国之现实,国有商业银行可以说在金融业中处于压倒性的优势,造成事实上的对国家信用的垄断。这种金融结构在带来低风险的同时,也带来了银行业的低效益并形成对社会储蓄与投资的严重制约。这主要表现在以下几个方面:一是国有商业银行极力保持自己的垄断地位,因此,在金融业准入上设置重重门槛以杜绝竞争者,从而构建了一种让中小银行的发展举步维艰的金融生态环境,而中小银行恰恰是广大中小企业主要的贷款者;二是基于垄断地位所获取的"财大气粗",国有商业银行往往过于看重盈利的大企业,而对广大的中小企业往往出于"规模效益"的考虑而惜贷。因为企业在申请贷款及贷款的发放程序、经办环节都大致相同,而中小企业贷款额度小,结果使银行贷款的单位经营成本和监督费用上升。③更为重要的是,由于垄断而造就的"银行卖方市场",使得国有商业银行往往一方面是担心大企业跑了,另一方面则是认为中小企业想跑也跑不了,甚至跑了也没关系;三是现行的一些银行贷款制度安排也在一定程度上制约了中小企业的融资。例如贷款风险责任制④、信贷管理缺乏弹性、贷款门槛过高等,表面看来是公平的,但事实上是利于大企业而不利于中小企业融资。

就政府干预不足而论,主要是政府未能提供必要的制度供给。以农村

---

① 殷成东:"我国投融资体制的现状及其改革建议",载《经济体制改革》2005年第1期。

② 需要注意的是:市场是高度复杂的,同时也是非常脆弱的。当政府对市场有很强大的控制力量的时候,政府部门的任何不当措施,都可能被市场过分放大。在这种情况下,政府的监管(干预)就必须要慎重。参见秋风著:《为什么是市场》,中信出版社2004年版,第236页。

③ 肖平:"金融体制改革是解决我国中小企业融资障碍的先行军",载《中国科技信息》2005年第12期。

④ 贷款风险责任制看上去对所有的企业都是一样的,但是,由于我国商业银行的国有性质,因此,贷给国企造成了损失只是钱放错了地方,且损失由国家扛着,而贷给中小企业特别是私营企业,则是"立场"问题,而且损失是由银行承担。因此,贷款风险责任制事实上是有利于大企业而不利于中小企业。

融资市场为例,根据斯蒂格利茨的不完全竞争理论框架,由于农村金融市场是一个不完全竞争的市场,并且,由于贷款方的分散化,使得金融机构往往处于一种信息不对称甚至是"无知"的状态。因此,完全依靠市场机制是无法建构农村所需的金融市场的,这就需要政府进行适当的介入,但我国目前的情况是:政府既没有采取针对性很强的措施,也没有在机构设置上(例如设立适合农村融资需要的小额贷款担保机构),更不必说在制度层面有所作为。从此视角而言,政府在保障农村公平分享融资利益上尚有许多的工作要做。

此外,我国融资法规、政策制定的透明度不高。融资法规和政策是投融资主体各方比较关注的问题,通常认为融资法规政策的改变是影响融资的重要变量。与发达国家比较而言,我国的融资政策透明度较差,融资法规、政策多变且变化缺乏科学性与合理性,政策的预期效果相对较差。同时,以行政审批制为核心的市场准入机制效率低下,导致融资过程中还存在严重的腐败行为,对企业融资的有效开展造成了困扰。上述问题归根结底,是管理型政府向服务型政府转变尚未完成中存在的问题。这些问题的存在使得农村地区和中小企业难以公平分享融资利益。

(二)融资机制不健全

目前形成的以国有(控股)商业银行为主、股票市场为辅的金融体系,难以为我国经济生活中最基础、最大量、最具活力和比较优势的民营经济,尤其是中小规模的民营企业提供有效的融资支持与服务,从而抑制了国民经济增长的速度与质量的提高。从间接融资市场看,由于众所周知的原因,由国有专业银行改革而来的商业银行体系,在其融资的对象、功能、责任关系和目标等方面,都体现出了为国有企业、大型企业改革与经营服务的基本特征,这不仅容易忽视对农村地区、中小企业的融资需求服务,事实上也很难与民营经济尤其是中小企业建立起密切、稳定的合作关系,从而导致在我国金融市场与体系的主体结构与经济生活中,最具活力和成长性的经济主体之间形成了体制与经济上的障碍。从直接融资市场看,我国的证券市场发展还远未成熟,操作不规范、不透明,缺乏稳定、有效的市场规则,准入门槛高。早先的审批制及核准制更是企业上市过程不透明的主要根源,导致市场效率低下,难以吸引足够的投资者充分满足企业的融资需求。这使得不同所有制和不同规模的企业之间分享融资利益出现失衡状态,而这又集中表现在以下三个方面:

1. 金融资源配置方式发展失衡

从金融资源配置的角度来看,合理的融资结构应该是商业性融资、民间融资和政策性融资的有机组合,且要求不同配置方式之间协调发展,这样才能保证金融资源在社会各经济部门的合理流动。目前,我国的融资结构呈现出对商业性融资倚重过度、对政策性融资重视不够、对民间融资存在歧视的格局,使各金融资源配置方式未能均衡发展。具体而言,金融资源配置方式发展失衡表现在以下几个方面:

(1)商业性融资比重过大,且贷款主要集中在国有商业银行。在商业性金融资源配置方式中,我国已建立了商业银行法律制度、资本市场法律制度,商业银行和资本市场几乎承担了我国社会融资全部责任。我国金融体制有一个显著的特点,就是以产权归属国有(或国家控股)性质的大银行构成银行体系的基本主体,其中,四大国有商业银行(工、农、中、建)具有压倒性的垄断地位。据统计,一直到 20 个世纪 90 年代早期,四大国有银行的贷款总额都占整个银行业贷款总量的 90% 以上;即使到 2000 年,这个比例依然维持在 77% 左右。① 近年来虽有一定降低,但四大银行的垄断地位未有根本改变。事实上,国有大银行的垄断局面扼杀了中小金融机构的生存空间,而后者被认为是能够扶持和协作中小企业,形成银企良性互动的生态环境的重要因素。同时,受传统政策及意识形态影响的国有银行也导致银行业严重的信贷歧视,非国有经济部门深受其害。虽然非国有部门对中国GDP 的贡献超过了 70%,在过去十几年里获得的银行正式贷款却不到 20%,其余的 80% 以上都流向了国有部门。而非国有经济部门的主体,绝大多数正是中小企业。此外,贷款风险责任制也不利于企业之间公平融资。贷款风险责任制看上去对所有的企业都是一样的,但是,由于我国商业银行的国有性质,因此,贷给国企造成了损失只是钱放错了地方,且损失由国家扛着,而贷给中小企业特别是私营企业,则是"立场"问题,而且损失是由银行承担。因此,贷款风险责任制事实上是有利于大企业而不利于中小企业。

(2)民间金融处于一种被歧视的尴尬地位。虽然民间金融在我国融资市场上客观存在,但由于金融管理部门只强调它的消极方面而不重视其积极作用,自然会对其采取歧视政策,其后果致使民间性金融资源配置方式很

---

① 卢峰、姚洋:"金融压抑下的法治、金融发展和经济增长",载《中国社会科学》2004 年第 1 期。

难合法存在,成为融资结构的组成部分。① 根据学者的调查,截至 2008 年 6 月底,全国非正规信贷规模已经突破 10 万亿元。另据报道,目前浙江全省民间资本已远超万亿,其中温州就有 6,000 亿元之巨。② 与此同时,据学者研究,企业对不同融资途径的依赖程度及民间金融、地下金融和非法金融的相对规模如下表:③

表 12 企业对不同融资途径的依赖程度

地区	银行借贷	商业信用	民间高利贷	内部股权或债权融资	社会公开募集资金	其他
东部地区 10 省区	23.80%	21.00%	13.00%	17.20%	15.30%	9.70%
中部地区 8 省区	21.10%	18.30%	14.50%	16.60%	15.40%	14.20%
西部地区 9 省区	21.90%	19.30%	12.70%	18.10%	14.60%	13.40%
全国 27 省区	22.30%	19.50%	13.40%	17.30%	15.10%	12.40%

表 13 民间金融、地下金融和非法金融的相对规模

	平均比例	金融机构判断	政府部门判断	差异
东部 10 省区	33.43%	33.95%	32.90%	1.05%
北京	36.67%	36.40%	36.93%	−0.53%
辽宁	33.63%	32.26%	35.00%	−2.74%
天津	35.12%	32.88%	37.35%	−4.47%
河北	31.30%	34.98%	27.62%	7.36%
山东	35.43%	32.83%	38.03%	−5.20%
江苏	35.38%	36.12%	34.63%	1.49%

① 非正式金融是指不通过依法设立的正式金融机构来融通资金的融资活动和用超出现有法律规范以外的方式来融通资金的融资的活动的总合。对此有学者称"地下金融"、"灰黑色金融"、"不公开金融"等。参见江曙霞著:《中国"地下金融"》,福建人民出版社 2001 年版,第 3—4 页。朱德林、胡海鸥著:《中国的灰黑色金融—市场风云与理性思考》,立信会计出版社 1997 年版,第 6 页。白建军等:"专家谈地下金融",《银行家》2004 第 3 期。朱泽:"我国地下金融发展状况和治理对策",载《南方农村》2003 年第 5 期。

② 王玉珍:"民间金融:是取缔还是招安?",载《经济界》2008 年第 5 期。

③ 李建、冯增炜:"中国民间地下和非法金融规模到底有多大",载《上海证券报》2007 年 2 月 5 日。

	平均比例	金融机构判断	政府部门判断	差异
浙江	33.42%	36.30%	30.54%	5.76%
福建	36.34%	37.40%	35.28%	2.12%
广东	32.03%	34.76%	29.30%	5.46%
海南	24.94%	25.58%	24.29%	1.29%
中部8省区	32.02%	30.43%	33.60%	-3.17%
黑龙江	28.33%	30.31%	26.35%	3.96%
吉林	34.82%	32.16%	37.47%	-5.31%
山西	27.06%	25.07%	29.05%	-3.98%
河南	32.45%	28.55%	36.34%	-7.79%
安徽	32.38%	29.75%	35.00%	-5.25%
湖北	35.59%	34.25%	36.92%	-2.67%
湖南	32.71%	30.83%	34.59%	-3.76%
江西	32.96%	32.50%	33.42%	-0.92%
西部9省区	32.57%	32.24%	32.90%	-0.66%
陕西	26.56%	25.83%	27.28%	-1.45%
甘肃	28.79%	25.69%	31.89%	-6.20%
宁夏	34.39%	36.84%	31.93%	4.91%
青海	32.99%	33.47%	32.50%	0.97%
新疆	29.85%	28.13%	31.57%	-3.44%
内蒙古	31.86%	34.19%	29.53%	4.66%
四川	37.23%	36.75%	37.70%	-0.95%
云南	38.62%	37.70%	39.53%	-1.83%
广西	32.85%	31.58%	34.11%	-2.53%
全国27省区	32.73%	32.34%	33.12%	-0.78%

从表13可以看出：我们已经到了非正视民间金融不可的时刻。我国民间金融的出现有复杂深刻的历史背景,正如有学者所指出的："我国的非正规金融是经济转轨时期,在非公有制经济发展过程中因对金融支持的需求不能通过正规金融体系得到满足而内生出来的处在正规金融体系之外的一种民间性金融安排,它同时是改革中有闲置资金的供给者在市场获利机会

的诱惑下,为实现现有制度安排中无法得到的潜在利润而进行选择的结果"。①

　　需要注意的是,民间性金融资源配置方式既有填补正规融资不足和促进非公有制经济发展积极的一面,同时也有削弱宏观金融调控效果和影响货币资金均衡消极的一面。因此,对于具有黑社会性质的地下金融应该坚决打击和取缔,对于具有积极效应的民间金融组织应加强管理,使其合法化和公开化,引导其成为我国融资结构的组成部分。② 但目前的情况更多地表明民间金融处于一种尴尬的地位:一是民间金融面临金融工具有限而限制其自身发展的局面。一方面,民间金融具有一些其他融资方式所不具有的一些优点:如民间金融相对于公开市场上的标准化合约而言,其具有更大的灵活性,同时,民间金融事实上是一种具有社区内亲情特征的合约,因此在一定程度上拥有更强的解决非对称信息问题的能力,从而能打破传统的融资壁垒以满足那些具有高成长潜力的民营经济的融资需求。③ 正是在这种意义上,有学者认为,民间金融由于其能在一定程度上克服信息不对称所衍生的逆向选择及事后的道德风险,因此具有广泛存在的基础和生命力。④ 但另一方面,民间金融工具是十分有限的,这大大限制了它的发展。由于民间信用通常采用非货币类金融工具融资,⑤由于货币类金融工具由正规金融机构发行,有政府信用支撑,人们乐于接受。与此相对,非货币类金融工具靠的是私人的信用,因此一般只能在较小的范围内流动,这势必影响民间金融的信用品质和发展程度。⑥ 二是民间金融自身具有复杂性。在现行体制下,民间金融应该说还是游离在体制之外,而且更关键的是:民间金融也

---

　　① 李建军等著:《中国地下金融规模与宏观经济影响研究》,中国金融出版社 2005 年版,第 176 页。

　　② 事实上,我国官方对民间金融认识有了一定的转变,央行在其发布的《2004 年中国区域金融运行报告》中首次公开承认,民间融资具有一定的优化资源配置的功能。参见杨建莹:"解读 2004 年中国区域金融运行报告",载《金融时报》2005 年 5 月 31 日。

　　③ 李富有、李新军:"民间金融的比较优势、发展动因与前景探析",载《经济体制改革》2008 年第 4 期。

　　④ Townsend, Robert M: Optimal Contracts and Competitive Markets with Costly State Verification, Journal of Economic Theory, 21 (October1979), pp. 265－93.

　　⑤ 一般说来,这类非货币金融工具包括经济体之间为调用配置实质财货而直接向对方发行的借贷凭证、为实现不同所有者所拥有的实质生产要素的组合而相互发行的所有权凭证等。

　　⑥ 陈泽慧:"民间金融的正规化与民间金融的发展——基于金融深化视角的探析",载《大庆师范学院学报》2008 年第 3 期。

不是铁板一块,其自身具有相当的复杂性,如有学者就将民间金融分为"灰色金融"和"黑色金融"两种:灰色金融一般是指合理不合法,但对社会有益的金融活动,而黑色金融则指既不合理也不合法,是对社会有害的金融活动。[①] 因此,如果要把民间金融纳入到体制当中来,还有一个识别的过程,而不是简单的对其进行合法化的问题。事实上,对灰色金融,我们应当对其进行合法化,而对黑色金融,我们要做的是坚决打击和取缔。合会就是民间金融中具有复杂性的一个代表。合会是一种古老的、互助型的临时组织,目前主要存在于东南沿海民营经济和个体经济比较发达的地区。其运作复杂,具有极强的隐蔽性,通常这类"合会"以投标利息高低作为"得会"手段(这样的"合会"也称"标会"),最终"合会"成为高速运转的吸钱机器,当利息高得难以承受时,风险将一触即发,从而造成倒会事件经常发生。同时,一些会主往往以高利率作诱饵吸收资金以用于赌博等过度投机活动。显然,对于此类民间金融,一定要规范与打击并举:对那些支持生产经营的合会,要进行规范,而对那些具有诈骗性质的合会,要坚决予以取缔。[②] 民间金融复杂性的另一个表现就是如何既能发挥民间金融的优势,又不至于造成高利贷问题,达到什么程度就是高利贷,这个问题在现实中更加复杂。以温州的情况为例,随着连续加息和银根趋紧等国家宏观调控措施的深入实施,2007 年下半年以来,信贷资金渐趋紧张,民间融资难度加大,民间金融利率持续升高,而中国人民银行温州市中心支行最新监测数据显示,2008 年第一个月,温州地区的民间借贷月利率达到 11.77‰,较之上月即去年年底的数据略升 0.13 个千分点,再度逼近历史高位(历史高位发生在 2005 年 1 月,当时的利率在 12.112‰)。相形之下,2007 年温州东阳县爆发的吴英非法集资案,大部分利息才 3 到 4 分。[③] 如何在市场供求关系上正确判定正常的利率和高利贷,是规范民间金融面临的又一个十分复杂的问题。[③] 现行的金融监管体制不利于民间金融的发展。所谓金融监管是指中央银行

---

① 高晋康:"民间金融应当法制化而非仅仅合法化",资料来源:http://news.sina.com.cn.

② 在司法实践中,针对民间"合会"这种临时性融资组织引发的风险案例,一般适用于《刑法》中破坏金融管理秩序罪——非法或变相吸收公众存款或金融诈骗罪论处。对于规范运作的"合会"组织,倘若司法部门出于维护金融秩序的目的,予以打击和取缔,则根据《关于经济犯罪案件追诉标准的规定》,多数"合会"都满足起诉条件,"合会"的组织者将面临被指控的法律风险。参见中国人民银行杭州中心支行课题组:"民间金融活动的风险及规范化对策",载《浙江金融》2008 年第 3 期。

③ 喻凌云:"中国民间金融发展研究",载《科技信息》2008 年第 18 期。

依据法律准则和法律程序对金融主体、金融业务活动和金融市场实行检查、稽核、组织和协调。中国银监会成立以后，我国最主要的金融监管机构就是中国人民银行和中国银监会。但由于历史及体制的原因，中央银行和银监会作为监管者本身与银行系统，特别是国有商业银行系统有着千丝万缕的联系，因此金融监管方面很难避免不"偏心"，而国有商业银行系统也会极力维护其既得利益。以小额贷款为例，应该说这是打破国有商业银行对间接融资市场过度垄断的一个突破口——因为小额贷款既满足了当今中国社会小额融资的需要，也契合了国家的金融扶贫政策，同时小额贷款似乎也是国有商业银行不愿意涉足的领域。但小额贷款机构基本没有发展起来，道理很简单，如果小额贷款机构做大做强了，那势必冲击国有商业银行的垄断地位。因此，从深层次而言，传统的银行体系是排斥这种金融机构的。而完全由民间出资的小额贷款公司（民间金融的表现形式之一）应该说更加没有生存的空间。学者的研究，中央银行曾一度极力推行这种能够弥补正规金融不足的民间金融方式，但现在基本上已经走到了尽头。也许央行不想扩大此类试点，是出于不想引火烧身，因为一旦试点失败，央行将承担一定的责任。而且，我国"谁审批谁负责的"治理现实更是坚定了央行这种决策。①

（3）对政策性金融重视不够造成政策性金融发展受阻。政策性金融是基于国家调控经济的理由和"市场失败"的假设而产生的，是政府调控经济、弥补市场不足的工具之一。政策性金融是为配合国家特定的经济与社会发展战略而进行的资金融通行为，以政策性和优惠性为特征，服务于国家特定的产业政策和社会发展目标，承担着特殊的经济和金融职能。现代意义上的政策性金融具备以下特点：开发性、支持性、补偿性以及福利性。②政策性银行对于弥补商业银行功能的不足，推行国家的产业政策及经济发展战略具有重要的作用。但我国的政策性银行目前处于一种不受重视的地位，目前的体制对政策性银行实质上还存在着漠视甚至敌视的现象：1）在

---

① 事实上，2002 年浙江省台州市就发生过一起信用社危机。当时，一名典当行经营者通过储户资金与人合股联营一家城市信用社，并对该家信用社的大笔资金进行侵占和挪用。事件败露后，爆发了挤兑风波，最后在有关当局的干预下才得以平息这一危机。参见章剑锋："民间金融"，载《南风窗》2008 年第 19 期。

② 所谓"开发性"是指政府发起设立金融机构，着眼于弥补"市场失灵"；"支持性"是指金融活动充分反映政策意图，致力于经济社会发展的总体利益取向；"补偿性"是指对特定群体的经济活动进行补偿，意在促进弱势或幼稚产业的发展；"福利性"是指弥补市场竞争引发的福利损失，强调市场经济条件下的公平问题。参见王华："发展政策性金融有待解决的三大难题"，《中央财经大学学报》2007 年第 12 期。

政策层面政策性银行存在被忽视的情况。一般来说,国家的有关金融政策主要是针对商业性金融,而对政策性银行则往往是"比照"或者"参照",使得政策性银行领域的人治现象比较突出;2)从认识的角度看,由于政策性银行对自身的实践缺乏宣传,且政策性银行业务范围狭窄,社会影响相对较小,功能发挥不全,特别是对政策性银行的性质、职能、战略地位与不可取代的巨大作用认识不足,进而造成曲解甚至误解;3)由于我国未能建立政策性金融资源配置方式的法律制度,使我国政策性银行无论在业务管理、资金来源和经营目标等方面存在诸多问题,导致其不能很好地履行政策性融资的作用。同时,政策性银行由于其在业务方面比较模糊,造成在一些交叉领域与商业银行存在竞争,从而导致它们之间的敌对情绪。① 事实上,正是基于上述种种原因,我国的政策性银行目前处于一种可以说举步维艰的状态,②而这可以说是政策性银行得不到应有重视的一个真实注脚。而且,我们现在似乎在这条路上走的更远了。③

2. 融资方式搭配失衡

概括来讲,融资方式搭配失衡是我国融资机制失衡的又一重要表征,而这又具体表现为:

(1)间接融资和直接融资比例失调。在我国融资结构中,银行信贷融资比重偏大,资本市场融资比重不足。从 1979 年国家试行"拨改贷"到 1985 年全面推行,变财政资金的无偿使用为银行资金的有偿借贷,其实质是银行成为财政拨款的信贷管理机构。"放权让利"的改革使得国民收入

---

① 张令骞:"我国政策性金融理论与实践的审视与反思",载《经济研究导刊》2008 年第4 期。

② 有学者指出,政策性银行失败的原因很多,其中最根本的是放弃市场作为金融资金配置的基础性作用。而有效进行市场投资决策和健全的市场金融体系是政策性金融机构发挥应有作用的前提。参见王芬:"政策性金融改革要件",载《银行家》2007 年第 12 期。但这是否是我国政策性银行陷入困境的根源之所在,或者这是我国政策性银行集体转向的理据,目前看来还是一个值得商榷的问题。

③ 政策性银行的转型问题是 2007 年全国金融工作会议的议题之一,决策层已将政策性银行的发展方向定位于自主经营、自负盈亏、自担风险的"商业性银行"。国家开发银行、中国进出口银行、中国农业发展银行将根据各自的条件,进行商业化改革。这意味着,政策性银行在我国行将退出金融市场的舞台。来自管理当局的声音认为(周小川,2006),过去我国开展政策性业务,一个很重要的原因是在价格扭曲的条件下对价差进行补贴,而目前我国在补贴方面的需求越来越少,并且随着国家财政收入的逐年增加,政策性银行作为财政延伸功能的使命已基本结束。参见王华:"发展政策性金融有待解决的三大难题",载《中央财经大学学报》2007 年第 12 期。

分配向个人倾斜,国民收入格局和储蓄格局都发生了很大的变化,但由于金融工具单一、资本市场发展不规范,储蓄向投资的转换更多的借助于银行。据有关部门统计,"整个社会 90% 以上的融资都是通过银行贷款方式完成的,银行系统不但承担了短期流动性融资功能,而且承担了长期资本性融资功能。"①这种单一的融资结构,不但使风险过分集中于银行,同时也抑制资本市场的发展,对金融和经济的发展都是危险的。正如有学者所指出的:"如果过分的依赖某种融资模式,势必造成风险的过分集中,当金融风险累计到一定的程度,就会以金融危机的形式爆发"。②

(2)直接融资内部各市场层次之间的发展失衡。"我国资本市场融资本身也存在结构不合理,股票融资偏大、债券比例不足,在债券中政府债券偏大、公司债券不足"。③ 具体来说,这种发展的不平衡性主要体现在以下几方面:1)股票市场与债券市场发展失衡,前者发展迅速,后者相对滞后。从我国 10 多年的债券发行的情况看,企业债券市场发展相当缓慢,股票市场远远超过企业债券市场,呈现出两种市场发展的严重不协调;同时,债券中政府债券占主要份额,企业债券市场严重滞后。企业债券市场严重滞后的主要原因是政府对企业债券发行的管制,导致债券风险与收益倒挂,加之信贷资金的预算软约束,不仅严重制约了企业债券市场的发展,而且经常发生侵害债权人利益的事情。企业债券市场发展滞后,阻塞了投资者直接投资渠道。信贷资金软约束,加大了银行经营风险,也损害了存款人利益;2)债券市场内部结构失衡,呈现出国债和政策性金融债主导债券市场、企业和公司债萎缩的局面。自 1981 年恢复国债发行以来,我国债券市场的发展经历了迅速发展的阶段。1993 年以后,国家为了整顿经济和金融秩序,对债券市场进行清理,大力打击"乱集资"和"非法集资",堵死了其他金融债、企业债、国家投资公司债等发行渠道。1995 年新开辟政策金融债,使金融债券的比例迅速扩大,形成了国债和政策金融债共同主导债券市场的局面,但企业和公司债券市场严重发育不良;3)证券市场结构失衡,这又集中表现在二板市场尚未建立,从而造成中小企业和高新技术企业通过资本市场融

---

① 中国人民银行金融市场司、中国人民银行上海总部金融市场管理部著:《2005 年中国金融市场发展报告》,中国金融出版社 2005 年版,第 89 页。

② 李海平著:《金融发展中的主体行为与体系演变》,中国财政经济出版社 2005 年版,第 131 页。

③ 中国人民银行金融市场司、中国人民银行上海总部金融市场管理部著:《2005 年中国金融市场发展报告》,中国金融出版社 2005 年版,第 90 页。

资困难。同时,证券交易市场单一,未建立完善的证券场外交易市场,进而造成证券流通渠道不畅等方面。

我们认为,融资方式非均衡发展是造成农村融资困境的根本原因,即国有商业银行对农村提供金融资金不足和民间融资被打压乃至被取缔是造成农村融资困境的主要原因。农村正规金融供给不足表现在:四大国有商业银行处于垄断地位;股份制商业银行也基本上是国家控股或变相的国家控股;城市信用社被强制合并为城市商业银行,实际上成为地方的国有企业。由于国有银行的经营策略,即城市化和工业化的转变使其从县域的撤出,这进一步恶化了农村的融资环境。农村合作基金会被全部关闭后,农村信用社的资金实力有限,乡镇企业的融资渠道狭窄,融资需求得不到满足。正是由于农村的正规金融供给不足,导致农村金融格局嬗变,其结果就是农村非正规金融的发展。据统计,在农村中银行和农村信用合作社提供的贷款占农村融资的25%,70%左右的资金是由所谓的非法的民间金融提供的。[①]但是,我国目前的民间金融中大多数是处于被国家取缔的状态,这样的结果是使农村经济的融资环境进一步恶化。

3. 融资工具比例失衡

从融资工具的角度看,重债权类融资工具轻股权类融资工具,在社会融资中两者的比例失衡。这种失衡的状态主要表现在以下三个方面:

(1)债权类金融工具占绝对地位。从金融资产的形成来看,大约90%以上的金融工具是债权形式,股权形式金融工具仅占8.54%;

(2)金融工具形式单一,数量集中。据统计,在金融机构发行的金融工具中,存款是其最主要的形式,存款存量占其发行余额的89.07%,货币在其发行余额中占8.35%;在非金融部门发行的金融工具中,贷款是其主要形式,贷款存量占全部非金融部门的发行余额的86.74%,政府债券和企业债券占13.23%;

(3)金融工具的流动性不强。对金融机构的债权中大约有50%是流动性证券,而对非金融部门的债权,如果剔除国有商业银行贷给国有企业的铺底流动资金,估计只有30%是流动性证券。[②]

---

① 何广文等著:《中国农村金融发展与制度变迁》,中国财政经济出版社2005年版,第56页。

② 吴翔江:《中国金融结构研究与区域差异分析》,浙江大学2006年博士学位论文,第24页。

我国改革开放后 20 多年的经济增长存在两个明显的悖论:一是我国经济在持续增长的同时,金融体系却是不完善的;二是非国有经济高速增长为国民经济做出贡献的同时,并没有得到体制内正规金融的支持。改革以来,非国有经济对 GDP 的贡献已达 63%,对工业增加值的贡献已达 74%。但是,四大国有银行 70% 以上的贷款都给了国有企业,非国有企业特别是中小企业很难获得贷款。① 中小企业是和国有企业相对应的一类企业,在我国经济体制改革的过程中,为减小改革的成本和避免引起大的波动,国家对国有企业采取金融支持的政策,金融体制的一切改革都是围绕国有企业顺利融资进行的,在这样的体制背景下,国有企业的融资和中小企业融资呈现出明显的非公平性。

(三)制度安排不尽合理

制度安排失灵是导致融资利益分享不公的又一重要原因。根据博弈论的制度解释,所谓制度就是 N 人博弈的均衡解。② 而美国经济史家布鲁则认为,制度"可以是正式制度(比如,宪法和法律),也可以是非正式制度(比如,美国的货币体系),或仅仅是随着时间的演化而来的(比如,给小费的传统)。制度是统治经济和政治行为的正式与非正式的规则。与此相反,参与者是利用某一特定的制度框架内所提供的各种机会的个人和组织。"③事实上,在社会生活中起主导性作用的则是那些正式的制度安排,特别是法律这样的正式制度,因为现代市场经济是法治经济。一个不成熟的法制环境,势必阻碍资源的有效配置,妨碍市场机制的有效运行,尤其不利的是,它还可能导致社会过于依赖国家的强制力,从而放大由于人们的落后观念和传统体制所造成的种种偏差。具体来讲,制度安排失灵包括以下三层意思:

1. 制度安排滞后

这在现实中表现为虽然有规定,但这些规定不能有效规制失范行为,或者不能对现实产生有益的指引作用。例如,中国人民银行的报告就指出,由于担保交易法律的滞后,使得我国动产担保贷款占比严重低于国际水平,光是闲置资金就达 16 万亿元。而且,由于对不动产担保的过分依赖,已造成

---

① 樊纲:"发展民间金融与金融体制改革",载《中国投资》2000 年第 12 期。
② 盛洪著:《治大国若烹小鲜》,上海三联书店 2003 年版,第 25 页。
③ [美]斯坦利 L. 布鲁著:《经济思想史》(第 6 版),焦国华、韩红译,机械工业出版社 2003 年版,第 289 页。

房地产价格不断升高,并造成中小企业贷款难等突出问题。[①] 以《证券法》为例,从 1993 年的《股票发行与交易管理暂行条例》到 1998 年的《证券法》再到后来对《证券法》的修订,这一系列有关证券发行和交易活动的规则中,立法一味强调企业的规模和盈利能力,迟迟未能确立"二板市场"的体系和规则,客观上压制了中小企业进行直接融资的机会。

2. 制度安排空缺

这通常在现实中表现为"无法可依"。以中小企业融资难的问题为例,由于我国现行的制度安排没有成立专门的机构对中小企业的融资进行引导,导致我国中小企业的融资遭遇一些非常现实的困难。事实上,成立专职性的机构对中小企业融资进行帮助可以说是发达国家的主要经验之一。美国中小企业署成立于 1953 年,自 1958 年起被定为"永久性联邦机构",其主要的任务便是以担保方式诱使银行向中小企业贷款。[②] 日本是制定和执行扶持中小企业政策最为典型的国家,同时还是建立中小企业金融支持体系最为完善的国家。[③] 反观我国中小企业的融资难,一个重要的问题就是融资管理难,这又直接表现为我国没有一个如美日那样的专门政府机构对中小企业的融资进行协调,以促成政府、中小企业及银行的有效联动。而这样一个专门的机构往往对于优化中小企业的外部环境,组织中小企业出口招商以实施"走出去"的战略意图,引导中小企业参加国内外大型的经贸洽谈会,实现银行和中小企业的有效对接,对中小企业贷款开展咨询和服务等具有关键性的作用。

3. 某些制度安排起阻碍作用

这主要表现为有时就某一个问题法律有规定,但这种规定不光没有起到应有的作用,反而对事物的发展起了阻碍作用。例如,根据《担保法》的规定,法定的能够用于融资担保的形式不过抵押、质押、保证三种,浮动担保等比较灵活的担保形式迟迟不能得到法律的确认。另外,能够用于抵押、质押的财产形式也相当单一,主要限制在土地、房产、大型机器设备等传统的

---

① "央行称因担保交易法律滞后造成 16 亿资金闲置",资料来源:http://www.cnsme.com.

② 这种贷款包括:(1)一般担保贷款:中小企业署对 75 万美元以下的贷款提供 80% 的担保,贷款偿还最长可达 25 年;(2)对特殊社会群体(如少数民族或妇女)创业提供贷款担保,中小企业署可对其提供 25 万美元以下贷款的 90% 额度比重的担保;(3)推行少量的"快速车道"贷款担保,即对中小企业急需的少数"快速"贷款提供 50% 额度比重的担保;(4)提供出口及国际贸易贷款担保。参见王天雨:"建立完善的中小企业融资机制",载《宁波职业技术学院学报》2004 年第 1 期。

③ 王桂堂:"中小企业融资体制的国际比较与借鉴",载《河南金融管理干部学院学报》2004 年第 6 期。

固定资产形式方面,如在其他不少国家采用的应收账款用于担保的形式,在我们的担保法中都难以找到法律依据,而中小企业恰恰最缺乏土地等固定资产。在我国的金融实践中,金融机构制定的放贷门槛较高,大多数中小企业在抵押、质押担保等方面很难达到金融机构的要求,特别是企业固定资产少,难以获得抵押贷款;一些中小企业的设备陈旧、落后或者是专业性强,用于抵押担保的价值较低;一些小型企业没有合法的用地手续,根本拿不出符合条件的抵押资产,因此也难以获得担保贷款。再加上抵押物的折扣率又高,并且手续繁琐,收费昂贵,中小企业普遍难以承受。由此导致大企业融资锦上添花有余、小企业贷款雪中送炭不足,从而制约许多前景好的中小企业做大做强。结果是许多中小企业的产品有市场、项目有前景,却因为资金欠缺而错失商机。这种情况恶性循环,进一步恶化了中小企业的融资环境。

(四)资本市场不成熟

企业获取资金的外部渠道一是通过银行的间接融资,二是通过资本市场的直接融资。从我国的情况来看,主要是资本市场不够成熟,从而使得企业融资非常困难。特别要指出的是,资本市场不成熟对中小企业的影响最大,因为与中小企业相比,大企业还可以从间接融资渠道获取资金,而中小企业由于其生命周期、资产规模、可抵押的财产及制度安排等方面的缺陷,很难从银行融到资金。因此,中小企业要发展,就必须在资本市场上做文章。但我国目前的资本市场对大企业有利,但对中小企业的融资则是一道"坎",这又具体表现为以下几个方面:

1. 直接融资被边缘化

正如有学者所指出的,虽然我国直接融资总体上有所发展,但直接融资在目前处于一种边缘化的市场地位。[①] 与银行贷款为代表的间接融资比率

---

① 也有的论者不同意这种提法。该论者论证道:假设银行的中长期贷款和短期资金贷款总额为 12 万亿元,这一年资本市场的融资只有 600 亿元,当然 600 亿元除以 12 万亿元就是 2% 了。因此,持这种观点的人会说,资本市场的融资量是整个金融体系融资的 2% 。但是,他们不知道,在这个 12 万亿元中,上一年银行给企业的贷款可能就有 11.5 万亿元,这个 12 万亿已经包含了过去的存量,当然也包含今天银行体系贷款的增量部分。由于这种认识是拿了存量的贷款总额与资本市场融资的增量相比,所以该论者认为这种说法是错的。论者还预测 2010 年资本市场的融资会达到 30% 。参见吴晓求:"走出混沌——中国资本市场未来之路",资料来源:http://172.16.42.4/adksvod/info. asp. 笔者认为,该论者的分析有一定的道理。但是,从总的角度看,我国资本市场由于市场规则不成熟,因而存在着种种弊端,因此发展势头不是很好。再者,就算是达到 30% ,资本市场的融资也谈不上主流。

相较,直接融资由于其制度缺乏与不完善等原因,其比率迅速下降。以2003年为例,银行贷款比例所占比重已从2000年的72.8%上升到2003年上半年的97.8%。而中国资本市场直接融资额比例最高的是1998年——比值一度达到总融资额的15%,但从2002年到2005年持续下降,如2005年仅为融资总额的1.5%左右。[①] 由是观之,我国资本市场总体规模还比较小,且有被边缘化的趋势,这构成对中小企业融资的严重制约。

2. 资本市场为中小企业设置的门槛太高

我国资本市场门槛太高,不利于中小企业融资。资本市场对于提高现代的金融意识、投资意识、风险意识,以及使社会资金的配置克服间接融资自身的局限性等具有重要的作用。但"我国资本市场的准入条件比较苛刻,股票和债券市场规模有限,使得许多急需资金的公司无法通过资本市场获得所需资金。"[②]由于市场准入门槛太高,以致我国资本市场总体上成为大企业融资的天堂而基本上将中小企业排除在外。虽然2009年创业板市场已经在深圳证券交易所正式启动,但相比海外创业板市场上市条件更为严格,该市场在发行上市的数量性标准上十分严格,而海外创业板市场则少有类似规定。而且,我国创业板对发行人的定性规范要求更为明确细致,在"持续盈利能力"、"公司治理"、"规范运作"、"募集资金使用"等方面都设置了更为细致和明确的定性规范要求。[③] 因此,创业板和中小企业板仍然不足以解决中小企业融资难的问题。

3. 资本市场缺乏层次性

我国资本市场缺乏层次性对中小企业融资形成阻碍。对资本市场进行层次性划分既是市场需求的产物,又是资本市场得以健康发展之道。一方面,企业的类型、层次是多样化的,而且同一企业在不同发展阶段也会有不同的融资需求,在此种情况下,资本市场要发挥其对资金配置的应有作用,就必须进行层次化假设。另一方面,美国NASTAQ的兴盛表明,资本市场具有多层次性是其自身兴盛的前提性条件。反观我国的资本市场,主板市场沦为大企业的俱乐部,二板市场难以有效解决中小企业融资难问题,三板市场主要是具有场外市场或者柜台交易性质的代办股份转让系统,仍然处于小规模试点状态,主要进行存量交易,基本上扮演了一个退市公司收容所

---

① 邹恩:"科技部关注中小板,徐冠华呼吁启动创业板",资料来源:http://888.aaawww.net.

② 殷成东:"我国投融资体制的现状及其改革建议",载《经济体制改革》2005年第1期。

③ 具体规定参见《首次公开发行股票并在创业板上市管理暂行办法》第二章"发行条件"。

的角色,而国外创业板则是远水解不了近渴。由此可见,我国资本市场的这种单一性制度安排,已经严重阻碍了中小企业在此获取必要的资金。

4. 直接融资渠道过窄的负面效果明显

直接融资渠道过窄最典型的负面效果就是严重制约中小企业资金的获取。目前的情形是,比较注重股权融资,但对于债券融资、项目融资、风险投资等则相对少有关注。以风险投资为例,风险投资在我国已经历了较长时间的引进及成长期,应该说是一种比较成熟的融资方式。风险投资为了避免风险过大,总是会选择一系列投资对象,而中小企业由于其规模小的特点,天然地适合风险投资的这种投资分布。然而,目前我国的风险投资看来还很不成熟,要么难以为继,要么出现资金抽逃的现象。其他的融资渠道如项目融资、债券融资情势也不容乐观,因此,直接融资市场的融资渠道是十分狭窄的。

(五)市场信息不对称

美国经济学家乔治·斯蒂格勒通过对现实的制度安排以及经济实践的考察发现:不仅行为者的信息是不充分的,而且信息的分布是不均匀、不普遍的,也即同一经济行为的双方当事人所占有的信息是不相等的。从宏观的角度看,这种状况往往会严重影响市场的运行效率从而导致"市场失灵"。概言之,信息不对称对融资利益公平分享的影响主要体现在逆向选择和道德风险两个方面。逆向选择是由于交易之前的信息不对称造成的,道德风险是由交易之后的信息不对称造成的。

1. 逆向选择问题

就逆向选择而言,在融资利益分享领域的表现主要在间接融资这一渠道。从整个社会的经济发展需求看,资金需要流向西部地区、农村地区以及中小企业,但现实却正好相反。以西部开发为例,其对我国经济的均衡发展具有十分重要的意义,因此,在政策层面国家是支持的;在经济层面而言,从长远的角度看,如果西部地区一直得不到发展,也会最终影响到我国经济的发展。因为如果西部广大的地区发展不起来,那么实现全国的现代化以及扩大内需都会成为一句空话。西部开发如此之重要,从应然的角度看资金应该流向这些领域,但是,恰恰是由于信息不对称的原因,引起商业银行的资金逆向选择。因为对商业银行而言,西部的企业较之东部的企业,其内部关系可能更加复杂,而克服这种信息不对称的成本几乎是不可能的或者成本太高。与此相对,东部地区的企业由于其发展的外部环境的天然优势——海运一般比较发达且是吸收外资的桥头堡。同时,东部企业由于治理结构及治理方式较之西部地区的企业总体而言更为先进,因此银行具有了解其运营情况渠道的更多的更便利的条件。在这种情况下,银行出于经营的安全性、效益性等方面的考虑,往往愿意把资金带给东部沿海的企业,而对西部企业特别是中小企业,银行往往变成存差银行,且惜贷情况较为普遍。这种情况在农村也是一样。概括来讲,由于信息不对称的原因,使得银行往往逆向选择,把本来应当进行资金支持的领域给"遗忘"了。以中小企业的发展为例,虽然中小企业融资难的问题,具有复杂的成因,并且也不是我国独有的问题。但信息经济学理论分析表明:中小企业与银行等金融机构之间在信息不对称的情况下,产生所谓"逆向选择"的博弈模型,[1]这对中小企业融资难的成因作了一般性的理论分析。按信息经济学理论的解释,中小企业融资难的最大特点是"信息不对称",[2]由此带来金融市场的"逆向选择":(1)商业银行为降低贷款的风险,要么不选择中小企业,要么加大对中小企业的审查监督力度。而中小企业贷款"小、急、频"的特点使商业银行的审查监督成本和潜在收益不对称,这降低了它们在中小企业贷款方面的积极性,这已为世界银行的调查所证明;[3](2)商业银行为降低贷款风险,往往是"锦上添花"而不是"雪中送炭"。即商业银行对成功的中小企业会给予甚至进一步增加贷款,而对那些失败或者一时失败的中小企业,就会惜贷甚至拒绝贷款。这种选择可能对银行而言是经济的,但是对整个社会经济发展、

---

[1] Stiglitz and Weiss, Credit *Rationing in Markets with Imperfect Information*, American Economic Review 71, 1981, pp. 393－410.

[2] 有学者认为信息不对称是造成中小企业融资难的主要原因。参见张彦军:"从信息不对称看我国中小企业的融资困境",《河南金融管理干部学院学报》2003年第1期。但也有论者提出了不同的看法。根据这种观点,信息不对称只是中小企业融资难的表面原因,并不是其深层次的原因。因为信贷市场是一个典型的不完全市场,信息不对称是一切借款人和贷款人在信贷过程中的常态,并不是仅仅存在于中小企业的贷款之中。中小企业融资难的深层次原因应该是由于我国以国有商业银行为主体的融资结构造成的,即在较为单一的融资结构下,国有商业银行对中小企业的信贷歧视和缺乏相应的其他融资渠道是造成中小企业融资难的主要原因。笔者认为,现行金融体制固然是中小企业融资难的原因,但这也并不否认信息不对称这一因素。

[3] 据世界银行1978年在菲律宾的调查,大额贷款的运作费用为贷款总额的0.3%—0.5%,而向中小企业的贷款尽管金额较少,运作费用却高达2.6%—2.7%。不过,在发达国家,非正式的权益资本市场、风险投资体系、二板市场的发展,很大程度上弥补了中小企业的融资资本缺口。参见易元红、郑玉刚:"中小民营企业融资问题研究",载《科技创业》2005年第8期。

对中小企业的发展、特别是对社会就业等而言,则往往意味着社会性灾难。

2.道德风险问题

道德风险包括企业方面的道德风险,也包括银行方面的道德风险。概言之,此种道德风险主要表现在以下三个方面:

(1)大企业在贷到款以后,可能形成"投资饥渴症",从而要挟银行。特别是我国的国有企业,由于牵涉的人员众多,经营往往关社会稳定的大局,因此,其一旦得到巨额贷款,往往将银行视为"取款机"。如果银行不予配合,不光贷款可能收不回来,还可能要承担相应的政治压力,其实这也是我国国有企业走向股份制的一个很主要的原因。

(2)中小企业在贷到款以后,可能改变款项的用途,或者逃避银行的监管,甚至卷款潜逃。中小企业由于规模较小,一般难以构建现代企业治理结构,或者此种构建对其而言是不经济的,同时,中小企业由于其生命周期较短(一般为 3 到 5 年),应对经营风险的能力有限,因此,中小企业贷款成功以后,如果经营环境恶化,甚至中小企业是通过隐瞒相关重大情况而贷到款的,这时候中小企业就很可能置银行利益不顾而铤而走险。

(3)银行自身也可能发生道德危机,从而拉断企业的资金链条。经济学家 Akerlof 和 Romer(1993)的研究就表明,此种道德危机主要表现为"所有者掠夺"和"隧道挖掘"。① 例如,如果银行自有资本较低,经理人员可能设法"破产求利",他们会暗中将银行"瓜分",不惜以损害社会利益为代价,让银行破产。银行道德危机一旦出现,其对经济的打击往往是致命的:直接后果是造成挤兑风波,间接后果就是企业倒闭与失业率飞速提高,并滋生各种社会矛盾。

四、融资利益公平分享的对策建议

城市和农村之间、东部地区和西部地区之间、大企业和中小企业之间如

---

① 美国学者阿克洛夫和罗默的研究表明:只要所有者(包括个人和母公司)只负"有限责任",并且投资要经过若干个会计期才能完成,所有者就可以人为膨胀前期会计净资产值,从而增加所有者权益分红,尽管后期会计将会显示整个企业的亏损。此种行为即是"所有者掠夺"。著名的智利金融危机、美国储贷危机、美国达拉斯和得克萨斯房地产泡沫以及美国垃圾债券市场中的所有者掠夺行为就可以归结为所有者掠夺的典型。而所谓的"隧道挖掘行为"(Tunneling),根据 Johnson 等研究,是指控制性大股东总是会通过种种手段挖掘见不得阳光的地下隧道,挖走中小股东手中的财富,从而获得巨大的隐性收益。根据这种理论,控股股东猖狂的"挖掘"行为是导致 1997—1998 年亚洲金融危机的主要原因。参见余保福:"银行业关联交易的法经济学分析",资料来源:http://www.civillaw.com.cn。

何公平分享融资利益,既是一个关系到公平的问题,也是一个关系到效率的问题。中国的经济要持续发展、协调发展、健康发展,就离不开融资利益的公平分享。因为对一个社会而言,对一个国家而言,如果其政治举措与制度安排不能有效地导引这个社会的资金走向,使社会各部门协调发展,那么其最终的结果必将是危害整个经济的发展。金融在一国经济发展中具有举足轻重的地位,可以说任何经济发展(农村的城镇化、城市的产业升级、地区间经济的协调发展)都离不开金融的支持。正如本课题组在贵州调研时一位副行长所言:金融作为经济的核心,有追求利益最大化的一面,但是,也要有承担社会责任的一面。从这个角度看,如何建构一种有效和公平的融资机制,使需要资金的主体顺利得到资金,使能够有效保障资金保值增值的主体顺利得到资金,使整个社会的资金分配符合基本的公平与正义,是一个非常现实的问题。我们认为,构建一个具有中国特色的、使融资利益公平共享的制度体系应当采取以下基本对策:

(一)深化金融体制改革是前提

进一步深化金融体制改革是公平分享融资利益的前提。其根本的理由在于:现行的融资体制是特定历史条件下的产物,如果不对现行的融资体制进行根本性的变革,其结果必然是旧有融资格局的持续维持,进而会导致融资利益分配的路径依赖,作为一个必然的逻辑结果,相关主体公平分享融资利益也就成为一句空话。如何深化金融体制改革,我们认为需着力解决以下三个基本问题:

1. 打破国有(国家控股)大银行的过度垄断局面

金融行业是一个特殊的行业,国家对其进行一定程度的垄断和监管控制是必要的,也是必须的,但是,如果国家过度垄断,就会物极必反,滋生种种弊端。正如有学者所指出的:"在现在的中国,恐怕很难找到一个行业,在这个行业中国有经济还占这么大的比重,而且是仅仅几家国有企业就占了百分之七八十的份额。"[1]与这种高垄断的行业结构相适应,银行贷款体制长期地偏向国有企业,这一方面滋长了国企的"投资饥渴症";另一方面也挤压了其他市场主体的融资。由于银行业改革的滞后,中国银行业陷入了不良资产比例高、资本金低、营利能力差的体制性困境。以 2007 年为例,全国商业银行不良贷款情况如下表:[2]

---

[1] 王大用:"国有银行改革",资料来源:http://172.16.42.4/adksvod/view.asp.

[2] 参见《西部金融》2008 年第 6 期。

表 14　全国商业银行不良贷款情况表　　（单位:亿元,%）

	商业银行	国有商业银行	股份制商业银行	城市商业银行	农村商业银行	外资银行
2007 年						
不良贷款余额	12,684.2	11,149.5	860.3	511.5	130.6	32.2
次级	2,183.3	1,564.6	279.6	255.8	62.9	20.4
可疑	4,623.8	3,930.4	427.1	193.3	65.2	7.7
损失	5,877.1	5,654.5	153.7	62.4	2.5	4.1
不良贷款率	6.2	8.0	2.1	3.0	4.0	0.5
次级	1.1	1.1	0.7	1.5	1.9	0.3
可疑	2.2	2.8	1.1	1.1	2.0	0.1
损失	2.9	4.1	0.4	0.4	0.1	0.1
2008 年　　目前统计出来的只有第一项						
不良贷款余额	4865.3	4208.2	657.1	484.8	191.5	61.0
次级						
可疑						
损失						
不良贷款率						
次级						
可疑						
损失						

　　就如何克服国有商业银行的困境,理论界目前有四种思路。① 但不管怎么改革,我们必须要认识到的一个现实是:在相当长的时间内,我国的国有商业银行在融资体系中会占据并将持续占据主要的地位,因此,要公平分享融资利益,离开银行体系或者说间接融资体系来谈是不切实际的。那么,

---

　　① 第一种是政府观念,坚持国有,在坚持国有的前提下国有商业银行通过内部改造提高效益。第二种改革思路也是坚持国有,但是应该分拆大银行以加强竞争。第三种思路是发展地方银行,地方银行我们这里讲的主要是城市商业银行和农村信用社。第四种思路是发展民营银行,主要是以徐滇庆教授为代表的,认为民间有极大的制度创新能力,引入民营银行可以逐步消化吸收金融体系内的风险,促进竞争,减缓国有银行垄断带来的资源无效益的问题。——田国强:"中国银行业改革的两难与外资利用",西南政法大学图书馆网上报告厅,http://172.16.42.4/adksvod/view.asp? cate = 180302&vodid = 712。笔者认为,这些改革思路大体上可以总结为三个基本层面:其一是要明晰产权;其二是注重银行内部治理;其三是推崇竞争。笔者认为,这三个层面都离不开相应的制度架构,否则,便可能流于形式或者失范。

如何打破目前这种国有企业对间接融资的过度垄断局面呢？我们认为一个出路就是大力发展中小金融机构，增强间接融资领域的竞争广度。① 特别要指出的是：中小金融机构在为中小企业提供服务方面拥有信息上的优势，而且，多数中小金融机构与中小企业具有地域上的直接依存关系。因此，与大型金融机构相比，中小金融机构对中小企业贷款具有交易成本低、监控效率高、管理链条短、经营灵活、适应性强等优势。而且，我国中小金融机构多数拥有产权明晰、责权明确的法人治理机构，具有较强的自我发展、自我约束能力，是市场经济不可或缺的组成部分。资料显示，截至 1998 年底，美国中小银行有 8000 多家，信用社有 115000 多家，占全部信贷金融机构总数的 75%，并且其市场效率高于大银行。② 因此，在我国发展中小金融机构，应当说既是现实的需要，③也已经开始试点改革。④

2. 大力发展资本市场，推进资本市场的层次性建设

就大力发展资本市场而言，⑤我们认为，现阶段中国的资本市场只是在微观层面上解决了一些上市公司和企业的存量资金盘活的问题，而对增量

---

① 如果说国有商业银行由于其巨大的规模而增加了竞争的力度，那么众多中小金融机构的进入无疑就是增加了金融领域竞争的广度。根据竞争理论，这两个方面对于培育一个有效的竞争市场都是必要的。

② 九三学社："解决民营经济为主体的中小企业贷款难的几点建议"，资料来源：http://www.93.he.cn.

③ 根据本课题组赴贵州的调研，为推动建立竞争性农村金融市场，设立新型农村金融组织，贵州省作为全国首批五个小额贷款公司试点地区之一，已经于 2006 年 8 月成立了江口华地小额贷款股份有限公司，作为支持中小企业发展的需要。

④ 2006 年银行监督管理委员会出台了《关于调整放宽农村地区银行业金融机构准入政策更好支持社会主义新农村建设的若干意见》以及一系列规则之后，新型农村金融机构极大拓展了农村民间金融的发展空间，2006 年伊始，中国人民银行将甘肃省确定为调整放宽农村地区银行业金融机构准入政策首批试点省份，瑞信、汇通、金桥等村镇银行和石林、岷鑫等农村资金互助社等新型农村金融机构的设立。

⑤ 据学者估算，2007 年以来，股权分置改革的基本完成为我国资本市场的发展奠定了坚实的基础，市场规模稳步扩大。到 2007 年末，中国沪深两市的总市值达到 32.71 万亿元，至 11 月末投资者开户数约 1.36 亿户。全年沪深两市总成交量为 460,556 亿元，创下历史新高。资本市场在国民经济中的功能和作用不断增强，服务于国民经济的能力在不断的提高。全年中国企业通过境内资本市场筹资总额达到 7,751.56 亿元，融资额居全球首位。参见巴曙松等："中国金融体制改革进展与趋势分析"，载《云南财经大学学报》2008 年第 2 期。我们认为，从融资的数量看，资本市场已经有很大的发展，但是相对我国的具体情况而言，资本市场毕竟还有很大的发展余地。

部分和重大项目建设,资本市场涉足不多,作用有限。① 如何大力发展资本市场,我们认为有两个重点:一是适当降低我国资本市场的门槛;二是发展资本市场要有重点。例如,在现今条件下,为了解决中小企业的融资难问题,资本市场发展的重点就不是股票市场,而是债券市场。这主要是由于债券的收益比储蓄高,但风险又比股票小,因此,发展中小企业债券市场是比较理性的选择。②

就推进资本市场的层次性建设而言,应该说,现有的资本市场是缺乏层次性的。而且,资本市场由于门槛太高,因此它往往只是少数大企业融资的"天堂"。进行资本市场的层次性建设,首先受益的就是广大的中小企业。但是,多层次资本市场的建设应注重制度先行,如此方能使一板市场规范、二板市场有序、三板市场活跃,从而为中小企业营造一个真正的融资机会。特别是对三板市场的监管,制度方面的建设显得特别重要。以德国为例,由于对上市的公司缺乏严格的监管,因此尽管其经济高速增长,但终因泡沫过多而使创立于1997年3月、仿照美国纳斯达克市场设立的三板市场于2003年被迫关闭。③ 这个教训是我们在发展多层次资本市场时须慎重考虑的。④

3. 注重金融行业的协调发展

正如有论者所指出的,坚持协调发展是促进金融全面、可持续发展的必然要求,也是贯彻科学发展观的关键所在。这主要是因为金融是随着商品生产和流通的发展而不断演进的,它具有自身的特殊发展规律和内在的生长逻辑。只有金融体系内部各要素之间以及金融体系内外各要素之间协调

---

① 陈元:"我国基本建设融资体制的教训和发展——从融资方式的演变看我国基建融资体制的改革发展",载《中国税务》2001年第10期。

② 需要指出的是,当前公司债券市场正面临着有利形势和难得的机遇。由于中国社会储蓄和外汇储备规模的稳步增长(2008年外汇储备达到近2万亿美元之巨),促使大量追求稳定回报的资金对固定收益类产品的需求日益旺盛,尤其是证券投资基金、保险资金、商业银行、养老基金等机构投资者对公司债券市场的需求日益迫切。参见巴曙松等:"中国金融体制改革进展与趋势分析",载《云南财经大学学报》2008年第2期。

③ 马君潞、刘嘉:"德国企业投融资体制的特点及其对中国的启示",载《上海金融》2005年第3期。

④ 值得欣慰的是,我国多层次资本市场建设最近几年取得一定进步。最新统计资料表明:截至2007年12月底,中小企业板共有202家上市企业,其中2007年新上市的有100家,板块总市值超过10,646.84亿元,比2006年底增长逾300%。同时,创业板也正在积极筹备之中,低门槛的创业板市场将为大量中小企业尤其是具有成长性的高科技企业开通直接融资渠道。参见巴曙松等:"中国金融体制改革进展与趋势分析",载《云南财经大学学报》2008年第2期。

运行,金融体系才能逐渐从简单到复杂、从低级到高级不断发展。① 金融行业的协调发展,对于公平分享融资利益具有重要的意义,甚至具有决定性的意义。我们可以看到,正是由于以往的金融体制没有协调发展(包括融资渠道不协调发展、融资工具不协调发展、融资制度不协调发展、融资导向机制不协调发展、融资配套措施不协调发展),才会使得我国各社会主体在分享融资利益时出现一些不公平现象。以金融工具的协调发展为例,金融工具的协调发展对于金融市场效率的影响是很大的。按照西方经济学家雷蒙德·W·戈德史密斯的解释,不同类型的金融工具与金融机构的组合,将构成不同特征的金融结构。同时,金融发展程度越高,金融工具和金融机构的数量、种类就越多,金融的市场效率就越高。② 显然,只有在一个有效率的金融市场之中,公平分享融资利益才具备现实性和可持续性。

(二)规范政府投资行为是关键

我们认为,规范政府投资行为是公平分享融资利益的关键。美国学者加尔布雷斯指出:"关于不平衡发展、不均等收入分配、国家资源分配不当、环境破坏和有名无实的规章制度,政府是问题中的一部分,但是,要求问题的解决,还得依靠政府"。③ 由此看来,公平分享融资利益离不开对政府行为的关注。由于历史的原因,在我国,政府主导的投资与国家垄断的金融体系形成了风险连带体系,银行贷款也越来越集中于政府投资的大项目、大工程,期限也越放越长:由 10 年到 20 年,甚至 25 年。这既是一件非常危险的事情,④自然也是市场主体无法公平分享融资体利益的重要原因。以中小企业的融资为例,在社会资金有限,中小企业与大企业特别是国有大企业争利的格局下,不依法对政府的投资范域进行规整,政府决策就很可能由公性强假设沦为弱假设。毫无疑问,政府在解决融资利益公平分享的进程中具有主导性的作用,但是,如何依法对其进行规制,使其职能不致缺位、越位、失灵,就显得十分必要。笔者认为,规范政府投资行为涉及到以下几个主要方面:

---

① 马经:"论科学发展观指导下的金融体制改革和发展",载《南方金融》2006 年第 12 期。

② 蔡玲:"市场化目标:金融体制改革的重要取向",载《党政干部论坛》2008 年第 3 期。

③ [美]加尔布雷斯著:《经济学与公共目标》,王有恒译,商务印书馆 1980 年版,第 238 页。

④ 张曙光:"政府放权——投融资体制孕育变革",资料来源:http://www.cfs.com.cn.

1.界定政府的投资范域

依法明确政府的投资分工和投资范围是一个最基础的问题。在明确划分中央政府与地方政府投资范围的前提下,①政府投资的范围应主要限定为交通、能源、采矿等基础设施与基础工业项目以及一些公共事业项目,例如环境保护、城市公用设施、文教卫生等。同时,为减少政府的资金投入压力,对于政府投资的项目,第一是要有明确的目录,第二是对于目录里面的项目,在法律许可的前提下,要力争多种不同的联合投资,以充分调动中央、地方、个人及外资的积极参与。

2.对建设项目进行具体问题具体分析

政府要对项目进行划分,总体的指导思想应当是有所为、有所不为:对于经营性项目,政府投资要进行战略性收缩,尽量降低在经营性项目中的投资比例;对于竞争性项目,政府应完全退出,做好竞争性项目中争利机制的"公证人";对于基础性项目,政府应有所为,但同时要依法建立有效的竞争机制——就私人资本愿意进入的领域,政府要不予投资或少投资,就私人不愿进入或者无力进入的基础项目,则应发挥政府的主导性作用,采取 BOT等融资方式予以规划和导引;对有政府投资的项目,要在进行改革的基础上继续实行审批制;对没有政府投资的项目,则应不再实行审批制而改为核准制加备案制,且核准制只针对少数重大项目和限制类项目。同时,政府只从国家安全、环境资源保护、城市规划等方面进行审查,而不属于重大项目与限制类项目的就按登记备案制进行。②

3.将政府投资作为解决城乡差距的重要手段

农村要发展,农村要缩小其与城市的差距,离不开政府的投资活动。从量的角度看,政府投资还应该增加;从质的角度看,政府投资也要提高。我们认为,要使城乡之间融资利益的分享落到实处,从宏观的角度看,应注重以下两个方面:

(1)要加速政府职能的转变。这意味着三个过渡:第一是由管制型政府向服务型政府的过渡。这就要求政府拿出真抓实干的功夫,牢牢树立为

---

① 早在 2003 年,就有人提出在中央和地方政府之间明确划分事权,并根据事权划分确定各级政府的投资范围。参见李兆清:"中央地方政府投资或按事权划分",资料来源:http://money.163.com、但这一建议似乎并未成行。

② 韩梦洁:"浅述我国投融资体制改革发展历程及改革思路",载《湖南科技学院学报》2005 年第 6 期。

老百姓服务的观念;第二是要实现从计划主导型政府向市场主导型政府的转变。这就要求政府在农村进行资金投入时,既要注重社会效益,也要注重经济效益;既要有助于改革发展成果的公平分享,也要按市场经济的规律办事;第三是要实现从"统治型"政府向"法治型"政府的转变。这就要求政府改变过去那种"拍脑袋"的资金投入决策方式,更加注重资金投入过程的规范化,如在年度国家预算及各级财政预算中较为具体的反映出对农业、农村的资金投入。

（2）要注重农村融资决策过程的合理化建设。具体而言,第一是要实行融资决策的科学化,要按经济规律办事;第二是要加强融资活动的民主化,要充分尊重农民的主体性地位;第三是要实行融资活动的透明化,特别是涉及到公共投融资,更是要注重这一点。

（三）构建资金配置的倾斜机制是突破点

我们认为,构建有利于弱势地区和企业的金融倾斜机制是公平分享融资利益的突破点。事实上,公平分享融资利益的法律机制在应然的状态上应当是一方面能够保障资金配给的充分性,也就是使具有融资需求的主体能够顺利融到资金,另一方面才是保障融资主体资金使用的效益性问题。因为社会是一个有机的整体,有的部门尽管经济效益不高,这势必也会影响其融入资金的保值与增值,但其社会效益是很高的,因此,这些部门必须有必要的资金保障其发展。如果一种融资利益分享的法律机制不能保障这些资金弱势部门的发展,那么谈公平分享就是不现实的,就是一句空话。需要指出的是,要构建保障融资利益公平分享的法律机制,对这些弱势地区和企业的支持应当成为一个操作上的突破点。具体而言,构建此种有利于弱势地区和企业的资金配置机制包括如下主要方面:

1.构建面向农村的金融倾斜机制

构建有利于农村融资的金融倾斜机制其根本目的是为了利于农村融到资金,从而使农村切实享受到融资利益带来的好处。我们认为,构建此种机制需要采取如下措施:

（1）要实现"三个有机结合",即要把政策性银行支农做大、把商业银行支农做强、把民间金融支农做活。1）要充分发挥政策性银行的支农作用,特别是要注重运用政策性融资弥补农村经济发展中需要资金但难以筹集到资金的产业的发展,使得政策性金融在支持农村发展的广度上取得突破。但我国目前政策性银行在支持农村产业做大方面还有很多路要走。以农业发展银行为例,其业务基本局限在粮棉油的收购贷款上,支农功能单一化格局十分明显。在粮食流通体制改革进一步市场化的背景下,由于粮、棉、油等主要农产品购销主体的多元化,农业发展银行的业务更是严重萎缩,贷款总额显著下降,其对农村产业发展的支持作用自然受到削弱。此外,国家开发银行等为农村地区提供的政策性资金规模和项目覆盖范围都还有很大的局限性,特别是在农业综合开发、农村基础设施建设、农业生态环境保护等增加农业生产力的开发性和基础性功能等方面还存在缺失。① 2)要把商业银行支农的产业做强。我们认为,这一方面的核心含义就是要利用农村优势产业、特色产业具有较好发展现实或者发展前景的情况,吸引商业贷款进入这些领域。特别是农业产业化进程中的农村龙头企业,更应通过发挥其自身的优势,吸引商业资金来大力发展自己。3)要充分发挥民间金融的灵活性以满足农村经济发展的需要。相对于政策性金融和商业银行的资金供给,民间金融具有很大的灵活性。一方面,民间金融作为非正规金融其抵押机制是十分灵活的。比如,一些正规金融机构不看好或者不便进行抵押的权利或者产品,都可以成为民间金融的抵押标的:如劳动抵押、青苗抵押、林木抵押、果实抵押、活畜抵押等;另一方面,民间金融对违约行为的监督和解决也具有相当大的灵活性。正如有学者所指出的,非正规金融对交易合约执行情况的监督主要是一个与日常生产和生活密切相关的问题,由于这无需专门的人员采用特有的技术进行监督和管理,因此不但监督费用很低,而且纠纷解决的费用也很低。这主要是因为一旦发生违约行为,常常采取双方协商或中介人和解的方式,而很少借助于诉讼程序。② 由于民间金融的这种灵活性,正好契合了农村经济发展特别是产业发展进程中"小而全"的特征,因此它能够以多样的形式、灵活的资金融通方式等等,促进农村经济的发展。

(2)要提高农村金融的机构覆盖率。与城市人口相对集中和生活水平相对较高的情况相反,农村可谓地广人稀且生活水平普遍不高,同时,农户的资金需求在层次上可以说是十分丰富的:既有几百元几千元的融资需求,也有上万元甚至十几万元的融资需求,因此,如何让金融机构的资金支持惠及到这些不同层次的农民群体,是一个十分现实的问题。如果听任金融机构的自我选择,那么金融机构肯定只会扶植那些经济条件好或者相对较好

---

① 魏晶雪:"农村金融制度创新",中共中央党校 2008 年博士学位论文,第 78 页。

② 王群琳著:《中国农村金融制度——缺陷与创新》,经济管理出版社 2006 年版,第 293页。

的农户,对那些住在偏远山区的、经济条件不好的农户,其融资的可能性则几近为零。因此,我们要通过适当的扶持政策和激励措施,①培育适合我国农村经济发展需要的专业性金融公司、资金互助组织等金融主体,构建多元化、多层次的农村金融市场结构,以提高农村金融的机构覆盖率。②

(3)要构建农村融资风险的分担机制。由于信息不对称、道德风险、农户本人经济实力的限制等原因,农村金融机构在农村市场的运作被视为是一个风险很高的领域,因此要引导资金顺利流向农村、农户,就必须在降低融资的风险上下工夫。一个办法就是构建农村融资风险的分担机制。以金融支持农业发展为例,农业是一个市场弱势产业,如果没有相应的风险保障机制,③商业性的资金很难进入农业领域,在此种情况下,如果能够构建一种农业风险分担机制,就能在一定程度上缓解农业资金需求的压力,农业保险就是构建这种融资风险分担机制的具体体现。因为有了农业保险,农业的市场弱势地位就能够在一定程度上被消解,进而将降低商业资金进入农业领域的风险。值得关注的是,目前我国农业保险取得了一些突破性进展。④

---

① 根据本课题组赴贵州的调查,中央银行利用货币政策工具来引导资金流向农村也不失为一条路子。例如,在贵阳,人民银行为农村信用社发放支农再贷款以增强农村信用社的资金实力,截至2008年上半年,全省支农再贷款规模达到10.89亿元。同时,对农村信用社实行差别存款准备金制度(低于其他金融机构4个百分点),从而增加农村信用社可用资金规模,使得农村金融机构有更多的资金支援农业的发展。笔者认为,这一思路应当说是比较契合实际需要的。但存在的问题是:如何保障这些农村金融机构将这些累计的资金真正变为支农资金,这是需要我们严肃考虑的。

② 严清华、吴广灼:"金融:新农村建设的重要支撑",载《求是》杂志2007年第27期。

③ 根据本课题组赴贵州的调查,贵州省的做法值得我们重视。例如,在贵州省,其人民银行与中小企业局联合成立了中小企业信用体系建设领导小组,并加强省内符合征集条件的中小企业的信用档案建设,以增强省内金融机构与中小企业的信息交流。2007年以来,已有365户中小企业获得了金融机构的授信额度,其中有119户获得了信贷支持,信贷金额达到4.4亿元。同时,构建一个无贷款中小企业的信用档案——该省符合《中小企业信用档案》征集条件的有15,427户——方便省内金融机构查询的同时,推动金融机构对中小企业信贷支持力度。

④ 资料表明,我国农业保险取得突破性进展:在农业保险方,保险业认真做好中央财政支持的政策性农业保险试点,积极开展生猪和能繁母猪保险试点,并稳步探索保险公司与政府联办、为政府代办以及保险公司自营等多种形式的农业保险试点。2007年前三季度,全国农业保险保费收入达到42.9亿元,是2006年全年的5倍,产品覆盖领域扩大至林木、油菜、烟叶等特色险种。在15个省市开展了被征地农民的养老保险业务,积累养老金30多亿元,使被征地农民得到了稳定的养老和生活保障。同时,针对农村市场特征,推出小额简易人身险等产品。参见巴曙松等:"中国金融体制改革进展与趋势分析",载《云南财经大学学报》2008年第2期。

（4）要构建农村扶弱金融的利益补偿机制。资本的流动是讲究效益性的，农村、农业、农民作为弱势地区、弱势产业和弱势群体，不光其资金吸纳的能力极度有限，而且其吸纳的资金要保值和增值也是很困难。但是农业又是一个国家基础性的产业，农业不发展，社会稳定都是问题，更别说现代化的实现。在这种情况下，构建一种农村扶弱金融的利益补偿机制就显得尤为必要。利益补偿机制的运作指导理念是：运用财政的支持，满足商业性金融机构对农村融资时的利润需求和安全性需求。在具体操作方面，利益补偿机制涉及税收优惠、贴息、延长期限等多种形式，政府可以根据需要进行适当的取舍。针对风险很高的扶弱贷款，应该实行浮动利率，由银行选择浮动的幅度，财政则根据基础利率的一定比例给予补贴，以确保承办银行和受扶对象均获得实惠。①

（5）要采取其他有利于农村金融倾斜机制构建的措施。例如，要发展包括发行股票、债券和资金信托等直接融资方式，以拓宽农业融资渠道。扶植农业产业中的龙头企业，加速其上市步伐，解决资本金瓶颈问题。建立区域小额资本市场，为尚达不到主板上市资格的农业企业融通资金开创渠道。允许优秀的农村企业独立发行企业债券，增强其直接融资能力。同时，要运用投资银行手段引导民间资本、外国资本加大对农村基础设施建设的资金投入，以改善经济结构。现在众多的海外资本正密切关注中国农业的投资发展机会，民间也存在大量的闲置资本。因此，可以借助投资银行为媒介，以 BT、BOT 等方式引入资本，以加快农村基础设施的建设进程。

2. 构建面向西部地区的金融倾斜机制

西部开发对我国经济发展具有重大的战略意义：因为西部开发不仅关系到经济的协调发展问题，更重要的原因是，随着我国市场经济发展的不断深化，全国统一的大市场的形成，各地区经济联系的不断增强，如果西部经济发展停滞不前，其直接后果是影响到我国经济的协调发展，间接后果就是影响到我国现代化的进程。西部要发展，资金须先行。因此，构建面向西部地区的金融倾斜机制就显得非常重要。具体而言，构建此种金融倾斜机制应采取如下主要措施：

（1）构建专门针对西部的发展基金。该基金的目的主要就是为了开发

① 邓晶："农村扶弱金融的外部效应与市场化运作的制度选择"，载《农业经济问题》2007 年第 12 期。

西部的需要,同时发挥其资金的聚集效应。因为根据经济学理论,如果某一笔比较大资金投入到某一个地区,其会大大改善该地区的投资环境,形成对资金流动的导向性作用。这一基金的主要用途包括以下几个方面:1)支持和服务于西部地区的各种社会经济活动;2)利用该基金支持西部企业引进东部地区甚至是国外先进的技术和管理经验;3)支持构建西部的资本市场,从而在一定程度上遏制西部资金外流的现象;4)采用"贴息"办法来刺激对西部欠发达地区的投资;5)使用小量的资金,吸引大量的社会民间资本;6)建立专门支持西部大开发的金融机构,从而增强对西部地区的金融支持覆盖的"广度";7)进一步完善有关政策以拓展开发西部的资金渠道(包括直接融资和间接融资渠道),并鼓励各种金融机构采用灵活的方式对西部开发进行金融支持。[①]

  (2)建立面向西部企业的融资租赁公司以资助西部企业的发展。金融租赁在解决一个国家和地区的设备投资中能够发挥其独特的作用。这种方式可以增加一国的社会投资总额,从而促进本国经济增长。除了是一种优良的融资方式外,同时还能够引进先进技术与设备,将融资与融物有机结合起来,这是它的特有优势。此外,金融租赁是对传统融资方式的革新和补充,能够适应市场经济条件下筹资方式多样化的需要。[②] 为什么要在西部地区建立融资租赁公司,其主要的理由在于虽然西部的企业可以利用东部的融资租赁公司租赁设备,而且东部地区的融资租赁公司可能实力更为强大——这似乎与成立西部的融资租赁公司是相背离的,但我们认为,在西部地区成立融资租赁公司一个最大的好处就是可以既能让西部企业顺利得到自己所需的设备,并节约相应的谈判成本(这主要是由于空间上的接近),又能保障西部本来就有限的资金不再流向东部地区。因为我们可以设想:如果西部的企业依赖东部的融资租赁公司,其势必给这些公司缴纳租金,这笔资金显然就是西部地区资金的纯流出。而在西部成立融资租赁公司,就可以很好地解决这个问题。值得关注的是,目前我国一方面在融资租赁的需求上很旺盛,[③]另一方

---

  ① 占晓林等:"当前我国东西合作历史、问题及发展对策",载《经济地理》(增刊)2006年第26卷。

  ② "发展金融租赁:开辟西部大开发设备投资新路",载《金融时报》2007年07月16日。

  ③ 据商务部对全国500家经营性租赁企业的调查,其中69%的企业希望开展金融租赁业务。参见"发展金融租赁开辟西部大开发设备投资新路",载《金融时报》2007年7月16日。

面,我国西部地区的融资租赁公司有很大的发展余地和潜力。①

（3）要构建有利于西部融资的东西部金融合作机制。要让西部地区公平分享到融资利益,必须在国家的政策层面、金融体制层面和金融人才培养的层面对西部地区进行倾斜,以确保资金进行有利于西部的配给。1）就国家政策层面而言,东部沿海地区不仅要帮助西部地区争取政策（特别是在具体的操作层面）,而且要帮助西部地区解读中央的政策,而不能老是在改革进程中亦步亦趋。同时,在政策形成后,西部地区要学习东部地区如何制定配套政策的经验,合理、高效地引导资金进入西部地区;2）西部地区要学习东部地区先进的金融体制改革经验。现代金融是一个复杂的系统,②如何对其进行有效的监督和管理,是一个非常复杂的问题:既涉及到一些宏观性的问题,又涉及到一些微观性的问题。例如,国家为什么选择在上海、深圳成立证券交易所,为什么要把上海建设成为全国乃至世界性的金融中心,一个主要的理由就是这些地区的金融体制管理和改革走在全国的先列。因此,西部地区如何学习东部地区在金融体制管理和改革等方面的经验,使西部地区形成相对较好的融资制度环境,是一个非常现实的问题;3）西部地区要在具体的操作层面上学习东部地区,特别是如何吸引和培养优秀的金融人才方面,西部地区更是要花大力气来研究。在知识经济时代,所有的竞争归根结底都可以认为是人才的竞争,谁拥有最优秀的人才,也就意味着谁控制了竞争的制高点。如何做到这一点,一方面需要东部地区对西部金融人才进行倾斜性培养;另一方面也需要西部地区重视金融人才的培养,要主动、多批次地往东部地区派出人员进行培训,而不能有机械地"等、靠、要"的思想。③

（4）要加强推广小额信贷。小额信贷是指专向低收入阶层提供小额度

---

① 据学者统计,西部的融资租赁公司数量较少,且规模较小。如中国人民银行西安分行辖区有金融租赁公司2家,1家设在甘肃,1家设在新疆。陕西省尚无服务本地的金融租赁公司。参见王新红等:"东西部民营企业融资方式的比较",载《经济管理》2006年第5期。

② 根据系统理论,系统的概念因其应用领域不同而具有不同的面相。一般而言,就系统自身的规定性上看,按现代系统论的鼻祖贝塔朗菲的观点,系统指"相互作用的多元素的复合体"。或者说,"如果一个对象集合中至少有两个可以区分的对象,所有对象按照可以辨认的特有方式相互联系在一起,就称该集合为一个系统。"系统科学的命题前提是:"系统是一切事物的存在方式之一,因而都可以用系统观点来考察,用系统方法来描述。"参见 Bertalanffy von: General System Theory, New York; Breziller, , Inc. 1973, P. 33.

③ 值得关注的是,在这些方面,国内已经有一些探索。如上海就充分利用其优势地位,在融资合作机制和人才培养机制方面出台了一些举措。参见周肇光、许文新:"建立东西部地区金融合作新机制",载《河南金融管理干部学院学报》2004年第1期。

的持续的信贷服务活动,它以贫困或者中低收入群体为特定目标客户,并提供适合特定目标阶层客户的金融产品服务。从目前的实践来看,小额信贷最大困难表现在以下两个方面:1)政策环节上还没有一个相对市场化且有利于小额信贷发展、同时又利于严格管理的法律法规;2)非政府组织在做小额信贷的过程中,缺乏足够高素质的机构去做长期、专注的工作。在这种前提下,很容易出现行政推广,但根据中国多年的改革经验,行政推广的模式往往并不尽如人意。① 尽管有这些困难,而且目前小额信贷的发展也远非一帆风顺,但我们认为,小额信贷是一种打破现有的融资体制,使得西部地区分享到融资利益的重要方式。当前我们要着力解决的问题是:从政策、法律和相应的机构安排上保障小额信贷的推广和成功。

(5)要运用多种项目融资方式,解决西部地区基础设施资金不足的问题。概括起来,这些项目融资模式有:1)BOT(Build-Operate-Transfer),即建设—经营—移交模式。在该模式中,先由项目发起人通过投标从委托人手中获取对某个项目的特许权,再组成项目公司并负责进行项目的融资、组织项目的建设及管理项目的运营,在特许期内通过对项目的运营以及当地政府给予的其他优惠项目的开发运营来回收资金以还贷,并取得合理的利润。特许期结束后,项目将无偿地移交给政府,但投资者一般要求政府保证其最低收益率,如果在特许期内无法达到该标准,政府应给予特别补偿。BOT模式在运用实践中产生了很多具体形式,如:BTO(Build-Transfer-Operate),即建设——转让——经营模式。需要注意的是,对于那些关系到国家安全的产业,项目建成后,并不交由国外的投资者进行经营,而是将所有权移交给东道国政府,由东道国垄断性经营或者与项目开发商共同经营;DBTO(Design-Build-Finance-Operate),即设计——建设——融资——经营模式。这种方式是从项目设计开始就特许给某一私人部门进行,直到项目经营期收回投资,取得投资收益。但项目公司只有经营权没有所有权;BLT(Build-Lease-Transfer),即建设——租赁——移交模式。其具体是指政府出让项目建设权,在项目运营期内政府成为项目的租赁人,私营部门成为项目的承租人,租赁期满结束后,所有资产再移交给政府公共部门的一种融资方式。2)BOOT(Build-Own Operate-Transfer),即建设——拥有——经营——移交模式。在这种模式中,私人合伙或某国际财团融资建设基础产业项目,项目

---

① "中国小额信贷生存状态调查:中国扶贫新思维",资料来源:http://news. xinhuanet. com.

建成后,在规定的期限内拥有所有权并进行经营,期满后将项目移交给政府。一般来说,对项目的拥有和运营时间比 BOT 模式要长很多。3)BOO(Build-Own-Operate),即建设——拥有——经营模式。在这种模式下,承包商根据政府赋予的特许权,建设并经营某项产业项目,但是并不将此项基础产业项目移交给公共部门。4)ABS(Asset-Backed Securitization),即资产支持证券化融资模式,是指以目标项目所拥有的资产为基础,以该项目资产的未来预期收益为保证,在资本市场上发行高级债券来筹集资金的一种融资方式。其具体做法是:将贷款形式的资产转让给具有巨大经济实力的大企业,让其承担债务的还贷责任,然后再依托这些资产发行债券,筹集资金进行新的项目建设。5)PPP(Public-Private Partnership),即公共部门与私人企业合作模式。这种模式是政府、营利性企业和非营利性企业基于某个项目而形成相互合作的关系。合作各方参与某个项目时,政府不是把项目的责任全部转移给私人企业,而是由参与合作的各方共同承担责任和融资风险。上述几种项目融资的模式各有特点,不同的经营性基础设施项目根据不同条件选用。

3. 构建面向中小企业的金融倾斜机制

中小企业融资问题的解决可以说是融资利益公平分享的一个标志。如何构建一种面向中小企业的金融倾斜机制,使中小企业融资难得到有效地克服,我们认为,主要对策包括如下几个方面:

(1)依法组建金融公司是解决中小企业融资难的关键。考虑到国有商业银行的体制偏好,有论者提出建立中小银行以解决中小企业贷款难的问题。例如德国,通过成立中小型金融机构,为中小企业提供了适当而稳定的贷款。[1] 但是,由于我国规范中小银行的制度环境不健全,仅仅出于竞争的需要或者解决中小企业融资的需要就贸然去建立中小银行,恐怕不太现实。有基于此,一个切实可行的路子就是从现有的商业银行拿出一部分资金设立金融公司。这种金融公司由于其浓厚的"本地色彩"而获得对所在地经济的深层了解,从而具有一定的信息优势。目前一些投资公司、风险投资公司及中小企业投资公司,就在一定程度上类似于这种金融公司。对这些金融机构依法进行规范以促进其发展,是解决我国中小企业融资难的一个重要的突破口。

---

[1] 马君潞、刘嘉:"德国企业投融资体制的特点及其对中国的启示",载《上海金融》2005年第3期。

（2）要设立面向中小企业提供融资服务的专门的政府机构。首先，这一机构应在中小企业融资过程中起到协调政府、银行、中小企业这三方主体的作用；其次，这一机构应鼓励社会成立中小企业融资担保中心，对中小企业的贷款进行担保服务；最后，这一机构应依法引导保险公司开辟新的险种——对中小企业的还款进行保险。这一制度安排应该说是非常具体与能切中要害的，对中小企业融资也是十分有利的。

（3）要成立面向中小企业的信贷机构。在商业银行中设立专门面向中小企业融资的机构是解决中小企业融资难的切入点。① 事实上，在很长一段时间内，由国有商业银行主导的融资体系不会发生重大的变化，商业银行的改革虽然十分迫切，但操作起来还是困难重重。而成立金融公司也非朝夕之功，因此，相较之下，依托现行的银行体系，在其中设立专门面向中小企业融资的机构，就比较容易操作。应该说，在商业银行中成立专门面向中小企业的贷款机构是将国家对中小企业的扶持真正落到了实处。要根据当地的经济发展水平及中小企业的发展状况，具体厘定对中小企业的贷款规模，并将之作为对商业银行的一项考核指标确定下来。

（4）要合理确定中小企业上市的门槛。我们认为，以下几个方面是值得关注的：首先，要根据我国中小企业的特点，降低公司股本总额的要求；其次，要依法大力发展资本市场；最后，要以降低企业债发行的门槛为突破点，改变目前主要由国有独资企业、国家信誉担保的企业债的发行格局，同时，中国证监会应尽快针对中小企业发行债券制定一个具体的标准，并主要从企业规模、资金投向、企业信用等方面检视中小企业是否有资格发行企业债券。

（5）要大力发展开发性金融与风险投资。1）就开发性金融而言，开发性金融是实现政府发展目标、弥补体制落后和市场失灵的一种金融形式。由于开发性金融实现了国家信用证券化，成功地将商业银行等机构的短期资金转化为长期集中的大额资金，并借助其完善的控制长期风险的新制度安排有效地控制了金融风险。因此，在社会征信尚未完善的情况下，开发性金融可以有效地转化社会资金与控制信用风险，并在此基础上贯通了与资本市场的连接。因此，开发性金融债券的发行将促进我国债券市场的发展

① 值得注意的是，根据本课题组赴贵州的调研，贵州省已经在推广这种做法。具体的做法是：由人民银行出面，要求各商业银行成立为中小企业服务的职能部门，以充实信贷管理队伍，并加强对中小企业信贷业务的指导，建立健全中小企业金融服务体系。

和资本市场的发育。基于开发性金融自身的强烈的政策性,这对现阶段我国倡导支持的中小企业来说确是一个资金融通的机遇。2)就风险投资而言,风险投资由于其组合性——同时投资几家企业、专业性、长期性(一般为3—7年)等特征,与中小企业发展的内在要求是相吻合的。由于风险投资注重组合性,因此风险投资可能是"多投少量",这就十分适合于中小企业的融资但不适合大企业的融资。同时,中小企业的发展一般都需3—5年,这一点与风险投资也是较为契合的。但是,风险投资的存续须以较完善的制度为前提,因为风险投资本身其所投向的行业或产业风险就很高,如果再加上制度缺失、失灵等风险,则可能使风险投资丧失其本身应有的品性,其对中小企业的融资功能就会受到削弱。因此,要使解决中小企业融资难的问题在风险投资上找到突破口,制度就必须先行。① 我国目前已制定了《信托法》,这为风险投资的发展提供了有力的制度环境,当前的重心是,要力促《风险投资法》的出台。同时,不能只顾给中小企业者融资而忘了风险投资人,因此,进行一些有利于风险投资者的制度安排——比如有限合伙制度——也是十分必要的。

(四)培育资金公平配置的新增长极——以规范民间金融为中心

改革开放的历史进程证明:传统的以国有商业银行主导的金融配给机制虽然有其巨大的历史功绩,但在新的历史条件下,这种资金分配机制面临着如何切实保障公平分享融资利益的巨大挑战。正是基于此种考量,我们认为,在依法治国成为治国范式的今天,如何在制度的层面上,培育一个新的有关资金公平配置的增长极,就成为一种理论的逻辑延伸和现实的迫切需要。我们认为,要培育中国的有关资金公平配置的新增长极,必须以规范民间金融为中心。概言之,就是在当今新的历史条件下,规范民间金融的发展是我国公平分享融资利益的一个新的增长极或者增长点。如何规范民间金融,我们认为以下方面是值得关注的:

1.从理念上正视民间融资的存在

应该将民间融资作为一种金融资源配置的方式,况且,这是一个事实问题而不是一个理论问题。只有在这种理念的指导下,才不会漠视民间融资

---

① 这一点在本课题组赴贵州的调研中也得到印证。根据贵州省人民银行提供的资料,当前对如何补偿由于高风险带来的违约成本的制度安排显得相对不足,相关制度设计对由经营失败带来的高损失并没有给予足够充分的考虑。

的存在,并进而采用行政强制的方式予以取缔。也只有在这种理念的指导下,才能充分发挥民间融资的作用以优化我国的融资结构。目前,我国对民间融资认识有了很大的转变,中国人民银行 2005 年 5 月发布的《2004 年中国区域金融运行报告》明确指出:民间融资具有一定的优化资源配置的功能,不仅能优化融资结构,提高直接融资的比重,为中小民营企业、县域经济融资另辟途径。还可以减轻中小民营企业对银行的信贷压力,转移与分散银行的信贷风险。这一表述已经从理念上对民间融资的认识发生了转变,下一步就应该是从制度层面来践行这种理念,并在制度的构建中体现出正视、承认并积极引导和规范民间融资的发展。

2. 大力发展社区金融机构、坚持社区金融的民营性质

"社区金融机构主要是指服务于社区范围内中小企业和个人客户的中小金融机构。"①从美国的经验中我们可以看到,社区金融作为立足社区、服务社区的一种中小金融机构,既能够拥有与非正规金融机构一样的私人信息优势和声誉约束机制,也能在一定程度上克服困扰大银行的信息不对称和交易成本问题,同时在政府的监督和规范之下的运作,也使得社区金融的经营更加规范,减少了道德风险的可能性。社区金融对于中小企业和中低收入家庭来说,无疑是一种十分重要的金融形式。因此,我国应该大力发展社区金融机构。②但是,对于我国社区金融机构到底怎么走,例如采用何种模式的问题——小额贷款模式还是社内联保贷款互助模式,笔者认为这个问题不能一刀切,应当根据各地的实际情况来进行。我们认为,考虑到我国农村乡土化的现实,采用社内联保贷款互助模式可能更加妥当。

3. 对民间金融进行法制化

这包括以下两个方面:

(1)对民间个人借贷、合会等互助性质的非正规金融应进行立法规范。虽然由正规金融部门提供金融服务的情况下福利水平最高,但是在正规金融部门无法提供足够的金融支持的时候,企业和个人参加合会比在自给自足状态下的福利水平有所提高。调查显示,即使在打击金融"三乱"的活动

① 陶海飞等:"浙江农村社区金融机构的发展模式探讨",载《浙江金融》2008 年第 4 期。

② 值得注意的是,2006 年 12 月 26 日,中国人民银行行长周小川受国务院委托在十届全国人民代表大会常务委员会第 25 次会议上,作"关于推进国有商业银行股份制改革深化金融体制改革工作情况的报告"时表示:我国将把农村信用社办成面向乡村、面向农民的社区性金融机构。

之后,互助性质的合会仍然非常普遍。例如,在乐清等地,特别是发生过"会案"的地区,"呈会"活动逐步减少,但在苍南一带的农村几乎家家都参加"呈会"互助活动,这一方面是地区文化传统习惯的原因,另一方面也说明在正规金融无法提供足够金融支持时,人们确实需要合会这种互助活动。对于互助性质的合会,政府应该采取不反对、不鼓励的政策,由企业和个人自己决定是否要组织和参加合会,而对于以高利率为诱饵,借助合会形式进行的金融诈骗活动则坚决打击。同时,参照台湾的经验,对合会的权利义务进行法律规范,使得组织和参加合会者的行为有正式的法律依据。将合会纳入法律框架后,会首和会员之间的权利义务便受到法律约束,既保证了合会在更规范的环境中运行,也有效地约束了会首利用合会进行诈骗的动机。即使在发生倒会的情况下,会员的权益也会受到法律的保障。因此,立法规范一方面使得企业和居民可以继续使用合会这种形式进行投融资,另一方面又有效地限制了合会所产生的负面影响。

(2)要依法取缔具有黑社会性质的地下金融。对于扰乱金融秩序、破坏社会稳定、影响经济正常发展的地下金融组织和活动必须给予严厉的打击。从法律的角度看,这类地下金融具有明显的犯罪特征,非法吸收公众存款、非金融企业经营金融业务、金融诈骗、洗钱、转移非法收入、骗汇、逃汇、赌博过程中的融资等行为,这些法律明确禁止的金融交易是规制驱除的对象。对于近几年来新型非法融资,①也应该予以取缔和打击。

4.改进民间融资的监管方式

对于民间融资的监管模式应该采取谨慎性监管,确定对民间融资机构的外部限制和约束,确保金融体系的安全与稳定。在监管内容上,要改变原来只注重市场准入、业务范围、经营行为的合规性监管,突出民间金融风险监管,强化资本充足率、资产质量和流动性管理。其中对新设立的金融机构的市场准入审查包括:最低资本额要求、经营的业务范围、管理人员的资格审查以及内部的组织机构和管理规章制度。在监管方式上,要求由静态监管向动态监管转变、由事后处罚向事前防范转变、由机构监管向功能监管转变,时时关注、控制、防范和化解民间金融机构的风险。

---

① 这些非法融资的形式包括:通过发行有价证券、会员卡或债务凭证等形式吸收资金;对物业、地产等资产进行等份化,通过出售份额的处置权进行高息集资;以签定商品经销等经济合同的形式进行集资;以发行或变相发行彩票的形式集资;利用传销或秘密串联的形式集资;利用果园或庄园开发的形式进行集资,等等。

5. 制定《民间融资法》

在金融资源配置方式中,有政策性、商业性和民间性配置方式,这些配置方式应该在法律的规范下运行,才能确保其运行的安全和秩序。我国目前仅对商业性金融资源配置方式在法律上做出了明确规定,主要以《商业银行法》、《证券法》和《证券投资基金法》等为代表,而政策性金融资源配置方式和民间金融资源配置方式的法律还处于空白状态。因此,只有制定政策性和民间性金融资源配置的法律,才能构成完整的融资法律体系。例如,在《民间融资法》中至少应对以下三个方面作出明确的规定:其一是要对民间融资的类别做出规定;其二是要对民间融资机构的市场准入条件做出规定;其三是要对民间融资的监管做出规定。

(五)构建公平分享融资利益的长效机制——以制度建设为核心

融资利益公平分享的实现,还需要构建一种能够保障此种分享公平和持续的长效机制。在依法治国的语境下,这种长效机制的构建就是以相关的制度建设为核心,而这又主要表现在如下两个方面:

1. 建立并完善信用制度

建立信用制度是构建保障融资利益公平分享长效机制的基础。如何构建保障融资利益公平分享的信用制度,以下两个方面是值得我们特别关注的:

(1)要健全信用制度体系,建立和完善风险投资机制。当前,我国应借鉴发达市场经济国家的经验,建立符合国情而具有科学性、权威性的社会化、专业化的信用征集和信用评级体系并扩大其范围。信用征集体系的建立可在人民银行已有的银行信贷登记的基础上,充分利用工商管理部门的企业信用记录,进一步进行规范和完善,并实行市场化管理和运作。在此基础上、建立起专业化的,符合国际惯例的企业信用评级制度。定期发布企业信用评价信息和信用等级指数,信用等级制度的建立,有利于投资者了解企业的信用情况,进而有利于企业融资的顺利进行。

(2)要以构建中小企业(包括乡镇企业,下同)的信用体系为突破点。这包括如下四个方面:其一是要构建中小企业的信用评估机制;其二是要构建中小企业担保机构运作机制。首先,要建立中小企业信用担保中心,为不同所有制的中小企业贷款提供信用担保;其次,要组建信用再担保公司;最后,要强化担保协会自身的自律,使之真正成为政府、中小企业、银行之间的桥梁与纽带。一方面,要建立中小企业信息系统,并逐步实现银行、工商、税务等部门的信息共享机制,为社会及时了解中小企业的生产经营与信用状况提供权威的数据源;另一方面,信用担保协会自身也要加强业内的信息披露,便于公众对其运作进行监督。其三是要构建中小企业信用担保的风险分担机制。首先,要构建担保机构与政府之间的风险分担机制;其次,要按国际惯例,将担保风险在担保机构和银行之间进行分散;最后,要建立完善的债务追查机制,在担保机构与中小企业之间进行风险分摊。其四是要建立信息失真的惩罚机制。担保机构是否介入担保、银行是否发放贷款,都是建立在信息真实的基础之上,因此,必须依法保障信息的真实性,惩罚失信行为。

2. 制定和完善相关的法律法规

完善相关的法律法规是确保融资利益公平分享的又一重要举措。我们认为,在条件许可的前提下,可以考虑制定《融资利益公平分享法》,作为社会各主体公平分享改革开放以来融资利益的基本规范。在此基础上,需要制定和完善以下法律和法规:

(1)要完善《担保法》的有关规定。应在《物权法》的基础上,着力吸收各国现代金融制度的优秀成果,尽快完善我国的《担保法》。应当借鉴一些卓有成效的制度范例,适当地丰富担保的法定形式。同时,要拓展能够用于担保的财产范围,给当事人一定的创新空间。例如,要对中小企业的信用担保制度安排进行改革,将反担保的内容主要限定为人保;要采用新的担保方式。例如,由于中小企业缺乏土地等固定资产,而其资产方面流动性资产占较大的份额,因此可以考虑将应收账款用于担保标的,事实上,这在国外已有比较成熟的做法。

(2)要根据《中小企业促进法》的有关规定,制定《中小企业信用担保管理办法》等法律法规。一方面,要采取具体的措施,使中小企业的信用担保融资具有"可操作性";另一方面,要为中小金融机构提供资金运用和自我发展的空间,并注重推进信用的体系化建设。

(3)要力促《风险投资法》的出台。这对于中小企业的发展将具有决定性的意义。在《风险投资法》中,要特别注重对银行利益的保护。因为只有在制度设计上保障了银行贷款的安全性,甚至让商业银行有利可图,商业银行才有可能真正有动力去支持农村、农业、农民、中小企业、西部地区等的发展。同时,要及时制定《外资银行法》。既要规范外资银行在我国境内的金融活动,也要加强对外资银行的监管,并进一步完善有关的金融法律法规。

(4)要制定专门的《投资者保护法》,并及时纳入立法日程。为了保护投资者的利益,使得人们公平分享融资利益,越来越多的国家开始制定专门的《投资者保护法》。《投资者保护法》的制定一方面要注意中国的国情,从实际出发;另一方面要特别注重遵循国际惯例,并考虑到信息化和全球化的时代性背景。同时,《投资者保护法》的制定要以保护投资者权益的核心和宗旨,突出立法的前瞻性、明确性、严谨性和可操作性。要有"小处不可随便"的精神,对投资者的权益一定要进行细化规定。

(5)要制定《政府投资管理条例》,加强投资者利益的保护与加强政府对资本市场的监管并举。全面地评估并修订现行的金融监管法律、法规和部门规章。必须充分考虑监管措施作为"双刃剑"的功效,对市场创新与风险控制加以合理平衡。例如,就创业板市场的投资利益保护而言,需要政府关注以下四个方面的核心问题:1)要求上市公司必须有完善的公司治理结构。这不仅要求上市公司有适格的管理人员,而且要注重其内部机构之间的协调能力和合理的相互制约的能力;2)要构建一套完善的、严格的信息披露制度。要采取的"披露为本"的监管理念,特别注重风险的披露;3)实行特殊的保荐人制度,并且要实行保荐人的连带责任制度。特别是保荐人必须在公司上市之后一定时间之内依然要承担连带责任;4)实行严格的退市制度,避免大股东掠夺和"隧道挖掘"行为。

之十二：财税利益分享的法律问题研究

目　录

一、财税利益的理性解读

（一）非均衡市场经济视角下财税利益的解读

1.非均衡市场经济是构造财税法功能的前提

我国所实行的社会主义市场经济是一种非均衡的市场经济,这既是构建公平分享改革发展成果财税法机理的基本依据,也是思考税法功能中的效率与公平的基本出发点。

中国特色的社会主义市场经济条件下,采取生产资料为国家所有和政府主导型法治经济模式,从宏观层面上看,这既是基本政治、经济和法律制度的国情所致,同时也为税收法治建设调节收入差距给定了时空注脚,即当前中国经济处于非均衡状态,包括资源占有权和原初分配不合理、公共产品因利益既得不公,由此产生的收入分配两极分化只不过是权利(权力)和经济利益初始倾斜的延续罢了,在没有实质性税赋公平介入第一次财富分配的情况下,贫富差距就是其税收经济逻辑的归宿。

为此,我们认为社会主义市场经济的效率与公平的价值判断,并不应该在财税法调节收入分配上践行"效率优先、兼顾公平"的原则,而应该将税赋的实质性公平置于国民收入第一次分配调节环节,以此确立社会主义市场经济条件下,经济建设的效率只能产生于竞争环境,而财富分配则必须弥补由于初始资源分配不公和机会不均等在基本制度层面上留下的亏欠。

超越平均主义必须快速发展经济的战略既为一部分人快速完成资本原始积累铺设了政策和法制之路,也为时过境迁重修包括财税法在内的制度功能预设了伏笔,成为了当下调整贫富两极分化的理论依据。遗憾的是,我们有的当政者对资源的垄断而形成巨富和对因制度创设权力优势而形成的以敛财为目的收费制度却熟视无睹。国家税务总局最新公布的 10 类高收入行业和 9 类高收入人群[①]表明,非均衡的中国经济的发展,得益于非均衡的资源占有和权力结构的安排,这种安排使社会财富的原初分配自然倾向垄断行业和人群,而在这些分配中,既有直接的经济分配、资源分配,也有权力寻租式的间接分配,由此又出现了两极分化趋势,在这种背景下非但不能通过简单的方式救济贫困人群,而且税收制度惠及低收入人群的调节功能也会受到限制,这时弱势群体将面临理想化的基本制度的设计和实际初始的资源占有和权利分配不平等的双重挤压。因此,我们在切分"蛋糕"时必须坚持程序性公平与实体性公平相结合的原则,这是构建公平分享改革发展成果财税法机理的理论基础。

2. 构建与非均衡经济相契合的实质公平的和谐财税法

在我国的社会主义市场经济的初级阶段,为了从根本上消除计划经济体制和平均主义的影响,确立"效率优先,兼顾公平"的政策取向,是具有历史进步性和历史合理性的,应当说贫富差距拉大的原因不是由于"效率优先"的倡导,而是在于在确立这一指导经济体制改革基本原则时忽略了由于行政垄断、资源的垄断和权利不平等而可能带来的机会不平等。在我们看来,在经济转轨时期,确立"效率优先"并无不可,然而一旦有了制度性垄断的便车可搭,不仅会产生持续性的对旧有垄断性制度的路径依赖,而且还会使学术界、舆论界乃至社会层面将"效率优先"当成是权力垄断、资源垄断、权力寻租和腐败的"替罪羊",进而把效率作为贫富两极分化的罪魁祸首群起而攻之,这对效率而言是极不公平的。

我国的国情决定了制度性变革是非一日之功所能健全和完善的,那么作为非均衡经济体制下的税收法治仍会有一定的存续空间,现实存在的权利不平等、资源的行政性垄断和制度性路径依赖等依然会持续下去。在此制度环境下,完全照搬西方赋税公平的理论、原则和法制,显然有南橘北枳

---

① 资料来源:http://bbs.tiexue.net.

之不适。我们认为,重构转轨时期调节收入差距和平衡贫富悬殊的赋税公平原则和法制,必须厘清和承认赋税公平在不同的制度环境下,其功用和价值是迥然不同的:在西方税法环境中,公平正义理念体现在纳税人面前的是机会均等,而且税收法定主义的意志力源自于纳税人,公平税负自然在有基本福利保障的法治平台上展开,简言之,执民主宪政之牛耳的是纳税人;而在我国抽象的公平是在普遍存在垄断的制度环境下实践的,即使借他乡之税负公平的衡器,也不可能在我国现实的金字塔式的结构上保持自身的公平样态,因为在一个本身公平和公正的量度衡器上,其测度公平的天平指引着人们对公平度的认知,继而增减砝码达致公平;而于权利(权力)、资源构筑的金字塔式的制度结构中,人们祈求的理想税负公平衡器却不能与其所在的实存制度环境相匹配,现实的所谓契合不过是利用法律去继续制造贫富差距,最典型的例证就是那些名为"听证"实为我行我素而出台的诸多政策。所以,财税法调节功能的公平性必须先作是否契合基本制度环境的调校,具体而言就是针对行政垄断、资源垄断、权利不平等、权力寻租和腐败进行财税法调节功能的修正,而不是把财税法所追求平等主义置于普遍原则的地位,这是实现从不公平到公平的不可或缺的平衡过程。

要使财税法这个公平衡器能够测度和显示目标公平,就必须使公平衡器的机座与本土制度环境达成一个共同的公平基础,而不是"采取鸵鸟态度,把头埋在沙堆里"[①]而对本土制度环境的不公平样态视而不见,或者只见树木不见森林地将不公平简单地归咎为公平税负问题。其实,要与不公平样态的制度模型对应契合成一个共同的公平基础,以承载可观测和量度的税收调控功能的衡器,就需要一个与之对应的调节收入分配的税收法律制度模型,因为,在不公平的制度环境不能或暂时不能自省修正的情况下,要追求和达到公平的社会结果,除了外生的足以契合环境资源使之互动之外,那种惯常热议的所谓公平,其定位和镜像所能直接反映的只能是社会公平的阴影,从某种意义上讲那仅仅只是一种形式追求而已,所以,形式的和抽象的公平追求并不能取代作为技术和操作层面的工具型制度功能,这种不公平只有利于既存制度下的受益集团和群体,而不利于既有制度下的利益受损群体。我们的结论是:只有建立了调节收入分配的法律制度模型,方

能扭转初始权利和资源分配的不公可能导致的"乘数"①的不公平的格局，最终达致共建和谐社会的目的。

契合两个相互对应的不公平工具或装置构成一个整体公平的制度平台，这有别于西方国家以"三权分立"为原则架构的权利中心平台，这是因为在这个广延的宪政平台上，什么下位法都可以与之平行接轨，公民可以平等、无偿地共同享有广泛的权利。这对于自由放任学说的倡导者来说，多种权利保护公民个人不受国家侵犯，进而带来的益处远远超过低经济效率的代价。在他们看来相应的权利是对金钱买卖的无所不在的市场势力的防范和抵制。应当说，我国的宪法从根本上仍旧贯穿着公民义务本位这一宗旨，这就可能使得公民个体和底层群体的权利诉求成本无限地被增高，由此，可能引发"社会道德底线"危机，进而为金钱和权力自由联姻提供了土壤。毫无疑问，这就为"需要国家干预说"②和"国家权力说"提供了展示正义之师的契机。在理想、平等、均富的元制度设计与改革实践的试错过程中，否定之否定原理依然为其提供了坚实的理论依据，就现实的制度环境而言，在国有经济与资源"独占"和制度资源"绝优"没有实质性改善的情况下，非均衡经济收获的财富，应该随着非平等对待的税收法律、法规、方针、政策、手段、方法的改变而作出相应的调整，以支付或补偿原制度实践所造成的不平等分配。

在实现税收法律公平与效率的两大目标问题上，每个税种皆因性质不同而各有所侧重。增值税在兼顾公平与效率的同时，更偏重效率的本质特性，以有利于保持经济高速发展和创造积累财富；而所得税从其诞生之日起，就打上了"公平"的烙印，可以说所得税的"公平"鲜明的个性和价值，就在于它能够回应非均衡经济对公平的要求，而最终使社会达到和谐。亦如日本著名税法学家北野弘久教授所云，如果按宪法理论理解能量负担的含义，税收应该尽可能朝人税化方向发展，尽量考虑纳税者各种人的因素，由此主张对最低生活费不课税，对生存权财产不课税或课轻税；既关注课税财

---

① 所谓乘数原理，是凯恩斯为了说明政府投资与就业量增加之间的关系的一种假设：在社会存在着闲置资源，闲置设备时，假如政府增加一笔投资就能带来几倍于投资的收入。这里借用"乘数"原理是想说明，在金字塔结构决定的初始权利和资源分配不公平的情况下，收入不公亦如金字塔结构 N 个级数逐渐拉大。参见张怡著：《写给法律人的宏观经济学》，法律出版社 2004 年版，第 47 页。

② 单飞跃等著：《需要国家干预——经济法视阈的解读》，法律出版社 2005 年版，第 38 页。

产量的税负能力,更关注其质的税负能力;实行课税与物价指数联动;健全针对人的各项扣除等,而这些只有在所得税法中才能有条件实现①。在我们看来,回应金字塔结构式的本土基本税法制度,其调节贫富悬殊的制度框架应从三个层面进行:一是确保所得税法直接惠及低收入群体,维持低保生活水平;二是维护和保持中等收入群体生活水平有一定的上升空间;三是除对高消费、高收入所得和遗产继承等征重税外,保证财富充裕群体有较大的投资空间和自由也是必要的。

综上所述,非均衡经济发展拥有的制度环境,其公平与效率并不是此消彼长地机械地发生作用的,在市场经济条件下,效率的内生性指引着社会从数量型转向质量型的制度修正,而公平的外生性则决定了财税法的调节功能在于矫正不平等制度环境所带来的税负差异,最终达致和谐社会所要求的相对公平。

(二)公共财政视角下财税利益分享的解读

1.公共财政制度与财税利益分享的理论基础

(1)公共财政制度的公共性。公共性是公共财政制度的本质特征,其基本含义是指公共财政不介入社会成员私的事务,而致力于维护社会成员的共同利益即社会公共利益。那么社会成员的共同利益表现在哪些方面呢?早期的启蒙思想家即古典自由主义者将其限制在国防、治安、法律制度和司法等极其窄小的范围内,其范围仅相当于现代经济学所指的纯公共物品。而现代主流经济学则将社会成员的共同利益的范围从纯公共物品延伸到众多的准公共物品。因此,公共财政制度的基本要求是提供公共物品、满足公共需求、反映公共意愿、服务全体社会成员共同利益和接受公共监督;公共财政的基本职能②是按照公共意愿所表达的公共需求提供公共物品,并让全体社会成员都能平等分享由政府提供的公共物品和公共服务。

---

① 北野弘久著:《税法学原理》,陈刚等译,中国检察出版社2001年版,第95—116页。

② 按照马斯格雷夫的观点,公共财政的职能有三:资源配置(提供公共物品)、稳定经济(宏观调控)和财富再分配。参见(美)詹姆斯·M·布坎南、理查德·A·马斯格雷夫著:《公共财政与公共选择:两种截然不同的国家观》,类承曜译,中国财政经济出版社2000年版,第47页。由于本子课题的核心观点是讨论公共财政资源在政府(居民集体)之间或居民(居民个体)之间平等分配问题,故主要讨论公共财政的资源配置和再分配职能,暂时抛开宏观调控职能。宏观调控可能但不必然要求公共财政资源的倾斜性配置,但宏观调控应当是中央财政(中央政府)的职能,并非财政资源分配的一般情形。

公共财政的公共性首先表现为非盈利性,即财政必须退出竞争领域不能直接参与盈利项目,与民争利。财政的主要职能是提供市场不能有效提供的公共物品和公共服务。如果财政参与市场竞争,经营盈利项目,其实质是以追求自身利益最大化的私权主体的身份从事经济活动,这与财政服务于社会成员的共同利益的职能定位相矛盾。新中国成立后,我国实行生产资料公有制,包括全民所有制和集体所有制,国家财政主要涉及国家与国有企业的分配关系,国有企业实现的利润全部上缴财政,相应地国有企业所需资金全部由财政拨款。当时的财政,其基础是国家以生产资料所有者的身份参与国有企业利润分配,类同经济组织内部的分配关系,较少具有公共财政性质。我国在20世纪80年代所进行的"利改税",对国家与国有经济分配关系进行了重大变革,其实质就是改变分配财政的盈利性、走向公共财政的公共性,是财政制度的重大变革,其目的是要以公共财政理念重构我国的财政制度体系。

(2)公共财政视野下的公共物品和公共服务。在公共财政的视野中,财政的主要职能是提供公共物品和公共服务。与私人在市场中提供的私人物品相比,公共物品有两个基本特征:其一是消费上的非竞争性,即指公共物品可同时供许多人消费,一个人对公共物品的消费不影响任何其他人对该公共物品的消费。典型的公共物品如国防,一国的全体国民均可消费国防保护利益。其二是消费上的非排他性,即不能有效地排除①那些不愿意为公共物品支付费用的人对该公共物品的消费。公共物品的非排他性表明,如果公共物品由私人通过市场提供,将会出现"搭便车"的现象,即谁都不愿意自己提供,谁都希望他人提供自己免费享用,其结果是公共物品市场供应不足或者根本没有供应,出现市场失灵。因此,公共物品通常由政府提供,而很少由私人通过市场提供。

当然由政府提供公共物品还有一个好处,就是可以通过强制性的税收为公共物品融资,从而克服私人提供公共物品在收费上的困难。不过,由政府提供的公共物品可分为纯公共物品与准公共物品,像国防这类消费上的边际成本为零的纯公共物品是不多的,大多是一些不完全符合上述两个特征的准公共物品如道路交通、供水供气供电、图书馆、博物馆、公园、体育场馆等公共设施。从理论上讲,道路交通、供水供气供电等作为准公共物品的

---

① 包括两种情况:技术上不能,技术上可行但经济上不经济。

公共设施,不具有公共物品的全部特征,例如,不具有消费上的非排他性,而只具有公共物品的部分特征,如消费上的非竞争性。其实,准公共物品在消费上的非竞争性也受其容量限制,超过准公共物品的容量就会出现公共物品消费上的拥挤现象,因此在一定意义上讲,准公共物品与规模经济或自然垄断理论相契合。

通常,公共物品一词包括公共物品与公共服务,如教育服务、医疗服务等①。有必要说明一下的是,教育服务之所以在很大程度上是公共服务而不是私人服务,不仅是因为教育服务可同时供相对多数人消费(消费上的非竞争性),而且因为教育服务的受益对象不仅限于受教育者本人,其他与受教育者在生活上密切相关的人都可直接或间接地从受教育者所受的良好教育中获益,并且教育服务的提供者不能完全控制教育服务的利益只限于受教育者本人(消费上的非排他性)。可见,教育服务成为公共服务的理由之一是因为其具有的较强的正外部性即通常所说的公益性。同样,科技、卫生、文化、体育也因为其公益性而具有公共物品或公共服务的属性。例如,与具有市场价值的应用科学研究不同,基础科学研究如数学、哲学等几乎没有市场价值,但它们对人类社会的进步意义重大,这意味着具有极强的正外部性或公益性,因此作为公共物品或公共服务的基础科学研究通常由政府提供。从这里我们可以发现,公共物品或公共服务理论还与正外部性或公益性理论相契合。

此外,公共物品和公共服务除了分为纯公共物品与准公共物品外,还可分为基本公共服务与非基本公共服务。基本公共服务是一个相对概念,在不同的语境下有不同的含义,有时指经济发展程度和财政收入水平所能保证的、为社会成员所急需的公共服务项目,有时指在全国范围内每个社会成员都享有的、为保障社会成员个体基本生存、发展或者一定的生活质量所必须之条件的公共服务项目。各国通过法律所确定的需要在全国范围内确保人人享有的基本公共服务项目,其具体范围各不相同,由此形成不同的福利水平,例如,发展中国家可能只保障社会成员基本生存所必须具备的条件,而发达国家则可能保障超越基本生存和发展所需要的一定的生活质量。这取决于各国的具体情况特别是经济发展水平。从某种意义上讲,基本公共服务区别于非基本公共服务的实质性标准是,是否在全国范围内保障所有

---

① 为了表述上的方便,本研究将根据情况,有时提公共物品,有时提公共服务,除有特别所指外,均包括公共物品与公共服务。

社会成员对公共服务的大体相同的消费水平。这意味着在全国范围内社会成员对基本公共服务的消费不允许出现地区差异，而对非基本公共服务的消费则允许有差异①。基本公共服务与非基本公共服务之分，不同于理论上所谓的公共服务的层次性②，这是两种不同的类型化标准。例如，由中央政府所承担的行政管理费支出就不是一般意义上的基本公共服务。

最后，需要指出的是，按照马斯格雷夫的观点，公共财政的职能不只限于提供公共物品或公共服务，而是有三项职能即资源配置（提供公共物品）、稳定经济（宏观调控）和收入分配，这三项职能都符合公共财政公共性要求，但在公共财政理论分析中，一般均表述为公共物品或公共服务，如以收入再分配为目的的社会保障项目，也被看作是政府提供的基本公共服务。其实，宏观调控目标是稳定宏观经济，一个稳定的宏观经济环境当然可看作是由政府提供的公共物品。同样，既然市场不能提供公平的收入分配，那么由政府进行的收入再分配也可看作政府为全体社会成员提供的公共服务。这样，市场经济条件下公共财政的职能（其实就是政府的职能）可简略地表述为提供公共物品或公共服务。公共物品区别于私人物品的两个基本特征为划分公共物品与私人物品、市场的作用范围与政府的职能范围提供了理论依据。

（3）公共财政服务于社会公共利益。公共财政的另一个基本含义就是国家财政服务于社会成员的共同利益或者社会公共利益，财政的受益者应当是全体社会成员而不是其中的某些部分。国家的财政收入是供给公共物品和公共服务的物质基础，是用来供给公共物品和公共服务的，而不是直接将财政资源分配给居民个体。这样，国家财政服务于全体社会成员的共同利益就意味着，公共物品或者公共服务均等化是公共财政的当然目标。所有社会成员都有权利平等分享由政府提供的公共物品及公共服务，而不是只有城市居民才有权享受政府提供的公共物品和公共服务，不能将广大农

---

① 基本公共服务与非基本公共服务划分的最具实质性的标准应当是，公共财政均等化目标对基本公共服务和非基本公共服务完全不同。对基本公共服务，均等化意味着公共财政资源在居民个体之间的平等分配；而对非基本公共服务，均等化意味着公共财政资源在居民集体之间即在政府之间平等分配，并不要求居民个人分享的非基本公共服务在种类、数量和质量上都相同，非基本公共服务的具体种类应当由各地居民的偏好决定。公共财政的均等化目标，应当指公共物品的均等化，而不仅是基本公共服务的均等化，基本公共服务的均等化只是公共物品均等化的内涵之一。

② 公共服务的层次性，表达这样一种含义，即应当由不同级别政府提供的公共服务。

村地区居民排除在外,只有这样才能体现公共财政公共性。这表明公共财政资源的分配应当实现平衡,公共财政的基本目标应当是公共物品和公共服务的均等化,每一个社会成员,不管居住在什么地方,都有权利平等分享由政府提供的公共物品和公共服务,并通过税收平等地为公共物品和公共服务承担义务。这种均等化目标是由公共财政制度体系中的财政转移支付制度予以保障的。

公共财政还必须表达公共意愿。这要求社会公众有尽可能多的机会参与到公共选择和公共决策中去,这就需要建立公共选择和公共决策的民主机制。这也就是说在一国的产品中,有多大部分属于公共物品和公共服务,或者说,公共物品与私人物品应占比例,以及社会成员对公共物品的消费水平等,都应当通过民主的公共选择或公共决策机制,直接或间接地由公共物品的付费者和消费者作出决定。税收是社会成员个体为消费公共物品和公共服务所支付的代价,因此税收立法应当尽可能地在凝聚社会成员的共识的前提下进行。在公共物品的供给环节,哪些具体的公共服务项目应当作为基本公共服务应当反映公共意愿。在我国,除了通过公共舆论形成社会共识外,最终需要由全国人大以立法的形式决定。非基本公共服务应当考虑各地方对公共物品的偏好,不必在具体项目上保持全国范围的一致性,但在公共偏好的显示机制上,民主的投票程序显然优于少数人的独断。

2. 公共财政制度与财税利益的具体保障

国家通过强制征税等方式为公共物品的供应筹集资金,形成公共财政资源,然后在不同公共物品提供者①之间分配公共财政资源。实际上,公共物品是由不同级别政府及其所属部门分别提供的,因此有必要在各级政府及其部门间分配公共财政资源。公共财政资源在各级政府及其部门间进行分配包括三个层次并分别对应三项基本的公共财政制度。

(1) 分税制财政体制。所谓分税制财政体制,是指在划分各级政府事权的基础上,按税种划分各级政府财政收入来源的财政体制。这里所谓的事权,是指各级政府承担的事务性职责,显示国家政治权力在不同级别政府之间的划分。这本来属于宪政而不是财政问题,但在公共财政框架中,这些事务性职责实际上所体现的是政府供应公共物品的职责,因而应得到相应的财力保障。分税财政体制的基本意义就在于通过划分税种使承担公共物

---

① 公共物品或公共服务的提供者通常是各级政府及其所属部门。

品供应职责的各级政府拥有自主财源,能够根据本地居民的偏好自主决定所提供的公共物品的范围与数量。可见,分税财政体制作为一种制度安排,体现财政分权思想并追求财政分权所带来的好处,如制约权力,遏制任何政府对公共开支的垄断从而出现使用上的低效率等①。

(2)财政转移支付制度。分税制只是对公共财政资源的初次分配。按税种划分各级政府财政收入来源,可能会出现这样一种现象,即经济落后地区地方政府通过地方税所筹集的财政收入非常有限,不能满足向本地区居民提供基本公共物品的需要,相反,经济发达地区地方政府由于税源充沛,通过同样税种所筹集的财政收入非常可观,超过提供基本公共物品的需要。换言之,分税财政体制可能在政府间造成财力不均衡现象,这包括两个层面:其一是纵向财力不均衡,即不同级别政府间财政能力不同,财权与事权不平衡;其二是横向财力不均衡,即同一级别不同地区的地方政府间财政能力不同,财权与事权不平衡。这种财力不均衡如果没有制度性的解决办法,则将导致财力不足的地方政府要么减少公共物品的供应要么通过非正式制度安排为公共物品融资,这正是我国地方政府债务规模过大的一个重要原因。

分税制所带来的政府间财力不均衡的制度性解决办法就是财政转移支付制度。财政转移支付制度调整政府之间的财政分配关系,它的存在以分税制为前提,实质是在分税制对公共财政资源进行初次分配所形成的政府间利益格局基础上的公共财政资源的再分配。体现财政分权思想的分税制使得各级地方政府利益相对独立并因此而拥有相对独立的人格和自主财源。正是因为按税种划分的各级政府的自主财源,可能产生政府间财政能力不均衡现象,国家才以财政转移支付制度予以解决。其实,财政均衡目标在财政集权制下可以方便地实现,即由中央政府集中全国的财政收入再分配给各级地方政府。不过在财政集权制下,地方政府被视作中央政府的附庸,没有相对独立的利益和独立的人格,中央政府分配财政资源给地方政府是按中央意志进行的,并不存在转移支付的问题。此外,在财政学中,财政支出被分为购买性支出与转移支付,转移支付分为政府间的转移支付与对居民的转移支付两种,财政转移支付制度中的转移支付仅指政府间的公共财政资源的单向转移,不包括对个人(家庭、企业等)的转移支付。这种政

---

① 杨之刚等著:《财政分权理论与基层公共财政改革》,经济科学出版社 2006 年版,第 15 页。

府间公共财政资金的单向转移,既包括上级政府对下级政府和下级政府对上级政府的转移支付,也包括财政资金在同级政府间的横向转移。多数国家的财政转移支付制度只涉及上级政府对下级政府的转移支付,只有少数国家的财政转移支付涉及下级对上级政府的转移支付(上解)和同级政府间的横向转移支付。

(3)预算制度。预算制度的建立在于通过预算的编制、审批、执行及调整等程序解决公共财政资源在不同公共物品中的配置问题,决定政府向居民所提供的公共物品种类和数量。由于预算的意义是在具体的公共物品和公共服务项目上配置公共财政资源,因此对我国而言,预算必须经过各级人大审批才具有约束力,并需通过相应的监督机制强化这种约束力。一般而言,地方更了解各地方的公共需求,因此预算应当分级审批即由同级人大审批同级预算。为了使预算对公共财政资源在具体的公共物品和公共服务项目上的配置能够真正反映公共需求和公共意愿,有必要完善预算的编制方法,使预算的内容具体到每一项公共物品和公共服务,并尽可能将预算外收支纳入预算之中,以便于各级人大或者社会公众对预算的审批或者监督。不同的预算安排意味着不同的公共物品组合。由于公共物品是由政府部门及政府所属的事业单位具体提供的,因此预算的实质就是在各政府部门及所属事业单位间分配公共财政资源。分税制和财政转移支付制度在政府间分配和再分配公共财政资源,为预算分配提供了制度和资金保障。

税收作为国家财政收入的重要来源,在国民经济中占有重要位置,是关乎国计民生的重要的国家政策;与此相对应,税收的征收管理问题对于国家和该国的纳税人来说,也是至关重要的。税收征收管理,是指税务机关代表国家行使征税权,指导纳税人和其他税务当事人正确履行义务,并对税务活动进行规划、组织、控制、监督、检查的一系列相互联系的活动。鉴于税收征收管理在我国税制乃至国民经济中的重要地位,我国制定了包括国家最高权力机关制定的税收征收管理法律、国家最高权力机关授权最高行政机关制定的税收征收管理行政法规以及政府部门制定的有关税收征收管理的规章制度,用以调整税收征收与管理过程中所发生的社会关系。税收征收管理法是规定税收权利义务如何履行的法律规范。税收征收管理法不仅是纳税人全面履行纳税义务必须遵守的法律准则,也是税务机关履行征税职责的法律依据。

通过以上论述,我们对财税利益可以作如下表述,即财税利益是指国家作为征税主体与纳税人作为纳税主体,在税收收入和税收支出中所能享有的物质利益,这种利益的获得仍然存在一个公平与不公平问题。既包括税负公平或者不公平,又包括纳税人对税收利益的享受公平或不公平问题。

二、财税利益分享不公的现状及其问题考察

(一)财税利益分享的现状分析

始于1978年的改革开放,促进了中国经济社会的发展并取得了巨大的物质成果,这不仅表现在不断增长的国内生产总值(GDP)和国民收入等统计指标上,而且表现在不断增加的财政收入上。这意味着,财政收入的增长情况是考察改革发展成果的一个重要侧面。表1反映了1978年以来我国财政收入增长情况。

表1　1978年以来我国财政收入增长情况

年份	1978	1980	1985	1993	1994	1995
财政收入(亿元)	1132.26	1159.93	2004.82	4348.95	5218.10	6242.20
比上年增长(%)	29.5	1.2	22.0	24.8	20.0	19.6
年份	2002	2003	2004	2005	2006	2007
财政收入(亿元)	18903.64	21715.25	26396.47	31649.29	38760.20	51321.78
比上年增长(%)	15.4	14.9	21.6	19.9	22.5	32.4

注:表中数据来自国家统计局网站,其中2007年数据来自2007年度中央决算报告。

从上表可以看出,1978年以来,我国的财政收入除个别年份外,都保持了两位数的增长速度。1978年我国的财政收入为1132.26亿元,而到了2007年,我国的财政收入则达到了51321.78亿元,是1978年的45倍。根据财政部网站公布的数据,2009年全国财政收入统计数为68477亿元,是1978年的60倍。即使考虑到币值波动的因素,从我国财政收入侧面观察到的由改革发展所带来的巨大的物质成果也是勿庸置疑的。

那么,由财政收入表现出来的改革发展成果,是被全体社会成员所共享还是被部分社会成员占有了其中的更多部分?对财政利益公平分享的考察,可以基于社会成员个体的角度,比较不同地区社会成员所实际享受到的由政府提供的每一项公共物品和公共服务的具体情况[①]。但财政利益的公

---

① 参见本书分报告之十:"公共产品利益分享的法律问题研究"。

表2

（单位：亿元）

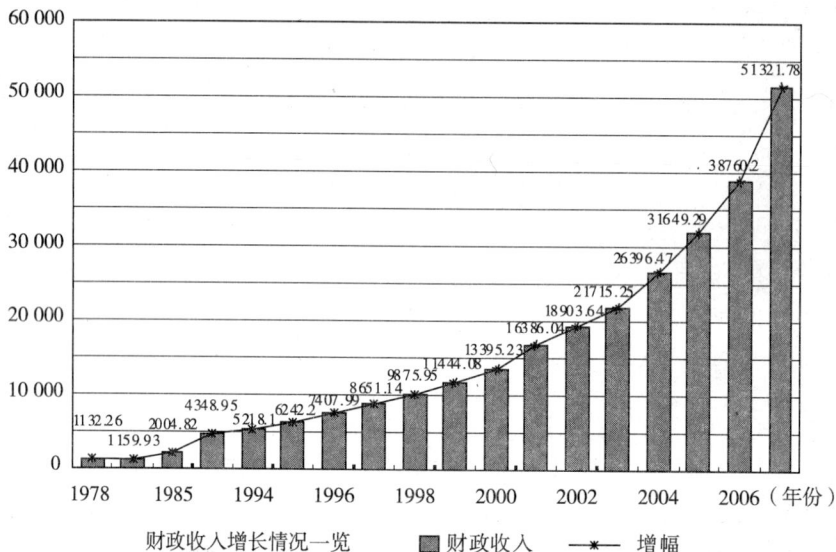

财政收入增长情况一览　▨ 财政收入　——✳—— 增幅

平分享,在公共财政制度的框架中,仅意味着公共服务①的均等化,而公共服务的均等化不能理解为个体分享的、由政府提供的每一项公共物品和公共服务都是一样的,这是因为不同地区的社会成员对公共物品和公共服务的消费存在偏好上的差异。一般而言,只有依法必须在全国范围内予以保障的基本公共服务项目,才适合作分项的和个体的考察。对非基本公共服务项目,均等化目标并不保障每位社会成员在分享的种类、数量和质量上都相同。因此财政利益公平分享的另一个较好的观察角度是不同地区的人均财政支出数。下表反映的是2008年东中西部有代表性的省份人均财政支出的具体情况。

表3　2008年我国部分省份人均财政支出

省份	上海市	广东省	浙江省	江苏省	山东省	北京市
东部省份						
08年财政支出(万元)	25939161	37785681	22085756	32474927	27046613	19592857
08年人口数(万人)	1888	9544	5120	7677	9417	1695

① 由政府提供的公共物品和公共服务,为表述上的方便,有时只提公共物品,有时只提公共服务。

省份	上海市	广东省	浙江省	江苏省	山东省	北京市
人均财政支出(元/人)	13739	3959	4313	4230	2872	11559
中部省份						
08 年财政支出(万元)	18816696	22816093	12100730	16502763	17652249	16471253
08 年人口数(万人)	6989	9429	4400	5711	6380	6135
人均财政支出(元/人)	2692	2420	2750	2889	2767	2685
西部省份						
08 年财政支出(万元)	29488269	10537922	14285208	9684336	10593638	3246064
08 年人口数(万人)	8138	3793	3762	2628	2131	618
人均财政支出(元/人)	3623	2778	3797	3685	4971	5252

注:表中财政支出数和人口数均来自国家统计局网站。

从上表可知,东部省份人均财政支出水平是中部省份的 1.5 倍以上,西部省区人均财政支出水平除新疆、宁夏等享受少数民族政策的自治区外,只比东部省份略低。东中西部人均财政支出水平的差距小于东中西部人均地区生产总值的差距。这说明我国的财政转移支付制度在实现公共物品均等化方面发挥了一定的作用,但仍有不足,除中部省份人均财政支出水平明显低于东部省份外,最突出的表现是,城市人口相对集中的北京与上海两市的人均财政支出水平远高于农村人口相对集中的其他省区,其中上海市的人均财政支出水平(13739 元)是河南省(2420 元)的 5.7 倍。这表明,在财政利益的公平分享方面,最突出的问题不在东中西部之间,而在城乡之间,农村居民较少享受到由政府提供的公共物品和公共服务。

在财税领域,我国改革发展的成果主要体现为财政收入的超高速增长。1978 年全国财政收入只有 1132 亿元,2007 年全国财政收入实现 51304 亿元,与 1978 年相比增长 44 倍,年均增长 17.9%。而与此同时,从 1978 年到 2008 年这三十年间,我国经济以年均 9.7% 的速度持续增长。也就是说,财政收入的增长速度远远高于经济增长速度,这说明国家集中了更多的财力,国民收入分配更多地向国家倾斜。按照公共财政的理念,国家掌握的资源用于公共开支并进行转移支付,应当使居民收入分配的差距缩小。但实际上,我国改革开放的三十年也是居民收入分配差距不断扩大的三十年。这也说明国家集中的财力在缩小收入差距方面的作用未能充分发挥,这同时说明我国现行的税制主要是以取得财政收入为目标,在实现收入再分配的社会政策的方面税收发挥的作用明显不足。具体而言,现行税制过分依赖于间接税,而对社会收入分配发挥重大作用的所得税缺乏应有的地位。根据其他国家的经验,财政的收入再分配职能确实可以在一定程度上缩小各阶层的居民收入差距。以英国为例,根据英国国家统计局提供的数据,1994至1995年,英国全部家庭按收入五等分的最高20%家庭与最底20%家庭,二者收入差距最初为19.8倍,但在经过税收和福利政策调整后,二者的收入差距下降到3.7倍。而我国自1995年至2006年,20%最高收入居民与20%最低收入居民之间的收入差距反而从13倍上升到21倍①。

除此之外,我国在规范的税收之外,尚有大量的非税收入。非税收入除了土地出让金等之外,主要是各项收费。收费就其性质而言,是公共权力向公民和企业的单方索取,在这种情况下,弱者总是受害者;同时,收费缺乏严格的预算监督程序,其支出也无相应的法律规定,因而相当一部分变成了拥有权力者的收入。因此收费在国民收入分配方面是一种逆向调节,即把财富从穷人和弱者转向富人和强者。有大量的公共收入在法定的、正当的运行渠道之外蔓延,这是国家管理出现问题的征兆。当年霍布斯把这种情况称为"国家致弱或解体的因素"之一,并谓其为"肋膜炎":"国家有时还有一种病类似于肋膜炎。也说是国家的钱财流出了正当的道路,由于包税或专卖而过多地聚集在一个或少数私人手中。正象肋膜炎中的血流入肋膜一样,在这儿造成炎肿,并随之而发热和剧烈地刺痛。"②对此我们应当改变财税体制改革中"就税论税"的倾向。一说到税制改革,仅仅着眼现行税制体系,而没有从税收的本质上去理解。税在本质上是国家公权力对私人财产的合法侵害,因此国家向公民不论以何种名义,不管以何种形式,只要是凭借公权力向公民征收,即为税,都应当受到税收法定主义的规范。以此而论,这些以费、基金等的名义所征收的东西都是税。把"税"与"费"在形式上混淆起来容易给人造成一种错误的印象,似乎税应当在法治之下,而费则可以在法治之外。如我国现行的以物价部门审批收费的权力运行机制,就隐含着这样一种逻辑:税应当经过立法程序,税的征收、使用都应当受到民意部门的监督;而费的收取只需行政体系内的另一机构审批即可。把费这一属于财政领域的范畴当成市场中一种价格来对待,这是急需纠正的观念上的错误。这种错误观念使得滥用公权力收费的做法达到了肆无忌惮的程

---

① 杨天宇:"调整我国收入分配关系的财政制度保障",载《经济理论与经济管理》2006年第4期。

② [英]霍布斯著:《利维坦》,黎思复、黎廷弼译,商务印书馆1986年版,第259页。

度,社会弱势部门的资金流向权力之手,这是中国收入差距扩大的重要原因之一。

(二)目前预算制度参与社会分配的现状及其问题

在市场经济中,经济活动分为两部门:一为私人部门,二为公共部门。私人部门是按照要素贡献予以分配的,由于人们拥有的要素禀赋不同,分配结果自然会出现不公平,对此可用税收法律予以调整。公共部门本应当按照合法的预算程序进行,但在我国由于预算程序不完善,导致分配过程中权力参与分配的现象很突出,它是当前我国分配不公的最重要的原因。

从目前我国预算内组织的财政收入来看,已步入高税收国家之列,因为在我国税收已占财政收入的90%以上。但是很显然,预算内收入根本不能反映我国公共部门的全貌,除了预算收入之外,尚有大量的由政府控制的公共资源游离于制度规范之外:一是预算外收入,二是制度外收入,三是地方各级政府掌握的土地出让金收益,四是政府机关和事业单位掌握的国有资产及其收益,五是国有企业的资源及收益。由于缺乏全面详尽的统计数据,我们无法获得除了预算收入之外其他收入的资料,但是从有关部门和学者的推算来看,这些收益的数量是惊人的,它的分配是极不规范的,因而整个公共部门的分配问题成了中国当前分配领域最严重的问题。

对于预算外收入、制度外收入以及国有土地出让金收益,学界多有论及,此处不拟详论,仅就行政、事业单位的资产占有作一些分析。据财政部的统计,全国行政、事业单位占有的资产为6万多亿,这些资产在部门之间、单位之间的分布极不平衡,在这中间有些部门和单位在取得财政拨款的同时又有来自资产经营的收益,如各种名目的培训收费、山庄经营所得等。国有资产变成了部门资产,本来应当属于全民的收益变成了部门自己的收益。这不仅是社会分配不公的一个来源,同时这种状况也妨碍了预算的精确性和功能,甚至使预算手段失去了控制。

目前为社会各界病诟最甚者当属国有垄断企业中的分配问题,其突出表现是烟草行业的高收入、银行部门的高工资和电力行业的高福利等,这些行业的发言人每次为其高收入所作的辩护都会招致社会各界的猛烈抨击,这说明在公众看来,他们所拥有的"权利"是不正义的,这表明国有企业中的现行分配秩序是不能获得人们的认同的。

那么公共部门出现分配秩序混乱的原因何在?我们可以毫不讳言的说,一方面是公共权力没有受到有效制约,另一方面是对公共部门和私人部门的功能和属性缺乏正确的认识。按照民主政治的原理,公共部门是公众的"受托人",其功能在于为了公众的利益掌握公共资源并为社会提供公共产品,其范围仅限于提供公共产品,公共部门在公共利益之外不应当有部门的利益,也不应当为了部门成员的利益而将公务活动变成一种创收活动,然后将所谓的"盈余"分配于自己的成员。公共部门与私人部门之间的区别,一是社会分工不同;二是二者各自遵循的运行逻辑不同,在私人部门所遵循的是市场的逻辑,按要素贡献进行分配,而在公共部门则应当按照政治规则来进行分配,不能以市场经济的逻辑为公共部门的分配作辩护。

我国目前公共权力中相当一部分为各部门、各单位、各行业分别行使,呈现一种"权力碎片化"的状态。这些主体或者将法律授予的权力加以滥用或误用,或者在社会弱势群体无力抵抗的情况下把自己的私利转化为一种特权。行政机关乱收费、乱罚款自不必说,即以事业单位而言,卫生部门以医疗特权剥夺普通患者医疗的权利,教育部门以各项合法、不合法的收费剥削家长,公立医院成了医生和部分官员的医院,而学校则成了部分教师和官员的学校,它们的公共属性何在?至于国有垄断企业则以增加收费和提高价格作为弥补所谓亏损的不二法门。公共企业既按市场化的逻辑运作,又失去了公共权力的控制,如果它们不进入纳税百强,那倒是令人震惊。当社会对国有垄断企业的高福利予以指责时,它们往往振振有词地以其企业性质作为辩解。是的,企业追求利润最大化,这是市场经济的通例,但是通过何种方式实现利润最大化,这是需要追问的。在市场经济条件中,企业是在竞争压力之下,通过对要素相对价格变化的敏感性来配置资源,以此获得利润最大化的。国有垄断企业是否如此呢?只能说部分如此。马克思曾经说过,纺纱机不过是纺织棉花的机器,只有在资本主义条件下它才成为剥削工人的工具。我们可以此类比,中层干部不过是位于领导层和一般员工之间的管理人员,但是在烟草行业,他就能成为年收入30万元的人;会计不过是对会计主体的经济信息进行确认、计量、登录的工作人员,在普通行业会计的工资只有1万多元的情况下,在银行部门他就能达到10万多元。如果说银行是理性的利润最大化的追求者,它又怎能在以1万多元能雇到会计的情况下,非要花10万多元支付给本单位的会计人员呢?银行的行为是理性的吗?这种行为符合经济学关于偏好稳定性的假设吗?追问之下,我们就会发现,国有企业的高福利只能通过垄断才能得到解释,这是超经济的权力参与分配的必然结果。在各种权力广泛参与分配的情况下,谁能与权力结合,谁能与垄断因素联姻,谁就有权在经济增长中获得分配的优先权,这正是社会成员中的大多数对目前分配秩序表示强烈不满的真正原因之所在。

有些人把人们对社会分配的不满与改革开放和市场经济联系起来,似乎对分配的不满就是要否定改革开放,否定市场经济。在利益多元化的时代,因对分配不满,继而质疑改革,这是有可能的,也是可以理解的。但是那些故意将二者混淆,以改革开放的政治正确性为现存分配秩序辩护的人,要么是对因果关系的无知,要么就是别有用心的误导。社会公众也许无法分析出现这种分配现状的原因,但是他们的感觉不会欺骗他们,他们的感觉告诉他们:这种分配是不公正的,有些人凭借某些因素获取了他们本不应当获得的东西。而且经验研究也证实了这种感觉的可靠性。《中国人民大学中国社会发展研究报告2005》就"近二十年来谁获利最多?"作了一项调查,结果如下图显示,有43.2%的人认为国家干部获利最多,有22%的人认为国有、集体企业经营管理者获利最多,而认为有资产的人获利最多的则只有15.1%。如下表所示:

表4

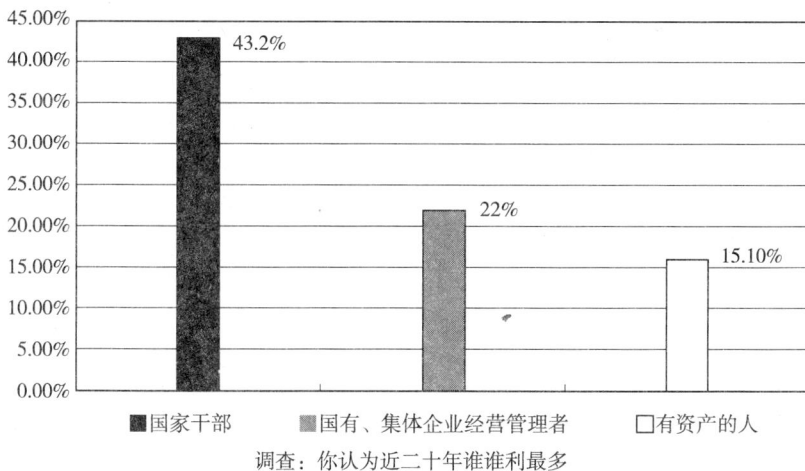

调查:你认为近二十年谁谁利最多

在该调查中,当被问及"你认为谁应获得高收入?"时,只有7.0%的人回答是国家干部,4.7%的人回答是国有、集体企业经营管理者,而有高达62.5%的人认为有技术专长和高学历者应当获得高收入。

如图所示,如果公众对分配的不满转向对公共部门的愤怒,甚至是义愤,此时公共管理活动就不可能有效进行,因为公众已经不信任政府,政府的任何措施,无论其效果如何、动机如何,公众的第一反应就是怀疑,政治的

表5

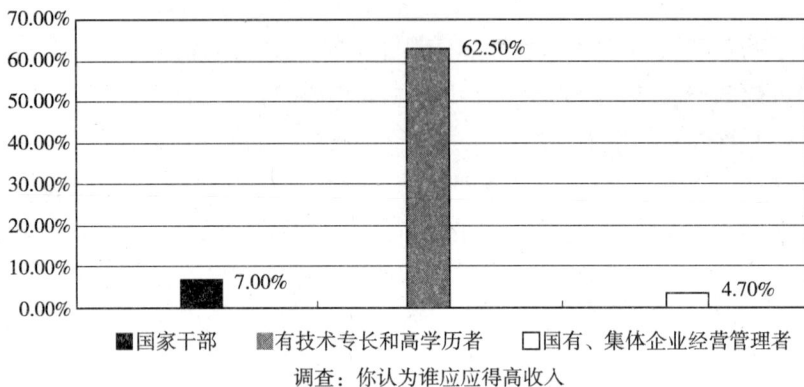

调查：你认为谁应应得高收入

国家干部　　有技术专长和高学历者　　□国有、集体企业经营管理者

合法性就会发生动摇。

　　合法性是政治统治的生命。如上所述,我国现阶段对合法性的侵蚀主要来自于分配问题尤其是对公共领域的分配秩序的不满,因此,为了增强政权的合法性,必须加强对公共部门的分配秩序进行治理,治理之道即在预算制度的改革。我国虽然从1999年起进行了预算改革,但这种改革的动力不足。目前的预算改革是一种"行政控制"取向的改革,即把各个预算部门的收入权力和支出权力向核心预算机构——财政部门集中,由财政部门审查部门的支出计划,在财政收入有限的情况下,财政部门必然要削减支出部门的预算,这就会引起支出部门和财政部门之间的矛盾,甚至引起财政部门与分管若干部门的上级领导之间的矛盾。在这些压力之下,财政部门的改革如何推进? 因此为了引入推进改革的力量,必须深化预算改革,把目前的"行政控制"取向的预算改革变成由人大从外部进行政治控制的预算改革,实现预算的民主化,只有这样才能把单纯的预算改革变成增加政治合法性的政治体制改革。从这个意义上说,预算改革是中国走向法治化的一个好的起点。

(三)我国目前财政转移支付制度参与社会分配的现状及其问题

　　我国的财政转移支付制度是为配合1994年实行分税制财政体制而逐步建立的。1993年12月25日,国务院发布《关于实行分税制财政管理体制的决定》,规定了维护原包干财政体制下地方既得利益的税收返还制度和原体制补助、上解及结算制度。1995年财政部发布《过渡期转移支付办法》,标志着以均等化公共服务为目标的财政转移支付制度正式建立,以后每年根据情况变化修订完善后重新公布,但整个制度结构没有根本变化,2002 年后改称《一般性转移支付办法》。此外我国还存在种类众多的专项补助。这样,我国中央政府对省级政府的财政转移支付制度的主要内容包括税收返还、原体制补助及上解、财力性转移支付和专项补助。

1. 税收返还

1994 年开始,我国从原来的包干财政体制改行分税制,将增值税改为共享税、消费税改为中央税,影响了原体制下地方既得利益。为了不触动地方既得利益,中央财政对地方实行税收返还,数额以 1993 年为基期年核定。按照 1993 年地方实际收入以及税制改革和中央与地方收入划分情况,核定1993 年中央从地方净上划收入(消费税+75% 增值税—中央下划收入)。1993 年中央净上划收入,全额返还地方,并以此作为以后中央对地方返还基数。1994 年后,税收返还额在 1993 年基数上逐年递增,递增率按全国增值税和消费税的平均增长率的 1:0.3 系数确定,即上述两税全国平均每增长 1%,中央财政对地方的税收返还增长 0.3%[1]。此外,2002 年前我国的个人所得税是地方税,企业所得税按企业隶属关系分属中央税和地方税。2002 年开始,个人所得税与企业所得税改为共享税。为不触动地方既得利益,规定以 2001 年为基期,按改革方案所确定的分享范围和比例计算,地方分享的所得税收入,如果小于地方实际所得税收入,差额部分由中央作为基数返还地方[2],此项税收返还一般称所得税基数返还。

2. 原体制补助或上解

原体制补助或上解是指原财政包干体制下中央对地方的补助或地方对中央的上解在分税制财政体制下维持不变。中央政府的这种补助不规定专门用途,地方政府可用于经常性支出[3]。

3. 专项补助

专项补助是指中央政府对地方政府有条件(通常是限定用途或需要地方配套资金)的专项拨款。地方政府对专项补助只能用于指定的用途,如良种补贴、农机具购置补贴等。

4. 财力性转移支付

财力性转移支付是指为弥补财政实力薄弱地区的财力缺口,均衡地区

---

[1] 李萍等著:《中国政府间财政关系图解》,中国财政经济出版社 2006 年版,第 313 页。

[2] 李萍等著:《中国政府间财政关系图解》,中国财政经济出版社 2006 年版,第 317 页。

[3] 杨之刚等著:《财政分权理论与基层公共财政改革》,经济科学出版社 2006 年版,第 240 页。

间财力差距,实施地区间基本公共服务能力的均等化,中央财政对地方财政的转移支付。财力性转移支付资金由地方统筹安排,不需地方财政配套。财力性转移支付包括一般性转移支付、民族地区转移支付、县乡财政奖补资金、调整工资转移支付、农村税费改革转移支付等,其中重点是一般性转移支付。中央财政对省级地方财政一般性转移支付数额主要按照各地标准财政收入和标准财政支出差额以及转移支付系数计算确定。用标准财政收入和标准财政支出的差额,而不是实际财政收支差额确定财政缺口,旨在保证计算的客观性,防止地方政府为争取投资资金而减免税收,争取更大数额转移支付。转移支付系数表明,除非中央财政有足够的资金弥补地方财政缺口,地方的财政缺口是不能得到完全弥补的。

5. 存在的问题

有人认为分税财政体制导致了基层财政困难和地区间差距的日益扩大①。但实际上分税制只是有关政府间公共财政资源的初次分配,其目标是财政分权而不是均等化公共物品,只要存在地区经济发展的不平衡,必然会形成地方政府间财政能力的不平衡,真正以财政均衡为目标的制度是财政转移支付制度,财政转移支付制度才是财政均衡的制度保证。不可否认,政府间财政能力不均衡是经济发展不平衡包括东中西部区域经济发展不平衡及城乡经济发展不平衡的重要原因之一,是改革发展成果公平分享的制度性障碍。因此从改革发展成果公平分享角度看现行财政转移支付制度,主要涉及现行财政转移支付制度对均等化目标的实现程度。

从改革发展成果公平分享视角看现行财政转移支付制度,需要检讨现行财政转移支付制度体系对均等化目标的背离。由于现行转移支付不涉及横向转移支付且主要是上级政府对下级政府的转移支付,均等化目标实现的前提应该是中央集中大部分财政收入、任何地方政府的自主财力不致超过其财政需求。但如果中央集中的财力过大,则将削弱地方的自主财源并损害分税财政体制实现财政分权的意义。因此如果一些省市在现行分税财政体制下取得的财政收入超过全国平均水平,就应当将相应财力通过向中央转移的办法即上解中央的办法以实现均等化目标。就现在的分税制安排而言,重要税种如增值税、个人所得税和企业所得税均被列为共享税且中央分享比例大于地方,因此现行分税制决定的财力分配有利于均等化目标的

————————

① 杨之刚等著:《财政分权理论与基层公共财政改革》,经济科学出版社 2006 年版,第19 页。

实现。不过在现行分税财政体制下,还是有一些省市的自主财源超过了全国平均水平,因此现行的财政转移支付制度就不应只强调中央对地方的转移支付,还应强调财力有余的地区将多余财力上解中央,换句话说,在我国因地区经济发展不平衡而致各地区财力差异较大的现实背景下,我国的财政转移支付制度就不应当只是中央对地方的转移支付,还应当包括地方上解中央的内容,这样才能真正实现均等化目标。

现行财政转移支付制度中,税收返还和原体制补助及上解被认为以维护地方既得利益而不是均等化公共服务为目标,因此应逐步取消。客观地讲,增值税基数返还因返还数额固定,在分税制改革的头几年占整个转移支付的比例较大,使转移支付均等化目标难以实现。但随着我国经济的发展和财政收入的迅速增长,增值税基数返还与所得税基数返还占整个转移支付的比例越来越小,对均等化目标的干扰日益减少。原体制补助及上解占转移支付的比例极小,对均等化目标的干扰有限。真正值得关注的是增值税消费税增量返还部分,因为其返还数额不固定,随两税收入增加而增长,可能成为背离均等化目标的重要因素。从现行规定(财政部《2008年中央对地方一般性转移支付办法》)看,通过分税财政体制、税收返还和原体制补助及上解形成的地方利益格局,最终要通过一般性转移支付办法进行平衡,因此是可以取消的,准确地说是可以并入一般性转移支付中的。不予取消的理由仅仅是税收返还和原体制补助及上解作为地方既得利益或自主财源,优先于一般性转移支付予以保障。但这种利益格局最终要经过一般性转移支付制度加以平衡,即使并入一般性转移支付中也不会有太大的实质性影响,不并入的结果除增加现行转移支付制度的复杂性外并无多少实际意义。

现行转移支付制度中包含名目繁多的专项补助。这些专项补助可能是实现基本公共服务均等化的重要制度保障,也可能是中央实施宏观调控的重要手段,注重中央特定政策目标(调控目标)的实现而不是均等化目标,可能是背离均等化目标的重要因素。宏观经济调控,如西部大开发、区域经济及城乡经济协调发展目标可能需要财政资源倾斜性配置,但应限制在中央财政以转移支付后的自身财力重点投向西部或农村,财政转移支付制度本身不应偏离均等化目标。中央实施宏观调控的支出项目本来是中央本级的支出责任,不应看作是对地方的转移支付,但由于这些项目需要地方提供配套资金、甚至由地方直接实施,因而中央提供的资金仅被视为一种补助即专项补助,被视为中央对地方的转移支付。这样,因中央实施宏观调控而发生的专项补助就成为我国财政转移支付制度的一部分,使得我国的财政转移支付制度并非以均等化为唯一目标,而是掺杂了其他目标。此外,居民所享有的公共物品及服务水平最终取决于整个经济发展水平以及居民对公共物品的偏好即愿意以多大比例的资源用于提供公共物品和私人物品。财政转移支付制度只关注既定规模的公共资源在各级政府间公平分配问题。随着经济的发展及财政收入的增加,政府开始有能力提供原先不能提供的公共物品及服务,如我国各级政府现在开始承担起对农村养老保险的责任。不断增加的公共物品项目暂时无法纳入一般性转移支付之中,这是形成专项转移支付(专项补助)的另一原因。这一部分专项补助本应以均等化为目标,应在条件成熟时将相应专项补助纳入一般性转移支付中。总之,对于名目众多的中央对地方的专项补助,应当把其中的调控目的而非均等化公共物品目的部分视为中央本级的支出责任,从转移支付制度中独立出来,不再作为转移支付制度的组成部分,以维护转移支付制度的均等化目标。对于现行专项补助中需要以均等化为目标的部分,如社会保障补助、分部门的事业费补助,应并入一般性转移支付中。

我国的财力性转移支付除一般性转移支付制度外,还包括民族地区转移支付、县乡财政奖补资金、调整工资转移支付、农村税费改革转移支付、农村义务教育转移支付等,不仅零乱复杂,而且不利均等化目标的实现,建议全部并入一般性转移支付制度中。我国现行的一般性转移支付明确以均等化为目标,转移支付数额的计算所考虑的众多因素均与均等化目标有关或是基于均等化目标而提出,因此一般性转移支付制度被认为是今后制定《转移支付法》的基础,并且一般性转移支付制度随每年修订而不断完善,日益接近均等化目标。我国一般性转移支付以财政收入的增量为资金保证,可以预见将会成为我国财政转移支付制度的最主要部分,并因此使我国的财政转移支付制度接近均等化公共服务的目标,促进改革发展成果的公平分享。

现行一般性转移支付制度被认为代表了我国财政转移支付制度的发展方向。对比 2005 年和 2008 年《中央对地方一般性转移支付办法》可以发现,现行一般性转移支付制度在实现均等化方面已经有了较大改善,例如在标准财政支出的计算上,不再按实际支出数而改按全国人均支出数和本地总人口计算,并适当考虑不同公共服务项目供给成本的地区差异。但现行一般性转移支付制度仍然存在一些不足。现行一般性财政转移支付办法用标准财政支出减标准财政收入计算转移支付数额,其中有关标准财政支出的计算,是按公共服务部门分别计算,但有些项目并没有明确是否纳入计算,如社会保障、道路交通、供水供气供电等,这实际上是对目前城乡之间不同的公共物品供给水平的默认,不利于均等化目标的真正实现。按公共物品和公共服务种类分项计算各地的标准财政支出,有利于考虑供给成本的地区差异,实现不同地区居民在公共物品和公共服务消费水平上的均等化,但其前提是由政府提供的公共物品和公共服务全部纳入计算范围。如果不能详尽列举,那么最简便的方法就是不考虑成本因素,直接按全国人均财政支出及各地总人口计算各地的标准财政支出。考虑到有利和不利成本因素相互抵消,成本因素对均等化目标实现的干扰可能不如想象的大。

(四)我国现行分税财政体制参与社会分配的现状及其问题

所谓分税制财政体制,是指在划分各级政府事权的基础上,按税种划分各级政府财政收入来源的财政体制。因此分税财政体制的具体内容包括两个方面,其一是财政支出范围的划分,其二是财政收入范围的划分。1993年12月国务院发布《关于实行分税制财政管理体制的决定》,对中央财政与地方财政的收支范围作了原则性划分。

1. 中央与地方事权和支出的划分

中央财政主要承担国家安全、外交和中央国家机关运转所需经费,调整国家经济结构、协调地区发展、实施宏观调控所必须的支出以及由中央直接管理的事业发展支出。具体包括:国防费,武警经费,外交和援外支出,中央级行政管理费,中央统管的基本建设投资,中央直属企业的技术改造和新产品试制费,地质勘探费,由中央财政安排的支农支出,由中央负担的国内外债务的还本付息支出,以及中央本级负担的公检法支出和文化、教育、卫生、科学等各项事业费支出。

地方财政主要承担本地区政权机关运转所需支出以及本地区经济、事业发展所需支出。具体包括:地方行政管理费,公检法支出,部分武警经费,民兵事业费,地方统筹的基本建设投资,地方企业的技术改造和新产品试制经费,支农支出,城市维护和建设经费,地方文化、教育、卫生等各项事业费,价格补贴支出以及其他支出。

2. 中央与地方收入的划分

中央固定收入包括:关税,海关代征消费税和增值税,消费税,中央企业所得税,地方银行和外资银行及非银行金融企业所得税,铁道部、各银行总行、各保险总公司等集中交纳的收入(包括营业税、所得税、利润和城市维护建设税等),中央企业上缴利润等。外贸企业出口退税全部由中央财政负担。

中央地方共享收入包括:增值税、资源税、证券交易税。增值税中央分享75%,地方分享25%。资源税按不同的资源品种划分,海洋石油资源税作为中央收入,其余的资源税作为地方收入。证券交易税,中央与地方各50%。

除中央固定收入、中央地方共享收入外,其余全归地方。为保证从原包干财政体制到分税财政体制改革的顺利实行,明确了原包干财政体制下的中央补助、地方上解及有关结算事项的处理,并实行增值税消费税基数返还和增量返还办法。

由于独立的证券交易税没有出台,只能将对证券交易征收的印花税作为共享收入,并且其分享比例经常改变。2002年,将企业所得税和个人所得税改为共享税,分享比例暂定为中央60%,地方40%。但金融机构和铁道部集中交纳的所得税等仍属中央收入。所得税改为共享税后,为不影响地方的既得利益,实行所得税基数返还,以保证地方利益不受影响。

3. 存在的问题

分税财政体制的主要目标是将财政权力在各级政府之间作适当划分,即适度的财政分权,保证各方特别是地方的财政自主权,以调动各方的积极性。财权划分的前提是事权的划分。通常认为,事权划分不明确(可能也包括一定程度的不科学)是我国难以实行稳定而规范的分税财政体制的主要原因。我国宪法对事权(政治权力)在国家机关之间的配置作了原则性规定。由于我国是单一制国家,下级政府的权力被认为来自于上级政府的授权,不存在自己固有的权力。我国宪法第89条规定,国务院统一领导全国地方各级国家行政机关的工作,规定中央和省、自治区、直辖市的国家行政机关的职权的具体划分。既然由上级政府授予下级政府职权,当然也可以由上级政府改变这种职权划分,因此这种事权的划分确实具有不稳定的倾向。但根据我们的考察,自1994年实行分税财政体制以来,中央与地方的财政收支的比重保持了相对稳定,历经十多年而没有出现大的波动。可见,事权划分不明确的说法其依据并不充分。事实上,事权划分在短期(比如1年)内是相对明确的,否则财政体制不可能有效运转,只是缺乏长期稳定性,容易因为客观情况的改变而出现重大变化,从而导致分税财政体制的非规范性和不稳定性,导致不能有效保障地方政府根据本地区居民的偏好自主决定公共物品和公共服务的供给的财政自主权。就中央与地方的事权划分和支出范围而言,有相当部分的划分是明确的,如有关国防、外交以及中央国家机关的经费开支向来属于中央政府的职责和中央财政支出范围,只是一般的行政管理职责在中央与地方之间的配置,宪法授权国务院决定,因此在法律上并不明确,多由传统维持,并正在不断地进行行政体制改革即重新配置行政管理职权。如中央负责中央直属国有企业、中央直属的高等院校等经费开支,但经济体制、教育体制、医疗体制等改革必然导致相关的行政管理职权在中央与地方间的重新配置。因此,由于我国正处于全面变革时期,中央与地方间的事权划分以及在此基础上形成的财政支出范围的划分,不可能保持长期稳定,但不能因此否认短期内比如一年内的相对明确性。这也是我国的财政制度每年都在进行局部调整的直接原因。这种现状肯定不利于建立长期稳定和规范的公共财政制度,但这只是我国的财政制度背离均等化目标(对均等化目标的背离意味着不能实现改革发展成果的共享)的间接原因,而不是直接原因。

在财政收入划分方面,所存在的问题更多涉及到划分的科学性问题,如理论上倾向于认为,税源具有跨区流动性的税种适合作为中央税,而税源固定的税种则适合作为地方税,但这与本课题的核心主题即改革发展成果的公平分享的直接关系不大。我们所关注的是,这种收入划分所形成的中央与地方财政收入的相对比重是否能够最大限度保障各地方政府的财政自主权,因为这种财政自主权本身也成了改革发展成果公平分享的一个保障。从我们对1994年实行分税财政体制以来中央与地方财政收支的相对比重的考察看,撇开划分的科学性不谈,我们认为这种划分的结果大体上是适度的。至于经济落后地区的财政自给率较低,根据本课题组赴贵州的调查,贵州省2005年只有35.04%,这恰恰说明中央财政通过财政转移支付在省级政府间均衡财政能力的重要性,并不是地方财政自主权遭到不当损害的充分根据。实质上讲,在公共财政制度的框架中,分税财政体制直接目标不是均等化而是财政分权,即确保地方必要的一定程度上的财政自主权,但这种财政自主权不能影响中央财政通过财政转移支付制度在全国范围内实现公共物品和公共服务的均等化目标,这是各地方财政自主权的限度。因此按照统一标准对中央与地方的财政收入范围的划分,必须保障中央集中必要的财力并因此有能力在各省级政府之间均衡财政能力。这样,经济发达地区财政自给率很高或者完全自给,而经济落后地区财政自给率很低的现象就是合理的并难以避免。这种财政自给率高低不一的现象,正好说明中央财政通过财政转移支付制度在全国范围内实现公共物品和公共服务均等化的必要性和紧迫性。从改革发展成果公平分享的视角看,中央与地方财政收入范围的划分存在的真正问题是,当时为了使地方不抵触相继进行的分税财政体制以及将所得税变为共享税的改革、为了维护地方的既得利益,而实行的税收返还制度包括增值税消费税基数返还和增量返还、所得税基数返还制度,特别是增值税消费税增量返还制度,相当程度上干扰了财政转移支付制度对均等化目标的实现和规范的以均等化为目标的财政转移支付制度的建立。不破除既得利益就无法进行真正的改革,就不能真正实现改革发展成果的公平分享。因此我们强烈主张,公共财政的制度安排必须坚决摈弃对既得利益的维护,废除旨在维护地方既得利益的税收返还制度特别是增值税消费税增量返还制度,并按照全体社会成员共享由政府提供的公共物品和公共服务的理念重构我国的财政制度,使我国的财政制度真正走向公共财政制度。

在整个公共财政制度的框架中,分税财政体制的基本目标是财政分权,并通过确保地方一定程度的财政自主权而间接保障财政利益由社会成员共享。只有财政转移支付制度才是以公共物品和公共服务均等化为直接目标。

三、财税利益分享不公的危害及成因

(一)财税利益分享不公与改革发展成果分享的不公

1. 分税财政体制的缺陷与改革发展成果分享的不公

体现财政分权思想的分税制使得各级地方政府利益相对独立并因此而拥有相对独立的人格和自主财源,能够调动地方的积极性。可见,从改革发展成果公平分享的视角考察,分税财政体制最基本的意义在于使各级地方政府拥有相应的自主财源,并因此能够根据本地居民的偏好自主决定所提供的公共物品的种类和数量。如果地方政府完全没有自主财源,所有财政收入均来自上级政府,那么很难避免上级政府对财政支出方向的不当干涉。例如2006年,国家(中央财政)给西部拨款100亿元用于建设农村远程教育工程,但这些钱只够买电脑和桌子,买软件、培训教师、维修设备的资金则没有出处,买的设备也因此用不上①。这种情况表明,中央政府不一定完全

---

① 资料来源:http://www.npc.gov.cn。

了解西部地区的实际需要,可能有比远程教育更需优先考虑的其他公共需求。因此,财政资源的配置以均等化为基本目标,但除必须在全国范围内保持一致性的基本公共服务外,均等化目标并不体现在公共物品和公共服务的具体项目上,而是体现在宏观上即人均财政支出水平上。这样可以为地方政府根据本地区居民的偏好自主决定所提供的公共物品的种类及数量留下制度空间,以更好地实现改革发展成果的公平分享。

公共物品和公共服务具有层次性。诸如国防、外交、法律制度等纯公共物品必须保证全国范围内的统一,只能由中央政府提供。此外,一般认为,收入和财富再分配职能以及稳定经济(即宏观调控)职能也应当由或至少主要由中央政府承担。其他的公共物品供应职能则主要归地方政府。中央与地方的职能配置决定了中央与各级地方政府之间的财权配置。因此,中央政府不仅应当拥有与自身承担的供应一般意义上的公共物品和公共服务职能相应的财力,还应当拥有通过转移支付制度在全国各省级政府间均衡财政能力的财力,以及进行宏观经济调控所必须的财力。这样,通过分税财政体制就公共财政资源在中央与省级政府之间进行的第一次分配是不均衡的,中央政府拥有的财力超出了中央财政本级的支出范围所需,而经济落后地区地方政府所拥有的财力则相对不足。经由分税财政体制所形成的中央与地方的公共财政资源的分配格局,既要保证中央的宏观调控能力以及在省级政府间均衡财政能力所需,也要保证地方特别是经济落后地方的财政自主权。见下表:

表6　1978年以来中央地方财政收入相对比重

年份	1978	1980	1985	1990	1991	1992	1993	1994	1995	1996
中央财政(%)	15.5	24.5	38.4	33.8	29.8	28.1	22.0	55.7	52.2	49.4
地方财政(%)	84.5	75.5	61.6	66.2	70.2	71.9	78.0	44.3	47.8	50.6
年份	1997	1998	1999	2000	2001	2002	2003	2004	2005	2006
中央财政(%)	48.9	49.5	51.1	52.2	52.4	55.0	54.6	54.9	52.3	52.8
地方财政(%)	51.1	50.5	48.9	47.8	47.6	45.0	45.4	45.1	47.7	47.2

注:数据来自国家统计局网站。

从上表可知,自1994年实行分税财政体制以来,中央所集中的财政收入占全国财政收入的比重一直保持在50%左右,较为稳定。下表反映1978年以来中央与地方财政支出的相对比重。

表7　1978年以来中央地方财政支出相对比重

年份	1978	1980	1985	1990	1991	1992	1993	1994	1995	1996
中央财政(%)	47.4	54.3	39.7	32.6	32.2	31.3	28.3	30.3	29.2	27.1
地方财政(%)	52.6	45.7	60.3	67.4	67.8	68.7	71.7	69.7	70.8	72.9
年份	1997	1998	1999	2000	2001	2002	2003	2004	2005	2006
中央财政(%)	27.4	28.9	31.5	34.7	30.5	30.7	30.1	27.7	25.9	24.7
地方财政(%)	72.6	71.1	68.5	65.3	69.5	69.3	69.9	72.3	74.1	75.3

注:数据来自国家统计局网站。

从上表可知,自1994年实行分税财政体制以来,中央财政支出规模也保持了相对稳定,但其波动幅度介于整个国家财政支出比重的1/4到1/3,大于同期中央财政收入比重的波动幅度。这可能与相继进行的价格改革、工资改革、税费改革以及免费义务教育的实行等,并因此调整中央财政与地方财政的支出范围有关。

总的来看,自1994年实行分税财政体制以来,中央与地方的财政收入与财政支出的相对规模大体上保持了稳定。这说明现有的有关公共财政资源在中央与省级地方之间的配置状态,基本适合我国的国情,既能保证地方的财政自主权,又能满足中央履行资源配置(提供全国层面的公共物品)、收入和财富的再分配以及稳定经济(宏观调控)职能所需。这里需要指出的是,正如我们分析2008年东中西部有代表性的省份的人均财政支出水平所表明的,中央财政通过财政转移支付在省级政府间均衡财政能力的努力虽然取得一定成效,东部人均财政支出水平虽仍然明显高于中西部,但其间的差距与各自的人均生产总值(人均GDP)的差距要小,不过这不能掩盖使公共财政资源的配置实现均等化的目标在省级间以人均财政支出水平观察也未完全实现。这表明,现行的分税财政体制所形成的中央与地方间公共财政资源分配格局,仍有必要向中央稍作倾斜,以保证中央在各省级财政间均衡财政能力的资金需要。目前,背离财政资源配置的均等化目标的突出表现不在东中西部之间,而在城乡之间。要真正实现公共财政资源在城乡之间的均等化配置,真正实现城乡统筹,并不是改变中央与地方财政收入分配比重的问题,实质上讲是均等化目标的评价标准问题。我们认为,应以人均财政支出水平作为衡量均等化目标实现程度的核心标准。

2.财政转移支付制度的缺陷与改革发展成果分享的不公

在公共财政制度的框架中,财政转移支付制度是在以财政分权为基本目标的分税财政体制对公共财政资源在政府间进行首次分配的基础上,再次以公共物品和公共服务的均等化为目标而在政府间进行公共财政资源分配的制度。财政转移支付制度的基本目的是解决分税财政体制所带来的政府间财政能力不均衡的现象。由于市场经济体制下,政府的职能即财政的职能是向居民提供市场不能有效提供的公共物品和公共服务,政府所拥有的公共财政资源只是其提供公共物品和公共服务的物质基础,因此对财政转移支付制度而言,均衡财政能力只是手段,最终目的是实现不同地区的居民对公共物品和公共服务的平等分享。可见,财政转移支付制度以分税财政体制为前提,以公共物品和公共服务均等化为目标,在公共财政制度体系中,是居民平等分享公共物品和公共服务的根本保障。要实现改革发展成果之一的财政利益的公平分享,直接表现为财政转移支付制度均等化目标的实现。

一般认为,均衡财政能力是财政转移支付制度的目标,包括纵向财政均衡与横向财政均衡。

纵向财政均衡指各级政府所拥有的财力与其所承担的事务性职责大体平衡,即财权与事权平衡,财政收入与财政支出责任大体相当。每一级政府都依法或依上级政府的委托承担相应的职责,为履行这些职责必须有相应的资金保证,纵向财政均衡目标旨在为各级政府履行职能提供资金保障和制度保障。虽然各级政府依法承担的职责是不能放弃的,但如果没有相应的资金保障,必将影响政府职能的履行。可见纵向财政均衡的目标是由政府职能的法定性和不可放弃性所决定的。

在公共财政的框架中,政府职能被表述为财政职能。虽然政府(国家)职能与财政职能因观察问题的角度不同并不严格一致,但两者大体上存在对应关系。按照马斯格雷夫的观点,国家财政职能包括资源配置、稳定经济、收入再分配三项。宏观经济稳定职能即一般所谓的宏观经济调控职能只能归中央政府,因为中央政府拥有对货币政策和汇率政策的垄断权。收入再分配职能也主要归中央政府,因为如果地方政府主导收入再分配的话,实施积极的收入再分配的地区将吸引更多低收入者并使高收入者移出该地区,结果导致收入分配政策失败。因此地方政府主要行使资源配置职能,即将公共财政资源用于生产或资助生产公共物品并提供给辖区居民①。由于

---

① 杨之刚等著:《财政分权理论与基层公共财政改革》,经济科学出版社 2006 年版,第 35 页。

中央政府不仅负责提供如国防、外交等全国性公共物品的职能,而且承担宏观经济调控及收入再分配职能,因此在通过分税制进行公共财政资源的初次分配时,更多地向中央政府倾斜,结果导致中央政府集中的财政资源大大超过其履行职能所需,而地方政府特别是经济落后地区的基层政府所获自主财力远不能满足其承担的职能的需要。中央政府与地方政府职能分配是导致纵向财政不均衡的主要原因。并且在我国,由于法律上对各级政府事权划分不甚明晰,上级政府往往将本应由自己承担的职责交给下级政府办理,而在财政资源的分配上则倾向于掌控更多财源。这种事权下沉、财权上浮(向上集中)的现象加剧了政府间财力不均衡现象,地方政府特别是经济落后地区的基层政府其事权与财权不平衡的现象非常突出,严重影响其提供公共物品的能力①。我国现行财政转移支付制度在实现纵向财政均衡目标上没能很好发挥应有的作用,这是我国地方政府特别是基层政府财政困境、债务规模过大的主要原因。

横向财政均衡是指同一级别不同地区的地方政府提供公共物品的财政能力基本相同,旨在使同级地方政府提供的公共物品均等化。政府提供公共物品的水平取决于政府所掌控的公共财政资源的规模。例如我国经济上的落后使得我国政府以前对义务教育这一公共物品所承担的责任有限。但随着经济的发展,我国财政收入的规模在不断增大,开始具备政府提供义务教育的财政能力。横向财政均衡目标只是使同级地方政府提供的公共服务水平基本相同,但这一公共服务水平本身并不是由财政转移支付制度决定的。公共服务水平与税负水平密切相关,税法的制定就决定了一国的全部产出用于提供公共物品和私人物品的比例。横向财政均衡目标是在一国用于提供公共物品的公共财政资源规模既定的前提下,使不同的地区提供的公共物品水平基本相同。在我国,分税制对公共财政资源划一的分配办法必将使经济发达地区与经济落后地区通过自主财源所集中的财政收入差别较大,从而使不同地区提供公共物品及公共服务的财政能力不尽相同。均等化目标就是通过财政资源从财力较强的地区向财力较弱的地区的转移支付来平衡这种财力差距。

财政转移支付包括三种情形:上级政府对下级政府的转移支付,下级政府对上级政府的转移支付(我国称上解)、同级政府之间即横向转移支付。

---

① 突出表现在地方政府财政自给率上。总的说来,西部经济落后地方的地方政府的财政自给率通常较低。

除德国等少数国家建立了横向转移支付制度外,多数国家的转移支付制度只涉及上级政府对下级政府的纵向转移支付。这里的问题是均等化目标如何通过上级对下级的转移支付实现? 这除了要求应根据提供相同水平公共物品的不同财政能力决定对同级但不同地区地方政府的转移支付数额外,还有一个基本前提就是中央政府集中足够的公共财政资源以使任何一个地方政府都不具有提供均等化所要求的公共物品水平的财政能力,否则单靠上级政府对下级政府的转移支付是无法实现均等化目标的,还必须辅之以下级政府对上级政府的转移支付即相对提供均等化公共物品而财力有余的地方政府应将多余的财力上解上级政府。可见,理论上讲,仅靠上级政府对下级政府的纵向转移支付也可实现均等化目标,而不必诉诸横向转移支付。但如果因此而导致地方政府通过分税制而拥有的自主财源非常有限的话,那么通过分税制而实行财政分权的意义将遭到削弱,因此应辅之以下级政府对上级政府的转移支付(财政资金上解),而横向转移支付制度只是将上解上级政府的财政资金直接转移给同级政府,没有存在的必然性。

公共物品均等化的衡量标准是什么? 这是一个关键问题,因为公共物品均等化意味着社会公平,意味着公共物品的公平分享,对这一目标的任何偏离都可能影响到财政转移支付制度存在的必要性。我们认为,公共物品均等化应以居民对公共物品的人均消费水平来衡量,而这种人均消费水平最直接的表现就是人均财政支出水平,因此公共物品均等化就意味着人均财政支出水平基本相同,其制度含义就是原则上应按人均财政支出水平计算财政转移支付的数额。均等化目标并不要求不同地区居民所消费的公共物品在种类、数量与质量方面都相同,而是人均消费水平相同。因为不同地区居民对公共物品的偏好具有差异性,例如,我国经济相对发达地区如京津、京沪、广深有对城际快速列车的消费需求,但经济相对落后地区对道路交通等基础设施的需求则只是满足客货运输的基本需要,高速度所带来的高消费已经超出其经济发展水平所需求的消费水平。农村需要水利设施和农业科技服务等,而城镇则需要城市交通、公园及绿化等市政建设。此外,相同的公共物品在不同地区的提供成本是不同的,例如在高原地区与在平原地区修建相同质量的道路的成本就不同,在城市和农村提供相同的公共物品的成本也会因为人工成本的差异而不同。这样,相同的人均财政支出水平可能因为公共物品成本上的差异并不一定带来相同的人均公共物品消费水平。尽管如此,我们仍强烈主张,像多数国家如德国等一样,以人均财政支出水平来衡量公共物品均等化目标。因为对于地方政府所提供的众多公共物品而言,成本因素所带来的有利与不利可能相互抵消,对均等化目标的干扰可能并没有想象的大,而且要精确测算各种因素对均等化目标的干扰程度是非常困难的。因此我们不赞同多数学者所主张的"因素法","因素法"不仅人为地使财政转移支付制度复杂化,而且可能成为利益博弈的目标而影响制度的公平性与稳定性。

不从公共物品的消费者的角度而是从公共物品供应的角度评价均等化目标是否更为可取? 例如把公共物品分解为具体项目,分别计算各地提供相同水平的公共物品所需的成本即财政支出数额,累加在一起即可得出各地为实现均等化目标所需的财政支出数额并可在此基础上计算出其转移支付数额。表面上看,这一思路有其合理性。首先是可能有效克服成本因素对均等化目标的干扰。其次,不同的公共物品其受益者是各不相同的,这些受益者的人数可能与各地的总人口正相关,也可能不相干,分项计算比不考虑公共物品的具体项目而按总人口计算实现均等化目标所需的财政支出数额似乎更科学。然而分项计算的问题更多。首先是各地居民对公共物品偏好的差异性决定了缺乏界定相同的公共物品消费水平的一致性基础。其次,如教育、医疗等大多数公共物品与公共服务的实际受益人数都与总人口正相关,因此以总人口为基础计算而不是按医院床位数、在校学生人数等实际项目计算所需财政支出数额并非没有道理。相反,按具体项目计算有可能演变为对既得利益的维护或者对不合理现实的迁就。最后,也是最重要的是,分项计算仍然需要确定同一公共物品的相同消费水平的衡量标准,这一衡量标准仍然离不开以总人口为基础的平均消费水平,比如每一万人的床位数、在校学生人数、公路长度等。问题的实质是,公共物品的均等化本身就意味着一国的全体居民从政府提供的公共物品中获益程度基本相同,因此均等化目标最终还是以公共物品的消费者的消费水平来衡量。

与均等化目标相关的另一个问题是,如何界定宏观经济调控与均等化目标的关系,因为宏观经济调控的实施机制多数是背离均等化目标的,例如宏观调控的非均衡发展目标就意味着公共财政资源向优先发展地区倾斜。我们认为,中央政府宏观调控应该以中央政府在转移支付后的中央本级财政支出实施,同样地方政府在辖区内的经济发展战略也只能于财政转移支付后所实际拥有的财力限度内实施。换句话说,财政转移支付制度以捍卫社会公平即公共物品均等化为基本目标而原则上不承担宏观调控职能,宏观调控的政策取向体现在中央政府的预算安排中。这种定位使宏观调控不致干扰财政转移支付制度的均等化目标,但也表明以均等化所指示的公共财政资源分配上的公平并非公共财政制度的唯一目标,也不具绝对优先性,为矫正市场失灵而进行的宏观调控允许公共财政资源的倾斜性配置。

在政府间均衡财政能力是手段或者表面目标,实现公共物品均等化是最终目的。除财政均衡目标外,财政转移支付制度是否还存在其他目标?答案是应当没有其他目标,但实际上往往掺杂其他目标。例如在我国,附条件的转移支付(专项补助)主要不是以均等化为目标,其中的某些补助项目就旨在贯彻中央政府的宏观经济政策。专项转移支付由于限定了用途,地方政府只能用于指定的用途,不能挪作他用,实质上体现了中央政府对地方政府的干预,即用来实现中央政府认为必须保证的项目和某些基本公共物品。专项转移支付有时用来弥补地方政府提供的公共物品所产生的跨辖区的外溢性。但专项转移支付比例过大不仅蚕食地方政府的自主权,使分税制所体现的财政分权有名无实,而且可能使均等化目标不能实现,因此理论界更倾向于不附条件的一般性转移支付。这种一般性转移支付以均等化为目标,但在我国还对少数民族地区、边远高寒地区提高转移支付数额,表明我国的一般性转移支付还渗进了政治目标。

均等化是财政转移支付制度的最终目标,这是财政转移支付制度促进社会公平、实现财政利益由全体社会成员共享的根本意义所在。这里还有一个关键问题:是基本公共服务均等化,还是由政府提供的全部公共物品和公共服务的均等化?换句话说,是狭义的均等化还是广义的均等化?这涉及到如何理解"基本公共服务"的含义。基本公共服务如果是指在全国范围内每个社会成员都享有即人人享有的、为保障社会成员个体基本生存、发展或者一定的生活质量所必须之条件的公共服务项目,除此以外的公共服务则属于非基本公共服务的话,那么就意味着均等化目标只体现在部分而不是全部公共物品和公共服务上。这极大地贬损了财政转移支付制度的意义。均等化应当是整个公共财政资源配置制度的目标,而不只是个别公共服务项目的目标。如果基本公共服务是指经济发展程度和财政收入水平所能保证的、为社会成员所急需的公共服务项目,现在的财政收入水平不能保证并因此无法提供的公共服务则是非基本公共服务的话,那么基本公共服务均等化也就是我们所理解的由政府提供的全部公共物品和公共服务的均等化。狭义理解的基本公共服务均等化和广义理解的均等化其衡量标准是不同的。狭义理解的基本公共服务均等化是指全国范围内社会成员个体对具体公共服务项目的相同消费水平。而广义理解的均等化仅指以地区为比较单元的人均财政支出水平大体相当,各地区可以根据本地区居民对公共物品的偏好自主安排所提供的公共物品的具体项目,并不强求不同地区提供的公共物品在种类、数量和质量上都保持一致。如果狭义理解的"基本公共服务"一语有意义的话,就在于表明了政府提供的全部公共物品和公共服务中,有的公共物品和公共服务项目需要在全国范围内保证社会成员个体的受益水平基本相同,而其余的非基本公共服务项目则允许存在地区差异。为避免理解上的混乱,我们建议财政转移支付制度的目标应表述为公共物品和公共服务的均等化,而不是基本公共服务均等化。当然,均等化的衡量标准则根据情况可以有不同的理解。

(二)财税利益分享不公的法律成因

1. 财税利益分享不公的实体法成因探析

公民依据宪法平等享有公共物品的权利使公民基本生存权与发展权得到有力保障,对于改革发展成果公平分享具有极为重要的意义。我国经过三十年的改革开放特别是市场化改革,整个国民经济有了巨大的发展,经济建设所取得的成就令世人注目。但与此同时,市场经济所必然伴随的一个现象即贫富两极分化问题非常突出,改革发展成果并没有被绝大多数社会成员公平分享。这种状况不改变可能激化社会矛盾,影响社会稳定,危及经济的可持续发展。如何使全体社会成员都能从改革发展中获益,能够公平分享改革发展成果,已经引起各界高度关注。

我们认为,改革发展成果的公平分享,既包括市场所提供的私人物品的公平分享,也包括政府提供的公共物品的公平分享。公共物品更有理由公平分享,因为私人物品的公平分享可能一定程度上牺牲市场效率,但公共物品本来就不是由市场提供的,不直接涉及市场效率问题,并且依公共物品的本质公共物品不属于特定社会成员的私人产权范围,理应在社会成员之间公平分享。市场提供效率,政府提供公平,这话虽不完全正确,例如政府为维护宏观经济稳定而进行的宏观经济调控,很多时候需要依靠资源与权利的倾斜配置,对效率的考量压倒了对公平的追求,但有关公共财政资源分配的财政转移支付制度以公共服务均等化而不是财政资金使用效率为基本目标已成理论界的共识。如果私人物品的分配即市场化的收入分配实行"效率优先、兼顾公平"以维护市场效率有其合理性的话,那么政府提供的公共物品实行"公平优先、兼顾效率"则是必然的选择。我国的财政转移支付制度应该像其他市场经济国家一样,成为维护社会公平的坚实的制度基础。

公民平等享有公共物品和公共服务的权利对改革发展成果公平分享意

义重大。简单地指责市场化的收入分配机制导致少数社会成员从改革发展中获益更多可能是不理性的。实质上讲,众多社会成员较少从改革发展中获益其主要原因恰恰是这些社会成员没能平等分享到政府所提供的公共物品及公共服务,这其中最值得关注的问题有两个:其一是改革开放三十多年来我国所实施的非均衡发展战略导致公共财政资源向东部沿海地区倾斜以及区域经济发展不平衡;其二是我国广大农村地区长期以来游离于公共财政体制之外,很少分享到政府所提供的公共物品与公共服务。

改革开放之初,为发展我国经济,提出了让一部分人和地区先富起来的指导思想,并因此而实施地区经济非均衡发展战略。东部沿海地区因为地理条件优越,劳动力素质较高,自然成为优先发展地区,财政政策向东部倾斜,除为吸引外资而按地区(经济特区、经济技术开发区及沿海开放区)实行外商投资企业所得税优惠外,公共财政资源也向东部倾斜,这不仅体现在中央政府以自己所拥有的财力更多地投向东部地区的基础设施,而且体现在当时的包干财政体制所定的有利于东部相对发达地区的中央与地方财政资源的分配方案中。向东部倾斜的财政政策使东部地区经济发展迅速,而中西部地区则相对滞后,由此所导致的我国区域经济发展不平衡成了改革发展成果公平分享的重大障碍之一。例如从人均财政支出水平看,中西部与东部还有较大差距,西部落后省份与经济相对发达的东部省份在分享公共物品与公共服务的所有指标方面几乎全面落后,根据本课题组赴贵州的调查,2006 年贵州省的城镇化率为 24.77%,而同期全国平均城镇化率为43.9%;2000 年第五次人口普查时,贵州文盲率为 13.89%,比全国文盲率6.72% 高出 7.17 个百分点,同时,贵州城镇、乡村文盲率分别为 6.53% 和16.20%,同比全国为 4.04% 和 8.25%,分别高出 2.49 和 7.95 个百分点;2006 年贵州省平均每千人拥有卫生人员 2.71 人,乡村医生和卫生人员1.17 人,与全国平均数相比分别少 1.78 人和 0.28 人。要使所有社会成员都能从改革发展中获益,亟待解决的一个问题是采取措施促使区域经济协调发展,于是我国提出了西部大开发、振兴东北老工业基地和中部崛起等区域经济发展战略。发展中西部经济,并不一定依靠财政政策上的倾斜,例如改革户口制度、建立统一市场,让劳动力、资金等自由流动就能促进中西部发展。但是中西部落后的公共基础设施如道路交通、水电气供应、通信设施等限制了生产要素的自由流动,成为中西部经济发展的瓶颈。因此一定程度的财政倾斜政策还是必要的,这主要指中央政府以转移支付后的财力更多投向中西部的公共基础设施,而财政转移支付制度则不讲倾斜、坚持以均等化为基本目标,税收制度如统一后的企业所得税也以公平为目标以便为市场主体创造公平竞争的税收环境。财政转移支付制度回归公平意味着中西部地区居民开始实现宪法所保障的平等享有公共物品和公共服务的权利,意味着改革发展成果的公平分享,也有利于促进中西部地区经济的发展及区域经济协调发展且在这一过程中不会带来新的不公平。

历史原因导致了我国广大农村地区游离于财政体制之外,农村居民较少享受政府所提供的公共物品及公共服务,从而使农村地区社会经济发展缓慢,占人口多数的农民从改革发展中获益较少,处于社会的底层。新中国成立后,我国实行生产资料公有制,包括全民所有制和集体所有制,国家财政主要涉及国家与国有企业的分配关系,国有企业实现的利润全部上缴财政,相应地国有企业所需资金全部由财政拨款,而集体经济由于集体性质,与国家的财政分配关系当然不能实行类似国有企业的统收统支办法。当时的财政,其基础是国家以生产资料所有者的身份参与国有企业利润分配,类同经济组织内部的分配关系,较少具有公共财政性质。于是很自然,国家财政资源主要投向国有经济相对集中的城镇地区,为城镇提供公共物品。至于集体经济集中的农村地区,则被视为体制之外的,国家财政除依法征税外,不直接参与集体经济的盈余分配,当然也就不承担向农村地区提供公共物品和公共服务的义务。国家财政每年也安排少量资金用于农村地区的基础设施如水利设施及农田整治,但被称为"支农资金",表明国家财政在农村地区提供公共物品仅属援助性质,并非政府的当然义务。那么农村地区必不可少的公共物品与公共服务是通过什么方式提供的呢? 实际上是由集体经济组织自己提供的,而为提供这些公共物品及公共服务所需资金则是通过向集体经济组织成员收取"村提留、乡统筹"即"三提五统"等收费方式筹集的。资料表明,不仅农村地区一般公共物品,连本应属于各级政府职责范围的公共物品如乡政府人员工资、中小学教员工资及作为国防组成部分的民兵训练费都主要来自对集体经济组织成员收取的统筹款[1]。这种财政上对国有经济与集体经济内外有别的做法,即使在计划经济年代也不具有合理性。例如国家利用农产品统购统销办法即人为制造工农业产品价格剪刀差的办法为国家的工业化即国有经济的发展提供资金积累,那么国家财政就有理由为农村地区提供公共物品。

---

[1] 陈锡文主编:《中国农村公共财政制度研究:理论 政策 实证研究》,中国发展出版社 2005 版,第 76 页。

市场提供效率,政府提供公平。包括农村居民在内的所有社会成员都有平等分享政府所提供的公共物品和公共服务的权利,公共财政资源的分配不能以财政资金的使用效率为依据,而应当以体现社会公平的公共物品和公共服务的均等化为基本目标。公共财政资源的受益人不应是部分社会成员如城镇居民而是全体社会成员。因此根源于计划经济的带歧视性的视农村为体制外的财政政策必须改革,从分配财政走向公共财政,让公共财政的阳光照耀广大农村地区,让农村地区居民能够与城镇居民平等分享政府提供的全部公共物品和公共服务。应当说这一变革从改革开放以来一直在进行,只是渐进式的改革使我国财政走向公共财政的道路稍显慢长。上世纪八十年代中期我国进行的两步"利改税"实质上就是我国财政迈向公共财政的重要一步,只是改革的重点不是整个财政运作机制,而是国家与国有企业的分配关系,从上缴利润关系到依法征税的关系。此后,我国一直在农村地区开展"村村通"工程(村村通水泥路、通水电气、通广播电视、通电话电讯),这表明我国财政承担起了在计划经济时代不愿意承担的向广大农村地区提供公共物品和公共服务的义务,实际上这也是我国财政走向公共财政的具体体现。进入本世纪,建立公共财政的步伐更加坚实。农业税收的废除、"三提五统"等收费的取消以及农村义务教育的实施等,均表明农村居民从游离于财政体制之外到开始进入体制内,财政的受益群体不再限于少数社会成员而是包括农村居民在内的全体社会成员,公共财政制度的基础逐步巩固。特别值得一提的是,取消长期以来向农村集体经济组织成员收取的"村提留、乡统筹"(三提五统)意义重大,它表明政府承担起了本应由政府承担的向广大农村地区提供公共物品和公共服务的义务,不再将其转变为集体经济组织成员自己的义务而推卸责任。上述措施对于农村居民公平分享改革发展成果以及促进农村经济社会的发展意义重大。但是应当看到,农村居民与城镇居民在公共物品及公共服务的分享方面还存在很大差距,如社会保障、就业机会、教育服务、医疗服务、道路交通、水电气供应、通信设施等诸多方面。特别是社会保障,除了农村合作医疗制度和最低生活保障制度外,农村居民的基本生活目前是不受社会保障制度保障的。财政对农业的投入仍被称为"支农支出",从字面上分析,"支农支出"意味着财政对农业的投入仅属援助性质,而不是政府的义务,农村集体经济组织至少在观念上还是被视为体制之外而不在体制之内。这表明使全体社会成员而不是部分社会成员从财政支出中受益的真正意义上的公共财政制度在我国的最终确立还有很长的路要走。

2. 财税利益分享不公的程序法成因探析

如果以改革成果分享应有的理念来检讨我国的税收征收管理体制,我们不难发现我国现行的税收征收管理体制存在一定的缺陷,使其无法有效地保障改革发展成果的合理分享。

(1)税收征收权配置不当。税收征收权是指税务机关依法向纳税人征税的权力,税收征收权直接关系着税收的实现和纳税人的权利保护。税收征收权大体上可以分为以下几项:一是税款征收权,其是指税务机关依据法律、法规,将纳税人应纳税款组织征收入库的活动;二是税收减免权,其是指税务机关或者法律法规确定的机关对符合税法规定条件的纳税人,按照法定程序对其应纳税款予以减少征收或者免予征收的权力;三是税务检查权,其是指税务机关或者法律法规确定的机关依法对纳税人的账簿、凭证、银行账户、经营资料、应税财产进行查验、核实,以确认纳税人依法纳税或者违法事实成立的权力;四是税务处罚权,其是指税务机关或者法律法规确定的机关按照税收法律法规和行政处罚法的规定,对违反税收行政管理秩序的行为给予物质或者非物质处理的权力,也就是代表国家给予否定性的评价,让其承担不利的法律后果;五是税务复议裁决权,其是指税务机关或者法律法规确定的机关根据纳税人的申请,依法防止和纠正违法的或者不当的具体行政行为的权力;六是其他税务管理权,其是指除上述权力之外的、与税收执法有关的、保证税收秩序井然的权力,包括税务登记办理权、账簿凭证管理权、发票印制管理权、漏管漏征清理权、纳税申报受理权、税收保全措施权、税收强制执行措施权,等等。

从我国现行的税收征收权体系运行状况来看,我国现行的税收征收权配置体制较难保障改革发展成果分享理念的实现,这是因为我国现行的税收征收权体制存在以下问题:首先,我国税收征收权的划分缺乏一个稳定的规则,由于税收征收权未能在中央和地方之间进行合理的配置,导致中央和地方财政收入状况的不稳定,这不利于改革发展成果的在中央和地方之间的明确分配,这对导致改革发展成果无法在中央与地方之间达到公平分配。其次,地方越权、滥用收费权现象严重,这不仅影响了我国市场经济的正常发育,进而妨碍改革发展成果分享理念的实施,这是因为市场经济体制是保障国民经济健康稳定发展的有力保证。同时,发展是改革发展成果分享的一个重要理念,这是因为只有国民经济的稳定发展,改革发展成果的分享才能得以长久。最后,我国现行的税收征管制度中程序安排存在许多不合理的地方,税收管理层次过多,税收征收的流转环节过多,办税程序和手续复杂。结果出现了纳税人多头跑,多次跑,应付多头检查等;而税务机关征管效率低下,工作质量不高,基层工作负担过重等现象。究其原因,在于现行的税收征管制度中程序性安排不合理,程序设计缺乏科学性,没有按照税收科学的原理设计征管程序,程序性安排的不合理无疑给税收征管工作特别是基层税收征管工作带来了"成本",给纳税人带来了"成本"①。

(2)纳税人权利保护不力。所谓纳税人权利,是指依据法律法规的规定,纳税人在依法履行纳税义务时所应享有的受法律确认、保障与尊重的权利和利益,以及当纳税主体的合法权益受到侵犯时,纳税人所应获得的救助与补偿。

我国税收法律体系虽然比较关注纳税人应有权利的保护,但是我国纳税人的基本权利最主要的体现是我国的《税收征管法》。2001年4月修订的《税收征管法》把保护纳税人合法权益和为纳税人服务提高到非常重要的地位,其中直接涉及到保护纳税人权益和为纳税人服务的条款近30个,还有许多条款通过规范税务机关的行政行为来保障纳税人的权益。这是因为,要保证纳税人的合法权益不受侵害,在依法保护纳税人合法权益的基础上,还必须要求征税人切实履行自己的职责,不能滥用手中的权利。相比于以往的税收法律体系,新的《税收征管法》还进一步严格依法征税义务,比如第28条增加了税务机关不得违反法律、行政法规规定提前征收、延缓征收或者摊派税款的规定,等等。新的《税收征管法》虽然明确了纳税人12项合法权益,其中也提到了纳税人的知情权、保密权、申请减免和退税的权利等一些基本民事权利,但是,这些权利仍然局限于纳税人与征收机关交往接触中的权利保护问题,与现代民主社会所倡导的纳税人权利还有很大的差距,不能反映政府与纳税人之间服务与被服务的关系,纳税人也无法感受到自己可以敦促政府依法行政并提供公共物品与服务的公民权利。英国《自由大宪章》说"无代表权不纳税",充分表达了在一个宪法国家中纳税人的权利地位。但是与发达税制国家相比,我国对于纳税人权利的保护仍然存在一定的缺陷,比如由于法治观念和配套制度的缺乏,《税收征管法》在实际税收执法过程中刚性还显得不足,比如名人欠税的问题极为突出。显然,对于纳税人权利保护不力的现状与改革发展成果分享的理念不相适应,这是因为改革发展成果分享及其理念旨在保障社会各个群体的应有权利,

---

① 张怡主编:《税法学》,清华大学出版社2007年版,第286页。

进而借助公平的改革发展成果利益分享机制构建和谐的社会秩序①。

（3）税收信用。通过税收执法中存在的问题，纳税人的纳税情况如偷税面、申报率、违法情况，以及纳税人对税务中介机构需求和税务中介机构的违法的基本面等，我们可以大致总结出我国税收信用的现状。

其一，纳税信用令人担忧。我们对税收违法户数、查处偷税情况等进行分析（以重庆市为例）来判断我国信用状况。根据本课题组赴重庆市的调查，在2006年重庆市地税系统专项检查中（含内外资），共检查4101户，有问题户2229户，占总检查户的54.35%，共计查补27901.96万元。在每两个被检查的纳税户中，就有一户有问题，税收违法普遍存在。另据统计，在2006年打击制售贩卖假发票专项行动中，重庆市地税局在公安机关配合下，共抓获不法分子22人，查获假有奖定额发票6087份，假综合服务发票401份，假餐饮发票798份。移送司法机关出售非法制造假发票的犯罪嫌疑人22人，均被判刑或拘留，并处罚金。其二，征税信用缺失。征税机关违章办事、执法随意、执法犯法、以权谋私等现象时有发生。其三，用税信用缺失。政府预算缺乏硬性约束，使用税款公开性、透明度不够，不利于纳税人了解和监督。② 其四，税收中介信用缺失。某些中介机构如会计师事务所、审计师事务所、税务法商人客户的驱使下，不顾法纪，唯利是图，联合企业做虚假审计报告、帮企业隐瞒报税，偷逃税款，严重损害了国家利益。③

（4）税源监控的社会协作体系。随着改革开放的日益深入，各种经济主体不断创新，组织之间的经济联系日益复杂，跨地域、跨行业经济活动日益活跃频繁，具有中国特色的社会主义市场经济的不断发展，但仍不完善。特别是在现阶段，由于我国现代信用制度不完善，监控机制不健全，社会信息化程度不高，纳税人税收法制观念淡薄，社会整体诚信纳税意识不强，存在大量不公开、不规范的经济行为，税源的多样性、分散性、流动性、隐蔽性等特点越来越明显，税源此消彼长，变动频繁，掌控难度大大增加。加强税源的控制和管理是当前和今后税收征管必须要解决的一个重大问题，因此，税源监控的社会协作体系——社会综合治税就在这种背景下应运而生。社会综合治税是创新税源管理模式，完善税源监控体系，提高税收征管效能的重要措施。其根本目的是通过充分调动社会各界的协税护税积极性，建立

---

① 王慧："改革发展成本分享与我国税税收征收管理体系的完善"，载《理论与改革》2008年第5期。

② 刘高："构建科学税收信用体系的设想"，载《涉外税务》2005年第8期。

③ 刘高："构建科学税收信用体系的设想"，载《涉外税务》2005年第8期。

完善的社会综合治税网络,加强税源的源泉控管,夯实税收征管基础,促进税收征管质量和效率提高,保障税务机关发挥税收职能作用,促进税收收入科学地可持续增长,营造法治、公平的税收环境,促进地方经济和社会和谐发展。推行社会综合治税,是当前市场经济条件下客观现实的需要,是立足于地税管理实际的客观选择。税源监控社会化是国际上税收管理的发展趋势,一些发达国家的综合治税社会化水平比较高。我国社会综合治税是山东地税 2003 年在全国税务系统率先实施的,目前全国很多省、市(主要是地税)都在学习借鉴山东地税做法,推行综合治税。① 重庆市从 2006 年开始在全市地税系统推行综合治税。重庆市万州区基本上是从 2007 年正式起步推进社会综合治税。海南省地税局扩大社会综合治税业务覆盖面,整合征管业务流程,顺应社会综合治税的要求。有的省、市、自治区在全省部分市范围内推广综合治税,如河南、江苏、江西、湖南、四川、河北、辽宁等;有的国税系统也推行综合治税,如河南省郑州市国税局。

四、实现财税利益公平分享的法律对策

(一)实现财税利益公平分享与财税实体法的完善

从我国财政收入的高增长来看,改革发展的成果是巨大的,但从我国居民收入差距不断拉大的现实来看,这一改革发展的成果并未做到公平分享。为此需要在现行税制方面做出重大调整以实现改革发展成果的公平分享。要公平分享这一成果,需要注意三方面的问题:一是公平税负;二是向低收入人群的转移支付;三是完善财产税制度。

关于公平税负,目前在理论上和实践上公认的标准是量能课税原则,即根据纳税人的税收负担能力课征税收。税收负担能力强的纳税人,应该多负担税收,税收负担能力弱的纳税人,可以少负担税收。没有税收负担能力的纳税人,则不应该负担税收。表征一个人的负担能力的主要指标有三:消费、收入和财富。因以消费作为衡量标准具有明显的累退性,虽有助于增加财政收入,但不利于社会收入再分配,为现代社会所不取。因此衡量负担能力的主要指标就是收入和财富。与这两种表征负担能力的指标相适应,在税制体系中主要有所得税和财产税。"公共事务几乎没有一项不是产生于

---

① "山东地税率先实施社会综合治税",资料来源:http://www.sdtax.net.

捐税,或导致捐税"。① 公共事务的存在是人类共同生活的必然结果,有公共事务就必然产生为提供公共事务而发生的费用,这些费用必须在共同生活的人们中间分摊。公共产品费用的分摊办法决定着在共同生活中谁受益,谁受损;决定着谁从改革发展中受益,谁为改革发展埋单。收入高、财富多的人为公共产品的资金多贡献一部分,收入少、财富少的人为公共产品的资金贡献少一部分或甚至没有贡献,是正义的;按此办法在社会成员之间分摊公共产品的成本也能为社会带来和谐。因此公平税负的问题本质上是向富人征税的问题。能否向富人征税是一个国家治理能力的重要标志。这是因为"18 世纪在英国享有捐税特权的是穷人;而在法国则是富人。在英国,贵族承担最沉重的公共负担,以便获准进行统治;在法国,贵族直到灭亡仍保持免税权,作为失掉统治权的补偿。"②能向富人征税,是英国政治能力的一个显著特征。美国联邦财政收入主要来自于个人所得税。实际上,在美国,将近 50% 的工薪阶层只承担了联邦所得税的 5% ,10% 的最高收入者承担了个人所得税的 60% ,1% 的最高收入者承担了 30%③。按照这一历史经验,少数富人承担公共开支的一大部分,正是社会正义的重要组成部分。在中国,富人承担公共开支的一大部分,正是分享改革发展成果的重要方式。为此就必须完善我国目前的税制,更加重视所得税和财产税在税制体系中的地位,以此把税收所承担的组织财政收入功能和社会政策功能有机地统一起来。实际上,所得税作为一种良税,其意义不限于此。首先,由于所得税能够实行累进税率,因而在组织收入方面具有充分的弹性,因而,它是一种不用牺牲税收收入的第一流的社会政策工具。也就是说,它既能有效地组织财政收入,又能通过使富人承担公共产品成本的更多份额而缓解社会分配不公。其次,由于所得税的累进性,它是一种自动稳定器,因而是一种很方便的宏观调控政策工具,"这无疑是现代政府能够在通货膨胀面前镇静自若的一个重要原因,如果他们拥有一个强有力的税收管理机构,他们便能办到这一点④"。一税而兼众善者,其唯所得税乎?

关于向低收入人群的转移支付,由于在市场经济领域实行按要素贡献进行分配的原则,因此那些缺乏适当要素的人就不能通过参与市场交换而

① 〔法〕托克维尔著:《旧制度与大革命》,冯棠译,商务印书馆 1992 版,第 127 页。
② 〔法〕托克维尔著:《旧制度与大革命》,冯棠译,商务印书馆 1992 版,第 127 页。
③ 〔美〕托马斯·R·戴伊著:《理解公共政策(第十版)》,彭渤等译,华夏出版社 2004 年版,第 153 页。
④ 〔英〕约翰·希克斯著:《经济史理论》,厉以平译,商务印书馆 1987 年版,第 90 页。

分享经济发展的成果,对这些社会成员应当通过转移支付的方式保证其能够过上体面而有尊严的生活。要进行转移支付,首先必须有可供转移的财源,这就依赖于高收入人群缴纳的所得税。

关于完善财产税。财产税主要由物业税和遗产税构成。由于财产是表征负担能力的重要指标,因此,对财产征税能够有效缓解收入分配不公,并通过让富人分摊更多的公共产品成本而实现社会和谐。

1. 完善个人所得税制度

在调节社会收入分配不公、分享改革发展成果方面最为重要的税收政策工具就是个人所得税。个人所得税实现公平分享的机制是:在所得税成为主要税种的前提下,通过累进制的个人所得税,社会中的高收入群体承担了公共产品的大部分成本,社会中的低收入群体可以少承担、不承担甚至可以获得转移支付;而公共产品则无差别的为社会全体成员所共享。这就在很大程度上矫正了市场运行中造成的初次收入分配不公。社会越是发展,这种分享机制越是重要。因为根据经济学的研究,公共产品的收入弹性大于1,即如果人们的收入增加10%,则对公共产品的需求会大于10%。其中的最主要原因就是现代社会的公共产品不属于生活必需品,而越是非必需品,它的收入弹性就越大,当个人收入超过一定水平时,公共产品就变得越来越重要,人们就需要越来越多的政府服务①。这就要求政府增加税收以提供更多的公共产品。这时候如何分配公共产品的成本就很关键,显然只有个人所得才能很好地把缓解社会收入分配不公与组织财政收入这两种功能有机地结合在一起。我国现行个人所得税在实现上述政策目标方面尚存在不小差距,为此应着力从以下几方面加以完善:

(1)界定和规范收入。个人所得税是对个获得的净收益予以征税,而净收益意味着总收入减除各项扣除。为此必须先在理论上界定什么是收入,这是所得税理论与实践中最为重要的问题。我国学者在一些理论著作中也曾涉及收入概念,但现实的操作与理论命题相距甚远,在实际征税中按照分类方法确定各项具体收入,而对于什么是收入这一根本问题则不予追问,致使大量的收入在所得税法触及之外,所得税在缓解收入分配不公方面未能发挥应有的作用。

理论上通常接受的收入定义是由美国学者海格阐述,并由亨利·西蒙

---

① [美]斯蒂格利茨著:《政府为什么干预经济》,郑秉文译,中国物资出版社1998年版,译者序言第13页。

斯进一步发展而来的。因此,这一意义上的收入通常被称海格—西蒙斯收入,有时也被称为综合收入。海格—西蒙斯收入等于所消费物品的价值加上纳税人在纳税年度中的所发生的净资产变动额,净资产等于资产减去负债。换句话说,海格—西蒙斯收入是纳税人在纳税年度内不动用其财产而拥有的最大消费能力。动用财产而实施的消费不属于收入,它属于储蓄的使用。原则上的收入,就是能够提供消费收益或者增加纳税人净资产的收入,它包括来源于所有渠道的收入,不管是现金收入还是实物收入,不管是已花费还是已储蓄,并且不管它们是如何被支出的①。尽管在实际执行中,不存在一个能使所得税的征管简便易行的收入定义,因而在确定某些活动是否带来收入时不可避免地带有任意性。但海格—西蒙斯定义所确立的标准被看作是决策者应该努力追求的目标:收入的定义应在可行的条件下尽可能地宽泛,个人从各种来源取得的收入应按相同的税率征税②。这一定义给出了收入的"理想类型",使现实的操作有了归依,对于不在税法规定之内的新的收入的形态,据此即可断定其是否为可供征税的收入。在我国的《个人所得税法》中缺乏一个统揽各项收入的所得定义。在第一条规定了居民纳税人和非居民纳税分别就其从中国境内、境外所得纳税的内容,而并未对所得予以界定;第二条举了 11 项所得。综合这两条内容可知,我国个人所得税法所规定的所得仅限于所列举的 11 项,而未对收入的本质予以揭示。实务中学者和实际工作者围绕这 11 项展开工作,而把究竟何为收入这一所得税法的根本置于脑后。因此在我国目前的情况下,有必要借鉴海格—西蒙斯的定义,在理论上提出收入的概念,作为规范收入分配秩序的理论基础。有了这一概念做指导,我们就能更清楚地理解为什么公共部门的名义收入很低,而实际收入却很高,为什么所得税制度对公共部门的调节如此无能为力。在公共部门职务消费是从业者效用的一个重要来源,这按海格—西蒙斯的收入定义是应当归入个人收入的,但是按我国现行法律这些消费成了成了公共预算中的一笔糊涂账,造成公私之间混淆不明,公权力者借机化公为私,形成了全社会的资源向权力的拥有者倾斜的分配格局。

在理论上有了可靠的收入概念作基础,我们才有可能规范收入分配秩

---

① [美]尼尔·布鲁斯著:《公共财政与美国经济(第二版)》,隋晓译,中国财政经济出版社 2005 年版,第 439 页。

② [美]哈维·S. 罗森著:《财政学》,赵志耘译,中国人民大学出版社 2003 年版,第 317页。

序,并在此基础上实行社会收入的再分配。

政府要进行收入再分配,首先必须清楚弄各阶层居民的收入,以分辨谁是高收入阶层、中等收入阶层和低收入阶层,然后才能决定收入再分配的负担者和受益者。但在我国目前,由于分配秩序混乱,政府根本无法准确识别高收入阶层,其主要原因在于国民收入分配的相当一部分一直处于政府监控之外,成为灰色收入。中国改革研究基金会国民经济研究所 2006 年作了一个比较详细的调查,调查问卷覆盖了 27 个省、市、自治区,结果发现,全国城镇居民收入水平被大大低估,尤其是 10% 城镇最高收入阶层的收入被低估得更加明显,该阶层的实际收入是国家统计局公布的数字的 3.38 倍。具体情况见下表①:

表 8　城镇居民收入情况

项目	最高收入组	高收入组	中上收入组	中等收入组	中下收入组	低收入组	合计（平均）
样本分布	10%	10%	20%	20%	20%	20%	100%
包含灰色收入的居民收入（1）	97127	23853	16466	10477	7176	4974	19730
统计局公布的收入水平（2）	28773	17203	12603	9190	6711	4885	10493
（1）/（2）	3.38	1.39	1.31	1.14	1.07	1.02	1.88
各阶层友色收入比重	0.70	0.28	0.23	0.12	0.06	0.02	0.47

根据上表可以计算出,全国城镇居民平均有 47% 的可支配收入,约 4.8 亿元(样本数)是不愿向统计部门报告的灰色收入。其中尤其以 10% 的最高收入阶层最为明显,他们的可支配收入中约有 70% 是灰色收入,其余各阶层的比重均低于 30%,占城镇人口 20% 的低收入阶层的该比重甚至于 5%。正是由于最高收入阶层的灰色收入很高,才把全体城镇居民灰色收入的比重拉到了几乎 50% 的水平。而且,最高收入阶层所获得的灰色收入,占了全国城镇居民全部灰色收入总额的 74%,即达到了 3.55 亿元(样本

---

① 资料来源:国家统计局:《中国统计年鉴》(2006),中国统计出版社 2006 年版;王小鲁:"灰色收入与居民收入差距",中国经济改革研究基金会国民经济研究所 2006 年工作论文。转引自杨天宇:"调整我国收入分配关系的财政制度保障",载《经济理论与经济管理》2006 年第 4 期。

数)。这进一步说明,灰色收入的流向主要是最高收入阶层。

这种情况的出现,与财政制度的缺陷有很大的关系,因为财政制度的缺陷使得公共收入和私人收入混合在一起,难以区分,因而使得一些本来用于转移支付、缓解收入分配不公的资金反而流入权力者的腰包,更加加剧了收入分配不公的状态。据王小鲁在前引工作论文中的研究显示,灰色收入主要来自5个方面:公共资金的流失;金融腐败;行政权力腐败;土地收益流失;垄断性行业收入。其中,公共资金的流失和土地收益的流失是由财政制度的漏洞直接造成的。以公共资金的流失为例,目前我国财政资金通过"条条"(各职能部门)的渠道下达到地方的部分,大部分不纳入地方预算,脱离了财政管理程序,使得透明度低、管理不严、漏失和滥用的情况相当普遍。审计署审计长李金华2006年指出,2005年审计署对20个省、市、自治区的地方性预算进行抽查发现,中央对地方转移支付编入地方预算的只有3444亿元,仅占到中央实际转移支付的7733亿元的44%。中央转移支付有超过一半没有纳入地方预算,完全脱离了人大的监督,有的还脱离了政府的监督。而这些转化的灰色收入的资金,本来正是要用于收入再分配的。公共资金流失的另一个重要渠道是各级政府和公共部门的预算外收费,其来源于监管对象或服务对象交纳的名目繁多的收费或罚款。经过多年演变,许多收费项目已经成为某些行政部门的既得利益,其中一部分不需要纳入财政监管,可以由部门自收自支,用于办公经费、人员工资、奖金和福利。据周天勇的估计,2006年全国的预算外收费可能达到1.3万亿元的规模,其中相当一部分化为了个人灰色收入。除了上述两种流失渠道外,还有诸如国有固定资产管理、社会保障基金管理的漏洞,也是产生灰色收入的来源。

收入分配不规范,直接结果就是财政收入再分配职能的低效率。因为灰色收入大部分处于财政监督之外,而且74%的灰色收入又为10%最高收入者所拥有,所以政府难以分辨谁是高收入阶层。如果试图通过累进性的所得税制为收入再分配提供资金来源,那么最高收入者阶层的大部分收入将被遗留在税基之外,税收负担可能反而会落在收入较低,但灰色收入比重较小的阶层身上。这将导致收入再分配的主要工具——累进税制无法实现对收入差距扩大趋势的有效调控,有时甚至起相反作用。姑且不论城乡之间,即在城市内部,由于收入分配是高度不规范的,个人所得税只能以相对规范的工资性收入作为税基,于是,中等收入的工薪阶层成了实际的纳税主体。根据不同地区的调查,在城市地区,工资只占全部城市居民可支配收入的 33%，而缴纳的个人所得税却占了 45%—70%①。相比之下美国是个人所得制较为完备的国家之一，尽管高收入者逃税问题也很严重，但年收入超过 10 万美元的纳税人所缴的税款，占个人所得税收入的 60% 以上。显然如果中低收入阶层所承担的个人所得税反而高于高收入阶层，那结果只能是居民收入差距的进一步扩大②。

因此我们认为，累进制所得税是调节收入分配的有力工具，是市场经济体制下处理社会问题的重要手段，是以让富人多为公共产品承担成本的方式实现社会公平的重要机制。但是，要使这一税制发挥作用，就必须以规范收入分配秩序为前提，只有坚持综合收入概念，把不管各种来源的收入都纳入所得税的税基，然后实现各种扣除和抵免制度，才能实现社会公平的政策目标。为此必须把我国现行的分类所得税制改造为综合所得税制。

（2）实行综合所得税制。由于不同国家经济、政治、法律制度的不同，按课征方式的不同，个人所得税法律制度通常分为三种模式：

一是分类所得制，是指把所得依其来源的不同分为若干类别，对不同类别的所得适用不同的税率分别计税的所得税制度。就其与公平的关系而言，这一制度有时不能按照纳税人的真实纳税能力纳税，因而不符合量能课税原则。我国目前实行的即为该制度。

二是综合所得税制，是对纳税人全年各种不同来源的所得综合起来，减除法定宽免额和扣除额之后的净所得，依据统一的超额累进税率计征的一种所得税制度。这种模式的优点在于：第一，它将各种来源的所得加总，综合所得水平相同的纳税人，纳税能力相同，缴纳的税收相同，符合横向公平原则；第二，综合所得越高，表明纳税人的纳税能力越强，因此要缴纳的税收越多，符合纵向公平原则；第三，综合所得税制平等对待各种来源所得，对各种所得实行相同的边际税率，纳税人难以通过转移所得或更改所得特性进行避税；第四，符合税收中性原则，但这种制度对一国的征管能力提出了很高的要求，美国的个人所得税就是这种类型的代表。

三是单一所得税制，是对各种所得按单一税率一次征税，即对全部净所得（资本所得、劳动所得和其他所得减去全部扣除）按统一的税率征税③。

---

① 孙立平："如何规范收入和财富分配"，载《经济观察报》2006 年 7 月 24 日。

② 以上规范收入分配方面的资料和论述多取自杨天宇："调整我国收入分配关系的财政制度保障"，载《经济理论与经济管理》2006 年第 4 期。在此表示感谢。

③ 参看刘剑文、熊伟著：《财政税收法》，法律出版社 2007 年版，第 256 页。

在这三种模式中,在实现改革发展成果的公平分享方面,综合所得税模式是一种理想的选择。因为在我国现行的分类所得税制下,除个体工商户的生产经营所得和对企事业单位承包、承租经营所得适用五级超额累进税率外,只有工资、薪金所得一项实行超额累进制,对其他收入类型均实行比例税制。但是在各种收入的税收可触及性方面,工资、薪金所得最容易控制,因此工资、薪金承担的税负最多。如据广东省地税局的数据:2007 年上半年,广东省个人所得税收入总额 207.858 亿元,个人工商户生产经营所得项目只占 13.81%,工资、薪金所得项目却占 68.12%[①]。如此一来,个人所得税在实质上成了工资、薪金所得税。但是在个人收入总额中,工资薪金只占一定的比例,而且越是高收入阶层,其收入总额中工资薪金项目占的比重越低,因而个人所得税的调节力度越有限,因此出现了"逆调节"现象,即高收入者承担很小,而工薪阶层成了税负的主体。据国家统计局的相关数据,我国居民家庭收入的 70% 以上来源于工资、薪金。而对于高收入人群来说,工资、薪金只占个人收入的一半左右,其余主要来源于经营性收入、财产性收入与第二职业收入。因而现行税制运行的结果与调节收入分配的政策目标背道而驰。另一方面,对于性质类似的收入由于实行不同扣除标准和税率,导致税收负担不均衡。如对同样是勤劳所得的工资、薪金所得和劳务报酬所得规定适用不同的税率,前者适用 5%—45% 的九级越额累进税率,后者适用 20%—40% 的三级超额累进税率。对同样是收入 3000 元的 A、B 来说,A 的全部所得为工资、薪金,则应纳个人所得税为 $(3000-2000)\times10\%-25=75$ 元;B 全部所得为劳务报酬,则应纳个人所得税为 $(3000-800)\times20\%=440$ 元。可见,同样是勤劳所得的同样收入,两者的税负却是不等的。为此我国必须实行综合所得税制,以把所有来源的收入计入统一的税基,在此基础上再实行超额累进税率,以便对收入总额予以调节,才能实现所得税的立法目标,保证按照量能课税原则实现改革发展成果的公平分享。

(3)改革税式支出,扩大税基。税式支出,就是政府通过不征收本来应该征收的税收收入来"支出"资金[②],其实质是通过对某些收入项目的优惠来实现一些特定的政策目标。我国《个人所得税法》第 4 条第 7 项规定"按

[①] 徐寿松、赵东辉:"税收'逆调节'拉大贫富",载《瞭望新闻周刊(京)》2007 年第 5 期。
[②] [美]尼尔·布鲁斯著:《公共财政与美国经济(第二版)》,隋晓译,中国财政经济出版社 2005 年版,第 458 页。

照国家统一规定发给干部、职工的安家费、退职费、退休工资、离休工资、离休生活补助费"免纳个人所税。对于正常的退休金免税是符合社会目的的，但由于我国实行公共和私人部门不同的二元劳动力运行结构，对于公共部门，其全部退休资金来源于国家财政，而对于私人部门，则有一部分来源于人个缴纳。同时，由于收入分配秩序不规范，公共部门的退休金远远高于私人部门，因此二者之间的差距也成为社会收入差距扩大的原因之一。

另外，税法规定，企业和个人按照国家或地方政策规定的比例并向指定金融机构实际缴付的住房公积金、医疗保险金、基本养老保险金，不计入当期工资、薪金收入，免征个人所得税。但是不同性质的企业所缴纳的这些资金差异很大，越是国有垄断企业，其所缴纳的就越多，相应地其所属职工享受的税收优惠就越多。1990—2005 年，平均货币工资收入最高最低行业之比由 1.76∶1 扩大为 4.88∶1，高收入者提取高比例公积金且在税前扣除，低收入者因能不能按最高比例计提而得不到高额扣除，这就加剧了不同阶层之间的收入差距。究其根源，就是因为我国现行税法中规定的税式支出制度不合理，不当扩大税收优惠范围所致，结果使本来应当缩小收入差距的制度变成了扩大收入差距的制度。因此应当改革我国的税式支出制度，扩大税基，把超过一定限额的退休金、住房公积金等都纳入可征税范围之内统一征税，实现改革发展成果的公平分享。

（4）改革申报单位，实现更广泛的公平。我国现行个人所得税实行个人申报制度，这虽在个人之间能实现税负公平，但个人总是以家庭为单位进行生活和消费，因此从家庭之间比较来看，可能存在不公平，因此应该采取家庭课税与个人课税相结合的方式。在对个人课税的基础上，实行对家庭课税，以夫妻双方为一课征单位。家庭总收入比个人收入更能全面地反映纳税能力，可以实现相同收入的家庭相同的个人所得税负的横向公平，不同收入的家庭不同税负的纵向公平。同时，考虑到我国现实的征管水平，对个人课税也是必须的。在个人课税基础上到年底汇总夫妻双方各类收入，扣除规定的费用，再减去代扣代缴的税额。也就是以能综合反映收入水平的年收入作为课税对象，年内预缴，年终汇算，多退少补。

（5）提高个人所得税起征点，减轻中低收入者的税收负担。尽管我国个人所得税起征点已经经过多次调整，但是随着人民群众收入的不断增加，生活成本的不断提高，现行的个人所得税起征点仍然显得太低，不符合减轻中低收入者税收负担的要求。因此我们认为，基于保障民生的考虑，国家应当适时、依法地提高现行的个人所得税起征点。

2. 完善财产税制度

(1)财产税与社会分配的关系。在讨论社会分配不公时,人们往往过度关注收入差距的扩大,而忽视了财富分配不公的严重性。住房是现阶段人们持有财富的主要形式。实际上财富分配不公的严重程度要超过收入分配不公。对于收入分配不公的问题,我们至少有累进制的个人所得税予以调整,但对于财富分配不公,目前还缺乏相应的制度手段予以解决。

税收是国家提供公共产品的主要筹资手段,公共产品的成本要在享受公共产品的社会成员之间进行分配,按照什么标准进行分配,个人应当在什么样的程度上做出财政贡献,这就涉及课税原则的确定问题。关于课税原则,财税法学界有不同的观点,但通常都认为量能课税是一项重要原则。如提普克所指出:"税收分配正义的基本原则是,必须根据个人的经济能力来分配税收负担。"①按经济能力即量能课税,就是要求纳税人应当按照他们的支付能力纳税,他们缴纳的税收数量应当与他们的支付能力成正比。社会成员支付税收的能力以其拥有的财富来确定,由于财富由所得、支出和财产构成,因此,纳税能力应由所得、支出和财产来衡量。对这三种表征经济能力的税基征税,能有效地调节社会分配,但由于我国现行税制结构的特征,这一调节机制并未发挥其应有的作用。

当前我国学者在讨论社会分配不公问题时主要着眼于收入方面,用收入分配的基尼系数、洛伦茨曲线等指标来测度不平等的程度。但是我们应当注意到,在收入不平等的背后隐藏着更大的不平等,那就是财富的不平等。从我国当前的个人资产形态来看,财富的表现形式主要有房产、银行储蓄及其他金融资产。在这些资产占有不平等方面,房产占有的不平等是一个重要因素。而且由于我国资本市场不发达、不规范,投资于股票风险较高,相对而言投资于房产是一个更加安全的选择,于是收入的不平等向房产占有的不平等延伸。这些年房地产价格屡创新高,中低收入者望房兴叹,房地产公司偏好大户型结构,这说明高收入者是房地产市场的主要需求者。而高收入者一般都是拥有住房者,其购房行为主要是满足投资需求和投机需求。据资料显示,2005年城市居民收入最低的20%的人口仅拥有全部收入的2.75%,而最高收入的20%的人口拥有全部收入的60%,最高一组为最低一组的22倍。而在社会财产的分布方面,全国2002年最穷的十分之

---

① [德]提普克(Tipke):《税法秩序》,转引自[德]N.霍恩:《法律科学与法律哲学导论》,(2004年第3版),罗莉译,法律出版社2005年版,第303页。

一的人口所拥有的社会财产的份额不足 1%,而最富的十分之一的人口所拥有的社会财产的份额超过了 40%,后者相当于前者的 59 倍。在城镇居民之间,最低组的份额为 0.2%,最高组的份额为 33.9%,差距竟达 160 多倍。这说明,财产分配不均等的程度要远远大于收入分配不均等的程度,而我国现有的财产税对此竟无任何调节能力。

我们主要以房产税为例来说明。我国现行房产税方面的法律依据是 1986 年 9 月 15 日国务院颁布的《中华人民共和国房产税暂行条例》(以下简称《条例》)。首先,该《条例》规定的征税范围仅限于我国境内用于生产经营的房产,而个人所拥有的居住用房,不论面积大小,均免征房产税。《条例》制定之际,我国居民拥有私有住房者为数甚少,多为租住公房,且面积狭小,质量低劣。这一免税规定与此现实相符。但到了 2002 年租住公房的比例下降到 16%,也就是说,84% 的住房者拥有了私有产权,而且住房的质量大为改善,住房的市场价值有了巨大的增值,形成了极为丰富的税收来源,而财税法对此竟无任何回应。其次,《条例》规定的计税依据也不符合财产税的内在要求。现行财税法规定的房产税的计税依据是房产的计税价值或房产的租金收入,其中的计税价值则是依照房产原值一次减除 10% 至30% 的后的余值。余值只能反映房屋建造时的价值,而不能体现目前的市场价值,这种设计既不能保证房产税随着房产价值的增长而增长,缺乏充分的弹性,也不能体现公平原则。最后,现行房产财税法规定国家机关、人民团体、军队自用的房产,以及由国家财政部门拨付事业经费的单位的自用房产均免征房产税。虽然财税法规定仅限于自用房产才适用免税优惠,但由于对国有资产在各部门、各单位之间的配置缺乏严格的核定和预算约束,致使各部门、单位的自我经营用于创收的房产也在免税之列,导致税收流失,更助长了社会不公。

(2)公平分享改革发展成果与财产税法律制度的完善。现行财产税法既不能更好地保证税收的增长,也不能更为有效的调节社会分配不公,这是未来完善财产税法时应当重点解决的问题:

1)充分发挥财产税在社会分配中的功能。各国实践表明,财产税通常是地方政府的主要收入来源,其主要功能是为地方政府提供公共服务筹措资金。在这方面。随着我国经济社会的发展,财产税也将扮演类似的功能。但在我国现阶段以间接税为主、个人所得税由于其设计过分简单不足以调节社会收入分配的情况下,有必要赋予财产税以调节社会分配不公的重任,尤其是在我国目前对住房存在过度的投资需求和投机需求,收入分配不公向财富拥有不公方面延伸的特殊背景下,更应如此。住房是一种特殊的商品,它是基本的民生物品,关系到公民的生存权利,国家有义务保障这一权利的实现,因此国家有必要对这一市场进行干预,财产税即为干预手段之一。在具体设计方面,要对基本住房需求和投资、投机性需求区别对待,对处于生存水平的住房实行减、免税待遇,对一般住房实行正常税率,对投资性、投机性住房要实行较高的税率,并可根据住房面积和品质实行累进税率,这种设计既可为地方政府筹措必要的收入,又可有助于住房政策的实现,更能抑制房地产市场的投机行为。实际上我国目前房地产市场宏观调控之所以不能取得预期效果,原因之一即在于调节手段有限,主要倚重于土地政策和信贷政策,而无相应的财税手段与之相配合。为了有效地抑制房地产市场的投机行为,使房地产市场会回应普通的居住需求,对居住性房产开展房产税仍然是一个可供选择的方案。

2)区分经营性房地产和居住性房地产。这两类房产有不同的功能和目的,自然应当予以区别对待。也就是说财产税的税率应是分类税率,而不是统一税率。这是因为经营性房地产具有高于居住性房地产的负税能力,因而应当承担较高的实际税率。

3.谨慎对待遗产税开征

遗产税是以财产所有人死亡时所遗留的财产为课税对象的一种税,继承税是是以财产继承人在财产所有人死亡后所继承的财产为课税对象的税。就性质来说,遗产税和继承税是一回事。财产所有人死亡时所留的财产,就是财产继承人在财产所有人死亡后所继承的财产,所以,对继承财产的课税也说等于对遗留财产的课税。

我国 1993 年税制改革时确定了遗产税,但一直未开征。后来有一段时间,遗产税曾成为社会热议的问题,但由于种种原因,对于是否应当开征遗产税,社会各界存在激烈的争议。鉴于 2001 美国国会通过减税法案,从 2002 年到 2009 年美国遗产税的最高边际税率将逐渐下降;到 2011 年将全部取消遗产税。但该法案又加了一个保留条款:到 2011 年重新回到 2001 年的征税水平。2002 年 7 月,美国国会又提出删除该保留条款从而永久取消遗产税的议案。该议案经众议院通过,却未获得参议院的通过。同时,近三十年来,至少有 21 个国家和地区停征遗产税,有些国家对遗产税进行了较大的调整,如日本从 2003 年起将遗产税的最高边际税率从 70% 降到 50%;英国将 1999—2000 财政年度的遗产税免税额 23.1 万英镑提高到

2002—2003 年度的 25 万英镑①。在这种国际背景下,对于我国是否开征遗产的问题,争议又起,反对者似乎从国际趋中找到了新的反对理由,提出我国不应当开征遗产税的论断。对此,我们认为不应当简单地得出是征还是不征的结论,而应与从价值选择上作出论证。

现代社会从传统的共同体社会脱胎而来,本质上是一个利益社会②。在共同体社会里,人与人之间的关系是靠血缘、亲缘、地缘等纽带联系在一起的,因而形成等级关系,社会中的经济关系是嵌入到共同体关系中的。而现代社会由于商业的渗透,瓦解了传统的联系方式,扩大了人与人之间的交际范围,把传统的限于不同部落、国家之间的交易关系扩展到所有人与人之间,发展出一种非人格化的交易模式,因而大大提高了交易效率,使通过市场的交换活动成了基本的经济方式,传统的共同体联系方式不得不为非人格化的利益交往方式让步。在利益社会中,人与人之间的关系是一种结合体,即"社会行动本身的指向乃基于理性利益的动机以寻求利益平衡或利益结合"③,在利益社会,法律取代道德、习俗、宗教而成为最基本的社会控制工具,因而平等成为社会关系的基本特质。这种平等尤其强调机会平等,即个人主要依赖自身的能力而非共同体所赋予的先天优势从竞争中获得自己应得的利益份额。这就要求把共同体对个人的影响控制在对平机会影响等最低的程度之内。建立在机会平等基础上的社会是一个开放的社会,是一个充分流动的社会,每一个人都可以凭自己的努力达到其所追求的社会地位,因而是一个充满活力的社会,社会象一个大公共汽车,有人上去,有人下来,每人都可去他所想去的车站。

遗产是一个把血缘与财产联系起来的社会制度,它是传统共同体社会遗留下来的顽固部分,这种机制使得上一辈的优势很方便地传递到下一辈,使能力大致相同的人在机会方面面临不平等。但是一个社会不可能通过废除遗产制度而实现彻底的平等,因而只对遗产加以限制。对此可行的方式只是征收遗产税。在我国目前的情况下,仍然可以考虑开征遗产税。首先,改革开放以来,尤其是上个世纪 90 年代中期以来,我国的社会结构出现凝

①　刘隆亨主编:《财产税法》,北京大学出版社 2006 年版,第 279 页。
②　共同体和社会是滕尼斯社会学的基本范畴,其含义与我们通常所理解的有所不同。参见[德]滕尼斯著:《共同体与社会》,林荣远译,商务印书馆 1999 年版。
③　[德]马克斯·韦伯著:《韦伯作品集——社会学的基本概念》,顾忠华译,广西师范大学出版社 2005 年版,第 54 页。

固化的趋势,社会资源和优势向少部分人集中,社会收入和财富不平等的现象日益突出。据资料显示,2005 年城市居民收入最低的 20% 的人口仅拥有全部收入的 2.75%,而最高收入的 20% 的人口拥有全部收入的 60%,最高一组为最低一组的 22 倍。而在社会财产的分布方面,全国 2002 年最穷的十分之一的人口所拥有的社会财产的份额不足 1%,而最富的十分之一的人口所拥有的社会财产的份额超过了 40%,后者相当于前者的 59 倍。在城镇居民之间,最低组的份额为 0.2%,最高组的份额为 33.9%,差距竟达 160 多倍。可见,收入和财富向少数人集中的特征十分明显。其次,我国自上世纪 70 年代以来实行计划生育政策,在城市主要是实行独生子女政策。因此财产继承主要是独生子女继承,可以设想,未来一段时期内,财富向少数继承人集中的趋势会更为突出。相应地,社会成员之间的不平等很可能会由于财产继承而加剧。这使开征遗产税成为刻不容缓的问题。

有一种观点认为,从国外经验来看,遗产税的征收成本很高而获得的财政收入十分有限,因而是一项得不偿失的制度安排。这种观点没有看到遗产税还有其他方面的功效。首先,遗产税通常附有鼓励捐赠的税收优惠措施,而捐赠则是社会财富再分配的一种重要方式,它能把捐赠者的意图体现在捐赠活动中,有利于文化、艺术、福利等事业的发展,补充国家活动之不足,实现社会资源的公平分享。其次,要征收遗产税,就必须完善财产管理制度,规范分配秩序,因而有利于一国财产法律制度的完善,比如个人收入申报制度和财产登记制度等。最后,一些发达国家固然近来停止征收遗产税,但我们应当看到它们是在遗产税制度运行了数十年、甚至上百年后才停征的,这期间它们发展出了其他有助于社会公平的制度安排,如累进制的个人所得税等。而我国目前其他矫正社会收入分配不公的制度尚不健全,因此遗产税制度将发挥不可替代的功能。

还有一种观点认为我国现在尚未建立财产申报登记等制度,因而征收遗产的条件不具备。实际上任何一种制度总有一个从开创到完善的过程,如果非要等到所有条件都具备时才开征此税,那么也许这一天永远不会到来。对此马寅初先生在 60 多年前的话仍有指导意义:"总之,在此草创时期,即使仅有不完备的遗产税,也胜于根本无遗产税。我们的口号是:税法可以修订,制度必先成立。我们用不完备的遗产税作基础来创造日渐完备的遗产税。"①

4.预算改革与实现改革发展成果的公平分享

(1)公共部门的收支活动缺乏规范是我国当前分配不公的主要原因。在公共收入方面,我国目前除了规范的预算收入之外,尚有大量的预算外收入、制度外收入等。这些收入形式为权力参与社会分配提供了便利,造成分配秩序混乱。在支出方面,这些收入要么未用于提供公共产品,要么所提供的公共产品缺乏民意基础,与人民群众对公共产品要求的优先次序不相符,造成资源配置的低效率。

(2)预算制度改革是规范公共部门分配活动的主要手段。为此必须坚持预算的完整性,把所有的公共收入都纳入预算控制之下。对预算外收入和制度外收入,凡符合税收性质的,通过制定税收法律予以规范;属于规费性质的,严格控制其收支活动;除此之外予以取缔。对于通过行政权力获得垄断特权的国有企业,一部分实行国有资本金预算制度,国家参与对其垄断收益的分配,并借此控制经营者和职工的高收入。一部分放开市场准入,引入民间资本,打破垄断,消除垄断性收益。

(3)当前的预算改革是以行政控制为取向的行政部门的内部改革,为此必须深化预算改革,把目前的"行政控制"取向的预算改革变成由人大从外部进行政治控制的预算改革,充分发挥人大在审议公共收支方面的权力,实现预算的民主化。

(二)实现财税利益公平分享与财税程序法的完善

从改革发展成果分享的应有理念来检讨我国现行的税收征收管理体制,我们不难发现我国现行的税收征收管理体制与改革发展成果分享应有理念存在一定的背离,要想使得改革发展成果分享应有理念在税收征收管理层面得以落实,我国的税收征收管理体制应该按照改革发展成果分享的应有理念加以完善,以便使其更好地与改革发展成果分享理念相融合。

1.强化纳税人的权利

为了保护纳税人的权利,首先,需要完善税收征管法律法规体系,纳税人的应有权利和应有利益应该体现在税收征管法律法规体系之中。其次,税务执法必须体现公平、法治的原则,然而一些税务机关自身却存在着问

① 马寅初著:《财政学与中国财政》,商务印书馆 2001 年版,第 453 页。

题,执法口径不一致,违背了公平原则,影响征纳双方关系,削弱社会监督,诱发腐败行为,造成负面效应,影响税务机关形象。第三,规范税收执法程序,为了保证税收执法的公正、文明、高效,税务机关不仅要严格遵照法律条文、法律程序、认真制作税务文书等,还需要处理好两方面的关系:一是严格执法与文明执法的关系,严格执法就是要求税务执法人员要严格按税收法律法规的规定,客观公正地实施税收的征收与管理,文明执法是要求执法人员在执法过程中对执法对象要保持文明、公平;二是税收执法与发展经济的关系,经济发展水平制约着税收收入规模,税收对经济发展又可以有正负两方面的影响,依法治税可以为纳税人创造公平的竞争环境,保证市场机制充分发挥作用,确保在税收杠杆的调控下,资金投向国家鼓励的产业或行业,从而促进经济结构的合理调整,推动经济发展。

只有对于纳税人的权利和利益给与应有的保护,一国的税制才能得以健康运行。比如,美国公民一直是政府税收的积极支持者,申报纳税人数超过90%以上,是全世界各国申报纳税比例最高的国家,这是因为美国纳税机关一方面以方便纳税人纳税为己任,另一方面其较为尊重纳税人的权益。为了方便纳税人自觉纳税,美国纳税机关主要采取了如下措施:一是在税制设计上鼓励纳税人自觉纳税。即选择的税种要尽可能少,税种、税目、税率尽可能简单,税种设置贯彻谁受益谁负担的原则等;二是在税收征管中努力为纳税人提供优质服务。美国各级政府税务机关中均设有纳税人服务中心,如纽约州财税厅纳税人服务中心有近200名雇员,其中有60人直接负责向个人纳税人提供纳税服务,40人则向公司提供纳税服务。美国各级政府及税务部门十分注意维护纳税人的合法权益,美国税法体系规定纳税人的下列权利应当得到尊重和保护:(1)有权获得有关纳税方面的信息和协助;(2)有权在征税上获得公平的待遇;(3)有权得到礼貌的对待,而不仅仅是因为税款;(4)有权被看作是一个依法诚实的纳税人;(5)有权安排自己的事务,合法地纳税;(6)有得到税法肯定解释的权力;(7)有隐私权和保密权;(8)有权对税务机关的决定进行上诉。在美国,维护纳税人的合法正当权益是纳税人自觉依法纳税的基础①。

2. 规范税收征收权

纳税人权利的保障与税收征收权的规范相辅相成,为此我国税法体系

---

① 熊伟著:《美国联邦税收程序》,北京大学出版社2007年版,第117页。

应该加强对税收征管机构及其征管人员行为的规制。税收征管机构及其征管人员应该严格依法行政,严格根据税法规定行使征税权,严格遵循法定程序,建立纳税人权利告知制度,依法保障纳税人的知情权、救济权等应有之权利;加强执法监督,在行使执法权时,既要监督纳税人依法履行纳税义务,又要充分尊重和保护纳税人的合法权利,加强对权力运行过程的监控,加大对执法过错、管理失职和不作为等行为的追究力度①。

在任何一个税收法治国家,对于税务机关权力的规范都是该国税制的一个重要内容。比如 1997 和 1998 年,美国参议院财政委员会针对美国国内税务署涉嫌滥用权力的问题举行了听证会,引起了高度关注。这也直接导致了 1998 年美国国内税务署改革法案的出台。该法案在美国《国内税收法典》中增加了 6320 和 6330 部分,规定了在税收征收过程中增加所谓"正当程序"听证会的内容。它赋予了纳税人在国内税务署对其征税前要求听证的权利。并且,任何纳税人,只要对于听证会的内容不满意,均可以向美国税务法院或相应的地区法院提起诉讼。该规定导致了税收征管过程中的剧烈变革,因为在此之前,司法的介入并不会中止税收征收的进行。换句话说,在此之前纳税人对于国内税务署的征税行为几乎无法获得司法救济②。

3. 转变税收征管理念

大多数西方国家税务当局熟知,对纳税人提供服务比执法威胁在提高纳税人自觉性方面更加有效。而我国税务当局在学习这一经验教训方面进展缓慢,使得纳税人的奉行纳税成本高。这些高奉行纳税的成本表现为多种形式:纳税人办理纳税事宜要花费很长时间;纳税人不得不为表格和指导(不是正常能够得到的)付费;不得不填写那些复杂的、模糊的并不断改变的表格;纳税程序经常改变,但却无明确的指导。

根据对国际上的税收征管主流发展趋势的把握,结合对我国目前税收征管实际的判断,我国的税收征管毫无疑问地应该朝着管理服务型方向发展,相对于监督打击型,管理服务型是一个层次更高、水平更高、质量更好、效益更好、成本更低的税收征管全新理念。虽然观念的转变是基础,但是要切实提高纳税服务水平还需要强有力的措施作保证。为此,我国税收征管机构应该完善以下四方面的工作:一是在税务系统内成立相应的纳税服务机构和部门,配以精兵强将,专司纳税服务管理工作;二是理顺纳税服务与

---

① 张怡主编:《税法学》,清华大学出版社 2007 年版,第 286 页。
② 熊伟著:《美国联邦税收程序》,北京大学出版社 2007 年版,第 117 页。

其他机构的关系,保证纳税服务工作通畅运行;三是明确纳税服务范围,不可盲目扩大纳税范围,以影响正常的税收执法和国家税收政策的落实;四是加大宣传力度,使纳税服务理念渗透到税务系统及社会的每一个角落①。

4.构建税收信用体系

其一,税务诚信建设。"税务诚信"是指税务机关作为国家的征税机关,在社会活动中诚实不欺,遵守诺言,实践成约,履行自身职能,取得民众对税务机关的信任。税务诚信是税务机关内涵的义务和实现的利益的意愿表达。税务诚信属于政府诚信,其主体是税务机关,是区别其他主体诚信的根本性所在,税务诚信作为法定的义务,是税务机关与国家以及人民的约定,是无法逃避的。税务诚信的义务性常常表现为法律的强制性规定。在《中华人民共和国税收征收管理法》、《中华人民共和国公务员法》等法律中都明确规定税务机关和税务干部的职责义务,税务机关及税务干部履行法定义务的能力大小,是衡量税务诚信水平高低的重要标志。税务诚信的本质就是对人民的诚信,对税收事业的忠诚。我国社会正处于转型期,经济结构不断调整,社会利益关系、人们的价值观念和法律意识都处于急剧的变化之中,我国缺乏统一的信用指导大法;税收法制建设不够健全,税收立法层次低;现行税收法律法规以及其他有关税收的法律对涉税案件的处罚规定弹性过大,导致税收自由裁量权和随意性过大,失信惩罚机制薄弱。许多制度并不健全,各种利益投机空隙的存在,加剧了一些失信行为的发生。培育税务诚信文化,为建设税务诚信提供软环境,建立和健全相关制度,为建设税务诚信提供硬环境,税务诚信作为一种道德品质、行为规范以及法律制度,它的形成和系统建立,需要一个培育税务诚信文化的长期过程,更需要通过一套与社会经济发展相适应的制度来保障,标本兼治。建立以税收基本法为核心的税收法律体系,完善税收立法信用。首先,要尽快组织制定《税收基本法》,健全和完善我国税收法律关系体系。其次,进一步加大税收立法力度,逐步提升税收立法级次,树立税法的法律权威,提高税收立法信用。规范清理税收法规,统一法律口径。税务机关法规部门应定期组织对税收法规进行清理规范,确保税收法律口径一致。进一步强化依法治税,强化税收执法力度,强化税收司法公正,提高税收司法信用。

其二,纳税信用建设。建立纳税人信誉评价管理系统。依法纳税行为

---

① 王慧:"改革发展成本分享与我国税税收征收管理体系的完善",载《理论与改革》2008 年第 5 期。

的规范直接反映出当事人依法纳税的诚实可信程度。所以,对全社会公开一个纳税人申报纳税的信誉情况,实际上是把纳税人对国家自觉履行责任和义务的信誉记录公示于众,把当事人税收信誉资料融入个人社会经济信用资料数据库之中。目前,我国仅在出口退税管理方面建立了税收信用管理制度,纳税信用建设尚未形成体系。在税务稽查信用管理和日常税收信用管理方面尚没有规范性的制度,对一些纳税信用较高的企业,税务机关也多以下发文件的方式,如税务机关给纳税大户、大型高新技术企业开设办税绿色通道,等等,呈现出纳税信用管理的"散、乱"态势,因而随意性较大,不利于信用的建立。因此,应在借鉴国外税收信用管理经验的基础上,站在建立税收信用管理体系的高度,重新审视信用在税收征收管理中的作用,从以下四个方面进一步完善我国纳税信用管理:一是转变纯行政管理的方法,强化税收信用意识,树立纳税信用管理观念;二是建立评信机制,即建立评价纳税人纳税过程中守信程度,以便进行分类管理;三是纳税信用管理范围要进一步延伸;四是建立纳税信用激励机制,增加纳税人因失信而带来的成本。

其三,建立失信处罚机制。由于市场经济文化与传统计划经济文化的冲撞,以及当前信用管理尚未形成体系,对于"失信者"尚未有有效的约束惩罚机制。不少纳税人为了追逐眼前的利益,甚至偷税、骗税,不惜损失可贵的信用,各种短期行为日渐普遍,这种短期行为的普遍化既包括企业行为短期化、个人行为短期化,也包括政府行为的短期化。为此,可从以下四个方面建立失信处罚机制:一是对企业或者个人在税收信用上有了不良记录时,在税收征管系统中自动划转为"纳税信不过企业"或者直接降低信用等级。对这些企业,税务机关应加强征收管理,加大稽查和监督力度。二是对上述"纳税信不过企业"在一定时期内不得划转为正常有信用企业,并规定在此期间,再次发生违反税收法律法规的行为时,应从重处罚。三是建立税收信息不实企业公告制度,在地市级税务部门的网页上公布,或者定期在办税服务厅公布,供公众随时查询,接受全社会的监督。四是建立与工商、海关、外汇、国库管理部门信息互通机制,实现税收信用信息共享,使税收信用管理与相关的社会管理结合起来,加大税收信用管理力度。总之,要建立纳税信用档案,公开信用信息,以落实信用机制①。

---

① 张媛:"构建我国税收信用体系",载《合作经济与科技》2008 年第 8 期。

5.社会综合治税体系

综合治税的发展趋势主要体现在综合治税的法制化、社会化、系统化、规范化、信息化和网络化。目前,社会综合治税主要依靠政府行政手段推进,依靠税务机关和相关部门和单位协商解决,还存在一定的不稳定性。要从根本上解决,最终还是要通过国家立法明确部门配合的义务和相应的法律责任,加快制定税收基本法是极为重要的。在全国未制定统一的法律法规之前,根据社会综合治税实践的需要有必要进行地方立法,解决社会综合治税的制度性障碍问题。借助社会各界的力量,是强化税收征管的一项长期的治本之策,逐渐增强纳税人的纳税意识,改善税收的社会环境。此外,还需要创新工作方式,健全社会综合治税工作协调机制;尽快建立统一的信息共享平台,为各部门实现信息传递和共享、开展协税护税提供高效率低成本的渠道;要加快主要包括政府部门在内的信息化建设,加快金税、金关、金盾、金卡等工程进展速度并扩大覆盖面,加快税企、税银、税务与政府各部门联网步伐,加大社会综合治税业务覆盖面,尽可能将所有税源纳入监控和管理范围;建立健全长效机制,保障社会综合治税持续健康发展。

总之,如果从改革发展成果分享应有理念这一视角来审视我国的税收征收管理体制,我们不难发现我国现行的税收征收管理体制存在一定的缺陷,一方面,我国的税收征收管理体制对于纳税人应有权利的保护仍存在诸多需要完善的地方,另一方面,我国的税收征收管理体制对于税务机构的权力未能进行合理的制约。显然,只有对现行税收征收管理体制加以完善,既一方面强化纳税人的权利,另一方面规范税务机构的权力并革新其既有的服务理念,税收征收管理体制才能契合改革发展成果分享的应有理念,并进而保障和谐社会的构建。

责任编辑:茅友生
装帧设计:宏　一
版式设计:刘　敏

图书在版编目(CIP)数据

中国改革发展成果分享法律机制研究/李昌麒　主编．
　－北京:人民出版社,2011.4
ISBN 978－7－01－009679－7

Ⅰ.①中…　Ⅱ.①李…　Ⅲ.①收入分配－法律－研究－中国
　Ⅳ.①D922.514

中国版本图书馆 CIP 数据核字(2011)第 023513 号

中国改革发展成果分享法律机制研究
ZHONGGUO GAIGEFAZHAN CHENGGUO FENXIANG FALÜJIZHI YANJIU

李昌麒　主编

人民出版社 出版发行
(100706　北京朝阳门内大街 166 号)

北京瑞古冠中印刷厂印刷　新华书店经销

2011 年 4 月第 1 版　2011 年 4 月北京第 1 次印刷
开本:710 毫米×1000 毫米 1/16
字数:980 千字　印张:60

ISBN 978－7－01－009679－7　定价:148.00 元

邮购地址 100706　北京朝阳门内大街 166 号
人民东方图书销售中心　电话 (010)65250042　65289539